Ce livre est dédié à Colette,
Marc et Anny.

Philip Kotler
Pierre Filiatrault
Ronald E. Turner

LE MANAGEMENT
DU MARKETING

2e édition

gaëtan morin éditeur

CHENELIÈRE ÉDUCATION

Le management du marketing
2e édition

Philip Kotler, Pierre Filiatrault, Ronald E. Turner

Traduction et adaptation de : *Marketing Management,*
Canadian Ninth Edition by Philip Kotler and Ronald Turner
© 1998 Prentice Hall Canada Inc.

© gaëtan morin éditeur ltée, 1994, 2000

Révision linguistique : Jean-Pierre Leroux

Catalogage avant publication
de la Bibliothèque nationale du Canada

Beaumont, Jean-Luc

　　Kotler, Philip

　　Le management du marketing.

　　2e éd.
　　Traduction de : Marketing management
　　Comprend des réf. bibliogr. et des index.

　　ISBN 2-89105-733-3

　　1. Marketing – Gestion.　2. Marketing – Canada –
Gestion.　I. Filiatrault, Pierre, 1939- .　II. Turner, Ronald E.,
1931- .　III. Titre.

HF5415.13.K6814 2003　　　658.8'02　　　C99-941784-3

gaëtan morin
éditeur

CHENELIÈRE ÉDUCATION

7001, boul. Saint-Laurent
Montréal (Québec) Canada H2S 3E3
Téléphone : (514) 273-1066
Télécopieur : (514) 276-0324
info@cheneliere-education.ca

ISBN 2-89105-733-3

Dépôt légal : 1er trimestre 2000
Bibliothèque nationale du Québec
Bibliothèque nationale du Canada

Imprimé au Canada

4　5　6　7　8　ITG　07　06　05　04　03

Nous reconnaissons l'aide financière du gouvernement du
Canada par l'entremise du Programme d'aide au développement de l'industrie de l'édition (PADIÉ) pour nos activités
d'édition.

Gouvernement du Québec – Programme de crédit d'impôt
pour l'édition de livres – Gestion SODEC

Tableau de la couverture :
Rue Sainte-Catherine
Œuvre de **Marcel Ravary**

Né en 1940, Marcel Ravary a étudié à l'école des
Beaux-Arts de Montréal. D'abord peintre abstrait,
il exercera plusieurs disciplines artistiques, pour
enfin se consacrer à la peinture figurative. Il
privilégie l'huile comme technique. En moins de
dix ans, il a exposé plus de vingt fois à Toronto, à
New York et à Montréal. On trouve ses toiles à la
Galerie Michel-Ange de Montréal.

Photographies

P. 1 et 3 : © Diane Vallières ; p. 39 : © Larry
Williams / Masterfile ; p. 65 : © Super Stock ; p. 115
et 117 : © Mark Romine / Super Stock ; p. 157 :
© Roger Allyn Lee / Super Stock ; p. 183 : © Paul
King / Masterfile ; p. 217 : © Cascades inc. ;
p. 243 : © Metro-Richelieu inc. ; p. 267 : © K.C.
Tanner / Super Stock ; p. 299 et 301 : © Diane
Vallières ; p. 325 : © Samuel Ashfield / Masterfile ;
p. 367 : © Videotron ltée ; p. 397 : © Canadair ;
p. 429 : © Super Stock ; p. 461 et 463 : © Télé-
boutique Bell ; p. 499 : © Chuck Mason / Réflexion
Photothèque ; p. 527 : © Provigo Distribution inc. ;
p. 565 : © Rôtisseries St-Hubert ; p. 603 : © Provigo
Distribution inc. ; p. 645 : © Mark Romine / Super
Stock ; p. 681 : © Maryse Raymond / Zoum
Communication ; p. 731 : © Anton Vengo / Super
Stock ; p. 767 : © B & M Productions / Masterfile ;
p. 793 et 795 : © Miles Schuster / Super Stock.

Avant-propos

À l'aube du nouveau millénaire, dans la foulée de la mondialisation des marchés, de l'instabilité de certaines économies et des changements de valeurs des consommateurs, le marketing occupe une place prépondérante dans la définition de l'orientation stratégique des entreprises.

Mais en quoi consiste le marketing? Le marketing est une fonction, un processus de management, de même qu'un ensemble de pratiques de management. Mais avant tout, le marketing est une philosophie de gestion. Faire du marketing, c'est gérer les échanges entre l'organisation et ses clients, qui sont de plus en plus éduqués, informés, exigeants et changeants. La qualité des produits et des services, la valeur ajoutée et le service à la clientèle sont tout autant des outils stratégiques que des éléments essentiels du management du marketing.

L'environnement marketing

Le marché des consommateurs est en pleine évolution : faible taux de natalité, vieillissement et mobilité de la population, plus grande scolarisation des femmes, participation accrue des femmes à la vie économique, accès élargi des femmes à des postes de commande et multiplication et croissance des ethnies. Tous ces changements requièrent une adaptation constante des entreprises et des autres organisations.

Si le marketing de produits demeure une activité appréciable de la vie économique, le marketing de services a connu une expansion considérable au cours de la dernière décennie. Les services, tant aux consommateurs qu'aux organisations, comptent pour près des deux tiers des activités économiques du pays et des trois quarts des emplois.

Le marketing joue aussi un rôle important dans les marchés organisationnels, soit les marchés industriel, commercial et institutionnel. Le marché organisationnel est plus important en dollars et en volume que le marché des consommateurs. Les particularités de ce marché exigent un management de la fonction marketing différent de celui du marché des consommateurs.

Si le rôle économique du marketing est bien connu, son rôle social l'est moins. D'une part, on accepte mieux les droits des consommateurs et on reconnaît de plus en plus la nécessité de l'éthique en marketing. D'autre part, de nombreux organismes communautaires, sociaux, paragouvernementaux et gouvernementaux constatent maintenant l'à-propos du marketing dans la gestion des organisations à but non lucratif.

Une autre dimension du management du marketing est la gestion de la clientèle actuelle. Face à la faible croissance des marchés locaux et à l'augmentation de la concurrence, le client actuel devient le client le plus important. Non seulement la concurrence s'intensifie, mais elle change de face. La mondialisation des marchés est devenue une réalité qui impose de nouveaux défis : les frontières s'effacent, les tarifs douaniers sont réduits, les pays se regroupent (ALENA, CEE, etc.). L'Asie est un partenaire économique de plus en plus puissant et la Chine et l'Inde offrent un grand intérêt et un potentiel élevé. On assiste à l'émergence de nouvelles forces économiques comme les pays d'Europe de l'Est. Tous ces marchés présentent des occasions d'affaires importantes pour les gens d'ici, sans compter qu'on trouve alors ici des produits de tous ces pays.

Tout cela se fait dans le contexte d'une technologie omniprésente et de plus en plus puissante dans des domaines aussi variés que les communications, les matériaux, la biologie et la biogénétique, les médicaments et les transports. La recherche et le développement dans les communications et l'informatique ont rendu possibles l'échange de données informatisées et le commerce électronique.

Le rôle du marketing est de gérer l'interface entre l'organisation et cet environnement changeant, plus précisément entre elle et sa clientèle actuelle ou potentielle. Pas de clients, pas d'entreprise. Le marketing a la responsabilité de connaître l'environnement, la clientèle et ses besoins, et de préparer et de communiquer l'offre en conséquence.

Le marketing est une discipline dynamique qui doit s'adapter aux nouveaux défis du marché. La pensée dans le domaine du marketing évolue rapidement, et l'accent portera au cours des prochaines années sur les dimensions suivantes : 1° la qualité et la valeur de l'offre ainsi que la satisfaction de la clientèle ; 2° le marketing relationnel et la rétention de la clientèle ; 3° une gestion plus efficace et l'intégration des fonctions des entreprises ; 4° une optique mondiale et une planification adaptée aux marchés locaux ; 5° les alliances stratégiques et les réseaux ; 6° le marketing direct et le commerce électronique ; 7° le marketing de services ; 8° la haute technologie ; 9° les préoccupations éthiques et sociales.

Le contenu du présent ouvrage

Ce livre s'adresse aux dirigeants d'entreprise, aux directeurs du marketing et aux personnes qui désirent le devenir. On y propose des cadres théorique et méthodologique ainsi que des outils pratiques pour aider les managers d'aujourd'hui et de demain à mieux gérer cette fonction essentielle qu'est le marketing.

Cinq principes ont guidé la préparation du *Management du marketing* :

1. **Une orientation managériale.** L'ouvrage insiste sur les principales décisions que les directeurs du marketing et la haute direction doivent prendre pour harmoniser les objectifs et les ressources de l'organisation avec les besoins et les possibilités du marché.

2. **Une démarche analytique.** *Le management du marketing* offre un cadre d'analyse structuré pour aider à résoudre les problèmes de

marketing les plus courants. Le texte est étayé de nombreux exemples provenant d'entreprises et d'organisations en tout genre.

3. **Une perspective multidisciplinaire.** Le livre puise abondamment dans plusieurs disciplines, dont l'économie, les sciences humaines et les mathématiques. L'**économie** fournit les concepts et les outils essentiels à la recherche de solutions optimales dans l'utilisation de ressources rares. Les **sciences humaines**, et en particulier la psychologie et la sociologie, apportent les théories, les concepts et les outils qui permettent de comprendre les comportements d'achat des individus et des organisations. Enfin, les **mathématiques** procurent le langage exact pour exprimer les relations entre les variables étudiées.

4. **Une approche universelle.** Le texte permet de dégager une optique marketing pour les produits et les services, pour les organisations à but lucratif et à but non lucratif à l'œuvre au pays ou à l'étranger, pour les marchés des consommateurs ou les marchés organisationnels, qu'il s'agisse de PME ou de multinationales exploitant une technologie traditionnelle ou d'avant-garde.

5. **Une adaptation équilibrée.** Les principes de marketing sont illustrés à l'aide d'exemples et de cas d'organisations ou d'entreprises mondiales, nord-américaines, canadiennes et québécoises. On y présente un bon nombre d'exemples québécois et canadiens afin de bien refléter les réalités du milieu, de même qu'un bon nombre de cas nord-américains et mondiaux afin d'élargir les horizons économiques.

L'ouvrage se compose de cinq parties. La première partie explique les fondements de la théorie et de la pratique du management du marketing. La deuxième partie présente les concepts et les outils nécessaires pour analyser les marchés et cerner les occasions d'affaires. La troisième partie expose les principales stratégies de marketing. La quatrième partie est consacrée à la planification des divers éléments des programmes de marketing : produits ou services, prix, distribution et communication. Enfin, la cinquième partie examine l'aspect managérial du marketing, qui comprend l'organisation, la mise en œuvre, l'évolution et le contrôle du marketing.

Dans la deuxième édition du livre, le nombre de chapitres a été réduit de 26 à 24. Un nouveau chapitre, le chapitre 23, traite du marketing direct et du commerce électronique. Les exemples ont été mis à jour et de nombreux ajouts ont été faits. Plusieurs chapitres ont été modifiés de façon importante, comme le chapitre 2, qui se penche sur la satisfaction de la clientèle, sur la qualité et sur la valeur.

Par ailleurs, la deuxième partie du volume a été réorganisée. Tous les chapitres traitant de l'analyse du marché ont été regroupés dans cette partie, incluant la délimitation des segments de marché. Les stratégies fondamentales de marketing et les stratégies du marketing mix sont intégrées dans la troisième partie. Des changements majeurs ont été apportés à l'organisation des chapitres qui examinent le mix de communication de marketing dans la quatrième partie. Et la dernière partie, qui se penche sur le management opérationnel du marketing, est présentée de façon différente.

Remerciements

Je remercie les deux auteurs de la neuvième édition canadienne, Philip Kotler et Roland E. Turner ainsi que leurs collaborateurs. Et je tiens à remercier particulièrement toutes les personnes qui m'ont aidé dans la préparation du présent ouvrage.

Je remercie les collègues du Département de stratégie des affaires de l'École des sciences de la gestion de l'Université du Québec à Montréal qui m'ont apporté des suggestions.

J'exprime toute ma gratitude à France Yelle pour son soutien au secrétariat, sa patience et sa bonne humeur tout au long de la préparation du manuscrit.

Je tiens également à remercier l'équipe de Gaëtan Morin Éditeur, en particulier Dominique Hovington et Christiane Desjardins, pour leur soutien technique et administratif, et Jean-Pierre Leroux, pour sa rigueur dans la révision du texte.

Enfin, je remercie mon épouse Colette, qui a toujours su créer et maintenir à la maison l'ambiance propice à la réalisation de publications et de travaux universitaires comme le présent ouvrage, et qui m'a toujours soutenu et encouragé dans mes projets.

À tous, encore une fois, merci.

Pierre Filiatrault, Ph.D.
École des sciences de la gestion
Université du Québec à Montréal

Table des matières

Avertissement

Dans cet ouvrage, le masculin est utilisé comme représentant des deux sexes, sans discrimination à l'égard des hommes et des femmes et dans le seul but d'alléger le texte.

PARTIE I

COMPRENDRE LE MANAGEMENT DU MARKETING

Chapitre

1

Le rôle essentiel du marketing dans les organisations et la société

Photographie de Diane Vallières

Le marketing est si fondamental qu'on ne saurait le regarder comme une fonction séparée. Le marketing est toute l'entreprise considérée du point de vue de son résultat final, c'est-à-dire du point de vue du client.
PETER F. DRUCKER

Le marketing consiste en l'ensemble des activités par lesquelles une entreprise s'adapte, de façon créative et rentable, à son environnement.
RAY COREY

Quels défis apporte aux organisations et à la société l'arrivée du troisième millénaire? Avec la fin de la guerre froide dans les années 80, les pays et les entreprises doivent faire face à la mondialisation des marchés, à un écart croissant entre les revenus des pays riches et ceux des pays pauvres, à la détérioration de l'environnement, aux changements technologiques rapides et à la nécessité pour les organisations d'adopter une optique clientèle. Même les organisations œuvrant dans le secteur public et les entreprises à but non lucratif ont une préoccupation croissante pour leur clientèle actuelle et reconnaissent l'importance de développer de nouvelles clientèles.

Il y a certes de nouveaux défis, mais aussi beaucoup d'occasions d'affaires. La mondialisation est en soi une bonne chose parce qu'elle représente des marchés plus vastes pour de nombreux produits et services. Elle est également une mauvaise chose, car les entreprises doivent faire face à un plus grand nombre de concurrents. La détérioration de l'environnement offre d'intéressantes possibilités pour les entreprises qui peuvent concevoir des moyens plus efficaces de protéger ou de nettoyer l'environnement. Le mauvais entretien des infrastructures crée des possibilités pour les entreprises œuvrant dans les secteurs de la construction, du transport et des télécommunications. La stagnation économique favorise les entreprises plus efficaces qui ont des coûts d'exploitation moins élevés. Une main-d'œuvre peu qualifiée présente des occasions d'affaires pour les entreprises spécialisées dans la formation qui peuvent mettre au point des programmes visant à accroître la compétence des employés.

Mais ces défis ne sont qu'une source d'occasions d'affaires. Il faut aussi considérer toutes les possibilités qui résultent des percées technologiques dans des secteurs d'activité tels que la robotique, l'informatique, l'intelligence artificielle, la supraconductivité,

la pharmacologie, le génie génétique et de nombreux autres domaines technologiques ou scientifiques.

Le rôle crucial du marketing est d'aider les entreprises et les organisations à retirer un avantage de ces diverses occasions d'affaires et d'améliorer le standard de vie des individus.

Dans ce chapitre, nous décrirons les principaux concepts et optiques qui caractérisent la pensée et la pratique du marketing. Nous reviendrons d'ailleurs sur ces thèmes à plusieurs reprises dans cet ouvrage. Nous tenterons, dans ce chapitre-ci, d'apporter des réponses aux questions suivantes:

- **Quels sont les principaux concepts sous-jacents à la discipline du marketing?**
- **Quelles sont les principales pratiques de management du marketing?**
- **Qu'entend-on par « optique marketing » et comment cette optique diffère-t-elle des autres optiques de gestion?**
- **Quel rôle le marketing joue-t-il dans les différents secteurs industriels, dans les organismes à but non lucratif et dans divers pays?**

1.1

LES DÉFIS À L'AUBE DU TROISIÈME MILLÉNAIRE

De nos jours, les entreprises font face à de nombreux défis qui représentent aussi bien de nouvelles occasions d'affaires que des menaces. Avant d'aborder le marketing en tant que tel, nous porterons notre attention sur six défis particulièrement importants: la mondialisation des marchés, les écarts de revenus, les préoccupations environnementales, les changements technologiques, le pouvoir des clients et un environnement changeant.

1.1.1
La mondialisation des marchés

L'économie mondiale a subi une transformation radicale au cours des deux dernières décennies. Les distances géographiques et culturelles se sont réduites significativement grâce à l'utilisation croissante de l'avion, de l'autoroute électronique, de la vidéoconférence, du télécopieur, du téléphone et de la télévision par satellite. Ces changements ont permis à plusieurs entreprises d'agrandir de façon substantielle leurs marchés potentiels et de multiplier leurs sources d'approvisionnement. Les manufacturiers d'automobiles achètent leurs pièces dans de nombreux pays, font le montage des automobiles dans plusieurs pays et vendent leurs automobiles partout dans le monde. Les entreprises canadiennes et québécoises exportent des biens et des services partout dans le monde, mais elles ne peuvent pas toujours le faire seules. Elles forment donc des alliances avec des entreprises locales, voire étrangères, qui deviennent des fournisseurs, des distributeurs, des partenaires technologiques ; elles forment même avec celles-ci des coentreprises. Ainsi, la révolution technologique dans le secteur des télécommunications a amené des concurrents comme Bell Canada et Unitel à établir un partenariat avec des concurrents étrangers tels que Sprint et AT&T pour développer le marché canadien des appels interurbains.

Parallèlement au phénomène de la mondialisation des marchés, on constate la formation de regroupements économiques régionaux. Ainsi, le Canada, les États-Unis et le Mexique se sont regroupés au sein de l'Accord de libre-échange nord-américain (ALENA), en 1994, et le Canada a signé avec le Chili une entente bilatérale de libre-échange, en 1996. La Communauté économique européenne est composée de 12 pays et de 340 millions de consommateurs qui ont éliminé les principales barrières au commerce et établi des normes et des règlements communs. Le potentiel de ce marché est supérieur à celui des États-Unis, qui constituent le partenaire commercial traditionnel du Canada. Par ailleurs, l'Europe et l'Amérique pourraient bien, un jour, former un bloc économique accordant un traitement préférentiel aux biens et aux services produits dans les pays membres. En même temps, le Japon et d'autres pays de l'Extrême-Orient mettent sur pied un bloc économique dans cette partie du monde qui connaît le taux de croissance économique le plus élevé de la planète, mais aussi des problèmes économiques majeurs. Et les sursauts de la Bourse de Hong-Kong ont des répercussions en série sur les Bourses de Singapour, de Francfort, de New York et de Montréal. Non seulement la carte économique change, mais elle devient réellement mondiale.

1.1.2
Les écarts de revenus

Une partie importante de la population mondiale s'est appauvrie au cours des dernières décennies. Le niveau des salaires a plafonné dans de nombreux secteurs économiques. Et même lorsque les salaires ont augmenté, le pouvoir d'achat réel a diminué, surtout chez les employés moins qualifiés. Le pouvoir d'achat de plusieurs ménages n'a été préservé que parce que les femmes sont entrées sur le marché du travail. Plusieurs employés ont perdu leur emploi étant donné que les entreprises manufacturières ont comprimé leur personnel pour diminuer les coûts. La taille de la main-d'œuvre dans les industries du bois ouvré, du textile, de l'acier, de l'automobile et dans bien d'autres industries a été réduite considérablement.

De plus, les économies de plusieurs pays en voie de développement en Afrique, en Amérique du Sud et en Asie stagnent. L'écart entre les pays riches et les pays pauvres s'accroît. De nombreux pays parmi les plus pauvres exercent des pressions sur les nations les plus riches pour qu'elles ouvrent leurs frontières, mais les nations plus riches maintiennent des tarifs et des quotas pour protéger les industries locales et l'emploi.

Il existe deux solutions pour réduire les écarts de revenus. En ce qui concerne la première solution, les nations moins favorisées peuvent faire appel au **troc**, qui permet à ces pays de payer des biens avec d'autres biens ou services plutôt qu'avec de l'argent. En 1972, le troc était utilisé par seulement 15 pays ; en 1993, 108 pays recouraient au troc pour faire des transactions. La compagnie Gallo échange du vin contre des sièges d'avion, des chambres d'hôtel et des bouteilles en verre. En échange de concentré de ses boissons gazeuses, Pepsi accepte des produits comme des graines de sésame et du sisal utilisé pour faire de la corde, et General Motors échange des automobiles contre des produits agricoles comme des fraises[1].

La deuxième solution consiste à « offrir plus pour moins ». Ainsi, après avoir acheté la chaîne Woolco, Wal-Mart a orné chacun de ses magasins d'enseignes affichant ses deux principes de base, à savoir « Satisfaction garantie » et « Nous vendons moins cher ». Les clients qui entrent chez Wal-Mart sont accueillis avec courtoisie, trouvent dans le magasin une grande variété de produits à des « bas prix de tous les jours » et peuvent compter sur un personnel qui connaît bien les produits offerts. La même approche est utilisée avec succès par plusieurs magasins à grande surface ou par des magasins-entrepôts, comme Rona L'Entrepôt.

1.1.3
Les préoccupations environnementales

La société exige maintenant que les entreprises fassent preuve d'une plus grande responsabilité face aux problèmes écologiques. Dans le passé, une entreprise pétrochimique pouvait sans problème rejeter des gaz toxiques dans l'atmosphère et se débarrasser d'eaux usées, qui polluaient l'eau et le sol environnants. Mais depuis les années 70, les lois en matière de protection de l'environnement obligent les entreprises à installer des équipements de plus en plus efficaces pour contrôler la pollution. Alors que la qualité de l'air dans les grandes villes se détériorait, les manufacturiers d'automobiles ont été forcés d'appliquer des normes plus strictes pour leurs pots catalytiques. Des efforts de recherche importants sont aussi faits pour mettre au point des moteurs à combustion moins polluants et des moteurs électriques plus puissants et offrant une plus grande autonomie. Par contre, les mesures relatives à la protection de l'environnement augmentent les coûts de fabrication dans les pays qui disposent de lois plus strictes. Les entreprises dans ces pays se disent désavantagées par rapport aux entreprises nationales et transnationales qui font des affaires dans les pays dont les lois environnementales sont moins rigides et surtout dans les pays qui ne comportent pas de telles lois.

Le mouvement écologique a continué à prendre de l'ampleur après le désastre nucléaire de Tchernobyl, en 1986, et la prise de conscience du degré de négligence envers l'environnement des gouvernements de l'ancien bloc des pays de l'Est. Dans certains pays d'Europe de l'Est, la qualité de l'air laisse beaucoup à désirer, l'eau est polluée et les sols sont empoisonnés par les rejets chimiques.

En 1997, les représentants de plus de 100 pays, dont le Canada, se sont entendus, à Tokyo, sur des normes minimales de protection de l'environnement. Auparavant, en 1992, les représentants de plus de 100 pays avaient assisté au Sommet de la Terre à Rio de Janeiro pour tenter de trouver des solutions aux problèmes écologiques croissants dans le monde. La même année, des représentants de grandes entreprises s'étaient demandés, au cours d'une conférence, comment il était possible d'intégrer les décisions prises sur les problèmes écologiques dans le milieu des affaires tout en respectant les objectifs de rentabilité. Ces entreprises allaient au-delà du respect des lois sur les déchets toxiques, sur le matériel d'emballage, sur la manipulation des déchets et sur les autres activités qui touchent l'environnement ; elles tentaient de découvrir des avantages concurrentiels grâce au développement de « produits verts » et à l'élaboration de « politiques vertes ».

1.1.4
Les changements technologiques

Le boom technologique dans les secteurs de l'informatique, de la téléphonie et de la télévision de même que l'intégration de cette nouvelle technologie ont eu un impact majeur sur la façon dont les entreprises produisent leurs biens et leurs services et les mettent sur le marché. Notre manière de vivre a changé radicalement, alors que la technologie a mis à notre disposition de meilleurs vêtements, véhicules, aliments, matériaux de construction, loisirs, etc. En 1954, il fallait deux heures et demie pour préparer le repas du soir ; maintenant, lorsque les gens sont pressés, ils n'ont besoin que d'un quart d'heure pour ce faire grâce aux aliments préparés et aux mets surgelés. Et il n'est même plus nécessaire d'acheter la nourriture en personne, puisqu'il est désormais possible de la commander du domicile grâce à l'ordinateur. Tout comme il est maintenant possible de faire des transactions bancaires à domicile grâce au téléphone et à l'ordinateur. Et grâce à la vidéoconférence, les responsables du marketing à Montréal, à Los Angeles, à Tokyo et à Paris peuvent se rencontrer en temps réel, sans avoir à prendre l'avion. Les banques de données sur les clients permettent de connaître leurs habitudes et leurs goûts. Et une petite ou moyenne entreprise (PME) peut annoncer, grâce à l'autoroute électronique, ses produits et ses services à des millions de personnes, 24 heures par jour, partout dans le monde, pour un coût inférieur à celui d'une annonce placée dans un journal local.

John Naisbitt, l'auteur de *Méga tendances 1990-2000 : ce qui va changer,* soutient que les «télécommunications sont la force agissante qui à la fois crée l'immense économie mondiale et rend ses composantes plus petites et plus puissantes[2]». Au cœur de ce phénomène, on trouve l'autoroute électronique et Internet, qui en est la colonne vertébrale. Internet est un réseau n'appartenant à personne, qui relie par téléphone 2,2 millions d'ordinateurs dans des réseaux d'ordinateurs. Répandu dans plus de 135 pays, ses abonnements croissent au taux de 10 % à 15 % par mois.

Créé il y a une décennie pour permettre la transmission de données entre un petit nombre de communautés universitaires, Internet est vite devenu un outil pour faire des affaires. Certaines entreprises l'utilisent pour donner la possibilité à leurs employés situés dans des bureaux éloignés de communiquer entre eux, pour rester en contact avec des clients et des fournisseurs, ou pour communiquer plus rapidement de l'information à leurs représentants. Plus le World Wide Web deviendra facile d'accès et d'utilisation, plus son usage s'accroîtra.

Les mercaticiens avertis sont d'avis que la technologie est une source quasi intarissable de nouvelles occasions d'affaires. Mais pour tirer profit de la technologie, il faut savoir à quel moment on peut introduire une innovation : pas trop tôt (pas avant que le marché soit prêt), ni trop tard (pas après que le marché a été conquis). Trente ans se sont écoulés entre le moment où le four à micro-ondes a été inventé et celui où il est devenu un appareil ménager accessible et populaire. Entre-temps, plusieurs entreprises ont perdu de l'argent. Les nouvelles technologies requièrent souvent de la patience, des investissements de temps et d'argent, de même que l'appui d'entreprises de capital de risque qui ont une vision.

De plus, les nouvelles technologies ne sont pas toutes les bienvenues. Certaines gens croient que les téléviseurs, les automobiles, les téléphones cellulaires et les moyens de contraception constituent un recul pour l'humanité. Il n'y a aucun doute, cependant, que le développement de nouvelles armes de destruction plus puissantes est une tragédie. Et on ne peut nier, non plus, les effets dévastateurs de certaines technologies sur la qualité de l'air, de l'eau et des sols qui doivent être considérés dans l'évaluation de l'évolution technologique.

1.1.5
Le pouvoir des clients

De nombreuses entreprises ont reçu une leçon d'humilité dans les années 80. En effet, les entreprises nationales ne peuvent plus ignorer les concurrents ou les fournisseurs étrangers ainsi que les marchés étrangers. Les entreprises locales ne peuvent plus ignorer la concurrence mondiale ; elles ne peuvent donc se permettre d'avoir des coûts de matériel et de main-d'œuvre qui ne soient pas comparables à ceux qu'on trouve dans le reste du monde. D'autre part, les entreprises ne peuvent ignorer non plus les nouvelles technologies, les nouveaux matériaux et équipements ni les nouvelles formes d'organisation et de marketing.

Par exemple, dans les années 70, General Motors, Sears, RCA et IBM étaient parmi les entreprises les plus importantes du monde. Aujourd'hui, toutes les quatre doivent se démener pour demeurer rentables parce qu'elles n'ont pas su utiliser le marketing à bon escient. Aucune de ces entreprises n'a en effet su appréhender les changements qui se produisaient sur les marchés et chez les clients ni comprendre la nécessité d'offrir une valeur comparable à celle qu'apportait la concurrence. General Motors cherche encore à comprendre pourquoi les automobiles japonaises et allemandes sont préférées aux siennes un peu partout dans le monde. Sears est coincée entre Les Ailes de la Mode et Wal-Mart. RCA, détentrice de nombreux brevets, n'a jamais vraiment réussi à maîtriser l'art du marketing ; elle a dû se résigner à mettre son nom de marque sur des produits importés du Japon et de la Corée du Sud. IBM, une des entreprises les plus orientées vers la vente, a connu ses premières pertes en 1992 (6,2 milliards de dollars) parce qu'elle continuait à concentrer ses efforts sur la vente d'unités centrales alors que le marché s'était résolument tourné vers les micro-ordinateurs, les réseaux d'ordinateurs et les postes de travail intégrés.

Face à cette «myopie du marketing[3]», il n'est pas surprenant que toute une panoplie de livres présentent de multiples façons de faire des affaires dans ce

VISION 2000 +
Dénicher des clients sur Internet

Quel est le moyen le plus efficace pour inciter un consommateur à acheter un produit : une annonce dans une revue ou dans un bar virtuel qui permet à un utilisateur, à partir de son ordinateur à domicile, de cliquer sur des recettes de cocktails à la mode et de parler avec un barman virtuel ? C'est sur cette dernière approche que DeKuyper a misé. Mais les entreprises n'ont pas nécessairement besoin de dépenser des centaines de milliers de dollars pour annoncer leurs produits et leurs services sur Internet. Des PME, de grandes entreprises aussi différentes que Royal LePage, IBM et IGA, et des consulats du Canada à l'étranger ont fait appel à Internet comme moyen de mise sur le marché ou de diffusion de l'information. Ainsi, les gens peuvent voyager sur l'autoroute électronique pour faire des achats ou obtenir de l'information partout dans le monde. Il reste cependant à voir jusqu'à quel point cette façon de faire des affaires se développera, puisque plusieurs contraintes limitent encore la croissance de ce nouveau moyen de commercialisation :

La sécurité. Lorsqu'une entreprise branche son réseau informatique sur un réseau externe, elle s'expose à des usages non autorisés, voire à des attaques toujours possibles de la part de vandales. Certaines entreprises hésitent à utiliser le courrier électronique pour envoyer des offres de service ou d'autres renseignements financiers qui risqueraient d'être interceptés par des concurrents. De même, de nombreux consommateurs ne sont pas disposés à transmettre leur numéro de carte de crédit sur Internet.

Les aspects légaux. On ne fait que commencer à rédiger des lois sur le commerce électronique et il existe beaucoup de confusion sur la nature des contrats électroniques et sur la diffusion de documents protégés par des droits d'auteur.

La technologie. Quoique de nouveaux logiciels rendent plus accessible le réseau Internet, ils exigent des connexions au réseau plus complexes.

Les coûts. Pour tirer le meilleur profit d'Internet, les entreprises doivent assumer des frais non négligeables pour la location de lignes téléphoniques, l'achat d'ordinateurs plus puissants et l'embauche de spécialistes d'Internet.

Les aspects culturels. Internet a sa propre culture qui tolère mal une publicité appuyée. Les premières tentatives de publicité sur Internet ont provoqué un tollé, et même des représailles de la part d'usagers. Les publicitaires les plus avertis ont appris à adopter une approche réservée, à rendre les messages publicitaires plus alléchants et à offrir des services aux usagers dans les publicités.

Considérant la vitesse fulgurante du développement de la technologie et des protocoles d'Internet, il est peu probable que ces contraintes freineront les millions d'entreprises et de consommateurs qui utilisent Internet chaque jour. « Les mercaticiens n'auront pas le choix d'être sur Internet », déclare Midori Chan, vice-président des services créatifs d'Interse, qui a aidé à mettre Digital Equipment Corp. sur Internet. « Ne pas être sur Internet, c'est un peu comme ne pas avoir le téléphone. »

Sources : Peter H. Lewis, « Getting down to Business on the Net », *The New York Times*, 19 juin 1994, p. C1-2 ; Peter H. Lewis, « Companies Rush to Set up Shop in Cyberspace », *The New York Times*, 2 novembre 1994, p. D1-3 ; Cyndee Miller, « Marketers Find It Hip to Be on the Internet », *Marketing News*, 27 février 1995, p. 2 ; Rick Tetzeli, « Electronic Storefronts on the Internet », *Fortune*, 28 novembre 1994, p. 191.

nouvel environnement. Dans les années 60, en vertu de la théorie Y, il ne fallait pas considérer les employés comme les rouages d'une machine, mais plutôt comme des individus dont la créativité pouvait être

stimulée grâce à des pratiques de management plus ouvertes. Dans les années 70, la planification stratégique offrait une nouvelle manière de bâtir et de gérer le portefeuille d'unités stratégiques d'activités des entreprises dans un environnement turbulent. Et dans les années 80, l'excellence et la qualité ont retenu l'attention comme clés du succès des entreprises. En fait, ces diverses préoccupations sont toujours pertinentes et continuent à inspirer la vision des entreprises.

Dans les années 90, plusieurs entreprises ont reconnu l'importance de privilégier une optique clientèle qui doit être omniprésente dans les activités de l'entreprise. Pour réussir, il faut plus qu'une orientation vers le produit ou une orientation vers la technologie, il faut aussi une orientation vers le marché. Encore de nos jours, trop d'entreprises font la conception et le développement de leurs produits et services sans considérer le point de vue de la clientèle, pour s'apercevoir trop tard que le marché a rejeté leurs produits et services. Et trop d'entreprises oublient les clients après la vente, pour se rendre compte par la suite qu'elles les ont perdus au profit de concurrents. Nombre de livres mettent l'accent sur la clientèle et sur l'importance des clients[4]. Tous ces livres portent le même message : le succès dans les affaires, à l'aube du troisième millénaire, dépend de l'orientation vers le marché et de l'orientation vers la clientèle.

1.1.6
Un environnement changeant

Bien d'autres changements ont eu lieu sur les marchés des consommateurs et sur les marchés des organisations durant les dernières décennies. Les marchés des consommateurs ont été marqués par le vieillissement de la population, la présence accrue des femmes sur le marché du travail, la diminution des mariages et des naissances, un plus grand nombre de divorces, des familles plus petites, l'émergence de groupes ethniques ayant des besoins distincts et la prolifération de modes de vie différents. Les entreprises exigent de leurs fournisseurs des produits et des services d'une meilleure qualité, des livraisons plus rapides, un meilleur service et des prix plus bas. Elles doivent accélérer leur processus de développement de nouveaux produits et services, car le cycle de vie des produits et des services est de plus en plus court. De même, elles doivent trouver des façons de distribuer et de promouvoir leurs produits et leurs services à des coûts plus bas.

1.2
LES CONCEPTS CLÉS DU MARKETING

De nombreuses définitions du marketing, aussi appelé « mercatique », ont déjà été suggérées par divers auteurs. Nous préférons la suivante :

> Le marketing est à la fois un processus social et un processus de management par lesquels les individus et les groupes satisfont leurs besoins et leurs désirs au moyen de la création et de l'échange de produits et de services ayant une valeur pour autrui.

Cette définition repose sur les concepts fondamentaux suivants : **les besoins, les désirs et la demande; les produits; la valeur et l'utilité; les échanges et les transactions; les relations et les réseaux; le marché; les mercaticiens et les clients potentiels.** Penchons-nous maintenant sur ces concepts, illustrés à la figure 1.1.

1.2.1
Les besoins, les désirs et la demande

Le point de départ de la discipline du marketing est la connaissance des besoins et des désirs humains. Les gens ont besoin de nourriture, d'air, d'eau, de vêtements et d'un abri pour survivre. Au-delà de ces besoins, ils désirent des loisirs, de l'éducation et

FIGURE 1.1
Les concepts clés du marketing

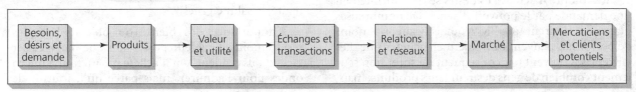

d'autres services. Ils ont des préférences marquées pour des types particuliers de services ou de produits de base.

Sans aucun doute, actuellement, les désirs et les besoins des gens sont renversants. En une année, 30,3 millions de Canadiens ont acheté 1,3 million de voitures et 7,3 millions d'abonnements de câblodistribution, et 3,8 millions d'entre eux se sont inscrits au collège et à l'université. Ces achats ont contribué à accroître la demande d'autres produits : 40 milliards de litres d'essence pour les voitures des particuliers, 1,4 milliard de dollars de publicité pour les téléspectateurs, 448 millions de dollars de produits vendus dans les librairies et les coopératives des campus collégiaux et universitaires. Ce ne sont là que quelques-uns des désirs et des besoins qui sont satisfaits dans une économie de 654 milliards de dollars.

Il est utile d'établir une distinction entre besoin, désir et demande. **Un besoin naît d'un sentiment de manque éprouvé à l'égard d'une satisfaction fondamentale.** Pour survivre, les gens ont besoin, entre autres choses, de manger, de se vêtir, de s'abriter, de se sentir en sécurité, de faire partie d'un groupe et d'être estimés. De tels besoins ne sont créés ni par la société, ni par le marketing : ils font partie de la nature même du corps humain et de la condition humaine.

Les désirs sont des moyens précis de satisfaire ces besoins fondamentaux. Un Canadien a besoin de manger et désire du poulet, a besoin de se vêtir et désire un complet Pierre Cardin, a besoin d'être estimé et s'achète une BMW. Dans d'autres sociétés, les besoins sont satisfaits différemment. Si un Balinais a faim, son besoin se traduit par le désir de manger des mangues, son besoin de vêtements, par le désir de porter un pagne, son besoin d'estime, par le désir de porter un collier de coquillages. En fait, les besoins des gens sont peu nombreux, mais leurs désirs sont infinis. Les besoins humains sont constamment façonnés et refaçonnés par des forces et des institutions sociales telles que l'Église, l'école, la famille et le milieu des affaires[5].

La demande correspond aux désirs de certains produits et elle est rendue possible par une capacité et une volonté d'achat. Les désirs se transforment en une demande par le pouvoir d'achat. De nombreuses personnes désirent une BMW, mais beaucoup moins de personnes peuvent ou veulent en acheter une. Les entreprises doivent par conséquent mesurer non seulement combien de gens désirent leurs produits, mais, plus important encore, combien les veulent réellement et sont capables de les acheter.

La distinction entre besoins, désirs et demande permet de répondre aux attaques fréquentes des critiques du marketing voulant que « les gens de marketing créent des besoins » ou encore que « les spécialistes du marketing amènent les gens à acheter des choses dont ils ne veulent pas ». Les mercaticiens ne créent pas de besoins ; ceux-ci préexistent. Le marketing, avec d'autres forces sociales, influe sur les désirs. Les mercaticiens suggèrent aux consommateurs qu'une BMW pourrait satisfaire le besoin qu'éprouve un individu d'afficher son rang social. Ils ne créent pas le besoin d'afficher le rang social, mais indiquent plutôt comment un produit particulier peut satisfaire ce besoin ; ils s'efforcent d'agir sur la demande en rendant le produit attrayant, accessible et facile à obtenir.

1.2.2
Les produits

Les gens satisfont leurs besoins et leurs désirs avec des produits. **Un produit est tout ce qui peut être offert pour satisfaire un besoin ou un désir.** Occasionnellement, nous utiliserons d'autres termes pour signifier un produit, tels qu'une offre ou une solution, ou toute autre expression désignant un moyen de satisfaire un besoin.

Un produit ou une offre peut être composé de trois éléments : un ou des biens, un ou des services et une ou des idées. Par exemple, une chaîne de restauration rapide offre des biens (du poulet, des frites, des boissons gazeuses), des services (la préparation de la nourriture, des places pour s'asseoir) et une idée ou un concept (l'économie de temps). Un manufacturier d'ordinateurs offre des biens (des ordinateurs, des écrans, des imprimantes), des services (la livraison, l'installation, la formation, l'entretien, la réparation) et une idée (le pouvoir de l'informatique). Une église offre aussi des biens (des bancs, des hosties), mais beaucoup plus de services (des offices, des sermons, des chants, des sacrements) et des idées (la communauté, le salut éternel)[6].

L'importance des biens (ou objets physiques) réside moins dans leur possession que dans les services qu'ils rendent. On n'achète pas un four à micro-ondes pour l'admirer, mais parce qu'il fournit des services de cuisson. Ainsi, les produits sont en réalité des objets qui rendent des services.

En fait, la prestation même d'un service ne peut être effectuée que par l'intermédiaire de moyens tels que des **personnes**, des **lieux**, des **activités**, des **organisations** et des **idées**. Si nous nous ennuyons, nous pouvons aller à un spectacle et admirer un artiste (une personne), voyager vers un site touristique accueillant comme la Gaspésie (lieu), faire du conditionnement physique (activité), adhérer à un club pour personnes seules (organisation) ou adopter une philosophie de vie différente (idée). En d'autres mots, la prestation de services peut se faire par des objets physiques ou des moyens intangibles. Dans ce livre, nous emploierons le terme « produit » pour représenter tout autant des biens que des services pouvant satisfaire un désir ou un besoin.

Certains fabricants ont commis de grosses erreurs en accordant plus d'attention à leurs produits qu'aux services rendus par ces produits. Les fabricants aiment beaucoup leurs produits mais oublient que les consommateurs les achètent parce qu'ils veulent satisfaire un besoin. Les gens n'achètent pas un objet pour lui-même. On se procure un bâton de rouge à lèvres à cause du service qu'il rend : ajouter de l'attrait au visage. De même, on achète une perceuse à cause du service qu'elle rend : percer des trous. La tâche des spécialistes du marketing est de mettre en valeur les bienfaits ou les services rendus par les objets, plutôt que de tout simplement en décrire les caractéristiques. On dit que les vendeurs qui concentrent leur attention davantage sur le produit que sur les besoins des consommateurs souffrent de « myopie du marketing ».

1.2.3
La valeur et l'utilité

Comment un consommateur choisit-il entre les différents produits susceptibles de satisfaire un besoin donné ? Illustrons-le d'une façon concrète. Supposons que Jean Tremblay doive parcourir trois kilomètres par jour pour aller travailler. Il peut avoir à choisir entre plusieurs produits propres à satisfaire son besoin de transport : des souliers, des patins à roulettes, une bicyclette, une motocyclette, une voiture, un taxi ou le transport en commun. Ces possibilités constituent un **ensemble de choix de produits**.

Supposons un certain nombre de besoins qu'il désire satisfaire pour son transport au travail, à savoir la rapidité, la sécurité, la facilité et l'économie. Ces critères définissent l'**ensemble de ses besoins**. Chacun des choix possibles satisfait plus ou moins chacun de ces besoins. Ainsi, une bicyclette est plus lente, moins sécuritaire et exige plus d'efforts qu'une voiture, mais elle est plus économique. D'une manière quelconque, Jean Tremblay doit décider du produit qui lui procurera le plus de satisfaction.

Les concepts qui guident l'action de ce consommateur sont la valeur et l'utilité. La **valeur** d'un produit est la capacité globale de ce produit de satisfaire un besoin ou un désir par rapport à ce qu'on donne pour l'obtenir. Par exemple, supposons que Jean Tremblay recherche avant tout la rapidité et la facilité de transport pour se rendre au travail. Si le prix n'entre pas en ligne de compte, on peut prédire qu'il choisira l'automobile. Or, la décision n'est pas si simple. Puisque chaque produit a un prix de vente, Jean Tremblay n'achètera pas nécessairement la voiture. En effet, une voiture coûte beaucoup plus cher que, disons, une bicyclette. Il aurait alors à sacrifier plusieurs autres choses (à cause du prix) pour obtenir cette voiture. Par conséquent, il devra considérer à la fois l'**utilité** du produit et son prix avant de faire un choix. Il choisira alors le produit qui lui procurera la plus grande valeur.

Selon DeRose, la valeur est « la satisfaction des exigences du client par rapport aux coûts les plus bas possible d'acquisition, de possession et d'utilisation[7] ». Nous verrons plus en détail au chapitre 6 les principales théories du comportement du consommateur.

1.2.4
Les échanges et les transactions

Le marketing ne résulte pas uniquement du fait que les gens ont des besoins et des désirs, et peuvent accorder une valeur à des produits. Le marketing prend forme quand ils décident de satisfaire leurs besoins et leurs désirs par un échange. L'échange est une des quatre manières par lesquelles les gens peuvent obtenir les produits qu'ils désirent.

La première manière est l'**autoproduction**. Les gens peuvent satisfaire leur faim par la chasse, la pêche ou la cueillette de fruits et de légumes. Ils n'ont pas besoin d'entrer en relation avec quiconque. Dans un tel cas, il n'y a ni marché ni marketing.

La deuxième manière est la **coercition**. Les gens affamés peuvent s'emparer de la nourriture d'autres personnes ou encore la dérober. Aucun bénéfice n'est alors procuré à ces autres personnes, sauf celui de ne pas les molester.

La troisième manière est la **supplication**. Des gens affamés peuvent demander instamment à d'autres personnes de leur donner de la nourriture. Ils n'ont rien de tangible à leur offrir en échange, excepté la gratitude.

La quatrième manière est l'**échange**. Les gens affamés peuvent entrer en contact avec d'autres personnes qui ont de la nourriture et leur offrir des ressources en échange, comme de l'argent, d'autres biens ou certains services.

Le marketing découle de cette dernière manière d'acquérir des biens. **L'échange peut se définir comme l'acte d'obtenir quelque chose de quelqu'un en lui offrant quelque chose en retour.** L'échange est le concept sous-jacent à la définition du marketing. Pour qu'un échange ait lieu, cinq conditions doivent être remplies :

1. Il existe au moins deux parties.

2. Chaque partie possède quelque chose qui peut avoir une valeur pour l'autre partie.

3. Chaque partie est capable de communiquer avec l'autre et de livrer ce qui est échangé.

4. Chaque partie est libre d'accepter ou de rejeter l'offre.

5. Chaque partie croit qu'il est correct ou désirable de faire affaire avec l'autre partie.

Si ces conditions sont remplies, il existe une possibilité d'échange. Que l'échange ait réellement lieu ou non dépend de la capacité pour les deux parties de s'entendre sur des **conditions d'échange** qui leur procurent une meilleure position (ou du moins une position équivalente). C'est en ce sens que l'échange est décrit comme un processus créateur de valeurs, c'est-à-dire que l'échange permet normalement aux deux parties de faire un gain.

L'échange doit être vu comme un processus plutôt que comme un événement. On considère que deux parties sont engagées dans un processus d'échange si elles négocient dans le but d'en venir à une entente. Si l'entente est conclue, on dit qu'une **transaction** a lieu.

La transaction est l'unité de base de l'échange. **Une transaction sanctionne un échange de valeurs entre deux parties.** On doit être en mesure de dire que A donne X à B et a reçu Y en retour. Jean Beaulieu a donné 400 $ à France Tremblay et a obtenu d'elle un téléviseur. Voilà une **transaction monétaire** classique. Les transactions, cependant, ne comportent pas toujours un recours à de l'argent ; il y a aussi le **troc**. On a un cas de troc lorsque, par exemple, Jean Beaulieu donne un réfrigérateur à France Tremblay en échange de son téléviseur. Le troc peut également prendre la forme d'un échange de services au lieu de biens, par exemple lorsque le notaire Beaulieu rédige un testament pour le comptable Tremblay, en échange de la préparation d'une déclaration de revenus.

Une transaction comporte plusieurs éléments : au moins deux choses de valeur, un accord sur les conditions d'échange ainsi qu'un moment et un lieu pour la convention. En général, il existe un appareil juridique pour soutenir et renforcer le respect de l'entente entre les deux parties. Des transactions peuvent facilement donner naissance à des conflits résultant notamment d'une fausse interprétation ou de mauvaises intentions. Sans les lois qui régissent les contrats, les gens procéderaient à n'importe quelle transaction avec beaucoup de méfiance, et tout le monde pourrait y perdre.

Les entreprises tiennent des dossiers de leurs transactions et les classent par article, prix, client, lieu et autres variables. L'analyse des ventes consiste à analyser d'où les ventes de l'entreprise proviennent, quels produits sont vendus, quels clients les achètent, sur quels territoires, etc.

Une **transaction** diffère d'un **transfert**. Dans un transfert, A donne X à B, mais ne reçoit rien de tangible en retour. Quand A fait un cadeau ou accorde une subvention à B, ou lui fait un don, on dit qu'il s'agit d'un transfert et non d'une transaction. Il pourrait sembler à première vue que le marketing devrait se limiter à l'étude des transactions, à l'exclusion de celle des transferts. Or, le transfert peut aussi s'expliquer par le concept d'échange. D'ordinaire, la personne qui effectue un transfert éprouve certaines attentes à la suite de son don, par exemple un témoignage de gratitude ou un comportement amical de la part du bénéficiaire du don. Les organisateurs des campagnes de financement sont très conscients des attentes de réciprocité qui motivent le geste du donateur. Ils s'efforcent donc de lui offrir des récompenses telles que des cartes de remerciement, des magazines ou des invitations spéciales à des événements. Des théoriciens du marketing ont récemment élargi le concept du marketing de façon à inclure, en plus du comportement associé à la transaction, l'étude de celui qui est inhérent au transfert.

Dans une perspective très générale, les spécialistes du marketing cherchent à provoquer une **réponse behavioriste** de la part de la partie visée. Une entreprise cherche une réponse appelée « achat », un candidat politique veut une réponse appelée « vote », une Église désire une réponse appelée « participation » et un mouvement social désire une réponse appelée « adhésion ». Le marketing consiste en des actions entreprises pour **obtenir** les réponses désirées d'un auditoire cible pour un objet donné.

Pour accomplir des échanges fructueux, les mercaticiens analysent ce que chaque partie s'attend à donner et à recevoir. On peut tracer les grandes lignes de situations d'échange en montrant les deux acteurs et les flux typiques de ressources entre eux.

Supposons que Caterpillar, un des plus grands fabricants de machinerie lourde, étudie les avantages recherchés par une entreprise typique de construction lorsqu'elle achète un tel équipement. Les avantages recherchés par le client potentiel sont énumérés au haut de la figure 1.2. Une entreprise de construc-

tion désire en effet un équipement de grande qualité, à un prix raisonnable, le respect des délais de livraison, un bon programme de financement et un bon service après-vente. Il s'agit là d'une **liste de désirs** (ou d'un ensemble de besoins). Les désirs ne sont pas tous d'une importance égale et peuvent, de plus, varier d'un acheteur à l'autre. Une des tâches de Caterpillar est de découvrir l'importance de ces divers désirs des acheteurs. En même temps, Caterpillar a sa propre liste de désirs, énumérés au bas de la figure 1.2. Elle désire obtenir un bon prix pour son équipement, un paiement rapide et un bouche à oreille favorable. S'il existe assez de points de convergence ou de chevauchement entre les deux listes, il y aura alors une base suffisante pour qu'une transaction puisse se réaliser. La tâche de Caterpillar est de formuler une offre propre à amener l'entreprise de construction à acheter son équipement. L'entreprise de construction pourrait, de son côté, faire une contre-proposition. Le processus par lequel les deux parties tentent d'en arriver à un accord satisfaisant est appelé **négociation**. Cette négociation débouche soit sur une transaction mutuellement acceptable, soit sur un constat de désaccord.

1.2.5
Les relations et les réseaux

Jusqu'à présent, nous avons expliqué en quoi consiste le **marketing transactionnel**. Le marketing transactionnel fait partie du concept plus large de **marketing relationnel**. Quant au marketing relationnel, il consiste en l'établissement d'une relation à long terme qui procure des avantages aux différentes parties — clients, fournisseurs, distributeurs — dans le but d'entretenir des rapports privilégiés et de continuer à faire affaire ensemble[8]. Les gens de marketing avisés tentent, en effet, d'établir des relations de confiance à long terme avec leurs clients, intermédiaires, concessionnaires et fournisseurs, de façon que les deux parties soient gagnantes. On rend cet objectif accessible en promettant et en fournissant à l'autre partie, pendant une longue période, des produits ou des services de qualité avec un bon service à la clientèle, et ce à un prix équitable. L'optique relationnelle implique le renforcement

FIGURE 1.2
Un échange entre deux parties indiquant les avantages recherchés

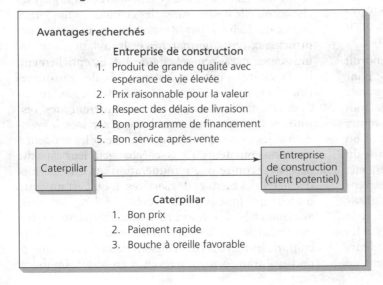

Avantages recherchés

Entreprise de construction
1. Produit de grande qualité avec espérance de vie élevée
2. Prix raisonnable pour la valeur
3. Respect des délais de livraison
4. Bon programme de financement
5. Bon service après-vente

Caterpillar → Entreprise de construction (client potentiel)

Caterpillar
1. Bon prix
2. Paiement rapide
3. Bouche à oreille favorable

des liens économiques, techniques et sociaux entre les membres des deux organisations. Les deux parties acquièrent une plus grande confiance, de meilleures connaissances et cherchent plus volontiers à s'entraider. Le marketing relationnel réduit le temps et les coûts de transaction ; dans les meilleures conditions, les négociations finissent par être omises et les transactions deviennent routinières.

Le résultat souhaité du marketing relationnel est l'élaboration d'un actif unique pour une entreprise, actif appelé **réseau de marketing**. Un réseau de marketing comprend une entreprise et celles avec lesquelles elle a bâti des relations d'affaires solides et fiables. La préoccupation du marketing cesse d'être la maximisation du profit sur chaque transaction pour devenir la maximisation des bonnes relations avec d'autres parties. Le principe de base devient : « Il faut bâtir de bonnes relations et les transactions profitables suivront bien[9]. »

Nous aborderons plus longuement le marketing relationnel aux chapitres 2 et 22.

1.2.6
Le marché

Le concept d'échange conduit au concept de **marché**.

> Un marché est constitué de tous les clients potentiels partageant un besoin ou un désir particulier et ayant la volonté et la capacité de procéder à un échange permettant de satisfaire ce besoin ou ce désir.

La taille d'un marché dépend donc du nombre de personnes qui éprouvent le besoin, ont des ressources qui intéressent d'autres personnes et acceptent d'offrir ces ressources en échange de ce qu'elles désirent.

À l'origine, le terme « marché » décrivait l'endroit où les acheteurs et les vendeurs se rencontraient pour échanger leurs marchandises, par exemple la grande place du village. Les économistes utilisent le mot « marché » pour désigner l'ensemble des personnes qui achètent ou vendent un produit déterminé ou une classe particulière de produits. Ainsi, on parle du marché domiciliaire, du marché des céréales, etc. Dans le domaine du marketing, cependant, les vendeurs constituent l'industrie et les acheteurs constituent le marché. La relation entre l'industrie et le marché est illustrée à la figure 1.3. Les vendeurs et les acheteurs sont reliés par quatre flux. Les vendeurs offrent des biens et des services et transmettent de

FIGURE 1.3
Un système de marketing de base

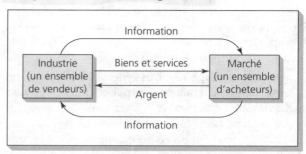

l'information au marché ; en retour, ils reçoivent de l'argent et de l'information. La boucle interne représente l'échange d'argent pour des biens ; la boucle externe illustre l'échange d'information.

Les gens d'affaires emploient familièrement l'expression « marché » pour représenter divers regroupements de clients. Ils parlent de **marchés des besoins** (par exemple le marché des gens soucieux de leur régime), de **marchés des produits** (comme le marché des vêtements de sport), de **marchés démographiques** (tels que le marché des jeunes ou le marché des personnes âgées) et de **marchés géographiques** (comme le marché du Québec). Ils élargissent même le concept pour tenir compte des échanges non commerciaux, comme ceux du marché du travail.

En fait, les économies modernes reposent sur le principe de la division du travail, où chaque personne se spécialise dans la production de quelque chose, reçoit une rémunération et achète avec cet argent les choses qu'elle désire. Ainsi, les économies modernes sont caractérisées par de nombreux marchés. Les principaux types de marchés et les relations qui les unissent apparaissent à la figure 1.4. Essentiellement, les fabricants vont sur les marchés des ressources (marchés des matières premières, de la main-d'œuvre, de la finance, etc.), acquièrent des ressources, les transforment en biens et services, les vendent à des intermédiaires, qui en retour les vendent à des consommateurs. Ceux-ci échangent leur capacité de travail contre une rémunération qui leur permet d'acheter des biens et des services. L'État est un autre marché qui joue plusieurs rôles. Il achète des biens aux marchés des ressources, des fabricants et des intermédiaires ; il les paie, puis il taxe ces marchés (y compris les marchés des consommateurs) ; en contrepartie, il transforme ces revenus en services publics.

FIGURE 1.4
Les flux d'échange dans une économie moderne

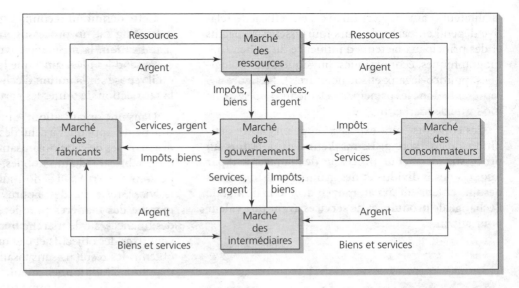

Ainsi, l'économie de chaque pays et l'économie du monde entier consistent en des ensembles complexes de marchés qui interagissent et sont reliés par des processus d'échange.

1.2.7
Les mercaticiens et les clients potentiels

Le concept de marketing est indissociable de celui de marché. Le marketing est une activité humaine qui s'accomplit en fonction de marchés. **Le marketing est l'établissement de relations avec des marchés afin de réaliser des échanges destinés à satisfaire des besoins et des désirs humains.**

Si une partie cherche plus activement que l'autre à susciter un échange, on appelle cette première partie un mercaticien, ou *marketer,* alors que la deuxième partie est un **client potentiel.** Un mercaticien est **quelqu'un qui recherche un ou plusieurs clients potentiels désireux d'échanger quelque chose de valeur. Un client potentiel est quelqu'un que le mercaticien a identifié comme étant passablement désireux et capable de s'engager dans un tel échange.** Une personne qui fait du marketing recherche une réponse de l'autre partie, soit pour lui vendre quelque chose, soit pour lui acheter quelque chose ; en d'autres mots, elle

peut être un acheteur ou un vendeur. Supposons que plusieurs personnes désirent acheter une belle maison qui vient juste d'être annoncée sur le marché immobilier. Chaque acheteur potentiel essaiera de « se vendre » pour être choisi par le vendeur. Ces acheteurs font donc du marketing. Dans ce cas, les deux parties cherchent activement à effectuer un échange. On dit que les deux font du marketing et on appelle cette situation un cas de marketing réciproque.

Dans la situation la plus typique, le mercaticien est une entreprise servant, en compétition avec des concurrents, un marché d'utilisateurs finaux (voir la figure 1.5). L'entreprise et ses concurrents envoient leurs produits et leurs messages respectifs directement ou par des intermédiaires (revendeurs ou

FIGURE 1.5
Les principaux acteurs et les principaux facteurs d'influence dans un système moderne de marketing

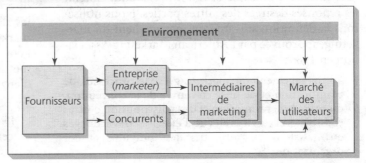

facilitateurs) aux usagers finaux. Leur efficacité relative dépend en partie de leurs fournisseurs respectifs et des principaux facteurs d'influence du milieu (démographiques, économiques, physiques, technologiques, politico-légaux et socioculturels). La figure 1.5 représente donc les principaux éléments d'un système moderne de marketing.

Ces concepts étant exposés, rappelons notre définition du marketing. **Le marketing est à la fois un processus social et un processus de management par lesquels des individus et des groupes satisfont leurs besoins et leurs désirs au moyen de la création et de l'échange de produits et de services ayant une valeur pour autrui.**

1.3
LE MANAGEMENT DU MARKETING

La conduite d'un processus d'échange exige une dose substantielle de travail et d'habileté. Les **individus** deviennent relativement habiles à faire des achats de biens pour leur foyer. Occasionnellement, ils entreprennent de faire de la vente, par exemple celle de leur auto ou de leurs propres services. Les **organisations**, elles, montrent plus de professionnalisme dans la conduite du processus d'échange. Elles doivent attirer des ressources provenant d'un ensemble de marchés, les convertir en des produits utiles et les échanger avec un autre ensemble de marchés. Les **pays** planifient et gèrent aussi des relations d'échange entre eux. Ils cherchent à établir des relations commerciales profitables avec d'autres pays. Dans cet ouvrage, nous mettrons l'accent sur la perspective du **marketing organisationnel** plutôt que sur celle du **marketing d'individus** ou **de pays**.

Il est question de **management du marketing** dès qu'au moins une des parties, à un échange potentiel, détermine des objectifs et des moyens pour obtenir les réponses désirées des autres parties. Nous utiliserons la définition suivante du management du marketing, approuvée par l'American Marketing Association en 1985 :

> **Le management du marketing est le processus de planification et de mise en œuvre de la conception, du prix, de la promotion et de la distribution d'idées et de biens et services en vue d'effectuer des échanges qui satisfont aux objectifs des individus et des organisations**[10].

Cette définition reconnaît que le **management du marketing** est un processus impliquant l'analyse, la planification, la mise en œuvre et le contrôle, qu'il comprend les idées ainsi que les biens et les services, qu'il repose sur la notion d'échange et que son but est la satisfaction de toutes les parties intéressées.

Dans une organisation, le management du marketing peut s'appliquer à celui des relations avec chacun des marchés de cette organisation. Considérons le cas d'un fabricant d'automobiles. Le vice-président du personnel exerce son action sur le **marché du travail**, le vice-président des approvisionnements, sur le **marché des matières premières** et le vice-président des finances, sur le **marché financier**. Tous trois doivent fixer des objectifs et élaborer des stratégies pour obtenir des résultats satisfaisants dans chacun de ces marchés. Traditionnellement, cependant, ces cadres ne sont pas connus comme spécialistes du marketing et n'ont pas été formés dans cette discipline. Au mieux, ils sont des mercaticiens à temps partiel[11]. Au contraire, le management du marketing est historiquement associé aux tâches et au personnel qui s'occupent du **marché des clients**. Nous suivrons cette convention, tout en gardant à l'esprit que ce que nous disons au sujet du marketing s'applique également à tous les marchés.

La responsabilité du marketing sur le marché de la clientèle est officiellement assumée par **les directeurs des ventes, le personnel de vente, les directeurs de la publicité et de la promotion, les directeurs de la recherche en marketing, les directeurs du service à la clientèle, les directeurs des produits et des marchés, les directeurs de marques et de catégories et le vice-président du marketing**. Chacun de ces postes rassemble des tâches et des responsabilités bien définies. La plupart de ces fonctions comportent le management de **ressources** de marketing particulières, comme la publicité, les ventes ou la recherche en marketing. D'autre part, les directeurs des produits, les directeurs des marchés, les directeurs de marques et les directeurs de catégories et le vice-président du marketing ont la responsabilité de **plans d'action**. Leurs tâches consistent à analyser, à planifier et à mettre en œuvre des programmes susceptibles d'engendrer le niveau et la combinaison désirés de transactions avec les marchés cibles.

L'image la plus usuelle d'un directeur du marketing est celle d'une personne dont la tâche est avant tout de stimuler la demande des produits de l'entreprise.

TABLEAU 1.1

Les types de demande et les tâches du marketing

1. **Demande négative.** Un marché est dans un état de demande négative si une partie importante de ce marché n'aime pas le produit et est même prête à payer un prix pour l'éviter. Les gens ont une demande négative à l'égard des vaccins, des soins dentaires, des vasectomies, des extractions de calculs rénaux. La demande des employeurs est négative pour les anciens prisonniers et les salariés alcooliques. La tâche du marketing consiste à analyser pourquoi le marché n'aime pas le produit et si un programme de marketing constitué d'une modification du produit, d'une baisse du prix et d'une promotion positive peut changer les croyances et les attitudes du marché.

2. **Absence de demande.** Les consommateurs du marché cible peuvent ne pas être intéressés par le produit ou y être indifférents. Ainsi, des agriculteurs peuvent ne pas s'intéresser à de nouvelles méthodes de culture et des étudiants, à des cours d'informatique. La tâche du marketing est de découvrir des moyens d'établir un lien entre les avantages offerts par le produit et les intérêts et les besoins naturels des individus.

3. **Demande latente.** Des consommateurs peuvent éprouver un besoin intense que ne peut satisfaire aucun des produits existants. Par exemple, il y a une forte demande latente pour des cigarettes n'offrant aucun risque pour la santé, pour un voisinage plus sécuritaire et pour des voitures dont la consommation d'essence est plus économique. La tâche du marketing est de mesurer la taille du marché potentiel et d'établir des moyens et des services efficaces qui satisferont la demande.

4. **Demande déclinante.** Toute organisation, tôt ou tard, devra faire face à une demande déclinante pour un ou plusieurs de ses produits. Des Églises ont vu la participation décliner et des universités ont vu leurs inscriptions baisser. Les spécialistes du marketing doivent analyser les causes du déclin des marchés et déterminer s'ils peuvent stimuler la demande en cernant de nouveaux marchés cibles, en changeant les caractéristiques du produit ou en établissant une communication plus efficace. La tâche du marketing est de renverser la tendance au déclin de la demande grâce à un marketing créatif.

5. **Demande irrégulière.** Plusieurs organisations font face à une demande qui varie selon les saisons, les jours et même les heures, ce qui leur pose des problèmes de capacité inutilisée ou surchargée. Dans le transport en commun, la grande majorité de l'équipement est inutilisée en dehors des heures de pointe, mais ne peut répondre à la demande durant les heures de pointe. Les musées souffrent d'un manque de visiteurs durant les jours de la semaine et d'une surpopulation durant les week-ends. Les salles d'opération des hôpitaux sont surchargées les premiers jours de la semaine et sous-utilisées vers la fin de la semaine. La tâche du marketing appelée **synchromarketing** consiste à trouver des moyens de modifier la courbe de la demande dans le temps grâce à des adaptations des produits, à des prix flexibles, à la promotion et à d'autres stimulants.

6. **Demande soutenue.** Les organisations font face à une demande soutenue quand elles sont satisfaites de leur volume d'activités. La tâche du marketing consiste alors à maintenir le niveau de demande actuel face aux changements de préférences des consommateurs et à la croissance de la concurrence. L'organisation doit maintenir ou même améliorer sa qualité et mesurer continuellement la satisfaction de la clientèle pour s'assurer qu'elle accomplit bien sa tâche.

7. **Demande excessive.** Certaines organisations, par exemple les salles d'urgence des hôpitaux, font face à un niveau de demande qui est supérieur à celui auquel elles peuvent répondre ou désirent répondre. Le nombre de voitures à l'heure de pointe sur les ponts de la région de Montréal est si élevé que les automobilistes perdent de nombreuses heures ; de même, les véhicules sont si nombreux sur les autoroutes des Laurentides et des Cantons-de-l'Est que ces autoroutes deviennent dangereuses. Le coût individuel et social (énergie, pollution, etc.) en est très élevé. Pourtant, en dehors des heures de pointe, la circulation s'y fait bien. La tâche du marketing appelée **démarketing** a pour but de trouver de nouvelles manières de réduire la demande d'une façon temporaire ou permanente. Généralement, le démarketing consiste à décourager la demande en modifiant le produit, par exemple, ou encore en augmentant les prix ou en réduisant la promotion ou le service. Le démarketing sélectif a plutôt pour tâche de réduire la demande provenant des parties de marchés pour lesquelles elle est moins rentable ou qui ont moins besoin de services. Le démarketing ne consiste pas à détruire la demande, mais plutôt à en réduire le niveau d'une façon temporaire ou permanente.

8. **Demande non souhaitable.** Des produits malsains sont la cible d'efforts concertés destinés à en décourager la consommation. Des campagnes énergiques ont en effet été menées contre la cigarette, l'alcool, la drogue, les armes à feu et les films pornographiques. La tâche du marketing consiste alors à amener les amateurs d'un produit malsain à en abandonner l'usage, et cela au moyen d'outils comme les campagnes de peur dans les médias, les hausses de prix et la baisse de l'accessibilité.

Sources : Adapté de Philip Kotler, « The Major Tasks of Marketing Management », *Journal of Marketing*, octobre 1973, p. 42-49, et de Philip Kotler et Sidney J. Levy, « Demarketing, Yes, Demarketing », *Harvard Business Review*, novembre-décembre 1971, p. 74-80.

Cette conception est toutefois trop limitée pour rendre compte de la diversité des tâches assumées par un directeur du marketing. **Le management du marketing consiste à influencer le niveau, le synchronisme et la composition de la demande afin de permettre à l'organisation d'atteindre ses objectifs.** En fait, le management du marketing est essentiellement **le management de la demande.**

L'organisation se fait toujours une idée du **niveau de transactions souhaité** avec un marché cible. À un moment donné, le **niveau de demande réel** peut être inférieur, égal ou supérieur au niveau de demande souhaité. Autrement dit, il peut y avoir une absence de demande, une demande faible, une demande adéquate, une demande excessive, etc. Le management du marketing doit composer avec ces différents états. On trouvera dans le tableau 1.1 huit situations différentes de demande et les tâches correspondantes des directeurs du marketing.

Les directeurs du marketing font face à ces situations **à l'aide de la recherche, de la planification, de la mise en œuvre et du contrôle de marketing.** Les décisions de planification du marketing incluent les décisions portant sur les marchés cibles, le positionnement, le développement de produits, le prix, les canaux de distribution, la logistique et la communication. Nous analyserons ces tâches du marketing dans les prochains chapitres. Il va sans dire que les directeurs du marketing doivent acquérir des compétences de plusieurs sortes avant de devenir efficaces.

1.4
LES OPTIQUES DU MANAGEMENT DU MARKETING

Nous avons décrit le management du marketing comme étant l'effort accompli en vue d'effectuer les échanges souhaités avec les marchés cibles. Une question mérite d'être posée. Quelle philosophie devrait guider les efforts de marketing ? En d'autres termes, quelle importance devrait être accordée aux intérêts des **organisations**, des **clients** et de la **société** ? Souvent, certains intérêts sont conflictuels. Évidemment, les activités de marketing devraient être guidées par une philosophie de marketing efficace et réfléchie.

Les organisations peuvent exercer leurs activités de marketing dans cinq optiques possibles : l'optique

production, l'optique produit, l'optique vente, l'optique marketing et l'optique marketing à caractère social.

1.4.1
L'optique production

L'optique production est une des optiques les plus traditionnelles qui guident les entreprises.

> **L'optique production soutient que les consommateurs choisiront les produits les plus facilement accessibles et dont le prix est bas. Les organisations épousant l'optique production concentrent leurs efforts sur une production très efficace et sur une distribution à grande échelle.**

L'hypothèse que les consommateurs s'intéressent avant tout à la facilité de se procurer le produit et à son faible prix est juste dans deux situations. Dans la première situation, la demande d'un produit excède l'offre et, en conséquence, les consommateurs recherchent plus l'accessibilité du produit que ses raffinements. Dans un tel cas, les fabricants feront porter leurs efforts sur la recherche de nouvelles manières d'accroître la production. Dans la deuxième situation, le coût du produit est élevé et doit être réduit grâce à une plus grande productivité, de façon à élargir le marché. La compagnie Texas Instruments met encore en pratique l'optique production.

Texas Instruments est la compagnie la plus connue qui professe la philosophie du « volume de production toujours plus grand pour réduire les prix le plus possible ». Dans les années 1900, Henry Ford avait été un pionnier de cette optique dans le but d'accroître le marché de l'automobile. Ford appliqua son talent à perfectionner la production de masse d'automobiles pour réduire les prix de façon que les gens puissent se les offrir. De même, la firme Texas Instruments déploie énormément d'efforts dans l'accroissement de son volume de production et dans l'amélioration de sa technologie afin de réduire les coûts. Tirant parti de la diminution de ses coûts, elle réduit les prix et accroît ainsi la taille de son marché. Elle tente d'obtenir — et souvent y réussit — la position dominante sur ces marchés. Pour Texas Instruments, le marketing ne signifie qu'une chose : diminuer le prix pour les acheteurs. Cette optique a aussi été la stratégie fondamentale de plusieurs entreprises japonaises.

Certaines organisations de services adoptent également l'optique production. Beaucoup de cliniques médicales et dentaires sont organisées selon les principes des lignes de production, de même que certains organismes d'État, tels les bureaux d'assurance-emploi. Bien que cette méthode permette le traitement de plusieurs cas à l'heure, ce type de gestion laisse à désirer à cause de son caractère impersonnel et de son manque d'attention à l'égard de la clientèle.

1.4.2
L'optique produit

D'autres entreprises sont guidées par l'optique produit.

> **L'optique produit s'appuie sur l'hypothèse que les consommateurs préféreront les produits qui offrent le plus de qualité, la meilleure performance et les meilleures caractéristiques. Dans les organisations qui épousent l'optique produit, la direction vise avant tout à fabriquer de bons produits et à les améliorer constamment.**

Ces gestionnaires supposent que les acheteurs admirent les produits bien faits, peuvent évaluer leur performance et leur qualité, et acceptent de payer plus cher pour les « extras » de ces produits. Plusieurs de ces directeurs sont amoureux de leur produit et sont incapables d'accepter que le marché puisse ne pas être aussi entiché qu'eux de ce produit, ni même que le marché ose s'orienter d'une autre façon. Ils affirment avec hauteur : « Nous fabriquons les meilleurs complets », « Nous offrons les meilleurs spectacles de théâtre » ou « Nous fabriquons les meilleurs postes de télévision », et ils se demandent pourquoi le marché ne les apprécie pas. L'histoire de Steven P. Jobs et de son ordinateur NeXT illustre bien cette problématique.

Jobs fut un des leaders de l'industrie du micro-ordinateur avec son appareil Apple Macintosh ; les attentes étaient donc fort élevées lorsqu'il dévoila son nouvel ordinateur noir luisant, le NeXT, au début des années 80. Néanmoins, après avoir dilapidé les 250 millions de dollars investis, NeXT cessa d'expédier, au début de 1993, ce micro-ordinateur d'une valeur de 12 000 $. Qu'est-ce qui n'avait pas fonctionné ? L'ordinateur était intéressant et facile à utiliser. Il était équipé de haut-parleurs haute-fidélité et du premier lecteur de cédéroms incorporé dans un micro-ordinateur. Par contre, l'entreprise n'avait jamais énoncé clairement à quel type de clients l'ordinateur était destiné et ce que l'ordinateur était censé faire de mieux que les produits concurrents. Pour

Jobs, sa « machine de rêves » devait être un poste de travail destiné au marché universitaire, mais très peu d'universitaires pouvaient payer un prix si élevé pour un ordinateur. Il décida alors d'en faire la promotion auprès des ingénieurs ; toutefois, ceux-ci préféraient les produits de Sun Microsystems et de Silicon Graphics. Il y avait aussi des problèmes importants de logiciels ; NeXT était incompatible avec à la fois IBM et Apple. Durant le temps que Jobs prit pour trouver une bonne approche de marketing, la technologie avait évolué et son produit avait été dépassé par les produits de la concurrence[12].

Les exemples d'entreprises qui adoptent l'optique produit ne proviennent pas toujours de la grande entreprise. On observe également ce phénomène dans la PME. En voici un autre exemple.

Une entreprise manufacturière de Drummondville, qui avait acquis une expérience certaine dans le placage du métal avec du chrome surtout pour des usages industriels, voulait diversifier ses opérations. Son propriétaire « inventa » donc un nouveau jeu, constitué d'anneaux plaqués avec du chrome. Fier de son invention, il investit quelques dizaines de milliers de dollars dans la présentation de boîtes d'expédition, de feuillets promotionnels, etc. Puis il mandata une firme de conseillers pour qu'elle trouve des débouchés pour son jeu. Les premiers contacts des conseillers avec des acheteurs de chaînes de magasins et des représentants commerciaux de la place Bonaventure révélèrent qu'il n'y avait aucun intérêt pour ce produit. L'entrepreneur se rendit vite compte qu'il n'y avait pas de marché pour son produit et pas d'autres solutions que d'accepter les pertes déjà subies. L'optique produit venait de faire une autre victime.

Les entreprises qui épousent l'optique produit procèdent souvent de la mauvaise façon pour le design de leurs produits. Un cadre supérieur de General Motors demandait, il y a quelques années : « Comment le public peut-il savoir quelle sorte de voiture il désire avant que nous ne l'ayons inventée ? » Le point de vue de GM était que ses designers et ses ingénieurs devaient d'abord créer une voiture remarquable pour le style et la durabilité, que la division de la production se chargerait ensuite de fabriquer. Le service des finances en fixerait alors le prix, et finalement les services du marketing et des ventes seraient chargés de la vendre. Il n'est pas surprenant que dans certains cas les vendeurs aient eu à recourir à la vente sous pression ! GM avait oublié de demander aux consommateurs ce qu'ils désiraient, et elle ne faisait jamais appel au personnel du marketing au début du processus pour tenter de cerner le type de voitures qui se vendraient le mieux.

L'optique produit mène à la «myopie du marketing», une concentration exagérée sur le produit plutôt que sur le besoin. Ainsi, la direction des entreprises de chemin de fer croyait que les usagers désiraient des trains plutôt que du transport, et elle négligea le défi croissant que représentaient les autres moyens de transport, comme l'avion, l'autobus, le camion et l'automobile. Les entreprises de fabrication de règles à calcul pensaient que les ingénieurs désiraient des règles à calcul plutôt qu'une capacité de faire des calculs, et elles négligèrent la concurrence des calculatrices de poche. Les universités ont longtemps considéré que leur marché était constitué par les diplômés des collèges, et elles ont négligé le marché des adultes. Les Églises, les industries culturelles et Postes Canada ont toutes supposé qu'elles offraient au public le bon produit et se demandaient pourquoi la participation, les inscriptions et les ventes baissaient. Malheureusement, beaucoup trop d'organisations se regardent dans un miroir alors qu'elles devraient regarder par la fenêtre.

1.4.3
L'optique vente

L'optique vente est une autre orientation traditionnelle suivie par plusieurs entreprises pour faire leur mise sur le marché.

> **L'optique vente suppose que, si les consommateurs sont laissés à eux-mêmes, ils n'achèteront pas suffisamment de produits de l'organisation. L'entreprise doit donc adopter une formule vigoureuse de vente et de promotion.**

Les prémisses de l'optique vente sont que les consommateurs font naturellement montre de résistance ou d'inertie face à l'achat, qu'ils doivent être incités à acheter davantage et que l'entreprise doit posséder toute une batterie d'outils de vente et de promotion efficaces pour stimuler les achats.

L'optique vente recourt à des moyens particulièrement harcelants pour les «produits non recherchés», c'est-à-dire les produits que les consommateurs ne pensent habituellement pas à acheter, par exemple les polices d'assurance, les encyclopédies et les services de pompes funèbres. Ces entreprises ont mis au point diverses techniques de vente leur permettant de repérer les clients potentiels et de leur vendre sous pression les bénéfices de leurs produits.

L'optique vente a également cours dans les organisations à but non lucratif, comme les fondations, les bureaux d'admission dans les collèges et universités et les partis politiques. Ainsi, un parti politique s'acharnera à convaincre les électeurs que son candidat est la personne toute désignée pour occuper le poste. Le candidat fera le pied de grue dans les endroits publics, des premières heures du matin aux petites heures de la nuit, serrant les mains, embrassant les bébés, rencontrant les donateurs et faisant de grandes envolées. D'importantes sommes d'argent s'engloutiront dans la publicité à la radio, à la télévision, dans des affiches et des envois postaux. Toutes les faiblesses du candidat seront évidemment cachées au public, parce que le but est de faire une vente, et non de se préoccuper de la satisfaction après l'achat. Après l'élection, le nouvel élu restera fidèle à son optique vente. On fera donc peu d'efforts pour cerner la volonté populaire, mais on déploiera beaucoup d'efforts de communication pour persuader le public que les politiques préconisées par le candidat ou le parti sont les meilleures[13].

La plupart des organisations choisissent l'optique vente lorsqu'elles sont dans une situation de surcapacité. **Leur but est de vendre ce qu'elles peuvent produire, plutôt que de produire ce qu'elles peuvent vendre.** Dans les économies postindustrielles modernes, les capacités de production ont été accrues à tel point que tous les marchés sont devenus des marchés d'acheteurs (c'est-à-dire dominés par les acheteurs), et les vendeurs ont beaucoup de difficulté à trouver des clients. Les clients potentiels sont bombardés de messages publicitaires à la télévision, dans les journaux, par le courrier, et même harcelés par des visites à domicile ou au bureau. À chaque instant, on trouve quelqu'un qui tente de vendre quelque chose. Dans ces conditions, il est presque normal que le public associe souvent le marketing à la vente sous pression et à la publicité.

C'est pourquoi les gens sont surpris quand ils apprennent que l'aspect le plus important du marketing n'est pas la vente ! La vente est seulement la partie de l'iceberg qui émerge. Peter F. Drucker, un des plus grands théoriciens du management, note :

*Il sera toujours nécessaire, on peut le supposer, d'avoir un effort de vente. **Mais le but du marketing est de*** *rendre la vente superflue. Le marketing vise à connaître et à comprendre le client à un point tel que le bien ou le service lui convienne parfaitement et se vende de lui-même. Idéalement, le marketing devrait avoir pour résultat un client prêt à acheter. Il suffirait alors simplement de rendre le bien ou le service accessible[14]…*

Ainsi, pour être efficace, la vente doit être précédée de plusieurs activités de marketing telles que l'évaluation des besoins, la recherche en marketing, le développement de produits, la détermination du prix et la distribution. Si les spécialistes du marketing font bien leur travail, qui consiste à cerner les besoins des consommateurs, à développer des produits adaptés à ces besoins, à en déterminer le juste prix et à en assurer une distribution et une promotion efficaces, ces produits se vendront très facilement. Quand Eastman Kodak a conçu son appareil photo Instamatic, quand Atari a créé son premier jeu vidéo, quand Mazda a lancé sa voiture sport Miata et quand Bombardier a lancé son jet régional, ces fabricants ont été inondés de commandes parce qu'ils avaient conçu le bon produit à partir de devoirs de marketing bien faits.

En fait, le marketing qui s'appuie sur la vente sous pression comporte de grands risques. Cette manière de procéder suppose que les clients qui seront forcés d'acheter le produit l'aimeront, et que, s'ils ne l'aiment pas, ils n'en parleront pas négativement à leurs amis, ne se plaindront pas à des associations de consommateurs, oublieront probablement leur désappointement et achèteront de nouveau le produit. Ces hypothèses au sujet des acheteurs sont insoutenables. Une étude a démontré que les clients insatisfaits se plaignaient à 11 de leurs proches, alors que les clients satisfaits ne recommandaient le produit qu'à 3 de leurs proches ; les mauvaises nouvelles voyagent vite[15].

1.4.4
L'optique marketing

L'optique marketing est une philosophie née en réaction aux optiques précédentes. Quoiqu'elle ait une longue histoire, son principe fondamental n'a pris complètement forme que dans les années 50[16].

Dans l'optique marketing (le concept de marketing), on considère que la clé pour atteindre les buts de l'organisation consiste à déterminer les besoins et les désirs des marchés cibles, et à en assurer la satisfaction souhaitée avec plus d'efficacité et d'efficience que les concurrents.

L'optique marketing a été exprimée de façon colorée par plusieurs personnes :

- « Trouvez les désirs et satisfaites-les. »
- « Fabriquez ce qui se vendra au lieu d'essayer de vendre ce que vous pouvez fabriquer. »
- « Aimez votre client et non votre produit. »
- « C'est la manière du client qui est la bonne manière. »
- « Le client est roi. »
- « Faites tout en votre pouvoir pour que chaque dollar du client soit rempli de valeur, de qualité et de satisfaction. »

Theodore Levitt établit le contraste suivant entre l'optique vente et l'optique marketing :

La vente fixe son regard sur les besoins du vendeur, le marketing, sur les besoins de l'acheteur. La vente se préoccupe de convertir le produit du vendeur en argent liquide ; le marketing se préoccupe de satisfaire les besoins des clients à l'aide du produit et de tout ce qui est associé à sa création, à sa distribution et finalement à sa consommation[17].

L'optique marketing repose sur quatre piliers principaux, à savoir la **focalisation sur le marché**, l'**orientation vers le client**, le **marketing intégré** et la **rentabilité**. Ces piliers sont illustrés à la figure 1.6, où ils sont mis en contraste avec l'optique vente. L'optique vente adopte une perspective **interne-externe**. Elle débute à l'usine, met l'accent sur les produits actuels de l'entreprise, considère que la tâche

FIGURE 1.6
Une comparaison entre l'optique vente et l'optique marketing

Origine	Point de mire	Moyens	Fin
Usine	Produits	Vente et promotion	Profits obtenus du volume de ventes

a) L'optique vente

Origine	Point de mire	Moyens	Fin
Marché	Besoins du client	Marketing intégré	Profits obtenus de la satisfaction du client

b) L'optique marketing

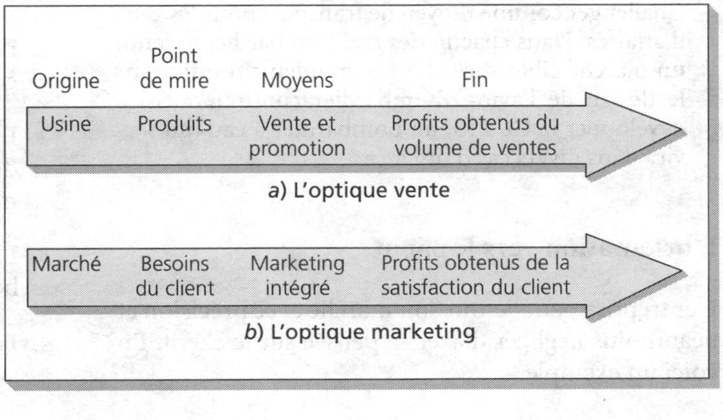

primordiale est de vendre selon des méthodes offensives et de faire la promotion de produits afin d'engendrer un niveau rentable de ventes. L'optique marketing est mise en œuvre selon une perspective **externe-interne**. On débute avec un marché cible bien défini, on met l'accent sur les besoins de la clientèle, on coordonne toutes les activités qui touchent aux clients et on obtient des profits en assurant la satisfaction du client. En résumé, l'**optique marketing** constitue un effort intégré de marketing qui est **axé sur le client** et qui **met l'accent sur le marché** afin d'assurer la **satisfaction du client** et, par là, d'atteindre les buts de l'organisation.

Voyons comment chaque pilier de l'optique marketing contribue à l'efficacité du marketing.

La focalisation sur le marché

Aucune organisation ne peut faire affaire avec chacun des marchés et satisfaire tous les besoins. Pas plus qu'aucune organisation ne peut accomplir pleinement sa tâche sur un marché très vaste. Même la toute-puissante IBM ne peut offrir la meilleure solution pour tous les besoins en informatique de chaque client. Les entreprises réussissent mieux quand elles peuvent définir avec soin les frontières de leurs marchés et qu'elles préparent un programme de marketing taillé sur mesure pour chacun des marchés cibles.

Une avionnerie peut concevoir des avions-cargos, de passagers long-courriers, moyen-courriers et court-courriers, de transport militaire ou de tourisme. Mais une telle manière de procéder est moins précise que de concevoir un avion pour un marché cible particulier. C'est pourquoi, par exemple, Bombardier a développé un avion à réaction à court rayon d'action pouvant transporter 50 passagers, le Challenger Regional Jet. Auparavant, la société avait conçu le Challenger comme moyen de transport pour les gens d'affaires. Dans chacun des cas, Bombardier a défini un marché cible et ce choix a grandement influé sur le design de l'avion. Bombardier continue aussi à développer le CL 215, un bombardier à eau qui servira dans divers cas d'urgence.

L'orientation vers le client

L'entreprise peut définir son marché avec précision et néanmoins négliger d'axer sa pensée sur le client. En voici un exemple.

Un chimiste d'une grande compagnie de produits chimiques inventa un nouveau composé qui prenait l'apparence du marbre en durcissant. Recherchant une application de ce nouveau produit, les mercaticiens croyaient qu'il pourrait servir à fabriquer des baignoires très élégantes. Allant de l'avant, ils créèrent quelques modèles de baignoires et louèrent un espace dans une foire commerciale d'ameublement et de salles de bains. Ils espéraient convaincre les fabricants de baignoires de produire des baignoires avec ce simili-marbre. Quoique les fabricants trouvassent ces nouvelles baignoires très intéressantes, aucun ne signa de contrat. La raison de ce refus devint fort vite évidente. Le prix des baignoires aurait dû être fixé à 2 000 $; à ce prix, les consommateurs pouvaient acheter des baignoires de marbre véritable ou d'onyx. De plus, les baignoires étaient si lourdes que le plancher des salles de bains aurait dû être renforcé, ce qui aurait entraîné des coûts supplémentaires. Enfin, étant donné que la plupart des baignoires se vendaient environ 500 $, très peu de gens étaient prêts à payer 2 000 $. L'entreprise avait réussi à mettre l'accent sur un marché, mais elle n'avait pas réussi à comprendre les consommateurs.

Le marketing consiste à répondre aux besoins des clients de façon rentable, mais comprendre les besoins et les désirs des clients n'est pas toujours chose facile. Certains clients ne sont pas tout à fait conscients de certains de leurs besoins. Ou ils n'arrivent pas à les exprimer, ou encore ils utilisent des termes qui nécessitent une interprétation. Que veut dire exactement un client lorsqu'il demande une automobile « économique », une tondeuse à gazon « puissante », un tour « rapide », un maillot de bain « attrayant » ou un hôtel « tranquille » ?

Prenons l'exemple d'un client qui désire une automobile « économique ». Le mercaticien doit sonder ce besoin plus en profondeur. Il peut cerner cinq types de besoins :

1. **Les besoins énoncés :** le client veut une automobile économique.

2. **Les besoins réels :** le client veut une automobile dont le coût d'exploitation est bas, mais pas forcément le coût d'achat.

3. **Les besoins non exprimés :** le client s'attend à un bon service de la part du concessionnaire.

4. **Les besoins enchanteurs :** le client achète une automobile qui arrive équipée gratuitement de

phares antibrouillard, ou encore lavée gratuitement lors de l'entretien.

5. **Les besoins cachés :** le client veut être perçu par ses amis comme étant un consommateur qui a un bon jugement et qui a fait un achat offrant une belle valeur.

Répondre aux besoins exprimés par le client n'est pas nécessairement la meilleure chose à faire. Par exemple, un client entre dans une quincaillerie et demande du mastic pour fixer une vitre à une fenêtre. Ce client exprime en fait une **solution**, pas un besoin. Le besoin est de fixer une vitre à une fenêtre. Le commis peut suggérer plusieurs autres solutions, dont un ruban adhésif ou une pâte de silicone. Le commis répondrait ainsi aux besoins réels du client, et non à ses besoins énoncés.

La pensée axée sur le client exige de l'entreprise qu'elle définisse avec soin les besoins du client **du point de vue du client**, et non de son propre point de vue. Chaque produit implique des compromis, et la direction ne peut savoir quels doivent être ces compromis à moins de parler aux consommateurs, de faire de la recherche auprès de ces derniers. Ainsi, l'acheteur d'une voiture neuve peut désirer un produit ayant une performance élevée, qui ne fait jamais défaut, qui est sécuritaire, peu cher et attrayant. Puisque toutes ces caractéristiques ne peuvent être réunies dans un même modèle, les concepteurs sont amenés à faire des choix difficiles, qui ne doivent pas refléter ce qui leur plaît, mais plutôt ce que les clients préfèrent ou ce à quoi ils s'attendent. Le but de l'optique marketing, après tout, est de faire une vente en satisfaisant les besoins du client.

En général, les entreprises peuvent répondre aux demandes des clients en leur donnant ce qu'ils veulent, ou ce dont ils pensent avoir besoin, ou ce dont ils ont réellement besoin. La clé du succès, pour un professionnel du marketing, est de comprendre les besoins réels des clients et d'y répondre mieux que les concurrents ne le font.

Certains mercaticiens font une différence entre le **marketing réactif** et le **marketing créatif**. Le mercaticien réactif cerne un besoin énoncé et le satisfait, tandis que le mercaticien créatif découvre et élabore des solutions que les clients n'ont pas demandées mais auxquelles ils répondent avec enthousiasme. Par exemple, Sony est une entreprise créative parce qu'elle a lancé plusieurs nouveaux produits que les clients n'avaient jamais demandés ou qu'ils croyaient tout simplement impossibles à réaliser. On peut dire que Sony va au-delà du marketing orienté vers le client ; cette entreprise ne se contente pas de réagir au marché, elle exerce une action sur lui. Akio Morita, son fondateur, prétendait qu'il ne servait pas des marchés, mais qu'il les créait[18].

Pourquoi est-il extrêmement important de satisfaire les clients cibles ? Parce que les ventes d'une entreprise, pour une période donnée, proviennent de deux groupes : les nouveaux clients et les clients actuels. Cela coûte 5 fois plus cher pour attirer de nouveaux clients que pour conserver les clients actuels[19]. Et cela coûterait même 16 fois plus cher pour amener un nouveau client au même niveau de rentabilité que celui d'un client que l'entreprise aurait perdu. La **rétention ou conservation des clients** est donc plus importante que l'**attraction ou recrutement des clients**. Et pour conserver des clients, il faut les satisfaire. En effet, un client satisfait :

- demeure fidèle plus longtemps ;

- achète plus lorsque l'entreprise lance de nouveaux produits ou services ou améliore les produits ou les services existants ;

- parle favorablement de l'entreprise et de ses produits et services ;

- accorde moins d'attention aux marques concurrentes et à la publicité, et est moins sensible au prix ;

- fait des suggestions et donne des idées à l'entreprise ;

- coûte moins cher à servir que les nouveaux clients parce que les transactions sont routinières.

Un cadre japonais de Lexus mentionnait à l'un des auteurs : « Notre but est de faire plus que de satisfaire le client. Notre but est d'enchanter le client. »

Il serait donc sage pour toute entreprise ou organisation de mesurer régulièrement la satisfaction de la clientèle. Par exemple, une entreprise pourrait appeler un échantillon de nouveaux clients et leur demander s'ils sont très satisfaits, plutôt satisfaits, ni satisfaits ni insatisfaits, plutôt insatisfaits ou très insatisfaits des produits ou des services de l'entreprise. Elle pourrait aussi demander quelles sont les principales causes de satisfaction ou d'insatisfaction, et utiliser cette information pour améliorer ses produits et ses services.

Certaines entreprises pensent qu'elles obtiennent une mesure de la satisfaction des clients en compilant le nombre et les types de plaintes reçues des clients pour une période donnée. Mais en fait, 95 % des clients insatisfaits ne se plaignent pas; plusieurs cessent tout simplement d'acheter le produit[20]. La meilleure chose qu'une entreprise puisse faire est de faciliter les choses aux clients de façon qu'ils puissent présenter leurs doléances. Les questionnaires utilisés dans les hôtels et restaurants et les lignes téléphoniques sans frais offertes notamment par Procter & Gamble sont des exemples à cet effet. Les Rôtisseries St-Hubert recherchent l'opinion et les commentaires de leurs clients en leur demandant de remplir un bref questionnaire qui mesure la satisfaction des clients au sujet de l'accueil, de la nourriture, du service et de la propreté. Le questionnaire est retourné au service à la clientèle dans une enveloppe-réponse. Ces entreprises espèrent que les clients vont les appeler pour leur faire des suggestions, des demandes ou même pour exposer leurs griefs. 3M prétend que plus des deux tiers de ses idées d'amélioration de produits proviennent de l'écoute des suggestions et des plaintes des clients.

Mais être à l'écoute n'est pas suffisant. L'entreprise doit aussi répondre aux plaintes d'une façon constructive.

Parmi les clients qui formulent une plainte, entre 54 % et 70 % vont de nouveau faire affaire avec l'organisation si celle-ci répond favorablement à leur plainte. Ce chiffre peut même atteindre un « renversant » 95 % si le client voit que sa plainte a connu une solution rapide. Les clients qui se sont plaints à une organisation et qui ont vu leurs plaintes traitées à leur satisfaction racontent à environ cinq personnes comment on s'est occupé d'eux[21].

Quand une entreprise se rend compte qu'un client fidèle peut lui procurer une part substantielle de ses revenus sur une période de plusieurs années, elle reconnaît volontiers qu'il est ridicule de risquer de perdre un client pour un grief ignoré ou une brouille méprisée. C'est pourquoi IBM exige que chacun de ses vendeurs rédige un rapport complet sur la perte d'un client et sur les étapes entreprises pour rétablir sa satisfaction.

Une des entreprises de vente par catalogue qui ont connu le plus de succès est la compagnie L.L. Bean, qui se spécialise dans les vêtements et l'équipement de plein air. L.L. Bean a intégré avec soin ses pro-grammes de marketing externe et interne. À ses clients, l'entreprise fait l'offre suivante :

Satisfaction garantie

Nous garantissons que nos produits vous donneront une entière satisfaction. Si ce n'est pas le cas, vous pouvez à n'importe quel moment nous retourner tout article acheté chez nous. Nous remplacerons la marchandise, rembourserons le prix payé ou créditerons votre compte, selon votre désir. Nous ne voulons pas que vous ayez un produit de L.L. Bean qui ne soit pas entièrement satisfaisant[22].

Pour motiver ses employés à bien servir ses clients, l'entreprise a apposé bien en évidence les affiches suivantes sur les murs de chacun de ses bureaux[23] :

Qu'est-ce qu'un client ?

Un client est la personne la plus importante du bureau, en personne ou par courrier. Un client ne dépend pas de nous, nous dépendons de lui.

Un client ne représente pas une interruption dans notre travail; il est sa raison d'être. Nous ne lui faisons pas une faveur en le servant; il nous fait une faveur en nous donnant la chance de le faire.

Un client n'est pas quelqu'un avec qui on peut argumenter ou jouer au plus fin. Personne n'a jamais eu le dernier mot dans un différend avec un client.

Un client est quelqu'un qui nous apporte ses désirs. C'est notre tâche de le satisfaire d'une façon profitable tant pour lui que pour nous.

Le marketing intégré

Malheureusement, les employés d'une entreprise ne sont pas toujours formés ou motivés de manière à faire bloc pour servir le client. Ainsi, un ingénieur se plaignait des vendeurs de l'entreprise parce qu'ils « protégeaient toujours le client et ne pensaient pas aux intérêts de la compagnie ». Il poursuivait en disant que les clients «demandaient toujours trop». L'anecdote suivante met en évidence le problème de la coordination:

> Le vice-président du marketing d'une compagnie aérienne voulait augmenter sa part de marché du trafic aérien. Sa stratégie était d'accroître la satisfaction des clients en fournissant des repas de meilleure qualité, un environnement plus propre et un personnel de bord mieux formé. Toutefois, il n'avait aucune autorité sur les services responsables. Le service de la restauration choisissait les aliments avec le souci de diminuer les coûts; le service d'entretien choisissait l'entreprise de nettoyage qui demandait le prix le plus bas; le service des ressources humaines engageait des individus sans vérifier s'ils avaient été formés pour servir le public et s'ils aimaient le public. Ces services adoptaient généralement une perspective axée sur les coûts ou sur la production. Le vice-président du marketing se trouvait donc dans l'impossibilité d'atteindre son objectif d'un haut niveau de satisfaction de la clientèle.

Le marketing intégré signifie deux choses. Premièrement, les diverses fonctions marketing — recherche en marketing, service à la clientèle, vente, publicité, etc. — doivent composer un tout. Trop souvent, les représentants sont irrités parce que les mercaticiens ont «fixé un prix trop élevé» ou un «quota trop élevé»; ou encore, le directeur de la publicité peut ne pas s'entendre avec le chef d'un produit au sujet de la meilleure campagne publicitaire à lancer pour ce produit. Ces divergences sont nuisibles à la concentration des actions à l'égard du client; toutes les fonctions marketing doivent être intégrées du point de vue du client.

Deuxièmement, le marketing doit être intégré aux autres services de l'entreprise et à tous les échelons de l'entreprise. Le marketing ne fonctionne pas bien quand il n'est qu'un service parmi d'autres; il ne peut fonctionner pleinement que si tout le personnel reconnaît comment il peut avoir une influence sur le degré de satisfaction du client. Comme le dit si bien David Packard, de Hewlett Packard: «Le marketing est une question trop importante pour être confiée à la seule responsabilité du service du marketing!» IBM va jusqu'à inclure, dans chacune de ses 400 000 descriptions de tâches, des explications quant à la manière dont cette tâche particulière est reliée au service à la clientèle. Un directeur d'une usine d'IBM sait qu'une visite de son usine peut aboutir à une vente à un client potentiel si l'usine est propre et s'il peut lui montrer avec fierté comment le fonctionnement de l'usine assure la qualité des produits. Les comptables, les acheteurs, les directeurs des finances et tous les autres cadres d'IBM savent que l'accomplissement de leur tâche leur permet d'être utiles aux clients, et ils sont formés et motivés de façon à être courtois envers le client et à répondre rapidement à ses demandes.

On constate aussi cette préoccupation dans certaines organisations publiques. Ainsi, Kenneth M. Dye, vérificateur général du Canada, souligne l'importance accordée aux clients dans les organisations performantes. Il fait remarquer que ces «organisations s'intéressent de près à leurs clients et sont plus soucieuses des besoins de leurs clients que des exigences de la bureaucratie». Voici un extrait de son rapport annuel:

La SCHL — L'importance des clients et du personnel

Au cours de notre étude, nous avons discuté avec des gens qui n'appartenaient pas aux organisations et qui présentaient donc l'avantage de voir les choses avec un certain recul. Dans le cas de la Société canadienne d'hypothèques et de logement, nos interlocuteurs comprennent le directeur d'une agence de services sociaux comme client, un architecte comme fournisseur et le ministère comme «propriétaire».

Le directeur de l'agence de services sociaux, située sur la côte Ouest, nous a parlé de l'importance accordée aux clients par la SCHL. Il a déclaré ce qui suit: «Nous avons construit cet immeuble de cinq millions de dollars alors que nous n'y connaissions rien, et la SCHL nous a guidés. J'ai toujours habité un appartement où c'est le concierge qui change les ampoules grillées. Je n'avais aucune expérience de la construction. Pourtant, j'ai construit cet immeuble. Lorsque vous faites affaire avec la SCHL, il est impossible de ne pas réussir. Elle vous montre ce que vous devez savoir, vous aide et vous facilite certaines démarches. Elle ne vous laisse pas tomber.»

Ce même client nous a également parlé de l'organisation interne de la SCHL. «Il n'y a aucun secret. La SCHL présente ses nouveaux employés, et tous sont bien informés. Lorsque vous faites un appel, vous ne passez pas par quatre ou cinq personnes. Même la personne qui répond au téléphone est au courant. Il y a toujours quelqu'un pour vous renseigner. Les employés sont des gens très dévoués, tant envers les clients qu'envers leurs collègues.»

Le ministère responsable de la SCHL est d'accord avec le fait que le rendement dépend principalement des employés. « Les employés ont une importance capitale, insiste-t-il, c'est pourquoi il faut dénicher des sous-ministres et des présidents qui possèdent les qualités voulues pour instaurer un esprit de collaboration et inspirer le sens d'une mission. J'admire le rendement de la SCHL, tout particulièrement en ce qui concerne sa capacité de faire des compromis avec les provinces, car elle rejette très peu de leurs conseils. Ces gens croient en ce qu'ils font, et ils en sont fiers. »

Nous avons demandé à un architecte indépendant, qui assure la prestation de services à la SCHL, ce qui attire les gens compétents. « Tout commence par un but, nous a-t-il expliqué, ainsi que par une série de lignes directrices valables. Ainsi, lorsque la SCHL a reçu le mandat de loger les personnes démunies, il était surprenant de voir le genre de personnes qui ont été attirées par cette tâche. Le hasard n'avait rien à y voir. Je m'en souviens, parce que j'ai moi-même travaillé à ce projet, jour et nuit. Le projet a attiré des gens qui avaient une vision et qui se sentaient capables d'appliquer certains principes d'action efficaces. »

Deux caractéristiques ressortent dans le cas de la SCHL : le dévouement à l'endroit des clients et la confiance accordée aux employés de la société. Les caractéristiques correspondent à la double orientation d'autres organismes contemporains connaissant beaucoup de succès : l'accent est mis sur les employés, tant de l'intérieur que de l'extérieur. La devise de la société permet également de comprendre ce qui attire les employés recherchés par ces organismes : « Il faut des gens éclairés pour appliquer des directives éclairées[24]. »

C'est pour cette raison qu'une bonne application du concept de marketing exige que l'organisation pratique le **marketing interne** autant que le **marketing externe. Le marketing interne est la tâche qui consiste à engager, à former et à motiver avec succès des employés compétents en vue de bien servir les clients.** En fait, le marketing interne doit précéder le marketing externe. Il est illogique d'annoncer les services d'une organisation avant même que celle-ci soit en mesure d'offrir des services de qualité.

À sa façon, Bill Marriott soutient que le client est la clé de la rentabilité. Comme certains autres chefs d'entreprise, il considère que l'organigramme typique — une pyramide avec le président en haut, la direction au milieu et le personnel de première ligne (vendeurs et personnel de service, téléphonistes et

FIGURE 1.7

L'organigramme d'une entreprise dans une optique marketing

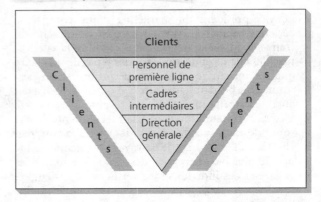

réceptionnistes) en bas — est désuet. Les entreprises qui maîtrisent le marketing le savent bien ; elles inversent l'organigramme (voir la figure 1.7). Au haut de l'organisation figurent alors les clients. Puis, par ordre d'importance, on trouve le personnel de première ligne, qui rencontre, sert et satisfait les clients. Sous eux apparaissent les cadres, dont la tâche est de soutenir le personnel de première ligne de façon qu'il serve bien les clients. Et finalement, à la base, se trouve la haute direction, dont la fonction est d'appuyer les cadres pour qu'ils puissent soutenir le personnel de première ligne qui, lui, assure la satisfaction des clients. Vous constaterez qu'on a ajouté des clients le long des deux côtés de la figure 1.7 pour indiquer que tous les directeurs de l'entreprise doivent personnellement s'engager pour rencontrer et connaître les clients.

La rentabilité

L'objectif du marketing est d'aider les organisations à atteindre leurs buts. Dans le cas des entreprises privées, le but principal est la rentabilité ; pour les organisations à but non lucratif et les organismes publics, l'objectif est plutôt de survivre et d'attirer assez de fonds (dons ou taxes) pour pouvoir accomplir leur tâche. Toutefois, la clé du succès n'est pas de viser à faire des profits en tant que tels, mais de réaliser des profits en tant que produits dérivés d'un travail bien fait. Le cadre supérieur de General Motors qui disait un jour « Nous sommes en affaires pour faire de l'argent, pas pour faire des autos », ordonnait mal les priorités. Une entreprise ne fait de l'argent qu'en satisfaisant les besoins de la clientèle mieux que ses concurrents ne le font. La tâche ne consiste pas à faire de l'argent ou des voitures, mais à trouver une façon rentable de satisfaire les divers besoins de transport personnel.

L'importance de satisfaire les clients est illustrée de façon exemplaire par Perdue Farms, une entreprise d'élevage de poulets dont le chiffre d'affaires est de trois quarts de milliard de dollars, avec une marge supérieure de 700 % à la moyenne de l'industrie et dont les parts de marché sur ses marchés les plus importants atteignent 50 %. Et le produit n'est que du poulet, un produit on ne peut plus banal. Son fondateur, le très coloré Frank Perdue, ne croit pas qu'« un poulet est un poulet », pas plus que ses clients. Sa devise est : « Ça prend un dur pour faire du poulet tendre », et il offre une garantie de remboursement aux clients qui seraient insatisfaits. Il s'efforce tellement de produire des poulets de qualité que ses clients sont prêts à payer une prime pour en acheter. Il croit fermement que si on travaille fort à offrir un produit de qualité supérieure tout en étant intègre, les profits, la part de marché et la croissance arriveront d'eux-mêmes.

Combien d'entreprises ont épousé l'optique marketing et pratiquent réellement le concept de marketing ? Malheureusement trop peu. Un petit nombre d'entreprises sont passées maîtres en matière de marketing ; c'est le cas pour des compagnies nord-américaines telles que Les Ailes de la Mode, Procter & Gamble, Wal-Mart, McDonald's et Marriott Hotels ; pour des compagnies européennes comme Ikea, Club Med, Ericsson et Bang & Olufsen ; pour des compagnies japonaises comme Sony, Toyota et Canon. Ces entreprises mettent l'accent sur le client et sont organisées pour réagir efficacement aux changements des besoins des clients. Elles ont des services du marketing pourvus d'un personnel compétent, et tous les autres services — production, finances, recherche et développement, achats, ressources humaines — acceptent aussi le principe selon lequel le client est roi.

La plupart des entreprises ne saisissent pas réellement la nature du concept de marketing ou ne l'adoptent pas tant qu'elles n'y sont pas forcées par les circonstances. Elles ne réagissent que sous l'impulsion de l'un ou plusieurs des facteurs suivants.

Le déclin du chiffre d'affaires. Quand les entreprises accusent une chute du chiffre d'affaires, elles prennent peur et commencent à chercher des solutions. Par exemple, certains journaux ont connu une baisse de leur diffusion, car de plus en plus de gens se tournaient vers les nouvelles télévisées. Certains propriétaires de journaux se sont rendu compte qu'ils ne connaissaient que peu de chose des gens qui lisaient leurs publications et de ce qu'ils attendaient de celles-ci. Ils ont commencé à faire de la recherche auprès des consommateurs pour pouvoir modifier la présentation et le contenu des journaux afin qu'ils deviennent plus actuels, pertinents et intéressants pour leurs lecteurs.

La lenteur de la croissance. La croissance lente de leur chiffre d'affaires incite certaines entreprises à partir à la recherche de nouveaux marchés. Elles constatent alors qu'elles ont besoin d'un savoir-faire en marketing si elles veulent être capables de cerner, d'évaluer et de choisir avec succès de nouvelles possibilités. Ainsi, Dow Chemical, qui cherchait de nouvelles sources de revenus, décida d'entrer sur les marchés des consommateurs et d'investir massivement dans l'acquisition d'un savoir-faire en marketing pour pouvoir être efficace sur ces marchés.

Le changement des habitudes d'achat. Plusieurs entreprises font face à des marchés caractérisés par des besoins très changeants. Il leur faut de plus en plus de savoir-faire en marketing si elles veulent continuer à offrir quelque chose qui a de la valeur pour les acheteurs.

La croissance de la concurrence. Des entreprises satisfaites d'elles-mêmes peuvent être soudainement la cible de puissantes entreprises de marketing et être ainsi forcées à apprendre le marketing pour relever ce défi. Ainsi, Bell Canada demeura un monopole réglementé jusqu'en 1970, alors que les fabricants d'équipement concurrents obtinrent la permission de raccorder leur équipement aux lignes de Bell. Devant faire face à une nouvelle concurrence, Bell acheta de nouveaux équipements, ouvrit des magasins de détail et se réorganisa de façon à faciliter l'exploitation de nouvelles entreprises non assujetties à la réglementation. Ensuite arriva Unitel, et Bell dut s'adapter à la concurrence sur le marché des appels interurbains.

La croissance des dépenses de marketing. Certaines entreprises peuvent constater que leurs dépenses pour la publicité, la promotion des ventes, la recherche en marketing et le service à la clientèle s'accroissent démesurément. La direction décide alors qu'il est temps de rationaliser la fonction marketing[25].

Durant la période de transition menant à l'orientation vers le marché, une entreprise se heurtera à trois obstacles : la résistance de l'organisation, la lenteur de l'apprentissage et la rapidité de l'oubli.

La résistance de l'organisation

Certains services de l'entreprise — souvent les services de la production, des finances et de la recherche et développement — n'aiment pas voir croître l'influence du marketing parce que cette influence menace leur pouvoir dans l'organisation. La nature de cette menace est illustrée à la figure 1.8. Au début, la fonction marketing est perçue comme l'une des principales fonctions contribuant à part égale à l'équilibre global de l'entreprise (figure 1.8*a*). Une demande insuffisante amène alors les responsables du marketing à faire valoir que leur fonction est, jusqu'à un certain point, plus importante que les autres (figure 1.8*b*). Certains mercaticiens enthousiastes vont plus loin, puisque sans clients il n'y aurait pas d'entreprise. Le marketing devient alors le noyau d'activité de l'entreprise et les autres fonctions lui servent de support (figure 1.8*c*). Cette façon de voir

irrite les autres gestionnaires, qui ne veulent pas se voir assujettis au marketing. On évite toutefois l'affrontement par l'adoption d'une perspective éclairée mettant le client plutôt que le marketing au centre de l'entreprise (figure 1.8*d*). Cette optique préconise une orientation vers le client, par laquelle toutes les fonctions travaillent ensemble pour comprendre, servir et satisfaire le client. Enfin, certains soutiennent que le marketing doit néanmoins occuper une place privilégiée, afin que les besoins des clients soient correctement interprétés et efficacement satisfaits (figure 1.8*e*).

Leur argumentation pour soutenir la philosophie de gestion présentée à la figure 1.8*e* est la suivante :

1. L'actif de l'entreprise a peu de valeur sans l'existence de clients.

2. La tâche principale d'une entreprise est donc d'attirer et de conserver les clients.

3. On attire les clients grâce à une offre qui a une valeur élevée et on les retient grâce à la satisfaction.

4. La tâche du marketing est de définir une offre adaptée aux clients et de faire en sorte qu'ils soient satisfaits.

5. La satisfaction réelle du client dépend de la performance des autres services.

FIGURE 1.8

L'évolution du rôle de la fonction marketing dans l'entreprise

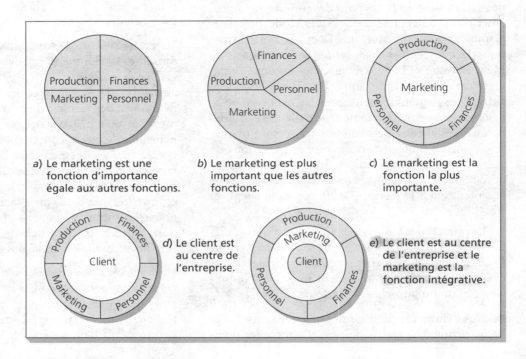

a) Le marketing est une fonction d'importance égale aux autres fonctions.

b) Le marketing est plus important que les autres fonctions.

c) Le marketing est la fonction la plus importante.

d) Le client est au centre de l'entreprise.

e) Le client est au centre de l'entreprise et le marketing est la fonction intégrative.

6. Le marketing doit, en conséquence, avoir une influence ou l'autorité sur ces autres services afin d'assurer la satisfaction attendue de la clientèle.

Malgré cette argumentation, on constate encore beaucoup de résistance au marketing dans plusieurs milieux. La résistance est particulièrement forte dans les milieux où le marketing est proposé pour la première fois, comme dans le secteur public, les cabinets juridiques ou les universités.

Ainsi, dans l'industrie des journaux, l'hostilité des traditionalistes est mise en évidence par cette diatribe d'un propriétaire de journal intitulée « Prenez garde à ceux qui pensent marché ». L'auteur de cet article incitait les journaux à bannir les gens de marketing parce qu'ils ne comprenaient pas que la fonction des journaux est d'imprimer des nouvelles. À son avis, le marketing n'était pas la solution au déclin du nombre des lecteurs. Il soutenait que les mercaticiens allaient détruire tout ce qu'il y a de bon dans les journaux d'aujourd'hui.

La lenteur de l'apprentissage

Malgré de nombreuses résistances, plusieurs entreprises s'organisent pour faire place à la fonction marketing dans leur organisation. Le président de l'entreprise donne un appui enthousiaste à la fonction ; on crée de nouveaux postes ; on engage des experts externes en marketing ; les membres les plus importants de la direction assistent à des séminaires de marketing pour en acquérir une meilleure compréhension ; on augmente le budget du marketing de façon substantielle ; on établit des méthodes de planification et de contrôle du marketing. Malgré toutes ces étapes, cependant, l'apprentissage de ce qu'est réellement le marketing se fait lentement. Dans une entreprise typique, la compréhension totale du marketing passe par cinq étapes. Ces étapes sont décrites et illustrées pour l'industrie bancaire dans la rubrique Le marketing en coulisse 1.1 intitulée « Les cinq étapes du lent apprentissage du marketing bancaire ».

La rapidité de l'oubli

Même une fois que le marketing est bien implanté dans une entreprise et qu'il a franchi toutes les étapes de l'apprentissage, la direction doit toujours combattre la forte tendance de l'entreprise à oublier les principes de base du marketing. La direction a elle-même tendance à oublier ces principes une fois le succès obtenu. Par exemple, dans les années 50 et 60, un grand nombre de sociétés américaines tentèrent d'entrer sur le marché européen, s'attendant à avoir beaucoup de succès avec leurs produits perfectionnés et leur compétence en marketing. Plusieurs d'entre elles échouèrent, et l'une des causes importantes de cet échec fut qu'elles avaient ignoré la règle d'or du marketing : **Connaissez votre marché et sachez comment le satisfaire.** Ces entreprises s'étaient attaquées au marché européen avec des produits demeurés tels quels et un programme publicitaire inchangé, au lieu de les adapter aux caractéristiques de chacun des marchés. Ainsi, General Mills s'attaqua au marché britannique avec sa marque de gâteaux Betty Crocker, mais dut s'en retirer peu de temps après. Son gâteau des anges et son gâteau du diable semblaient trop exotiques à la ménagère britannique. De plus, plusieurs clientes potentielles croyaient que des gâteaux d'apparence aussi parfaite que ceux qui étaient présentés sur les emballages de Betty Crocker devaient être difficiles à préparer. Les mercaticiens n'avaient pas su reconnaître les différences culturelles importantes entre les États-Unis et l'Europe, ni même celles entre les pays européens. Ils n'avaient pas non plus compris la nécessité d'avoir comme point de départ les clients du marché cible et non les produits de l'entreprise.

1.4.5
L'optique marketing à caractère social

Au cours des dernières années, certains ont commencé à se demander si l'optique marketing était une philosophie de gestion appropriée à l'ère des désastres écologiques, de la détérioration de l'environnement, des pénuries de ressources, de l'explosion démographique, de la faim dans le monde, de la pauvreté et des services sociaux négligés[26]. La question est de savoir si les entreprises, qui excellent à cerner et à satisfaire les désirs des gens, agissent nécessairement dans l'intérêt à long terme des consommateurs et de la société. L'optique marketing ignore les conflits potentiels entre **les désirs du consommateur, ses intérêts et le bien-être collectif à long terme.**

Voici certaines critiques formulées en ce sens.

L'industrie de la restauration rapide offre des hamburgers qui ont beaucoup de goût, mais qui ne sont

LE MARKETING EN COULISSE 1.1
Les cinq étapes du lent apprentissage du marketing bancaire

Avant le milieu des années 50, les banquiers connaissaient mal le marketing ou en avaient une mauvaise opinion. Les banques fournissaient les services attendus d'elles. Les banquiers n'avaient pas à faire toute une histoire pour offrir des comptes chèques, des comptes d'épargne, des prêts ou des coffrets de sûreté. Les banques étaient alors bâties à l'image des temples grecs, afin d'impressionner le public par l'importance et la solidité de la banque. L'intérieur était austère et les sourires étaient rares. Un responsable des prêts avait même choisi son ameublement de façon que les demandeurs de prêts soient assis face à un bureau imposant et sur une chaise plus basse que la sienne. Les meubles avaient été disposés de manière que la fenêtre soit derrière le responsable des prêts et que le soleil puisse ainsi éblouir l'infortuné client tentant d'exposer les raisons de sa demande de prêt. Telle était l'attitude des banques à l'égard des clients avant la venue du marketing.

1. Le marketing, c'est la publicité, la promotion des ventes et les relations publiques.

L'avènement du marketing dans les banques ne prit pas la forme du «concept de marketing», mais plutôt celle du «concept de la publicité et de la promotion». Les banques et d'autres établissements financiers devaient alors faire face à une concurrence croissante en ce qui a trait aux épargnes. Quelques établissements décidèrent d'adopter certains outils de marketing utilisés par les fabricants de savon. Ils augmentèrent leur budget de publicité et de promotion des ventes. En offrant des gadgets et en organisant des concours, ils finirent par attirer de nouveaux clients. Leurs concurrents furent forcés d'adopter les mêmes tactiques et se dépêchèrent d'engager des agences de publicité et des experts en promotion des ventes.

2. Le marketing, c'est un sourire et une atmosphère agréable.

Les premières banques qui eurent recours à la publicité et à la promotion découvrirent rapide-

ment que leurs avantages s'étaient dissipés devant la multiplication des imitateurs. Elles apprirent aussi une autre leçon : attirer les gens dans une banque est facile ; les convertir en des clients fidèles est difficile. Ces banques commencèrent alors à formuler un concept élargi de marketing : l'importance de satisfaire le client. Les banquiers avaient appris à sourire. Les caissières durent être formées à nouveau. Il fallut enlever les barres des caisses. On redécora l'intérieur de la banque pour créer une atmosphère chaleureuse et amicale. On modifia même l'architecture extérieure imitant les temples grecs.

Les premières banques qui mirent en place ces changements réussirent mieux que leurs concurrents à attirer et à conserver leurs nouveaux clients. Leurs concurrents, cependant, se rendirent compte de ce qui était arrivé et se hâtèrent de mettre sur pied des programmes semblables de formation à l'accueil et d'amélioration du décor. Bientôt, la plupart des banques devinrent si sympathiques que le critère perdit son potentiel comme facteur déterminant du choix d'une banque.

3. Le marketing, c'est l'innovation.

Les banques durent alors chercher de nouvelles formes d'avantages concurrentiels. Certaines banques constatèrent que leur raison d'être était de répondre aux besoins financiers changeants de leurs clients. Ces banques commencèrent à penser sous l'angle de l'innovation continue et des services nouveaux et appréciés du client, tels les cartes de crédit, les guichets automatiques et les opérations bancaires par télématique.

Une innovation fructueuse procure un avantage concurrentiel. Toutefois, les services financiers peuvent être facilement copiés et les avantages d'une innovation sont de courte durée. Néanmoins, si une banque dynamique investit dans l'innovation continue, elle peut continuer à devancer les autres banques.

4. Le marketing, c'est le positionnement.

Qu'arrive-t-il quand toutes les banques se mettent à faire de la publicité, à sourire et à innover ?

Évidemment, elles finissent toutes par se ressembler. Elles doivent trouver un autre axe de différenciation. C'est ainsi que les banques se rendirent compte qu'aucune d'entre elles ne pouvait être la meilleure pour tous les clients. Une banque doit évaluer ses possibilités et se « choisir une position » sur le marché.

Le positionnement va au-delà de l'image. La banque cherche à cultiver dans l'esprit du client une image de grande banque, de banque amicale ou de banque efficace. Ainsi, la Banque Nationale peut être la banque des gens (« ma » ou « notre » banque). D'autres banques se donnent un style au moyen d'un symbole, comme le lion de la Banque Royale, dans le but de projeter une image bien caractérisée. Néanmoins, le client peut considérer les banques concurrentes comme fondamentalement semblables, sauf pour les symboles adoptés. Le positionnement est la démarche entreprise par une banque pour se distinguer de ses concurrents sur des points précis afin de devenir la banque préférée pour certains secteurs du marché. Le positionnement vise à aider les clients à comprendre les vraies différences entre les banques concurrentes, de façon qu'ils puissent s'identifier à la banque qui satisfait le plus leurs besoins.

5. Le marketing, c'est l'analyse, la planification et le contrôle de marketing.

Il existe une conception plus élevée du marketing bancaire qui représente l'essence du marketing moderne : la mise en place d'un processus d'analyse, de planification et de contrôle de marketing, et ce jusqu'au niveau des succursales. Une banque importante, qui avait atteint un degré élevé de compétence en matière de publicité, de relations humaines, d'innovation et de positionnement, n'avait cependant pas élaboré de bons mécanismes de planification et de contrôle de marketing. À chaque exercice financier, les agents de prêts commerciaux soumettaient des objectifs de volume d'activités de 10 % plus élevés que ceux de l'année précédente. Ils demandaient en conséquence une augmentation du budget de 10 %. Aucune argumentation, aucun plan n'accompagnaient ces demandes. La haute direction était satisfaite des agents de prêts commerciaux, qui atteignaient leurs objectifs. Un responsable des prêts, dont le rendement était jugé bon, prit sa retraite et fut remplacé par un jeune agent, qui réalisa une augmentation du volume de prêts de 50 % l'année suivante ! La banque apprit ainsi avec consternation qu'elle n'était pas parvenue à faire de la recherche en marketing, à mesurer le potentiel de ses divers marchés, à exiger des plans de marketing, à fixer des quotas et à établir des modes de récompense appropriés.

Les banques ont fait beaucoup de chemin au cours des dernières années pour mettre en œuvre une optique clientèle. Mais l'engouement pour la technologie et les pressions des actionnaires ont fait oublier le client. C'est pourquoi Paul Martin, le ministre des Finances du Canada, a cru bon de rappeler à l'ordre les banques dans son projet de réforme du système bancaire canadien présenté en juin 1999 en élaborant de nouvelles politiques pour mieux protéger certains clients des banques. L'instauration d'une orientation vers la clientèle est un processus difficile, maintenir une optique marketing est également difficile ; il s'agit d'un éternel recommencement.

C'est maintenant au tour des fournisseurs de services professionnels, tels les avocats, les comptables, les médecins, les ingénieurs et les architectes, de s'intéresser au marketing. Des bureaux de génie-conseil, comme SNC-Lavalin, font de plus en plus appel au marketing. Les ordres professionnels, jusqu'à récemment, défendaient à leurs membres de se faire concurrence sur le prix ou de faire de la sollicitation et de la publicité. Mais certains ordres, comme la Chambre des notaires, se sont eux-mêmes tournés vers le marketing ; et le Barreau du Québec s'ouvre à certaines pratiques. Les interdictions sont de plus en plus levées, et des membres de professions libérales montrent un intérêt croissant pour le marketing.

pas nutritifs. Les hamburgers contiennent des matières grasses, et les restaurants font la promotion des frites et des chaussons aux pommes, deux produits riches en féculents et en gras. En satisfaisant le désir des consommateurs, ces restaurants risquent de nuire à la santé de leurs clients.

L'industrie automobile a répondu à la demande de voitures de grande taille, mais la satisfaction de ce désir entraîne une surconsommation de carburant, une pollution importante et un prix d'achat et des frais de réparations élevés.

L'industrie des boissons gazeuses a acquiescé à la demande d'emballages plus pratiques en augmentant la proportion de bouteilles non consignées. La bouteille non consignée entraîne cependant un grand gaspillage de ressources, puisqu'il faut alors approximativement 17 bouteilles de plus pour la même quantité de boisson. En effet, la bouteille consignée peut servir 17 fois avant de devenir inutilisable. En outre, plusieurs bouteilles non consignées ne sont pas biodégradables et elles constituent une part importante des détritus qui déparent l'environnement.

L'industrie des détergents a répondu à la demande instante de vêtements plus propres en offrant un produit qui polluait les cours d'eau, tuait les poissons et endommageait les espaces de loisir.

De telles situations exigeaient que l'optique marketing soit modifiée ou remplacée par un nouveau concept plus adéquat. Parmi les propositions faites, mentionnons l'«optique humaine», l'«optique de consommation intelligente» et l'«optique d'impératif écologique», qui touchent des aspects différents du même problème. Nous proposons de les réunir sous l'appellation d'«optique marketing à caractère social».

> Dans l'optique marketing à caractère social, on considère que la tâche de l'organisation est de déterminer les besoins, les désirs et les intérêts des marchés cibles, et de faire en sorte de les satisfaire d'une manière plus efficace et plus efficiente que les concurrents tout en préservant ou en améliorant le bien-être du consommateur et de la collectivité.

L'optique marketing à caractère social exige que les gens de marketing trouvent un équilibre entre trois considérations pour l'élaboration de programmes de marketing, à savoir la **rentabilité de l'entreprise**, la **satisfaction des besoins du consommateur** et l'**intérêt public**.

Certaines entreprises pratiquent le **marketing de causes**, une forme de marketing à caractère social qui contribue au succès de l'entreprise tout en lui permettant de remplir en partie son rôle social[27]. Les objectifs philanthropiques de l'entreprise peuvent être atteints à l'aide du marketing de causes, qui consiste à commanditer ou à appuyer des fondations ou de bonnes causes. Ainsi, à l'achat d'un Big Mac, McDonald's fait un don à la fondation Ronald McDonald qui finance les Manoirs McDonald, des résidences, situées près des hôpitaux, pour les parents d'enfants malades. Le marketing de causes est un outil polyvalent qui permet d'atteindre plusieurs objectifs de marketing, comme accroître la notoriété, améliorer l'image de l'entreprise, promouvoir les achats ou attirer de nouveaux clients[28]. Mais il doit être utilisé à bon escient. S'il est trop utilisé, il peut engendrer des effets négatifs. Les critiques du marketing de causes soutiennent que ce type d'activité exploite la cause même, ou encore que les clients peuvent être d'avis qu'ils ont rempli leur devoir philanthropique en achetant un produit plutôt que de faire directement un don.

1.5
L'ADOPTION RAPIDE DU MANAGEMENT DU MARKETING

Le management du marketing est devenu un sujet d'intérêt croissant dans des organisations de toute taille et en tout genre, dans des organisations à but lucratif ou à but non lucratif, et dans de nombreux pays.

1.5.1
Le secteur des affaires

Dans le secteur des affaires, les entreprises ne sont pas toutes sensibilisées au marketing au même rythme. General Electric, Procter & Gamble et Coca-Cola furent des chefs de file aux États-Unis. Des filiales de ces entreprises eurent le même rôle au Canada, de même que certaines entreprises nationales, comme Culinar. Le marketing s'implanta plus rapidement dans les entreprises de biens de consommation, ensuite dans les entreprises fabriquant des biens durables destinés aux consommateurs, puis dans les entreprises d'équipement industriel et finalement dans les entreprises de services. Les fabricants de produits de base, tels l'acier, les produits chimiques et le papier, y sont venus plus tard, et plusieurs ont encore un long chemin à parcourir. Au cours des dernières années, les entreprises de services, comme Air Canada, Hydro-Québec et Loto-Québec, se sont tournées vers le marketing. Le marketing intéresse aussi les entreprises de services financiers, surtout depuis leur décloisonnement. Les banques, les sociétés de fiducie, les compagnies d'assurances et les courtiers en valeurs mobilières adoptent le marketing, quoiqu'ils soient encore loin de l'utiliser efficacement.

1.5.2
Le secteur des organisations à but non lucratif

Le marketing suscite de plus en plus d'intérêt dans les organisations à but non lucratif telles que les universités, les hôpitaux, les musées et les industries culturelles. Ces organismes ont en fait des problèmes de marché. Leurs administrateurs doivent lutter pour pouvoir continuer à fonctionner malgré les changements d'attitudes et de comportements des consommateurs et la baisse des ressources financières. L'Orchestre symphonique de Montréal, la Compagnie Jean-Duceppe, le Musée des beaux-arts, Héma-Québec et même des commissions scolaires régionales font des études de marché et appliquent de plus en plus à leur gestion une optique marketing. Centraide fait de la formation en marketing et en ventes auprès des représentants délégués. L'Université de Toronto a un directeur du marketing, et diverses agences gouvernementales et des organisations à but non lucratif ont mis sur pied des campagnes de marketing social contre le tabagisme, la consommation abusive d'alcool et les activités sexuelles non protégées.

1.5.3
Le secteur international

Les compétences en marketing s'améliorent dans plusieurs entreprises un peu partout dans le monde. En fait, plusieurs entreprises multinationales européennes et japonaises, telles que Nestlé, Beecham, Volvo, Unilever, Nixdorf, Toyota et Sony, ont mieux compris le marketing que leurs concurrents américains et obtiennent de meilleurs résultats qu'eux. Plus près de chez nous, Bombardier, Quebecor et Cascades réussissent très bien à l'échelle internationale. En fait, les entreprises multinationales ont diffusé les pratiques du marketing moderne partout dans le monde. Ce courant a poussé de toutes petites entreprises locales, dans plusieurs pays, à chercher des moyens de renforcer leur marketing en vue de concurrencer efficacement les entreprises multinationales.

Aujourd'hui, des séminaires de formation en marketing se donnent non seulement dans les pays industrialisés, mais aussi dans des pays en émergence comme l'Indonésie, la Malaysia et l'Égypte. Dans les anciens pays socialistes, le marketing avait traditionnellement eu une mauvaise réputation. Cependant, diverses fonctions de marketing, telles la recherche en marketing, la publicité et la promotion des ventes, trouvent preneur de plus en plus rapidement. Plusieurs entreprises en Pologne, en Hongrie et en Roumanie ont des services du marketing, et plusieurs universités dans les pays de l'ancien Empire soviétique enseignent le marketing. Un certain nombre de professeurs d'universités polonaises ont suivi des cours de marketing à l'Université du Québec à Montréal. La Chine est un autre pays qui, à petits pas, montre un peu d'intérêt et d'ouverture à l'égard des idées modernes du marketing.

RÉSUMÉ

1. De nos jours, les organisations font face à de nombreux défis. Les plus récents développements technologiques dans les secteurs de l'informatique et des communications ont rapproché les pays et accéléré la mondialisation des marchés. Mais, en même temps, plusieurs pays demeurent pauvres, et l'écart de revenus entre les pays riches et les pays pauvres s'accroît. La société exige que, tout en s'adaptant aux tendances

des marchés, les entreprises fassent preuve d'une plus grande responsabilité face à la protection de l'environnement. Et elles doivent aussi mettre l'accent sur les clients si elles veulent avoir du succès sur les marchés national et mondial. Les changements technologiques et le pouvoir des clients sont aussi des défis auxquels font face les entreprises.

2. Le **marketing** est à la fois un processus social et un processus de management par lesquels les individus et les groupes satisfont leurs besoins et leurs désirs au moyen de la création, de l'échange de produits et de services ayant une valeur pour autrui. Un **mercaticien** est une personne qui recherche un ou plusieurs clients potentiels désireux de faire un échange de quelque chose de valeur. Cette définition met en évidence des éléments fondamentaux du marketing : 1° le marketing ne crée pas de besoins, car les besoins existent sans les mercaticiens ; 2° étant donné que les produits et les services apportent une solution à des besoins, la tâche des mercaticiens consiste essentiellement à mettre en valeur les avantages que ces produits ou services procurent plutôt que les produits ou les services eux-mêmes ; 3° les mercaticiens cherchent à susciter une réponse behavioriste chez l'autre partie. Ainsi, le marketing ne se limite pas aux biens de consommation ; on l'utilise aussi beaucoup pour faire la promotion d'idées ou de causes sociales.

3. Le **marketing relationnel** consiste en l'établissement d'une relation à long terme qui procure des avantages aux différentes parties — clients, fournisseurs, distributeurs — dans le but d'entretenir des rapports privilégiés et de continuer à faire affaire ensemble. Les gens de marketing avisés établissent des relations de confiance à long terme qui sont gagnantes pour les deux parties en offrant des produits ou des services de qualité, un bon service à la clientèle, et des prix équitables.

4. Le **management du marketing** est le processus de planification et de mise en œuvre de la conception, du prix, de la promotion et de la distribution d'idées, de biens et de services en vue d'effectuer des échanges qui satisfont aux objectifs des individus et des organisations.

5. Les organisations ont le choix de cinq optiques pour accomplir leurs activités de marketing : l'optique production, l'optique produit, l'optique vente, l'optique marketing et l'optique marketing à caractère social. Les trois premières optiques sont moins utiles de nos jours. Selon le **concept de marketing**, la clé pour atteindre les buts de l'organisation consiste à déterminer les besoins et les désirs des marchés cibles, et à en assurer la satisfaction souhaitée avec plus d'efficacité et d'efficience que les concurrents. Pour ce faire, il faut se focaliser sur le marché, développer une orientation vers le client, intégrer toutes les activités de marketing pour bien servir les clients et assurer la rentabilité grâce à la satisfaction des clients.

6. Au cours des dernières années, certains se sont demandé si le concept de marketing est toujours une philosophie appropriée face aux grands

défis démographiques et écologiques qui se présentent. L'optique marketing à caractère social considère que la tâche fondamentale de l'organisation est de déterminer les besoins, les désirs et les intérêts des marchés cibles, et d'assurer la satisfaction désirée avec plus d'efficacité et d'efficience que les concurrents de façon à préserver et à améliorer le bien-être du consommateur et de la collectivité. Les mercaticiens doivent donc considérer à la fois la rentabilité de l'entreprise, la satisfaction des besoins du consommateur et l'intérêt public.

7. À cause de sa contribution importante à la réalisation des objectifs de l'organisation, dont la rentabilité, le management du marketing est une pratique adoptée de plus en plus non seulement par le monde des affaires, mais aussi par les organisations à but non lucratif et les organisations publiques, et ce au niveau mondial.

QUESTIONS

1. Compaq Computer Corporation s'est créé un nom, au début des années 80, en devenant la première compagnie d'ordinateurs à fabriquer et à commercialiser des compatibles IBM. Les observateurs ont associé à des facteurs clés de succès l'habileté de Compaq à lancer rapidement des produits et à travailler avec d'autres géants de l'industrie tels qu'Intel. Comment Compaq devrait-elle organiser ses opérations si elle décidait d'épouser l'optique production ? Si elle choisissait l'optique vente ? l'optique marketing ?

2. La rubrique Le marketing en coulisse 1.1 prend l'exemple de l'industrie bancaire pour examiner les cinq étapes que franchissent les organisations afin d'acquérir la compréhension du marketing. Discutez de ces cinq étapes dans le contexte d'une université où les demandes d'inscription ont baissé.

3. Certains CLSC ont commencé à adopter le concept de marketing. Des administrateurs de ces CLSC affirment même que les CLSC doivent choisir une orientation vers le marché. Quelle est la cause de cet engouement pour le marketing ? Que signifie pour un CLSC l'adoption d'une orientation vers le marché ?

4. Le marketing relationnel est une des tendances de l'heure dans le domaine du marketing. Les experts ont défini ce terme de diverses façons, mais on trouve toujours l'idée que le marketing relationnel consiste à « apprendre à connaître les clients davantage de manière à répondre adéquatement à leurs attentes et à leurs besoins ». Remémorez-vous les quatre dernières transactions auxquelles vous avez participé et classez chacune d'entre elles selon qu'elle était très satisfaisante, satisfaisante, adéquate, insatisfaisante ou très insatisfaisante. En ce qui concerne celles qui ont été insatisfaisantes, qu'est-ce que l'entreprise ou le vendeur auraient pu faire pour améliorer la situation ? Pour ce qui est des transactions qui ont été satisfaisantes, quels facteurs ont généré cette satisfaction ?

5. Décrivez le marketing mix utilisé par chacune des organisations énumérées ci-dessous. Quelle est l'approche de chaque entreprise face au produit, au prix, à la place, à la promotion et au personnel :

   a) Jean Coutu ?

   b) Les Ailes de la Mode ?

   c) Le Canadien de Montréal ?

   d) Monsieur Muffler ?

6. Est-ce que toutes les entreprises devraient utiliser le concept de marketing? Pouvez-vous citer des entreprises qui n'ont pas besoin de cette orientation? Quelles entreprises en ont le plus besoin?

7. Russell Stover, un fabricant de tablettes de chocolat à prix abordable vendues dans les dépanneurs et les supermarchés, a l'intention d'augmenter ses parts de marché. Comment Russell Stover devrait-elle coopérer avec Hallmark, le fabricant de cartes de souhaits, pour atteindre son objectif? Quels avantages Russell Stover pourrait-elle retirer de cette collaboration? Quels avantages Hallmark pourrait-elle en retirer? Si l'idée d'une alliance stratégique entre les deux entreprises se réalisait, comment élaboreraient-elles leurs campagnes publicitaires afin de promouvoir les produits de chacune des entreprises?

8. Le marketing n'est pas simplement la tâche d'un groupe de personnes responsables de la vente des produits au sein d'une entreprise. Chacun des membres de l'entreprise devrait adopter une optique marketing. Que veut dire, pour le personnel responsable de l'embauche, «adopter une optique marketing»?

9. La compagnie Planter's se prépare à introduire des noix sans gras, enrobées de miel, qui gardent la saveur naturelle des noix. Les renseignements suivants permettent aux gestionnaires d'analyser l'environnement de marketing et d'établir le marché cible le plus viable pour l'introduction du produit. Quel est le meilleur segment de marché pour le produit? Pourquoi?

Segment 1	Segment 2	Segment 3
Revenu faible	Revenu moyen	Revenu élevé
Col bleu	Col blanc	Col blanc
Études collégiales	Études universitaires	Études avancées
Habite la ville	Habite la banlieue	Habite la banlieue
Très sociable	Peu sociable	Actif dans la communauté
Sensible au prix	Recherche la valeur	Recherche la valeur
Regarde beaucoup la télé	Regarde beaucoup la télé	Lit beaucoup
Boit de la bière	Ne boit pas	Boit du vin

10. Un directeur d'une grande entreprise affirme ce qui suit: «Pour réussir dans les affaires, tout ce dont vous avez besoin, c'est des clients. Vous n'avez pas besoin de tous ces beaux concepts universitaires de gestion. Vous n'avez même pas besoin de résoudre tous vos problèmes pour être efficient. Il s'agit simplement de trouver ce que vous faites bien pour vos clients actuels et de le faire encore mieux.» Que pensez-vous de cette affirmation?

RÉFÉRENCES

1. Michael R. Czinkota, Ilkka A. Ronkainen et John J. Tarrant, *The Global Marketing Imperative*, Chicago, NTC Business Books, 1995, p. 175.
2. John Naisbitt, *Méga tendances 1990-2000: ce qui va changer*, Paris, First, 1990.
3. Voir l'article classique de Theodore Levitt, «Marketing Myopia», *Harvard Business Review*, juillet-août 1960, p. 45-56.
4. Karl Albrecht, *The Only Thing that Matters: Bringing the Power of the Customer into the Center of Your Business*, New York, Harper Business, 1992; Joan K. Cannie, *Turning Lost Customers into Gold: And the Art of Achieving Zero Defections*, New York, Amacom, 1993; Richard Cross et Janet Smith, *Customer Bonding: The Five-Point System for Maximizing Customer Loyalty*, Chicago, NTC Business Books, 1994; Richard C. Whiteley, *The Customer-Driven Company*, Reading, Mass., Addison-Wesley, 1991; Ron Zemke et Thomas K. Connellan, *Sustaining Knock Your Socks Off Service*, New York, Amacom, 1993.
5. Pour de plus amples renseignements sur la différence entre les besoins et les désirs, voir Tibor Scitovsky, *The Joyless Economy: The Psychology of Human Satisfaction*, édition révisée, New York, Oxford, 1992, p. 107-108.
6. Voir Ian Bruce, *Meeting Needs: Successful Charity Marketing*, Hemel Hempstead, Angleterre, ICSA Publishing, 1994, p. 75-78.
7. Louis J. DeRose, *The Value Network*, New York, Amacom, 1994, p. 12.
8. Regis McKenna, *Relationship Marketing*, Reading, Mass., Addison-Wesley, 1991; Martin Christopher, Adrian Payne et David Ballantyne, *Relationship Marketing: Bringing Quality, Customer Service, and Marketing Together*, Oxford, Angleterre, Butterworth-Heinemann, 1991; Jagdish N. Sheth et Atul Parvatiyar (dir.), *Relationship*

Marketing: Theory, Methods, and Applications, 1994 Research Conference Proceedings, Atlanta, Center for Relationship Marketing, Roberto C. Goizueta Business School, Emory University.

9. Voir James C. Anderson, Hakan Hakansson et Jan Johanson, « Dyadic Business Relationships Within a Business Network Context », *Journal of Marketing*, 15 octobre 1994, p. 1-15.

10. *Dictionary of Marketing Terms*, 2e éd., sous la direction de Peter D. Bennett, Chicago, American Marketing Association, 1995.

11. Evert Gummesson, « Marketing-Orientation Revisited: The Crucial Role of the Part-Time Marketer », *European Journal of Marketing*, vol. 25, no 2, 1991, p. 60-75.

12. Kevin J. Clancy et Robert S. Shulman, *Marketing Myths that Are Killing Business: The Cure for Death Wish Marketing*, New York, McGraw-Hill, 1994, p. 83-85 ; Christopher Power, « Flops », *Business Week*, 16 août 1993, p. 76-82.

13. Voir Bruce I. Newman, *The Marketing of the President*, Thousand Oaks, Calif., Sage Publications, 1993.

14. Peter F. Drucker, *Management: Tasks, Responsibilities, Practices*, New York, Harper & Row, 1973, p. 64-65.

15. Voir Karl Albrecht et Ron Zemke, *Service America!*, Homewood, Ill., Dow Jones-Irwin, 1985, p. 6-7.

16. John B. McKitterick, « What Is the Marketing Management Concept? », *The Frontiers of Marketing Thought and Action*, Chicago, American Marketing Association, 1957, p. 71-82 ; Fred J. Borch, « The Marketing Philosophy as a Way of Business Life », *The Marketing Concept: Its Meaning to Management*, « Marketing Series », no 99, New York, American Management Association, 1957, p. 3-5 ; Robert J. Keith, « The Marketing Revolution », *Journal of Marketing*, janvier 1960, p. 35-38.

17. Theodore Levitt, « Marketing Myopia », *Harvard Business Review*, juillet-août 1960, p. 50.

18. Akio Morita, *Made in Japan*, New York, Dutton, 1986, chap. 1.

19. Voir Patricia Sellers, « Getting Customers to Love You », *Fortune*, 13 mars 1989, p. 38-49.

20. Voir *Technical Assistance Research Programs* (TARP), U.S. Office of Consumer Affairs Study on Complaint Handling in America, 1986.

21. Karl Albrecht et Ron Zemke, *Service America!*, Homewood, Ill., Dow Jones-Irwin, 1985, p. 6-7.

22. Avec l'aimable autorisation de L.L. Bean, Freeport, Maine.

23. Avec l'aimable autorisation de L.L. Bean, Freeport, Maine.

24. Kenneth M. Dye, *Rapport du vérificateur général du Canada à la Chambre des communes*, Ottawa, ministère des Approvisionnements et Services du Canada, 1988, pièce 4.1.

25. Voir Thomas V. Bonoma et Bruce H. Clark, *Marketing Performance Assessment*, Boston, Harvard Business School Press, 1988.

26. Voir Marilyn Collins, « Global Corporate Philanthropy — Marketing Beyond the Call of Duty? », *European Journal of Marketing*, vol. 27, no 2, 1993, p. 46-58 ; Frederick E. Webster Jr., « Defining the New Marketing Concept », *Marketing Management*, vol. 2, no 4, 1994, p. 22-31 ; Frederick E. Webster Jr., « Executing the New Marketing Concept », *Marketing Management*, vol. 3, no 1, 1994, p. 8-16 ; Gregory R. Elliott, « The Marketing Concept — Necessary, but Sufficient?: An Environmental View », *European Journal of Marketing*, vol. 24, no 8, 1990, p. 20-30.

27. Voir P. Rajan Varadarajan et Anil Menon, « Cause-Related Marketing: A Coalignment of Marketing Strategy and Corporate Philanthropy », *Journal of Marketing*, juillet 1988, p. 58-74 ; L. Lawrence Embley, *Doing Well While Doing Good*, Englewood Cliffs, N.J., Prentice Hall, 1993.

28. Alistair Ping, « Social Conscience for Sale », *Marketing*, septembre 1993, p. 22-24.

Chapitre 2

La qualité, le service et la valeur pour assurer la satisfaction de la clientèle

*La seule sécurité d'emploi pour tous dans cette entreprise
[Chrysler] provient de la qualité, de la productivité
et de la satisfaction des clients.*

LEE IACOCCA

*Lorsque nous regardons nos états financiers, du côté des actifs
nous trouvons un certain nombre d'avions et de milliards
de dollars. Mais cela est faux. Nous nous trompons.
Ce que nous devrions mettre du côté des actifs est le nombre
de passagers satisfaits que SAS a transportés l'année dernière.
Parce qu'il s'agit là du seul actif que nous ayons réellement,
soit des gens qui sont satisfaits de nos services,
heureux de revenir et de payer de nouveau.*

JAN CARLZON, SAS

*Notre but en tant qu'entreprise [Wal-Mart] est d'offrir
un service à la clientèle qui est non seulement le meilleur,
mais aussi légendaire.*

SAM WALTON

D e nos jours, les entreprises font face à la plus forte concurrence de tous les temps. Nous avons mentionné au chapitre 1 que les entreprises peuvent faire mieux que leurs concurrents lorsqu'elles passent de l'optique produit et de l'optique vente à l'optique marketing. Dans ce chapitre, nous verrons en détail comment les entreprises peuvent attirer plus de clients et faire mieux que leurs concurrents. La solution consiste à réussir à mieux répondre aux besoins des clients et à mieux satisfaire ces derniers. Les entreprises qui mettent l'accent sur les clients font plus que développer des produits et des services ; elles développent une clientèle. Elles ont donc des habiletés non seulement dans l'ingénierie de produits et de services, mais aussi dans l'ingénierie de marché.

Trop d'entreprises pensent que la tâche des services du marketing et des ventes consiste à aller chercher des clients. Si ces services ne réussissent pas à le faire, il est trop facile de conclure que les gens de marketing n'accomplissent pas bien leur travail. Mais, en fait, le marketing est un facteur parmi d'autres pour attirer et conserver les clients. Le meilleur service du marketing du monde ne peut pas vendre des produits qui ont été mal fabriqués ou qui ne répondent aux besoins de personne. Le service du marketing ne peut être efficace que dans les entreprises où l'ensemble des services et des employés ont conçu et mis en œuvre un système de livraison de la valeur aux clients supérieur à celui de la concurrence.

Prenons l'exemple de Burger King. Si des millions de personnes fréquentent les milliers de restaurants Burger King, ce n'est pas seulement parce qu'elles aiment les hamburgers — d'autres restaurants en fabriquent d'aussi bons —, c'est aussi parce qu'elles apprécient le système de prestation de services de cette entreprise. Le système bien rodé de Burger King offre partout une restauration rapide qui mise sur la qualité, sur le choix, sur le service, sur la propreté et sur la valeur. Cette entreprise ne peut être efficace que dans la mesure où elle travaille avec ses fournisseurs, ses franchisés, ses employés et d'autres intervenants pour assurer la prestation d'un service de valeur élevée pour ses clients.

La description et l'illustration de la philosophie de l'orientation vers la clientèle et de la valeur dans le domaine du marketing[1] permettront de répondre aux questions suivantes :

- **Que signifient la valeur et la satisfaction pour un client, et comment les meilleures entreprises s'y prennent-elles pour produire et livrer la valeur, et assurer la satisfaction de la clientèle ?**

- **Comment les entreprises peuvent-elles attirer les clients et les retenir ?**

- **Comment les entreprises peuvent-elles améliorer la rentabilité d'un client ?**

- **Comment les entreprises pratiquent-elles la qualité totale en matière de marketing ?**

2.1

COMMENT DÉFINIR LA VALEUR ET LA SATISFACTION DE LA CLIENTÈLE

Il y a plus de trente-cinq ans, Peter F. Drucker mentionnait que la première tâche d'une entreprise était de « créer des clients ». Mais de nos jours les clients sont placés devant toute une panoplie de choix de produits et de marques, de prix et de fournisseurs. Comment les clients font-ils leurs choix ?

Les clients évaluent l'offre qui présente la meilleure valeur. Ils maximisent la valeur dans la mesure du possible compte tenu des coûts de leur recherche, de leurs connaissances limitées, de leur mobilité et de leurs revenus. Ils conçoivent des attentes face à la valeur et agissent en conséquence. Selon le degré de réalisation de leurs attentes face à la valeur, ils seront plus ou moins satisfaits du produit ou du service, et cela influencera la probabilité du renouvellement de l'achat.

FIGURE 2.1

Les déterminants de la valeur ajoutée pour le client

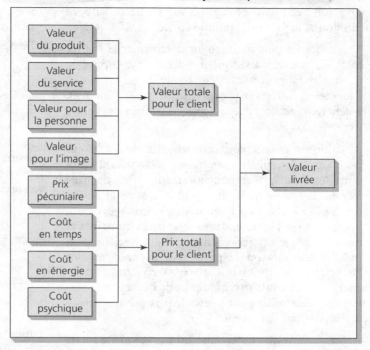

2.1.1

La valeur pour le client

Notre prémisse est que les acheteurs achèteront à l'entreprise qui offre la valeur livrée la plus élevée (voir la figure 2.1).

> **La valeur livrée au client est la différence entre la valeur totale pour le client et le coût total pour lui. La valeur totale pour le client consiste dans l'ensemble des avantages qu'il attend d'un produit ou d'un service donné. Le coût total est l'ensemble des coûts que le client s'attend à débourser pour évaluer, obtenir et utiliser le produit ou le service.**

Voici un exemple illustrant ce que signifie la valeur livrée. L'acheteur d'une grande entreprise de construction désire acheter un tracteur ou bien de Caterpillar, ou bien de Komatsu. Les représentants concurrents décrivent avec soin les conditions de leurs offres respectives.

L'acheteur a cependant en tête une application précise pour ce tracteur, à savoir des travaux de construction résidentielle. Il évalue donc les deux trac-

teurs en vue de l'utilisation souhaitée et accorde une valeur plus élevée au tracteur Caterpillar. Il perçoit aussi des différences dans le service après-vente — livraison, formation et entretien — et accorde une valeur plus élevée au service de Caterpillar. Il voit une différence dans les ressources humaines des deux entreprises et accorde une valeur plus grande à Caterpillar. Il constate enfin une différence entre les images des deux entreprises et accorde une valeur plus élevée à celle de Caterpillar. Il fait la somme des valeurs de ces quatre éléments — **produit, service, ressources humaines** et **image** — et conclut que Caterpillar offre une valeur totale plus élevée pour le client.

Achètera-t-il le tracteur Caterpillar ? Pas nécessairement. Il évaluera également ce qu'il lui en coûtera pour faire une transaction avec chaque vendeur, soit le **prix total du point de vue du client**. Le prix total pour le client est supérieur au **prix pécuniaire**. Comme Adam Smith en a fait la remarque il y a plus de deux siècles : « Le vrai prix de toute chose est le labeur à accomplir et les ennuis à surmonter pour l'acquérir. » Le prix total englobe les coûts en temps et en énergie ainsi que les coûts psychiques prévus, c'est-à-dire le prix non pécuniaire. Le client évalue le prix non pécuniaire et l'ajoute au prix pécuniaire, ce qui donne le prix total pour le client.

L'acheteur doit maintenant déterminer si le prix total du tracteur Caterpillar est trop élevé pour le client par rapport à la valeur totale. Si tel est le cas, l'acheteur pourrait se procurer un tracteur Komatsu. L'acheteur achètera à quiconque offrira la valeur livrée la plus élevée.

Utilisons maintenant cette théorie de l'acheteur pour aider Caterpillar à vendre un tracteur à cet acheteur. Caterpillar peut améliorer son offre de trois façons. Premièrement, elle peut accroître la valeur totale pour le client en améliorant les avantages de son produit, de son service, de ses ressources humaines et de son image. Deuxièmement, cette société peut réduire le coût (ou le prix) non pécuniaire pour l'acheteur en diminuant les coûts en temps et en énergie et les coûts psychiques pour l'acheteur. Finalement, Caterpillar peut baisser le prix pécuniaire qui serait payé par l'acheteur.

Supposons que Caterpillar estime la **valeur totale pour le client de l'offre** et conclue que l'acheteur est d'avis que l'offre de Caterpillar vaut 20 000 $. Supposons, de plus, que le coût de production d'un tel tracteur soit de 14 000 $. Il en résulte que l'offre de Caterpillar engendre une **valeur ajoutée totale** potentielle de 6 000 $ (20 000 $ – 14 000 $).

Caterpillar doit donc fixer un prix entre 14 000 $ et 20 000 $. Si elle demande moins de 14 000 $, elle ne couvrira pas ses coûts. Si elle demande plus de 20 000 $, le prix exigé sera supérieur à la valeur totale pour le client. C'est le prix exigé par Caterpillar qui déterminera quelle part de la **valeur ajoutée totale** sera livrée à l'acheteur et laquelle ira à Caterpillar. Par exemple, si Caterpillar demande 16 000 $, elle accorde 4 000 $ de la valeur totale ajoutée au client et conserve 2 000 $ pour elle-même comme profit. Si Caterpillar demande 19 000 $, elle accordera seulement 1 000 $ de la valeur ajoutée au client et conservera 5 000 $ pour elle-même comme profit. Évidemment, plus le prix fixé par Caterpillar sera bas, plus la valeur livrée et, par conséquent, l'**incitation du client** à acheter à Caterpillar seront élevées. On devrait considérer la valeur livrée comme le « profit » du consommateur.

Puisque Caterpillar veut obtenir cette vente, elle doit offrir une valeur livrée plus grande que celle de Komatsu. La valeur livrée peut s'exprimer par une différence ou un ratio. Si la valeur totale pour le consommateur est de 20 000 $ et que le prix total pour le consommateur est de 16 000 $, alors la valeur livrée est de 4 000 $ si elle est mesurée comme une différence, et de 1,25 $ si elle est mesurée comme un ratio, alors appelé **ratio valeur-prix**[2].

Certains spécialistes du marketing pourraient rétorquer qu'il s'agit là d'une théorie trop rationnelle de la façon dont les acheteurs choisissent les fournisseurs. Ils citeront alors des exemples où des acheteurs n'ont pas choisi l'offre procurant la valeur livrée la plus élevée. Considérons la situation suivante : le représentant de Caterpillar persuade l'acheteur que, vu les prix d'achat et de revente et les avantages lors de l'utilisation, les tracteurs de Caterpillar offrent la valeur livrée la plus élevée à l'entreprise de l'acheteur. Le représentant précise aussi que le tracteur Komatsu utilise plus de carburant et exige plus de réparations. Néanmoins, l'acheteur décide d'acheter le tracteur Komatsu.

Comment pourrait-on expliquer ce comportement qui, apparemment, ne cherche pas à maximiser la valeur ? Voici trois explications possibles :

1. L'acheteur peut avoir reçu de son entreprise la directive d'acheter au plus bas prix à cause d'un problème de fonds de roulement. On empêche expressément l'acheteur de faire un choix basé sur la valeur livrée. La tâche du représentant serait alors de convaincre l'acheteur qu'un achat selon le prix seulement pourrait nuire à la rentabilité à long terme de son entreprise.

2. L'acheteur aura quitté son poste avant que l'entreprise constate que le tracteur Komatsu coûte plus cher à faire fonctionner que le tracteur Caterpillar. L'acheteur fera bonne figure à court terme et maximisera son intérêt personnel en accordant très peu de poids à l'intérêt de l'entreprise. La tâche du représentant consiste à persuader les autres membres de l'entreprise cliente du fait que l'offre de Caterpillar engendre la plus grande valeur livrée.

3. L'acheteur a des relations personnelles avec le représentant de Komatsu. Le représentant de Caterpillar doit démontrer à l'acheteur que le tracteur de Komatsu engendrera plus de plaintes de la part des opérateurs de tracteurs quand ils découvriront la consommation élevée de carburant et la fréquence des réparations.

Certes, les acheteurs doivent respecter de nombreuses contraintes et ils feront occasionnellement des choix où leur intérêt personnel passera avant celui de leur entreprise. Cependant, nous croyons que la maximisation de la valeur livrée est un cadre d'interprétation utile qui s'applique à de nombreuses situations et qui permet de mieux comprendre leur dynamique. Voici les répercussions de cette théorie. Premièrement, le vendeur doit estimer la valeur totale et le prix total présentés au client par chaque concurrent pour savoir où se situe son offre. Deuxièmement, le vendeur qui se voit désavantagé dans la perspective d'une valeur livrée a deux choix. Il peut essayer d'accroître la valeur totale pour le client ou de diminuer le prix total. Le premier choix exige d'accroître les avantages des éléments de l'offre, soit le produit, le service, les ressources humaines et l'image. Quant au deuxième choix, il consiste à réduire les coûts pour l'acheteur. À cette fin, le vendeur peut réduire le prix, simplifier le processus de commande et de livraison, ou réduire certains risques pour le client en offrant une garantie.

2.2
LA SATISFACTION DE LA CLIENTÈLE

Le degré de satisfaction de l'acheteur après un achat dépend de la performance de l'offre par rapport aux attentes de l'acheteur. La satisfaction est définie comme suit :

> **La satisfaction est un sentiment de plaisir (ou de désappointement dans le cas de l'insatisfaction) qu'une personne ressent à la suite de la comparaison entre la performance (ou le résultat) perçue d'un produit ou d'un service et ses attentes.**

Comme cette définition le spécifie clairement, la satisfaction est fonction de la **performance perçue** et des **attentes**. Si la performance est moins bonne que celle qui est attendue, le client est insatisfait. Si elle correspond à ses attentes, le client est satisfait. Si la performance excède ses attentes, le client est très satisfait ou enchanté.

Plusieurs entreprises sont à la recherche d'une très grande satisfaction parce que les clients qui sont uniquement satisfaits n'hésitent pas à aller ailleurs si une meilleure offre leur est faite. Ceux qui sont très satisfaits sont moins susceptibles de changer de marque.

Une très grande satisfaction ou un enchantement crée une affinité émotionnelle avec la marque, et non seulement une préférence rationnelle. Le résultat est une très grande fidélité du client.

Comment les acheteurs forment-ils leurs attentes ? Celles-ci sont influencées par leurs expériences d'achat antérieures, par des suggestions de leurs amis et de leurs associés, et par des renseignements et des promesses venant des mercaticiens et des concurrents. Si les mercaticiens créent des attentes trop élevées, il est probable que l'acheteur sera déçu. Par exemple, dans une campagne publicitaire il y a quelques années, Holiday Inn indiquait que la surprise chez Holiday Inn était qu'il n'y avait pas de surprise. Toutefois, étant donné que plusieurs clients de la chaîne éprouvaient à l'occasion des problèmes, Holiday Inn décida de mettre fin à cette campagne. Par contre, si l'entreprise fixe des attentes trop basses, elle n'attirera pas suffisamment d'acheteurs (même si elle satisfait ceux qui ont acheté).

Quelques-unes des entreprises qui réussissent le mieux actuellement créent des attentes élevées et s'assurent de fournir des performances égalant ces attentes. Ces entreprises visent la **satisfaction totale de la clientèle**. Xerox, par exemple, garantit une « entière satisfaction » et remplacera, à ses frais, tout équipement d'un client insatisfait sur une période allant jusqu'à trois ans après l'achat. Pour sa part, la firme Cigna annonce ceci : « Nous ne serons satisfaits à 100 % que si vous l'êtes aussi. » Un message publicitaire de Honda illustre bien cette préoccupation : « La raison pour laquelle nos clients sont si satisfaits, c'est que nous ne le sommes pas. » Enfin, Nissan propose aux acheteurs potentiels d'Infiniti d'aller visiter un concessionnaire pour faire l'essai d'une automobile en tant qu'invités, puisque le terme japonais correspondant à « client » est « invité de marque ».

Considérons les effets d'une grande satisfaction :

En 1994, Saturn (la nouvelle division d'automobiles de General Motors) invita tous les propriétaires de Saturn à son quartier général du Tennessee pour célébrer son cinquième anniversaire. L'entreprise s'attendait à recevoir un millier de propriétaires ; à sa grande surprise, 28 000 propriétaires de Saturn des États-Unis se présentèrent pour cette célébration durant un week-end. Skip LeFauve, président de Saturn, déclara durant la fête : « Saturn, c'est plus qu'une auto, c'est une idée. Il s'agit d'une toute nouvelle façon de faire les choses, de travailler avec nos clients et de travailler entre nous. Saturn constitue plus qu'un produit révolutionnaire ; c'est une révolution culturelle. »

Des entreprises telles que Saturn se rendent compte que les clients qui sont **seulement satisfaits** peuvent facilement changer de fournisseur si une meilleure offre leur est faite. Dans une étude portant sur des produits de consommation, 40 % des clients qui s'étaient dits satisfaits changèrent plus tard de marque. Ceux qui sont **très satisfaits** de la qualité et de la valeur d'une offre auront moins tendance à changer de marque. Une étude a démontré que 75 % des acheteurs de Toyota étaient très satisfaits ; approximativement 75 % de ceux-ci déclarèrent qu'ils avaient l'intention d'acheter de nouveau une Toyota. Le fait est qu'une très grande satisfaction ou un enchantement accroissent la fidélité des clients.

Le défi relié à la mise en œuvre de la satisfaction totale du client consiste à créer une culture d'entreprise par laquelle tous les membres de l'entreprise visent à enchanter le client. Unisys, une entreprise de gestion de l'information, a introduit dans ses messages publicitaires le thème de la focalisation sur les clients qu'elle définit comme suit : « mieux répondre aux besoins des clients et être davantage capable d'en attirer des nouveaux ». Pour Unisys, il importe d'améliorer les possibilités de son système d'information auprès des clients et partout où s'établissent des contacts avec les clients. Cela exige d'une entreprise qu'elle donne plus qu'une bonne information et qu'elle ne se contente pas de multiplier les contacts avec les clients. En fin de compte, cela revient à établir un lien entre la rémunération du personnel et la satisfaction des clients. Le personnel de l'entreprise doit être converti à une orientation prononcée vers la clientèle. Anita Roddick, fondatrice de Body Shop, observe avec justesse : « Mon personnel constitue en fait mes premiers clients. »

En plus de se préoccuper des attentes des clients, de la performance perçue de l'entreprise et de la satisfaction de la clientèle, les entreprises doivent suivre de près la performance des concurrents. Par exemple, une entreprise était heureuse d'apprendre que 80 % de ses clients étaient satisfaits. Puis le P.-D.G. découvrit que 90 % des clients de son principal concurrent étaient satisfaits. Il fut encore plus surpris d'apprendre que ce concurrent cherchait à obtenir un taux de satisfaction de 95 %. On trouvera au tableau 2.1 diverses méthodes utilisées par des entreprises pour mesurer la satisfaction de la clientèle.

Pour les entreprises qui se focalisent sur le client, la satisfaction de la clientèle est à la fois un but et un outil de marketing. Les entreprises qui réussissent à atteindre des taux élevés de satisfaction de la clientèle s'assurent que leur marché cible prend connaissance de ce fait. Ainsi, la Honda Accord a reçu la meilleure évaluation de la satisfaction de la clientèle de J.D. Powers pendant plusieurs années, et la publicité de Honda mettait en évidence ce fait, ce qui aida Honda à vendre encore plus d'Accord. La croissance fulgurante de Dell Computer peut être attribuée en partie à l'obtention d'un très haut niveau de satisfaction de la clientèle, appuyé par une publicité faite en conséquence :

Dell fut la première entreprise à offrir un soutien technique direct du manufacturier aux usagers, l'entreprise ayant misé sur la satisfaction de la clientèle en mettant l'accent sur le service et sur le soutien aux clients. Cette entreprise a mis sur pied un service d'une très grande capacité à partir de sa vision selon laquelle un client doit vivre une expérience de qualité et doit être enchanté, pas seulement satisfait. En fait, Dell a éprouvé des problèmes en 1993 lorsqu'elle a commencé à vendre ses ordinateurs personnels à de grands détaillants comme Wal-Mart, qui n'offraient pas le même type de service à la clientèle. Lorsque la compagnie est retournée à son approche de vente postale qui lui avait si bien réussi dans le passé, ses profits ont augmenté de nouveau[3].

Quoiqu'une entreprise centrée sur le client cherche à créer la plus grande satisfaction possible de la clientèle, son but principal n'est pas de maximiser cette satisfaction. Premièrement, l'entreprise peut accroître la satisfaction de la clientèle en diminuant ses prix ou en donnant plus de service, mais il en résultera peut-être des profits plus bas. Deuxièmement, elle peut être en mesure d'augmenter sa rentabilité par des moyens autres que la satisfaction accrue de la clientèle, par exemple en améliorant son processus de production ou en investissant davantage dans la recherche et le développement. Troisièmement, l'entreprise doit satisfaire plusieurs intervenants, incluant ses propres employés, ses intermédiaires, ses fournisseurs et ses actionnaires. Si elle dépense beaucoup pour satisfaire les clients, cela risquera de se faire aux dépens de la satisfaction de ses autres « partenaires ». En fait, l'entreprise doit ménager la chèvre et le chou : elle doit assurer le plus haut niveau possible de satisfaction de la clientèle tout en maintenant des niveaux acceptables de satisfaction

TABLEAU 2.1
Les outils pour mesurer et assurer la satisfaction des clients

Les systèmes de suggestions et de plaintes

Une organisation centrée sur le client facilite à ses clients la possibilité de faire des suggestions et d'exprimer des plaintes. Plusieurs hôtels et restaurants ont prévu des formulaires permettant aux clients d'indiquer ce qu'ils aiment et n'aiment pas. Un hôpital pourrait placer des boîtes à suggestions dans les corridors et remettre des cartes de commentaires aux patients qui quittent l'hôpital ; il pourrait même demander à un ancien patient de recevoir les plaintes des patients. Certaines entreprises comme Procter & Gamble, General Electric et BMW ont mis sur pied des lignes téléphoniques gratuites pour permettre aux clients de poser des questions, de faire des suggestions ou de se plaindre. Ce type d'information fournit aux entreprises plusieurs bonnes idées et les aide à réagir plus rapidement en vue de résoudre les problèmes.

Les sondages sur la satisfaction de la clientèle

Des études démontrent que, même si les clients sont insatisfaits d'un achat sur quatre, moins de 5 % des clients insatisfaits se plaignent. Plutôt que de se plaindre, la plupart des clients décident tout simplement d'acheter moins ou de se tourner vers un nouveau fournisseur. Par conséquent, les entreprises ne doivent pas utiliser les plaintes comme mesure de la satisfaction de la clientèle. Les entreprises préoccupées par la satisfaction de leurs clients tentent plutôt d'obtenir une mesure directe de leur satisfaction par des sondages périodiques. Elles envoient des questionnaires ou font des appels téléphoniques à un échantillon aléatoire de leurs clients récents et leur demandent s'ils sont très satisfaits, satisfaits, ni satisfaits ni insatisfaits, plutôt insatisfaits ou très insatisfaits de divers aspects de la performance de l'entreprise. Elles cherchent aussi à connaître le point de vue des acheteurs sur les performances des concurrents. En même temps que l'entreprise essaie d'obtenir de l'information sur la satisfaction de la clientèle, elle a avantage à poser aux clients des questions supplémentaires pour mesurer leur intention à l'égard du renouvellement de l'achat, laquelle devrait normalement être élevée si la satisfaction des clients est élevée. Il est aussi utile de mesurer la

volonté des clients de recommander l'entreprise ou la marque à d'autres personnes ou la possibilité qu'ils le fassent. Le bouche à oreille fortement positif indique que l'entreprise engendre une satisfaction élevée.

Les acheteurs fantômes

Certaines entreprises embauchent des personnes qui agissent comme acheteurs potentiels et qui rapportent les points forts et les points faibles qu'ils ont expérimentés lors de l'achat des produits et des services de l'entreprise et de ceux des concurrents. Ces acheteurs fantômes vont jusqu'à créer certains problèmes pour vérifier de quelle façon le personnel de l'entreprise abordera la situation. Ainsi, un acheteur fantôme peut se plaindre de la nourriture d'un restaurant pour vérifier comment le restaurant traitera sa plainte. Non seulement les entreprises devraient embaucher à l'occasion des acheteurs fantômes, mais les gestionnaires eux-mêmes devraient de temps en temps quitter leur bureau et agir comme acheteurs auprès de leur propre entreprise ou des entreprises concurrentes où ils ne sont pas connus afin d'expérimenter directement le traitement qu'ils recevront en tant que « clients ». Une variante de cette approche consiste pour les gestionnaires à appeler leur propre entreprise, à poser des questions et à déposer une plainte pour voir de quelle manière l'appel sera reçu et traité.

L'analyse des clients perdus

Les entreprises devraient entrer en contact avec les clients qui ont cessé d'acheter ou qui utilisent les services d'un autre fournisseur, et ce pour découvrir pourquoi cela est arrivé. Lorsqu'un client ne renouvelle pas son hypothèque, la Banque Nationale l'appelle pour lui demander pourquoi. Quand IBM perd un client, elle fait un examen minutieux pour repérer l'erreur qui a pu se produire. Il est important de faire des entrevues auprès des clients qui cessent d'acheter ; de même, il est important de mesurer le taux de rétention de la clientèle, une diminution de celui-ci indiquant que l'entreprise ne réussit pas à satisfaire ses clients.

---

des autres intervenants compte tenu des contraintes sur le plan des ressources.

Il est important de faire une mise en garde en ce qui concerne l'évaluation que font les clients de leur satisfaction par rapport à un élément de la performance de l'entreprise, comme la livraison. En effet, l'entreprise doit reconnaître que les clients peuvent parler de différentes façons d'une bonne livraison. Celle-ci peut correspondre dans leur esprit à une livraison effectuée plus tôt que prévu, à une livraison faite à temps, à une commande complète, etc. Par

contre, si une entreprise spécifie chacun des éléments en détail, alors les clients devront répondre à un très long questionnaire. L'entreprise doit aussi se rendre compte que deux clients peuvent se dire « très satisfaits » de manière différente. Ainsi, un client peut être facile à satisfaire tout le temps, tandis qu'un autre peut être difficile à satisfaire normalement mais a été satisfait à une occasion donnée.

Les entreprises doivent aussi prendre en considération le fait que les gestionnaires et les représentants de vente peuvent manipuler les évaluations de la satisfaction de la clientèle. Ils peuvent par exemple être particulièrement affables envers les clients juste avant un sondage. Ils peuvent aussi tenter d'exclure du sondage des clients insatisfaits. Il y a également le danger que si les clients savent que l'entreprise est prête à tout faire pour satisfaire ses clients, certains d'entre eux exprimeront un degré d'insatisfaction élevé, même s'ils sont satisfaits, dans le but d'obtenir plus de concessions.

2.3
LA LIVRAISON DE LA VALEUR ET DE LA SATISFACTION

Vu l'importance accordée à la valeur et à la satisfaction de la clientèle, que doit-on faire pour assurer cette valeur et cette satisfaction? Pour répondre à cette question, nous devons exposer les concepts de chaîne de valeur et de réseau de livraison de la valeur.

2.3.1
La chaîne de valeur

Michael E. Porter, de l'Université Harvard, a proposé la **chaîne de valeur** comme outil permettant de cerner les différentes façons d'améliorer la valeur (voir la figure 2.2)[4]. Chaque entreprise se caractérise en fait

par un ensemble d'activités qu'elle effectue pour concevoir, fabriquer, mettre sur le marché, livrer et soutenir ses produits. La chaîne de valeur réduit l'ensemble des activités d'une entreprise à neuf activités stratégiques utiles pour comprendre la structure des coûts dans une industrie ainsi que les sources existantes et potentielles de différenciation. Ces activités de la chaîne de valeur se répartissent en cinq activités de base et en quatre activités de soutien.

Les activités de base ou primaires forment une séquence d'activités qui consistent à apporter la matière première à l'entreprise, à la convertir en biens, à expédier ceux-ci et à en faire le marketing et le service. Les activités de soutien sont présentes lors de chacune des activités de base. Ainsi, l'approvisionnement constitue l'achat de divers intrants pour chacune des activités primaires, et seulement une partie de ces achats est effectuée par le service des achats. Le développement de la technologie est présent dans chacune des activités primaires, et seulement une partie de ce développement est accompli par le service de la R et D. La gestion des ressources humaines est également présente dans chacune de ces activités. L'infrastructure de l'entreprise comprend la direction générale, la planification, la comptabilité, les services financiers et juridiques ainsi que les services des affaires gouvernementales, soutenus par toutes les activités de base et de soutien.

La tâche de l'entreprise est d'étudier les coûts et les performances de chacune des activités qui créent de la

FIGURE 2.2
La chaîne générique de valeur

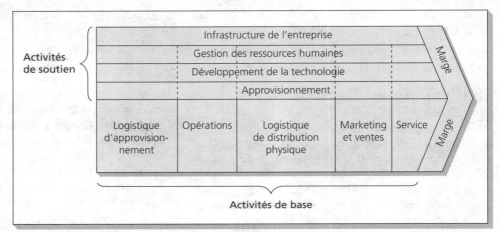

Source : Michael E. Porter, *Competitive Advantage : Creating and Sustaining Superior Performance*, New York, Free Press, 1985, p. 37.

valeur, et d'y apporter des améliorations. L'entreprise devrait estimer les coûts et les performances de la concurrence, et s'en servir comme étalons. Dans la mesure où elle pourra faire mieux que ses concurrents, elle aura acquis un avantage concurrentiel.

Le succès d'une entreprise dépend non seulement de la façon dont chaque service accomplit son travail, mais aussi de la façon dont les diverses activités des services sont coordonnées. Trop souvent les services de l'entreprise cherchent à maximiser leur propre intérêt plutôt que l'intérêt de l'entreprise et des clients. Le service du crédit peut prendre beaucoup de temps pour vérifier le crédit d'un client potentiel de manière à éviter les mauvaises créances; entre-temps, le client attend et le représentant est frustré. Le service de l'expédition peut choisir de faire une livraison par train pour réduire les coûts; cependant, le client doit attendre. Chaque service risque de créer des obstacles qui auront pour effet de réduire la qualité du service à la clientèle.

La solution à ce problème consiste à accorder plus d'importance à la gestion intégrée des processus des principales activités de l'entreprise, ce qui implique une meilleure information et une plus grande coopération entre les services. Les quatre processus suivants constituent le cœur des activités des entreprises:

Le processus d'innovation. Ce processus comprend toutes les activités liées à la recherche, au développement et au lancement rapide de nouveaux produits de qualité, dans le respect des contraintes budgétaires.

Le processus de gestion des stocks. Il s'agit de toutes les activités qui concernent le développement et la gestion des niveaux de stocks de matières brutes et semi-ouvrées et de produits finis de façon que les matières requises soient accessibles et que les coûts de rupture de stock soient bas.

Le processus de traitement des commandes. Ce processus comprend les activités telles que la réception des commandes, leur approbation, l'expédition des biens, la prestation des services à temps et la facturation.

Le processus de service à la clientèle. Ce processus regroupe toutes les activités qui permettent aux clients d'entrer facilement en contact avec les personnes en cause dans l'entreprise, de recevoir un bon service et d'obtenir des solutions à leurs problèmes.

Les meilleures entreprises sont celles qui réussissent à développer des habiletés supérieures dans la gestion de ces processus. Par exemple, une des forces de Wal-Mart est sa grande efficacité à faire déplacer les biens de ses fournisseurs dans ses différents magasins. À mesure que les magasins de Wal-Mart vendent des biens, les renseignements sur les ventes sont transmis par ordinateur non seulement au siège social de Wal-Mart mais aussi directement à ses fournisseurs, qui expédient la marchandise aux différents magasins de Wal-Mart presque aussi rapidement que les produits partent des tablettes[5].

2.3.2
Le réseau de livraison de la valeur

Pour connaître le succès, les entreprises doivent aussi rechercher des avantages concurrentiels au-delà de leurs propres opérations, soit dans la chaîne de valeur de leurs fournisseurs, distributeurs et clients. Face à une concurrence intense, plusieurs entreprises se sont récemment engagées dans un partenariat avec des fournisseurs et des distributeurs pour créer un réseau performant de **livraison de la valeur**. Voici des exemples de ce fait[6].

Bailey Controls, un fabricant de systèmes de contrôle pour de grandes usines dont les ventes dépassent les 400 millions de dollars par année, traite certains de ses fournisseurs comme s'ils étaient ses propres services. Il y a peu de temps, l'entreprise a branché deux de ses fournisseurs directement sur son système de gestion des stocks. Chaque semaine, Bailey se sert de l'autoroute électronique pour communiquer à Futur Electronic, une entreprise de Montréal, ses plus récentes prévisions de besoins en matériaux requis pour les six prochains mois de façon que Futur Electronic puisse constituer ses stocks. Dès que les stocks de pièces chutent en deçà d'un niveau désigné, un employé de Bailey passe un lecteur optique au laser sur le code à barres du réceptacle de pièces, qui indique aussitôt à Futur Electronic qu'elle doit expédier des pièces immédiatement. Quoique de tels arrangements transfèrent les coûts de stockage aux fournisseurs, ces derniers s'attendent à ce que ces coûts soient largement compensés par le gain en volume. Il s'agit là d'un partenariat gagnant-gagnant.

Les laboratoires Betz, un fabricant de produits chimiques pour le traitement des eaux industrielles, vendaient traditionnellement des produits chimiques qui empêchaient l'eau des usines de leurs clients de bloquer les tuyaux ou de corroder la machinerie. Aujourd'hui, Betz fournit à ses clients les plus

FIGURE 2.3
Le réseau de livraison de la valeur

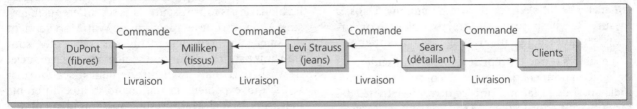

importants non seulement des produits, mais aussi de l'expertise. Une équipe de premier rang, composée de cadres et d'ingénieurs de Betz et de clients, surveille chaque litre d'eau dans les usines des clients. Elle se pose les questions suivantes et y apporte des réponses : l'eau est-elle aussi sécuritaire que possible pour l'équipement ? Se conforme-t-elle aux normes en matière de protection de l'environnement ? Est-elle utilisée de la façon la plus efficace et la moins coûteuse ? En moins d'un an, l'équipe de Betz a observé, dans une des usines d'Allied Signal, une réduction des coûts potentiels de 3,4 millions de dollars.

Un autre excellent exemple d'un réseau de livraison de la valeur est celui de Levi Strauss, le célèbre fabricant de jeans, qui est connectée à ses fournisseurs et à ses distributeurs (voir la figure 2.3). Un des principaux détaillants de Levi Strauss est Sears. Chaque nuit, grâce à l'échange de données informatisé, Levi Strauss connaît les tailles et les styles des jeans vendus par Sears et par les autres détaillants importants. Elle commande alors par des moyens électroniques les tissus qui seront livrés le jour suivant par Milliken, son fournisseur de tissus. Milliken, à son tour, transmet une commande de fibres à DuPont, son fournisseur de fibres. De cette façon, les partenaires de la chaîne d'approvisionnement utilisent une information sur les ventes qui est à jour, ce qui leur permet de fabriquer des produits en fonction des ventes réalisées et non en fonction de prévisions qui pourraient être différentes de la demande actuelle. Dans ce **système à réaction rapide**, les produits sont aspirés par la demande au lieu d'être poussés par l'offre. La performance de Levi Strauss par rapport à un autre fabricant de jeans comme Wrangler dépend de la qualité de son propre **réseau de marketing** comparativement à celui de Wrangler. Ce ne sont plus les entreprises qui se concurrencent, mais les réseaux de marketing.

2.4
L'ATTRACTION ET LA RÉTENTION DES CLIENTS

En plus d'améliorer leurs relations avec leurs partenaires dans la chaîne d'approvisionnement, plusieurs entreprises s'efforcent d'établir des liens plus étroits avec les clients ultimes (soit les clients des clients des entreprises) et de susciter chez eux une plus grande fidélité. Dans le passé, plusieurs entreprises tenaient leurs clients pour acquis. Peut-être leurs clients n'avaient-ils pas d'autres sources d'approvisionnement, peut-être tous les fournisseurs étaient-ils également inefficaces ou peut-être encore le marché croissait-il si rapidement que l'entreprise n'avait pas à se préoccuper de satisfaire ses clients. Quoi qu'il en soit, les choses ont changé.

2.4.1
Le calcul du coût de la perte de clients

De nos jours, les entreprises doivent prêter attention au **taux de défection des clients** (le taux auquel l'entreprise perd des clients) et prendre des mesures pour le réduire. Le processus de réduction du taux de défection comprend quatre étapes pour l'entreprise, soit : 1° définir et mesurer le taux de rétention des clients ; 2° cerner les causes de la défection des clients de même que les facteurs sur lesquels elle exerce un meilleur contrôle ; 3° estimer la perte de profits associée à la perte de clients ; 4° estimer le coût associé à la réduction du taux de défection.

Premièrement, l'entreprise doit définir et mesurer le taux de rétention des clients. Par exemple, pour une revue, le taux de renouvellement des abonnements est une bonne mesure du taux de rétention. Pour une université, il pourrait s'agir du taux de rétention entre la première et la deuxième année ou encore du taux d'octroi des diplômes.

Deuxièmement, l'entreprise doit cerner les causes de la défection des clients de même que les facteurs sur lesquels elle exerce un meilleur contrôle (voir la rubrique Mémento de marketing 2.1 intitulée « Savoir poser les bonnes questions quand les clients partent »). Naturellement, on ne peut pas faire grand-chose pour les clients qui quittent la région ou qui abandonnent les affaires. Mais on peut, par contre, faire beaucoup pour les clients qui délaissent l'entreprise à cause d'un mauvais service, de produits de mauvaise qualité, de prix trop élevés, etc. L'entreprise doit examiner les pourcentages de clients qui partent pour différentes raisons.

Troisièmement, l'entreprise doit estimer la perte de profits associée à la perte de clients. Dans le cas d'un client spécifique, la perte de profits est égale à la **valeur à vie** du client, c'est-à-dire à la valeur actuelle nette des profits qui seraient générés pour l'entreprise si le client n'était pas parti prématurément. Pour un groupe de clients perdus, une importante compagnie de transport estime sa perte de profits comme suit :

- L'entreprise avait 64 000 comptes.
- Elle a perdu 5 % de ses comptes durant la présente année à cause de la mauvaise qualité de ses services. Il s'agit d'une perte de 3 200 comptes (0,05 × 64 000).
- Un compte moyen perdu représente une perte de revenus de 55 000 $. Par conséquent, l'entreprise a perdu des revenus s'élevant à 176 000 000 $ (3 200 × 55 000 $).
- La marge de profit de l'entreprise étant de 10 %, celle-ci a alors perdu 17 600 000 $ cette année (0,10 × 176 000 000 $). Puisque les clients sont partis prématurément, la perte de l'entreprise dans le temps sera beaucoup plus importante que la perte actuelle.

Quatrièmement, l'entreprise doit estimer le coût associé à la réduction du taux de défection. Aussi longtemps que ce coût sera inférieur à la perte de profits, l'entreprise devrait dépenser ce montant pour réduire son taux de défection.

MÉMENTO DE MARKETING 2.1

Savoir poser les bonnes questions quand les clients partent

Pour créer des programmes de rétention efficaces, les managers de marketing doivent cerner les causes de la défection des clients qui abandonnent l'entreprise. Cette analyse devrait débuter par l'examen de données internes telles que les rapports de ventes, les fiches de prix et les résultats des sondages portant sur la satisfaction de la clientèle. L'étape suivante consiste à réaliser une recherche auprès de sources externes, comme des études de cas ou la collecte de statistiques émanant d'associations professionnelles. Voici des exemples de questions clés qu'il faut se poser :

- Est-ce que le taux de défection des clients varie selon les années ?
- Est-ce que le taux de rétention des clients varie selon les bureaux, les régions, les représentants de vente ou les distributeurs ?
- Quelle est la relation entre les taux de rétention et les changements de prix ?
- Qu'est-ce qui arrive aux clients qui ont été perdus et que font-ils normalement ?
- Quelles sont les normes de rétention des clients dans l'industrie en cause ?
- Quelles entreprises dans l'industrie en cause conservent leurs clients plus longtemps ?

Source : William A. Sherden, « When Customers Leave », *Small Business Report*, novembre 1994, p. 45.

2.4.2
La nécessité de conserver les clients

On estime que le coût d'attraction d'un nouveau client est cinq fois plus élevé que le coût de rétention d'un client actuel. L'entreprise doit faire beaucoup d'efforts pour amener un client satisfait à quitter son fournisseur actuel.

Malheureusement, une grande partie de la théorie et de la pratique du marketing se concentre sur l'art d'attirer de nouveaux clients plutôt que sur celui de retenir les clients existants. L'accent a traditionnellement été mis sur les ventes au détriment de l'établissement de relations. Les entreprises se focalisaient davantage sur la prévente et sur la vente que sur l'attention à apporter aux clients après la vente. De nos jours, cependant, de plus en plus d'entreprises reconnaissent l'importance de satisfaire et de retenir les clients actuels. Une étude a d'ailleurs démontré que les entreprises pourraient améliorer leurs profits, dans tous les domaines, de 25 % à 85 % en réduisant le taux de défection des clients de 5 %[7]. Hélas! les systèmes comptables des entreprises ne permettent pas, normalement, de mesurer la valeur des clients fidèles.

L'exemple présenté plus bas met en évidence l'importance à accorder à la rétention de la clientèle. Supposons qu'une entreprise analyse son coût d'attraction d'un nouveau client et obtienne les résultats suivants:

Coût moyen de la visite d'un représentant (incluant le salaire, la commission, les avantages sociaux et les dépenses)	300 $
Nombre moyen de visites requis pour convertir un client potentiel moyen en client	× 4
Coût d'attraction d'un nouveau client	1 200 $

Il s'agit là d'une estimation conservatrice, puisque nous n'avons pas inclus les coûts de publicité et de promotion, d'exploitation, de planification, etc.

Maintenant, supposons que l'entreprise estime que la valeur à vie moyenne d'un client est la suivante:

Revenu annuel moyen	5 000 $
Nombre d'années de fidélité moyen	× 2
Marge de profit de l'entreprise	× 0,10
Valeur à vie moyenne du client	1 000 $

Étant donné que le coût d'attraction d'un nouveau client est plus élevé que le coût à vie d'un client actuel, l'entreprise dépense nettement plus qu'elle le devrait pour attirer de nouveaux clients. Celle-ci éprouvera rapidement des problèmes majeurs à moins qu'elle réussisse à attirer de nouveaux clients en faisant un nombre inférieur de visites, en dépensant moins pour chaque visite, en augmentant les ventes annuelles moyennes aux nouveaux clients, en retenant les clients plus longtemps ou encore en leur vendant des produits plus rentables.

Il y a deux façons d'assurer la rétention des clients. La première façon consiste à établir des coûts de transfert élevés. Les clients sont moins tentés de faire affaire avec un autre fournisseur quand ce geste implique des coûts de capital élevés, des coûts de recherche élevés, la perte d'escomptes pour les clients fidèles, etc. La seconde façon, qui est la meilleure, consiste à obtenir un taux de satisfaction élevé des clients. Un client satisfait est un client difficile à conquérir pour les concurrents, car ceux-ci doivent offrir davantage que des prix plus bas ou des incitations au transfert. Pour garantir la rétention de la clientèle, il faut faire des efforts en vue de la fidéliser, ce qui constitue le **marketing relationnel**, comme nous l'avons vu au chapitre 1. Le marketing relationnel comprend toutes les étapes que les entreprises franchissent pour connaître et mieux servir les clients qui offrent une bonne valeur pour l'entreprise.

2.4.3
L'importance du marketing relationnel

Pour comprendre le marketing relationnel, nous devons tout d'abord examiner le processus d'attraction et de rétention des clients. La figure 2.4 montre les principales étapes du processus de développement d'une relation avec les clients. Le point de départ se trouve dans les **clients possibles**, soit toutes les personnes susceptibles d'acheter un produit ou un service. L'entreprise évalue avec soin les clients possibles pour déterminer ceux qui constituent les **clients potentiels** les plus probables, soit les gens qui ont un intérêt élevé pour le produit ou le service et qui ont la capacité de payer ce produit ou ce service. Les **clients potentiels rejetés** sont tous les clients potentiels que l'entreprise écarte parce qu'ils ont un mauvais crédit ou seraient probablement non rentables.

L'entreprise espère convertir plusieurs **clients potentiels qualifiés** en **clients initiaux**, pour ensuite convertir les **clients initiaux** qui sont satisfaits en **clients réguliers**. Les clients initiaux, tout comme les clients réguliers, peuvent continuer d'acheter à d'autres concurrents aussi. L'entreprise tentera alors de convertir les clients réguliers en **clients exclusifs**, c'est-à-dire des clients qui achètent des produits uniquement à l'entreprise. Le prochain défi consiste à convertir ces clients exclusifs en **partisans**, soit des clients qui louangent l'entreprise et encouragent

FIGURE 2.4
Le processus de développement de la clientèle

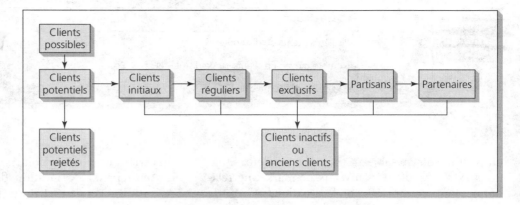

d'autres personnes à acheter chez elle. Le défi ultime est de convertir ces partisans en **partenaires**; dans ce cas, le client et l'entreprise travaillent activement ensemble. En même temps, il faut reconnaître que certains clients deviendront inévitablement inactifs ou cesseront de faire affaire avec l'entreprise pour des raisons, notamment, de faillite, de déménagement ou d'insatisfaction. Un autre défi pour l'entreprise consiste à retrouver les clients insatisfaits grâce à des stratégies de réactivation. Il est quelquefois plus facile de reconquérir d'anciens clients que d'en trouver de nouveaux.

Le fait d'accroître la fidélité des clients entraîne une augmentation des revenus de l'entreprise. L'entreprise doit cependant investir pour bâtir des relations plus étroites avec les clients. Le développement de la fidélité de la clientèle est toutefois plus rentable dans certains secteurs que dans d'autres. Combien une entreprise devrait-elle investir pour bâtir des relations avec les clients de façon que les coûts n'excèdent pas les gains? Nous pouvons distinguer cinq niveaux d'investissement dans le développement de relations avec les clients:

- **Le marketing de base.** Le représentant vend tout simplement le produit.

- **Le marketing réactif.** Le représentant vend le produit et encourage le client à l'appeler s'il a des questions, des commentaires ou des plaintes à formuler.

- **Le marketing responsable.** Le représentant appelle le client quelque temps après la vente pour vérifier si le produit ou le service répond bien à ses attentes. Le représentant demande aussi au client s'il a des suggestions à faire pour l'amélioration du produit ou du service, ou s'il éprouve quelque insatisfaction que ce soit. Cette information aide l'entreprise à améliorer continuellement son rendement.

- **Le marketing positif.** Le représentant appelle le client de temps en temps pour lui suggérer de meilleurs usages du produit ou de nouveaux produits utiles. Par exemple, les représentants des ventes de la compagnie Kraft limitaient traditionnellement leurs efforts à des suggestions de promotion dans les supermarchés; maintenant, ils sont plus créateurs en offrant à ces derniers des résultats de recherches et des suggestions pour améliorer la rentabilité des magasins.

- **Le marketing de partenariat.** L'entreprise travaille continuellement avec le client pour trouver de nouvelles façons de réduire les coûts ou pour l'aider à mieux performer. Par exemple, General Electric a placé à temps plein certains de ses ingénieurs au siège social de ses principaux clients dans le but de les aider à améliorer leur productivité.

La plupart des entreprises pratiquent le marketing de base lorsque leur marché est composé de nombreux clients et que leur marge de profit est faible. De toute évidence, la compagnie Heinz n'appellera pas chaque acheteur de ketchup pour lui demander de façon précise son appréciation. Au mieux, Heinz établira des lignes téléphoniques gratuites. À l'autre extrême, dans les marchés où il y a peu de clients et une marge de profit élevée, la plupart des entreprises s'efforcent de mettre sur pied le marketing de partenariat. ASEA travaille étroitement avec Hydro-Québec pour créer des équipements électriques qui satisferont aux exigences d'Hydro-Québec. Comme

TABLEAU 2.2
Les niveaux de marketing relationnel

	Marge élevée	Marge moyenne	Marge faible
Plusieurs clients ou distributeurs	Responsable	Réactif	De base
Nombre moyen de clients ou de distributeurs	Positif	Responsable	Réactif
Peu de clients ou de distributeurs	De partenariat	Positif	Responsable

on peut le voir au tableau 2.2, entre ces deux situations extrêmes, d'autres niveaux de marketing relationnel sont appropriés selon la situation.

Quels outils de marketing une entreprise peut-elle utiliser pour resserrer ses liens avec ses clients et pour améliorer leur satisfaction? Berry et Parasuraman proposent trois approches permettant d'accroître la valeur pour les clients, soit l'ajout d'avantages financiers, l'ajout d'avantages sociaux et l'ajout de liens structuraux[8].

L'ajout d'avantages financiers

Il existe deux procédés que les entreprises peuvent utiliser pour offrir à leurs clients des avantages financiers: les programmes pour acheteurs assidus et les clubs de clients. Les programmes pour acheteurs assidus sont conçus pour donner des récompenses aux clients qui achètent fréquemment ou qui achètent en grandes quantités. Ces programmes sont basés sur le fait qu'en général 80% des revenus des entreprises proviennent de 20% des clients.

Les transporteurs aériens furent parmi les premières entreprises à mettre sur pied des programmes de marketing visant à récompenser les voyageurs assidus. Ainsi, Air Canada, en collaboration avec la banque CIBC et Visa, a établi le programme Aeroplan, qui offre un mille Aeroplan pour chaque mille effectué en voyage ou pour chaque dollar dépensé au moyen de la carte de crédit. Les milles Aeroplan accumulés peuvent être convertis en primes de voyage. Par exemple, un billet en classe économique peut être obtenu pour n'importe quelle destination au Canada ou aux États-Unis après 25 000 milles, et entre le Canada et l'Europe après 60 000 milles. Des chaînes d'hôtels ont aussi adopté des programmes semblables. Marriott fut le leader dans cette industrie. Les clients assidus peuvent obtenir un classement à la hausse ou une chambre gratuite après avoir accumulé

un certain nombre de points. Ce fut ensuite au tour des entreprises de location d'automobiles comme Avis ou Budget de mettre sur pied des programmes pour leurs clients assidus. Les principales cartes de crédit peuvent aussi offrir des points selon le niveau d'utilisation; le système Air Miles en est un bon exemple. Même de petites entreprises comme des librairies ou des restaurants ont instauré de tels programmes. Par exemple, la Maison de la Presse internationale et la Librairie Sainte-Marie de Sainte-Agathe-des-Monts offrent des livres ou des rabais après l'achat d'un certain nombre de livres. L'entreprise qui introduit en premier un programme semblable est souvent celle qui en retire le plus de bénéfices, surtout si les concurrents sont lents à réagir. Par contre, si tous les concurrents mettent en place de tels programmes, ceux-ci peuvent devenir un fardeau financier pour les entreprises qui les offrent.

Une critique souvent faite envers ces programmes est qu'ils peuvent diminuer les efforts de l'entreprise pour offrir un meilleur service à la clientèle. En effet, ces programmes tentent d'assurer des achats répétés grâce à des incitations économiques. Les transporteurs aériens européens, au contraire, ont choisi d'offrir des services de qualité supérieure pour assurer la répétition des achats.

D'autre part, certaines entreprises ont plutôt choisi de créer des clubs ou des groupes d'intérêts pour leurs clients de façon à resserrer les liens de ces derniers avec l'entreprise. L'adhésion à ces clubs peut être offerte automatiquement à la suite de l'achat ou de la promesse d'achat d'un certain volume ou encore il peut être possible de verser des frais d'adhésion. Certains de ces groupes ont aussi été formés par des organisations à but non lucratif, comme l'Association des diplômés des sciences de la gestion de l'Université du Québec à Montréal. Certaines cartes de crédit permettent aux diplômés de contribuer au financement de leur association grâce aux achats effectués. Certains clubs ont connu beaucoup de succès:

La société de cosmétiques japonaise Shiseido compte plus de 10 millions de membres du club Shiseido, fournit une carte Visa et offre des rabais dans des théâtres, des hôtels et divers commerces ; elle donne aussi des points en récompense aux acheteurs assidus. Les membres de ce club reçoivent également un magazine contenant des articles sur les soins de beauté.

Plus de 2 millions de personnes font partie du club Nintendo. Pour environ 20 $ par année, les membres du club reçoivent un magazine mensuel qui présente les nouveaux jeux Nintendo et qui donne des suggestions sur les façons de mieux performer dans ces jeux. L'entreprise a aussi mis sur pied un service téléphonique où les adultes et les enfants peuvent poser des questions à un conseiller ou lui soumettre des problèmes.

Les Ailes de la Mode ont aussi institué un tel programme. Ainsi, une revue d'excellente qualité (*Les Ailes*) est envoyée aux membres, qui peuvent obtenir une carte de crédit des Ailes de la Mode et bénéficier de nombreux autres avantages.

Harley-Davidson commandite pour sa part le club de propriétaires de motocyclettes Harley-Davidson, qui compte 127 000 membres. Une personne qui achète pour la première fois une motocyclette Harley-Davidson adhère gratuitement au club pour la première année. Les membres du club reçoivent un magazine, un guide touristique, un service de dépannage, un programme d'assurance spécialisé, des rabais dans certains hôtels et un programme de location avion-motocyclette qui permet de louer des motocyclettes Harley-Davidson pendant les vacances.

La célèbre entreprise espagnole de figurines de porcelaine Lladro est une « société de collectionneurs ». En échange de frais annuels de 35 $, les membres reçoivent un abonnement à un magazine trimestriel et l'accès gratuit au musée Lladro de New York. Ils ont également la possibilité de visiter l'entreprise à Valence, en Espagne.

L'ajout d'avantages sociaux

L'entreprise peut aussi encourager son personnel à accroître les liens sociaux avec les clients en personnalisant les relations avec ces derniers. On trouvera au tableau 2.3 des exemples d'activités sociales positives et négatives. Donnelly, Berry et Thompson suggèrent aux entreprises de convertir les consommateurs en clients.

> *Les consommateurs n'ont pas de nom pour un établissement ; les clients ne peuvent pas ne pas avoir de nom. Les consommateurs sont servis comme s'ils faisaient partie d'un marché de masse ou de segments très importants, les clients sont servis sur une base individuelle. Les consommateurs sont servis par n'importe quel employé disponible ; les clients sont servis par des professionnels qui leur ont été affectés[9].*

TABLEAU 2.3
Des exemples d'activités sociales qui influencent la relation acheteur-vendeur

Les choses à faire	Les choses à ne pas faire
• Faire des appels téléphoniques positifs	• Se limiter à rappeler les clients
• Faire des recommandations	• Se justifier
• Tenir un discours honnête	• Tenir un discours conciliant
• Utiliser le téléphone	• Faire appel à la correspondance
• Montrer de l'appréciation	• Laisser les malentendus se créer
• Faire des suggestions	• Attendre les demandes
• Travailler ensemble pour trouver des solutions	• Utiliser les moyens légaux
• Chercher à résoudre les problèmes	• Ne répondre que lorsqu'il y a des problèmes
• Utiliser un langage direct	• Utiliser un langage équivoque
• Aborder les problèmes de personnalité	• Ignorer les problèmes de personnalité
• Parler de l'avenir ensemble	• Parler surtout du passé
• Réagir de façon organisée	• Réagir aux situations urgentes
• Accepter les responsabilités	• Jeter le blâme sur d'autres personnes
• Faire de la planification pour l'avenir	• Se contenter du fonctionnement présent

Source : Theodore Levitt, *The Marketing Imagination*, New York, Free Press, 1983, p. 119. Reproduit avec l'autorisation de la *Harvard Business Review*. Extrait de Theodore Levitt, « After the Sale Is Over », *Harvard Business Review*, septembre-octobre 1993, p. 119. Copyright ©1983 par le président et les membres du Collège Harvard.

Par exemple, les services offerts par les directeurs de comptes des services de gestion privée de la Banque de Montréal sont très personnalisés. Chaque directeur est responsable d'un nombre restreint de clients. Il maintient avec eux des contacts réguliers, leur donne des conseils et leur fait différentes suggestions en vue d'améliorer leur situation financière.

L'ajout de liens structuraux

L'entreprise peut fournir à ses clients un équipement spécialisé ou des liens informatiques qui les aideront à mieux gérer leurs commandes, leur système de paie, leurs stocks, etc. Ainsi, certains grossistes procurent à de petits commerçants un accès électronique de manière à faciliter leur processus de prise de commandes et de contrôle des stocks. Les banques fournissent des logiciels et l'accès au réseau Internet à leurs clients afin que ceux-ci puissent faire affaire avec elles à partir de leur domicile. Nous nous pencherons plus longuement sur d'autres aspects du marketing relationnel au chapitre 22.

2.5
LE TEST ULTIME : LA RENTABILITÉ DU CLIENT

Le marketing peut être considéré comme l'art d'attirer et de retenir les clients rentables. Pour James V. Putten, d'American Express, les meilleurs clients dépensent plus que les autres selon des ratios de 16 à 1 dans les commerces de détail, de 13 à 1 dans les restaurants, de 12 à 1 dans les voyages en avion, et de 5 à 1 dans les hôtels[10]. Carl Sewell, qui dirige un des concessionnaires d'automobiles les mieux gérés du monde, estime qu'un acheteur typique d'autos représente une valeur à vie potentielle de plus de 400 000 $ quant à l'achat d'automobiles et de services[11].

Il faut aussi reconnaître que les entreprises perdent de l'argent avec certains de leurs clients. Selon la règle bien connue du 80-20, 80 % des profits sont générés par 20 % des clients. William A. Sherden a proposé que l'on modifie cette règle de façon qu'elle se lise « 80-20-30 » : elle refléterait ainsi l'idée que les meilleurs clients (20 %) génèrent 80 % des profits, mais que la moitié de ces gains sont perdus avec les

30 % de clients qui ne sont pas rentables[12]. Il devient évident que l'entreprise pourra améliorer sa rentabilité en renonçant à ses mauvais clients.

De plus, ce ne sont pas nécessairement les clients les plus importants de l'entreprise qui génèrent le plus de profits. Ces derniers clients demandent énormément de services et reçoivent les plus gros rabais, ce qui réduit le taux de rentabilité de l'entreprise. De leur côté, les clients les plus petits paient au prix fort et reçoivent un service minimal, mais les coûts de transactions avec ces petits clients réduisent la rentabilité. Le plus souvent, ce sont les clients d'importance moyenne qui sont les plus rentables, car ils paient presque au prix fort en échange d'un bon service. Cela explique pourquoi certaines grandes entreprises qui, traditionnellement, s'étaient contentées de cibler les clients importants se tournent maintenant vers les clients d'importance moyenne. Par exemple, les principaux transporteurs aériens de marchandises ont constaté que c'était une erreur d'ignorer les PME exportatrices qui expédient des colis dans d'autres pays. Les programmes destinés à ce type d'entreprises sont simples. Un réseau de réceptacles a été mis sur pied, ce qui permet d'offrir des tarifs beaucoup plus bas que les tarifs exigés lorsque les lettres et les colis doivent être recueillis chez les expéditeurs. En plus d'accroître son réseau de réceptacles, United Parcel Service (UPS) donne des séminaires destinés aux exportateurs en vue de faciliter leurs transactions à l'étranger[13].

Une entreprise ne devrait pas, non plus, tenter de satisfaire tous les clients dans toutes les circonstances. Par exemple, si les clients de Courtyard (la chaîne de motels économiques de Marriott) exigent des services de classe affaires, Courtyard dira « non ». Acquiescer à une telle demande ne ferait qu'embrouiller le positionnement respectif de Marriott et de Courtyard. Lanning et Phillips ont bien saisi cette problématique :

Certaines organisations essaient de faire tout ce que les clients leur suggèrent. [...] Mais, même si les clients font souvent de bonnes suggestions, leurs suggestions ne sont pas toujours réalisables ou rentables. Adopter toutes les suggestions est à l'opposé de l'optique de marché qui consiste à savoir faire un choix judicieux des clients à servir et des combinaisons d'avantages et de prix à leur offrir (et à savoir ce qu'il faut ne pas offrir)[14].

Qu'est-ce qui rend un client rentable ? Nous définissons un client rentable comme suit :

> **Un client rentable est une personne, un ménage ou une entreprise qui génère dans le temps des revenus excédant par un montant acceptable les coûts engagés (attraction, vente, service) pour faire affaire avec ce client.**

Soulignons que l'accent est mis sur les revenus obtenus et les coûts engagés durant la vie d'un client. Nous verrons maintenant deux exemples qui illustrent bien le sens qu'il faut donner à la valeur à vie d'un client.

Alors que le coût d'un *taco* est d'environ un dollar, on ne penserait pas que Taco Bell se préoccupe de la perte de clients. La direction de Taco Bell a déterminé qu'un client fidèle peut rapporter jusqu'à 15 000 $. En partageant avec les employés ses estimations sur la valeur d'un client à vie, la direction de Taco Bell aide ceux-ci à comprendre la valeur reliée au maintien de la satisfaction de la clientèle[15].

Tom Peters, l'auteur bien connu de plusieurs livres traitant de l'excellence dans le domaine du management, dirige une entreprise qui dépense près de 2 000 $ par mois pour les services de Federal Express. Il dépense ce montant 12 mois par année et espère être en affaires pendant encore 10 ans. Par conséquent, il s'attend à dépenser 240 000 $ pour les services futurs de Federal Express. Si Federal Express a une marge bénéficiaire de 10 %, l'entreprise de Tom Peters fournira 24 000 $ de profit au cours de la prochaine décennie à Federal Express. Ces profits ne sont toutefois pas garantis si Federal Express commence à offrir de mauvais services ou si un concurrent offre un meilleur service qu'elle.

La plupart des entreprises ne font aucun effort pour mesurer la rentabilité de chaque client. Par exemple, les banques ont de la difficulté à calculer la rentabilité des clients parce que ceux-ci utilisent de nombreux services et que les coûts des services sont répartis dans plusieurs unités. Cependant, les banques se sont rendu compte que plusieurs clients n'étaient pas rentables. Ainsi, certains clients n'utilisent que des services au comptoir, où les coûts assumés par les banques sont supérieurs aux frais exigés pour ces transactions.

Le tableau 2.4 présente une forme utile d'analyse de la rentabilité[16]. Les clients sont représentés dans les colonnes et les produits, dans les rangées. Chaque cellule contient un symbole représentant la rentabilité de la vente d'un produit à un client. Le client 1 est très rentable : il achète trois produits qui génèrent des profits (P1, P2, P4). Le client 2 a une rentabilité faible ; il achète un produit très rentable et un produit non rentable. Le client 3 n'est pas rentable, car il achète un produit très rentable et deux produits non rentables. Qu'est-ce qu'une entreprise peut faire avec les clients 2 et 3 ? Elle a trois possibilités : augmenter les prix des produits les moins rentables, éliminer ces produits ou bien tenter de vendre des produits rentables aux clients non rentables. Les clients non rentables qui délaissent l'entreprise ne devraient pas préoccuper celle-ci. En fait, les entreprises ont intérêt à encourager les clients non rentables à aller vers des concurrents.

Finalement, la rentabilité de l'entreprise dépend des trois éléments présentés à la figure 2.5[17]. Les profits seront plus élevés si l'entreprise a une grande habileté à créer de la valeur, si ses opérations sont très efficaces et si elle possède un avantage concurrentiel important. Les entreprises doivent être capables de créer non seulement une valeur absolue élevée, mais aussi une valeur absolue élevée par rapport aux concurrents et à un coût suffisamment bas.

TABLEAU 2.4
L'analyse de la rentabilité clients-produits

	Clients			
	C1	C2	C3	
P1	+	+	+	Produits très rentables
P2	+			Produits rentables
P3			−	Produits non rentables
P4	+		−	Produits moyennement rentables
	Client très rentable	Client moyennement rentable	Client non rentable	

FIGURE 2.5
Le triangle de la rentabilité

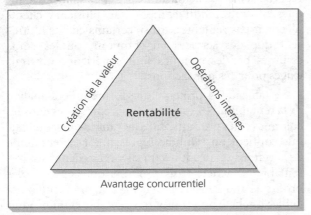

Un **avantage concurrentiel** est une habileté de l'entreprise à performer d'une ou de plusieurs façons que les concurrents ne peuvent pas ou ne pourront pas égaler. Les entreprises s'efforcent de développer des **avantages concurrentiels durables**, soit des avantages concurrentiels qui ne peuvent être imités facilement. Celles qui réussissent offrent une meilleure valeur aux clients et assurent leur satisfaction, ce qui amène la répétition fréquente des achats et par conséquent une plus grande rentabilité de l'entreprise. Une des valeurs les plus importantes que recherchent les clients est une qualité élevée tant des produits que des services, sujet que nous aborderons maintenant.

2.6
LA MISE EN ŒUVRE DE LA QUALITÉ MARKETING TOTALE

Comme nous l'avons vu précédemment, les dirigeants, de nos jours, sont d'avis que l'amélioration de la qualité des produits et des services est leur priorité absolue. Le succès de plusieurs entreprises japonaises est souvent dû à la qualité exceptionnelle de leurs produits. La plupart des clients n'acceptent plus une qualité moyenne. Les entreprises qui veulent demeurer dans la course, voire être rentables, n'ont d'autre choix que de se tourner vers la gestion de la qualité totale (GQT).

La gestion de la qualité totale (GQT) est une approche organisationnelle axée sur l'amélioration constante de la qualité de tous les processus, produits et services de l'organisation.

Selon le président de General Electric, John F. Welch Jr.: «La qualité est notre meilleure assurance de la fidélité du client, notre plus forte défense contre la concurrence étrangère et la seule voie pour obtenir une croissance des profits soutenue[18].»

L'intérêt nouveau pour la production de biens et de services de qualité supérieure pour les marchés mondiaux a amené certains pays et groupes de pays à organiser des concours où des prix sont accordés aux entreprises qui offrent les meilleurs exemples d'amélioration de la qualité ou de pratiques en matière de qualité.

Japon. En 1951, le Japon est devenu le premier pays à accorder un prix national de qualité, le prix Deming (nommé en l'honneur de W. Edwards Deming, le statisticien américain qui enseigna l'importance et la méthodologie de l'amélioration de la qualité au Japon après la guerre). Les travaux de Deming sont les fondements sur lesquels plusieurs pratiques en matière de qualité totale ont été élaborées.

Amérique du Nord. Au Canada, l'Institut national de qualité organise un concours de qualité totale pour les entreprises canadiennes. Trois prix sont accordés chaque année, leur attribution étant basée sur un processus rigoureux d'évaluation exigeant même la visite des sites. Le programme canadien est semblable au programme américain Malcolm Baldridge National Quality Award. Les critères de ce prix s'appuient sur sept mesures, chacune d'elles comprenant un certain nombre de points: l'orientation vers la clientèle et la satisfaction de la clientèle (qui comprennent le plus de points), la qualité et les résultats des opérations, le management du processus de qualité, le management et le développement des ressources humaines, la planification stratégique de la qualité, les processus d'information et d'analyse de même que le leadership de la haute direction. Xerox, Motorola, Federal Express, IBM, Texas Instruments, la division Cadillac de General Motors et les hôtels Ritz-Carlton sont quelques-unes des entreprises qui ont obtenu un prix dans le passé.

Europe. Pour ne pas être en reste dans la course à la qualité, l'Europe a créé le Prix européen de la qualité en 1993. Ce prix a été mis sur pied par la Fondation européenne pour le management de la qualité et par l'Organisation européenne de la qualité. Il est accordé aux entreprises qui ont obtenu une performance très élevée par rapport à certains critères : le leadership, le management du personnel, les stratégies et les politiques, les ressources, les processus, la satisfaction du personnel, la satisfaction de la clientèle, les effets sur la société et les résultats de l'entreprise. Quoique l'Europe ait créé quelque peu tardivement un prix de la qualité, elle a en revanche été l'instigatrice d'un ensemble rigoureux de normes ou standards internationaux de la qualité nommés ISO 9000, qui sont devenus les principes généralement acceptés de la qualité. Les normes ISO 9000 constituent un cadre montrant aux clients comment les entreprises orientées vers la qualité partout dans le monde vérifient leurs produits, forment leurs employés, maintiennent des dossiers et corrigent les défauts. Pour obtenir la certification ISO 9000, un audit de qualité doit être fait tous les six mois par un évaluateur agréé ISO (International Organization for Standardization ou Organisation internationale de normalisation)[19].

Il y a un lien étroit entre la qualité des produits et des services, la satisfaction de la clientèle et la rentabilité de l'entreprise. Des niveaux plus élevés de qualité entraînent des niveaux plus élevés de satisfaction, qui permettent d'exiger des prix plus élevés et souvent à des coûts moindres. Par conséquent, les programmes d'amélioration de la qualité aident normalement à accroître la rentabilité. Les études PIMS (*Profit Impact of Market Strategy*) démontrent d'ailleurs une forte corrélation entre la qualité relative des produits et des services et la rentabilité de l'entreprise[20].

Mais qu'entend-on exactement par « qualité » ? Différents experts la définissent comme étant « la capacité du produit ou du service de livrer le rendement attendu », « la conformité aux exigences », « l'absence de variations », etc.[21]. Nous retiendrons la définition de l'American Society for Quality Control, qui est généralement acceptée de tous les milieux[22] :

> **La qualité est la totalité des particularités et des caractéristiques d'un produit ou d'un service qui influence sa capacité de satisfaire des besoins énoncés ou des besoins non exprimés.**

Il s'agit clairement d'une définition de la qualité orientée vers le client. On peut dire qu'un vendeur a livré de la qualité quand ses produits et ses services remplissent ou excèdent les attentes des clients. Une entreprise qui satisfait la plupart des besoins des clients la plupart du temps est reconnue comme une entreprise offrant de la qualité. Le Mémento de marketing 2.2 intitulé « À la poursuite d'une stratégie de qualité marketing totale » spécifie bien les hypothèses sous-jacentes à tout programme de qualité totale.

Il est important de distinguer entre deux types de qualité : la qualité de performance et la qualité de conformité. Une Mercedes offre une meilleure **qualité de performance** qu'une Hyundai, car la Mercedes a une meilleure tenue de route, elle roule plus rapidement, dure plus longtemps, etc. Néanmoins, la Hyundai peut offrir le même niveau de **qualité de conformité** que la Mercedes si toutes les automobiles Hyundai vendues offrent la qualité promise.

La qualité totale est la clé de la création de la valeur et de la satisfaction de la clientèle. Elle est l'affaire de tout le monde dans l'organisation, de la même manière que le marketing est la responsabilité de tous. Cette idée a été très bien exprimée par J. Daniel Beckham :

> Les marketers *qui n'apprennent pas le langage de l'amélioration de la qualité de la production et des opérations deviendront aussi dépassés que les fouets pour cochers. Le temps du marketing fonctionnel est révolu. Nous ne pouvons plus nous permettre de penser que nous sommes des chercheurs, des publicitaires, des stratèges, des apôtres des clients qui se focalisent sur tout le processus — nous devons penser que nous sommes des agents de satisfaction de la clientèle*[23].

Les managers du marketing ont deux responsabilités dans une entreprise orientée vers la qualité. Premièrement, ils doivent participer à la formulation de stratégies et de politiques conçues pour aider l'entreprise à devenir gagnante grâce à l'excellence de sa qualité totale. Deuxièmement, ils doivent assurer la qualité de marketing de pair avec la qualité de la production. Chaque activité de marketing — la recherche en marketing, la formation en vente, la publicité, le service à la clientèle, etc. — doit atteindre les standards de qualité les plus élevés.

Les mercaticiens jouent plusieurs rôles pour amener leur entreprise à définir des produits et des services de qualité et à les livrer aux clients cibles. Tout d'abord, ils sont les principaux responsables de la détermination des besoins et des exigences des clients. Ensuite, ils doivent communiquer adéquatement les attentes des clients aux concepteurs de produits et de services.

Ils doivent également s'assurer que les commandes des clients sont remplies correctement et à temps. Puis, ils doivent veiller à ce que les clients aient reçu

MÉMENTO DE MARKETING 2.2
À la poursuite d'une stratégie de qualité marketing totale

Plusieurs entreprises ont créé un poste de vice-président de la qualité dont la responsabilité est la direction et la coordination des efforts en matière de qualité totale. La qualité totale exige la reconnaissance des prémisses suivantes pour l'amélioration de la qualité.

1. **La qualité doit être perçue par les clients.** La démarche de la qualité commence avec les besoins des clients et se termine par les perceptions des clients. Les améliorations apportées à la qualité n'ont un sens que si elles sont perçues par les clients.

2. **La qualité doit se refléter dans chaque activité de l'entreprise, pas seulement dans les produits de l'entreprise.** Leonard A. Morgan, de General Electric, déclare : « Nous ne nous préoccupons pas seulement de la qualité des produits, mais aussi de la qualité de notre publicité, de notre service, de nos documents, de notre livraison, de notre service après-vente, etc. »

3. **La qualité exige l'engagement total des employés.** La qualité ne peut être offerte que par des entreprises dans lesquelles tous les employés ont un engagement envers la qualité, sont motivés à livrer de la qualité et sont formés dans ce sens. Les équipes d'employés doivent vouloir satisfaire tout autant les clients internes que les clients externes.

4. **La qualité exige des partenaires de grande qualité.** La qualité ne peut être livrée que par des entreprises dont les partenaires de la chaîne de valeur sont aussi engagés dans une dynamique de la qualité. Par conséquent, l'entreprise qui adopte une orientation vers la qualité a la responsabilité de trouver des fournisseurs et des distributeurs qui offrent de la qualité, et de travailler avec eux.

5. **La qualité peut toujours être améliorée.** Les meilleures entreprises croient au *kaizen*, soit à l'« amélioration continue de tout par tous ». La meilleure façon pour une entreprise d'améliorer la qualité consiste à mesurer sa performance par rapport à celle des concurrents qui sont les meilleurs de leur catégorie, et à s'efforcer de les égaler, voire de les dépasser.

6. **L'amélioration de la qualité exige parfois des bonds radicaux.** Quoique la qualité doive être améliorée continuellement, il est parfois avantageux pour une entreprise de cibler une amélioration radicale. On peut souvent obtenir de petites améliorations en travaillant plus fort. Mais des améliorations majeures exigent des solutions nouvelles qui permettront de mieux travailler. Par exemple, John Young, l'ancien P.-D.G. de Hewlett Packard, ne demanda pas une réduction de 10 % des défauts ; il exigea une réduction multipliée par dix des défauts, et l'obtint.

7. **La qualité ne coûte pas plus cher.** Philip B. Crosby estime que « la qualité est gratuite ». Selon une idée ancienne, le fait d'obtenir une plus grande qualité coûtait plus cher et ralentissait la production. Pourtant, la qualité est réellement améliorée par l'apprentissage de la façon de « bien faire les choses la première fois ». La qualité est plus une affaire de conception que d'inspection. Quand les choses sont faites correctement la première fois, des coûts (tels les coûts de récupération et de réparation) sont éliminés. Motorola prétend que ses efforts en matière de qualité ont permis à l'entreprise d'épargner plus d'un milliard de dollars.

8. **La qualité est nécessaire mais pas toujours suffisante.** Il est nécessaire d'améliorer la qualité de l'entreprise parce que les acheteurs deviennent plus exigeants. Mais une qualité supérieure ne donne pas toujours un avantage par rapport aux concurrents, surtout si ces derniers augmentent leur qualité à un niveau semblable. Par exemple, Singapore Airlines avait jadis la réputation d'être le meilleur transporteur aérien du monde. Cependant, les compagnies aériennes concurrentes ont réussi au cours des dernières années à attirer un plus grand nombre de passagers parce qu'elles ont pu diminuer l'écart entre la qualité de leur service et celle du service de Singapore Airlines.

9. Des efforts en matière de qualité ne peuvent sauver un mauvais produit. Des efforts accomplis en matière de qualité ne peuvent compenser les déficiences d'un produit. Pontiac n'aurait pas pu sauver la Fiero tout simplement en lançant un programme de qualité, puisque ce modèle n'avait pas le bon type de moteur pour une voiture sport.

Sources : Leonard A. Morgan, « The Importance of Quality », dans *Perceived Quality of Products, Services and Stores*, sous la direction de Jacob Jacoby et Jerry Olson, New York, Lexington Books, 1984, p. 61 ; Philip B. Crosby, *Quality Is Free*, New York, McGraw-Hill, 1979.

les bonnes instructions, la bonne formation et le bon soutien technique pour l'utilisation du produit ou du service. De même, ils doivent demeurer en contact avec les clients après la vente pour s'assurer que ceux-ci sont satisfaits et demeurent satisfaits. Enfin, ils doivent recueillir les idées des clients pour améliorer les produits et les services, et les transmettre aux services appropriés de leur entreprise. Quand les mercaticiens font tout cela, ils fournissent une contribution marquée à la gestion de la qualité totale dans leur entreprise et à la satisfaction de la clientèle.

La qualité totale implique que les gens de marketing doivent consacrer du temps et des efforts à l'amélioration non seulement du marketing externe, mais aussi du marketing interne. Le mercaticien doit se plaindre, tout comme les clients se plaignent, lorsque le produit ou le service n'est pas adéquat. Le marketing doit être le chien de garde ou l'ombudsman des clients ; il doit constamment maintenir le standard consistant à « donner aux clients la meilleure solution » (voir la rubrique Le marketing en coulisse 2.1 intitulée « Rubbermaid : le maître de la banalité »).

LE MARKETING EN COULISSE 2.1
Rubbermaid : le maître de la banalité

Il n'y a rien de plus banal qu'un panier dans lequel on jette du papier, une pelle à poussière dans laquelle on balaie la poussière ou la brosse avec laquelle on nettoie les assiettes au lendemain d'un dîner. Néanmoins, Rubbermaid, le grand fabricant de produits banals tels que ceux-là, figure depuis 1985 dans la liste des entreprises américaines les plus admirées du magazine *Fortune*. Ses ventes et ses profits sont impressionnants, les ventes ayant atteint 2,5 milliards de dollars en 1993. Le succès de cette entreprise, dont le siège social est à Wooster, en Ohio, ne dépend pas d'une seule personne ou d'un seul produit. Il dépend plutôt de petites améliorations apportées à ses quelque 5 000 produits peu remarquables en soi.

Comment une entreprise qui vend des produits aussi peu impressionnants peut-elle prospérer dans un marché ayant atteint la maturité ? Comment peut-elle exiger un prix plus élevé alors qu'elle est en concurrence avec plus de 150 entreprises fabriquant des produits semblables ? Comment peut-elle connaître un taux de succès de 90 % lorsqu'elle introduit de nouveaux produits, et ce sans faire de tests de marché ? Les explications du succès étonnant de Rubbermaid pourraient provenir directement d'un livre de marketing.

La rétroaction du marché et des clients. Rubbermaid surveille continuellement les tendances du marché pour cerner les nouveaux besoins des consommateurs. Par exemple, la tendance à vivre dans des domiciles plus petits a amené l'entreprise à introduire une gamme de produits qui permettent d'économiser de l'espace.

La focalisation sur les marchés cibles. Rubbermaid est organisé en six divisions, chacune d'entre elles ayant ses propres unités stratégiques d'activité qui se focalisent sur des marchés précis. Elle est aussi très habile pour ce qui est de l'élaboration de promotions. Par exemple, l'entreprise a fait la promotion d'une nouvelle gamme de produits de rangement pour les adolescents en leur remettant gratuitement un disque compact.

Une optique de satisfaction de la clientèle. Rubbermaid tire profit de chaque plainte d'un client en remplaçant gratuitement le produit par un nouveau produit, même s'il s'avère que la plainte concerne un produit qui n'appartient pas à Rubbermaid. Le fait de remplacer ce produit par un produit Rubbermaid est tout simplement une façon d'illustrer la supériorité des produits Rubbermaid.

L'obsession de la qualité. Les employés de Rubbermaid se préoccupent des plus petits détails entourant les produits que d'autres entreprises ne considéreront peut-être pas. Des ingénieurs consciencieux font un suivi pour s'assurer que même une poubelle est fabriquée conformément au plan. Et un designer portera beaucoup d'attention à la création d'une douche en forme de canard qui sera incluse dans une nouvelle baignoire pour enfant.

L'innovation. Reconnue comme une machine à engendrer de nouveaux produits, Rubbermaid fabrique à la chaîne de nouveaux produits (il ne s'agit pas simplement d'améliorations apportées à des produits existants) au rythme de un par jour. L'entreprise peut développer un nouveau produit dans un délai impressionnant de moins de vingt semaines. En obtenant l'opinion des clients au tout début du processus de conception, Rubbermaid peut faire en sorte que 9 de ses 10 nouveaux produits connaissent le succès.

Un travail d'équipe. Rubbermaid a décentralisé la prise de décision en créant des équipes multifonctionnelles, dirigées par des mercaticiens responsables des différents produits. Chaque unité a son propre personnel de recherche, de conception et de fabrication. « Nos équipes sont aussi alertes que des entrepreneurs », souligne Wolfgang Schmitt, le P.-D.G.

Le partenariat dans la distribution. Les centres de clientèle de Rubbermaid accueillent chaque année les clients provenant de quelque 110 chaînes majeures, incluant de grandes entreprises telles que Wal-Mart. L'entreprise offre à ses détaillants un soutien important qui prend la forme de présentoirs, de plans, de marchandisage, de promotions et de logistique conçus conjointement.

Des programmes de communication importants. Rubbermaid met sur pied des campagnes de publicité et de promotion intensives pour informer les clients des segments cibles de la qualité de ses produits actuels et de ses nouveaux produits.

Une sensibilité à la protection de l'environnement. Rubbermaid a introduit de nouveaux produits tels qu'une boîte à lunch permettant de ne pas utiliser d'emballages en plastique et une bouteille réutilisable permettant de ne pas employer de contenants à jus en carton.

La mondialisation. Quoiqu'elle dépende encore beaucoup des marchés locaux, Rubbermaid fait maintenant affaire dans plusieurs pays et accorde une grande importance à la mondialisation des marchés. Son but est d'obtenir 25 % de ses revenus de marchés étrangers au début des années 2000.

Sources : Zachary Scheller, « At Rubbermaid, Little Things Mean a Lot », *Business Week*, 11 novembre 1991, p. 126 ; Seth Lubove, « Okay, Call Me a Predator », *Forbes*, 15 février 1993 ; Alan Farnham, « America's most Admired Company », *Fortune*, 7 février 1994, p. 50-54 ; Rahul Jacob, « Corporate Reputations », *Fortune*, 6 mars 1995, p. 54-64.

RÉSUMÉ

1. Les clients cherchent à maximiser la valeur. Ils ont des attentes envers la valeur et agissent en conséquence. Ils achèteront à une entreprise qui leur semble offrir la plus grande valeur livrée au client, laquelle est définie comme la différence entre la valeur totale et le prix total pour le client. Cela signifie que les vendeurs doivent évaluer à la fois la valeur totale et le prix total pour le client des offres de chaque concurrent pour voir si la leur s'y compare avantageusement. Les vendeurs qui ont un désavantage par rapport à la valeur livrée peuvent essayer d'accroître la valeur totale pour le client ou encore de réduire le prix total. La première solution exige de consolider ou d'améliorer les avantages de l'offre, à savoir les produits, les services, le personnel ou l'image. La seconde nécessite une réduction des coûts pour l'acheteur. Pour ce faire, le vendeur peut diminuer le prix pécuniaire, simplifier les processus de commande et de livraison ou réduire certains risques pour l'acheteur en offrant une garantie.

2. La satisfaction d'un acheteur est fonction de la performance perçue du produit et des attentes de l'acheteur. Ayant reconnu qu'une satisfaction élevée favorise une fidélité élevée, plusieurs entreprises se concentrent aujourd'hui sur la satisfaction totale de la clientèle. Pour les entreprises orientées vers la clientèle, la satisfaction totale de la clientèle est à la fois un but et un outil de marketing. Le but principal d'une entreprise ne devrait pas être, cependant, de maximiser la satisfaction de la clientèle. Le fait de dépenser beaucoup pour accroître la satisfaction de la clientèle peut avoir pour effet de réduire les fonds destinés à accroître la satisfaction d'autres partenaires de l'entreprise, comme les employés, les intermédiaires, les fournisseurs et les actionnaires.

3. Pour bien gérer la chaîne de valeur, les entreprises les plus solides développent des capacités technologiques supérieures en gérant quatre processus de base : le processus d'innovation, le processus de gestion des stocks, le processus de traitement des commandes et le processus de service à la clientèle. En pratique, la gestion de ces processus de base implique la création d'un réseau de marketing dans lequel l'entreprise travaille étroitement avec toutes les parties de la chaîne de production et de distribution qui va des fournisseurs de matières premières aux commerces de détail. Ce ne sont plus des entreprises qui se concurrencent, mais les réseaux de marketing.

4. La perte de clients rentables peut avoir un effet dramatique sur les profits d'une entreprise. On estime que le coût d'attraction d'un nouveau client est cinq fois plus élevé que le coût de rétention d'un client actuel satisfait. Par conséquent, une des principales tâches des mercaticiens consiste à retenir la clientèle. La clé de la conservation des clients est le marketing relationnel. Pour s'assurer de la satisfaction des clients, les mercaticiens peuvent ajouter des avantages financiers et sociaux à leurs produits, et créer des liens structuraux entre leur entreprise et les

clients. Ils devraient cependant éviter de conserver les clients non rentables.

5. La qualité est la totalité des particularités et des caractéristiques d'un produit ou d'un service qui influence sa capacité de satisfaire des besoins énoncés ou des besoins non exprimés. De nos jours, les entreprises n'ont d'autre choix que de mettre en œuvre des programmes de gestion de la qualité totale si elles désirent demeurer solvables et rentables. La qualité totale est la clé de la création de la valeur et de la satisfaction de la clientèle.

6. Les managers du marketing dans les entreprises centrées sur la qualité ont deux responsabilités. Premièrement, ils doivent participer à la formulation de stratégies et de politiques conçues pour aider l'entreprise à devenir gagnante grâce à l'excellence de sa qualité totale. Deuxièmement, ils doivent assurer la qualité du marketing de pair avec la qualité de la production. Chaque activité de marketing — la recherche en marketing, la formation des représentants, la publicité, le service à la clientèle, etc. — doit être accomplie selon les standards les plus élevés. Dans chacune de ces activités, les gens de marketing doivent travailler en collaboration avec les autres services de l'entreprise.

QUESTIONS

1. Peter F. Drucker a observé que la première tâche d'une entreprise est de « créer des clients ». Lee Iacocca a souligné la même idée lorsqu'il a dit : « La seule sécurité d'emploi pour tous dans cette entreprise [Chrysler] provient de la qualité, de la productivité et de la satisfaction des clients. » Nommez quelques facteurs environnementaux qui ont contribué à augmenter l'importance de la satisfaction de la clientèle. Nommez des entreprises qui ont fait de « la satisfaction du client » leur premier objectif.

2. Hewlett Packard avait la réputation de fabriquer des ordinateurs personnels et des produits électroniques de haute qualité. Toutefois, sa réputation a commencé à baisser lorsque des clients ont éprouvé des problèmes avec les produits Hewlett Packard. Même si plusieurs de ces problèmes ont été résolus, de nombreux clients potentiels se sont tournés vers la concurrence pour satisfaire leurs besoins en informatique. Pour augmenter sa part de marché, Hewlett Packard a produit une publi-

cité énergique qui disait ceci : « Compaq et IBM s'attendaient à dominer le marché des processeurs Pentium pour ordinateurs personnels. Le nouvel ordinateur personnel HP a mis cette théorie au rancart. HP est l'ordinateur personnel qui offre la meilleure valeur parmi tous les ordinateurs personnels avec des processeurs Pentium. » Avant de diffuser cette annonce, Hewlett Packard a apporté des changements à certains aspects de l'entreprise. À votre avis, quels changements ont été faits au sein du service de la production ? Quelle sorte de stratégie de marketing implique cette annonce publicitaire ?

3. Les Japonais ont pénétré le marché nord-américain de l'automobile en établissant une stratégie orientée vers la qualité. À ce moment-là, la qualité des automobiles nord-américaines laissait beaucoup à désirer. La stratégie des Japonais a été rapidement couronnée de succès et leur a permis de développer un avantage concurrentiel marqué. Supposons que Ford essaie de livrer bataille aux

Japonais sur le marché de l'automobile, sans toutefois demander au gouvernement d'imposer des quotas aux Japonais, ce qui aurait pour conséquence de déclarer une guerre des échanges commerciaux entre les Japonais et les Nord-Américains. Comment Ford pourrait-elle utiliser la chaîne de valeur comme outil d'analyse pour accroître la valeur perçue de ses produits, sachant que la valeur perçue est un point faible des Japonais ? Dans laquelle des cinq activités de base de la chaîne de valeur les Japonais sont-ils les plus performants ? Sur laquelle de ces cinq activités Ford devrait-elle mettre l'accent ?

4. Zeithaml, Parasuraman et Berry ont précisé cinq dimensions de la qualité des services : 1° la fiabilité, soit la capacité de fournir de manière adéquate et précise ce qui a été promis ; 2° l'assurance, soit le savoir-faire et la courtoisie des employés, et l'habileté à inspirer confiance ; 3° la matérialité, c'est-à-dire les aspects tangibles du service, comme l'équipement et l'apparence des employés ; 4° l'empathie, à savoir le soin et l'attention accordés aux clients individuellement ; 5° la réactivité, qui projette une image de professionnalisme, soit la volonté d'aider les clients et de fournir un service rapide. Décrivez comment Xerox pourrait offrir chacune de ces dimensions à ses clients. Dans lesquelles de ces dimensions Xerox performe-t-elle le mieux ?

5. La société Unisys emploie des consultants expérimentés pour aider les entreprises à évaluer le flot d'informations entre les organisations et leurs clients, à découvrir les barrières à la communication et à concevoir des solutions technologiques. Unisys a inventé le mot « clientiser », qui signifie « amener une entreprise à être plus à l'écoute de ses clients de manière à attirer de nouveaux clients ». Concevez un court questionnaire que les consultants d'Unisys pourraient utiliser pour déterminer si une entreprise est « clientisée ».

6. Quelle est la définition de chacun des termes suivants :

   a) chaîne de valeur ?

   b) réseau de livraison de la valeur ?

   c) marketing relationnel ?

   d) qualité orientée vers le marché ?

   e) satisfaction du client ?

Donnez des exemples d'entreprises qui utilisent ces concepts comme avantages concurrentiels.

7. Un comité du conseil d'administration de la chaîne d'hôtels Hampton Inns a proposé de façon audacieuse que les clients se voient octroyer la garantie « entière satisfaction ou argent remis ». Les employés auraient la liberté de prendre toutes les décisions à cet effet sans devoir obtenir l'approbation du directeur. Malgré le fait que la garantie proposée démontrerait la grande confiance dans la qualité de la chaîne d'hôtels et donnerait à Hampton Inns un avantage concurrentiel, la majorité des directeurs d'hôtels Hampton Inns se sont opposés à cette proposition. Pourquoi ceux-ci ne voulaient-ils pas garantir la satisfaction des clients ? Quelles seraient les réactions possibles des clients face à une telle garantie ? Quels moyens de contrôle l'entreprise pourrait-elle mettre en place pour éviter les abus de la part des clients ?

8. Un échantillon de 500 clients qui utilisent l'antenne parabolique de la firme Empire Satellite a répondu à deux questions dont les résultats sont présentés dans le tableau ci-après. L'entreprise songe à remplacer son système de boîte vocale électronique par un système de service à la clientèle où le client aura toujours un contact humain lorsqu'il appellera pour obtenir un service. À partir des données du tableau, déterminez si Empire Satellite doit poursuivre cette idée. Dans l'affirmative, quelles sont les répercussions des résultats du sondage sur le programme de marketing d'Empire Satellite ?

Questions du sondage

1. Je préfère parler à une personne plutôt que d'utiliser un système de boîte vocale.
   Très important
   Important
   Plus ou moins important
   Peu important
   Pas du tout important

2. Je suis satisfait du système automatisé de boîte vocale d'Empire Satellite.
   Très satisfait
   Satisfait
   Plus ou moins satisfait
   Insatisfait
   Très insatisfait

Données croisées de l'importance et de la satisfaction

Importance ⟍ Satisfaction	Très important	Important	Plus ou moins important	Peu important	Pas du tout important	Total
Très satisfait	38	62	40	20	200	360
Satisfait	8	7	5	8	6	34
Plus ou moins satisfait	5	5	7	7	20	44
Insatisfait	3	3	6	7	8	27
Très insatisfait	3	5	7	9	11	35
Total	57	82	65	51	245	500

RÉFÉRENCES

1. Voir, par exemple, « Value Marketing: Quality, Service, and Fair Pricing Are the Keys to Selling in the '90s », *Business Week*, 11 novembre 1991, p. 132-140.

2. Voir Irwin P. Levin et Richard D. Johnson, « Estimating Price-Quality Tradeoffs Using Comparative Judgments », *Journal of Consumer Research*, 11 juin 1984, p. 593-600.

3. Stephanie Forest Anderson, « Customers "Must Be Pleased, Not Just Satisfied" », *Business Week*, 3 août 1992, p. 52; Steve Lohr, « For Dell, A Tripling of Earnings », *The New York Times*, 23 février 1995, p. D4-4; Laura McDonald, « Setting New Standards for Customer Advocacy », *Journal of Business Strategy*, vol. 14, n° 1, 1993, p. 11-15.

4. Michael E. Porter, *Competitive Advantage: Creating and Sustaining Superior Performance*, New York, Free Press, 1985.

5. Voir George Stalk, « Competing on Capability: The New Rules of Corporate Strategy », *Harvard Business Review*, mars-avril 1992, p. 57-69; Benson P. Shapiro, V. Kasturi Rangan et John J. Sviokla, « Staple Yourself to an Order », *Harvard Business Review*, juillet-août 1992, p. 113-122.

6. Myron Magnet, « The New Golden Rule of Business », *Fortune*, 28 novembre 1994, p. 60-64.

7. Frederick F. Reichheld et W. Earl Sasser Jr., « Zero Defections: Quality Comes to Services », *Harvard Business Review*, septembre-octobre 1990, p. 301-307.

8. Leonard L. Berry et A. Parasuraman, *Marketing Services: Competing through Quality*, New York, Free Press, 1991, p. 136-142. Voir aussi Richard Cross et Janet Smith, *Customer Bonding: Pathways to Lasting Customer Loyalty*, Lincolnwood, Ill., NTC Business Books, 1995.

9. James H. Donnelly Jr., Leonard L. Berry et Thomas W. Thompson, *Marketing Financial Services: Strategic Vision*, Homewood, Ill., Dow Jones-Irwin, 1985, p. 113.

10. Cité dans Don Peppers et Martha Rogers, *The One to One Future: Building Relationships One Customer at a Time*, New York, Currency Doubleday, 1993, p. 108.

11. Carl Sewell et Paul Brown, *Customers for Life*, New York, Pocket Books, 1990, p. 162.

12. William A. Sherden, *Market Ownership: The Art & Science of Becoming #1*, New York, Amacom, 1994, p. 77.

13. Robert J. Bowman, « Good Things, Smaller Packages », *World Trade*, vol. 6, n° 9, octobre 1993, p. 106-110.

14. Michael J. Lanning et Lynn W. Phillips, « Strategy Shifts up a Gear », *Marketing*, octobre 1991, p. 9.

15. Lynn O'Rourke Hayes, « Quality Is Worth $11,000 in the Bank », *Restaurant Hospitality*, mars 1993, p. 68.

16. Voir Thomas M. Petro, « Profitability: The Fifth "P" of Marketing », *Bank Marketing*, septembre 1990, p. 48-52; Thomas M. Petro, « Who Are Your Best Customers? », *Bank Marketing*, octobre 1990, p. 48-52.

17. Citée dans une note de service du Boston Consulting Group, date inconnue.

18. John F. Welch Jr., « Quality: The U.S. Drives to Catch up », *Business Week*, novembre 1982, p. 68. Pour une perspective plus récente, voir « Quality Programs Show Shoddy Results », *The Wall Street Journal*, 14 mai 1992, p. B1.

19. Voir Ronald Henkoff, « Quality in Europe », *Work Study*, janvier-février 1993, p. 30; Ronald Henkoff, « The Hot New Seal of Quality », *Fortune*, 28 juin 1993, p. 116-120; Amy Zukerman, « One Size Doesn't Fit All », *Industry Week*, 9 janvier 1995, p. 37-40; Amy Zukerman, « The Sleeper Issue of the '90s », *Industry Week*, 15 août 1994, p. 99-100, 108.

20. Robert D. Buzzell et Bradley T. Gale, *The PIMS Principles: Linking Strategy to Performance*, New York, Free Press, 1987, chap. 6.

21. Voir « The Gurus of Quality: American Companies Are Hearing the Quality Gospel Preached by Deming, Juran, Crosby, and Taguchi », *Traffic Management*, juillet 1990, p. 35-39.

22. Voir Cyndee Miller, « U.S. Firms Lag in Meeting Global Quality Standards », *Marketing News*, 15 février 1993.

23. J. Daniel Beckham, « Expect the Unexpected in Health Care Marketing Future », *The Academy Bulletin*, juillet 1992, p. 3.

Une planification stratégique orientée vers le marché

Il y a cinq sortes d'entreprises : celles qui agissent, celles qui pensent qu'elles agissent, celles qui regardent agir, celles qui se demandent ce qui est arrivé et celles qui ne savent pas qu'il est arrivé quelque chose.
Anonyme

Les plans ne sont rien : la planification est tout.
Dwight D. Eisenhower

Il faut penser deux fois à ce que l'on veut, parce qu'un jour ou l'autre on le possède.
Félix Leclerc

Aux chapitres 1 et 2, nous nous sommes posé la question qui suit : « Comment une entreprise peut-elle entrer en concurrence dans un contexte de mondialisation des marchés ? » Nous avons vu qu'une réponse partielle à cette question était une participation active des employés des entreprises à l'acquisition de clients et à leur satisfaction. Nous pouvons maintenant compléter cette réponse en ajoutant que les entreprises qui atteignent un haut niveau d'excellence sont celles qui savent comment s'adapter et répondre à un marché en perpétuel changement. Elles ont cultivé l'art de la **planification stratégique orientée vers le marché**. On définit la planification stratégique de la manière suivante :

> La planification stratégique est le processus de management qui permet d'établir et de maintenir une adaptation viable entre, d'une part, les objectifs et les ressources de l'organisation et, d'autre part, les occasions favorables d'un marché en perpétuel changement. Le but de la planification stratégique est d'organiser et de réorganiser les unités stratégiques d'activité et les produits de l'entreprise de façon qu'ils concourent à produire une croissance et des profits satisfaisants.

Les concepts sous-jacents à la planification stratégique ont vu le jour au début des années 70, à la suite d'une succession de crises : la crise de l'énergie, un taux d'inflation à deux chiffres, la stagnation économique, la concurrence japonaise et la déréglementation de plusieurs industries. Les entreprises ne pouvaient plus, alors, dépendre uniquement de projections de croissance pour la planification de leur production, de leurs ventes et de leurs profits. La planification stratégique remplaça la traditionnelle planification à long terme. De nos jours, l'objectif principal de la planification stratégique est d'aider l'entreprise à choisir et à organiser ses activités de

façon à la maintenir en bonne santé financière, malgré les événements inattendus qui peuvent bouleverser leurs domaines d'activité ou leurs gammes de produits.

Le processus de planification stratégique repose sur trois volets clés. Le premier volet consiste à gérer les domaines d'activité de l'entreprise comme un portefeuille d'investissements. Chaque unité a son propre potentiel de rentabilité, et les ressources de l'entreprise doivent être allouées en conséquence.

Le deuxième volet a trait à l'évaluation précise de chaque unité compte tenu du taux de croissance du marché, de la position de l'entreprise sur ce marché et de sa capacité de s'y adapter. Il n'est pas suffisant d'utiliser les ventes et les profits actuels comme guide. Par exemple, si la société Ford Motor avait utilisé ses profits du moment comme guide d'investissement dans les années 70, elle aurait continué à verser ses fonds dans les grosses voitures, puisque l'entreprise y faisait alors des profits. Cependant, les analystes de Ford démontrèrent que les profits sur les grosses autos se tariraient avant longtemps. En conséquence, Ford devait affecter ses fonds différemment si elle voulait améliorer ses voitures compactes, même si dans l'immédiat elle perdait de l'argent sur ce marché.

Le troisième volet clé de la planification stratégique est la stratégie. Pour chaque domaine d'activité, l'entreprise doit élaborer un plan stratégique pour pouvoir atteindre ses objectifs à long terme. De plus, il n'existe pas une stratégie unique qui soit optimale pour tous les concurrents dans une industrie donnée. Chaque entreprise doit déterminer ce qui est le plus logique pour elle, en tenant compte de sa position dans l'industrie, de ses objectifs, de ses occasions d'affaires et de ses ressources. Ainsi, dans l'industrie du pneu, Goodyear mise sur la réduction des coûts,

Michelin, sur l'innovation, et Bridgestone cherche à accroître sa part de marché ; selon les circonstances, chaque stratégie peut être la bonne stratégie.

Le marketing joue un rôle central dans le processus de planification stratégique d'une entreprise. Selon un directeur de la planification stratégique de General Electric :

[...] *le directeur du marketing peut apporter une contribution fonctionnelle très importante au processus de planification stratégique et avoir un rôle de leader dans la définition de la mission de l'entreprise, dans l'analyse de la situation de l'entreprise, de la concurrence et des forces de l'environnement, dans l'élaboration des objectifs, des prix et des stratégies, et dans la définition des plans de produits, de marchés, de distribution et de qualité qui permettent la réalisation des stratégies de l'entreprise. Cette contribution s'étend à l'élaboration de programmes et de plans d'exploitation qui sont entièrement liés au plan stratégique[1].*

Pour bien comprendre le management du marketing, il faut comprendre la planification stratégique. Et pour bien comprendre la planification stratégique, il faut comprendre la structure d'une entreprise moderne. La plupart des grandes entreprises sont structurées en quatre niveaux organisationnels : le **niveau du siège social**, le **niveau de la division**, le **niveau de l'unité stratégique d'activité** (USA) et le **niveau du produit**. Le siège social de l'entreprise est responsable de la conception du **plan stratégique de l'entreprise** pour guider toute l'entreprise vers un avenir rentable ; il prend des décisions sur le montant des ressources allouées à chaque décision et à chaque unité stratégique d'activité de même que sur les nouvelles activités à lancer ou à éliminer. Chaque division prépare un **plan de division** qui alloue les ressources à chaque unité stratégique d'activité. Chaque unité stratégique d'activité, à son tour, doit élaborer un **plan stratégique d'activité** qui permet à l'unité d'escompter un avenir rentable. Finalement, chaque niveau de produit (gamme de produits ou marques) au sein d'une unité stratégique d'activité doit dresser un **plan de marketing** pour atteindre ses objectifs sur son marché.

Il y a deux niveaux de plan de marketing. Le **plan de marketing stratégique** décrit globalement les

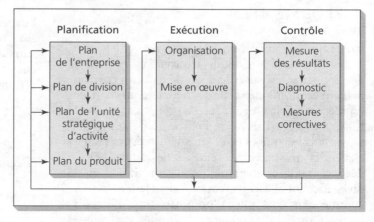

FIGURE 3.1

Le processus de planification, d'exécution et de contrôle

objectifs et les stratégies de marketing élaborés à la suite de l'analyse de l'état actuel du marché et des occasions d'affaires. Le **plan de marketing tactique** décrit des tactiques de marketing précises incluant la publicité, le marchandisage, les prix, les canaux de distribution, le service à la clientèle, etc. Le plan de marketing est le principal instrument de direction et de coordination de l'effort de marketing. Le service du marketing, de nos jours, n'élabore pas le plan de marketing seul. Celui-ci est plutôt élaboré par une équipe comprenant des représentants des principales fonctions de l'entreprise. Le plan est ensuite mis en œuvre au niveau approprié de l'organisation. Les résultats sont examinés et des mesures correctives sont prises lorsque cela s'avère nécessaire. Le processus de planification, d'exécution et de contrôle est présenté à la figure 3.1.

Dans ce chapitre, nous répondrons aux questions suivantes :

- **Quelles sont les caractéristiques d'une entreprise performante ?**

- **Comment la planification stratégique est-elle réalisée aux niveaux du siège social et d'une division ?**

- **Comment la planification est-elle faite au niveau d'une unité stratégique d'activité ?**

- **Quelles sont les principales étapes du processus de marketing ?**

- **Comment se fait la planification au niveau du produit et que contient un plan de marketing ?**

3.1
LA NATURE DES ENTREPRISES PERFORMANTES

Un des principaux défis que doivent relever les entreprises d'aujourd'hui est de trouver la façon de se développer et d'assurer leur survie dans un environnement économique et sur des marchés qui changent rapidement. Dans les années 50, on pensait qu'il suffisait pour cela d'accroître l'efficacité de la production. Dans les années 60 et 70, les entreprises recherchaient la croissance des ventes et des profits grâce à des programmes dynamiques d'acquisitions et de diversification. Les directeurs voyaient leur entreprise comme étant constituée d'un portefeuille d'investissements auquel ils ajoutaient des unités stratégiques qui avaient un avenir prometteur et éliminaient les unités chancelantes. Dans les années 80 et 90, les entreprises décidèrent de se concentrer sur leur rôle premier et de se limiter aux activités qu'elles connaissaient le mieux.

La firme de conseillers en management Arthur D. Little a proposé un modèle des caractéristiques d'une entreprise performante (voir la figure 3.2) qui repose sur quatre facteurs clés de succès : les intervenants, les processus, les ressources et l'organisation[2].

3.1.1
Les intervenants

Le premier pas à faire sur la route du rendement consiste pour l'entreprise à définir ses **intervenants** et leurs besoins. Traditionnellement, la plupart des entreprises accordaient la plus grande attention aux actionnaires. Mais, de nos jours, elles comprennent de plus en plus que si elles ne réussissent pas à satisfaire les autres parties intéressées (les détenteurs d'enjeux) — les clients, les employés, les fournisseurs et les distributeurs —, il se pourrait bien qu'elles ne fassent pas suffisamment de profits pour les actionnaires. Par exemple, si les employés, les clients, les concessionnaires et les fournisseurs de General Motors ne sont pas heureux, GM ne fera probablement pas de profits. Par contre, il faut reconnaître qu'il n'est pas facile pour les entreprises de répondre aux impératifs de tous leurs intervenants. La preuve en est que le rapport annuel de 1997 de la Banque de Hong-Kong valorisait les clients alors que ceux de la Banque Royale et de la Banque de Montréal mettaient l'accent sur les actionnaires.

Une entreprise doit donc s'efforcer de combler un niveau d'attentes minimal pour chaque partie intéressée. En même temps, elle peut espérer assurer à certains détenteurs d'enjeux des niveaux de satisfaction supérieurs minimaux. Ainsi, l'entreprise peut chercher à enchanter ses clients, à bien agir envers ses employés et, en même temps, à procurer à ses fournisseurs une satisfaction minimale. En fixant ces niveaux, l'entreprise doit veiller à être suffisamment équitable dans le traitement relatif qu'elle accorde à chaque groupe d'intervenants.

Il existe une relation dynamique entre les différents détenteurs d'enjeux. Les entreprises plus progressistes s'efforcent de créer un niveau de satisfaction élevé chez leurs employés, ce qui amène ceux-ci à améliorer continuellement les produits et les services, et même à mettre au point des innovations majeures. Cela entraîne une offre de services et de produits de meilleure qualité, ce qui engendre à son tour une satisfaction plus élevée de la clientèle. Pour sa part, la satisfaction de la clientèle amène la répétition des achats et, par conséquent, une plus grande croissance et des profits plus élevés, ce qui

---

FIGURE 3.2
L'entreprise performante

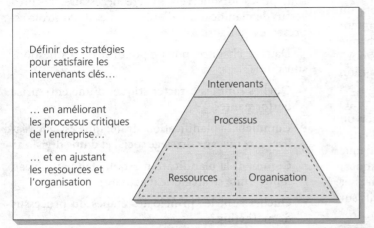

Définir des stratégies pour satisfaire les intervenants clés…

… en améliorant les processus critiques de l'entreprise…

… et en ajustant les ressources et l'organisation

Intervenants

Processus

Ressources   Organisation

Source : P. Ranganath Nayak, Erica Drazen et George Kastner, « The High-Performance Business : Accelerating Performance Improvement », *Prism*, 1er trimestre de 1992, p. 6. Reproduit avec l'autorisation d'Arthur D. Little Inc.

contribue à une plus grande satisfaction des actionnaires. Enfin, une satisfaction élevée des actionnaires engendre des retombées et permet d'accroître la qualité de la vie au travail des employés.

3.1.2
Les processus

Une entreprise peut atteindre ses objectifs de satisfaction en gérant mieux les **processus** de travail et en assurant les liens entre ces processus. Le travail dans les entreprises est traditionnellement accompli par des services fonctionnels (le service du marketing, le service des finances, etc.). Mais ce type d'organisation éprouve à l'occasion des problèmes. Les services visent souvent à maximiser leurs propres objectifs, pas nécessairement ceux de l'entreprise. Des murs se dressent parfois entre les différents services, et la coopération entre ceux-ci est alors loin d'être idéale. Le travail ralentit et les plans changent en passant d'un service à un autre.

Les entreprises les plus performantes sont de plus en plus conscientes de la nécessité de gérer les principaux processus dans l'entreprise, tels le développement de nouveaux produits ou l'accroissement des ventes. Elles réévaluent le déroulement des opérations grâce à la **réingénierie** et bâtissent des **équipes multifonctionnelles** responsables de chaque processus[3]. Par exemple, chez Xerox, un groupe de travail assure des liens entre les ventes, l'expédition, l'installation, le service après-vente et la facturation de façon que ces activités s'harmonisent ensemble. Les entreprises « gagnantes » sont celles qui réussissent à développer une excellente capacité de gestion des processus critiques de l'entreprise.

Polaroid et Motorola sont deux exemples récents d'entreprises qui ont réparti leurs employés en des équipes de travail multifonctionnelles. Les équipes multifonctionnelles sont aussi utilisées fréquemment par certaines organisations gouvernementales de même que par des organisations à but non lucratif. Par exemple, la mission principale d'un zoo, qui était traditionnellement d'exposer des animaux, est devenue la conservation des animaux et l'éducation du public, ce qui a amené le zoo à changer sa structure. Ainsi, le zoo a été réorganisé en zones climatiques. Selon les thèmes, on trouve à la fois des ani-

maux, des oiseaux, la flore et la faune de différentes régions du monde. Étant donné que les zones étaient elles-mêmes interdépendantes, les employés qui en étaient responsables ont dû apprendre à travailler ensemble. Jardiniers et préposés à l'entretien et aux animaux, biologistes et vétérinaires n'étaient dès lors plus séparés par les frontières traditionnelles[4]. Le Biodôme de Montréal fonctionne d'ailleurs de cette façon.

3.1.3
Les ressources

Pour réaliser ces processus, une entreprise a besoin de **ressources**, soit d'une main-d'œuvre, de matières premières, de machinerie, d'information et d'énergie. Ces ressources peuvent être acquises, louées ou sous-traitées. Auparavant, les entreprises possédaient et contrôlaient la plupart des ressources utilisées dans leurs activités, mais cette situation change. Nombre d'entreprises trouvent, en effet, que les ressources qu'elles contrôlent ne performent pas aussi bien que celles qu'elles pourraient obtenir à l'extérieur. Plusieurs entreprises s'approvisionnent donc à l'extérieur lorsqu'elles peuvent obtenir une meilleure qualité ou des coûts plus bas que dans leur propre organisation. Ainsi, les entreprises se tournent souvent vers l'extérieur dans le cas des services d'entretien, de gardiennage ou de gestion d'un parc d'automobiles. De même, plusieurs entreprises — telles que Kodak et la Banque Nationale — font l'implantation des services informatiques. Voici un autre exemple d'approvisionnement à l'extérieur qui a connu du succès :

Certaines entreprises qui démarrent assurent leur succès grâce à une habile sous-traitance. Tomima Edmark, l'inventrice d'une parure pour les cheveux, a atteint des ventes de 100 millions de dollars en 1993 avec seulement deux employés. Au lieu d'embaucher 50 employés ou plus, Edmark et ses 2 employés ont bâti un réseau de 20 vendeurs qui s'occupaient de tout, de la fabrication du produit aux services offerts aux magasins de détail. Edmark s'est toutefois assurée qu'elle suivait religieusement la première règle d'un approvisionnement à l'extérieur efficace : elle conserva le contrôle du développement des nouveaux produits et de la stratégie de marketing, les compétences principales qui sont le cœur de son entreprise[5].

La clé du succès est alors de posséder et d'entretenir les compétences et les ressources principales qui composent l'essence de l'entreprise. Ainsi, plusieurs fabricants de chaussures ou de sacs à main ne fabriquent pas leurs propres chaussures ou sacs à main parce que certains fabricants asiatiques sont plus compétents et efficaces qu'eux-mêmes. Ces entreprises maintiennent leur supériorité grâce au design et au marchandisage de leurs produits, qui sont leurs compétences principales. Une compétence principale a trois caractéristiques : elle est une source d'avantage concurrentiel, elle peut s'appliquer de plusieurs façons et elle est difficile à imiter pour les concurrents[6].

3.1.4
L'organisation

L'**organisation** d'une entreprise consiste en ses structures, ses politiques et sa culture d'entreprise, qui peuvent facilement être dépassées dans un environnement qui se transforme rapidement. Quoique les structures et les politiques puissent être modifiées (non sans difficulté), la culture d'entreprise est particulièrement difficile à changer. Malgré cela, changer la culture d'entreprise est souvent la meilleure manière de mettre en œuvre une nouvelle stratégie.

Qu'entend-on exactement par **culture d'entreprise** ? La plupart des gens d'affaires trouveraient difficilement les mots pour décrire ce concept abstrait, que certains définissent comme « les expériences partagées, les événements, les croyances et les normes qui caractérisent une organisation ». Néanmoins, lorsqu'on entre dans les bureaux de n'importe quelle entreprise, ce qui frappe en premier est la culture d'entreprise — la façon dont les gens sont habillés, dont ils parlent entre eux, voire l'aménagement des bureaux. Même les entreprises qui n'ont pas pensé consciemment à créer une culture d'entreprise en ont une. Microsoft est un bon exemple :

> « Si cette entreprise était une automobile, elle n'aurait pas de rétroviseur », dit Mike Murray, le vice-président des ressources humaines et de l'administration de Microsoft. Plutôt que de regarder avec suffisance ce qui a été accompli, la culture d'entreprise chez Microsoft consiste à regarder devant soi et à avoir de l'entrepreneurship. Il est étonnant qu'il n'y ait pas eu d'efforts conscients pour former cette culture. Alors que la plupart des employés de Microsoft

sont dans la trentaine, il y a une forte influence de cette génération sur la culture d'entreprise. En effet, Microsoft ressemble à un campus d'université où les employés s'habillent comme ça leur plaît, s'appellent par leur prénom et n'hésitent pas à dire ce qu'ils pensent. Néanmoins, Microsoft n'est pas aussi permissive que les shorts, les sandales et l'utilisation des prénoms le suggèrent. Tout le monde travaille très fort pour lancer de nouveaux produits et chaque employé est évalué tous les six mois pour la détermination des augmentations de salaire et des primes. Aucune autre entreprise ne compte autant de millionnaires et de milliardaires que Microsoft[7].

Qu'arrive-t-il quand les sociétés animées d'un esprit d'entreprise croissent et ont besoin d'une structure plus rigide ? Qu'arrive-t-il quand une société de ce type crée une alliance ou une coentreprise (*joint venture*) avec une entreprise plus bureaucratique et hiérarchisée ? Deux géants ont vécu cette expérience récemment :

> IBM et Apple ont expérimenté un choc culturel lorsque ces deux entreprises ont tenté d'unir leurs forces pour créer Taligent, l'entreprise de logiciels responsable du développement d'un système d'exploitation visant à concurrencer les systèmes d'exploitation de Microsoft et de NeXT. Joe Guglielmi, qui est au service d'IBM depuis trente ans et qui est le directeur général de Taligent, a décrit le choc culturel de la façon suivante : « IBM est une entreprise très hiérarchisée. Les plans montent vers la direction, sont regroupés et reviennent sous forme de stratégie mondiale unique. Apple est composée de groupes d'individus responsables qui font de grandes choses avec une technologie à la fine pointe. Les décisions sont prises à des niveaux très bas en tout temps[8]. »

Dans des situations comme celle-là, on constate que la culture d'entreprise et la stratégie se fondent l'une dans l'autre.

La question de savoir à quoi il faut attribuer le succès d'entreprises qui sont performantes longtemps a été abordée récemment dans une étude d'une durée de six ans réalisée par Collins et Porras[9]. Ces chercheurs de l'Université Stanford ont désigné 2 entreprises dans 18 industries différentes, l'une étant appelée « l'entreprise visionnaire » et l'autre, « l'entreprise comparée ». Les entreprises visionnaires étaient reconnues pour être des leaders dans leur industrie et elles étaient très admirées ; elles fixaient des objectifs ambitieux, les communiquaient bien à leurs employés et avaient une raison d'être allant au-delà de la recherche des profits. Ces entreprises performaient beaucoup mieux que les entreprises auxquelles elles étaient comparées. Parmi les entreprises visionnaires, on trouvait General Electric et Hewlett Packard ; les entreprises comparées correspondantes étaient Westinghouse et Texas Instruments.

Cherchant ce qu'il y avait de commun entre les 18 leaders, les auteurs sont arrivés à la conclusion que les entreprises les plus performantes avaient développé une idéologie centrale de laquelle elles ne déviaient pas. Par exemple, IBM a maintenu depuis ses débuts ses principes du respect des individus, de la satisfaction de la clientèle et de l'amélioration continue de la qualité. Et pour Johnson & Johnson, la première responsabilité de l'entreprise concerne ses clients, la deuxième, ses employés, la troisième, sa communauté et la quatrième, ses actionnaires. Quoique les entreprises aient à modifier certains éléments de leur culture et de leurs stratégies pour s'adapter à un environnement changeant, la plupart des leaders ont préservé l'idéologie centrale originale en naviguant sur les eaux troubles de l'économie.

3.2
LA PLANIFICATION STRATÉGIQUE DE L'ENTREPRISE

Le siège social de l'entreprise a la responsabilité de mettre en branle tout le processus de planification. En préparant des énoncés larges de la mission, des politiques et des stratégies, le siège social établit le cadre à l'intérieur duquel chacune des divisions et chacune des unités stratégiques d'activité préparera son plan d'entreprise. Certaines entreprises accordent beaucoup de liberté à leurs unités stratégiques d'activité dans l'établissement de leurs objectifs de ventes et de profits ainsi que de leurs stratégies. D'autres entreprises définissent des objectifs pour leurs unités stratégiques d'activité, mais elles leur laissent le soin d'élaborer elles-mêmes des stratégies pour atteindre ces objectifs. Enfin, d'autres entreprises encore, outre qu'elles fixent des objectifs, sont très engagées dans l'élaboration des stratégies de chacune des unités stratégiques d'activité[10]. Le siège social de toute entreprise a la responsabilité de quatre activités de planification :

1. Définir la mission de l'entreprise.
2. Déterminer les unités stratégiques d'activité (USA).
3. Allouer les ressources à chaque unité stratégique d'activité.
4. Préparer le plan pour de nouvelles activités.

3.2.1
La mission de l'entreprise

Toute organisation a une raison d'être : fabriquer des automobiles, prêter de l'argent, restaurer ou loger des personnes, etc. Sa mission, ou objet principal, est normalement claire au départ. Mais avec le temps, certains gestionnaires peuvent se désintéresser de la mission, la mission peut ne plus être pertinente parce que les conditions du marché ont changé ou peut devenir floue ou ambiguë parce que l'entreprise a ajouté de nouveaux produits ou marchés à son portefeuille d'investissements. Par exemple, la mission de Bombardier a dû être révisée, alors que la compagnie a ajouté à la fabrication des motoneiges la fabrication d'avions et d'équipement de transport public.

Lorsque la direction sent que l'organisation commence à dériver, elle doit renouveler sa quête d'une raison d'être. Selon Peter F. Drucker, il est alors temps de se poser certaines questions fondamentales[11] : **Quel est notre domaine d'activité ? Qui est notre client ? Qu'est-ce qui a de la valeur pour ce client ? Quel sera notre domaine d'activité ? Quel devrait être notre domaine d'activité ?** Quoique ces questions puissent paraître simples, elles sont parmi les plus difficiles qu'une entreprise ait jamais à résoudre. Les entreprises qui réussissent bien se posent continuellement ces questions et y répondent après mûre réflexion et de la manière la plus complète possible.

La mission de l'entreprise dépend des cinq éléments suivants :

1. L'**histoire de l'organisation**, qui est faite d'objectifs, de politiques et de réalisations. En redéfinissant sa raison d'être, l'entreprise ne doit pas faire trop radicalement abstraction de son passé. Il serait impensable pour Quebecor, par exemple, de se lancer dans la distribution alimentaire, même s'il pouvait y exister une occasion de croissance.

2. Les **préférences actuelles des cadres et des propriétaires**, lesquels ont des visions et des buts personnels. Si la direction actuelle des Rôtisseries St-Hubert désire avant tout servir la classe sociale moyenne au Québec, il est impossible que ce but n'influe pas sur l'énoncé de la mission de l'entreprise.

3. Les **caractéristiques de l'environnement**, qui ont une influence sur la mission de l'entreprise. L'environnement peut définir les principales occasions à considérer. L'Orchestre symphonique de Montréal n'aurait pas atteint son rayonnement actuel s'il n'avait pas révisé sa programmation pour répondre à l'intérêt naissant des classes moyennes pour la culture.

4. Le **niveau des ressources**, qui rend certaines missions possibles et d'autres non. Air Alma, par exemple, ne peut espérer devenir la plus importante compagnie aérienne du Canada.

5. Les **compétences distinctives** dans le choix de la raison d'être de l'organisation. Canadair pourrait sans doute fabriquer des planeurs, mais alors elle n'utiliserait pas ses compétences, qui sont de fabriquer des avions à moyen rayon d'action de grande qualité.

Les entreprises définissent leur mission dans le but de la partager avec leurs cadres, leurs employés et, dans plusieurs cas, leurs clients et le grand public. Ainsi, la mission des Rôtisseries St-Hubert est affichée dans chaque restaurant. Un énoncé de mission bien pensé fournit au personnel de l'entreprise un sentiment partagé de pertinence, de direction, de sens et de réalisation de soi. L'énoncé de la mission de l'organisation agit comme une « main invisible » qui incite les employés, souvent disséminés géographiquement, à travailler individuellement et en même temps collectivement à la réalisation du potentiel de l'organisation. Voici un exemple d'un bon énoncé de mission :

L'objet de Motorola est de répondre honorablement aux besoins de la communauté en fournissant à nos clients des produits et des services de qualité à un prix juste. Cela permet d'obtenir un profit adéquat pour soutenir la croissance de l'entreprise et, par conséquent, cela aide nos employés et nos actionnaires à atteindre des objectifs personnels raisonnables.

Les énoncés de mission comprennent un certain nombre de caractéristiques. La mission devrait

d'abord insister sur un nombre limité d'objectifs plutôt que de tenter de tout accomplir. Un énoncé comme « Nous voulons fabriquer les produits de la plus haute qualité, offrir le meilleur service, avoir la distribution la plus large et vendre au plus bas prix » promet trop de choses. Il ne saurait fournir des lignes directrices utiles lorsque la direction devra prendre des décisions difficiles.

L'énoncé de la mission devrait définir sous six aspects l'envergure du champ d'activité de l'entreprise :

- **L'envergure du secteur.** Il s'agit du nombre d'industries où l'entreprise envisage d'exercer ses activités. Certaines entreprises ne seront en exploitation que dans une seule industrie, et d'autres, dans un ensemble d'industries liées entre elles. Certaines autres feront des affaires uniquement dans les biens de production, et d'autres, dans les biens de consommation et les services. Finalement, certaines entreprises seront en activité dans toutes ces industries. Par exemple, DuPont préfère se limiter au marché industriel, Dow accepte de faire affaire sur les marchés industriels et de consommation, alors que 3M entrera dans presque n'importe quelle industrie où elle croit pouvoir faire des profits à moyen et à long terme.

- **L'envergure des produits et des services.** On entend par là toute la gamme de produits et de services qu'une entreprise peut fournir, et l'utilisation que ses clients peuvent en faire. Ainsi, Dofasco s'est taillé une place de choix en se limitant à la production des types d'acier les plus rentables, ce qui lui a permis de concurrencer efficacement Stelco, le leader de l'industrie qui fabriquait une gamme de produits beaucoup plus large.

- **L'envergure des compétences.** Cela comprend toutes les compétences technologiques et autres compétences principales qu'une entreprise maîtrise et sur lesquelles elle compte. Par exemple, la compétence principale de Quebecor est l'imprimerie et les industries connexes. La compagnie NEC a développé ses compétences principales en informatique et en communication. Ces compétences portent sur la production d'ordinateurs portatifs, de combinés et de téléphones portatifs.

- **L'envergure du segment de marché.** Il s'agit du type de marchés ou de clients que l'entreprise désire servir. Certaines entreprises ne désirent servir que les marchés haut de gamme dans toutes leurs activités (par exemple, Porsche fabrique des autos, des lunettes de soleil et d'autres accessoires très chers). Mais Gerber, pendant fort longtemps, s'est limitée à sa gamme de produits pour bébés.

- **L'envergure de l'intégration.** C'est le degré auquel l'entreprise partage des activités avec ses fournisseurs, ses distributeurs et ses clients. À une extrémité, il y a l'entreprise qui exécute plusieurs activités elle-même, comme Ford, qui possède ses propres plantations de caoutchouc, une usine de fabrication de verre et même quelques aciéries. À l'autre extrémité, on trouve les entreprises qui n'ont réalisé à peu près aucune intégration verticale. Ces entreprises « vides » peuvent être constituées d'une seule personne qui a besoin seulement d'un téléphone et d'un bureau pour faire ses affaires et qui recourt à des sous-traitants pour chaque service, notamment la conception, la fabrication, le marketing et la distribution[12].

- **L'envergure géographique.** Il s'agit ici du nombre de régions, de pays ou de groupes de pays où l'entreprise désire faire des affaires. À un extrême, on trouve des entreprises qui sont en exploitation dans une ville ou une région particulière ; à l'autre extrême, il y a les multinationales comme Unilever ou Caterpillar, qui désirent exercer leurs activités dans presque tous les pays du monde.

Les énoncés de mission seront d'autant plus réussis s'ils sont guidés par une **vision**, un rêve presque impossible, qui donne une direction à l'entreprise pour les dix ou vingt prochaines années. L'ancien président de Sony, Akio Morita, voulait que tout le monde ait accès à une « chaîne stéréo portative » ; en conséquence, sa compagnie créa le Walkman et le lecteur de disques compacts portatif. Fred Smith voulait que le courrier soit livré n'importe où aux États-Unis avant 10 h 30 le matin suivant ; il créa alors Federal Express.

Les énoncés de mission devraient être révisés après quelques années pour qu'ils puissent répondre aux divers changements se produisant dans l'économie et dans la société. L'entreprise doit cependant redéfinir sa mission si celle-ci a perdu toute crédibilité ou si elle n'imprime plus une direction optimale à l'entreprise[13]. Par exemple, la firme Mars a modifié ses « cinq principes » en 1994 pour refléter l'intention qu'avait cette entreprise de confiseries de s'attaquer à des marchés étrangers[14].

3.2.2
La détermination des unités stratégiques d'activité

La plupart des organisations, même les plus petites, sont à l'œuvre dans plusieurs domaines d'activité, qui ne sont pas nécessairement très évidents. Trop souvent, les organisations définissent leur domaine d'activité sous l'angle des produits qu'elles fabriquent. Certaines diront que leur domaine d'activité est l'automobile ou la règle à calcul, etc., mais ces définitions d'un domaine d'activité révèlent une myopie, un marketing à courte vue. Dans un article ayant trait à la myopie marketing, Levitt soutient la thèse qu'il est de beaucoup préférable pour une entreprise de se définir en fonction des marchés plutôt qu'en fonction des produits[15]. Il affirme qu'une entreprise doit être vue comme un **processus de satisfaction des besoins du consommateur** et non comme un **processus de production de biens**. Les produits sont éphémères, mais les besoins fondamentaux et les groupes de consommateurs subsistent à tout jamais. Les entreprises de fabrication de diligences sont disparues très vite après l'invention de l'automobile. Mais si elles avaient défini leur raison d'être en fonction du marché du transport, elles se seraient tout simplement mises à fabriquer des automobiles plutôt que des voitures à cheval. Levitt a encouragé les entreprises à changer la définition de leurs domaines d'activité en se centrant sur les marchés plutôt que sur les produits. On trouvera plusieurs exemples de cela au tableau 3.1.

En définissant un domaine d'activité basé sur le marché, la direction doit éviter autant de trop restreindre sa définition que de la rendre trop englobante. Prenons le cas d'un fabricant de crayons à mine. Si la direction se voit comme une **entreprise qui fabrique de petits instruments d'écriture**, elle pourra bien envisager une expansion possible dans la fabrication de plumes et d'autres petits instruments d'écriture. Si elle se voit plutôt comme une **entreprise d'équipement d'écriture**, elle pourra alors considérer la fabrication d'équipement de traitement de texte. Le concept le plus large de son domaine d'activité serait celui d'une **entreprise de communication**, mais alors cette définition serait vraisemblablement trop large pour un fabricant de crayons à mine et elle pourrait s'avérer rapidement impossible à appliquer. De même, Provigo a décidé de s'en tenir à l'alimentation après avoir éliminé les articles de sport, les produits

TABLEAU 3.1

Définition de domaines d'activité selon que les entreprises se centrent sur les marchés ou sur les produits

Entreprise	Optique produit	Optique marché
Revlon	Nous fabriquons des cosmétiques.	Nous vendons de l'espoir.
VIA Rail	Nous gérons une compagnie de chemin de fer.	Nous transportons des personnes.
Xerox	Nous fabriquons des photocopieurs.	Nous aidons à accroître la productivité dans les bureaux.
Quebecor	Nous imprimons des journaux et des revues.	Nous diffusons de l'information.
Ultramar	Nous vendons du carburant.	Nous fournissons de l'énergie.
Carrier	Nous fabriquons des systèmes de chauffage et des climatiseurs.	Nous assurons le confort au foyer.

pharmaceutiques et la distribution. Et la firme Lavalin a été forcée de s'en tenir surtout à l'ingénierie, et même de fusionner avec SNC.

Lorsqu'elles définissent leurs secteurs d'activité, plusieurs entreprises pensent en fonction de ce qu'apportent les produits qu'elles fabriquent plutôt qu'en fonction des produits en tant que tels. Par exemple, BMW se définit comme un «fournisseur de transport» et non comme un «fabricant d'automobiles». Pour BMW, son objet principal est non seulement l'automobile, mais aussi les motocyclettes, les systèmes de gestion de la circulation et le recyclage d'automobiles. Cette définition tient aussi compte de l'accent que BMW met sur la location d'automobiles. Pour Whirlpool, ses rôles sont le soin des vêtements et la conservation de la nourriture plutôt que la fabrication de machines à laver et de réfrigérateurs.

Un domaine d'activité devrait être défini selon trois axes : les **groupes de clients** ou **segments de marché** qui seront servis, les **besoins des clients** qui seront satisfaits et les **technologies** permettant de satisfaire ces besoins[16]. Considérons, par exemple, une petite entreprise qui fabrique des appareils d'éclairage incandescent pour les studios de télévision. Le groupe de clients servi est constitué par les studios de télévision ; les besoins des clients ont trait à l'éclairage ; la technologie est l'éclairage incandescent.

Il est possible que cette entreprise veuille étendre ses activités à d'autres domaines. Par exemple, elle pourrait décider de fabriquer de l'équipement d'éclairage pour d'autres groupes de clients ou segments de marché, comme les résidences, les usines ou les bureaux. Elle pourrait aussi fournir d'autres ser-

vices aux studios de télévision, tels le chauffage, la ventilation ou la climatisation. Ou encore, elle pourrait concevoir d'autres technologies d'éclairage pour les studios de télévision, telles que l'éclairage infrarouge ou ultraviolet.

Les entreprises doivent définir leurs domaines d'activité de façon à en assurer la gestion stratégique. Ainsi, il y a quelques années, General Electric est passée par cet épuisant exercice et a cerné pas moins de **49 unités stratégiques d'activité** (USA). Une USA a trois caractéristiques :

1. Il s'agit d'une seule unité, ou d'un ensemble d'unités liées entre elles, dont la planification peut être faite séparément et qui, en principe, serait capable d'être indépendante du reste de l'entreprise.

2. Elle a ses propres concurrents, qu'elle essaie d'égaler ou de surpasser.

3. Elle est un centre de profit : elle a un directeur responsable de la planification stratégique et du rendement des profits, chargé de contrôler la plupart des facteurs qui touchent la rentabilité.

Dans l'organigramme de Bombardier (voir la figure 3.3), si les conditions susmentionnées sont remplies, chacun des groupes (Matériel de transport, Produits de consommation motorisés, Aéronautique, Défense et Services financiers) pourrait bien être une unité stratégique d'activité. Ou encore, le groupe Matériel de transport pourrait être divisé en deux USA : Amérique et Europe. Alco Power et Bombardier-Rotax pourraient aussi être des USA en activité dans le domaine de la propulsion. La Division RJ pourrait être une USA à l'œuvre dans le domaine de l'aéronautique, et ainsi de suite.

FIGURE 3.3
L'empire Bombardier

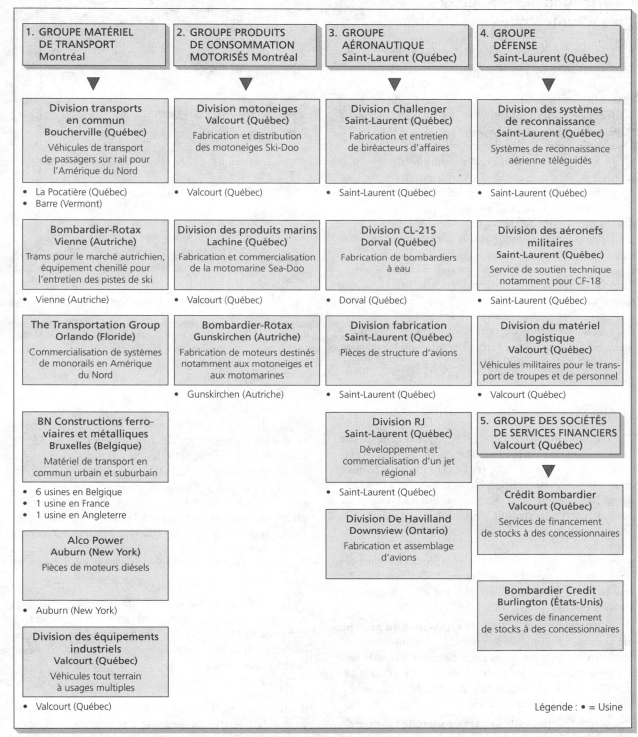

1. GROUPE MATÉRIEL DE TRANSPORT Montréal

Division transports en commun Boucherville (Québec)
Véhicules de transport de passagers sur rail pour l'Amérique du Nord
- La Pocatière (Québec)
- Barre (Vermont)

Bombardier-Rotax Vienne (Autriche)
Trams pour le marché autrichien, équipement chenillé pour l'entretien des pistes de ski
- Vienne (Autriche)

The Transportation Group Orlando (Floride)
Commercialisation de systèmes de monorails en Amérique du Nord

BN Constructions ferroviaires et métalliques Bruxelles (Belgique)
Matériel de transport en commun urbain et suburbain
- 6 usines en Belgique
- 1 usine en France
- 1 usine en Angleterre

Alco Power Auburn (New York)
Pièces de moteurs diésels
- Auburn (New York)

Division des équipements industriels Valcourt (Québec)
Véhicules tout terrain à usages multiples
- Valcourt (Québec)

2. GROUPE PRODUITS DE CONSOMMATION MOTORISÉS Montréal

Division motoneiges Valcourt (Québec)
Fabrication et distribution des motoneiges Ski-Doo
- Valcourt (Québec)

Division des produits marins Lachine (Québec)
Fabrication et commercialisation de la motomarine Sea-Doo
- Valcourt (Québec)

Bombardier-Rotax Gunskirchen (Autriche)
Fabrication de moteurs destinés notamment aux motoneiges et aux motomarines
- Gunskirchen (Autriche)

3. GROUPE AÉRONAUTIQUE Saint-Laurent (Québec)

Division Challenger Saint-Laurent (Québec)
Fabrication et entretien de biréacteurs d'affaires
- Saint-Laurent (Québec)

Division CL-215 Dorval (Québec)
Fabrication de bombardiers à eau
- Dorval (Québec)

Division fabrication Saint-Laurent (Québec)
Pièces de structure d'avions
- Saint-Laurent (Québec)

Division RJ Saint-Laurent (Québec)
Développement et commercialisation d'un jet régional
- Saint-Laurent (Québec)

Division De Havilland Downsview (Ontario)
Fabrication et assemblage d'avions

4. GROUPE DÉFENSE Saint-Laurent (Québec)

Division des systèmes de reconnaissance Saint-Laurent (Québec)
Systèmes de reconnaissance aérienne téléguidés
- Saint-Laurent (Québec)

Division des aéronefs militaires Saint-Laurent (Québec)
Service de soutien technique notamment pour CF-18
- Saint-Laurent (Québec)

Division du matériel logistique Valcourt (Québec)
Véhicules militaires pour le transport de troupes et de personnel
- Valcourt (Québec)

5. GROUPE DES SOCIÉTÉS DE SERVICES FINANCIERS Valcourt (Québec)

Crédit Bombardier Valcourt (Québec)
Services de financement de stocks à des concessionnaires

Bombardier Credit Burlington (États-Unis)
Services de financement de stocks à des concessionnaires

Légende : • = Usine

Source : Adaptée de Jean-Paul Lejeune, « La force tranquille », *Commerce*, juin 1989, p. 24.

3.2.3

L'attribution des ressources à chaque unité stratégique d'activité

Le but de la détermination des USA de l'entreprise est de pouvoir leur assigner les responsabilités de la planification. Ces unités envoient leurs plans au siège social de l'entreprise, qui les approuve ou les leur retourne pour révision. Le siège social revoit ces plans en vue de décider pour laquelle de ces unités il faudra **investir**, **maintenir**, **récolter** ou **désinvestir**. La direction générale sait très bien que son portefeuille contient nombre de « vieilles croûtes » aussi bien que des « gagne-pain de demain ». Mais elle ne peut agir impulsivement selon ses impressions ; elle a besoin d'outils analytiques pour classer les USA selon leurs potentiels de profits. Au cours de la dernière décennie, plusieurs modèles d'évaluation de portefeuille ont connu une utilisation croissante. Deux des modèles les plus connus sont le modèle du Boston Consulting Group (BCG) et le modèle de la General Electric[17].

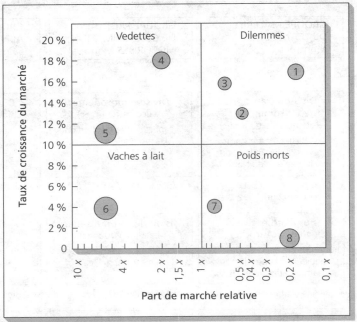

FIGURE 3.4

La matrice BCG croissance-part de marché

Source : B. Heldey, « Strategy and the Business Portfolio », *Long Range Planning*, février 1977, p. 12. Reproduit avec l'autorisation de *Long Range Planning*, copyright © 1977, Pergamon Press Ltd.

Le modèle du Boston Consulting Group

Le Boston Consulting Group (BCG), un chef de file dans le domaine de la consultation en gestion, a élaboré et popularisé une approche connue sous le nom de **matrice croissance-part de marché**, présentée à la figure 3.4. Les huit cercles représentent les tailles et les positions actuelles de huit USA composant une entreprise hypothétique. La taille des cercles est proportionnelle au volume d'activités en dollars de chaque USA. Ainsi, les unités les plus importantes sont les USA 5 et 6. La position de chaque USA correspond à son taux de croissance du marché et à sa part de marché relative.

Plus précisément, le **taux de croissance du marché** sur l'ordonnée indique le taux de croissance annuel de l'USA considérée ; dans cette figure, il varie de 0 % à 22 %, mais on pourrait observer un écart plus grand. Un taux de croissance du marché supérieur à 10 % est considéré comme élevé.

L'abscisse représente la **part de marché relative** de l'USA par rapport au concurrent le plus important.

Une part de marché de 0,1 signifie que le volume de ventes d'une USA est seulement de 10 % de celui du chef de file ; une part de 10 signifie que l'USA de l'entreprise est en tête et que son volume de ventes est 10 fois supérieur à celui du concurrent qui vient en deuxième position dans ce marché. La part de marché relative est définie comme faible ou forte selon qu'elle est supérieure ou inférieure à la valeur 1,0 sur l'abscisse. Puisque la part de marché relative est représentée sur une échelle logarithmique, les distances égales représentent la même augmentation de pourcentage.

La matrice croissance-part de marché est divisée en quatre quadrants indiquant des niveaux différents de rendement. Les USA de chaque quadrant ont reçu les noms évocateurs de dilemmes, vedettes, vaches à lait et poids morts.

Les dilemmes (aussi appelés « enfants difficiles »). Les dilemmes sont des activités dont les parts de marché sont relativement faibles sur des marchés en forte croissance. Beaucoup d'entreprises débutent en tant que dilemmes, au moment où elles tentent d'entrer sur un marché en forte croissance déjà dominé par un leader. Les dilemmes sont avides de ressources financières et exigent beaucoup de flux de trésorerie (*cash flow*). L'entreprise doit en effet ajouter des usines, de l'équipement et du personnel pour répondre à un marché qui croît rapidement, et elle doit le faire d'autant plus qu'elle désire dépasser le leader. Le terme « dilemme » est bien choisi puisque l'entreprise doit y penser deux fois avant de continuer à engouffrer de l'argent dans ce domaine d'activité ou encore de s'en retirer. L'entreprise représentée à la figure 3.4 administre trois USA de type dilemme, ce qui pourrait être trop. Elle aurait peut-être avantage à investir plus de fonds dans une ou deux de ces unités, au lieu de saupoudrer ses fonds sur les trois.

Les vedettes (les étoiles). Si elle réussit bien, une USA qui était un jour un dilemme devient une vedette. Une vedette est un chef de file sur un marché en croissance. Cela ne signifie pas nécessairement que cette vedette produira un flux de trésorerie positif pour l'entreprise. L'entreprise doit dépenser des fonds importants pour suivre le rythme avec la forte croissance du marché et pour parer l'attaque des concurrents. Mais ces vedettes sont normalement rentables, et elles deviennent un jour les vaches à lait de l'entreprise. Dans notre exemple, l'entreprise possède deux vedettes ; elle aurait raison de s'inquiéter si elle n'en avait aucune.

Les vaches à lait. Quand le taux de croissance annuel d'un marché devient inférieur à 10 %, la vedette se transforme en vache à lait si elle a encore une grande part de marché relative. Une vache à lait fournit beaucoup de fonds à l'entreprise, car elle n'a plus à financer un accroissement de sa capacité, son taux de croissance ayant ralenti. Elle profite d'économies d'échelle et d'une forte marge de profits. L'entreprise utilise ces USA pour s'acquitter de ses obligations et soutenir les vedettes, les dilemmes et les poids morts, qui ont tendance à être avides de fonds. Dans notre exemple, une seule USA est classée comme vache à lait ; l'entreprise est par conséquent très vulnérable. Si jamais cette vache à lait commençait à perdre une partie de sa part de marché relative, l'entreprise aurait à injecter des fonds dans cette USA pour maintenir son avance sur le marché. Si, au contraire, l'entreprise utilisait trop de fonds de cette USA pour soutenir les autres unités, sa vache à lait féconde pourrait devenir une vache à lait stérile.

Les poids morts. Les poids morts sont des unités qui ont une faible part de marché sur des marchés en faible croissance. En général, les poids morts rapportent très peu de profits et entraînent même des pertes. L'entreprise, dans notre exemple, gère deux USA qui sont des poids morts, ce qui pourrait bien être deux USA de trop. Elle devrait déterminer si elle conserve ces deux poids morts pour de bonnes raisons (par exemple un changement important attendu dans le taux de croissance du marché ou une nouvelle possibilité d'accéder à la première place sur ce marché), ou encore pour des raisons sentimentales (« J'ai lancé mon entreprise avec ce produit... »). Les poids morts exigent souvent de la direction plus de temps qu'ils ne le méritent, et on doit alors diminuer leurs opérations et le temps qu'on y consacre, ou les abandonner.

Après avoir représenté la position des différentes USA dans la matrice croissance-part de marché, l'entreprise doit déterminer si son portefeuille d'unités est en bonne santé. Un portefeuille mal équilibré contiendrait trop de poids morts ou de dilemmes, ou trop peu de vedettes ou de vaches à lait, dont on cherche à conserver la contribution au financement.

La tâche suivante pour l'entreprise consiste à déterminer quels objectifs et stratégies doivent être assignés à chaque USA, ainsi que les budgets qui s'imposent en conséquence. Quatre stratégies peuvent être poursuivies :

- **Investir.** Ici l'objectif consiste à accroître la part de marché de l'USA, même s'il faut, pour ce faire, oublier les profits à court terme. Cet objectif convient particulièrement aux cas de dilemmes dont la part de marché doit croître pour qu'on puisse les transformer en vedettes.

- **Maintenir.** Dans ce cas, l'objectif consiste à conserver la part de marché de l'USA. Il convient bien aux vaches à lait fécondes, dont on cherche à préserver la contribution au financement.

- **Récolter.** L'objectif consiste ici à accroître la contribution financière d'une USA, peu importe les conséquences à long terme. Cette stratégie est appropriée aux vaches à lait stériles, dont l'avenir est sombre et desquelles on veut tirer le plus de fonds possible. Cette stratégie peut aussi s'appliquer aux dilemmes et aux poids morts.

- **Désinvestir.** L'objectif dans cette situation consiste à vendre ou à liquider l'USA parce que les ressources qu'elle exige peuvent être mieux utilisées ailleurs. Cette stratégie est indiquée pour les poids morts et les dilemmes, qui freinent la rentabilité de l'entreprise.

Avec le temps, les USA changeront de position dans la matrice croissance-part de marché. Les USA ont un cycle de vie: elles commencent comme dilemmes, deviennent des vedettes, se transforment en vaches à lait, puis finissent en poids morts. Voilà pourquoi les entreprises doivent examiner non seulement les positions actuelles de leurs USA dans la matrice croissance-part de marché (autrement dit la « photo du portefeuille »), mais aussi les changements de position (c'est-à-dire le « film du portefeuille »). Chaque USA devrait être évaluée par rapport à ce qu'elle était l'an passé, il y a deux ans, etc., et à ce qu'elle sera probablement l'an prochain, l'année suivante, etc. Si la trajectoire attendue d'une USA donnée n'est pas satisfaisante, l'entreprise devrait demander à son directeur de proposer une nouvelle stratégie et de prévoir la trajectoire résultante probable. La matrice croissance-part de marché est donc un cadre de planification pour les planificateurs stratégiques du siège social de l'entreprise, et elle sert à évaluer chacune des USA et à en déterminer les objectifs les plus réalistes.

Même si un portefeuille (figure 3.4) est essentiellement en assez bonne santé, de mauvais objectifs ou de mauvaises stratégies pourraient rapidement en changer l'allure. La pire erreur consisterait à exiger que chaque USA vise à obtenir le même taux de croissance ou le même niveau de rentabilité. En effet, la gestion d'un portefeuille suppose une analyse qui reconnaît les différentes potentialités dictant des objectifs en conséquence. Trois autres erreurs devraient aussi être évitées:

1. Laisser trop peu de fonds s'accumuler dans les vaches à lait, de sorte que leur position financière s'affaiblisse; ou encore leur en laisser trop, de sorte qu'elles n'investissent pas assez dans des USA en pleine croissance.

2. Faire des investissements majeurs dans des poids morts dans l'espoir de changer leur sort, mais en vain.

3. Conserver trop de dilemmes et ne pas investir assez dans chacun, ce qui revient à lancer son argent par les fenêtres ou, en d'autres mots, à saupoudrer des fonds sur trop de canards boiteux. Ou bien les dilemmes devraient recevoir assez de sou-

tien pour pouvoir dominer leur segment, ou bien ils devraient être abandonnés.

Le modèle de la General Electric

L'objectif qu'il convient d'assigner à chaque USA ne devrait pas être déterminé uniquement à partir de sa position dans la matrice croissance-part de marché; d'autres facteurs doivent être pris en considération. Lorsque d'autres facteurs sont ajoutés, la matrice croissance-part de marché peut être vue comme un cas spécial de la matrice multifactorielle de portefeuille que la General Electric (GE) a mise en avant. Ce modèle, la **matrice attrait du marché-position concurrentielle**, est représenté à la figure 3.5*a*, où figurent sept USA d'une entreprise réelle dont les données ont été masquées. Cette fois-ci, la taille des cercles représente la taille du marché plutôt que celle de l'USA de l'entreprise, et la partie en noir du cercle (c'est-à-dire la pointe de tarte) représente la part de marché de l'USA. Ainsi, les activités de l'entreprise en question dans le secteur des embrayages s'exercent sur un marché de taille moyenne, où cette entreprise bénéficie approximativement d'une part de marché de 30 %.

Chaque USA est évaluée sous deux aspects fondamentaux: l'**attrait du marché** et la **position concurrentielle**. Dans une perspective de marketing, ces deux aspects sont très appropriés. Les entreprises qui auront du succès seront celles qui auront choisi de s'introduire sur des marchés attrayants, dans la mesure où elles possèdent la combinaison requise de forces concurrentielles pour réussir sur ces marchés. Si l'une ou l'autre de ces dimensions fait défaut, il est très peu probable qu'une entreprise pourra obtenir des résultats intéressants. En d'autres mots, ni une entreprise forte qui exploite un marché offrant peu de potentiel, ni une entreprise faible qui exploite un marché attrayant ne sauraient très bien réussir.

Le vrai problème, alors, est de mesurer les deux aspects susmentionnés. Pour ce faire, les planificateurs stratégiques doivent déceler les facteurs liés à chaque aspect et trouver un moyen de les mesurer et de les représenter par un indice. Le tableau 3.2 présente des ensembles de facteurs qui composent ces deux aspects (chaque entreprise doit décider de sa propre liste de facteurs). L'attrait du marché varie selon la taille du marché, le taux de croissance annuel

FIGURE 3.5

La matrice attrait du marché-position concurrentielle : classification et stratégies

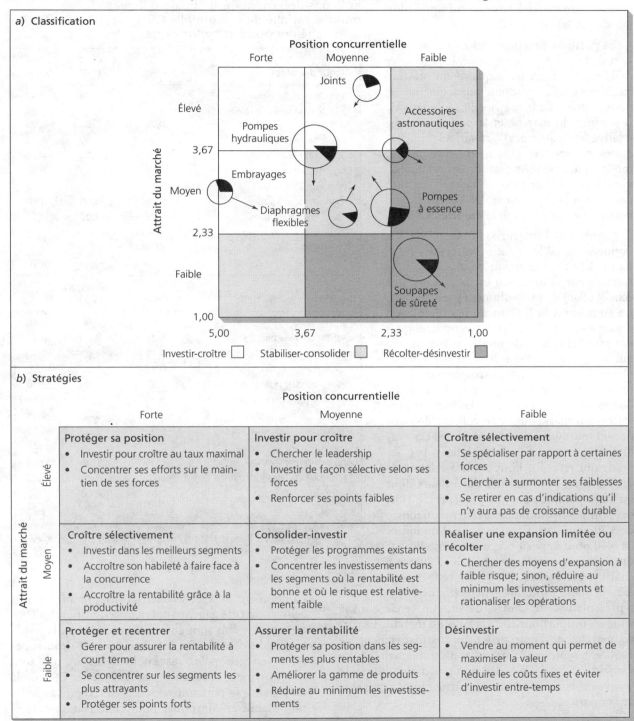

Sources : Légèrement modifiée et adaptée de George S. Day, *Analysis for Strategic Marketing Decisions*, St.Paul, Minn., West Publishing, 1986, p. 202, 204.

du marché, les marges de profit historiques et d'autres variables qui peuvent être particulières à un marché. Chaque entreprise doit décider de ses propres facteurs.

La position concurrentielle varie selon la part de marché de l'entreprise, la croissance de la part de marché, la qualité du produit, etc. Vous aurez sans doute remarqué que les deux facteurs de la matrice BCG, le taux de croissance du marché et la part de marché relative font partie des deux variables importantes du modèle GE. Il est clair que le modèle GE amène les planificateurs stratégiques à considérer plus de facteurs entrant dans l'évaluation d'une USA actuelle ou potentielle que ne le fait le modèle BCG.

Comment l'entreprise obtient-elle les données du tableau 3.2 et les cercles de la figure 3.5*a*? L'évaluation de chacun de ces facteurs par la direction est faite selon une échelle allant de 1 (absolument pas attrayant) à 5 (très attrayant). Dans notre exemple, on évalue à 4,00 l'USA de pompes hydrauliques par rapport à la taille totale du marché, ce qui indique que la taille du marché est passablement grande (5,00 correspondant à un marché très grand). Évidemment, plusieurs de ces facteurs exigent, de la part du personnel du marketing, une collecte de données et une évaluation des résultats. Les évaluations sont ensuite multipliées par les poids qui reflètent l'importance relative de ces facteurs, pour donner des valeurs dont on fait la somme pour chaque aspect. L'USA des pompes hydrauliques a obtenu un indice de 3,70 pour l'attrait du marché et un indice de 3,40 pour la position concurrentielle, sur un indice maximal possible de 5,00 pour chacun. En conséquence, l'analyste inscrit dans la matrice multifactorielle (figure 3.5*a*) un point représentant cette USA et dessine un cercle dont la taille est proportionnelle à la taille du marché. La part de marché de l'entreprise, approximativement de 14 %, est représentée par la zone triangulaire noire dans le cercle. L'USA des pompes hydrauliques se trouve évidemment dans une partie plutôt attrayante de la matrice.

La matrice GE est divisée en neuf cellules qui, à leur tour, composent trois zones de stratégies (figure 3.5*a*).

TABLEAU 3.2

Les facteurs sous-tendant l'attrait du marché et la position concurrentielle dans la matrice multifactorielle de portefeuille GE : le marché des pompes hydrauliques

Attrait du marché	Poids	Évaluation (1-5)	Valeur
Taille du marché global	0,20	4,00	0,80
Taux de croissance annuelle du marché	0,20	5,00	1,00
Marge de profit historique	0,15	4,00	0,60
Intensité de la concurrence	0,15	2,00	0,30
Exigences technologiques	0,15	4,00	0,60
Sensibilité à l'inflation	0,05	3,00	0,15
Besoins énergétiques	0,05	2,00	0,10
Impact environnemental	0,05	3,00	0,15
Contexte social, politique et juridique	Doit être acceptable		
	1,00		3,70

Position concurrentielle	Poids	Évaluation (1-5)	Valeur
Part de marché	0,10	4,00	0,40
Croissance de la part de marché	0,15	2,00	0,30
Qualité du produit	0,10	4,00	0,40
Réputation de la marque	0,10	5,00	0,50
Réseau de distribution	0,05	4,00	0,20
Efficacité promotionnelle	0,05	3,00	0,15
Capacité de production	0,05	3,00	0,15
Efficience de la production	0,05	2,00	0,10
Coûts unitaires	0,15	3,00	0,45
Approvisionnement	0,05	5,00	0,25
Recherche et développement	0,10	3,00	0,30
Personnel de direction	0,05	4,00	0,20
	1,00		3,40

Source : Adapté de La Rue T. Hormer, *Strategic Management*, Englewood Cliffs, N.J., Prentice Hall, 1982, p. 310.

La première, appelée **Investir-croître**, réunit les trois cellules du côté gauche supérieur (en blanc) ; les USA qui s'y trouvent sont en position forte. La diagonale qui va du côté gauche inférieur au côté droit supérieur (en gris pâle) rassemble des USA qui sont moyennement attrayantes ; on associe les USA de la diagonale à la poursuite des activités, d'où l'appellation **Stabiliser-consolider** pour cette zone. Les trois cellules du côté droit inférieur (en gris foncé) renferment des USA ayant un attrait global faible ; cette zone est appelée **Récolter-désinvestir**. Par exemple, l'USA des soupapes de sûreté possède une faible part de marché sur un marché de taille acceptable mais qui n'est pas très attrayant et dans lequel l'entreprise a une position concurrentielle faible : il s'agit là d'une candidate idéale pour la récolte ou le désinvestissement[18].

La direction devrait aussi prévoir la position attendue de chaque USA pour les trois à cinq prochaines années, en tenant pour acquis que les stratégies actuelles sont maintenues et en prenant en considération les stratégies attendues de la concurrence, les nouvelles technologies, les événements économiques, etc. Les résultats sont indiqués par la longueur et la direction des vecteurs (flèches) dans la figure 3.5a. Par exemple, on s'attend à ce que l'attrait du marché pour l'USA des pompes hydrauliques baisse quelque peu et que la position concurrentielle de l'entreprise dans l'USA des embrayages décline relativement plus.

L'étape finale, pour la direction, consiste à décider de ce qu'elle fera de chaque USA. La figure 3.5b représente des choix de stratégies possibles pour les USA de chaque cellule. On devrait discuter de la stratégie à adopter pour chaque USA. Finalement, les directeurs des USA et ceux du siège social se mettront d'accord, du moins on l'espère, sur les objectifs et les stratégies de chaque USA ainsi que sur les fonds nécessaires pour atteindre les objectifs. Les directeurs du marketing de certaines USA s'apercevront alors que leur principal objectif n'est pas forcément d'accroître les ventes. Leur tâche pourrait consister à maintenir la demande existante avec relativement moins de dollars, ou de sortir des fonds de leur unité et de permettre à la demande de baisser. **Ainsi, la tâche de la direction du marketing est de gérer la demande ou les revenus au niveau cible négocié avec les responsables du siège social.** Le marketing contribue à évaluer les potentiels de ventes et de profits pour chaque USA, mais lorsque les objectifs de l'USA et le budget ont été fixés, la tâche du marketing est de réaliser le plan efficacement et avec profit.

Critique des modèles de portefeuille

D'autres modèles de portefeuille ont été conçus et utilisés, notamment celui d'Arthur D. Little et celui de la politique de la direction générale de la compagnie Shell[19]. L'utilisation de modèles de portefeuille procure de nombreux avantages. Les modèles aident les cadres 1° à penser de façon plus avant-gardiste et stratégique, 2° à mieux comprendre les aspects économiques des USA, 3° à améliorer la qualité de leurs plans, 4° à améliorer les communications entre la direction des USA et celle du siège social, 5° à cerner les écarts d'information et les problèmes importants, 6° à éliminer les USA les plus faibles et 7° à accroître les investissements dans les unités les plus porteuses de promesses.

Néanmoins, les modèles de portefeuille doivent être utilisés avec précaution. Ils peuvent amener l'entreprise à trop insister sur la croissance de la part de marché et à entrer dans des domaines d'activité en forte croissance. Dans ce cas, il n'y a qu'un pas à franchir pour oublier de bien administrer les USA actuelles : un tiens vaut mieux que deux tu l'auras. Il faut aussi se rendre compte que les résultats de ces analyses sont très sensibles aux évaluations et aux poids accordés, et qu'on peut donc facilement les manipuler pour obtenir une place souhaitée dans la matrice. De plus, puisqu'il s'agit d'un processus de calcul de la moyenne, deux ou plusieurs USA pourraient se retrouver avec des positions semblables dans une même cellule, mais différer en fait grandement à cause des évaluations et des poids sous-jacents. Plusieurs USA pourraient également se retrouver dans le milieu de la matrice à cause des compromis effectués dans les évaluations, ce qui rendrait difficile la détermination d'une stratégie appropriée. Finalement, les modèles de portefeuille sont incapables de composer avec la synergie existant entre deux ou plusieurs USA ; or, prendre une décision pour chaque unité à la pièce peut comporter des risques. En général, cependant, les modèles de portefeuille ont amélioré les capacités analytiques stratégiques des gestionnaires et leur ont permis de prendre des décisions difficiles davantage sur la base de données et de faits que sur la base d'impressions et d'impulsions[20].

3.2.4
Le plan de l'entreprise pour les nouvelles unités stratégiques d'activité

Les plans de l'entreprise pour les USA existantes lui permettent de faire une projection de ses ventes et profits totaux. Cependant, les prévisions de ventes et profits sont souvent inférieures à ce que les cadres du siège social désirent atteindre sur l'horizon de planification. En effet, le plan qui découlera des analyses de

FIGURE 3.6
**L'écart
de planification
stratégique**

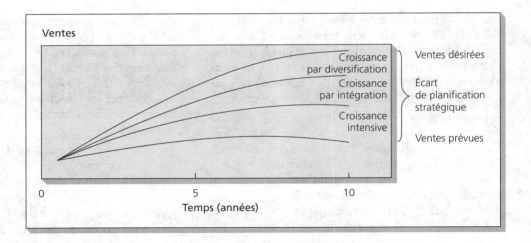

TABLEAU 3.3
**Les principales
stratégies
de croissance**

Croissance intensive	Croissance par intégration	Croissance par diversification
Pénétration de marché	Intégration en amont	Diversification concentrique
Développement de marché	Intégration en aval	Diversification horizontale
Développement de produit	Intégration horizontale	Diversification par conglomérat

portefeuille impliquera l'abandon de certaines unités stratégiques d'activité, et ces dernières devront être remplacées. Si les ventes désirées et les ventes attendues ne concordent pas, les responsables au siège social devront mettre sur pied de nouvelles USA ou en acquérir pour combler cet écart de planification stratégique.

La figure 3.6 illustre l'écart de planification stratégique d'un important fabricant d'audiocassettes auquel nous donnerons ici le nom de Super Son. La courbe du bas représente les ventes attendues du portefeuille des USA existantes de l'entreprise pour les dix prochaines années. La courbe du haut correspond aux ventes désirées durant la même période. Évidemment, l'entreprise souhaite progresser bien plus rapidement que ne le lui permettent ses activités actuelles; en fait, elle désire doubler sa taille dans les dix prochaines années. Comment peut-elle combler cet écart de planification stratégique?

Une entreprise peut combler cet écart de trois façons. La première façon est de découvrir de nouvelles avenues qui permettront d'atteindre la croissance voulue avec les activités actuelles de l'entreprise (les **possibilités de croissance intensive**). La deuxième façon consiste à cerner des occasions

d'acquisition ou de lancement d'unités stratégiques d'activité liées aux activités actuelles de l'entreprise (les **possibilités de croissance par intégration**). Enfin, la troisième façon consiste à déterminer la possibilité d'ajouter des USA qui ne sont pas liées aux activités existantes de l'entreprise (les **possibilités de croissance par diversification**). Le tableau 3.3 réunit les stratégies associées à ces différents types de possibilités, que nous allons maintenant étudier.

Les stratégies de croissance intensive

La direction de l'entreprise doit en premier lieu évaluer toutes les possibilités d'améliorer son rendement à partir des activités existantes. Ansoff a d'ailleurs proposé un cadre fort utile pour déceler de nouvelles possibilités de croissance intensive : la **matrice produit-marché**, présentée au tableau 3.4[21]. La première étape consiste, pour la direction, à évaluer s'il est possible d'accroître la part de marché avec des produits actuels sur les marchés actuels (**stratégie de pénétration de marché**). Ensuite, la direction évalue si elle peut trouver ou créer de nouveaux marchés pour ses produits actuels (**stratégie de développement de marché**), ou encore si elle peut développer de

TABLEAU 3.4

Trois stratégies de croissance intensive : la matrice produit-marché d'Ansoff

	Produits actuels	Nouveaux produits
Marchés actuels	1. Stratégies de pénétration de marché	3. Stratégies de développement de produit
Nouveaux marchés	2. Stratégies de développement de marché	(Stratégies de diversification)

Source : Adapté de H. Igor Ansoff, « Strategies for Diversification », *Harvard Business Review*, septembre-octobre 1957, p. 114.

nouveaux produits pour ses marchés actuels (**stratégie de développement de produit**). Enfin, elle étudiera aussi la possibilité de développer de nouveaux produits pour de nouveaux marchés (**stratégie de diversification**). Voyons maintenant plus en détail les trois principales stratégies de croissance intensive.

Les stratégies de pénétration de marché. Dans ce cas, la direction cherche des façons d'accroître la part de marché de ses produits actuels sur ses marchés actuels. Il existe trois façons d'y parvenir. Une entreprise telle que Super Son peut encourager ses clients actuels à acheter et à utiliser plus d'audiocassettes pour la même période. Cette stratégie sera logique si la plupart des clients sont des acheteurs occasionnels de cassettes et si l'on peut leur faire valoir les avantages de l'usage d'un plus grand nombre de cassettes pour enregistrer de la musique, dicter des textes ou à d'autres fins. Mais Super Son peut aussi inciter les clients de ses concurrents à changer de fournisseur. Cette stratégie sera appropriée surtout si Super Son a remarqué des faiblesses à exploiter dans les produits ou les programmes de marketing de ses concurrents. Finalement, Super Son peut tenter de convaincre les non-consommateurs de ses cassettes qui auraient des ressemblances avec les utilisateurs actuels de commencer à les utiliser. Cette stratégie sera particulièrement efficace si beaucoup de gens ne possèdent pas encore de magnétocassettes.

Les stratégies de développement de marché. La direction peut aussi rechercher de nouveaux marchés dont les besoins sont susceptibles d'être comblés par ses produits actuels. Premièrement, dans les régions qu'elle sert actuellement, Super Son peut tenter de

cerner des groupes d'utilisateurs potentiels dont l'intérêt pour des audiocassettes a des chances d'être stimulé. Par exemple, si Super Son s'est contentée d'axer ses ventes sur le marché des consommateurs, elle pourrait aussi offrir ses cassettes sur les marchés des bureaux et des usines. Deuxièmement, l'entreprise peut mettre sur pied de nouveaux canaux de distribution dans les régions qu'elle sert. Ainsi, si elle s'est limitée à la vente de ses cassettes par l'intermédiaire de magasins spécialisés dans la vente d'équipement stéréophonique, elle peut y ajouter les chaînes de magasins. Troisièmement, Super Son peut augmenter ses ventes par une extension nationale ou internationale. Par exemple, si Super Son ne vend actuellement que dans l'ouest du Canada, elle pourrait envisager l'ajout des provinces de l'Ouest ou l'ouverture de nouveaux marchés aux États-Unis, ou même en Europe.

Les stratégies de développement de produit. La direction peut considérer aussi la possibilité de développer de nouveaux produits. Elle peut donner de nouvelles caractéristiques à son produit, par exemple une cassette de plus longue durée ou qui signale la fin de sa course. Elle peut également produire divers niveaux de qualité sonore : des bandes de très haute qualité pour les mélomanes et des bandes de qualité moindre pour le marché de masse. Ou encore, elle peut entreprendre une recherche sur une technologie de remplacement des cassettes qui permettrait l'enregistrement à la fois de musique et de dictées.

En évaluant toutes ces stratégies de croissance intensive (pénétration de marché plus intensive, développement de marché et développement de nouveaux produits), la direction devrait découvrir plusieurs façons d'assurer la croissance de l'entreprise. Néanmoins, tout cela pourrait être insuffisant. Dans un tel cas, la direction devra aussi étudier les possibilités de croissance par intégration.

Les stratégies de croissance par intégration

Souvent, les ventes et les profits peuvent être augmentés grâce à une intégration en amont, en aval ou horizontale au sein de la même industrie. Super Son peut faire l'acquisition d'un ou de plusieurs de ses fournisseurs (tels des producteurs de matériaux de plastique) pour accroître son profit ou son contrôle (**stratégie d'intégration en amont**). Ou encore, Super

Son peut faire l'acquisition de certains grossistes ou détaillants, surtout s'ils sont très rentables (**stratégie d'intégration en aval**). Finalement, Super Son peut acquérir un ou plusieurs de ses concurrents, si de telles acquisitions ne sont pas défendues par les lois du pays (**stratégie d'intégration horizontale**).

L'étude de ces diverses possibilités d'intégration devrait permettre à l'entreprise de découvrir de nouvelles façons d'accroître son volume de ventes pour les dix prochaines années. Toutefois, ces démarches pourraient encore s'avérer insuffisantes pour atteindre le niveau de croissance de ventes désiré. Dans un tel cas, l'entreprise devra évaluer les possibilités de diversification.

Les stratégies de croissance par diversification

La croissance par diversification est tout indiquée quand on peut cerner des occasions d'affaires intéressantes à l'extérieur des champs d'activité actuels. Une bonne occasion implique, entre autres, que la nouvelle industrie est très attrayante et que l'entreprise possède la combinaison de forces requises pour y réussir. On peut envisager trois types de stratégies de diversification. En premier lieu, l'entreprise peut rechercher de nouveaux produits qui offrent une synergie technologique ou de marketing, ou les deux, avec les gammes de produits actuels, même si ces produits peuvent attirer un nouveau type de clients (**stratégie de diversification concentrique**). Par exemple, Super Son peut mettre sur pied une usine de fabrication de rubans d'ordinateurs grâce à ses connaissances sur la fabrication de rubans d'audiocassettes, étant bien consciente qu'elle entrerait ainsi sur un nouveau marché et vendrait à un type complètement différent de clients. En deuxième lieu, l'entreprise peut rechercher de nouveaux produits susceptibles d'attirer ses clients actuels grâce à une technologie qui n'est pas liée à sa gamme de produits actuels (**stratégie de diversification horizontale**). Ainsi, Super Son pourrait se lancer dans la production de casiers à cassettes, même s'ils exigent un processus de fabrication différent. En dernier lieu, l'entreprise peut rechercher de nouvelles activités qui n'ont aucune relation avec la technologie, les produits ou les marchés actuels (**stratégie de diversification par conglomérat**). Super Son pourrait alors envisager de nouvelles activités telles que la production d'ordinateurs

personnels, le franchisage dans l'immobilier ou même la restauration rapide.

3.2.5
Les stratégies de rationalisation des unités stratégiques d'activité

Dans leur poursuite de la croissance, les entreprises doivent non seulement développer de nouvelles activités, mais aussi désinvestir prudemment dans les unités stratégiques d'activité moins rentables, afin de libérer des ressources et de réduire les coûts. Les USA faibles ou moribondes exigent une attention disproportionnée de la part de la direction. Étant donné que les managers devraient concentrer leurs efforts sur les possibilités de croissance de l'entreprise, plusieurs entreprises ont récemment réduit la taille de certaines unités ou encore les ont réorganisées grâce à la réingénierie. Il y a trois stratégies possibles dans ce contexte : l'élagage, la récolte et le désinvestissement. Nous avons déjà discuté de la récolte et du désinvestissement lorsque nous avons présenté la matrice BCG. Le but de l'élagage est d'éliminer de l'entreprise les unités moribondes ou au déclin afin d'améliorer le rendement de celle-ci. Une entreprise peut décider d'éliminer certains produits, services, segments de marché, voire certains types de clients. Nous verrons plus en détail au chapitre 12 les diverses stratégies de marketing appropriées aux stratégies de rationalisation.

3.3
LE PROCESSUS DE PLANIFICATION STRATÉGIQUE DES UNITÉS STRATÉGIQUES D'ACTIVITÉ

Après avoir étudié les tâches de planification stratégique au niveau de la direction de l'entreprise, nous prêterons maintenant attention aux tâches de planification stratégique des directeurs d'USA. Le processus de planification stratégique d'une USA comprend huit étapes : la définition de la mission, l'analyse de l'environnement externe, l'analyse de l'environnement interne, la formulation des objectifs, la formulation des stratégies, la formulation des programmes, la mise en œuvre et, enfin, la rétroaction et le contrôle (voir la figure 3.7).

FIGURE 3.7
Le processus de planification stratégique des USA

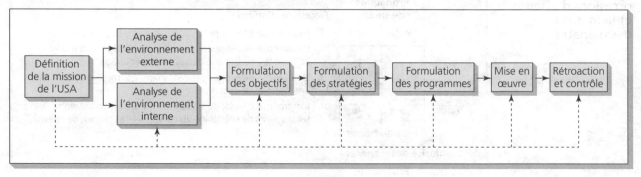

3.3.1
La définition de la mission de l'unité stratégique d'activité

Chaque unité stratégique d'activité doit définir sa propre mission à l'intérieur de la mission plus large de l'entreprise. Ainsi, l'entreprise présentée plus tôt qui fabrique des appareils d'éclairage incandescent pour les studios de télévision doit préciser sa raison d'être. Celle-ci pourrait être, par exemple : « L'entreprise vise avant tout la clientèle des studios de télévision importants et cherche à devenir leur vendeur préféré pour les produits technologiques d'éclairage qui sont les plus avancés et les plus fiables. » Vous remarquerez que, dans sa mission, l'entreprise ne cible pas les studios de télévision plus petits, ne tente pas d'obtenir des clients grâce à des prix plus bas ; en outre, elle ne veut pas s'aventurer dans des produits qui ne sont pas liés à l'éclairage.

3.3.2
L'analyse de l'environnement externe

Une fois que la mission a été formulée, la direction de l'entreprise ou de l'USA saura à quelles parties de l'environnement elle devra s'intéresser pour atteindre ses objectifs. Par exemple, l'entreprise qui fabrique des appareils d'éclairage pour des studios de télévision doit surveiller la croissance du nombre de studios de télévision, leur situation financière, les concurrents actuels et nouveaux, les progrès technologiques, les lois et les règlements qui peuvent influencer le design ou le marketing de l'équipement d'éclairage de même

que les canaux de distribution qui permettront de vendre cet équipement.

En général, l'USA doit surveiller les principales **forces du macroenvironnement** (démographiques, économiques, naturelles, technologiques, politiques ou juridiques et socioculturelles) qui influent sur ses activités. Elle doit également surveiller les **acteurs du microenvironnement** (les clients, les concurrents, les canaux de distribution et les fournisseurs) qui, par leur influence, agissent sur sa capacité de faire des profits sur ce marché.

L'USA doit classer ces facteurs environnementaux et mettre en place un **système d'information de marketing** pour suivre à la trace les tendances et les progrès importants. Puis, pour chaque tendance ou progrès, elle doit déceler les occasions d'affaires et les menaces qui en résultent.

Les occasions d'affaires

Une des raisons d'être du repérage environnemental est de dépister les nouvelles occasions d'affaires, ou opportunités. Une occasion d'affaires se définit comme suit :

> Une occasion d'affaires est un domaine de besoins d'acheteurs dans lequel l'entreprise peut œuvrer de façon rentable.

Ces occasions d'affaires pourraient être classées selon leur **attrait** et leur **probabilité de succès** pour l'entreprise. La probabilité de succès de l'entreprise face à une perspective particulière dépend non seulement de la capacité de l'entreprise de répondre aux principales exigences de succès pour pouvoir bien

FIGURE 3.8
La matrice des occasions d'affaires et la matrice des menaces

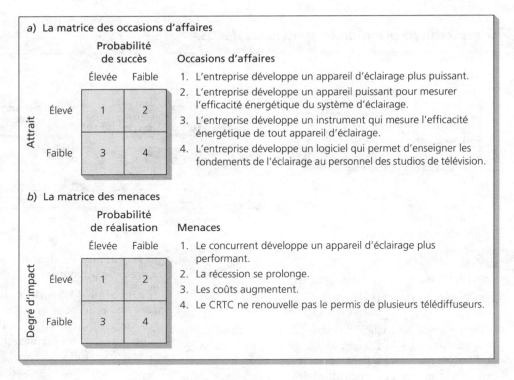

a) La matrice des occasions d'affaires

Probabilité de succès

Occasions d'affaires

1. L'entreprise développe un appareil d'éclairage plus puissant.
2. L'entreprise développe un appareil puissant pour mesurer l'efficacité énergétique du système d'éclairage.
3. L'entreprise développe un instrument qui mesure l'efficacité énergétique de tout appareil d'éclairage.
4. L'entreprise développe un logiciel qui permet d'enseigner les fondements de l'éclairage au personnel des studios de télévision.

b) La matrice des menaces

Probabilité de réalisation

Menaces

1. Le concurrent développe un appareil d'éclairage plus performant.
2. La récession se prolonge.
3. Les coûts augmentent.
4. Le CRTC ne renouvelle pas le permis de plusieurs télédiffuseurs.

fonctionner sur le marché cible, mais aussi de sa supériorité par rapport aux concurrents. L'entreprise qui aura le meilleur rendement sera celle qui pourra engendrer la plus grande valeur pour le client et la maintenir dans le temps. La compétence ne constitue pas un avantage concurrentiel en soi.

En regardant la figure 3.8a, on constate que les meilleures occasions d'affaires pour l'entreprise d'équipement d'éclairage pour la télévision sont celles de la cellule supérieure gauche (cellule 1); la direction devrait préparer en conséquence des plans pour s'engager dans une ou plusieurs de ces perspectives. Les occasions d'affaires de la cellule inférieure droite (cellule 4) sont trop peu importantes pour être prises en considération. Les occasions d'affaires de la cellule supérieure droite (cellule 2) et de la cellule inférieure gauche (cellule 3) devraient être surveillées au cas où l'attrait et la probabilité de succès de l'une d'entre elles s'amélioreraient.

Les menaces

Certains faits nouveaux dans l'environnement externe représentent des menaces. Nous définissons une menace de l'environnement comme suit:

> Une menace de l'environnement est un défi posé par une tendance ou un fait nouveau dans l'environnement qui ne sont pas favorables et qui pourraient conduire, à défaut d'une action de marketing avisée, à l'érosion de la position des ventes ou des profits.

Les diverses menaces cernées devraient être classées selon leur **degré d'impact** et leur **probabilité de réalisation**. On trouvera à la figure 3.8b une matrice des menaces ainsi que des exemples de menaces pour l'entreprise d'équipement d'éclairage pour la télévision. Les menaces de la cellule supérieure gauche sont importantes, puisqu'elles peuvent nuire sérieusement à l'entreprise et qu'il existe une forte probabilité qu'elles se réalisent. Pour chacune de ces menaces, l'entreprise doit préparer un plan de contingence qui spécifie tous les changements qu'elle devra faire avant et durant la concrétisation de la menace. Les menaces de la cellule inférieure droite sont minimes et peuvent être négligées. Les menaces des cellules supérieure droite et inférieure gauche n'exigent pas un plan de contingence, mais elles doivent être surveillées de près, au cas où elles deviendraient plus critiques.

Si l'on trace le tableau des principales menaces et perspectives auxquelles une USA doit faire face, il est possible de déterminer son attrait global. Quatre résultats sont possibles:

- Un **domaine d'activité idéal** est un domaine où il y a beaucoup d'occasions d'affaires intéressantes et très peu de menaces importantes.

- Un **domaine spéculatif** est caractérisé par des occasions d'affaires intéressantes et des menaces importantes.

- Un **domaine à maturité** comporte peu d'occasions d'affaires intéressantes et de menaces importantes.

- Un **domaine perturbé** est caractérisé par de fortes menaces et des occasions d'affaires peu intéressantes.

3.3.3
L'analyse de l'environnement interne

Ce n'est pas parce qu'une USA aura su déceler des occasions d'affaires intéressantes dans l'environnement qu'elle aura nécessairement les compétences pour tirer profit de ces perspectives. Chaque unité devra périodiquement évaluer ses forces et ses faiblesses. Cette évaluation peut se faire à l'aide d'une grille d'analyse semblable à celle qu'on trouve dans le Mémento de marketing 3.1 intitulé « Grille d'analyse des forces et des faiblesses ». La direction — ou un consultant externe — revoit alors les compétences en marketing, en finances, en production et en organisation. Chaque facteur est évalué, quant à son importance, sur une échelle à trois échelons (grande, moyenne ou faible) et, quant à sa performance, sur une autre échelle à cinq échelons (allant de « force majeure » à « faiblesse majeure »).

Après son analyse du tableau de ses forces et de ses faiblesses, l'USA ne doit pas tenter à tout prix de corriger toutes ses faiblesses (car quelques-unes ne sont pas importantes), ni trop se féliciter de toutes ses forces (puisque certaines ne sont pas importantes). Il s'agit plutôt de déterminer si l'unité doit se limiter aux occasions d'affaires dans lesquelles elle possède actuellement les forces requises ou si elle doit envisager d'exploiter de meilleures perspectives où elle aurait à acquérir ou à développer certaines forces. Par exemple, la direction de Texas Instruments était, à un moment donné, divisée entre ceux qui désiraient que l'entreprise se contente de ses activités d'électronique industrielle, où elle avait une force évidente, et ceux qui soutenaient qu'elle devait continuer à œuvrer sur le marché des biens de consommation électroniques,

où elle ne possédait pas les forces de marketing nécessaires.

Parfois, une unité peut avoir une mauvaise performance, non pas parce que les divers services ne possèdent pas les forces nécessaires, mais plutôt parce qu'ils sont incapables de travailler ensemble. Ainsi, dans une importante entreprise d'électronique, les ingénieurs regardaient les représentants comme des « ingénieurs qui n'avaient pas réussi » et les représentants regardaient le personnel du service à la clientèle comme des « vendeurs qui n'avaient pas réussi ». Un tel climat n'est pas favorable à la saine gestion d'une entreprise. Il est essentiel d'évaluer la qualité des relations de travail entre les services, puisque celles-ci font partie intégrante de l'audit de l'environnement interne. C'est exactement ce que Honeywell a fait :

> Chaque année, Honeywell demande à chacun de ses services d'évaluer ses propres forces et faiblesses et celles des autres services avec lesquels ils font affaire. Le principe est que chaque service est un « fournisseur » pour certains services et un « client » pour d'autres services. Par exemple, si des ingénieurs de Honeywell sous-estiment fréquemment les coûts et les délais de lancement de nouveaux produits, leurs « clients internes » (les services de la production, des finances et des ventes) seront touchés. Une fois que les faiblesses de chaque service ont été cernées, on peut commencer à établir un plan d'action pour les corriger.

Georges Stalk, un conseiller haut placé de la firme BCG, affirme que les meilleures entreprises sont celles qui ont réussi à développer des capacités supérieures d'interaction en leur sein, et non seulement des compétences principales[22]. Chaque entreprise doit gérer des processus de base tels que le développement de nouveaux produits, les habiletés de vente et la procédure de prise de commandes. Chaque processus crée de la valeur et exige un travail d'équipe entre les divers services. Quoique chaque service puisse posséder des compétences principales précises, le défi est de développer des habiletés de management des processus clés de l'entreprise supérieures à celles des concurrents. Stalk appelle cela la **concurrence basée sur les habiletés**.

3.3.4
La formulation des objectifs

Après que l'USA a défini sa mission, analysé ses environnements interne et externe et défini ses forces et

MÉMENTO DE MARKETING 3.1
Grille d'analyse des forces et des faiblesses

	Importance			Performance				
	Grande	Moyenne	Faible	Force majeure	Force mineure	Position neutre	Faiblesse mineure	Faiblesse majeure
Marketing								
1. Réputation de l'entreprise	___	___	___	___	___	___	___	___
2. Part de marché	___	___	___	___	___	___	___	___
3. Qualité des produits	___	___	___	___	___	___	___	___
4. Qualité des services	___	___	___	___	___	___	___	___
5. Efficacité des coûts	___	___	___	___	___	___	___	___
6. Efficacité de la distribution	___	___	___	___	___	___	___	___
7. Efficacité de la promotion	___	___	___	___	___	___	___	___
8. Efficacité de la force de vente	___	___	___	___	___	___	___	___
9. Efficacité de l'innovation	___	___	___	___	___	___	___	___
10. Envergure géographique	___	___	___	___	___	___	___	___
Finances								
11. Coût et disponibilité du capital	___	___	___	___	___	___	___	___
12. Flux de trésorerie	___	___	___	___	___	___	___	___
13. Stabilité financière	___	___	___	___	___	___	___	___
Production								
14. Installations de production	___	___	___	___	___	___	___	___
15. Économies d'échelle	___	___	___	___	___	___	___	___
16. Capacité de production	___	___	___	___	___	___	___	___
17. Main-d'œuvre consciencieuse	___	___	___	___	___	___	___	___
18. Capacité de livrer à temps	___	___	___	___	___	___	___	___
19. Compétence technique	___	___	___	___	___	___	___	___
Organisation								
20. Leadership visionnaire	___	___	___	___	___	___	___	___
21. Employés dévoués	___	___	___	___	___	___	___	___
22. Orientation entrepreneuriale et intrapreneuriale	___	___	___	___	___	___	___	___
23. Rapidité de réaction	___	___	___	___	___	___	___	___

ses faiblesses, ses occasions d'affaires et ses menaces, elle est prête à fixer des objectifs précis. À cette étape, appelée **formulation des objectifs**, l'USA indique les objectifs qu'elle désire atteindre durant la période du plan.

Rares sont les USA qui poursuivent un seul objectif. La plupart poursuivent un ensemble d'objectifs, notamment la **rentabilité**, la **croissance des ventes**, l'**amélioration de la part de marché**, la **rétention de la clientèle**, la **diminution du risque**, l'**innovation** et la recherche d'une **bonne réputation**. L'USA détermine ses objectifs et fait une gestion par objectifs. Pour que la **gestion par objectifs** réussisse, les divers objectifs de l'USA doivent répondre à quatre critères :

1. Les objectifs doivent être placés dans un **ordre hiérarchique** allant du plus important au moins important. Par exemple, l'objectif clé d'une unité stratégique d'activité pour une période donnée peut être d'accroître le rendement des investissements. Cela peut être accompli par l'accroissement du niveau de profit ou la réduction du capital investi, ou les deux. Le profit peut être augmenté par un accroissement des revenus ou une réduction des dépenses, ou les deux. Les revenus peuvent être accrus à leur tour par l'augmentation de la part de marché ou l'augmentation des prix, ou les deux. En procédant de cette façon, l'unité peut passer d'objectifs larges à des objectifs précis pour des services et des individus donnés.

2. Les objectifs devraient être énoncés d'une **façon quantitative** lorsque cela s'avère possible. L'objectif d'« accroître le rendement des investissements » n'est pas aussi satisfaisant que celui d'« accroître le rendement des investissements à 15 % » ou, mieux, d'« accroître le rendement des investissements à 15 % en deçà de deux ans ».

3. Les niveaux des objectifs cibles doivent être **réalistes**. Ils devraient découler de l'analyse des forces et des occasions d'affaires et non pas être des souhaits qui ne s'appuient sur aucune donnée.

4. Les objectifs de l'entreprise doivent être **cohérents**. Il est impossible de maximiser à la fois les ventes et les profits.

Il existe d'autres compromis importants à faire, par exemple entre la rentabilité à court terme et la rentabilité à long terme, entre une pénétration plus profonde des marchés actuels et la conquête de nouveaux marchés, entre des objectifs de profits et des objectifs qui ne sont pas liés aux profits, entre une croissance élevée et un risque faible. Chaque choix parmi ces possibilités d'objectifs exige des stratégies de marketing particulières.

3.3.5
La formulation des stratégies

L'objectif indique où l'USA désire aller, tandis que la **stratégie** indique comment l'unité a l'intention de s'y

rendre. Chaque USA doit concevoir une stratégie en vue d'atteindre ses objectifs. Quoiqu'il existe une pléthore de stratégies, Michael E. Porter a choisi une approche plus parcimonieuse en les rassemblant en trois grandes catégories qui fournissent un bon point de départ pour l'élaboration d'une pensée stratégique : la domination globale par les coûts, la différenciation et la concentration[23] :

La domination globale par les coûts. L'USA peut travailler fort pour atteindre les plus bas coûts de production et de distribution possible, de façon à fixer ses prix à un niveau plus bas que ceux de la concurrence et à gagner ainsi une part du marché importante. Les entreprises qui utilisent cette stratégie doivent avoir des compétences en génie, en approvisionnement, en production et en distribution, mais elles ont moins besoin d'habiletés en marketing. Texas Instruments est un chef de file dans la pratique de cette stratégie. Toutefois, l'inconvénient de cette stratégie est qu'il y aura toujours d'autres entreprises qui émergeront (d'Asie, par exemple) et qui nuiront à l'entreprise qui aura misé son avenir sur les bas prix. La vraie solution consiste à obtenir les coûts les plus bas parmi les concurrents qui adopteront une stratégie de différenciation ou de concentration similaire.

La différenciation. Ici, l'USA peut se concentrer sur la réalisation d'une performance supérieure par rapport à plusieurs avantages jugés importants et valorisés fortement par l'ensemble du marché. Elle peut s'efforcer de devenir un leader quant au service à la clientèle, à la qualité des produits ou des services, au design, à la technologie, etc., mais il est quasi impossible de prendre la tête du peloton sous tous ces aspects. L'entreprise se concentrera alors sur les forces qui donneront à son rendement un avantage concurrentiel sur une caractéristique déterminée. Ainsi, l'entreprise qui cherche à prendre les devants en matière de qualité doit fabriquer ou acheter les meilleures composantes, les assembler avec expertise, les inspecter avec précaution, etc. Telle est la stratégie que Canon a adoptée dans le domaine des photocopieuses.

La concentration. L'USA peut enfin concentrer tous ses efforts sur un ou quelques segments de marché étroits, plutôt que de partir à la conquête de tous les marchés. L'entreprise apprend alors à bien connaître les besoins de ces segments et peut mettre en place une stratégie de domination par les prix, ou encore choisir une forme quelconque de différenciation par rapport au segment cible. Ainsi, la compagnie Armstrong Rubber s'est spécialisée dans la fabrication de pneus de qualité spécialement conçus pour l'équipement agricole et les véhicules de loisirs, et elle continue à rechercher de nouveaux créneaux à exploiter.

Selon Porter, l'ensemble des entreprises qui poursuivent la même stratégie par rapport à un même marché ou segment de marché constitue un **groupe stratégique**. L'entreprise qui sera la meilleure dans l'application de la stratégie obtiendra les meilleurs résultats. Ainsi, l'entreprise qui a les coûts les plus bas aura les meilleurs résultats parmi celles qui poursuivent une stratégie de domination par les coûts. Porter soutient que les entreprises qui ne poursuivront pas une stratégie claire — les **adeptes de la voie médiane** — s'enliseront. Ainsi, International Harvester a fini par se retrouver en difficulté parce qu'elle ne ressortait pas comme ayant les prix les plus bas et la plus haute valeur perçue, ou comme étant la meilleure à servir un segment de marché déterminé. Les champions de la voie médiane s'efforcent d'être bons sur tous les plans stratégiques à la fois. Mais comme ces aspects stratégiques exigent des façons différentes et souvent contradictoires d'organiser une entreprise, ces sociétés finissent par n'être excellentes en rien.

Les entreprises découvrent de plus en plus qu'elles peuvent avoir besoin de partenaires stratégiques si elles espèrent être efficaces. Même des géants de l'industrie — comme IBM, Philips ou Siemens — ne peuvent dans bien des cas obtenir le leadership souhaité, à l'échelle nationale ou à l'échelle mondiale, qu'à condition de former des **alliances stratégiques** avec des entreprises nationales ou transnationales dont les capacités et les ressources sont complémentaires ou servent même de levier. Faire affaire dans un autre pays peut exiger d'obtenir des licences pour ce produit, de former une coentreprise avec une entreprise locale ou d'acheter à des fournisseurs locaux pour respecter les normes de contenus nationaux. Face à des situations aussi complexes, plusieurs entreprises ont entrepris de mettre sur pied des réseaux stratégiques mondiaux. Et la victoire appartient à celles qui sont capables de bâtir le meilleur réseau mondial. (Pour obtenir plus de détails, voir la rubrique Vision 2000 + intitulée « De drôles de paires : à la poursuite d'une croissance mondiale grâce à des alliances stratégiques[24] ».) Plusieurs alliances stratégiques prennent la forme d'**alliances de marketing**. On peut les regrouper en quatre grandes catégories[25] :

Des alliances de produits ou de services. Une entreprise peut donner une licence à une autre entreprise pour qu'elle fabrique ses produits, ou encore les deux entreprises peuvent faire ensemble la mise sur le marché de produits complémentaires ou de nouveaux produits. Par exemple, Apple participe avec Digital Vax au design, à la fabrication et à la mise sur le marché d'un nouveau produit. La société de services d'appels interurbains Sprint s'est associée avec RCA et Sony pour offrir aux nouveaux clients se joignant à Sprint un appareil Walkman de Sony ou un téléviseur couleur de RCA. Air Canada et la firme de location d'automobiles Avis — deux entreprises de services — ont aussi formé une alliance de marketing.

Des alliances de promotion. Rona, Bell, la Banque de Montréal, Shell, Holiday Inn et plusieurs autres entreprises participent au programme de récompense Air Miles.

Des alliances logistiques. Une entreprise peut offrir à une autre entreprise des services de soutien logistique pour ses produits. Par exemple, les Laboratoires Abbott entreposent et livrent dans les hôpitaux tous les produits médicaux et chirurgicaux de la compagnie 3M.

Des alliances de prix. Des entreprises peuvent s'unir pour offrir des rabais aux clients des unes et des autres. On trouve plusieurs ententes de ce type entre des hôtels et des compagnies aériennes. Les membres du CAA Québec qui possèdent une carte Ultramar MasterCard peuvent obtenir des rabais allant jusqu'à 2,5 % de leurs achats faits avec cette carte.

Les entreprises doivent être créatives pour trouver des partenaires qui compléteront leurs forces et compenseront leurs faiblesses. Lorsque les alliances sont bien gérées, elles permettent aux entreprises d'augmenter leurs ventes de façon importante à moindres coûts.

3.3.6
La formulation des programmes

Après que l'unité stratégique d'activité a élaboré ses principales stratégies pour atteindre ses objectifs, elle doit mettre sur pied des programmes de soutien pour pouvoir les mettre en œuvre. Ainsi, si l'USA a décidé d'atteindre le leadership technologique, elle doit élaborer des programmes destinés à renforcer son

VISION 2000 +
De drôles de paires : à la poursuite d'une croissance mondiale grâce à des alliances stratégiques

Presque chaque jour, on trouve des annonces de « mariages » dans les journaux. Sauf que les noms ne sont pas des noms de personnes, mais des noms d'entreprises, et même souvent d'entreprises concurrentes. Ainsi, Hydro-Québec est devenue le principal actionnaire de Gaz Métropolitain. Les papetières Abitibi-Price et Stone-Consolidated ont fusionné. Et Cascades et Domtar ont créé une co-entreprise de cartons d'emballage. Air Canada, Lufthansa, SAS, Thai, United Airlines et Varig forment un réseau mondial de transporteurs aériens connu sous le nom de Star Alliance. IBM et Philips Electronics ont formé une coentreprise pour fabriquer des puces électroniques. Les années 80 furent des années de fusions et d'acquisitions, tandis que les années 90 furent des années d'alliances stratégiques et de coentreprises.

Pourquoi cette recrudescence d'alliances ? Premièrement, les alliances permettent aux entreprises d'accroître leurs forces sans nécessairement accroître leur taille. Deuxièmement, et c'est peut-être le plus important dans un contexte de mondialisation des marchés, plusieurs entreprises ont découvert qu'elles n'avaient ni les ressources ni la facilité d'accès pour s'attaquer à de nouveaux marchés. Il y a huit raisons stratégiques pour lesquelles les entreprises s'allient avec d'autres :

- pour trouver des compléments aux marchés et aux technologies actuels ;
- pour convertir des capacités de production excédentaires en profits ;
- pour réduire les risques et les coûts entourant l'entrée sur de nouveaux marchés ;
- pour accélérer l'introduction de nouveaux produits ;
- pour produire des économies d'échelle ;
- pour surmonter des barrières juridiques ou tarifaires ;
- pour accroître l'envergure des opérations actuelles ;
- pour réduire les coûts de sortie lors du désinvestissement.

Les coentreprises de MCI avec British Telecommunications et Grupo Financiero Banamex-Accival (Banacci) ont été mises sur pied dans cet esprit et elles sont en harmonie avec la stratégie suivante qui a été énoncée dans le rapport annuel de 1994 de MCI : « MCI est devenue un joueur important dans les communications à l'échelle mondiale en poursuivant une stratégie claire et cohérente, année après année, qui consiste à accroître la part de marché de façon rentable, à assurer une croissance mondiale et à utiliser les compétences principales comme levier pour développer de nouveaux marchés. »

Malgré les très nombreuses raisons qui militent en faveur de l'union des forces, il est surprenant de constater qu'un pourcentage élevé d'alliances s'avèrent un échec. Une étude réalisée par la firme McKinsey a révélé qu'approximativement le tiers des 49 alliances étudiées ont échoué parce qu'elles ne répondaient pas aux attentes des partenaires. Mais ces leçons douloureuses enseignent aux entreprises comment élaborer des stratégies gagnantes. Il semble y avoir trois clés du succès :

Un complément stratégique. Avant même de considérer la formation d'une alliance, les entreprises doivent évaluer leurs compétences principales. Puis, il faut qu'elles trouvent un partenaire dont les gammes de produits, la localisation ou les compétences sont complémentaires. Un bon exemple de complément stratégique est la mise sur pied d'un « service mondial de classe affaires » effectuée conjointement par Northwest Airlines et KLM. En s'unissant, ces deux transporteurs aériens ont été capables d'offrir un nouveau service sur un plus grand nombre de liaisons que ce que chacun d'eux aurait pu faire seul.

Une vision à long terme. Plutôt que d'essayer d'économiser quelques dollars, les partenaires stratégiques devraient concentrer leurs forces sur les gains importants qui pourraient être retirés dans les années à venir. Corning, un fabricant de céramique et de verre dont le chiffre d'affaires est de 4 milliards de dollars par année, a la réputation de réussir ses alliances stratégiques ; elle se définit d'ailleurs comme étant « un réseau d'organisations ». Ce réseau inclut Siemens, le géant allemand de l'électronique, et Vitro, le plus grand fabricant de verre du Mexique.

La flexibilité. Les alliances ne peuvent survivre que si elles sont flexibles. Un exemple de partenariat flexible est l'alliance entre Merck et AB Astra de Suède. Merck, un fabricant de produits pharmaceutiques, a débuté tout simplement avec les droits nationaux pour les nouveaux médicaments de son partenaire. Puis, dans une phase ultérieure, Merck

a mis sur pied une nouvelle entreprise chargée de s'occuper des affaires de ce partenariat, qui atteignent 650 millions de dollars par année, et a vendu la moitié de ses fonds propres à AB Astra.

Sources : Julie Cohen Mason, « Strategic Alliances : Partnering for Success », *Management Review*, mai 1993, p. 10-15 ; Stratford Sherman, « Are Strategic Alliances Working ? », *Fortune*, 21 septembre 1992, p. 77-78 ; Edwin Whenmouth, « Rivals Become Partners : Japan Seeks Links with U.S. and European Firms », *Industry Week*, 1er février 1992, p. 11-12, 14 ; John Naisbitt, *The Global Paradox*, New York, William Morrow, 1994, p. 18-21 ; Paul Durivage, « Les grandes alliances », *La Presse*, 28 janvier 1998, p. D1.

service de la R et D, recueillir de l'information sur les nouvelles technologies qui la concernent, développer des produits d'avant-garde, former la force de vente de façon qu'elle comprenne bien les produits et renseigne adéquatement les clients, concevoir un programme de publicité pour annoncer sa position dominante en matière de technologie, etc. Une fois les programmes formulés, les gens de marketing doivent évaluer leurs coûts. Ils doivent être capables de répondre à des questions telles que celles-ci : Est-ce que la participation à une foire donnée vaut la peine ? Un concours de ventes donné fera-t-il ses frais ? L'embauche d'un nouveau représentant commercial sera-t-elle rentable ? Une analyse financière de chaque activité de marketing devrait révéler si l'activité obtient des résultats suffisamment intéressants pour justifier les coûts[26].

3.3.7
La mise en œuvre

Même si l'entreprise a élaboré une stratégie claire et des programmes de soutien bien pensés, il se peut qu'elle échoue dans la mise en œuvre et le contrôle. Selon McKinsey, une des firmes de consultants en gestion les plus importantes, la planification stratégique n'est pas suffisante ; en effet, la stratégie est seulement un des sept facteurs de succès de la gestion stratégique que possèdent les entreprises les mieux gérées[27]. Le modèle des sept clés de la gestion stratégique proposé par McKinsey apparaît à la figure 3.9.

Les trois premiers éléments de réussite — la stratégie, la structure et le système — sont considérés comme le *hardware* du succès. Les quatre autres — le style, le personnel, le savoir-faire et les valeurs partagées — sont le *software*.

FIGURE 3.9
Les sept facteurs de succès selon McKinsey

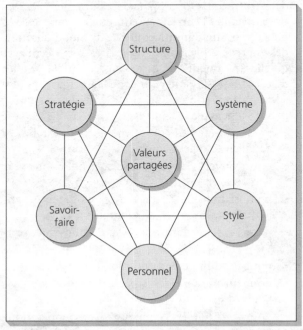

Source : Thomas J. Peters et Robert H. Waterman Jr., *In Search of Excellence : Lessons from America's Best-Run Companies*. Reproduit avec l'autorisation de Harper & Row, copyright © 1982 Thomas J. Peters et Robert H. Waterman.

Les consultants de la firme McKinsey ont ajouté les quatre éléments du *software* à la suite de leur étude d'un échantillon important d'entreprises très bien gérées : IBM, Procter & Gamble, Caterpillar, Delta, McDonald's, Levi Strauss, etc. Ils ont découvert que les forces de ces entreprises allaient au-delà de leur stratégie, de leur structure et de leur système. Ces organisations ont quatre éléments supplémentaires. Le premier élément est le **style**, ce qui signifie que le personnel possède un style commun de comportement et de pensée. Ainsi, tout le monde chez McDonald's sourit aux clients, et les employés d'IBM ont un comportement et une tenue d'allure professionnelle. Le deuxième élément est le **savoir-faire**, c'est-à-dire que le personnel a acquis un savoir-faire, par exemple dans l'analyse financière et la planification de marketing, deux choses essentielles à l'application de la stratégie de l'entreprise. Le troisième élément est le **personnel**. Dans ce cas, l'entreprise a embauché du personnel ayant du potentiel, l'a bien formé et a affecté chaque employé à une tâche correspondant à ses aptitudes. Le quatrième élément est constitué par les **valeurs partagées**. Les employés de l'entreprise sont alors guidés par des valeurs communes et se donnent une même mission. Les entreprises bien gérées possèdent un élément motivateur et un credo que tous leurs membres connaissent et sont fiers de suivre. Chaque entreprise qui réussit bien fait preuve d'une culture distincte et largement partagée qui colle à sa stratégie[28].

3.3.8
La rétroaction et le contrôle

À mesure que la réalisation de la stratégie se concrétise, l'entreprise doit suivre à la trace les résultats et surveiller les faits nouveaux dans les environnements interne et externe. Certains environnements sont relativement stables d'année en année. D'autres environnements évoluent lentement d'une manière assez prévisible. D'autres encore changent rapidement de façon importante et imprévisible. L'entreprise ne peut être sûre que d'une chose : l'environnement changera éventuellement et, lorsque ces changements arriveront, elle sera forcée de revoir et d'ajuster sa mise en œuvre, ses programmes, ses stratégies et même ses objectifs. Voyez ce qui est arrivé à Electronic Data Systems (EDS), la grande entreprise de services informatiques :

Pendant plusieurs années, l'activité principale d'EDS — la sous-traitance de services informatiques — croissait à un taux de 25 % par année, mais en 1996 ce pourcentage a chuté, se situant à un maigre 7 %. La principale activité d'EDS avait été de gérer les opérations de traitement de données de clients tels que General Motors. Mais les développements technologiques avaient amené un transfert d'unités centrales de traitement à de nouvelles plates-formes telles que les réseaux d'ordinateurs personnels. Il y avait donc une moins grande demande pour la compétence principale d'EDS : fournir un service d'ingénieurs et de techniciens de logiciels afin d'écrire des programmes et de gérer d'immenses centres de traitement de données. Les clients veulent maintenant que les entreprises de services informatiques agissent comme conseillers en gestion qui aident à la réingénierie des processus clés de l'entreprise. Les firmes Computer Sciences et Andersen Consulting sont déjà bien établies dans ce secteur, et EDS a dû faire un virage pour tenter de répondre aux changements de l'environnement. Pour compenser la diminution de sa part de marché, EDS a réduit ses coûts, accru ses efforts auprès de la clientèle, embauché plus de conseillers en réingénierie et créé des alliances avec des partenaires en télécommunications[29].

L'érosion de l'adaptation stratégique entre une entreprise et l'environnement est inévitable parce que l'environnement changera toujours plus vite que la gestion stratégique de l'entreprise. Comme Peter F. Drucker l'a déjà souligné, il est plus important de **faire la bonne chose** (être efficace) que de **bien faire les choses** (être efficient). Naturellement, les meilleures entreprises excellent dans ces deux domaines. Lorsqu'une organisation ne sait pas réagir à un environnement changeant, il devient excessivement difficile pour elle de retrouver la position qu'elle a perdue. Considérons ce qui est arrivé aux Laboratoires Wang :

Lorsque An Wang dirigeait les Laboratoires Wang dans les années 80, l'avenir de l'entreprise ne pouvait être plus prometteur. Les ordinateurs Wang connaissaient beaucoup de succès auprès des clients organisationnels, qui les utilisaient comme systèmes de traitement de texte. Par contre, les équipements de Wang ne pouvaient communiquer avec les équipements d'autres entreprises. Cette stratégie avait pour effet de rendre captifs les clients, mais les clients en vinrent à demander des systèmes qui rendraient les ordinateurs et les logiciels de Wang compatibles avec les autres systèmes. John McCarthy rapporte que Wang « ne voyait que les marges bénéficiaires élevées de ses produits exclusifs ; il ne voulait rien changer ». L'entêtement de Wang nuisit à l'entreprise, qui déclara faillite en 1992. Quoique cette société ait réussi à survivre en se plaçant sous la protection de la loi, la technologie des ordinateurs personnels avait évolué si rapidement que les ordinateurs de Wang étaient devenus des vestiges de haute technologie. Avec l'aide d'un nouveau P.-D.G., Joseph Tucci, l'entreprise essaie maintenant d'entrer dans la course en ce qui concerne les services-conseils en logiciels et haute technologie. Les défis sont énormes, car Wang, qui était une entreprise d'équipement informatique changeant lentement, doit devenir une entreprise de prestation de services devant s'adapter rapidement. Elle doit aussi se débattre pour effacer l'image d'échec qui colle à son nom et Tucci doit persuader les clients qui possèdent des ordinateurs Wang de ne pas abandonner leur équipement, qui prend rapidement de l'âge[30].

Les organisations, surtout les grandes, ont tendance à souffrir d'inertie. Elles sont structurées de manière à être des machines efficientes, et il est difficile de changer un élément de ces machines sans devoir ajuster tous les autres. Néanmoins, les organisations peuvent être changées grâce au leadership, de préférence avant une crise, mais aussi durant une crise. La clé de la survie organisationnelle est l'habileté de l'organisation à se modifier elle-même lorsque l'environnement se transforme et exige de nouveaux comportements. Les organisations qui savent s'adapter surveillent l'environnement et apportent les changements nécessaires grâce à une planification préventive, de façon à poursuivre une adaptation stratégique quasi continue à un environnement en évolution.

3.4
LE PROCESSUS DE MARKETING

La planification, que ce soit au niveau du siège social, de la division ou de l'unité stratégique d'activité, fait partie intégrante du processus de marketing. Pour bien comprendre le processus de marketing, nous devons avant tout considérer comment une entreprise définit sa raison d'être, son objet.

La première tâche de toute entreprise est de livrer, de façon rentable, une valeur sur le marché. Il existe au moins deux points de vue sur le **processus de livraison de la valeur**[31]. Selon le point de vue traditionnel, l'entreprise fabrique quelque chose puis le vend (voir la figure 3.10*a*). Par exemple, Thomas

Edison a inventé le phonographe, puis il a embauché des gens pour le fabriquer et le vendre. Avec cette façon de voir, le marketing se trouve dans la deuxième moitié du processus de livraison de la valeur. En vertu de cette vision traditionnelle, l'entreprise sait quoi produire et le marché achètera suffisamment d'unités pour générer des profits pour l'entreprise.

Les entreprises qui adoptent cette approche traditionnelle ont plus de chances de réussir dans une économie caractérisée par la rareté de biens. Par exemple, plusieurs consommateurs en Europe de l'Est recherchent désespérément des biens et achètent tout ce qui est fabriqué. Ils sont généralement moins critiques face à la qualité, aux caractéristiques ou au style. Mais l'approche traditionnelle ne fonctionne pas dans une économie plus concurrentielle où les gens se voient offrir de nombreuses possibilités. Le marché de masse se fragmente en de nombreux micromarchés, chacun ayant ses propres désirs, perceptions, préférences et critères d'achat. Les entreprises les plus avisées conçoivent alors leur offre en fonction de marchés cibles bien définis.

Cette croyance est au cœur des nouvelles approches de management qui placent le marketing au début du processus de planification de l'entreprise. Au lieu de mettre l'accent sur la fabrication et la vente, les entreprises qui adoptent cette approche du processus de management gèrent une série d'activités de création et de livraison de la valeur qui peuvent être regroupées en trois phases principales (voir la figure 3.10*b*) : le choix de la valeur, la préparation de la valeur et la communication de la valeur.

La première phase, le choix de la valeur, concerne le marketing stratégique et est la responsabilité du marketing, qui doit faire ses « devoirs » avant même qu'existe son produit ou son service. Les gens de marketing doivent segmenter le marché, choisir les marchés cibles et développer le positionnement de l'offre. Les décisions reliées à la **segmentation**, au **ciblage** et au **positionnement** (SCP) sont l'essence même du marketing stratégique.

Lorsque l'unité stratégique d'activité a choisi la valeur sur laquelle elle veut miser, elle passe alors à la préparation de celle-ci. Les spécifications du produit et des services connexes doivent être élaborées minutieusement, un prix cible doit être fixé, le produit doit être fabriqué et distribué, et le service, conçu et assuré. L'élaboration des caractéristiques précises du

FIGURE 3.10

Deux points de vue sur la livraison de la valeur

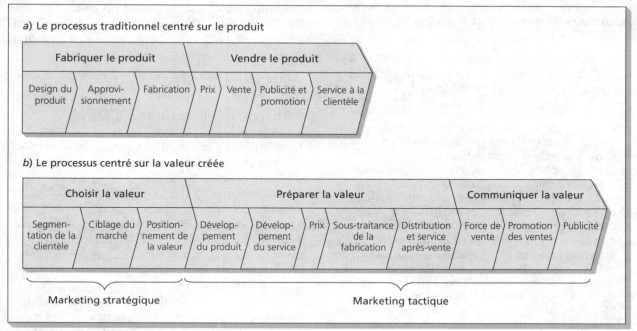

Source : Michael J. Lanning et Edward G. Michaels, « A Business Is a Value Delivery System », *McKinsey staff paper*, nᵒ 41, juin 1988. © McKinsey & Co., Inc.

produit et même du service, du prix et de la distribution fait partie des décisions concernant le **marketing tactique** et compose la deuxième phase de ce processus.

La troisième phase, qui relève aussi du marketing tactique, est la communication de la valeur. Les décisions rattachées au marketing tactique ont alors trait à la force de vente, à la promotion des ventes, à la publicité et à d'autres activités de promotion qui ont pour but d'informer le marché. Comme on le voit à la figure 3.10*b*, le processus de marketing commence avant qu'il y ait un produit ou un service, continue lors du développement du produit, et même après qu'il a été rendu accessible au marché. Les Japonais ont élaboré davantage ce point de vue en énonçant les concepts suivants :

- **Zéro délai de rétroaction des clients.** L'entreprise devrait obtenir continuellement une rétroaction des clients pour apprendre comment elle doit améliorer le produit et son marketing.

- **Zéro délai d'amélioration.** L'entreprise devrait évaluer toutes les idées d'amélioration suggérées par les clients et les employés, et mettre en œuvre

le plus tôt possible les améliorations les plus facilement réalisables ou celles qui offrent la meilleure valeur.

- **Zéro délai d'achat.** L'entreprise devrait recevoir continuellement les pièces et les fournitures grâce à des ententes de juste-à-temps avec ses fournisseurs. En réduisant ses stocks, elle peut réduire ses coûts.

- **Zéro délai de préparation.** L'entreprise devrait être capable de fabriquer tous ses produits aussitôt qu'ils sont commandés, sans avoir à engager des coûts élevés ou à imposer de longs délais de préparation.

- **Zéro défaut.** Les produits devraient être de haute qualité et ne comporter aucun défaut.

Pour remplir ces responsabilités, les managers du marketing, peu importe s'ils sont au niveau du siège social, d'une division, d'une unité stratégique d'activité ou d'un produit, suivent le processus de marketing. À l'intérieur des limites des plans fixés par des supérieurs hiérarchiques, les directeurs de produits élaborent des plans de marketing pour chaque produit, gamme de produits ou marque.

> Le processus de management du marketing consiste en l'analyse des occasions d'affaires, l'élaboration des stratégies de marketing, la planification des programmes de marketing et la gestion de l'effort de marketing.

Les étapes de ce processus sont représentées à la figure 3.11 de même que dans les chapitres de ce livre qui traitent de chaque étape en détail. Le cas suivant illustrera les différentes étapes du processus :

Zeus inc. (nom fictif) est une grande entreprise qui exerce ses activités dans plusieurs industries, notamment les produits chimiques, l'énergie, les machines à écrire et certains produits de consommation. Chaque domaine est organisé comme une USA. La direction de l'entreprise a mis en question sa division de machines à écrire Atlas et doit décider de ce qu'elle fera avec cette division. Pour le moment, Atlas produit des machines à écrire électriques standard. Ce marché décroît. Dans une matrice croissance-part de marché, cette USA serait appelée un poids mort. La direction de l'entreprise de Zeus désire que le groupe de marketing d'Atlas produise un plan de relance bien structuré de marketing pour cette gamme de produits, faute de quoi celle-ci devra être abandonnée. Le management du marketing doit donc établir un plan de marketing convaincant, le faire approuver par la direction de l'entreprise, le mettre en œuvre et contrôler son application.

FIGURE 3.11

Le processus de management du marketing

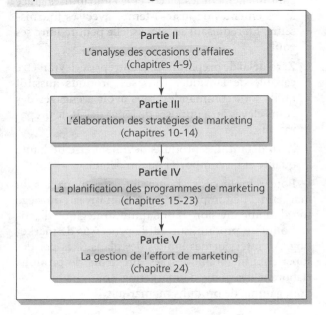

Partie II
L'analyse des occasions d'affaires
(chapitres 4-9)

Partie III
L'élaboration des stratégies de marketing
(chapitres 10-14)

Partie IV
La planification des programmes de marketing
(chapitres 15-23)

Partie V
La gestion de l'effort de marketing
(chapitre 24)

Les sections qui suivent traitent de la planification du marketing à tous les niveaux de l'organisation. Plus loin dans ce chapitre, nous présenterons toutes les étapes d'un plan de marketing élaboré pour atteindre les objectifs d'une gamme de produits donnée.

3.4.1
L'analyse des occasions d'affaires

La première tâche que devra accomplir le management du marketing d'Atlas est l'analyse des occasions d'affaires et des menaces à long terme sur ce marché afin d'améliorer le rendement de cette division de Zeus inc. Les cadres d'Atlas sont conscients de l'abondance d'occasions intéressantes dans un domaine aussi en ébullition que celui de l'équipement et des machines de bureau. Le **bureau de l'avenir** fera l'objet d'un investissement majeur dans les prochaines décennies, tout comme ce fut le cas dans un passé récent pour la modernisation des usines et tout comme c'est actuellement le cas pour la robotique dans ces mêmes usines. L'économie canadienne est déjà une économie postindustrielle caractérisée par l'importance des services, et l'on compte maintenant beaucoup plus de salariés de bureau que de salariés d'usine. Néanmoins, les bureaux sont souvent mal organisés en ce qui concerne des tâches aussi élémentaires que la dactylographie, le classement, l'entreposage, la transmission de l'information, surtout si l'on considère les ressources techniques les plus récentes. Plusieurs fabricants sont actifs sur ce marché et tentent de fournir des systèmes intégrés de machines à écrire, de micro-ordinateurs, d'appareils de reprographie, d'appareils de télécopie, de systèmes de messagerie électronique et d'autres systèmes de haute technologie et de transmission de données. Parmi ceux-ci, mentionnons IBM, Xerox, Olivetti, Canon, NEC et plusieurs entreprises japonaises. Tous ces fabricants sont engagés dans le développement d'équipement et de logiciels qui accroîtront la productivité des bureaux, ce qui constitue le motif d'achat le plus important des acheteurs d'équipement de bureau.

Le but à long terme du marketing d'Atlas est de faire d'elle un fabricant d'une gamme complète d'équipement de bureau. À court terme, cependant, les directeurs de l'entreprise doivent élaborer un plan pour améliorer la gamme des machines à écrire. Si restreint que soit ce marché, il y existe encore des occasions d'affaires intéressantes. Atlas peut, par exemple, réduire la taille de sa machine à écrire de bureau de façon à en faire une version pour le marché résidentiel et l'annoncer comme une machine à écrire personnelle de qualité professionnelle. Toutefois, il existe des possibilités encore plus importantes pour l'entreprise si elle incorpore certaines nouveautés techniques. Atlas pourrait développer une machine à écrire électronique intelligente. Elle pourrait aussi envisager de mettre au point un logiciel de traitement de texte qui aurait une mémoire et une capacité d'édition plus grandes qu'une machine à écrire électrique, et qui se vendrait quelques milliers de dollars. Ou encore, Atlas pourrait élaborer tout un poste de travail par ordinateur, capable d'accomplir un très grand nombre de fonctions. Enfin, elle pourrait développer une machine à écrire à commande vocale.

Pour cerner et évaluer les occasions d'affaires, Atlas doit implanter et mettre en œuvre un **système d'information de marketing** fiable (chapitre 4). La recherche en marketing est une composante indispensable du concept de marketing moderne; en effet, les entreprises ne peuvent bien servir les marchés de leurs clients que si elles ont fait de la recherche sur leurs besoins et désirs, sur leurs caractéristiques sociodémographiques, sur leurs pratiques d'achat, etc. Atlas peut recourir à toute une gamme d'outils de recherche. Au strict minimum, l'entreprise aurait besoin d'un bon système interne de comptabilité qui la renseigne, rapidement et avec précision, sur les ventes actuelles par modèle de machine à écrire, par client, par industrie, par taille, par zone, par vendeur et par canal de distribution. De plus, les membres de la direction d'Atlas devraient continuellement recueillir de l'information du marché sur les clients, les concurrents, les vendeurs et sur les autres intervenants. Les spécialistes du marketing devraient entreprendre de la recherche en marketing en recueillant de l'information de sources secondaires, par des entrevues de groupe régulières et par des sondages par téléphone, par courrier ou par des interviews sur place. Si les données recueillies sont bien analysées au moyen de méthodes et de modèles de statistique avancée, l'entreprise obtiendra probablement une information utile sur la façon dont ses ventes réagiront aux diverses tendances du marché.

Le but de la recherche d'Atlas est de recueillir une information représentative et continue sur l'**environnement de marketing** (chapitre 5) pertinent dans le cas d'Atlas. L'environnement de marketing comprend le microenvironnement et le macroenvironnement. Le **microenvironnement** de l'entreprise réunit tous les acteurs qui influencent, favorablement ou non, la capacité de l'entreprise de produire et de vendre des machines à écrire, à savoir les fournisseurs, les intermédiaires, les clients, les concurrents et les divers publics. La direction d'Atlas doit aussi se tenir au courant des grandes tendances du **macroenvironnement,** plus précisément des derniers faits qui se sont produits sur les plans démographique, économique, naturel, technologique, politique et juridique ainsi que socioculturel et qui peuvent influer sur les ventes et sur les profits. Une partie importante de la collecte de l'information est la mesure du marché potentiel et la prévision de la demande.

Puisque Atlas envisage de fabriquer une machine à écrire à usage domestique, il lui faut bien connaître les **marchés des consommateurs** et la façon dont ils fonctionnent (chapitre 6). Elle a besoin de mieux connaître le comportement d'achat des consommateurs. Combien de ménages ont l'intention d'acheter de nouvelles machines à écrire? Qui achète et pourquoi? Quelles caractéristiques recherche-t-on et quel prix est acceptable? Où achète-t-on les machines? Quelle image se fait-on des concurrents actuels?

Les principaux marchés d'Atlas sont maintenant composés essentiellement d'**acheteurs organisationnels**: les entreprises de services professionnels, les entreprises productrices de biens et de services, les agences gouvernementales, etc. (chapitre 7). Les achats dans les grandes organisations sont faits par des acheteurs professionnels qui ont la compétence pour évaluer l'équipement et sa valeur. Atlas doit veiller à acquérir une connaissance en profondeur du processus d'achat des acheteurs organisationnels. Et peu importe s'il s'agit d'individus ou d'organisations, elle a besoin d'une force de vente bien formée pour présenter les avantages de ses produits.

Atlas doit aussi porter une attention particulière à la reconnaissance et à la surveillance de ses **concurrents** (chapitre 8). Elle peut s'attendre à toutes sortes d'actions de la part de ses concurrents. Atlas doit donc prévoir les manœuvres possibles des concurrents et savoir réagir rapidement et efficacement. L'entreprise peut elle-même vouloir surprendre ses concurrents par certaines actions stratégiques; elle a alors besoin de savoir comment ses concurrents réagiront.

Après qu'Atlas aura analysé les occasions d'affaires, elle sera en position de choisir des **marchés cibles**. La pratique du marketing exige de l'entreprise qu'elle divise le marché en **segments**, qu'elle choisisse et cible les segments de marché qu'elle peut le mieux servir (chapitre 9).

3.4.2
L'élaboration des stratégies de marketing

Étant donné qu'Atlas désire s'attaquer au marché de la machine à écrire électronique pour les entreprises de petite taille, elle doit élaborer une **stratégie de différenciation et de positionnement** pour ce marché cible (chapitre 10). Devrait-elle être la « Mercedes » des entreprises et offrir un produit supérieur à un prix élevé avec un excellent service, soutenu par une publicité orientée vers les acheteurs les plus fortunés ? Ou Atlas devrait-elle produire une machine à écrire électronique simple, à bas prix, à l'intention d'un marché plus sensible au prix ? Ou encore devrait-elle offrir un produit de qualité moyenne à un prix moyen ?

Après qu'Atlas aura décidé du positionnement de son produit, elle devra entreprendre la difficile tâche de développer, de tester et de lancer sur le marché son **nouveau produit** (chapitre 11). L'art du développement de nouveaux produits exige une organisation efficace de ce processus et l'utilisation d'outils de décision et de contrôle adaptés à chaque étape du processus.

Après le lancement, la stratégie initiale du produit devra être modifiée selon les diverses phases du **cycle de vie du produit** : introduction, croissance, maturité et déclin (chapitre 12). Le choix de la **stratégie de concurrence** variera selon que l'entreprise jouera un rôle de leader, de challengeur, de suiveur ou d'exploitant de créneau (chapitre 13). Finalement, il faudra aussi considérer dans la stratégie de marketing les perspectives et les défis de la **mondialisation des marchés** (chapitre 14).

3.4.3
La planification des programmes de marketing

Pour transformer les stratégies de marketing en programmes de marketing, les managers du marketing doivent prendre des décisions fondamentales en ce qui concerne les dépenses de marketing, le marketing mix et l'affectation du budget de marketing. Tout d'abord, Atlas doit décider du niveau des **dépenses de marketing** nécessaire pour atteindre les objectifs de marketing. D'ordinaire, les entreprises établissent leur budget de marketing à partir du budget historique, de la tâche à accomplir ou d'un certain pourcentage des objectifs de ventes. Une entreprise peut cependant dépenser plus que le ratio normal dans l'espoir d'acquérir une plus forte part de marché. Idéalement, l'entreprise devrait analyser la tâche de marketing à accomplir pour atteindre un volume de ventes ou une part de marché donnés, puis déterminer le coût de cette tâche ; le résultat est le budget de marketing requis. En pratique, les directeurs du marketing utilisent plusieurs de ces méthodes simultanément.

Ensuite, l'entreprise doit décider de la façon d'affecter le budget total de marketing aux divers éléments du **mix de marketing**. Le mix de marketing est un des concepts fondamentaux de la théorie du marketing moderne.

> Le mix de marketing est l'ensemble des outils de marketing que l'entreprise utilise pour atteindre les objectifs de marketing sur le marché cible.

Il y a des dizaines d'outils de marketing mix. McCarthy a popularisé une classification en quatre facteurs de ces outils, appelée les quatre P : **produit, prix, place** (distribution) et **promotion** (communication)[32]. Avec la croissance de l'intérêt pour le marketing de services, certains ajoutent un cinquième P : le **personnel**, puisque dans les entreprises de services le personnel fait normalement partie de l'offre. En fait, même les fabricants accordent de plus en plus d'importance aux services complémentaires par rapport à leurs produits, comme le service à la clientèle ou le service après-vente. Ces cinq variables du marketing, correspondant aux cinq P, sont présentées à la figure 3.12.

Pour compliquer les choses un peu plus, on doit prendre les décisions de marketing mix en considérant à la fois les canaux de distribution et les clients finaux. La figure 3.13 indique que la stratégie de marketing mix comprend deux stratégies : le mix de l'offre et le mix de communication. Le **mix de l'offre** se compose des produits, des services et des prix, et le **mix de communication** est composé de la publicité, de la promotion des ventes, des relations publiques,

FIGURE 3.12
**Les cinq P
du marketing mix**

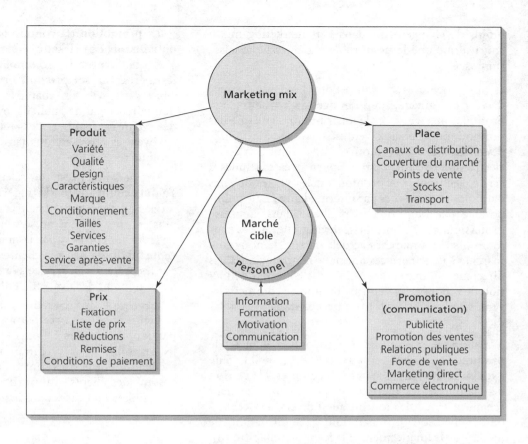

FIGURE 3.13
**Les stratégies
de marketing mix**

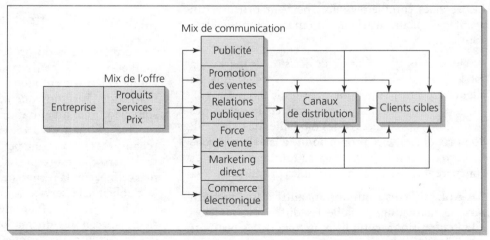

de la force de vente, du marketing direct et du commerce électronique. On utilise ces deux mix pour atteindre les canaux de distribution et les clients cibles.

Ce ne sont pas toutes les variables du marketing mix qui peuvent être ajustées à court terme. Leur

capacité d'ajustement varie. Généralement, à court terme, l'entreprise peut changer son prix, la taille de sa force de vente et ses dépenses de communication. Cependant, ce n'est qu'à long terme qu'elle peut développer de nouveaux produits et modifier ses canaux de distribution. En fait, les entreprises font moins de changements dans leur marketing mix à court terme que le nombre de variables ne le laisse supposer.

Finalement, les spécialistes du marketing doivent décider de l'**affectation du budget de marketing** aux produits, aux canaux de distribution, aux médias promotionnels et aux ventes. Combien de dollars devraient servir à promouvoir les machines à écrire électroniques d'Atlas par rapport à ses machines à écrire électriques? À promouvoir les ventes directes par rapport aux ventes par intermédiaire? Et le publipostage par rapport à la publicité dans la presse professionnelle? L'entreprise devrait-elle faire sa promotion sur les marchés actuels ou sur de nouveaux marchés? Pour faire ces affectations stratégiques, les directeurs du marketing utilisent le concept de **fonction de réponse des ventes**, qui montre comment les ventes varient selon la somme des dollars dans les divers scénarios.

L'outil de marketing le plus fondamental est le **produit.** Le produit représente l'offre tangible faite par l'entreprise sur le marché. Il comprend la **gestion des gammes**, des **marques** et du **conditionnement** (chapitre 15). Atlas fournit aussi divers **services** tels que la livraison, la réparation et la formation, de même que le financement et la location (chapitre 16). Les services complémentaires peuvent procurer un avantage concurrentiel dans un marché mondial très compétitif.

Un autre outil important de décision de marketing est le **prix**, c'est-à-dire la somme d'argent que les clients doivent payer pour le produit (chapitre 17). Atlas doit décider des prix de gros et de détail, des réductions, des remises et des modalités de paiement. Son prix devrait être proportionné à la valeur perçue de l'offre, sinon les acheteurs se tourneront vers les concurrents lorsqu'ils choisiront les produits.

La **place** (la distribution), un autre élément clé du mix de marketing, englobe les différentes activités que l'entreprise accomplit pour rendre ses produits facilement accessibles aux consommateurs cibles (chapitres 18 et 19). Atlas doit trouver, recruter et joindre différents intermédiaires et facilitateurs de marketing, de façon que ses produits et services soient efficacement rendus accessibles au marché cible. Elle doit connaître les divers types de détaillants, de grossistes et de distributeurs, et comprendre la manière dont ces entreprises prennent leurs décisions.

La **promotion** (la communication), le quatrième outil du mix de marketing, réunit les différentes activités que l'entreprise accomplit pour communiquer les mérites de ses produits et persuader les clients cibles de les acheter (chapitres 20 à 23). Ainsi, Atlas doit faire l'achat de publicité, organiser la promotion des ventes, instituer des relations publiques et envoyer ses représentants faire la promotion de ses produits.

Le **personnel** est un élément important qui s'ajoute au mix de marketing. Dans les entreprises de services, le personnel fait partie de l'offre. Mais de plus en plus de fabricants essaient de se différencier de leurs concurrents par la qualité du service après-vente ou du service à la clientèle. Les services rendus par les préposés au service à la clientèle et les techniciens ajoutent de la valeur à l'offre de l'entreprise.

Les cinq P du marketing mix représentent l'offre de l'entreprise qui correspond aux attentes des clients par rapport à leurs besoins et désirs, aux coûts, à l'accessibilité et à la communication[33]. Ainsi, les meilleures entreprises sont celles qui répondent aux besoins des clients, à un prix raisonnable, en étant accessibles et efficaces dans leurs communications.

3.4.4
La gestion de l'effort de marketing

La dernière étape du processus de management du marketing est l'**organisation des ressources** du marketing et la **mise en œuvre** et le **contrôle** du plan de marketing. Par conséquent, l'entreprise doit mettre sur pied une organisation de marketing qui est capable de **mettre en œuvre** le plan de marketing (chapitre 24). Dans une petite entreprise, parfois une seule personne est responsable de toutes les tâches de marketing, soit la recherche en marketing, les ventes, la publicité, le service à la clientèle, etc. Dans les grandes entreprises (comme Atlas), on trouvera plusieurs spécialistes du marketing: des représentants, des directeurs des ventes, des spécialistes de la recherche en marketing, du personnel publicitaire, des directeurs de produits et de marques, des directeurs de segments de marché, et du personnel du service à la clientèle.

L'organisation du marketing est normalement sous l'autorité d'un vice-président du marketing qui accomplit principalement trois tâches. La première tâche est la coordination du travail de tout le personnel du marketing. Le vice-président du marketing d'Atlas, par exemple, doit s'assurer que le directeur de la publicité travaille de près avec le directeur de la force de vente, de façon que la force de vente soit prête à répondre à toutes les questions liées aux messages publicitaires qu'a fait paraître le service de la publicité.

La deuxième tâche du vice-président du marketing consiste à travailler de pair avec les vice-présidents des finances, des opérations, de la R et D, de l'approvisionnement et des ressources humaines, afin de coordonner les efforts de l'entreprise pour satisfaire les clients. Par exemple, si les spécialistes du marketing d'Atlas annoncent que la nouvelle machine à écrire électronique est un produit de grande qualité, mais que le service de la R et D n'a pas réellement conçu un produit de qualité, ou encore si tout le soin n'est pas apporté lors de la fabrication, alors le marketing ne réussira pas à tenir ses promesses. Le vice-président du marketing doit donc s'assurer que tous les services de l'entreprise collaborent pour que l'entreprise tienne ses promesses.

La troisième tâche est la gestion des ressources humaines, soit la sélection, la formation, la direction, la motivation et l'évaluation du personnel. Les administrateurs doivent rencontrer leurs subordonnés périodiquement pour revoir leur rendement, reconnaître leurs forces, cerner leurs faiblesses et leur suggérer au besoin des mesures correctives.

Il y aura probablement plusieurs surprises et désappointements lorsque les plans de marketing seront mis en œuvre. C'est pourquoi l'entreprise a besoin de procédures de rétroaction et de contrôle. Il existe quatre types de contrôle de marketing: le contrôle du plan annuel, le contrôle de la rentabilité, le contrôle de la productivité et le contrôle stratégique.

- Le **contrôle du plan annuel** est la tâche qui consiste à s'assurer que l'entreprise a atteint ses objectifs de ventes, de profits et autres. Premièrement, la direction doit définir clairement des objectifs dans le plan annuel pour chaque mois, semestre ou autre période de l'année. Deuxièmement, elle doit avoir les moyens de mesurer son rendement continu sur le

marché. Troisièmement, la direction doit déterminer les causes sous-jacentes à tout écart de rendement sérieux. Quatrièmement, elle doit décider de la meilleure mesure corrective à appliquer pour réduire les écarts entre les buts et les résultats.

- Le **contrôle de la rentabilité** permet à l'entreprise de mesurer la rentabilité réelle des produits, des groupes de clients, des canaux de distribution et des tailles des commandes. Ce n'est pas là une tâche facile. Le système de comptabilité d'une entreprise est rarement conçu pour déterminer la rentabilité réelle de différentes unités ou activités de marketing. L'**analyse de la rentabilité du marketing** est l'outil utilisé pour mesurer la rentabilité de diverses activités de marketing. Les **études d'efficacité du marketing** doivent aussi être réalisées de façon à étudier la manière d'accomplir plus efficacement les diverses activités de marketing.

- Le **contrôle de la productivité** permet d'évaluer et d'améliorer l'efficacité et l'impact du marketing. Ainsi, on peut mesurer la productivité de la publicité, de la promotion des ventes, de la force de vente, du marketing direct et du commerce électronique.

FIGURE 3.14
Les facteurs d'influence des stratégies de marketing de l'entreprise

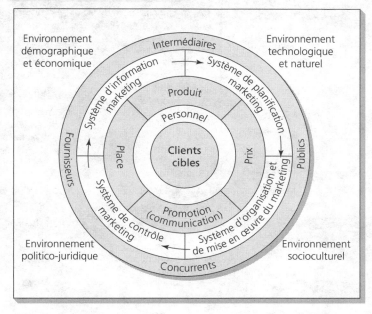

• Le **contrôle stratégique** a pour objectif d'évaluer si les stratégies de marketing de l'entreprise sont bien adaptées aux conditions du marché. À cause des changements rapides qu'on observe dans l'environnement de marketing, chaque entreprise doit réévaluer périodiquement l'efficacité de son marketing grâce à un instrument de contrôle connu sous le nom d'**audit marketing**.

On trouvera à la figure 3.14 une synthèse du processus de management du marketing et des forces qui façonnent le choix des stratégies de marketing de l'entreprise. Par l'intermédiaire de ces systèmes, l'entreprise surveille l'environnement de marketing et s'adapte à son microenvironnement et à son macroenvironnement.

3.5
LA NATURE ET LE CONTENU DU PLAN DE MARKETING D'UN PRODUIT

Nous venons de voir qu'un plan de marketing est requis pour chaque marque, produit ou gamme de produits de chaque unité stratégique d'activité ; ainsi,

un des extrants les plus importants du processus de management du marketing est le **plan de marketing**. De quoi a l'air un plan de marketing ? Que contient-il ? Le tableau 3.5 présente le contenu d'un plan de marketing typique.

Les plans de marketing se composent de plusieurs parties, selon la quantité d'informations que désire obtenir la haute direction de la part de ses cadres. La plupart des plans de marketing, surtout les plans de produits et de marques, sont constitués de plusieurs parties : l'**abrégé administratif**, l'**analyse de la situation actuelle du marketing**, l'**analyse des occasions d'affaires et des menaces, des forces et des faiblesses ainsi que des enjeux**, les **objectifs**, les **stratégies de marketing**, les **programmes d'activités**, le **compte de profits et pertes prévisionnels** (état des résultats estimés) et le **contrôle**. L'exemple suivant illustre le contenu des différentes sections d'un plan de marketing :

Jeanne Mélodie est la directrice de produit de la gamme de chaînes stéréo modulaires de Zenith, connue sous le nom d'Allegro. Chaque chaîne se compose d'un amplificateur-syntonisateur, d'un lecteur de disques, d'un magnétocassette et de haut-parleurs séparés. Zenith offre 13 modèles différents, dont les prix se situent entre 150 $ et 400 $. Zenith

TABLEAU 3.5
Le contenu du plan de marketing

1. Abrégé administratif et table des matières	Résumé qui permet de prendre rapidement connaissance du plan proposé
2. Situation actuelle du marketing	Tous les renseignements de base utiles sur la situation du marché, des produits, de la concurrence, de la distribution et du macroenvironnement
3. Analyse des occasions d'affaires et des menaces, des forces et des faiblesses ainsi que des enjeux	Principales occasions d'affaires et menaces, principales forces et faiblesses et principaux enjeux qui en résultent
4. Objectifs	Définition des objectifs financiers et de marketing que le plan cherche à atteindre du point de vue du volume de ventes, de la part de marché et des profits
5. Stratégies de marketing	Approche générale de marketing qui servira à réaliser les objectifs du plan
6. Programmes d'activités	Description des divers programmes d'activités conçus pour actualiser les stratégies et atteindre les objectifs
7. Compte de profits et pertes prévisionnels	Prévisions des résultats financiers attendus du plan
8. Contrôle	Moyens de surveillance

cherche à accroître sa part de marché et sa rentabilité. En tant que directrice de produit de cette gamme, Mme Mélodie doit préparer un plan de marketing.

3.5.1
L'abrégé administratif et la table des matières

Le plan de marketing devrait débuter par un résumé des principaux objectifs et des principales recommandations qui seront étoffés dans le corps du plan ainsi que dans une table des matières. En voici un exemple :

Le plan de marketing 2001 d'Allegro cherche à susciter une augmentation importante des ventes et des profits par rapport à l'année précédente. Les profits cibles sont fixés à 180 000 $. Les revenus cibles des ventes sont fixés à 1 800 000 $, ce qui représente un gain planifié de 9 % par rapport à l'année précédente. Cette augmentation est jugée atteignable grâce à un effort accru en ce qui concerne le prix, la publicité et la distribution. Le budget requis est de 228 000 $, soit une augmentation de 14 % par rapport à l'année précédente.

L'abrégé administratif permet à la haute direction de saisir rapidement la principale orientation du plan. Une table des matières devrait suivre immédiatement l'abrégé administratif.

3.5.2
La situation actuelle du marketing

Cette partie du plan réunit tous les renseignements de première importance sur le marché, sur le produit, sur la concurrence, sur la distribution et sur le macroenvironnement. Les données sont obtenues des banques de données que la direction de produit a recueillies.

La situation du marché

On présente ici les données relatives au marché cible. La taille et la croissance du marché, au total et par segment géographique de marché, sont exprimées en unités ou en dollars, ou sous les deux formes. Les données portent aussi sur les besoins des clients, sur leurs perceptions et sur les tendances du comportement d'achat.

Le marché des chaînes stéréo modulaires totalise approximativement 40 millions de dollars, soit 20 % du marché total des chaînes stéréo modulaires. On prévoit que les ventes seront stables ou déclineront pendant les prochaines années. Les principaux acheteurs sont des gens âgés de 20 à 40 ans qui ont des revenus moyens et qui désirent écouter de la bonne musique, mais ne veulent pas investir dans une chaîne constituée de composantes chères. Ils souhaitent pouvoir acheter une chaîne complète à une entreprise dont le nom ou la marque leur inspire confiance. Ils veulent une chaîne qui leur offre un son de bonne qualité et dont l'apparence s'harmonise avec le décor du salon familial.

La situation des produits

La situation des produits mentionne les ventes, les prix et la contribution aux profits nets de chaque produit important de la gamme pendant les années précédentes (voir le tableau 3.6).

Le tableau 3.6 est un exemple de présentation de données sur un produit pour une gamme de chaînes stéréo modulaires. On trouve, dans la première rangée, les ventes totales de l'industrie en unités ; elles croissent annuellement de 5 % jusqu'en 2000, puis la demande décline légèrement en 2000. La part de marché de Zenith s'est maintenue approximativement à 3 % (rangée 2), quoiqu'elle ait atteint 4 % en 1999. Le prix moyen pour une chaîne stéréo Allegro (rangée 3) s'est accru approximativement de 10 % par année, sauf la dernière année, où il a augmenté de 4 %. Les coûts variables — matériaux, main-d'œuvre, énergie — augmentent chaque année (rangée 4). À la rangée 5, on constate que la marge bénéficiaire brute par unité — la différence entre le prix moyen par unité (rangée 3) et les coûts variables par unité (rangée 4) — s'est accrue au cours des deux premières années et est demeurée à 100 $ pour les deux dernières années. Les rangées 6 et 7 présentent le volume de ventes en unités et en dollars, et la rangée 8 présente la marge bénéficiaire brute totale, qui s'est accrue jusqu'à la dernière année, où elle a chuté. D'autre part, les frais généraux (rangée 9) sont demeurés constants en 1997 et en 1998, ont atteint un niveau élevé en 1999, à cause de la brusque augmentation de la capacité de production, et sont demeurés stables en 2000. La marge bénéficiaire nette, c'est-à-dire la marge bénéficiaire brute moins les frais généraux, apparaît à la rangée 10. On peut

TABLEAU 3.6
Les données historiques sur un produit

Variables	Colonnes	1997	1998	1999	2000
1. Ventes de l'industrie (en unités)		200 000	210 000	220 500	220 000
2. Part de marché de l'entreprise		0,03	0,03	0,04	0,03
3. Prix moyen par unité (en dollars)		200	220	240	250
4. Coûts variables par unité (en dollars)		120	125	140	150
5. Marge bénéficiaire brute par unité (en dollars)	(3 – 4)	80	95	100	100
6. Volume de ventes (en unités)	(1 × 2)	6 000	6 300	8 820	6 600
7. Revenu des ventes (en dollars)	(3 × 6)	1 200 000	1 386 000	2 116 800	1 650 000
8. Marge bénéficiaire brute totale (en dollars)	(5 × 6)	480 000	598 500	882 000	660 000
9. Frais généraux (en dollars)		200 000	200 000	350 000	350 000
10. Marge bénéficiaire nette (en dollars)	(8 – 9)	280 000	398 500	532 000	310 000
11. Publicité et promotion (en dollars)		80 000	100 000	100 000	90 000
12. Force de vente et distribution (en dollars)		70 000	100 000	110 000	100 000
13. Recherche en marketing (en dollars)		10 000	12 000	15 000	10 000
14. Bénéfices nets d'exploitation (en dollars)	(10 – 11 –12 – 13)	120 000	186 500	307 000	110 000

voir aux rangées 11, 12 et 13 les dépenses de marketing pour la publicité et la promotion, pour la force de vente et la distribution, et pour la recherche en marketing. Finalement, les bénéfices nets d'exploitation, après le calcul des dépenses de marketing, figurent à la rangée 14. Il est clair que les profits se sont accrus jusqu'en 1999, tandis qu'en 2000 ils ont chuté approximativement au tiers des profits de l'année précédente. Zenith doit donc trouver pour 2001 une stratégie qui permettra de revenir à la croissance des ventes et des profits de cette gamme de produits.

La situation de la concurrence

Ici, on énumère les principaux concurrents en précisant leur taille, leurs buts, leur part de marché, la qualité de leur produit, leurs stratégies de marketing et toute autre caractéristique utile pour comprendre leurs intentions et leur comportement.

Les principaux concurrents de Zenith sur le marché des chaînes stéréo modulaires sont Panasonic, Sony, Magnavox et General Electric. Chaque concurrent a sa propre stratégie et un créneau sur ce marché. Panasonic, par exemple, offre 33 modèles répartis sur toute la gamme des prix et vend surtout dans les grands magasins et les magasins de rabais, dépense énormément pour la publicité, etc. Elle désire dominer le marché grâce à la prolifération de ses produits et à ses prix réduits. (On dresse des descriptions semblables pour tous les autres concurrents.)

La situation de la distribution

Cette partie du plan présente les données sur la taille et sur l'importance de chaque canal de distribution.

Les chaînes stéréo modulaires sont vendues par l'intermédiaire d'une variété de canaux de distribution : grands magasins, magasins d'appareils de radio et de télévision, magasins d'appareils ménagers, magasins de vente au rabais, magasins de meubles, magasins de musique, magasins spécialisés dans l'équipement audio et entreprises de vente par catalogue. Zenith vend 37 % de ses ensembles par l'intermédiaire de magasins d'appareils ménagers, 23 % par l'intermédiaire de magasins d'appareils de radio et de télévision, 10 % par l'intermédiaire de magasins de meubles, 3 % par l'intermédiaire de grands magasins et le reste par l'intermédiaire des autres canaux. Zenith domine dans les canaux dont l'importance décroît, alors qu'elle est un concurrent faible dans les canaux qui sont en croissance rapide, tels les magasins de vente au rabais. Elle accorde une marge d'environ 30 % à ses vendeurs, ce qui est semblable à ce que les concurrents accordent.

La situation du macroenvironnement

Cette partie du plan décrit les grandes tendances du macroenvironnement — démographiques, économiques, politico-juridiques, technologiques ou naturelles et socioculturelles — qui peuvent avoir une influence sur l'avenir de cette gamme de produits.

Environ 50 % des ménages possèdent actuellement une chaîne stéréo. Le marché devenant de plus en plus saturé, on devrait s'efforcer de convaincre les consommateurs de remplacer leur chaîne par une autre chaîne de meilleure qualité. On s'attend à ce que l'économie croisse, ce qui implique que les gens auront tendance à avancer leurs achats de biens durables. Les Japonais ont conçu de nouveaux systèmes audio plus compacts qui offrent un avantage concurrentiel par rapport aux chaînes stéréo traditionnelles.

3.5.3
L'analyse des occasions d'affaires et des menaces, des forces et des faiblesses ainsi que des enjeux

À partir de la description de la **situation du marketing actuelle**, la directrice de produit doit cerner les **occasions d'affaires** et les **menaces** dans l'environnement ainsi que les **principales forces et faiblesses** de l'entreprise, et mettre le doigt sur les problèmes auxquels l'entreprise doit faire face.

L'analyse des occasions d'affaires et des menaces

Ici, la directrice de produit tente de cerner les principales occasions d'affaires et menaces auxquelles l'USA fait face. Les principales **occasions d'affaires** qui se présentent pour la gamme de produits Allegro de Zenith sont les suivantes :

- Les consommateurs montrent un intérêt accru pour des chaînes stéréo modulaires plus complètes ; Zenith devrait envisager le développement d'un ou plusieurs modèles compacts.
- Deux importantes chaînes nationales de grands magasins accepteraient de vendre la gamme de produits Allegro si Zenith leur accordait un support publicitaire supplémentaire.

- Une importante chaîne nationale de magasins de vente au rabais accepterait de vendre la gamme de produits Allegro si Zenith lui accordait une remise sur le volume de ventes.

Les principales **menaces** auxquelles la gamme de produits Allegro de Zenith doit faire face sont les suivantes :

- Un nombre croissant de consommateurs qui choisissent des chaînes stéréo modulaires les achètent dans de grands magasins et dans des magasins de vente au rabais, où Zenith est faiblement représentée.
- Un nombre croissant de consommateurs des classes supérieures manifestent une préférence pour les chaînes stéréo à composantes multiples, et Zenith n'offre pas une telle gamme de produits.
- Quelques-uns des concurrents de Zenith ont introduit sur le marché de petits haut-parleurs qui ont néanmoins un son de bonne qualité. Or, les consommateurs semblent justement préférer les haut-parleurs compacts.
- Le gouvernement fédéral pourrait voter une loi plus sévère sur la sécurité des produits, ce qui exigerait une modification du design de certains produits de Zenith.

L'analyse des forces et des faiblesses

La directrice de produit doit aussi dégager les forces et les faiblesses de l'entreprise. Les principales **forces** de la gamme de produits Allegro de Zenith sont les suivantes :

- Le nom Zenith est très bien connu et il est associé à une image de haute qualité.
- Les marchands qui vendent la gamme de produits Allegro sont bien informés et bien formés dans le domaine de la vente.
- Zenith possède un excellent réseau de service après-vente, et les consommateurs savent qu'ils peuvent faire faire une réparation rapidement au besoin.

Les principales **faiblesses** de la gamme de produits Allegro de Zenith sont les suivantes :

- Il n'est pas possible de démontrer que la qualité du son d'Allegro est meilleure que celle des produits concurrents. Or, la qualité du son peut être de grande importance dans le choix d'une marque.

- Zenith ne consacre que 5 % de ses revenus de ventes à la publicité et à la promotion, alors que certains de ses principaux concurrents dépensent au moins deux fois plus.

- La gamme de produits Allegro de Zenith n'est pas clairement positionnée par rapport à celles de Magnavox (« qualité ») et de Sony (« innovation »). Zenith doit mettre au point une offre exclusive. La campagne de publicité actuelle n'est ni particulièrement créative, ni particulièrement excitante.

- Le prix de la marque Zenith est relativement supérieur à celui des autres marques, sans nécessairement offrir une différence réelle et perceptible dans la qualité. De plus, la marque Zenith ne semble pas intéresser les acheteurs qui font attention au prix. La stratégie de fixation du prix devrait donc être réévaluée.

L'analyse des enjeux

Dans cette partie du plan, l'entreprise utilise les résultats de son analyse des occasions d'affaires et des menaces ainsi que ceux de son analyse des forces et des faiblesses pour définir et analyser les principaux **enjeux** auxquels elle s'attaquera dans le plan. Dans le cas présent, Zenith doit analyser les enjeux fondamentaux suivants qui ont été relevés au sujet de la gamme de produits Allegro :

- Zenith doit-elle rester sur le marché des chaînes stéréo ? Peut-elle y faire une concurrence efficace ? Devrait-elle récolter ou abandonner cette gamme de produits ?

- Si Zenith demeure sur le marché, devra-t-elle conserver les mêmes produits, les mêmes canaux de distribution et les mêmes politiques de prix et de promotion ?

- Zenith doit-elle se réorienter vers des canaux en forte croissance (tels que les magasins de vente au rabais) et, si elle le fait, peut-elle s'assurer de la fidélité des canaux traditionnels ?

- Zenith doit-elle se tourner vers une promotion et une publicité plus intensives pour égaler les dépenses de ses concurrents ?

- Zenith devrait-elle investir énergiquement dans la recherche et le développement, et développer le design, la qualité du son ou d'autres caractéristiques techniques ?

3.5.4
Les objectifs

La direction de l'entreprise connaît maintenant les problèmes et doit prendre un certain nombre de décisions au sujet des objectifs du plan. Deux types d'objectifs doivent être fixés : les objectifs financiers et les objectifs de marketing.

Les objectifs financiers

La direction de Zenith désire que chaque USA atteigne un rendement financier satisfaisant. Forte de ses analyses, la directrice de produit fixe les objectifs financiers suivants pour la gamme de produits Allegro :

- Obtenir un taux de rendement des investissements moyen, au cours des cinq prochaines années, de 15 % après les taxes.

- Enregistrer des profits nets de 180 000 $ en 2001.

- Produire un flux de trésorerie (*cash flow*) de 200 000 $ en 2001.

Les objectifs de marketing

Les objectifs financiers doivent être convertis en objectifs de marketing. Par exemple, si l'entreprise veut obtenir des profits de 180 000 $ et que sa marge bénéficiaire cible est de 10 % sur les ventes, alors elle doit se fixer pour but des revenus de ventes de 1 800 000 $. Si l'entreprise détermine un prix moyen de vente de 260 $, elle doit alors vendre 6 923 unités, ce qui correspond à une part de marché de 3 % dans le cas où elle estime que les ventes totales de l'industrie atteindront 230 000 unités. Afin de maintenir cette part de marché, l'entreprise aura à déterminer certains buts au sujet du niveau d'intérêt des consommateurs, de la zone de distribution, etc. Ainsi, les **objectifs de marketing** pourraient se lire comme suit :

- Atteindre des revenus de ventes totales de 1 800 000 $ en 2001, ce qui représente une augmentation de 9 % par rapport à l'année précédente, et par conséquent atteindre un volume de ventes de 6 923 unités, ce qui représente une part de marché estimée de 3 %.

- Accroître la notoriété de la marque Allegro chez les consommateurs de 15 % à 30 % durant la période du plan.

- Accroître le nombre de points de vente de 10 %.
- Viser un prix moyen rapporté de 260 $.
- Atteindre un niveau de satisfaction élevé auprès de 95 % des clients.

3.5.5
La stratégie de marketing

La directrice de produit indique maintenant la stratégie générale de marketing, ou le plan d'action, pour réaliser les objectifs du plan. L'énoncé de la stratégie peut prendre la forme d'une liste portant sur les principaux outils de marketing :

Énoncé de la stratégie

Marché cible
Cibler la femme dans les ménages des classes supérieures.

Positionnement
Offrir la chaîne stéréo modulaire la plus fiable et possédant le son de la meilleure qualité.

Gamme de produits
Ajouter un modèle à bas prix et deux modèles à prix élevé.

Prix
Fixer le prix quelque peu au-dessus de celui des marques concurrentes.

Points de distribution
Assurer une forte représentation dans les magasins d'appareils de radio et de télévision, et dans les magasins d'appareils ménagers ; faire un effort accru de pénétration des grands magasins.

Force de vente
Accroître la force de vente de 10 % et établir un système de gestion des comptes nationaux.

Service
Offrir un service rapide et facilement accessible.

Publicité
Organiser une nouvelle campagne de publicité dirigée vers le marché cible et soutenant la stratégie de positionnement ; mettre l'accent sur les produits à prix élevé dans les annonces ; accroître le budget de publicité de 20 %.

Promotion des ventes
Accroître le budget de promotion des ventes de 15 % pour concevoir un présentoir au point de vente et participer plus intensivement aux différentes foires commerciales.

Commerce électronique
Mettre en place une vitrine électronique pour la gamme de produits Allegro sur Internet.

Recherche et développement
Accroître les dépenses de 25 % pour améliorer l'apparence de la gamme de produits Allegro.

Recherche en marketing
Accroître les dépenses de 10 % pour améliorer la connaissance du processus de choix du consommateur et surveiller les actions des concurrents.

En élaborant la stratégie de marketing, la directrice de produit doit consulter ses collègues des services des achats et de la production pour s'assurer qu'ils achèteront assez de matériaux et produiront assez d'unités afin de permettre d'atteindre les niveaux de ventes planifiés. Elle rencontrera également le directeur des ventes pour obtenir le soutien planifié de la force de vente, ainsi que le responsable des finances pour veiller à ce qu'il y ait suffisamment de fonds disponibles.

3.5.6
Les programmes d'activités

L'énoncé de la stratégie précédente représente les orientations générales que la directrice de produit suivra pour atteindre les objectifs. Chaque élément de la stratégie de marketing doit maintenant être précisé, de façon à répondre aux questions suivantes : Qu'est-ce qui sera fait ? Quand cela se fera-t-il ? Qui le fera ? Combien cela coûtera-t-il ? Voici un exemple de programme de promotion des ventes :

Le programme de promotion pour les consommateurs comprendra les activités de promotion des ventes et de publicité suivantes :

Janvier
Zenith participera au Salon de l'habitation. Un tirage aura lieu sur place. Coût estimé : 24 000 $. Jean Tremblay en sera le responsable.

Mars

Zenith annoncera dans les journaux qu'un disque de Céline Dion sera donné en prime à toutes les personnes qui achèteront une chaîne stéréo de type Allegro durant ce mois. Marie Beaulieu, directrice de la promotion aux consommateurs, sera responsable de ce projet, dont le coût est estimé à 32 000 $.

Juin

Mettre en place une vitrine électronique pour la gamme de produits Allegro sur Internet.

Août

Zenith organisera un concours de ventes, où les trois marchands qui auront obtenu le plus haut pourcentage d'augmentation des ventes des produits Allegro gagneront chacun un séjour à Hawaii pour deux personnes. Le coût du concours, placé sous la responsabilité de Jean Tremblay, est estimé à 21 000 $.

Septembre

Une annonce dans les journaux informera les consommateurs que leur présence au magasin pour une démonstration des produits Allegro durant la deuxième semaine de septembre leur donnera le droit de participer au tirage de 10 chaînes stéréo Allegro. Marie Beaulieu sera responsable du projet, dont le coût est estimé à 22 000 $.

3.5.7
Le compte de profits et pertes prévisionnels

Les programmes d'activités permettront à la directrice de produit de préparer un budget de soutien qui prendra essentiellement la forme d'un compte de profits et pertes prévisionnels. Du côté des revenus, on trouvera le volume de ventes par unité et le prix moyen rapporté par unité. Du côté des dépenses, on trouvera les coûts de production, de distribution et de marketing présentés en détail. La différence est le profit projeté.

La haute direction révisera le budget; elle l'approuvera ou le modifiera. Si le budget demandé est trop élevé, la directrice de produit aura à faire certaines compressions. Une fois approuvé, le budget sert de base pour élaborer les plans et les calendriers d'achat du matériel, dresser des calendriers de production, recruter de la main-d'œuvre et entreprendre des activités de marketing.

3.5.8
Le contrôle

La dernière partie du plan trace les grandes lignes des outils de contrôle qui serviront à surveiller les progrès du plan. Habituellement, les objectifs et les budgets sont spécifiés pour chaque mois ou chaque trimestre. La direction générale peut revoir les résultats à la fin de chaque période et se rendre compte que certaines USA n'atteindront pas leurs objectifs. Les directeurs des unités dont les résultats ne sont pas conformes aux attentes doivent expliquer ce qui arrive et définir les mesures qu'ils prendront pour assurer la réussite du plan.

Le contrôle comprend normalement un plan d'urgence. Le plan d'urgence trace les grandes lignes des actions que la direction entreprendrait en cas d'événements malencontreux tels qu'une guerre de prix ou une grève. La raison d'être de ce type de planification est d'encourager les cadres à envisager d'avance les difficultés éventuelles.

3.6
LA PLANIFICATION DU MARKETING DANS LES ANNÉES 90

Dans ce chapitre, nous avons parlé de la **théorie** des pratiques du marketing moderne. Il est donc utile, en conclusion, de présenter les résultats d'un sondage qui tente de résumer les pratiques du marketing dans les années 90.

Le Conference Board a réalisé une étude exhaustive aux États-Unis qui démontre que la plupart des entreprises connaissent le concept de marketing et ont défini leur raison d'être comme étant la conquête et la satisfaction de clients plutôt que la production de biens ou de services. Les plans d'affaires sont davantage orientés vers les clients et les concurrents, sont mieux conçus et sont plus réalistes que dans le passé. Ces plans recourent plus souvent aux intrants des diverses fonctions de l'entreprise et sont élaborés en équipe. Les directeurs du marketing se voient de plus en plus, en premier lieu, comme des professionnels et, en deuxième lieu, comme des spécialistes. La direction générale participe plus souvent à la prise de décisions de marketing ou à l'approbation de celles-ci. Et la planification devient un processus continu durant toute l'année, qui vise à mieux répondre aux besoins changeants du marché. En d'autres mots, les tendances présentées dans les chapitres 1 à 3 sont réelles!

Le sondage du Conference Board a toutefois révélé que les procédures de planification de marketing et que le contenu des plans de marketing variaient considérablement selon les entreprises. Le plan est parfois appelé un plan d'affaires, un plan de marketing, voire un plan de production. La durée typique d'un plan de marketing est d'une année, mais certains plans couvrent plusieurs années. La longueur des plans varie d'une dizaine de pages à plus de 50 pages. Certaines entreprises prennent très au sérieux leur plan alors que d'autres ne voient en lui qu'un guide utile à l'action. Selon les directeurs du marketing, les principales faiblesses des plans de marketing actuels sont le manque de réalisme, une analyse de la concurrence déficiente et une optique à court terme[34].

RÉSUMÉ

1. La planification stratégique orientée vers le marché est le processus de management qui permet d'établir et de maintenir une adaptation viable entre, d'une part, les objectifs, les habiletés et les ressources d'une organisation et, d'autre part, les occasions d'affaires d'un marché en perpétuel changement. Le but de la planification stratégique est d'organiser et de réorganiser les unités stratégiques d'activité et les produits de l'entreprise de façon à obtenir les profits et la croissance désirés. Il y a quatre niveaux de planification stratégique: le siège social, la division, l'unité stratégique d'activité et le produit.

2. Les entreprises les plus performantes satisfont ou dépassent régulièrement les attentes des intervenants, gèrent mieux les processus de travail et assurent leur intégration, gèrent efficacement les ressources (acquises, louées ou sous-traitées), et développent une organisation et une culture d'entreprise qui sont orientées vers le succès.

3. Le siège social a la responsabilité de mettre en branle tout le processus de planification stratégique. Il fixe le cadre à l'intérieur duquel chacune des divisions et chacune des unités stratégiques d'activité prépare son plan de marketing. La définition d'une stratégie d'entreprise comprend quatre activités:

   a) La définition de la mission de l'entreprise. Un bon énoncé de mission porte sur un nombre limité d'objectifs et doit être guidé par une vision. La mission de l'organisation dépend de cinq éléments: l'histoire de l'organisation, les préférences actuelles des cadres et des propriétaires, les caractéristiques de l'environnement, le niveau des ressources et les compétences distinctives.

   b) La détermination des unités stratégiques d'activité. Chaque USA prépare sa propre planification stratégique, a ses propres concurrents et est gérée comme un centre de profits.

   c) L'attribution des ressources à chaque USA se fait selon l'attrait du marché et les forces de l'unité. La matrice BCG croissance-part de marché et la matrice multifactorielle de portefeuille GE sont deux outils permettant de décider s'il faut investir, maintenir, récolter ou désinvestir.

d) La planification de nouvelles activités ou l'expansion d'activités existantes. Une entreprise peut déceler plusieurs types de stratégies pour assurer sa croissance : les **stratégies de croissance intensive** (pénétration de marché, développement de marché ou de produit), les **stratégies de croissance par intégration** (intégration en amont, en aval ou horizontale) et les **stratégies de croissance par diversification** (concentrique, horizontale ou par conglomérat). Enfin, il y a les stratégies de rationalisation.

4. Le processus de planification stratégique de chaque unité stratégique d'activité inclut les étapes suivantes : la définition de la mission, l'analyse de l'environnement externe, l'analyse de l'environnement interne, la formulation des objectifs, la formulation des stratégies (qui peuvent comprendre des alliances stratégiques), la formulation des programmes, la mise en œuvre et, enfin, la rétroaction et le contrôle.

5. Le processus de management du marketing comprend quatre étapes : l'analyse des occasions d'affaires, l'élaboration des stratégies de marketing, la planification des programmes de marketing, qui indiquent le choix des cinq éléments du marketing mix (produit, prix, place, promotion et personnel), et la gestion de l'effort de marketing.

6. Un plan de marketing doit être élaboré pour chaque produit d'une unité stratégique d'activité afin de lui permettre d'atteindre ses objectifs. Le plan de marketing, qui est un des extrants les plus importants du processus de marketing, devrait contenir les éléments suivants : un abrégé administratif et une table des matières ; un survol de la situation actuelle du marketing ; une analyse des occasions d'affaires et des menaces, des forces et des faiblesses ainsi que des enjeux ; un résumé des objectifs financiers et des objectifs de marketing ; un survol des stratégies de marketing que l'entreprise devra utiliser pour atteindre les objectifs du plan ; une description des programmes d'activités que l'on mettra en œuvre pour atteindre les objectifs du plan ; un compte de profits et pertes prévisionnels et, enfin, un résumé des contrôles qui permettront de suivre l'évolution du plan.

QUESTIONS

1. Quels avantages concurrentiels a atteint chacune des entreprises énumérées ci-dessous sur son marché respectif:

   a) Wal-Mart?

   b) Les Ailes de la Mode?

   c) Banque Nationale?

   d) Réno-Dépôt?

   e) Kodak?

   Comment les stratégies de marketing de ces entreprises ont-elles permis de communiquer ces avantages concurrentiels?

2. Vous venez juste d'être embauché par Minnetonka, une petite entreprise spécialisée dans la fabrication de savon et de produits connexes, et vous voulez démontrer à votre patron toutes les compétences que vous possédez en matière de planification formelle. Cependant, vous avez entendu dire que votre patron considère la planification formelle comme une pratique inefficace pour les petites entreprises et une perte de temps. À son avis, la planification informelle est plus appropriée à une entreprise de la taille de Minnetonka. Vous êtes déterminé à changer son attitude. Écrivez une note de service expliquant l'utilité de la planification formelle au sein d'une petite entreprise.

3. Depuis plusieurs années, un cégep applique avec succès un programme d'éducation aux adultes appelé Colléversité. À la suite des dernières compressions budgétaires, le conseil d'administration a décidé que le programme devrait voir augmenter significativement le nombre d'inscriptions, ou ce programme sera aboli. Élaborez un énoncé de mission pour le programme Colléversité et formulez des objectifs pour accroître le nombre d'inscriptions.

4. Comme membre d'un groupe de consultants en gestion, vos services ont été retenus par un fabricant d'équipement de bureau qui vend directement aux entreprises. La gamme de produits de la compagnie est constituée des cinq unités stratégiques d'activité énumérées ci-après. Utilisez la matrice croissance-part de marché mise au point par le Boston Consulting Group pour analyser les parts de marché relatives aux différentes USA ainsi que le portefeuille de l'entreprise. Décrivez la nature de la matrice croissance-part de marché aux cadres de l'entreprise et faites des recommandations de stratégies.

Unité stratégique d'activité	Ventes (millions de dollars)	Nombre de concurrents	Ventes des 3 concurrents les plus importants (millions de dollars)	Taux de croissance du marché (%)
A	0,5	8	0,7, 0,7, 0,5	15
B	1,6	22	1,6, 1,6, 1,0	18
C	1,8	14	1,8, 1,2, 1,0	7
D	3,2	5	3,2, 0,8, 0,7	4
E	0,5	10	2,5, 1,8, 1,7	4

5. Étant donné que le but de la planification stratégique est de modeler et de réorganiser l'entreprise et ses produits afin que celle-ci atteigne les rendements espérés en ce qui concerne les profits et la croissance, des plans stratégiques doivent être élaborés. En utilisant les éléments du processus de planification, d'exécution et de contrôle présentés à la figure 3.1, analysez le processus que les gestionnaires ont vraisemblablement utilisé afin de concevoir la stratégie qui a mené à l'annonce publicitaire du fabricant d'instruments d'écriture de luxe Cross, dont le message était « Il ne s'agit plus de savoir quoi donner, mais lequel donner », et du message publicitaire diffusé à la radio qui vantait un nouveau modèle de plumes et crayons en disant qu'il avait été annoncé à Paris et utilisé dans des cabinets d'avocats de Londres et dans des salles de conseils d'administration d'entreprises multinationales à Genève.

6. Benjamin Corriveau, directeur de produit pour le ketchup Heinz, a préparé le budget de marketing, présenté ci-après, pour son plan annuel de marketing. Que pensez-vous de ce budget? Quelles améliorations suggéreriez-vous?

1. Prévisions de la demande totale :	2 500 000 caisses
Ventes annuelles (2 360 000 caisses) × Taux de croissance (6 %)	
2. Prévisions de la part de marché	28 %
3. Prévisions des ventes (1 × 2)	700 000 caisses
4. Prix au distributeur	4,45 $ par caisse
5. Estimation des ventes (3 × 4)	3 115 000 $
6. Estimation des coûts variables :	2,75 $ par caisse
Tomates et épices (0,50 $) + Bouteilles et bouchons (1,00 $) + Main-d'œuvre (1,10 $) + Distribution (0,15 $)	
7. Estimation de la marge bénéficiaire permettant de couvrir les coûts fixes, les coûts de marketing et les profits	1 190 000 $
8. Estimation des coûts fixes :	
Coûts fixes = 1 $ par caisse × 700 000 caisses	700 000 $
9. Estimation de la marge bénéficiaire permettant de couvrir les coûts de marketing et les profits (7 – 8)	490 000 $
10. Estimation du profit cible	190 000 $
11. Montant disponible pour le marketing (9 – 10)	300 000 $
12. Répartition du budget de marketing :	
Publicité	200 000 $
Promotion des ventes	90 000 $
Recherche en marketing	10 000 $

7. Vous êtes le directeur général d'un hôtel de 300 chambres dans une région métropolitaine. En utilisant la figure 3.14 comme référence, décrivez les facteurs qui influencent la stratégie de marketing de votre hôtel. Qui sont les détenteurs d'enjeux ? Comment vos décisions sont-elles modifiées par l'environnement dans lequel vous évoluez ?

8. Depuis plusieurs années, les compagnies de transport interurbain par autobus font face à une compétition féroce provenant de l'augmentation des ventes d'automobiles et des réductions sur les tarifs aériens. Dans certaines régions, VIA Rail est aussi présente, ce qui augmente la concurrence. Faites une analyse des forces et des faiblesses d'une compagnie de transport par autobus, telle Orléans Express, pour le circuit Montréal-Québec et recommandez une stratégie basée sur votre analyse.

9. Campbell, le leader incontesté sur le marché des soupes en conserve, n'a pas besoin d'augmenter sa part de marché dans les soupes en conserve vendues annuellement chez les détaillants alimentaires. L'entreprise doit plutôt s'efforcer d'accroître l'utilisation que les clients font de la soupe. Quelle stratégie de croissance intensive Campbell utilise-t-elle ? Qu'est-ce que l'entreprise devrait faire pour atteindre ses objectifs ?

RÉFÉRENCES

1. Steve Harrell, dans un discours prononcé à l'assemblée générale de l'American Marketing Association's Educators' Meeting, Chicago, 5 août 1980.

2. Voir Tamara J. Erickson et C. Everett Shorey, « Business Strategy : New Thinking for the '90s », *Prism*, 4e trimestre de 1992, p. 19-35.

3. Voir Jon R. Katzenbach et Douglas K. Smith, *The Wisdom of Teams : Creating the High-Performance Organization*, Boston, Harvard Business School Press, 1993 ; Michael Hammer et James Champy, *Reengineering the Corporation*, New York, Harper Business, 1993.

4. David Glines, « Do You Work in a Zoo ? », *Executive Excellence*, vol. 11, n° 10, octobre 1994, p. 12-13.

5. Echo Montgomery Garrett, « Outsourcing to the Max », *Small Business Reports*, août 1994, p. 9-14. Les avantages de la sous-traitance sont bien présentés par James Brian Quinn dans *Intelligent Enterprise*, New York, Free Press, 1992.

6. C.K. Prahalad et Gary Hamel, « The Core Competence of the Corporation », *Harvard Business Review*, mai-juin 1990, p. 79-91.

7. Andrea Mackiewicz et N. Caroline Daniels, *The Successful Corporation of the Year 2000*, New York et Londres, The Economist Intelligence Unit, 1994, p. 33-43.

8. « Corporate Culture Shock : An IBM-Apple Computer Joint Venture », *Fortune*, 5 avril 1993, p. 44.

9. James C. Collins et Jerry I. Porras, *Built to Last : Successful Habits of Visionary Companies*, New York, Harper Business, 1994.

10. Voir « The New Breed of Strategic Planning », *Business Week*, 7 septembre 1984, p. 62-68.

11. Voir Peter F. Drucker, *Management : Tasks, Responsibilities and Practices*, New York, Harper & Row, 1973, chap. 7.

12. Voir « The Hollow Corporation », *Business Week*, 3 mars 1986, p. 57-59. Voir aussi William H. Davidow et Michael

S. Malone, *The Virtual Corporation*, New York, Harper Business, 1992.

13. Pour connaître un autre point de vue, voir Laura Nash, « Mission Statements — Mirrors and Windows », *Harvard Business Review*, mars-avril 1988, p. 155-156.

14. Gilbert Fuchsberg, « Visioning Missions Becomes its Own Mission », *The Wall Street Journal*, 7 janvier1994, p. B1:3.

15. Theodore Levitt, « Marketing Myopia », *Harvard Business Review*, juillet-août 1960, p. 45-56.

16. Derek Abell, *Defining the Business: The Starting Point of Strategic Planning*, Englewood Cliffs, N.J., Prentice Hall, 1980, chap. 3.

17. Voir Roger A. Kerin, Vijay Mahajan et P. Rajan Varadarajan, *Contemporary Perspectives on Strategic Planning*, Boston, Allyn & Bacon, 1990.

18. Une décision difficile à prendre est celle de savoir quand récolter et quand désinvestir. Récolter peut réduire la valeur à long terme d'une unité, et il sera alors difficile de trouver preneur. Désinvestir, par contre, est facilité si l'unité a été maintenue en bonne condition pour attirer les acheteurs.

19. Voir Peter Patel et Michael Younger, « A Frame of Reference for Strategy Development », *Long Range Planning*, avril 1978, p. 6-12; S.J.Q. Robinson et autres, « The Directional Policy Matrix — Tool for Strategic Planning », *Long Range Planning*, juin 1978, p. 8-15.

20. Pour un point de vue opposé, voir J. Scott Armstrong et Roderick J. Brodie, « Effects of Portfolio Planning Methods on Decision Making: Experimental Results », *International Journal of Research in Marketing*, 1994, p. 73-84.

21. On peut étendre la même matrice à neuf cellules en ajoutant les produits modifiés et les marchés modifiés. Voir S.C. Johnson et Conrad Jones, « How to Organize for New Products », *Harvard Business Review*, mai-juin 1957, p. 49-62.

22. George Stalk, Philip Evans et Lawrence E. Shulman, « Competing Capabilities: The New Rules of Corporate Strategy », *Harvard Business Review*, mars-avril 1992, p. 57-69.

23. Voir Michael E. Porter, *Competitive Strategy: Techniques for Analyzing Industries and Competitors*, New York, Free Press, 1980, chap. 2.

24. Au sujet des alliances stratégiques, voir Peter Lorange et Johan Roos, *Strategic Alliances: Formation, Implementation and Evolution*, Cambridge, Mass., Blackwell, 1992; Jordan D. Lewis, *Partnerships for Profit: Structuring and Managing Strategic Alliances*, New York, Free Press, 1990.

25. D'après Allan J. Magrath, *The 6 Imperatives of Marketing: Lessons from the World's Best Companies*, New York, Amacom, 1992, chap. 4 avec ajout d'exemples.

26. Voir Robin Cooper et Robert S. Kaplan, « Profit Priorities from Activity-Based Costing », *Harvard Business Review*, mai-juin 1991, p. 13-35.

27. Voir Thomas J. Peters et Robert H. Waterman Jr., *In Search of Excellence: Lessons from America's Best-Run Companies*, New York, Harper & Row, 1982, p. 9-12. Le même cadre est utilisé par Richard Tanner Pascale et Anthony G. Athos, *The Art of Japanese Management: Applications for American Executives*, New York, Simon & Schuster, 1981.

28. Voir Terrence E. Deal et Allan A. Kennedy, *Corporate Cultures: The Rites and Rituals of Corporate Life*, Reading, Mass., Addison-Wesley, 1982; Terrence E. Deal et Allan A. Kennedy, « Corporate Culture », *Business Week*, 27 octobre 1980, p. 148-160; Stanley M. Davis, *Managing Corporate Culture*, Cambridge, Mass., Ballinger, 1984; John P. Kotter et James L. Heskett, *Corporate Culture and Performance*, New York, Free Press, 1992.

29. Wendy Zellner, « Can EDS Shed Its Skin? », *Business Week*, 15 novembre 1993, p. 56-57.

30. Andrew E. Serwer, « Can this Company Be Saved? », *Fortune*, 19 avril 1993, p. 89-90; Gary McWilliams, « Wang's Great Leap out of Limbo », *Business Week*, 7 mars 1994, p. 68-69.

31. Michael J. Lanning et Edward G. Michaels, « A Business Is a Value Delivery System », *McKinsey staff paper*, n° 41, juin 1988.

32. E. Jerome McCarthy, *Basic Marketing: A Managerial Approach*, 12e éd., Homewood, Ill., Irwin, 1996. Deux autres classifications présentent aussi de l'intérêt. Ainsi, Frey a proposé de regrouper toutes les variables en deux catégories: l'offre (produit, service, conditionnement et prix) et les méthodes et outils (canaux de distribution, vente, publicité, promotion des ventes, relations publiques). Voir Albert W. Frey, *Advertising*, 3e éd., New York, Ronald Press, 1961, p. 30. Lazer et Kelly ont proposé une classification en trois facteurs: le mix des biens et des services, le mix de la distribution et le mix de la communication. Voir William Lazer et Eugene J. Kelly, *Managerial Marketing: Perspectives and Viewpoints*, édition revue, Homewood, Ill., Irwin, 1962, p. 413.

33. Robert Lauterborn, « New Marketing Litany: 4 P's Passe; C-Words Take over », *Advertising Age*, 1er octobre 1990, p. 26.

34. Howard Sutton, *The Marketing Plan in the 1990s*, New York, The Conference Board, 1990.

PARTIE II

ANALYSER LES OCCASIONS D'AFFAIRES

La gestion de l'information marketing et l'estimation de la demande

*Bien gérer une entreprise, c'est bien gérer son avenir ;
et gérer l'avenir, c'est gérer l'information.*
MARION HARPER

Prévoir est difficile, surtout lorsqu'il s'agit de l'avenir.
Anonyme

*Prévoir, c'est essayer de conduire une voiture les yeux bandés
en suivant les indications données par une personne
qui regarde dans le rétroviseur.*
Anonyme

Nous avons vu l'importance pour l'organisation de surveiller l'environnement marketing pour se tenir au courant des changements de produits, de services et de pratiques de marketing. Mais comment la direction de l'entreprise peut-elle être au courant des changements qui se produisent dans les désirs des clients ? des initiatives les plus récentes qu'ont prises les concurrents ? des changements qui ont lieu dans les canaux de distribution ? La réponse est simple : la direction doit produire, recueillir et gérer l'information nécessaire à la prise de décision. Les trois facteurs suivants rendent plus que jamais impératifs les besoins d'une meilleure information marketing :

- **L'évolution d'un marketing local à un marketing national, et même mondial.** Comme les entreprises changent l'échelle de leur marché géographique, les cadres ont de plus en plus besoin d'information.

- **Le passage des besoins des acheteurs aux désirs des acheteurs.** À mesure que les revenus des acheteurs s'accroissent, ces derniers deviennent plus sélectifs dans leurs choix de biens. Les vendeurs trouvent de plus en plus difficile de prédire les réponses des acheteurs aux différents modèles, caractéristiques et autres attributs des produits et des services sans utiliser la recherche en marketing.

- **L'évolution de la concurrence par les prix vers d'autres formes de concurrence.** Les entreprises, qui font de plus en plus appel aux marques de commerce, à la différenciation des produits, à la publicité et à la promotion des ventes, ont besoin de connaître l'efficacité de ces instruments de marketing.

Heureusement, l'arrivée de nouvelles technologies de l'information a permis de combler la demande explosive d'une meilleure information. Dans les trente dernières années, nous avons assisté à l'émergence de l'ordinateur, de l'autoroute électronique, du microfilm, de la photocopie, du magnétophone, de la câblodistribution, du télécopieur, du téléphone cellulaire, du magnétoscope, du vidéodisque et d'autres appareils qui ont révolutionné la transmission de l'information. Le changement technologique le plus important pour le management du marketing et la recherche en marketing a été la venue de systèmes informatisés de saisie des données[1].

Certaines entreprises ont élaboré des systèmes avancés d'information marketing capables de fournir rapidement à la direction une information fort détaillée sur les désirs, les préférences et les comportements des acheteurs. Par exemple, la compagnie Coca-Cola sait que les gens aiment bien mettre des glaçons dans leur verre et qu'ils préfèrent que la température des canettes dans les distributeurs soit de 1,7 °C. Plus d'un million d'Américains boivent chaque jour du Coca-Cola au petit-déjeuner. Kimberly-Clark, qui fabrique les mouchoirs de papier Kleenex, sait qu'une personne se mouche en moyenne 256 fois par année. Hoover a branché des chronomètres et d'autres instruments sur des aspirateurs à domicile pour apprendre que les gens prennent en moyenne 35 minutes chaque semaine pour passer l'aspirateur et ainsi recueillir approximativement 3,5 kilos de poussière chaque année et utiliser 6 sacs pour ce faire[2]. Les gens de marketing ont aussi beaucoup d'information sur les habitudes de consommation dans d'autres pays. Sur une base individuelle, en Europe par exemple, les Suisses consomment plus de chocolat, les Grecs mangent plus de fromage, les Irlandais boivent plus de thé, les Autrichiens fument plus de cigarettes[3].

Néanmoins, beaucoup d'entreprises ne sont pas encore très avancées dans le traitement de l'information. Nombre d'entre elles n'ont pas de service de recherche en marketing. Plusieurs entreprises, parmi celles qui ont mis sur pied un tel service, l'utilisent surtout pour des tâches de routine, comme les prévisions des ventes, l'analyse des ventes, et occasionnellement pour des enquêtes. En outre, plusieurs gestionnaires sont insatisfaits de l'information qu'on leur fournit. Ils se plaignent de ne pas savoir où se trouve l'information critique dans l'entreprise, d'obtenir trop d'information qu'ils ne peuvent utiliser ou de ne pas recevoir suffisamment d'information pour répondre à leurs besoins réels, d'obtenir l'information importante trop tard et, finalement, de ne pouvoir compter sur la précision de l'information reçue.

Dans la société d'information où nous vivons, la production d'une information pertinente peut aider une entreprise à devancer ses concurrents. Lorsqu'elle obtient de l'information d'une étude de marché, une entreprise peut évaluer avec soin les occasions d'affaires et choisir ses marchés cibles pour maximiser ses profits. Une partie importante de cette évaluation consiste dans l'estimation de la demande actuelle et future.

Dans ce chapitre, nous apporterons des réponses aux questions suivantes :

- Qu'est-ce qu'un système d'information marketing ?
- En quoi consiste la recherche en marketing ?

- Qu'est-ce qui différencie une bonne recherche en marketing d'une mauvaise ?
- Comment les systèmes informatisés de soutien à la décision peuvent-ils de nos jours aider les managers de marketing à prendre des décisions de marketing ?
- Quels sont les principaux concepts et outils de prévision et de mesure de la demande ?
- Comment peut-on prévoir la demande actuelle et future ?

4.1
QU'EST-CE QU'UN SYSTÈME D'INFORMATION MARKETING ?

Toute entreprise est le point de rencontre de plusieurs flux d'informations qui sont d'intérêt pour les directeurs du marketing. De nombreuses entreprises ont mené des études sur les besoins d'information de leurs cadres et ont conçu des **systèmes d'information marketing** (SIM) pour répondre à ces besoins. Le SIM se définit comme suit :

> Un système d'information marketing est un ensemble de gens, d'équipements et de procédures dont le rôle est de recueillir, de classer, d'analyser,

FIGURE 4.1
Le système d'information marketing

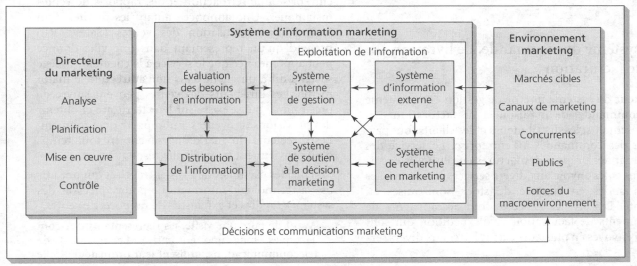

d'évaluer et de distribuer une information pertinente, précise et en temps opportun, destinée aux décideurs de marketing.

Le diagramme de la figure 4.1 réunit les éléments d'un SIM. Les directeurs du marketing ont besoin d'information sur les changements qui se produisent dans l'environnement marketing (côté droit de la figure), de façon à pouvoir remplir leurs responsabilités d'analyse, de planification, de mise en œuvre et de contrôle (côté gauche de la figure). Le rôle du SIM est d'évaluer les besoins en information des cadres, de réunir cette information et de la distribuer en temps opportun aux directeurs du marketing. L'information requise est obtenue à partir des données internes de l'entreprise, des activités d'information marketing, de la recherche en marketing et du système analytique de marketing. Analysons maintenant les quatre sous-systèmes d'information marketing de l'entreprise.

4.2
LE SYSTÈME INTERNE DE GESTION

Le système d'information le plus fondamental utilisé par les cadres du marketing est le système interne de gestion. Ce système de base comprend les commandes, les ventes, les stocks, les comptes clients, les comptes fournisseurs, etc. et fournit les **données relatives aux résultats**. En analysant l'information fournie par ce seul système, les responsables du marketing peuvent déceler des perspectives et des problèmes importants.

4.2.1
Le système de commande, de livraison et de facturation

Le cœur du système interne de gestion est le système de **commande**, de **livraison** et de **facturation**. Les représentants, les distributeurs et les clients font parvenir des commandes à l'entreprise. Le service des commandes prépare des factures en plusieurs exemplaires et les envoie aux divers services intéressés. Les commandes en rupture de stock sont mises en attente. Les articles expédiés sont accompagnés de documents de facturation et d'expédition qui sont aussi envoyés en plusieurs exemplaires aux divers services.

De nos jours, les entreprises désirent que ces différentes étapes soient accomplies rapidement et avec précision. On s'attend à ce que les représentants envoient leurs commandes à la fin de chaque journée et, avec la venue du télécopieur, de l'ordinateur et du téléphone cellulaire, de plus en plus souvent immédiatement. Le service des commandes est conçu pour traiter rapidement les commandes. L'entrepôt est organisé de manière à expédier les marchandises dans les plus brefs délais. De même, les factures doivent être envoyées le plus tôt possible. Plusieurs entreprises utilisent maintenant des logiciels d'échange de données informatisées (EDI) pour accélérer le cycle commande-livraison-facturation. Par exemple, plusieurs grands magasins d'alimentation ou de détail suivent les niveaux de stocks avec des ordinateurs. Lorsque les stocks descendent en bas d'un certain niveau, l'ordinateur transmet électroniquement une commande au fournisseur, qui automatiquement expédie la marchandise au magasin[4].

4.2.2
Le système d'information sur les ventes

Les directeurs du marketing ont besoin d'une information à jour sur les ventes actuelles de l'entreprise. La technologie informatique a révolutionné le travail des représentants de vente en changeant l'art de la vente en un processus d'ingénierie des affaires. Armés d'ordinateurs portatifs, ils ont maintenant un accès immédiat à l'information sur leurs clients potentiels et sur leurs clients actuels, et peuvent fournir à leur entreprise une rétroaction et des rapports de ventes instantanés. Une annonce vantant les mérites d'un logiciel d'automatisation des ventes (SalesCTRL) prétend qu'un représentant dans une ville donnée peut apprendre ce que le service à la clientèle au siège social a dit à un client dans une autre ville le matin même. Les directeurs des ventes peuvent suivre de près tout ce qui se passe sur leur territoire et obtenir des prévisions des ventes à n'importe quel moment. Les directeurs du marketing savent en tout temps d'où proviennent les meilleurs résultats.

Voici les exemples de trois entreprises qui ont utilisé la technologie informatique pour concevoir des systèmes rapides et exhaustifs de rapports de ventes.

Avant de faire une visite, les représentants d'Ascom Timeplex Inc., une entreprise d'équipement de télécommunications, utilisent leur ordinateur Apple

PowerBook pour avoir accès au réseau mondial de données de leur entreprise. Ils peuvent ainsi obtenir les plus récentes listes de prix, les notes courantes sur l'ingénierie et sur les configurations informatiques, les rapports sur les différents types de commandes et le courrier électronique provenant de n'importe où. Et lorsqu'un contrat est signé, le représentant enregistre la commande sur son ordinateur personnel, s'assure qu'il n'y a pas d'erreur et envoie la commande électroniquement au siège social de Timeplex[5].

Baxter, une entreprise de soins de santé, a fourni des ordinateurs au service des achats d'hôpitaux pour que ceux-ci puissent transmettre de façon électronique les commandes directement à Baxter. L'arrivée extrêmement rapide des commandes a permis à Baxter de réduire ses stocks, d'améliorer son service à la clientèle et d'obtenir de meilleures conditions de ses fournisseurs à cause des volumes plus élevés. Baxter a ainsi développé un avantage concurrentiel marqué et sa part de marché a grimpé en flèche.

Les représentants de vente de l'entreprise de papier Mead peuvent obtenir sur-le-champ des réponses aux questions des clients sur l'accessibilité du papier en communiquant avec le centre informatique de l'entreprise. L'ordinateur détermine si le papier se trouve à l'entrepôt le plus près et quand il peut être expédié. S'il y a rupture de stock, l'ordinateur vérifie les stocks dans d'autres entrepôts jusqu'à ce que le papier soit localisé. S'il n'y a plus de stock dans les entrepôts, l'ordinateur détermine le lieu et le moment où le papier sera produit. Les représentants de vente obtiennent la réponse en quelques minutes, voire quelques secondes, acquérant ainsi un avantage sur leurs concurrents.

Le système d'information marketing de l'entreprise devrait présenter un compromis entre ce dont les directeurs pensent avoir besoin, ce dont ils ont réellement besoin et ce qui est réalisable sur le plan économique. Une étape utile à la mise sur pied d'un tel système est la constitution d'un **comité du système d'information interne de marketing**, qui interrogera un échantillon de cadres du marketing, comme des directeurs des produits, des directeurs des ventes ou des représentants, pour découvrir leurs besoins en information. Voici un ensemble de questions pertinentes à cette fin :

1. Quels sont les types de décisions que vous êtes régulièrement amenés à prendre ?

2. De quels types d'information avez-vous besoin pour prendre ces décisions ?

3. De quels types d'information disposez-vous régulièrement ?

4. Quels types d'études spéciales demandez-vous périodiquement ?

5. Quels sont les types d'information que vous aimeriez obtenir et que vous n'obtenez pas maintenant ?

6. Quelle information voudriez-vous obtenir quotidiennement, hebdomadairement, mensuellement, annuellement ?

7. Quels sont les rapports professionnels et les revues que vous aimeriez recevoir sur une base régulière ?

8. Quels sont les sujets précis sur lesquels vous aimeriez être informés ?

9. Quels types de programmes d'analyse de données voudriez-vous avoir à votre disposition ?

10. Quelles seraient, selon vous, les quatre améliorations les plus utiles qu'on pourrait apporter à l'actuel système d'information marketing ?

Ce comité devrait évaluer avec soin les réponses à ces questions, en portant une attention spéciale aux désirs et aux plaintes le plus souvent exprimés et en rejetant les idées inopportunes ou irréalistes.

4.3
LE SYSTÈME D'INFORMATION EXTERNE

Tandis que le système interne de gestion fournit aux cadres des **données sur les résultats**, le système d'information externe (SIE) leur fournit des **données sur les événements**. Le système d'information externe se définit comme suit :

> Le système d'information externe est l'ensemble des procédures et des sources utilisées par les dirigeants pour obtenir leur information quotidienne au sujet de l'évolution de l'environnement marketing.

L'information externe peut être obtenue par les cadres du marketing, surtout grâce à la lecture de livres, de journaux et de publications professionnelles. Ils peuvent l'obtenir également en discutant avec des clients, des fournisseurs, des distributeurs et d'autres personnes-ressources à l'extérieur de l'entreprise, et en parlant avec les autres directeurs et le personnel au sein de l'entreprise. Cette méthode est cependant très empirique, et une information valable peut ainsi être perdue ou arriver trop tard. En effet, les cadres risquent de prendre connaissance d'une action de la concurrence, d'un nouveau besoin des clients ou d'un problème de distribution trop tard pour pouvoir réagir à temps.

Les entreprises bien gérées vont plus loin pour améliorer la qualité de l'information externe et sa quantité. Premièrement, elles peuvent former et motiver la force de vente de manière que cette dernière arrive à cerner tous les faits nouveaux. Les représentants sont « les yeux et les oreilles » de l'entreprise. Ils sont dans une excellente position pour recueillir une information qui ne saurait être recueillie par d'autres moyens. Néanmoins, dans la plupart des cas, ils sont si occupés qu'ils prennent rarement le temps de transmettre cette information pourtant fort utile. L'entreprise doit savoir convaincre sa force de vente de l'importance de recueillir cette information. Par exemple, les représentants de Gaëtan Morin Éditeur, une maison d'édition qui vend des livres aux universités et aux cégeps, sont une source d'information importante pour cette entreprise. Ils peuvent informer les éditeurs de ce qui se passe dans chaque discipline et désigner les personnes qui font de la recherche et qui sont intéressées à écrire des livres.

Deuxièmement, l'entreprise devrait motiver les distributeurs, les détaillants et les autres intermédiaires à faire suivre l'information importante. Considérons l'exemple suivant :

La société Parker Hannifin, un important fabricant d'appareils hydrauliques, a pris des arrangements avec chacun de ses distributeurs de façon qu'ils envoient au service de la recherche en marketing toutes les factures énumérant toutes les ventes de ses produits. Parker Hannifin analyse ces factures pour être au fait des caractéristiques des usagers et pour aider ses distributeurs à améliorer leur programme de marketing[6].

Certaines entreprises engagent des experts pour recueillir l'information attendue d'un SIM. De leur côté, certains magasins de détail font appel à des personnes (des « clients fantômes ») qui agissent comme clients pour surveiller les présentations et le comportement du personnel qui est en contact avec le public. Une chaîne de grands magasins recourt aux services d'une agence qui envoie des clients fantômes faire des achats dans les 26 magasins de la chaîne. Un vice-président de cette chaîne déclarait : « Ce n'est pas une coïncidence si les magasins qui sont les mieux évalués par ces "acheteurs" obtiennent les meilleures ventes. » Le personnel des magasins est informé de la « visite »

et le rapport de la visite lui est présenté. Voici des exemples de questions qu'on trouve dans ce rapport : Combien de temps avez-vous attendu avant qu'un employé vous accueille ? Le représentant de vente a-t-il démontré son intérêt à faire affaire avec vous ? Connaissait-il bien ses produits[7] ?

Il est aussi possible d'apprendre beaucoup sur les concurrents en achetant leurs produits, en assistant à des visites industrielles et à des foires commerciales, en lisant les rapports publiés par les concurrents et en assistant aux réunions des actionnaires, en parlant avec des employés anciens et actuels, avec des concurrents, des vendeurs, des distributeurs, des fournisseurs et des transporteurs, en recueillant les annonces des concurrents et en lisant des journaux comme *Les Affaires*, *The National Post* ou *The Globe and Mail* ainsi que les pages financières des quotidiens et les bulletins d'associations professionnelles.

Troisièmement, l'entreprise peut acheter de l'information à des fournisseurs, comme A.C. Nielsen et d'autres. Ces agences, qui mesurent les mouvements d'inventaire de produits dans les magasins et obtiennent des données par des groupes témoins de consommateurs, offrent ces renseignements aux entreprises à des prix très inférieurs à celui qu'elles devraient payer pour les recueillir elles-mêmes.

Enfin, certaines entreprises ont établi un **centre d'information de marketing au sein de l'entreprise** pour recueillir et faire circuler l'information externe. Le personnel de ce centre fait le suivi des principales publications, en retire l'information pertinente et assure l'acheminement de celle-ci aux différents intéressés. Ce personnel assiste aussi les cadres dans l'évaluation de l'information qui leur est fournie. Ce service améliore beaucoup la qualité de l'information offerte aux directeurs du marketing.

4.4
LE SYSTÈME DE RECHERCHE EN MARKETING

À part les données fournies par le système interne de gestion et le système d'information externe, les cadres du marketing ont souvent besoin d'études portant sur des perspectives ou des problèmes particuliers. Ils ont besoin, par exemple, d'études de marché, de tests de préférence pour des produits, de prévisions des ventes par région ou d'études sur l'efficacité de la publicité. La **recherche en marketing** se définit comme suit :

> La recherche en marketing est l'élaboration, la collecte, l'analyse, la communication et l'exploitation systématiques de données et de résultats relatifs à une situation de marketing déterminée à laquelle l'entreprise doit faire face.

Il ne faudrait pas confondre la recherche en marketing avec l'étude de marché. Une **étude de marché**, une recherche sur un marché précis, n'est qu'un élément de la recherche en marketing.

4.4.1
Les prestataires de services de recherche en marketing

La recherche en marketing peut prendre plusieurs formes. La plupart des grandes entreprises ont leur propre service de recherche en marketing[8]. Le directeur de la recherche en marketing dépend normalement du vice-président du marketing et agit en tant que directeur d'études, administrateur, consultant pour l'entreprise et défenseur des intérêts de l'entreprise.

La compagnie Procter & Gamble affecte des chercheurs à chaque division de l'entreprise pour faire de la recherche sur les marques existantes. Il y a deux groupes de recherche indépendants au sein de l'entreprise : l'un est responsable de l'ensemble de la recherche sur la publicité de l'entreprise et l'autre est responsable des tests de marché. Le personnel de chaque groupe comprend des directeurs de la recherche en marketing, assistés par des spécialistes (concepteurs de sondages, statisticiens, behavioristes), et des préposés à la collecte des données sur le terrain pour la supervision et les interviews. Chaque année, Procter & Gamble appelle ou visite des milliers de personnes dans le cadre de douzaines de projets de recherche.

Chez Hewlett Packard, la recherche en marketing est la responsabilité du Centre de recherche et d'information sur le marché, situé au siège social de l'entreprise. Il s'agit d'une ressource partagée par toutes les divisions de Hewlett Packard partout dans le monde. Ce centre est divisé en trois groupes. Le Centre d'information sur le marché fournit des données de base sur les industries, les marchés et les concurrents utilisant des données secondaires ou des données fournies par des services multi-intérêts. Les équipes de soutien à la décision fournissent des services-conseils pour la recherche. Et les satellites régionaux sont des unités situées un peu partout dans le monde pour appuyer les initiatives régionales de Hewlett Packard[9].

Quoique les petites entreprises ne puissent posséder leur propre service de recherche en marketing ni même se payer les services de cabinets-conseils de recherche en marketing, elles peuvent réaliser de la recherche de façon créative et abordable de plusieurs façons telles que les suivantes :

Le recours à des étudiants ou à des professeurs pour la conception et la réalisation de projets de recherche. Dans certains cours de marketing, les étudiants recherchent auprès d'organisations du milieu de petits projets de recherche, voire des projets importants. Plusieurs universités offrent même des services-conseils à des coûts raisonnables aux entreprises qui ne pourraient autrement verser les honoraires des agences de conseillers en marketing. Elles obtiennent ainsi les services d'étudiants en sciences administratives fort motivés qui sont supervisés par des professeurs d'expérience.

L'utilisation de services d'information électroniques. Certaines entreprises, comme CompuServe, offrent une information commerciale à un coût minime. Par exemple, les PME peuvent faire une recherche sur des clients potentiels utilisant les services de CompuServe à un coût approximatif de 15 $ l'heure.

L'observation des concurrents. Plusieurs PME visitent de façon régulière leurs concurrents. Ainsi, un propriétaire de restaurants accorde une allocation à ses directeurs pour que ceux-ci prennent des repas à l'extérieur et rapportent de nouvelles idées. Un bijoutier qui visite régulièrement des concurrents dans d'autres villes a découvert un type d'éclairage unique pour ses présentoirs, qu'il utilise maintenant[10].

Aux États-Unis, les entreprises affectent généralement environ de 1 % à 2 % de leur chiffre d'affaires à leur budget de recherche en marketing. Entre 50 % et 80 % de cet argent est dépensé directement par le service, et le reste prend la forme de contrats à des agences de recherche en marketing. Une recherche menée au Québec auprès de 304 entreprises de services a révélé qu'elles consacraient 4,8 % de leur budget de marketing à la recherche et à la planification, et 2,1 % à l'achat de services d'experts-conseils[11]. On a aussi effectué une analyse plus approfondie des pratiques de recherche en marketing auprès des entreprises de services. Les entreprises qui font le plus de recherche sont celles qui ont un niveau de technologie élevé dans leur industrie, qui ont de bonnes relations avec les divers intervenants, qui se préoccupent de la protection de l'environnement et qui ont un service du marketing dont l'influence sur les décisions, les orientations et la destinée de l'entreprise a considérablement augmenté au cours des cinq dernières années[12].

Les agences de recherche en marketing peuvent se classer en trois catégories :

Les agences de recherche offrant des services multi-intérêts. Ces agences recueillent continuellement, sur les consommateurs et sur les milieux commerciaux et industriels, de l'information qu'elles vendent à leurs clients moyennant un abonnement. Ce sont, par exemple, A.C. Nielsen et SAMI/Burke. Une autre forme de service de ces agences est le sondage omnibus, dans lequel une firme comme Léger & Léger permet à plusieurs entreprises de poser quelques questions à un échantillon représentatif à l'échelle du Québec, par exemple, et ce à un prix relativement modeste.

Les agences de recherche sur commande. Ces agences, telles Adhoc recherche, Léger & Léger ou SOM, entreprennent, pour le compte de leurs clients, des projets précis de recherche. Elles participent à la conception de la recherche, et le rapport devient la propriété du client.

Les agences spécialisées. Ces agences fournissent un service spécialisé à d'autres agences de recherche en marketing et au service du marketing des entreprises. Tel est le cas, par exemple, des maisons de sondage qui vendent des services d'entrevues à des agences de recherche en marketing.

Les activités et les techniques de recherche en marketing se sont accrues de façon régulière au cours des dernières années. On trouvera au tableau 4.1 une liste de 39 activités de recherche en marketing et le pourcentage d'entreprises canadiennes et américaines qui réalisent ces activités.

4.4.2
Le processus de recherche en marketing

Une recherche en marketing efficace comprend cinq étapes : 1° la **définition du problème de recherche et**
des objectifs de la recherche ; 2° l'**élaboration du plan de recherche** ; 3° la **collecte des données** ; 4° l'**analyse des données** ; 5° la **communication des résultats** (voir la figure 4.2). Illustrons ces étapes à l'aide de la situation hypothétique suivante :

> Orléans Express recherche intensément des moyens d'accroître sa présence dans le transport de passagers pour le trajet Québec-Montréal. La direction reconnaît que plusieurs voyageurs préfèrent à l'autocar des moyens de transport tels que l'automobile, l'avion et le train. Le transport par autocar a légèrement décliné. La direction désire donc cerner les services de transport les plus appropriés qu'elle devrait offrir pour pouvoir accroître sa base de voyageurs fidèles au transport par autocar et à l'entreprise.

La définition du problème de recherche et des objectifs de la recherche

La première étape de la recherche en marketing exige que le directeur du marketing et le responsable de la recherche en marketing définissent avec soin le problème de recherche et se mettent d'accord sur les objectifs de la recherche. Un dicton dit qu'« un problème bien défini est à moitié résolu ».

La direction doit éviter de définir le problème à résoudre d'une façon trop large ou trop étroite. Si le directeur du marketing demande au responsable de la recherche de trouver tout ce qu'il peut au sujet des besoins des voyageurs utilisant l'autocar, il recevra beaucoup d'information superflue et pas nécessairement l'information opportune. D'autre part, si le directeur du marketing demande au responsable de la recherche de trouver quels services additionnels désirent les passagers des autocars pour le trajet Québec-Montréal, il s'agira là d'une vue trop étroite du problème. Plusieurs usagers potentiels de nouveaux services d'Orléans Express ne seraient pas nécessairement des usagers des services actuels.

Après avoir réfléchi au problème, on pourrait constater que les gens font des voyages pour diverses raisons. Certains voyages sont faits par affaires, d'autres pour les loisirs, d'autres encore pour la visite de parents ou d'amis. Il serait plausible que les services de voyage désirés dépendent des motifs de déplacement. Cette façon de voir pourrait soulever les questions de recherche suivantes :

TABLEAU 4.1

Les activités de recherche des entreprises canadiennes et américaines

Type de recherche	Pourcentage		Type de recherche	Pourcentage	
	Canada	États-Unis		Canada	États-Unis
A. Recherche économique et organisationnelle			**D. Distribution**		
1. Études des caractéristiques et des tendances des marchés et des industries	92	92	1. Études de la localisation d'usines et d'entrepôts	39	25
2. Études d'acquisition et de diversification	64	50	2. Études du rendement des canaux de distribution	32	39
3. Analyses des parts de marché	90	85	3. Études des couvertures des canaux de distribution	27	31
4. Études effectuées auprès des employés	—	72	4. Études des exportations et des affaires internationales	21	32
5. Études de l'image de l'entreprise	72	—	**E. Promotion**		
6. Études de l'éthique du marketing et des affaires	30	—	1. Études de motivation	37	58
B. Prix			2. Recherches sur les médias	49	70
1. Analyses des coûts	76	57	3. Recherches sur les messages	39	68
2. Analyses de la rentabilité	81	55	4. Études de l'efficacité des messages publicitaires	53	67
3. Études de l'élasticité des prix	29	56	5. Études de la publicité des concurrents	37	43
4. Analyses de la demande			6. Études de l'image	48	65
a) marché potentiel	77	78	7. Études de la rémunération des vendeurs	52	34
b) potentiel de ventes	75	75	8. Études des quotas des vendeurs	38	28
c) prévision des ventes	77	71	9. Études de la structure territoriale de la force de vente	40	32
5. Analyses des prix des concurrents	68	71	10. Études des primes, coupons et rabais	—	47
C. Produit			11. Études de l'efficacité de la promotion des ventes	37	—
1. Développement et tests de concepts	66	78	**F. Comportement d'achat**		
2. Création et tests de noms de marques	45	55	1. Études des préférences pour les marques	45	78
3. Tests de marché	45	55	2. Études de l'attitude envers les marques	48	76
4. Tests de produits existants	50	63	3. Études de la satisfaction des produits	—	87
5. Études du design du conditionnement	35	48	4. Études du comportement d'achat	—	80
6. Études des produits concurrents	53	54	5. Études des intentions d'achat	47	79
			6. Études de la notoriété de la marque	48	80
			7. Études de segmentation	56	84

Sources: James G. Barnes et Eva Kiess-Moser, *Managing Marketing Information for Strategic Advantage*, Ottawa, Conference Board of Canada, 1991; Thomas C. Kinnear et Ann R. Root (dir.), *1994 Survey of Marketing Research: Organization, Functions, Budget, Compensation*, Chicago, American Marketing Association, 1994, p. 49.

FIGURE 4.2

Le processus de recherche en marketing

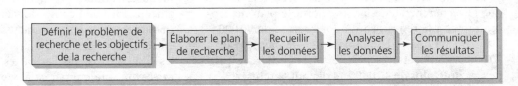

1. Quelles sont les principales raisons pour lesquelles les personnes de 18 ans ou plus font des voyages interurbains sur le parcours Québec-Montréal?

2. Quelles sont les caractéristiques des gens qui voyagent pour chaque raison particulière?

3. Par quelles caractéristiques de leurs services de voyage l'automobile, l'avion, le train et l'autocar se différencient-ils?

4. Parmi les caractéristiques de ces services, lesquelles la direction devrait-elle tenter de fournir aux voyageurs actuels et potentiels?

Les objectifs d'une recherche ne peuvent pas toujours être définis d'une façon aussi précise. On peut mener des projets de recherche de trois types. Certaines recherches, dites **exploratoires**, consistent à faire une collecte préliminaire de données pour jeter un éclairage sur la vraie nature d'un problème et, si possible, dégager certaines hypothèses ou nouvelles idées. D'autres recherches sont **descriptives**, c'est-à-dire qu'elles tracent un portrait d'une situation qui permet de connaître le nombre ou le pourcentage de clients réagissant à une variable comme le prix, par exemple le nombre de personnes prêtes à payer des frais supplémentaires pour un service de luxe ou un service de bar dans des autocars. D'autres recherches sont **causales**, c'est-à-dire qu'elles tentent de tester les relations de cause à effet, par exemple de vérifier si une réduction de 20 % des prix amènerait une augmentation de 20 % de l'utilisation des autocars de luxe.

L'élaboration du plan de recherche

La deuxième étape de la recherche en marketing est celle de l'élaboration du plan de recherche le plus efficace pour la collecte des données. Le directeur du marketing doit connaître le coût du plan de recherche avant de l'approuver. Supposons que l'entreprise estime que l'introduction d'un nouveau service d'autocar, sans la recherche en marketing, pourrait apporter un profit à long terme de 50 000 $. Supposons également que le directeur de la recherche croie que la recherche l'aidera à améliorer le plan de promotion et à faire un profit à long terme de 90 000 $. Dans un tel cas, il devrait accepter de payer jusqu'à 40 000 $ pour cette recherche. Si la recherche proposée coûte plus de 40 000 $, il devrait la refuser[13].

La conception d'un plan de recherche exige des décisions sur les **sources de données**, sur la **méthodologie de la recherche**, sur les **instruments de recherche**, sur le **plan d'échantillonnage** et sur les **méthodes de contact**.

Les sources de données

Le plan de recherche commande la collecte de données secondaires ou primaires, ou les deux. Les **données secondaires** se composent de renseignements qui existent déjà quelque part et qui ont été recueillis dans un autre but. Les **données primaires** consistent en une information originale recueillie pour un projet de recherche précis.

Les chercheurs commencent ordinairement leur investigation en examinant les données secondaires, pour voir si leur problème peut être partiellement ou totalement résolu sans avoir à faire une collecte de données primaires, qui coûte normalement plus cher. On trouvera au tableau 4.2 quelques exemples de la très grande variété des sources de données secondaires externes existantes[14]. Les données secondaires sont en fait le point de départ de la recherche. Elles offrent les avantages d'être économiques et rapidement accessibles.

Toutefois, les données recherchées peuvent ne pas exister, être désuètes ou partielles, ou encore on peut mettre en doute leur fiabilité ou leur validité. Dans un tel cas, le chercheur devra se lancer à la poursuite de données primaires, plus coûteuses et plus longues à obtenir. La plupart des projets de recherche en marketing incluent une forme quelconque de collecte de données primaires. La collecte de données primaires coûte cher, mais les données obtenues par ce moyen sont normalement plus utiles pour le problème étudié. La procédure typique consiste à interviewer un certain nombre de personnes individuellement ou en groupe, afin de pouvoir se faire une première idée de ce que les gens pensent au sujet d'un produit ou d'un service comme le transport par autocar et de certains détails précis.

Lorsqu'elles sont stockées et utilisées correctement, les données recueillies sur le terrain peuvent aider à former l'épine dorsale d'une campagne de marketing. Les responsables du marketing dans les entreprises de marketing direct, tels les clubs de livres, les clubs de disques, les cartes de crédit et les entreprises qui vendent par catalogue, ont reconnu depuis

TABLEAU 4.2
Les sources de données secondaires

1. **Données internes**
   - États financiers, résultats des ventes, rapports de ventes, facturation, rapports de recherche

2. **Sources générales**
   - Journaux et périodiques
     Les Affaires, Commerce, Affaires Plus, The National Post, The Globe & Mail, Canadian Business, Financial Times of Canada, Le Consommateur canadien, Le Banquier canadien, Marketing, Journal of Marketing, La Revue française de marketing
   - Répertoires d'organismes internationaux (ONU, BIT) et canadiens, comme *Index des périodiques canadiens, Point de repère, Index de l'actualité, Index des affaires, Radar, Periodex, European Business Services Index, Marketing Abstracts (Journal of Marketing)*
   - Bibliographies
     Bibliographie des bibliographies canadiennes et les bibliographies de l'American Marketing Association

3. **Catalogues du gouvernement**
   - Catalogues de Statistique Canada et le *Recueil stratégique des études de marché* de Statistique Canada

4. **Annuaires**
   - Annuaires téléphoniques et répertoires municipaux
   - Annuaires de commerce
     Canadian Trade Index, Fraser's Canadian Trade Directory, Scott's Directory, Directory of Canadian Trade Directories
   - Annuaires de médias
     Canadian Advertising Rates and Data, National List of Advertisers, Canadian Serials Directory

5. **Abrégés de statistiques**
   - *Annuaire du Canada, Handbook of Canadian Consumer Markets, Financial Post Survey of Markets, Revue statistique canadienne*

6. **Banques de données électroniques**
   - www.statcan.ca
   - www.micst.gouv.qc.ca
   - ABI/INFORM
   - Services de bibliothèque CD-ROM

longtemps le pouvoir de la base de données de marketing.

Une base de données de marketing est un ensemble cohérent de données sur les clients actuels ou potentiels qui est à jour, accessible et utilisable à des fins de marketing comme la création de pistes de vente, la qualification de clients potentiels, la vente d'un produit ou d'un service, ou le maintien d'une relation avec les clients.

De nombreuses entreprises offrant des produits aussi variés que des biens de consommation courante ou des automobiles ont réorienté leurs efforts de marketing, passant d'un marketing s'appuyant sur les médias à un marketing axé sur une base de données. Voici deux exemples :

La firme Blockbuster, qui œuvre dans le secteur des loisirs, utilise ses banques de données portant sur des millions de ménages et de transactions quotidiennes pour aider ses clients qui veulent louer des films à faire de meilleurs choix ou pour les diriger vers les filiales de cette entreprise.

La compagnie Kraft General Foods a recueilli une liste de millions d'utilisateurs de ses produits qui lui ont fourni leur nom lors d'offres de remboursement ou en répondant à d'autres promotions de cette entreprise. Selon leurs intérêts, Kraft General Foods leur envoie régulièrement des suggestions sur des sujets tels que l'alimentation et le conditionnement physique, de même que des recettes ou encore des bons de réduction pour diverses marques de cette entreprise[15].

Nous verrons plus en détail le marketing axé sur une base de données au chapitre 23.

La méthodologie de la recherche

Il existe quatre méthodes pour recueillir l'information : l'observation, l'entrevue de groupe, le sondage et l'expérimentation.

L'observation. Une première façon de faire la collecte de nouvelles données est d'observer les acteurs et les milieux en cause. Les chercheurs d'Orléans Express pourraient se promener dans des gares d'autocars et de trains, dans des aéroports ou visiter des agences de voyages pour écouter ce que les voyageurs disent au sujet des différents transporteurs et voir comment les agents informent les passagers et traitent les commandes. Ces chercheurs pourraient voyager par autocar, par train ou par avion pour observer la qualité du service et écouter les réactions des consommateurs. Leurs observations pourraient être la source de certaines hypothèses utiles sur la façon dont les voyageurs choisissent leur transporteur.

L'entrevue de groupe. Une entrevue de groupe, ou groupe de discussion (*focus group interview*), consiste en une rencontre de 6 à 10 personnes qui passent quelques heures avec un intervieweur qualifié pour discuter d'un projet, d'un service, d'une organisation ou de toute autre question de marketing. L'intervieweur doit être objectif, avoir une bonne connaissance du sujet, de l'industrie, de la dynamique des groupes et du comportement du consommateur, sinon les résultats pourraient être erronés. Une certaine rémunération est normalement remise aux participants. La réunion se tient habituellement dans un endroit plaisant, comme un bureau spécialement aménagé à cet effet ou même le salon d'un domicile, et l'on sert des rafraîchissements pour détendre les gens.

Dans le cas d'Orléans Express, par exemple, l'intervieweur pourrait commencer la réunion par une question très large comme : « Que pensez-vous du transport interurbain ? » Peu à peu, il posera des questions plus précises pour savoir ce que les gens pensent de différents services qu'ils pourraient désirer lorsqu'ils voyagent par avion, par autocar ou par train. L'intervieweur anime une discussion libre et décontractée entre les participants, dans l'espoir que la dynamique du groupe permettra de révéler des pensées et des sentiments profonds qui seront nouveaux pour le chercheur. En même temps, l'intervieweur s'assure que la discussion porte bien sur le sujet. On enregistre la discussion sur un support audio ou vidéo, l'intervieweur et des observateurs prennent des notes, et l'on étudie cette information après coup, afin de comprendre le comportement et les attitudes des consommateurs.

L'entrevue de groupe peut aussi être une étape exploratoire, préalable à la conception d'un sondage à grande échelle. Elle fournit un éclairage sur les perceptions et les attitudes ainsi que sur la satisfaction et l'insatisfaction des consommateurs, ce qui sera important pour définir les problèmes à étudier plus méthodiquement. Les fabricants de biens de consommation, désireux de comprendre le niveau d'intérêt pour des produits particuliers, utilisent les entrevues de groupe depuis de nombreuses années. De plus, un nombre croissant d'entreprises privées, notamment dans le domaine des médias, et d'entreprises publiques et parapubliques en découvrent tous les jours la valeur. Cependant, quelle que soit l'utilité des entrevues de groupe, les chercheurs doivent éviter de généraliser les impressions des participants à ces groupes à l'ensemble de la population du marché, puisque l'échantillon n'a pas été pris au hasard et que sa taille est trop petite[16].

Le sondage. La recherche par sondage représente une voie moyenne entre, d'une part, la nature exploratoire de l'observation et de l'entrevue de groupe et, d'autre part, la rigueur de la recherche expérimentale. Généralement, l'observation et l'entrevue de groupe conviennent mieux à la recherche exploratoire, les sondages sont plus indiqués pour la recherche descriptive et l'expérimentation est plus adaptée à la recherche causale. Les sondages sont utilisés par les entreprises pour comprendre les connaissances, les croyances, les préférences, la satisfaction des gens, etc., et pour en mesurer l'importance dans la population. Ainsi, les chercheurs d'Orléans Express voudront enquêter sur le nombre de gens qui connaissent Orléans Express, qui ont pris l'autocar dans les derniers mois, qui préfèrent ce moyen de transport, etc. Nous étudierons les sondages plus en détail quand nous nous pencherons plus loin sur les instruments de recherche, sur le plan d'échantillonnage et sur les moyens de contact.

L'expérimentation. La méthode de recherche la plus rigoureuse, du point de vue scientifique, est l'expérimentation. Cette méthode exige que des groupes de sujets identiques soient choisis et soumis à des traitements différents, que les variables exogènes soient contrôlées et que les divers effets soient vérifiés pour qu'on puisse déterminer s'ils sont statistiquement significatifs. Dans la mesure où les variables exogènes sont éliminées ou contrôlées, les effets observés peuvent être liés aux variations dans les stimuli. Le but de la recherche expérimentale est de déceler les relations de cause à effet en éliminant les explications conflictuelles des résultats observés.

Un exemple de plan expérimental de recherche serait, pour Orléans Express, d'installer des téléphones cellulaires dans les autocars de divers circuits et de les offrir aux passagers à certains tarifs. Ces tarifs pourraient varier selon les circuits et les voyages. Le nombre d'utilisateurs et le prix des appels seraient enregistrés. Orléans Express pourrait ainsi déterminer l'effet des divers tarifs exigés sur l'utilisation de ce nouveau service.

La méthode expérimentale fournit l'information la plus rigoureuse quand on applique les bons moyens de contrôle. Par exemple, si l'activité de certains jours n'est pas typique du reste de la semaine, il serait alors nécessaire de contrôler cette source de variation en prenant toutes les mesures pour les jours comparables.

Les instruments de recherche

Les chercheurs en marketing ont le choix de deux principaux instruments de recherche pour la collecte de données primaires : le questionnaire et les instruments techniques.

Le questionnaire. Un questionnaire consiste en un ensemble de questions présentées aux personnes interrogées pour qu'elles puissent y répondre. Le questionnaire est très flexible puisqu'il existe d'innombrables façons de poser des questions. Les questionnaires doivent être élaborés avec soin, testés et corrigés avant d'être utilisés à une grande échelle. On peut facilement découvrir plusieurs erreurs dans un questionnaire préparé sans rigueur.

En préparant un questionnaire, un spécialiste de la recherche en marketing choisira avec soin les questions elles-mêmes, leur forme ainsi que leur ordre. Une erreur courante concerne les **questions elles-mêmes**, à savoir la nature des questions posées : parfois, on inclut des questions qui ne devraient pas être posées ou n'ont pas besoin de l'être, alors qu'on omet des questions qui devraient être posées. Les questions qui ne sont pas d'intérêt devraient être éliminées parce qu'elles accroissent la durée du temps de réponse requis et risquent d'indisposer les personnes interrogées.

D'autre part, la **forme de la question** peut exercer une influence sur la réponse. Les chercheurs en marketing distinguent les questions fermées des questions ouvertes. Les **questions fermées** énumèrent toutes les réponses possibles, et la personne sondée doit faire un choix parmi celles-ci. Les **questions ouvertes** permettent à la personne sondée de répondre dans ses propres mots. Les questions fermées fournissent des réponses qui sont plus faciles à classer, à analyser et à interpréter.

Par contre, les questions ouvertes procurent beaucoup d'information parce que les personnes interrogées ne sont pas limitées dans leurs réponses. Les questions ouvertes conviennent particulièrement à l'étape exploratoire de la recherche, car le chercheur vise davantage à mieux connaître la façon dont les gens pensent qu'à mesurer précisément combien de personnes pensent d'une certaine manière. Vous trouverez au tableau 4.3 des exemples des deux types de questions.

On doit aussi apporter une grande attention au **choix des termes** et à l'**ordre des questions**. Le chercheur doit choisir des termes simples, directs et impartiaux. Il est important de tester les questions sur un échantillon représentatif de personnes avant de les inclure dans le questionnaire. Les premières questions doivent éveiller l'intérêt autant que possible. Les questions difficiles ou personnelles devraient être réservées pour la fin de l'entrevue afin d'éviter que les personnes interrogées se tiennent sur la défensive dès le début. Finalement, les questions devraient être posées dans un ordre logique.

Des recherches récentes ont démontré que le fait de demander à des personnes d'évaluer une marque donnée par rapport à des attributs au début d'un questionnaire influence l'évaluation globale de la même marque qui sera faite plus tard dans ce questionnaire. Deux effets sont possibles : un effet de reconnaissance lorsque l'évaluation globale présente de la cohérence avec l'évaluation préalable, ou un effet de retour quand l'évaluation globale est incohérente par rapport aux réponses préalables. Les chercheurs en marketing doivent être conscients de ces effets lorsqu'ils décident de l'ordre des questions du questionnaire[17].

Les instruments techniques. Dans la recherche en marketing, les instruments techniques sont utilisés beaucoup moins fréquemment que les questionnaires. Le galvanomètre sert à mesurer l'intensité des émotions soulevées chez un sujet par l'exposition à une annonce ou à une image particulière. Il mesure les moindres changements de sudation de la peau qui accompagnent en général l'éveil d'une émotion. Le tachistoscope, lui, est un instrument qui présente à un sujet des images à un taux d'exposition variable pouvant aller d'un centième de seconde à plusieurs secondes. Après chaque exposition, le sujet décrit tout ce dont il peut se souvenir. Quant à la caméra oculaire, elle est utilisée, notamment, pour étudier les mouvements des yeux d'un sujet face à un message publicitaire, afin de déterminer sur quel point précis ses yeux se sont fixés en premier et combien de temps il s'est attardé sur un article, etc. Enfin, l'audiomètre est un appareil électronique branché sur un poste de télévision dans les ménages participant à une étude sur la nature et la durée des émissions écoutées[18].

TABLEAU 4.3
Les types de questions

1. Questions fermées

Nom	Définition	Exemple
Question dichotomique	Question offrant un choix entre deux réponses possibles	En faisant les arrangements pour ce voyage, avez-vous joint personnellement Air Canada ? Oui ☐ Non ☐
Question à choix multiple	Question qui offre plus de deux réponses parmi lesquelles on doit choisir	Avec qui voyagez-vous sur ce vol ? Seul ☐ Enfants seulement ☐ Avec conjoint ☐ Collègue(s) de travail/ami(s)/parent(s) ☐ Avec conjoint et enfants ☐ Voyage organisé ☐
Échelle de Likert	Énoncé par rapport auquel la personne interrogée indique son degré d'accord ou de désaccord	Les petites compagnies aériennes donnent généralement un meilleur service que les grandes. Fortement en désaccord En désaccord Ni d'accord ni en désaccord D'accord Fortement d'accord 1 ☐ 2 ☐ 3 ☐ 4 ☐ 5 ☐
Échelle sémantique différentielle	Échelle insérée entre deux mots de sens contraire où la personne interrogée choisit le point qui représente son jugement	Air Canada Grande __ __ __ __ __ __ __ Petite Expérimentée __ __ __ __ __ __ __ Inexpérimentée Moderne __ __ __ __ __ __ __ Vieux jeu
Échelle d'importance	Échelle qui mesure l'importance d'un attribut donné : d'« extrêmement important » à « pas du tout important »	Les repas servis à bord d'un avion sont pour moi un élément : extrêmement important très important plutôt important peu important pas du tout important 1 ☐ 2 ☐ 3 ☐ 4 ☐ 5 ☐
Échelle d'évaluation	Échelle graduée qui permet d'évaluer un attribut de « mauvais » à « excellent »	Les repas sur les vols d'Air Canada sont : excellents bons très bons passables mauvais 1 ☐ 2 ☐ 3 ☐ 4 ☐ 5 ☐
Échelle d'intention de comportement	Échelle qui décrit les intentions d'achat de la personne interrogée	Quelle est la probabilité que vous utilisiez un téléphone à bord d'un avion long-courrier ? Fortement improbable Improbable Ni probable ni improbable Probable Fortement probable 1 ☐ 2 ☐ 3 ☐ 4 ☐ 5 ☐

2. Questions ouvertes

Nom	Définition	Exemple
Question générale	Question à laquelle les personnes interrogées peuvent répondre de façon presque illimitée	Quelle est votre opinion sur Air Canada ? _____ _____ _____
Association d'idées	Présentation de mots auxquels les personnes interrogées doivent ajouter ce qui leur vient à l'esprit	Quel est le premier mot qui vous vient à l'esprit lorsque vous lisez chacun des mots suivants ? Compagnie aérienne : _____ Air Canada : _____ Voyage : _____

→

TABLEAU 4.3
Les types de questions (*suite*)

2. Questions ouvertes (*suite*)		
Nom	**Définition**	**Exemple**
Achèvement d'un propos	Début de phrase à terminer	Quand je choisis une compagnie aérienne, mon critère principal de décision est _____
Achèvement d'une histoire	Histoire inachevée à compléter	« J'ai fait un voyage avec Air Canada il y a quelques jours. J'ai remarqué que les couleurs à l'intérieur et à l'extérieur de l'avion étaient très brillantes. Cela éveilla en moi des sentiments et des pensées. » Complétez cette histoire.
Achèvement d'un dessin	Dessin mettant en scène deux personnages où manque une réplique qu'il faut ajouter	Remplissez la bulle vide.
Test de perception thématique	Dessin sur lequel on demande de donner ses impressions, d'écrire une histoire, de décrire ce qui se passe ou ce qui pourrait se passer	Écrivez une histoire au sujet de ce que vous voyez.

Le plan d'échantillonnage

Une recherche en marketing exige également un plan d'échantillonnage qui nécessite trois décisions.

L'unité d'échantillonnage. « Sur qui fait-on l'enquête ? » Le chercheur en marketing doit définir la population cible qui doit être échantillonnée. Dans l'enquête d'Orléans Express, l'unité d'échantillonnage devrait-elle être les voyageurs d'affaires, les vacanciers ou les deux catégories ? Les voyageurs dont l'âge est inférieur à 21 ans devraient-ils être interviewés ? De même, les conjoints devraient-ils être interviewés ? Une fois l'unité d'échantillonnage choisie, un cadre d'échantillon doit être élaboré de façon que toute personne faisant partie de l'unité d'échantillonnage ait une chance égale d'être choisie.

La taille de l'échantillon. « Combien de personnes devraient être interrogées ? » Un échantillon de grande taille donne des résultats plus fiables qu'un échantillon restreint. Il n'est cependant pas nécessaire d'interroger toute la population du marché cible ni même une portion substantielle de celle-ci pour atteindre de bons résultats. Les échantillons de moins de 1 % de la population procurent une fiabilité suffi-sante, à condition qu'on ait utilisé une méthode d'échantillonnage appropriée.

La méthode d'échantillonnage. « Comment les sujets devraient-ils être choisis ? » Pour obtenir un échantillon représentatif, un échantillon probabiliste de la population est nécessaire. Un **échantillon probabiliste** permet de calculer les limites de confiance des résultats par rapport à l'erreur d'échantillonnage. Ainsi, une bonne méthode d'échantillonnage permet de conclure, par exemple, qu'il y a 95 % de chances pour que l'intervalle de confiance de 10 à 12 voyages par année soit le véritable nombre de voyages faits annuellement par les voyageurs du trajet Québec-Montréal. On trouvera trois types d'échantillons probabiliste dans la première partie du tableau 4.4. Quand le coût ou le temps associé à un échantillon probabiliste est trop important, les chercheurs utilisent des méthodes d'échantillonnage non probabiliste. On trouvera dans la seconde partie du tableau 4.4 la description de trois types d'échantillons non probabilistes. Certains chercheurs en marketing croient que les échantillons non probabilistes peuvent être très utiles dans certaines circonstances, même s'il est impossible de mesurer l'erreur d'échantillonnage.

TABLEAU 4.4

Les méthodes d'échantillonnage probabiliste et non probabiliste

Échantillons probabilistes

- Échantillon aléatoire simple

  Chaque personne de la population a une chance connue et égale d'être choisie.

- Échantillon aléatoire stratifié

  La population est divisée en groupes d'âge, et des échantillons aléatoires sont tirés de chaque groupe.

- Sondage par grappes

  La population est divisée en groupes mutuellement exclusifs, comme les quartiers d'une ville, et le chercheur procède au tirage au hasard de groupes à interviewer.

Échantillons non probabilistes

- Échantillon de convenance

  Le chercheur sélectionne dans une population des individus facilement accessibles pour recueillir de l'information auprès d'eux.

- Échantillon raisonné

  Le chercheur met à profit son jugement pour choisir les membres de la population qui sont susceptibles de fournir une information précise.

- Sondage par quotas

  Le chercheur circonscrit et interviewe un nombre défini de personnes dans plusieurs catégories.

Les méthodes de contact

Les méthodes de contact constituent des réponses à la question « Comment les sujets doivent-ils être joints ? » Elles sont au nombre de trois : le questionnaire postal, l'interview par téléphone et l'interview sur place.

Le questionnaire postal. C'est probablement la meilleure méthode pour entrer en communication avec les individus qui n'accorderaient pas d'entretiens ou dont les réponses pourraient être déformées par les enquêteurs. Toutefois, les questionnaires postaux exigent des questions simples et clairement formulées. De plus, le taux de réponse est en général faible et lent, et le coût est de plus en plus élevé.

L'interview par téléphone. C'est la meilleure méthode pour recueillir de l'information rapidement ; de plus, l'enquêteur peut clarifier les questions si elles ne sont pas comprises. Le taux de réponse est nettement plus élevé que dans le cas du questionnaire postal. Le principal désavantage de cette méthode est

que les interviews doivent être courtes et pas trop personnelles.

L'interview sur place. C'est la plus souple des trois méthodes. En effet, l'enquêteur peut poser des questions additionnelles et noter des observations supplémentaires sur la personne interrogée, sur son habillement et ses gestes, par exemple. L'interview sur place est la méthode la plus coûteuse et elle exige plus de compétence professionnelle, de planification et de supervision. Elle est aussi sujette à la distorsion par les enquêteurs.

On prend rendez-vous avec des personnes pour les interviewer ou encore on les intercepte à cette fin sur la voie publique. Dans le premier cas, les personnes sont choisies au hasard et on les joint par téléphone ou à leur domicile pour leur demander si elles accepteraient d'être interviewées. Souvent, une forme de rémunération symbolique ou une prime, comme un billet de loterie, leur est offerte pour les remercier. Toutefois, avec la méthode des rendez-vous, le taux d'absence des sujets peut être élevé. L'interception consiste à arrêter des gens dans un centre commercial ou dans la rue et à leur demander d'accorder un entretien. Les désavantages de cette méthode résident dans le fait que les échantillons sont non probabilistes et que les entretiens doivent être courts.

La collecte des données

L'étape suivante pour le chercheur en marketing est de faire des arrangements pour réaliser la collecte des données. Cette étape est généralement la plus coûteuse et la plus susceptible d'engendrer des erreurs. Dans le cas des enquêtes, quatre problèmes importants se posent. Certains sujets ne seront pas à la maison et devront être joints de nouveau ou remplacés. D'autres refuseront de coopérer. Certains pourraient donner des réponses biaisées ou malhonnêtes. Enfin, des enquêteurs pourraient introduire à leur insu un biais ou être malhonnêtes.

Dans le cas de l'expérimentation, les chercheurs doivent faire preuve de beaucoup d'attention pour s'assurer que les groupes expérimentaux et de contrôle sont le plus comparables possible, que les participants ne sont pas influencés par la présence des chercheurs, que les traitements sont accordés d'une manière uniforme et que les facteurs exogènes sont contrôlés.

Les méthodes de collecte de données changent rapidement à cause des progrès de l'électronique et des télécommunications modernes. Les ordinateurs et la télématique provoquent une révolution tranquille dans la recherche en marketing. Certaines agences de recherche mènent maintenant leurs enquêtes téléphoniques à partir d'un bureau central équipé d'écrans et de terminaux pour faire des interviews à l'aide de l'ordinateur. Les enquêteurs professionnels sont assis dans des cabines individuelles et tirent des échantillons aléatoires de numéros de téléphone n'importe où au pays. Pour atteindre les gens dont le numéro a été choisi, les enquêteurs utilisent des lignes WATS (service interurbain planifié), que l'agence a payées d'avance afin de pouvoir faire un grand nombre d'appels interurbains. Lorsque le sujet répond au téléphone, l'enquêteur lui pose une série de questions affichées sur l'écran du moniteur. L'enquêteur entre immédiatement les réponses au moyen du terminal. Cette façon de procéder élimine la révision et le codage, réduit le nombre d'erreurs, fait gagner du temps et produit instantanément toutes les statistiques voulues. D'autres agences de recherche ont installé des **terminaux interactifs** dans des centres commerciaux. Les gens qui acceptent d'être interviewés s'assoient au terminal, lisent les questions sur l'écran et tapent les réponses. La plupart des personnes interrogées aiment bien cette forme robotisée d'entretien[19].

Récemment, plusieurs techniques avancées ont permis aux mercaticiens de tester l'effet sur les ventes de divers messages publicitaires et de diverses promotions des ventes. La société Information Resources Inc. recrute un groupe de supermarchés équipés de lecteurs optiques et de caisses électroniques. Les lecteurs optiques lisent le code à barres universel, enregistrent la marque, le format et le prix à des fins de contrôle des stocks et des commandes. Entre-temps, cette société a aussi recruté un groupe de clients de ces magasins qui ont accepté de facturer leurs achats sur une carte d'identité spéciale contenant de l'information sur les caractéristiques, le style de vie et le revenu du ménage. Ces mêmes clients ont aussi accepté de faire mesurer, à l'aide d'un moniteur, leurs habitudes face à la télévision. Tous les consommateurs membres du groupe reçoivent leurs émissions par câblodistribution, et Information Resources contrôle les messages publicitaires transmis à leur domicile. L'entreprise peut ainsi mesurer, grâce aux achats,

quels messages ont suscité le plus d'achats et par quels types de clients[20].

L'analyse des données

L'étape suivante de la recherche en marketing consiste à extraire des données les résultats pertinents. Le chercheur rassemble les résultats dans des tableaux unidimensionnels et bidimensionnels de distribution des fréquences. Il calcule les moyennes et les mesures de dispersion pour les principales variables. Il essaie ensuite d'utiliser certaines techniques avancées de statistique et des modèles de décision du système d'analyse de marketing dans l'espoir de découvrir des résultats additionnels, que nous verrons à la section 4.5.

La communication des résultats

La dernière étape de la recherche en marketing consiste à présenter les résultats de la recherche aux personnes intéressées. Le chercheur doit éviter d'inonder la direction avec une pléthore de chiffres et d'analyses statistiques complexes, car cela pourrait avoir pour effet d'accroître la confusion. Il devrait s'en tenir à la présentation des principaux résultats qui se rapportent aux décisions de marketing importantes que la direction doit prendre. L'étude est utile si elle réduit l'incertitude au sujet de la décision à prendre.

Supposons qu'Orléans Express envisage de réduire les tarifs pour stimuler la demande. Cependant, son étude de marché lui révèle que la plupart des gens croient que les billets d'autocar sont plus chers qu'ils ne le sont en réalité. En informant les gens du coût réel du voyage par autocar grâce à une campagne publicitaire, Orléans Express pourrait stimuler la demande sans avoir à subir une baisse de revenus résultant d'une réduction des tarifs. L'enquête aurait ainsi aidé la direction d'Orléans Express à prendre une meilleure décision que celle qui aurait été prise au « pifomètre ».

4.4.3

Les caractéristiques d'une bonne recherche en marketing

Maintenant que nous avons examiné les principales étapes de la recherche en marketing, nous pouvons mettre en évidence les sept caractéristiques d'une bonne recherche en marketing, soit l'application de la méthode scientifique, la créativité de la recherche, la multiplicité des méthodes, l'interdépendance des modèles et des données, la mesure de la valeur et du coût de l'information, un scepticisme de bon aloi et l'éthique en matière de marketing.

L'application de la méthode scientifique. Une recherche en marketing sérieuse exige l'application des principes de la méthode scientifique : l'observation méticuleuse, la formulation d'hypothèses, les prédictions et les tests. En voici un exemple :

> Une entreprise de vente par correspondance subissait un taux élevé (30 %) de retours de marchandises. La direction demanda au directeur de la recherche en marketing d'étudier les causes du taux élevé de retours. Le chercheur analysa les caractéristiques des commandes retournées, telles que la situation géographique des clients, la taille des commandes et le type de marchandises. Il formula l'hypothèse que plus le délai de livraison était long, plus la marchandise risquait d'être retournée. Une analyse statistique confirma son hypothèse. Le chercheur estima la baisse du taux de retours proportionnellement au raccourcissement des délais de livraison. C'est ce que fit l'entreprise et la prévision s'avéra juste.

La créativité de la recherche. Dans les meilleures conditions, la recherche en marketing permet de découvrir des solutions innovatrices. En voici un exemple classique :

> Quand le café instantané fut lancé sur le marché pour la première fois, de nombreuses ménagères se plaignirent qu'il n'ait pas le bon goût du café en grains. Pourtant, au cours de tests en aveugle, plusieurs de ces mêmes ménagères furent incapables de distinguer entre une tasse de café instantané et une tasse de « vrai » café. L'épreuve indiquait donc qu'une bonne partie de leur résistance pouvait être psychologique. Les chercheurs décidèrent de dresser deux listes d'achats identiques qui ne se différenciaient que par la mention de café en grains sur l'une et de café instantané sur l'autre. On présenta ces deux listes à deux groupes de femmes en leur demandant de décrire les caractéristiques sociales et personnelles des femmes qui avaient prétendument dressé ces listes. Les commentaires furent relativement semblables à une différence significative près : les ménagères qui avaient reçu la liste contenant le café instantané décrivaient plus généralement la personne comme « paresseuse, dépensière, mauvaise épouse et ne sachant pas planifier les affaires de la famille ». Évidemment, ces

femmes attribuaient à la ménagère fictive les défauts qu'elles craignaient de se voir attribuer en utilisant du café instantané. L'entreprise de café instantané comprit alors la nature de la résistance et put mettre au point une campagne en vue de changer l'image de la femme qui servait du café instantané[21].

La multiplicité des méthodes. Les chercheurs en marketing compétents se gardent de faire trop confiance à une seule méthode, préférant adapter la méthode au problème, plutôt que l'inverse. Ils considèrent aussi qu'il vaut mieux assurer la collecte des données à l'aide de plusieurs méthodes pour accroître leur confiance dans les résultats.

L'interdépendance des modèles et des données. Les chercheurs compétents savent que les modèles sous-jacents peuvent influencer l'interprétation des données. Ces modèles guident le type d'information recherchée ; par conséquent, ils devraient être rendus aussi explicites que possible.

La mesure de la valeur et du coût de l'information. Les chercheurs compétents accordent de l'importance à la mesure de la valeur de l'information par rapport à son coût. Le ratio valeur-coût aide le service de recherche en marketing à déterminer quel projet de recherche devra être réalisé, quel plan de recherche il faut utiliser et s'il est nécessaire de recueillir plus d'information après que les résultats initiaux ont été obtenus. Les coûts de recherche sont normalement faciles à quantifier, alors que la valeur est plus difficile à estimer. La valeur dépend de la fiabilité et de la validité des résultats de recherche ainsi que de la volonté qu'a la direction d'accepter les résultats et d'agir en conséquence.

Un scepticisme de bon aloi. Dans le domaine du marketing, les chercheurs compétents doivent montrer un scepticisme de bon aloi envers les hypothèses faites par certains managers sur la façon dont le marché fonctionne (voir des exemples de mythes dans la rubrique Le marketing en coulisse 4.1 intitulée « Des chercheurs en marketing défient la sagesse traditionnelle du marketing »).

L'éthique en matière de marketing. Les mercaticiens compétents tirent profit à la fois de l'entreprise commanditaire et de ses clients. Grâce à la recherche en marketing, l'entreprise apprend à mieux connaître les besoins de ses clients et est ainsi capable de fournir des produits et des services qui les satisfont. Par contre, la mauvaise utilisation de la recherche en

LE MARKETING EN COULISSE 4.1
Des chercheurs en marketing défient la sagesse traditionnelle du marketing

Kevin J. Clancy et Robert S. Shulman — respectivement président et directeur de Copernicus, un leader dans l'industrie de la recherche en marketing — disent que trop d'entreprises bâtissent leurs plans de marketing à partir de «mythes de marketing». *Le Petit Larousse* définit un mythe comme étant une «pure construction de l'esprit», qui ne repose donc pas sur la réalité. Clancy et Shulman décrivent quatre mythes qui ont induit les managers de marketing en erreur :

1. **Les meilleurs clients potentiels pour une marque sont les gros utilisateurs de la catégorie.** Quoique la plupart des entreprises recherchent les gros utilisateurs, ces derniers ne sont peut-être pas la meilleure cible pour un effort de marketing. Plusieurs gros utilisateurs ont des préférences marquées pour des concurrents donnés, alors que les faibles utilisateurs peuvent être plus facilement intéressés à changer de produit si un concurrent fait une meilleure offre.

2. **Plus un nouveau produit est attrayant, plus il est probable qu'il connaîtra du succès.** Une telle façon de voir peut amener une entreprise à trop donner aux clients et ainsi à obtenir une faible rentabilité.

3. **Les scores reliés au rappel et à la persuasion sont de bons indices de l'efficacité d'un message publicitaire.** En réalité, les messages publicitaires qui obtiennent les meilleurs scores quant au rappel et à la persuasion ne sont pas nécessairement les plus efficaces. L'attitude de l'acheteur envers le message est en fait un meilleur prédicteur de l'efficacité du message, surtout si l'acheteur pense qu'il a reçu une information utile et s'il a aimé le message.

4. **Il est sage pour une entreprise de consacrer la partie la plus importante de son budget de recherche aux entrevues de groupe et à la recherche qualitative.** Les entrevues de groupe et la recherche qualitative sont utiles, mais la partie la plus importante du budget de recherche devrait être consacrée à la recherche quantitative et aux sondages.

Certains mercaticiens se hâteront sans doute de présenter des exemples contradictoires pour démontrer que ces mythes ont en fait donné des résultats positifs. Néanmoins, les auteurs ont au moins le mérite de forcer les gens de marketing à repenser certaines de leurs hypothèses de base.

Source : Kevin J. Clancy et Robert S. Shulman, *The Marketing Revolution : A Radical Manifesto for Dominating the Marketplace*, New York, Harper Business, 1991.

marketing peut nuire aux clients ou les déranger. Plusieurs clients sont d'avis que la recherche en marketing est une intrusion dans leur vie privée ou encore une manière de leur vendre des choses. En fait, plusieurs études de marché semblent n'être rien d'autre que des véhicules pour faire mousser la vente des produits du commanditaire. Par exemple, deux études commanditées par l'industrie des couches en tissu concluent que ses couches étaient moins dommageables pour l'environnement. Par contre, deux autres études commanditées par l'industrie des couches jetables concluent exactement le contraire. Le ressentiment de plus en plus grand envers des recherches aussi intéressées ou biaisées est devenu un problème majeur pour l'industrie de la recherche en marketing.

Ce ressentiment a entraîné un taux de réponse plus faible au cours des dernières années. Une étude a montré qu'en moyenne 36 % des consommateurs refusent maintenant d'être interviewés[22].

4.4.4
L'utilisation en management de la recherche en marketing

En dépit de la croissance rapide de la recherche en marketing, de nombreuses entreprises ne l'utilisent toujours pas suffisamment ou correctement. Plusieurs facteurs en empêchent une exploitation plus profitable.

Une conception étroite de la recherche en marketing. Nombreux sont les cadres qui voient la recherche en marketing comme une simple opération de collecte des données. Le chercheur en marketing fait plus : il est censé concevoir un questionnaire, choisir un échantillon, réaliser les entrevues, analyser et exposer les résultats, et cela souvent sans même avoir reçu une définition claire du problème ou des options possibles pour la direction. En conséquence, certains résultats finissent par ne pas être très utiles. Cette déception renforce l'opinion de la direction sur l'intérêt limité de la recherche en marketing.

La compétence variable des chercheurs en marketing. Certains chefs d'entreprise considèrent la recherche en marketing comme une forme à peine plus élevée de travail de bureau et rémunèrent les chercheurs en conséquence. Il en résulte que certaines personnes engagées pour faire de la recherche en marketing ont une compétence discutable ; la médiocrité de leur formation et leur manque de créativité sont souvent la cause de résultats peu impressionnants. Ces résultats désappointants renforcent le préjugé des chefs d'entreprise à l'égard de l'importance toute relative de la recherche en marketing. La direction continue alors de payer des salaires trop bas, perpétuant ainsi le problème.

Les résultats tardifs et les erreurs occasionnelles de la recherche en marketing. Les dirigeants exigent des résultats rapides et concluants de la recherche en marketing, même si les phénomènes de marketing sont souvent trop complexes pour donner des résultats concluants et même si les budgets accordés à la recherche en marketing sont souvent faibles. Les dirigeants sont quelquefois déçus des résultats obtenus, ce qui contribue à diminuer la valeur perçue de la recherche en marketing. Le problème est encore plus marqué en ce qui a trait à la recherche dans les pays étrangers, où il arrive souvent que les données n'existent pas, ne soient pas fiables ou soient difficiles à recueillir. Par exemple, le marché mexicain est un marché important, mais il est malaisé de connaître les besoins et les goûts des Mexicains à cause des problèmes éprouvés par les entreprises de recherche en marketing. Par exemple, les sondages téléphoniques ne sont pas fiables parce que peu de Mexicains ont le téléphone (de 55 % à 60 % à Mexico, et aussi peu que 35 % dans les autres villes importantes). La seule façon de faire des sondages fiables est le porte-à-porte. Les chercheurs doivent cependant s'assurer que les questionnaires comprennent des mots simples et se souvenir que la plupart des Mexicains n'ont jamais fait face, auparavant, à la recherche en marketing[23].

Les différences intellectuelles. Les différences intellectuelles qui opposent le style cognitif des praticiens à celui des chercheurs empêchent souvent les relations d'être productives. Le rapport du chercheur en marketing peut sembler abstrait, compliqué et hésitant, alors que les cadres désirent que ce rapport soit concret, simple et affirmatif. Néanmoins, dans les entreprises les plus progressistes, les chercheurs en marketing sont le plus souvent membres de l'équipe de gestion du produit ou de la marque, et leur influence sur la stratégie de marketing s'accroît.

4.5
LE SYSTÈME DE SOUTIEN À LA DÉCISION MARKETING

Un nombre croissant d'entreprises ont ajouté un quatrième service d'information pour aider les directeurs du marketing. Il s'agit du système de soutien à la décision marketing (SSDM), qui se définit comme suit :

> Le système de soutien à la décision marketing est un ensemble de données, d'outils et de techniques supportés par des logiciels et par un équipement informatique grâce auxquels l'organisation recueille et interprète l'information pertinente provenant de l'organisation et de l'environnement, et la traite de façon à en faire la base de l'action de marketing[24].

Voici comment fonctionne un système de soutien à la décision marketing (SSDM). Supposons qu'un directeur du marketing ait besoin de faire l'analyse d'un problème avant d'entreprendre une action. Le directeur soumet des questions aux modèles appropriés de son SSDM. Le modèle extrait l'information requise, qui est analysée avec des outils statistiques. Le directeur peut alors utiliser un programme pour déterminer la ligne de conduite optimale. Il entreprend alors cette action, ce qui, de pair avec d'autres forces, influence l'environnement et entraîne de nouvelles données. Toutes ces actions, naturellement, ont lieu dans l'ordinateur. Le tableau 4.5 décrit les principaux outils statistiques, modèles et procédures d'optimisation compris dans un SSDM moderne.

Outils statistiques

1. Régression multiple

Cette méthode statistique d'estimation d'une équation montre comment la valeur d'une variable dépendante fluctue selon les changements de valeur d'un certain nombre de variables indépendantes.

Exemple : Une entreprise peut estimer de quelle manière les ventes en unités sont influencées par les changements dans les niveaux de dépenses publicitaires, dans la taille de la force de vente et dans les prix.

2. Analyse discriminante

Cet outil statistique permet de classer des objets ou des personnes en deux ou plusieurs catégories.

Exemple : Une grande chaîne de magasins de détail peut déterminer les variables qui discriminent les sites de magasins qui connaissent du succès et ceux qui n'en ont pas[a].

3. Analyse factorielle

Cette méthode statistique permet de découvrir quelques dimensions sous-jacentes à un grand nombre de variables corrélées.

Exemple : Un réseau de télévision peut réduire un grand nombre d'émissions en un petit ensemble d'émissions types de base[b].

4. Analyse hiérarchique

Cette méthode statistique permet de séparer des objets dans un nombre donné de groupes mutuellement exclusifs, de sorte que les membres de chaque groupe sont relativement homogènes, mais différents de ceux des autres groupes.

Exemple : Un chercheur en marketing pourrait vouloir rassembler des villes en quatre groupes, chacun consistant en des villes semblables.

5. Analyse de mesures conjointes

Cet outil statistique permet de mettre en ordre les préférences des personnes interrogées au sujet de diverses offres de produits ou de services, puis de décomposer ces préférences de façon à déterminer l'utilité inférée des produits ou des services pour des niveaux différents de caractéristiques de l'offre. L'analyse peut ensuite spécifier l'offre optimale par rapport à ces caractéristiques.

Exemple : Un transporteur aérien peut comparer l'utilité de diverses combinaisons de services variés qui pourraient composer l'offre totale de service de ce transporteur.

6. Analyse multidimensionnelle

Il s'agit d'un ensemble de techniques qui permettent de reproduire des cartes perceptuelles de marques de produits concurrents. Les objets sont représentés comme des points dans un espace multidimensionnel de caractéristiques où la distance de l'une à l'autre est une mesure de dissemblance.

Exemple : Un fabricant d'ordinateurs veut savoir où sa marque se positionne par rapport aux marques concurrentes.

Modèles

1. Modèle de chaînes de Markov

Ce modèle décrit les probabilités de passer d'un état actuel à un état futur.

Exemple : Un fabricant de biens de consommation de masse peut déterminer de période en période les taux d'abandon et de rétention pour sa marque et, si les probabilités sont stables, la part de marché ultime de la marque.

2. Modèle de files d'attente

Ce modèle montre les temps d'attente dans n'importe quel système, étant donné les temps d'arrivée et de service et le nombre de points de service.

Exemple : Un supermarché peut utiliser ce modèle pour prédire la longueur des files d'attente à différentes périodes de la journée, étant donné le nombre de points de service et la rapidité du service.

→

TABLEAU 4.5
Les outils quantitatifs utilisés dans les systèmes de soutien à la décision marketing (*suite*)

Modèles (*suite*)

3. Modèle de prétests de nouveaux produits

Ce modèle a pour but d'estimer les relations entre le niveau de notoriété, l'essai et la répétition de l'achat du produit considérant les préférences du client et ses comportements lors d'un prétest de l'offre et de la campagne de marketing. Parmi les modèles les plus connus, on trouve ASSESSOR, COMP, DEMON, NEWS et SPRINTER[c].

4. Modèles de réponse des ventes

Il s'agit de l'ensemble des modèles qui estiment les relations entre, d'une part, une ou plusieurs variables de marketing telles que la taille de la force de vente, les dépenses publicitaires ou les dépenses de promotion des ventes et, d'autre part, le niveau de demande qui en résulte.

5. Modèles de choix discrets

Ces modèles calculent la probabilité de choisir une possibilité (c'est-à-dire une marque précise dans une catégorie de produits) en fonction des caractéristiques de diverses possibilités offertes. Ils sont grandement utilisés pour l'évaluation des effets de divers instruments de marketing (le prix, les présentoirs, la publicité spéciale) sur le choix de marques à partir de données obtenues grâce au recours à des groupes de ménages.

Procédures d'optimalisation

1. Calcul différentiel

Cette technique permet de trouver une valeur maximale ou minimale pour une fonction mathématique donnée.

2. Programmation mathématique

Cette technique permet de trouver les valeurs qui optimisent une fonction objective donnée sujette à un ensemble de contraintes.

3. Théorie statistique de la décision

Cette technique permet de déterminer la ligne de conduite qui maximise la valeur attendue.

4. Théorie des jeux

Cette technique permet de déterminer la ligne de conduite qui minimisera la perte maximale d'un décideur face au comportement incertain d'un ou de plusieurs concurrents.

5. Modèles heuristiques

Ces modèles impliquent l'utilisation d'un ensemble de règles à vue de nez qui réduisent le temps de travail requis pour trouver une solution raisonnablement acceptable dans un système complexe.

a S. Sands, « Store Site Selection by Discriminant Analysis », *Journal of the Market Research Society*, 1981, p. 40-51.
b V.R. Rao, « Taxonomy of Television Programs Based on Viewing Behavior », *Journal of Marketing Research*, août 1975, p. 355-358.
c Voir Keven J. Clancy, Robert S. Shulman et Marianne Wolf, *Simulated Test Marketing*, New York, Lexington Books, 1994.

On trouve de plus en plus de SSDM dans les postes de travail informatisés. Les postes de travail sont aux directeurs du marketing ce qu'un *cockpit* est aux pilotes, soit un moyen de piloter leur entreprise dans la bonne direction.

Un nombre croissant de logiciels aidera les directeurs du marketing à planifier, à analyser et à administrer leurs activités. Par exemple, la venue de l'économie de marché en Europe de l'Est a créé un besoin croissant pour une information à jour et pertinente pour les entreprises intéressées à faire le marketing de leurs produits et services dans ces pays. Une équipe de chercheurs universitaires a donc mis au point un nouvel outil de soutien à la décision qui fournit cette information. Cet outil incorpore des jugements et des directives ayant trait aux différents aspects des pays inclus dans le modèle. Son but est d'aider les entreprises à prendre des décisions éclairées lorsqu'elles choisissent un pays ou qu'elles veulent mettre leurs produits sur le marché[25].

Dans le numéro du 11 avril 1994, la revue *Marketing News* proposait une liste de plus de 100 logiciels de marketing et de vente qui facilitent la conception d'études de marché, la segmentation du marché, la fixation de prix et de budgets de publicité, l'analyse des médias et la planification des activités de la force de vente. Voici quelques exemples de **modèles de décision** utilisés par les directeurs du marketing :

Brandaid. Ce modèle flexible de marketing mix est centré sur les biens de consommation de masse dont les éléments sont un fabricant, des concurrents, des détaillants, des consommateurs et l'environnement en général. Le modèle contient des sous-modèles sur la publicité, le prix et la concurrence. Ce modèle est établi à partir d'un mélange créatif de jugements, d'analyses historiques, de suivis, d'expériences sur le terrain et de contrôles[26].

Callplan. Ce modèle est conçu pour aider les représentants de vente à déterminer le nombre de visites à faire par période aux clients actuels et aux clients potentiels. Le modèle prend en considération le temps de voyage de même que le temps nécessaire pour faire la vente. Il a été testé auprès d'un groupe expérimental de représentants d'une compagnie aérienne, laquelle a réussi à accroître ses ventes de 8 % par rapport à un groupe de contrôle[27].

Detailer. Ce modèle aide les représentants de vente à déterminer quels clients ils visiteront et quels produits ils leur présenteront à chaque visite. Ce modèle a été conçu surtout pour les représentants de produits pharmaceutiques qui visitent des médecins auxquels ils ne pouvaient présenter plus de trois produits par visite. Dans deux cas, le modèle a permis d'accroître grandement la rentabilité[28].

Geoline. Ce modèle permet de déterminer des territoires de vente et de service à la clientèle qui répondent à trois principes : l'égalité des tâches d'un territoire à l'autre, la proximité du territoire par rapport à d'autres territoires et la taille la plus petite possible du territoire. On rapporte plusieurs utilisations de ce modèle qui ont connu du succès[29].

Mediac. Ce modèle peut aider un publicitaire à faire l'achat annuel de publicité dans les médias. Ce modèle de planification des médias inclut la délimitation des segments de marché, l'estimation du potentiel de ventes, les rendements marginaux décroissants, les omissions, les problèmes de synchronisme et les calendriers des concurrents quant à la publicité dans les médias[30].

Certains de ces modèles sont même censés pouvoir reproduire la façon dont les experts en marketing prennent normalement leurs décisions. Parmi les systèmes experts, on trouve les suivants :

Promoter. Ce modèle évalue la promotion des ventes en déterminant les ventes de base (ce que les ventes auraient été sans la promotion) et la mesure de l'accroissement des ventes associées à la promotion[31].

Adcad. Ce modèle recommande le type de message publicitaire (basé sur l'humour, sur un événement quotidien, sur la peur) qui devrait être utilisé si l'on considère les objectifs de marketing, les caractéristiques du produit ou du service, le marché cible et la concurrence[32].

Coverstory. Ce modèle revoit de grands ensembles de données regroupées et résume en langue anglaise les principaux résultats[33].

Durant les prochaines années, nous assisterons sûrement au développement de nombreux autres logiciels et modèles de soutien à la décision de marketing[34]. On trouve des renseignements sur ce sujet dans la rubrique Vision 2000 + intitulée « Les réseaux neuronaux et l'intelligence artificielle arrivent dans le marketing ».

4.6
UN SURVOL DE LA PRÉVISION ET DE L'ESTIMATION DE LA DEMANDE

Une des principales raisons pour lesquelles les entreprises font de la recherche en marketing est qu'elles désirent cerner des occasions d'affaires. Une fois que la recherche est terminée, l'entreprise doit évaluer avec soin chaque possibilité avant de choisir ses marchés cibles. De façon précise, l'entreprise doit mesurer et prévoir la taille, la croissance et le potentiel de profits de chaque possibilité. Les prévisions des ventes permettent au service des finances de se procurer les fonds nécessaires aux investissements. De même, ces prévisions permettent au service de la production d'établir les capacités et les niveaux de

Les réseaux neuronaux et l'intelligence artificielle arrivent dans le marketing

Avec la venue de la technologie des réseaux neuronaux, les professionnels du marketing et de la vente peuvent maintenant avoir accès aux connaissances d'experts, et ce en appuyant sur quelques touches du clavier de leur ordinateur. On croit généralement qu'au début du xxie siècle les systèmes experts seront les outils de base pour segmenter et cibler les marchés, et rendre les efforts de marketing et de vente plus efficaces.

Des logiciels de réseaux neuronaux, conçus à partir des configurations de cellules dans le cerveau humain, peuvent en fait «apprendre» de larges ensembles de données. En balayant des milliers de dossiers de données à plusieurs reprises, le logiciel peut bâtir un modèle statistique robuste qui décrira les relations entre les données et les schémas importants qu'on y trouve — il s'agit là de quelque chose que le chercheur en marketing n'a pas le temps (ni la capacité visuelle) de faire de façon précise et continue. IBM a développé un ensemble de six programmes (connus sous le nom de Data Mining) permettant de faire l'exploration, ou forage, de données. Ces programmes peuvent analyser de grands ensembles de données et révéler des regroupements, des relations, des règles, etc. Le recours à ces programmes a amené une grande entreprise de vente par catalogue à cerner plus de 5 200 segments de clients à partir des différents schémas d'achat. En conséquence, cette entreprise peut mieux cibler ses publipostages par rapport aux segments de clients les plus susceptibles d'être intéressés par les offres proposées.

Il est fascinant de constater que la plupart de ces système experts n'exigent pas un ordinateur très puissant (donc très cher). Depuis le début des années 90, les réseaux neuronaux et les autres technologies reliées à l'intelligence artificielle sont adaptés aux ordinateurs personnels. A.C. Nielsen, une des plus grandes firmes de recherche en marketing, a développé son propre système expert que l'on peut utiliser avec un ordinateur personnel. Un de ses nouveaux produits, Spotlight, aide les entreprises à déterminer leur part de marché en une fraction du temps qui était requis auparavant. «Nous parlons maintenant de minutes plutôt que de jours», souligne le directeur des ventes et du service à la clientèle d'A.C. Nielsen.

Les représentants de vente, qui ont retiré de très grands avantages de l'automatisation des ventes au cours des dernières années, ont gagné des semaines complètes dans leur processus de vente en utilisant les puissants systèmes experts. Les représentants d'une entreprise fabriquant des systèmes d'alarme avaient besoin d'une période allant jusqu'à dix jours pour conclure une vente, ce qui comprenait la préparation de toute la paperasse avant et après la vente. Aujourd'hui, chacun des 50 cadres et des 185 représentants utilisent un ThinkPad 700c d'IBM équipé d'un système de soutien à la vente, qui inclut un système expert. Au lieu de retourner au bureau après une visite, le représentant allume son ordinateur et appuie sur un bouton. Un programme dans l'ordinateur commence à poser des questions sur les besoins du client. À partir des réponses que donne le représentant, le système calcule automatiquement le coût des matériaux, prépare et imprime une offre de service, et rédige le contrat de vente, tout cela en moins de vingt minutes.

Sources: Beverly Cramp, «It's Not that Clever», *Marketing*, 28 juillet 1994, p. 36, 38; Howard Schlossberg, «Real Hopes for Research Placed in Artificial Intelligence», *Marketing News*, 3 janvier 1994, p. 8; Melissa Campanelli, «Sound the Alarm!», *Sales and Marketing Management*, 2e partie, décembre 1994, p. 20-25; Michael J. Rothman, «Data Mining — An IBM Overview», Hudson Valley Research Park, Hoperwell Junction, New York.

production nécessaires, au service des achats de faire l'acquisition du bon niveau de stocks et au service des ressources humaines d'embaucher le personnel requis. Il revient au service du marketing de faire ces prévisions. Si les prévisions sont incorrectes, ou bien l'entreprise se retrouvera avec un excès de capacité et de stocks, ou bien elle perdra de l'argent parce qu'elle manquera de stocks.

Les prévisions des ventes sont basées sur des estimations de la demande. Les managers ont donc besoin de définir avec soin ce qu'ils entendent par « demande du marché ».

4.6.1
Une multitude de façons de mesurer la demande du marché

Pour élaborer divers plans, les entreprises préparent un grand nombre d'estimations de la demande du marché. On trouvera à la figure 4.3 pas moins de **90 manières** différentes dont une entreprise peut estimer la demande. Elle peut en effet mesurer la demande pour **6 niveaux de produits** (articles, familles de produits, gammes de produits, ventes de l'entreprise, ventes de l'industrie, ventes totales), **5 niveaux d'espace** (client, région, province, pays, monde) et **3 niveaux de temps** (court terme, moyen terme et long terme).

Chaque manière de mesurer la demande répond à un dessein précis. Par exemple, une entreprise peut faire une prévision à court terme de la demande totale d'un article afin d'être en mesure de commander la matière première, de planifier la production et de programmer son financement à court terme. Ou encore, elle peut faire une prévision à long terme de la demande régionale de sa principale gamme de produits afin de préparer une stratégie de développement du marché.

4.6.2
La détermination du marché à estimer

Les gens de marketing parlent de **marchés potentiels**, de **marchés réels**, de **marchés cibles (servis)** et de **marchés pénétrés (effectifs)**. Avant de clarifier ces termes, définissons le marché :

> **Un marché est l'ensemble de tous les acheteurs potentiels et actuels d'un produit.**

La **taille d'un marché** dépend du nombre d'acheteurs qui existent pour une offre de marché déterminée. Le **marché potentiel** est l'ensemble des consommateurs qui manifestent un certain niveau d'intérêt pour une offre de marché déterminée.

Prenons l'exemple du marché des motocyclettes. Nous ne considérerons que le marché des consommateurs, omettant les entreprises qui achètent des motocyclettes. Nous devons en premier lieu estimer le nombre de consommateurs qui ont un **intérêt** potentiel à devenir propriétaires de motocyclettes. Pour ce faire, nous pourrions poser à un échantillon

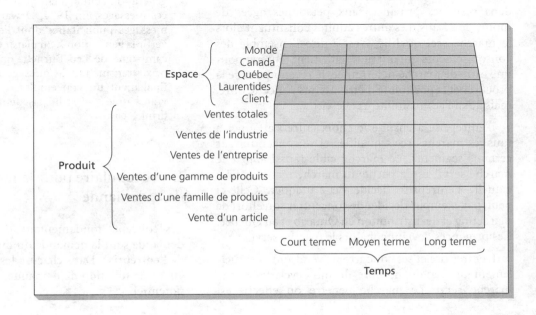

FIGURE 4.3
Les 90 manières d'estimer la demande
(6 × 5 × 3)

aléatoire de consommateurs la question suivante : « Désirez-vous fortement devenir propriétaire d'une motocyclette ? » Si 1 personne sur 10 répond oui, nous pourrons supposer que 10 % du nombre total des consommateurs constitueront le marché potentiel pour les motocyclettes.

Toutefois, l'intérêt des consommateurs n'est pas suffisant pour définir un marché. Les consommateurs potentiels doivent avoir un **revenu** assez élevé pour se permettre d'acheter le produit en question. Ils doivent être capables de répondre positivement à la question suivante : « Pouvez-vous vous permettre d'acheter une motocyclette ? » Plus le prix sera élevé, moins sera élevé le nombre de personnes qui répondront positivement à cette question. La taille d'un marché est fonction à la fois de l'intérêt et d'un revenu suffisant.

Les **barrières à l'accessibilité** réduisent encore plus la taille du marché. Si les motocyclettes ne sont pas distribuées dans le Nord parce que la saison est trop courte, les consommateurs potentiels de cette région ne pourront pas être atteints par les gens de marketing. Le **marché réel** se compose de l'ensemble des consommateurs qui ont un intérêt, qui ont un revenu discrétionnaire suffisant à consacrer à un achat déterminé et qui peuvent être joints par une offre de marché donnée.

Pour certaines offres de marché, l'entreprise peut se contenter de ne vendre qu'à certains groupes. Ainsi, la vente de motocyclettes peut être défendue dans certaines provinces aux personnes âgées de moins de 21 ans. Les autres adultes constituent alors le **marché réel qualifié**, c'est-à-dire l'ensemble des consommateurs qui ont non seulement l'intérêt pour une offre de marché déterminée, le revenu pour se la procurer et la possibilité d'être atteints par cette offre, mais aussi l'admissibilité à celle-ci.

L'entreprise a ensuite le choix entre s'attaquer à tous les marchés réels qualifiés et se concentrer sur certains segments. Le **marché cible** (aussi appelé le **marché servi**) est la partie du marché réel qualifié à laquelle l'entreprise décide de s'attaquer. Celle-ci peut, par exemple, décider de concentrer son effort de marketing et de distribution en Ontario et au Québec. Ces provinces deviennent alors le marché servi.

L'entreprise et ses concurrents vendront éventuellement un certain nombre de motocyclettes sur le marché servi. Le **marché pénétré** ou **effectif** est l'ensemble des consommateurs qui ont déjà acheté le produit.

Ces définitions d'un marché représentent un outil utile pour la planification du marketing. Si l'entreprise n'est pas satisfaite de ses ventes actuelles, elle peut envisager d'entreprendre un certain nombre d'activités. Ainsi, elle peut tenter d'attirer un plus grand pourcentage d'acheteurs du marché cible en diminuant les prix ou en faisant baisser les seuils d'admissibilité pour compter plus d'acheteurs potentiels. Elle peut développer un nouveau marché accessible, comme les provinces de l'Atlantique. Finalement, l'entreprise peut tenter d'accroître son marché potentiel en misant sur une importante campagne de publicité dont le but serait de convertir les consommateurs qui ne sont pas intéressés en des consommateurs intéressés. C'est exactement ce que fit Dewar quand elle lança une campagne qui connut beaucoup de succès :

> Pendant plusieurs années, la compagnie Dewar a réalisé une série de campagnes publicitaires dans lesquelles des gens d'âge moyen relativement célèbres discutaient avec une timidité feinte de leurs « modestes » réalisations — avoir gagné un prix Pulitzer, avoir effectué une chirurgie du cerveau ou avoir composé une sonate en *sol* mineur — tout en dégustant leur consommation Dewar préférée. Quoique ces messages publicitaires aient aidé à bâtir une image de prestige pour la marque depuis un quart de siècle, les ventes de scotch de Dewar baissaient de façon dramatique parce que la nouvelle génération était évidemment peu impressionnée par ces messages. En 1994, Dewar a créé de nouveaux messages publicitaires dont l'objectif était de convertir la génération X au plaisir de boire du scotch. La campagne de Leo Burnett, qui a obtenu plusieurs prix, transmettait le message suivant : « Vous avez finalement un vrai emploi, un vrai domicile, une vraie amie : n'est-il pas temps d'avoir un vrai drink[35] ? »

4.6.3
Un vocabulaire pour la mesure de la demande

Les concepts fondamentaux de l'estimation de la demande sont la **demande du marché** et la **demande de l'entreprise**. Dans chacun des cas, on peut distinguer une **fonction de demande**, une **prévision** et un **potentiel**.

La demande du marché

Pour évaluer les occasions de marché, la première étape, comme nous l'avons vu, consiste à estimer la demande du marché total, soit la demande du marché.

> **La demande du marché pour un produit est le volume total qui pourrait être acheté par un groupe de clients donné dans une zone donnée, dans une période donnée, dans un environnement marketing donné, pour un programme de marketing donné.**

La demande totale du marché n'est pas un nombre unique, mais plutôt une fonction de diverses conditions données. La demande peut donc être représentée par une fonction qu'on appelle la **fonction de demande du marché**. Cette fonction est illustrée à la figure 4.4a. On trouvera en abscisse différents niveaux possibles de dépenses de marketing de l'industrie pour une période donnée et, en ordonnée, le niveau de demande. Cette courbe représente le niveau estimé de demande du marché associé à différents niveaux de dépenses de marketing de l'industrie. Il existe un niveau de base de ventes (appelé **marché minimal**, Q_1 sur la figure), même lorsque aucune dépense ne vient stimuler la demande. Des niveaux croissants de dépenses de marketing de l'industrie engendrent des niveaux plus élevés de demande, dont les rendements sont d'abord croissants, puis décroissants. Enfin, des dépenses de mar-

keting en deçà d'un certain niveau ne stimuleraient guère plus la demande, ce qui permet de supposer l'existence d'une limite supérieure à la demande du marché, appelée le **potentiel du marché** (Q_2 sur la figure).

L'écart séparant le marché minimal du marché potentiel indique la **sensibilité globale de la demande à l'effort de marketing**. On peut penser à l'estimation de la demande en considérant deux types extrêmes de marché : le marché extensible et le marché non extensible. La taille totale d'un **marché extensible**, tel que celui du squash, varie beaucoup selon le niveau de dépenses de marketing de l'industrie. Ainsi, à la figure 4.4a, la distance entre Q_1 et Q_2 est relativement grande. En revanche, un **marché non extensible**, comme celui de l'opéra, est plutôt insensible à la variation du niveau de dépenses de marketing ; l'écart entre Q_1 et Q_2 y serait relativement petit. Les entreprises en activité sur un marché non extensible peuvent considérer la taille comme fixe (soit le niveau de **demande primaire**) et concentrer leurs ressources de marketing de façon à conquérir la part de marché souhaitée (soit le niveau de **demande sélective**).

Il est important de souligner que la **fonction de demande du marché** n'est pas une représentation de la demande du marché en fonction du **temps**. La courbe indique plutôt diverses prévisions de la demande du marché pour divers niveaux possibles

FIGURE 4.4
La demande du marché

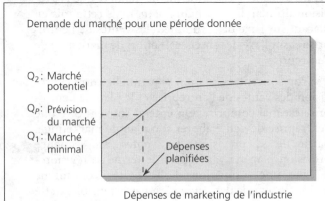

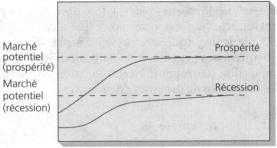

a) Demande du marché en fonction des dépenses de marketing de l'industrie (selon l'hypothèse d'un environnement marketing donné)

b) Demande du marché en fonction des dépenses de marketing de l'industrie (selon l'hypothèse de deux environnements marketing donnés)

d'efforts de marketing de l'industrie dans une période donnée.

La prévision du marché

En réalité, un seul des niveaux de dépenses de marketing de l'industrie se réalisera. La demande du marché correspondant à ce niveau est appelée la **prévision du marché**.

Le potentiel du marché

La prévision du marché indique la demande du marché attendue, et non la demande du marché maximale. Dans ce dernier cas, il faut considérer le niveau de demande du marché pour un niveau très élevé de dépenses de marketing de l'industrie, au-delà duquel des augmentations de l'effort de marketing auraient peu d'effets sur l'accroissement de la demande.

> Le **potentiel du marché** est la limite vers laquelle tend la demande du marché lorsque les dépenses de marketing de l'industrie tendent vers l'infini, dans un environnement donné.

L'expression « dans un environnement donné » est fondamentale pour la compréhension du concept de potentiel du marché. Considérons le marché potentiel de l'automobile dans une période de récession, par rapport à ce marché potentiel dans une période de prospérité. Le potentiel de ce marché est normalement plus élevé durant une période de prospérité. La dépendance du marché potentiel à l'égard de l'environnement est illustrée à la figure 4.4*b*. Ainsi, l'analyste doit faire une distinction entre la position de la fonction de demande du marché et le déplacement sur cette fonction. En général, les entreprises ne peuvent guère agir sur la position de la fonction de demande du marché qui est déterminée par l'environnement marketing (qui sera présenté au chapitre 5). Les entreprises peuvent cependant modifier leur propre position par rapport à cette fonction en décidant de leur niveau de dépenses de marketing.

La demande de l'entreprise

Nous sommes maintenant prêts à définir la demande de l'entreprise.

> La **demande de l'entreprise** est la part de la demande du marché prise par l'entreprise à divers niveaux d'efforts de marketing de l'entreprise.

Elle se traduit par l'équation suivante :

$$Q_i = S_i Q \qquad\qquad (4.1)$$

où :
Q_i = demande de l'entreprise i ;
S_i = part de marché de l'entreprise i ;
Q = demande totale du marché.

La part de la demande du marché prise par l'entreprise dépend de la façon dont ses produits, ses services, ses prix, ses canaux de distribution et ses communications sont perçus par rapport à ceux de ses concurrents. Toutes choses égales d'ailleurs, la part de marché de l'entreprise dépendra de l'importance et de l'efficacité des dépenses de marketing par rapport à celles des concurrents. Les concepteurs de modèles de marketing ont développé des **fonctions de réponse de ventes** pour mesurer à quel point les ventes d'une entreprise sont influencées par le niveau de dépenses de marketing, le marketing mix et l'efficacité du marketing[36].

La prévision des ventes de l'entreprise

Une fois la demande de l'entreprise estimée, la tâche suivante pour les gens de marketing est de choisir le niveau d'efforts de marketing. Le niveau retenu entraînera un niveau de ventes attendu.

> La **prévision des ventes de l'entreprise** est le niveau de ventes attendu de l'entreprise, correspondant au plan de marketing choisi, étant donné un environnement marketing déterminé.

On représente graphiquement la prévision des ventes de l'entreprise de la même manière que la prévision du marché à la figure 4.4*a*, mais cette fois en plaçant sur l'axe des ordonnées les ventes de l'entreprise et sur l'axe des abscisses, l'effort de marketing de l'entreprise.

Trop souvent, la relation séquentielle entre la prévision des ventes de l'entreprise et le plan de l'entreprise est mal comprise. On entend souvent dire que l'entreprise devrait élaborer son plan de marketing à partir de sa prévision des ventes. La séquence prévision-plan ne vaut que si le terme « prévision » désigne une estimation de l'activité économique nationale ou si la demande n'est pas extensible. Cette séquence est inopportune, cependant, si la demande du marché est extensible ou si le terme « prévision » désigne une estimation des ventes de l'entreprise. La prévision des ventes de l'entreprise ne doit pas servir de critère pour décider du niveau de dépenses de marketing; au contraire, elle est le **résultat** des dépenses budgétisées dans le plan de marketing de l'entreprise.

Deux autres concepts liés à la prévision des ventes de l'entreprise méritent d'être présentés :

> Un **quota de ventes** est un objectif de ventes fixé pour une gamme de produits ou de services, une division de l'entreprise ou un représentant. C'est avant tout un outil de gestion permettant de définir et de stimuler un effort de vente.

Les quotas de ventes sont déterminés par la direction après qu'elle a pris en considération la prévision des ventes de l'entreprise et les moyens psychologiques nécessaires pour stimuler sa réalisation. Généralement, on établit les quotas de ventes à un niveau légèrement supérieur à celui de l'estimation des ventes pour obtenir un effort supplémentaire de la part de la force de vente.

L'autre concept est celui de budget de ventes.

> Un **budget de ventes** est une estimation prudente du volume de ventes attendu et il est utilisé essentiellement pour prendre des décisions en matière d'achat, de production et de financement à court terme.

Le budget de ventes prend en considération la prévision des ventes et la nécessité d'éviter des risques excessifs. Les budgets de ventes sont normalement fixés à un niveau légèrement inférieur à celui de la prévision des ventes de l'entreprise.

Le potentiel de ventes de l'entreprise

> Le **potentiel de ventes de l'entreprise** est la limite vers laquelle tend la demande de l'entreprise lorsque son effort de marketing s'accroît par rapport à la concurrence.

La limite absolue de la demande de l'entreprise est, évidemment, le marché potentiel. Les deux potentiels seront égaux si l'entreprise obtient 100 % du marché, c'est-à-dire si l'entreprise a le monopole du marché. Dans la plupart des cas, le potentiel de ventes de l'entreprise est moins grand que celui du marché, même si les dépenses de marketing de l'entreprise sont considérablement supérieures à celles des concurrents. La raison en est que chaque concurrent possède un noyau d'acheteurs fidèles qui ne sont pas très réceptifs aux efforts des autres entreprises qui les courtisent.

4.6.4
L'estimation de la demande actuelle

Nous étudierons maintenant diverses méthodes pratiques d'estimation de la demande actuelle. La direction du marketing voudra estimer le **marché potentiel total**, le **marché potentiel d'un territoire**, ainsi que les **ventes totales de l'industrie** et les **parts de marché**.

Le marché potentiel total

Le marché potentiel total est la quantité maximale de ventes (en unités ou en dollars) qui pourrait être atteinte par toutes les entreprises d'une industrie donnée, durant une période donnée, pour un effort de marketing donné de l'industrie et dans des conditions environnementales données. Un calcul souvent utilisé pour estimer le marché potentiel total est le suivant :

$$Q = n \times q \times p \qquad (4.2)$$

où :

Q = marché potentiel total;

n = nombre d'acheteurs dans un couple produit-marché donné selon les hypothèses données;

q = quantité achetée par un acheteur moyen;

p = prix moyen par unité.

Ainsi, s'il y a 10 millions d'acheteurs de livres chaque année, que l'acheteur moyen achète 3 livres par année et que le prix moyen d'un livre soit de 20 \$, alors le marché potentiel total pour les livres est de 600 millions de dollars (c'est-à-dire 10 000 000 × 3 × 20 \$).

La variable de l'équation 4.2 la plus difficile à estimer est n, soit le nombre d'acheteurs dans un couple produit-marché donné. On peut toujours commencer par la population totale du pays, soit un peu plus de 30 millions de personnes. C'est ce qu'on peut appeler le **bassin total d'individus**. L'étape suivante consiste à éliminer les groupes évidents de non-consommateurs, qui n'achèteraient pas le produit. Supposons que les gens illettrés, les enfants âgés de moins de 10 ans et les personnes ayant des troubles de la vue n'achètent pas de livres et constituent 20 % de la population; alors, seulement 80 % de la population, ou 24 millions de personnes, composerait le **bassin de clients possibles**. On pourrait continuer d'enquêter auprès des personnes à faible revenu ou peu scolarisées et constater qu'elles lisent très peu en général, et qu'elles lisent rarement des livres : elles constituent 30 % du bassin de clients possibles. Si on les écartait, on arriverait à un **bassin de clients réels** d'approximativement 16,8 millions d'acheteurs de livres. On utiliserait alors ce nombre d'acheteurs potentiels dans l'équation 4.2 précédente pour calculer le marché potentiel total.

Une variante de l'équation 4.2 est connue sous le nom de méthode des ratios en chaîne. La **méthode des ratios en chaîne** consiste à multiplier le nombre de base par plusieurs pourcentages d'ajustement. Supposons qu'une brasserie désire estimer le marché potentiel pour une nouvelle bière diététique à faible teneur en alcool. On pourrait obtenir une estimation à l'aide du calcul suivant[37] :

Demande d'une nouvelle bière diététique =

Population × Revenu discrétionnaire personnel par personne × Pourcentage moyen du revenu discrétionnaire dépensé pour l'alimentation × Pourcentage moyen des dépenses alimentaires consacré aux boissons × Pourcentage moyen des dépenses de boissons consacré aux boissons alcooliques × Pourcentage moyen du montant dépensé pour les boissons alcooliques affecté à la bière × Pourcentage attendu des dépenses de bière qui sera consacré à la bière diététique à faible teneur en alcool.

Le marché potentiel d'un territoire

Les entreprises font face au problème du choix des meilleurs territoires et de la répartition de leur budget de marketing d'une façon optimale entre ces territoires. Elles doivent donc estimer le marché potentiel pour chaque territoire. Pour ce faire, il existe deux méthodes principales : la **méthode d'agrégation des marchés**, surtout utilisée dans le marketing organisationnel, et la **méthode de l'indice multifactoriel du pouvoir d'achat**, surtout utilisée dans le marketing de produits et de services aux consommateurs.

La méthode d'agrégation des marchés

La méthode d'agrégation des marchés a pour but de repérer tous les acheteurs potentiels par marché et d'estimer leur potentiel d'achat. Cette méthode est facile à utiliser si l'on possède une liste des acheteurs potentiels et **une bonne estimation de ce que chacun achètera**. Malheureusement, il arrive fréquemment

que l'une ou l'autre de ces données, voire les deux, ne soit pas accessible.

Supposons qu'un fabricant de machines-outils désire estimer le marché potentiel territorial de son tour à bois dans la grande région de Québec. La première étape consiste à déceler tous les acheteurs potentiels de tours dans la région de Québec. Le marché se compose d'abord d'établissements manufacturiers, et notamment de ceux qui doivent former ou aléser le bois au cours de leurs opérations. L'entreprise pourrait dresser une liste d'acheteurs potentiels à l'aide d'un annuaire recensant tous les établissements manufacturiers de la grande région de Québec. Puis elle pourrait estimer le nombre de tours que chaque entreprise est susceptible d'acheter, en se basant sur le nombre de tours par 1 000 salariés ou par million de dollars de ventes dans cette industrie.

Une façon efficace d'estimer le potentiel de ventes d'un territoire est d'utiliser le système de *Classification type des industries* (CTI). Les désignations CTI pour un grand nombre de types d'industries ont été définies par Statistique Canada et listées. La classification est déterminée selon le produit fabriqué ou l'opération exécutée. Les entreprises manufacturières sont classées dans 20 grands groupes, désignés par un numéro de base de 2 chiffres ; ainsi, 08 désigne les industries du bois et 14 désigne les industries de fabrication des machines. Ces groupes d'industries sont, en outre, divisés en plus de 200 groupes et classes d'industries selon des numéros de trois et quatre chiffres. Ainsi, l'industrie du bois (le grand groupe 25) comprend quatre groupes industriels, dont le groupe Scieries, ateliers de rabotage et usines de bardeaux (CTI 251). Chaque groupe industriel se compose, à son tour, de classes industrielles. Ainsi, le groupe industriel CTI 251 comprend deux classes industrielles, dont l'une est l'industrie du bardeau et du bardeau fendu (CTI 2511).

Pour chaque numéro CTI, Statistique Canada fournit plusieurs statistiques sur l'industrie, tels le nombre d'établissements, les dépenses de main-d'œuvre et de matériaux, et les extrants comme la valeur ajoutée et la valeur des expéditions.

Pour pouvoir utiliser la *Classification type des industries*, le fabricant de tours doit en premier lieu déterminer les codes CTI qui représentent les produits que les fabricants pourraient avoir l'intention d'acheter un jour. Par exemple, les tours pourraient être utilisés par un fabricant appartenant au groupe

CTI 261 (industrie des meubles de maison). Pour avoir une idée globale de toutes les industries CTI à quatre chiffres qui pourraient utiliser des tours, l'entreprise peut employer trois méthodes : 1° elle peut déterminer les codes CTI d'anciens clients ; 2° elle peut parcourir toute la nomenclature CTI et y relever toutes les entreprises à quatre chiffres qui, selon son jugement, pourraient être intéressées par l'achat de tours ; 3° elle peut envoyer un questionnaire par courrier à une grande gamme d'entreprises afin de les interroger sur leur intérêt pour des tours.

La tâche suivante de l'entreprise consiste à définir un critère utile pour estimer le nombre de tours utilisés dans chaque industrie. Supposons que le critère le plus indiqué soit les ventes de l'industrie. Par exemple, dans le groupe industriel 254, 10 tours peuvent être utilisés pour chaque million de dollars de ventes. Une fois que le fabricant a réussi à déterminer le rapport entre le nombre de tours possédés et les ventes, il peut calculer le marché potentiel.

Le tableau 4.6 donne un exemple de calcul pour deux industries dans la région de Québec. Dans le groupe CTI 254 (industrie des portes et châssis et autres bois travaillés), il y a 6 établissements dont les ventes annuelles sont de 1 million de dollars ou plus, et 2 établissements dont les ventes annuelles sont de 5 millions de dollars ou plus. On estime qu'on peut vendre 10 tours dans ce groupe pour chaque million de dollars de ventes. Ainsi, les 6 établissements dont les ventes annuelles sont de 1 million de dollars totalisent 6 millions de dollars de ventes, ce qui représente un potentiel de 60 tours (6 × 10). Les autres estimations figurant sur le tableau sont obtenues de la même façon. On déduirait donc que le marché potentiel pour la grande région de Québec est de 200 tours.

L'entreprise peut appliquer la même méthode pour estimer le marché potentiel pour d'autres régions du pays. Supposons que les marchés potentiels totalisent 2 000 tours. Alors le marché régional de Québec compterait pour 10 % du marché potentiel total. Sur cette base, l'entreprise pourrait consacrer 10 % de ses dépenses de marketing au marché de Québec. En pratique, l'information obtenue du système CTI n'est pas suffisante. Le fabricant devra recueillir une information supplémentaire sur chaque marché, par exemple le degré de saturation du marché, le nombre de concurrents, le taux de croissance du marché et l'âge moyen de l'équipement actuel.

Si l'entreprise décide de vendre des tours à Québec, elle doit apprendre à cerner les meilleurs clients potentiels. Autrefois, les représentants allaient démarcher chaque entreprise, ce qui s'appelait faire lever les lièvres. Les **visites impromptues** (*cold calls*) coûtent beaucoup trop cher aujourd'hui. L'entreprise devrait plutôt obtenir une liste de toutes les entreprises situées à Québec, les sélectionner, puis joindre par lettre ou par téléphone les meilleurs clients potentiels. Les entreprises peuvent aussi utiliser le Dun's Market Identifiers, qui fournit 27 renseignements clés sur plus de 9 300 000 établissements au Canada et aux États-Unis.

La méthode de l'indice multifactoriel du pouvoir d'achat

Les entreprises qui vendent des produits de consommation doivent également estimer le marché potentiel territorial. Or, les consommateurs sont en général très nombreux. Les entreprises ne peuvent

TABLEAU 4.6
Une méthode d'agrégation des marchés utilisant la CTI pour un fabricant hypothétique de la grande région de Québec

Numéro CTI	Valeur des expéditions (millions de dollars)	Nombre d'établissements	Nombre potentiel de ventes de machines-outils pour une valeur des expéditions de 1 million de dollars	Marché potentiel
254	1 $	6	10	60
	5 $	2	10	100
2513	1 $	3	5	15
	5 $	1	5	25
				200

donc en dresser une liste. La méthode la plus couramment employée est relativement simple ; il s'agit de la **méthode des indices**. Un fabricant de produits pharmaceutiques pourrait supposer, par exemple, que le marché potentiel pour les produits pharmaceutiques dépend surtout d'un facteur, la population. Par exemple, si la population de la Colombie-Britannique constitue 10,79 % de la population canadienne, l'entreprise supposera que le marché potentiel pour la Colombie-Britannique devrait être de 10,79 % de tous les produits pharmaceutiques vendus.

Cependant, un facteur unique est rarement suffisant pour tenir compte de toutes les occasions de ventes. Les ventes de produits pharmaceutiques par région dépendent aussi du revenu individuel et du nombre de médecins par 10 000 habitants. Il serait donc souhaitable de calculer un **indice multifactoriel**, où chaque facteur est affecté d'un poids propre associé à son importance.

Un des indices multifactoriels de la demande régionale les plus connus est fourni par le sondage annuel sur le pouvoir d'achat publié par la revue *Sales and Marketing Management*. Cet indice reflète le pouvoir d'achat relatif des consommateurs dans les diverses grandes villes, régions et provinces du pays. L'indice du pouvoir d'achat relatif de la revue *Sales and Marketing Management* d'une région est donné par l'équation suivante :

$$B_i = 0,5y_i + 0,3r_i + 0,2p_i \qquad (4.3)$$

où :

B_i = pourcentage du pouvoir d'achat national total dans la région i ;

y_i = pourcentage du revenu personnel disponible à l'échelle nationale provenant de la région i ;

r_i = pourcentage des ventes au détail à l'échelle nationale dans la région i ;

p_i = pourcentage de la population totale comprise dans la région i.

Par exemple, supposons que la Colombie-Britannique représente 12,04 % du revenu personnel disponible du pays, 11,71 % des ventes totales et 10,79 % de la population canadienne. L'indice du pouvoir d'achat de la Colombie-Britannique serait :

0,5(12,04) + 0,3(11,71) + 0,2(10,79) = 11,69.

Ainsi, on peut s'attendre à ce que 11,69 % de toutes les ventes de produits pharmaceutiques du pays soient faites en Colombie-Britannique.

Les fabricants doivent se rendre compte que les poids utilisés dans l'indice du pouvoir d'achat sont quelque peu arbitraires. On peut fixer d'autres pondérations si on les juge plus appropriées. En outre, les fabricants peuvent vouloir introduire des facteurs additionnels pour ajuster le marché potentiel, tels la présence de concurrents sur le marché, les coûts de la promotion locale, les facteurs saisonniers et les particularités de comportement de chaque marché.

Plusieurs entreprises calculeront des indices régionaux supplémentaires pour les guider dans la répartition des ressources de marketing. Supposons qu'une entreprise ait étudié les six villes présentées au tableau 4.7. Les deux premières colonnes montrent les pourcentages, par rapport à la population totale, des ventes de la marque de l'entreprise et de la catégorie de produits dans chacune des villes. On trouve à la colonne 3 l'**indice de développement de la marque (IDM)**, qui est le ratio des ventes de la marque par rapport aux ventes de la catégorie. Par exemple, l'IDM pour Montréal est de 114 parce que la marque y est relativement plus développée que la catégorie de produits. Par contre, l'IDM pour Toronto n'est que de 65, ce qui signifie que la marque de l'entreprise est relativement moins développée dans cette ville. Normalement, plus bas est l'IDM, plus grandes sont les possibilités du marché. Certains mercaticiens pourraient envisager les choses différemment et voir un avantage dans le fait que les dépenses de marketing soient plus élevées dans les marchés où la marque performe mieux parce qu'il serait alors plus facile d'accroître la part de marché. Il est clair que d'autres facteurs doivent être considérés[38].

Après que l'entreprise a décidé de la répartition de son budget ville par ville, elle peut affiner la part accordée à cette ville jusqu'au niveau du secteur de dénombrement ou du code postal. Le secteur de dénombrement est un petit territoire à peu près de la taille du voisinage, alors que le code postal est attribué par Postes Canada à un territoire encore plus petit, qui peut même se résumer à un simple édifice à bureaux. L'information sur la taille de la population, le revenu familial moyen et d'autres caractéristiques est accessible pour chaque type de territoire. Le spécialiste du marketing trouvera ces données extrêmement utiles pour déterminer quels territoires offrent le meilleur potentiel pour le commerce de détail au sein des villes, ou encore pour faire l'achat de listes

TABLEAU 4.7
Le calcul de l'indice de développement de la marque

Territoire	1 Pourcentage des ventes de la marque	2 Pourcentage des ventes de la catégorie	3 IDM (1/2) × 100
Montréal	3,09	27,10	114
Toronto	6,74	10,41	65
Vancouver	3,49	3,85	91
Calgary	0,97	0,81	120
Ottawa	1,13	0,81	140
Halifax	3,12	3,00	104

d'adresses destinées aux campagnes de marketing direct par courrier.

Les ventes totales de l'industrie et les parts de marché

L'entreprise doit non seulement estimer le marché potentiel total et les potentiels territoriaux, mais aussi connaître les ventes actuelles totales de l'industrie sur son marché. Cela signifie qu'il est nécessaire de dépister les concurrents et d'en estimer les ventes.

Les associations industrielles recueillent des données sur leur industrie et publient les ventes totales de l'industrie, quoique les ventes individuelles des entreprises ne soient pas divulguées. De cette façon, chaque entreprise peut évaluer sa propre performance par rapport à l'ensemble de l'industrie. Par exemple, si les ventes d'une entreprise croissent de 5 % par année quand les ventes de l'industrie croissent de 10 %, alors on peut dire que cette entreprise est en perte de vitesse par rapport à cette industrie.

Une autre façon d'estimer les ventes est d'acheter les rapports d'agences de recherche en marketing qui font un audit des ventes totales et des ventes par marque. Par exemple, la compagnie A.C. Nielsen fait un audit des ventes au détail pour plusieurs classes de produits dans les supermarchés et les pharmacies, et vend cette information aux entreprises intéressées. De cette façon, une entreprise peut apprendre quelles sont les ventes totales par produit et par famille, aussi

bien que par marque. Elle peut alors comparer cette performance avec celle de toute l'industrie ou avec celle de n'importe quel client pour voir si elle gagne ou perd du terrain.

Les analystes de marketing des biens industriels ont traditionnellement eu beaucoup plus de difficulté à estimer les ventes et les parts de marché de l'industrie que les analystes des biens de consommation. Les mercaticiens de biens industriels n'ont pas de rapport Nielsen ou d'autres rapports standard de services sur lesquels ils peuvent compter. Traditionnellement, les distributeurs ne divulguent pas l'information sur le niveau de ventes des produits des concurrents. Les mercaticiens de biens industriels doivent par conséquent se contenter de moins d'information sur leurs parts de marché réelles.

4.6.5
L'estimation de la demande future

Maintenant, nous examinerons les méthodes d'estimation de la demande future. Rares sont les produits et les services qui se prêtent facilement à des prévisions. On peut plus aisément faire des prévisions lorsqu'il s'agit d'un produit dont le niveau absolu de ventes ou la tendance des ventes sont relativement constants et lorsqu'il n'existe pas de concurrence (monopole, comme dans le cas de services publics) ou qu'elle n'évolue guère (oligopole). Cependant, sur la plupart des marchés, la demande totale et la demande de l'entreprise ne sont pas stables, et de bonnes prévisions deviennent un facteur important du succès d'une entreprise. Plus la demande est instable, plus il est essentiel que les prévisions soient exactes et plus la méthode de prévision sera raffinée.

Les entreprises utilisent le plus souvent une démarche en trois étapes pour obtenir une prévision des ventes. Elles font une **prévision de l'environnement**, suivie d'une **prévision de l'industrie**, ellemême suivie d'une **prévision des ventes de l'entreprise**. La prévision de l'environnement vise à faire des projections sur l'inflation, le chômage, les taux d'intérêt, les dépenses et l'épargne des consommateurs, les investissements, les dépenses publiques, les exportations et d'autres paramètres environnementaux. Le résultat de cette démarche est une **prévision du produit national brut** qui est alors utilisée avec d'autres indicateurs de l'environnement pour faire la prévision des ventes de l'industrie. Ensuite, l'entreprise élabore ses propres prévisions des ventes en supposant qu'elles lui permettent de conquérir une certaine part du marché visé.

De quelle façon exactement les entreprises établissent-elles leurs prévisions macroéconomiques? Les entreprises les plus importantes ont leur propre service de la planification, qui utilise des techniques statistiques raffinées pour accomplir cette tâche (certaines de ces méthodes ont été présentées au tableau 4.5). Les entreprises plus petites peuvent acheter des prévisions à trois sources:

- Les **agences de recherche en marketing**, qui établissent des prévisions en interviewant les clients, les intermédiaires et d'autres intervenants bien informés.

- Les **agences spécialisées en prévisions**, qui produisent des prévisions à long terme d'éléments précis du macroenvironnement tels que la population, les ressources naturelles et la technologie.

- Les **agences de recherche sur l'avenir**, qui élaborent des scénarios spéculatifs.

Toutes les prévisions sont établies à partir d'une des trois bases d'information suivantes: ce que les gens disent, ce que les gens font ou ce que les gens ont fait. Pour savoir **ce que les gens disent**, il faut sonder l'opinion d'acheteurs ou de gens qui sont près d'eux, comme les représentants ou les experts. Pour ce faire, on peut s'y prendre de différentes façons: faire une enquête sur les intentions d'achat, solliciter l'opinion de la force de vente, demander l'opinion d'experts ou faire des tests de marché. Faire une prévision à partir de **ce que les gens font** exige une autre méthode, le test de marché, qui consiste à lancer le produit sur un marché témoin et à mesurer les réactions des acheteurs. Finalement, pour connaître **ce que les gens ont fait**, on analyse les données du comportement d'achat passé, en utilisant soit les séries chronologiques, soit l'analyse statistique de la demande.

L'enquête sur les intentions d'achat

Prévoir est l'art de prédire ce que les acheteurs sont susceptibles de faire dans un ensemble de conditions données. Cela suppose une enquête menée auprès des acheteurs. Les enquêtes sont particulièrement valables lorsque les acheteurs sont capables de formuler clairement leurs intentions, qu'ils y donnent suite et qu'ils les révèlent aux enquêteurs.

En ce qui concerne les **biens de consommation durables** (par exemple les appareils ménagers, tels les réfrigérateurs), plusieurs organisations de recherche mènent périodiquement des enquêtes sur les intentions d'achat auprès des consommateurs. Ces organisations posent des questions comme la suivante:

Avez-vous l'intention d'acheter une voiture au cours des six prochains mois?

Aucune possibilité	0,00
Très faible possibilité	0,20
Une certaine possibilité	0,40
Bonne possibilité	0,60
Forte probabilité	0,80
Certainement	1,00

On appelle ce type de question une **échelle de probabilité d'achat**. Dans ces sondages, on cherche aussi à connaître l'état des finances actuelles et futures des consommateurs de même que leurs opinions sur l'évolution de l'économie. Par exemple, le Conference Board du Canada publie chaque trimestre un indice des attitudes des consommateurs. On calcule cet indice d'après les réponses à un sondage sur l'état des finances actuelles et à venir des consommateurs, sur leur attitude à l'égard du marché du travail, sur leur opinion quant à l'opportunité de faire actuellement des achats importants. Les fabricants de biens de consommation durables s'abonnent à de telles publications dans l'espoir de pronostiquer les changements importants dans les intentions d'achat des consommateurs et de pouvoir ainsi ajuster leur plan de production et de marketing en conséquence.

Pour ce qui est des **biens industriels**, il est nécessaire de faire des enquêtes auprès des entreprises pour déterminer leurs intentions d'achat et leurs opinions sur l'environnement économique. Industrie Canada, du ministère de l'Industrie, fait régulièrement des enquêtes de ce genre auprès des grandes entreprises. Quant aux petites entreprises, la Fédération canadienne des entreprises indépendantes sonde de temps à autre sur divers sujets les quelque 55 000 petites entreprises qu'elle réunit. Les sondages sur les intentions d'achat valent surtout pour les produits industriels, pour les biens de consommation durables, pour les achats de produits exigeant une planification préalable et pour les nouveaux produits. La valeur des enquêtes sur les intentions d'achat s'accroît si le nombre des clients est peu élevé, s'il est relativement peu coûteux de les interroger, s'ils ont des intentions claires, s'ils s'en tiennent à leurs intentions initiales et s'ils acceptent de communiquer leurs intentions[39].

L'opinion de la force de vente

Lorsqu'il est peu pratique d'enquêter auprès d'acheteurs, l'entreprise peut demander à ses représentants de faire des estimations des ventes futures. Dans ce cas, chaque représentant estime la quantité de chacun des produits de l'entreprise que les clients actuels et potentiels pourraient acheter.

Toutefois, rares sont les entreprises qui utilisent les prévisions faites par leur force de vente sans y apporter d'ajustements. Les représentants sont souvent des observateurs partiaux. Ils peuvent être pessimistes ou optimistes par tempérament, ou ils peuvent passer d'un extrême à l'autre par suite d'un échec ou d'un succès récent. De plus, ils manquent souvent de perspective, ignorant le contexte économique ainsi que la manière dont les plans de marketing de leur entreprise influeront sur les ventes futures dans leur territoire. Ils peuvent délibérément sous-estimer la demande de façon que l'entreprise fixe des quotas de ventes plus bas. Enfin, il est possible qu'ils n'aient pas le temps de préparer des estimations précises ou considèrent qu'il ne vaut pas la peine de faire de telles estimations.

Une entreprise peut mettre en place un certain nombre d'aides et de stimulants pour encourager les vendeurs à faire de meilleures estimations. Elle peut communiquer aux représentants un relevé de leurs estimations passées comparées à leurs ventes réelles, ainsi qu'une série d'hypothèses de l'entreprise au sujet de la conjoncture économique, du comportement des concurrents, etc.

Il existe un certain nombre d'avantages à engager la force de vente dans le processus prévisionnel. Les vendeurs peuvent avoir une connaissance plus approfondie que quiconque des tendances qui se précisent dans l'entreprise. Par ailleurs, en participant au processus prévisionnel, les représentants pourraient avoir une plus grande confiance dans leur capacité de respecter leur quota et devenir plus motivés à le faire[40]. Finalement, une méthode prévisionnelle préétablie permet d'obtenir des estimations par produits, par territoires, par clients et par vendeurs.

L'opinion d'experts

Les entreprises peuvent aussi obtenir des prévisions en se tournant vers les experts : commerçants, distributeurs, fournisseurs, conseillers en marketing et associations professionnelles. Les constructeurs d'automobiles, — tout comme les fabricants d'électroménagers — enquêtent périodiquement auprès de leurs concessionnaires pour obtenir des prévisions de la demande à court terme. Les estimations des concessionnaires présentent les mêmes forces et faiblesses que celles des représentants. Plusieurs entreprises achètent des prévisions économiques et industrielles à des agences spécialisées dans les prévisions économiques. Ou encore, elles tirent parti des prévisions économiques des experts de banques et d'universités publiées périodiquement dans les journaux d'affaires, comme *Les Affaires*. Ces spécialistes de la prévision sont dans une meilleure position que l'entreprise pour préparer des prévisions économiques, parce qu'ils possèdent plus de données et une plus grande expertise dans la préparation de prévisions.

Occasionnellement, ces entreprises formeront un groupe d'experts qui sont chargés d'établir un type particulier de prévisions. On peut demander à ces experts d'échanger leurs points de vue et d'en arriver à une estimation commune (**méthode de discussion de groupe**). Ou encore, on peut leur demander de faire connaître leurs estimations individuelles, qu'un analyste combinera en une seule estimation (**méthode de mise en commun d'estimations individuelles**). On peut également leur demander de présenter leurs estimations individuelles et leurs hypothèses, qui seront revues par un analyste de l'entreprise, révisées et retournées aux experts afin qu'ils fournissent d'autres estimations (**méthode Delphi**)[41].

La méthode du test de marché

Lorsque les acheteurs ne planifient pas consciencieusement leurs achats, qu'ils ne concrétisent pas leurs intentions d'achat ou que les experts ne sont pas très bons pour faire des prévisions, on recommande de recourir au test de marché. Le test de marché est spécialement souhaitable quand il s'agit de prévoir les ventes d'un nouveau produit ou celles d'un produit actuel dans un nouveau canal de distribution ou territoire. La méthode du test de marché sera expliquée plus en détail au chapitre 11.

RÉSUMÉ

1. Trois facteurs rendent impératif, plus que jamais, le besoin d'une meilleure information marketing : l'évolution d'un marketing local à un marketing national, et même mondial, le passage des besoins des acheteurs aux désirs des acheteurs, et l'évolution de la concurrence par les prix vers d'autres formes de concurrence.

2. Pour pouvoir accomplir leurs responsabilités d'analyse, de planification, de mise en œuvre et de contrôle, les directeurs du marketing ont besoin d'un système d'information marketing (SIM). Le rôle du SIM est d'évaluer les besoins en information des cadres, de réunir cette information et de la distribuer en temps opportun aux directeurs du marketing.

3. Un système d'information marketing est composé de quatre sous-systèmes : 1° le système interne de gestion, qui comprend les systèmes de commande, de livraison et de facturation, et le système d'information sur les ventes ; 2° le système d'information externe, qui est l'ensemble des procédures et des sources utilisées par les dirigeants pour obtenir leur information quotidienne au sujet de l'évolution de l'environnement de marketing ; 3° le système de recherche en marketing, qui comprend l'élaboration, la collecte, l'analyse, la communication et l'exploitation systématiques de données et de résultats relatifs à une situation de marketing déterminée à laquelle l'entreprise doit faire face ; 4° le système de soutien à la décision de marketing, qui aide les cadres à interpréter les données et l'information pertinentes et à les traiter pour qu'elles deviennent la base de l'action de marketing.

4. Les entreprises peuvent mener leur propre recherche en marketing ou embaucher des agences qui la réaliseront pour elles. Le processus de recherche en marketing comprend la définition du problème de recherche et des objectifs de la recherche, l'élaboration du plan de recherche, la collecte des données, l'analyse des données et la communication des résultats à la direction. Lorsqu'elles font de la recherche, les entreprises doivent décider si elles recueilleront leurs propres données ou si elles utiliseront des données qui existent déjà. Elles doivent aussi choisir la méthodologie de la recherche (observation, entrevue de groupe, sondage, expérimentation) et des instruments de recherche (questionnaire, instruments techniques) qu'elles utiliseront. De plus, elles doivent décider du plan d'échantillonnage et des méthodes de contact. Il existe sept caractéristiques d'une bonne recherche en marketing : l'application de la méthode scientifique, la créativité de la recherche, la multiplicité des méthodes, l'interdépendance des modèles

et des données, la mesure de la valeur et du coût de l'information, un scepticisme de bon aloi et l'éthique en matière de marketing. De plus en plus d'entreprises utilisent des systèmes de soutien à la décision de marketing pour aider les directeurs du marketing à prendre de meilleures décisions.

5. Une des principales raisons pour lesquelles les entreprises font de la recherche en marketing est qu'elles désirent découvrir des occasions d'affaires. Une fois la recherche terminée, l'entreprise doit évaluer avec soin les occasions d'affaires et décider à quels marchés elle s'attaquera. Ce choix fait, l'entreprise doit préparer des prévisions des ventes. Ces prévisions sont basées sur les estimations de la demande.

6. Il y a deux types de demande : la demande du marché et la demande de l'entreprise. Pour estimer la demande actuelle, les entreprises essaient d'estimer le marché potentiel total, le marché potentiel d'un territoire ainsi que les ventes totales de l'industrie et les parts de marché. Pour estimer la demande future, les entreprises peuvent faire une enquête sur les intentions d'achat, solliciter l'opinion de la force de vente, demander l'opinion d'experts ou faire des tests de marché. L'utilisation de modèles mathématiques, de techniques avancées de statistique et de méthodes de collecte des données informatisées est essentielle pour faire les prévisions de tous les types de demandes et de ventes.

QUESTIONS

1. Seaquist Closures, un fabricant de bouchons pour les bouteilles de shampooing, a essayé en vain d'obtenir de ses clients (des fabricants de shampooing) de l'information, car elle cherche à améliorer constamment ses produits. Quelles démarches Seaquist Closures peut-elle entreprendre pour obtenir l'information désirée ? Quels problèmes liés aux consommateurs pourraient être découverts à la suite de ces recherches ?

2. Un client de votre agence de recherche en marketing vous fait le commentaire suivant : « Vous créez toujours de nouveaux termes pour décrire les mêmes vieux concepts. Le SIM, c'est juste un terme de plus pour parler de la recherche en marketing ! » Expliquez à votre client comment le système d'information marketing diffère de la recherche en marketing.

3. Vous êtes le directeur du marketing d'un fabricant de produits alimentaires en conserve. Votre patron désire savoir combien de magasins offrent votre sauce piquante. Puisque vous vendez vos produits par l'intermédiaire de courtiers en alimentation, vous ne connaissez pas la réponse. Votre patron veut obtenir une réponse d'ici deux jours. Comment procéderez-vous pour trouver cette information ?

4. Un chercheur souhaite évaluer les effets de trois arrangements de rayons (identifiés par A, B et C). Pour ce faire, il décide de mesurer les ventes réalisées pour chaque arrangement dans trois magasins différents, durant trois périodes différentes. Quelle sorte de plan expérimental devrait utiliser ce chercheur ?

5. Superbelle est une entreprise spécialisée dans les produits de soins pour les cheveux de femmes (shampooing, revitalisant, gel, fixatif, etc.). Cette entreprise distribue actuellement ses produits à l'échelle nationale, et ses gestionnaires pensent que la société devrait ajouter certains produits à sa gamme. Pourquoi l'entreprise devrait-elle étendre sa gamme de produits? Quels facteurs les gestionnaires de Superbelle devraient-ils considérer et évaluer avant de prendre la décision d'accroître la gamme de produits? De quels facteurs l'entreprise devrait-elle tenir compte dans la conception de ses nouveaux produits? Quels types d'études de marché devrait-elle faire afin d'obtenir des réponses à ces questions?

6. Évaluez les questions suivantes issues d'un sondage mené auprès de consommateurs. Ces questions permettent-elles d'obtenir l'information désirée? Quelle est la probabilité que les consommateurs répondent aux questions?

   a) Quelle est la marque de balle de golf préférée de votre conjoint?

   b) Lundi dernier, quelles émissions de télévision avez-vous regardées?

   c) L'année passée, combien de fois avez-vous mangé de la pizza?

   d) Quel revenu avez-vous indiqué sur votre déclaration de revenus fédérale la plus récente?

   e) Quels sont les produits alimentaires et non alimentaires que vous achetez fréquemment au supermarché?

7. Chacune des questions suivantes apparaît dans un questionnaire que les personnes interrogées remplissent et renvoient par la poste à une agence de recherche en marketing. Reformulez chaque question de manière que les réponses des personnes interrogées fournissent à l'agence l'information recherchée.

   a) Quelle marque préférez-vous?

   b) Combien d'enfants avez-vous? Combien de garçons et de filles? Et quel âge ont-ils?

   c) Combien d'annonces de compagnies aériennes avez-vous vues le mois passé?

   d) À quelle fréquence utilisez-vous les transports en commun?

   e) Les fabricants d'automobiles ont-ils fait des progrès suffisants pour améliorer le contrôle des émissions polluantes?

8. Levi Strauss est intéressée à développer une nouvelle gamme de costumes destinée aux hommes jeunes, indépendants et professionnels qui magasinent dans les boutiques spécialisées. L'équipe de marketing a déterminé que les hommes qui achètent les jeans Levi's se classifient en cinq catégories:

   • Les acheteurs utilitaires. Les clients fidèles à Levi's qui portent des jeans au travail et dans leurs loisirs.

   • Les désinvoltes. Les clients qui suivent les tendances de la mode et qui aiment sortir le soir.

   • Les économes. Ceux qui achètent en fonction du prix dans les magasins de vente à rabais.

   • Les conformistes. Ils ont plus de 45 ans et font leurs achats dans les grands magasins accompagnés de leur femme.

   • Les indépendants. Ce sont des acheteurs indépendants, qui magasinent seuls dans les boutiques spécialisées et veulent des tenues qui les mettent en valeur (le marché cible dans ce cas-ci).

   La tâche de l'équipe de marketing est de déterminer s'il faut utiliser le nom Levi pour le nouveau produit et si le produit peut être mis sur le marché avec succès par le réseau de distribution actuel de Levi. Comment l'équipe doit-elle fonctionner en vue d'obtenir des réponses à ces questions et de produire un plan pour connaître les préférences du segment des indépendants? Quels types de recherches formelles de marketing l'équipe doit-elle faire pour aider l'entreprise à prendre la décision de servir ce segment ou non? Si elle décide de servir ce segment, quels défis devra-t-elle relever?

9. Un groupe de personnes interrogées par la poste se compose d'un important échantillon national représentatif de ménages ayant accepté de répondre périodiquement à des questionnaires par la poste et de participer à des tests de produits et à des sondages téléphoniques. Dans quelles circonstances feriez-vous appel à ce type de groupe dans une démarche de recherche en marketing telle que celle qui est décrite dans ce chapitre?

10. Suggérez des moyens créatifs de recherche pour aider les entreprises à résoudre les problèmes suivants :

    a) Un fabricant de poêles à combustion lente veut connaître le taux de pénétration en Montérégie.

    b) Un distributeur de revues veut connaître le nombre de personnes qui lisent une revue déterminée dans la salle d'attente des cliniques médicales.

    c) Le fabricant d'un tonique capillaire pour hommes veut connaître au moins quatre méthodes pour trouver et interviewer des hommes qui utilisent son produit.

11. Une entreprise de produits chimiques veut estimer la demande de sulfure pour la prochaine année. Le sulfure peut être utilisé par les fabricants d'acide sulfurique ou encore pour le polissage des nouvelles voitures. General Motors est un des clients de cette entreprise de produits chimiques. Comment celle-ci peut-elle déterminer le nombre de nouvelles voitures qui seront produites par GM l'année prochaine, ce qui influencerait ses propres ventes de sulfure ?

12. Un fabricant de jouets pour enfants doit estimer ses ventes pour la prochaine année. Le directeur du marketing de l'entreprise a estimé les ventes pour six différentes combinaisons de contextes économiques et de budgets (voir le tableau ci-dessous). Il croit que la probabilité de récession est de 0,20 et que la probabilité d'une période normale est de 0,80. Il croit également que les probabilités d'un budget de marketing élevé, moyen et faible sont respectivement de 0,30, 0,50 et 0,20. Comment fera-t-il pour faire une prévision des ventes ? Quelles hypothèses énoncera-t-il

Prévision des ventes (en millions de dollars)

Contexte économique	Niveau du budget de marketing		
	Élevé	Moyen	Faible
Récession	15	12	10
Normal	20	16	14

RÉFÉRENCES

1. William D. Perreault Jr., Paul E. Green et Naresh K. Malhotra, « The Shifting Paradigm in Marketing Research », *Journal of the Academy of Marketing Science*, vol. 20, nº 4, automne 1992, p. 367-387.

2. John Koten, « You Aren't Paranoid if You Feel Someone Eyes You Constantly », *The Wall Street Journal*, 29 mars 1985, p. 1, 22 ; « Offbeat Marketing », *Sales and Marketing Management*, janvier 1990, p. 35 ; Erik Larson, « Attention Shoppers : Don't Look Now but You Are Being Tailed », *Smithsonian Magazine*, janvier 1993, p. 70-79.

3. Selon *Consumer Europe 1993*, une publication d'Euromonitor, Londres.

4. Donna DeEulio, « Should Catalogers Travel the EDI Highway ? », *Catalog Age*, vol. 11, nº 2, février 1994, p. 99.

5. John W. Verity, « Taking a Laptop on a Call », *Business Week*, 25 octobre1993, p. 124-125.

6. James A. Narus et James C. Anderson, « Turn Your Industrial Distributors into Partners », *Harvard Business Review*, mars-avril 1986, p. 66-71.

7. Kevin Helliker, « Smile : That Cranky Shopper May Be a Store Spy », *The Wall Street Journal*, 30 novembre 1994, p. B1:3, 6:6.

8. Voir Thomas Kinnear et Ann R. Root (dir.), *1994 Survey of Marketing Research : Organization, Functions, Budget, Compensation*, Chicago, American Marketing Association, 1994.

9. Voir William R. BonDurant, « Research : The "HP Way" », *Marketing Research*, juin 1992, p. 28-33.

10. Kevin J. Clancy et Robert S. Shulman, *Marketing Myths that Are Killing Business*, New York, McGraw-Hill, 1994, p. 58 ; Phaedra Hise, « Comprehensive CompuServe », *Inc.*, juin 1994, p. 109 ; « Business Bulletin : Studying the Competition », *The Wall Street Journal*, p. A1:5.

11. Pierre Filiatrault et Jean-Charles Chebat, « Le mix du budget marketing dans les entreprises de services », *Actes du 3ᵉ congrès annuel*, Dinard, France, Association française de marketing, 1987, p. 67-79.

12. Pierre Filiatrault et Jean-Charles Chebat, « Le management de la recherche en marketing dans les entreprises de services », *XVᵉ Séminaire international de recherche en marketing*, La-Londe-les-Maures, France, 25-27 mai 1988, p. 169-189.

13. Pour une discussion sur la valeur de la recherche dans la perspective de la théorie de la décision, voir Donald R. Lehmann, *Market Research and Analysis*, 3ᵉ éd., Homewood, Ill., Irwin, 1989, chap. 2.

14. Pour une excellente référence sur les sources de données secondaires, voir Gilbert A. Churchill Jr., *Marketing Research : Methodological Foundations*, 6ᵉ éd., Fort Worth, Texas, Dryden, 1994.

15. Jonathan Berry, « A Potent New Tool for Selling : Database Marketing », *Business Week*, 4 septembre 1994, p. 56-62.

16. Thomas L. Greenbaum, *The Handbook for Focus Group Research*, New York, Lexington Books, 1993.

17. Barbara A. Bickart, « Carryover and Backfire Effects in Marketing Research », *Journal of Marketing Research*, vol. 30, n° 1, février 1993, p. 52-62.

18. Un survol des instruments techniques est présenté dans Roger D. Blackwell, James S. Hensel, Michael B. Phillips et Brian Sternthal, *Laboratory Equipment for Marketing Research*, Dubuque, Iowa, Kendall/Hunt, 1970, p. 7-8. À propos d'instruments plus récents, voir Wally Wood, « The Race to Replace Memory », *Marketing and Media Decisions*, juillet 1986, p. 166-167.

19. Selwyn Feinstein, « Computers Replacing Interviewers for Personnel and Marketing Tasks », *The Wall Street Journal*, 9 octobre 1986, p. 35.

20. Pour obtenir d'autres références, voir Joanne Lipman, « Single-Source Ad Research Heralds Detailed Look at Household Habits », *The Wall Street Journal*, 16 février 1988, p. 39 ; Joe Schwartz, « Back to the Source », *American Demographics*, janvier 1989, p. 22-26 ; Magid H. Abraham et Leonard M. Lodish, « Getting the Most out of Advertising and Promotions », *Harvard Business Review*, mai-juin 1990, p. 50-60.

21. Cyndee Miller, « Sometimes a Researcher Has No Choice but to Hang out in a Bar », *Marketing News*, 3 janvier 1994, p. 16, 26.

22. Cynthia Crossen, « Studies Galore Support Products and Positions, but Are They Reliable ? », *The Wall Street Journal*, 14 novembre 1991, p. A1, 9. Voir aussi Betsey Spethmann, « Cautious Consumers Have Surveyors Wary », *Advertising Age*, 10 juin 1991, p. 34.

23. Naghi Namakforoosh, « Data Collection Methods Hold Key to Research in Mexico », *Marketing News*, 29 août 1994, p. 28.

24. John D.C. Little, « Decision Support Systems for Marketing Managers », *Journal of Marketing*, été 1979, p. 11.

25. S. Tamer Mitri Cavusgil, Michel Evirgen et T. Cuneyt, « A Decision Support System for Doing Business with Eastern Bloc Countries : The Country Consultant », *European Business Review*, vol. 92, n° 4, 1992, p. 24-34.

26. John D.C. Little, « BRANDAID : A Marketing Mix Model. Part I : Structure ; Part II : Implementation », *Operations Research*, vol. 23, 1975, p. 628-673.

27. Leonard M. Lodish, « CALLPLAN : An Interactive Salesman's Call Planning System », *Management Science*, décembre 1971, p. 25-40.

28. David B. Montgomery, Alvin J. Silk et C.E. Zaragoza, « A Multiple-Product Sales-Force Allocation Model », *Management Science*, décembre 1971, p. 3-24.

29. S.W. Hess et S.A. Samuels, « Experiences with a Sales Districting Model : Criteria and Implementation », *Management Science*, décembre 1971, p. 41-54.

30. John D.C. Little et Leonard M. Lodish, « A Media Planning Calculus », *Operations Research*, janvier-février 1969, p. 1-35.

31. Magid M. Abraham et Leonard M. Lodish, « PROMOTER : An Automated Promotion Evaluation System », *Marketing Science*, printemps 1987, p. 101-123.

32. Raymond R. Burke, Arvind Rangaswamy, Jerry Wind et Jehoshua Eliashberg, « A Knowledge-Based System for Advertising Design », *Marketing Science*, vol. 9, n° 3, 1990, p. 212-229.

33. John D.C. Little, « Cover Story : An Expert System to Find the News in Scanner Data », Sloan School, MIT Working Paper, 1988.

34. Pour obtenir plus d'information, voir Gary L. Lilien, Philip Kotler et K. Sridhar Moorthy, *Marketing Models*, Englewood Cliffs, N.J., Prentice Hall, 1992.

35. Judy Quinn, « Dewar's », *Incentive*, juillet 1994, p. 38-39.

36. Pour obtenir plus d'information, voir Gary L. Lilien, Philip Kotler et K. Sridhar Moorthy, *Marketing Models*, Englewood Cliffs, N.J., Prentice Hall, 1992.

37. Voir Russell L. Ackoff, *A Concept of Corporate Planning*, New York, Wiley-Interscience, 1970, p. 36-37.

38. Pour trouver des suggestions de stratégies associées à l'IDM, voir Don E. Schultz, Dennis Martin et William P. Brown, *Strategic Advertising Campaigns*, Chicago, Crain Books, 1984, p. 338.

39. Des chercheurs en marketing soulignent que la mesure de l'intention de comportement peut avoir une influence sur les comportements subséquents. Le taux d'achat augmente si on demande l'intention d'achat une fois ; plus souvent, il diminue. Voir Vicki G. Morwitz, Eric Johnson et David Schmittlein, « Does Measuring Intent Change Behavior ? », *Journal of Consumer Research*, vol. 20, n° 1, juin 1993, p. 46-61.

40. Voir Jacob Gonik, « Tie Salesmen's Bonuses to Their Forecasts », *Harvard Business Review*, mai-juin 1978, p. 116-123.

41. Voir Norman Dalkey et Olaf Helmer, « An Experimental Application of the Delphi Method to the Use of Experts », *Management Science*, avril 1963, p. 458-467. Voir aussi Roger J. Best, « An Experiment in Delphi Estimation in Marketing Decision Making », *Journal of Marketing Research*, novembre 1974, p. 447-452.

Chapitre

5

L'analyse de l'environnement marketing

Le Canada aurait pu bénéficier du système politique anglais,
de la culture française et du savoir-faire américain.
Au lieu de cela, nous avons le savoir-faire anglais,
le parlementarisme français et la culture américaine.
JOHN ROBERT COLOMBO

Nous avons répété à plusieurs reprises dans les chapitres précédents que les meilleures entreprises sont celles qui sont ouvertes au monde qui les entoure. Ces entreprises reconnaissent que l'environnement marketing, qui est en perpétuel changement, engendre continuellement de nouvelles occasions d'affaires et de nouvelles menaces. Elles comprennent qu'elles doivent surveiller constamment l'environnement changeant et adapter leur offre en conséquence. Un bel exemple d'entreprise qui sait quand, quoi et comment vendre à des marchés en émergence nous est fourni par Microsoft.

Bill Gates, le P.-D.G. de Microsoft, devance toujours d'un pas la concurrence. Il a fait évoluer son entreprise en la faisant passer des langages de programmation aux systèmes d'information, et de là aux applications commerciales telles que le traitement de texte Word, jusqu'à des produits destinés aux consommateurs comme l'encyclopédie Encarta sur cédérom. Gates analyse constamment l'environnement marketing et consacre le tiers de son temps à des discussions avec les clients actuels et potentiels. En demeurant à l'écoute, il est en mesure de concevoir des produits qui permettront à son entreprise de prospérer longtemps dans le prochain siècle. À la récente foire commerciale Comdex Computer, Gates a prononcé une conférence-choc devant une salle bondée : il a présenté sur film des gadgets qui devraient selon lui être utilisés d'ici l'an 2005, comme des micro-ordinateurs pour les tableaux de bord des automobiles qui seront capables de transmettre des vidéoconférences jusqu'à des ordinateurs de la taille d'un portefeuille pour faire du magasinage électronique. À une conférence de presse, plus tard ce jour-là, Gates a présenté le nouveau réseau Microsoft Network ; il s'agit d'un service en direct qui permettra aux familles partout dans le monde de communiquer entre elles grâce au courrier électronique. « L'industrie des micro-ordinateurs a déjà parcouru un long chemin, mais cela n'est rien à comparer à ce qui s'en vient », a prédit Gates[1].

Contrairement à Microsoft, plusieurs entreprises n'arrivent pas à voir qu'un changement peut signifier une nouvelle occasion d'affaires ; elles ignorent le changement ou y résistent jusqu'à ce qu'il soit trop tard. Leurs stratégies, leur structure, leur culture d'entreprise et leurs systèmes deviennent de plus en plus obsolètes et non fonctionnels. Des entreprises aussi puissantes que General Motors, IBM et Sears se sont trouvées en difficulté parce qu'elles ont ignoré trop longtemps les changements se produisant dans le macroenvironnement.

La principale responsabilité des gens de marketing dans une entreprise est celle de la **vigie commerciale**. Plus que n'importe qui d'autre dans l'entreprise, ils doivent cerner les tendances et rechercher les occasions d'affaires. Même si tous les gestionnaires dans une organisation devraient observer continuellement l'environnement externe, les spécialistes du marketing sont mieux placés pour le faire, et ce pour deux raisons. D'abord, ils peuvent utiliser des méthodes structurées comme le système d'information externe et la recherche en marketing pour recueillir de l'information sur l'environnement de marketing. Ensuite, ils passent plus de temps avec les clients et surveillent plus longuement les concurrents.

Dans ce chapitre et dans les trois prochains chapitres, nous nous pencherons sur l'**environnement externe** de l'organisation, c'est-à-dire sur les principales forces qui influencent cet environnement, sur les marchés des consommateurs, sur les marchés des organisations et sur les concurrents. Dans ce chapitre-ci, nous prêterons attention de façon plus précise au macroenvironnement en tentant de répondre aux deux questions suivantes :

- Quelles sont les principales méthodes utilisées pour suivre les tendances et cerner les occasions d'affaires dans le macroenvironnement ?

- Quels sont les principaux changements démographiques, économiques, naturels, technologiques, politiques et culturels qui se produisent dans cet environnement ?

5.1
L'ANALYSE DES BESOINS ET DES TENDANCES DU MACROENVIRONNEMENT

Les entreprises qui ont du succès ont su reconnaître les besoins insatisfaits et les nouvelles tendances du macroenvironnement, et y répondre de façon rentable. Il y aura toujours des besoins insatisfaits. Les entreprises qui pourraient résoudre les problèmes suivants feraient évidemment une fortune : un traitement contre le cancer, un médicament contre la maladie mentale, un moyen de dessaler l'eau de mer, des aliments nourrissants qui ont du goût mais qui ne feraient pas engraisser, des autos électriques pratiques, des ordinateurs à commande vocale, et ainsi de suite.

Même dans les économies qui connaissent une croissance lente, il se trouve des entreprises ou des individus entrepreneurs qui découvrent de nouvelles solutions à des besoins insatisfaits. Ainsi, le Club Med a élaboré un concept qui répond aux besoins de personnes seules qui veulent passer des vacances exotiques, le baladeur à lecteur de disques compacts a été créé pour des gens actifs qui aiment écouter la musique, Nautilus a été créée pour les hommes et les femmes soucieux de leur santé et de leur apparence, et Federal Express a été créée pour répondre aux besoins de livraison du courrier le jour suivant.

On peut découvrir plusieurs possibilités en reconnaissant des **tendances** :

> Une tendance est une orientation ou une séquence d'événements qui ont un certain rythme et une certaine durée.

Par exemple, une tendance importante qu'on observe actuellement est la participation croissante des femmes au marché du travail. Ce phénomène a entraîné notamment un accroissement des garderies, de la consommation de mets pouvant être réchauffés au four à micro-ondes, de gammes de vêtements pour les femmes d'affaires. Être capable de cerner une tendance, d'en découvrir les conséquences possibles et d'en déterminer les occasions d'affaires, voilà des habiletés critiques dans le domaine du marketing.

Il faut apprendre à faire la distinction entre les engouements, les tendances et les tendances lourdes, ou mégatendances. Contrairement à une tendance, un **engouement** est « imprévisible, d'une durée limitée et sans signification sociale, économique ou politique[2] ». Une entreprise peut prendre parti d'un engouement tel que celui qui a été observé pour la poupée Bout-de-chou ou le Tamagotchi, mais il s'agit là essentiellement d'une question de chance et de synchronisme.

Les tendances sont plus prévisibles et durables que les engouements. Une tendance révèle une orientation de l'avenir. Friedrich von Schiller a déjà dit que « l'avenir débute dans le présent ». Selon la futurologue Faith Popcorn, une tendance a une longévité certaine, elle est observable dans plusieurs activités des consommateurs et plusieurs secteurs de marché, et elle est cohérente par rapport à d'autres indicateurs significatifs qui arrivent ou qui émergent en même temps[3]. Popcorn a cerné 10 tendances socioéconomiques majeures durant les années 90 et leurs répercussions sur la prise de décision en affaires (voir la rubrique Le marketing en coulisse 5.1 intitulée « Les grandes tendances socioéconomiques selon Faith Popcorn »).

John Naisbitt, un autre futurologue, préfère parler de tendances lourdes, ou **mégatendances**, qui sont « des changements sociaux, économiques, politiques et technologiques importants qui se forment lentement mais qui, lorsqu'ils sont en place, nous influencent pendant un temps certain, entre sept et dix ans, et peut-être plus[4] ». Naisbitt et son personnel cernent ces tendances en comptant le nombre de fois que des articles apparaissent sur différents sujets dans les principaux journaux. Les tendances de Popcorn ont en général une orientation plutôt psychologique alors que les mégatendances de Naisbitt sont plus sociales. Les 10 mégatendances que Naisbitt avait relevées pour les années 90 sont les suivantes :

- l'explosion de l'économie mondiale ;
- la renaissance des arts ;
- l'émergence d'un socialisme de libre marché ;
- les modes de vie mondiaux et le nationalisme culturel ;
- la privatisation de l'État providence ;
- la croissance des pays du Sud-Est asiatique ;
- la décennie du leadership des femmes ;
- l'âge de la biologie ;
- le renouveau religieux du IIIe millénaire ;
- le triomphe de l'individu.

Les tendances et les mégatendances méritent que les mercaticiens leur prêtent attention. Un nouveau

LE MARKETING EN COULISSE 5.1
Les grandes tendances socioéconomiques selon Faith Popcorn

Faith Popcorn dirige une agence de conseillers en marketing connue sous le nom de Brain Reserve, qu'elle a mise sur pied en 1974. Elle compte parmi ses clients Black & Decker, Hoffman-LaRoche, Nissan et Rubbermaid. Son entreprise offre de nombreux services: Brand Renewal, qui tente d'insuffler une nouvelle vie à des marques se trouvant à la phase du déclin; Brain Jam, qui utilise une liste de tendances pour générer de nouvelles idées; Future Focus, qui élabore des concepts et des stratégies de marketing en vue de créer des avantages concurrentiels à long terme; Trend Bank, une banque de données privées établie à partir d'un système d'observation de la culture et d'entrevues auprès des consommateurs. Popcorn a cerné 10 grandes tendances socioéconomiques:

1. **Le départ monnayé.** Il ne s'agit pas de décrocher, mais plutôt de partir travailler dans un domaine qui nous plaît et de la manière qui nous plaît. Des gens de carrière et des professionnels abandonnent soudainement leur vie et leur emploi urbains trépidants pour aller vivre dans une petite ville de province ou à la campagne et diriger un journal local, ou une petite auberge. Ils sont d'avis que le stress professionnel est trop coûteux. Il y a un retour nostalgique aux valeurs des petites villes où le rythme de vie est plus lent, l'air n'est pas pollué, la sécurité est plus grande et les gens sont plus simples.

2. **Le *cocooning*.** Le *cocooning* représente l'isolement, la paix, la protection, le confort et le contrôle. De plus en plus de gens font de leur domicile un nid. Ils s'affalent sur leur canapé pour regarder des films à la télé; ils restaurent et redécorent leur maison, et utilisent un répondeur téléphonique ou un afficheur pour filtrer le monde extérieur. En réaction au taux de criminalité croissant et aux autres problèmes sociaux, on se tourne vers le cocon blindé: système d'alarme domiciliaire, système de surveillance, possession d'armes à feu; c'est l'autosauvegarde. On trouve aussi le cocon baladeur, soit le *cocooning* hors du foyer. Dans ce cas, on mange et on téléphone dans l'auto. Finalement, il y a le cocon

social. On invite chez soi, de façon sélective, un petit groupe d'amis pour faire la conversation et pour veiller au salon.

3. **Le retour à la jeunesse.** Le retour à la jeunesse est la tendance à se sentir plus jeune que son âge et à agir en conséquence. Les héros *sexy* de nos jours sont Cher (qui a plus de 50 ans), Paul Newman (qui a plus de 70 ans) et Elizabeth Taylor (qui a plus de 65 ans). Dans ce vieillissement à rebours, on redéfinit le comportement convenant à un âge donné. Des personnes âgées achètent des vêtements jeunes, se font teindre les cheveux et subissent une chirurgie esthétique du visage. Dans le retour à la jeunesse, les gens se comportent d'une façon qui n'est pas accordée avec leur âge. Ils achètent des jouets pour adultes, s'inscrivent à des camps de vacances pour adultes et recherchent des vacances qui offrent l'aventure.

4. **L'égonomie.** C'est le culte du moi. Vu leur besoin de personnalisation, les gens veulent être considérés et traités d'une façon personnelle, différemment des autres. Il ne s'agit pas de narcissisme, mais d'individualisation, de différenciation. Ce désir d'individualisation se manifeste par des possessions ou des expériences uniques. Il est la version extrême du marketing ciblé. Ainsi, les magazines s'adressent à des publics toujours plus précis; on participe à des groupes d'intérêt spécifiques; on achète des vêtements, des automobiles et des cosmétiques sur mesure. L'égonomie donne aux mercaticiens l'occasion d'offrir des biens, des services et des expériences personnalisés.

5. **L'aventure fantastique.** L'aventure fantastique permet de répondre aux besoins croissants de fuite émotionnelle pour se libérer de la routine du quotidien. Les gens comblent ce besoin en prenant des vacances, en consommant des aliments du monde entier, en visitant des parcs thématiques ou en redécorant leur maison de manière exotique. Ce désir d'aventure donne l'occasion aux gens de marketing de répondre aux besoins de fuite émotionnelle en offrant des

produits et des services qui permettent de vivre des fantasmes ou encore en ajoutant une touche de fantaisie aux produits et aux services actuels.

6. **Les vies multiples.** Les vies multiples représentent la sensation, voire la détresse, qu'éprouvent les gens de nos jours lorsqu'il s'agit de jouer plusieurs rôles et d'exécuter plusieurs responsabilités. Par exemple, la *superwoman,* qui a une carrière florissante à temps plein, doit gérer la maison et s'occuper des enfants, faire le magasinage et bien d'autres choses. Les gens essaient de gagner le temps qui leur manque grâce aux télécopieurs, aux téléphones cellulaires, à la restauration rapide, etc. Les mercaticiens peuvent répondre à cette préoccupation en créant des points de service unique. On trouve chez certains dépanneurs des cassettes vidéo à louer, des photocopieurs, des télécopieurs et plusieurs autres services.

7. **Au secours de la société.** Il s'agit de la préoccupation croissante pour beaucoup de gens de rendre la société plus responsable par rapport aux trois E: l'environnement, l'éducation et l'éthique. De nombreuses personnes se joignent à des groupes qui font la promotion d'une responsabilité sociale accrue tant pour les entreprises que pour les individus. Les mercaticiens encouragent leur propre entreprise à adopter des pratiques de marketing plus responsables socialement.

8. **Les gâteries.** Les consommateurs, qui sont de plus en plus stressés, ont besoin à l'occasion d'obtenir de petites récompenses. Ils ne peuvent peut-être pas se payer une Ferrari, mais ils peuvent s'acheter un gilet ou des lunettes Ferrari lors d'un Grand Prix. Ils surveillent leur ligne toute la semaine, mais s'offrent un très bon repas durant la fin de semaine. Ils ne prendront pas deux semaines de vacances en Europe, mais se paieront un week-end de trois jours dans un hôtel de luxe. Les gens de marketing doivent être conscients que les consommateurs croient qu'ils méritent de petites récompenses matérielles, de petits luxes encourageants, et qu'il existe plusieurs possibilités de leur offrir des gâteries comme soutien émotionnel.

9. **La vie de rêve.** Il s'agit de la quête frénétique d'une vie plus longue, plus heureuse et meilleure. Les gens reconnaissent de plus en plus que leur mode de vie peut les tuer: mauvaises habitudes alimentaires, tabagisme, pollution de l'air, toxicomanie. Ils se sentent de plus en plus responsables de leur santé et sont prêts à changer leurs habitudes alimentaires, à faire de l'exercice et à relaxer plus souvent pour vivre mieux et plus longtemps. La prise en charge personnelle de la santé offre aux mercaticiens la possibilité de concevoir de nombreux produits et services pour les consommateurs.

10. **Le consommateur averti.** Les consommateurs avertis ne tolèrent plus les produits et les services de mauvaise qualité. Ils veulent que les entreprises soient plus humaines. Ils veulent aussi que les fabricants d'automobiles reprennent leurs «citrons» et remettent leur argent aux acheteurs. Ils s'abonnent à *Protégez-vous* et recherchent les noms des bonnes et des mauvaises entreprises. Les mercaticiens doivent être la conscience de leur entreprise et forcer celle-ci à adopter des standards élevés de qualité pour les produits et les services qu'elle offre.

Sources: Ce résumé a été adapté à partir du livre *Le rapport Popcorn — Comment vivrons-nous l'an 2000?*, Montréal, Les Éditions de l'Homme, 1994. On trouvera une perspective canadienne des changements démographiques dans *Entre le boom et l'écho 2000* de David K. Foot et Daniel Stoffman, Montréal, Boréal, 1999.

produit ou un nouveau programme de marketing connaîtra probablement plus de succès s'il s'inscrit dans les principales tendances, plutôt que de s'y opposer. Mais il ne suffit pas de détecter une nouvelle occasion d'affaires sur le marché pour connaître le succès, même si cela peut se faire techniquement. Par exemple, il est peut-être possible d'offrir aux gens un journal quotidien personnalisé auquel ils auront accès avec leur ordinateur et qui ne couvrira que les sujets qui les préoccupent. Toutefois, il n'y aura peut-être pas suffisamment de personnes intéressées à un tel produit ou prêtes à payer le prix exigé. C'est pourquoi il faut faire de la recherche en marketing pour être capable d'évaluer le potentiel de rentabilité d'une occasion d'affaires.

5.2
LA DÉTERMINATION DES PRINCIPALES FORCES DU MACROENVIRONNEMENT ET LA RÉACTION À CELLES-CI

Les entreprises, leurs fournisseurs, leurs intermédiaires, leurs clients, leurs concurrents et leurs publics évoluent tous dans un vaste cadre de forces et de tendances qui façonnent des occasions d'affaires, mais qui présentent aussi des menaces. Il s'agit des facteurs du macroenvironnement qui échappent à l'emprise de l'entreprise, car ils ne sont pas contrôlables. L'entreprise doit les surveiller et s'y adapter. Dans toutes les économies, les entreprises et les consommateurs sont de plus en plus influencés par les forces mondiales. Celles-ci incluent:

- Un accroissement marqué de la rapidité du transport international, des communications et des transactions financières, qui amène une forte croissance du commerce et des investissements mondiaux, surtout du commerce tripolaire (Amérique du Nord, Europe de l'Ouest et Extrême-Orient).

- Une certaine érosion de la domination et de la compétitivité internationales des économies occidentales, et la croissance économique du Japon et de plusieurs autres pays d'Extrême-Orient sur les marchés mondiaux.

- La croissance de blocs commerciaux tels que la Communauté économique européenne et l'Accord de libre-échange nord-américain (ALENA), qui favorisent la coopération économique entre les régions.

- Le sérieux problème de la dette de plusieurs pays d'Amérique du Sud et d'Europe de l'Est, de même que la fragilité croissante du système financier international.

- L'utilisation grandissante du troc et des accords de réciprocité pour soutenir les transactions internationales. (L'accord de réciprocité est une forme de troc par lequel un pays exige qu'une entreprise étrangère achète des produits du pays en échange du privilège d'y vendre ses biens.)

- Le développement de l'économie de marché dans les anciens pays socialistes qui va de pair avec la privatisation rapide des entreprises publiques.

- La dissémination rapide de modes de vie mondiaux résultant de la croissance des communications internationales.

- L'ouverture graduelle de nouveaux marchés importants tels que la Chine, l'Inde, l'Europe de l'Est et les pays arabes.

- La tendance croissante des entreprises multinationales à transcender leurs caractéristiques locales et nationales pour devenir des entreprises transnationales.

- Le nombre toujours plus élevé d'alliances stratégiques d'entreprises de différents pays, par exemple MCI et British Telecom, Texas Instruments et Hitachi, et Coca-Cola et Cadbury Schweppes. Le Canadien National a fait l'acquisition de la société ferroviaire Illinois Central, mais Louisiana-Pacific a fait l'acquisition du Groupe Forex, et Ameritech a déboursé 5,1 milliards de dollars pour une participation minoritaire dans Bell Canada. Quebecor a fait l'acquisition de Sun Media et la Banque Nationale a mis la main sur First Marathon. Loblaws a acheté Provigo, mais Métro-Richelieu a acheté 41 supermarchés Loeb en Ontario.

- L'accroissement des tensions et des conflits régionaux une fois la guerre froide terminée.

- La percée de marques mondiales dans les secteurs de l'automobile, de l'alimentation, des vêtements, de l'électronique, etc. Par exemple, Colgate-Palmolive a acquis la réputation de développer des marques mondiales qui se vendent aussi bien aux Philippines qu'en Angleterre. Quand l'entreprise a décidé de lancer sa nouvelle pâte dentifrice Total, une pâte dentifrice antibactérie qui combat la plaque dentaire, elle n'a pris aucun risque. Elle a effectué des tests de marché dans six pays, chacun représentant un profil culturel différent: les Philippines, l'Australie, la Colombie, la Grèce, le Portugal et le Royaume-Uni. L'équipe responsable du lancement à l'échelle mondiale était une réplique des Nations Unies au sein de l'entreprise réunissant des stratèges dans les secteurs du marketing, de la logistique et de la production. Leurs efforts ont été récompensés. En 1994, les ventes de Total à l'échelle mondiale atteignaient 150 millions de dollars ; le produit est vendu dans 75 pays avec essentiellement un conditionnement, un positionnement et une publicité similaires[5].

Avec comme toile de fond ces rapides changements à l'échelle mondiale, une entreprise doit surveiller six forces importantes dans le macroenvironnement, lesquelles peuvent se répartir en six catégories, soit les environnements démographique, économique, naturel, technologique, politico-juridique et socioculturel. Quoique ces forces puissent être décrites séparément, les mercaticiens doivent prêter attention aux interactions causales qui créent à la fois de nouvelles occasions d'affaires et de nouvelles menaces. Par exemple, la croissance explosive de la population à l'échelle mondiale (environnement démographique) entraîne une pénurie de ressources et un accroissement de la pollution (environnement naturel), ce qui amène les consommateurs à exiger plus de lois (environnement politico-juridique). Ces nouvelles contraintes provoquent le développement de nouveaux produits et de nouvelles solutions technologiques (environnement technologique) qui, s'ils ne coûtent pas trop cher (environnement économique), peuvent en fait changer les attitudes et les comportements des gens (environnement socioculturel).

5.2.1
L'environnement démographique

Le premier élément de l'environnement d'une entreprise est la population, qui se situe au premier plan puisqu'elle est la source de ses marchés. Les spécialistes du marketing s'intéressent fortement aux différentes caractéristiques de la population : la taille et le taux de croissance de la population dans différentes villes, régions et pays ; la répartition par âge et par groupe ethnique ; le niveau de scolarité ; la structure des ménages ; les caractéristiques de la mobilité régionale. Penchons-nous maintenant sur les principales tendances démographiques et leurs conséquences sur la planification du marketing.

L'explosion démographique mondiale

Le rythme de croissance de la population mondiale est considéré comme explosif. La population mon-

diale totalisait 5,41 milliards d'habitants en 1991 et croissait au rythme de 1,7 % par année. À ce taux, la population mondiale atteindra 6,2 milliards en l'an 2000[6].

L'explosion de la population mondiale constitue une préoccupation majeure pour les gouvernements et les divers intervenants dans le monde, et cela pour deux raisons. La première raison est l'incapacité probable des ressources naturelles (combustible, nourriture) de la planète à subvenir aux besoins d'autant de vies humaines, surtout avec le niveau de vie auquel aspirent la plupart des gens. Dans *Halte à la croissance*, les auteurs présentent une quantité impressionnante de renseignements démontrant qu'une croissance non contrôlée de la population et de la consommation amènera inévitablement une insuffisance de nourriture, l'épuisement des principales ressources minérales, la surpopulation, la pollution et une détérioration généralisée de la qualité de la vie[7]. Une de leurs recommandations les plus fermes est le marketing social de la régulation des naissances et de la planification familiale à l'échelle mondiale[8].

La deuxième raison de la préoccupation générale à l'égard de l'explosion démographique est que la croissance de la population est plus forte dans les pays et les communautés qui éprouvent le plus de difficulté à survivre. Les pays en voie de développement comptent pour à peu près 76 % de la population mondiale et croissent à un taux de 2 %, alors que la population dans les pays industrialisés ne croît que de 0,6 % par année. Dans les pays en voie de développement, la mortalité a chuté grâce aux progrès de la médecine moderne, alors que la natalité est demeurée relativement stable. La capacité de ces pays de nourrir, de vêtir et d'instruire leurs habitants ainsi que de fournir un niveau de vie croissant est de plus en plus réduite.

Le taux de croissance explosif de la population mondiale a de grandes répercussions sur les entreprises. Une population croissante signifie des besoins humains croissants, mais ne signifie pas nécessairement des marchés en croissance, à moins que le pouvoir d'achat ne soit suffisant. Cette croissance peut pousser la demande à la hausse et ainsi exercer une pression si forte sur la disponibilité de la nourriture et des ressources que les prix pourraient grimper en flèche et les marges de profit, chuter.

Néanmoins, les entreprises qui analysent méticuleusement leurs marchés peuvent cerner des occasions d'affaires importantes. Par exemple, pour mater la croissance exponentielle de la population, le gouvernement chinois a instauré un règlement qui limite la famille chinoise à un enfant. Les fabricants de jouets, en particulier, surveillent une conséquence de ce règlement : les enfants chinois sont gâtés et leurs parents sont plus que jamais aux petits soins avec eux. Appelés « les petits empereurs », les enfants chinois sont inondés de toutes sortes de choses, allant des bonbons aux ordinateurs, à cause de ce qui est connu comme le syndrome « des six bourses ». En effet, jusqu'à six adultes — parents, grands-parents, et même arrière-grands-parents, oncles et tantes — se prêtent aux caprices de chaque enfant. Cette tendance a amené des entreprises telles que la firme japonaise Bandai, la firme danoise Lego et la firme américaine Mattel à entrer sur le marché chinois[9].

La structure d'âge de la population

La structure d'âge de la population varie selon les pays. À un extrême, par exemple, se trouve le Mexique dont la population est très jeune et croît rapidement. À l'autre extrême, il y a le Japon, un pays comptant une des populations les plus âgées du monde. Parmi les produits ayant une grande importance au Mexique, citons le lait, les couches, les fournitures scolaires et les jouets. Par ailleurs, la population japonaise consomme beaucoup de produits destinés aux adultes.

La population peut être divisée en six groupes d'âge : les enfants d'âge préscolaire, les enfants d'âge scolaire, les adolescents, les jeunes adultes âgés de 25 à 39 ans, les adultes d'âge moyen (âgés de 40 à 64 ans), et les retraités âgés de 65 ans ou plus. Les groupes d'âge qui connaîtront la croissance la plus rapide au Canada dans les prochaines décennies sont les retraités et les adolescents. Pour les mercaticiens, cette structure d'âge indique les types de produits ou de services qui seront les plus demandés. Par exemple, David K. Foot est d'avis que le segment croissant des adultes de l'âge d'or amènera une augmentation de la demande notamment dans les secteurs immobilier, pharmaceutique et alimentaire. Les magasins qui cibleront des personnes plus âgées auront besoin d'un meilleur éclairage, d'annonces dont les lettres seront plus grosses et de toilettes sécuritaires. Et les entreprises qui cibleront un groupe d'âge précis devront adapter leur approche de marketing à mesure que la population d'autres groupes s'accroîtra. Par exemple, alors que la population des jeunes de 13 à 19 ans augmente pour la première fois depuis les années 50, Pepsi reconnaît qu'elle doit s'attaquer à ce marché en plus de son premier marché des baby-boomers. « Nous devons conserver la génération Pepsi originale tout en intéressant la nouvelle génération », déclare le vice-président principal des marques de Pepsi[10].

Les mercaticiens ne se limitent pas à cerner des groupes d'âge généraux ; ils repèrent aussi des groupes précis au sein de ces groupes d'âge comme marchés cibles potentiels. Ainsi, on utilise des acronymes tels que les suivants :

- DEWKS (*Dual Earners with Kids*) : couples ayant deux revenus et des enfants ;
- DINKS (*Double Income, No Kids*) : couples ayant deux revenus et aucun enfant ;
- MOBYS (*Mother Older, Baby Younger*) : femmes d'âge mûr ayant de jeunes enfants ;
- SKIPPIES (*School Kids with Income and Purchasing Power*) : écoliers ayant des revenus et un pouvoir d'achat ;
- WOOFS (*Well-Off Older Folks*) : aînés bien nantis ;
- YUPPIES (*Young Urban Professionals*) : professionnels urbains très actifs.

Chaque groupe a ses propres besoins quant aux produits et aux services, a des préférences pour ses médias et ses magasins, ce qui aide les mercaticiens à ajuster de façon précise leur offre.

Une mosaïque culturelle

La population canadienne se compose de personnes de plusieurs origines culturelles. Il existe des communautés culturelles importantes à Montréal et à Toronto, et des minorités ethniques importantes à Montréal, à Toronto et surtout à Vancouver. La politique de l'État consiste à maintenir les différences essentielles dans cette « mosaïque culturelle », contrairement à la politique de fusion (*melting-pot*) des États-Unis. Les minorités culturelles ont une signification surtout locale, quoiqu'elle puisse à l'occasion être régionale pour les mercaticiens. Les détaillants, en particulier, doivent prêter attention aux besoins et aux habitudes d'achat propres aux divers groupes. Mais la minorité francophone mérite une attention particulière, car elle compose 83 % de tous les ménages du Québec et 23 % de tous les ménages canadiens.

La dualité culturelle est une réalité qui ne peut être ignorée, non seulement à cause de la taille de la minorité francophone, mais aussi à cause de l'évolution récente des attitudes au Québec. La Révolution tranquille a commencé avec l'élection en 1960 des libéraux provinciaux, qui ont apporté d'importantes réformes en éducation et dans le développement industriel. La Commission royale d'enquête sur le bilinguisme et le biculturalisme, en 1963, a engendré une série d'actions à l'échelle fédérale pour établir la Confédération « sur la base d'un partenariat égal entre les deux races fondatrices ». La montée du Parti québécois lors des élections provinciales de 1970 et de 1973 a atteint son apogée avec la prise du pouvoir en 1976. Cependant, après la défaite subie par les souverainistes au référendum de 1980 et par le gouvernement péquiste en 1985, le nationalisme a connu des heures creuses avant de reprendre du poil de la bête à la suite de l'échec des négociations entourant l'Accord du lac Meech. Les mercaticiens doivent être sensibles au nationalisme, à la fierté culturelle et à l'autodétermination économique des Québécois, qui se voient comme une société distincte, ce qui peut avoir des conséquences sérieuses pour les entreprises qui tentent de vendre aux consommateurs québécois.

Traditionnellement, les Québécois avaient mis l'accent sur la famille, la maison et l'Église. Mais depuis la Révolution tranquille, la société québécoise a une tendance matérialiste et nationaliste. On s'interroge beaucoup sur la propension à consommer et sur les habitudes de consommation des Québécois par rapport à celles des autres Canadiens. Mais la plupart des gens de marketing reconnaissent qu'il existe des différences et qu'une stratégie de promotion uniforme pour tout le Canada ne donnerait pas de bons résultats. Les différences dans les modes de vie, les attitudes et les usages des produits rendent essentiel un choix judicieux des médias et des textes des annonces.

Une dernière raison pour les mercaticiens de surveiller de près l'évolution du Québec est la nécessité de se conformer à la législation provinciale. On peut avoir à modifier les étiquettes pour obéir aux lois sur la prédominance du français.

Chaque groupe au sein de la population a des désirs et des habitudes d'achat différents. Plusieurs fabricants, dans les secteurs de l'alimentation, du vêtement et des meubles, ont ciblé un ou plusieurs de ces groupes pour leurs produits et leurs promotions[11]. Les mercaticiens doivent cependant être prudents et ne pas faire trop de généralisations au sujet des groupes ethniques. En effet, au sein de chaque groupe ethnique, il y a des consommateurs très différents les uns des autres, puisque ce sont souvent des Canadiens de souches européennes variées. « Il n'y a pas réellement de marché asiatique », déclare Greg Macabenta, dont l'agence de publicité ethnique se spécialise dans le marché philippin. Macabenta souligne que les cinq groupes américano-asiatiques les plus importants ont leurs propres caractéristiques de marché, parlent des langues différentes, adoptent une cuisine différente, pratiquent des religions différentes et représentent des cultures nationales fort distinctes[12].

Le niveau de scolarité

Dans toute société, la population peut être répartie en cinq groupes : les illettrés, les personnes qui n'ont pas terminé le cours secondaire, celles qui ont terminé le secondaire, celles qui ont terminé le cours collégial et celles qui ont un diplôme professionnel ou universitaire. Au Japon, 1 % de la population est illettrée, alors qu'au Canada 2,5 % des individus âgés de plus de 15 ans sont des illettrés fonctionnels. Par contre, un pourcentage relativement élevé de la population a achevé ses études collégiales (approximativement 25 %). Au Québec, 13 % des gens ont un diplôme universitaire. Le nombre relativement élevé de personnes plus scolarisées au Canada crée une demande pour des livres de qualité, des revues et des voyages.

La structure des ménages

Un ménage traditionnel consiste en un mari, une femme et des enfants (et quelquefois des grands-parents). Au Canada, de nos jours, le ménage traditionnel n'est plus la structure dominante de ménage. Les ménages incluent le ménage à une personne (célibataire, retraité, divorcé), les adultes des deux sexes ou du même sexe qui vivent maritalement, les familles monoparentales, les couples sans enfants et les couples dont les enfants ont quitté le nid familial. De plus en plus de gens divorcent ou se séparent, choisissent de ne pas se marier, de se marier plus tard ou encore se marient avec l'intention de ne pas avoir d'enfants. Chaque groupe a un ensemble distinct de besoins et de comportements d'achat. Par exemple, les gens qui sont célibataires, séparés, divorcés ou veufs désirent des appartements plus petits, des appareils ménagers et des meubles plus petits et moins chers, et de la nourriture emballée dans des contenants plus petits. Les mercaticiens doivent considérer plus sérieusement les besoins précis des ménages non traditionnels, puisque leur taux de croissance est supérieur à celui des ménages traditionnels.

La mobilité géographique de la population

Les gens sont de plus en plus mobiles, et approximativement un Canadien sur cinq déménage chaque année. Parmi les tendances à la mobilité les plus importantes, signalons les suivantes :

Le déplacement de la population vers l'Ouest. Les provinces de l'Atlantique ont connu depuis longtemps une migration de leurs habitants vers le centre industriel du Canada. La raison traditionnelle était d'ordre économique, les perspectives d'emploi étant moins attrayantes chez eux qu'elles ne l'étaient dans les parties plus industrialisées du Québec et de l'Ontario. Pendant quelques années, on a assisté à une deuxième vague de migration vers les provinces de l'Ouest. Certes, il y a toujours eu une certaine migration vers l'Ouest en raison du climat plus tempéré de la côte Ouest. Or, cette tendance s'est accrue à cause de l'incidence des ressources énergétiques de l'Ouest sur la croissance économique de cette région. Les gens de marketing s'intéressent à la migration de la population en raison de son effet sur la demande de maisons et de produits connexes sur les marchés locaux[13].

L'exode rural. Ce phénomène existe depuis plus d'un demi-siècle. En 1911, un peu plus de la moitié de la population du pays vivait dans des régions rurales ; maintenant, approximativement les trois quarts de celle-ci vivent dans des régions urbaines. Les villes sont caractérisées par un rythme de vie plus rapide, un temps de transport plus long, des revenus généralement plus élevés et une plus grande variété de biens et de services que dans les petites villes et les régions rurales du Canada. Les plus grandes villes, comme Montréal, Toronto et Vancouver, comptent pour la plus grande partie des ventes de fourrures, d'œuvres d'art et de parfums chers, et elles ont droit à la plus grande part des productions d'opéras, de ballets et d'autres formes de culture. Environ 60 % de la population des grandes villes vit actuellement en banlieue. On y trouve souvent un style de vie différent de celui des villes. Les municipalités de banlieue se caractérisent généralement par une vie plus décontractée, un plus grand nombre d'heures passées à l'extérieur de la maison, des interactions plus poussées avec les voisins, des revenus plus élevés et des familles plus jeunes. Les banlieusards sont la source d'une grande partie de la demande pour le matériel de bricolage, les meubles de jardin, les outils de jardinage et d'entretien de la pelouse, et l'équipement pour la cuisine extérieure. Les détaillants ont reconnu l'importance de la commodité et ont rapproché leurs produits des municipalités de banlieue en y ouvrant des succursales de grands magasins et des centres commerciaux.

Le passage des marchés de masse aux micromarchés

Les changements observés font état d'une transformation du marché canadien, qui passe d'un **marché de masse** à un ensemble de **micromarchés** plus fragmentés, différenciés par l'âge, le sexe, l'origine ethnique, le niveau de scolarité, le style de vie, le secteur géographique, etc. Chaque groupe de consommateurs a des préférences et des caractéristiques bien définies et peut être joint par des médias qui sont de plus en plus différenciés. Les entreprises ont abandonné la technique du « coup de fusil de chasse » (*shotgun*), qui visait à atteindre un mythique consommateur « moyen » ; elles conçoivent de plus en plus leurs produits, leurs services et leurs programmes de marketing en fonction de micromarchés précis.

Les tendances démographiques sont extrêmement fiables à court et à moyen terme. Une entreprise n'a donc plus aucune raison de se sentir dépassée par les développements démographiques. Ainsi, le fabricant de machines à coudre Singer aurait dû savoir depuis plusieurs années que son marché de la machine à coudre subirait le contrecoup de la réduction de la taille des familles et de l'entrée d'un nombre croissant de femmes sur le marché du travail. À l'opposé, pensons aux récompenses que les mercaticiens peuvent récolter lorsqu'ils réussissent à cerner des tendances démographiques importantes, aux répercussions probables de ces évaluations et à la ligne de conduite qu'ils devraient adopter par la suite. Plusieurs mercaticiens courtisent la « génération Eisenhower », c'est-à-dire la génération des 50 à 64 ans qui précède celle des baby-boomers. Jeff Ostroff, directeur de la division des « plus de 40 ans » de Data Group, suit de très près cette génération. Elle est un prélude de ce qui arrivera avec la génération des baby-boomers. « Si une entreprise réussit bien avec ce groupe, dit-il, elle sera en excellente position pour s'attaquer au marché des baby-boomers lorsque ceux-ci arriveront sur ce marché. » Voici deux exemples de ce fait :

> Ocean Spray, qui a rapidement compris ce marché cible, a offert aux 50 ans ou plus son jus de canneberge au moyen d'un message publicitaire qui disait pourquoi ce jus était bon pour ce marché cible et qui présentait un contenant plus traditionnel.

> Kellogg's a utilisé un message commercial pour la céréale All-Bran dans lequel des individus dont l'âge variait de 53 à 81 ans jouaient au hockey, faisaient du ski nautique, faisaient de la course d'obstacles et jouaient au baseball[14].

5.2.2
L'environnement économique

Pour qu'il y ait un marché, il faut qu'il y ait non seulement des personnes, mais aussi un pouvoir d'achat. Le pouvoir d'achat total est une fonction de facteurs économiques, comme le revenu actuel, le prix, l'épargne et la disponibilité du crédit. Les gens de marketing doivent être au courant de plusieurs tendances de l'environnement économique.

La répartition des revenus

Il y a de grandes différences dans les niveaux de revenus et dans leur répartition entre les pays. Un déterminant majeur est la structure économique du pays. On distingue les quatre types suivants de structures économiques :

L'économie de subsistance. Dans une économie de subsistance, la plupart des individus sont engagés dans une agriculture relativement primaire. Ils consomment une grande partie de leur production et

échangent le reste contre des biens et des services de première nécessité. Une économie de ce type offre peu de possibilités aux gens de marketing.

L'économie exportatrice de matières premières. Cette économie est riche en ce qui concerne une ou plusieurs ressources naturelles, mais elle est pauvre dans d'autres domaines. La majeure partie des revenus des pays ayant ce type de structure économique provient de l'exportation de ces ressources. Tel est le cas du Chili (étain et cuivre), de la République démocratique du Congo (caoutchouc) et de l'Arabie saoudite (pétrole). Ces pays constituent de bons marchés pour le matériel d'extraction, les outils et les fournitures, le matériel de manutention et de transport. Il peut aussi exister un certain marché pour les produits de base ou les biens de luxe en provenance de l'Occident, selon le nombre de résidants, de propriétaires terriens et de personnes à l'aise de la classe dirigeante.

L'économie en voie d'industrialisation. Dans une économie en voie d'industrialisation, les entreprises manufacturières représentent de 10 % à 20 % du produit national brut du pays, comme c'est le cas en Égypte, en Inde et aux Philippines. À mesure que les activités des industries de transformation s'accroissent, le pays dépend de plus en plus des importations de matières premières pour le textile, l'acier et la machinerie lourde, et de moins en moins de celles d'automobiles et de produits finis de textile et de papier. L'industrialisation crée une classe de nouveaux riches et une petite classe moyenne qui croît rapidement, suscitant ainsi, pour de nouveaux types de biens, une demande qui souvent ne peut être satisfaite que par des importations.

L'économie industrielle. Les pays qui ont une économie industrielle sont des exportateurs importants de produits et de capitaux. Ils exportent leurs produits manufacturés entre eux et en exportent aussi à d'autres types d'économies en échange de matières premières et de produits semi-finis. L'importance et la diversité des activités de production des pays industrialisés de même que l'importance de leur classe moyenne en font des marchés intéressants pour toutes sortes de produits.

La répartition des revenus est liée à la structure économique du pays ainsi qu'à son système politique.

Les spécialistes du marketing international classent les pays selon cinq modèles de répartition du revenu familial : 1° les revenus très faibles ; 2° les revenus faibles ; 3° les revenus très faibles et les revenus très élevés ; 4° les revenus faibles, moyens et élevés ; 5° surtout des revenus moyens. Prenons l'exemple d'un produit de luxe comme la Lamborghini, une voiture dont certains modèles coûtent plus de 100 000 $. Le marché serait à peu près inexistant dans les pays répondant aux deux premiers modèles de revenus. On pourrait s'attendre à ce que les marchés des deux derniers modèles offrent le potentiel le plus intéressant. Or, tel n'est pas le cas. En effet, c'est au Portugal (le troisième modèle de répartition du revenu familial) qu'il se vend le plus de Lamborghini, soit le pays le plus pauvre d'Europe ; cependant, il y a dans ce pays suffisamment de gens riches et soucieux de leur prestige social pour se payer un tel luxe.

En Amérique du Nord, les faits démontrent que les riches deviennent plus riches, que la classe moyenne rétrécit et que les pauvres demeurent pauvres. Il résulte de cela un marché à deux niveaux : les nantis qui achètent des produits chers, de grande qualité, et la classe ouvrière qui dépense avec réserve, parcimonieusement, fréquentant les magasins de vente à rabais, les magasins d'usine et les magasins-entrepôts de détaillants. Les détaillants traditionnels, comme Eaton, qui offrent des produits à prix moyens sont les plus vulnérables à ces changements.

Le taux d'épargne, le taux d'endettement et la disponibilité du crédit

Les dépenses de consommation dépendent en partie de l'épargne et du crédit des consommateurs ainsi que de la disponibilité du crédit. Le niveau d'épargne des consommateurs est relativement bas au Canada. À cause de la grande facilité avec laquelle les consommateurs obtiennent du crédit, les familles canadiennes ont un taux d'endettement relativement élevé par rapport à leurs revenus. Il est donc difficile pour les mercaticiens de persuader les consommateurs de faire des achats discrétionnaires, surtout de biens durables importants qui exigent un financement. Les gens de marketing doivent donc suivre avec attention tous les changements qui se produisent dans les revenus, le coût de la vie, les taux d'intérêt, l'épargne et les habitudes de prêt parce qu'ils ont un effet important sur les activités économiques, surtout pour les entreprises dont l'achat de produits est fortement influencé par les niveaux de revenu et de prix.

5.2.3
L'environnement naturel

Comme nous l'avons vu au chapitre 1, la détérioration continue de l'environnement naturel est sans doute un des plus grands problèmes de société. Dans plusieurs grandes villes du monde, la pollution de l'air et de l'eau a atteint des niveaux alarmants. On s'inquiète de plus en plus des effets de serre causés par certains produits, des pluies acides causées par d'autres produits, et de la destruction de la couche d'ozone qui protège des effets dangereux du rayonnement solaire. En Europe, plusieurs partis politiques verts ont exercé des pressions vigoureuses pour amener une réduction de la pollution industrielle. Des écrivains tels que Kenneth Boulding, Rachel Carson, les Erlichs et les Meadows ont su sensibiliser les masses à l'état avancé de la détérioration de l'environnement. Des groupes militants à l'échelle mondiale, comme Greenpeace et le Fonds mondial pour la nature, et à l'échelle régionale, comme la Fondation québécoise en environnement, ont surgi et poussé les législateurs à prendre certaines mesures pour protéger l'environnement. Et au Québec, Richard Desjardins et Robert Monderie ont sensibilisé beaucoup de gens avec leur film *L'erreur boréale*, qui aborde le problème de l'abattage sauvage des arbres dans la forêt boréale.

Les nouvelles législations qui résultent des préoccupations environnementales peuvent frapper brutalement certaines industries. Au Canada, les industries forestière et chimique de même que celles de l'acier et de l'énergie ont dû faire des investissements majeurs dans l'équipement de contrôle de la pollution. L'industrie automobile a dû équiper les nouvelles automobiles de coûteux systèmes de contrôle de l'émission des gaz. Et l'industrie du savon a accru le nombre de ses produits biodégradables.

Les spécialistes du marketing doivent reconnaître les menaces et les perspectives associées aux quatre tendances suivantes de l'environnement naturel : la pénurie potentielle de certaines matières premières, les coûts croissants de l'énergie, le niveau accru de pollution et le rôle des gouvernements dans la protection de l'environnement.

La pénurie potentielle de certaines matières premières

Les ressources de la terre sont soit illimitées, soit limitées mais renouvelables, ou limitées et non renouvelables. Des ressources illimitées, comme l'air et l'eau, posent moins de problèmes à court terme que d'autres ressources, quoique certains groupes y appréhendent des dangers à long terme. Ainsi, des groupes d'écologistes ont exercé des pressions pour faire bannir certains propulseurs utilisés dans les bombes aérosol, à cause du danger potentiel qu'ils représentent pour la couche d'ozone. Malgré la quantité légendaire de lacs au Canada, la pollution est devenue un problème majeur pour les Grands Lacs ; et les pluies acides ont déjà provoqué des dommages importants dans de nombreux lacs, en particulier au Québec et en Ontario, de même que dans les érablières. Le problème est toutefois complexe parce que les industries et les automobiles américaines sont les principales causes de cette situation. De plus, le manque d'eau et la pollution sont des problèmes majeurs dans certaines parties du monde.

Les ressources limitées renouvelables, telles que les forêts et la nourriture, doivent être exploitées modérément. Les compagnies forestières sont obligées de reboiser les forêts dans le but de protéger le sol et de pouvoir répondre à la demande de bois dans l'avenir. Les terres de culture constituent un autre problème majeur : la quantité de terres arables est relativement fixe, alors que les régions urbaines continuent à s'étendre au détriment des terres de culture. Ainsi, les meilleures terres arables du Québec sont dans la région de Montréal, où se poursuit l'expansion de la banlieue. De même, à Mirabel, on a exproprié en 1969 des centaines de kilomètres carrés de riches terres agricoles pour y construire l'Aéroport international de Montréal, dont une partie importante des activités a été transférée à Dorval en 1997.

Les ressources limitées non renouvelables, telles que le pétrole, le charbon, le platine, le zinc et l'argent, risquent d'être épuisées à plus ou moins brève échéance. Les entreprises utilisant les minéraux en train de se raréfier feront face à des augmentations de coûts substantielles. Et elles pourraient avoir de la difficulté à transmettre ces augmentations aux consommateurs. Les entreprises engagées dans l'exploration et dans la recherche et le développement bénéficieront d'excellentes occasions d'affaires en mettant au point des substituts des matériaux en voie d'épuisement.

Les coûts croissants de l'énergie

Le pétrole est une ressource limitée non renouvelable dont les difficultés d'approvisionnement ont déjà causé des problèmes sérieux à l'économie mondiale. La création du cartel de l'Organisation des pays exportateurs de pétrole (OPEP) a fait grimper en flèche le prix du baril de pétrole de 2,23 $ en 1970 à 34 $ en 1982, ce qui a entraîné une recherche frénétique de ressources énergétiques de remplacement et favorisé le développement des techniques d'exploitation des énergies solaire, marémotrice et éolienne, sans parler des améliorations visant à mieux mettre en valeur l'énergie du charbon, du gaz naturel et du nucléaire. Des centaines d'entreprises ont introduit la première génération de produits qui exploitaient l'énergie solaire pour chauffer la maison, l'eau domestique ou la piscine. D'autres entreprises ont travaillé à mettre au point des véhicules électriques, en quête d'un marché potentiel de plusieurs milliards de dollars.

Le développement de nouvelles sources d'énergie, l'utilisation plus efficace de l'énergie et l'affaiblissement du cartel du pétrole ont favorisé le déclin des prix en 1986. Les prix plus bas ont eu un effet négatif sur l'exploration pétrolière, mais ils ont réduit les dépenses des consommateurs et des entreprises utilisant ce type d'énergie. Les thermopompes ont aussi permis de réduire les coûts de chauffage des maisons[15].

De son côté, Hydro-Québec a mis sur pied plusieurs programmes pour favoriser l'utilisation d'équipements d'une plus grande efficacité énergétique, pour améliorer l'isolation des bâtiments, pour inciter les consommateurs à modifier certaines habitudes de consommation énergétique et même pour inciter ces derniers à déplacer leur demande dans le temps.

Le niveau accru de pollution

Certaines activités industrielles endommagent inévitablement la qualité de l'environnement naturel. L'élimination des déchets chimiques, biomédicaux et nucléaires, les taux dangereux de mercure dans l'océan, les fleuves et les lacs, la quantité massive de produits chimiques utilisés comme engrais pour les fruits, les légumes et les plantes, les détritus en tout genre comme les bouteilles non biodégradables, les plastiques et autres matériaux d'emballage, voilà quelques exemples seulement de pollution de notre environnement. On peut également penser aux dommages causés à la faune et à la flore dans les lacs du Québec par l'utilisation abusive de moteurs hors-bord trop puissants par rapport à la dimension de ces lacs, sans parler de la quiétude troublée des riverains, en particulier par les motomarines car la pollution par le bruit est une autre forme de pollution. Les désastres écologiques comme le déversement accidentel de pétrole résultant de l'échouage de l'*Exxon Valdez* au large de l'Alaska, l'incendie de l'entrepôt de BPC de Saint-Basile-le-Grand et celui de la montagne de pneus de Saint-Amable sont des menaces plus sérieuses à l'environnement et à la qualité de la vie causées par la pollution industrielle.

Des recherches ont démontré qu'approximativement 42 % des consommateurs sont prêts à payer un prix plus élevé pour obtenir des produits « verts ». Les entreprises sensibilisées aux dangers que court l'environnement pourront toutefois y trouver des occasions de marketing. La préoccupation écologique croissante de la population crée un marché important pour les dispositifs antipolluants et stimule la recherche de nouvelles méthodes de production de biens et d'emballages qui ne causent pas de dommages à l'environnement. Les gestionnaires plus alertes, au lieu de conserver une attitude passive, font des gestes reliés à la protection de l'environnement pour prouver leur intérêt en ce sens. Par exemple, 3M a mis sur pied un programme qui a entraîné une réduction substantielle de la pollution et des coûts. McDonald's et Burger King ont éliminé leurs contenants en polystyrène et utilisent des contenants en carton et des serviettes en papier plus petites[16].

Le rôle des gouvernements dans la protection de l'environnement

Les gouvernements n'ont pas tous les mêmes préoccupations environnementales et ne font pas tous les mêmes efforts pour protéger l'environnement. Ainsi, le gouvernement allemand fait des efforts majeurs pour améliorer la qualité de l'environnement, en partie à cause des pressions des groupes écologistes et en partie à cause de la dévastation écologique de l'ex-Allemagne de l'Est. D'autre part, nombre de pays pauvres ne font pas grand-chose pour réduire la pollution, surtout parce qu'ils n'ont ni les moyens financiers ni la volonté politique. Il est néanmoins dans l'intérêt des pays plus riches d'aider les pays les plus pauvres à mieux protéger leur environnement; cependant, certains pays parmi les plus riches n'en ont même pas les moyens. Ils faut espérer que, partout dans le monde, les entreprises démontreront une plus grande responsabilité sociale et que l'invention d'équipements moins coûteux permettra de contrôler et de réduire la pollution.

5.2.4
L'environnement technologique

De nos jours, la force dynamique qui façonne la vie des gens est la technologie. Celle-ci a donné le jour à des merveilles comme la pénicilline, la chirurgie à cœur ouvert et les pilules contraceptives, mais aussi à des horreurs comme les mitrailleuses, la bombe à hydrogène et les armes bactériologiques. Elle a également donné naissance à des innovations aussi controversées que l'automobile, les jeux vidéo et le pain blanc. L'attitude des gens face à la technologie dépend de l'émerveillement ou de la répulsion qu'ils éprouvent face aux changements technologiques.

Chaque nouvelle technologie a un potentiel de « destruction créatrice ». Les transistors ont tué l'industrie des tubes à vide, la photocopie a tué le papier carbone, l'automobile a nui au train et la télévision, au cinéma. Les vieilles industries qui n'ont pas su s'adapter aux nouvelles tendances, mais qui les ont plutôt combattues ou ignorées, ont souvent causé leur propre déclin.

Le taux de croissance de l'économie est lié au nombre de découvertes technologiques importantes. Malheureusement, les découvertes technologiques n'apparaissent pas à intervalles réguliers : l'industrie du chemin de fer a occasionné des investissements considérables, puis elle a connu un ralentissement et enfin un déclin lors de l'émergence de l'industrie automobile; de même, la radio a provoqué des investissements importants, puis elle est entrée dans une période creuse, où elle est restée depuis l'arrivée de la télévision. Dans la période comprise entre deux innovations importantes, l'économie peut stagner.

Entre-temps, des innovations mineures tentent de combler l'écart. Il est fort probable que le café instantané n'a pas rendu les gens réellement plus heureux, ni les antisudoraux, mais ils ont créé de nouveaux marchés et de nouvelles perspectives d'investissement et d'emploi.

Chaque technologie engendre des conséquences importantes à long terme qu'il n'est pas toujours possible de prévoir. La pilule anticonceptionnelle, par exemple, a eu pour effet de réduire la taille des familles, d'accroître le pourcentage des femmes sur le marché du travail et d'augmenter les revenus discrétionnaires, engendrant ainsi des dépenses plus élevées pour les voyages, les biens durables et d'autres biens et services.

Dans ce contexte, le mercaticien doit être à l'affût des tendances suivantes : un rythme accéléré du changement technologique, des possibilités d'innovation illimitées, des budgets de recherche et développement variés et la réglementation accrue du changement technologique. Nous verrons maintenant plus en détail ces tendances.

Un rythme accéléré du changement technologique

Plusieurs produits que nous considérons aujourd'hui comme allant de soi n'existaient pas il y a trente ans. À cette époque, les gens ne connaissaient ni les ordinateurs personnels, ni les montres à affichage numérique, ni les magnétoscopes, ni les télécopieurs. De plus en plus d'idées germent, et le délai entre la naissance d'une idée et sa réalisation se rétrécit rapidement. En outre, l'intervalle entre la mise sur le marché et la production de masse a été considérablement réduit. Ajoutons que 90 % de tous les scientifiques de l'histoire vivent encore aujourd'hui !

L'arrivée du traitement de texte, des télécopieurs, des photocopieurs, des ordinateurs personnels et de tous les biens audio et vidéo facilite grandement le travail à domicile, qui permet d'épargner énormément de temps de déplacement. Les gens s'apercevront bientôt que le coût d'installation et de fonctionnement d'un équipement de télécommunications à leur domicile est inférieur à celui du transport. Certains croient que le télétravail aidera à réduire la pollution par les automobiles et les embouteillages, amènera la famille à constituer une unité de travail et

suscitera la création d'un plus grand nombre d'activités et de loisirs centrés sur la maison (*cocooning*), ce qui aura un effet substantiel sur les comportements d'achat et sur le rendement du marketing. (Nous discuterons au chapitre 23 des répercussions des nouvelles technologies sur les comportements d'achat et de vente.)

Des possibilités d'innovation illimitées

De nos jours, les scientifiques travaillent à une gamme surprenante de nouvelles technologies qui révolutionneront les produits et les processus de production. Les travaux les plus prometteurs ont sans doute lieu dans les domaines de la biotechnologie, de l'électronique, de l'informatique, de la robotique et des nouveaux matériaux synthétiques[17]. Les scientifiques font aujourd'hui des recherches sur des traitements du cancer, du sida et des maladies des poumons et du foie, le contrôle chimique des maladies mentales, les pilules de « jouvence », l'énergie solaire pratique, les voitures électriques efficientes, les contraceptifs entièrement sécuritaires et les aliments nutritifs savoureux et à faible teneur en calories. Ils travaillent au développement de robots pour combattre les incendies, faire de l'exploration sous-marine et assurer certains soins de santé. De plus, les chercheurs s'intéressent à d'éventuelles inventions comme les petites automobiles volantes, les téléviseurs à trois dimensions, les colonies dans l'espace. Le défi, dans chacun de ces cas, est non seulement technique, mais aussi commercial, car il consiste notamment à développer des versions pratiques de ces produits à un prix raisonnable.

Des entreprises ont déjà commencé à exploiter le pouvoir de la **réalité virtuelle**, laquelle consiste en une combinaison de technologies qui permet aux utilisateurs d'expérimenter à l'aide de la vue, de l'ouïe et du toucher des environnements créés par un ordinateur. La réalité virtuelle a déjà été employée dans les domaines de la médecine, du divertissement, de l'entraînement militaire et de l'architecture. Et des entreprises novatrices utilisent la réalité virtuelle pour faire de la recherche et des tests sur des produits, de même que pour annoncer et vendre des produits et des services. On trouvera dans la rubrique Vision 2000 + intitulée « La réalité virtuelle arrive dans le marketing » des applications au marketing de la réalité virtuelle.

VISION 2000 +

La réalité virtuelle arrive dans le marketing

On dirait un nouveau jeu informatique destiné à échouer. Le client place sur sa tête un casque de réalité virtuelle et utilise les commandes pour jouer le rôle d'un virus d'herpès labial (feu sauvage) qui cherche à échapper à un onguent antibiotique. Mais la firme Warner Wellcome Consumer Healthcare a connu beaucoup de succès avec la promotion de Zovirax, un nouvel onguent vendu sans ordonnance dans les pharmacies, grâce à cette simulation selon la réalité virtuelle. Warner Wellcome a utilisé ce système de réalité virtuelle à sa réunion des ventes annuelle en 1993 — juste avant le lancement du Zovirax — pour motiver la force de vente et faire ressortir les différences entre ce produit et ceux de la concurrence. Elle a aussi utilisé ce système pour le lancement du produit dans les médias et pour la promotion de l'onguent auprès des pharmaciens dans les foires professionnelles. Finalement, elle a présenté une version modifiée de cette simulation aux consommateurs lors d'une foire sur le ski qui montrait comment des rayons ultraviolets peuvent causer l'herpès labial.

Les avantages de la réalité virtuelle pour les consommateurs sont évidents. Les consommateurs aiment essayer un produit avant de l'acheter, et naturellement ils aiment également se divertir. La réalité virtuelle permet de faire les deux. En fait, il est quelquefois difficile de savoir si les nouvelles promotions selon la réalité virtuelle sont de la publicité ou du divertissement. La division Life Savers de Nabisco a basé une promotion de sa marque Bubble Yum sur la réalité virtuelle. Ainsi, elle a amené 18 000 enfants dans les centres commerciaux à mettre un casque électronique et à utiliser les commandes pour voyager vers la planète Bubble Yum. Il s'agit d'un monde où les morceaux de gomme à mâcher volent dans l'air grâce à une animation en trois dimensions, et le but du jeu est de capturer plus de Bubble Yum que les concurrents.

Les mercaticiens ont utilisé la réalité virtuelle non seulement pour accroître la notoriété de la marque, mais aussi pour tester les préférences quant aux marques et d'autres variables avant que les produits soient introduits sur les tablettes. La firme Market Ware Corp. a créé un logiciel de réalité virtuelle qui permet aux entreprises de réaliser une recherche en marketing très réaliste. Connu sous le nom de « Consommateur visionnaire », ce système peut fonctionner sur un ordinateur personnel ; les consommateurs déambulent alors dans les allées d'un magasin sur l'écran de l'ordinateur et regardent les emballages comme si les tablettes étaient réellement devant eux. Ils peuvent même manipuler les emballages comme s'ils le faisaient avec leurs propres mains. Une multitude de variables de marketing peuvent être mesurées à chacune des étapes du processus, incluant les prix, diverses formes de promotion, et même des changements dans la disposition des produits sur les tablettes. Le directeur de Market Ware, Stephen Needel, soutient qu'un système de réalité virtuelle est plus attrayant pour les consommateurs qui sont de plus en plus las de la recherche en marketing utilisant le téléphone et le courrier. De plus, il est possible que cette méthode soit plus précise que les sondages. Par exemple, un consommateur pourrait spontanément prendre deux paquets de six bières sur des tablettes virtuelles, alors qu'il pourrait rapporter dans un sondage une quantité inférieure à sa consommation habituelle, par crainte d'être perçu comme un grand utilisateur. Par ailleurs, les consommateurs qui fournissent aux entreprises des données en circulant dans les allées de ce magasin virtuel pourraient aider à faire découvrir des habiletés susceptibles de devenir fort utiles à l'avenir. « C'est la façon dont les gens magasineront un jour », soutient Needel.

———————————

Sources : Carrie Goerne, « Visionary Marketers Hope for Concrete Gains from the Fantasy of Virtual Reality », *Marketing News*, 7 décembre 1992, p. 2 ; Sue Norris, « Being Is Believing », *Marketing Week*, 11 novembre 1994, p. 63-64 ; Andres Jaffe, « Not Leaving Soon : Virtual Reality », *Adweek*, 12 septembre 1994, p. 9 ; Howard Schlossberg, « Shoppers Virtually Stroll through Store Aisles to Examine Packages », *Marketing News*, 7 juin 1993, p. 2.

Des budgets de recherche et développement variés

La principale raison de la rapide croissance de la technologie est l'augmentation des dépenses de recherche et développement dans les pays industrialisés. Plusieurs usines canadiennes ont importé la technologie mise au point dans des entreprises multinationales, souvent américaines, dont elles sont des filiales. C'est sans doute en partie pour cette raison que les dépenses canadiennes en recherche et développement n'atteignent que 1 % du PNB et que ce taux est substantiellement plus bas que celui d'autres pays industrialisés. Les dépenses en R et D semblent favoriser les activités d'exportation, ce qui donne un autre argument pour l'accroissement de ce pourcentage. Quoique certains se demandent si les gouvernements doivent encourager les entreprises à faire de la recherche et du développement, il y a peu de doute quant au fait que des dépenses élevées en R et D sont corrélées avec une rentabilité élevée des entreprises.

Les managers du marketing les plus compétents préconisent des budgets de R et D élevés pour améliorer les produits existants et développer de nouveaux produits qui satisferont les besoins des clients. Mais gérer l'interface entre le marketing et la R et D peut constituer un défi de taille. En général, les chercheurs n'aiment guère les restrictions de coûts et ils sont portés à s'intéresser davantage à la résolution de problèmes scientifiques qu'au développement de produits pouvant être mis sur le marché. Plusieurs entreprises ont ajouté des spécialistes du marketing aux équipes de R et D, espérant ainsi y susciter une plus forte orientation vers le marché.

La réglementation accrue du changement technologique

À mesure que les produits se complexifient, le public a besoin de voir leur sécurité garantie. Des agences gouvernementales ont répondu à cette préoccupation en augmentant leur pouvoir d'enquêter et même de bannir de nouveaux produits qui pourraient être directement dommageables ou avoir des effets secondaires inquiétants, telles les prothèses mammaires. Santé Canada a pris part à l'élaboration de diverses réglementations qui limitent certaines activités de R et D et augmentent leurs coûts. Le nombre de règlements touchant la santé s'est accru d'une façon

substantielle dans les domaines de l'alimentation, de l'automobile, du vêtement, des appareils électriques, de la construction, etc. Les mercaticiens doivent connaître ces règlements et les prendre en considération lorsqu'ils proposent, développent et lancent de nouveaux produits.

5.2.5
L'environnement politico-juridique

L'environnement politico-juridique a une influence de plus en plus grande sur les décisions de marketing. Cet environnement se compose de **lois**, d'**agences gouvernementales** et de **groupes de pression** qui orientent le cadre de fonctionnement des organisations et des individus dans la société. Examinons les principales tendances politiques et leurs répercussions sur le management du marketing.

La législation

La législation qui réglemente les affaires a trois objectifs : protéger les entreprises de la concurrence déloyale, protéger les consommateurs des pratiques inéquitables des entreprises et protéger les intérêts de la société en général contre un comportement incorrect des entreprises. Un des buts majeurs de la législation sur la pratique des affaires et de sa mise en application est de rendre les entreprises responsables des coûts sociaux créés par leurs produits ou leurs processus de production.

On observe une tendance mondiale à accroître la législation en ce qui touche la conduite des affaires. La Commission européenne a fait d'importants efforts pour mettre en place un nouveau cadre légal portant sur les pratiques de concurrence, les normes et les responsabilités des produits, et les transactions commerciales entre les 15 pays membres de la Communauté économique européenne. Avec le démantèlement de l'Union soviétique, plusieurs pays de l'ancien Empire soviétique ont rapidement voté des lois pour promouvoir et réglementer une économie de marché. La Norvège a banni plusieurs formes de promotion des ventes — timbres-primes, concours, primes —, dans lesquelles elle voyait des instruments inappropriés ou inéquitables de promotion de produits ou de services. La Thaïlande exige que les entreprises de produits alimentaires qui vendent des marques nationales mettent aussi sur le marché des marques économiques de façon que les consommateurs à faible revenu puissent trouver des marques à bas prix. En Inde, les entreprises alimentaires doivent recevoir une approbation spéciale s'il existe déjà une marque semblable sur le marché, comme un autre cola ou une autre marque de riz.

La principale loi canadienne est la Loi sur la concurrence. Plusieurs parties de cette loi présentent un intérêt pour les mercaticiens, comme celles qui traitent des fusions (section 33), du prix (sections 34 et 38) et de la publicité (section 36). Des changements apportés récemment permettent aux autorités de mettre sur pied des audiences publiques et d'empêcher les pratiques déloyales, alors qu'auparavant il était nécessaire de contester de tels délits devant les tribunaux.

Les offices de commercialisation

Les offices de commercialisation sont un moyen très utilisé au Canada pour limiter la concurrence. Les offices de commercialisation de produits agricoles sont un type fort controversé d'agence gouvernementale exerçant une influence sur le marché. Il existe des offices fédéraux de commercialisation pour les œufs, les dindes, les poulets de consommation, le blé et les produits laitiers. Les provinces ont aussi leurs propres offices de commercialisation pour certains produits. Les défenseurs des offices de commercialisation allèguent que ces offices sont nécessaires pour régulariser les fluctuations inhérentes à l'offre de produits agricoles et assurer un « marketing ordonné », notamment pour le maintien des prix des producteurs. Or, l'Association des consommateurs du Canada s'oppose à la création de tels offices, pour la raison que les consommateurs paient alors des prix gonflés et qu'on les prive de l'accès à des importations dont les prix sont moins élevés. Les négociateurs canadiens des ententes multilatérales sur le commerce ont souvent été critiqués par les membres de l'Organisation mondiale du commerce à cause des restrictions sur le commerce international causées par les offices de commercialisation.

La concurrence étrangère

Dans le passé, le Canada a participé à des réductions mutuelles de tarifs par le biais du GATT (General Agreement on Tariffs and Trade) et à des ententes comme le Pacte de l'automobile entre le Canada et les États-Unis. Le raisonnement sous-jacent à ces changements était qu'ils forçaient les producteurs nationaux à devenir plus concurrentiels, ce qui avantageait les consommateurs tout en ouvrant la porte à l'exportation pour les entreprises plus dynamiques (voir aussi le chapitre 14). Le plus ambitieux de ces changements est certainement l'Accord de libre-échange nord-américain (ALENA) dont le but est d'éliminer les tarifs douaniers entre le Canada, les États-Unis et le Mexique. Ce traité pourrait même être étendu à l'ensemble des Amériques, pour y inclure, entre autres, les pays du Mercosour (Brésil, Argentine, Uruguay et Paraguay) d'ici 2005. L'ALENA n'est qu'une des occasions d'affaires dont les mercaticiens disposent pour développer des marchés mondiaux. La direction de l'entreprise devrait suivre de près les répercussions potentielles de ces changements sur l'environnement politique des entreprises.

La protection des consommateurs

Il faut une protection pour les consommateurs parce que certaines entreprises sans scrupules sont prêtes à induire en erreur les acheteurs potentiels en falsifiant leurs produits, en utilisant des emballages trompeurs ou une publicité mensongère, ou encore en offrant des prix qui servent d'appât. Selon la Loi sur la concurrence dont il a été question précédemment, les déclarations mensongères faites au public et les indications trompeuses sur les produits sont illégales. De plus, des lois provinciales comme la Loi sur la protection du consommateur, au Québec, ont aussi pour but de protéger les consommateurs des abus de certaines entreprises.

Au dire des consuméristes, il existe trois droits fondamentaux pour les consommateurs. Ces droits sont les suivants :

- le droit d'être suffisamment informés sur les aspects les plus importants du produit ;
- le droit d'être protégés contre les produits et les pratiques de marketing contestables ;
- le droit d'orienter l'évolution des produits et des pratiques de marketing dans des directions qui amélioreront la qualité de la vie.

Chacun de ces droits se traduit par une série de propositions précises de la part des consuméristes, comme le fait pour les consommateurs de connaître le coût réel d'un prêt, la nécessité d'être mieux informés sur le contenu des produits et la date d'emballage, et d'être mieux informés par une publicité non mensongère. Quoique ces tâches puissent rendre plus difficile le travail du directeur du marketing, elles lui fournissent un stimulus pour mieux comprendre le point de vue du consommateur d'une façon qui lui permette de renforcer sa position sur le marché.

Le responsable du marketing ne peut faire une planification éclairée sans une connaissance pratique des lois et règlements qui servent à protéger les consommateurs, la concurrence et la société. Ces principales lois sont énumérées au tableau 5.1. De plus, le responsable du marketing doit connaître les lois de chaque province où il fait des affaires, aussi bien que les conséquences des principaux règlements associés à ces lois.

Une liste des diverses lois, comme celle du tableau 5.1, ne permet pas d'exposer toute la complexité des contraintes juridiques auxquelles doit faire face le mercaticien qui tente d'organiser un programme de marketing national. Le problème fondamental est que les lois et les règlements sont fragmentés par des autorités provinciales. La législation sur la publicité illustre bien le défi que doit relever le responsable du marketing. Il existe plus d'une centaine d'ordonnances provinciales et fédérales sur la publicité. Puisque les diverses autorités politiques imposent des exigences différentes, le gestionnaire du marketing doit décider du nombre de formes de campagnes publicitaires qu'il lancera. Si une seule forme peut être justifiée, alors l'exigence la plus stricte pourrait être la règle de décision. Cependant, cette exigence pourrait bien ne pas être une exigence des provinces où se trouvent les marchés les plus importants. Ainsi, le Québec et l'Ontario permettent la publicité de certains produits à la télévision et à la radio, alors que le Nouveau-Brunswick ne le permet pas. L'annonceur devrait-il utiliser, par exemple, la publicité dans les journaux, qui est permise dans les trois provinces, ou une forme de publicité différente devrait-elle être conçue pour chaque province?

Un problème fondamental des lois réglementant les entreprises est la difficulté de déterminer le point où les coûts de réglementation excèdent les avantages. Les lois ne sont pas toujours administrées équitablement par les personnes qui ont la responsabilité de les appliquer. Les gens qui font les lois et qui les mettent

TABLEAU 5.1

Les principales lois fédérales concernant le marketing

1. **Commerce**
   Loi sur la concurrence
   Loi sur les petits prêts
   Loi sur la radiodiffusion
   Loi sur les brevets
   Loi sur les marques de commerce
   Loi sur le droit d'auteur
   Code criminel

2. **Normes et catégories de produits**
   Loi sur les normes sur les produits agricoles
   Loi sur l'emballage et l'étiquetage des produits de consommation
   Loi sur les poids et mesures
   Loi sur les dessins industriels
   Loi sur le poinçonnage des métaux précieux

3. **Santé et sécurité**
   Loi sur les aliments et drogues
   Loi sur les stupéfiants
   Loi sur les produits dangereux
   Loi sur les viandes et conserves alimentaires

en vigueur peuvent être zélés ou inconstants: les agences gouvernementales sont souvent dominées par des avocats et des économistes qui n'ont pas nécessairement un sens pratique et qui, souvent, ne savent pas comment le marketing fonctionne. Des lois trop rigides peuvent nuire à plusieurs entreprises légitimes, décourager les investissements sur les marchés internationaux et de nouvelles entrées sur le marché. Elles peuvent aussi accroître les coûts des consommateurs. Quoique toute nouvelle loi puisse procéder d'exigences légitimes, l'ensemble de ces lois peut avoir comme effet de restreindre l'initiative et de réduire la croissance économique.

Le *marketer* a le devoir de bien connaître les principales lois de protection de la concurrence, des consommateurs et de la société. Les grandes entreprises établissent souvent des procédures de révision juridique et définissent des standards d'éthique pour guider leurs managers du marketing. Voici comment une entreprise a décidé de souligner l'importance du marketing.

En 1991, la compagnie Nynex a nommé Graydon Wood au nouveau poste de vice-président de l'éthique et mis à son service 12 personnes à temps plein, avec un budget annuel de 1 million de dollars. Le service de Graydon Wood a fait la formation de plus de 95 000 employés de Nynex depuis ses débuts. Cette formation comprenait entre autres la participation de 22 000 cadres à des ateliers d'une journée où l'on discutait d'études de cas d'éthique en marketing, en finances, et pour d'autres fonctions. Un des ateliers se penchait sur la problématique de l'utilisation de données sur la concurrence obtenues frauduleusement[18].

L'importance croissante des groupes de pression

Au cours des trois dernières décennies, le nombre et l'importance des groupes de pression se sont grandement accrus. Ces groupes font de la représentation auprès des autorités politiques et exercent des pressions sur les dirigeants d'entreprise de façon que ceux-ci apportent plus d'attention aux droits des consommateurs, des femmes, des personnes âgées, des homosexuels, des minorités, etc. Plusieurs entreprises ont même mis sur pied des services de relations avec le public pour étudier ces questions et en traiter avec ces groupes.

Une force importante qui influence la conduite des affaires est le **mouvement consumériste**, qui a comme objectif de renforcer les droits et les pouvoirs des acheteurs par rapport aux vendeurs. Les consuméristes ont soutenu et gagné le droit de connaître le taux réel d'un prêt, le vrai prix par unité standard de poids d'une marque concurrente, les ingrédients de base d'un produit, la valeur nutritive des aliments et les vrais avantages que procure le produit. En réaction au consumérisme, plusieurs entreprises ont établi des services de relations avec les consommateurs pour les aider à formuler des politiques et à répondre aux plaintes des consommateurs.

De nouvelles lois, qui vont de pair avec le nombre croissant de groupes de pression, imposent de plus en plus de contraintes aux gens de marketing. Les mercaticiens sont maintenant obligés de faire vérifier leurs plans par les services du contentieux de l'entreprise, des relations publiques et des relations avec la clientèle. Les compagnies d'assurances influencent directement et indirectement la conception des détecteurs de fumée; les groupes scientifiques influencent la conception des aérosols en condamnant certains gaz utilisés. En pratique, les transactions de marketing des entreprises du secteur privé sont maintenant du domaine public.

5.2.6
L'environnement socioculturel

La société dans laquelle les gens grandissent forme leurs croyances, leurs valeurs et leurs normes. Ils y absorbent, presque inconsciemment, une vue du monde qui définit leurs relations avec eux-mêmes, les autres, les organisations, la société, la nature et l'univers.

Comment les gens se voient eux-mêmes. Les gens diffèrent quant à l'importance qu'ils attachent à des valeurs opposées, comme la recherche du plaisir et le dévouement. La recherche du plaisir, dans le but de se récompenser soi-même, fut particulièrement valorisée dans les années 60 et 70. Les viveurs étaient en quête de plaisir, de changement et d'évasion. D'autres personnes, qui recherchaient l'**accomplissement de soi**, se joignirent à des groupes religieux ou thérapeutiques. Les répercussions sur le marketing d'une « société du moi » étaient nombreuses. Les gens achetaient des produits, des marques et des services comme moyens d'expression. Ils se procuraient des « voitures de rêve » et des « vacances de rêve ». Ils consacraient plus de temps aux activités physiques (jogging, tennis), à l'introspection, aux arts et à l'artisanat. L'industrie des loisirs (camping, navigation de plaisance, art, artisanat et sport) bénéficia du nombre croissant de personnes qui recherchaient le contentement, la satisfaction, l'« autorécompense ». Aujourd'hui, les gens sont devenus plus conservateurs et moins ambitieux. De nombreuses personnes qui ont vécu des moments difficiles savent qu'elles ne peuvent plus bénéficier d'un emploi stable ni d'une augmentation de leur revenu réel. Elles sont plus prudentes dans leurs dépenses et recherchent une plus grande valeur dans leurs achats.

Comment les gens voient les autres. Depuis quelque temps, les observateurs ont signalé l'existence d'un contre-courant de la « société du moi », à savoir la « société du nous ». Les gens accordent plus d'intérêt à la situation des sans-abri, aux problèmes de la criminalité et de ses victimes et aux autres problèmes sociaux. Ils aimeraient vivre dans une société plus humaine. Mais, en même temps, ils recherchent la compagnie de semblables et évitent le contact avec les étrangers. Ils désirent établir avec les autres des relations sérieuses et durables, et non seulement satisfaire leur propre intérêt à court terme. Cette tendance offre un avenir prometteur aux produits et aux services de soutien social, qui améliorent les communications directes entre les gens, tels que les clubs de conditionnement physique, les stations de vacances et les jeux de société. Il en résulte aussi une possibilité de croissance pour le marché des substituts sociaux, c'est-à-dire les produits qui permettent à une personne seule de sentir qu'elle ne l'est pas, par exemple la télévision interactive, les jeux vidéo et les ordinateurs.

Comment les gens voient les organisations. Les attitudes des gens envers les grandes organisations telles que les grandes entreprises privées et publiques, les agences gouvernementales et les syndicats diffèrent beaucoup. Nombre de personnes acceptent de travailler pour de grandes organisations. Il y a néanmoins un déclin de la **fidélité organisationnelle**. Les programmes majeurs de réingénierie des processus et de réduction du personnel ont rendu les gens cyniques ; ils ne font plus confiance aux entreprises. Plusieurs voient le travail non pas comme une source de satisfaction, mais comme une nécessité en vue de se procurer les moyens qui leur permettront de profiter de la vie après le travail.

De nombreuses répercussions sur le marketing découlent de cette manière de voir les choses. Les entreprises doivent trouver de nouvelles façons de gagner la confiance des consommateurs et des employés. Elles doivent revoir leurs diverses activités pour s'assurer qu'elles sont perçues comme ayant le sens des responsabilités civiques. Elles doivent réexaminer leur communication publicitaire pour voir à ce que leur message soit honnête. Un plus grand nombre d'entreprises commencent à utiliser des **audits sociaux** et les **relations publiques** pour projeter une image positive auprès du public (voir le chapitre 21).

Comment les gens voient la société. Les principales attitudes envers la société se résument à celles-ci : il y a les patriotes qui la défendent, les élites qui la dirigent, les parasites qui en profitent le plus possible, les réformateurs qui veulent la changer, les penseurs qui cherchent à mieux la comprendre et les fugitifs qui veulent la quitter[19]. Les schémas de consommation des gens reflètent souvent leurs attitudes sociales. Les élites veulent réussir, elles mangent et s'habillent dans les meilleurs établissements et elles vivent bien. Les réformateurs se nourrissent de façon plus frugale, possèdent de plus petites voitures et s'habillent plus simplement. Les fugitifs et les penseurs fréquentent davantage les cinémas, et consacrent plus de temps à la musique, aux loisirs, aux activités physiques et au camping.

Comment les gens voient la nature. L'attitude envers la nature varie beaucoup d'un individu à l'autre. Certains se sentent subjugués par la nature, d'autres vivent en harmonie avec elle et d'autres encore cherchent à la maîtriser. À long terme, les êtres humains ont certainement tendance à vouloir maîtriser la nature grâce à la technologie. Plus récemment, cependant, les gens ont commencé à se rendre compte de la vulnérabilité de la nature et des limites de ses ressources. Ils reconnaissent que les activités humaines peuvent gaspiller les ressources de la nature, voire détruire celle-ci.

L'amour de la nature a suscité une multiplication des activités de camping, de trekking, de canotage et de pêche. Le milieu des affaires a pourvu à ces besoins en produisant des souliers de marche, du matériel de camping et d'autres équipements pour les amoureux de la nature. Les grossistes en voyages offrent davantage de visites guidées dans les régions sauvages. Les communicateurs en marketing font de plus en plus valoir leurs produits avec un arrière-plan évoquant la nature. Les ventes de produits naturels sont en pleine croissance[20].

Comment les gens voient l'univers. Les croyances des gens sur l'origine de l'univers et sur leur place dans cet univers ont une influence sur leur comportement. La plupart des Canadiens sont monothéistes, quoique leurs convictions et leurs pratiques religieuses soient en déclin depuis quelques années. L'assistance aux cérémonies du culte n'a pas cessé de chuter, sauf dans certains mouvements évangéliques qui cherchent à ramener les gens dans des religions organisées. L'impulsion religieuse ne s'est pas complètement perdue ; elle a plutôt été en partie redirigée à cause de l'intérêt croissant pour les religions orientales, le mysticisme, l'ésotérisme et le développement de la personne.

À mesure que les gens perdent leur ferveur religieuse, ils cherchent à jouir plus pleinement de la vie sur terre. Pour chaque nouvelle tendance apparaît en réaction une tendance inverse ; c'est le cas de la croissance à l'échelle mondiale de religions fondamentalistes ou de sectes comme l'Ordre du temple solaire.

Nous allons maintenant présenter quelques autres caractéristiques culturelles susceptibles d'intéresser les gens de marketing.

La stabilité des valeurs culturelles centrales

Les membres d'une société donnée entretiennent plusieurs croyances et **valeurs centrales** qui ont tendance à persister. Ainsi, la plupart des Canadiens croient encore au travail, au mariage, à la charité et à l'honnêteté. Les croyances et les valeurs centrales sont transmises aux enfants par les parents et sont renforcées par les principales institutions sociales, comme l'école, l'Église, les entreprises et l'État.

Les croyances et les **valeurs secondaires** des gens sont davantage ouvertes au changement. La croyance en l'institution du mariage est centrale, mais le fait de croire que les gens devraient se marier jeunes est secondaire. Ainsi, les responsables du marketing d'un programme de planification familiale trouveraient plus facile de convaincre les gens de se marier plus tard que de les convaincre de ne pas se marier du tout. La modification des valeurs secondaires est possible, même si elle est quelquefois difficile. En revanche, les valeurs centrales sont quasi immuables. Les mercaticiens qui désirent changer des valeurs centrales feraient mieux d'y renoncer, les chances de réussite étant presque nulles.

Les sous-cultures

Chaque société comprend des **sous-cultures**, c'est-à-dire divers groupes qui partagent des valeurs résultant de leurs expériences de vie ou de circonstances particulières. Les témoins de Jéhovah, les adolescents et les Hell's Angels représentent des sous-cultures dont les membres ont des croyances, des préférences et des comportements similaires. Au Canada, il y a au moins deux sous-cultures majeures : la communauté anglophone et la communauté francophone. Puisque les membres de ces sous-cultures manifestent des besoins et des comportements de consommation différents, les responsables du marketing peuvent choisir ces sous-cultures comme marchés cibles.

En ciblant des sous-cultures, les gens de marketing peuvent récolter des récompenses inattendues. Ainsi, ces derniers ont toujours aimé les adolescents parce qu'ils sont souvent à l'origine de nouvelles modes en ce qui concerne les vêtements, la musique, les loisirs, les idées et les attitudes. Les mercaticiens savent aussi que s'ils réussissent à attirer des adolescents, ils ont de bonnes chances de pouvoir les conserver comme clients dans les années à venir. Par exemple, une partie de l'augmentation des ventes de croustilles par Frito-Lay, dont 15 % des ventes proviennent des adolescents, est attribuée au fait que certains adultes ont commencé à consommer des croustilles lorsqu'ils étaient adolescents[21].

Les changements dans les valeurs culturelles secondaires

Bien que les valeurs centrales soient relativement stables, les valeurs culturelles secondaires subissent dans le temps certains changements. La venue dans les années 60 des hippies, des Beatles, d'Elvis Presley et d'autres phénomènes culturels a eu un effet sur les coupes de cheveux des jeunes gens, sur leurs vêtements, sur leurs normes sexuelles et sur les buts qu'ils se fixaient dans la vie. Les jeunes d'aujourd'hui sont influencés par de nouveaux héros (Céline Dion, Jacques Villeneuve) et de nouvelles modes (le patin à roues alignées).

Les gens de marketing s'intéressent beaucoup à la prévision des changements culturels afin de déceler de nouvelles perspectives ou de nouvelles menaces de marketing. C'est pourquoi plusieurs entreprises offrent des services de prévisions socioculturelles. Un des services les mieux connus est le système d'observation Yankelovich. C'est ainsi que 2 500 personnes sont interviewées chaque année et que 35 tendances sociales sont observées, comme celles-ci : « l'aversion pour ce qui est gros », « le mysticisme », « le fait de vivre au jour le jour », « la possession d'un moins grand nombre de biens » et « la sensualité ». Le système décrit le pourcentage de la population qui adopte une attitude donnée, de même que le pourcentage qui s'y oppose. Par exemple, le pourcentage de personnes qui valorisent le conditionnement physique et le bien-être s'accroît régulièrement d'année en année, spécialement chez les moins de 30 ans, chez les jeunes femmes et dans les classes sociales supérieures. Les mercaticiens de produits alimentaires, d'équipement d'exercice, etc., voudront profiter de cette tendance en mettant sur le marché des produits qui répondent à ces besoins et en les faisant connaître par une communication appropriée. Ainsi, la chaîne de restauration rapide Taco Bell a proposé un menu diététique aux gens soucieux de la qualité de leur alimentation, qui a reçu l'approbation de groupes de pression pour son sérieux et sa valeur[22].

RÉSUMÉ

1. Les entreprises qui connaissent du succès savent que l'environnement de marketing génère continuellement des occasions d'affaires et des menaces. Ce sont les gens de marketing qui, au sein de l'entreprise, ont l'importante responsabilité de la **vigie commerciale**, qui consiste à identifier les changements majeurs qui surviennent dans l'environnement. Plus que quiconque dans l'entreprise, les directeurs du marketing doivent cerner les tendances et chercher les occasions d'affaires.

2. Plusieurs occasions d'affaires découlent de la capacité de cerner des **tendances** (des orientations ou des séquences d'événements qui ont un certain rythme et une certaine durée) et des **mégatendances** (des changements socioculturels, économiques, naturels, politiques et technologiques qui se forment lentement, mais qui, lorsqu'ils sont en place, ont une influence à long terme).

3. Au sein de cet environnement changeant, les gens de marketing doivent suivre de près six forces majeures du macroenvironnement qui influent sur l'entreprise: les environnements démographique, économique, naturel, technologique, politico-juridique et socioculturel. L'**environnement démographique** se caractérise par l'explosion démographique mondiale, par la structure d'âge de la population, par la mosaïque culturelle, par le niveau de scolarité, par la structure des ménages, par la mobilité géographique de la population et par le passage des marchés de masse aux micromarchés. L'**environnement économique** se définit par des changements dans la répartition des revenus et par le taux d'épargne, le taux d'endettement et la disponibilité du crédit. L'**environnement naturel** est caractérisé par une pénurie potentielle de certaines matières premières, par les coûts croissants de l'énergie, par un niveau accru de pollution et par le rôle des gouvernements dans la protection de l'environnement. Les grands traits de l'**environnement technologique** sont le rythme accéléré du changement technologique, les possibilités d'innovation illimitées, les budgets de recherche et développement variés, et la réglementation accrue du changement technologique. L'**environnement politico-juridique** est marqué par une législation plus poussée des activités économiques, par l'influence des offices de commercialisation, par la présence de la concurrence étrangère, par une plus grande protection des consommateurs et par l'importance croissante des groupes de pression. Quant à l'**environnement socioculturel**, on y observe des tendances à long terme en ce qui a trait à la façon dont les gens se voient eux-mêmes, voient les autres, les organisations, la société, la nature et l'univers. Les gens de marketing doivent développer des produits et des services qui correspondent aux valeurs centrales et secondaires de la société, et répondre aux besoins des différentes sous-cultures qui composent la société.

QUESTIONS

1. Les récents succès des restaurants Poulet Frit Kentucky en Asie illustrent bien la problématique des entreprises mondiales. Alors que les parts de marché nord-américaines de l'entreprise chutent, et ce en raison d'une diminution de la consommation de nourriture frite par les consommateurs nord-américains, PFK est devenu le leader de la restauration rapide en Chine, en Corée du Sud, en Malaysia, en Thaïlande et en Indonésie. Au Japon et à Singapour, PFK occupe le deuxième rang, juste derrière McDonald's. L'expansion de PFK en Asie se traduit par plus de 1 470 restaurants étrangers ayant en moyenne un revenu de 1,2 million de dollars par restaurant, soit 60 % de plus que les restaurants nord-américains. À la place Tiananmen, on trouve le restaurant PFK le plus fréquenté ; ce restaurant qui compte 701 places sert 2,5 millions de clients par année. En général, les restaurants PFK d'Asie s'adressent à une clientèle urbaine de jeunes travailleurs de la classe moyenne ayant des revenus croissants.

   Les restaurants PFK d'Asie servent principalement le poulet frit standard, la purée de pommes de terre et la salade de chou. Toutefois, ils offrent également des produits légèrement adaptés aux marchés spécifiques, comme un poulet plus épicé en Thaïlande et un poulet au curry au Japon. PFK n'utilise pas de produits à base de bœuf ou de porc, car ceux-ci ne sont pas spécialement appréciés par les consommateurs asiatiques.

   Quelles autres entreprises de restauration rapide pourraient s'adresser au même marché que PFK ? Pourquoi ? Quelles barrières culturelles, linguistiques ou technologiques les exportateurs devront-ils considérer pour être efficaces sur ces marchés ?

2. La mission de l'entreprise peut aussi jouer un rôle important dans l'analyse de l'environnement. Une mission trop étroite risque d'empêcher de comprendre comment des changements technologiques peuvent influencer la capacité d'une entreprise de répondre aux changements de l'environnement. Il est bien connu que les compagnies de chemin de fer ont éprouvé ce problème, car elles ont refusé de modifier leur mission à la suite de la venue des automobiles, des camions et des autoroutes. Comment la définition trop étroite de la mission des compagnies de chemin de fer les a-t-elle empêchées de répondre aux changements de l'environnement technologique ?

3. Chaque pays a ses propres valeurs et croyances. Par exemple, les valeurs et les croyances que l'on trouve au Canada sont différentes de celles que l'on trouve en Asie ou en Europe. Nommez 10 valeurs et croyances, puis choisissez, pour au moins 3 d'entre elles, des annonces publicitaires qui s'y associent. Expliquez comment les annonces tissent les valeurs à l'intérieur du message publicitaire.

4. Un des changements majeurs qui sont survenus dans l'environnement démographique est la proportion croissante de personnes âgées, ce qui implique plusieurs marchés pour certains produits. Dites comment cette tendance démographique peut modifier les caractéristiques et la distribution des produits suivants :

   a) le jus d'orange Minute Maid ;

   b) la vente par catalogue ;

   c) les programmes de retraite des gouvernements fédéral et provinciaux.

5. L'entreprise Whirlpool vend des appareils de cuisine et d'autres appareils ménagers. Un de ses nouveaux produits, le VIP Crispwave Microwave Oven, a été inventé en Europe pour les marchés européens, mais il est maintenant introduit dans d'autres marchés à travers le monde. Ce four à micro-ondes permet de cuire la nourriture en conservant sa nature croquante ou croustillante, il est facile à utiliser et fait une bonne cuisson. Discutez des forces et des tendances de l'environnement de marketing global auxquelles Whirlpool devra faire face en commercialisant son produit dans le monde.

6. Vous êtes directeur des produits chez Minolta. La directrice générale vient juste de recevoir une copie du *Rapport Popcorn* (voir dans ce chapitre la rubrique Le marketing en coulisse 5.1). De plus, quoiqu'elle ait une formation en ingénierie, la directrice générale a toujours été intéressée par l'attrait sensoriel des caractéristiques des produits, et ce livre a éveillé sa curiosité sur ce phénomène. Préparez un rapport résumant l'effet potentiel de chacune des 10 tendances socioéco-

nomiques incluses dans le *Rapport Popcorn* sur les appareils photo Minolta. Spécifiquement, comment chacune des tendances influencera-t-elle le développement des produits, de leurs caractéristiques et du marketing?

7. Le 23 avril 1985, Roberto C. Goizueta, président de Coca-Cola, déclarait que «le meilleur a été amélioré». La formule du coke, vieille de quatre-vingt-dix-neuf ans, était abandonnée et un nouveau Coke au goût plus doux remplaçait l'ancien Coke. Le 11 juillet 1985, Coca-Cola a reconnu qu'elle avait fait une erreur et elle a réintroduit l'ancien Coke sous le nom de «Coca-Cola Classique». Les écoles de gestion disséqueront ce cas pendant encore plusieurs années et s'étonneront que Coca-Cola (réputée pour être une entreprise astucieuse sur le plan du marketing) ait pu faire une telle bévue.

   Aujourd'hui, vous êtes un membre de l'équipe de marketing de Coca-Cola, qui a la responsabilité d'amener l'entreprise au xxie siècle. Avant de prendre quelque décision que ce soit, dites comment les six forces du macroenvironnement peuvent influencer les décisions de marketing de Coca-Cola d'ici 2005.

8. Budweiser, Calvin Klein, McDonald's, Coca-Cola et Chevrolet sont des exemples de marques américaines qui sont devenues des symboles culturels au Québec et au Canada. Nommez quelques marques et produits canadiens qui sont des symboles culturels au Canada. Nommez des marques provenant des pays suivants qui sont également des symboles culturels au Québec et au Canada:

   a) du Japon;

   b) de l'Allemagne;

   c) de la Russie;

   d) de la France;

   e) de l'Italie;

   f) de l'Irlande;

   g) de la Colombie;

   h) du Mexique;

   i) de l'Angleterre;

   j) de la Suisse;

   k) des pays d'Europe de l'Est;

   l) de l'Australie.

9. Des études portant sur les styles de vie ont démontré une tendance selon laquelle les gens estiment que la préparation des plats devrait prendre le moins de temps possible. Comment cette attitude pourrait-elle influencer la vente de légumes surgelés? (Pensez-y bien avant de répondre...)

RÉFÉRENCES

1. Bradley Johnson, «Marketer of the Year: Bill Gates' Vision of Microsoft in Every Home», *Advertising Age*, 19 décembre 1994, p. 14-15; Richard Brandt, «Microsoft Wants to Move into Your Family Room», *Business Week*, 28 novembre 1994, p. 92-93.

2. Gerald Celente, *Trend Tracking*, New York, Warner Books, 1991.

3. Voir Faith Popcorn, *Le rapport Popcorn — Comment vivrons-nous l'an 2000?*, Montréal, Les Éditions de l'Homme, 1994.

4. John Naisbitt et Patricia Aburdene, *Megatrends 2000*, New York, Avon Books, 1990.

5. Pam Weisz, «Border Crossings: Brands Unify Image to Counter Cult of Culture», *Brandweek*, 31 octobre 1994, p. 24-28.

6. *World Almanac and Book of Facts*, 1994, et *Statistical Abstract of the United States*, 1994, Washington, U.S. Bureau of the Census, 1995.

7. Donella H. Meadows, Dennis L. Meadows, Jorgen Randers et William W. Behrens III, *The Limits to Growth*, New York, New American Library, 1972, p. 41.

8. Philip Kotler et Eduardo Roberto, *Social Marketing: Strategies for Changing Public Attitudes*, New York, Free Press, 1989.

9. Sally D. Goll, «Marketing: China's (Only) Children Get the Royal Treatment», *The Wall Street Journal*, 8 février 1995, p. B1:3.

10. David K. Foot et Daniel Stoffman, *Entre le boom et l'écho 2000*, Montréal, Boréal, 1999; Michael Adams, *Sex in the Snow: Canadian Social Values at the End of the Millennium*, Toronto, Penguin Books Canada Ltd., 1997; Laura Zinn, «Teens: Here Comes the Biggest Wave Yet», *Business Week*, 11 avril 1994, p. 76-86.

11. Voir Chester A. Swenson, *Selling to a Segmented Market: The Lifestyle Approach*, Lincolnwood, Ill., NTC Business Books, 1992.

12. Jacquelyn Lynn, «Tapping the Riches of Bilingual Markets», *Management Review*, mars 1995, p. 56-61.

13. Dorothy Lipovenko, «Ontario, B.C. Are the Places to Be», *The Globe and Mail*, 27 septembre 1996, p. A10.

14. Laurie Freeman, «Completing the Span of "Bridge" to Boomers», *Advertising Age*, 7 novembre 1994, p. S8.

15. John Wyatt, « Solar Power Comes Back : No, Really », *Fortune*, 20 février 1995, p. 20.

16. Françoise L. Simon, « Marketing Green Products in the Triad », *The Columbia Journal of World Business*, automne-hiver 1992, p. 268-285 ; Jacquelyn A. Ottman, *Green Marketing : Responding to Environmental Consumer Demands*, Lincolnwood, Ill., NTC Business Books, 1993 ; Patrick Carson et Julia Moulden, *Green Is Gold : Business Talking to Business about the Environmental Revolution*, Toronto, Harper Business, 1991 ; Edward Woolard Jr., « Environmental Stewardship », *Chemical and Engineering News*, 29 mai 1989.

17. Voir « White House to Name 22 Technologies It Says Are Crucial to Prosperity, Security », *The Wall Street Journal*, 26 avril 1991, p. 2.

18. Mark Henricks, « Ethics in Action », *Management Review*, janvier 1995, p. 53-55.

19. Arnold Mitchell, du Stanford Research Institute, publication privée.

20. Laura Loro, « Doing what Comes Naturally », *Advertising Age*, 8 août 1994, p. 22.

21. Laura Zinn, « Teens : Here Comes the Biggest Wave Yet », *Business Week*, 11 avril 1994, p. 76-86.

22. Glenn Collins, « From Taco Bell, a Healthier Option », *The New York Times*, 9 février 1995, p. D4:3.

L'analyse des marchés des consommateurs et du comportement d'achat

Rien ne sert de penser, il faut réfléchir avant.
PIERRE DAC

L e but du marketing est de répondre aux besoins des clients cibles et de satisfaire ces besoins. Le champ du **comportement du consommateur** s'intéresse à la façon dont les individus, les groupes et les organisations choisissent, achètent, ou utilisent les produits, les services ou les idées qui répondent à leurs besoins et désirs.

Comprendre le comportement du consommateur ou bien connaître ses clients n'est pas chose facile. Les clients peuvent bien énoncer leurs besoins et désirs puis agir autrement, car il est possible qu'ils ne soient pas conscients de leurs motivations profondes. Ou encore, il est possible qu'ils changent d'idée parce qu'ils ont été influencés à la dernière minute par un proche ou un événement. Malgré les difficultés éprouvées, les mercaticiens doivent étudier les désirs, les perceptions, les préférences et les comportements de magasinage et d'achat de leurs clients cibles.

Sega, une petite entreprise peu structurée qui a défié Nintendo sur le marché des jeux vidéo, consacre beaucoup de temps à la compréhension des besoins et désirs des adolescents, son principal marché cible. Le vice-président du marketing de Sega soutient que « le premier désir des jeunes est d'être au fait, tout le temps, de toutes les nouveautés, et de savoir des choses que leurs parents ne connaissent pas ». L'entreprise a recueilli cette information en organisant des entrevues de groupe deux ou trois fois par semaine. Et les chercheurs de l'agence de publicité engagée par Sega ont trouvé comment les adolescents font des achats en rencontrant plus de 150 jeunes dans leur chambre à coucher et en magasinant avec eux dans les centres commerciaux. Ils ont découvert avec surprise que l'adolescent typique prête une grande attention aux prix et magasine avec autant de soin qu'un adulte qui achète une nouvelle automobile. Les adolescents lisent des guides d'achat, parlent à des amis et louent même des jeux avant d'acheter. Mais ils veulent surtout que les choses se fassent vite. Sega s'est conformée à leurs désirs en introduisant de nouveaux jeux vidéo au rythme époustouflant d'environ 65 par année et en les courtisant avec des messages publicitaires endiablés et dans le vent d'une durée de 15 secondes[1].

Étudier les consommateurs, comme le fait Sega, donne des idées en ce qui concerne le développement de nouveaux produits et services, les caractéristiques des produits et des services, les prix, les canaux de distribution, les messages publicitaires et les autres éléments du marketing mix. Dans ce chapitre, nous explorerons la dynamique du processus d'achat des consommateurs; dans le prochain chapitre, nous aborderons la dynamique du processus d'achat des organisations.

Les consommateurs diffèrent énormément les uns des autres par leur âge, leur revenu, leur scolarité, leur mobilité et leurs goûts. Les spécialistes du marketing reconnaissent l'utilité de définir des groupes ou des segments de consommateurs différents et de développer des produits et services adaptés à leurs besoins. Si un segment de marché est suffisamment important, certaines entreprises peuvent établir un programme précis de marketing pour servir ce marché. Dans la rubrique Le marketing en coulisse 6.1, nous présentons trois exemples de groupes particuliers de consommateurs que visent les directeurs du marketing parce que ce sont des segments de marché importants et croissants.

Dans ce chapitre, nous chercherons donc la réponse aux deux questions suivantes:

- **Comment les caractéristiques culturelles, sociales, personnelles et psychologiques de l'acheteur influencent-elles son comportement d'achat?**

- **Comment l'acheteur prend-il ses décisions d'achat?**

6.1
UN MODÈLE DU COMPORTEMENT DU CONSOMMATEUR

Dans le passé, les gens d'affaires pouvaient comprendre les consommateurs puisqu'ils leur vendaient eux-mêmes quotidiennement des biens et des services. Mais la croissance de la taille des entreprises et des marchés a éloigné les décideurs du marketing du contact direct avec les clients. De plus en plus, les directeurs doivent se tourner vers la recherche sur les consommateurs pour répondre aux sept questions les plus importantes au sujet des marchés, à savoir les sept « O » du marché:

LE MARKETING EN COULISSE 6.1
Trois segments de marché : les francophones, les adolescents et les gens du troisième âge

Les francophones

Il y a 6,2 millions de Canadiens dont la langue maternelle est le français. Ils constituent 83 % de la population du Québec, 34 % de celle du Nouveau-Brunswick et des pourcentages beaucoup moins importants en Ontario et au Manitoba. Traditionnellement, les francophones avaient une scolarité ainsi qu'un revenu un peu moins élevés que la moyenne canadienne, et ils occupaient moins souvent les fonctions de cadres ou de membres de professions libérales. Ces différences sont cependant moins marquées depuis une décennie, et certaines tendances sont même inversées. Ainsi, plusieurs Québécois sont devenus des entrepreneurs dynamiques et prospères, et de plus en plus de Québécois accèdent à la haute direction des entreprises. Entre les francophones et les anglophones, il existe de nombreuses différences d'attitudes et de valeurs par rapport à de nombreux sujets, par exemple la technologie. En conséquence, on observe des différences entre les habitudes de consommation des Canadiens francophones et celles des autres Canadiens pour une grande gamme de produits, allant de la nourriture aux vêtements en passant par les appareils ménagers. Par contre, les Québécois font moins de dons de charité que les autres Canadiens ; ils versent des dons moyens de 127 $ par année comparativement à la moyenne canadienne, qui est de 239 $. Les responsables du marketing doivent donc préparer les contenus des messages non seulement en se conformant à la législation québécoise sur la langue, mais aussi en adaptant les attraits de leurs produits ou services aux intérêts de ce marché. Les agences de publicité québécoises, telles Cossette Communication-Marketing et BCP Stratégie Créativité, ont su mettre en évidence ces différences et en tirer parti.

Les adolescents

Il existe près de 2,5 millions de Canadiens âgés de 13 à 19 ans, la plupart étudiant dans les écoles secondaires et les cégeps. C'est l'écho du **baby-boom**. Plusieurs adolescents ont des revenus discrétionnaires plus élevés que certains adultes. En fait, ce marché se chiffre à plusieurs milliards de dollars. La majeure partie des dépenses des jeunes est consacrée à l'achat de vêtements, de produits de toilette, de nourriture, de disques et de cassettes, de magazines et de livres, aux loisirs, aux transports et aux passe-temps. Ils assistent souvent à des événements sportifs et à des spectacles. Les mercaticiens qui désirent s'attaquer à ce marché doivent comprendre en quoi les adolescents sont différents des adultes. La facilité d'accès des biens et de la consommation est très importante pour les adolescents, car ils ont peu de temps à accorder au magasinage et s'y intéressent peu ; plusieurs occupent un ou même deux emplois à temps partiel tout en étudiant. La musique compte pour beaucoup dans leur mode de vie. L'acceptation par les pairs est aussi très importante parmi eux. Ils ont tendance à être idéalistes et ont des valeurs bien ancrées sur plusieurs sujets, dont l'environnement. Pour les atteindre, les directeurs du marketing doivent miser sur des stations de radio ou sur des revues spécialisées.

Les gens du troisième âge

L'« âge d'or » commence officiellement au soixante-cinquième anniversaire de naissance, ce qui va normalement de pair avec le début de la retraite et de la jouissance de certains avantages sociaux. Les personnes âgées comptent pour 12 % de la population, et l'importance de ce segment de marché croît rapidement. Le taux de croissance de ce groupe d'âge est actuellement deux fois celui des autres groupes, et les gens âgés composeront le sixième de la population d'ici l'an 2011. Les spécialistes du marketing ont tendance à commettre deux erreurs à l'égard des personnes âgées : ou bien ils les ignorent, supposant à tort qu'elles ont un faible pouvoir d'achat, ou bien ils s'imaginent qu'elles forment un groupe homogène. En fait, de très nombreuses personnes âgées ont des ressources économiques suffisantes. De plus, elles pratiquent une grande variété de modes de vie. Beaucoup de personnes qui atteignent 65 ans considèrent qu'elles sont encore d'âge moyen; elles ne se sentent vieillir qu'à l'âge de 75 ans, ou même seulement lorsqu'elles perdent leur autonomie. Plusieurs possèdent une maison, et leur revenu discrétionnaire est plus élevé que celui de consommateurs plus jeunes. D'autre part, leur groupe est loin d'être homogène. Plusieurs personnes se sentent beaucoup plus jeunes qu'elles ne le sont, elles sont très actives et n'aiment guère l'image de sédentarisme qu'on leur associe; plusieurs voyagent, vont au restaurant et assistent à des spectacles, et certaines font du ski. Elles aiment les grosses voitures, les vêtements et les bijoux, et ont une attitude positive à l'égard du conditionnement physique et d'une saine alimentation. Elles mangent moins mais mieux. Certaines sont des grands-parents gâteau qui achètent des jouets et des vêtements chers à leurs petits-enfants. La population des aînés se divise en plusieurs marchés. Faire des généralisations au sujet des consommateurs de ce marché est une erreur de marketing.

Sources: *Annuaire du Canada 1986*, p. 2-5; «Teen Pockets Run Deep», *The Globe and Mail, Report on Business*, 5 mars 1991; «Grocers Miss Hungry Teens», *The Globe and Mail*, 17 avril 1991, p. B1; «Les personnes âgées vis-à-vis de l'emploi», *Tendances sociales canadiennes*, Statistique Canada, automne 1987, p. 7-12; «Chasing the Over-50 Market», *Marketing*, 4 avril 1988, p. 25; *Le Quotidien*, Statistique Canada, catalogue 11-001F, 15 avril 1997; Pierre Filiatrault et Jean Ducharme, *Le développement des sciences et de la technologie au Québec: perceptions de la population*, Montréal, Association canadienne-française pour l'avancement des sciences, 1990; David K. Foot, *Entre le boom et l'écho 2000*, Montréal, Boréal, 1999; *La Presse*, 28 novembre 1997, p. C7; *La Presse*, 25 août 1998, p. A9.

Qui constitue le marché?	**Les occupants**
Qu'est-ce que le marché achète?	**Les objets**
Pourquoi le marché achète-t-il?	**Les objectifs**
Qui participe à l'achat?	**L'organisation**
Comment le marché achète-t-il?	**Les opérations**
Quand le marché achète-t-il?	**Les occasions**
Où le marché achète-t-il?	**Les options de distribution**

Le point de départ de cette étude est le modèle stimulus-réponse présenté à la figure 6.1. Cette figure représente le marketing et d'autres stimulus qui pénètrent dans la «boîte noire» de l'acheteur et entraînent certaines décisions d'achat. La tâche du spécialiste du marketing est de comprendre ce qui se passe dans la «boîte noire» de l'acheteur, entre les stimulus externes et les décisions d'achat.

FIGURE 6.1

Le modèle de comportement du consommateur

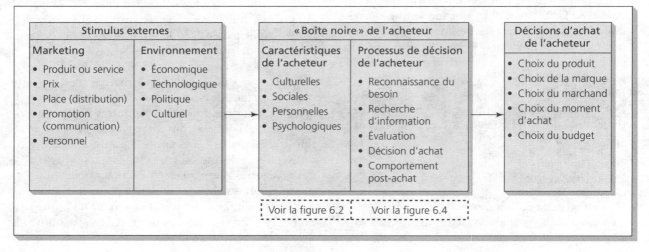

6.2
LES PRINCIPAUX FACTEURS INFLUENÇANT LE COMPORTEMENT D'ACHAT DES CONSOMMATEURS

La figure 6.2 présente les facteurs qui influent sur le comportement d'achat des consommateurs. Nous examinerons maintenant l'influence de chaque facteur sur le comportement d'achat, à l'aide du cas fictif d'une consommatrice. Anny Filion a 35 ans, elle est mariée et est directrice de produits pour un important fabricant de biens de consommation. Elle a obtenu son diplôme de maîtrise il y a quelques années, et l'ordinateur qu'elle possède depuis ce temps-là est dépassé. Anny voyage beaucoup et elle veut acheter un ordinateur portatif. Elle doit faire un choix parmi un grand nombre de marques: IBM, Apple, Dell, Compaq, etc. Son choix dépendra de plusieurs facteurs culturels, sociaux, personnels et psychologiques.

6.2.1
Les facteurs culturels

Les facteurs culturels sont ceux qui ont l'influence la plus vaste et la plus profonde sur le comportement du consommateur. Considérons le rôle joué par la culture, la sous-culture et la classe sociale de l'acheteur.

La culture

La culture est le déterminant le plus fondamental des désirs et du comportement d'une personne. L'enfant qui grandit dans une société apprend un ensemble déterminant de valeurs, de perceptions, de préférences et de comportements au moyen d'un processus de socialisation faisant intervenir la famille et d'autres institutions importantes. Ainsi, un enfant qui grandit au Canada est placé devant les valeurs suivantes: accomplissement et succès, efficacité et sens pratique, progrès, confort matériel, individualisme, liberté, bonhomie, humanisme et jeunesse[2].

L'intérêt d'Anny Filion pour les ordinateurs reflète son éducation dans une société où la technologie est avancée. Anny sait ce qu'est un ordinateur; elle sait aussi que la société valorise les compétences en informatique. Dans d'autres cultures, par exemple un village d'un pays en voie de développement, un ordinateur pourrait ne pas avoir de signification. Ce serait tout au plus un objet de curiosité et il n'y aurait fort probablement pas d'acheteurs.

La sous-culture

Au sein de chaque culture, on trouve des sous-cultures qui permettent à leurs membres de s'identifier à un groupe et de socialiser au sein de celui-ci. On peut distinguer quatre types de sous-cultures, qui

FIGURE 6.2
Le modèle des facteurs influant sur le comportement d'achat des consommateurs

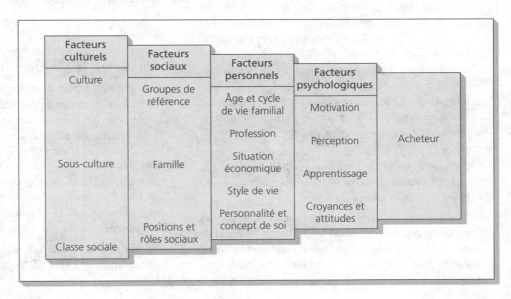

LE MARKETING EN COULISSE 6.2
L'anatomie d'une société distincte

La revue *L'actualité* a cherché à comprendre les valeurs, les habitudes et les comportements des Québécois face à ceux des Canadiens anglais. La réponse est nette, presque brutale : dans leur vie quotidienne, dans leur rapport avec le monde qui les entoure, les Québécois ont une façon de faire, de vivre et de penser qui leur est propre. La société distincte existe. Voici quelques extraits de ce sondage et de quelques autres recherches :

Une société distincte ?

À 6 questions sur 10, les Québécois francophones donnent des réponses notablement différentes — avec des écarts de 8 % et plus — de celles de leurs voisins anglophones.

Vous prenez un francophone québécois au hasard, vous lui posez une question sur les adolescents, sur l'Église, sur toutes sortes de choses dont les gens ordinaires discutent, sur les attitudes qu'ils adoptent pour organiser leur vie et pour comprendre le monde qui les entoure et vous trouvez une opinion différente de celle d'un Canadien anglais typique... Loin d'être seulement une société distincte, les Québécois forment un peuple postmoderne, à un degré atteint par peu d'autres sociétés au monde, selon un des chercheurs. Un peuple postmoderne coupe la plupart des ponts avec son passé, ses institutions, ses symboles, ses tabous. Vivant au présent, il accepte sans broncher la « nouvelle morale informelle », sexuelle et personnelle. Il est davantage tourné vers la recherche du plaisir que lié par un sens patriotique ou religieux du devoir. Une définition qui va comme un gant aux 7,3 millions de Québécois modernes, la latinité francophone ayant nettement déteint sur le fond protestant et puritain de sa minorité anglophone.

Dans la plupart des cas, les Québécois et les autres Canadiens ne se contredisent pas franchement. Les uns ne répondent pas noir quand les autres disent blanc. C'est une question de degré.

Une question clé divise bien les Canadiens anglais et les Québécois en deux majorités opposées. Elle sert de boussole aux sondeurs. Sommés d'établir une priorité entre « faire leur devoir » et « rechercher le bonheur »,

68 % des autres Canadiens choisissent le devoir, 51 % des Franco-Québécois choisissent le bonheur.

Une fois tracée cette distinction fondamentale, les Québécois ne perdent pas le nord. Ils prennent plus de plaisir que leurs voisins à consommer (20 % de plus), ils sont plus nombreux à dépenser au moins 16 dollars par personne par repas au restaurant (+ 11 %), plus tolérants face aux aventures extraconjugales (+ 10 %, + 12 % si on ne compte que les francophones), plus nombreux aussi à souhaiter prendre leur retraite avant 55 ans (+ 12 %). Ce supplément de plaisir creuse cependant un déficit tout aussi volumineux côté responsabilités : ils sont moins intéressés par le mariage (− 22 %), moins prompts à donner souvent du temps pour une bonne cause civique (− 13 %) ou charitable (− 7 %), moins disposés à payer même 2 % d'impôts supplémentaires pour combattre la pollution (− 13 %).

Les Québécois sont les Canadiens qui s'adonnent le moins au bénévolat (22 % comparativement à 31 % pour la moyenne canadienne et 47 % pour la Saskatchewan). Et, de nos jours, 37 % des Québécoises de 15 à 49 ans sont ou ont déjà été mariées, tandis que cette proportion atteint 61 % dans le reste du Canada. Autre différence, aucun jeune Québécois ne reçoit de l'enseignement à domicile, alors que 1,4 % des élèves albertains étudient à la maison.

Mais « distinct » ne veut pas nécessairement dire « meilleur ». Il y a une face rose et une face noire dans ce qui nous distingue de nos voisins. Et matière — amplement — à admiration mutuelle.

On a noté la plus grande propension des Anglo-Canadiens pour l'engagement social, le bénévolat, la protection de l'environnement. Que dire de la lecture ? Grande noirceur du sondage, une question banale sur le nombre de livres lus au cours des six derniers mois révèle que plus d'un Québécois sur trois — contre un Canadien anglais sur sept — n'en a lu aucun ! La statistique résiste à tous les découpages socioéconomiques. Les Québécois lisent moins, beaucoup moins.

Ils sont pourtant pantouflards ; s'ils vont un peu plus au cinéma (+ 13 %), ils reçoivent moins (− 5 %), sortent moins le soir (− 17 %) et, contrairement à une idée reçue, voyagent beaucoup moins à l'extérieur du Canada et des États-Unis (− 33 %). D'autres statistiques prouvent qu'ils regardent beaucoup plus la télévision. C'est le plaisir pépère.

Vues par ce bout de la lorgnette, la tolérance et la permissivité québécoises relèvent peut-être surtout du je-m'en-foutisme. Car lorsqu'on veut savoir combien de vaillants citoyens seraient prêts à prendre les armes pour défendre la patrie, on trouve 16 % de Québécois de moins parmi les volontaires. « Pourquoi donner notre vie ? » résume un chercheur. « Si on meurt on n'a plus de plaisir, alors on tente de s'accommoder des événements. » Une fois l'envahisseur victorieux, la résistance pancanadienne serait plus vulnérable au Québec, avec 11 % de maquisards en moins.

Autre paradoxe : « Les Québécois sont hédonistes, mais prennent leur plaisir selon des règles précises », note Gregg. Ainsi, ils sont plus nombreux à trouver « très important » que « chaque chose soit faite en son temps et se trouve à sa place » (+ 18 %). Il n'y a peut-être pas de tabous, mais il y a une façon de faire les choses, un décorum, un protocole. Il est « très important », lorsqu'on reçoit, « d'honorer les invités par la qualité de l'accueil et des repas » (+ 9 %). Car il est « très important » de « sentir de l'estime et de la considération autour de soi » (+ 17 %). Et il faut agir en conséquence.

Ce conformisme s'étend à l'attitude envers les immigrants, que 72 % des Franco-Québécois souhaitent assimiler, contre seulement 55 % des autres Canadiens. « Écoutez, disent les Québécois aux immigrants, nous avons une façon de faire ici, résume un chercheur. Vous n'aimez peut-être pas ça, mais ça ne change rien. » Il est cependant probable que la situation linguistique influe fortement sur cette statistique.

Sauf sur cette question épineuse, les Québécois francophones et non francophones font bon ménage dans ce sondage. La « société distincte » diverge significativement de l'autre Canada 6 fois sur 10, on l'a vu, mais les francophones ne se distinguent que dans 3 questions sur 10 au sujet de leurs minorités intérieures (à peine plus que l'écart qui sépare souverainistes et fédéralistes francophones). Ainsi, les non-francophones du Québec, s'ils sont plus nombreux à se ranger dans le camp du devoir, le font avec moins d'entrain que leurs cousins du reste du Canada. Véritables métis culturels canadiens, ils s'approchent des Franco-Québécois dans leur tolérance envers les adolescents et les homosexuels.

Sources : « Qui sommes-nous ? », *L'actualité*, janvier 1992, p. 19-26 ; « Les Québécois sont les cancres du bénévolat », *La Presse*, 25 août 1998, p. A9 ; M.S. Pollard et Z. Wu, « Divergence of Marriage Patterns in Quebec and Elsewhere in Canada », *Population and Development Review*, vol. 24, n° 2, juin 1998, dans André Pratt, « What Do Québécoises Want », *La Presse*, 26 septembre 1988, p. A12 ; Statistique Canada, *Tendances sociales*, n° 50, automne 1988, p. 8-11.

sont fondés sur les nationalités, sur les religions, sur les ethnies et sur les régions. Il y a d'abord les **groupes fondés sur les nationalités**, tels que les Québécois et les autres Canadiens, comme nous l'avons vu dans la rubrique Le marketing en coulisse 6.1. La question de savoir si la culture des Québécois est différente de celle des autres Canadiens suscite un grand débat au Canada. Les **groupes religieux** tels que les catholiques, les protestants, les musulmans et les juifs représentent également des sous-cultures ayant des valeurs et des interdits particuliers. Les **groupes ethniques**, comme les Chinois ou les Africains, ont aussi des attitudes et des styles culturels distincts. Finalement, les **groupes régionaux**, tels les habitants de la Gaspésie ou ceux de l'Abitibi, ont des sous-cultures quelque peu distinctes avec des modes de vie caractéristiques.

L'intérêt d'Anny Filion pour certains produits subira donc l'influence de sa nationalité, de sa religion, de son ethnie et de ses origines géographiques. Ces facteurs auront une influence déterminante sur ses préférences alimentaires, ses choix de vêtements, ses loisirs et la carrière à laquelle elle aspire. Elle provient peut-être d'une sous-culture qui accorde beaucoup d'importance au fait d'être une personne scolarisée, ce qui aiderait à expliquer son intérêt pour les ordinateurs.

La classe sociale

Dans presque toutes les sociétés humaines, il existe une stratification sociale. La stratification, à l'occasion, prend la forme d'un système de castes où les membres de chaque caste sont destinés à jouer un rôle particulier et ne peuvent changer de caste. Le plus souvent, la stratification sociale prend la forme d'une échelle de classes sociales.

> **Les classes sociales sont des groupes relativement homogènes et permanents d'une société, ordonnés selon une hiérarchie et partageant des valeurs, des intérêts et des comportements semblables.**

Les classes sociales ne sont pas seulement le reflet du revenu des individus, mais aussi d'autres indices comme l'occupation, l'éducation et le lieu de résidence. Les gens des diverses classes sociales diffèrent par leurs vêtements, leur façon de s'exprimer, leurs préférences pour les loisirs et bien d'autres choses. Les sociologues ont défini sept classes sociales (voir le tableau 6.1).

Les classes sociales ont plusieurs caractéristiques. Premièrement, deux personnes d'une classe sociale ont tendance à se comporter d'une façon semblable comparativement à deux personnes appartenant à deux classes sociales différentes. Deuxièmement, les positions occupées par les individus dans la société sont considérées comme inférieures ou supérieures selon la classe sociale à laquelle ils appartiennent. Troisièmement, la classe sociale d'un individu est indiquée par des variables telles que la profession, le revenu, la richesse, l'éducation et l'échelle des valeurs plutôt que par une variable unique. Quatrièmement, les individus peuvent passer d'une classe sociale à une autre, inférieure ou supérieure, durant leur vie. La mesure de cette mobilité varie selon la rigidité de la stratification sociale dans une société donnée.

Les classes sociales manifestent des préférences distinctes pour les produits et les marques dans des domaines comme l'habillement, l'ameublement, les activités de loisir et les automobiles. Certains directeurs du marketing concentrent leurs efforts sur une seule classe sociale. Ainsi, Mariette Clermont vise davantage les classes sociales supérieures, alors qu'Ikea vise plutôt les jeunes gens de la classe moyenne. Les classes sociales diffèrent aussi dans leurs préférences en matière de médias. Les consommateurs des classes sociales supérieures lisent davantage les magazines et les journaux que les consomma-teurs des classes sociales inférieures. Même à l'intérieur d'une catégorie de médias, les préférences des classes sociales diffèrent : certains préféreront *Le Devoir*, d'autres *Le Journal de Montréal* ou *Le Journal de Québec*. Les classes sociales supérieures préfèrent les émissions d'information et les pièces de théâtre, alors que les classes sociales inférieures préfèrent les téléséries et les jeux télévisés. Il existe aussi des différences de langage marquées entre les classes sociales. Le publicitaire doit trouver les mots et les dialogues qui correspondent à la réalité linguistique de chaque classe sociale cible.

Anny Filion provient d'une classe moyenne ou supérieure. Sa famille accorde beaucoup d'importance à l'éducation et au fait qu'elle devienne une professionnelle : cadre, avocate, comptable ou médecin. En conséquence, Anny a acquis de bonnes habiletés en communication et en mathématiques, et elle n'est pas effrayée par les ordinateurs, comme pourrait l'être une personne peu scolarisée.

6.2.2
Les facteurs sociaux

Le comportement d'un consommateur dépend aussi de facteurs sociaux tels que les groupes de référence, la famille ainsi que les positions et les rôles sociaux.

Les groupes de référence

Plusieurs groupes ont une influence sur le comportement d'une personne.

> **Le groupe de référence d'une personne se compose de tous les groupes qui ont une influence directe (face à face) ou indirecte sur les attitudes ou le comportement de la personne.**

Les groupes qui ont une influence directe sur une personne sont appelés **groupes d'appartenance**. Ce sont les groupes auxquels une personne appartient et avec lesquels elle réagit. Certains de ces groupes sont des **groupes primaires**, avec lesquels l'individu a une interaction relativement continue : la famille, les amis, les voisins et les collègues de travail. Les groupes primaires ont tendance à être dépourvus de structures rigides. Une personne appartient aussi à des **groupes secondaires**, qui ont tendance à être plus organisés et où il y a moins d'interactions continues : les groupes religieux, professionnels ou syndicaux.

TABLEAU 6.1

Les caractéristiques des sept classes sociales importantes

1. La classe supérieure élevée (moins de 1 %)

Il s'agit de l'élite sociale héritière d'une fortune et provenant de familles célèbres, comme les Bronfman. Ses membres donnent de grosses sommes d'argent à des fondations ou à des œuvres de charité, s'occupent des bals de débutants, possèdent plusieurs maisons et inscrivent leurs enfants dans les meilleures écoles. Ils représentent un important marché pour les joailliers, les antiquaires, les promoteurs immobiliers et les organisations touristiques. Leurs achats et leur habillement sont assez classiques, et ils ont tendance à éviter les comportements ostentatoires. Bien qu'il s'agisse d'un groupe relativement restreint, il sert de groupe de référence aux autres dans la mesure où ses décisions en matière de consommation se propagent et sont imitées par d'autres classes sociales.

2. La classe supérieure basse (à peu près 2 %)

Il s'agit de personnes qui ont gagné beaucoup d'argent grâce à des capacités exceptionnelles dans une profession libérale ou dans les affaires. Généralement issues de la classe moyenne, elles tentent d'être actives dans les affaires sociales et communautaires, et cherchent à s'approprier des biens de prestige pour elles-mêmes et leurs enfants comme des maisons coûteuses, des yachts, des piscines et des voitures. Ce groupe comprend les nouveaux riches, dont la consommation ostentatoire a pour but d'impressionner les personnes dont le rang social est moindre. L'ambition des membres de la classe supérieure basse est d'adhérer à la classe supérieure élevée, position que leurs enfants ont plus de chances d'atteindre qu'eux-mêmes.

3. La classe moyenne élevée (9 %)

Les personnes appartenant à la classe moyenne élevée ne possèdent ni situation sociale ni richesses extraordinaires. Elles sont principalement préoccupées par leur carrière. Elles ont acquis des positions importantes en tant que gens de profession libérale, gens d'affaires indépendants ou directeurs d'entreprise. Elles croient dans l'instruction et veulent que leurs enfants acquièrent des compétences professionnelles ou administratives afin de ne pas glisser vers une classe inférieure. Les membres de cette classe sociale aiment s'occuper d'idéologie et de « grande culture ». Ce sont des personnes qui s'engagent dans la communauté et ont un sens civique. Elles forment le marché idéal pour les maisons, les vêtements, les meubles et les appareils de qualité. Elles essaient d'avoir une maison d'une élégance raffinée leur permettant de recevoir des amis et des clients.

4. La classe moyenne (32 %)

La classe moyenne comprend les cols blancs et les cols bleus qui ont un revenu moyen, vivent dans des quartiers corrects et essaient de faire les choses comme il faut. Ils achètent souvent des produits populaires « pour suivre la mode ». Ils achètent les marques connues. Bien vivre signifie avoir une « belle petite maison » dans un « beau quartier » ou en banlieue, où il y a de « bonnes écoles ». La classe moyenne croit beaucoup à l'investissement dans des expériences « qui en valent la peine » pour leurs enfants, espérant ainsi les inciter à poursuivre leurs études.

5. La classe ouvrière (38 %)

Il s'agit de la plupart des cols bleus et des personnes qui aiment vivre comme la classe ouvrière, peu importe leur revenu, leur scolarité ou leur emploi. La classe ouvrière est largement tributaire de la famille pour le soutien affectif ou économique, pour des « tuyaux » au sujet d'offres d'emploi intéressantes et pour de l'aide en cas de problèmes. Les vacances signifient « rester en ville », et partir signifie aller à la campagne ou au lac, mais à moins de deux heures de route. La classe ouvrière conserve les rôles traditionnels des sexes et les stéréotypes. Elle préfère les grosses voitures aux compactes.

6. La classe inférieure élevée (9 %)

Les gens de la classe inférieure élevée ont des emplois, ils ne sont pas « sur le Bien-être social », quoique leur standard de vie soit à peine plus élevé que le niveau de la pauvreté. Ils sont non spécialisés, mal payés, et ils s'efforcent d'accéder à une classe supérieure. Leur scolarité est souvent faible. Bien qu'ils ne soient pas loin du seuil de pauvreté du point de vue financier, ils donnent l'impression d'être disciplinés et propres tant sur leur personne que dans leur maison.

7. La classe inférieure basse (7 %)

Les membres de la classe inférieure basse sont des prestataires de l'assistance sociale, souvent sans emploi, ou encore occupant des emplois du plus bas niveau. Ils portent les marques de la pauvreté. Certains désirent se trouver un bon emploi, mais d'autres se contentent de la charité ou de l'assistance publique. Leurs logements, leurs vêtements et leurs biens ont l'air mal entretenus et malpropres.

Sources : Richard P. Coleman, « The Continuing Significance of Social Class to Marketing », *Journal of Consumer Research*, décembre 1983, p. 265-280 ; Richard P. Coleman et Lee P. Rainwater, *Social Standing in America : New Dimension of Class*, New York, Basic Books, 1978.

Les gens sont aussi influencés par des groupes auxquels ils n'appartiennent pas. Les groupes auxquels une personne aimerait appartenir sont appelés **groupes d'aspiration.** Par exemple, un adolescent peut espérer jouer un jour pour le Canadien de Montréal dans la Ligue nationale de hockey. Un **groupe de dissociation** est un groupe dont l'individu rejette les valeurs et les comportements. Ainsi, le même adolescent pourrait éviter toute relation avec un groupe religieux comme l'Association pour la conscience de Krishna.

Les spécialistes du marketing tentent de définir les groupes de référence de leurs clients cibles. En général, les groupes de référence exercent une influence déterminante sur les gens d'au moins trois façons. Ces groupes présentent à l'individu de nouveaux comportements et modes de vie. Ils influent aussi sur les attitudes de l'individu et sur l'image qu'il a de lui-même, parce que normalement il désire s'intégrer aux groupes. Enfin, ils exercent des pressions sur la personne en faveur d'une certaine conformité, agissant ainsi sur les choix de produits et de marques que fait cette personne.

Lorsque l'influence du groupe est forte, les fabricants de produits et de marques doivent trouver une façon d'atteindre et d'influencer les **leaders d'opinion** dans les groupes de référence en cause. Le leader d'opinion est une personne qui, dans une communication informelle, donne de l'information ou fait des suggestions au sujet d'un produit ou d'une catégorie de produits; il peut suggérer quelle marque est la meilleure ou encore comment un produit donné peut être utilisé[3]. Autrefois, on croyait que les leaders d'opinion étaient surtout des leaders sociaux dans leur milieu et que le marché de masse tentait de les imiter par snobisme. Mais, aujourd'hui, on reconnaît qu'il existe des leaders d'opinion dans toutes les couches de la société, et qu'une même personne peut être un leader d'opinion dans certains domaines et un suiveur dans d'autres. Le mercaticien tente d'atteindre les leaders d'opinion en définissant leurs caractéristiques démographiques et psychographiques, en déterminant les médias lus et écoutés par les leaders d'opinion et en concevant des messages adressés à leur intention. Cette approche a été utilisée par Gap, un fabricant de vêtements à la mode[4].

L'influence du groupe de référence est d'autant plus forte que la visibilité du produit est grande pour la personne. Ainsi, l'intérêt d'Anny Filion pour la micro-informatique et ses attitudes envers diverses marques dépendront pour une large part de ses groupes d'appartenance. Les attitudes et les choix de marques de ses collègues de travail l'influenceront. Plus la cohésion du groupe sera forte, plus le processus de communication au sein du groupe sera efficace; plus l'individu estime le groupe, plus déterminante sera l'influence de ce groupe sur les choix de produits et de marques que fera l'individu.

La famille

Les membres de la famille constituent le groupe de référence primaire qui a le plus d'influence sur le comportement de l'acheteur, et ce groupe a été l'objet de nombreuses recherches[5]. Il est utile de distinguer deux sortes de familles dans la vie de l'acheteur. La **famille d'orientation** se compose des parents, desquels une personne acquiert une certaine orientation envers la religion, la politique et l'économie aussi bien qu'à l'égard de ses ambitions, de son estime de soi et de l'amour[6]. Même lorsque l'acheteur n'interagit plus beaucoup avec ses parents, leur influence peut être déterminante sur ses comportements inconscients. Dans les pays où les parents continuent à vivre avec leurs enfants, leur influence peut être fort importante. Une influence plus directe sur le comportement d'achat de tous les jours est celle de la **famille de procréation**, c'est-à-dire le conjoint et les enfants.

Les spécialistes du marketing s'intéressent aux rôles et à l'influence relative de l'époux, de l'épouse et des enfants dans l'achat de nombreux biens et services. Par exemple, Filiatrault et Ritchie ont étudié l'influence relative de l'époux, de l'épouse et des enfants dans le choix d'établissements d'hébergement au Québec durant les vacances[7]. En fait, non seulement l'influence des enfants et des adolescents sur les comportements d'achat s'accroît, mais les enfants et les adolescents ont un pouvoir d'achat important. Les dépenses des enfants s'accroissent au taux de 20 % par année, ce taux étant supérieur à celui de tout autre groupe d'âge[8].

La participation de l'époux et de l'épouse varie considérablement selon la classe de produits. Pendant longtemps, la femme agissait comme principal acheteur pour la famille, surtout en ce qui avait trait aux produits alimentaires, aux produits d'entretien et à certains types de vêtements. L'influence relative des deux conjoints change rapidement avec le nombre croissant de femmes sur le marché du travail. En conséquence, les maris ont augmenté leur participation aux courses du ménage. Avec l'évolution des rôles, les mercaticiens de produits et de services de routine feraient donc une grave erreur en pensant que les femmes sont toujours les principaux, voire les seuls, acheteurs de leurs produits.

Dans le cas de biens et de services plus chers, les époux et les épouses participent de plus en plus à une prise de décision conjointe. Le responsable du marketing doit donc déterminer lequel des deux conjoints a normalement la plus grande influence sur le choix de divers produits. Il s'agit donc de savoir qui a le plus de pouvoir ou de compétence au sein du couple. Dans certains cas, le mari peut être dominant ; dans d'autres cas, la femme peut l'être ; ou encore, les deux peuvent avoir une influence équivalente. Voici quelques exemples de domination traditionnelle selon diverses classes de biens :

- la **domination du mari** : assurances-vie, automobiles, téléviseurs ;

- la **domination de l'épouse** : machines à laver, recouvrements de plancher, articles de cuisine, meubles pour les pièces autres que la salle familiale ;

- les **décisions conjointes** : ameublement pour la salle familiale, vacances, maison, spectacles.

Ces schémas de comportement traditionnels changent cependant graduellement, à cause du nombre croissant de femmes de plus en plus scolarisées sur le marché du travail. Des bouleversements dans les valeurs sociales au sujet du partage des tâches à la maison ont remis en question la division traditionnelle du travail à la maison et en conséquence les comportements d'achat. Des recherches récentes ont démontré que, quoique plusieurs schémas de comportement d'achat traditionnels subsistent, les époux et les épouses de couples de baby-boomers magasinent souvent ensemble pour se procurer des produits qu'on associait traditionnellement à un des deux conjoints[9]. Les *marketers* de biens de consommation courants font une grosse erreur s'ils pensent que les femmes seulement achètent de tels produits. De même, les mercaticiens de produits achetés traditionnellement par les hommes doivent commencer à penser que leurs produits sont aussi achetés par des femmes. C'est ce qui se passe sur le marché de la quincaillerie aux États-Unis où, selon la National Retail Hardware Association/Home Center Institute, les femmes font 49,6 % des achats. La croissance du taux de propriété d'outils par les femmes est attribuée au nombre grandissant de femmes divorcées qui sont obligées de s'occuper elles-mêmes de réparations urgentes à la maison, de même qu'aux femmes mariées et célibataires qui achètent des maisons moins chères qui ont souvent besoin de réparations[10].

Dans le cas de l'achat d'un ordinateur personnel par Anny Filion, son conjoint et ses enfants pourraient avoir un rôle d'influence dans une plus ou moins grande mesure. Son conjoint pourrait même être à l'origine du désir d'Anny d'acheter un micro-ordinateur et lui faire des suggestions de marques ou de caractéristiques. Son influence dépendrait alors de la force de ses arguments pour convaincre Anny d'acheter un ordinateur et de la valeur que celle-ci accorderait à son opinion. Les enfants pourraient aussi souhaiter que leur mère achète des logiciels qui les aideraient dans leurs travaux scolaires ou encore qu'elle achète des jeux électroniques.

Les positions et les rôles sociaux

Tout au long de sa vie, une personne fait partie de nombreux groupes : famille, associations, clubs. La place d'un individu dans chaque groupe peut être définie sous l'angle des positions et des rôles sociaux. Ainsi, vis-à-vis de ses parents, Anny joue le **rôle** d'une fille ; dans sa famille, elle joue le rôle d'une femme ; dans l'entreprise, elle joue le rôle d'une directrice de produits. Le rôle d'une personne se compose de toutes les activités que les gens de son entourage croient qu'elle est censée accomplir. Chacun des rôles d'Anny influera, d'une certaine façon, sur son comportement d'achat.

À chaque rôle d'une personne correspond une **position sociale** qui reflète l'estime que lui accorde la société. La position d'un juge de la Cour suprême est plus élevée que celle d'un directeur de produits, et celle d'un directeur de produits est plus élevée que celle d'une téléphoniste. Les gens choisissent des produits et des services qui traduisent leurs rôles et leurs positions dans la société. Ainsi, les présidents d'entreprise roulent dans des Mercedes, portent des costumes faits sur mesure et boivent du Chivas Regal. Ce sont des symboles de réussite. Les responsables du marketing connaissent les images de prestige potentielles de leurs produits et marques.

6.2.3
Les facteurs personnels

Les décisions d'achat dépendent également des caractéristiques personnelles de l'acheteur, notamment son âge ainsi que sa situation dans le cycle de vie familial, sa profession, sa situation économique, son style de vie, sa personnalité et sa propre image.

L'âge et le cycle de vie familial

Les produits et les services achetés par les gens varient tout au long de leur vie. Ainsi, l'alimentation des gens se modifie constamment avec l'âge, passant de la nourriture en petits pots pour enfants à des mets fort variés durant la croissance et la maturité, puis à des régimes spéciaux au troisième âge. Il en va de même pour les goûts des gens en ce qui concerne les vêtements, l'ameublement et les loisirs.

La consommation dépend aussi des étapes du **cycle de vie familial**. Les neuf étapes du cycle de vie familial, qui sont présentées au tableau 6.2, vont de pair avec la situation financière et l'intérêt pour les produits typiques de chacune des étapes. Les gens de marketing définissent souvent leur marché cible selon les étapes du cycle de vie familial et développent des produits et élaborent des plans de marketing en conséquence.

Des recherches récentes ont permis de dégager des **étapes psychologiques du cycle de vie familial**. Les adultes connaissent certaines **transformations** ou **transitions** tout au long de leur vie[11]. Ainsi, les mercaticiens doivent prêter attention aux besoins et aux intérêts changeants des consommateurs, qui peuvent être associés aux différents changements dans la vie des adultes.

La profession

La profession influe aussi sur les habitudes de consommation d'un individu. Un col bleu achètera des vêtements et des chaussures de travail ainsi que des boîtes-repas et jouera aux quilles. Un président d'entreprise achètera des costumes luxueux en serge marine, voyagera par avion, fera partie d'un club privé et possédera un voilier. Les gens de marketing doivent cerner les groupes socioprofessionnels qui ont un intérêt supérieur à la moyenne pour leurs produits et services. Ainsi, les entreprises qui produisent des logiciels conçoivent des logiciels différents pour les directeurs de produits, les ingénieurs, les architectes et les médecins.

La situation économique

La situation économique personnelle influe fortement sur le choix d'un produit. La situation économique est fonction du **revenu disponible** (niveau, régularité), de l'**épargne** et de l'**avoir** (y compris le **pourcentage de liquidité**), du **pouvoir d'emprunt** et de l'**attitude à l'égard des dépenses et de l'épargne**. Ainsi, Anny Filion peut envisager l'achat d'un ordinateur personnel si elle a un revenu disponible suffisant, de l'épargne et un pouvoir d'emprunt, et si elle préfère dépenser plutôt qu'épargner.

Les mercaticiens de produits qui sont sensibilisés à la question de l'échelle de revenus font très attention aux tendances du revenu personnel, de l'épargne et des taux d'intérêt. Si les indicateurs économiques laissent présager une récession, les directeurs du marketing peuvent entreprendre des démarches pour modifier le design de leurs produits ou services et en changer le positionnement et le prix pour qu'ils continuent d'être intéressants pour les clients du marché cible.

Le style de vie

Les gens provenant d'une même sous-culture, classe sociale et profession peuvent adopter des styles de vie passablement différents.

> Le style de vie d'une personne peut être défini comme le mode de vie ou la façon de vivre de cette personne comme l'expriment ses activités, ses intérêts et ses opinions. Le style de vie est donc le portrait de tout l'individu en interaction avec son environnement.

Anny Filion, par exemple, peut privilégier comme style de vie celui de la femme dévouée, qui se reflète par le port de vêtements d'un goût traditionnel, par le fait de consacrer beaucoup de temps à la famille et à des activités bénévoles. Ou elle pourrait choisir le style de vie des «yuppies», qui déploient autant d'énergie à travailler à des projets importants qu'à participer à des activités sportives et à s'amuser.

Les spécialistes du marketing recherchent évidemment les relations entre leurs produits et les groupes qui ont des styles de vie correspondants. Ainsi, un fabricant d'ordinateurs personnels pourrait trouver que plusieurs acheteurs cibles ont les valeurs et le style de vie d'un «yuppie». Le mercaticien pourra alors cibler sa marque plus précisément sur le style de vie des «yuppies». Les publicitaires peuvent créer une publicité qui s'accorde avec les symboles du style de vie de cette personne.

Étapes du cycle de vie familial	Modes d'achat ou de comportement
1. Stade du célibat : jeunes gens célibataires ne vivant pas chez leurs parents	Peu de charges financières. Leaders d'opinion en matière de mode. Orientation vers les loisirs. Achat d'articles de cuisine, de mobilier de base, de voitures, d'objets destinés à impressionner les personnes du sexe opposé.
2. Couples récemment mariés : jeunes, sans enfants	Meilleure position financière que dans un proche avenir. Taux d'achat très élevé et moyenne d'achats de biens durables la plus élevée. Achat de voitures, de réfrigérateurs, de cuisinières, de meubles pratiques et durables et de vacances.
3. Nid rempli I : le plus jeune enfant a moins de six ans	Achats pour la maison au plus haut niveau, faible liquidité. Insatisfaction à l'égard de la position financière et de l'épargne. Intérêt pour les nouveaux produits, notamment ceux qui sont annoncés à la télévision. Achat de machines à laver, de sécheuses, de téléviseurs, de nourriture pour bébés, de médicaments contre la toux, de vitamines, de poupées, de landaus, de traîneaux, de patins.
4. Nid rempli II : le plus jeune enfant a six ans ou plus	Position financière meilleure. Certaines femmes travaillent. Moins influencés par la publicité. Achètent en plus grands formats. Achat de beaucoup d'aliments, de produits de nettoyage, de bicyclettes, de leçons de musique ou de patinage artistique.
5. Nid rempli III : couples plus âgés avec des enfants à charge	Position financière encore meilleure. Plus grand nombre d'épouses au travail. Quelques enfants obtiennent des emplois. Influence de la publicité plus limitée. Moyenne d'achat de biens durables élevée. Achat de mobilier nouveau et de meilleur goût, de voitures de luxe, d'appareils ménagers qui ne constituent pas des nécessités, de bateaux, de soins dentaires, de magazines.
6. Nid vide I : couples plus âgés, aucun enfant habitant avec eux, chef de famille encore au travail	Plus haut taux de possession d'une maison. Satisfaction marquée à l'égard de la position financière et de l'argent économisé. Intérêt pour les voyages, les activités de loisir, l'autodidaxie. Font des cadeaux et des contributions. Peu intéressés par les nouveaux produits. Achat de vacances, d'objets de luxe et d'améliorations résidentielles.
7. Nid vide II : couples plus âgés, aucun enfant à la maison, chef de famille à la retraite	Diminution marquée du revenu. Garde de la maison et achat d'appareils médicaux, de médicaments, de soins médicaux, de produits qui permettent de rester en meilleure santé, de mieux dormir et de mieux digérer.
8. Survivant solitaire, au travail	Revenu encore bon mais vente probable de la maison.
9. Survivant solitaire, à la retraite	Besoins en produits médicaux semblables à ceux des autres groupes de retraités. Diminution considérable du revenu. Besoin spécial d'attention, d'affection et de sécurité.

Sources : William D. Wells et George Gubar, « Life-Cycle Concept in Marketing Research », *Journal of Marketing Research*, novembre 1966, p. 355-363 ; Patrick E. Murphy et William A. Staples, « A Modernized Family Life Cycle », *Journal of Consumer Research*, juin 1979, p. 12-22 ; Frederick W. Derrick et Alane E. Linfield, « The Family Life Cycle : An Alternative Approach », *Journal of Consumer Research*, septembre 1980, p. 214-217.

La personnalité et le concept de soi

Tout individu possède une personnalité distincte qui influe sur son comportement d'achat.

Par personnalité, on désigne les caractéristiques psychologiques distinctives d'un individu qui engendrent des réponses relativement stables et compatibles avec son environnement.

La personnalité d'un individu est en général décrite sous la forme de traits tels que la confiance en soi, la dominance, l'autonomie, la déférence, la sociabilité, la façon de se défendre et l'adaptabilité[12]. La personnalité peut être une variable utile à l'analyse du comportement du consommateur, pourvu que les types de personnalités puissent être classifiés et que de fortes corrélations existent entre les types de personnalités et le choix de produits ou de marques. Par exemple, un fabricant d'ordinateurs personnels pourrait découvrir que les clients cibles ont tendance à avoir un haut degré de confiance en soi, de dominance et d'autonomie, et il pourrait exploiter ces traits de personnalité. Ces traits lui suggéreraient, en effet, certains thèmes ou arguments accrocheurs pour la publicité des ordinateurs personnels.

Plusieurs spécialistes du marketing utilisent un concept proche de la personnalité : le **concept de soi** (ou image de soi). Nous avons tous un portrait mental complexe de nous-mêmes. Le concept de soi constitue la façon dont un individu se considère et la façon dont il pense que les autres le voient. Par exemple, Anny Filion peut se voir comme ayant bien réussi et méritant ce qu'il y a de mieux. Dans ce cas, elle recherchera un ordinateur qui projette une image réunissant les mêmes qualités. Si la promotion des ordinateurs personnels IBM est orientée vers les personnes qui exigent ce qu'il y a de mieux, alors l'image de cette marque de commerce correspondra à l'image qu'Anny recherche. Les spécialistes du marketing doivent tenter d'offrir des images de marque qui correspondent à la propre image du marché cible.

La théorie, cependant, n'est pas si simple. L'**image réelle** d'Anny (c'est-à-dire la façon dont elle se voit) diffère de son **image idéale** (comment elle aimerait se voir) et de son **image d'autrui** (comment elle pense que les autres la voient). Laquelle de ces images tentera-t-elle de satisfaire par le choix de son ordinateur ? Certains spécialistes du marketing croient que les choix des **acheteurs** correspondent essentiellement à leur image réelle, d'autres à leur image idéale, et d'autres encore à leur image d'autrui. De ce fait, la théorie du concept de soi a obtenu des résultats moyens quant à la prédiction des réponses des consommateurs aux images de marque[13].

6.2.4
Les facteurs psychologiques

Au moment d'un achat, le choix d'une personne dépend aussi de quatre facteurs psychologiques importants : la motivation, la perception, l'apprentissage ainsi que les croyances et les attitudes.

La motivation

Une personne peut avoir plusieurs besoins à un moment donné. Certains besoins sont **biogènes**. Ils sont issus d'états de tension physiologique tels que la faim, la soif et l'inconfort. D'autres sont **psychogènes**. Ils sont engendrés par un inconfort psychologique tels les besoins de reconnaissance, d'estime ou d'appartenance. La plupart des besoins psychogènes ne sont pas suffisamment intenses pour inciter une personne à agir immédiatement. Un besoin devient un mobile quand il atteint un niveau d'intensité suffisant. Un **mobile** (ou une pulsion) est un besoin qui est assez pressant pour forcer une personne à agir. Une fois le besoin satisfait, la tension ressentie se relâche.

Les psychologues ont construit de nombreuses théories de la motivation. Trois des plus célèbres sont celles de Sigmund Freud, d'Abraham Maslow et de Frederick Herzberg. Elles ont des répercussions fort différentes sur l'analyse du comportement du consommateur et sur la définition de stratégies de marketing.

La théorie freudienne de la motivation

Sigmund Freud suppose que les forces psychologiques réelles qui façonnent le comportement des gens sont surtout inconscientes. Ainsi, une personne ne peut comprendre complètement ses propres motivations. Si l'on demandait à Anny Filion pourquoi elle désire acheter un ordinateur personnel, elle pourrait décrire son mobile comme étant la recherche d'un passe-temps ou la réponse à une nécessité professionnelle. À un niveau de motivation plus profond, elle pourrait acheter le micro-ordinateur pour impressionner son entourage. À un niveau encore plus profond, elle pourrait acheter un ordinateur parce qu'un tel achat l'aidera à se sentir intelligente et raffinée[14].

Lorsque Anny examinera un ordinateur, elle ne réagira pas seulement aux caractéristiques mentionnées, mais aussi à d'autres particularités. La forme, la taille, le poids, les matériaux, la couleur et la marque peuvent tous déclencher certaines émotions. Au moment de la conception du produit, le fabricant devrait être conscient de l'effet des éléments visuels, auditifs et tactiles qui pourraient provoquer chez le consommateur des sentiments susceptibles de stimuler ou d'inhiber l'achat.

Les spécialistes en recherche motivationnelle ont mis au point une approche qui consiste à interviewer

LE MARKETING EN COULISSE 6.3
La classification des styles de vie

Les chercheurs ont réussi à établir une classification des styles de vie basée sur des mesures psychographiques. Plusieurs classifications ont été proposées. Parmi celles-ci, on trouve le modèle AIO, que nous examinerons.

Dans ce modèle, on présente aux personnes interrogées de longs questionnaires destinés à mesurer leurs activités, leurs intérêts et leurs opinions (AIO). Le tableau ci-dessous décrit les principaux aspects qu'on utilise pour mesurer les variables AIO de même que les variables démographiques.

On demande aux participants s'ils sont d'accord ou non avec des énoncés tels que ceux-ci :

- J'aimerais devenir un acteur.
- J'aime beaucoup aller au concert.
- Je m'habille davantage pour être à la mode que pour être à l'aise.

On analyse les données par informatique afin de trouver des groupes ayant des styles de vie distincts. Par ce procédé, l'agence de publicité Needham, Harper et Steers a décelé plusieurs types importants de styles de vie. Voici cinq exemples de styles de vie partagés par des hommes :

- l'homme d'affaires autodidacte (17 %) ;
- le professionnel qui réussit bien (21 %) ;
- le père de famille dévoué (17 %) ;
- l'employé d'usine insatisfait (19 %) ;
- le casanier renfermé (20 %).

Lorsqu'ils préparent des campagnes publicitaires, les responsables du marketing définissent un groupe cible ayant un style de vie donné, et les publicitaires conçoivent un message attrayant correspondant aux caractéristiques AIO du groupe en question.

Activités	Intérêts	Opinions	Variables démographiques
Travail	Famille	Eux-mêmes	Âge
Loisirs	Domicile	Problèmes sociaux	Éducation
Événements	Travail	Politique	Revenus
Vacances	Communauté	Affaires	Occupation
Divertissement	Distractions	Économie	Taille de la famille
Appartenance à un club	Mode	Éducation	Logement
Communauté	Alimentation	Produits	Géographie
Magasinage	Médias	Avenir	Taille de la ville
Sports	Réalisations	Culture	Étape du cycle de vie

Source : Joseph T. Plummer, « The Concept and Application of Life-Style Segmentation », *Journal of Marketing*, janvier 1974, p. 34.

en profondeur quelques dizaines de consommateurs pour découvrir les mobiles profonds déclenchés par le produit. On y utilise diverses techniques de projection comme l'association de mots, le complètement de phrases, l'interprétation d'images et les jeux de rôles dans le but de mesurer des motivations que les consommateurs ne peuvent pas ou ne désirent pas dévoiler. Les chercheurs en motivation ont élaboré des hypothèses intéressantes et quelquefois bizarres sur ce qui se passe dans la tête d'un consommateur au moment de certains achats. Ainsi, les consommateurs n'aiment pas les pruneaux parce que leur apparence évoque le visage ridé des personnes très âgées ; de même, les hommes fument des cigares parce qu'ils ne peuvent sucer leur pouce, et les femmes préfèrent les graisses végétales aux graisses animales parce que ces dernières engendrent en elles un sentiment de culpabilité lié à l'abattage des animaux.

Des chercheurs en recherche motivationnelle soutiennent que chaque produit est capable de stimuler un ensemble unique de motivations chez les consommateurs. Par exemple, le whisky attirera les gens qui cherchent une relaxation sociale, un certain statut ou tout simplement du plaisir. Il n'est donc pas surprenant que différentes marques de whisky utilisent un de ces appels dans leurs communications. C'est ce que Jan Callebaut appelle le positionnement motivationnel[15].

La théorie de la motivation de Maslow

Abraham Maslow a tenté d'expliquer pourquoi les gens sont poussés par certains désirs à des moments particuliers[16]. Ainsi, pourquoi certaines personnes consacrent-elles énormément de temps et d'énergie à leur sécurité personnelle, alors que d'autres recherchent l'estime des autres ? Selon Maslow, les besoins humains peuvent être classés selon une hiérarchie allant du plus important au moins important. La hiérarchie bien connue des besoins de Maslow est présentée à la figure 6.3. Par ordre d'importance, on y trouve les **besoins physiologiques**, les **besoins de sécurité**, les **besoins d'appartenance**, les **besoins d'estime** et les **besoins d'accomplissement de soi**. La personne tentera de satisfaire les besoins les plus importants en premier lieu. Lorsqu'elle aura réussi à satisfaire ces besoins, ceux-ci cesseront de constituer une motivation, au moins pour quelque temps, et elle cherchera alors à satisfaire le deuxième type de besoins par ordre d'importance.

Par exemple, un individu qui meurt de faim (besoins du premier niveau) n'aura aucun intérêt pour les dernières nouvelles du monde des arts (besoins du cinquième niveau), pas plus qu'il ne s'intéressera à la façon dont il est vu ou estimé par les autres (besoins des troisième et quatrième niveaux), ni ne se demandera si l'air qu'il respire est sain (besoins du deuxième niveau). Mais, à mesure que chaque niveau de besoins sera comblé, le niveau suivant se manifestera.

La théorie de Maslow aide le mercaticien à comprendre comment divers produits peuvent s'intégrer dans les plans, les buts et la vie de consommateurs potentiels. En quoi cette théorie peut-elle nous aider à comprendre pourquoi Anny Filion s'intéresse à l'achat d'un micro-ordinateur ? Nous pouvons supposer qu'Anny a satisfait ses besoins physiologiques, de sécurité et d'appartenance ; ils ne sont pas la cause de son intérêt pour les ordinateurs. Cet intérêt pourrait plutôt être causé par un fort besoin d'estime des autres ou encore un puissant besoin d'accomplissement de soi. Elle cherche à actualiser son potentiel en tant que personne créatrice grâce à la maîtrise d'un ordinateur.

FIGURE 6.3
La hiérarchie des besoins de Maslow

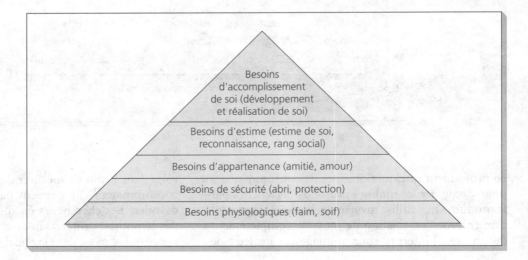

La théorie de la motivation de Herzberg

Frederick Herzberg a élaboré une théorie des deux facteurs, qui distingue entre les causes de satisfaction et les causes d'insatisfaction[17]. Par exemple, si un ordinateur Macintosh ne comporte pas de garantie, ce serait une cause d'insatisfaction. Mais la présence d'une garantie n'est pas nécessairement une cause de satisfaction ou de motivation dans le cas de l'ordinateur d'Anny, parce que ce n'est pas là une source intrinsèque de satisfaction en relation avec un ordinateur Macintosh. Cependant, les possibilités d'un design en couleur pourraient être une cause de satisfaction et accroître le plaisir qu'Anny éprouverait à utiliser son ordinateur.

Cette théorie de la motivation a deux conséquences. Premièrement, les vendeurs devraient faire de leur mieux pour éviter toutes les causes d'insatisfaction auprès des acheteurs, comme un mauvais service après-vente ou un manuel d'instructions mal rédigé. Quoique ces éléments soient insuffisants pour vendre un ordinateur, ils peuvent facilement contribuer à son rejet. Deuxièmement, les fabricants devraient déterminer avec soin les principales causes de satisfaction ou de motivation face à l'achat d'un ordinateur et s'assurer qu'ils les prennent en considération dans la préparation de l'offre. Ces deux facteurs (insatisfaction et satisfaction) permettront aux consommateurs de déceler les différences importantes entre les marques au moment de l'achat.

La perception

Une personne motivée est prête à agir. La façon dont elle agira dépend de sa perception de la situation.

> La perception est « un processus par lequel un individu choisit, organise et interprète des intrants d'information pour donner une image sensée au monde[18] ».

La perception ne dépend pas seulement des caractéristiques des stimulus physiques, mais aussi de leurs relations avec l'environnement et de conditions particulières à l'individu.

Deux personnes dans le même état de motivation et dans une même situation objective peuvent réagir tout à fait différemment à une situation parce qu'elles la perçoivent différemment. Anny Filion pourrait considérer un vendeur d'ordinateurs trop volubile comme quelqu'un qui exerce de la pression et

manque de sincérité. À l'inverse, un autre acheteur pourrait percevoir le même vendeur comme étant intelligent et serviable. Pourquoi les gens ont-ils des perceptions différentes d'une même situation ? Ils peuvent en arriver à avoir des perceptions différentes d'un même stimulus à cause de trois processus perceptuels : l'exposition sélective, la distorsion sélective et la mémorisation sélective. En conséquence, les gens ne voient pas ou n'entendent pas nécessairement un message de la façon dont le *marketer* a voulu le transmettre. Les spécialistes du marketing doivent donc prendre en considération ces processus perceptuels lorsqu'ils conçoivent des campagnes de marketing.

L'exposition sélective

Les gens sont exposés chaque jour à une quantité énorme de stimulus. En s'en tenant aux seuls stimulus publicitaires, on calcule que l'individu moyen est exposé à plus de 1 500 messages par jour. Il est impossible pour une personne de prêter attention à tous ces stimulus. La plupart de ceux-ci seront bloqués par un processus appelé l'**exposition sélective**. Le vrai défi est de déterminer quels stimulus les gens remarquent. Voici quelques observations à cet effet :

Les gens remarqueront plus probablement les stimulus liés à un besoin actuel. Anny Filion remarquera la plupart des messages publicitaires sur les ordinateurs parce qu'elle désire en acheter un ; elle ne prêtera fort probablement pas attention à des messages publicitaires sur des chaînes stéréophoniques.

Les gens apporteront probablement plus d'attention à des messages auxquels ils s'attendent. Il est probable qu'Anny Filion remarquera davantage les ordinateurs que les radios chez un détaillant d'ordinateurs, parce qu'elle ne s'attend pas à y trouver des radios.

Les gens remarqueront plus probablement les stimulus dont l'intensité est plus forte que la normale. Il est probable qu'Anny Filion remarquera davantage un message publicitaire proposant une réduction de 100 $ sur le prix courant d'un ordinateur Macintosh, qu'un message offrant une réduction de 5 $.

L'exposition sélective force les spécialistes du marketing à travailler particulièrement fort pour attirer l'attention des consommateurs sur leurs produits ou services. Leurs messages peuvent atteindre des personnes qui ne font pas partie du marché d'un produit ou d'un service, et ils seront ainsi perdus. Ou encore, des gens qui font partie de ce marché pourraient ne pas remarquer les messages à moins que ces messages ne se détachent de l'océan de stimulus qui les entoure. Les messages publicitaires de format supérieur, composés en quatre couleurs parmi d'autres en noir et blanc, innovateurs ou contrastants ont plus de chances que les autres d'être remarqués.

La distorsion sélective

Les stimulus que les consommateurs remarquent ne sont pas nécessairement interprétés de la manière prévue. La **distorsion sélective** est la tendance des gens à modifier l'information de façon qu'elle soit conforme à leurs idées. Ainsi, Anny Filion peut entendre le vendeur mentionner certains avantages et désavantages d'un ordinateur IBM. Si Anny a un préjugé favorable pour IBM, il est fort probable qu'elle déformera l'information de façon à justifier son achat d'un ordinateur IBM. Les gens interprètent l'information de sorte qu'elle appuie, au lieu de contredire, leur conception de base. Les mercaticiens ne peuvent malheureusement pas faire grand-chose pour contrer la distorsion sélective.

La mémorisation sélective

Les gens oublient en grande partie ce qu'ils ont appris. Ils ont tendance à retenir l'information qui correspond à leurs attitudes et croyances sur le choix effectué. À cause de la **mémorisation sélective**, il est probable qu'Anny se souviendra uniquement des points positifs à propos de l'ordinateur IBM et qu'elle oubliera les points positifs des marques concurrentes. Elle se rappellera les avantages d'un ordinateur IBM parce qu'elle se les remémore chaque fois qu'elle pense à l'achat de l'ordinateur.

L'apprentissage

Quand les gens agissent, ils apprennent.

> L'**apprentissage** désigne les changements qui surviennent dans le **comportement** d'un individu par suite de ses expériences.

Le comportement humain est en majeure partie appris. Les théoriciens de l'apprentissage soutiennent que l'apprentissage d'un individu résulte de l'effet combiné des **pulsions**, des **stimulus**, des **incitants**, des **réponses** et du **renforcement**.

Nous avons vu qu'Anny Filion est mue par une pulsion vers l'accomplissement de soi. La pulsion se définit comme un stimulus interne fort qui incite à l'action. Cette pulsion devient un **mobile** quand elle est dirigée vers un **stimulus objet** particulier, dans le présent cas un ordinateur, qui permettrait de réduire cette pulsion. La réponse d'Anny à l'idée d'acheter un ordinateur est conditionnée par les incitants de l'environnement. Les **incitants** sont des stimulus mineurs qui déterminent quand, où et comment une personne réagira. L'encouragement du conjoint d'Anny à réaliser ce projet, la vue d'un ordinateur dans la maison d'un ami, la lecture d'articles et de messages publicitaires sur les ordinateurs, l'information sur une vente à prix réduit sont autant d'incitants qui influeront sur la **réponse** d'Anny à la pulsion d'acheter un ordinateur.

Supposons qu'Anny achète un ordinateur et choisisse un PC IBM. Si ses expériences entourant l'utilisation de l'appareil s'avèrent satisfaisantes, elle utilisera l'ordinateur de plus en plus. Sa réponse à l'ordinateur sera ainsi **renforcée**. Plus tard, Anny désirera peut-être acheter un agenda électronique. Elle prendra connaissance de l'existence de plusieurs marques, notamment IBM. Elle sait qu'IBM fabrique de bons ordinateurs; elle en inférera qu'IBM pourrait aussi fabriquer de bons agendas électroniques. On dira alors qu'elle **généralise** sa réponse à des stimulus similaires.

La tendance opposée à la généralisation est la **discrimination**. Si Anny examine un agenda électronique Casio et constate qu'il est plus léger et plus compact qu'un agenda IBM, on dit qu'elle fait de la discrimination. On entend par discrimination le fait qu'elle a appris à reconnaître des différences entre des ensembles de stimulus similaires et qu'elle peut ajuster ses réponses en conséquence.

La conséquence pratique de la théorie de l'apprentissage pour les gens de marketing est qu'ils peuvent accroître la demande d'un produit en l'associant à des pulsions fortes, en utilisant des incitants motivants et en provoquant un renforcement positif. Une nouvelle entreprise peut entrer sur un marché en tirant parti des mêmes pulsions que ses concurrents et en fournissant des configurations d'incitants similaires parce que les acheteurs sont plus susceptibles de transférer leur fidélité à des marques similaires qu'à des marques différentes (généralisation). Ou encore, elle peut chercher à exploiter un ensemble différent de pulsions et offrir des incitants forts qui provoquent des changements de fidélité (discrimination).

Les entreprises qui produisent des biens de première nécessité comme le beurre ou le poulet peuvent tirer profit de la capacité des consommateurs de faire de la discrimination. Prenons l'exemple de l'industrie avicole, où l'on pourrait penser qu'un poulet ressemble beaucoup à un autre poulet.

Certaines entreprises avicoles réussissent à différencier leurs poulets des autres poulets grâce à leurs méthodes d'élevage, à leurs équipements de production et à leurs procédés de contrôle de la qualité. Par exemple, à la société Perdue, l'élevage est la première étape à franchir pour produire un poulet qui a des caractéristiques distinctes ; en effet, l'alimentation est à base de produits qui ne contiennent ni produits chimiques ni stéroïdes. La société a également su se différencier par sa publicité qui met en vedette Frank Perdue et son slogan « Ça prend un dur pour faire du poulet tendre[19] ».

Les croyances et les attitudes

Par l'action et l'apprentissage, les gens acquièrent des croyances et des attitudes, qui à leur tour influent sur le comportement d'achat.

> **Une croyance est une connaissance descriptive qu'une personne a de quelque chose.**

Anny Filion peut croire qu'un ordinateur personnel IBM a une plus grande mémoire, résiste à un usage soutenu et coûte 3 000 $. Ces croyances peuvent être basées sur une connaissance, une opinion ou un acte de foi. Elles peuvent ou non être très subjectives. Par exemple, la croyance d'Anny Filion selon laquelle une personne qui utilise un ordinateur IBM plutôt qu'un Macintosh est plus compétente en informatique peut influer sur sa décision.

Les fabricants s'intéressent évidemment aux croyances qu'ont les gens à propos de leurs produits et services. Ce sont ces croyances qui composent l'image d'un produit ou d'une marque, et le comportement d'achat dépend de cette image. Si certaines croyances sont fausses et empêchent l'achat, le fabricant désirera lancer une campagne publicitaire pour corriger ces croyances[20].

Dans un contexte de mondialisation des marchés, il est particulièrement important pour les gens de marketing de reconnaître que les acheteurs ont souvent des croyances différentes au sujet des marques ou des produits selon leur pays d'origine. Plusieurs études sur l'influence des pays d'origine ont démontré les faits suivants :

- L'influence du pays d'origine varie selon le type de produits. Les consommateurs désirent savoir où leur auto a été fabriquée, mais pas nécessairement d'où provient l'huile à moteur.
- Certains pays jouissent d'une bonne réputation pour ce qui est de certains produits, comme le Japon pour les produits électroniques, l'Allemagne pour les automobiles de luxe ou la France pour les parfums.
- Plus l'image d'un pays est favorable, plus visible devrait être l'étiquette « *Made in…* » pour assurer la promotion de la marque ou du produit.
- Les attitudes envers les pays d'origine peuvent changer avec le temps. Par exemple, l'image du Japon par rapport à la qualité de ses produits est maintenant supérieure à celle qu'elle avait immédiatement après la Seconde Guerre mondiale.

Une entreprise a plusieurs possibilités lorsque le prix de ses produits est concurrentiel, alors que le lieu d'origine influence négativement les consommateurs. L'entreprise peut considérer la conclusion d'une alliance avec une entreprise qui œuvre dans un pays ayant une excellente réputation sous un certain aspect. Par exemple, on pourrait fabriquer un manteau de cuir de qualité en Corée du Sud, puis l'envoyer en Italie pour la finition. De même, une entreprise pourrait utiliser une stratégie qui lui permette d'obtenir une qualité de classe mondiale dans une industrie locale, comme le chocolat en Belgique, le jambon en Pologne ou le café en Colombie. Ou bien une entreprise pourrait retenir les services d'une personne célèbre pour endosser son produit. Nike a connu beaucoup de succès en utilisant l'étoile de basket-ball Michael Jordan pour promouvoir ses produits en Europe[21].

En ce qui concerne les attitudes, elles sont tout aussi importantes que les croyances.

> **Une attitude consiste en des évaluations cognitives persistantes (favorables ou non), en des sentiments et en des prédispositions à l'égard d'un comportement par rapport à un objet ou à une idée[22].**

Les gens ont des attitudes envers presque tout : la religion, la politique, les vêtements, la musique, la nourriture, etc. Ces attitudes les placent dans un état d'esprit d'attirance ou de répulsion pour un objet, dans une prédisposition favorable ou défavorable à l'égard de cet objet. Ainsi, Anny Filion peut avoir adopté des attitudes telles que «il faut s'acheter ce qu'il y a de mieux», «IBM fabrique les meilleurs ordinateurs du monde» ou «la créativité et l'expression de soi sont parmi les choses les plus importantes dans la vie». Pour Anny, le choix d'un ordinateur IBM paraît s'imposer parce qu'il correspond mieux à ses attitudes préalables. Un fabricant d'ordinateurs peut, par conséquent, trouver très avantageux de faire de la recherche sur les diverses attitudes que les gens ont à l'égard de ses produits et de ses marques de commerce.

Les attitudes des gens engendrent chez eux des comportements relativement cohérents à l'égard d'objets similaires. Grâce à leurs attitudes, les gens n'ont pas à réinterpréter chaque objet ni à réagir d'une façon nouvelle. Ces attitudes leur permettent d'économiser du temps et de l'énergie. C'est pourquoi il est souvent difficile de changer les attitudes. Les attitudes d'une personne s'intègrent dans un système cohérent, et changer une seule attitude peut exiger des ajustements majeurs dans les autres attitudes.

Ainsi, il est plus sage pour une entreprise de tenter de développer des produits qui s'adaptent aux attitudes existantes plutôt que de tenter de changer les attitudes des gens. Il y a évidemment des exceptions; il peut, dans certains cas, être avantageux de se mettre en frais pour changer des attitudes.

Lorsque Honda décida d'entrer sur le marché de la motocyclette, elle dut prendre une décision importante: elle pouvait ou bien vendre ses motocyclettes à un petit nombre d'individus déjà intéressés, ou bien tenter d'accroître le nombre d'individus intéressés par des motocyclettes. Cette dernière stratégie impliquait des coûts plus élevés, parce que beaucoup de gens avaient des attitudes négatives envers les motocyclettes. Ils associaient en effet les motocyclettes aux vestes de cuir, aux armes blanches et au crime. Honda décida néanmoins de suivre la deuxième voie et lança une campagne majeure dont le thème était: «Vous rencontrez les gens les plus intéressants sur une Honda.» Cette campagne fut fructueuse, et beaucoup de gens adoptèrent une attitude plus positive envers les motocyclettes.

Nous pouvons maintenant mieux apprécier les nombreuses forces qui agissent sur le comportement du consommateur. Le choix effectué par un individu résulte d'une interaction complexe de facteurs culturels, sociaux, personnels et psychologiques. Les mercaticiens peuvent avoir une influence sur plusieurs de ces facteurs. Par ailleurs, ces facteurs sont utiles pour déterminer quels acheteurs pourraient être les plus intéressés par un produit. Les gens de marketing peuvent aussi influer sur d'autres facteurs qui les aideront à développer un produit, à fixer un prix, à organiser une distribution et à lancer une promotion, ce qui entraînera une réponse très positive de la part des consommateurs.

6.3
LE PROCESSUS DE DÉCISION D'ACHAT

Les directeurs du marketing doivent aller au-delà des diverses influences qui agissent sur les acheteurs et comprendre comment, en fait, les consommateurs prennent leurs décisions d'achat. Les mercaticiens doivent déterminer qui prend la décision d'achat, de quel type de décision d'achat il s'agit et quelles sont les étapes du processus d'achat.

6.3.1
Les rôles au moment d'un achat

Pour plusieurs types de produits, il est relativement facile d'établir qui est l'acheteur habituel. Les hommes choisissent normalement leur crème à raser et les femmes, leurs bas-culottes. Mais les *marketers* ne doivent rien tenir pour acquis. Ils doivent être prudents dans leurs décisions concernant le choix des marchés cibles parce que les rôles d'achat changent. Par exemple, le géant de l'industrie britannique ICI a découvert avec surprise que les femmes prenaient 60 % des décisions quant à la marque de peinture pour la maison; ICI a donc décidé de diriger vers les femmes sa publicité pour la marque DeLux.

On peut distinguer plusieurs rôles que les gens peuvent jouer au moment de la décision d'achat:

- L'**initiateur** est la personne qui suggère en premier l'idée d'acheter un produit ou un service.

- L'**influenceur** est une personne dont le point de vue ou les conseils exercent une certaine influence sur la décision finale.

- Le **décideur** est la personne qui décide finalement, en partie ou en totalité, d'acheter ou non, du produit à acheter, de la façon de l'acheter et de l'endroit où elle l'achètera.

- L'**acheteur** est la personne qui fait la transaction d'achat proprement dite.

- L'**utilisateur** est la personne qui consomme ou utilise le produit ou le service.

Prenons le cas d'Anny Filion, qui cherche à acheter un ordinateur portatif. Son intérêt peut avoir été déclenché par un collègue de travail (l'initiateur). Lors de sa recherche d'une marque d'ordinateur, elle a peut-être consulté le responsable du service de l'informatique de son entreprise, qui lui aurait fait quelques suggestions (l'influenceur). C'est Anny qui prend la décision finale (le décideur). Son conjoint peut lui avoir dit qu'il lui offrirait l'ordinateur pour son anniversaire (l'acheteur). Et ce sera surtout Anny qui utilisera l'ordinateur (l'utilisateur).

6.3.2
Les types de comportements d'achat

La prise de décision des consommateurs varie selon le type de décision d'achat. Il existe évidemment beaucoup de différences entre l'achat d'une pâte dentifrice, celui d'une raquette de tennis, celui d'un ordinateur personnel et celui d'une voiture. Plus l'achat est complexe et cher, plus il est probable que la délibération sera longue et que le nombre d'intervenants dans la décision d'achat sera élevé. Assael distingue quatre types de comportements d'achat liés au degré d'implication des acheteurs dans l'achat et aux différences entre les marques[23]. Le tableau 6.3 résume les quatre types de comportements d'achat.

Le comportement d'achat complexe

Le comportement d'achat des consommateurs est complexe quand ceux-ci sont fortement impliqués et connaissent les principales différences qui existent entre les marques. Si l'achat est fait peu fréquemment ou rarement, si le prix est élevé, si le niveau de risque perçu est élevé et s'il s'agit d'un achat procurant du prestige, alors le degré d'implication du consommateur est élevé. Ordinairement, le consommateur con-

TABLEAU 6.3
Les quatre types de comportements d'achat

		Degré d'implication	
		Élevé	Faible
Différences entre les marques	Appréciables	Comportement d'achat complexe	Comportement d'achat de variété
	Légères	Comportement d'achat qui réduit la dissonance	Comportement d'achat routinier

Source : Adapté de Henry Assael, *Consumer Behavior and Marketing Action*, Boston, Kent, 1987, p. 87. Copyright © 1987 by Wadsworth, Inc. Imprimé avec l'autorisation de Kent Publishing Co., une division de Wadsworth, Inc.

naît peu la classe de produits en question et a beaucoup à apprendre. Par exemple, il est possible qu'une personne qui achète un ordinateur personnel ne connaisse pas les caractéristiques qu'il faut vérifier. Plusieurs de ces caractéristiques ne signifient rien pour un consommateur, par exemple «une mémoire de 16 RAM», «une disquette double intensité», «un disque rigide» ou «la résolution de l'écran».

Le processus du comportement d'achat complexe comprend trois étapes. Le consommateur acquerra tout d'abord des croyances sur le produit, puis il adoptera des attitudes et, finalement, il fera un choix réfléchi quant à l'achat. Le mercaticien d'un produit ayant un degré d'implication élevé doit comprendre comment l'acheteur recueille l'information et l'utilise. Il doit élaborer des stratégies qui aideront l'acheteur dans son apprentissage des attributs de la classe de produits, de leur importance relative et de l'évaluation de la marque par rapport aux attributs les plus importants. Le responsable du marketing aura à différencier les caractéristiques de sa marque, à utiliser surtout des médias imprimés dont les textes plutôt informatifs décriront les avantages de sa marque, assureront le public du soutien du personnel de vente dans les magasins, et même du soutien des amis de l'acheteur pour le choix final de la marque.

Le comportement d'achat qui réduit la dissonance

Il arrive parfois qu'un consommateur soit fortement impliqué mais perçoive peu de différences entre les diverses marques. Dans un tel cas, le degré d'implication élevé est aussi associé à un achat plus cher, moins fréquent et présentant un niveau de risque élevé. Puisque les différences entre les marques ne sont pas très prononcées, l'acheteur visitera un certain nombre de magasins pour se renseigner sur ce qui est offert sur le marché, mais il achètera assez rapidement. Il réagira avant tout à un meilleur prix ou à une plus grande accessibilité quant au temps ou au lieu. Prenons l'exemple de quelqu'un qui achète un tapis. L'achat d'un tapis est souvent une décision dont le degré d'implication est plutôt élevé parce que le prix est lui aussi élevé et qu'il s'agit d'un achat relativement ostentatoire ; néanmoins, il est probable que l'acheteur considérera que tous les tapis, dans un écart de prix donné, sont semblables.

Une fois l'achat fait, le consommateur peut faire de la dissonance cognitive post-achat s'il constate certaines caractéristiques du tapis qui lui déplaisent ou s'il entend des commentaires favorables au sujet d'autres marques de tapis. Pour réduire sa dissonance, il cherchera plus d'information au sujet du tapis ou tentera de justifier sa décision. Dans notre exemple, le comportement du consommateur a précédé l'acquisition de nouvelles croyances, et les attitudes se sont formées après coup. Dans de telles circonstances, un rôle important des communications de marketing consiste à informer le consommateur de façon qu'il acquière des croyances et adopte des attitudes qui l'aideront à se sentir à l'aise par rapport au choix qu'il a fait.

Le comportement d'achat routinier

Plusieurs produits ou services sont achetés dans un contexte de faible implication, notamment lorsqu'il existe très peu de différences notables entre les marques. Un bon exemple de ce fait est l'achat du sel de table. Le consommateur se sent peu impliqué par l'achat des produits de cette classe. Il se rend au magasin et achète la marque offerte. S'il achète toujours la même marque, disons Sifto, c'est par habitude, et non par fidélité à cette marque. Les recherches montrent que le consommateur se sent faiblement impliqué pour la plupart des produits dont le prix est peu élevé et qu'il achète fréquemment.

Le consommateur, dans un tel cas, ne passe pas par la séquence usuelle croyances-attitudes-comportement. Il ne recherche pas activement de l'information sur les marques pour ensuite évaluer chacune des marques par rapport à leurs caractéristiques et finalement prendre une décision rationnelle d'achat. Il est plutôt un récepteur passif de l'information que lui transmettent la télévision ou les journaux. La répétition publicitaire crée une **familiarisation avec la marque** plutôt qu'une **conviction face à la marque**. Le consommateur n'adopte pas alors réellement une attitude à l'égard d'une marque ; il choisit plutôt une marque parce qu'elle lui est familière. Après l'achat, il est possible qu'il n'évalue même pas celle-ci, parce qu'il se sent peu impliqué dans l'achat de ce produit. Le processus d'achat prend alors la forme suivante : les croyances par rapport à la marque sont formées par un apprentissage passif, suivi d'un comportement d'achat, qui est lui-même suivi d'une évaluation.

Les mercaticiens de produits entraînant un faible degré d'implication, produits qui présentent peu de différences entre les marques, savent que le recours au prix et aux promotions est un moyen efficace pour déclencher l'essai du produit, puisque les acheteurs ne sont fidèles à aucune marque. La publicité d'un produit comportant un faible degré d'implication se caractérise par un certain nombre de pratiques. Le texte du message publicitaire ne met en évidence que quelques points importants. Les symboles visuels et l'imagerie sont importants, parce que les consommateurs peuvent facilement s'en souvenir et les associer à la marque. La campagne publicitaire se caractérise par une forte répétition de messages de courte durée. La télévision est ici plus efficace que les médias imprimés, parce qu'un média suscitant un faible degré d'implication est indiqué pour l'apprentissage passif [24].

Les gens de marketing utilisent quatre moyens pour tenter de transformer un produit entraînant un faible degré d'implication en un produit entraînant un degré d'implication élevé. Premièrement, ils peuvent augmenter le degré d'implication en reliant le produit à une préoccupation réelle des consommateurs, comme Crest l'a fait en associant le dentifrice à la bonne santé des dents. Deuxièmement, ils peuvent rattacher le produit à une situation à laquelle le consommateur s'identifie plus ou moins, comme le fait la publicité de Nescafé lorsqu'elle vante l'utilité du café pour aider le consommateur à sortir de sa torpeur matinale. Troisièmement, ils peuvent concevoir une publicité qui déclenche des émotions fortes liées aux valeurs du consommateur ou à la justification de ses attitudes. Finalement, ils peuvent ajouter une caractéristique importante à un produit de faible valeur, par exemple des vitamines à un jus ordinaire ou encore une plus grande durée ou une meilleure efficacité énergétique à des ampoules électriques. Notons toutefois que ces stratégies peuvent au mieux accroître l'implication d'un faible degré à un degré modéré et qu'il est presque impossible de convertir un comportement d'achat routinier en un comportement d'achat complexe.

Le comportement d'achat de variété

Certaines situations d'achat se caractérisent par un faible degré d'implication et par des différences appréciables entre les marques. Dans de telles situations, on observe souvent de nombreux changements de marques. Un bon exemple est celui de l'achat de biscuits. Le consommateur a certaines croyances, il choisit une marque de biscuits sans trop l'évaluer et l'évalue pendant la consommation. Mais la fois suivante, il choisira peut-être une autre marque pour varier ou parce qu'il désire un goût différent. Le désir de variété, plus que le manque de satisfaction, est la cause du changement de marque.

La stratégie de marketing indiquée est alors différente selon qu'on est le leader ou que le produit est une marque secondaire dans sa classe. Le leader sur le marché tentera de renforcer le comportement d'achat usuel en étant dominant par son rayonnage, par un approvisionnement régulier et par des rappels publicitaires fréquents. Les entreprises dominées, d'autre part, encourageront la diversité d'achat en offrant des prix plus bas, des réductions, des coupons, des échantillons gratuits et de la publicité incitant à essayer la nouveauté.

6.3.3
Les étapes du processus de décision d'achat

Les *marketers* les plus avisés font faire de la recherche pour comprendre le processus de décision d'achat de leurs produits et services. On peut ainsi demander

aux consommateurs à quel moment ils ont pris connaissance pour la première fois du produit ou du service, quelles sont leurs croyances au sujet des marques, quel est leur degré d'implication face à l'achat de ce produit ou service, comment ils procèdent pour choisir une marque et comment ils évaluent leur satisfaction après l'achat.

Comment les gens de marketing peuvent-ils découvrir les principales étapes du processus d'achat pour un produit ou un service particulier ? Ils peuvent se pencher sur leur propre comportement (**méthode introspective**), mais cette méthode est d'une utilité limitée. Ils peuvent interviewer un petit nombre d'acheteurs récents et leur demander de se rappeler les événements qui les ont amenés à acheter le produit ou le service (**méthode rétrospective**). Ils peuvent rechercher des consommateurs qui envisagent d'acheter leur produit ou leur service et leur demander comment ils procèdent pour franchir les diverses étapes du processus d'achat (**méthode prospective**). Ou encore, ils peuvent demander à un groupe de consommateurs de décrire la façon idéale de s'y prendre pour acheter leur produit ou leur service (**méthode prescriptive**). Chaque méthode aboutit à un compte rendu des étapes du processus d'achat telles que les perçoivent les consommateurs.

On trouvera à la figure 6.4 un modèle du processus de décision d'achat comportant cinq étapes : la **reconnaissance du besoin**, la **recherche de l'information**, l'**évaluation des choix possibles**, la **décision d'achat** et le **comportement post-achat**. Ce modèle met en évidence le fait que le processus d'achat commence longtemps avant l'acte d'achat et a des conséquences longtemps après cet achat[25].

Le modèle du processus de décision d'achat suppose que celui-ci franchit chacune des cinq étapes à l'achat d'un produit ou d'un service. Or, nous avons vu que tel n'est pas toujours le cas, surtout pour les achats comportant un faible degré d'implication. En effet, les consommateurs peuvent sauter certaines étapes ou en modifier l'ordre. Ainsi, une consommatrice qui achète sa marque habituelle de pâte dentifrice peut passer directement de la reconnaissance du

FIGURE 6.4
Un modèle du processus de décision d'achat

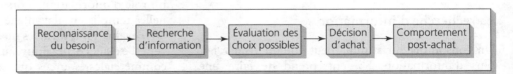

besoin à l'achat, escamotant les étapes de la recherche de l'information et de l'évaluation des choix possibles. Nous utiliserons cependant le modèle présenté à la figure 6.4 parce qu'il permet de bien montrer l'ensemble des problèmes qui se posent quand un consommateur fait face à une décision d'achat ayant un degré d'implication élevé. Pour illustrer ce modèle, nous tenterons de comprendre comment Anny Filion est devenue intéressée par l'achat d'un ordinateur personnel et d'analyser les étapes qu'elle a franchies avant de faire son choix final[26].

La reconnaissance du besoin

Le processus d'achat débute lorsque l'acheteur reconnaît un besoin ou un problème. L'acheteur sent qu'un écart existe entre son état actuel et un état souhaité. Le besoin peut être déclenché par des stimulus internes ou externes. Dans le premier cas, un des besoins normaux de la personne, comme la faim, la soif ou la sexualité, atteint un certain seuil et devient une pulsion. Par ses expériences préalables, l'individu a appris ce qu'il doit faire pour satisfaire cette pulsion et quels objets sont susceptibles de la satisfaire. Le besoin peut aussi être déclenché par un stimulus externe. C'est ce qui se produit lorsqu'une personne passe devant une pâtisserie et voit du pain frais qui stimule sa faim. Elle peut aussi admirer la nouvelle voiture d'un voisin ou encore voir un message publicitaire sur les vacances au Club Med.

Le spécialiste du marketing doit dégager les circonstances qui déclenchent un besoin particulier ou l'intérêt des consommateurs. Anny Filion aurait pu révéler à ce spécialiste que l'époque de l'année la plus accaparante pour son travail était terminée, qu'elle avait besoin d'un nouveau passe-temps et qu'elle avait commencé à penser à acquérir un ordinateur lorsqu'une de ses collègues en avait acheté un. En recueillant de l'information de plusieurs consommateurs, le mercaticien peut déceler les stimulus qui engendrent le plus fréquemment un intérêt pour une classe de produits ou de services. Il peut ensuite élaborer des stratégies de marketing qui susciteront l'intérêt des consommateurs.

La recherche d'information

Un consommateur stimulé peut vouloir rechercher plus d'information. S'il entreprend de faire une recherche d'information, son comportement de recherche peut s'exercer de deux façons. La première façon consiste en un état latent de recherche appelé **attention soutenue**. Anny Filion deviendra tout simplement plus réceptive à l'information concernant les ordinateurs. Elle prêtera attention à la publicité sur les ordinateurs, aux achats d'ordinateurs effectués par des amis et à des conversations sur les ordinateurs.

La seconde façon est une **recherche active d'information**. Ainsi, Anny cherchera de la documentation sur le sujet en téléphonant à des amis et en entreprenant d'autres activités qui lui permettront de se renseigner sur les ordinateurs. Le niveau de recherche dépendra de la force de la pulsion, de la quantité de l'information initiale, de la facilité à obtenir l'information additionnelle, de la valeur attribuée à l'information additionnelle et de la satisfaction obtenue d'une telle recherche.

L'analyste de marketing s'intéresse aux principales sources d'information auxquelles le consommateur fera appel et à l'influence relative de chacune sur la décision d'achat finale. On peut classer ces sources d'information en quatre groupes :

- les **sources personnelles** : famille, amis, voisins, connaissances ;
- les **sources commerciales** : publicité, représentants, détaillants, emballages, présentoirs ;
- les **sources publiques** : médias, services de recherche sur les consommateurs, rapports d'organismes ;
- les **sources liées à l'expérience** : manipulation, examen, utilisation du produit.

Le nombre et l'influence de chacune des sources d'information varient selon la classe de produits et les caractéristiques de l'acheteur. En général, le consommateur est davantage exposé à l'information sur un produit ou un service de sources commerciales, c'est-à-dire de sources qui ressortissent au responsable du marketing. Toutefois, l'information la plus persuasive provient des sources personnelles. Chaque type de sources peut remplir un rôle quelque peu différent dans l'influence globale exercée sur la décision d'achat. Les sources commerciales ont normalement un rôle d'information, alors que les sources personnelles remplissent davantage un rôle de justification ou d'évaluation. Ainsi, les médecins apprennent souvent l'existence de nouveaux produits de sources commerciales, sources qui sont quelquefois même dirigées vers les clients, mais ils s'adressent à leurs collègues pour obtenir l'information nécessaire à l'évaluation de ces produits.

C'est en recueillant de l'information que le consommateur apprend à connaître les marques offertes sur le marché et leurs caractéristiques. La case à l'extrême gauche de la figure 6.5 présente l'**ensemble offert**, soit l'ensemble de toutes les marques mises sur le marché. Anny Filion ne connaîtra bien qu'un sous-ensemble de ces marques, l'ensemble que nous appellerons **ensemble connu**. Et seules quelques-unes de ces marques satisferont aux critères d'achat initiaux d'Anny et composeront l'**ensemble considéré**. À mesure qu'Anny recueillera de l'information sur ces marques, seules quelques-unes demeureront des choix possibles et composeront l'**ensemble retenu**. Elle prendra sa décision finale en faisant un choix dans cet ensemble, en vertu de son propre processus d'évaluation[27].

L'effet pratique de cette hiérarchie d'ensembles sur une entreprise est qu'elle permet à celle-ci d'établir une stratégie qui amènera sa marque à faire partie de l'ensemble connu, considéré et retenu par le consommateur. Sinon l'entreprise perdra toute possibilité de vendre aux consommateurs. Elle doit cependant aller plus loin et tenter d'apprendre quelles autres marques font partie de l'ensemble retenu par le consommateur, de façon à bien connaître la concurrence et à préparer son argumentation en conséquence.

Le mercaticien doit aussi déceler avec soin les sources d'information du consommateur et en évaluer l'importance relative. Il doit demander aux consommateurs comment ils ont entendu parler en premier lieu de la marque, quelle information ils ont obtenue par la suite et quelle est l'importance relative de ces différentes sources d'information. Cette enquête est cruciale pour la préparation d'une communication efficace avec le marché cible.

L'évaluation des choix possibles

Comment un consommateur traite-t-il son information sur les différentes marques avant de fixer son choix sur l'une d'entre elles? Malheureusement, il n'existe pas de processus unique et simple d'évaluation pour tous les consommateurs ni même pour toutes les situations d'achat d'un même consommateur. Il existe plusieurs processus d'évaluation. Les modèles les plus récents de processus d'évaluation du consommateur ont une orientation cognitive marquée, c'est-à-dire qu'ils font reposer surtout sur une base consciente et rationnelle le jugement que portent les consommateurs sur des produits ou des services.

Certains concepts fondamentaux facilitent la compréhension du processus d'évaluation du consommateur. Tout d'abord, le consommateur considère divers **avantages qu'il recherche**. Chaque consommateur considère un produit ou un service particulier comme un **ensemble d'attributs**. Il examinera, par exemple, les attributs suivants pour différents types de produits ou de services :

- appareils photo : netteté de l'image, vitesse, taille, prix ;
- hôtels : emplacement, propreté, atmosphère, prix ;
- rince-bouche : couleur, efficacité, capacité d'éliminer les germes, prix, goût ou parfum ;
- pneus : sécurité, durée de vie, tenue de route, qualité, prix ;
- banques : emplacement, accessibilité, compétence et courtoisie du personnel.

FIGURE 6.5
La hiérarchie des ensembles mis en jeu dans une décision d'achat

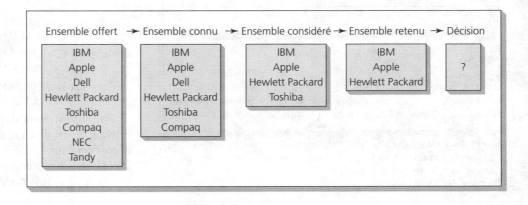

Ensemble offert → Ensemble connu → Ensemble considéré → Ensemble retenu → Décision

Ensemble offert	Ensemble connu	Ensemble considéré	Ensemble retenu	Décision
IBM	IBM	IBM	IBM	?
Apple	Apple	Apple	Apple	
Dell	Dell	Hewlett Packard	Hewlett Packard	
Hewlett Packard	Hewlett Packard	Toshiba		
Toshiba	Toshiba			
Compaq	Compaq			
NEC				
Tandy				

Les mêmes attributs ne seront pas nécessairement pertinents ou saillants pour tous les consommateurs. Ceux-ci accorderont beaucoup plus d'attention aux attributs pouvant fournir les avantages recherchés. On peut souvent segmenter le marché d'après le caractère pertinent ou saillant des attributs pour chacun des divers groupes de consommateurs.

Le consommateur adoptera probablement un **ensemble de croyances** pour chaque marque par rapport à chaque attribut. L'ensemble des croyances au sujet d'une marque particulière est connu sous le nom d'**image de marque**. Les croyances d'un consommateur au sujet d'une marque peuvent s'écarter de la réalité à cause de l'expérience individuelle et des effets de la perception sélective, de la distorsion sélective et de la mémorisation sélective.

Le consommateur arrive à acquérir des attitudes (jugements, préférences) à l'égard de différentes marques au moyen d'une **procédure d'évaluation**. On sait que les consommateurs utilisent différentes procédures d'évaluation pour choisir parmi divers objets multiattribut[28]. Supposons qu'Anny Filion ait limité l'éventail des choix possibles à quatre marques d'ordinateurs (A, B, C, D) et qu'elle soit avant tout intéressée par quatre attributs: la capacité de mémoire, les possibilités graphiques, l'accessibilité des logiciels et le prix. On trouvera au tableau 6.4 les croyances d'Anny pour chacune des marques en ce qui concerne ces quatre attributs. Anny évalue la marque A comme suit: capacité de mémoire, 10 sur une échelle en 10 points; possibilités graphiques, 8; accessibilité des logiciels, 6; prix, 4 (plutôt cher). Elle a des croyances également pour chacune des autres marques par rapport à chacun des quatre attributs.

Évidemment, si un ordinateur dominait tous les autres pour tous les critères, nous pourrions prédire qu'Anny choisirait celui-là. Mais son ensemble traité se compose de marques qui ont des attraits différents. Si Anny privilégie avant toute autre chose une grande capacité de mémoire, elle achètera l'ordinateur A; si elle désire les meilleures possibilités graphiques, alors elle achètera l'ordinateur B; si elle désire la plus grande accessibilité possible des logiciels, elle choisira l'ordinateur C; enfin, si elle désire un ordinateur à prix économique, elle achètera l'ordinateur D. Certains consommateurs décideront de leur achat à partir d'un seul attribut; il est alors facile de prédire quel sera leur choix.

Cependant, la plupart des acheteurs considèrent plusieurs attributs et accordent des poids différents à ceux-ci selon l'importance qu'ils donnent à ces attributs. Si nous connaissions les pondérations qui correspondent à l'importance qu'Anny donne à chaque attribut, nous pourrions, avec une certaine fiabilité, prédire le choix qu'elle fera. Nous utiliserions alors le modèle attente-valeur.

Supposons qu'Anny attribue une importance de 40 % à la capacité de mémoire de l'ordinateur, de 30 % à ses possibilités graphiques, de 20 % à l'accessibilité des logiciels et de 10 % au prix. Pour connaître la valeur perçue par Anny pour chaque ordinateur, on ferait le produit de la pondération par la croyance qu'elle a pour chaque attribut des ordinateurs. On obtiendrait alors les valeurs perçues suivantes:

Ordinateur A = $[0,4(10) + 0,3(8) + 0,2(6) + 0,1(4)] = 8,0$

Ordinateur B = $[0,4(8) + 0,3(9) + 0,2(8) + 0,1(3)] = 7,8$

Ordinateur C = $[0,4(6) + 0,3(8) + 0,2(10) + 0,1(5)] = 7,3$

Ordinateur D = $[0,4(4) + 0,3(3) + 0,2(7) + 0,1(8)] = 4,3$

Nous pourrions alors prédire, à partir des croyances et des pondérations qu'Anny a accordées aux différents attributs, qu'elle favorisera l'ordinateur A, lequel offre (avec un score de 8,0) la meilleure valeur perçue[29].

TABLEAU 6.4

Les croyances d'une consommatrice au sujet d'ordinateurs

	Attributs			
Ordinateurs	Capacité de mémoire	Possibilités graphiques	Accessibilité des logiciels	Prix
A	10	8	6	4
B	8	9	8	3
C	6	8	10	5
D	4	3	7	8

Note: Chaque attribut est évalué de 1 à 10, où 10 représente le plus haut degré de cet attribut. L'indice pour le prix est cependant inversé puisqu'un consommateur préfère payer un prix bas plutôt qu'élevé.

Supposons que la plupart des acheteurs d'ordinateurs affirment qu'ils fixent leurs préférences en utilisant le modèle attente-valeur que nous venons de décrire. Sachant cela, un fabricant d'ordinateurs peut faire plusieurs choses pour influer sur les décisions des acheteurs. Le mercaticien de l'ordinateur C, par exemple, pourrait utiliser les stratégies suivantes pour influencer les gens qui, comme Anny Filion, manifestent un certain intérêt pour la marque C :

- **Modifier l'ordinateur.** Le spécialiste du marketing pourrait modifier certains attributs de sa marque, par exemple accroître la capacité de mémoire ou changer toute autre caractéristique que désirent les acheteurs de la catégorie d'Anny Filion. C'est ce qu'on appelle un **repositionnement réel**.

- **Modifier les croyances au sujet de la marque.** Le responsable du marketing pourrait tenter de modifier les croyances des acheteurs relatives à certains attributs de sa marque. Cette démarche est particulièrement recommandée si les acheteurs sous-estiment les qualités de la marque C. Elle n'est pas recommandée si les acheteurs évaluent correctement la marque C, car le fait d'exagérer les mérites du produit pourrait engendrer de l'insatisfaction chez les acheteurs et susciter un bouche à oreille négatif. Cette stratégie de modification des croyances au sujet d'une marque est appelée un **repositionnement psychologique**.

- **Modifier les croyances sur les marques concurrentes.** Le directeur du marketing pourrait aussi tenter de changer les croyances des acheteurs au sujet des divers attributs des marques concurrentes. Cette stratégie convient particulièrement à la situation où, à tort, les acheteurs surestiment une marque concurrente. C'est ce qu'on appelle un **repositionnement de la concurrence**, qui prend souvent la forme d'une publicité comparative.

- **Modifier la pondération de l'importance des attributs.** L'analyste de marketing pourrait essayer de persuader les acheteurs d'accorder plus d'importance aux attributs qui font valoir sa marque. Le mercaticien de l'ordinateur C pourrait valoriser les avantages d'une grande accessibilité des logiciels, puisque la marque C est supérieure sous l'angle de cet attribut.

- **Mettre en évidence les attributs négligés.** Le spécialiste du marketing pourrait essayer d'attirer l'attention des acheteurs sur les attributs négligés.

Si l'ordinateur C est particulièrement facile à transporter, le mercaticien devrait valoriser les avantages de posséder un ordinateur facilement transportable.

- **Déplacer l'idéal.** Le directeur du marketing pourrait tenter de persuader les acheteurs de modifier leur niveau idéal relativement à un ou à plusieurs attributs. Le mercaticien de la marque C pourrait ainsi chercher à convaincre les acheteurs que les ordinateurs dotés d'une grande capacité de mémoire risquent davantage de poser problème et qu'en conséquence une mémoire de taille moyenne est préférable[30].

En utilisant ces stratégies, les mercaticiens tentent d'influencer les consommateurs. Mais, de nos jours, plusieurs consommateurs sont très conscients des tentatives que font les publicitaires et les représentants de vente pour influencer leurs comportements. En conséquence, les mercaticiens voudront peut-être considérer de quelle manière les connaissances qu'ont les consommateurs sur les techniques de persuasion peuvent guider ces derniers dans le choix de certains aspects de leurs campagnes de publicité ou de leurs approches de vente[31].

La décision d'achat

À l'étape de l'évaluation, le consommateur établit une préférence parmi les produits ou les services compris dans l'ensemble traité. Le consommateur peut aussi parvenir à une intention d'achat et devenir plus enclin à acheter la marque qu'il préfère. Cependant, trois facteurs sont susceptibles d'intervenir entre l'intention d'achat et la décision d'achat. Ces facteurs sont présentés à la figure 6.6[32].

Le premier facteur est l'**attitude d'autrui**. Pour reprendre notre exemple de l'achat d'un ordinateur, supposons que le conjoint d'Anny Filion ait fortement exprimé l'opinion qu'Anny devrait acheter l'ordinateur le moins cher (D). En conséquence, la « probabilité d'achat » de l'ordinateur A par Anny sera quelque peu réduite. Le niveau d'influence d'autrui sur la préférence d'un individu dépend de deux choses : l'intensité de l'attitude négative d'autrui à l'égard de la préférence du consommateur, et la motivation du consommateur à se conformer au désir de cette autre personne[33]. Plus l'attitude de l'autre personne est négative et plus cette personne est proche

FIGURE 6.6

Les étapes entre l'évaluation des choix possibles et la décision d'achat

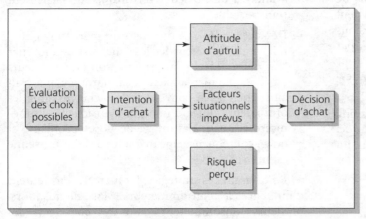

du consommateur, plus il est probable que le consommateur révisera de façon négative son intention d'achat. L'inverse est aussi vrai : la préférence de quelqu'un pour une marque s'accroîtra si une personne qu'il aime bien opte pour cette marque. L'influence d'autrui devient plus complexe si plusieurs personnes proches de l'acheteur ont des opinions contradictoires et que l'acheteur tente de plaire à tout le monde.

L'intention d'achat dépend aussi de **facteurs situationnels imprévus**. Anny Filion pourrait perdre son emploi, d'autres achats pourraient devenir plus urgents, un ami pourrait l'informer d'éléments d'insatisfaction au sujet de la marque d'ordinateur choisie ou un vendeur pourrait l'indisposer. Ainsi, les préférences, et même les intentions d'achat, ne sont pas des indicateurs complètement fiables du comportement d'achat.

La décision d'un consommateur de modifier, de retarder ou d'abandonner une décision d'achat dépend aussi fortement du **risque perçu**[34]. Le niveau de risque perçu varie en fonction des frais engagés, du degré d'incertitude entourant les attributs et du degré de confiance en soi du consommateur. Pour réduire le risque perçu, les consommateurs adoptent certains mécanismes tels que le report de la décision, la collecte de renseignements auprès d'amis et la préférence pour les marques connues et les garanties. Le mercaticien doit comprendre les facteurs qui engendrent un sentiment de risque et fournir l'information et le soutien nécessaires pour réduire le risque perçu.

Un consommateur qui décide de concrétiser son intention d'achat prendra jusqu'à cinq **sous-décisions d'achat**. Ainsi, Anny Filion prendra : 1° la **décision concernant la marque** (la marque A) ; 2° la **décision concernant le vendeur** (le vendeur 2) ; 3° la **décision concernant la quantité** (un seul ordinateur) ; 4° la **décision concernant le moment de l'achat** (le samedi) ; 5° la **décision concernant le mode de paiement** (carte de crédit). Les décisions ne sont pas nécessairement prises dans cet ordre. De plus, les achats de produits routiniers n'exigent pas nécessairement toutes ces décisions et requièrent beaucoup moins de délibérations de la part de l'acheteur. Par exemple, en achetant une pâte dentifrice, Anny accordera très peu de temps au choix d'un vendeur ou au mode de paiement.

Le comportement post-achat

Après avoir acheté le produit ou le service, le consommateur éprouvera un sentiment de satisfaction ou d'insatisfaction. Il s'engagera aussi dans des actions postérieures à l'achat et expérimentera divers usages du produit, qui sont intéressants pour les gens de marketing. La tâche du mercaticien ne se termine donc pas avec l'achat du produit ; elle se poursuit après l'achat.

La satisfaction post-achat

Après avoir acheté un produit ou un service, un consommateur pourrait y détecter un défaut. Certains acheteurs ne voudront plus du produit en question, d'autres seront indifférents face à ce défaut et d'autres encore pourraient même croire qu'un certain défaut accroît en réalité la valeur du produit ou du service[35]. Ainsi, une page reliée à l'envers dans la première édition d'une nouvelle œuvre d'un auteur célèbre pourrait faire de ce livre une pièce de collection. Toutefois, les défauts peuvent, dans certains cas, être dangereux pour le consommateur. Les entreprises fabriquant des voitures, des jouets ou des produits pharmaceutiques doivent rapidement demander le retour de tout produit qui présente la plus petite possibilité de blesser ses utilisateurs ou d'être nocif.

Qu'est-ce qui, en général, détermine si un acheteur est très satisfait, plutôt satisfait, plutôt insatisfait ou très insatisfait après un achat? La satisfaction de l'acheteur est fonction de l'écart entre ses **attentes** à l'égard du produit ou du service et la **performance perçue** de ce produit ou service[36]. Si le produit ou le service répond aux attentes du consommateur, celui-ci sera satisfait; s'il dépasse ses attentes, il sera très satisfait; dans le cas contraire, le consommateur sera insatisfait. Ce sont ces impressions qui font la différence entre les réactions du consommateur, à savoir s'il renouvellera l'achat ou s'il parlera favorablement du produit ou du service.

Les consommateurs forment leurs attentes à partir des messages qu'ils reçoivent des vendeurs, des amis et d'autres sources d'information. Si les prétentions du vendeur sont exagérées, alors il y aura un écart entre les attentes et la performance perçue; **les attentes ne seront pas confirmées**, ce qui engendrera l'insatisfaction. Plus grand est cet écart entre les attentes et la performance, plus grand sera le mécontentement du consommateur. La réaction du consommateur à cet écart déterminera la suite. Certains consommateurs amplifieront l'écart lorsque le produit ou le service n'est pas parfait, et ils seront fortement insatisfaits. D'autres consommateurs minimiseront cet écart et seront moins insatisfaits[37].

À cause de l'importance de la satisfaction post-achat, il est essentiel que les vendeurs disent la vérité sur le rendement probable de leur produit. Certains vendeurs promettent moins que ce qu'ils s'attendent à donner afin de provoquer chez les consommateurs une satisfaction plus grande que celle que ces derniers prévoient. Par exemple, un vendeur pourra créer une satisfaction plus grande s'il promet pour 16 heures une livraison qui sera faite en réalité à 14 heures, que s'il promet pour 11 heures une livraison qui ne sera faite qu'à 13 heures.

Les activités post-achat

La satisfaction ou l'insatisfaction d'un consommateur après un achat influera sur son comportement ultérieur. Si le consommateur est satisfait, alors la probabilité d'acheter le produit ou le service à la prochaine occasion sera plus forte. Ainsi, les données sur les marques de voitures révèlent une forte corrélation entre un **niveau de satisfaction très élevé** face à la dernière marque achetée et l'intention d'acheter de nou-

veau cette marque. Par exemple, 75 % des propriétaires de Toyota étaient très satisfaits de leur achat et environ le même pourcentage de propriétaires avaient l'intention d'acheter de nouveau une Toyota; de même, 35 % des propriétaires de Chevrolet étaient très satisfaits de leur achat et 35 % avaient l'intention d'acheter de nouveau une Chevrolet. Un client satisfait aura aussi tendance à vanter le produit ou le service et l'entreprise. Les gens de marketing connaissent la formule: « Notre meilleure publicité est un client satisfait[38]. »

Un client insatisfait réagit différemment. Il peut abandonner ou rendre le produit, ou rechercher de l'information pour confirmer la valeur de ce produit. Il peut aussi entreprendre une action publique ou une action privée pour corriger la situation. Les actions publiques incluent les plaintes auprès de l'entreprise, les poursuites, les plaintes auprès d'associations de gens d'affaires, d'associations de protection du consommateur ou d'agences gouvernementales. Ou encore, le consommateur peut adopter une action privée; ainsi, il peut arrêter tout simplement d'acheter le produit, adoptant alors une **stratégie d'évasion**. Il peut également choisir d'avertir ses amis, c'est-à-dire une **stratégie de contestation**[39]. Toutefois, que le consommateur opte pour une action publique ou privée, le vendeur perdra quelque chose s'il n'a pas réussi à le satisfaire[40].

Les gens de marketing peuvent prendre des mesures pour réduire le niveau d'insatisfaction post-achat des consommateurs. Il a été prouvé que les communications suivant l'achat aident à réduire le retour de marchandises et l'annulation de commandes[41]. Par exemple, les fabricants d'ordinateurs peuvent écrire aux nouveaux propriétaires d'ordinateurs pour les féliciter d'avoir choisi un si bon ordinateur. Ils peuvent présenter des messages publicitaires faisant témoigner des propriétaires satisfaits. Ils peuvent solliciter des suggestions des clients en vue d'améliorer les produits et les services, et donner la liste des endroits où l'on peut obtenir un service après-vente. Ils peuvent rédiger des guides de l'usager qui sont faciles à comprendre. Ils peuvent faire parvenir aux propriétaires des reproductions d'articles de magazines décrivant de nouveaux usages de l'ordinateur. De plus, ils peuvent mettre en place des mécanismes pour canaliser les plaintes des clients et s'organiser pour régler rapidement les griefs des consommateurs.

L'utilisation post-achat et la mise au rebut

Dans le comportement post-achat des acheteurs, il y a une dernière étape que le spécialiste du marketing devrait surveiller : l'utilisation des produits et services et la mise au rebut (voir la figure 6.7). Si les consommateurs rangent les produits dans des placards ou même les jettent, cela pourrait indiquer que le produit n'est pas très satisfaisant et qu'ils n'en parleront pas en bien. S'ils trouvent une nouvelle utilisation pour un produit ou un service, cela pourrait intéresser le mercaticien, qui aurait peut-être la possibilité d'introduire cette nouvelle utilisation dans sa publicité.

Depuis plusieurs années, des clients d'Avon prétendaient que l'huile de bain Skin-So-Soft était plus qu'une huile hydratante, qu'elle était aussi une excellente crème anti-insecte. Pendant que certains clients s'en servaient comme une huile de bain hydratante parfumée, d'autres la transportaient dans leur sac à dos lors de leurs excursions en camping sauvage, et d'autres encore l'utilisaient au chalet. Après avoir reçu l'approbation gouvernementale, Avon peut maintenant prétendre que son produit Skin-So-Soft a un triple usage : il est une crème hydratante, un écran solaire et une crème anti-insecte[42].

Si un produit est jetable après usage, les mercaticiens doivent savoir comment les acheteurs en disposent, surtout si cela peut avoir un effet sur l'environnement (comme dans le cas de contenants à boisson ou des couches jetables). Les préoccupations croissantes du grand public pour le recyclage et pour la protection de l'environnement de même que les plaintes des consommateurs au sujet de la façon dont les gens rejettent certains contenants utiles ont amené le fabricant de parfum français Rochas à introduire une nouvelle gamme de produits utilisant des flacons rechargeables. Le parfum pour femme *Tocade* introduit à l'échelle mondiale en 1994 en formats de 30 mL, 50 mL et 100 mL permet de recharger les flacons. Un autre fabricant de parfum, Thierry Mugler, a lancé en 1992 le produit *Angel*, qui offre aux clients le choix de remplir eux-mêmes le flacon ou encore de le retourner à l'un des 800 points de vente en France où un représentant remplira le flacon[43].

FIGURE 6.7
L'utilisation post-achat et la mise au rebut des produits

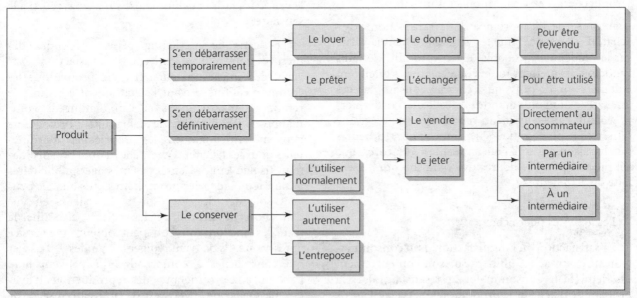

Source : Jacob Jacoby, Carol K. Berning et Thomas F. Dietvorst, « What About Disposition ? », *Journal of Marketing*, juillet 1977, p. 23.

RÉSUMÉ

1. Avant d'élaborer leur plan de marketing, les mercaticiens doivent étudier les marchés des consommateurs et les comportements de ceux-ci. En analysant les marchés des consommateurs, les entreprises doivent savoir qui constitue le marché (les occupants), ce que le marché achète (les objets), pourquoi le marché achète (les objectifs), qui participe à l'achat (l'organisation), comment le marché achète (les opérations), quand le marché achète (les occasions) et où le marché achète (les options de distribution).

2. Le comportement du consommateur est influencé par quatre types de facteurs : les facteurs culturels (la culture, la sous-culture et la classe sociale), les facteurs sociaux (les groupes de référence, la famille, les positions et les rôles sociaux), les facteurs personnels (l'âge et le cycle de vie familial, la profession, la situation économique, le style de vie, la personnalité et le concept de soi) et les facteurs psychologiques (la motivation, la perception, l'apprentissage, les croyances et les attitudes). Tous ces facteurs fournissent des indications sur la façon d'atteindre et de servir plus efficacement l'acheteur.

3. Pour comprendre comment les consommateurs en viennent à une décision d'achat, les mercaticiens doivent savoir qui prend la décision et qui a une influence sur elle ; ainsi, les gens peuvent être des initiateurs, des influenceurs, des décideurs, des acheteurs ou des utilisateurs, et différentes campagnes de marketing peuvent être établies pour chaque type de personnes. Les mercaticiens doivent aussi étudier le degré d'implication des acheteurs et le nombre de marques en vente pour déterminer si les consommateurs adoptent un comportement d'achat complexe, un comportement d'achat qui réduit la dissonance, un comportement d'achat routinier ou un comportement d'achat de variété.

4. Le processus de décision d'achat typique comporte cinq étapes : la reconnaissance du besoin, la recherche d'information, l'évaluation des choix possibles, la décision d'achat et le comportement post-achat. La tâche du mercaticien consiste à comprendre le comportement d'achat à chaque étape et ce qui l'influence. L'attitude d'autrui, les facteurs situationnels imprévus et le risque perçu influencent la décision d'achat de même que le degré de satisfaction post-achat et les activités post-achat. Les clients satisfaits continueront à acheter le produit ; les clients insatisfaits cesseront de l'acheter et le diront probablement à leur amis. C'est pour ces raisons que les entreprises doivent travailler à assurer la satisfaction du client à toutes les étapes du processus d'achat.

QUESTIONS

1. Les Ailes de la Mode utilise plusieurs techniques de marketing pour attirer l'attention des consommateurs. Comment ce magasin fait-il appel aux cinq sens pour attirer leur attention?

2. Montrez comment le modèle de comportement du consommateur (figure 6.1) explique le comportement des consommateurs dans les cas suivants:

   a) La soupe de nids d'oiseaux, qui est faite de bave séchée, n'est pas un mets recherché au Canada, alors que le miel, qui n'est pourtant que du nectar régurgité, est un aliment très apprécié.

   b) Certains consommateurs font leurs achats dans plusieurs magasins, alors que d'autres se limitent à quelques magasins.

   c) Certains produits ou services sont achetés après une recherche exhaustive, alors que d'autres sont achetés presque spontanément.

   d) Deux personnes sont exposées au même message publicitaire: l'une le remarque et en prend connaissance, tandis que l'autre n'en connaît même pas l'existence.

3. Comment les directeurs du marketing des organisations suivantes utilisent-ils la hiérarchie des besoins de Maslow pour développer leurs stratégies de marketing?

   a) Centraide.

   b) Banque Nationale du Canada.

   c) Calvin Klein.

4. Certains constructeurs d'automobiles tentent de concevoir des voitures «caméléons», c'est-à-dire des voitures dont la «personnalité» peut être adaptée à celle de son propriétaire. De quelle façon l'automobile peut-elle être adaptée au conducteur? Les consommateurs désireront-ils une telle caractéristique?

5. Parmi les produits suivants, lesquels sont les plus susceptibles de produire de la dissonance cognitive? Pourquoi? Comment les commerçants peuvent-ils aider à réduire la dissonance cognitive?

   a) Jaguar.

   b) Tide.

   c) Encyclopædia Britannica.

   d) Un disque compact Sony.

   e) Un shampooing.

6. Certains spécialistes du marketing étudient le comportement du consommateur à l'aide de méthodes de recherche «ethnographiques», c'est-à-dire par l'observation du comportement des consommateurs dans leur propre domicile. En quoi cette approche permet-elle, mieux que les méthodes de sondage, de comprendre le comportement du consommateur? Donnez trois exemples de produits pour lesquels une telle recherche pourrait être tout à fait indiquée. Décrivez des techniques d'observation précises qu'on pourrait utiliser.

7. Plusieurs spécialistes du marketing ont recours aux tests de goût pour établir des prédictions sur le comportement du consommateur face à de nouveaux produits alimentaires. Nommez quelques risques d'erreur inhérents à l'utilisation de l'information provenant de tests de goût pour prédire le comportement du consommateur.

8. Décrivez les caractéristiques des restaurants que fréquentent les gens aux différentes étapes du cycle de vie familial. Quelles stratégies de marketing les propriétaires de ces restaurants devraient-ils utiliser pour plaire aux différents marchés?

9. Indiquez quelles personnes ont joué chacun des cinq rôles du processus d'achat dans votre prise de décision concernant le choix de l'université que vous fréquentez. Comment l'université pourrait-elle mettre à profit, dans une stratégie de marketing, la connaissance de chacun de ces rôles?

10. Un de vos amis a l'intention de s'acheter une voiture. Il préfère les autos importées et son choix se limite à trois marques: Volkswagen, Toyota et Volvo. Il recherche trois caractéristiques dans une automobile: un fonctionnement économique, la qualité et l'espace; la pondération qu'il accorde à ces trois attributs est respectivement de 5, 3 et 2 sur une échelle de 1 à 10 (10 étant la meilleure cote). Il évalue la Volkswagen à 8, 8 et 2 pour ces trois attributs, la Toyota à 3, 5 et 9, et la Volvo à 5, 8 et 7. Quelle voiture est-il le plus susceptible

d'acheter s'il évalue ces automobiles selon le modèle attente-valeur? Quelle voiture est-il le moins susceptible d'acheter? Quel changement d'attribut aurait potentiellement le plus d'influence sur l'évolution globale des produits Toyota? Quelles stratégies Toyota pourrait-elle appliquer pour rendre les consommateurs favorables à ses produits?

11. Supposons qu'Anny Filion, la consommatrice dont nous avons présenté le comportement d'achat dans ce chapitre, achète un ordinateur personnel et qu'elle désire acheter un logiciel pour cet ordinateur. Expliquez ce que pourrait être, à votre avis, sa démarche de recherche de l'information dans ce processus précis de décision d'achat.

12. Représentez graphiquement la structure de la décision d'achat faite par les acheteurs potentiels de peinture. Expliquez comment un fabricant de peinture comme Sico pourrait discerner, dans le processus de décision, différents volets où la publicité pourrait avoir une influence suffisante pour augmenter sa part de marché.

RÉFÉRENCES

1. Patricia Sellers, « They Understand Your Kids », *Fortune*, automne-hiver 1993, p. 29.
2. Voir Leon G. Schiffman et Leslie Lazar Kanuk, *Consumer Behavior*, 6e éd., Upper Saddle River, N.J., Prentice Hall, 1997.
3. *Ibid.*
4. Christina Duff, « "Bobby Short Wore Khakis" — Who's He, and Who Cares? », *The Wall Street Journal*, 16 février 1995, p. A1:4.
5. Voir Rosann L. Spiro, « Persuasion in Family Decision Making », *Journal of Consumer Research*, mars 1983, p. 393-402; Lawrence H. Wortzel, « Marital Roles and Typologies as Predictors of Purchase Decision Making for Everyday Household Products: Suggestions for Research », dans *Advances in Consumer Research*, vol. 7, sous la direction de Jerry C. Olson, Provo, Utah, Association for Consumer Research, 1980, p. 212-215; David J. Burns, « Husband-Wife Innovative Consumer Decision Making: Exploring the Effect of Family Power », *Psychology and Marketing*, mai-juin 1992, p. 175-189; Robert Boutilier, « Pulling the Family's Strings », *American Demographics*, août 1993, p. 44-48; John B. Ford, Michael S. LaTour et Tony L. Henthorne, « Perception of Marital Roles in Purchase-Decision Processes: A Cross-Cultural Study », *Journal of the Academy of Marketing Science*, printemps 1995, p. 120-131.
6. George Moschis, « The Role of Family Communication in Consumer Socialization of Children and Adolescents », *Journal of Consumer Research*, mars 1985, p. 898-913.
7. Pierre Filiatrault et J.R. Brent Ritchie, « Joint Purchasing Decision: A Comparison of Influence Structure in Family and Couple Decision-Making Units », *Journal of Consumer Research*, vol. 7, n° 2, 1980, p. 131-140.
8. Malia Boyd, « Look Who's Buying », *Incentive*, septembre 1994, p. 76-79.
9. Marilyn Lavin, « Husband-Dominant, Wife-Dominant, Joint: A Shopping Typology for Baby Boom Couples? », *Journal of Consumer Marketing*, vol. 10, n° 3, 1993, p. 33-42.
10. Jeffery Zbar, « Hardware Builds Awareness Among Women », *Advertising Age*, 11 juillet 1994, p. 18.

11. Voir Lawrence Lepisto, « A Life Span Perspective of Consumer Behavior », dans *Advances in Consumer Research*, sous la direction d'Elizabeth Hirshman et Morris Holbrook, Provo, Utah, Association for Consumer Research, vol. 12, 1985, p. 47. Voir aussi Gail Sheehy, *New Passages: Mapping Your Life Across Time*, New York, Random House, 1995.
12. Voir Harold H. Kassarjian et Mary Jane Sheffet, « Personality and Consumer Behavior: An Update », dans *Perspectives in Consumer Behavior*, sous la direction de Harold H. Kassarjian et Thomas S. Robertson, Glenview, Ill., Scott, Foresman, 1981, p. 160-180.
13. Voir M. Joseph Sirgy, « Self-Concept in Consumer Behavior: A Critical Review », *Journal of Consumer Research*, décembre 1982, p. 287-300.
14. On peut utiliser une technique connue sous le nom de technique d'échelle pour cerner les motivations des gens à partir des motivations « instrumentales » citées allant jusqu'aux motivations réelles. Le mercaticien peut alors décider du niveau auquel il développera son appel et son message. Voir Thomas J. Reynolds et Jonathan Gutman, « Laddering Theory, Method, Analysis, and Interpretation », *Journal of Advertising Research*, février-mars 1988, p. 11-34.
15. Voir Jan Callebaut et autres, *The Naked Consumer: The Secret of Motivational Research in Global Marketing*, Anvers, Belgique, Censydiam Institute, 1994.
16. Abraham Maslow, *Motivation and Personality*, New York, Harper & Row, 1954, p. 80-106.
17. Voir Frederick Herzberg, *Work and the Nature of Man*, Cleveland, William Collins, 1966; Henk Thierry et Agnes M. Koopman-Iwerna, « Motivation and Satisfaction », dans *Handbook of Work and Organizational Psychology*, sous la direction de P.J. Drenth, New York, John Wiley, 1984, p. 141-142.
18. Bernard Berelson et Gary A. Steiner, *Human Behavior: An Inventory of Scientific Findings*, New York, Harcourt Brace Jovanovich, 1964, p. 88.
19. Diane Feldman, « Building a Better Bird », *Management Review*, mai 1989, p. 10-14.

20. Voir Alice M. Tybout, Bobby J. Calder et Brian Sternthal, « Using Information Processing Theory to Design Marketing Strategies », *Journal of Marketing Research*, février 1981, p. 73-79.

21. Johnny K. Johansson, « Determinants and Effects of the Use of "Made In" Labels », *International Marketing Review*, Grande-Bretagne, n° 1, 1989, p. 47-58; Warren J. Bilkey et Erik Nes, « Country-of-Origin Effects on Product Evaluations », *Journal of International Business Studies*, printemps-été 1982, p. 89-99; P.J. Cattin et autres, « A Cross-Cultural Study of "Made-In" Concepts », *Journal of International Business Studies*, hiver 1982, p. 131-141; Jean-Sébastien Marcoux, Pierre Filiatrault et Emmanuel Chéron, « The Attitudes Underlying Polish Consumer Preferences Towards Products Made In », dans *Marketing Today and for the 21st Century*, sous la direction de Michèle Bergàdaa, *Proceedings of Ed 24th European Marketing Academy Conference*, vol. 1, mai 1995, p. 669-689.

22. Voir David Krech, Richard S. Crutchfield et Egerton L. Ballachey, *Individual in Society*, New York, McGraw-Hill, 1962, chap. 2.

23. Voir Henry Assael, *Consumer Behavior and Marketing Action*, Boston, Kent, 1987, chap. 4.

24. Herbert E. Krugman, « The Impact of Television Advertising: Learning Without Involvement », *Public Opinion Quarterly*, automne 1965, p. 349-356.

25. Des spécialistes du marketing ont mis au point plusieurs modèles du processus d'achat des consommateurs. Voir entre autres John A. Howard et Jagdish N. Sheth, *The Theory of Buyer Behavior*, New York, John Wiley, 1969; et James F. Engel, Roger D. Blackwell et Paul W. Miniard, *Consumer Behavior*, 8e éd., Fort Worth, Texas, Dryden, 1994.

26. Voir William P. Putsis Jr. et Narasimhan Srinivasan, « Buying or Just Browsing? The Duration of Purchase Deliberation », *Journal of Marketing Research*, août 1994, p. 393-402.

27. Voir Chem L. Narayana et Rom J. Markin, « Consumer Behavior and Product Performance: An Alternative Conceptualization », *Journal of Marketing*, octobre 1975, p. 1-6.

28. Voir Paul E. Green et Yoram Wind, *Multiattribute Decisions in Marketing: A Measurement Approach*, Hinsdale, Ill., Dryden Press, 1973, chap. 2; Leigh McAlister, « Choosing Multiple Items from a Product Class », *Journal of Consumer Research*, décembre 1979, p. 213-224.

29. Ce modèle attente-valeur a été élaboré par Martin Fishbein dans « Attitudes and Prediction of Behavior », dans *Readings in Attitude Theory and Measurement*, sous la direction de Martin Fishbein, New York, John Wiley, 1967, p. 477-492. Pour une revue critique, voir Paul W. Miniard et Joel B. Cohen, « An Examination of the Fishbein-Ajzen Behavioral-Intentions Model's Concepts and Measures », *Journal of Experimental Social Psychology*, mai 1981, p. 309-339.
D'autres modèles d'évaluation du consommateur incluent le modèle de la marque idéale, qui suppose qu'un consommateur compare les marques existantes avec sa marque idéale et choisit la marque qui est le plus près de sa marque idéale; le modèle conjonctif, selon lequel un consommateur fixe des niveaux acceptables sur tous les attributs et ne considère que des marques qui se conforment aux exigences minimales; le modèle disjonctif, qui postule qu'un consommateur fixe des niveaux minimaux acceptables sur quelques attributs seulement et élimine toutes les marques qui n'atteignent pas ce seuil. Pour une discussion d'autres modèles, voir Paul E. Green et Yoram Wind, *Multiattribute Decisions in Marketing: A Measurement Approach*, Hinsdale, Ill., Dryden Press, 1973.

30. Voir Harper W. Boyd Jr., Michael L. Ray et Edward C. Strong, « An Attitudinal Framework for Advertising Strategy », *Journal of Marketing*, avril 1972, p. 27-33.

31. Marian Friestad et Peter Wright, « The Persuasion Knowledge Model: How People Cope with Persuasion Attempts », *Journal of Consumer Research*, juin 1994, p. 1-31.

32. Voir Jagdish N. Sheth, « An Investigation of Relationships Among Evaluative Beliefs, Affect, Behavioral Intention, and Behavior », dans *Consumer Behavior: Theory and Application*, sous la direction de John U. Farley, John A. Howard et L. Winston Ring, Boston, Allyn & Bacon, 1974, p. 89-114.

33. Voir Martin Fishbein, « Attitudes and Prediction of Behavior », dans *Readings in Attitude Theory and Measurement*, sous la direction de Martin Fishbein, New York, John Wiley, 1967, p. 477-492.

34. Voir Raymond A. Bauer, « Consumer Behavior as Risk Taking », dans *Risk Taking and Information Handling in Consumer Behavior*, sous la direction de Donald F. Cox, Boston, Division of Research, Harvard Business School, 1967; et James W. Taylor, « The Role of Risk in Consumer Behavior », *Journal of Marketing*, avril 1974, p. 54-60.

35. Voir Philip Kotler et Murali K. Mantrala, « Flawed Products: Consumer Responses and Marketer Strategies », *Journal of Consumer Marketing*, été 1985, p. 27-36.

36. Voir Priscilla A. La Barbera et David Mazursky, « A Longitudinal Assessment of Consumer Satisfaction/Dissatisfaction: The Dynamic Aspect of the Cognitive Process », *Journal of Marketing Research*, novembre 1983, p. 393-404.

37. Voir Ralph L. Day, « Modeling Choices Among Alternative Responses to Dissatisfaction », dans *Advances in Consumer Research*, vol. 11, Provo, Utah, Association for Consumer Research, 1984, p. 496-499.

38. Voir Barry L. Bayus, « Word of Mouth: The Indirect Effects of Marketing Efforts », *Journal of Advertising Research*, juin-juillet 1985, p. 31-39.

39. Voir Albert O. Hirschman, *Exit, Voice, and Loyalty*, Cambridge, Mass., Harvard University Press, 1970.

40. Voir Mary C. Gilly et Richard W. Hansen, « Consumer Complaint Handling as a Strategic Marketing Tool », *Journal of Consumer Marketing*, automne 1985, p. 5-16.

41. Voir James H. Donnelly Jr. et John M. Ivancevich, « Post-Purchase Reinforcement and Back-Out Behavior », *Journal of Marketing Research*, août 1970, p. 399-400.

42. Pam Weisz, « Avon's Skin-So-Soft Bugs Out », *Brandweek*, 6 juin 1994, p. 4.

43. Alev Aktar, « Refillable Fragrances », *Drug and Cosmetic Industry*, décembre 1994, p. 16-19.

Chapitre

7

Le marché organisationnel et le comportement d'achat des organisations

Reproduit avec l'autorisation de Cascades inc.

Traitez votre client comme un actif à valeur croissante.
TOM PETERS

*Les entreprises ne font pas des achats,
elles établissent des relations.*
CHARLES S. GOODMAN

*L*es entreprises ne font pas que vendre; elles achètent aussi des quantités importantes de matières premières, de produits usinés, d'équipements auxiliaires, de fournitures et de services. Ainsi, plus de 60 000 entreprises canadiennes vendent des biens et des services aux organisations canadiennes. Des entreprises qui vendent de l'acier, des ordinateurs, de l'équipement de bureau et des services de télécommunication aux organisations doivent comprendre les besoins de celles-ci, leurs ressources, leurs politiques et leurs procédures d'achat.

Nous répondrons dans ce chapitre aux six questions suivantes:

- **En quoi consiste le marché organisationnel et en quoi diffère-t-il du marché des consommateurs?**
- **Quelles sont les situations d'achat auxquelles les acheteurs organisationnels doivent faire face?**
- **Qui participe au processus d'achat organisationnel?**
- **Quelles sont les principales influences qui s'exercent sur les acheteurs organisationnels?**
- **Comment les acheteurs organisationnels prennent-ils leurs décisions d'achat?**
- **En quoi les marchés institutionnel et gouvernemental diffèrent-ils du marché des entreprises?**

7.1
QU'EST-CE QUE L'ACHAT ORGANISATIONNEL?

Webster et Wind définissent l'achat organisationnel de la façon suivante:

L'achat organisationnel est le processus de prise de décision par lequel les organisations définissent les besoins d'achat de produits et de services, et par lequel elles recensent et évaluent les différentes mar-

ques et les différents fournisseurs puis choisissent entre eux[1].

Il n'y a pas deux entreprises qui ont la même procédure d'achat, et le vendeur espère définir des comportements d'achat organisationnels suffisamment homogènes pour pouvoir améliorer le ciblage de sa stratégie de marketing.

Le marché organisationnel comprend le marché des entreprises et les marchés institutionnel et gouvernemental. La dernière partie du chapitre traitera de ces derniers; pour l'instant, nous nous tournerons vers le marché des entreprises.

7.2
LE MARCHÉ DES ENTREPRISES

Le **marché des entreprises** se compose de toutes les organisations qui acquièrent des biens et des services entrant dans la production de biens ou la prestation de services vendus, loués ou fournis. Les principaux types d'industries qui composent ce marché sont les industries de l'agriculture, de la forêt et de la pêche, l'industrie minière, l'industrie manufacturière, les industries de la construction, des transports et des communications, les services publics, les institutions bancaires et financières, les compagnies d'assurances, les services professionnels aux entreprises ainsi que les autres services.

Il y a beaucoup plus de dollars et d'articles mis en jeu dans la vente aux entreprises que dans celle qui est faite aux consommateurs. Avant qu'une paire de chaussures puisse être produite et vendue, les marchands de peaux vendent des peaux aux tanneurs, qui vendent le cuir aux fabricants de chaussures, qui vendent les chaussures aux grossistes, qui à leur tour vendent les chaussures aux détaillants, qui finalement vendent celles-ci aux consommateurs. Chaque maillon de la chaîne de production et de distribution doit aussi acheter plusieurs autres biens et services.

7.2.1
Les différences entre le marché des entreprises et celui des consommateurs

Les marchés des entreprises possèdent certaines caractéristiques qui les rendent fort différents des marchés des consommateurs.

Des acheteurs moins nombreux. Le mercaticien organisationnel de biens et de services fait normalement affaire avec beaucoup moins d'acheteurs que le mercaticien de biens et de services de consommation. Ainsi, le sort de la compagnie de pneus Goodyear dépend de l'obtention d'une commande de la part d'un des quelques grands fabricants d'automobiles. Toutefois, Goodyear vend aussi des pneus de rechange à des consommateurs. Son marché potentiel consiste en des millions d'automobilistes canadiens, de même qu'en un marché mondial de millions d'autres automobilistes.

Des acheteurs plus importants. La plupart des marchés de producteurs sont caractérisés par une forte concentration des acheteurs. Ainsi, un petit nombre d'acheteurs font la majeure partie des achats, dans des industries comme l'équipement pour les compagnies d'électricité ou les aciéries.

Une démarche relationnelle. À cause du faible nombre de clients ainsi que de l'importance de ces clients et du pouvoir qu'ils ont par rapport aux fournisseurs, on constate des relations beaucoup plus étroites entre les clients et les vendeurs sur les marchés. On s'attend donc souvent à ce que les fournisseurs produisent selon des spécifications précises, de façon à mieux répondre aux besoins particuliers de chaque client. Les contrats sont généralement accordés aux producteurs qui répondent le mieux aux spécifications techniques et aux exigences de l'acheteur au sujet de la livraison, par exemple la livraison selon le juste-à-temps. On s'attend d'ailleurs de plus en plus à ce que les fournisseurs assistent à des séminaires mis sur pied par les clients industriels afin qu'ils se familiarisent avec les exigences de l'acheteur quant à l'approvisionnement et à la qualité. Dans certains cas, on traite dans des séminaires de thèmes qui vont plus loin que des notions de base, allant jusqu'à de la formation avancée ou même jusqu'à la réingénierie des processus de production du fournisseur. Par exemple, Honda a mis au point un programme court de réingénierie pour renforcer ses fournisseurs.

Les activités de ce genre vont bien au-delà d'un contrat traditionnel ; elles sont le reflet d'un engagement entre deux entreprises, plutôt qu'entre un représentant de vente et un acheteur[2].

Une concentration géographique des acheteurs. Plus de la moitié du marché industriel du pays est concentrée dans huit grandes agglomérations dans l'axe Windsor-Québec. Dans certaines industries comme celles du pétrole, du caoutchouc et de l'acier, la concentration géographique est même plus marquée. La plupart des produits agricoles proviennent d'un petit nombre de provinces. Le Québec conclut 55 % des ventes de l'industrie aérospatiale et 40 % de l'industrie de la biotechnologie au Canada. La concentration géographique des producteurs aide à réduire les frais de vente. Les responsables du marketing sur les marchés des producteurs de biens et de services doivent être attentifs à la manifestation de toute tendance à une plus grande ou à une moins grande concentration géographique.

Une demande dérivée. La demande de biens et de services sur ces marchés dérive finalement de la demande des consommateurs sur le marché final. Par exemple, on achète des peaux d'animaux parce que les consommateurs achètent des chaussures, des sacs et d'autres produits en cuir. Si la demande de ces produits de consommation diminue, alors la demande des biens et des services offerts sur le marché des producteurs de biens et de services diminuera aussi[3]. Par exemple, les fabricants d'automobiles ont accru la demande de barres d'acier. La demande de ces produits est dérivée de l'intérêt des consommateurs pour les fourgonnettes et les camions légers qui utilisent plus d'acier que les automobiles[4].

Une demande plutôt inélastique. La demande globale de plusieurs biens et services aux entreprises ne varie pas beaucoup en fonction des changements de prix. Les fabricants de chaussures n'achèteront pas beaucoup plus de cuir si le prix du cuir chute. De même, ils n'achèteront pas beaucoup moins de cuir si le prix du cuir augmente, à moins qu'ils ne trouvent des substituts satisfaisants du cuir. La demande est particulièrement inélastique à court terme, parce que les producteurs ne peuvent changer leurs méthodes de production. La demande est aussi inélastique dans le cas des biens industriels qui représentent un petit pourcentage du coût total de l'article. Par exemple, une augmentation du prix des œillets en métal pour les chaussures aura peu d'effet sur la demande totale de tels œillets. Toutefois, les producteurs pourraient changer de fournisseurs d'œillets en réponse à des différences de prix.

Une demande fluctuante. La demande sur le marché organisationnel a tendance à être plus volatile que la demande des consommateurs. Cela est particulièrement vrai pour la demande de nouveaux équipements ou de nouvelles usines. À un pourcentage d'augmentation donné de la demande des consommateurs peut correspondre une augmentation beaucoup plus élevée de la demande d'usines et d'équipements nécessaires pour produire les extrants additionnels. C'est ce que les économistes appellent le principe d'**accélération**. Il peut arriver qu'une augmentation de seulement 10 % de la demande des consommateurs provoque un accroissement de la demande industrielle allant jusqu'à 200 % au cours de la période suivante. Et une baisse de 10 % de la demande des consommateurs pourrait causer l'effondrement d'un marché industriel. Cette volatilité des ventes a amené beaucoup de mercaticiens du marché des producteurs de biens et de services à diversifier leur offre pour atteindre un équilibre cyclique.

Des acheteurs professionnels. Sur le marché organisationnel, les biens et les services sont achetés par des acheteurs professionnels qui doivent respecter les exigences, les contraintes et les politiques d'achat de leurs organisations. Dans le cas d'achats faits par des consommateurs, on ne trouve pas de mécanismes d'achat tels que les appels d'offres, les soumissions et les contrats d'achat. Tout au long de leur vie professionnelle, les acheteurs apprennent à mieux acheter. Plusieurs font partie de l'Association canadienne de gestion des achats, qui tente d'améliorer le statut et l'efficacité des acheteurs professionnels. Leur optique professionnelle et leur grande habileté à assimiler les détails techniques aboutissent à une prise de décision d'achats plus rationnelle. Il en résulte que les spécialistes du marketing doivent fournir sur ces marchés plus de données techniques sur leurs produits.

Une plus grande influence sur l'achat. Normalement, plus de gens interviennent dans le processus d'achat des organisations que dans celui des consommateurs. Il est fréquent de voir la responsabilité d'achat de biens importants assignée à un comité d'achat composé d'experts techniques et de représentants de la direction. Par conséquent, les gens de marketing du marché des producteurs de biens et de services doivent non seulement embaucher des représentants très bien formés, mais aussi, dans bien des cas, les encadrer dans des équipes de vente chevronnées pour qu'ils soient en mesure de négocier efficacement avec les acheteurs professionnels et les comités d'achat. Quoique la publicité, la promotion des ventes et les relations publiques aient un rôle à jouer dans la promotion de biens et de services, la vente personnelle est nettement l'outil le plus important. Par exemple, la compagnie américaine Phelps Dodge, un fabricant de métaux, a mis au point une approche de « gestion de compte » dans le but d'améliorer ses échanges avec toutes les personnes qui influencent les décisions d'achat chez les clients. « Chez Phelps Dodge, nous tentons de favoriser le dialogue entre tous les services de l'entreprise et les clients », souligne un représentant de vente de l'entreprise[5]. Les spécialistes du marketing organisationnel doivent aussi s'apercevoir que les choses ont beaucoup changé sur ce marché au cours des dernières années. Les femmes et les membres de diverses communautés ethniques constituent une proportion de plus en plus importante des décideurs organisationnels. BCH Unique, un fabricant d'objets publicitaires de la Beauce, rapporte que plus de la moitié des acheteurs de ses produits sont des femmes. Ainsi, la publicité des fabricants et des distributeurs de pièces d'automobiles qui affiche des modèles féminins ayant des positions ou des tenues suggestives peut avoir un effet négatif sur les femmes qui œuvrent sur ce marché[6].

L'achat direct. Il arrive souvent que les acheteurs organisationnels achètent directement aux producteurs plutôt qu'à des intermédiaires, surtout dans le cas de produits techniquement complexes ou chers comme des avions et de gros ordinateurs.

La réciprocité. L'acheteur organisationnel choisit souvent des fournisseurs qui achètent aussi ses produits. Un exemple de réciprocité est donné par le fabricant de papier qui achète les produits chimiques dont il a besoin à une entreprise de produits chimiques, qui lui achète en retour une quantité importante de papier.

Le crédit-bail (*leasing*). Plusieurs entreprises préfèrent louer de l'équipement plutôt que d'en acheter. C'est souvent le cas pour les ordinateurs, les photocopieuses, les machines servant à fabriquer des chaussures, les équipements d'emballage, la machinerie lourde, les camions de livraison, les machines-outils et les automobiles utilisées par les représentants et les cadres. Le preneur à bail y trouve certains avantages : il conserve son capital, bénéficie des produits ou des équipements les plus récents, reçoit un meilleur service et retire certains avantages fiscaux. Le bailleur en retire souvent des revenus plus élevés et y trouve l'occasion de vendre ses produits à des clients qui n'auraient pas été capables de les acheter.

7.2.2
Les situations d'achat

L'acheteur organisationnel doit faire face à plusieurs décisions lors d'un achat. Le nombre de décisions prises dépend du type de situation d'achat. Robinson, Faris et Wind distinguent trois types de situations d'achat : le simple réachat, le réachat modifié et le nouvel achat[7].

Le simple réachat. Le simple réachat désigne le cas où le service des achats renouvelle des commandes sur une base routinière (par exemple des fournitures de bureau ou des produits chimiques en vrac). L'acheteur choisit des fournisseurs à partir d'une liste « officielle » et accorde beaucoup d'importance aux expériences qu'il a eues avec divers fournisseurs. Les fournisseurs actuels s'efforcent de maintenir la qualité de leurs produits et services. Ils proposent souvent des systèmes de commande informatisés pour économiser du temps au moment du renouvellement des commandes. Les entreprises qui ne se trouvent pas sur cette liste tenteront d'offrir de nouveaux produits ou services, ou d'exploiter à leur avantage l'insatisfaction de l'acheteur de façon qu'il passe une commande initiale ou fasse au moins un essai. Elles essaieront de faire une percée en obtenant une petite commande, qu'elles s'efforceront graduellement d'accroître afin d'obtenir leur part des achats.

Le réachat modifié. Le réachat modifié est une situation où l'acheteur essaie de modifier les spécifications, les prix, les exigences quant à la livraison ou d'autres conditions. Le réachat modifié implique habituellement un accroissement du nombre de participants dans la décision, tant du côté de l'acheteur que de celui du vendeur. Les fournisseurs qui sont déjà sur la liste de l'entreprise s'inquiètent alors ; ils se doivent de présenter leurs produits ou leurs services sous leur meilleur jour afin de protéger leur position.

Les entreprises qui aspirent à devenir des fournisseurs y voient une occasion de pénétrer chez de nouveaux clients grâce à une meilleure offre.

Le nouvel achat. L'entreprise fait face à un nouvel achat lorsqu'elle envisage d'acheter un produit ou un service pour la première fois (par exemple pour l'aménagement d'un bureau ou l'informatisation d'un système). Plus les coûts et les risques sont élevés, plus le nombre d'intervenants sera élevé et plus grande sera la recherche de l'information, et plus il faudra de temps pour prendre la décision[8]. Une situation de nouvel achat offre aux spécialistes du marketing les meilleures occasions et les plus grands défis. Les gens de marketing tentent de joindre le plus grand nombre possible de personnes influentes et de leur fournir l'information et l'assistance nécessaires. En raison de la complexité inhérente à cette situation, les entreprises mettent en branle une force de vente spécialisée, une **force de vente missionnaire**, constituée des meilleurs vendeurs. Lors d'un nouvel achat, l'acheteur passe par plusieurs étapes : la prise de conscience, l'intérêt, l'évaluation, l'essai et l'adoption[9]. L'efficacité des outils de communication varie à chaque étape. Ainsi, les médias sont plus pertinents lors de la prise de conscience ; les représentants de vente ont une plus grande influence à l'étape de l'intérêt ; les spécialistes techniques sont plus importants à l'étape de l'évaluation. L'acheteur prend plus de décisions dans une situation de nouvel achat que dans une situation de simple réachat. Dans une situation de nouvel achat, l'acheteur devrait déterminer les spécifications des produits et des services ou le cahier des charges, les fourchettes de prix, les délais et les conditions de livraison, les exigences en matière de service après-vente, les conditions de paiement, la taille des commandes, les fournisseurs acceptables et les fournisseurs retenus. Différents intervenants peuvent influer sur chacune de ces décisions, dont la séquence peut varier.

Le rôle de la vente et de l'achat de systèmes

Plusieurs acheteurs préfèrent obtenir une solution complète à leur problème plutôt que d'avoir à prendre plusieurs décisions séparées. On parle alors d'**achat de systèmes**. Les pratiques gouvernementales en ce qui concerne l'achat de systèmes complexes de télécommunication ou d'aéronautique sont à l'origine de cette formule. Au lieu de faire une série d'achats indépendants et de tenter d'en intégrer les divers éléments, les gouvernements, dans leurs appels d'offres aux principaux entrepreneurs, exigent que ceux-ci assemblent leurs composantes. L'entrepreneur principal dont la soumission est retenue est responsable de la sous-traitance et de l'assemblage des composantes du système. En fait, l'entrepreneur principal présente alors une solution « clés en main », ainsi nommée parce que l'acheteur a tout simplement à tourner une clé pour obtenir tout ce qu'il désire.

Les vendeurs reconnaissent de plus en plus le fait que les acheteurs aiment procéder de cette façon ; par conséquent, ils ont adopté une pratique de **vente de systèmes** comme outil de marketing. La vente de systèmes peut prendre plusieurs formes. Le fournisseur peut vendre un ensemble de produits complémentaires. Ainsi, un fournisseur de colle ne vendra pas seulement la colle, mais aussi les applicateurs et les séchoirs. Ou encore, le fournisseur peut vendre un système de production, de contrôle des stocks, de distribution ou d'autres services pour permettre à l'acheteur de prendre possession d'un procédé de fabrication qui fonctionne sans problème. Une variante de cette formule est l'attribution de **contrats de systèmes**, où une seule source d'approvisionnement fournit à l'acheteur toute la gamme de fournitures, par exemple pour l'entretien, les réparations et la production. Un des avantages de cette pratique pour le client est la réduction des coûts, puisque l'inventaire demeure entre les mains du vendeur. Elle permet aussi d'économiser du temps en supprimant l'étape du choix de fournisseurs et de maintenir les prix durant toute la durée du contrat. De plus, le responsable du marketing bénéficie de frais d'exploitation plus bas à cause de la stabilité de la demande et de la réduction des tâches administratives.

La vente de systèmes est une stratégie fondamentale du marketing organisationnel, en particulier dans le cas de soumissions pour de grands projets tels que la construction de barrages, d'aciéries, d'installations sanitaires, de systèmes d'irrigation, de pipelines, de services publics et même de villes entières. Des firmes d'ingénierie, comme SNC-Lavalin, Roche ou Tecsult, doivent offrir un prix, une qualité, une fiabilité et d'autres attributs concurrentiels pour se voir accorder un contrat. En fait, le contrat est souvent dévolu à l'entreprise qui répond le mieux aux besoins réels des clients. En voici un exemple :

Le gouvernement de l'Indonésie fit un appel d'offres pour la construction d'une cimenterie à Jakarta. Une firme fit une proposition qui incluait la sélection de l'emplacement, la conception de la cimenterie, l'embauche des ouvriers de la construction, l'approvisionnement en matériaux et en équipements, et finalement la remise clés en main de l'usine au gouvernement indonésien. Une deuxième firme fit une proposition comprenant tous ces services et, en plus, l'embauche et la formation du personnel d'exploitation de l'usine, l'exportation du ciment par l'intermédiaire de sociétés commerciales, l'utilisation du ciment pour la construction de routes ayant comme point d'origine Jakarta et d'édifices à bureaux à Jakarta. Quoique la deuxième proposition présentât des coûts plus élevés, elle offrait plus d'attrait pour le gouvernement, qui attribua le contrat à cette firme. Cette dernière ne s'était pas limitée à aborder le problème sous l'angle de la construction d'une cimenterie (une perspective étroite de la vente de systèmes), elle y avait également vu une façon de contribuer à l'économie du pays. Elle ne s'était pas considérée comme une firme d'ingénierie, mais plutôt comme une agence de développement économique. Elle s'était donné une perspective élargie des besoins du client, ce en quoi consiste la vraie vente de systèmes.

7.2.3

Les influenceurs du processus d'achat organisationnel

Qui achète pour des centaines de millions de dollars de produits et de services nécessaires au marché des producteurs de biens et de services ? Pour répondre à cette question, plusieurs études ont été réalisées. Les acheteurs professionnels ont plus d'influence dans des situations de simple réachat ou de réachat modifié, alors que les autres membres de l'organisation ont plus d'influence dans des situations de nouvel achat. Le personnel du service de l'ingénierie a plus d'influence dans la décision portant sur le choix d'un produit, alors que le personnel du service des achats domine la décision concernant le choix du fournisseur[10]. Il en résulte que, dans une situation de nouvel achat, l'acheteur fait tout d'abord parvenir l'information sur les produits au personnel du service de l'ingénierie. Dans une situation de réachat modifié, ou encore au moment du choix d'un fournisseur dans une situation de nouvel achat, les communications doivent être dirigées prioritairement vers le service des achats.

Webster et Wind appellent l'unité de prise de décision dans une organisation le **groupe d'achat**, qu'ils définissent comme étant «tous les individus et groupes qui participent au processus de décision d'achat et qui partagent certains objectifs ainsi que les risques résultant de ces décisions[11]».

Le groupe d'achat comprend tous les membres de l'organisation qui jouent un des sept rôles suivants dans le processus de décision d'achat[12] :

- Les **initiateurs**, soit les personnes qui demandent que quelque chose soit acheté. Ils peuvent être des utilisateurs ou d'autres personnes dans l'organisation.

- Les **utilisateurs**, c'est-à-dire les membres de l'organisation qui utiliseront le produit ou le service. Dans de nombreux cas, les utilisateurs sont à l'origine de la proposition d'achat et participent à la définition des spécifications du produit.

- Les **influenceurs**, soit toutes les personnes qui ont une influence sur la décision d'achat. Ils aident souvent à définir les spécifications du produit et à fournir l'information pour l'évaluation des diverses possibilités. Le personnel technique est un type particulièrement important d'influenceurs.

- Les **décideurs**, à savoir les personnes qui ont le pouvoir de décider des exigences quant au produit ou aux fournisseurs, ou aux deux.

- Les **accepteurs**, c'est-à-dire les personnes qui doivent donner leur autorisation pour que les actions proposées par les décideurs ou les acheteurs soient entreprises.

- Les **acheteurs**, qui sont les personnes détenant l'autorité officielle pour choisir le fournisseur et fixer les conditions d'achat. Les acheteurs peuvent aider à formuler les spécifications du produit ou du service, mais leur rôle principal est de sélectionner les vendeurs et de négocier les conditions d'achat. Dans le cas d'achats plus complexes, des membres de la direction de l'entreprise peuvent participer aux négociations.

- Les **filtres**, soit les personnes qui ont le pouvoir d'empêcher les vendeurs ou même l'information d'atteindre les membres du groupe d'achat. Ce sont, par exemple, les acheteurs, les réceptionnistes et les téléphonistes, qui peuvent empêcher des vendeurs de parler à des utilisateurs ou à des décideurs.

Au sein d'une organisation, la taille et la composition du groupe d'achat varient selon la classe du produit. Les participants à la décision d'acheter un ordinateur seront évidemment plus nombreux que ceux qui sont commis à l'achat des trombones. Selon un sondage de la firme Penton Research Services, le nombre moyen de personnes participant à une décision d'achat varie approximativement de trois, pour des services ou des articles utilisés dans les activités quotidiennes, à cinq, pour des achats plus importants (comme de la machinerie ou des travaux de construction). Il y a aussi une tendance marquée à l'achat effectué par des équipes. Un autre sondage de la même firme révèle en effet que 87 % des cadres responsables des achats dans les grandes entreprises s'attendent à ce que des équipes composées de personnes de fonctions et de services différents participent à des décisions d'achat dans les années à venir[13].

Pour le spécialiste du marketing organisationnel, la question est de savoir qui sont les principaux participants à la prise de décision, sur quelles décisions ils exercent une influence, quel est leur degré d'influence et quels sont les critères d'évaluation utilisés par chacun des participants à la prise de décision.

Considérons l'exemple suivant :

Baxter vend aux hôpitaux des tenues chirurgicales jetables. Sa première tâche consiste à déterminer qui, parmi le personnel de l'hôpital, participe à la décision d'achat. On sait que les participants à la décision sont le directeur des achats, l'administrateur de la salle d'opération et les chirurgiens, chacun jouant un rôle différent. Le directeur des achats cherche à déterminer si l'hôpital devrait acheter des tenues jetables ou des tenues réutilisables. Si les résultats sont favorables aux tenues jetables, alors l'administrateur de la salle d'opération compare les produits et les prix des divers concurrents, et il fait un choix. L'administrateur prend en considération des caractéristiques telles que le pouvoir absorbant de la tenue, sa qualité antiseptique, le design et le prix, et il achète normalement la marque qui satisfait aux exigences fonctionnelles au prix le plus bas. Finalement, les chirurgiens influeront sur la décision rétroactivement en exprimant leur satisfaction ou leur insatisfaction à l'égard d'une marque particulière.

Quand un groupe d'achat inclut autant de participants, le mercaticien organisationnel n'a ni le temps ni les ressources pour s'occuper de chacun d'eux. Les petites entreprises concentrent alors leurs efforts sur les personnes dont l'influence sur la décision d'achat est prépondérante. Les grandes entreprises choisissent plutôt la vente en profondeur à plusieurs niveaux en tentant d'atteindre autant de participants à la décision que possible. Les représentants vivent pour ainsi dire avec le client lorsqu'ils ont affaire à un compte majeur qui procure des ventes répétitives.

Sachant qu'il y a de plus en plus d'équipes d'achat, les représentants de vente ont plus de difficulté à cerner tous les individus engagés dans une décision d'achat, et il leur est encore plus difficile de tous les visiter. Les entreprises dépendent donc davantage de leurs programmes de communication pour entrer en contact avec les influenceurs difficiles à repérer et pour maintenir les ventes avec les clients actuels[14].

Les mercaticiens organisationnels doivent périodiquement remettre en question leurs hypothèses concernant le rôle et l'influence de chaque participant à la décision. Par exemple, la stratégie de Kodak pour vendre des films radiographiques aux hôpitaux fut, pendant plusieurs années, concentrée sur les techniciens de laboratoire. L'entreprise n'avait pas remarqué que la décision était de plus en plus prise par des administrateurs professionnels. Lorsque les ventes commencèrent à décliner, Kodak se rendit enfin compte des changements qui s'étaient produits dans les pratiques d'achat et se dépêcha de modifier sa stratégie de ciblage sur ce marché.

Les mercaticiens organisationnels qui œuvrent sur les marchés mondiaux doivent aussi connaître les pratiques d'achat au niveau international. Par exemple, bien que les acheteurs organisationnels en Amérique du Nord aient opté pour une approche d'achat fondée sur des équipes et qu'ils s'attendent à ce que cette tendance s'accroisse dans l'avenir, les acheteurs organisationnels européens et asiatiques utilisent une approche encore plus orientée vers le travail en équipe. Une étude menée en 1993 a comparé les processus de décision d'achat de 236 entreprises un peu partout dans le monde, qui ont fourni des données sur les influenceurs du groupe d'achat et sur les critères leur permettant d'évaluer les fournisseurs. Les résultats de l'étude révèlent que c'est en Suède que le travail d'achat en équipe est le plus marqué, et que les autres entreprises européennes et asiatiques utilisent plus la prise de décision en équipe que les entreprises nord-américaines. Dans la prise de décision, les entreprises suédoises dépendent non seulement du personnel technique de leur entreprise, mais aussi de celui des fournisseurs, et cela plus que les entreprises dans les autres pays[15].

7.2.4
Les principaux types de variables influençant les acheteurs organisationnels

Les acheteurs organisationnels sont sujets à de nombreuses influences lorsqu'ils prennent une décision d'achat. Certains responsables du marketing supposent que l'influence la plus importante est économique. D'autres spécialistes du marketing croient que les acheteurs réagissent à des motivations personnelles telles que les faveurs personnelles, l'attention ou la réduction du risque. En fait, les acheteurs organisationnels réagissent à la fois à des variables rationnelles (ou économiques) et affectives (ou personnelles). Lorsque les offres de divers fournisseurs se ressemblent beaucoup, les acheteurs organisationnels ont peu de marge pour faire un choix rationnel. Puisque chaque fournisseur répond aux spécifications de l'achat, les acheteurs peuvent accorder plus de poids à la façon dont ils sont traités personnellement par ces fournisseurs. En revanche, lorsque les produits concurrentiels diffèrent de manière substantielle, les acheteurs organisationnels doivent répondre davantage de leur choix et accorder plus d'attention aux facteurs économiques.

Les diverses **influences sur les acheteurs organisationnels** peuvent être classées en quatre groupes de variables : les variables environnementales, les variables organisationnelles, les variables interpersonnelles et les variables individuelles (voir la figure 7.1)[16].

Les variables environnementales

Les acheteurs organisationnels sont très influencés par les variables de l'environnement économique actuel et prévu telles que le niveau de la demande primaire, la conjoncture économique et le coût du capital. Dans un contexte de récession, les acheteurs organisationnels réduisent leurs investissements dans les usines, l'équipement et l'inventaire. Le spécialiste du marketing organisationnel ne peut pas faire grand-chose pour stimuler la demande totale dans son environnement. Il peut seulement réagir avec

FIGURE 7.1
Les principales influences sur le comportement d'achat organisationnel

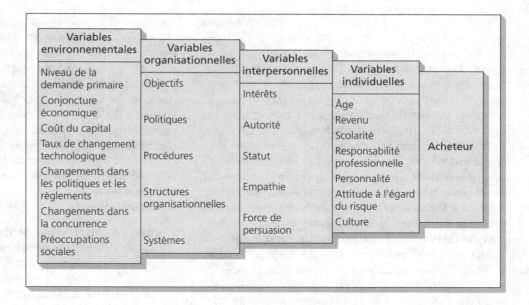

Variables environnementales	Variables organisationnelles	Variables interpersonnelles	Variables individuelles	Acheteur
Niveau de la demande primaire	Objectifs	Intérêts	Âge	
Conjoncture économique		Autorité	Revenu	
Coût du capital	Politiques		Scolarité	
Taux de changement technologique		Statut	Responsabilité professionnelle	
Changements dans les politiques et les règlements	Procédures		Personnalité	
Changements dans la concurrence	Structures organisationnelles	Empathie	Attitude à l'égard du risque	
Préoccupations sociales	Systèmes	Force de persuasion	Culture	

plus de vigueur pour accroître ou maintenir sa part de la demande.

Les entreprises qui craignent une pénurie de matières premières désirent en acheter et maintenir des stocks plus élevés. Elles signeront des contrats à long terme avec des fournisseurs pour garantir un approvisionnement continu de ces matériaux. DuPont, Ford, Chrysler et plusieurs autres grandes entreprises considèrent que la **planification de l'approvisionnement** est une des responsabilités les plus importantes de leur directeur des achats.

Les acheteurs organisationnels sont aussi influencés par les nouveaux faits d'ordre technologique, politique et concurrentiel dans leur environnement. Le mercaticien organisationnel doit donc surveiller toutes ces forces environnementales, déterminer comment elles peuvent influencer les acheteurs et tenter de transformer ces problèmes en occasions d'affaires. Par exemple, les préoccupations grandissantes pour l'environnement dans les entreprises ont imposé l'ajout d'un nouveau critère pour certaines décisions d'achat organisationnel : un produit ou un service ne doit pas causer de dommages à l'environnement. Par exemple, un imprimeur pourrait favoriser les fournisseurs de papier qui offrent une large gamme de papiers recyclés ou les fabricants d'encre qui utilisent des produits chimiques fabriqués selon des processus qui respectent l'environnement. Il est intéressant de souligner que c'est rarement le service

des achats de l'entreprise qui préconise des achats reflétant une certaine responsabilité sociale ; cette initiative provient le plus souvent d'individus qui ont une plus grande préoccupation sociale et qui s'assurent d'amener l'entreprise à partager cette préoccupation. Ou encore, on trouve des entreprises qui sont plus sensibles aux préoccupations sociales. Les acheteurs dans les entreprises qui démontrent une plus grande responsabilité sociale feront même pression sur les fournisseurs de façon que ceux-ci acquièrent une plus grande responsabilité sociale. Une gestionnaire explique ce phénomène : « Nous forçons les fournisseurs qui ont une expertise technique à être plus responsables socialement. Nous leur disons : "Vous êtes une entreprise qui réussit bien. Dites-nous pourquoi nous devrions continuer de faire affaire avec vous. En quoi êtes-vous différent ?" Mais nous ne leur indiquons pas comment ils doivent être différents[17]. »

Les variables organisationnelles

Chaque organisation effectue des achats, a ses propres objectifs, politiques, procédures, structures organisationnelles et systèmes. Le spécialiste du marketing organisationnel doit les connaître le mieux possible. Le mercaticien organisationnel doit être au courant des tendances organisationnelles suivantes en matière d'achats.

Un service des achats valorisé. Le service des achats occupe souvent une position peu élevée dans la hiérarchie organisationnelle, quoique ce service gère plus de la moitié des coûts de l'entreprise. Cependant, la pression de l'inflation et les pénuries de matières premières ont amené de nombreuses entreprises à réévaluer la place de leur service des achats et à élever la fonction de direction des achats au rang de vice-présidence. Les **services des achats** traditionnels, qui mettaient surtout l'accent sur l'achat au plus bas prix, sont devenus des **services des approvisionnements** ayant pour mission de rechercher la meilleure valeur auprès de fournisseurs moins nombreux mais mieux qualifiés. Certaines multinationales en ont fait des **services de la gestion stratégique des approvisionnements**, qui ont pour mission de rechercher des sources d'approvisionnement partout dans le monde et de conclure des ententes avec des partenaires stratégiques. Caterpillar a intégré plusieurs fonctions, tels les achats, le contrôle des stocks, la planification de la production et la distribution, en un service unique de premier niveau de gestion stratégique des approvisionnements. Plusieurs entreprises recherchent du personnel de haut calibre pour ces fonctions. Autrefois considéré comme un service d'arrière-plan, le service des achats commence à attirer de jeunes cadres prometteurs. Chez General Motors, par exemple, G. Richard Wagoner est devenu à la fois responsable des finances et responsable des achats à l'échelle mondiale. Son expérience dans l'approvisionnement l'a aidé à accéder au poste de directeur de la production nord-américaine de GM dont le volume d'activités dépasse les 120 milliards de dollars par année[18]. Il en résulte que les mercaticiens organisationnels doivent accroître le calibre de leur propre personnel de vente pour égaler celui des nouveaux acheteurs.

L'achat centralisé. Dans les entreprises comportant des divisions, une grande partie des achats est effectuée par des divisions indépendantes, puisque chacune a ses propres besoins. Cependant, depuis quelque temps, certaines entreprises ont recommencé à centraliser une partie de leurs achats. Les matériaux achetés dans chacune des divisions sont recensés par les responsables au siège social, qui évaluent l'avantage relié au regroupement des achats. Ainsi, on obtient souvent un plus grand pouvoir d'achat, tout en laissant à chaque division la liberté de s'approvisionner auprès de n'importe quelles autres sources si elle peut obtenir de meilleures conditions; en général, cependant, la centralisation des achats permet à l'entreprise d'obtenir des économies substantielles. Cette évolution signifie que le mercaticien organisationnel fait affaire avec moins d'acheteurs, mais de niveau plus élevé. Par exemple, au lieu de vendre à des usines situées un peu partout dans les régions par l'intermédiaire d'une force de vente régionale, on utilisera une force de vente nationale qui traitera avec l'acheteur de l'entreprise. La vente à l'échelle nationale présente de grands défis et exige une force de vente mieux formée et un effort de marketing bien planifié.

L'achat décentralisé de petits articles. En même temps que plusieurs entreprises centralisent leur processus d'achat, elles décentralisent certaines opérations d'achats en responsabilisant les employés dans le cas des achats de petits articles comme des clés, un arbre de Noël ou une cafetière. Ce changement important a été rendu possible grâce à l'accessibilité de cartes d'achat de l'entreprise émises par des établissements financiers. Les entreprises distribuent ces cartes à des adjoints administratifs, à des surveillants, voire à des employés de bureau. Ces cartes sont sujettes à des limites de crédit et doivent être utilisées à des points de vente précis. Un employé d'usine pourrait, par exemple, posséder une carte qui ne lui donnerait accès qu'à la quincaillerie locale. Cette approche a permis à certaines entreprises comme National Semiconductor de réduire ses coûts de commande pour ces types d'articles de 30 $ par commande à quelques sous. Un autre avantage de ce système est qu'il permet tant aux fournisseurs qu'aux acheteurs de consacrer moins de temps à la paperasse et plus de temps à l'établissement de relations[19].

Des contrats à long terme. Les acheteurs organisationnels essaient de plus en plus souvent d'obtenir des contrats à long terme avec des fournisseurs en qui ils ont confiance. Par exemple, General Motors préfère acheter à moins de fournisseurs, qui acceptent de réinstaller leurs usines près de celles de GM et de produire des composantes de haute qualité. Un autre aspect des contrats à long terme réside dans la mise en place de systèmes de commande informatisés interactifs avec les clients. Les clients peuvent transmettre des commandes directement à l'ordinateur du fournisseur par l'intermédiaire d'un modem. Dans ses campagnes de relations publiques, Dofasco fait même de la publicité pour cette pratique.

L'évaluation du rendement d'achat. Certaines entreprises ont mis sur pied un programme de distribution de primes pour récompenser le directeur des achats lorsque son rendement est particulièrement bon, un peu à la manière du programme selon lequel la force de vente reçoit des primes pour un bon rendement de vente. Ce système encourage le directeur des achats à accroître sa pression sur les fournisseurs pour obtenir les meilleures conditions. Les directeurs des achats trouvent même une concurrence accrue dans leur propre domaine. Par exemple, la revue *Purchasing* organise un concours annuel visant à trouver les champions de la réduction des coûts; les gagnants d'un concours, deux acheteurs de General Binding Corp., ont permis de faire économiser annuellement 1 004 500 $ à leur entreprise en substituant du papier recyclé au papier traditionnel; cela ne tient pas compte de l'avantage concurrentiel consistant à offrir un produit recyclé[20].

L'émergence de systèmes de production juste-à-temps pourrait avoir un effet majeur sur les politiques d'achat organisationnel. L'incidence du juste-à-temps est décrite dans la rubrique Le marketing en coulisse 7.1 intitulée « La production allégée a révolutionné l'achat organisationnel ».

Les variables interpersonnelles

Le groupe d'achat est le lieu où interagissent plusieurs participants ayant des intérêts, une autorité, un statut, un degré de compréhension et une force de persuasion différents. Le mercaticien organisationnel ne peut probablement pas connaître la nature de la dynamique du groupe qui s'établit durant le processus d'achat, quoique toute information permettant de découvrir la personnalité des intervenants ou les facteurs interpersonnels qui interviennent puisse être très utile. L'information sur les relations avec les représentants d'autres entreprises est particulièrement importante.

Les variables individuelles

Chaque participant au processus de décision d'achat a une motivation, des perceptions et des préférences personnelles. Celles-ci dépendent de l'âge, du revenu, de la scolarité, de la responsabilité professionnelle, de la personnalité, de l'attitude à l'égard du risque et de la culture de chacun des participants. Les acheteurs possèdent sans aucun doute des styles différents dans leurs activités d'achat. Il y a des acheteurs qui veulent que les choses se fassent simplement, il y a ceux qui ont acquis une grande expérience, il y a ceux qui ne veulent que ce qu'il y a de mieux et il y a ceux qui veulent tout avoir. Certains acheteurs, plus jeunes et plus scolarisés, sont des mordus de l'ordinateur et procèdent à des analyses rigoureuses des soumissions des divers concurrents avant d'en arriver au choix d'un fournisseur. D'autres acheteurs font partie de la « vieille école » et jouent les « durs »: ils dressent les vendeurs les uns contre les autres.

Certains facteurs qui peuvent paraître stables au sein d'un pays ou d'une culture peuvent varier énormément dans un autre pays ou une autre culture. Étant donné que la mondialisation des marchés exige des gens d'affaires qu'ils comprennent les normes et les cultures locales d'affaires et qu'ils s'y adaptent, nous vous présentons maintenant quelques règles d'étiquette sociale et commerciale que les mercaticiens devraient connaître avant de faire affaire dans un autre pays[21].

En France. Habillez-vous de façon conservatrice, excepté dans le Sud où l'on porte des vêtements plus décontractés. Ne vous adressez pas aux personnes en utilisant leur prénom, car les Français sont relativement formels avec les étrangers.

En Allemagne. Soyez particulièrement ponctuel. Si vous êtes invité à la résidence d'une personne, apportez des fleurs, de préférence non emballées, à l'hôtesse. Lors des présentations, saluez les dames en premier; attendez de voir si elles présentent la main avant de présenter la vôtre.

En Italie. Les gens d'affaires italiens accordent de l'importance à l'élégance. Prenez vos rendez-vous longtemps d'avance. Attendez-vous à éprouver des problèmes avec la bureaucratie italienne, et soyez patient.

Au Royaume-Uni. On porte souvent des toasts lors des dîners formels. Si une personne vous honore par un toast, soyez prêt à lui rendre la pareille. Les gens d'affaires reçoivent plus pour le lunch que pour le dîner.

En Arabie saoudite. Quoique les hommes s'embrassent pour s'accueillir, ils n'embrassent jamais une femme en public. Une femme occidentale doit

LE MARKETING EN COULISSE 7.1
La production allégée a révolutionné l'achat organisationnel

La fabrication entre dans une ère nouvelle, plusieurs fabricants ayant opté pour la production allégée (*lean production*). La production allégée permet à une entreprise de produire une plus grande variété de produits de meilleure qualité à des coûts plus bas, plus rapidement et en utilisant une main-d'œuvre moins nombreuse. Cela lui permet aussi de changer plus rapidement de modèles, d'améliorer le rendement et d'entrer sur de nouveaux marchés.

Les mercaticiens sur le marché organisationnel reconnaissent cette façon de faire et s'y adaptent. La production allégée, ou production rationnelle, que les entreprises adoptent de nos jours inclut les éléments qui suivent.

La production juste-à-temps. Le juste-à-temps (JAT) est une méthode de production qui exige que tous les matériaux et pièces requis à chaque étape de la production arrivent exactement au moment requis. Le but du JAT est d'obtenir un inventaire zéro avec une qualité à 100 %. Il s'ensuit que les matériaux et les pièces arrivent à l'usine du client au moment nécessaire. Cela demande une meilleure concordance des calendriers de production des fournisseurs et des clients, de façon que les inventaires intermédiaires soient éliminés.

Certaines entreprises ont déjà dépassé le JAT et sont à la poursuite du juste-à-temps amélioré, le JAT II, soit la responsabilisation des fournisseurs. Par exemple, à la compagnie Foxboro, un représentant de Computopia, le fournisseur qui assure la présence à temps plein de son représentant chez le client, répond sur le site même aux commandes d'équipement d'ordinateurs personnels. Honeywell exige la présence du fournisseur de services d'impression de circuits imprimés et du fournisseur de gestion des déchets sur les lieux mêmes dans ses usines.

Un contrôle de qualité stricte. On obtient les plus grandes réductions de coûts avec le JAT et le JAT II lorsque l'acheteur reçoit de son fournisseur des biens en parfaite condition. Cela signifie que les fournisseurs doivent suivre une procédure de contrôle très stricte avant d'expédier leurs produits. Les équipes de Motorola visitent les usines de leurs fournisseurs tous les deux ans, évaluant s'ils se comparent à la concurrence tant pour la qualité de leurs produits que pour le respect des délais. Les fournisseurs de Motorola apprécient ces évaluations, qui, souvent, leur permettent de réduire les coûts de 12 % à 20 %.

Des livraisons fréquentes et fiables. Les livraisons quotidiennes sont souvent la seule façon d'éviter d'accumuler des stocks. De plus en plus, les clients spécifient des dates de livraison plutôt que des dates d'expédition de même que des amendes pour les retards de livraison. La compagnie 3M, un fabricant de fournitures de bureau, a su répondre aux attentes de ses intermédiaires en accélérant ses livraisons; cependant, un fournisseur d'acier pour une usine de General Motors doit faire des livraisons jour et nuit pour répondre aux besoins du client.

La proximité. Les fournisseurs devraient se situer près de leurs clients importants parce que la proximité permet une livraison plus fiable. Cela signifie que les fournisseurs doivent prendre des engagements importants envers leurs principaux clients. Kasle Steel a construit une usine dans la ville où se trouve l'usine d'un important client qui fabrique des automobiles. Certains distributeurs doivent même être prêts à aménager leur usine sur les sites des clients. La compagnie Arrow Electronics a localisé un entrepôt à l'intérieur même de l'usine de l'entreprise Bailey Controls, un client important. Bailey Controls a fourni l'espace, et l'entrepôt est rempli de stocks d'Arrow à partir des prévisions bimensuelles de Bailey.

Des télécommunications à la fine pointe. Les nouvelles technologies des communications donnent la possibilité aux fournisseurs d'installer des systèmes informatisés d'achat reliés à leurs clients. Cette formule du juste-à-temps permet un accès direct aux commandes, pendant que l'ordinateur recherche les prix les plus bas là où les stocks se trouvent. Cette façon de procéder réduit les coûts des transactions et exerce une pression sur les mercaticiens organisationnels pour qu'ils maintiennent des prix très concurrentiels.

Des calendriers de production stables. Les clients fournissent leur calendrier de production aux fournisseurs en spécifiant le jour où les matériaux sont requis. Navistar procure à un de ses fournisseurs des prévisions sur six mois, en même temps qu'une commande ferme de 20 jours. Si des changements de dernière minute sont nécessaires, des coûts additionnels sont facturés à Navistar. Cette formule permet de réduire l'incertitude et les coûts auxquels la plupart des fournisseurs industriels doivent faire face.

Une source d'approvisionnement unique. Le JAT et le JAT II impliquent que l'organisation qui achète et celle qui vend doivent travailler en étroite collaboration pour profiter de l'expertise du fournisseur et pour réduire les coûts, ce qui se traduit souvent par l'attribution d'un contrat à long terme à un seul fournisseur. Un tel contrat est très avantageux pour le fournisseur qui obtient la confiance de l'acheteur, mais il complique la vie des autres concurrents qui aimeraient décrocher un contrat. Les contrats sont en fait renouvelés presque automatiquement si le fournisseur respecte ses dates de livraison et maintient sa qualité. Allied Signal a éliminé les coûts d'administration et d'autres coûts d'approvisionnement auprès de 400 fournisseurs pour ses diverses usines en leur substituant une source unique, Van Leeuwan, un fabricant et distributeur, ce qui

lui a permis d'économiser 13,5 millions de dollars annuellement.

Toutes ces méthodes de production allégée intensifient les relations entre le client organisationnel et le mercaticien organisationnel. «C'est comme un mariage», déclare un acheteur d'une importante entreprise. Un cadre de la direction générale d'une autre grande entreprise est moins sentimental lorsqu'il dit: «C'est comme s'engager dans une relation unique plutôt que de se promener de fleur en fleur.» Le coût pour changer de partenaire est très élevé, considérant le temps déjà investi par les deux parties, les obligations contractuelles qu'entraîne un site conjoint et les liens informatiques et de télécommunication. Une conséquence majeure de ce fait est que les mercaticiens organisationnels doivent améliorer leurs habiletés en marketing relationnel comparativement à leurs habiletés en marketing transactionnel. Ils doivent viser la maximisation du profit tout au long de leur relation plutôt que sur chaque transaction.

Sources: Voir «JIT Comes of Age», *Purchasing*, 20 octobre 1994, p. 41-44; Myron Magnet, «The New Golden Rule of Business», *Fortune*, 21 février 1994, p. 60-64; Shawn Tully, «Purchasing's New Muscle», *Fortune*, 20 février 1995, p. 75-79, 82-83; Rahul Jacob, «Why Some Customers Are More Equal than Others», *Fortune*, 19 septembre 1994, p. 215-216; John E. Murray, «The EDI Explosion», *Purchasing*, 16 février 1995, p. 28-30; James P. Womack, Daniel T. Jones et Daniel Roos, *The Machine that Changed the World*, New York, Macmillan, 1990.

attendre qu'un homme lui présente la main avant de lui présenter la sienne. Si une personne vous offre des rafraîchissements, acceptez; ce serait l'insulter que de refuser.

Au Japon. Ne tentez pas d'imiter les coutumes japonaises de salutation en vous inclinant, à moins que vous ne connaissiez ces coutumes à fond, c'est-à-dire qui saluer, combien de fois et quand. Il s'agit là d'un rituel compliqué. La présentation des cartes professionnelles est un autre rituel. Apportez plusieurs cartes, présentez-les en les tenant avec les deux mains de façon que votre nom soit facile à lire et distribuez-les en ordre descendant de statut. Examinez avec

attention chaque carte qui vous est remise pour démontrer votre intérêt. Attendez-vous à ce que les gens d'affaires japonais aient besoin de temps pour prendre des décisions, car ils accordent beaucoup d'importance aux détails avant de s'engager.

7.2.5
Le processus d'achat organisationnel

Les acheteurs organisationnels n'achètent pas des biens et des services pour leur consommation ou leur usage personnel. Ils en achètent pour faire des profits,

TABLEAU 7.1

La grille d'achat : les principales phases de l'achat en fonction des situations d'achat

	Situations d'achat		
Phases de l'achat	Nouvel achat	Réachat modifié	Simple réachat
1. Reconnaissance du problème	Oui	Peut-être	Non
2. Description générale du besoin	Oui	Peut-être	Non
3. Spécifications du produit	Oui	Oui	Oui
4. Recherche des fournisseurs	Oui	Peut-être	Non
5. Appel d'offres	Oui	Peut-être	Non
6. Choix du fournisseur	Oui	Peut-être	Non
7. Spécifications de la procédure de commande	Oui	Peut-être	Non
8. Évaluation du rendement	Oui	Oui	Oui

Source : Adapté de Patrick J. Robinson, Charles W. Faris et Yoram Wind, *Industrial Buying and Creative Marketing*, Boston, Allyn & Bacon, 1967, p. 14.

pour réduire les frais d'exploitation ou pour satisfaire à des obligations sociales ou légales. Une aciérie achètera un autre haut fourneau si elle y voit une occasion de faire plus de profits ; elle informatisera son système comptable pour réduire ses frais d'exploitation ; elle ajoutera de l'équipement de limitation de la pollution pour satisfaire à une exigence légale ou sociale.

Pour acheter les biens et les services nécessaires, les acheteurs organisationnels passent par le processus d'achat ou d'approvisionnement. Robinson, Faris et Wind ont distingué huit phases distinctes du processus d'achat organisationnel, qu'ils ont appelées **phases de l'achat**[22]. Ces phases sont énumérées au tableau 7.1, suivies de colonnes correspondant aux situations d'achat. Une telle matrice est appelée **grille d'achat**. Nous décrirons maintenant ces huit phases pour une situation typique de nouvel achat.

La reconnaissance du problème

Le processus d'achat débute lorsque quelqu'un, dans l'entreprise, reconnaît un problème ou un besoin qui peut être satisfait par l'acquisition d'un bien ou d'un service. La reconnaissance du problème peut résulter de stimulus internes ou externes. Dans le cas des stimulus internes, les événements les plus fréquents qui amènent la reconnaissance d'un problème sont les suivants :

- L'entreprise a décidé de lancer un nouveau produit et elle a besoin de nouveaux équipements et matériaux pour fabriquer ce produit.
- Une machine qui est tombée en panne doit être remplacée ou réparée avec de nouvelles pièces.
- Certains matériaux achetés s'avèrent insatisfaisants, et l'entreprise recherche un nouveau fournisseur.
- L'acheteur décèle la possibilité d'obtenir de meilleurs prix ou une meilleure qualité.

Dans le cas des stimulus externes, l'acheteur peut découvrir de nouvelles idées à l'occasion d'une foire commerciale ou d'une visite d'un représentant offrant un meilleur produit ou un prix plus bas, ou encore après avoir vu des messages publicitaires. Le responsable du marketing doit faciliter la reconnaissance d'un problème auprès des clients organisationnels en concevant des messages publicitaires, en visitant des clients potentiels, en collaborant à la conception des produits et des services du client, et ainsi de suite.

La description générale du besoin

Une fois le besoin reconnu, l'acheteur doit procéder à la détermination des caractéristiques générales et des quantités de l'article dont il a besoin. Dans le cas d'articles standard, cela ne pose pas beaucoup de problèmes. Dans le cas d'articles plus complexes, l'acheteur travaillera avec d'autres membres de l'entreprise (ingénieurs, utilisateurs, etc.) pour définir les caractéristiques générales. Ces personnes tenteront de classer tous les attributs de cet article selon leur importance : fiabilité, durabilité, prix ou tout autre attribut souhaité pour le produit. Le mercaticien organisationnel vigilant peut aider l'acheteur potentiel à cette étape dans la définition de ses besoins.

Les spécifications du produit

À cette phase, l'organisation acheteuse entreprend d'élaborer des spécifications techniques du produit.

Elle met sur pied une équipe d'ingénierie pour procéder à une **analyse de la valeur** pour le projet.

> L'analyse de la valeur est une méthode de réduction des coûts qui consiste en un examen détaillé de toutes les composantes d'un produit afin de déterminer si elles peuvent être modifiées, standardisées ou fabriquées selon des méthodes de production plus économiques.

L'équipe examinera les composantes les plus coûteuses d'un produit donné ; souvent, 20 % des composantes comptent pour 80 % des coûts. L'équipe tentera aussi de cerner les composantes qui, selon les spécifications, excèdent la durée de vie attendue du produit lui-même. Des spécifications écrites précises permettront à l'acheteur de refuser de la marchandise qui ne répondra pas aux standards exigés.

Les fournisseurs peuvent aussi avoir recours à l'analyse de la valeur comme stratégie pour s'introduire chez un nouveau client. En étant parmi les premiers et en faisant valoir une meilleure façon de fabriquer un produit, un fournisseur de l'extérieur peut changer une situation de réachat en une situation de nouvel achat et ainsi obtenir un nouveau client.

La recherche des fournisseurs

L'acheteur tente ensuite de discerner les fournisseurs les plus aptes à bien répondre à l'appel d'offres. Il peut consulter des annuaires commerciaux, faire une recherche informatique ou téléphoner à d'autres entreprises pour obtenir des recommandations, surveiller les messages publicitaires ou assister à des foires commerciales[23]. Les principales tâches du fournisseur sont donc de s'assurer que le nom de son entreprise est inclus dans les principaux annuaires, de lancer des campagnes énergiques de publicité et de promotion, de se bâtir une bonne réputation sur le marché et de distinguer les acheteurs qui recherchent de nouveaux fournisseurs. Parmi les fournisseurs sollicités, certains seront rejetés parce qu'ils n'auront pas la capacité de production requise ou encore parce qu'ils auront une mauvaise réputation en ce qui a trait à la livraison ou au service. L'acheteur rendra ensuite visite aux fournisseurs qui paraissent se qualifier afin d'évaluer leur capacité de production et de rencontrer leur personnel. Il pourra ainsi établir une liste de fournisseurs qualifiés.

L'appel d'offres

L'acheteur invite ensuite les fournisseurs qualifiés à soumettre des offres de service, ou soumissions. Certains fournisseurs se contenteront de transmettre un catalogue tandis que d'autres enverront un représentant. Lorsque l'article est complexe ou onéreux, l'acheteur exigera que chaque fournisseur potentiel prépare une soumission écrite et détaillée. L'acheteur éliminera alors quelques fournisseurs et demandera à ceux qui restent de faire une présentation officielle.

Les mercaticiens organisationnels doivent être compétents à la fois dans la recherche, la rédaction et la présentation de soumissions. Les offres de service doivent être tout autant des documents de marketing que des documents techniques. Les présentations verbales doivent inspirer confiance. Elles doivent positionner les capacités et les ressources de l'entreprise de façon qu'elle se détache clairement de la concurrence. Une partie importante de la présentation est l'échange d'information : il faut non seulement donner de l'information, mais aussi savoir poser des questions. On trouvera dans la rubrique Mémento de marketing 7.1 des exemples de questions à poser et à ne pas poser.

Voyons maintenant les efforts que la compagnie Campbell et la compagnie Xerox font pour qualifier des fournisseurs :

> Le programme de qualification des fournisseurs de Campbell exige que les fournisseurs potentiels passent par un processus en trois étapes : le fournisseur doit d'abord se qualifier, puis être approuvé et finalement choisi. Pour pouvoir se qualifier comme fournisseur, une entreprise doit prouver qu'elle a les capacités techniques, la santé financière, des normes de qualité élevées, un bon contrôle de ses coûts et la faculté d'innover. Un fournisseur qui remplit ces critères peut faire une demande pour se qualifier. Pour ce faire, il devra participer à un séminaire à l'intention des fournisseurs de Campbell, autoriser une équipe de mise en œuvre à visiter son usine, accepter de faire certains changements et de prendre certains engagements, et se soumettre à d'autres exigences. Une fois que la candidature du fournisseur est acceptée, celui-ci devient un fournisseur choisi lorsqu'il peut démontrer une grande uniformité dans ses produits, des améliorations continues de la qualité et la capacité de livraison juste-à-temps.
>
> Xerox ne qualifie que les fournisseurs qui se conforment aux standards de qualité ISO 9000 (voir le

MÉMENTO DE MARKETING 7.1
Savoir poser les bonnes questions lors de la présentation de vente

Lors d'une étude faite par la revue *Sales and Marketing Management*, des directeurs des achats ont révélé quelles étaient les mauvaises et les bonnes questions que les représentants de vente posaient. Voici ce qu'ils ont dit :

1. Mauvaise question : « **Que fait votre entreprise ?** »

« La pire chose qu'un représentant puisse demander est de l'information sur ce qu'il devrait déjà savoir. Un représentant de vente devrait recueillir de l'information sur les entreprises qu'il a l'intention d'approcher. Ce type d'information peut être obtenu de plusieurs sources. Autrement, l'acheteur se dira qu'il n'a pas le temps d'informer le représentant sur ses produits. »

Bonne question : « **Quel genre de valeur ajoutée recherchez-vous ?** »

« Pour moi, la valeur ajoutée, tout comme la livraison juste-à-temps ou le soutien de spécialistes, est plus importante que le prix seulement. »

2. Mauvaise question : « **Que puis-je faire pour vous ?** »

« Les représentants ne devraient jamais laisser entrevoir des cadeaux ou de petits avantages qu'ils pourraient offrir si le marché est conclu. L'éthique est quelque chose d'important pour moi ; il est donc essentiel que les représentants me traitent de façon professionnelle. »

Bonne question : « **Comment pouvons-nous vous aider à améliorer votre produit ou votre processus ?** »

« Je désire savoir si un représentant de vente est intéressé à voir son entreprise ajouter de la valeur à mon entreprise, et de quelle manière, par exemple en faisant appel à la R et D ou à d'autres services. Il est important de savoir quelle contribution les deux parties peuvent apporter. »

3. Mauvaise question : « **Êtes-vous la personne responsable de la prise de décision ?** »

« Pourquoi suis-je là et pourquoi le représentant est-il là si je ne suis pas la personne qui va prendre la décision ? Cette question est posée trop souvent. »

Bonne question : « **Si vous vous intéressez à mon produit, de quelle façon avez-vous l'intention de l'utiliser ?** »

« Les représentants de vente devraient désirer savoir comment leurs produits ou leurs services peuvent s'intégrer dans notre entreprise, comment ils seront utilisés. Trop peu de représentants posent cette question. »

4. Mauvaise question : « **Qui est votre fournisseur actuellement ?** »

« Cette question donne l'impression que le représentant se préoccupe uniquement du prix, essayant d'offrir un prix plus bas que celui des concurrents. Il devrait plutôt se concentrer sur la présentation du produit ou du service de son entreprise et me prouver qu'il peut ajouter de la valeur à mon entreprise. »

Bonne question : « **Que puis-je faire pour ajouter de la valeur à votre processus ?** »

« En d'autres mots, de nos jours, les clients recherchent avant tout de la valeur ajoutée. »

Source : « Purchasing Managers Sound Off », *Sales and Marketing Management*, février 1995, p. 84-85.

---

chapitre 2). Mais pour acquérir la plus haute reconnaissance, soit la certification, un fournisseur doit répondre à un sondage de qualité de fournisseur multinational de Xerox. Ce sondage exige que le fournisseur présente un manuel de contrôle de qualité, adhère à des processus d'amélioration continue et fasse la démonstration de la mise en œuvre efficace de systèmes. Lorsqu'un fournisseur se qualifie, il doit participer au processus d'engagement continu des fournisseurs de Xerox, par lequel les deux entreprises travaillent ensemble pour élaborer des spécifications quant à la qualité, aux coûts, aux délais de livraison et à la capacité des processus. La dernière étape de la certification exige qu'un fournisseur entreprenne un programme additionnel de formation en qualité très rigoureux et subisse une évaluation fondée sur les critères semblables à ceux du National Quality Institute des États-Unis. Il n'est pas surprenant que seulement 176 fournisseurs à l'échelle mondiale aient réussi à atteindre le score requis de 95 % pour obtenir la certification de fournisseur pour Xerox[24].

Le choix du fournisseur

Avant de choisir un fournisseur, le groupe d'achat procède à la préparation d'une liste des attributs souhaités chez un fournisseur, accompagnés de la mention de leur importance relative. Les membres du groupe d'achat évaluent les fournisseurs par rapport à tous ces attributs ou à certains d'entre eux, et déterminent ainsi quels sont les fournisseurs les plus intéressants. À cette fin, ils utilisent souvent un modèle d'évaluation de fournisseurs ressemblant à celui présenté au tableau 7.2.

Selon Lehmann et O'Shaughnessy, l'importance relative de divers attributs varie en fonction du type de situation d'achat[25]. Pour les **produits d'achat routinier**, ces auteurs ont découvert que la fiabilité de la livraison, le prix et la réputation du fournisseur sont fort importants. Pour les **produits entraînant des problèmes de procédure**, tel un photocopieur, les trois attributs les plus importants sont le service technique, la flexibilité du fournisseur et la fiabilité du produit. Finalement, pour les **produits entraînant des problèmes reliés à la politique de l'entreprise**, qui, par leur nature, sont aptes à attiser des rivalités au sein de l'organisation, les attributs les plus importants sont le prix, la réputation du fournisseur, la fiabilité du produit, la fiabilité du service et la flexibilité du fournisseur.

Le groupe d'achat peut tenter de négocier de meilleurs prix et conditions avec les fournisseurs sélectionnés avant de faire le choix final. Les gens de marketing peuvent contrecarrer une telle demande de prix plus bas de plusieurs façons. Ainsi, ils peuvent être en mesure de démontrer qu'à long terme le prix de revient de leurs produits est concurrentiel, même si le prix d'achat est plus élevé. De même, ils peuvent mettre en évidence la valeur des services que l'acheteur reçoit actuellement, surtout si ces services sont supérieurs à ceux qu'offrent les concurrents. La valeur ajoutée des services est devenue aussi importante pour les fournisseurs que le prix (voir la rubrique Vision 2000 + intitulée « La valeur de la valeur ajoutée »). On peut recourir à d'autres méthodes encore plus innovatrices dans le cas d'une forte concurrence par rapport au prix. Considérons l'exemple suivant :

La compagnie Lincoln Electric a mis sur pied un « programme de réduction de coûts garantie » pour ses distributeurs. En vertu de ce programme, chaque fois qu'un client demande à un distributeur de réduire les prix des produits de Lincoln pour qu'ils égalent les prix offerts par les concurrents, l'entreprise et le distributeur en question garantissent que, durant la prochaine année, ils trouveront un moyen de réduire les coûts à l'usine du client, de façon à égaler ou même à dépasser la différence de prix entre les produits de Lincoln et ceux de la concurrence. Le représentant de Lincoln et le distributeur se rencontrent ensuite et, après avoir étudié la production du client, déterminent divers moyens de réduire les coûts et aident à les appliquer. Si une vérification indépendante à la fin de l'année ne confirme pas la réduction de coûts promise, Lincoln Electric paie 70 % de la différence et le distributeur paie le reste[26].

Les groupes d'achat doivent aussi décider du nombre de fournisseurs avec lesquels ils veulent travailler. Auparavant, de nombreux acheteurs préféraient avoir des sources

TABLEAU 7.2
Un exemple de modèle d'évaluation de fournisseurs

		Évaluation			
	Importance du poids	Pauvre (1)	Passable (2)	Bon (3)	Excellent (4)
Prix	30				X
Réputation du fournisseur	20			X	
Fiabilité du produit	30				X
Fiabilité de la livraison	10		X		
Flexibilité du fournisseur	10			X	
Total :	100				

Score total = 0,30(4) + 0,20(3) + 0,30(4) + 0,10(2) + 0,10(3) = 3,5

multiples d'approvisionnement, afin de parer aux inconvénients que peut causer éventuellement le fait de dépendre d'un seul fournisseur; ils voulaient aussi pouvoir comparer les prix et le rendement de divers fournisseurs. Ces entreprises insistaient pour négocier annuellement les conditions de renouvellement des contrats et elles commandaient des quantités différentes chaque année à divers fournisseurs. L'acheteur passera normalement la majorité de ses commandes à un même fournisseur et le reste aux autres. Le fournisseur principal fera évidemment des efforts pour maintenir sa position privilégiée, pendant que les fournisseurs secondaires tenteront d'améliorer leur position. De leur côté, les fournisseurs potentiels tenteront d'établir un premier contact avec le client en offrant des prix particulièrement alléchants, puis ils travailleront fort pour accroître leur part d'affaires avec ce client.

De plus en plus souvent, cependant, les entreprises tentent de réduire le nombre de leurs fournisseurs. Des entreprises comme Ford, Motorola et Allied Signal ont réduit le nombre de leurs fournisseurs de 20 % à 80 %. En outre, elles souhaitent que chaque fournisseur retenu soit responsable d'un plus grand nombre d'articles. Elles exigent aussi que ces fournisseurs améliorent constamment la qualité de leurs produits et services et leur rendement, tout en réduisant leurs prix chaque année dans une proportion donnée. Ces entreprises s'attendent à ce que leurs fournisseurs travaillent étroitement avec elles durant le développement de produits et elles accordent beaucoup d'importance à leurs suggestions.

Les spécifications de la procédure de commande

L'acheteur rédige ensuite la commande finale avec le fournisseur choisi en précisant les spécifications techniques, la quantité requise, les délais de livraison attendus, la politique de retour de marchandises, les garanties, etc. Dans le cas des articles ERO (entretien, réparations, opérations courantes), les acheteurs ont tendance à utiliser de plus en plus des contrats permanents plutôt que des commandes d'achat périodiques. La préparation d'une nouvelle commande d'achat chaque fois qu'un article est nécessaire coûte cher. D'un autre côté, l'acheteur ne veut pas non plus réduire son nombre de commandes d'achat en commandant de plus grandes quantités, parce qu'il en

résulterait un niveau plus élevé des stocks. Un **contrat permanent** établit une relation à long terme : le fournisseur s'engage à fournir à l'acheteur la marchandise voulue chaque fois qu'il en a besoin, et cela au prix convenu pour une période déterminée. Les stocks étant en la possession du fournisseur, on appelle souvent cette façon de procéder un **plan d'achat sans inventaire**. L'ordinateur de l'acheteur passe automatiquement la commande au vendeur lorsque le stock devient nécessaire.

Les contrats permanents mènent fréquemment à l'achat auprès d'une seule source et à l'achat d'un plus grand nombre d'articles à cette même source. Cette formule lie plus fortement le fournisseur à l'acheteur et complique les démarches des fournisseurs potentiels pour entrer en contact avec l'acheteur, à moins que celui-ci devienne insatisfait des prix, de la qualité ou du service de son fournisseur attitré.

L'évaluation du rendement

À ce stade, l'acheteur évalue le rendement du fournisseur. Trois méthodes sont en usage. L'acheteur peut entrer en contact avec les utilisateurs et leur demander leur évaluation. Il peut également évaluer le fournisseur par rapport à différents attributs en utilisant une méthode de pondération. Ou encore, il peut évaluer les coûts additionnels engendrés par le mauvais rendement et les ajouter au coût de l'achat, en y incluant le prix. L'évaluation du rendement peut amener l'acheteur à poursuivre sa relation avec le vendeur, à la modifier ou à l'abandonner. Le travail du fournisseur consiste à surveiller les variables employées par les acheteurs et les utilisateurs pour évaluer les produits vendus.

Nous avons examiné les phases de l'achat dans une situation de nouvel achat. Dans le cas d'un réachat modifié ou d'un simple réachat, certaines de ces phases pourraient être combinées ou même omises. Par exemple, dans une situation de simple réachat, l'acheteur a normalement un fournisseur préféré, ou une liste ordonnée de fournisseurs. Les phases de la recherche des fournisseurs et de l'appel d'offres sont alors omises.

Le modèle d'achat en huit phases que nous venons de décrire représente les étapes essentielles du processus d'achat organisationnel. Cette **séquence d'achat** peut fournir de nombreuses indications aux

VISION 2000 +

La valeur de la valeur ajoutée

Pour diminuer la pression qu'on exerçait sur les fournisseurs afin qu'ils abaissent leurs prix, ces fournisseurs dépendaient autrefois d'un certain nombre d'activités sociales qu'ils avaient avec leurs clients : « C'était tout simplement une question de nombre de lunchs ou de dîners que vous preniez avec eux ou du nombre de parties de hockey ou de baseball auxquelles vous les invitiez », déclare un vétéran de la représentation à propos de la façon dont les choses se faisaient. Mais aujourd'hui, un bon repas accompagné de vin n'est pas suffisant. Les fournisseurs qui s'en tirent le mieux sont ceux qui sont capables de réduire les coûts tout en fournissant à leurs clients des services ayant une valeur ajoutée. Voici quelques exemples de la manière dont de petits et de grands fournisseurs utilisent des services ayant une valeur ajoutée pour obtenir un avantage concurrentiel :

La compagnie Thomas Industrial Products Co. Cette entreprise a reçu la plus haute distinction de la revue *Industrial Distribution* dans la catégorie des distributeurs de petite taille. Cette entreprise attribue la plus grande part de son succès à ses services ayant une valeur ajoutée, qui comptent maintenant pour plus de 50 % de ses affaires. Ce distributeur de tuyaux et accessoires a triomphé de concurrents beaucoup plus importants sur son marché en offrant à ses clients des services-conseils pour les utilisations possibles, un service de soutien d'ingénierie, des tests de produits ainsi que du couplage et de la coupe sur mesure. Cette entreprise est une des rares entreprises dans son secteur à offrir tous ces services. Les employés de l'usine doivent même passer des examens exigeants pour que l'entreprise puisse devenir une entreprise de couplage certifiée pour plusieurs types de tuyaux.

Jefferson Smurfit Corp. Lorsque General Electric lança en 1990 les réfrigérateurs sans givrage, elle eut besoin rapidement de boîtes d'expédition. Jefferson Smurfit Corp., un fournisseur important de produits d'emballage, assigna à un coordonnateur la responsabilité d'harmoniser la production de trois de ses usines et même de détourner certains produits destinés à d'autres clients pour permettre à l'usine de GE de continuer de tourner. Ce type de valeur ajoutée constituée par une telle préoccupation à l'endroit de la clientèle aida Jefferson Smurfit à gagner le prix d'excellence des fournisseurs de GE. Et en même temps, elle évita à ce fournisseur d'avoir à faire de la concurrence uniquement sur le prix. « Aujourd'hui, il ne s'agit pas seulement d'obtenir le meilleur prix, mais d'obtenir une meilleure valeur, et il y a plusieurs facettes à la valeur », déclare un vice-président de l'approvisionnement d'Emerson Electric, un client important de Jefferson Smurfit qui a réduit de 65 % le nombre de ses fournisseurs.

Essroc Matériaux. Essroc Matériaux, un fabricant français de matériaux de construction, fonctionne à partir du principe qu'aider ses clients à vendre à ses propres clients peut contribuer de façon extraordinaire à l'amélioration de la relation d'affaires, même si les services qu'elle rend ont peu à voir avec ses produits actuels. Essroc Matériaux aide ses clients dans leurs efforts de marketing. Elle les tient informés à la fois de ce que la concurrence fait et de ce qui se passe dans l'industrie.

Sources : « Value Added Services Gain Momentum », *Purchasing*, 16 mars 1995, p. 63 ; Minda Zetlin, « It's All the Same to Me », *Sales and Marketing Management*, février 1994, p. 71-75 ; Richard A. Melcher, « The Middlemen Stay on the March », *Business Week*, 9 janvier 1995, p. 87 ; Christine Forbes, « Top 25 Small Distributors », *Industrial Distribution*, 15 janvier 1992, p. 30-36 ; James E. Ellis, « There's Even a Science to Selling Boxes », *Business Week*, 3 août 1992, p. 51-52.

gens de marketing. On peut voir à la figure 7.2 un schéma de la séquence d'achat d'une machine à emballer d'un fournisseur japonais. La signification des chiffres dans les icônes apparaît à droite du diagramme. Les chiffres entre les icônes représentent la séquence des événements. Le schéma indique que

FIGURE 7.2

Le schéma du comportement d'achat dans une entreprise japonaise

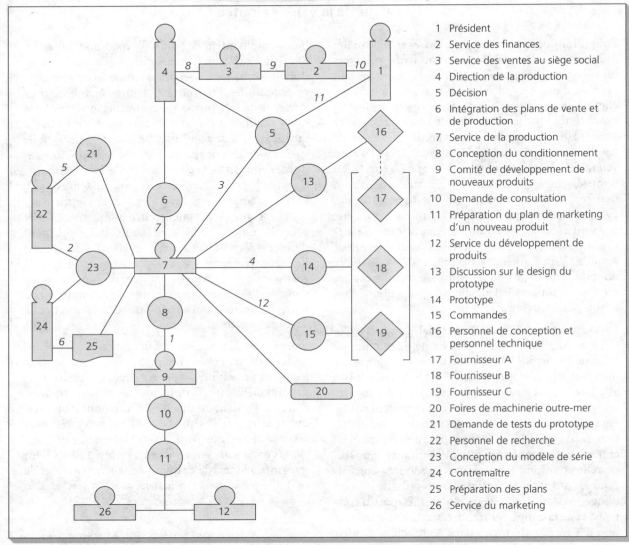

1 Président
2 Service des finances
3 Service des ventes au siège social
4 Direction de la production
5 Décision
6 Intégration des plans de vente et de production
7 Service de la production
8 Conception du conditionnement
9 Comité de développement de nouveaux produits
10 Demande de consultation
11 Préparation du plan de marketing d'un nouveau produit
12 Service du développement de produits
13 Discussion sur le design du prototype
14 Prototype
15 Commandes
16 Personnel de conception et personnel technique
17 Fournisseur A
18 Fournisseur B
19 Fournisseur C
20 Foires de machinerie outre-mer
21 Demande de tests du prototype
22 Personnel de recherche
23 Conception du modèle de série
24 Contremaître
25 Préparation des plans
26 Service du marketing

Source : « Japanese Firms Use Unique Buying Behavior », *The Japan Economic Journal*, 23 décembre 1980, p. 29.

20 personnes différentes dans l'entreprise (représentées par une personne derrière un bureau) participent à cette décision d'achat, notamment le directeur et le personnel de la production, le comité de développement de nouveaux produits, le laboratoire, les services du marketing et le service des ventes au siège social. Le processus de prise de décision dans son ensemble s'est déroulé sur une période de 121 jours.

7.3
LES MARCHÉS INSTITUTIONNEL ET GOUVERNEMENTAL

Notre discussion jusqu'ici a surtout porté sur le comportement d'achat des organisations à but lucratif. Une bonne partie de ce qui a été dit s'applique aussi aux institutions et aux organisations gouvernementales. Il existe cependant certaines différences que nous présenterons maintenant.

Le **marché institutionnel** se compose des écoles, des universités, des hôpitaux, des résidences pour les personnes âgées, des prisons et de toute autre institution qui doit fournir des biens et des services aux personnes dont elles sont responsables.

Des budgets de plus en plus serrés et une clientèle captive sont des caractéristiques qu'on trouve dans plusieurs de ces organisations. Par exemple, les hôpitaux ont à décider de la qualité de la nourriture qu'ils achètent pour les patients. L'objectif d'achat n'est pas le profit puisque la nourriture fait nécessairement partie des services offerts par l'hôpital. Ce n'est pas non plus la réduction des coûts, parce qu'une nourriture de mauvaise qualité amènerait les patients à se plaindre ou pourrait nuire à la réputation de l'hôpital. Le responsable des achats de l'hôpital doit rechercher des fournisseurs de nourriture dont la qualité atteint ou même excède les standards minimaux et dont les prix sont bas. En fait, plusieurs vendeurs ont mis sur pied une division indépendante pour la vente aux institutions parce que les besoins et les caractéristiques d'achat sont différents. Ainsi, Heinz produit et emballe différemment son ketchup de même qu'elle fixe un prix différent pour se conformer aux exigences des hôpitaux, des collèges et des prisons.

Quant au **marché gouvernemental**, il est composé de tous les types d'organisations gouvernementales. Dans la plupart des pays, les organisations gouvernementales sont des acheteurs importants de biens et de services. Le plus souvent, celles-ci exigent des offres de service et accordent le contrat à la plus basse soumission. Dans certains cas, l'organisation gouvernementale prendra en considération la qualité supérieure du fournisseur et sa capacité de remplir les contrats dans les délais prévus. Les gouvernements achètent aussi sur la base de contrats négociés, surtout lorsque les projets sont complexes et entraînent des coûts importants de R et D ainsi que des risques élevés, et lorsque la concurrence est peu importante.

Les organisations gouvernementales ont tendance à favoriser les fournisseurs nationaux au détriment des fournisseurs étrangers. Une plainte importante émanant des entreprises multinationales qui œuvrent en Europe est que chaque pays manifeste un certain favoritisme envers les entreprises nationales malgré de meilleures offres qui sont faites par des sociétés étrangères. La Commission économique européenne essaie de résoudre graduellement ce problème.

Sachant que leurs décisions d'achat sont d'intérêt public, les organisations gouvernementales exigent des fournisseurs avec lesquels elles traitent qu'ils remplissent une paperasserie énorme, qu'ils se plient à des règles bureaucratiques, et leur impose des délais dans la prise de décision et des remplacements fréquents du personnel affecté à l'approvisionnement. La plupart des gouvernements diffusent une information détaillée sur la façon de faire affaire avec eux. Mais les fournisseurs doivent trouver un moyen de maîtriser le système et de contourner les procédures excessives. Par exemple, le gouvernement du Canada est toujours le client le plus important de la compagnie ADI Technology Corp., dont les contrats du gouvernement fédéral représentent près de 90 % de ses revenus. Néanmoins, les cadres de cette entreprise de services professionnels se questionnent toujours sur le travail qu'ils doivent faire pour obtenir les contrats convoités. Une offre de service complète comprend de 500 à 700 pages à cause des exigences bureaucratiques du gouvernement fédéral. Et le président de l'entreprise estime que celle-ci doit dépenser jusqu'à 27 000 $, surtout en heures de travail, pour préparer une seule offre de service. Heureusement pour le milieu des affaires, une réforme a été entreprise pour simplifier la procédure contractuelle et rendre la procédure de soumission plus attrayante, surtout pour les petites entreprises. Certaines de ces modifications mettent l'accent sur l'achat d'articles standard plutôt que sur l'achat d'articles fabriqués selon les normes gouvernementales, sur des communications directes avec les vendeurs pour réduire la paperasserie, et sur une rétroaction des agences gouvernementales à l'intention des entreprises qui n'ont pas obtenu de contrat pour leur permettre d'accroître leurs chances d'en décrocher un la prochaine fois[27].

Plusieurs entreprises qui font affaire avec le gouvernement n'adoptent pas vraiment une optique de marketing, et cela pour plusieurs raisons. Les procédures d'approvisionnement du gouvernement ont traditionnellement mis l'accent sur le prix, obligeant les fournisseurs à faire des efforts considérables pour réduire leurs coûts. De plus, les caractéristiques des produits sont spécifiées avec soin, la différenciation du produit n'étant pas un facteur de marketing. En outre, la publicité et le travail de vente ne sont pas d'une grande utilité pour l'obtention des contrats.

Plusieurs entreprises, cependant, ont mis sur pied un service du marketing gouvernemental, comme Rockwell, Kodak et Goodyear. Ces entreprises tentent de prévoir les besoins et les projets des gouvernements, participent à l'étape des spécifications des produits, recueillent davantage d'information sur la concurrence, préparent leur offre de service avec soin et mettent en œuvre des programmes de communication plus énergiques pour faire connaître la compétence de leur entreprise[28].

RÉSUMÉ

1. L'**achat organisationnel** est le processus de prise de décision par lequel les organisations définissent les besoins d'achat de produits et de services, et par lequel elles recensent et évaluent les différentes marques et les différents fournisseurs, puis choisissent entre eux. Le marché organisationnel comprend le marché des entreprises, le marché institutionnel et celui des organisations gouvernementales.

2. Le **marché des entreprises** se compose de toutes les organisations qui acquièrent des biens et des services entrant dans la production d'autres biens ou services qui sont vendus, loués ou fournis. Le marché des entreprises diffère de celui des consommateurs parce que généralement les acheteurs y sont moins nombreux et plus importants, qu'il existe une relation plus étroite entre le fournisseur et le client, et que les acheteurs sont concentrés géographiquement. La demande sur le marché des entreprises est dérivée de la demande sur le marché des consommateurs et fluctue avec le cycle économique. De plus, la demande totale de plusieurs biens et services est plutôt inélastique. Les mercaticiens organisationnels doivent être conscients du rôle des acheteurs professionnels et des personnes qui influencent le processus d'achat, de même que de l'importance de l'achat direct, de la réciprocité et du crédit-bail.

3. Il existe trois types de situations d'achat: le simple réachat, le réachat modifié et le nouvel achat. Le groupe d'achat, qui varie selon la situation d'achat, est l'unité de prise de décision d'achat dans une organisation. Il est composé des initiateurs, des utilisateurs, des influenceurs, des décideurs, des accepteurs, des acheteurs et des filtres. Les *marketers* organisationnels doivent aussi être conscients des variables qui influencent les acheteurs organisationnels, telles que les variables environnementales, organisationnelles, interpersonnelles et individuelles. Les variables environnementales incluent le niveau de la demande primaire du produit, la conjoncture économique, le coût du capital, le taux de changement technologique, les changements dans les politiques et les règlements, les changements dans la concurrence et les préoccupations sociales. Dans une perspective organisationnelle, les mercaticiens doivent connaître les objectifs de leurs clients, leurs politiques, leurs procédures, leurs structures organisationnelles et leurs systèmes, ainsi que les tendances à la valorisation du service des achats, à la centralisation des achats dans les entreprises comportant des divisions, à la décentralisation des achats pour les petits articles, aux contrats à long terme et

aux formes de récompenses attribuées aux acheteurs. En ce qui concerne les variables interpersonnelles, le groupe d'achat comprend des participants qui ont des intérêts, une autorité, un statut, un degré de compréhension et une force de persuasion différents. Finalement, les variables individuelles du processus d'achat sont l'âge, le revenu, la scolarité, la responsabilité professionnelle, la personnalité, l'attitude à l'égard du risque et la culture.

4. Le processus d'achat comprend huit phases, ou phases de l'achat, soit la reconnaissance du problème, la description générale du besoin, les spécifications du produit, la recherche des fournisseurs, l'appel d'offres, le choix du fournisseur, les spécifications de la procédure de commande et l'évaluation du rendement. Étant donné que les acheteurs organisationnels deviennent de plus en plus raffinés, les mercaticiens organisationnels doivent améliorer leurs capacités de marketing.

5. Le **marché institutionnel** est composé des écoles, des universités, des hôpitaux, des résidences pour les personnes âgées, des prisons et d'autres institutions qui doivent fournir des biens et des services aux personnes dont elles sont responsables. En général, les acheteurs institutionnels ne sont pas préoccupés par la recherche du profit et pas nécessairement non plus par la réduction des coûts. Les acheteurs des organisations gouvernementales ont tendance à avoir de grandes exigences bureaucratiques, utilisent le plus souvent les appels d'offres et favorisent les entreprises nationales. Les fournisseurs doivent être prêts à adapter leur offre aux besoins des marchés institutionnel et gouvernemental et à leurs procédures.

QUESTIONS

1. La mairie d'une ville de 45 000 habitants planifie l'achat d'un ordinateur principal pour améliorer la gestion de la municipalité dans tous les domaines, allant de l'administration des travaux publics jusqu'à la perception des taxes. Les personnes responsables de la décision d'achat de l'ordinateur (les décideurs) sont le personnel du service de l'informatique et la direction générale de la Ville. Qui sont les autres participants au processus d'achat? Évaluez l'influence relative de chacun des participants ou groupes sur le processus de décision d'achat.

2. Le marketing relationnel prend de l'importance dans le marketing organisationnel. Avant

d'adopter le marketing relationnel, les dirigeants devraient avoir une bonne compréhension de la signification de ce terme. Élaborez une définition du marketing relationnel. Quels éléments clés devraient être inclus dans le marketing relationnel pour en assurer le succès? Avant d'adopter cette philosophie de gestion à long terme, quelles questions l'entreprise devrait-elle se poser et quelles questions devrait-elle poser à l'entreprise engagée dans la relation? À quels résultats devrait s'attendre chacune des parties engagées dans le marketing relationnel à long terme?

3. Un fabricant québécois d'équipement de construction a décidé de consacrer ses efforts de

marketing aux marchés internationaux. Les dirigeants de l'entreprise ont remarqué qu'il existait des différences culturelles entre les entreprises asiatiques et les entreprises québécoises, et que ces différences influençaient le comportement d'achat des entreprises. Cependant, les dirigeants ne sont pas certains des aspects du comportement susceptibles de toucher les communications de marketing. Évaluez les différences entre les approches québécoise et japonaise en ce qui concerne les sujets suivants et dites de quelle manière ces différences peuvent influencer un négociateur québécois désireux de vendre son produit à un consommateur japonais :

a) la décision individuelle par opposition à la règle de la majorité : dans chacun des pays, les décisions sont-elles prises individuellement ou en groupe ?

b) la signification du temps : comment chacune des cultures perçoit-elle le temps ?

c) l'accomplissement : quelle importance chacune des cultures accorde-t-elle aux résultats ?

d) l'action : quelle importance chacune des cultures accorde-t-elle aux activités ? Comment chacune des cultures évalue-t-elle le silence ?

e) la durée et le degré d'engagement dans les relations d'affaires : quelle importance accorde-t-on aux relations entre les entreprises dans chacun de ces pays ?

4. Comment les influences d'achat des acheteurs du gouvernement diffèrent-elles de celles des acheteurs des entreprises ? Quel effet ces différences peuvent-elles avoir sur les entreprises qui essaient de vendre aux gouvernements ?

5. Le processus de décision d'achat d'un acheteur professionnel est plus élaboré lorsque la décision comporte un risque élevé. Quel sera le comportement d'un acheteur professionnel dans les situations suivantes ? Pour chaque situation, quelle est la possibilité que l'acheteur professionnel fasse participer d'autres personnes de l'organisation au processus de décision ? Dans quelle situation la prise de décision demandera-t-elle plus de temps ? Quelle situation est un nouvel achat ? Laquelle est un réachat modifié ? Laquelle est un simple réachat ?

a) L'acheteur doit acheter une machine pour fabriquer la colonne de direction de véhicules.

b) L'acheteur achète un système de freins à un fournisseur avec lequel il a déjà fait affaire.

c) L'acheteur achète un circuit imprimé mis à jour et amélioré à une entreprise d'ordinateurs reconnue et respectée. Toutefois, cette entreprise n'était pas le fournisseur utilisé dans le passé.

6. Le marché des ordonnances de médicaments est unique dans bien des sens. Les laboratoires pharmaceutiques doivent convaincre une troisième partie, le médecin, de vendre leurs produits aux consommateurs finaux, les patients. En d'autres mots, le décideur dans cette transaction d'entreprise à entreprise est le médecin. Ainsi, les efforts promotionnels des laboratoires pharmaceutiques sont traditionnellement orientés vers cette partie. Aujourd'hui, ceux-ci font appel directement aux acheteurs et les encouragent à se renseigner auprès des médecins à propos des médicaments spécifiques. En utilisant les concepts présentés à la figure 7.2, analysez les quatre principaux types de variables (environnementales, organisationnelles, interpersonnelles, individuelles) qui modifient les efforts de vente d'un manufacturier pharmaceutique.

7. Vous êtes le leader d'une équipe de vente pour un vendeur industriel de tuyaux d'arrosage en caoutchouc. La semaine prochaine, vous avez à l'horaire une réunion avec l'équipe d'acheteurs de Saturn. Vous avez observé les comportements d'achat suivants chez les membres de ce groupe d'achat :

Cathy Beaulieu	Bill Smith	Danielle Anderson	Philippe Robinson
Critique	Arriviste	Tolérante	Enthousiaste
Pointilleuse	Dur	Respectueuse	Égocentrique
Sérieuse	Dominant	Sûre d'elle	Ambitieux
Méthodique	Efficace	Agréable	Extroverti
Exigeante	Décidé	Cérémonieuse	Théâtral
Persévérante	Pratique	Flexible	Indiscipliné

Préparez une stratégie de vente pour négocier avec chacun des membres de l'équipe de vente de Saturn.

RÉFÉRENCES

1. Frederick E. Webster Jr. et Yoram Wind, *Organizational Buying Behavior*, Englewood Cliffs, N.J., Prentice Hall, 1972, p. 2.
2. Myron Magnet, « The New Golden Rule of Business », *Fortune*, 21 février 1994, p. 60-64.
3. Pour obtenir plus d'information sur la demande dérivée, voir Karl E. Case et Ray C. Fair, *Principles of Economics*, 4ᵉ éd., Upper Saddle River, N.J., Prentice Hall, 1996.
4. Tom Stundza, « Still on a Roll! », *Purchasing*, 16 février 1995, p. 32B1-32B5.
5. Minda Zetlin, « It's All the Same to Me », *Sales and Marketing Management*, février 1994, p. 71-75.
6. Weld F. Royal, « Good-Bye, Good Ol' Boys », *Sales and Marketing Management*, décembre 1994, p. 12.
7. Patrick J. Robinson, Charles W. Faris et Yoram Wind, *Industrial Buying and Creative Marketing*, Boston, Allyn & Bacon, 1967.
8. Voir Daniel H. McQuiston, « Novelty, Complexity, and Importance as Causal Determinants of Industrial Buyer Behavior », *Journal of Marketing*, avril 1989, p. 66-79 ; Peter Doyle, Arch G. Woodside et Paul Mitchell, « Organizational Buying in New Task and Rebuy Situations », *Industrial Marketing Management*, février 1979, p. 7-11.
9. Urban B. Ozanne et Gilbert A. Churchill Jr., « Five Dimensions of the Industrial Adoption Process », *Journal of Marketing Research*, 1971, p. 322-328.
10. Voir Donald W. Jackson Jr., Janet E. Keith et Richard K. Burdick, « Purchasing Agents' Perceptions of Industrial Buying Center Influence : A Situational Approach », *Journal of Marketing*, automne 1984, p. 75-83.
11. Frederick E. Webster Jr. et Yoram Wind, *Organizational Buying Behavior*, Englewood Cliffs, N.J., Prentice Hall, 1972, p. 6.
12. *Ibid.*, p. 78-80.
13. Voir « I Think You Have a Great Product, but It's not My Decision », *American Salesman*, avril 1994, p. 11-13.
14. *Ibid.*
15. Melvin R. Mattson et Esmail Salshi-Sangari, « Decision Making in Purchases of Equipment and Materials : A Four-Country Comparison », *International Journal of Physical Distribution and Logistics Management*, vol. 23, nᵒ 8, 1993, p. 16-30.
16. Frederick E. Webster Jr. et Yoram Wind, *Organizational Buying Bebavior*, Englewood Cliffs, N.J., Prentice Hall, 1972, p. 33-37.
17. Minette E. Drumwright, « Socially Responsible Organizational Buying : Environmental Concern as a Noneconomic Buying Criterion », *Journal of Marketing*, juillet 1994, p. 1-19.
18. Shawn Tully, « Purchasing's New Muscle », *Fortune*, 20 février 1995, p. 75-79, 82-83.
19. *Ibid.* ; Mark Fitzgerald, « Decentralizing Control of Purchasing », *Editor and Publisher*, 18 juin 1994, p. 8, 10.
20. Voir « Purchasing Honors First Hall-of-Fame Inductees », *Purchasing*, 14 janvier 1993, p. 25-28.
21. Adapté par Susan Harte, « When in Rome, You Should Learn to Do What the Romans Do », *The Atlanta Journal-Constitution*, 22 janvier 1990, p. Dl, D6. Voir aussi *Lufthansa's Business Travel Guide/Europe*.
22. Patrick J. Robinson, Charles W. Faris et Yoram Wind, *Industrial Buying and Creative Marketing*, Boston, Allyn & Bacon, 1967.
23. Voir Allen M. Weiss et Jan B. Heide, « The Nature of Organizational Search in High Technology Markets », *Journal of Marketing Research*, mai 1993, p. 220-233 ; William A. Dempsey, « Vendor Selection and the Buying Process », *Industrial Marketing Management*, vol. 7, 1978, p. 257-267.
24. Voir « Xerox Multinational Supplier Quality Survey », *Purchasing*, 12 janvier 1995, p. 112.
25. Voir Donald R. Lehmann et John O'Shaughnessy, « Differences in Attribute Importance for Different Industrial Products », *Journal of Marketing*, avril 1974, p. 36-42.
26. Voir James A. Narus et James C. Anderson, « Turn Your Industrial Distributors into Partners », *Harvard Business Review*, mars-avril 1986, p. 66-71.
27. Laura M. Litvan, « Selling to Uncle Sam : New, Easier Rules », *Nation's Business*, mars 1995, p. 46-48.
28. Voir Warren H. Suss, « How to Sell to Uncle Sam », *Harvard Business Review*, novembre-décembre 1984, p. 136-144 ; Don Hill, « Who Says Uncle Sam's a Tough Sell? », *Sales and Marketing Management*, juillet 1988, p. 56-60.

Chapitre 8

L'analyse de la concurrence

Supermarché Metro de Deux-Montagnes — Reproduit avec l'autorisation de Metro-Richelieu inc.

*De tous les dangers, le plus grand est
de sous-estimer son ennemi.*
PEARL BUCK

Dans les deux chapitres précédents, nous avons étudié la dynamique des marchés des consommateurs et des organisations. La question que toute entreprise doit se poser est de savoir dans quel marché elle doit investir, compte tenu de cette dynamique. La nature et l'intensité de la concurrence ont une grande influence sur l'entreprise. Dans ce chapitre, nous étudierons le rôle que joue la concurrence dans la détermination de l'attrait d'un marché.

Porter a dégagé cinq forces qui déterminent l'attrait intrinsèque à long terme d'un marché ou d'un segment au sein de ce marché ; ce modèle apparaît à la figure 8.1. L'entreprise doit évaluer l'effet à long terme sur la rentabilité de cinq variables : les **concurrents**, les **entrants potentiels**, les **produits substituts**, les **acheteurs** et les **fournisseurs**. Plus précisément, les cinq menaces qui pèsent sur le segment de marché sont la menace de l'intensité de la concurrence dans le segment, la menace des entrants poten-

tiels, la menace des produits substituts, la menace du pouvoir de négociation croissant des acheteurs et la menace du pouvoir de négociation croissant des fournisseurs. Nous examinerons maintenant chacune de ces menaces.

La menace de l'intensité de la concurrence dans le segment. Un segment n'est pas attrayant si l'on y trouve déjà de nombreux concurrents forts ou des concurrents très combatifs. La situation est encore plus désastreuse si le segment est stable ou en déclin, si l'accroissement de la capacité de production se fait par étapes importantes, si les coûts fixes sont élevés, si les barrières à l'entrée sont élevées ou si des enjeux importants retiennent les concurrents dans le segment. De telles conditions engendrent fréquemment des guerres de prix et de publicité et le lancement de nouveaux produits, ce qui accroît les coûts de la concurrence pour les entreprises.

La menace des entrants potentiels. L'attrait du segment varie selon l'importance des barrières à l'entrée et à la sortie[1]. Les segments les plus attrayants, du point de vue de la rentabilité de l'industrie, sont ceux dans lesquels les barrières à l'entrée sont élevées et les barrières à la sortie sont basses (voir le tableau 8.1). Peu de nouvelles entreprises peuvent entrer dans l'industrie, et les entreprises qui ont un mauvais rendement peuvent facilement en sortir. Quand les barrières à l'entrée et à la sortie sont élevées, le potentiel de rentabilité est élevé ; mais ce potentiel est normalement accompagné d'un risque plus élevé, parce que les entreprises qui obtiennent un moins bon rendement y demeurent et combattent avec vigueur. Quand les barrières à l'entrée et à la sortie sont basses, alors les entreprises peuvent plus facilement entrer dans l'industrie et en sortir, et la rentabilité est plutôt stable et faible. Le pire cas est celui où les barrières à l'entrée sont faibles et où les barrières à la sortie sont élevées. Dans une telle situation, les entreprises qui entrent dans l'industrie lorsque les conditions sont bonnes peuvent

FIGURE 8.1
Les cinq forces déterminant l'attrait structurel d'un segment de marché

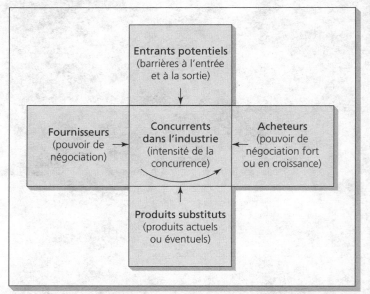

Source : Adaptée de Michael E. Porter, *Competitive Advantage : Creating and Sustaining Superior Performance*, New York, Free Press, 1985, p. 235. Avec l'autorisation de Free Press, une division de Macmillan Inc. Copyright © 1985 de Michael E. Porter.

TABLEAU 8.1

L'effet des barrières sur la rentabilité

		Barrières à la sortie	
		Faibles	Élevées
Barrières à l'entrée	Faibles	Rentabilité faible et stable	Rentabilité faible et risquée
	Élevées	Rentabilité élevée et stable	Rentabilité élevée et risquée

difficilement abandonner lorsque les temps deviennent difficiles. Il en résulte une surcapacité chronique et de faibles gains pour tous.

La menace des produits substituts. Un segment est peu attrayant quand il existe des substituts actuels ou éventuels pour le produit. Les substituts limitent le potentiel des prix et des profits dans un segment donné. L'entreprise doit surveiller de très près les tendances des prix des produits substituts. Si la technologie progresse ou si la concurrence s'accroît, les prix et les profits dans le segment chuteront fort probablement.

La menace du pouvoir de négociation croissant des acheteurs. Un segment est peu attrayant lorsque les acheteurs possèdent un pouvoir de négociation fort ou en croissance. Les acheteurs pourront alors tenter d'obtenir des réductions de prix, exiger une meilleure qualité ou de meilleurs services et attiser la rivalité entre les concurrents aux dépens de la rentabilité pour les vendeurs. Le pouvoir de négociation des acheteurs s'accroît quand ils deviennent plus organisés ou concentrés, quand le produit représente pour eux une partie importante des coûts, quand les produits ne sont pas différenciés, quand les coûts reliés au changement de fournisseur ne sont pas élevés, quand les acheteurs sont sensibles au prix à cause de la faible rentabilité ou quand ceux-ci peuvent réaliser une intégration en amont. Pour se défendre, les vendeurs peuvent choisir des acheteurs qui ont le pouvoir de négociation le plus faible ou la possibilité la plus faible de changer de fournisseur. Toutefois, une meilleure défense consiste à proposer une offre supérieure que les acheteurs ne pourront refuser.

La menace du pouvoir de négociation croissant des fournisseurs. Un segment est moins attrayant si les fournisseurs de l'entreprise sont capables d'accroître les prix ou de réduire la qualité ou la quantité des biens et des services commandés. Les fournisseurs ont tendance à être plus puissants quand ils sont concentrés ou organisés, quand il y a peu de produits substituts, quand le produit fourni est un intrant important, quand les coûts reliés au changement de fournisseur sont élevés ou quand les fournisseurs peuvent réaliser une intégration en aval. La meilleure défense pour l'entreprise consiste à établir de bonnes relations avec les fournisseurs et à s'assurer d'avoir des sources d'approvisionnement multiples.

Les trois premières forces du modèle de Porter concernent la concurrence. Non seulement la concurrence est présente sur tous les marchés, mais elle s'accroît chaque année. Plusieurs entreprises ont construit des installations de production en Europe de l'Est pour pouvoir offrir des produits moins chers en Europe et en Amérique. En vue de faire une concurrence plus efficace, la Communauté économique européenne a supprimé des barrières tarifaires entre les différents pays d'Europe de l'Ouest, alors que l'Accord de libre-échange nord-américain (ALENA) a éliminé des barrières tarifaires entre le Canada, les États-Unis et le Mexique.

De tels changements expliquent en partie les préoccupations actuelles du milieu des affaires où il est souvent question de systèmes d'information sur la concurrence, de marketing guerrier et d'autres sujets semblables[2]. Comme la concurrence s'est beaucoup accrue sur les marchés, il n'est plus suffisant de s'occuper uniquement des clients. De nos jours, les entreprises doivent prêter attention autant à leurs concurrents qu'à leurs clients cibles. Les entreprises qui réussissent le mieux ont conçu et appliquent des systèmes de collecte d'information sur leurs concurrents[3].

En fait, la connaissance de la concurrence est essentielle à toute planification efficace du marketing. Une entreprise devrait constamment comparer ses produits, son personnel, ses prix, ses canaux de distribution et sa promotion avec ceux de ses plus proches concurrents. De cette façon, elle peut définir les domaines où elle a des avantages et des désavantages concurrentiels potentiels. Elle peut alors tout aussi bien lancer des attaques précises contre ses concurrents que préparer une meilleure défense contre leurs attaques.

Les entreprises doivent savoir cinq choses sur leurs concurrents; ainsi, ce chapitre tentera de répondre aux questions suivantes:

- **Qui sont les concurrents?**
- **Quelles sont leurs stratégies?**
- **Quels sont leurs objectifs?**
- **Quelles sont leurs forces et leurs faiblesses?**
- **Quels sont leurs types de réaction?**

Les entreprises doivent aussi savoir comment concevoir un système d'information sur la concurrence, quels concurrents attaquer et lesquels éviter, et établir l'équilibre entre une orientation vers la clientèle et une orientation vers la concurrence.

8.1
LE DÉPISTAGE DES CONCURRENTS DE L'ENTREPRISE

Normalement, le dépistage des concurrents de l'entreprise apparaît comme une tâche plutôt simple. Coca-Cola sait que Pepsi-Cola est son principal concurrent; Sony sait que Matsushita est un concurrent important[4]. Mais l'étendue de la concurrence effective et potentielle est beaucoup plus vaste. Les entreprises doivent éviter la «myopie de la concurrence». Il est plus probable qu'une entreprise se fera damer le pion par des concurrents en émergence ou de nouvelles technologies que par ses concurrents actuels. En voici deux exemples frappants:

Kodak était fort préoccupée par la concurrence croissante de Fuji, le fabricant japonais de films. Mais Kodak est beaucoup plus menacée par l'invention du nouvel «appareil photo sans pellicule». L'appareil photo numérique vendu entre autres par Canon et Sony prend des images vidéo fixes qui peuvent être présentées sur un écran de télévision, reproduites sur du papier ou même effacées. Y a-t-il une menace plus grande, pour un fabricant de pellicules, qu'un appareil photo sans pellicule?

Unilever et d'autres fabricants de détergents sont préoccupés par la recherche faite sur la machine à laver ultrasonique. Si cette machine était perfectionnée, elle permettrait de laver les vêtements dans l'eau sans détergent. Jusqu'à présent, elle ne lave que certains tissus et nettoie certaines saletés. Y a-t-il une menace plus grande, pour un fabricant de détergents, qu'une machine à laver capable de laver les vêtements sans détergent?

Le Dryel de Procter & Gamble est une trousse de nettoyage à sec qui s'utilise dans la sécheuse. Jusqu'à quel point ce produit menace-t-il l'industrie du nettoyage à sec?

Il existe quatre niveaux de concurrence, basés sur l'élargissement du concept de substitution de produits:

1. **La concurrence sur la marque.** Une entreprise peut voir ses concurrents comme des entreprises qui offrent des produits et des services similaires aux mêmes clients à des prix équivalents. Ainsi, Buick peut considérer que ses principaux concurrents sont Ford, Toyota, Honda, Renault et d'autres constructeurs d'automobiles à prix intermédiaires. Mais Buick ne se verrait en concurrence ni avec Mercedes ni avec Lada.

2. **La concurrence dans l'industrie.** Une entreprise peut avoir une vision plus large de la concurrence en y incluant toutes les entreprises fabriquant le même produit ou la même catégorie de produits. Dans ce cas, Buick se verra en concurrence avec tous les constructeurs d'automobiles.

3. **La concurrence sur la forme.** De façon plus englobante, une entreprise peut considérer comme des concurrents toutes les entreprises fabriquant des produits ayant la même fin, c'est-à-dire le transport. Alors, Buick se verra en concurrence non seulement avec tous les constructeurs d'automobiles, mais aussi avec tous les fabricants de motocyclettes, de bicyclettes et de camions.

4. **La concurrence sur la base.** De façon plus englobante encore, une entreprise peut voir un concurrent dans toute entreprise qui cherche à obtenir les mêmes dollars des consommateurs. Dans ce cas, on parle aussi de **concurrence générique**. Ainsi, Buick se verra en concurrence avec tous les fabricants de biens durables importants: les maisons neuves, les réparations majeures à la maison, les maisons secondaires ou les chalets, etc. De même, les technologies de l'information (comme les téléconférences ou les vidéoconférences) sont une forme de concurrence générique pour les voyages d'affaires d'Air Canada[5].

Voyons maintenant de façon plus précise en quoi consiste le dépistage des concurrents de l'entreprise du point de vue de l'industrie et de celui du marché.

8.1.1
Le concept de concurrence dans une perspective d'industrie

Quand il est question de l'industrie de l'automobile, de l'industrie du pétrole, de l'industrie pharmaceutique ou de l'industrie des télécommunications, qu'entend-on exactement par « industrie » ?

> **Une industrie est un groupe d'entreprises qui offrent un produit ou une classe de produits qui sont de proches substituts.**

Les économistes définissent les produits ou les services de substitution comme étant ceux dont l'élasticité croisée de la demande est élevée. Si le prix d'un produit augmente et cause une augmentation de la demande d'un autre produit, alors les deux produits sont de proches substituts. Par exemple, si le prix des voitures importées augmente et que les gens achètent plus de voitures nord-américaines, les voitures nord-américaines et les voitures importées sont de proches substituts.

La structure d'une industrie dépend du nombre de vendeurs et du degré de différenciation, des barrières à l'entrée et à la mobilité, des barrières à la sortie et à la réduction des activités, de la structure de coûts, de l'intégration verticale et de l'envergure du marché.

Le nombre de vendeurs et le degré de différenciation

Ce qui caractérise une industrie est, en premier lieu, le nombre de ses vendeurs et le caractère homogène ou hautement différencié du produit. Ces caractéristiques très importantes sont à la base de la typologie de la structure industrielle suivante : le monopole pur, l'oligopole, la concurrence monopolistique et la concurrence pure.

Le monopole pur. Il y a une situation de monopole quand une seule entreprise fournit un certain produit ou service dans une région ou un pays (Hydro-Québec est une entreprise quasi monopolistique : elle est la seule à fournir de l'énergie pour l'éclairage, mais elle fait face à d'autres sources d'énergie pour le chauffage). Le monopole peut être le résultat de lois, d'un brevet, d'économies d'échelle ou d'autres facteurs. Une entreprise monopolistique non assujettie à une réglementation cherche à maximiser ses profits en exigeant un prix élevé, en faisant très peu de publicité et en offrant le minimum de services, puisque les clients sont obligés d'acheter ses produits ou ses services à défaut de proches substituts. S'il existe des substituts partiels et un danger de concurrence éventuelle, l'entreprise en situation de monopole pur pourrait investir davantage dans la qualité du service ou dans une meilleure technologie, pour préserver sa part de marché. En revanche, dans la situation d'un monopole assujetti à un organisme gouvernemental, cet organisme pourrait exiger de l'entreprise qu'elle réduise ses prix ou qu'elle fournisse plus de services dans l'intérêt du public.

L'oligopole. Un oligopole est une structure industrielle dans laquelle un nombre relativement peu élevé d'entreprises, le plus souvent importantes, offrent des produits allant des produits standardisés aux produits très différenciés. Il y a deux formes d'oligopole : l'oligopole pur et l'oligopole différencié. Un oligopole pur se compose de quelques entreprises produisant essentiellement le même bien (pétrole, acier, etc.). Dans ce cas, chaque entreprise trouvera difficile de demander un autre prix que le prix courant, sauf si elle peut différencier ses services. Si tous les concurrents offrent la même qualité de service, alors la seule façon d'obtenir un avantage concurrentiel est de réussir à baisser les coûts. Les coûts peuvent être abaissés au moyen d'une stratégie de volume. Un oligopole différencié réunit quelques entreprises fabriquant des produits partiellement différenciés (automobiles, appareils photo, etc.). Une différenciation peut s'opérer en ce qui concerne la qualité, les caractéristiques, le style ou le service. Chaque concurrent peut tenter de devenir le chef de file sous un de ces aspects, attirer les clients qui recherchent cet aspect et demander une prime pour celui-ci.

La concurrence monopolistique. La concurrence monopolistique rassemble plusieurs concurrents capables de différencier leur offre en tout ou en partie (restaurants, salons de coiffure). Plusieurs de ces concurrents tentent de miser sur des segments de marché où ils peuvent répondre aux besoins du consommateur d'une manière exceptionnelle et demander en conséquence un prix élevé.

La concurrence pure. La concurrence pure existe quand plusieurs concurrents offrent les mêmes produits et services (les marchés boursiers, les bourses de marchandises). Puisqu'il n'y a pas de différenciation, les prix des concurrents sont les mêmes. Aucun concurrent ne fera de publicité à moins qu'il ne soit capable de créer une différenciation psychologique (cigarettes, bière) ; dans un tel cas, il serait plus juste de décrire cette industrie comme étant fondée sur une concurrence monopolistique. Les vendeurs pourront réaliser des profits différents seulement s'ils réussissent à réduire leurs coûts de production et de distribution.

Les barrières à l'entrée et à la mobilité

La facilité d'accès aux industries varie grandement. Idéalement, les entreprises devraient être libres d'entrer dans les industries où les profits sont les plus intéressants. Il est facile d'ouvrir un restaurant ou un dépanneur, mais il est difficile d'entrer dans l'industrie aérospatiale. Les principales **barrières à l'entrée** sont un capital élevé, les économies d'échelle, les brevets et les licences, la rareté des emplacements, de la matière première ou des distributeurs, les exigences d'une bonne réputation, etc. Certaines de ces barrières sont inhérentes à des industries, alors que d'autres sont érigées par les actions individuelles ou collectives des entreprises en place. Même si une entreprise réussit à entrer dans une industrie, elle peut aussi faire face à des **barrières à la mobilité** si elle essaie d'entrer sur certains marchés plus intéressants de cette industrie. C'est ce qui arriva dans les années 80 à Pepsi-Cola, qui tenta d'introduire dans les supermarchés sa marque de biscuits Grandma, qui avait été jusque-là mise sur le marché dans des distributeurs. Cette marque peu connue ne put concurrencer les marques bien implantées de grandes entreprises comme Nabisco.

Les barrières à la sortie et à la réduction des activités

Idéalement, les entreprises devraient être libres de quitter une industrie où les profits ne sont pas intéressants, mais elles doivent souvent faire face à des **barrières à la sortie ou à l'abandon des activités**[6]. Parmi les barrières à l'abandon des activités, mentionnons les obligations morales ou légales envers les clients, les créditeurs et le personnel, les restrictions gouvernementales, la faible valeur de récupération des actifs à cause de la surspécialisation ou de la désuétude, l'absence d'occasions d'affaires de remplacement, une forte intégration verticale et des barrières affectives. Plusieurs entreprises persévèrent dans une industrie aussi longtemps qu'elles parviennent à couvrir leurs coûts variables et certains coûts fixes ; leur présence diminue cependant les profits pour tous. Il vaudrait mieux alors, pour les entreprises qui désirent demeurer dans cette industrie, de réduire les barrières à la sortie en offrant d'acheter des actifs des autres entreprises ou de remplir les obligations envers les clients, par exemple.

Même si certaines entreprises ne peuvent être contraintes à quitter l'industrie, elles peuvent être amenées à réduire la taille de leurs activités. Il existe aussi des **barrières à la réduction des activités** que les entreprises les plus combatives pourraient tenter d'éliminer[7]. Les deux barrières que l'on rencontre le plus fréquemment sont les obligations contractuelles et l'entêtement de la direction.

La structure de coûts

Chaque industrie doit faire face à une certaine combinaison de coûts qui influence fortement son orientation stratégique. Par exemple, la fabrication de l'acier exige des coûts élevés d'investissement et de matériaux, alors que la fabrication de jouets exige des coûts élevés de distribution et de marketing. Les cadres astucieux concentreront leur attention sur les coûts les plus élevés et élaboreront des stratégies pour réduire ou modérer ces coûts. Ainsi, dans l'industrie de l'acier, les entreprises munies des aciéries les plus modernes possèdent un avantage important par rapport aux autres entreprises de cette industrie.

L'intégration verticale

Dans certaines industries, il est avantageux pour les entreprises de s'intégrer en aval ou en amont, ce qui constitue l'intégration verticale. Un bon exemple de cette intégration nous est fourni par l'industrie du pétrole, où les principaux producteurs de pétrole font à la fois l'exploration, le forage, le raffinage et la fabrication de produits chimiques. L'intégration verticale amène souvent des coûts plus bas en même temps qu'une meilleure mainmise sur la valeur ajoutée tout au long du processus. De plus, ces entreprises peuvent influer sur les prix et sur les frais d'exploitation de façon à accroître la rentabilité dans les segments où les taxes sont moins élevées. En ce sens, les entreprises qui ne sont pas capables de s'intégrer verticalement sont désavantagées.

L'envergure du marché

Certaines industries sont locales (comme celle de l'entretien des pelouses) et d'autres font des affaires presque partout dans le monde ; ce sont des **industries mondiales** (comme les industries du pétrole, des moteurs d'avion ou des appareils photo). Les entreprises faisant partie des industries mondiales doivent être en mesure d'entrer en concurrence à l'échelle mondiale si elles veulent profiter des économies d'échelle et se tenir au fait des derniers progrès technologiques[8]. Regardons maintenant comment l'industrie nord-américaine des chariots élévateurs a perdu sa position de chef de file par rapport à l'industrie japonaise.

Il y a à peine vingt ans, cinq entreprises américaines dominaient le marché des chariots élévateurs : Clark Equipment, Caterpillar, Allis and Chalmers, Hyster et Yale. En 1992, Clark, qui était fort endettée, se départit de ses actifs pour à peine 120 millions de dollars. Caterpillar était alors un partenaire minoritaire (20 % - 80 %) dans une coentreprise avec Mitsubishi. Seule Hyster réussissait à maintenir sa part de marché face aux fabricants japonais. Elle réussit à concur-

rencer Nissan, Toyota et Komatsu en accélérant le développement de nouveaux produits, en se concentrant sur les modèles bas de gamme et en transférant une partie de sa production en Irlande, pays qui cherchait activement à promouvoir sa main-d'œuvre. Hyster engagea aussi une poursuite antidumping contre des entreprises japonaises en prétendant que le prix demandé était inférieur aux coûts ; elle eut gain de cause. Entre-temps, Clark investit dans des caractéristiques coûteuses pour ses nouveaux modèles que les acheteurs ne désiraient pas. Caterpillar fit l'erreur de tenter de distribuer ses chariots élévateurs par l'entremise de ses concessionnaires d'équipement de terrassement lourd, alors que ceux-ci ne voyaient aucun intérêt à vendre des chariots élévateurs dont la marge de profit était faible. Clark et Caterpillar réagirent aussi en déplaçant une partie de leur production en Corée du Sud ; mais les coûts s'accrurent rapidement non seulement parce que les coûts de la main-d'œuvre coréenne augmentèrent brusquement, mais aussi parce qu'il leur fallut maintenir des stocks plus élevés aux États-Unis à cause des délais d'expédition.

8.1.2
Le concept de concurrence dans une perspective de marché

Au lieu de considérer les entreprises qui fabriquent les mêmes produits (comme dans une perspective d'industrie), on peut considérer les entreprises qui tentent de satisfaire les mêmes besoins des clients ou de servir

---

TABLEAU 8.2

Une grille du champ de bataille des couples produit-marché pour les pâtes dentifrices

Produits	Enfants/Adolescents	Jeunes adultes	Autres adultes
Ordinaire	Colgate-Palmolive Procter & Gamble	Colgate-Palmolive Procter & Gamble	Colgate-Palmolive Procter & Gamble
Avec fluor	Colgate-Palmolive Procter & Gamble	Colgate-Palmolive Procter & Gamble	Colgate-Palmolive Procter & Gamble
Gel	Colgate-Palmolive Procter & Gamble Lever Brothers	Colgate-Palmolive Procter & Gamble Lever Brothers	Colgate-Palmolive Procter & Gamble Lever Brothers
À raies	Beecham	Beecham	
Pour les fumeurs		Topol	Topol

Segmentation du marché

Source : William A. Cohen, *Winning on the Marketing Front : The Corporate Manager's Game Plan*, New York, John Wiley & Sons, 1986, p. 63.

le même groupe de clients, c'est-à-dire adopter une perspective de marché. Un fabricant de logiciels de traitement de texte considère normalement que sa concurrence se compose des autres fabricants de logiciels. Cependant, du côté du client, on voit les choses d'une façon différente : le client désire tout simplement un « outil pour écrire ». Or, ce besoin peut être satisfait par des crayons, des stylos, des ordinateurs, etc. Généralement, le concept de la concurrence du point de vue du marché force l'entreprise à regarder au-delà de la concurrence traditionnelle, à étendre sa vision à un ensemble plus vaste de concurrents effectifs et potentiels. De plus, ce concept incite à la planification stratégique à long terme.

La voie à suivre pour circonscrire les concurrents est d'établir un lien entre les analyses traditionnelles de l'industrie et celles de marché grâce à une grille appelée le **champ de bataille des couples produit-marché**. On trouvera au tableau 8.2 une grille du champ de bataille des couples produit-marché, plus précisément le type du produit et le groupe d'âge des clients pour le marché des pâtes dentifrices. On constate que Procter & Gamble et Colgate-Palmolive occupent neuf segments, Lever Brothers, trois, Beecham, deux et Topol, deux. Si Topol désire entrer dans d'autres segments, elle devra estimer la taille du marché dans chaque segment, la part de marché de chacun des concurrents actuels dans ces segments ainsi que leurs forces actuelles, leurs objectifs et leurs stratégies. Évidemment, chaque cellule ou segment produit-marché posera différentes barrières à l'entrée, peu importe l'attrait de ce segment.

8.2
LA MISE AU JOUR DES STRATÉGIES DES CONCURRENTS

Les concurrents les plus directs sont ceux qui utilisent les mêmes stratégies auprès des mêmes marchés cibles.

> **Un groupe stratégique est un groupe d'entreprises dans une industrie qui utilisent la même stratégie, ou une stratégie similaire, en ce qui a trait aux aspects les plus importants[9].**

Supposons qu'une entreprise désire entrer dans l'industrie des appareils électroménagers. Supposons également que les deux variables stratégiques impor-

tantes dans cette industrie soient une image de qualité et l'intégration verticale. Cette entreprise préparera un diagramme stratégique semblable à celui de la figure 8.2 et découvrira qu'il existe quatre groupes stratégiques. Le groupe stratégique A compte un seul concurrent, Maytag ; le groupe stratégique B rassemble trois concurrents importants, soit General Electric, Whirlpool et Sears ; le groupe stratégique C se compose de quatre autres entreprises ; le groupe stratégique D réunit deux entreprises.

De ce diagramme des groupes stratégiques on peut dégager des conséquences importantes. Tout d'abord, le niveau de barrières à l'entrée est différent pour chaque groupe stratégique. Une nouvelle entreprise trouverait plus facile d'entrer dans le groupe stratégique D parce que ce groupe exige un investissement plus faible dans l'intégration verticale, dans la qualité des composantes et dans son image. Cependant, l'entreprise jugerait l'entrée dans les groupes A ou B beaucoup plus difficile parce que ces deux groupes exigent des investissements importants d'une entreprise pour qu'elle puisse offrir des produits de qualité et assurer une intégration verticale. En outre, si l'entreprise réussit à entrer avec succès dans un de ces groupes, les membres de ce groupe deviendront alors ses concurrents directs. Si elle décide d'entrer dans le groupe B, elle devra miser avant tout sur les forces qui lui permettent de concurrencer General Electric, Whirlpool et Sears. En fait, il lui faudra entrer dans ce groupe avec certains avantages stratégiques additionnels si elle espère réussir.

Quoique la concurrence soit plus intensive au sein d'un même groupe stratégique, il existe aussi une rivalité entre les groupes. Premièrement, certains groupes stratégiques peuvent attirer des groupes de clients qui se recoupent. Par exemple, les fabricants d'appareils électroménagers, même s'ils utilisent des stratégies différentes, tenteront tous de vendre aux constructeurs d'immeubles d'habitation. Deuxièmement, il est possible que les clients ne voient pas bien les différences entre toutes les offres. Troisièmement, chaque groupe peut vouloir accroître l'étendue de son marché, spécialement si tous les groupes ont une taille et un pouvoir comparables, et si les barrières à la mobilité entre les groupes sont basses.

On s'est servi de seulement deux variables à la figure 8.2 pour mettre au jour les groupes stratégiques de cette industrie. D'autres caractéristiques pourraient inclure le degré de perfectionnement

FIGURE 8.2

Les groupes stratégiques dans l'industrie des appareils électroménagers

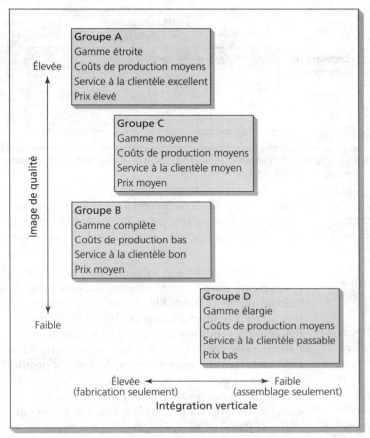

tives savent qu'elles doivent revoir leurs stratégies avec le temps. Par exemple, à ses débuts, Ford était une entreprise qui réussissait parce qu'elle était parvenue à produire des autos à faibles coûts. Puis, General Motors surpassa Ford grâce à son habileté à répondre aux nouveaux désirs du marché par une plus grande variété d'automobiles. Plus tard, les entreprises japonaises prirent le leadership parce qu'elles produisirent des automobiles ayant une faible consommation d'essence. Les entreprises japonaises revinrent rapidement à la charge en produisant des automobiles qui avaient une très grande fiabilité. Puis, alors que les fabricants américains d'automobiles commençaient à peine à rattraper le niveau de qualité des fabricants japonais, ceux-ci se tournèrent vers des qualités sensorielles telles que l'apparence et l'ergonomie de l'automobile et de ses diverses composantes. Comme l'explique un ancien ingénieur de Ford : « Il s'agit de toutes sortes de petits raffinements, telles la précision des essuie-glaces, la vitesse des vitres électriques, la facilité d'utilisation d'un bouton de ventilation. La concurrence se fera désormais sur les détails[10]. » Il est clair que les entreprises doivent être à l'affût des désirs des clients et de la façon dont les concurrents révisent leurs stratégies pour répondre aux désirs qui apparaissent.

technologique, l'étendue géographique, les méthodes de fabrication, etc. En fait, le profil de chaque concurrent devrait être connu par rapport à plusieurs variables, et non seulement par rapport à ces deux-là ; une entreprise doit recueillir des renseignements encore plus détaillés sur la concurrence. Elle doit même connaître en détail les stratégies de R et D, de fabrication, d'achat et de financement, ainsi que toute autre stratégie en vigueur. Elle doit aussi connaître la qualité, les caractéristiques et le marketing mix de chacun des produits de la concurrence, son service à la clientèle, sa politique de prix, l'étendue de sa distribution, la stratégie de sa force de vente de même que ses programmes de publicité et de promotion des ventes.

Une entreprise doit toujours surveiller les stratégies de ses concurrents. Les entreprises les plus créa-

8.3

LA DÉFINITION DES OBJECTIFS DES CONCURRENTS

Après avoir circonscrit les principaux concurrents et leurs stratégies, l'entreprise doit se demander ce que chaque concurrent cherche à atteindre sur le marché, ce qui motive son comportement.

Une hypothèse initiale utile est que les concurrents s'efforcent de maximiser leurs profits et choisissent leurs actions en conséquence. Mais chaque entreprise peut avoir une perception différente de l'importance du profit à court terme et à long terme. On peut même dire que certaines entreprises recherchent simplement des profits « satisfaisants », et non une rentabilité maximale. Elles fixent des profits cibles et sont satisfaites lorsqu'elles les atteignent, même si elles peuvent accroître leurs profits en adoptant d'autres stratégies, en faisant plus d'efforts.

Selon une autre hypothèse, chaque concurrent a une série d'objectifs ayant des poids différents. L'entreprise aimerait alors connaître le poids relatif que le concurrent accorde à la rentabilité actuelle, à la croissance de la part de marché, au flux de trésorerie, au leadership technologique, au leadership en matière de service, etc. Si l'entreprise apprend quel poids un concurrent accorde à différents objectifs, elle pourra déterminer si ce concurrent est satisfait de ses résultats financiers actuels et comment il pourrait réagir à différents types d'attaques de la concurrence. Par exemple, un concurrent qui cherche à devenir le chef de file en matière de faibles coûts réagira beaucoup plus fortement à une innovation dans le processus de fabrication d'un autre concurrent qu'à une nouvelle campagne de publicité du même concurrent.

Voici un exemple de différences marquées entre les objectifs des entreprises canadiennes et japonaises. La plupart des entreprises canadiennes fonctionnent selon un modèle de maximisation des profits à court terme, surtout parce que le rendement actuel est évalué par des actionnaires qui pourraient perdre confiance, vendre leurs actions et ainsi occasionner une augmentation du coût du capital pour l'entreprise. De leur côté, les entreprises japonaises fonctionnent surtout selon un modèle de maximisation de parts de marché. Elles ont des exigences moins élevées quant aux profits parce que la majeure partie de leurs capitaux provient de banques qui recherchent surtout des paiements réguliers d'intérêt, plutôt qu'un rendement sur l'investissement élevé avec des risques quelque peu plus élevés.

Plusieurs variables contribuent à façonner les objectifs d'un concurrent : sa taille, son histoire, sa direction actuelle et ses caractéristiques économiques. Si le concurrent est une filiale d'une grande entreprise, on aimerait alors savoir s'il recherche la croissance ou l'apport de fonds, ou encore s'il sert de vache à lait à la société mère. Si cette unité stratégique d'activité n'est pas centrale dans les opérations de la société mère, on l'attaquera avec plus de succès que si elle est le cœur de l'empire du concurrent. Rothschild

FIGURE 8.3

Une grille du champ de bataille des couples produit-marché pour les ordinateurs personnels

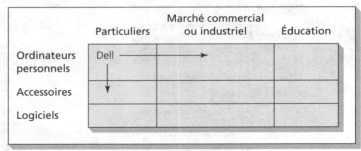

Source : William E. Rothschild, *How to Gain (and Maintain) the Competitive Advantage*, New York, McGraw-Hill, 1989, p. 23.

soutient que le pire concurrent à attaquer est celui qui exerce une activité unique et importante et qui, de plus, donne une perspective mondiale à ses opérations[11].

Enfin, l'entreprise doit surveiller les objectifs de ses concurrents quant aux nouveaux couples produit-marché auxquels ils ont l'intention de s'attaquer. On trouvera à la figure 8.3 une grille du champ de bataille des couples produit-marché de l'industrie des ordinateurs personnels. On y voit la position actuelle de Dell, dont la principale force est la vente d'ordinateurs personnels aux particuliers, qui ajoute des accessoires à ses produits tout en s'attaquant aux marchés commerciaux et industriels. Les autres concurrents dans ces divers segments pourraient tenter de contrer l'expansion de Dell en tentant d'ériger des barrières à la mobilité.

8.4

L'ÉVALUATION DES FORCES ET DES FAIBLESSES DES CONCURRENTS

Les divers concurrents peuvent-ils appliquer leurs stratégies et atteindre leurs buts ? Cela dépendra des ressources et des capacités de chacun des concurrents. Pour dégager avec précision les forces et les faiblesses de chaque concurrent, la première étape consiste, pour l'entreprise, à recueillir les données clés sur les activités de chaque concurrent depuis quelques années. Les principales variables sont les ventes, la part de marché, la marge de profit, le rendement des investissements, le flux de trésorerie, les nouveaux investissements et l'utilisation de la capacité de production. Il faut reconnaître que certains de ces renseignements seront difficiles à obtenir. Par exemple, les entreprises productrices de biens industriels ont du mal à estimer les parts de marché des concurrents. Elles prennent normalement connaissance des forces et des faiblesses de leurs concurrents grâce à des données secondaires, à l'expérience personnelle et au bouche à oreille. Ces entreprises peuvent accroître leurs connaissances en effectuant de la recherche en marketing primaire auprès de clients, de fournisseurs et de vendeurs. Ce genre d'information a ainsi permis à une entreprise de décider quels concurrents elle défierait sur le marché des contrôles programmables :

Une entreprise a récemment pris la décision d'entrer sur le marché des contrôles programmables. Elle savait qu'elle devrait faire face à trois concurrents bien établis, à savoir Allen-Bradley, Texas Instruments et Gould. La recherche avait démontré qu'Allen-Bradley jouissait d'une excellente réputation dans l'industrie à cause de son leadership technologique, que Texas Instruments était reconnue pour ses coûts peu élevés et n'hésiterait pas à s'engager dans de longues batailles pour l'obtention de parts de marché et que, enfin, le travail de Gould était bien fait, mais n'était certainement pas excellent. L'entreprise conclut que sa meilleure cible était Gould.

On trouvera au tableau 8.3 les résultats obtenus par une agence de recherche dont les services avaient été retenus par une entreprise désireuse de savoir comment les clients évaluaient ses trois concurrents — A, B et C — sous le rapport de cinq attributs. Le concurrent A, qui est bien connu, est perçu comme offrant des produits de haute qualité vendus par une bonne force de vente. En revanche, ce concurrent est perçu comme étant mauvais quant à l'accessibilité des produits et au soutien technique. Le concurrent B, lui, est bon sous tous les aspects et même excellent

quant à l'accessibilité des produits et à la force de vente. Enfin, le concurrent C est évalué entre mauvais et passable sur presque tous les attributs. Cette information indique à l'entreprise la possibilité de s'attaquer au concurrent A sur le terrain de l'accessibilité des produits et du soutien technique, et au concurrent C sur tous les terrains. Elle indique en outre que le concurrent B n'a pas de faiblesses évidentes.

Il existe d'autres variables de marketing que toute entreprise doit prendre en considération dans une perspective de concurrence, à savoir :

- **La part de marché.** La part de marché est une mesure de la part des ventes que prend un concurrent sur un marché donné.

- **La part de notoriété.** Il s'agit d'une mesure du pourcentage de clients qui nomment le concurrent en réponse à la question « Nommez la première entreprise qui vient à votre esprit dans cette industrie ».

- **La part de préférence.** Elle se définit comme une mesure du pourcentage de clients qui nomment le concurrent en réponse à la question « Nommez l'entreprise à laquelle vous préféreriez acheter ce produit ».

On peut observer une relation intéressante entre ces trois mesures. Le tableau 8.4 présente les résultats pour ces trois mêmes concurrents. Le concurrent A bénéficie de la plus grande part de marché, mais celle-ci décroît. On trouve une explication partielle de cette situation dans le fait que ses parts de notoriété et de préférence baissent aussi. La chute des parts de notoriété et de préférence est probablement due au fait que, quoique les produits du concurrent A soient bons, on ne peut en dire autant de l'accessibilité des produits et du soutien technique. Le concurrent B, de son côté, voit sa part de marché s'accroître régulièrement, et cela est probablement dû à des stratégies qui lui ont permis d'augmenter sa part de notoriété et sa

TABLEAU 8.3
L'évaluation par les clients des facteurs clés de succès importants des concurrents

	Notoriété	Qualité des produits	Accessibilité des produits	Soutien technique	Force de vente
A	E	E	M	M	B
B	B	B	E	B	E
C	P	M	B	P	P

E = Excellent, B = Bon, P = Passable, M = Mauvais

TABLEAU 8.4
Les parts de marché, de notoriété et de préférence

	Part de marché			Part de notoriété			Part de préférence		
	1998	1999	2000	1998	1999	2000	1998	1999	2000
A	50 %	47 %	44 %	60 %	58 %	54 %	45 %	42 %	39 %
B	30 %	34 %	37 %	30 %	31 %	35 %	44 %	47 %	53 %
C	20 %	19 %	19 %	10 %	11 %	11 %	11 %	11 %	8 %

part de préférence. Enfin, le concurrent C semble relégué à de bas niveaux de parts de marché, de notoriété et de préférence étant donné la mauvaise qualité de ses produits et de ses attributs de marketing. On pourrait généraliser ces observations comme suit : **les entreprises qui font régulièrement des gains de parts de notoriété et de préférence feront inévitablement des gains de parts de marché et de rentabilité.** L'important, alors, n'est pas que l'entreprise fasse des profits élevés une année donnée (il y a tant de facteurs qui entrent en jeu), mais qu'elle réussisse, au fil du temps, à accroître régulièrement ses parts de notoriété et de préférence auprès des consommateurs.

Dans le but d'accroître leurs parts de marché, plusieurs entreprises font maintenant de l'étalonnage concurrentiel. Cette technique ainsi que ses avantages sont présentés dans la rubrique Le marketing en coulisse 8.1 intitulée « Comment l'**étalonnage concurrentiel** peut-il améliorer la performance concurrentielle ? ».

Enfin, en recherchant les faiblesses des concurrents, il faut tenter de recenser toutes les hypothèses faites au sujet de leur entreprise et de leur marché qui ne se vérifient plus aujourd'hui. Certaines entreprises pensent qu'elles font des produits de la meilleure qualité dans leur industrie, alors que ce n'est plus vrai. Plusieurs entreprises croient encore, à tort, à des dictons comme « Les clients préfèrent les entreprises qui offrent des gammes complètes », « La force de vente est le seul outil important en marketing » ou « Les clients accordent plus d'importance au service qu'au prix ». Si l'on apprend qu'un concurrent fonctionne d'après des hypothèses erronées, on peut tirer profit de cette situation.

LE MARKETING EN COULISSE 8.1
Comment l'étalonnage concurrentiel peut-il améliorer la performance concurrentielle ?

L'**étalonnage concurrentiel** est l'art de trouver comment et pourquoi certaines entreprises réalisent certaines tâches mieux que d'autres, jusqu'à 10 fois mieux. Les entreprises de classe mondiale se différencient des entreprises ordinaires quant à la qualité, à la rapidité et à la performance de leurs produits et services par rapport aux coûts.

On peut réaliser l'étalonnage d'une entreprise afin de copier ou même de perfectionner ses meilleures pratiques. Les Japonais utilisèrent minutieusement l'étalonnage industriel après la Seconde Guerre mondiale en copiant plusieurs produits et pratiques de l'Occident. Xerox, en 1979, entreprit un des premiers projets importants d'étalonnage concurrentiel. Elle voulait en effet apprendre comment ses concurrents japonais arrivaient à produire des photocopieurs plus fiables et à demander des prix inférieurs aux coûts de production de Xerox. En achetant des photocopieurs japonais et en les analysant grâce à l'« ingénierie inversée », Xerox apprit à améliorer grandement la fiabilité et les coûts de ses propres photocopieurs.

Ford est un autre pionnier de l'étalonnage concurrentiel. Cette société perdait des ventes aux mains des fabricants d'automobiles japonais et européens. Don Peterson, qui était alors président de Ford, demanda à ses concepteurs et à ses ingénieurs de construire une nouvelle automobile qui intégrerait les 400 caractéristiques que les clients de Ford jugeaient les plus importantes. Si Saab faisait les meilleurs sièges, alors Ford copiait les sièges de Saab, et ainsi de suite. Peterson alla même plus loin et demanda à ses ingénieurs d'«améliorer ce qui se faisait de mieux» lorsque cela était possible. Quand la nouvelle automobile (la Taurus, qui connut beaucoup de succès) fut terminée, Peterson prétendit que ses ingénieurs avaient fait davantage que copier certaines caractéristiques parmi les meilleures des automobiles concurrentes; ils les avaient améliorées.

De nos jours, plusieurs entreprises (dont IBM, Kodak, DuPont et Motorola) utilisent l'étalonnage concurrentiel. Certaines entreprises se contentent de faire l'étalonnage des meilleures entreprises dans leur industrie. D'autres choisissent plutôt de faire celui des meilleures pratiques qui existent partout dans le monde. En ce sens, l'étalonnage concurrentiel va au-delà de l'analyse concurrentielle traditionnelle. Motorola, par exemple, commence chaque projet d'étalonnage par une recherche de ce qui se fait de mieux dans le monde. Selon un cadre supérieur de Motorola: «Plus nous sommes loin de notre entreprise pour établir les comparaisons, plus nous sommes heureux. Nous recherchons la supériorité concurrentielle, après tout, et non seulement la parité concurrentielle.»

Un exemple de la recherche de ce qui se fait de mieux est celui de Robert C. Camp, un expert en étalonnage chez Xerox. Il visita l'entrepôt de L. L. Bean pour trouver comment les employés de l'entrepôt de Bean faisaient pour sélectionner et emballer des articles trois fois plus vite que les employés de Xerox. Dans un autre cas, Xerox fit l'étalonnage des pratiques de facturation d'American Express, de même que l'expertise des calendriers de production de Cummins Engine.

L'étalonnage industriel comprend les sept étapes suivantes: déterminer les fonctions dont on doit faire l'étalonnage; cerner les variables clés de performance à mesurer; choisir les entreprises qui sont les meilleures dans leur catégorie; mesurer la performance de ces entreprises; mesurer la performance de l'entreprise; spécifier les programmes et les mesures à adopter pour diminuer l'écart; mettre ceux-ci en œuvre et évaluer les résultats.

Comment une entreprise peut-elle choisir les meilleures entreprises dans leur catégorie? Un bon point de départ consiste à demander aux clients, aux fournisseurs et aux distributeurs quelles entreprises, selon eux, accomplissent le meilleur travail. De plus, les principales firmes d'experts-conseils peuvent être interrogées parce qu'elles montent au fil des ans des dossiers importants sur les meilleures pratiques. Pour maintenir les coûts au minimum, une entreprise devrait privilégier l'étalonnage des tâches critiques qui influencent grandement la satisfaction de la clientèle et les coûts pour l'entreprise, et dans lesquelles on sait qu'il existe des performances supérieures.

Sources: Robert C. Camp, *Benchmarking: The Search for Industry-Best Practices that Lead to Superior Performance*, White Plains, New York, Quality Resources, 1989; Michael J. Spendolini, *The Benchmarking Book*, New York, Amacon, 1992; Jeremy Main, «How to Steal the Best Ideas Around», *Fortune*, 19 octobre 1992; A. Steven Walleck et autres, «Benchmarking World Class Performance», *McKinsey Quarterly*, n° 1, 1990, p. 3-24; Otis Port, «Beg, Borrow — and Benchmark», *Business Week*, 30 novembre 1992, p. 74-75; Stanley Brown, «Don't Innovate — Imitate!», *Sales and Marketing Management*, janvier 1995, p. 24-25.

8.5
LA PRÉDICTION DES SCHÈMES DE RÉACTION DES CONCURRENTS

La connaissance des objectifs ainsi que des forces et des faiblesses des concurrents aide beaucoup à expliquer les actions et les réactions des concurrents ou les décisions de l'entreprise de réduire les prix, d'accroître la promotion ou de lancer un nouveau produit. De plus, chaque concurrent est guidé par une philosophie des affaires, une culture interne et des croyances. Pour pouvoir prévoir les actions et les réactions potentielles d'un concurrent, il est nécessaire d'avoir une excellente compréhension de la mentalité de ce concurrent.

Voici quelques schèmes de réaction communs qui ont été observés chez des concurrents.

Le concurrent amorphe. Certains concurrents ne réagissent pas rapidement ou fortement à une action donnée d'un concurrent. Par exemple, la compagnie Cott, qui fabrique des boissons gazeuses, élabora au début des années 90 des boissons gazeuses pour des marques privées de différentes chaînes d'alimentation. La part de marché des marques privées des boissons gazeuses passa de 30 % à plus de 40 %. C'est alors que Coca-Cola réagit en réduisant les prix ; elle fut vite suivie par Pepsi. Vers la fin de 1994, la part de marché des marques privées avait baissé à 34 %[12]. Les raisons de l'absence de réaction d'une entreprise aux activités des concurrents varient. Ainsi, ses dirigeants peuvent croire que leurs clients sont fidèles ; ils peuvent avoir choisi de moissonner ; ils peuvent être lents à remarquer les changements ; ils peuvent ne pas avoir les fonds nécessaires pour réagir. L'entreprise doit tenter d'évaluer les raisons du comportement amorphe des concurrents.

Le concurrent sélectif. Certains concurrents réagissent à certains types d'assauts et pas à d'autres. Par exemple, ils peuvent réagir à des réductions de prix de façon à démontrer qu'elles sont futiles, mais éviter de répondre à une augmentation des dépenses de publicité, croyant que celles-ci sont moins menaçantes. Lorsque l'entreprise sait à quoi un concurrent important réagit, cela lui donne un indice des types d'attaques qu'il lui est possible de faire.

Le concurrent combatif. L'entreprise réagit vivement à tout assaut sur le terrain. Ainsi, Procter & Gamble ne permet pas facilement à un nouveau détergent d'entrer sur le marché. Un concurrent combatif fait sentir aux autres entreprises qu'elles feraient mieux d'éviter toute attaque parce que, s'il est agressé, il ripostera férocement. En d'autres mots, il rappelle à tous qu'il vaut toujours mieux s'attaquer à un mouton qu'à un tigre. C'est ce que découvrit Lever Brothers lors de son arrivée sur le marché des détergents « ultra » où Procter & Gamble avait été un pionnier. Ce type de détergent est plus concentré et requiert des contenants plus petits. Les détaillants les aiment bien parce qu'ils prennent moins d'espace sur les étalages. Toutefois, lorsque Lever introduisit ses produits, elle ne put avoir accès pendant longtemps à ces espaces, car Procter & Gamble investit des sommes considérables en promotion pour appuyer ses marques de détergent[13].

Le concurrent aléatoire. Certains concurrents ne présentent pas un schème de réaction prévisible. De tels concurrents peuvent réagir ou non dans une situation particulière. Il n'y a aucune façon de prévoir leur action d'après les données économiques, historiques ou autres. Plusieurs PME sont des concurrents aléatoires : elles font de la concurrence sur certains fronts lorsqu'elles peuvent se permettre de livrer bataille et se retiennent de combattre si les coûts prévus pour faire de la concurrence paraissent trop élevés.

Certaines industries se caractérisent par un accord tacite ou relatif entre les concurrents, alors que d'autres sont le lieu d'une bataille constante. Bruce Henderson pense que cette différence dépend beaucoup de l'« équilibre concurrentiel » de l'industrie. Voici quelques-unes de ses observations au sujet de l'état probable des relations de concurrence[14] :

Si les concurrents sont presque identiques et procèdent de façon semblable, alors leur équilibre concurrentiel est instable. Il est probable qu'il y aura perpétuellement des conflits dans les industries où les entreprises ont une capacité concurrentielle comparable. Cette observation décrirait assez bien les industries des matières premières et des denrées, où les vendeurs n'ont pas vraiment trouvé une façon de différencier leurs coûts ou leur offre. Dans un tel cas, l'équilibre concurrentiel est rompu lorsqu'une entreprise baisse ses prix, ce qui peut avoir des répercussions très importantes, surtout lorsqu'un concurrent a une capacité de production excédentaire. Cela explique pourquoi il y a souvent des guerres de prix dans ces industries.

Si un facteur important unique est le facteur critique, alors l'équilibre concurrentiel sera instable. Cette constatation se rapporte aux industries où les possibilités de différenciation existent grâce aux économies d'échelle, aux progrès de la technologie, à la réduction des coûts, à l'apprentissage, etc. Dans de telles industries, toute entreprise qui réussit à faire une percée à l'aide d'une réduction de ses coûts peut baisser ses prix et gagner une part de marché aux dépens des autres entreprises, qui pourront alors seulement protéger leur part de marché moyennant de grandes dépenses. Des guerres de prix dans ces industries éclatent par suite de percées qui permettent de réduire les coûts.

Si plusieurs facteurs peuvent être des facteurs critiques, alors il est possible que chaque concurrent ait certains avantages et soit attrayant pour certains

clients à cause de sa **différenciation.** Plus il y aura de facteurs pouvant créer un avantage, plus grand sera le nombre de concurrents qui pourront coexister. Chaque segment concurrentiel de chaque concurrent sera défini par la préférence pour les compromis faits dans le choix des facteurs qui composent l'offre. Cette particularité désigne les industries où il existe plusieurs possibilités pour différencier la qualité, le service, les commodités, etc. Si les consommateurs accordent des valeurs différentes à ces facteurs, alors plusieurs entreprises pourront coexister en se trouvant des créneaux.

Moins il y aura de variables de concurrence critiques, moins il y aura de concurrents. Si un seul facteur est critique, alors il est probable que pas plus de deux ou trois concurrents pourront se maintenir sur le marché. Inversement, plus grand sera le nombre de variables concurrentielles, plus grand sera le nombre de concurrents.

Un ratio de 2 à 1 dans la part de marché entre deux concurrents semble être le point d'équilibre auquel il n'est ni pratique ni avantageux pour aucun des concurrents d'accroître ou de réduire sa part de marché. À ce niveau, les coûts additionnels reliés à la promotion et à la distribution, ou tout autre effort de marketing, seront supérieurs aux gains de la part de marché.

8.6
LA CONCEPTION D'UN SYSTÈME D'INFORMATION SUR LA CONCURRENCE

La collecte de l'information sur la concurrence ne peut être laissée au hasard. Chaque entreprise doit en effet concevoir un système d'information sur la concurrence qui est efficace du point de vue des coûts. Tout le monde dans l'entreprise doit être à l'écoute des clients, bien les servir et s'assurer de leur satisfaction ; plus encore, tous les employés doivent être motivés à cerner l'information concurrentielle pertinente et à la transmettre aux personnes ou aux unités en cause. À l'occasion, on forme même des équipes multidisciplinaires à cet effet.

La mise en œuvre d'un système d'information sur la concurrence comprend quatre étapes :

1. **La conception du système.** La première étape consiste à déterminer la nature de l'information essentielle sur la concurrence et quelles sont les meilleures sources de cette information. De plus, elle consiste à nommer une personne responsable de ce système et de ce service.

2. **La collecte des données.** À la deuxième étape, les données sont recueillies de façon permanente sur le terrain (force de vente, canaux de distribution, fournisseurs, agences de recherche en marketing, associations professionnelles, etc.) et dans les sources publiées (publications officielles, discours, articles). En outre, il existe une quantité énorme d'informations sur les entreprises nationales et sur les entreprises des autres pays qui peuvent être obtenues à l'aide de services directs ou de cédéroms (voir la rubrique Vision 2000 + intitulée « L'information globale au bout des doigts »).

   Quoique la plupart des techniques de collecte de l'information soient légales, plusieurs d'entre elles peuvent manquer d'éthique. Par exemple, on sait que certaines entreprises publient des annonces pour combler des postes et tentent d'obtenir de l'information au cours d'entrevues faites avec des employés des concurrents. Bien qu'il soit souvent illégal pour une entreprise de photographier l'usine d'un concurrent du haut des airs, il existe des façons légitimes d'obtenir ces photos. Ainsi, on peut se procurer des photos aériennes dans des ministères tels que le ministère des Ressources naturelles du Québec. Certaines entreprises vont même jusqu'à acheter les déchets de leurs concurrents. Après avoir quitté le terrain du concurrent, les déchets sont considérés, d'un point de vue légal, comme un bien abandonné[15]. Il est clair que les entreprises se doivent d'adopter des techniques qui leur permettront d'obtenir de l'information sur les concurrents sans violer les lois ou aller à l'encontre des pratiques éthiques. On trouvera certaines techniques efficaces dans la rubrique Mémento de marketing 8.1 intitulée « Être à l'affût : le secret pour devancer la concurrence ».

3. **L'évaluation et l'analyse.** À la troisième étape, on vérifie la validité et la fiabilité des données, on les interprète et on les organise comme il convient.

4. **La diffusion et les réponses aux questions posées.** À la dernière étape, l'information importante est transmise aux décideurs et l'on répond aux questions des cadres au sujet des concurrents.

L'information globale au bout des doigts

Comment les gens de marketing doivent-ils s'y prendre lorsqu'ils ont besoin d'information sur ce que leurs concurrents font en Suède ou à Singapour? Grâce à l'évolution de la technologie, les entreprises qui sont à l'avant-garde peuvent maintenant recueillir une information précise et à jour grâce à des cédéroms et à des services électroniques tels que ceux qu'offrent Canada News Wire et CompuServe. Des librairies virtuelles qui permettront à l'utilisateur d'avoir accès en direct à des catalogues et de faire appel à des textes seront mises sur pied dans un proche avenir. De nos jours, les mercaticiens utilisent les bases de données globales suivantes:

Europe. La base de données Globalbase est une version nouvelle et améliorée de la base de données Informat International. Au moyen de résumés de 800 périodiques d'affaires provenant de partout dans le monde (mais surtout du Royaume-Uni et de l'Europe), Globalbase procure une information sur de nouvelles régions telles que les pays de la Scandinavie et du Pacifique. On y trouve même des données sur Brunei et sur la Nouvelle-Guinée. La base de données comprend surtout des publications commerciales portant une attention spéciale aux secteurs suivants: les transports, la restauration et l'hôtellerie, l'électronique, les soins de santé, les emballages et les papiers, les plastiques de même que les cosmétiques et la chimie.

Russie. La base de données Access Russia donne des renseignements commerciaux scientifiques et juridiques en russe et en anglais. Elle offre une information à jour qu'on ne trouve pas couramment sur d'autres réseaux d'information ou sur des cédéroms, et qui était autrefois difficile à obtenir à cause des contraintes politiques, économiques ou linguistiques. La base de données incluse sur le cédérom d'Access Russia, qui fut introduit en 1993, comprend des données sur les lois et les règlements, sur les affaires et l'économie, et sur la science et la technologie.

Japon. Quoique des rapports sur les entreprises japonaises soient depuis longtemps accessibles en ligne, l'émergence de données électroniques en langue anglaise de sources japonaises a ouvert une nouvelle porte sur l'Extrême-Orient. Il existe deux fournisseurs importants d'information commerciale sur les entreprises japonaises: Nihon Keizai Shimbun America et Teikoku Databank America. Le premier fournisseur offre une variété de renseignements commerciaux incluant l'accès en anglais à des nouvelles japonaises commerciales à jour. Le deuxième est particulièrement utile pour obtenir une information commerciale et financière cruciale sur les entreprises japonaises. Le pouvoir réel de cette base de données tient cependant à sa capacité de rechercher les dossiers de 200 000 entreprises à partir de la plupart des champs d'information clés contenus dans les rapports de chaque entreprise.

Sources: Mick O'Leary, «Globalbase Reaches New Global Markets», *Information Today*, juin 1994, p. 11-12; Linda Rosen, «Access Russia», *Information Today*, juin 1994, p. 22-24; David A. Fryxell, «Japan is only a Keystroke Away… When You Tap into Its Databases», *Link-Up*, juillet-août 1994, p. 8-9.

Avec un tel système, les cadres de l'entreprise recevront une information à jour au sujet des concurrents, sous forme d'appels téléphoniques, de bulletins, de lettres et de rapports. Par exemple, dans les banques canadiennes, la direction informe régulièrement le personnel sur les taux d'intérêt et sur les frais des divers produits et services financiers des principaux établissements financiers. Dans certaines entreprises, les cadres sont invités à entrer en contact avec le service de l'information quand ils ont besoin d'interpréter un geste soudain d'un concurrent ou de connaître ses forces et ses faiblesses ou la façon dont il réagira à une action que l'entreprise envisage d'accomplir.

Dans les petites entreprises, qui ne peuvent se permettre de créer un service de l'information sur la concurrence, une démarche utile est d'affecter quelques cadres à la surveillance de certains concurrents.

MÉMENTO DE MARKETING 8.1
Être à l'affût : le secret pour devancer la concurrence

Les bottins, les rapports annuels, les brochures et les communiqués de presse sont de bonnes sources d'information historiques, mais elles sont souvent insuffisantes pour une entreprise qui espère concurrencer un nouveau produit qui a été lancé récemment. Les experts recommandent les huit techniques suivantes qui pourraient donner une avance de deux ans ou plus à une entreprise sur la concurrence :

1. **Surveiller les PME dans votre industrie et dans les industries apparentées.** La vraie innovation vient souvent de petites entreprises inconnues. Qui aurait pu penser, par exemple, que Teendent, un nettoyeur dentaire produit par un technicien orthodontiste, serait préféré aux marques connues par les adolescents qui utilisent des équipements dentaires amovibles tels que des protecteurs dentaires ?

2. **Surveiller les demandes de brevets.** Toutes les demandes de brevets ne donnent pas naissance à des produits ; néanmoins, elles sont une indication des orientations d'une entreprise. L'information sur les demandes de brevets peut être obtenue de différentes bases de données en ligne et de cédéroms.

3. **Surveiller les changements d'emploi et les autres activités des experts d'une industrie.** Il faut chercher des réponses à des questions telles que celles-ci : Qui la concurrence a-t-elle embauché ? Ces nouveaux employés ont-ils rédigé des articles ou présenté des communications à des conférences ? Quelle est la valeur de leur expertise pour le concurrent ? Si celui-ci acquiert une expertise, cela modifiera-t-il la position concurrentielle de l'entreprise ? Par exemple, si une entreprise de pâtes et papiers embauche un directeur du marketing qui a une riche expérience de l'Europe de l'Est, il se peut bien qu'elle veuille s'implanter sur ce marché.

4. **Être informé des ententes de licences.** Les ententes de licences donnent une information utile au sujet de la façon dont une entreprise peut vendre un nouveau produit (lieu, manière et moment).

5. **Surveiller la formation d'alliances et de contrats commerciaux.** Cette information se trouve souvent dans les journaux et les revues d'affaires.

6. **Tenter de connaître les nouvelles pratiques commerciales qui permettent aux concurrents de faire des économies.** Que signifie l'achat de milliers d'ordinateurs et d'imprimantes portatifs par une compagnie d'assurances concurrente ? Il est probable que ses experts en assurances pourront écrire les estimations et préparer les chèques avec cet équipement, ce qui fera économiser du temps et des frais.

7. **Faire le suivi des changements dans les prix.** Par exemple, quand les articles de luxe deviennent accessibles au grand public, ils peuvent remplacer l'équipement plus coûteux. Ce fut le cas pour les caméscopes, qui ont remplacé les caméras à pellicule.

8. **Prêter attention aux changements sociaux et aux changements dans les goûts et les préférences des consommateurs qui pourraient modifier l'environnement économique.** Les consommateurs sont volages. Au cours des quinze dernières années, le jogging a été remplacé par l'aérobie, et la marche est maintenant l'activité de loisir préférée. Certaines entreprises qui ont su prévoir ces changements ont été capables de lancer de nouveaux types de chaussures de sport.

Sources : Adapté de Ruth Winett, « Guerrilla Marketing Research Outsmarts the Competition », *Marketing News*, 2 janvier 1995, p. 33. Reproduit avec l'autorisation de l'American Marketing Association ; Sylvia Strojek, « Fizzy Aqua-Blue Powder Pays Off for Enterprising Dental Technician », *The Whig-Standard*, 20 juillet 1991, p. 19.

Par exemple, un administrateur qui aurait été au service d'un concurrent suivrait de près l'évolution de ce dernier. Il serait l'expert interne à ce sujet. De cette manière, chaque gestionnaire qui aurait besoin de savoir comment procède un concurrent entrerait en contact avec l'expert interne commis à l'information sur ce concurrent[16].

8.7
LE CHOIX À FAIRE ENTRE ATTAQUER UN CONCURRENT ET L'ÉVITER

Munis d'un bon service de l'information sur la concurrence, les cadres pourront formuler plus facilement leurs stratégies orientées vers la concurrence. Ils auront une meilleure idée des concurrents qu'ils seront en mesure d'affronter sur le marché. Pour les aider à faire leur choix, les cadres utiliseront une **analyse de la valeur perçue par les clients,** qui révélera les forces et les faiblesses de leur entreprise par rapport aux divers concurrents. Le but de l'analyse de la valeur perçue par les clients est de déterminer les avantages que désirent les clients dans le segment de marché et d'indiquer la manière dont ces derniers perçoivent la valeur relative des offres des fournisseurs qui sont en concurrence dans ce segment. Les principales étapes de l'analyse de la valeur perçue par les clients sont les suivantes :

1. **Préciser les principaux attributs que les clients privilégient.** Il est essentiel de demander aux consommateurs eux-mêmes quels avantages et quel degré de performance ils recherchent lorsqu'ils choisissent un produit ou un vendeur. Différents clients mentionneront diverses caractéristiques et différents avantages.

2. **Évaluer l'importance relative accordée aux différents attributs par les consommateurs.** On demande aux clients la pondération ou le rang qu'ils accordent aux différents attributs. Si les pondérations divergent beaucoup, elles devraient servir de base pour le regroupement de clients en segments.

3. **Évaluer les performances de l'entreprise et des concurrents pour les divers attributs pondérés.** Ici, on demande aux consommateurs d'évaluer la performance de chaque concurrent par rapport à chaque attribut. Idéalement, la performance de l'entreprise devrait être forte du côté des attributs que les consommateurs apprécient le plus, et faible du côté de ceux que les consommateurs apprécient le moins.

4. **Évaluer dans chaque segment la façon dont les consommateurs jugent la performance de l'entreprise par rapport à un concurrent important, attribut par attribut.** La clé pour acquérir un avantage concurrentiel est d'étudier chaque segment de consommateurs pour voir si l'offre de l'entreprise se compare avec celle de son principal concurrent. Si l'offre de l'entreprise est supérieure à celle du concurrent pour tous les attributs importants, elle peut fixer un prix plus élevé et, par conséquent, obtenir de meilleurs profits, ou bien elle peut demander le même prix et accroître sa part de marché.

5. **Surveiller l'évolution des attributs qu'utilisent les consommateurs et l'importance qu'ils leur accordent au fil du temps.** Quoique les valeurs des clients soient relativement stables à court terme, elles changeront probablement à mesure qu'apparaîtront de nouvelles technologies chez les concurrents et de nouvelles caractéristiques des produits, et au gré des modifications de la situation économique des consommateurs. L'entreprise doit périodiquement refaire des études sur les valeurs des clients et sur la position des concurrents si elle veut être stratégiquement efficace.

Après que l'entreprise a terminé l'analyse de la valeur perçue par les clients, elle peut faire porter son attaque sur une des catégories suivantes de concurrents : les concurrents forts ou faibles, proches ou éloignés et bons ou mauvais.

8.7.1
Les concurrents forts et les concurrents faibles

La plupart des entreprises préfèrent s'attaquer aux concurrents faibles. Cela exige moins de ressources et de temps par point de pourcentage de part de marché gagné. Toutefois, l'entreprise risque ainsi de ne pas améliorer beaucoup ses capacités. Elle doit aussi s'attaquer à des concurrents plus forts parce que, en les concurrençant, elle devra se tenir à la fine pointe de la technologie. De plus, même les concurrents forts ont certaines faiblesses, et l'entreprise prouvera de cette manière qu'elle est un concurrent de taille.

8.7.2

Les concurrents proches et les concurrents éloignés

La plupart des entreprises s'attaquent aux concurrents qui leur ressemblent le plus. Ainsi, Chevrolet mène une concurrence plus vive contre Ford que contre Jaguar. Mais, en même temps, les entreprises devraient éviter d'essayer de détruire un concurrent proche. Porter cite deux cas de «victoires» nuisibles au vainqueur:

> Bausch et Lomb, à la fin des années 70, luttait énergiquement contre les autres fabricants de lentilles cornéennes et remportait beaucoup de succès, si bien que chaque concurrent, l'un après l'autre, vendit ses activités à de plus grandes entreprises comme Revlon, Johnson & Johnson et Schering-Plough, de sorte que Bausch et Lomb doit maintenant faire face à des concurrents beaucoup plus forts.

> Un fabricant de produits spécialisés en caoutchouc attaqua un autre fabricant de produits spécialisés en caoutchouc comme s'il était un ennemi mortel, et lui enleva sa part de marché. Les dommages causés à cette entreprise procurèrent aux divisions de produits spécialisés des grands fabricants de pneus une occasion de faire des affaires sur le marché du caoutchouc et elles l'inondèrent de tous leurs excédents de production[17].

Dans les deux cas précédents, les entreprises avaient si bien réussi à se débarrasser des concurrents qu'elles créèrent un vide sur le marché, vide qui fut comblé par des concurrents beaucoup plus durs.

8.7.3

Les bons concurrents et les mauvais concurrents

Porter soutient que, dans chaque industrie, on trouve de «bons» et de «mauvais» concurrents[18]. Il serait plus sage pour une entreprise de soutenir les bons concurrents et de s'attaquer aux mauvais. Les bons concurrents possèdent plusieurs caractéristiques: ils jouent selon les règles de l'industrie, ils ont des hypothèses réalistes sur le potentiel de croissance de l'industrie, leurs prix sont fixés d'une façon raisonnable par rapport à leurs coûts, ils favorisent une industrie vigoureuse, ils se limitent à un segment de l'industrie, ils encouragent les concurrents à réduire leurs coûts ou à améliorer la différenciation de leurs produits et ils acceptent leur niveau général de parts de marché et de profits. Les mauvais concurrents, au contraire, violent les règles: ils essaient d'acheter les parts de marché plutôt que de les gagner, ils prennent des risques élevés, ils investissent dans des surcapacités et, en général, ils brisent l'équilibre de l'industrie. Par exemple, IBM trouve que Cray Research est un bon concurrent parce qu'elle respecte les règles du jeu, se limite à son segment et n'attaque pas IBM sur ses principaux marchés. Toutefois, IBM juge que Fujitsu est un mauvais concurrent parce qu'elle attaque IBM sur ses principaux marchés avec des prix subventionnés et une faible différenciation.

Il en résulte que les «bonnes» entreprises dans une industrie devraient tenter de former une industrie qui ne rassemble que de bons concurrents. Par des ententes prudentes, des représailles sélectives et des coalitions, elles peuvent structurer une industrie de façon que les concurrents ne cherchent pas à se détruire les uns les autres. Ainsi, elles peuvent créer une industrie dans laquelle chaque concurrent suit les règles du jeu, se différencie quelque peu des autres et tente de mériter sa part de marché au lieu de l'acheter.

Une entreprise bénéficie de plusieurs façons de la présence de bons concurrents. En effet, l'existence de concurrents comporte plusieurs avantages stratégiques: 1° ils réduisent les risques de formation de cartels; 2° ils peuvent aider à accroître la demande totale; 3° ils amènent une plus grande différenciation des produits; 4° ils protègent l'industrie contre les producteurs peu efficaces par le maintien de coûts plus bas; 5° ils partagent les coûts de développement du marché et légitiment la nouvelle technologie; 6° ils renforcent le pouvoir de négociation face aux syndicats et aux autorités de réglementation; 7° ils peuvent servir des secteurs moins attrayants que d'autres.

8.8

L'ÉQUILIBRE À ÉTABLIR ENTRE UNE ORIENTATION VERS LES CLIENTS ET UNE ORIENTATION VERS LES CONCURRENTS

Nous avons souligné l'importance pour une entreprise de surveiller de près ses concurrents. Une question se pose: est-il possible de mettre trop de temps et d'énergie à se préoccuper des concurrents, au détriment d'une orientation client? La réponse est oui! Une entreprise peut devenir si obsédée par la concurrence qu'elle risque de perdre de vue sa raison d'être, soit le client[19].

Une **entreprise orientée vers les concurrents** est une entreprise dont les actions sont fondamentalement dictées par les actions et les réactions des concurrents. Elle passe beaucoup de temps à se tenir au courant des gestes des concurrents et de l'état de leur part de marché sur chacun des marchés. Elle choisit une direction à partir de données du type suivant:

L'entreprise orientée vers les concurrents

Situations

- Le concurrent W veut nous évincer de Calgary.
- Le concurrent X améliore l'étendue de sa distribution à Québec et nuit ainsi à nos ventes.
- Le concurrent Y a réduit ses prix à Montréal, de sorte que nous avons perdu 3 % de notre part de marché.
- Le concurrent Z a introduit un nouveau service attrayant à Toronto et nos clients ont commencé à transférer leurs affaires à ce concurrent.

Solutions

- Nous nous retirerons du marché de Calgary parce que nous ne pouvons nous permettre d'y livrer bataille.
- Nous accroîtrons nos dépenses de publicité à Québec.
- Nous ajusterons nos prix sur ceux du concurrent Y à Montréal.
- Nous accroîtrons notre budget de promotion des ventes à Toronto.

Cette forme de planification stratégique présente des avantages et des inconvénients. Du côté des avantages, on peut noter que l'entreprise adopte une attitude plus combative. Elle forme ses cadres de marketing de façon qu'ils soient toujours en état d'alerte, surveillant les faiblesses de leur propre position et celles des concurrents.

Du côté des inconvénients, il faut admettre que l'entreprise suit une ligne de conduite beaucoup trop réactive. Au lieu de mettre au point une stratégie cohérente orientée vers le client, elle détermine ses actions à partir des actions des concurrents. Il en résulte que l'entreprise ne poursuit pas un but préétabli. Elle ne sait pas où elle s'en va, puisque son activité dépend essentiellement de la direction adoptée par les concurrents. Elle ne prend pas d'initiatives, se contentant de réagir à celles des autres.

Une **entreprise orientée vers les clients**, au contraire, s'attachera davantage à suivre l'évolution des clients pour formuler ses stratégies. Elle apportera plus d'attention à des données du type suivant:

L'entreprise orientée vers les clients

Situations

- Le marché total croît au taux de 4 % par année.
- Le segment qui croît le plus est celui qui est sensible à la qualité; il croît au taux annuel de 8 %.
- Le segment de clients à la recherche d'aubaines est aussi en pleine croissance, mais ces clients ne restent pas avec le même fournisseur très longtemps.
- Un nombre croissant de clients ont exprimé leur intérêt pour une ligne téléphonique fonctionnant jour et nuit, et personne d'autre dans l'industrie n'offre une telle ligne.

Solutions

- Nous déploierons des efforts pour atteindre et satisfaire le segment de marché qui désire la qualité; notre plan consistera à acheter de meilleures composantes, à améliorer notre contrôle de la qualité et à adopter un nouveau thème de publicité axé sur la qualité.
- Nous éviterons de réduire les prix et de faire la promotion de remises parce que nous ne voulons pas de clients uniquement intéressés par les bas prix.
- Nous étudierons les coûts et le potentiel de gain de part de marché associés à l'installation d'une ligne téléphonique fonctionnant jour et nuit, et nous l'installerons si les résultats semblent prometteurs.

Évidemment, l'entreprise orientée vers les clients est en bien meilleure position pour reconnaître les nouvelles occasions d'affaires et fixer de nouvelles orientations stratégiques qui s'avéreront réalistes à long terme. Lorsqu'elle surveille l'évolution des besoins des clients, elle peut déterminer quel groupe de clients et quels besoins naissants il importe le plus de satisfaire, compte tenu de ses ressources et de ses objectifs.

En pratique, les entreprises doivent se préoccuper à la fois des clients et des concurrents.

RÉSUMÉ

1. Pour pouvoir préparer une stratégie de marketing efficace, une entreprise doit étudier tout autant ses concurrents que ses clients actuels et potentiels. Elle doit cerner adéquatement leurs stratégies, leurs objectifs, leurs forces et leurs faiblesses et leurs schèmes de réaction. De même, elle doit concevoir un système d'information efficace sur la concurrence, savoir quels concurrents attaquer et lesquels éviter, et établir un équilibre entre une orientation vers les clients et une orientation vers les concurrents.

2. Les concurrents qui se trouvent le plus près d'une entreprise sont ceux qui cherchent à satisfaire les mêmes clients et les mêmes besoins, et qui font une offre semblable, adoptant ainsi une perspective de marché. Une entreprise doit aussi prêter attention à la concurrence potentielle, qui est susceptible d'offrir de nouvelles façons ou des façons différentes de satisfaire les mêmes besoins. Pour bien connaître ses concurrents, l'entreprise devrait utiliser des analyses de l'industrie ainsi que des analyses du marché.

3. L'information sur la concurrence doit être recueillie, interprétée et transmise continuellement. Tous les *managers* devraient recevoir une information à jour et à temps sur les concurrents et pouvoir entrer en contact avec le service de l'information de l'entreprise lorsqu'ils ont besoin de renseignements sur la concurrence. Grâce à une meilleure information sur la concurrence, les gestionnaires peuvent formuler plus facilement leurs stratégies.

4. Les *managers* doivent aussi faire des analyses de la valeur perçue par les clients pour connaître les forces et les faiblesses de l'entreprise par rapport aux concurrents. Le but d'une telle analyse est de déterminer les avantages recherchés par les clients et leurs perceptions de la valeur relative des offres des concurrents.

5. Malgré l'importance de l'orientation vers la concurrence dans le contexte de la mondialisation des marchés, les entreprises doivent éviter de mettre trop l'accent sur les concurrents. Elles doivent trouver un équilibre entre une orientation vers les clients et une orientation vers les concurrents.

QUESTIONS

1. Pourquoi le concept de groupe stratégique est-il utile aux stratèges de marketing?

2. Les produits et services suivants ont connu beaucoup de succès sur le marché, et influencé leur industrie : le téléphone cellulaire Fido, les avions Regional Jet de Canadair (Bombardier), les magasins Les Ailes de la Mode, la télévision par satellite Express Vu. Qu'est-ce qui explique le succès de ces produits et services?

3. Le Club Billiard Illimité connaît une baisse de fréquentation. Il est situé dans un centre commercial en banlieue de Montréal. Les revenus et le niveau de scolarité des habitants de cette ville de banlieue sont supérieurs à la moyenne nationale. L'entreprise ne sait pas à quoi attribuer cette baisse de clientèle et aimerait faire une analyse de la concurrence. Que vend ce type d'établissement ? Qui sont ses concurrents quant à la marque, à l'industrie, à la forme et à la base (générique) ?

4. Il y a vingt-cinq ans, on s'attendait à ce que le leader sur le marché mondial du pneu soit une entreprise américaine, italienne, allemande ou japonaise. Or, le leader aujourd'hui est Michelin, qui a volé la vedette avec ses pneus radiaux. Qu'est-ce qui explique la croissance de Michelin par rapport aux anciens leaders qu'étaient Uniroyal, Goodrich et Firestone ? Quelles questions ces entreprises auraient-elles dû se poser il y a vingt-cinq ans ?

5. Procter & Gamble a connu beaucoup de succès sur le marché des détergents à cause de son orientation vers la clientèle. Ses produits sont à l'étape de la maturité, dans certains cas depuis des décennies. Mais depuis quelque temps, des marques privées ont réduit la part de marché de Procter & Gamble. En utilisant les concepts reliés à la concurrence que nous avons vus dans ce chapitre, trouvez des explications à la perte de parts de marché de certains produits de Procter & Gamble.

6. Lorsqu'une entreprise évalue les forces et les faiblesses des concurrents, elle devrait prendre en considération trois variables : la part de marché, la part de notoriété et la part de préférence. Qui sont les leaders pour chacune de ces variables dans les industries suivantes ?

   a) Les ordinateurs personnels.

   b) Les automobiles.

   c) La restauration rapide.

   d) La préparation de déclarations de revenus.

   e) Les pharmacies.

7. Qu'entend-on par « étalonnage concurrentiel » ? Quelles étapes faut-il suivre pour le mettre en œuvre ?

8. Voici une liste de forces d'un magasin d'équipement et de fournitures de bureau du type de Bureau en gros :

   a) des produits innovateurs ;

   b) une large distribution ;

   c) des bas prix ;

   d) une gamme complète de produits ;

   e) un très bon service technique.

   De quelle façon chacune de ces forces peut-elle profiter aux clients et, par le fait même, procurer un avantage concurrentiel à l'entreprise ?

RÉFÉRENCES

1. Michael E. Porter, *Competitive Strategy*, New York, Free Press, 1980, p. 22-23.
2. Voir Al Ries et Jack Trout, *Marketing Warfare*, New York, McGraw-Hill, 1986.
3. Voir Leonard M. Fuld, *The New Competitor Intelligence : The Complete Resource for Finding, Analyzing, and Using Information About Your Competitors*, New York, John Wiley, 1995 ; John A. Czepiel, *Competitive Marketing Strategy*, Englewood Cliffs, N.J., Prentice Hall, 1992.
4. Voir Hans Katayama, « Fated to Feud : Sony versus Matsushita », *Business Tokyo*, novembre 1991, p. 28-32.
5. Jacques Roy et Pierre Filiatrault, « The Impact of New Business Practices and Information Technologies on Business Air Travel Demand », *Journal of Air Transport Management*, vol. 4, n° 2, 1998, p. 77-86.
6. Voir Kathryn Rudie Harrigan, « The Effect of Exit Barriers upon Strategic Flexibility », *Strategic Management Journal*, vol. 1, 1980, p. 165-176.
7. Voir Michael E. Porter, *Competitive Advantage*, New York, Free Press, 1985, p. 225, 485.
8. Michael E. Porter, *Competitive Strategy*, New York, Free Press, 1980, chap. 13.
9. *Ibid.*, chap. 7.
10. « The Hardest Sell », *Newsweek*, 30 mars 1992, p. 41.
11. William E. Rothschild, *How to Gain (and Maintain) the Competitive Advantage*, New York, McGraw-Hill, 1989, chap. 5.
12. Marina Strauss, « Pop War Takes an Interesting Turn », *The Globe and Mail*, 30 juin 1994, p. B4.

13. Pam Weisz, «Surrender! Lever Cedes Ultra Detergent Market to P&G», *Brandweek*, 10 octobre 1994, p. 1, 6; «Lever to Re-Enter Ultras, P&G's Way», *Brandweek*, 10 avril 1995, p. 1, 6.

14. Ce qui suit a été emprunté à divers écrits de Bruce Henderson, notamment: «The Unanswered Questions, The Unsolved Problems», communication présentée à l'Université Northwestern en 1986; *Henderson on Corporate Strategy*, New York, Mentor, 1982; «Understanding the Forces of Strategic and Natural Competition», *Journal of Business Strategy*, hiver 1981, p. 11-15.

15. Steven Flax, «How to Snoop on Your Competitors», *Fortune*, 14 mai 1984, p. 29-33.

16. Pour une discussion plus élaborée, voir Leonard M. Fuld, *Monitoring the Competition*, New York, John Wiley, 1988.

17. Michael E. Porter, *Competitive Advantage*, New York, Free Press, 1985, p. 226-227.

18. *Ibid.*, chap. 6.

19. Voir Alfred R. Oxenfeldt et William L. Moore, «Customer or Competitor: Which Guidelines for Marketing?», *Management Review*, août 1978, p. 43-48.

Chapitre

9

La délimitation des segments de marché et le choix des marchés cibles

Ce sont de petites choses qui sont souvent à l'origine
de grandes entreprises.
DÉMOSTHÈNE

Un Canada unique n'existe pas plus qu'un Canada moyen,
une ville moyenne ou un individu moyen.
MARIAN CHAPIN

*U*ne entreprise qui décide de se lancer sur un marché donné reconnaît généralement qu'elle ne pourra pas servir tous les clients sur ce marché. Les clients sont trop nombreux, trop dispersés et ont des exigences d'achat trop variées. Au lieu de faire de la concurrence tous azimuts lorsque toutes les chances sont contre elle, l'entreprise aurait avantage à découvrir les segments de marché les plus attrayants qu'elle peut servir efficacement.

Pour choisir leurs marchés et bien les servir, les entreprises ont de plus en plus recours au **marketing ciblé**. Voici en quoi consiste le marketing ciblé: le vendeur cerne les principaux segments de marché, cible un ou plusieurs de ces segments et conçoit les produits, les services et les programmes de marketing pour chaque segment. Plutôt que d'éparpiller leurs efforts de marketing, les entreprises préfèrent miser sur les acheteurs dont elles sont le plus susceptibles de satisfaire les besoins.

Le marketing ciblé comprend trois étapes (voir la figure 9.1):

1. la **segmentation du marché**, soit la division du marché en des groupes distincts d'acheteurs qui peuvent exiger des produits, des services et un marketing mix différents;

2. le **ciblage du marché**, soit le choix d'un ou de plusieurs segments à pénétrer;

3. le **positionnement sur le marché**, soit la conception et la communication au marché des principaux avantages concurrentiels.

Dans le présent chapitre, nous décrirons les deux premières étapes du marketing ciblé et répondrons aux questions suivantes:

- **Comment une entreprise peut-elle cerner des segments de marché?**

- **Quels critères une entreprise peut-elle utiliser pour choisir les segments de marché les plus attrayants?**

Nous aborderons le positionnement dans le prochain chapitre.

9.1
LA SEGMENTATION DU MARCHÉ

Les marchés se composent d'acheteurs, et les acheteurs diffèrent de plusieurs façons. Dans cette section, nous présentons les niveaux de segmentation, la configuration des segments de marché, la méthode de segmentation, les variables de segmentation des marchés des consommateurs et des marchés organisationnels, et les conditions d'une segmentation efficace.

FIGURE 9.1
**Les étapes
du marketing ciblé**

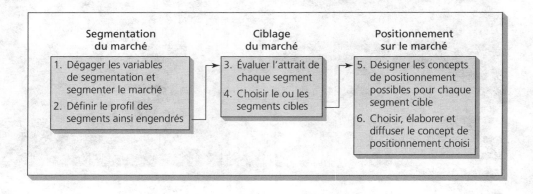

9.1.1
Les niveaux de segmentation du marché

Le but premier de la segmentation du marché est d'accroître la précision du ciblage du marché par l'entreprise. Cela peut être fait au niveau du segment, du créneau, de la région et même de l'individu (personnalisé ou autonome). Cependant, avant d'aborder les quatre niveaux de segmentation, nous devons nous pencher sur le marketing de masse.

Le marketing de masse

Par le **marketing de masse,** une entreprise s'engage dans la production, la distribution et la promotion de masse d'un produit unique pour tous les acheteurs. C'est Henry Ford qui a le mieux incarné cette stratégie de marché en offrant la Ford modèle T à tous les acheteurs. Ceux-ci pouvaient acheter « une automobile de n'importe quelle couleur à condition qu'elle soit noire ». Coca-Cola a aussi pratiqué le marketing de masse pendant plusieurs années lorsqu'elle vendait son Coke dans une bouteille en verre d'un seul format de 6,5 onces.

Selon l'argument traditionnel en faveur du marketing de masse, cette formule permet de développer le marché offrant le plus grand potentiel, ce qui peut entraîner des prix plus bas ou des marges plus élevées. Toutefois, de plus en plus de critiques constatent la fragmentation des marchés en des minimarchés, ce qui rend le marketing de masse de plus en plus difficile. Selon Regis McKenna :

[Les consommateurs] *peuvent magasiner de plusieurs façons : ils peuvent se rendre dans les immenses centres commerciaux, dans les grands magasins ou dans les magasins spécialisés ; ils peuvent aussi assister à des démonstrations à domicile ou encore magasiner à partir de leur domicile à l'aide de catalogues, pour ensuite faire leurs achats par téléphone ou par courrier ; ils peuvent également utiliser des magasins virtuels sur Internet. Et ils sont bombardés de messages transmis par un nombre croissant de canaux : la télévision généraliste et la télévision spécialisée, la radio, les réseaux informatiques, le réseau Internet, les services téléphoniques tels que la télécopie et le télémarketing, les magazines spécialisés et plusieurs autres médias imprimés*[1].

La prolifération des médias et des canaux de distribution rend difficile la pratique du marketing pour tous. Il n'est donc pas surprenant d'entendre certains prétendre que le marketing de masse est à l'agonie, ni de voir plusieurs entreprises délaisser le marketing de masse au profit du micromarketing à l'un des quatre niveaux suivants : le segment, le créneau, la région ou l'individu.

Le marketing dans des segments

Un **segment de marché** consiste en un grand groupe repérable au sein d'un marché. Les entreprises qui pratiquent le marketing dans des segments reconnaissent que les acheteurs diffèrent au point de vue de leurs besoins, de leur pouvoir d'achat, de leur lieu de résidence, de leurs attitudes et de leurs comportements d'achat. Mais en même temps, l'entreprise n'est pas prête à personnaliser son offre et sa communication. Elle tente plutôt de cerner quelques grands segments qui peuvent composer un marché. Par exemple, un fabricant d'automobiles peut déterminer quatre grands segments : les acheteurs qui recherchent avant tout un mode de transport, ceux qui recherchent une haute performance, ceux qui recherchent le luxe et ceux qui recherchent la sécurité.

Ainsi, la segmentation se trouve à mi-chemin entre le marketing de masse et le marketing personnalisé. On suppose que les consommateurs qui appartiennent à un segment ont des besoins et des désirs relativement semblables, tout en n'étant pas identiques. Certains individus, dans un segment donné, exigeront des caractéristiques ou des avantages additionnels qui ne sont pas inclus dans l'offre de base, alors que d'autres n'ont aucune difficulté à se passer de certaines caractéristiques. Par exemple, l'hôtel Ritz-Carlton cible le segment des nantis et offre plusieurs services de luxe dans les chambres. En effet, certains clients souhaitent trouver davantage de services dans leur chambre, tels un télécopieur ou l'accès au courrier électronique, alors que d'autres désirent avoir moins d'extras et payer moins cher. Le marketing dans des segments n'est pas aussi précis que le marketing personnalisé, mais il est beaucoup plus précis que le marketing de masse[2].

Le marketing dans des segments offre de nombreux avantages par rapport au marketing de masse. L'entreprise peut créer une offre beaucoup plus précise et fixer les prix appropriés pour le marché cible. Le choix des canaux de distribution et de communication devient plus facile. Et l'entreprise peut faire face à moins de concurrents dans un segment de marché précis.

Le marketing dans des créneaux

Un segment de marché est un premier niveau de division du marché en un grand groupe distinct au sein d'un marché. Ainsi, les non-fumeurs, les fumeurs occasionnels, les fumeurs réguliers et les grands fumeurs composent des segments de marché. Un créneau de marché est une division plus précise qu'un segment de marché, typiquement un petit marché dont les besoins ne sont pas satisfaits adéquatement. Les mercaticiens cernent ordinairement des créneaux de marché en divisant un segment en sous-segments ou en définissant un groupe qui a un ensemble distinctif de caractéristiques et qui recherche une combinaison donnée d'avantages. Par exemple, le segment des grands fumeurs peut inclure le sous-segment des fumeurs qui souffrent d'emphysème et même celui des fumeurs qui souffrent à la fois d'emphysème et d'embonpoint.

Un segment attire normalement plusieurs concurrents, tandis que les créneaux sont plus petits et en attirent généralement moins. Les mercaticiens qui choisissent de faire des affaires sur des créneaux de marché ont habituellement une meilleure connaissance de leurs clients, lesquels sont prêts, en retour, à payer une prime. Par exemple, Ferrari obtient un prix élevé pour ses automobiles parce que des acheteurs fidèles sont d'avis qu'aucune autre automobile que Ferrari n'offre ce produit, ce service, voire l'appartenance à un groupe sélect. Un créneau intéressant possède les caractéristiques suivantes : les clients du créneau ont plusieurs besoins distincts ; ils sont prêts à payer une prime à l'entreprise qui répond le mieux à leurs besoins ; de leur côté, les entreprises peuvent bénéficier de certaines économies à cause de leur spécialisation ; le créneau attirera probablement moins de concurrents. Les petites entreprises tout comme les grandes entreprises peuvent pratiquer le marketing dans des créneaux. Voici quelques exemples d'entreprises qui ont décidé de pratiquer ce type de marketing.

La chaîne d'hôtels Ramada offre des services d'hôtellerie dans plusieurs créneaux : les hôtels Ramada Limited sont destinés aux voyageurs soucieux des prix ; les hôtels Ramada Inn sont conçus pour les voyageurs qui recherchent un hôtel offrant des services complets à prix moyens ; les hôtels Ramada Plaza s'adressent à un créneau de prix moyens-élevés ; les hôtels Ramada Hotels offrent un service trois étoiles ; enfin, les hôtels Ramada Renaissance offrent un service quatre étoiles[3].

MasterCard offre non seulement des cartes de crédit traditionnelles, mais aussi des cartes de crédit pour les gens qui veulent accumuler des points en vue d'obtenir des voyages en avion, des cartes, comme la carte Ultramar, pour un type de service donné, et même des cartes servant à la fois de cartes de crédit et de cartes téléphoniques pour faire des appels interurbains.

Nike offre des chaussures de sport pour toutes sortes d'activités : le jogging, le tennis, le basket-ball, la marche, et l'on trouve des produits spécialisés pour chacune de ces catégories. Par exemple, il existe des chaussures de marche pour les personnes qui marchent rapidement, pour celles qui marchent lentement, et l'offre peut même varier en fonction du poids du client.

Un cadre d'une agence de publicité déclare : « Il n'y a plus de marché pour des produits que tout le monde aime un peu ; il n'y a que des marchés pour des produits que certaines personnes aiment beaucoup[4]. » Un cadre supérieur d'une entreprise de produits chimiques prédit que les entreprises de cette industrie qui réussiront à l'avenir seront celles qui auront cerné des créneaux et développé des produits chimiques spécialisés pour bien servir ces créneaux[5]. Selon Linneman et Stanton, les entreprises qui auront su cerner les créneaux y trouveront leur compte ; d'ailleurs, les entreprises n'auront d'autre choix que de cerner des créneaux, car leur survie en dépendra[6]. En fait, sur plusieurs marchés de nos jours, les créneaux constituent la norme[7].

Le marketing dans des marchés régionaux

De plus en plus, le marketing tente de bien cibler les marchés régionaux à l'aide de programmes taillés sur mesure pour les besoins et les désirs des groupes de clients locaux (les secteurs urbains ou ruraux, les quartiers, voire des magasins précis). Ainsi, la Banque Toronto-Dominion présente des offres de services financiers adaptés aux caractéristiques démographiques de l'environnement de chaque succursale. De même, la compagnie Kraft aide les chaînes de supermarchés à choisir les ensembles de fromages et à disposer ceux-ci sur les étalages de façon à optimaliser les ventes de fromage dans les magasins dont les clients ont des revenus faibles, moyens ou élevés, et même dans les différentes communautés ethniques. Les entreprises qui favorisent cette approche de mise sur le marché font ressortir les différences en ce qui a trait aux caractéristiques démographiques et aux styles de vie de diverses régions. Elles sont portées à croire que les campagnes publicitaires nationales peuvent entraîner du gaspillage dans le budget de marketing parce qu'une telle approche ne réussit pas à s'adresser efficacement à des marchés régionaux. On constate aussi que les commerces de détail qui sont puissants tant sur le plan régional que sur le plan local exigent de plus en plus des assortiments de produits adaptés aux besoins du voisinage.

Les opposants au marketing au niveau régional et même local arguent que cette approche augmente les coûts de fabrication et de marketing en réduisant les économies d'échelle. Les problèmes de logistique (voir le chapitre 19) s'aggravent quand les entreprises tentent de répondre aux exigences des marchés régionaux et locaux. Finalement, l'image globale d'une marque peut être diluée si le produit et le message diffèrent selon le milieu.

Le marketing aux individus

Le quatrième niveau de segmentation est composé de deux types : le marketing individualisé et le marketing autonome.

Le marketing individualisé

Le niveau ultime de segmentation est un « segment d'un individu », soit le marketing **personnalisé**[8]. La prédominance du marketing de masse a caché une réalité économique existant depuis toujours : au fil des siècles, les consommateurs ont été servis par des individus, comme un tailleur qui fabrique un costume sur mesure pour un client ou un cordonnier qui fabrique une paire de bottes pour une personne. De plus, la plus grande partie du marketing organisationnel est en fait « personnalisée », c'est-à-dire qu'une entreprise manufacturière ajustera son offre, le soutien logistique et les conditions financières à chaque client important. Ce sont entre autres les nouvelles technologies — plus précisément les ordinateurs, les bases de données, la production robotisée et les moyens de communication instantanée tels que le courrier électronique et la télécopie — qui permettent aux entreprises de tirer profit du marketing personnalisé, qu'on appelle aussi la personnalisation de masse[9]. La **personnalisation de masse** est la capacité de produire en grandes quantités des produits conçus individuellement pour répondre aux besoins de chaque client. Des spécialistes du marketing de biens de consommation tentent de développer de nouveaux systèmes pour offrir des produits personnalisés dans des domaines tels que ceux des livres, des cartes de souhaits, des vacances et des cosmétiques. Voici quelques exemples :

Levi Strauss offre maintenant dans certains commerces de détail un jean pour femmes fabriqué sur mesure pour à peine 10 $ de plus que le prix d'un jean produit en grande quantité. Cela est rendu possible grâce à un système intégré de caméras et d'ordinateurs qui captent sur un écran informatique l'image d'une cliente à partir d'un jean standard. À l'aide d'un crayon électronique, la vendeuse place sur l'écran le vêtement qui procure le meilleur ajustement. Les mesures sont alors transmises à l'usine pour permettre la fabrication personnalisée, et le jean peut être livré à la cliente après seulement quelques jours, ce qui surprend les clientes et va au-delà de leurs attentes.

La compagnie japonaise National Bicycle Industrial Company utilise un système de commande de Panasonic pour fabriquer des bicyclettes sur mesure afin de répondre aux préférences et à l'anatomie de chaque acheteur. Les clients s'assoient sur un prototype, qui est ajusté au niveau où ils sont à l'aise ; ils spécifient alors la taille du cadre de la bicyclette, le dérailleur, la selle, les pédales, les couleurs ou toute autre caractéristique désirée. Cette information est alors télécopiée à l'usine, où les mesures sont introduites dans un ordinateur qui crée les plans en moins de trois minutes. L'ordinateur guide alors les employés et les robots à toutes les étapes du processus de production. L'usine peut produire n'importe laquelle des 11 231 862 possibilités à partir de 18 modèles de bicyclette et de 199 couleurs et il peut y avoir autant de tailles qu'il y a de clients. Les prix varient de 950 $ à 1 650 $. Ainsi, en moins de deux semaines, l'acheteur peut se promener sur une bicyclette personnalisée[10].

La compagnie Personics a mis au point un système qui permet aux acheteurs de musique de personnaliser leur propre cassette en choisissant leurs titres favoris, parmi 500 titres (à 1,50 $ par titre). La machine produit la cassette en 10 minutes environ et imprime sur une étiquette les titres choisis et le nom du client.

Les *marketers* organisationnels font aussi de la personnalisation de masse :

Les représentants de vente de Motorola sont capables d'offrir à leurs clients des téléavertisseurs fabriqués sur mesure et livrés dans un laps de temps incroyablement court. Le représentant de Motorola transmet à l'usine de Motorola le design retenu, et la production démarre en moins de 17 minutes. L'usine expédie le téléavertisseur dans un délai maximal de deux heures et il est livré sur le bureau du client le lendemain.

La compagnie John Deere fabrique des semoirs qui peuvent être ajustés selon plus de deux millions de possibilités pour répondre aux spécifications du client. Les semoirs sont produits un à la fois, dans n'importe quel ordre, sur une seule chaîne de fabrication.

Becton-Dickinson est un important fabricant de fournitures médicales qui offre une grande variété d'options à ses clients, les hôpitaux : un étiquetage personnalisé, des emballages individuels ou en vrac, un contrôle de la qualité personnalisé, un logiciel personnalisé et une facturation personnalisée.

Selon Arnold Ostle, designer en chef de Mazda, « les clients veulent exprimer leur individualité au moyen des produits qu'ils achètent ». Les possibilités offertes par les nouvelles technologies permettent de passer d'un marketing et d'une communication de masse à un dialogue personnalisé, ce qui amène les clients à participer activement au design du produit et de l'offre[11]. Cette tendance au marketing personnalisé est si importante que nous l'aborderons de nouveau au chapitre 23.

Le marketing autonome

Il s'agit d'une forme de marketing personnalisé selon laquelle le client s'occupe plus activement de déterminer quel produit, quel service ou quelle marque il désire acheter. Considérons deux acheteurs professionnels qui adoptent deux styles d'achat différents. Le premier acheteur reçoit plusieurs représentants de vente qui tentent de le persuader d'acheter leur produit. Le second ne rencontre pas les représentants, mais il travaille sur Internet. Il recherche de l'information sur les produits et les services offerts, et sur les évaluations qui en sont faites ; il dialogue par des moyens électroniques avec les divers fournisseurs,

utilisateurs et critiques du produit ; à la fin, il détermine la meilleure offre. Le second acheteur prend plus de responsabilités dans le processus décisionnel de marketing, et les *marketers* traditionnels ont moins d'influence sur sa décision finale.

À mesure que s'accroît la tendance à un dialogue interactif plutôt qu'au traditionnel monologue publicitaire, le marketing autonome devient plus important. On constate que de plus en plus de consommateurs consultent des revues spécialisées comme *Protégez-vous*, se joignent à des groupes de discussion électronique et passent leurs commandes au moyen du téléphone et même de l'ordinateur. Ainsi, les banques canadiennes et le Mouvement Desjardins ont fait beaucoup d'efforts ces dernières années pour offrir des services bancaires à domicile. Les *marketers* peuvent encore influencer le processus d'achat, mais de façon différente. Ils devront offrir des services téléphoniques gratuits (les numéros de téléphone seront communiqués clairement dans leurs messages publicitaires de même que sur leurs produits) pour permettre aux clients actuels et potentiels d'entrer facilement en contact avec eux afin que ces derniers puissent leur poser des questions, faire des suggestions et exprimer leurs plaintes. Ils tenteront de plus en plus de faire participer les clients au processus de développement des produits de manière que les nouveaux produits soient éventuellement conçus par le producteur et les représentants des groupes cibles. Ils s'assureront que les offres de leur entreprise sont accessibles sur un site Internet qui donnera de l'information sur l'entreprise, sur ses produits et services, sur les garanties, etc. Ces étapes accroîtront les habiletés des acheteurs à pratiquer le marketing autonome, c'est-à-dire à faire leur propre recherche pour obtenir le meilleur produit possible.

9.1.2
La configuration des segments de marché

Les segments de marché peuvent être constitués de plusieurs façons. Ainsi, au lieu de définir des segments en fonction de caractéristiques démographiques ou de styles de vie, on peut les définir en fonction des **préférences**. Supposons que les consommateurs expriment leurs désirs en fonction de deux attributs, soit la douceur et la texture de la crème glacée. On peut alors délimiter différents **segments de**

FIGURE 9.2
La configuration des préférences du marché

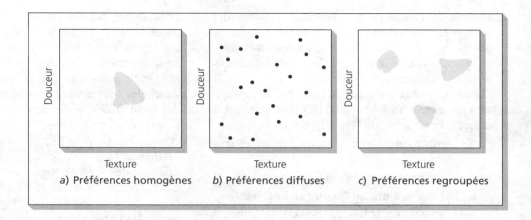

a) Préférences homogènes   b) Préférences diffuses   c) Préférences regroupées

préférences sur le marché. Les trois configurations suivantes sont possibles :

Les préférences homogènes. La figure 9.2*a* représente un marché où les consommateurs ont approximativement les mêmes préférences. Le marché ne semble pas comprendre de **segments naturels**, tout au moins à partir des deux attributs considérés. On pourrait prédire que les marques existantes seraient similaires et situées au centre des préférences.

Les préférences diffuses. À l'autre extrême, les préférences des consommateurs pourraient être disséminées dans tout l'espace (figure 9.2*b*), ce qui montre que les consommateurs ont des attentes différentes à l'égard du produit. S'il existait une seule marque sur ce marché, elle serait fort probablement positionnée au centre pour satisfaire le plus de gens possible. Ce positionnement réduit la somme de toutes les insatisfactions des clients. Un nouveau concurrent pourrait se situer tout près de cette première marque et se battre pour aller chercher une part de marché. Ou encore, le concurrent pourrait se situer en périphérie pour conquérir un groupe de clients qui ne seraient pas satisfaits de la marque située au milieu. S'il y a plusieurs marques, elles seront probablement positionnées partout dans l'espace et se différencieront selon les préférences diverses des consommateurs.

Les préférences regroupées. Le marché pourrait aussi révéler des groupes de préférences distincts, appelés **segments de marché naturels** (figure 9.2*c*). La première entreprise qui s'attaquerait à ce marché ferait face à trois choix : 1° elle pourrait se positionner au milieu dans l'espoir d'attirer tous les groupes ; 2° elle pourrait se positionner dans le plus grand segment de marché ; 3° elle pourrait développer plusieurs marques et les positionner chacune sur un marché différent. Évidemment, si cette entreprise ne lançait qu'une marque, la concurrence pourrait s'introduire sur le marché en lançant des marques correspondant aux autres segments.

9.1.3
La méthode de segmentation du marché

Nous avons vu qu'il est possible de cerner les segments de marché en utilisant successivement diverses variables pour subdiviser le marché. En voici une illustration :

> Une compagnie aérienne désire attirer les gens qui n'utilisent pas l'avion (variable de segmentation : le statut de l'utilisateur). Les gens qui ne prennent pas l'avion se composent de ceux qui ont peur de prendre l'avion, de ceux qui sont indifférents à l'avion et de ceux qui ont une attitude positive à l'égard du transport aérien (variable de segmentation : l'attitude). Parmi les gens qui ont une attitude positive, on trouve des gens qui ont des revenus assez élevés pour pouvoir utiliser le transport aérien (variable de segmentation : le revenu). La compagnie aérienne pourrait décider de cibler les personnes disposant de revenus élevés, ayant une attitude positive à l'égard du transport aérien, mais n'ayant tout simplement jamais pris l'avion.

On peut se demander s'il existe une méthode pour délimiter les principaux segments d'un marché. La réponse est oui. Voici une méthode en trois étapes qui est utilisée fréquemment par les agences d'experts-conseils en marketing.

1. **L'étape de l'enquête.** Le chercheur effectue des entrevues non directives et des entrevues de groupe avec des clients de façon à mieux connaître leurs motivations, leurs attitudes et leurs comportements. À partir des résultats de ces entrevues, le chercheur prépare un questionnaire structuré qui sera présenté à un échantillon de consommateurs, ce qui lui permettra de recueillir des données sur :
   - les attributs du produit ou du service et leur importance ;
   - la notoriété et l'image de la marque ;
   - les habitudes d'utilisation du produit ;
   - les attitudes envers les catégories de produits ;
   - les caractéristiques démographiques, psychographiques et médiagraphiques des participants.

2. **L'étape de l'analyse.** Le chercheur fait appel à une **analyse factorielle** pour éliminer les variables hautement corrélées. Il a ensuite recours à l'**analyse hiérarchique** pour créer un nombre de segments les plus différents possible. (Ces termes ont été expliqués au tableau 4.1.)

3. **L'étape de la définition du profil.** Le profil de chaque segment est maintenant défini sous l'angle des attitudes, des comportements, des caractéristiques démographiques, des caractéristiques psychographiques et des habitudes de consommation médiatique différentes. On peut alors donner un nom à chaque segment selon ses caractéristiques distinctes dominantes. Ainsi, dans une étude sur le marché des loisirs, Andreasen et Belk ont cerné six segments de marché[12] :
   - le sédentaire passif ;
   - le sportif enthousiaste ;
   - l'autosuffisant interne ;
   - le protecteur de la culture ;
   - le sédentaire actif ;
   - le socialement actif.

Ils ont constaté, par exemple, que le protecteur de la culture est la meilleure cible pour des abonnements à la fois au théâtre et au concert. De son côté, le profil socialement actif peut aussi être attiré par le concert (mais pas par le théâtre) pour satisfaire certains besoins sociaux.

La segmentation du marché doit être revue régulièrement parce que les segments de marché changent avec le temps. À un moment donné, l'industrie des ordinateurs personnels segmentait son marché en fonction de la rapidité et de la puissance des appareils qui répondaient aux besoins des segments de marché haut de gamme et bas de gamme, laissant ainsi de côté le lucratif marché milieu de gamme. Ce n'est qu'au début des années 90 que les mercaticiens du domaine des ordinateurs personnels s'aperçurent de l'importance croissante des bureaux à domicile et des petites entreprises. Deux entreprises qui font de la vente par catalogue, Dell et Gateway, ciblèrent ce marché qui désirait des ordinateurs ayant une performance élevée, faciles à utiliser et à bas prix. D'autres fabricants constatèrent bientôt l'attrait de ce marché lucratif et l'abordèrent en s'attaquant à des segments précis très rentables. Un membre de la direction de Dell déclara : « Nous nous rendîmes vite compte que les besoins des petites entreprises étaient différents de ceux des personnes qui avaient leur bureau à domicile. » Compaq développa aussi son ordinateur Presario pour un segment précis : les acheteurs d'un premier ordinateur à domicile qui possèdent déjà une expérience de l'informatique, ces clients étant à la fois raffinés et naïfs[13].

La segmentation du marché doit donc être réévaluée périodiquement, étant donné que les segments de marché évoluent. Il n'est pas rare de voir des entreprises qui supposent des critères de segmentation. Ainsi, Henry Ford estimait que seul le prix importait. Par la suite, General Motors devança Ford parce qu'elle commença à produire des voitures conçues pour différentes catégories de revenus et de préférences sur le marché. Encore plus tard, Volkswagen et les constructeurs japonais reconnurent l'importance croissante de la taille de l'automobile et de l'économie d'essence comme critères de choix des consommateurs. Très souvent, une nouvelle entreprise arrive à s'introduire avec succès sur un nouveau marché parce qu'elle a trouvé une nouvelle façon de le segmenter. Cette entreprise a alors remis en question la pratique usuelle de segmentation tenue pour acquise par les entreprises en place.

Une manière de découvrir de nouveaux segments de marché consiste à étudier la séquence des variables que les consommateurs utilisent lorsqu'ils choisissent un produit ou un service. Dans les années 60, la plupart des acheteurs d'automobiles décidaient du constructeur d'abord, puis d'une de ses divisions. C'est ce qu'on appelle la **hiérarchie dominée par la marque**. Ainsi, un acheteur pouvait choisir d'abord les voitures General Motors, puis, à l'intérieur de cet ensemble, une Pontiac. Aujourd'hui, plusieurs acheteurs ont plutôt tendance à décider d'abord du pays qui produit le véhicule. Ainsi, un nombre de plus en plus grand d'acheteurs optent d'abord pour l'achat d'une voiture japonaise, puis ils choisissent un constructeur, par exemple Toyota, et finalement un modèle, par exemple une Camry. À la base de cette **hiérarchie dominée par la nationalité**, il y a une attitude fondamentale, notamment la recherche de la qualité.

La hiérarchie des attributs permet aussi de révéler des segments de consommateurs. Il existe une hiérarchie dominée par le prix, une autre dominée par le type de voiture (sportive, familiale, à quatre roues motrices, etc.), une autre dominée par la marque, et ainsi de suite. On peut approfondir l'analyse et définir un segment dominé, dans l'ordre, par la séquence type-prix-produit; on peut en définir un autre qui serait dominé par la hiérarchie qualité-service-type; etc. Chaque segment peut avoir des caractéristiques démographiques, psychographiques et médiagraphiques différentes[14].

9.1.4
Les variables de segmentation des marchés des consommateurs

Examinons maintenant les variables les plus souvent utilisées pour segmenter les marchés des consommateurs. Certains chercheurs essaient de former des segments en considérant les **caractéristiques des consommateurs** indépendamment des produits ou des services. Ils utilisent toute une gamme de variables ou de caractéristiques géographiques, démographiques et psychographiques. Ils vérifient ensuite si ces segments de consommateurs présentent des réponses différentes au produit. Ainsi, ils pourraient étudier les attitudes différentes des « yuppies », des « cols bleus » et d'autres groupes à l'égard des voitures nord-américaines.

D'autres chercheurs tentent de former des segments en considérant les **réponses des consommateurs** à un produit ou à un service donné telles que les avantages recherchés, les occasions d'achat, le taux d'utilisation et la fidélité à la marque. Une fois que les segments sont constitués, les chercheurs tentent de voir si des caractéristiques des consommateurs peuvent être associées à chaque segment. Ainsi, ils peuvent tenter de découvrir si les gens qui préfèrent la qualité de la voiture à un faible prix d'achat présentent des caractéristiques géographiques, démographiques ou psychographiques différentes.

Les principales variables de segmentation géographiques, démographiques, psychographiques et comportementales figurent au tableau 9.1. Ces variables peuvent être utilisées indépendamment d'autres variables ou de concert avec celles-ci.

La segmentation géographique

La segmentation géographique consiste à diviser le marché en différentes unités géographiques telles que les pays, les provinces, les régions, les circonscriptions, les villes ou les quartiers ou encore la densité ou le climat. Une entreprise peut décider d'exercer ses activités dans une ou plusieurs unités géographiques, ou encore dans toutes mais en prêtant attention aux différences entre les besoins et les préférences de certaines unités. Par exemple, le quotidien *Globe and Mail* est vendu partout au Canada, mais une partie de son contenu est adaptée aux intérêts régionaux; de son côté, le contenu du *Journal de Montréal* diffère quelque peu de celui du *Journal de Québec*.

La segmentation démographique

La segmentation démographique consiste à diviser le marché en groupes selon des variables démographiques et socioéconomiques telles que l'âge, le sexe, la taille de la famille, le cycle de vie familial, le revenu, l'occupation, la scolarité, la religion, l'ethnie, la nationalité et la classe sociale. Les variables démographiques sont les variables les plus populaires pour distinguer entre divers groupes de consommateurs. Deux raisons expliquent cet intérêt. La première est que les désirs, les préférences et les taux d'utilisation des produits sont souvent étroitement associés à des variables démographiques. L'autre raison est que les variables démographiques sont plus faciles à mesurer que la plupart des autres types de variables. Même lorsqu'un marché est décrit en des termes autres que démographiques (par exemple le type de personnalité), les liens avec des caractéristiques démographiques demeurent toujours nécessaires de façon à pouvoir estimer la taille du marché cible et à déterminer des moyens de l'atteindre efficacement.

Variables	Catégories typiques
Géographiques	
Région	Maritimes, Ontario, Québec, Prairies, Colombie-Britannique
Ville ou agglomération urbaine	Moins de 5 000 habitants ; 5 000-19 999 ; 20 000-49 999 ; 50 000-99 999 ; 100 000-249 999 ; 250 000-499 999 ; 500 000- 999 999 ; 1 000 000 ou plus
Densité	Milieu urbain, banlieue, milieu rural
Climat	Grand Nord, zone tempérée
Démographiques	
Âge	0-4 ans, 5-9 ans, 10-14 ans, 15-19 ans, 20-24 ans, 25-29 ans, 30-34 ans, 35-39 ans, 40-44 ans, 45-49 ans, 50-54 ans, 55-59 ans, 60-64 ans, 65-69 ans, 70 ans ou plus
Sexe	Masculin, féminin
Taille de la famille	Aucun enfant, 1-2 enfants, 3-4 enfants, 5 enfants ou plus
Cycle de vie familial	Jeune, célibataire ; jeune, marié, sans enfants ; jeune, marié, benjamin de moins de 6 ans ; jeune, marié, benjamin de 6 ans ou plus ; mûr, marié, avec enfants ; mûr, marié, sans enfants de moins de 18 ans ; mûr, célibataire, divorcé, avec enfants ; autre
Revenu	Inférieur à 10 000 $, 10 000 $-14 999 $, 15 000 $-24 999 $, 25 000 $-29 999 $, 30 000 $-34 999 $, 35 000 $-39 999 $, 40 000 $-49 999 $, 50 000 $-99 999 $, 100 000 $ ou plus
Occupation	Professionnel et technique ; gérant, cadre, directeur et propriétaire ; employé de bureau et de vente ; artisan ; contremaître ; fermier ; retraité ; étudiant ; ménagère ; sans emploi
Scolarité	Primaire ou moins ; quelques années du secondaire ; diplômé du secondaire ; quelques années du collégial ; diplômé du collégial ; quelques années d'université ; diplômé d'université
Religion	Catholique, protestant, musulman, juif, autre
Ethnie	Francophone, anglophone, amérindien, inuit
Nationalité	Canadien, Américain, Britannique, Français, Allemand, Scandinave, Italien, Moyen-Oriental, Japonais, Chinois
Classe sociale	Supérieure élevée, supérieure basse, moyenne élevée, moyenne, ouvrière, inférieure élevée, inférieure basse
Psychographiques	
Style de vie	Traditionnel, dans le vent, anticonformiste, Monsieur Tout-le-monde
Personnalité	Compulsif, grégaire, autoritaire, ambitieux
Comportementales	
Occasions d'achat	Occasion régulière, occasion spéciale
Avantages recherchés	Qualité, service, économie
Statut d'utilisateur	Non-utilisateur, ex-utilisateur, utilisateur potentiel, utilisateur pour la première fois, utilisateur régulier
Taux d'utilisation	Faible, moyen, gros
Fidélité à la marque	Aucune, moyenne, élevée, absolue
Disposition à l'achat	Ne connaît pas le produit, informé, intéressé, désireux d'acheter, a l'intention d'acheter
Attitude à l'égard du produit	Enthousiaste, positif, indifférent, négatif, hostile

Voyons maintenant par des exemples comment certaines variables démographiques ont servi à segmenter des marchés.

L'âge et le cycle de vie familial

Les désirs et les capacités des consommateurs évoluent avec l'âge. Gerber est consciente de cette réalité, qui l'a amenée à faire une expansion dans sa gamme de nourriture traditionnelle pour bébés. Sa nouvelle gamme était destinée aux enfants de un à trois ans. Une des raisons qui ont poussé Gerber à s'intéresser à ce nouveau segment est que le segment traditionnel des bébés est en déclin à cause de plusieurs facteurs, dont le faible taux de natalité, la durée prolongée de l'alimentation liquide pour les bébés et le fait que les jeunes enfants prennent plus rapidement de la nourriture solide. L'entreprise espère que les parents qui utilisent des aliments Gerber pour leurs bébés seront réceptifs à cette nouvelle gamme de produits lorsque ces bébés vieilliront[15].

Les fabricants de pellicules photographiques utilisent maintenant la segmentation par âge et par cycle de vie familial pour le marché de la pellicule. Pendant que les ventes de pellicules diminuent, les fabricants de pellicules travaillent fort pour exploiter de nouveaux créneaux du marché comme les mères, les enfants et les personnes âgées. La compagnie Konica a mis sur le marché une pellicule à grande vitesse conçue pour faire ressortir tous les tons de la peau délicate des visages des jeunes enfants, comme en fait foi la brochure promotionnelle. Pour sa part, Kodak a mis sur le marché un ensemble pour les jeunes qui sont intéressés à avoir comme passe-temps la photographie. Et en vue d'atteindre le marché des personnes âgées, Kodak a offert une formation à ses employés retraités pour enseigner la photographie aux personnes âgées qui vivent dans des maisons de retraite. Finalement, Polaroid fait la promotion de certains produits dans des organisations qui représentent les personnes retraitées[16].

Néanmoins, la segmentation selon l'âge et le cycle de vie familial réserve parfois des surprises. Par exemple, Ford Motor s'est servie de l'âge des acheteurs pour déterminer le marché cible de sa Mustang. La voiture avait été conçue pour attirer les jeunes gens qui désiraient une voiture sport peu chère. Mais Ford s'aperçut vite que l'automobile était achetée par des individus de tous âges. L'entreprise dut se rendre compte que son marché cible n'était pas les jeunes du point de vue biologique, mais des gens qui étaient psychologiquement jeunes.

La recherche de Neugarten met en évidence le fait qu'il faut être très prudent avec les stéréotypes liés à l'âge :

L'âge est devenu un mauvais indicateur prévisionnel des événements de la vie, tout autant que de la santé d'une personne, de sa situation professionnelle, de sa situation familiale, etc., ainsi que de ses intérêts, de ses préoccupations et de ses besoins. Il existe des images différentes d'une personne du même âge : des gens de 70 ans sont en fauteuil roulant alors que d'autres du même âge jouent au tennis. De même, il y a des gens âgés de 35 ans qui paient les études de leurs enfants au collège et des gens du même âge qui achètent des meubles pour leur nouveau-né, ce qui donne pour la première fois une catégorie de gens qui deviendront des grands-parents entre 35 et 75 ans[17].

Le sexe

La segmentation selon le sexe a été traditionnellement utilisée pour les vêtements, la coiffure, les cosmétiques et les magazines. À l'occasion, d'autres analystes de marketing reconnaîtront de nouvelles possibilités pour la segmentation selon le sexe. Le marché des pains de savon en est un excellent exemple. Lux et Camay sont positionnés pour les femmes qui se préoccupent des soins de la peau, alors qu'Irish Spring est positionné comme un produit pour les hommes.

L'industrie automobile commence à peine à reconnaître le potentiel de la segmentation selon le sexe. Traditionnellement, les voitures ont été conçues pour attirer avant tout les hommes. Mais comme de plus en plus de femmes sont propriétaires d'un véhicule, certains constructeurs d'automobiles évaluent actuellement la possibilité de concevoir des autos pourvues de caractéristiques plus attirantes pour les femmes.

Le revenu

La segmentation en fonction du revenu sert depuis fort longtemps au lancement de produits et de services tels que les voitures, les bateaux, les vêtements, les cosmétiques et les voyages. Toutefois, le revenu ne permet pas toujours de prédire quels seront les consommateurs d'un produit donné.

Les membres de la classe ouvrière ont été parmi les premiers acheteurs de téléviseurs couleur, car c'était peut-être meilleur marché pour eux d'acheter ces appareils que d'aller au cinéma ou au restaurant. Les voitures les moins chères ne sont pas toujours achetées par les plus pauvres, mais plutôt par les gens qui se considèrent comme tels par rapport à leurs aspirations en matière de prestige social et à leurs besoins d'un niveau acceptable de vêtements, de meubles et de logement qu'ils ne pourraient pas se payer s'ils avaient acheté une auto plus coûteuse. Les automobiles milieu et haut de gamme tendent à être achetées par les segments très privilégiés de chaque classe sociale.

La génération

Plusieurs chercheurs se sont penchés sur une nouvelle forme de segmentation : la génération. L'idée est que l'époque où elle grandit influence profondément chaque génération quant à la musique, au cinéma, à la politique et aux événements de son temps. Certains mercaticiens ciblent les baby-boomers (qui sont nés entre 1946 et 1964) en utilisant une communication et des symboles qui font appel à l'optimisme de cette génération. D'autres mercaticiens ont plutôt choisi de cibler la génération X (les personnes qui sont nées entre 1965 et 1984), conscients que les membres de cette génération ont grandi avec un manque de confiance envers la société, les politiciens, de même qu'envers la publicité et les promotions remplies de ruses. Les membres de cette génération sont plus raffinés lorsqu'ils évaluent des produits et plusieurs sont réticents à la publicité de mauvais goût ou qui se prend trop au sérieux. Par ailleurs, à l'Exposition nationale du Canada qui se tient à Toronto chaque année, une bâtisse est dédiée aux baby-boomers[18].

La classe sociale

La classe sociale exerce une forte influence sur les préférences des gens en matière d'automobiles, de vêtements, d'activités, de loisirs, d'habitudes de lecture, de choix de détaillants, etc. De nombreuses entreprises conçoivent des produits ou des services pour des classes sociales en particulier (nous avons décrit les sept classes sociales au tableau 6.1).

Comme pour la plupart des autres variables de segmentation, les goûts des classes sociales changent avec le temps. Les classes sociales supérieures se sont tournées vers l'avidité et l'ostentation dans les années 80, alors que dans les années 90 nombre de gens ont opté pour des valeurs plus profondes et pour la réalisation de soi. Plusieurs experts constatent que les goûts des classes aisées penchent maintenant davantage pour des besoins utilitaires, comme la préférence pour une Ford Explorer plutôt que pour une Toyota Camry[19].

La segmentation psychographique

La segmentation psychographique consiste à diviser les acheteurs en différents groupes selon leur style de vie et les caractéristiques de leur personnalité. Les personnes appartenant à un même groupe démographique peuvent présenter des profils psychographiques fort différents.

Le style de vie

Les gens adoptent beaucoup plus de styles de vie que ne le suggèrent les classes sociales. L'intérêt des gens pour divers biens dépend notamment de leur style de vie ; en fait, les biens qu'ils consomment expriment ce style de vie. Les directeurs de divers produits, services et marques segmentent de plus en plus souvent le marché selon le style de vie des consommateurs. En voici un exemple :

Oldsmobile, qui voulait atteindre les membres de la classe supérieure qui ont un style de vie actif, a choisi de cibler les golfeurs. L'analyse des caractéristiques démographiques a démontré que le joueur de golf moyen est un homme de 43 ans dont le revenu est de 65 000 $ par année. Et la recherche a indiqué que la personne qui joue au golf a 143 % plus de chances d'acheter une nouvelle auto que la personne moyenne. C'est à partir de ces données qu'Oldsmobile a décidé d'organiser un tournoi de golf à l'échelle nationale où sont invités les concessionnaires et les acheteurs potentiels[20].

Les analyses démographiques et psychographiques ont révélé un intérêt croissant pour la vie à la campagne. Les magazines qui se sont concentrés sur ce marché ont connu une augmentation du nombre de leurs lecteurs[21].

Les fabricants de vêtements pour dames, suivant les conseils de DuPont, ont conçu des vêtements pour la « femme ordinaire », la « femme à la mode » et la « femme masculine ».

Les fabricants de cigarettes ont développé des marques pour le «fumeur provocateur», le «fumeur occasionnel» et le «fumeur prudent».

Les entreprises qui fabriquent des cosmétiques, des boissons alcooliques et de l'ameublement recherchent des occasions par la segmentation selon le style de vie. Or, ce type de segmentation ne fonctionne pas toujours. Nestlé a lancé une marque spéciale de café décaféiné pour les couche-tard, et elle a échoué.

La personnalité

Les spécialistes du marketing ont aussi utilisé la variable de la personnalité pour segmenter le marché. Ils ont doté leurs produits d'une **personnalité de la marque** qui correspond à la **personnalité des consommateurs**. Ainsi, à la fin des années 50, les automobiles Ford et Chevrolet étaient présentées dans la publicité comme ayant des personnalités différentes. En effet, les acheteurs de Ford étaient considérés comme des individus «indépendants, impulsifs, virils, réceptifs au changement et confiants en eux-mêmes», alors que les propriétaires de Chevrolet étaient jugés «conservateurs, économes, soucieux du prestige, moins virils, cherchant à éviter les extrêmes[22]».

La segmentation comportementale

La segmentation fondée sur les comportements (behaviorisme) consiste à grouper les acheteurs selon leurs connaissances, leurs attitudes, leurs utilisations d'un produit ou leurs réactions à celui-ci. De nombreux spécialistes du marketing sont convaincus que ces variables du comportement sont le meilleur point de départ pour établir des segments de marché.

Les occasions d'achat

On peut cerner des segments d'acheteurs selon les occasions associées à la manifestation d'un besoin, à l'achat d'un produit ou à l'utilisation d'un produit. Ainsi, les compagnies aériennes, comme Air Canada, savent que les individus qui prennent l'avion voyagent pour affaires, prennent des vacances ou visitent leur famille. Il est donc possible qu'une compagnie aérienne se spécialise dans le service destiné aux gens pour lesquels une seule de ces occasions domine. Ainsi, les compagnies aériennes de vols nolisés servent avant tout les gens qui voyagent pour leurs vacances.

La segmentation par occasions d'achat peut aider une entreprise à accroître le taux d'utilisation de son produit. Par exemple, le jus d'orange est surtout consommé au déjeuner. Une compagnie fabriquant du jus d'orange peut tenter de promouvoir la consommation de cette boisson à l'occasion du dîner, de la pause ou du souper. Certaines fêtes, comme la fête des Mères et la fête des Pères, ont été popularisées en partie pour accroître les ventes de bonbons et de fleurs. Les confiseurs offrent des tablettes miniatures à l'occasion de l'Halloween, de façon que chaque petit «monstre» ou «mendiant» puisse en recevoir une en réponse à sa quête. D'autre part, l'UNICEF profite de cette occasion pour inviter les enfants à amasser de l'argent à l'intention de l'enfance défavorisée.

Au lieu de rechercher des occasions particulières à certains produits, une entreprise peut étudier toutes les occasions importantes qui marquent les différentes étapes de la vie pour voir si elles ne peuvent être associées à certains besoins auxquels elle pourrait répondre par des produits ou des services, ou par des ensembles de produits ou de services. Il s'agit de la segmentation basée sur les événements tels que le mariage, la séparation et le divorce, l'acquisition d'une nouvelle maison, les accidents ou les maladies, les changements d'emploi ou de carrière, la retraite ou le décès d'un membre de la famille. C'est ainsi que sont apparus de nouveaux types de prestataires de services, comme les conseillers matrimoniaux ou les conseillers en recherche d'emploi.

Les avantages recherchés

Un critère de segmentation très utile est la classification des acheteurs selon les avantages recherchés au moment de l'achat d'un produit. Par exemple, une étude sur les avantages recherchés lors de voyages de loisirs a permis de révéler trois segments de marché distincts: les personnes qui voyagent pour aller rejoindre leur famille, celles qui voyagent par aventure ou pour des objectifs éducatifs et celles qui le font tout simplement pour le plaisir de voyager[23].

Une des segmentations qui ont connu le plus de succès est celle qu'a réalisée Haley, qui a étudié le marché de la pâte dentifrice (voir le tableau 9.2). L'étude de Haley a permis de cerner quatre segments d'avantages recherchés: l'économie, la protection,

TABLEAU 9.2

La segmentation par avantages recherchés du marché de la pâte dentifrice

Segments par avantages recherchés	Caractéristiques démographiques	Caractéristiques comportementales	Caractéristiques psychographiques	Marques préférées
Économie (bas prix)	Hommes	Gros utilisateurs	Très autonomes, centrés sur la valeur	Marques offertes à prix réduit
Protection (prévention de la carie)	Familles nombreuses	Gros utilisateurs	Hypocondriaques, conservateurs	Crest
Esthétique (dents blanches)	Adolescents, jeunes adultes	Fumeurs	Très sociables, actifs	Maclean's, Ultra Brite
Goût (saveur agréable)	Enfants	Amateurs de menthe	Très préoccupés de soi, hédonistes	Colgate, Aim

Source : Adapté de Russell I. Haley, « Benefit Segmentation : A Decision Oriented Research Tool », *Journal of Marketing*, juillet 1963, p. 30-35.

l'apparence et le goût. Chaque segment qui recherchait un type d'avantages possédait des caractéristiques démographiques, psychographiques et comportementales distinctes. Un fabricant de pâte dentifrice peut utiliser de telles données pour préciser le segment par avantages recherchés qu'il tente de satisfaire, déterminer les caractéristiques de ce segment et recenser les principales marques concurrentes. Ainsi, Procter & Gamble a lancé avec beaucoup de succès la pâte dentifrice Crest, qui offrait l'avantage de la « protection contre les caries ». La « protection contre les caries » est devenue son **argument de vente unique**. Un argument de vente unique (*unique selling proposition*) est plus puissant qu'un argument unique. Trop d'entreprises présentent un argument unique et oublient la vente. Par exemple, une pâte dentifrice violette serait unique, mais elle serait sans doute difficile à vendre.

Le statut d'utilisateur

De nombreux marchés peuvent être segmentés en non-utilisateurs, ex-utilisateurs, utilisateurs potentiels, utilisateurs pour la première fois et utilisateurs réguliers d'un produit. Ainsi, Héma-Québec ne peut dépendre uniquement des donneurs réguliers pour obtenir du sang. Elle doit aussi recruter de nouveaux donneurs et même joindre d'anciens donneurs. Chaque groupe exigera une stratégie de marketing différente. La position d'une entreprise sur le marché influencera aussi son approche. Les entreprises qui détiennent une part de marché importante sont particulièrement désireuses d'attirer les utilisateurs potentiels, alors que les petites entreprises tenteront d'attirer les utilisateurs du leader sur le marché.

Jusqu'à un certain point, l'état de l'économie déterminera les groupes d'utilisateurs sur lesquels une entreprise décidera de concentrer ses efforts. Lorsque l'économie tourne au ralenti, les entreprises font porter leurs efforts sur les personnes qui utilisent un produit ou un service pour la première fois sur des marchés en émergence (comme les jeunes gens ou les immigrants), ou encore sur les personnes qui arrivent à une nouvelle étape du cycle de vie familial (comme les nouveaux mariés ou les mères d'un premier enfant). Pour garder leurs parts de marché, les entreprises doivent aussi faire des efforts afin de maintenir la notoriété de la marque et de décourager les utilisateurs fidèles de changer de marque.

Le taux d'utilisation

Les marchés peuvent aussi être segmentés en groupes de faibles, moyens et gros utilisateurs de produits et de services. Les utilisateurs fréquents constituent souvent un faible pourcentage du marché, mais un pourcentage important du volume total consommé. Les *marketers* préfèrent ordinairement attirer un gros utilisateur de leurs produits ou services plutôt que plusieurs utilisateurs occasionnels.

Par exemple, les individus qui utilisent fréquemment les services d'une agence de voyages pour leurs

FIGURE 9.3

Les gros et les faibles utilisateurs de produits de consommation courante

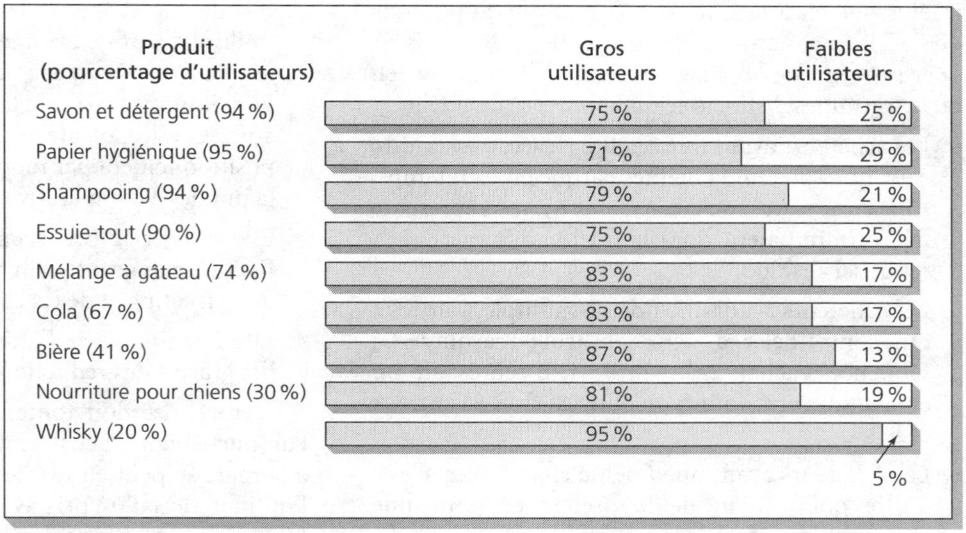

Produit (pourcentage d'utilisateurs)	Gros utilisateurs	Faibles utilisateurs
Savon et détergent (94 %)	75 %	25 %
Papier hygiénique (95 %)	71 %	29 %
Shampooing (94 %)	79 %	21 %
Essuie-tout (90 %)	75 %	25 %
Mélange à gâteau (74 %)	83 %	17 %
Cola (67 %)	83 %	17 %
Bière (41 %)	87 %	13 %
Nourriture pour chiens (30 %)	81 %	19 %
Whisky (20 %)	95 %	5 %

Source : Victor J. Cook et William Mindak, « A Search for Constants : The "Heavy User" Revisited », *Journal of Consumer Marketing*, printemps 1984, p. 80.

vacances sont plus engagés, plus innovateurs, plus renseignés et plus aptes à être des leaders d'opinion que ceux qui utilisent moins fréquemment de tels services. Les gros utilisateurs font non seulement plus de voyages, mais ils recueillent plus d'information sur les voyages de vacances dans les journaux, les revues, les livres et les foires touristiques[24]. De toute évidence, une agence de voyages aurait avantage à diriger ses efforts de marketing vers les gros utilisateurs en recourant à plusieurs outils promotionnels et peut-être même au télémarketing.

On constatera à la figure 9.3 le taux d'utilisation pour quelques produits de consommation populaire. Par exemple, 41 % des ménages de l'échantillon achètent de la bière. Mais les gros utilisateurs sont associés à 87 % de la bière consommée, ce qui est près de sept fois plus que le pourcentage enregistré par les petits utilisateurs. Bien entendu, les brasseries préfèrent attirer un seul gros consommateur de bière plutôt que plusieurs petits consommateurs. Ainsi, la plupart des brasseries ciblent les gros buveurs de bière, utilisant à cette fin des slogans comme « la vraie de vraie » (Molson) ou « quand on aime la bière… » (Labatt).

Les utilisateurs fréquents d'un produit ont souvent en commun des caractéristiques démographiques, psychographiques et médiagraphiques. Ainsi, une étude sur les gros buveurs de bière a démontré que, comparativement aux consommateurs occasionnels, ils faisaient partie en plus grand nombre de la classe ouvrière, avaient le plus souvent entre 25 et 50 ans, regardaient la télévision plus de trois heures et demie par jour et préféraient regarder des émissions sportives. Les profils de ce genre peuvent aider les gens de marketing à établir leurs stratégies quant au prix, au message et au média.

Dans le domaine du marketing social, les agences font régulièrement face à un dilemme à propos des gros utilisateurs. C'est souvent dans les familles où le nombre d'enfants est le plus élevé qu'on rencontre le plus de résistance à la régulation des naissances. La Société de l'assurance automobile du Québec (SAAQ) tout comme la Commission de la santé et de la sécurité du travail (CSST) aimeraient bien cibler les automobilistes et les travailleurs qui sont les moins prudents, mais ce sont justement ceux-ci qui offrent le plus de résistance aux messages prônant la sécurité sur la route ou au travail. Ces organismes doivent décider s'il est préférable de cibler les quelques récidivistes opposant une grande résistance ou les délinquants primaires opposant moins de résistance.

La fidélité à la marque

On peut aussi segmenter le marché selon le degré de fidélité des consommateurs. Les consommateurs peuvent être fidèles à une marque (Molson), à un magasin (La Baie) ou à d'autres choses. Nous nous intéressons ici à la fidélité à la marque. Supposons qu'il y ait cinq marques sur un marché — soit A, B, C, D et E — et que les acheteurs puissent se diviser en quatre groupes distincts selon leur degré de fidélité :

- Les acheteurs ayant une fidélité élevée, c'est-à-dire ceux qui achètent la même marque en tout temps. Ainsi, une suite d'achats A, A, A, A, A, A représente un consommateur dont la fidélité à la marque A est quasi absolue.

- Les acheteurs ayant une fidélité multiple, soit ceux qui sont fidèles à deux ou trois marques. La séquence d'achats A, A, B, B, A, B représente un consommateur dont la fidélité est divisée entre A et B.

- Les acheteurs ayant une fidélité changeante, c'est-à-dire qui passent de la préférence pour une marque à la préférence pour une autre marque. La séquence d'achats A, A, A, B, B, B semble indiquer un consommateur dont la fidélité a changé de la marque A à la marque B.

- Les acheteurs sans fidélité, soit ceux qui n'ont aucune fidélité à l'égard d'une marque en particulier. La série d'achats A, C, E, D, D, B suppose un consommateur sans fidélité qui réagit favorablement aux offres spéciales (il achète la marque vendue à prix réduit) ou qui aime la variété (il désire chaque fois quelque chose de différent)[25].

Chaque marché se compose, à divers degrés, de ces quatre types d'acheteurs. Un marché ayant une fidélité élevée est un marché comptant un fort pourcentage d'acheteurs ayant une fidélité élevée. Ainsi, les marchés de la pâte dentifrice et de la bière semblent être des marchés ayant une fidélité passablement élevée. Les entreprises à l'œuvre sur un marché dont la fidélité à la marque est élevée ont de la difficulté à accroître leur part de marché, et les entreprises qui essaient de pénétrer un tel marché ont de la difficulté à le faire.

Une entreprise peut apprendre beaucoup de choses en analysant les comportements de fidélité sur son marché :

1. Elle devrait étudier les caractéristiques de ses clients ayant une fidélité élevée. Colgate a découvert que la fidélité élevée est le plus souvent associée à la classe moyenne, aux familles nombreuses et à des gens qui se soucient particulièrement de leur santé. Cette clientèle forme le marché cible de Colgate.

2. Elle devrait examiner les clients ayant une fidélité multiple pour déterminer quelles marques entrent le plus en concurrence avec la sienne. Si un trop grand nombre d'acheteurs de Colgate achètent aussi Crest, Colgate peut tenter d'améliorer son positionnement par rapport à Crest en recourant à la publicité comparative.

3. Elle devrait se préoccuper des clients ayant une fidélité changeante afin de découvrir ses faiblesses de marketing et de les corriger.

4. Elle devrait essayer d'attirer les acheteurs sans fidélité grâce à des réductions sur sa marque.

L'entreprise doit toutefois être consciente qu'un comportement d'achat semblant attester une fidélité à la marque peut en réalité résulter de l'habitude, de l'indifférence, d'un prix avantageux ou de l'inaccessibilité d'autres marques. Ainsi, le concept de fidélité comporte certaines ambiguïtés et doit en conséquence être utilisé avec prudence. L'entreprise doit être en mesure de déterminer si les clients actuels sont fidèles, instables ou nouveaux (voir la rubrique Le marketing en coulisse 9.1 intitulée « Savoir cibler les bons clients »).

La prédisposition à l'achat

À tout moment, les gens se situent à divers stades de prédisposition par rapport à l'achat d'un produit. Il y a des gens qui ne connaissent même pas l'existence d'un produit, il y a ceux qui en sont informés, ceux que le produit intéresse, ceux qui désirent l'acheter et ceux qui ont l'intention de l'acheter. La répartition des clients entre ces catégories a des conséquences importantes pour la conception du programme de marketing.

Supposons qu'un organisme de santé souhaite que chaque femme se soumette à un test PAP qui permet de détecter le cancer du col de l'utérus. Au début, la majeure partie des femmes ne connaissent même pas l'existence du test PAP. L'effort de marketing doit donc être orienté vers une campagne de sensibilisation destinée à faire prendre conscience de l'existence d'un tel test à l'aide d'un message simple. Si le premier stade réussit, il faut faire valoir les avantages du test PAP et signaler les risques qu'il permet d'éviter, de façon à inciter plus de femmes à passer ce test. On doit alors prévoir les installations nécessaires pour prendre en charge un nombre éventuellement élevé de femmes décidées à se soumettre au test. D'une

LE MARKETING EN COULISSE 9.1
Savoir cibler les bons clients

Les conditions économiques sont de nos jours très changeantes, et les entreprises doivent savoir s'y adapter. D'une part, de nouveaux marchés s'ouvrent en Asie et en Europe de l'Est; en même temps, l'accroissement de la population et du revenu discrétionnaire au Canada, aux États-Unis, en Europe de l'Ouest et au Japon se fait beaucoup plus lentement. Dans une économie en pleine croissance, viser uniquement la notoriété d'un produit peut suffire à stimuler la demande. Mais sur les marchés ayant atteint le stade de la maturité, les entreprises ne peuvent connaître de succès que si elles mettent au point des stratégies de marketing cherchant à répondre aux besoins des quatre types d'utilisateurs suivants:

- **Les non-utilisateurs.** Ils peuvent connaître l'existence d'un produit et avoir décidé de ne pas l'acheter. À moins que les *marketers* ne réussissent à découvrir de nouvelles utilisations pour le produit, les efforts de marketing dirigés vers ce groupe auront probablement peu d'effets. L'effort promotionnel de l'entreprise Arm & Hammer, un fabricant de bicarbonate de soude, est un bon exemple d'une entreprise qui a su attirer des non-utilisateurs en faisant la promotion de nouvelles utilisations d'un produit: comme désodorisant pour les tapis et les réfrigérateurs, et pour le nettoyage des drains et des cuvettes de cabinets. Chaque nouvelle utilisation a fait l'objet d'une campagne publicitaire pour revitaliser le produit. Néanmoins, les non-utilisateurs sont souvent un groupe relativement moins important que les trois autres groupes.

- **Les clients fidèles.** Ils utilisent déjà le produit. Sur un marché où il existe un pourcentage relativement élevé de consommateurs fidèles, le marketing peut avoir de la difficulté à accroître la notoriété du produit ou les ventes. Néanmoins, la publicité peut encore accomplir l'importante fonction de renforcer la fidélité à la marque. Le premier objectif du marketing envers les clients fidèles devrait être de les décourager de changer de marque pour une autre.

- **Les clients aléatoires.** Leur fidélité à la marque est très faible et leurs décisions d'achat sont basées sur d'autres facteurs tels que le prix ou la variété. Lorsque le prix est un facteur déterminant, les promotions sur les prix sont le plus souvent le moyen à utiliser pour inciter les acheteurs sans fidélité. Par contre, ce groupe ne sera peut-être pas une cible attrayante, puisque les acheteurs sans fidélité changent continuellement de marque.

- **Les nouveaux consommateurs.** Ceux-ci entrent sur le marché pour la première fois et peuvent présenter une occasion d'affaires fort intéressante. Deux groupes sont particulièrement importants pour une grande gamme de produits de consommation, soit les jeunes gens et les immigrants. Ces deux groupes, qui sont à l'étape de la formation des préférences pour plusieurs produits et services, pourraient soutenir le marché pendant des décennies après que leurs choix auront été faits. La publicité destinée aux nouveaux consommateurs devrait être semblable à la publicité destinée à promouvoir de nouveaux produits. Les messages publicitaires doivent créer la notoriété de la marque et bâtir l'image de la marque. Ils doivent créer une identification au produit, encourager l'essai de celui-ci et stimuler la préférence pour ce produit. Par contre, les nouveaux consommateurs peuvent exiger des messages et un choix de médias propres à leur âge et à leur culture. Un immigrant de Hong-Kong qui arrive à Vancouver utilisera des médias différents et répondra différemment à l'approche publicitaire adoptée, comparativement à un Québécois âgé de 16 ans qui vit à Rimouski.

Les meilleures campagnes de marketing prennent en considération tous ces groupes. Elles renforcent les préférences des consommateurs fidèles tout en influençant les consommateurs sans fidélité et en créant la notoriété pour les produits sur les marchés en émergence.

Sources: *American Demographics* © 1994. Reproduit avec permission; Isabel Vincent, «Chasing After the Ethnic Consumer», *The Globe and Mail*, 18 septembre 1995, p. A8.

façon générale, le programme de marketing devrait être adapté au nombre changeant de femmes à chacun des stades du processus d'achat.

L'attitude à l'égard du produit ou du service

Sur un marché donné, les gens peuvent aussi être classés selon leur degré d'enthousiasme pour le produit ou le service. On distingue cinq segments de consommateurs selon leur attitude : les consommateurs enthousiastes, positifs, indifférents, négatifs et hostiles. Les démarcheurs qui font du porte-à-porte durant les campagnes électorales observent l'attitude des électeurs pour déterminer combien de temps ils passeront avec ces derniers. Ils remercient les électeurs enthousiastes et leur rappellent de ne pas oublier de voter, ils renforcent l'engagement des électeurs qui sont positivement disposés, ils essaient d'obtenir le vote des électeurs indifférents et ils ne perdent pas de temps à tenter de changer les attitudes des électeurs négatifs ou hostiles. Dans la mesure où il est possible d'établir une corrélation entre les caractéristiques démographiques des électeurs et leur attitude, l'organisation peut reconnaître plus efficacement les meilleurs clients potentiels.

Un groupe de conseillers en marketing a divisé le marché de l'âge mûr (les gens âgés de 50 ans ou plus, soit les gens qui possèdent la grande majorité des actifs au Québec) en des catégories basées sur leurs attitudes envers trois sujets : les soins de santé, la consommation de nourriture et l'estime de soi. Dans la catégorie de l'estime de soi, les chercheurs ont établi quatre catégories de gens[26] :

- Les **bons vivants** pensent que les meilleures années sont les années actuelles et les années à venir. Bien paraître et demeurer actifs sont leurs priorités absolues.

- Les **insécures** pensent qu'ils n'ont pas bien réussi dans la vie et que, malgré tout, leurs meilleures années sont déjà passées. Ils ont peur de ne pas avoir assez d'argent plus tard, investissent de façon conservatrice, magasinent pour obtenir de meilleures valeurs et sont très préoccupés par la criminalité.

- Les **actifs menacés** se préoccupent beaucoup de la criminalité, mais ils ont néanmoins une attitude positive envers la vie. Ils résistent aux changements et souhaitent continuer à vivre dans leur propre maison, à travailler le plus longtemps possible et à conduire leur propre auto.

- Les **positifs financièrement** sont plus ouverts aux changements et ils se soucient de leur apparence. Ils se sentent à l'aise financièrement, ils connaissent le succès et sont optimistes.

La segmentation géographique multiattribut

De nos jours, les *marketers* ne parlent plus d'un consommateur moyen, pas plus qu'ils ne limitent leurs analyses à un petit nombre de segments de marché. Au lieu d'adopter cette approche réductrice, ils essaient de prendre en considération plusieurs variables dans le but de cerner des marchés cibles plus petits et bien définis. Ainsi, une banque ne se contentera pas de repérer un groupe d'adultes retraités à l'aise ; elle tentera plutôt de diviser ce groupe en des microsegments selon leur revenu actuel, leurs avoirs, leur épargne et leur tolérance au risque.

Un des développements les plus prometteurs dans la segmentation multiattribut est la segmentation géographique commerciale. Depuis quelques années, plusieurs entreprises offrent aux responsables du marketing des services d'information qui permettent de lier des données de recensement à des styles de vie à partir du code postal. Les groupes ainsi constitués présentent une description plus riche des consommateurs et de leur voisinage que les données démographiques traditionnelles parce qu'elle reflète la situation socioéconomique et le style de vie des habitants d'une région. La firme Compusearch offre un tel service à partir des données du recensement canadien.

La segmentation géographique multiattribut est un outil de segmentation qui gagne en popularité pour deux raisons. Premièrement, la diversité de la population ne fait que croître, avec une augmentation plus rapide de la population parmi certains groupes ethniques. Il y a plus de femmes sur le marché du travail, la structure des ménages change de même que la taille des différents groupes d'âge. Deuxièmement, le travail de marketing auprès des microsegments devient de plus en plus accessible même pour de petites organisations, parce que les coûts des bases de données diminuent, le nombre d'ordinateurs personnels s'accroît, les logiciels sont plus faciles à utiliser et l'intégration des données est plus fréquente[27].

Cela termine notre discussion sur les différentes variables de segmentation des marchés des consommateurs — géographiques, démographiques, psychographiques et comportementales —, incluant les variables de segmentation présentées au tableau 9.1. En plus d'avoir le choix d'un grand nombre de façons de segmenter le marché, les mercaticiens doivent décider s'ils s'attaquent à un seul segment ou à plusieurs.

La segmentation multiple

Plusieurs entreprises concentrent leurs efforts sur un segment lorsqu'elles commencent à faire du marketing, puis leurs efforts s'étendent à d'autres segments. Considérons maintenant l'expérience d'une petite entreprise de haute technologie :

> PageNet, une petite entreprise qui a développé des systèmes de téléavertisseurs, a utilisé la segmentation pour contourner les principaux concurrents qui œuvrent dans l'industrie des télécommunications. La segmentation a été un atout pour PageNet parce que cette entreprise ne pouvait se différencier de ses concurrents en misant sur une technologie unique et que ses prix étaient déjà de 20 % inférieurs à ceux de ses concurrents. Pour développer son avantage concurrentiel, PageNet a franchi les étapes suivantes :
>
> 1. La stratégie de PageNet a débuté par une concentration sur les marchés facilement accessibles. Au début, elle a utilisé une segmentation géographique axée sur deux régions. Dans ces deux régions, certains concurrents étaient vulnérables, et PageNet a fait appel à une stratégie de prix vigoureuse. C'est seulement lorsque l'entreprise a été bien ancrée dans ces deux marchés qu'elle s'est attaquée à 13 nouveaux segments de marché offrant le potentiel de croissance le plus élevé.
>
> 2. La stratégie de PageNet ne s'est pas limitée à une segmentation géographique. Les *managers* ont établi un profil pour les utilisateurs de leurs services de téléavertisseurs. Parmi les groupes ciblés, on trouvait des représentants commerciaux, des messagers et des responsables de l'entretien. PageNet a décidé ensuite de s'emparer de la plus grande part de marché possible des téléavertisseurs. Pour atteindre l'objectif de pénétration de 75 % du marché (comparativement à 45 % l'année précédente), les directeurs de l'entreprise ont utilisé une segmentation basée sur le style de vie afin

> de cibler des groupes de consommateurs additionnels, tels les parents qui laissent leurs enfants avec une gardienne et les personnes âgées vivant seules dont les familles désirent maintenir un contact avec elles.
>
> 3. Pour accroître encore plus son marché potentiel, PageNet a décidé de distribuer ses produits aux rayons des appareils électroniques de magasins de détail comme Wal-Mart. La direction de PageNet a décidé de donner des escomptes fort attrayants en échange du droit de conserver les revenus provenant de l'utilisation mensuelle pour tout téléavertisseur. Avec une prévision de 80 000 nouveaux utilisateurs, les responsables de PageNet avaient calculé que le potentiel énorme de revenus reliés aux frais d'exploitation compenserait largement les maigres profits obtenus de produits vendus avec de tels rabais.
>
> Quels ont été les résultats de cette stratégie ? Eh bien, PageNet continue d'augmenter le nombre de ses nouveaux clients et elle croît à un taux de 50 % par année[28].

Finalement, une entreprise qui tente de trouver une façon efficace de segmenter le marché doit reconnaître que de nombreux acheteurs ne peuvent être classés dans un seul segment. Certains consommateurs peuvent chevaucher plusieurs segments. Ainsi, le courtier qui offre des services financiers dans le quartier des affaires de Montréal peut acheter un costume fait sur mesure chez un tailleur reconnu et en même temps acheter ses sous-vêtements chez La Baie. Il n'est pas prudent de tenter d'interpréter l'appartenance de quelqu'un à un segment uniquement à partir de l'observation d'un achat. Si l'on se focalise sur les caractéristiques d'un segment, on risque d'ignorer l'ensemble des caractéristiques du profil des clients.

9.1.5
Les variables de segmentation des marchés organisationnels

On peut segmenter les marchés organisationnels à l'aide de plusieurs variables qui sont utilisées dans la segmentation des marchés des consommateurs telles que la géographie, les avantages recherchés et le taux d'utilisation. Certaines variables de segmentation des marchés des consommateurs ne peuvent être utilisées. Bonoma et Shapiro proposent une classification de variables de segmentation pour les marchés organisationnels (voir le tableau 9.3). Selon eux, ce sont les variables démographiques qui sont les plus importantes, après quoi viennent les variables de fonctionnement, et ainsi de suite jusqu'aux caractéristiques personnelles de l'acheteur.

On trouvera au tableau 9.3 une série de questions importantes que les spécialistes en marketing organisationnel devraient se poser pour déterminer quels clients ils serviront. Ainsi, un fabricant de pneus devrait décider des **industries** qu'il désire servir, étant donné les différences de chacune. Les constructeurs d'automobiles exigent pour les autos de luxe des pneus de première qualité, alors que pour les autos standard ils choisiront des pneus standard. De même, les pneus exigés par les constructeurs d'avions doivent satisfaire à des normes de sécurité beaucoup plus

TABLEAU 9.3
Les principales variables de segmentation pour les marchés organisationnels

---

DÉMOGRAPHIE

- **Industrie.** Sur quelles industries parmi celles qui achètent ce produit devrions-nous concentrer nos efforts ?
- **Taille de l'entreprise.** Sur quelle taille d'entreprise devrions-nous concentrer nos efforts ?
- **Localisation.** Sur quelle région devrions-nous concentrer nos efforts ?

FONCTIONNEMENT

- **Technologie.** Sur quelles technologies des clients devrions-nous concentrer nos efforts ?
- **Statut d'utilisateur.** Devrions-nous concentrer nos efforts sur les petits, les moyens ou les gros utilisateurs, ou encore sur les non-utilisateurs ?
- **Besoins des clients.** Devrions-nous concentrer nos efforts sur les clients qui ont besoin de beaucoup de services ou sur ceux qui en ont peu besoin ?

POLITIQUES D'ACHAT

- **Fonction d'organisation des achats.** Devrions-nous faire porter nos efforts sur les entreprises dont les achats sont fortement centralisés ou sur celles dont les achats sont fortement décentralisés ?
- **Structure de pouvoir.** Devrions-nous faire porter nos efforts sur les entreprises qui sont dominées par les ingénieurs, par les financiers, etc. ?
- **Nature de la relation actuelle.** Devrions-nous faire porter nos efforts sur les entreprises avec lesquelles nous sommes actuellement très liés ou simplement rechercher les entreprises qui paraissent les plus désirables ?
- **Politiques générales d'achat.** Devrions-nous faire porter nos efforts sur les entreprises qui préfèrent la location ? les contrats de service ? les systèmes d'achat ? les soumissions cachetées ?
- **Critères d'achat.** Devrions-nous faire porter nos efforts sur les entreprises qui recherchent la qualité ? le service ? le prix ?

FACTEURS STRUCTURELS

- **Délais.** Devrions-nous nous concentrer sur les entreprises qui exigent des livraisons rapides et sans préavis ?
- **Utilisations spécifiques.** Devrions-nous nous concentrer sur certaines utilisations de notre produit plutôt que sur toutes les utilisations en même temps ?
- **Taille de la commande.** Devrions-nous nous concentrer sur les grosses ou les petites commandes ?

CARACTÉRISTIQUES PERSONNELLES

- **Ressemblances entre le vendeur et l'acheteur.** Devrions-nous axer nos activités sur les entreprises dont les gens et les valeurs sont semblables aux nôtres ?
- **Attitude à l'égard du risque.** Devrions-nous axer nos activités sur les entreprises qui prennent des risques ou sur celles qui évitent les risques ?
- **Fidélité.** Devrions-nous axer nos activités sur les entreprises qui manifestent une grande fidélité à leurs fournisseurs ?

Source : Adapté de Thomas V. Bonoma et Benson P. Shapiro, *Segmenting the Industrial Market*, Lexington, Mass., Lexington Books, 1983.

élevées, évidemment, que les pneus commandés par les fabricants d'équipement agricole.

Après avoir choisi une industrie cible, une entreprise peut raffiner sa segmentation selon la **taille du client**. Ainsi, elle peut trouver avantageux d'établir des systèmes distincts pour les grandes et les petites entreprises. Par exemple, Steelcase, qui est un important fabricant de meubles de bureau, a divisé ses clients en deux groupes :

- **Les clients majeurs.** La responsabilité des clients importants, comme IBM, incombe à des directeurs de comptes clients nationaux qui travaillent en collaboration avec les directeurs de districts.

- **Les clients ordinaires.** La responsabilité des clients ordinaires incombe au personnel de vente, qui travaille en collaboration avec les vendeurs franchisés offrant les produits de Steelcase.

La segmentation ne s'arrête pas nécessairement là. En plus de la segmentation selon l'industrie cible et la taille du client, l'entreprise peut segmenter le marché selon des **critères d'achat**. Les critères d'achat d'instruments de laboratoire diffèrent selon qu'il s'agit de laboratoires gouvernementaux, universitaires ou industriels. Les laboratoires gouvernementaux recherchent des prix peu élevés et de bons contrats d'entretien. Les laboratoires universitaires ont besoin d'équipements qui exigent peu d'entretien. Enfin, les laboratoires industriels exigent des équipements précis et très fiables.

En général, les entreprises industrielles ne s'attachent pas à une seule variable de segmentation mais pratiquent plutôt une segmentation séquentielle. Prenons le cas d'une aluminerie :

Une aluminerie commença par effectuer une **macro-segmentation** en trois étapes[29]. Elle étudia les marchés des utilisateurs finals : le marché de l'automobile, le marché résidentiel et le marché des contenants pour les boissons. Après avoir choisi le marché résidentiel, elle détermina le produit qui paraissait offrir le plus de possibilités de profit entre les matériaux semi-finis, les pièces de construction et les maisons mobiles en aluminium. Ayant décidé de se concentrer sur les pièces de construction, elle détermina ensuite la taille de clients qui paraissait la plus rentable, et choisit les entreprises de grande taille.

Dans un deuxième temps, elle entreprit d'effectuer une **microsegmentation**. L'entreprise s'aperçut que les clients potentiels pouvaient faire partie de trois groupes : ceux pour qui l'élément fondamental était

le prix, ceux pour qui c'était la qualité du service à la clientèle et ceux pour qui c'était la qualité du produit. Étant donné que l'entreprise avait acquis une excellente réputation pour la qualité de son service à la clientèle, elle décida de concentrer ses efforts sur le segment de marché intéressé par cette caractéristique.

Cette approche de la segmentation laisse supposer que le choix d'un produit dans un segment donné dépend d'une seule caractéristique. En fait, les acheteurs organisationnels recherchent plutôt des ensembles d'avantages. Robertson et Barich ont cerné des segments de marché en fonction des étapes du processus de décision[30] :

1. **Les clients potentiels.** Ce sont les clients qui n'ont pas encore acheté. Ils souhaitent acheter à un représentant de vente qui comprend leur industrie, qui explique bien les choses et en qui ils peuvent avoir confiance.

2. **Les novices.** Ces clients ont déjà acheté le produit. Ils recherchent des manuels faciles à comprendre, des lignes téléphoniques fonctionnant jour et nuit, une excellente formation et des représentants de vente bien renseignés.

3. **Les connaisseurs.** Ces clients exigent des services d'entretien et de réparation rapides, des produits fabriqués selon leurs besoins et un excellent soutien technique.

Robertson et Barich croient que ces différents segments peuvent exiger des canaux différents. Les clients potentiels préfèrent faire affaire avec un représentant plutôt que de commander par catalogue parce que dans le deuxième cas ils n'auront pas suffisamment d'information. Lorsque le marché est au stade de la maturité, de plus en plus d'acheteurs acquièrent une expertise ; les connaisseurs peuvent préférer d'autres canaux. Ainsi, les entreprises qui ont découvert des façons de faire efficaces aux premières étapes du développement d'un marché perdront de la flexibilité et de l'efficacité en tentant de répondre aux besoins plus raffinés d'un marché arrivé à maturité.

Rangan, Moriarty et Swartz ont étudié un marché de fournitures industrielles au stade de la maturité, soit des sangles en acier entrant dans la fabrication d'emballages industriels. Ils cherchaient à cerner la problématique des acheteurs industriels qui veulent les prix les plus bas avec peu de service et de ceux qui sont prêts à payer plus pour obtenir plus de service[31]. À leur surprise, ils ont trouvé quatre segments.

1. **Les acheteurs programmés.** Ces acheteurs considèrent que ce produit est peu important pour leurs opérations. Il s'agit d'un achat routinier pour lequel ils paient le plein prix et obtiennent le minimum de service. Ce segment est très rentable pour le vendeur.

2. **Les acheteurs relationnels.** Ces acheteurs considèrent qu'un tel produit est assez important et ils connaissent bien l'offre des concurrents. Ils obtiennent un petit rabais et un service limité, et préfèrent traiter avec le vendeur, pour autant que le prix ne soit pas trop éloigné du prix du marché. C'est le deuxième segment le plus rentable.

3. **Les acheteurs transactionnels.** Le produit est très important dans les opérations de ces clients. Ils sont sensibles au prix et au service. On leur accorde un rabais de 10 % et on leur offre un service se situant au-dessus de la moyenne. Ils connaissent bien l'offre de la concurrence et sont prêts à changer de fournisseur pour obtenir un meilleur prix, même s'ils doivent sacrifier une partie du service.

4. **Les chasseurs d'aubaines.** Le produit est très important pour ces acheteurs, qui exigent à la fois les rabais les plus importants et un très bon service. Ils connaissent bien les autres fournisseurs, négocient durement et sont prêts à changer de fournisseur à la moindre insatisfaction. L'entreprise a besoin de ce type de clients à cause du volume de ventes élevé, mais ils ne sont pas très rentables.

Cette façon de segmenter le marché peut aider une entreprise qui œuvre sur un marché de fournitures au stade de la maturité à ajuster les niveaux de prix et de service aux différents segments, puisque chaque segment réagira différemment à de tels changements[32].

9.1.6
Les conditions d'une segmentation efficace

Il existe de nombreuses façons de segmenter un marché. Cependant, les différentes segmentations ne sont pas toujours efficaces. Par exemple, les acheteurs de sel de table pourraient être groupés en clients blonds et en clients châtains. Or, on sait que la couleur des cheveux n'est pas une variable de segmentation pertinente pour l'achat de sel. De plus, si tous les acheteurs de sel achetaient la même quantité de sel chaque mois, s'ils croyaient que toutes les marques de sel se valent et s'ils désiraient payer le même prix, ce marché ne pourrait pas réellement être segmenté du point de vue du marketing.

Pour avoir leur maximum d'utilité, les segments de marché doivent posséder les quatre caractéristiques suivantes :

- **La mesurabilité.** La mesurabilité est le degré auquel la taille et le pouvoir d'achat des segments peuvent être mesurés. Certaines variables de segmentation sont difficiles à mesurer, par exemple la taille du segment des fumeurs adolescents qui fument surtout pour se rebeller contre leurs parents.

- **La substantialité.** Il s'agit du degré auquel les segments sont vastes ou rentables, ou les deux. Un segment devrait être constitué du plus grand groupe homogène d'acheteurs qu'il est possible d'atteindre avec un programme de marketing. Par exemple, il ne serait pas payant pour un constructeur d'automobiles de concevoir des voitures pour les personnes dont la taille serait inférieure à un mètre cinquante.

- **L'accessibilité.** Il est ici question du degré auquel les segments peuvent être atteints et servis efficacement. Supposons qu'un fabricant de parfums découvre que les gros utilisateurs de sa marque sont des femmes célibataires qui sortent tard la nuit et fréquentent les bars. À moins que ce groupe ne vive ou ne magasine à certains endroits précis et qu'il ne soit exposé à des médias particuliers, il pourra être difficile de l'atteindre efficacement.

- **La potentialité.** La potentialité est le degré auquel on peut formuler des programmes efficaces pour attirer et servir les segments. Par exemple, une petite compagnie aérienne avait défini sept segments de marché, mais son personnel n'était pas assez nombreux pour élaborer des programmes de marketing distincts pour chaque segment.

9.2
LE CIBLAGE DU MARCHÉ

La segmentation du marché permet de dévoiler des segments de marché qui offrent des occasions d'affaires à l'entreprise. L'entreprise doit ensuite évaluer les divers segments, décider du nombre de segments à servir et choisir ceux sur lesquels elle fera porter ses efforts. Examinons maintenant des outils d'évaluation et de sélection des segments.

9.2.1
L'évaluation des segments de marché

En évaluant divers segments de marché, une entreprise doit considérer deux facteurs : l'**attrait global du segment** de même que les objectifs et les ressources de l'entreprise. Premièrement, l'entreprise doit se demander si le segment potentiel possède les caractéristiques fondamentales qui peuvent le rendre attrayant : la taille, la croissance, la rentabilité, les économies d'échelle, le faible risque, etc. Plusieurs caractéristiques souhaitables ont déjà été proposées au chapitre 3, lors de la présentation du modèle de General Electric (tableau 3.2). On peut aussi poser d'autres questions pour mesurer l'attrait d'un segment. Sera-t-il facile de persuader des acheteurs dans ce segment de changer de marque ou d'entreprise (l'entreprise pourrait éviter de cibler les clients fidèles à des marques données, ou les chasseurs d'aubaines, par exemple ; elle devrait alors concentrer ses efforts plutôt sur des clients insatisfaits ou sur ceux qui ne sont pas fidèles à une marque précise) ? Quelle est la valeur de ce marché (l'entreprise devrait cibler les consommateurs qui dépenseront le plus pour cette catégorie de produits, qui demeureront fidèles et qui influenceront les autres) ?

Deuxièmement, même si un segment possède des caractéristiques positives, l'entreprise doit considérer aussi ses propres **objectifs** et ressources par rapport à ce segment. Certains segments qui paraissent attrayants devront peut-être être rejetés parce qu'ils ne s'intègrent pas bien dans les objectifs à long terme de l'entreprise.

D'autre part, même si le segment convient bien aux objectifs de l'entreprise, celle-ci doit vérifier si elle a les **habiletés** et les **ressources nécessaires** pour réussir dans ce segment. Chaque segment possède certaines exigences à remplir. En conséquence, un segment devrait être rejeté si l'entreprise ne possède pas une ou plusieurs des compétences nécessaires et si elle n'est pas en position d'acquérir ces compétences. Cependant, même si l'entreprise dispose des compétences exigées, son succès n'est pas pour autant assuré. Si elle désire réellement réussir dans le segment de marché, elle doit se donner des avantages concurrentiels prépondérants. Elle ne doit jamais entrer sur des marchés ou dans des segments de marché où elle ne pourrait pas produire une forme quelconque de valeur supérieure.

9.2.2
Le choix des segments de marché

Après avoir évalué divers segments, l'entreprise doit déterminer combien de segments elle veut servir et lesquels. En d'autres mots, elle doit **cibler** un segment. L'entreprise peut considérer cinq manières d'envisager le choix des marchés cibles, comme on peut le voir à la figure 9.4.

FIGURE 9.4
Les cinq manières d'envisager le choix des marchés cibles

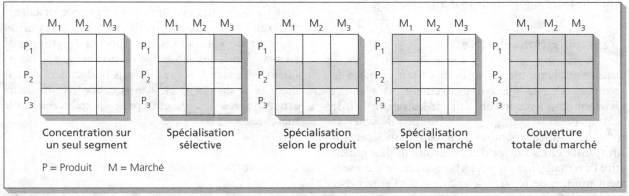

Source : Adaptée de Derek F. Abell, *Defining the Business : The Starting Point of Strategic Planning*, Englewood Cliffs, N.J., Prentice Hall, 1980, chap. 8, p. 192-196.

La concentration sur un segment unique

Le cas le plus simple consiste, pour l'entreprise, à choisir un segment unique où elle concentrera ses efforts. Les caractéristiques de l'entreprise peuvent correspondre exactement aux exigences de succès dans ce segment ; ou bien, l'entreprise peut avoir des fonds très limités et être forcée de ne choisir qu'un segment ; ou bien, il peut s'agir d'un segment où il n'y a aucune concurrence ; ou enfin, il peut s'agir d'un segment susceptible de servir de rampe de lancement pour une extension dans d'autres segments.

Il existe plusieurs exemples de marketing concentré. Volkswagen a concentré pendant très longtemps ses efforts sur le marché des petites automobiles, et Harlequin, sur le marché des livres de poche romantiques. Grâce au marketing concentré, l'entreprise peut se tailler une position forte sur le marché dans un segment donné, en raison d'une meilleure connaissance des besoins du segment et de la bonne réputation qu'elle s'y est acquise. De plus, l'entreprise y réalise plusieurs économies de fonctionnement grâce à la spécialisation de sa production, de sa distribution et de sa promotion. Si le segment est bien choisi, l'entreprise pourrait obtenir un rendement élevé de ses investissements.

Toutefois, une stratégie de marketing concentré comporte des risques plus élevés que la normale. Le segment de marché visé peut décliner ; par exemple, le ralentissement de la croissance démographique a créé beaucoup de problèmes à Gerber, qui avait concentré toutes ses activités sur l'alimentation pour bébés. De plus, un autre concurrent peut décider de s'implanter dans le même segment. Pour toutes ces raisons, plusieurs entreprises préfèrent diversifier leurs activités dans plusieurs segments de marché.

La spécialisation sélective

Dans ce cas, l'entreprise choisit un certain nombre de segments, chacun étant objectivement attrayant et s'harmonisant avec les objectifs et les ressources de l'entreprise. Il se peut qu'il y ait très peu de synergie entre des segments paraissant chacun financièrement attrayant. Cette stratégie de couverture multisegment offre l'avantage, par rapport à la couverture d'un segment unique, de répartir le risque pour l'entreprise. De cette façon, si un segment devient moins attrayant, l'entreprise peut continuer à avoir du succès dans les autres segments. Ainsi, la chaîne de restaurants Kelsey, qui offrait des services de restauration générale, a fait l'acquisition d'une chaîne de rôtisseries. Une telle stratégie permet non seulement une augmentation rapide des ventes, mais elle accroît la stabilité de l'entreprise[33].

La spécialisation selon le produit

Une entreprise peut répondre à des besoins différents de plusieurs segments tout en se concentrant sur la fabrication d'un produit. Prenons l'exemple d'un fabricant de microscopes destinés aux laboratoires universitaires, gouvernementaux et commerciaux. L'entreprise est prête à fabriquer différents microscopes pour les différents groupes de clients, mais elle se garde bien de produire d'autres types d'instruments de laboratoire. Grâce à cette stratégie, l'entreprise se bâtit une réputation solide dans un domaine précis. Toutefois, les risques pourraient provenir, dans ce cas, d'une nouvelle technologie qui supplanterait ce type de produit.

La spécialisation selon le marché

Dans cette situation, l'entreprise s'efforce principalement de répondre à plusieurs besoins d'un groupe particulier de clients. Un exemple de cette spécialisation serait une entreprise qui offre toute une gamme de produits pour les laboratoires d'universités : microscopes, oscilloscopes, brûleurs, éprouvettes, etc. L'entreprise acquiert ainsi une bonne réputation en se spécialisant dans le service de ce groupe de clients et elle devient un canal de distribution pour tous les nouveaux produits que ce groupe de clients pourrait utiliser. Le risque, dans un tel cas, pourrait provenir de contraintes que subirait le groupe de clients. Ainsi, les laboratoires universitaires pourraient faire face à des réductions budgétaires draconiennes et devraient en conséquence réduire leurs achats auprès de cette entreprise spécialisée selon le marché.

La couverture totale du marché

Dans un tel cas, l'entreprise essaie de servir tous les groupes de clients avec tous les produits dont ils pourraient avoir besoin. Seules les très grandes entreprises peuvent entreprendre une stratégie de couverture totale du marché. Des exemples bien connus d'entreprises qui utilisent cette stratégie sont IBM (marché des ordinateurs), General Motors (marché des véhicules) et Coca-Cola (marché des boissons gazeuses).

Les grandes entreprises peuvent assurer la couverture totale d'un marché de deux façons : par un marketing indifférencié et par un marketing différencié.

Le marketing indifférencié

L'entreprise peut négliger les différences entre les divers segments de marché et choisir de s'attaquer à l'ensemble du marché avec une seule offre[34]. Elle se concentre alors sur les besoins communs des acheteurs plutôt que sur leurs différences. Elle conçoit un produit et un programme de marketing qui soient attrayants pour le plus grand nombre possible d'acheteurs. Elle fait appel à la distribution et à la publicité de masse. Elle cherche à créer, pour le produit en question, une image de marque supérieure dans l'esprit du public. Un excellent exemple de marketing indifférencié est la stratégie de marketing initiale de Coca-Cola, qui avait choisi d'offrir une seule boisson gazeuse dans un seul format, avec un goût qui était satisfaisant pour tous. Au Japon, un produit populaire est le *fukubukoro* (un sac à surprises qui contient divers produits — mais les mêmes pour tous — présentant une aubaine aux yeux des consommateurs)[35].

Le marketing indifférencié se justifie surtout par les économies de coûts. On voit alors le marketing comme « la contrepartie de la standardisation et de la production de masse dans le domaine de la production[36] ». Une gamme étroite de produits aide à restreindre les coûts de production, de stockage et de transport. Un programme de publicité indifférencié permet aussi de restreindre les coûts de publicité. Enfin, les coûts de recherche en marketing et de gestion de produits sont réduits au minimum, puisqu'il n'est pas nécessaire de faire de la recherche et de la planification par segment.

Néanmoins, un nombre croissant de théoriciens du marketing ont exprimé de fortes réserves au sujet de cette stratégie. Gardner et Levy, quoiqu'ils reconnaissent que « certaines marques ont la réputation, habilement bâtie, de convenir à tous », remarquent ceci :

Dans la plupart des domaines, des groupes d'individus diffèrent, ne serait-ce que parce qu'il y a toujours des déviants qui refusent de consommer de la même manière que les autres [...]. Il n'est pas facile pour une marque d'être à la fois attrayante pour les gens de la classe moyenne inférieure et intéressante pour les acheteurs plus intellectuels et plus cultivés de la classe moyenne supérieure [...]. Il est rarement possible pour un produit ou une marque de plaire à tout le monde[37]. Cela est même vrai pour les fers à cheval et les clous à fers à cheval. Il existe plus de 600 types de fers à cheval et 50 types de clous à fers à cheval[38].

Quand plusieurs entreprises font la même chose, il en résulte une forte concurrence dans les gros segments et de l'insatisfaction dans les petits segments. Ainsi, pendant fort longtemps, les fabricants nord-américains d'automobiles se sont limités à produire de grosses voitures. Les segments de grande taille sont devenus par la suite moins rentables parce qu'ils attirent un nombre disproportionné de concurrents. Kuehn et Day ont appelé « majorité trompeuse » la tendance à rechercher les segments de marché les plus gros[39]. Certaines entreprises qui ont su reconnaître cette erreur se sont plutôt intéressées à de petits segments du marché.

Le marketing différencié

L'entreprise qui pratique un marketing différencié est à l'œuvre dans plusieurs segments de marché et conçoit des programmes distincts pour chacun des segments substantiellement différents. C'est ce que fait General Motors quand elle affirme produire une voiture pour chaque « portefeuille, but et personnalité ». De même, IBM offre de nombreuses variantes d'équipements et de logiciels pour divers segments du marché des ordinateurs. Un nombre croissant d'entreprises adoptent une stratégie de marketing différencié.

Le marketing différencié engendre habituellement des ventes totales plus élevées que le marketing indifférencié. Il est facile de démontrer que les ventes totales peuvent atteindre un niveau plus élevé grâce à une gamme de produits diversifiée vendue par l'intermédiaire de canaux diversifiés. Cependant, mettre en œuvre des stratégies différentes dans des segments de marché différents complexifie les tâches de management. De plus, cette stratégie accroît les frais d'exploitation. Les coûts suivants seront ainsi probablement plus élevés.

- **Les coûts de modification du produit.** La modification du produit en vue de répondre aux exigences des divers segments de marché augmente habituellement les coûts de recherche et développement, de génie ou d'outillage spécialisé.

- **Les coûts de production.** Il est normalement plus coûteux de produire 10 unités de 10 produits différents que 100 unités d'un même produit. Plus le temps de mise en route de la production de chaque produit sera élevé et plus le volume de ventes sera petit, plus le produit coûtera cher. D'autre part, si chaque modèle est vendu en quantité suffisante, le coût additionnel de mise en route peut être relativement faible pour chaque unité.

- **Les coûts d'administration.** L'entreprise doit élaborer des plans de marketing précis pour chaque segment de marché. Cela exige des efforts et des coûts supplémentaires de recherche en marketing, de prévisions, d'analyse des ventes, de promotion, de planification et de gestion de canaux.

- **Les coûts de stockage.** Il coûte habituellement plus cher de gérer les stocks de produits différents que de gérer les stocks d'un seul produit. Les coûts supplémentaires proviennent des relevés supplémentaires qui doivent être faits et conservés, et des contrôles supplémentaires qui doivent être effectués. De plus, le niveau de stock doit être suffisant pour équivaloir à la demande de base, plus un facteur de sécurité suffisant en prévision des variations éventuelles de la demande. Le stock de sécurité total pour plusieurs produits excède le stock de sécurité nécessaire pour un seul produit.

- **Les coûts de promotion.** Le marketing différencié exige aussi que l'on tente d'atteindre chaque segment de marché avec une publicité différente, ce qui aboutit à des taux d'utilisation plus faibles de chaque média et à la perte des remises sur quantité. En outre, les coûts de promotion sont augmentés, puisque chaque segment peut nécessiter une planification différente de la création publicitaire.

Étant donné que le marketing différencié entraîne à la fois une augmentation des ventes et une augmentation des coûts, il est souvent impossible de prédire la rentabilité de cette stratégie. Certaines entreprises se rendent compte qu'elles ont **sursegmenté** le marché et qu'elles ont offert trop de marques. Elles aimeraient gérer moins de marques, lesquelles répondraient mieux aux besoins d'un plus grand nombre de clients. Elles tentent d'accroître le volume de chaque marque en « élargissant la base », ce qu'on appelle aussi « contre-segmentation[40] ». Par exemple, comme nous l'avons vu précédemment dans ce chapitre, Johnson & Johnson a élargi son marché cible pour le shampooing pour bébés en y incluant les adultes. De même, Beecham a lancé sa pâte dentifrice Aquafresh afin d'attirer les consommateurs de trois segments différents à la recherche d'avantages différents : une haleine fraîche, des dents plus blanches et une protection contre la carie.

9.2.3
D'autres facteurs à considérer dans l'évaluation et la sélection des segments

Il faut tenir compte de quatre autres facteurs dans l'évaluation et la sélection des segments : le choix éthique de marchés cibles, le maillage entre les segments et la délimitation des supersegments, l'invasion progressive des segments et la coopération entre les segments.

Le choix éthique de marchés cibles

Le choix de certains marchés cibles génère parfois des controverses[41]. Le grand public se préoccupe de plus en plus des entreprises qui tirent indûment profit de groupes vulnérables (comme les enfants) ou désavantagés (comme les familles pauvres) ou qui font la promotion de produits dangereux. Par exemple, l'industrie des céréales a été critiquée parce qu'elle a concentré une trop grande partie de ses efforts de marketing sur les enfants. Les critiques remettent en question la publicité raffinée dans laquelle des appels puissants sont acheminés aux jeunes par l'intermédiaire de personnages de bandes dessinées charmants qui diminuent les moyens de défense des enfants. Les jeunes s'engouent trop facilement de céréales contenant trop de sucre ou de menus de petits-déjeuners qui ne répondent pas aux normes d'une saine alimentation. Les fabricants de jouets et de divers produits destinés aux enfants ont dû faire face aux mêmes critiques.

Les mercaticiens des fabricants de cigarettes et des chaînes de restauration rapide ont également provoqué la controverse en tentant de cibler des groupes de consommateurs vulnérables. Par exemple,

McDonald's et d'autres chaînes de restauration rapide se sont attiré des critiques pour leur promotion de produits qui contiennent beaucoup de gras et de sel auprès des populations pauvres des grandes villes, qui sont des consommatrices plus probables de ce type de produits que les populations de la banlieue. Les fabricants de cigarettes ont aussi été critiqués pour s'être attaqués aux adolescents, qui, lorsqu'ils auront acquis l'habitude de fumer, deviendront des fumeurs pour toute leur vie.

Naturellement, ce ne sont pas toutes les approches adoptées auprès des jeunes qui sont critiquées. Par exemple, Colgate-Palmolive a conçu une pâte dentifrice à l'intention des enfants pour que ceux-ci acquièrent de meilleures habitudes d'hygiène dentaire. Le problème dans le choix des cibles n'est pas de savoir qui est ciblé, mais pourquoi et comment.

Un marketing social responsable exige une segmentation et un ciblage qui servent non seulement les intérêts de l'entreprise, mais aussi les intérêts des individus ciblés[42].

Le maillage entre les segments et la délimitation des supersegments

En choisissant de servir plus d'un segment, l'entreprise devrait étudier la possibilité de faire du maillage entre les segments, tant dans une perspective de coûts que dans une perspective de rendement ou encore de technologie. Les coûts fixes d'une entreprise (sa force de vente, ses points de vente, etc.) peuvent être répartis ou absorbés par l'ajout de nouveaux produits. Ainsi, on pourrait donner à la force de vente de nouveaux produits à vendre et ajouter de nouveaux mets au menu d'un restaurant. Il s'agit d'autant de façons de rechercher des économies d'envergure qui peuvent être aussi importantes que des économies d'échelle.

Les entreprises devraient également tenter de délimiter des supersegments et d'y exercer leurs activités plutôt que d'agir dans des segments isolés. Un **supersegment** est un regroupement de segments qui présentent des similitudes. Par exemple, comme nous venons de le voir, la pâte dentifrice Aquafresh cible un supersegment qui recherche trois avantages dans un produit (la protection contre la carie, la blancheur des dents et une haleine fraîche). Une entreprise ne devrait toutefois cibler des supersegments que lorsque cela est possible ; autrement, elle pourrait se retrouver avec un désavantage concurrentiel dans chaque segment face aux entreprises qui se concentreraient sur ce segment.

L'invasion progressive des segments

Même si une entreprise a l'intention de conquérir un supersegment, il est plus sage pour elle de ne pénétrer qu'un segment à la fois et de dissimuler ses intentions. Les concurrents ne devraient pas savoir vers quel segment l'entreprise se dirigera ensuite. Cette situation est illustrée à la figure 9.5. Les entreprises A, B et

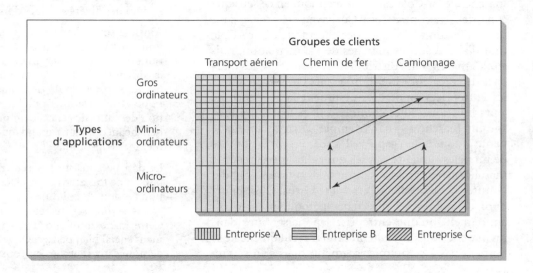

FIGURE 9.5
Un plan d'invasion de segments

C se sont spécialisées dans l'application de systèmes informatiques aux besoins d'entreprises de transport, spécialement des entreprises de transport aérien, de chemin de fer et de camionnage. L'entreprise A s'est spécialisée dans les systèmes informatiques qui répondent aux besoins des compagnies aériennes. L'entreprise B s'est spécialisée dans la vente de gros systèmes d'ordinateurs pour les trois types de transport. L'entreprise C, qui vient tout juste d'entrer dans ce marché, s'est spécialisée dans la conception et la vente de micro-ordinateurs destinés aux entreprises de camionnage. Comment l'entreprise C devrait-elle procéder maintenant? Dans la figure 9.5, des flèches indiquent la séquence planifiée de l'invasion de segments de marché qui est inconnue des concurrents de l'entreprise C. Celle-ci offrira sous peu des mini-ordinateurs aux entreprises de camionnage. Puis, pour dissiper les soupçons de l'entreprise B qui pourrait alors croire que son marché de gros ordinateurs destinés aux entreprises de camionnage est menacé, l'entreprise C entreprendra plutôt d'offrir des micro-ordinateurs destinés à répondre aux besoins des entreprises de chemin de fer. Plus tard, elle offrira des mini-ordinateurs à ces dernières. Finalement, elle lancera une attaque contre la position occupée par les gros ordinateurs de l'entreprise B dans les entreprises de camionnage. Bien entendu, le déroulement de ce plan dépendra des réactions des autres concurrents.

Malheureusement, beaucoup trop d'entreprises négligent d'élaborer un plan d'invasion à long terme dans lequel elles auront préparé une séquence et un échéancier d'entrée dans les divers segments de marché. Pepsi-Cola est une exception, en ce sens que son offensive contre Coca-Cola avait été prévue dans sa planification à long terme : elle attaqua Coca-Cola tout d'abord sur les marchés de l'alimentation, puis sur les marchés des distributeurs, ensuite sur les marchés de la restauration minute, etc. On sait aussi que les entreprises japonaises planifient la séquence de leurs invasions. Elles commencent par prendre pied sur un marché — par exemple Toyota lance une petite automobile —, puis elles accroissent le nombre de modèles similaires, après quoi elles mettent sur le marché de plus grosses automobiles et finalement des voitures de luxe : de la Tercel à la Lexus. C'est pourquoi de nombreux directeurs paniquent lorsqu'ils apprennent qu'une entreprise japonaise entre dans un marché qu'ils exploitent, car ils savent qu'elle ne se limitera pas à ce premier segment, mais s'en servira

plutôt comme rampe de lancement pour mener d'autres invasions.

Les plans d'invasion d'une entreprise peuvent être contrecarrés face à un marché dont l'accès est limité. L'envahisseur doit alors trouver un moyen de pénétrer un marché ayant un accès limité, ce qui exige une approche de supermarketing.

> **Le supermarketing se définit comme la coordination stratégique d'habiletés en économie, en psychologie, en sciences politiques et en relations publiques en vue d'obtenir la coopération de plusieurs parties de façon à avoir accès à un marché donné ou à pouvoir y exercer des activités.**

Pepsi a utilisé le supermarketing pour pénétrer le marché indien :

Après l'expulsion de Coca-Cola de l'Inde, Pepsi a ébauché des plans pour avoir accès à cet énorme marché. Elle s'est donc associée avec un groupe de gens d'affaires indiens en vue d'obtenir l'approbation gouvernementale et d'entrer dans ce marché malgré l'opposition des entreprises nationales de boissons gazeuses et celle des législateurs antimultinationales. Pepsi croyait que la solution était de faire au gouvernement indien une offre qu'il pourrait difficilement refuser. Elle a proposé d'aider l'Inde à exporter ses produits agricoles selon un volume dépassant celui des coûts d'importation de concentrés pour les boissons gazeuses. Elle a aussi promis aux régions rurales de faire des efforts de vente importants pour favoriser leur développement économique. Elle a enfin offert de transférer en Inde des technologies de préparation et de conditionnement des aliments et de traitement de l'eau. En clair, la stratégie de Pepsi consistait à regrouper un ensemble d'avantages qui obtiendrait l'appui des divers groupes d'intérêts en Inde.

Ainsi, la stratégie de marketing de Pepsi ne s'est pas limitée aux variables habituelles du marketing traditionnel pour exploiter un marché ; afin de surmonter la difficulté d'entrer dans un marché dont l'accès est limité, Pepsi a ajouté deux autres variables : la politique et les relations publiques. Obtenir l'approbation des autorités et celle du public en général est un défi beaucoup plus grand que de conquérir seulement les consommateurs.

Le défi ne consiste pas seulement à avoir accès au pays. Une fois arrivée sur place, l'entreprise multinationale doit se conduire correctement, car tous ses gestes seront scrutés et feront l'objet de critiques. Cette tâche implique une stratégie de **positionnement social** bien pensée. Olivetti, par exemple, gagne de nouveaux marchés en construisant des demeures pour les employés, en commanditant généreusement des activités artistiques et des œuvres de charité locales de même qu'en embauchant et en formant des cadres nationaux. Elle espère ainsi réaliser des profits à long terme en acceptant des coûts plus élevés à court terme[43].

La coopération entre les segments

La meilleure façon de gérer des segments est de nommer un directeur de segment et de lui donner suffisamment d'autorité et de responsabilités pour lui permettre de développer le segment. Toutefois, le directeur de segment devrait avoir assez d'ouverture d'esprit pour ne pas focaliser toute son attention sur le segment au point de ne pas coopérer avec les autres membres du personnel de l'entreprise pour accroître le rendement global de l'entreprise. Voici deux exemples qui démontrent la nécessité de la coopération entre les segments :

La société Baxter exploite plusieurs divisions qui vendent divers produits et services aux hôpitaux. Chaque division envoyait ses propres factures. Certains hôpitaux se sont plaints de recevoir jusqu'à sept factures de Baxter chaque mois. Les responsables du marketing des diverses divisions ont convaincu leurs divisions respectives d'envoyer les factures au siège social, qui fait maintenant parvenir une facture mensuelle unique aux clients.

La firme Arthur Andersen, comme beaucoup de grandes agences comptables, exploite trois divisions : la vérification, la fiscalité et les services-conseils. Les gens qui travaillent en vérification hésitent à fournir des pistes au personnel de consultation de peur de perdre de bons clients si les services rendus ne sont pas de bonne qualité. Des efforts en vue d'accroître la coopération entre les segments ont été faits.

RÉSUMÉ

1. Il est nécessaire de cibler soigneusement les marchés pour pouvoir choisir les marchés les plus attrayants et bien les servir. La prolifération des médias et des canaux de distribution rend de plus en plus difficile l'utilisation du marketing de masse par les entreprises. Celles-ci se tournent alors vers le micromarketing, et cela à quatre niveaux : le segment, le créneau, la région et l'individu. Le segment de marché est un large groupe repérable au sein d'un marché. Un créneau est un groupe plus restreint, qu'on obtient normalement en divisant un segment en sous-segments, ou en définissant, à partir de traits distinctifs, un groupe qui recherche un ensemble donné d'avantages. Au niveau régional ou local, les mercaticiens adaptent leur offre selon la région, le voisinage et même le magasin. Au niveau de l'individu, les entreprises utilisent le marketing individualisé (soit le marketing personnalisé ou la personnalisation de masse) ou le marketing autonome. À l'avenir, on peut s'attendre à voir de plus en plus le marketing autonome, une forme de marketing selon laquelle les consommateurs prendront plus de responsabilités dans le choix des produits, des services et des marques qu'ils achètent.

2. Il existe deux façons de segmenter les marchés des consommateurs : selon les caractéristiques des consommateurs et selon les réponses de ceux-ci. Les principales variables de segmentation des marchés des consommateurs sont les variables géographiques (région, ville, etc.), démographiques (âge, sexe, taille de la famille, cycle de vie familial, revenu, occupation, scolarité, religion, ethnie, classe sociale, etc.), psychographiques (style de vie, personnalité) et comportementales

(occasions d'achat, avantages recherchés, statut d'utilisateur, taux d'utilisation, fidélité à la marque, disposition à l'achat et attitude à l'égard du produit). On peut utiliser ces variables individuellement ou combiner certaines d'entre elles. Les mercaticiens qui œuvrent sur les marchés organisationnels utilisent non seulement les variables démographiques, qui sont les variables les plus importantes, mais aussi les variables de fonctionnement, de politiques d'achat et de facteurs structurels et les caractéristiques personnelles de l'acheteur. Les conditions d'une segmentation efficace sont la mesurabilité, la substantialité, l'accessibilité et la potentialité.

3. Lorsqu'une entreprise a cerné des segments offrant un certain potentiel, elle doit évaluer les divers segments, décider du nombre de segments à servir et choisir ceux qu'elle ciblera. Lors de l'évaluation des divers segments, elle doit considérer l'attrait global du segment, les objectifs, les habiletés et les ressources de l'entreprise. En décidant du segment qu'elle ciblera, l'entreprise peut se focaliser sur un seul segment, sur plusieurs segments, sur un produit donné, sur un marché en particulier ou sur tout le marché. Si l'entreprise décide de couvrir tout le marché, elle doit alors choisir entre le marketing indifférencié et le marketing différencié. Le marketing différencié engendre habituellement des ventes totales plus élevées que le marketing indifférencié, mais ses coûts sont plus élevés.

4. Les mercaticiens doivent choisir leurs marchés cibles d'une manière socialement responsable. Il s'agit moins de déterminer le marché qui sera ciblé que la manière de le cibler et la raison pour le faire. Les mercaticiens doivent aussi s'intéresser au maillage entre les segments et rechercher des économies importantes en évaluant le potentiel de supersegments. Ils doivent également élaborer des plans d'invasion progressive des segments, ne pénétrer qu'un segment à la fois et dissimuler la nature de leur plan face aux concurrents. Finalement, les directeurs de segment doivent être prêts à coopérer pour accroître le rendement global de l'entreprise.

QUESTIONS

1. Il y avait deux leaders de l'industrie des montres suisses, soit SSIH, qui fabriquait les montres Omega, et ASUAG, qui fabriquait les montres Rado et Longines. En moins d'une décennie, ces deux entreprises se trouvèrent en difficulté. La marque Omega s'était affaiblie et ASUAG détenait plusieurs petites entreprises mal gérées. En même temps, le marché fut inondé par des montres à quartz bon marché provenant surtout du Japon, tendance que les fabricants négligèrent. Les banques suisses permirent à SSIH et à ASUAG de survivre en les forçant à fusionner pour former une nouvelle entreprise, SMH. SMH divisa le marché en trois segments: les segments bas de gamme, milieu de gamme et haut de gamme. Suggérez le type de montres qui pourrait plaire à chaque segment. À quel segment la montre Swatch devrait-elle appartenir?

2. La firme Nestlé songe à introduire une marque de café en Thaïlande. Une étude de marché a révélé les caractéristiques suivantes sur la société thaïlandaise : les gens qui vivent dans les grandes agglomérations où la circulation est intense ont tendance à être très stressés, et la température dépasse souvent 25 °C. Considérant ces données, croyez-vous que Nestlé devrait utiliser son approche publicitaire traditionnelle pour faire la promotion de ce café en misant sur son goût, sur son arôme et sur ses propriétés stimulantes ? Ou Nestlé devrait-elle miser sur d'autres attributs ?

3. Proposez des façons utiles de segmenter les marchés pour les produits suivants :

   a) les détergents ;

   b) la nourriture pour animaux ;

   c) le thé ;

   d) les pneus d'automobiles.

4. Un fabricant d'horloges a défini sa raison d'être comme étant la mesure du temps. Il désire segmenter le marché de la mesure du temps pour cerner de nouvelles occasions d'affaires. Quels sont les principaux segments que vous lui suggéreriez ?

5. Le choix d'une variable pour segmenter les marchés des consommateurs dépend de son utilité pour différencier les habitudes d'achat de groupes de consommateurs sur un marché particulier. Quelles devraient être les variables utiles pour segmenter le marché des services bancaires et financiers ?

6. En apportant des changements mineurs au produit et à l'emballage, les fabricants de cigarettes ont pu rendre ce produit — quasiment identique d'une marque à l'autre — attrayant pour une grande variété de segments de consommateurs. De quelles manières les fumeurs ont-ils été segmentés et comment les fabricants de cigarettes ont-ils positionné leur produit sur ces marchés par le biais du design du produit, de l'emballage et des messages publicitaires ?

7. Vous travaillez pour une agence de conseillers en marketing qui se spécialise dans le développement de façons innovatrices de segmenter le marché. La Standard Life a demandé à votre agence de segmenter le marché de l'assurance-vie des particuliers de manière innovatrice. Les décisions entourant le choix de l'assurance-vie ont été longtemps prises par les hommes essentiellement. Mais on s'aperçoit que cette décision est maintenant prise conjointement avec les femmes. La Standard Life aimerait savoir comment elle pourrait utiliser les styles de vie pour mieux comprendre le comportement d'achat de polices d'assurance-vie. Quel style de vie offrirait un potentiel intéressant ?

RÉFÉRENCES

1. Regis McKenna, « Real-Time Marketing », *Harvard Business Review*, juillet-août 1995, p. 87-95, ici p. 87.
2. Voir James C. Anderson et James A. Narus, « Capturing the Value of Supplementary Services », *Harvard Business Review*, janvier-février 1995, p. 75-83.
3. Robert A. Nozar, « Ramada Three-Tier Plan Wins Kudos », *Hotel and Motel Management*, 8 mai 1995, p. 1, 25 ; Laura Koss, « Upper Midpriced Niche Entices Ramada », *Hotel and Motel Management*, 16 août 1993, p. 6, 44.
4. Laurel Cutler, cité dans « Stars of the 1980s Cast Their Light », *Fortune*, 3 juillet 1989, p. 76.
5. Andrew A. Boccone, « Specialty Chemicals : In Pursuit of Fast-Growth Niche Markets », *Chemical Week*, 12 avril 1989, p. 32-34.
6. Robert E. Linneman et John L. Stanton Jr., *Making Niche Marketing Work* : *How to Grow Bigger by Acting Smaller*, New York, McGraw-Hill, 1991.
7. Pour obtenir plus d'information sur les créneaux, voir Tevfic Dalgic et Maarten Leeuw, « Niche Marketing Revisited : Concept, Applications and Some European Cases », *European Journal of Marketing*, vol. 28, n° 4, 1994, p. 39-55.
8. Voir Don Peppers et Martha Rogers, *The One to One Future* : *Building Relationships One Customer at a Time*, New York, Currency/Doubleday, 1993.
9. B. Joseph Pine II, *Mass Customization*, Boston, Harvard Business School Press, 1993 ; B. Joseph Pine II, Don Peppers et Martha Rogers, « Do You Want to Keep Your Customers Forever ? », *Harvard Business Review*, mars-avril 1995, p. 103-114.
10. Susan Moffat, « Japan's New Personalized Production », *Fortune*, 22 octobre 1990, p. 132-135.
11. Regis McKenna, « Real-Time Marketing », *Harvard Business Review*, juillet-août 1995, p. 87-95.

12. Alan R. Andreasen et Russell W. Belk, « Predictors of Attendance at the Performing Arts », *Journal of Consumer Research*, septembre 1980, p. 112-120.

13. Catherine Arns, « PC Makers Head for "SoHo" », *Business Week*, 28 septembre 1992, p. 125-126 ; Gerry Khermouch, « The Marketers Take Over », *Brandweek*, 27 septembre 1993, p. 29-35.

14. Pour lire une étude détaillée d'une structure de marché basée sur une hiérarchie d'attributs, voir Dipak Jain, Frank M. Bass et Yu-Min Chen, « Estimation of Latent Class Models with Heterogeneous Choice Probabilities : An Application to Market Structuring », *Journal of Marketing Research*, février 1990, p. 94-101.

15. Leah Rickard, « Gerber Trots Out New Ads Backing Toddler Food Line », *Advertising*, 11 avril 1994, p. 1, 48.

16. Joan E. Rigdon, « Marketing : Photography Companies Focus on Niches », *The Wall Street Journal*, 12 mars 1993, p. B1, B4.

17. Neugarten, *American Demographics*, août 1986.

18. Doug Saunders, « Wine's In, Midway's Out at Traditional Fairs », *The Globe and Mail*, 16 août 1996, p. A1. Pour obtenir plus d'information sur les générations, voir Michael R. Solomon, *Consumer Behavior*, 3e éd., Upper Saddle River, N.J., Prentice Hall, 1996, chap. 14, et Frank Feather, *The Future Consumer*, Toronto, Warwick Publishing Co., 1994, p. 69-75.

19. Andrew E. Serwer, « 42,496 Secrets Bared », *Fortune*, 24 janvier 1994, p. 13-14 ; Kenneth Labich, « Class in America », *Fortune*, 7 février 1994, p. 114-126.

20. Geoffrey Brewer, « Bringing Buyers to the Fore », *Incentive*, mai 1992, p. 77-79.

21. Junu Bryan Kim, « Taking Comfort in Country : After Decade of '80s Excess, Marketers Tap Easy Lifestyle as Part of Ad Messages », *Advertising Age*, 11 janvier 1993, p. S1-S4.

22. Citation tirée de Franklin B. Evans, « Psychological and Objective Factors in the Prediction of Brand Choice : Ford versus Chevrolet », *Journal of Business*, octobre 1959, p. 340-369.

23. Stowe Shoemaker, « Segmenting the U.S. Travel Market According to Benefits Realized », *Journal of Travel Research*, hiver 1994, p. 8-21.

24. Ronald E. Goldsmith, Leisa Reinecke Flynn et Mark Bonn, « An Empirical Study of Heavy Users of Travel Agencies », *Journal of Travel Research*, été 1994, p. 38-43.

25. Cette classification a été adaptée de George H. Brown, « Brand Loyalty — Fact or Fiction ? », *Advertising Age*, juin 1952-janvier 1953.

26. Gabrielle Sandor, « Attitude (Not Age) Defines the Mature Market », *American Demographics*, janvier 1994, p. 18-21.

27. Voir Michael J. Weiss, *The Clustering of America*, New York, Harper & Row, 1988.

28. Voir Norton Paley, « Cut Out for Success », *Sales and Marketing Management*, avril 1994, p. 43-44.

29. Voir Yoram Wind et Richard Cardozo, « Industrial Market Segmentation », *Industrial Marketing Management*, vol. 3, 1974, p. 153-166 ; James D. Hlavacek et B.C. Ames, « Segmenting Industrial and High-Tech Markets », *Journal of Business Strategy*, automne 1986, p. 39-50.

30. Thomas S. Robertson et Howard Barich, « A Successful Approach to Segmenting Industrial Markets », *Planning Forum*, novembre-décembre 1992, p. 5-11.

31. V. Kasturi Rangan, Rowland T. Moriarty et Gordon S. Swartz, « Segmenting Customers in Mature Industrial Markets », *Journal of Marketing*, octobre 1992, p. 72-82.

32. Pour prendre connaissance d'une autre approche intéressante de la segmentation du marché organisationnel, voir John Berrigan et Carl Finkbeiner, *Segmentation Marketing : New Methods for Capturing Business*, New York, Harper Business, 1992.

33. Ellen Roseman, « Roadhouse Warrior », *The Globe and Mail*, 11 avril 1994, p. B4.

34. Voir Wendell R. Smith, « Product Differentiation and Market Segmentation as Alternative Marketing Strategies », *Journal of Marketing*, juillet 1956, p. 3-8 ; Alan A. Roberts, « Applying the Strategy of Market Segmentation », *Business Horizons*, automne 1961, p. 65-72.

35. Norihiko Shimizu, « Bacon and Eggs, Hold the Eggs », *Tokyo Business*, septembre 1994, p. 35.

36. Wendell R. Smith, « Product Differentiation and Market Segmentation as Alternative Marketing Strategies », *Journal of Marketing*, juillet 1956, p. 4.

37. Burleigh Gardner et Sidney Levy, « The Product and the Brand », *Harvard Business Review*, mars-avril 1955, p. 37.

38. Mark D. Fefer, « Job Tip : Horses Need Shoes Too », *Fortune*, 27 décembre 1993, p. 14-18.

39. Alfred A. Kuehn et Ralph L. Day, « Strategy of Product Quality », *Harvard Business Review*, novembre-décembre 1962, p. 101-102.

40. Alan J. Resnik, Peter B.B. Turney et J. Barry Mason, « Marketers Turn to "Countersegmentation" », *Harvard Business Review*, septembre-octobre 1979, p. 100-106.

41. Voir Bart Macchiette et Roy Abhijit, « Sensitive Groups and Social Issues », *Journal of Consumer Marketing*, vol. 11, n° 4, 1994, p. 55-64.

42. Voir « Selling Sin to Blacks », *Fortune*, 21 octobre 1991, p. 100 ; Martha T. Moore, « Putting on a Fresh Face », *USA Today*, 3 janvier 1992, p. B1, B2 ; Dorothy J. Gaiter, « Black-Owned Firms Are Catching an Afrocentric Wave », *The Wall Street Journal*, 8 janvier 1992, p. B2 ; Maria Mallory, « Waking Up to a Major Market », *Business Week*, 23 mars 1992, p. 70-73.

43. Voir Philip Kotler, « Le supermarketing », *Harvard-l'Expansion*, automne 1986, p. 18-27.

PARTIE III

ÉLABORER
DES STRATÉGIES
DE MARKETING

Les stratégies de différenciation et de positionnement de l'offre de marketing

Photographie de Diane Vallières

Ne suivez jamais la foule.
BERNARD M. BARUCH

Dans une industrie où règne une concurrence vive, comment une petite entreprise peut-elle concurrencer les leaders? En différenciant ses produits et ses services, et en évitant la concurrence directe. Par exemple, une compagnie aérienne peut décider de se différencier en offrant des prix plus bas. Elle peut aussi créer de la valeur en offrant quelque chose de mieux, de nouveau ou de plus rapide. « Mieux » signifie que l'offre de l'entreprise est supérieure à celle de ses rivaux; il s'agit souvent d'améliorer un produit existant grâce à une modification qui peut être mineure. « Nouveau » signifie qu'on met au point une solution qui n'existait pas avant; cela implique normalement de prendre un risque plus élevé que lorsqu'on apporte une simple amélioration, mais les chances de gains sont plus élevées. « Plus rapide » signifie qu'on améliore la performance ou les délais de livraison qu'entraîne l'utilisation ou l'achat des produits ou des services.

Les entreprises qui se différencient simplement en réduisant les coûts et le prix peuvent faire une erreur, et cela pour plusieurs raisons. Premièrement, les produits moins chers sont souvent perçus comme étant d'une qualité inférieure. Deuxièmement, une entreprise peut réduire les services de façon à maintenir un prix plus bas; cette action est susceptible de détourner certains acheteurs. Troisièmement, un concurrent peut aussi trouver un moyen de produire à des coûts plus bas, et offrir lui-même un modèle moins cher. Si une entreprise ne réussit pas à distinguer son offre par d'autres moyens que le prix, elle risque fort d'être battue à plate couture sur son propre terrain par ses concurrents.

Par exemple, la compagnie aérienne Southwest Airlines a bien compris cela, et quoiqu'elle offre des vols à des prix plus bas que ceux de la concurrence, elle ne se limite pas à se différencier par ce facteur seulement[1]. Au contraire, elle est une des compagnies aériennes américaines qui a la meilleure réputation pour le respect des horaires, entre autres parce qu'elle dessert plusieurs villes à partir d'aéroports secondaires. Et pour la même raison, elle offre plus de vols, ce qui est très bien reçu par les gens d'affaires qui ont des horaires fort chargés. Mais par-dessus tout, cette compagnie aérienne a réussi à se distinguer comme étant une entreprise avec laquelle il est plaisant de faire affaire, parce qu'en plus de respecter les règlements elle sait qu'il faut toujours respecter ses promesses.

Des entreprises cherchent continuellement à différencier leur offre sur le marché ou à accroître la valeur de leur offre par rapport à celle des concurrents. Elles inventent de nouvelles garanties, des récompenses spéciales pour les utilisateurs fidèles, de nouveaux raffinements, etc. Et même lorsque cela leur réussit, les concurrents peuvent imiter leur offre. Par conséquent, la plupart des avantages concurrentiels ne durent pas longtemps. Les entreprises doivent donc s'efforcer constamment de penser à de nouvelles caractéristiques ou à de nouveaux avantages pour attirer l'attention de consommateurs qui recherchent de plus en plus des économies et à qui on offre un nombre croissant de choix.

Sony est un bon exemple d'une entreprise qui est constamment à la recherche de nouveaux avantages pour ses clients. Aussitôt que Sony a réussi à développer un nouveau produit, elle réunit trois équipes auxquelles elle demande d'évaluer le produit comme s'il s'agissait d'un nouveau produit de la concurrence. La première équipe pense à apporter des améliorations mineures, la deuxième équipe pense plutôt à apporter des modifications majeures, et la troisième équipe envisage des façons dont le produit pourrait être rendu obsolète. Sony reconnaît que les produits évoluent et que la meilleure chose qu'une entreprise puisse faire est d'être la première à améliorer ses propres produits.

Comment trouver de bonnes idées pour améliorer un produit? Le remue-méninges constitue souvent une bonne méthode. Par exemple, un important fabricant de produits chimiques a tenu une séance de remue-méninges et obtenu une liste d'une douzaine de moyens d'ajouter de la valeur à son offre pour ses clients (voir le tableau 10.1). Pour choisir parmi ces différents moyens, l'entreprise devra estimer les coûts permettant d'offrir un avantage potentiel, déterminer combien de clients ont un intérêt pour ce type de valeur et évaluer les chances pour que les concurrents réagissent.

TABLEAU 10.1

L'ajout de la valeur sur le marché organisationnel

Aider le client à réduire ses coûts de production
Améliorer le rendement
Réduire les rejets (grâce au recyclage, etc.)
Réduire les travaux à refaire
Réduire la main-d'œuvre directe
Réduire la main-d'œuvre indirecte (inspection, manutention)
Réduire les coûts d'énergie

Aider le client à réduire ses stocks
Utiliser la consignation
Instaurer la livraison juste-à-temps
Favoriser la réduction de la durée du cycle

Aider le client à réduire ses coûts d'administration
Simplifier la facturation
Améliorer le suivi
Utiliser l'échange de données informatisées

Améliorer la sécurité pour le client et pour ses employés
Éliminer les produits dangereux
Former le personnel

Réduire le prix pour le client
Substituer certaines pièces du produit
Améliorer les processus de l'entreprise et du fournisseur

Crego et Schiffrin proposent que les organisations qui ont adopté une orientation clientèle examinent ce que les clients valorisent et préparent une offre qui dépasse leurs attentes[2]. Pour ce faire, ils présentent un processus en trois étapes :

1. **Définir le modèle de la valeur du client.** L'entreprise fait d'abord une liste de tous les facteurs des produits et services qui peuvent influencer la perception de la valeur des clients ciblés.

2. **Bâtir une hiérarchie de la valeur du client.** L'entreprise classifie les différents facteurs dans un des quatre groupes suivants : les facteurs fondamentaux, attendus, souhaités et imprévus. Prenons l'exemple d'un ensemble de facteurs pour un restaurant de bonne qualité :

   - **Facteurs fondamentaux.** La nourriture est de bonne qualité et servie dans un délai raisonnable (si c'est tout ce que le restaurant fait bien cependant, le client ne sera pas très satisfait).

- **Facteurs attendus.** La vaisselle, la coutellerie, la nappe et les serviettes sont de bonne qualité, des fleurs ont été placées sur la table, le service est discret et la présentation de la nourriture est excellente (ces caractéristiques rendent l'offre acceptable, mais pas exceptionnelle).

- **Facteurs souhaités.** Le restaurant est plaisant et tranquille, et la nourriture est particulièrement bonne et bien présentée.

- **Facteurs imprévus.** Le restaurant sert gratuitement un trou normand entre les services et remet, encore gratuitement, à la fin du repas, une petite boîte de chocolats belges enrubannée.

3. **Savoir choisir le forfait valeur pour le client.** L'entreprise doit finalement choisir la combinaison des facteurs tangibles et intangibles, des expériences et des résultats conçus pour dépasser les concurrents et s'assurer de la très grande satisfaction du client et de sa fidélité.

Dans ce chapitre, nous explorerons les différents moyens qu'on peut utiliser pour différencier et positionner l'offre d'une entreprise de façon que celle-ci acquière un avantage concurrentiel. Nous nous intéresserons aux questions suivantes :

- **Quels sont les principaux attributs de différenciation dont disposent les entreprises ?**

- **Comment une entreprise peut-elle choisir un positionnement efficace sur le marché ?**

- **Comment une entreprise peut-elle communiquer son positionnement sur le marché ?**

10.1

LES OUTILS INDIQUÉS POUR FAIRE UNE DIFFÉRENCIATION CONCURRENTIELLE

Une entreprise doit tenter de trouver différentes façons de différencier ses produits ou ses services pour obtenir un avantage concurrentiel.

> La différenciation est l'action de concevoir un ensemble de différences notables qui permettent de distinguer l'offre d'une entreprise de celle de ses concurrents.

Le nombre de possibilités de différenciation varie selon le type d'industrie. Le Boston Consulting Group, une firme de conseillers, distingue quatre types d'industries d'après le nombre et l'importance de leurs avantages concurrentiels (voir le tableau 10.2). On désigne chaque type d'après sa caractéristique principale:

- **Le volume.** Une industrie axée sur le volume est une industrie dans laquelle les entreprises peuvent gagner seulement quelques avantages, qui sont cependant assez importants. Un exemple d'une telle industrie est celui de l'équipement de construction, où une entreprise peut essayer de se positionner grâce à un prix bas ou à une forte différenciation, et gagner beaucoup dans les deux cas. Ici, la rentabilité est liée à la taille de l'entreprise et à sa part de marché.

- **La stagnation.** Une industrie stagnante est une industrie dans laquelle il existe peu d'avantages potentiels et où ces avantages sont limités. L'industrie de l'acier en est un exemple, car il est difficile d'y différencier le produit et son coût de fabrication. L'entreprise peut tenter d'embaucher les meilleurs représentants en leur offrant de meilleures conditions de travail, mais ce sont là des avantages limités. Ici, la rentabilité n'est pas liée à la part de marché de l'entreprise.

- **La fragmentation.** Une industrie fragmentée est une industrie dans laquelle les entreprises ont de nombreuses possibilités de différenciation, mais les possibilités de développer des avantages concurrentiels sont limitées. Un restaurant, par exemple, peut se différencier de plusieurs façons, mais il ne pourra pas pour autant gagner une grande part de marché. La rentabilité n'est pas liée à la taille du restaurant: des restaurants de petite taille ou de grande taille peuvent aussi bien être rentables que ne pas l'être.

TABLEAU 10.2
La matrice BCG des avantages concurrentiels

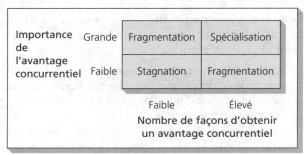

- **La spécialisation.** Une industrie spécialisée est une industrie dans laquelle les entreprises ont plusieurs possibilités de se différencier et où chaque différenciation peut apporter des gains importants. Tel est le cas des entreprises qui fabriquent de la machinerie spécialisée pour des segments de marché déterminés. Certaines petites entreprises peuvent être aussi rentables que certaines grandes entreprises.

La manœuvrabilité potentielle des entreprises, selon Milind Lele, diffère entre les entreprises par rapport à cinq dimensions: le marché cible, le produit, les canaux de distribution, la promotion et le prix. La liberté de manœuvre de l'entreprise est influencée par la structure de l'industrie et la position de l'entreprise dans celle-ci. Pour chaque possibilité, l'entreprise doit estimer le rendement des investissements. Ce sont les possibilités permettant d'entrevoir le meilleur rendement des investissements qui définissent le levier stratégique de l'entreprise. Les entreprises situées dans une industrie stagnante ont, par définition, très peu de manœuvrabilité et de levier stratégique, alors que celles qui se trouvent dans une industrie spécialisée ont une plus grande manœuvrabilité et un plus grand levier stratégique.

De quelles façons une entreprise peut-elle différencier son offre de celles des concurrents? Nous verrons maintenant comment une offre de marché peut être différenciée par ses produits, ses services, son personnel, ses canaux de distribution ou son image (voir le tableau 10.3). Examinons plus en détail chacune de ces possibilités.

10.1.1
La différenciation du produit

Posons les bases de la différenciation d'un produit. À une extrémité du continuum des produits, on trouve des produits hautement standardisés qui permettent peu de variations: le sel, l'acier, l'aspirine. À vrai dire, il est possible de déterminer des variations réelles même dans le cas de ces produits. Morton a réussi à créer une préférence pour la marque en prétendant que son sel est le moins touché par l'humidité («Quand il pleut, il coule bien.»). On peut également changer les caractéristiques de l'acier. Par ailleurs, Bayer prétend que ses aspirines «pénètrent plus rapidement dans le sang».

TABLEAU 10.3
Les variables de différenciation

Produits	Services	Personnel	Canaux de distribution	Image
Caractéristiques	Facilité de commande	Compétence	Couverture	Symboles
Performance	Prestation	Courtoisie	Expertise	Médias écrits et audiovisuels
Conformité à la qualité	Installation	Crédibilité	Performance	Atmosphères
Durabilité	Formation du client	Fiabilité		Événements
Fiabilité	Services de consultation	Réactivité		
Facilité de réparation	Entretien et réparations	Communication		
Style	Services connexes			
Design				

À l'autre extrémité du continuum, on trouve des produits qu'on peut facilement différencier, tels les voitures, les édifices commerciaux et l'ameublement. Ici, le vendeur bénéficie d'une abondance de paramètres de design. Les principales façons de différencier un produit sont les caractéristiques, la performance, la conformité à la qualité, la durabilité, la fiabilité, la facilité de réparation, le style et le design[3].

Les caractéristiques

La plupart des produits peuvent être offerts avec des caractéristiques différentes.

> Les caractéristiques sont des attributs qui ajoutent un supplément au fonctionnement de base du produit.

Le point de départ du produit est le modèle de base, ou modèle dépouillé. L'entreprise peut créer de nouvelles versions en ajoutant des caractéristiques. Ainsi, un constructeur d'automobiles peut offrir des caractéristiques optionnelles telles que les vitres électriques, le toit ouvrant, la transmission automatique, la traction intégrale et l'air conditionné. Le constructeur doit donc décider quelles caractéristiques seront standard et lesquelles seront optionnelles. Chaque caractéristique aura la possibilité de capter l'attention d'acheteurs supplémentaires.

Les caractéristiques sont un outil concurrentiel permettant de différencier le produit de l'entreprise de ceux des concurrents. Certaines entreprises sont extrêmement innovatrices dans l'ajout de nouvelles caractéristiques à leurs produits. Un des facteurs de succès des entreprises japonaises est précisément l'amélioration continue des caractéristiques de leurs montres, appareils photo, automobiles, motocyclettes, calculatrices, magnétoscopes, etc. Être le premier à introduire une nouvelle caractéristique de valeur est une des façons les plus efficaces de faire de la concurrence.

Comment une entreprise peut-elle découvrir et choisir de nouvelles caractéristiques pertinentes? Elle peut entrer en contact avec des personnes qui ont fait un achat récemment pour leur poser une série de questions: Comment trouvez-vous le produit? Quelles sont les caractéristiques que vous n'aimez pas? Qu'aimez-vous le plus? De nouvelles caractéristiques pourraient-elles accroître votre satisfaction? Quelles sont-elles? Combien êtes-vous prêt à payer pour ces caractéristiques? Que pensez-vous des caractéristiques suivantes que d'autres clients ont mentionnées?

Ce questionnaire fournira à l'entreprise une nouvelle liste de caractéristiques potentielles. La prochaine tâche consistera à décider des caractéristiques qui valent la peine d'être ajoutées. Pour chaque caractéristique potentielle, l'entreprise devrait calculer la **valeur pour le client** par rapport au **coût pour l'entreprise**. Supposons qu'un fabricant d'automobiles envisage trois améliorations possibles: le dégivrage de la lunette arrière, le régulateur de vitesse de croisière et la direction assistée, présentées au tableau 10.4. Le dégivrage de la lunette arrière coûterait à l'entreprise 100 $ au niveau de l'usine. Or, le client moyen est d'avis que cette caractéristique vaut 200 $. L'entreprise pourrait ainsi procurer 2 $ de satisfaction supplémentaire au client pour chaque dollar supplémentaire dépensé par l'entreprise. Si l'on considère les

TABLEAU 10.4
L'évaluation des caractéristiques

Caractéristiques	Coût pour l'entreprise (1)	Valeur pour le client (2)	Efficience pour le client (3 = 2 ÷ 1)
Dégivrage de la lunette arrière	100 $	200 $	2
Régulateur de vitesse de croisière	600 $	600 $	1
Direction assistée	800 $	2 400 $	3

deux autres caractéristiques, c'est la direction assistée qui créerait le plus de satisfaction pour le client pour chaque dollar dépensé par l'entreprise.

Ces critères sont seulement un point de départ. L'entreprise devra aussi évaluer combien de personnes désirent chaque caractéristique, estimer combien de temps il faudra pour introduire chaque caractéristique, déterminer si les concurrents peuvent imiter ces caractéristiques, etc.

La performance

> La performance désigne le rendement fourni par les caractéristiques primaires du produit.

La grande question est de savoir si un produit ayant une performance plus élevée engendre une plus grande rentabilité. Le Strategic Planning Institute, qui a étudié l'effet de la qualité relative des produits (notion équivalente à la performance et à d'autres facteurs qui ajoutent à la valeur), a trouvé une corrélation positive et statistiquement significative entre la qualité relative du produit et le rendement des investissements. Dans un sous-échantillon de 525 unités stratégiques d'activité de taille moyenne, celles dont la qualité relative du produit était faible avaient obtenu un rendement de 17 %, contre 20 % pour celles de qualité moyenne et 27 % pour celles de haute qualité. Ainsi, les unités stratégiques d'activité qui fabriquaient des produits de haute qualité obtenaient un rendement des investissements plus élevé de 59 % que celles qui fabriquaient des produits de faible qualité. Elles gagnaient plus parce que leur qualité supérieure leur permettait d'exiger un prix supérieur, parce qu'elles bénéficiaient d'un plus haut taux de renouvellement des achats, de la fidélité de leurs

clients et d'un bouche à oreille positif, et parce que les coûts de production des produits d'une qualité supérieure n'étaient pas beaucoup plus élevés que les coûts de production des produits de faible qualité.

Cette constatation ne signifie pas nécessairement qu'une entreprise doive concevoir la qualité la plus élevée possible. Le rendement décroît lorsque la qualité augmente au point que peu d'acheteurs acceptent de la payer. Certains produits sont trop raffinés. Une personne qui ne parcourt que quelques kilomètres pour se rendre à son travail n'a nullement besoin d'une Rolls-Royce. Le fabricant doit choisir un degré de qualité qui est approprié à la fois au marché cible et au positionnement des concurrents.

Une entreprise doit aussi décider de la façon dont elle gérera la qualité de son produit dans le temps. Trois stratégies sont possibles. La première stratégie, qui consiste pour le fabricant à améliorer continuellement son produit, engendre souvent une part de marché et un rendement des investissements plus élevés. Procter & Gamble pratique abondamment cette stratégie d'amélioration du produit, qui, combinée avec une performance initiale élevée du produit, aide à expliquer son rôle de chef de file sur plusieurs marchés. La deuxième stratégie est une stratégie de maintien de la qualité du produit. Plusieurs entreprises ne changent pas la qualité de leur produit après sa formulation initiale à moins qu'on y décèle des défauts majeurs ou que des occasions importantes se présentent. La troisième stratégie consiste à réduire la qualité du produit dans le temps. Certaines entreprises réduisent la qualité pour compenser les coûts croissants, espérant alors que les acheteurs ne remarqueront pas la différence. Enfin, certaines entreprises réduisent délibérément la qualité de leur offre pour pouvoir augmenter leur profit à court terme, quoique cette stratégie puisse souvent nuire à la rentabilité à long terme.

La conformité à la qualité

Les acheteurs s'attendent à ce que les produits soient conformes à la qualité attendue.

> La conformité est le degré auquel toutes les unités produites sont identiques et répondent au standard cible promis.

Supposons qu'une Porsche 944 soit conçue pour accélérer à 100 kilomètres-heure en moins de 10 secondes. Si chacune des Porsche 944 qui sort de la chaîne de montage réussit cette performance, on dira alors que ce modèle a une conformité élevée. Par contre, si le temps d'accélération des Porsche varie grandement, la conformité à ce critère sera faible. Une faible conformité est une source de problèmes, puisque la performance promise du produit ne se réalisera pas pour plusieurs acheteurs, qui en seront déçus. Une des principales raisons de la réputation de qualité élevée dont jouissent les fabricants japonais est que leurs produits ont une conformité élevée. On reconnaît la qualité élevée du fonctionnement et de la finition de leurs automobiles, et les gens sont heureux d'en payer le prix.

La durabilité

La durabilité est une caractéristique importante pour la plupart des acheteurs.

> La durabilité est une mesure de la durée attendue du fonctionnement du produit dans des conditions normales ou difficiles.

Pour obtenir un produit plus durable, les acheteurs sont prêts à payer plus, dans une certaine mesure toutefois. Le prix supplémentaire ne doit pas être abusif. En outre, le produit ne doit pas être assujetti aux aléas de la mode ou de la désuétude technologique, sans quoi l'acheteur ne paiera pas pour des produits dont la vie est plus longue. Ainsi, une publicité insistant sur le fait qu'un ordinateur personnel ou un caméscope a la durabilité la plus élevée pourrait ne pas être attrayante, parce que leurs caractéristiques et leur degré de performance peuvent faire l'objet de changements rapides. Timex, pour sa part, a souvent utilisé la durabilité légendaire de ses montres-bracelets comme accroche.

La fiabilité

Les acheteurs sont souvent prêts à payer une prime pour obtenir des produits plus fiables.

> La fiabilité est une mesure de la probabilité qu'un produit ne fonctionnera pas mal ou ne fera pas défaut en deçà d'une durée déterminée.

Les acheteurs veulent ainsi éviter non seulement les coûts des réparations, mais aussi les coûts en temps. Maytag mise depuis plusieurs années sur la fiabilité de ses produits. Qui n'a pas entendu parler du réparateur Maytag qui manque de travail?

Les Japonais ont réussi à améliorer la fiabilité de leurs produits d'une façon impressionnante. Lorsque Mitsubishi fit l'acquisition de la division Quasar de Motorola, qui fabriquait des téléviseurs, le nombre de défauts de production pour chaque groupe de 100 appareils excédait 141; Mitsubishi réduisit ce nombre à 6. Les plaintes des acheteurs chutèrent à un dixième du niveau précédent et la responsabilité de l'entreprise pour les garanties baissa aussi à un dixième.

La facilité de réparation

Les acheteurs préfèrent les produits qui sont faciles à réparer.

> La facilité de réparation est une mesure de la facilité avec laquelle on peut faire remettre en état un produit défectueux.

Ainsi, une automobile fabriquée avec des pièces standard, faciles à remplacer, peut être réparée plus rapidement. Un produit facile à réparer est un produit que les usagers peuvent réparer eux-mêmes à très peu de frais et en très peu de temps. L'acheteur peut alors simplement enlever la pièce défectueuse et la remplacer par une autre. Le degré suivant de facilité de réparation est la possibilité d'introduire des caractéristiques de diagnostic dans le design du produit, de façon à permettre au personnel du service à la clientèle d'apporter des corrections à distance par téléphone ou encore de faire des suggestions à l'utilisateur sur les façons d'apporter des corrections. C'est ce que fait General Electric. Dans plus de 50 % des cas, le problème peut être résolu de cette manière; ainsi, le client économise de l'argent et a une bonne opinion de GE. De même, plusieurs fabricants d'ordinateurs et de logiciels offrent des numéros que les clients peuvent utiliser gratuitement pour obtenir un soutien technique. La possibilité d'un tel soutien est souvent un élément important dans la décision d'achat du consommateur. Lorsqu'un produit fait défaut, il n'y a rien de pire que de devoir passer par l'intermédiaire d'un représentant et de devoir attendre longtemps avant que le personnel d'entretien soit libre ou que les pièces soient accessibles.

Le style

Les acheteurs sont aussi prêts à payer une prime pour le style attrayant d'un produit.

> Le style se définit par l'apparence particulière d'un produit pour l'acheteur ou par ce que l'acheteur ressent face à ce produit.

Ainsi, plusieurs acheteurs d'automobiles paient une prime à l'achat d'une Jaguar parce qu'ils désirent l'apparence extraordinaire de cette voiture, même si son dossier quant à la fiabilité n'est pas très bon. La division Cadillac de General Motors a confié à la firme italienne de design automobile Pininfarina la tâche de conférer un style européen à sa nouvelle Allanté. Certaines entreprises sont très réputées pour leur style, comme Olivetti pour l'équipement de bureau, Bang & Olufsen pour l'équipement stéréophonique et Nissan et Mazda pour les voitures sport.

Le principal avantage du style est de créer un produit distinct qui est difficile à imiter. Il est d'ailleurs surprenant que très peu d'entreprises aient investi à ce jour pour améliorer le style de leurs produits. Plusieurs produits sont conçus davantage pour être faciles à fabriquer que pour être plaisants à l'œil. Ainsi, beaucoup de petits appareils ménagers utilisés dans les cuisines n'ont pas un style distinctif, à l'exception de certains appareils conçus en Italie ou en Allemagne, comme les produits fabriqués par Braun. Toutefois, un style attrayant ne signifie pas nécessairement une haute performance: une chaise peut avoir une apparence extraordinaire tout en étant extrêmement inconfortable.

La différenciation par le style peut aussi être obtenue par un conditionnement, stratégie concurrentielle fort exploitée pour les produits alimentaires, les produits de beauté et de toilette et certains petits appareils électriques. La première impression qu'un client reçoit d'un produit est souvent celle que donne l'emballage, lequel peut déclencher l'intérêt de l'acheteur. La question du conditionnement est traitée plus en détail au chapitre 15.

Le design

Alors que la concurrence s'intensifie, le design devient une des façons les plus puissantes de différencier et de positionner des produits et des services[4].

> Le design est l'ensemble des caractéristiques qui influencent l'apparence et le fonctionnement d'un produit en fonction des exigences des clients.

Le design est particulièrement important dans la fabrication et le marketing de biens durables, de produits de consommation et même de services. Toutes les variables de différenciation des produits que nous avons mentionnées sont des aspects du design. Elles mettent en évidence la difficulté de faire le design d'un produit, vu le nombre de compromis qui doivent être faits. Le designer doit déterminer de quelle façon il tiendra compte des exigences liées aux caractéristiques, à la performance, à la conformité, à la durabilité, à la fiabilité, à la facilité de réparation, au style, etc. Du point de vue de l'entreprise, un produit bien conçu devrait être un produit facile à fabriquer et à distribuer. Du point de vue du consommateur, un produit bien conçu doit être plaisant à regarder, mais aussi facile à ouvrir, à installer, à apprendre à utiliser, à utiliser, à réparer et à mettre au rebut. Le designer doit prendre en considération tous ces volets et respecter la maxime selon laquelle le fonctionnement a préséance sur l'apparence. Il doit faire des compromis pour certaines caractéristiques désirables. Le résultat dépendra en grande partie de la connaissance que l'entreprise a des besoins du marché cible et de l'importance que le marché accorde aux différents avantages et coûts.

Tupperware, par exemple, a longtemps misé sur la fraîcheur que ses contenants en plastique permettaient aux produits alimentaires de conserver. Ce positionnement stratégique a perdu de son éclat. L'entreprise s'est alors tournée vers un design qui « facilite la vie de tous les jours ». Pour le vice-président du marketing de Tupperware, il est essentiel que ses produits soient fonctionnels et paraissent bien[5]. De même, Black & Decker a développé une lampe de poche qui s'attache à presque tout, permettant à son utilisateur d'avoir les mains libres pour travailler. Sur un marché où le prix moyen d'une lampe de poche semblable est d'environ 8 $, les consommateurs sont prêts à payer jusqu'à 40 $ pour une lampe de poche aussi souple[6].

Malheureusement, nombre d'entreprises négligent d'investir dans un bon design. Certaines entreprises ne font pas la différence entre le design et le style; elles croient que la conception consiste à fabriquer un produit et à l'habiller d'un boîtier quelque peu stylisé. D'autres croient que la fiabilité est quelque chose qu'on assure par des inspections sur les chaînes de montage plutôt que par un processus de fabrication bien conçu au départ. D'autres encore sont d'avis que les designers sont des gens qui ne prêtent pas suffisamment attention aux coûts ou qui produisent des designs qui devancent la demande du marché. Pour déterminer si le design ajoute suffisamment de valeur au produit, le management devrait élaborer et utiliser un instrument de vérification du design qui aiderait à mesurer la sensibilité et l'efficacité de la conception.

Certains pays se sont établi une réputation de leader en design : les Italiens pour le design de vêtements et de meubles ; les Scandinaves pour l'aspect fonctionnel, l'esthétique et la conscience environnementale de leur design ; les Allemands pour l'austérité et la robustesse de leur design. Et les Japonais dépensent actuellement plus que la plupart des pays industriels pour le design.

L'investissement dans le design est-il payant ? Il existe à la fois des résultats de recherche et des preuves montrant que le design est payant. Braun, une division allemande de Gillette, a élevé le design au niveau d'un art et elle connaît beaucoup de succès avec ses petits appareils électriques (rasoirs, cafetières, séchoirs à cheveux, robots culinaires, etc.). Le service du design de cette entreprise a un statut égal à celui de l'ingénierie et à celui de la fabrication. Les designers de Braun connaissent les plus récents designs et matériaux, et testent leurs produits pour voir s'ils sont bien reçus par les consommateurs et faciles à fabriquer (voir le Mémento de marketing 10.1 intitulé « Les 10 principes d'un bon design selon Braun »). La firme danoise Bang & Olufsen a obtenu plusieurs prix pour le design de ses appareils stéréophoniques et télévisuels. Herman Miller, un fabricant de meubles de bureau, est admiré pour les caractéristiques esthétiques et ergonomiques de ses meubles. Quant aux résultats de recherche, en voici un bon exemple : le Groupe d'innovation en design de Grande-Bretagne a réalisé une recherche qui a duré plus de trois ans dans laquelle 221 projets de produits, d'ingénierie et de graphisme ont été étudiés. Ces projets de design ont été réalisés dans de petites et moyennes entreprises manufacturières de Grande-Bretagne, et ont été appuyés en partie par des subventions gouvernementales. L'étude a démontré que 90 % des projets étaient rentables avec une période de rendement des investissements de quinze mois après le lancement du produit. Le projet de design moyen avait coûté 130 000 $ et produit une augmentation des ventes de 41 %.

> ## MÉMENTO DE MARKETING 10.1
> ### Les 10 principes d'un bon design selon Braun
>
> Dieter Rams est le designer en chef de Braun et il a établi pour son entreprise 10 commandements à suivre pour obtenir un bon design :
>
> 1. Un bon design est innovateur.
> 2. Un bon design augmente l'utilité du produit.
> 3. Un bon design est esthétique.
> 4. Un bon design affiche la structure logique du produit ; sa forme suit sa fonction.
> 5. Un bon design est discret.
> 6. Un bon design est honnête.
> 7. Un bon design est durable.
> 8. Un bon design est cohérent dans les moindres détails.
> 9. Un bon design est soucieux de l'environnement.
> 10. Un bon design est un design minimal.
>
> Note : Ce ne sont pas tous les designers qui acceptent ces principes. Certains critiques pensent que ces principes entraînent des designs trop austères et utilitaires. Mais ce sont justement ces principes qui ont donné aux produits de Braun une identité distinctive.

10.1.2
La différenciation des services

L'entreprise peut différencier non seulement son produit, mais aussi ses services de soutien. Lorsque le produit ne peut facilement être différencié, la clé du succès dans un milieu concurrentiel dépend de l'augmentation des services et de leur qualité. Les principales variables des services sont la facilité de commande, la prestation, l'installation, la formation du client, les services de consultation, l'entretien et les réparations ainsi que les services connexes.

La facilité de commande

La facilité de commande renvoie au faible niveau de complexité auquel doit faire face le client qui veut passer une commande auprès d'une entreprise. La compagnie Baxter Healthcare, par exemple, a facilité le processus de commande en fournissant à des hôpitaux des ordinateurs à partir desquels ils peuvent passer directement leur commande chez Baxter. Plusieurs banques fournissent maintenant des logiciels aux clients pour les aider à obtenir de l'information et à faire des transactions plus efficacement avec la banque. Dans certains cas, la pression vient des clients — souvent de grandes entreprises —, qui invitent leurs fournisseurs à utiliser une procédure d'échange de données informatisées pour faciliter le renouvellement de commandes de produits achetés fréquemment.

La prestation

La prestation est la façon dont le produit ou le service est fourni au client. Elle comprend la rapidité, la précision et le soin apporté au processus de livraison. La firme Deluxe Check Printers Inc., par exemple, s'est acquis une réputation impressionnante vu sa capacité d'imprimer des chèques personnalisés et de les expédier dès le lendemain de la réception du bon de renouvellement, et cela sans jamais avoir été en retard une seule fois en douze ans. Les acheteurs choisiront d'ailleurs, lorsqu'ils ont le choix, le fournisseur qui a la meilleure réputation quant à la livraison à temps. Le choix d'un transporteur dépend souvent des différences perçues dans la rapidité et la fiabilité de la livraison (voir la rubrique Le marketing en coulisse 10.1 intitulée « Le turbomarketing ou la diminution du temps de réponse comme outil de concurrence »).

L'installation

L'installation est le travail à faire pour rendre un produit opérationnel dans son lieu d'utilisation. Les acheteurs d'équipement lourd s'attendent à un très bon service d'installation de la part du vendeur. En fait, la qualité des services d'installation peut différer grandement selon les vendeurs. IBM, par exemple, livre tout l'équipement en même temps, plutôt que d'envoyer différentes composantes à des dates diffé-

rentes, ce qui évite au client de devoir attendre que tout arrive avant de pouvoir commencer l'installation proprement dite. Si l'on demande à IBM de déménager de l'équipement IBM, l'entreprise accepte de déménager aussi l'ameublement et l'équipement des concurrents.

La formation du client

On entend en fait par « formation du client » la formation du personnel du client afin qu'il utilise correctement et efficacement l'équipement fourni. Ainsi, General Electric non seulement vend et installe les coûteux appareils à rayons X dans les hôpitaux, mais prend aussi la responsabilité de former les utilisateurs de ces appareils. De même, McDonald's exige que ses nouveaux franchisés suivent des cours à l'« université du hamburger » pour apprendre à gérer efficacement leur franchise.

Les services de consultation

On entend par « services de consultation » les services d'experts-conseils, de données, de systèmes d'information et d'autres services connexes que le vendeur offre aux acheteurs de ses produits. L'utilisation de services de consultation est une pratique courante dans le marketing de produits techniques auprès des organisations. IBM recourt à des services de consultation pour la vente d'ordinateurs. On fait aussi appel aux services de consultation dans le marketing de biens de consommation auprès des intermédiaires. De même, les représentants de Procter & Gamble offrent divers services de gestion des stocks aux gestionnaires de magasins d'alimentation.

> Maple Leaf Mills offre plusieurs services aux producteurs agricoles qui utilisent sa moulée pour nourrir les poulets et les bestiaux. Outre qu'ils fournissent des conseils sur la température, la ventilation et les médicaments pour les poulets malades, les représentants vont jusqu'à emmener les poulets chez un vétérinaire pour un examen. Aux éleveurs contractuels, Maple Leaf fournit à la fois les poulets et la moulée, et leur indique les meilleures usines pour le traitement de leur production[7].

L'entretien et les réparations

On entend par « réparations » la qualité des services de réparation offerts aux acheteurs des produits de

LE MARKETING EN COULISSE 10.1
Le turbomarketing ou la diminution du temps de réponse comme outil de concurrence

Plusieurs entreprises tentent de développer un avantage concurrentiel en misant sur la rapidité du service. Elles deviennent des *turbomarketers*, ayant appris l'art de la **compression** ou de l'**accélération du temps**. Elles utilisent le turbomarketing dans quatre domaines : l'innovation, la fabrication, la logistique et le commerce de détail.

Accroître le processus d'innovation est devenu essentiel à une époque où le cycle de vie du produit raccourcit. Dans plusieurs industries, les concurrents apprennent l'existence de nouvelles technologies ou de nouvelles occasions d'affaires à peu près en même temps. Les entreprises qui seront les premières à trouver les solutions bénéficieront des avantages des innovateurs sur le marché. Une étude menée par la firme McKinsey a démontré que des produits pour lesquels on avait respecté le budget mais qui avaient été lancés sur le marché avec six mois de retard obtenaient un profit moins élevé de 33 % dans les cinq premières années ; quant aux produits dont le budget avait été dépassé de 50 % mais qui avaient été lancés à temps, ils ne subissaient une baisse de rentabilité que de 4 %.

La fabrication est un deuxième domaine dans lequel on a accompli de grands progrès pour réduire le temps de réponse. Toyota peut concevoir et introduire une nouvelle automobile en moins de trois ans, au lieu des cinq ans qui étaient nécessaires auparavant. Toyota avait jadis besoin de cinq semaines pour fabriquer une automobile sur mesure. Maintenant, elle peut le faire en trois jours.

La logistique est le troisième domaine où le fabricant alerte travaille fort pour développer des systèmes d'approvisionnement plus rapides. Des fabricants de vêtements tels que Levi Strauss, Benetton et The Limited ont adopté des systèmes de réponse rapide informatisés qui lient leurs fournisseurs, leurs usines, leurs centres de distribution et les commerces de détail.

Le commerce de détail est le quatrième domaine dans lequel la diminution du temps de réponse permet d'acquérir un avantage concurrentiel. Aujourd'hui, des pellicules photographiques peuvent être développées en une heure, et une nouvelle paire de lunettes peut aussi être produite en une heure. Le concept clé a été de réussir à convertir des magasins de détail en mini-usines. Le même principe de l'usine a été utilisé par Dunkin Donuts, et des chaînes comme Provigo et Métro font la cuisson et la préparation de mets dans leurs magasins.

Le temps de réponse des services a aussi été réduit. Traditionnellement, il était nécessaire d'attendre plusieurs semaines pour obtenir la réponse à une demande de prêt hypothécaire. Mais les choses ont bien changé. Certaines banques ne requièrent maintenant qu'un simple état financier et, grâce à des modèles informatisés de prise de décision, la réponse à une demande de prêt hypothécaire peut être fournie après quelques heures. Certains renouvellements d'hypothèque peuvent même être faits à partir d'un guichet automatique ou d'un téléphone, sans même que le client ait à se rendre dans une succursale. Les réclamations pour les dommages sont faites beaucoup plus rapidement par les compagnies d'assurances. Par exemple, la compagnie Progressive Insurance utilise des automobiles équipées d'un ordinateur portatif, d'un modem, d'une imprimante et d'un télécopieur qui peuvent être utilisés à partir de la scène d'un accident ou du domicile du client assuré. L'expert en assurances peut alors faire l'évaluation des dommages, émettre le chèque et faire les arrangements pour louer une automobile sur-le-champ. Les détenteurs de polices d'autres compagnies doivent souvent attendre plusieurs jours avant qu'un estimateur se présente et que la démarche soit enclenchée.

Lorsque, dans une industrie, une entreprise trouve une façon de servir mieux et plus rapidement les clients, elle force les autres entreprises à revoir leur temps de réponse en ce qui concerne l'innovation, la fabrication, la logistique et la mise sur le marché dans les commerces de détail.

Sources : Pour d'autres lectures, voir Brian Dumaine, « Speed », *Fortune*, 17 février 1989, p. 54-59 ; George Stalk Jr. et Thomas M. Hout, *Competing Against Time*, New York, Free Press, 1990 ; Joseph D. Blackburn, *Time-Based Competition*, Homewood, Ill., Irwin, 1991 ; Christopher Meyer, *Fast Cycle Time*, New York, Free Press, 1993 ; « The Computer Liked Us », *U.S. News & World Report*, 14 août 1995, p. 71-72 ; Carol J. Loomis, « Sex, Reefer ? And Auto Insurance ! », *Fortune*, 7 août 1995, p. 88.

l'entreprise. En ce qui a trait à sa machinerie lourde, Caterpillar prétend offrir le service de réparation le meilleur et le plus rapide partout dans le monde. Les acheteurs d'automobiles sont fort préoccupés par la qualité des services d'entretien qu'ils espèrent obtenir de leur concessionnaire. L'effort de différenciation des constructeurs japonais d'automobiles va aussi en ce sens.

Les services connexes

Les entreprises peuvent trouver bien d'autres façons d'ajouter de la valeur à leur offre grâce à des services différenciés. Une entreprise peut offrir une meilleure garantie sur le produit ou un meilleur contrat d'entretien que ses concurrents. Elle peut mettre en place un programme de fidélisation des clients comme le programme Aéro Plan, d'Air Canada, ou la carte de crédit Aéro Or, de CIBC : plus le client utilise le service, plus il obtient de « kilomètres » qui sont comptabilisés et qui se traduiront en des voyages ou en d'autres avantages gratuits.

La Coopérative inuk de Holman, qui est responsable de la distribution de sculptures inuit traditionnelles, a installé un téléphone vidéo à Yellowknife, dans les Territoires du Nord-Ouest, pour permettre aux clients potentiels non seulement de voir les artisans à l'œuvre, mais aussi d'exprimer leurs préférences[8]. Il existe en fait un nombre quasi illimité de services et d'avantages que les entreprises peuvent offrir pour se différencier de leurs concurrents.

10.1.3
La différenciation du personnel

Les entreprises peuvent acquérir un avantage concurrentiel important en embauchant et en formant un meilleur personnel que celui de leurs concurrents. Ainsi, Singapore Airlines jouit d'une excellente réputation en majeure partie à cause de la qualité des agents de bord. Le personnel de McDonald's est courtois, celui d'IBM, compétent et celui de Disney, dynamique, et les représentants de Merck ont une excellente réputation[9]. Dans les entreprises de services, on ajoute un cinquième « P » au marketing mix, soit le personnel, à cause de l'importance que revêt un per-

sonnel qualifié qui est en contact avec les clients. La direction ne devrait pas seulement embaucher et former la bonne catégorie d'employés, elle devrait aussi reconnaître l'importance de leur rôle en leur donnant toute latitude pour prendre sur-le-champ des décisions touchant au service à la clientèle, plutôt que de les contraindre à attendre les décisions des superviseurs.

Le personnel bien formé possède six caractéristiques :

- **La compétence.** Le personnel possède les habiletés et les connaissances nécessaires.
- **La courtoisie.** Le personnel est amical, respectueux et prévenant.
- **La crédibilité.** Le personnel est digne de confiance.
- **La fiabilité.** Le personnel assure la prestation du service avec uniformité et précision.
- **La réactivité.** Le personnel, qui est à l'écoute de la clientèle, répond rapidement aux demandes et aux problèmes des clients.
- **La communication.** Le personnel fait des efforts pour comprendre le client et communiquer clairement avec lui[10].

10.1.4
La différenciation des canaux de distribution

Certaines entreprises ont réussi à se différencier par la façon dont elles structurent leurs canaux de distribution, particulièrement grâce à la couverture, à l'expertise et au rendement de ces canaux. Par exemple, le succès de Caterpillar, entreprise bien connue d'équipement de construction, dépend en partie du développement supérieur de ses canaux. On trouve ses concessionnaires dans plus d'endroits que ses concurrents, et ces concessionnaires sont mieux formés et plus fiables. Des entreprises telles que Dell dans l'industrie des ordinateurs et Avon dans l'industrie des cosmétiques se sont distinguées en développant et en gérant des canaux de marketing direct de haute qualité. Dell, par exemple, a réussi à obtenir le niveau de satisfaction des clients le plus élevé de l'industrie même si elle fait affaire avec ses clients uniquement par téléphone (les canaux de marketing seront étudiés au chapitre 18 et le marketing direct, au chapitre 23).

10.1.5
La différenciation de l'image

Même lorsque la concurrence paraît équivalente, les consommateurs peuvent percevoir une différence entre les images des entreprises ou des marques. Une des meilleures façons pour un commerce de détail de se différencier consiste à offrir un service distinctif. C'est ce que le magasin La Baie a réussi à accomplir en permettant le retour sans condition de toute marchandise dont le consommateur n'est pas entièrement satisfait. La Baie a su projeter cette image à plusieurs générations de clients.

Il est important de distinguer l'identité de l'image. L'**identité** comprend les divers moyens qu'utilise une entreprise pour s'identifier ou pour positionner un produit ou un service. Quant à l'**image**, c'est la façon dont le public perçoit une entreprise, ses produits ou ses services. Une entreprise conçoit alors une identité ou un positionnement pour créer une image auprès du public. Mais plusieurs autres facteurs entrent en jeu pour déterminer l'image qui sera créée chez chaque personne. Une image efficace remplit trois fonctions pour une entreprise. D'abord, elle doit transmettre un **message singulier** qui établit l'avantage principal du produit et son positionnement. Ensuite, elle doit transmettre ce message d'une **manière distinctive**, de sorte qu'elle ne puisse être confondue avec des messages semblables des concurrents. Enfin, l'image doit avoir un **pouvoir affectif**, de façon à toucher tout autant le cœur que l'esprit de l'acheteur.

Projeter une image forte pour une marque ou une entreprise exige beaucoup de créativité et un dur travail. On ne peut implanter l'image d'une entreprise dans l'esprit des gens en quelques jours, ni la transmettre par un seul véhicule médiatique. L'image doit être transmise au moyen de chaque véhicule de communication accessible à l'entreprise, et elle doit l'être fréquemment. Par exemple, le message singulier d'IBM au sujet de son service doit être exprimé par des symboles, des médias écrits et audiovisuels, l'atmosphère des lieux, des événements et le personnel. Les entreprises qui envoient des messages incohérents à leurs clients les embrouillent et les rendent plus vulnérables aux campagnes des concurrents qui ont des messages plus forts. Par exemple, Burger King a conçu plusieurs campagnes de publicité qui ne parvenaient pas à convaincre les gens de la raison pour laquelle ils devraient fréquenter Burger King plutôt que McDonald's[11].

Les symboles

La reconnaissance d'une entreprise ou d'une marque peut être déclenchée grâce à l'utilisation de symboles. La forme du symbole, ou logo, devrait permettre la reconnaissance immédiate d'une entreprise ou d'une marque. Il peut s'agir d'un animal, comme le lion de la Banque Royale, qui symbolise la qualité et la force de l'entreprise. Le symbole peut aussi être une personne connue, comme le pilote de course Jacques Villeneuve pour la Golf. Il convient également de choisir une couleur pour désigner l'entreprise, par exemple le vert pour l'Infoligne verte de la Banque TD, ou le rouge et le noir pour la Banque Nationale.

Les médias écrits et audiovisuels

Les symboles adoptés doivent ensuite être intégrés à des messages publicitaires qui transmettent la personnalité de l'entreprise ou celle de la marque. Les messages publicitaires tenteront de diffuser une histoire, une rumeur, un degré de performance, bref quelque chose de distinctif. Le message devrait être reproduit dans d'autres publications, tels les rapports annuels, les brochures et les catalogues. Les **cartes professionnelles** et le **papier à lettres** de l'entreprise devraient refléter l'image que l'entreprise désire projeter.

L'atmosphère

L'espace physique dans lequel les consommateurs reçoivent le produit ou le service peut renforcer ou détruire une image forte par elle-même. Dans les bureaux d'avocats, on place bien en vue des étagères de livres de droit et des diplômes. Les bureaux des pédiatres ont des couleurs gaies et sont décorés des héros de bandes dessinées et de films bien connus des enfants. Une banque qui désire paraître sympathique doit choisir la bonne architecture, la bonne décoration, les bonnes couleurs, les bons matériaux et le bon ameublement.

Les événements

Une entreprise peut aussi créer une image grâce au type d'événements qu'elle commandite. Les Producteurs de lait du Québec et Perrier se sont mis en évidence en commanditant des événements sportifs. DuMaurier commandite des concerts et Alcan, un festival de jazz. D'autres organisations se contentent d'être identifiées à des causes charitables comme Jeunesse au Soleil, la Société Saint-Vincent-de-Paul ou Centraide.

Naturellement, la différence peut s'obtenir par une combinaison de toutes ces formes de différenciation. Le fabricant de montres suisses Swatch est un exemple classique d'une entreprise qui a réussi à bâtir un culte autour d'un produit en misant sur le style, sur le marchandisage et sur la promotion[12].

10.2
L'ÉLABORATION D'UNE STRATÉGIE DE POSITIONNEMENT

Nous avons vu que toutes les entreprises ou marques peuvent être différenciées. Il n'y a plus réellement de **produits de base**. Plutôt que de considérer qu'elle vend un produit de base, une entreprise doit considérer qu'elle dispose d'un produit non différencié qui attend d'être changé en une offre différenciée. Entre autres auteurs, Levitt a relevé des douzaines de façons de différencier une offre[13].

Mais, en même temps, il ne faut pas oublier que ce ne sont pas toutes les différences qui ont un sens ou qui valent la peine. Autrement dit, ce ne sont pas toutes les différences qui créent une différenciation. Chaque différence peut engendrer des avantages pour les clients et des coûts pour l'entreprise. L'entreprise doit donc choisir avec soin la façon dont elle désire se distinguer de la concurrence. Cela vaut la peine de créer une différence si celle-ci a les caractéristiques suivantes :

- **Importante.** La différence permet à un nombre suffisant d'acheteurs d'obtenir un avantage très valorisé.
- **Distinctive.** La différence est offerte d'une façon plus distinctive par l'entreprise, ou encore elle n'est pas offerte du tout par les concurrents.

- **Supérieure.** La différence est supérieure aux autres façons d'obtenir le même avantage.
- **Communicable.** La différence est communicable aux acheteurs et peut être constatée par eux.
- **Inimitable.** La différence ne peut être facilement imitée par les concurrents.
- **Accessible.** L'acheteur peut se permettre de payer pour obtenir cette différence.
- **Rentable.** L'introduction de cette différence est rentable pour l'entreprise.

Plusieurs entreprises ont adopté des différenciations qui ne satisfaisaient pas à ces conditions. Ainsi, l'hôtel Westin Stamford, à Singapour, annonce qu'il est l'hôtel le plus haut du monde. Or, cette particularité n'est pas importante pour la plupart des touristes et peut même les repousser. Le téléphone Picturevision, même s'il était distinctif, a échoué lamentablement en partie parce que, selon Bell Northern, les deux images n'étaient pas dans un « espace partagé », au sens d'un échange entre deux personnes. Le Polarvision de Polaroid permettait de produire instantanément des photographies, mais les consommateurs le jugeaient inférieur aux caméscopes parce qu'il n'offrait pas la possibilité de faire un montage et de faire un nouvel enregistrement sur la même bande. Et CNN, qui a voulu rendre ses émissions accessibles aux gens qui attendent en file, grâce à des moniteurs situés en conséquence, a connu un échec complet et essuyé des pertes de 22 millions de dollars[14].

Il existe des exemples d'entreprises qui ont tenté de différencier leurs produits en créant des différences qui n'étaient en fait pas pertinentes : le café Folger n'a pas meilleur goût parce qu'il prend la forme de flocons plutôt que de granules, ou certains shampooings d'Alberto Culver ne rendent pas les cheveux plus soyeux parce qu'on y a introduit de la soie… Les mercaticiens devraient se poser de sérieuses questions sur le caractère éthique de telles pratiques[15].

Chaque entreprise fera la promotion des différences qui seront les plus attrayantes pour son marché cible. L'entreprise adoptera ainsi une **stratégie de positionnement orientée**, que nous appellerons tout simplement le **positionnement** et que nous définissons comme suit :

> Le positionnement est l'acte de concevoir l'offre d'une entreprise de façon qu'elle occupe une place distinctive et valorisée dans l'esprit du consommateur du marché cible.

TABLEAU 10.5
Exemples d'énoncés de valeur

Entreprise	Clients cibles	Avantages	Énoncé de valeur
St-Hubert	La classe moyenne, la famille	Qualité de la nourriture, courtoisie et réactivité du personnel	Un grand choix de mets de qualité à prix moyen
Volvo	Les familles des classes moyenne supérieure et supérieure soucieuses de leur sécurité	Durabilité et sécurité	La familiale durable la plus sécuritaire dans laquelle une famille puisse prendre place
Les Ailes de la Mode	Les femmes raffinées de la classe moyenne supérieure	Des produits de qualité offerts dans une atmosphère agréable	Une grande variété de produits offerts dans une atmosphère exceptionnelle à un prix moyen supérieur

Par exemple, un fabricant d'automobiles peut choisir de se différencier par la durabilité de ses autos, pendant que d'autres concurrents miseront sur l'économie d'essence, sur le confort, sur la traction intégrale ou sur la tenue de route. Le but du positionnement est de créer une proposition de valeur orientée vers le marché, c'est-à-dire un énoncé simple et clair des raisons pour lesquelles le marché cible devrait acheter le produit. On trouvera au tableau 10.5 les clients cibles, les avantages et les énoncés de valeur pour trois entreprises.

Le positionnement exige que l'entreprise décide du nombre et de la nature des différences dont elle fera la promotion auprès des clients cibles.

10.2.1
La quantité de différences à faire valoir

Plusieurs spécialistes du marketing préconisent la promotion énergique d'un seul avantage auprès du marché cible. Rosser Reeves, par exemple, soutient qu'une entreprise devrait présenter un **argument de vente unique** (*unique selling proposition*) pour chaque marque et ne pas en démordre[16]. Ainsi, la pâte dentifrice Crest mise sur la protection contre la carie dentaire, alors que Mercedes mise sur la qualité technique de ses voitures. Ries et Trout sont aussi en faveur d'un message uniforme au regard du positionnement[17]. Chaque marque devrait posséder un attribut en particulier et être proclamée le « numéro 1 » pour cet attribut. Les acheteurs ont tendance à se souvenir nettement plus d'un message où le produit est décrit comme étant le « numéro 1 », surtout dans une société où les gens sont exposés à des communi-

cations trop nombreuses (pour obtenir plus d'information sur le point de vue de Ries et Trout sur le positionnement, voir la rubrique Le marketing en coulisse 10.2).

Quels attributs méritent d'être proclamés « numéro 1 » ? Les principaux sont « la meilleure qualité », « le meilleur service », « le prix le plus bas », « la meilleure valeur » et « la technologie la plus avancée ». Si une entreprise répète sans relâche un de ces positionnements et le démontre de façon convaincante, elle sera probablement mieux connue et reconnue en ce qui concerne cette force[18].

Ce n'est pas tout le monde qui croit qu'un **positionnement grâce à un seul avantage** est toujours le meilleur. L'entreprise peut bien essayer de faire un **positionnement au moyen d'avantages doubles.** Un tel positionnement sera nécessaire si deux ou plusieurs entreprises prétendent être les meilleures pour un même attribut. Pour acquérir un avantage concurrentiel, il est essentiel de valoriser le deuxième attribut tout en ne négligeant pas le premier. Ainsi, Volvo positionne ses automobiles en les présentant comme les plus sécuritaires et les plus durables. Heureusement, ces deux avantages sont compatibles. En effet, on s'attend à ce qu'une auto très sécuritaire soit aussi très durable.

Il y a même des cas où le **positionnement par trois avantages** a connu du succès. Par exemple, Beecham fait la promotion de sa pâte dentifrice Aquafresh en faisant valoir trois avantages : « protection contre la carie », « meilleure haleine » et « dents plus blanches ». Il est clair que beaucoup de gens désirent ces trois avantages, et le défi est de les persuader que la même marque peut les leur offrir. Beecham a symbolisé ce

LE MARKETING EN COULISSE 10.2
Le positionnement selon Ries et Trout

Le terme «positionnement» fut popularisé par deux cadres publicitaires, Al Ries et Jack Trout, qui voient le positionnement comme un exercice de créativité fait avec un produit existant. Voici comment ils le définissent:

Le positionnement commence avec un produit. Une marchandise, un service, une entreprise, une institution ou même une personne. [...] Mais le positionnement n'est pas ce que vous faites à ce produit. Le positionnement est ce que vous faites dans l'esprit du client potentiel. C'est-à-dire que vous positionnez le produit dans l'esprit du client potentiel.

Ries et Trout soutiennent que les produits actuels ont généralement une position dans l'esprit des consommateurs. Ainsi, Hertz est vue comme la plus grande agence de location d'automobiles du monde, Coca-Cola est la plus grande compagnie de boissons gazeuses, Porsche est une des meilleures automobiles sport du monde, etc. Ces marques possèdent ces positions et il sera très difficile pour un concurrent de les leur voler. Un concurrent a seulement trois stratégies à sa disposition.

Une première stratégie consiste à renforcer sa position actuelle dans l'esprit des consommateurs. Ainsi, Avis prit la deuxième position dans l'industrie de la location d'automobiles et tourna la chose à son avantage: «Nous sommes le deuxième, nous nous forçons davantage.» Une telle déclaration est crédible pour le consommateur. De son côté, en s'annonçant comme l'incola, 7-Up misa sur le fait que sa boisson n'était pas un cola.

La deuxième stratégie consiste à rechercher une nouvelle position inoccupée, qui est cependant valorisée par suffisamment de consommateurs, et à se l'approprier. C'est ce que Ries et Trout appellent «chercher le créneau» ou «chercher un trou». Trouvez un trou dans le marché et emplissez-le. Ainsi, le fabricant de la tablette de chocolat Milky Way désirait renforcer sa part de marché par rapport à Hershey. Et la Banque de Montréal misa sur sa capacité de s'adapter à un environnement changeant plus facilement et plus rapidement que d'autres banques.

La troisième stratégie consiste à enlever la position d'un concurrent ou à le repositionner. Ainsi, la plupart des acheteurs de vaisselle croyaient que la vaisselle de porcelaine Lenox et la vaisselle de porcelaine Royal Doulton provenaient toutes deux d'Angleterre. Royal Doulton commença alors à faire valoir que la vaisselle Lenox était faite au New Jersey, alors que la sienne provenait vraiment d'Angleterre.

Essentiellement, Ries et Trout indiquent comment des marques similaires peuvent créer une certaine distinction dans une société «subjuguée par les communications», où la plupart des messages publicitaires sont tamisés par les consommateurs. Un consommateur peut connaître l'existence de sept boissons gazeuses, quoiqu'il y en ait beaucoup plus sur le marché. En outre, dans l'esprit du consommateur, les produits se présentent souvent sous forme d'une **échelle de produits**, par exemple Coke-Pepsi-Canada Dry et Hertz-Avis-National. Ries et Trout prétendent que la deuxième entreprise enregistre normalement la moitié de l'activité de la première et que la troisième enregistre la moitié de l'activité de la deuxième. Et c'est de la première entreprise que les gens se souviennent le plus.

Les gens ont tendance à se souvenir du «**numéro 1**». Par exemple, si l'on demande aux gens quelle est la première personne qui a traversé l'océan Atlantique en solitaire, on obtient généralement la bonne réponse: Charles Lindbergh. Mais si on leur demande qui a été la deuxième personne, les gens ne peuvent répondre. Voilà pourquoi les entreprises tentent d'obtenir la première position. Ries et Trout ajoutent que la position selon la taille ne peut être détenue que par une marque. Ce qui compte, c'est d'obtenir la position numéro 1 pour un attribut qui offre de la valeur, ce qui ne signifie pas nécessairement la taille. Ainsi, 7-Up est l'incola numéro 1, Porsche est la petite voiture sport numéro 1 et Dial est le savon désodorisant numéro 1. Le spécialiste du marketing doit cerner un attribut ou un avantage important qui peut être mis de l'avant d'une façon convaincante pour une marque. De cette façon, les marques s'accrochent dans l'esprit des gens malgré le bombardement publicitaire ininterrompu auquel ils sont soumis.

Une quatrième stratégie, que Ries et Trout ne mentionnent pas, peut être appelée la « stratégie du club sélect ». Une entreprise peut recourir à cette stratégie quand elle ne peut atteindre la position numéro 1 pour un attribut important. Elle peut alors mettre en évidence le fait qu'elle est l'une des trois plus grandes ou l'une des huit plus grandes, etc. L'idée des « trois grands » de l'automobile fut trouvée par Chrysler, qui était le troisième constructeur en importance, et l'idée des « huit grands » fut lancée par la huitième firme de comptables en importance. Le message ainsi transmis est que les membres du club sont les « meilleurs ». Le directeur financier d'une grande entreprise se sent plus rassuré en choisissant une des huit plus importantes firmes de comptables pour faire la vérification ; si ce cadre choisissait une autre entreprise et que quelque chose ne fonctionnait pas, il serait critiqué pour avoir choisi une firme qui ne compte pas parmi les huit plus importantes.

Ries et Trout traitent essentiellement de la psychologie du positionnement et du repositionnement d'une marque actuelle dans l'esprit du consommateur. Ils reconnaissent qu'une stratégie de positionnement pourrait exiger des changements dans le nom du produit, son prix et son conditionnement, de manière à appuyer la stratégie de positionnement choisie.

Source : Al Ries et Jack Trout, *Positioning : The Battle for Your Mind*, New York, Warner Books, 1982.

---

positionnement en créant une pâte dentifrice à trois couleurs, afin de confirmer visuellement les trois avantages. Par ce moyen, Beecham fait de la « multisegmentation », c'est-à-dire qu'elle attire trois segments au lieu d'un. Alors que les segments ont tendance à diminuer, les entreprises tentent d'élargir leur stratégie de positionnement de façon à la rendre attrayante pour plus de segments.

En contrepartie, les entreprises qui accroissent le nombre de prétentions au sujet de leur marque risquent de ne pas être crues ou d'embrouiller leur positionnement. En général, les entreprises doivent éviter quatre erreurs majeures de positionnement :

- **Un positionnement flou.** Certaines entreprises découvrent que les acheteurs ont une vague idée de leur marque. Ces derniers connaissent très peu de choses précises au sujet de ces marques. La marque est tout simplement considérée comme une autre marque sur un marché déjà surchargé. Quand, en 1993, Pepsi a introduit son Pepsi Crystal, un « incola », les consommateurs ne furent absolument pas impressionnés. Ils ne voyaient pas en quoi une boisson gazeuse claire offrait un avantage important[19].

- **Un positionnement restreint.** Les acheteurs peuvent aussi avoir une image trop étroite de la marque. Ainsi, un consommateur peut croire que Birks n'offre que des bagues à diamants dont le prix est prohibitif pour un budget moyen.

- **Un positionnement confus.** Les acheteurs ont une image confuse de la marque. Cette confusion peut résulter du fait que trop d'avantages sont présentés, ou encore que le positionnement de la marque a été changé trop fréquemment. Tel fut le cas pour NeXT, un ordinateur puissant et perfectionné que Stephen Job positionna d'abord pour les étudiants, puis pour les ingénieurs et enfin pour les gens d'affaires. Dans tous les cas, ce fut un échec[20].

- **Un positionnement douteux.** Les acheteurs trouvent difficile de croire les déclarations sur les caractéristiques du produit, sur son prix ou sur son fabricant. Quand General Motors introduisit la Cadillac Cimarron, elle positionna cette automobile comme étant une automobile de luxe concurrente de BMW, Audi et Mercedes. Même si la voiture offrait certaines caractéristiques d'une voiture de luxe, telles que des sièges en cuir, un support à bagages et beaucoup de chrome, les clients n'y virent qu'une version bichonnée d'une Cavalier ou d'une Firenza. Quoique l'automobile ait été positionnée comme offrant « plus pour plus », les consommateurs la virent comme offrant « moins pour plus[21] ».

Le principal avantage relié au fait de résoudre le **problème du positionnement** est que cela permet à l'entreprise de résoudre en même temps son **problème de marketing mix**. Le marketing mix — produit, prix, distribution, personnel et promotion — consiste essentiellement à articuler les détails tactiques de la stratégie de positionnement. Ainsi, une entreprise qui décide de conquérir une « position de qualité élevée » sait qu'elle doit fabriquer des produits de grande qualité, demander un prix élevé, distribuer le produit par l'intermédiaire de revendeurs haut de gamme, avoir du personnel compétent et en faire la publicité dans les magazines de prestige. C'est d'ailleurs la seule façon de projeter une image cohérente et crédible de qualité élevée.

Pour repositionner une marque à l'aide de la publicité, il est nécessaire de modifier les perceptions des consommateurs ou leurs préférences. La publicité, qui permet de repositionner un produit d'une façon efficace du point de vue du coût, doit être crédible. À cette fin, la situation de consommation de la bière et les personnages présentés dans un message publicitaire doivent être compatibles avec la marque. Le véhicule médiatique utilisé doit aussi être approprié.

Darmon a proposé une méthode pour illustrer tous les éléments du défi d'un repositionnement[22]. La figure 10.1 représente l'espace conjoint d'un segment de marché de la bière au Québec pour un échantillon

FIGURE 10.1

Le positionnement sur le marché de la bière au Québec

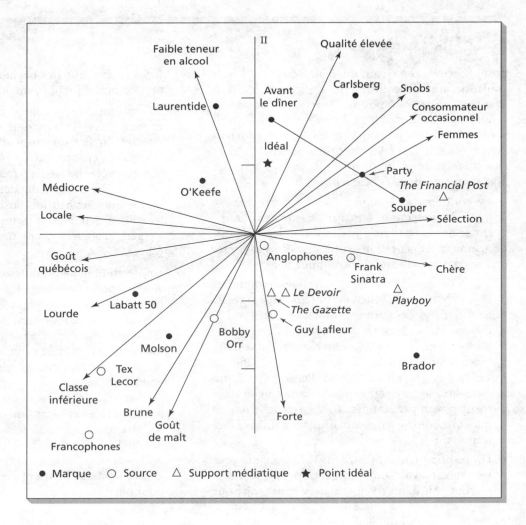

d'étudiants anglophones inscrits à un programme de M.B.A. Cette figure a été obtenue à l'aide de la technique d'analyse discriminante de Johnson[23] à partir d'une série de jugements énoncés par les étudiants.

Les positions de six marques de bière sont indiquées dans leurs cases respectives. Les divers attributs sont représentés par des flèches pointant à partir de l'origine. On peut estimer la valeur relative d'un attribut d'une marque donnée en traçant une perpendiculaire passant par cette marque et aboutissant à la flèche représentant l'attribut. Ainsi, la Brador est perçue comme étant plus forte que la Molson ou la Labatt.

On a aussi représenté plusieurs porte-parole (Guy Lafleur, Tex Lecor, Bobby Orr et Frank Sinatra) et plusieurs médias imprimés potentiels (*Le Devoir, Playboy, The Gazette* et *The Financial Post*). Les positions relatives indiquent, par exemple, que si la direction voulait positionner la Brador comme une bière chère, il serait alors approprié d'utiliser Frank Sinatra comme porte-parole et d'acheter de l'espace publicitaire dans *Playboy*.

Or, il semble que ce ne soit pas là une stratégie appropriée si l'on considère les préférences des consommateurs. Cette déduction découle de la situation de la marque « idéale », qui devrait être moins forte et moins chère que la Brador selon la perception que l'on a d'elle. Pour repositionner la Brador dans une direction « idéale », il serait plus approprié d'utiliser Guy Lafleur comme porte-parole et d'acheter de la publicité dans *The Gazette*.

Avant d'adopter un programme publicitaire, il est recommandé d'effectuer des analyses similaires dans d'autres segments de marché. En effet, une analyse faite par Darmon dans un segment de marché francophone produisit une carte semblable à quelques différences près.

L'entreprise peut adopter les différentes stratégies de positionnement suivantes[24] :

- **Le positionnement selon les attributs.** Cette stratégie implique qu'une entreprise se positionne par rapport à un attribut tel que la taille ou le nombre d'années d'expérience. Par exemple, Molson pourrait positionner une nouvelle marque de bière comme étant blonde ou maltée.

- **Le positionnement selon les avantages.** Dans ce cas, le produit est positionné comme étant un leader par rapport à un certain avantage. Ainsi, la

bière Miller Lite est positionnée comme étant une bière légère, et la Labatt .5 est positionnée comme ayant un faible contenu en alcool.

- **Le positionnement selon l'utilisation.** Dans ce cas, on positionne le produit comme étant le meilleur pour certaines utilisations ou dans certains contextes. Par exemple, la bière Laurentide est souvent positionnée comme étant la meilleure bière à boire avec des amis, lors d'une activité sociale ou sportive, comme l'après-ski.

- **Le positionnement selon l'utilisateur.** Le produit en question est alors positionné comme étant le meilleur pour un groupe donné d'utilisateurs. La bière Labatt 50 s'est positionnée comme une bière pour les hommes qui triment.

- **Le positionnement selon la concurrence.** Ici, le produit est positionné comme étant meilleur sur un point quelconque par rapport à un concurrent, que ce dernier soit nommé ou non. Ainsi, la bière mexicaine Sol entre directement en concurrence avec la Corona, et mise sur la joie de vivre : « *No problemo* ».

- **Le positionnement selon la valeur.** Selon cette stratégie, le produit est positionné comme offrant le meilleur rapport qualité-prix. Ainsi, la Carlsberg est perçue comme étant une bière de qualité dont le prix n'est pas pour autant très élevé ; elle pourrait se positionner comme offrant la meilleure valeur.

10.2.2
La nature des différences à faire valoir

Supposons qu'une entreprise compare son positionnement actuel en ce qui concerne quatre attributs — la technologie, le prix, la qualité et le service — avec le positionnement de son principal concurrent (voir le tableau 10.6). Les deux entreprises sont évaluées à 8 pour la technologie (1 = score faible, 10 = score élevé), ce qui signifie que les deux ont une bonne technologie. L'entreprise ne peut guère gagner davantage en améliorant encore sa technologie, surtout si l'on considère le coût pour le faire. Le concurrent est mieux évalué pour ce qui est du prix (8 contre 6), et cela peut nuire à l'entreprise si le marché devient plus sensible au prix. L'entreprise offre cependant une qualité plus élevée que son concurrent (8 contre 6).

TABLEAU 10.6

Une méthode pour le choix d'un avantage concurrentiel

(1)	(2)	(3)	(4)	(5)	(6)	(7)
Avantage concurrentiel	Position de l'entreprise (1-10)	Position du concurrent (1-10)	Importance d'améliorer la position (É-M-F)*	Possibilité et capacité (É-M-F)	Capacité du concurrent à améliorer sa position (É-M-F)	Action recommandée
Technologie	8	8	F	F	M	Maintenir
Prix	6	8	É	M	M	Surveiller
Qualité	8	6	F	F	É	Surveiller
Service	4	3	É	É	F	Investir
* É = élevée ; M = moyenne ; F = faible.						

Finalement, les deux entreprises offrent un service après-vente inférieur à la moyenne.

Il semble donc que l'entreprise devrait choisir soit le prix, soit le service pour améliorer son attrait auprès du marché par rapport au concurrent. Cependant, d'autres aspects doivent être considérés. Le premier aspect consiste à savoir à quel point il importe d'améliorer chacun de ces attributs pour les clients cibles. La colonne 4 indique que les améliorations du prix et du service seraient de grande importance pour les clients. Ensuite, il faut déterminer si l'entreprise peut se permettre d'apporter ces améliorations et avec quelle rapidité elle peut le faire. À la colonne 5, on voit que le service peut être amélioré rapidement et à un coût abordable. Mais le concurrent améliorerait-il lui aussi son service si l'entreprise commençait à le faire? La colonne 6 montre que la capacité du concurrent d'améliorer son service après-vente est faible, peut-être parce qu'il ne croit pas au service après-vente ou qu'il n'a pas les moyens d'investir dans son amélioration. Enfin, on trouve à la colonne 7 l'action recommandée pour chaque attribut. L'action qui semble avoir le plus de sens pour l'entreprise est d'améliorer le service et d'en faire la promotion. Telle fut la conclusion à laquelle en vint Monsanto pour un de ses marchés de produits chimiques. Cette société embaucha immédiatement du personnel supplémentaire pour son service technique et, lorsqu'il fut formé et prêt, elle se fit connaître comme le « leader du service technique ».

10.3

COMMUNIQUER LE POSITIONNEMENT DE L'ENTREPRISE

L'entreprise doit non seulement élaborer une stratégie de positionnement claire, mais elle doit aussi la communiquer efficacement. Supposons qu'une entreprise choisisse une stratégie de positionnement de « la meilleure qualité ». Elle doit alors s'assurer de pouvoir communiquer cette déclaration avec conviction. Elle communiquera une image de qualité en se donnant les signes et les indices au moyen desquels les gens jugent normalement de la qualité. En voici quelques exemples :

Un fabricant de tondeuses à gazon prétend que sa tondeuse est « puissante » et il la munit d'un moteur bruyant parce que les acheteurs croient que les tondeuses à gazon bruyantes sont plus puissantes que les autres.

Un constructeur de camions pose un revêtement sur les glaces, non pas parce qu'elles ont besoin d'un revêtement, mais parce que le revêtement suggère l'idée d'une préoccupation pour la qualité.

Un constructeur d'automobiles fabrique des voitures dont les portières claquent bien parce que plusieurs acheteurs claquent les portières dans les salles d'exposition des concessionnaires pour vérifier si l'automobile est bien construite.

Les hôtels Ritz-Carlton savent communiquer la qualité de l'hôtel en commençant par la manière dont les employés répondent au téléphone. Ceux-ci sont formés de façon à répondre après moins de trois coups, à avoir un sourire sincère dans la voix, à éliminer les transferts d'appels autant que possible et à être au courant de tous les services de l'hôtel[25].

La qualité est aussi communiquée par d'autres éléments de marketing. Un prix élevé signale normalement aux acheteurs une qualité de premier plan. L'image de qualité du produit relève également du conditionnement, de la distribution, de la publicité et de la promotion. Voici quelques exemples où l'image de qualité de la marque fut ternie :

Une marque bien connue d'aliments surgelés perdit son image de prestige parce qu'elle offrait trop souvent des réductions.

L'image d'une bière haut de gamme fut ternie lorsqu'on passa de la bouteille à la canette.

Des téléviseurs très bien cotés perdirent leur image de qualité lorsqu'ils furent mis sur le marché dans de grandes surfaces.

La réputation du fabricant contribue aussi à la perception de la qualité. Certaines entreprises sont à cheval sur la qualité. Ainsi, les consommateurs s'attendent à ce que les produits d'IBM et de Procter & Gamble soient bons. Les perceptions des consommateurs dépendent en outre du pays d'origine du produit.

Les mercaticiens compétents savent qu'il est essentiel de communiquer aux acheteurs l'image de qualité en leur garantissant qu'ils bénéficieront de cette qualité, sans quoi leur argent leur sera remis.

RÉSUMÉ

1. Dans une industrie où la concurrence est vive, la meilleure façon d'acquérir un avantage concurrentiel consiste à faire appel à la différenciation. L'offre d'une entreprise sur le marché peut être différenciée de cinq façons : par les produits (caractéristiques, performance, conformité à la qualité, durabilité, fiabilité, facilité de réparation, style et design), les services (facilité de commande, prestation, installation, formation du client, services de consultation, entretien et réparations et services connexes), le personnel (compétence, courtoisie, crédibilité, fiabilité, réactivité et communication), les canaux de distribution (couverture, expertise et performance) et l'image (symboles, médias écrits et audiovisuels, atmosphère et événements). Cela vaut la peine de créer une différence si elle est importante, distinctive, supérieure, communicable, inimitable, accessible et rentable.

2. Plusieurs spécialistes du marketing préconisent la promotion énergique d'un seul avantage auprès du marché, de façon à proposer un argument de vente unique pour le positionnement de leur produit. Les acheteurs ont tendance à se souvenir du message d'une marque qui est « numéro 1 » par rapport à un attribut, et à oublier les autres messages. Toutefois, il est aussi possible de faire un positionnement au moyen d'avantages doubles ou même triples. Dans tous les cas, l'entreprise doit éviter d'avoir un positionnement flou, restreint, confus ou douteux.

3. Lorsqu'une entreprise a adopté une stratégie de positionnement claire, elle doit communiquer ce positionnement efficacement au moyen du marketing mix.

QUESTIONS

1. Comment le positionnement diffère-t-il de la segmentation? Appuyez votre réponse sur des exemples tirés de l'industrie.

2. Commentez les concepts suivants en expliquant les relations qui les unissent les uns aux autres:

   a) l'image;

   b) la position;

   c) la perception du consommateur;

   d) les caractéristiques du produit;

   e) l'avantage concurrentiel;

   f) la stratégie de positionnement.

3. On vous invite à siéger à un comité de planification pour élaborer la stratégie de positionnement d'une petite entreprise. On place ce comité sous votre responsabilité et on vous demande d'établir une série d'étapes de planification pour élaborer la stratégie de positionnement. Précisez ces étapes et justifiez vos propos.

4. Analysez la carte perceptuelle suivante et décidez du positionnement que vous donneriez au pain de savon Lever 2000. Comment la notoriété de ce produit se compare-t-elle à celle des produits concurrents? Votre produit est-il bien positionné?

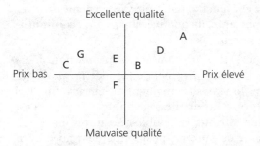

Marque	Notoriété	Marque	Notoriété
A Dove	77 %	E Ivory	74 %
B Lever 2000	35 %	F Caress	52 %
C Dial	60 %	G Safeguard	59 %
D Camay	68 %		

5. Il existe quatre erreurs majeures de positionnement: un positionnement flou, restreint, confus ou douteux. À quelle erreur associez-vous les exemples suivants?

   a) Les acheteurs ne croient pas que la Ford LTD soit plus silencieuse que la Rolls-Royce.

   b) Les consommateurs ne connaissent pas les attributs des boissons gazeuses Cott.

   c) Le fabricant de jeans Levi Strauss a connu des problèmes lors du lancement de ses costumes trois pièces.

6. Nous avons vu dans ce chapitre que le positionnement consiste pour une entreprise à occuper une place distinctive et valorisée dans l'esprit des consommateurs du marché. Pour y arriver, elle peut adopter certaines stratégies. Associez les stratégies de positionnement de la première colonne du tableau suivant aux énoncés de stratégie de la deuxième colonne.

Stratégie de positionnement	Énoncé de stratégie
1. Positionnement selon un attribut. On associe un produit à un attribut précis.	a) MasterCard est acceptée dans plus de magasins que toute autre carte.
2. Positionnement selon un avantage. On associe un produit à un avantage précis.	b) Head & Shoulders est le meilleur shampooing pour les gens qui ont des pellicules.
3. Positionnement selon l'utilisation. On associe un produit à une utilisation.	c) Les camions Chevrolet ont une performance supérieure à celle des camions Ford.
4. Positionnement selon les utilisateurs. On associe un produit à un groupe d'utilisateurs.	d) Les montres Timex donnent l'heure juste, même si elles sont exposées à de durs coups.
5. Positionnement selon la concurrence. On compare un produit à un produit concurrent.	e) Préférence de L'Oréal coûte un peu plus cher, mais en vaut le coût.
6. Positionnement selon la valeur. On utilise un prix plus élevé comme indice d'une qualité plus élevée.	f) Une boîte de bicarbonate de soude Arm & Hammer permettra à votre réfrigérateur de sentir propre.

7. Quatre marques de machines à laver ont été comparées sur sept points. (Le score positif le plus élevé indique la meilleure position pour le point donné.) Préparez une carte perceptuelle à deux dimensions pour les marques A, B, C et D.

	A	B	C	D
Lavage et essorage variables	– 2	2	2	3
Contrôle de la température de l'eau	– 1	2	1	3
Fréquence des réparations	2	3	2	– 1
Exigences quant aux types de détergents	– 3	1	1	2
Accessibilité des services de réparation	1	2	1	– 2
Garantie	1,5	2,5	2	– 1
Capacité maximale de charge	– 2	3	1	2

8. Supposons que la recherche en marketing sur les machines à laver révèle les évaluations présentées à la question 7. Où positionneriez-vous une nouvelle marque de machine à laver ?

RÉFÉRENCES

1. Gail C. Rigler, « Case Study : Southwest Airlines », *Across the Board*, mars 1995, p. 56 ; « ATW Awards Twenty Years of Excellence : … In Short-Haul Airline Service : Southwest Airlines », *Air Transport World*, février 1994, p. 44-45 ; Richard S. Teitelbaum, « Keeping Promises », *Fortune*, automne-hiver 1993, p. 32, 34 ; Don Reynolds Jr., *Crackerjack Positioning : Niche Marketing Strategy for the Entrepreneur*, Tulsa, Okla., Atwood Publishing, 1993, p. 160-161.

2. Edwin T. Crego Jr. et Peter D. Schiffrin, *Customer Centered Reengineering*, Homewood, Ill., Irwin, 1995.

3. Certaines de ces variables sont présentées dans David A. Garvin, « Competing on the Eight Dimensions of Quality », *Harvard Business Review*, novembre-décembre 1987, p. 101-109.

4. Voir Philip Kotler, « Design : A Powerful but Neglected Strategic Tool », *Journal of Business Strategy*, automne 1984, p. 16-21. Voir aussi Christopher Lorenz, *The Design Dimension*, New York, Basil Blackwell, 1986.

5. Pam Weisz, « Times Sure Have Changed when Tupperware Is Cool », *Brandweek*, 11 juillet 1994, p. 28.

6. Joseph Weber, « A Better Grip on Hawking Tools », *Business Week*, 5 juin 1995, p. 99.

7. Adapté d'un cas de Jane G. Funk et Thomas F. Funk, « Wilhelm Van Eyck », Université de Guelph, Ontario.

8. Miro Cernetig, « Science Carves away Tradition », *The Globe and Mail*, 4 juillet 1991, p. A1.

9. Voir M.D. Harkavay, *100 Best Companies to Sell For*, New York, John Wiley, 1989.

10. Pour trouver une liste semblable, voir Leonard L. Berry et A. Parasuraman, *Marketing Services : Competing Through Quality*, New York, Free Press, 1991, p. 16.

11. Voir « Big Flops », *American Demographics*, février 1995, p. 8.

12. Voir « Swatch : Ambitious », *The Economist*, 18 avril 1992, p. 74-75.

13. Theodore Levitt, « Marketing Success Through Differentiation — of Anything », *Harvard Business Review*, janvier-février 1980.

14. Tim Triplett, « Consumers Show Little Taste for Clear Beverages », *Marketing News*, 23 mai 1994, p. 1, 11 ; Ronald Grover, « Big Brother Is Grocery Shopping with You », *Business Week*, 29 mars 1993, p. 60.

15. Gregory S. Carpenter, Rashi Glazer et Kent Nakamoto, « Meaningful Brands from Meaningless Differentiation : The Dependence on Irrelevant Attributes », *Journal of Marketing Research*, août 1994, p. 339-350.

16. Rosser Reeves, *Reality in Advertising*, New York, Alfred Knopf, 1960.

17. Voir Al Ries et Jack Trout, *Positioning : The Battle for Your Mind*, New York, Warner Books, 1982.

18. Michael Treacy et Fred Wiersema, *The Discipline of Market Leaders*, Reading, Mass., Addison-Wesley, 1994, p. 181.

19. Kevin J. Clancy et Robert S. Shulman, *Marketing Myths that Are Killing Business : The Cure for Death Wish Marketing*, New York, McGraw-Hill, 1994, p. 83-85 ; Christopher Power, « Flops », *Business Week*, 16 août 1993, p. 76-82.

20. Voir Kevin J. Clancy et Robert S. Shulman, *Marketing Myths that Are Killing Business : The Cure for Death Wish Marketing*, New York, McGraw-Hill, 1994, p. 83-85 ; Christopher Power, « Flops », *Business Week*, 16 août 1993, p. 76-82.

21. Robert B. Tucker, *Win the Value Revolution*, Franklin Lakes, N.J., Career Press, 1995, p. 159-160.

22. René Y. Darmon, « Multiple Joint Space for Improved Advertising Strategy », *Canadian Marketer*, vol. 10, n° 1, 1979, p. 10-14.

23. Richard M. Johnson, « Market Segmentation : A Strategic Management Tool », *Journal of Marketing Research*, vol. 9, février 1971, p. 13-18.

24. Voir Yoram J. Wind, *Product Policy : Concepts, Methods and Strategy*, Reading, Mass., Addison-Wesley, 1982, p. 79-81 ; David Aaker et J. Gary Shansby, « Positioning Your Product », *Business Horizons*, mai-juin 1982, p. 56-62.

25. Patricia Galagan, « Putting on the Ritz », *Training and Development*, décembre 1993, p. 41-45.

Le développement, le test et le lancement de nouveaux produits et services

*Les inventions sont réalisées dans les laboratoires,
les produits sont inventés par le service du marketing.*
WILLIAM H. DAVIDOW

*Les inventeurs et les génies ont presque toujours été regardés
par la société au début de leur carrière (et fort souvent jusqu'à
la fin) comme de purs imbéciles.*
FEDOR MIKHAÏLOVITCH DOSTOÏEVSKI

*Tout comme un avion, les nouvelles idées ont autant besoin
du train d'atterrissage que des ailes.*
Anonyme

Après qu'une entreprise a segmenté avec soin son marché, choisi ses clients cibles et déterminé sa position sur le marché, elle est prête à développer et à lancer sur le marché un produit ou un service qui connaîtra le succès, du moins l'espère-t-elle. Le marketing joue un rôle important dans ce processus. Plutôt que de laisser seulement au service de la R et D la responsabilité du développement du produit en question, le marketing participe avec d'autres fonctions à chacune des étapes du processus de développement de nouveaux produits.

Toutes les entreprises doivent développer de nouveaux produits, ne serait-ce que pour remplacer certains produits de l'entreprise qui atteindront éventuellement la phase du déclin. Il devient nécessaire de trouver de nouveaux produits ou d'entreprendre de nouvelles activités pour maintenir ou accroître les ventes de l'entreprise. De plus, les clients désirent de nouveaux produits, et les concurrents font tout en leur pouvoir pour leur en fournir. Des milliers de nouveaux produits sont lancés chaque année.

Il existe deux façons d'obtenir de nouveaux produits: l'**acquisition de nouveaux produits** et le **développement de nouveaux produits**. La voie de l'acquisition de nouveaux produits revêt trois formes. L'entreprise peut chercher à faire l'acquisition d'autres entreprises. Elle peut aussi acheter des brevets à d'autres entreprises. Ou encore, elle peut acheter une licence ou une franchise à une autre entreprise. En choisissant l'acquisition, l'entreprise ne développe cependant pas de nouveaux produits, elle acquiert tout simplement les droits sur des produits existants.

La voie du développement de nouveaux produits prend deux formes. L'entreprise peut développer de nouveaux produits dans ses propres laboratoires. Elle peut aussi choisir de développer ses produits en pas-

sant des contrats avec des chercheurs indépendants ou des organismes spécialisés dans la mise au point de nouveaux produits.

La firme Booz, Allen & Hamilton a distingué six catégories de nouveaux produits selon leur degré d'innovation pour l'entreprise et pour le marché[1]:

1. Les produits entièrement nouveaux. Ces nouveaux produits créent un marché entièrement nouveau.

2. Les gammes de nouveaux produits. Ces nouveaux produits permettent à une entreprise d'entrer pour la première fois sur un marché établi.

3. Les extensions des gammes existantes de produits. Les nouveaux produits s'ajoutent aux gammes existantes de l'entreprise.

4. Les modifications ou les améliorations apportées aux produits existants. Les nouveaux produits améliorent la performance ou la valeur perçue des produits existants et remplacent ceux-ci.

5. Les repositionnements. Des produits existants sont destinés à de nouveaux marchés ou segments de marché.

6. Les réductions de coûts. Les nouveaux produits offrent la même qualité à un prix moindre.

Les entreprises suivent plusieurs avenues à la fois pour développer de nouveaux produits. Un résultat important de cette recherche est que les produits véritablement nouveaux ne représentent que 10 % de tous les nouveaux produits. Ces derniers produits sont les plus coûteux et les plus risqués parce qu'ils sont nouveaux à la fois pour l'entreprise et pour le marché. Chez Sony, plus de 80 % des activités de développement sont consacrées à la modification et à l'amélioration des produits actuels.

Étant donné que le développement de nouveaux produits et services est la garantie de la survie des organisations, nous tenterons de répondre aux questions suivantes :

- **Quels sont les principaux défis reliés au développement de nouveaux produits ?**
- **Quels types de structures organisationnelles permettent de mieux gérer le développement de nouveaux produits ?**
- **Comment les diverses étapes du processus de développement de nouveaux produits peuvent-elles être améliorées ?**
- **Après le lancement de nouveaux produits, quels facteurs influent sur le taux d'adoption des nouveaux produits par les consommateurs et sur le taux de diffusion de ces nouveaux produits ?**

11.1
LE DILEMME DU DÉVELOPPEMENT DE NOUVEAUX PRODUITS

Vu l'intensité de la concurrence dans de nombreuses industries de nos jours, il est risqué pour une entreprise de négliger le développement de nouveaux produits. Les produits existants sont vulnérables aux changements dans les besoins et les goûts des consommateurs, aux nouvelles technologies, au cycle de vie de plus en plus court des produits et à l'accroissement de la concurrence nationale et internationale.

En même temps, le développement de nouveaux produits présente de très grands risques. Texas Instruments a perdu 900 millions de dollars avant de se retirer du marché des ordinateurs personnels ; RCA a perdu 680 millions de dollars avec ses lecteurs de vidéodisques ; Ford a perdu 340 millions de dollars avec sa Edsel ; DuPont a perdu environ 35 millions de dollars avec son cuir synthétique appelé Corfam ; enfin, l'avion *Concorde* du consortium anglo-français ne pourra jamais permettre la récupération des fonds investis[2].

Le taux d'échec des nouveaux produits de grande consommation est encore très élevé. Le taux d'échec des nouveaux produits dans l'industrie alimentaire, produits qui ne sont souvent que des extensions de gammes existantes, est estimé à 80 %[3]. Clancy et Shulman croient que le taux d'échec est aussi élevé pour les nouveaux produits et services financiers tels que les cartes de crédit, les polices d'assurance et les

services de courtage[4]. Enfin, de façon générale, Cooper et Kleinschmidt estiment à 75 % le taux d'échec lors de lancements de nouveaux produits[5].

Pourquoi autant de nouveaux produits échouent-ils ? Plusieurs facteurs peuvent causer un échec :

- Un cadre supérieur s'entiche d'une idée malgré les résultats négatifs de la recherche en marketing.
- L'idée est bonne, mais la taille du marché est surestimée.
- La conception du produit n'est pas aussi bonne qu'elle aurait dû l'être.
- Le produit est incorrectement positionné sur le marché ou sa publicité n'est pas faite efficacement.
- Les coûts de développement ont été plus élevés que prévu.
- La concurrence réagit plus énergiquement qu'on ne l'avait prévu.

Le développement fructueux de nouveaux produits pourrait être encore plus difficile à l'avenir pour plusieurs raisons :

- **Le manque d'idées importantes pour de nouveaux produits dans certains secteurs.** Il existe peu de façons d'améliorer des produits de base comme l'acier, les détergents et beaucoup d'autres.
- **La fragmentation des marchés.** La concurrence de plus en plus vive conduit à des marchés fragmentés. Les entreprises doivent orienter leurs nouveaux produits vers des segments de plus en plus petits plutôt que vers l'ensemble du marché, ce qui signifie des ventes et des profits moins élevés pour chaque produit.
- **Les contraintes sociales et gouvernementales.** Les nouveaux produits doivent satisfaire à des exigences d'intérêt public telles que la sécurité des consommateurs et l'équilibre écologique. Ces exigences, imposées par les gouvernements et les groupes de pression, sont destinées à remédier aux abus, aux négligences et au manque de connaissances, de professionnalisme et de conscience sociale de certains producteurs. Elles ont toutefois pour effet secondaire de ralentir l'innovation dans l'industrie pharmaceutique et de compliquer la conception de produits de même que les décisions de publicité dans des industries comme celles de l'équipement industriel, des produits chimiques, des automobiles et des jouets.

- **Le coût élevé du processus de développement de nouveaux produits.** Une entreprise doit généralement avoir beaucoup d'idées de nouveaux produits pour pouvoir en obtenir quelques bonnes. De plus, elle doit faire face à des coûts croissants de R et D, de fabrication et de marketing.

- **Le manque de capitaux.** Certaines entreprises qui ont de bonnes idées ne peuvent lever les fonds nécessaires à la recherche.

- **Le raccourcissement de la période de développement.** Plusieurs concurrents auront probablement la même idée au même moment, et la victoire appartiendra au plus rapide. Les directeurs qui se veulent alertes doivent réduire le temps de développement en mettant à contribution la conception et la fabrication assistées par ordinateur, le partenariat, des tests de concepts effectués tôt et des techniques avancées de planification de marketing (voir, plus loin dans ce chapitre, la rubrique Vision 2000 +).

Certaines entreprises utilisent aussi une nouvelle façon de faire du développement, le **développement concomitant de nouveaux produits ou services.** Cette approche exige que des équipes multidisciplinaires provenant de toutes les fonctions de l'entreprise travaillent au développement du produit ou du service jusqu'à son lancement sur le marché. Si une unité fonctionnelle éprouve un problème, elle travaille à le résoudre, mais le reste de l'équipe continue à aller de l'avant. Le développement concomitant ressemble plus à une partie de hockey qu'à une course à relais; les joueurs se passent la rondelle (le nouveau produit) en avant, de côté et en arrière, tout en se dirigeant vers le but. Ainsi, la division des contrôles industriels de Rockwell International a réussi récemment à développer en moins de deux ans un nouveau mécanisme de contrôle électrique. Avec l'ancienne façon de faire, le développement d'un produit semblable aurait exigé près de six ans (pour obtenir plus d'information sur l'importance des courts délais pour le marché, voir la rubrique Le marketing en coulisse 10.1 portant sur le turbo-marketing).

- **Le raccourcissement de la durée de vie des produits.** Quand un produit est lancé avec succès, les concurrents sont si prompts à l'imiter que le cycle de vie du nouveau produit en est considérablement réduit. Pendant longtemps, Sony devançait ses concurrents de trois ans avant que ses nouveaux produits soient imités par les rivaux. Maintenant, Matsushita et d'autres concurrents imitent le produit en moins de six mois, ne laissant pas le temps à Sony de récupérer son investissement. Dans l'industrie bancaire canadienne, les nouveaux produits ou services sont souvent imités en moins de quelques mois.

Qu'est-ce qu'une entreprise doit faire, devant ces défis, pour assurer le succès du lancement de nouveaux produits ou services? Cooper et Kleinschmidt ont trouvé que, sans l'ombre d'un doute, le premier facteur de succès est un produit unique et nettement supérieur (très grande qualité, caractéristiques réellement nouvelles, meilleure valeur lors de l'utilisation). Les produits qui possèdent un avantage réel marqué réussissent dans 98 % des cas, comparativement à 58 % pour ceux qui ont un avantage moyen et à 18 % pour ceux qui ont un avantage minimal. Un autre facteur de succès est une bonne définition du concept du produit avant son développement; cela consiste à bien cerner et à bien évaluer le marché cible, les caractéristiques et les avantages du produit avant d'entreprendre son développement. D'autres facteurs de succès sont la synergie entre le marketing et la technologie, la qualité de l'exécution à toutes les étapes et l'attrait du marché[6].

Madique et Zirger ont réalisé une étude sur les causes de succès du lancement de nouveaux produits dans l'industrie de l'électronique, qui les a amenés a trouver huit causes de succès. Tout d'abord, mieux une entreprise comprend les besoins des clients, meilleures sont les chances de succès. Il en va de même si le rapport entre la performance et les coûts est élevé, si le produit est introduit bien avant la concurrence, si la marge attendue sur les coûts variables est élevée, si des dépenses publicitaires importantes sont engagées pour le lancement, si des dépenses promotionnelles importantes sont engagées pour le lancement, si la haute direction appuie le projet, et si le travail de l'équipe composée de représentants de toutes les fonctions est bien fait[7].

Le travail en équipe est un aspect particulièrement important à considérer. En effet, le développement d'un nouveau produit ou service est plus efficace si les services de la R et D, de l'ingénierie, de la production ou de l'exploitation, des achats, du marketing et des finances ont commencé dès le début à travailler en équipe. Les idées pour de nouveaux produits doivent être étudiées dans une optique de marketing, et une équipe multidisciplinaire doit suivre toutes les étapes du développement du nouveau produit ou service. Cette approche explique en partie le succès que les entreprises japonaises connaissent dans le lancement de nouveaux produits. Un autre facteur important consiste à solliciter l'opinion des clients dès les premières étapes du développement.

11.2
UNE ORGANISATION EFFICACE

Pour réussir avec succès l'introduction de nouveaux produits, l'entreprise doit établir une organisation efficace pour gérer le processus de développement de nouveaux produits. Une organisation efficace commence par l'intérêt de la haute direction et comprend aussi des structures organisationnelles efficaces.

C'est à la direction générale que revient la responsabilité finale du succès du lancement de nouveaux produits. En effet, elle ne peut tout simplement demander à un directeur de nouveaux produits d'avoir de nouvelles idées brillantes. Le développement de nouveaux produits exige que la direction générale définisse les secteurs d'activité et les catégories de produits que l'entreprise privilégie. La direction générale doit établir des critères précis d'acceptation d'idées de nouveaux produits, surtout dans les grandes entreprises comprenant plusieurs divisions, où toutes sortes de projets sont favorisés par les divers directeurs.

Ainsi, Gould Corporation, un fabricant d'équipement électrique, définit les critères d'acceptation suivants pour ses nouveaux produits qu'elle conçoit en vue d'exploiter une technologie d'une nouvelle façon :

1. Le produit pourra être introduit en moins de cinq ans.

2. Le produit a un potentiel de marché d'au moins 50 millions de dollars et un taux de croissance de 15 %.

3. Le pourcentage de ventes totales attribuable au produit sera d'au moins 30 % et le rendement des investissements, de 40 %.

4. Le produit portera l'entreprise au premier rang sur le plan de la technique ou sur celui du marché.

La détermination du budget pour le développement d'un nouveau produit est une décision importante que doit prendre la direction générale. Les résultats de la R et D sont d'une nature si incertaine qu'il est difficile d'utiliser les critères d'investissement normaux pour établir ce budget. Certaines entreprises résolvent ce problème en encourageant et en finançant autant de projets que possible, dans l'espoir d'obtenir ainsi quelques projets qui connaîtront le succès. D'autres entreprises établissent leur budget de recherche et développement en y allouant un pourcentage préétabli du chiffre d'affaires, ou encore en dépensant autant que les concurrents. Enfin, d'autres entreprises décident du nombre de nouveaux produits qu'elles envisagent de lancer avec succès et estiment les investissements nécessaires à la recherche.

L'entreprise la plus réputée pour son engagement en recherche et développement de nouveaux produits est 3M.

3M fabrique plus de 60 000 produits, notamment des papiers de verre, des adhésifs, des disquettes, des lentilles cornéennes et les papiers Post-it. Chaque année, 3M lance plus de 200 nouveaux produits. Le but ambitieux de 3M, dont les ventes atteignent 17 milliards de dollars, est que, dans chacune de ses 40 divisions, 25 % de ses revenus soient engendrés par les produits lancés dans les cinq années précédentes ! Or, le plus étonnant, c'est qu'elle y parvient. Voici les principales raisons du succès de 3M.

3M encourage tout le monde, et pas seulement ses ingénieurs, à devenir des «champions du produit». Chaque employé peut consacrer jusqu'à 15 % de son temps de travail à des projets qui l'intéressent. Si l'idée est retenue, on réunit une équipe multidisciplinaire dirigée par un «cadre champion», qui protège l'équipe de toute intrusion bureaucratique. 3M s'attend à connaître des échecs et elle apprend de ceux-ci. Certaines équipes ont fait trois ou quatre tentatives avant d'avoir du succès avec une idée.

Chaque année, 3M couronne par des trophées Golden Step les équipes ayant développé un nouveau produit dont les ventes ont atteint 2 millions de dollars sur le marché national ou 4 millions à l'échelle mondiale moins de trois ans après leur lancement.

Le tableau 11.1 indique comment une entreprise peut calculer l'investissement nécessaire au développement de nouveaux produits. Le directeur de nouveaux produits d'une grande entreprise de biens de consommation a étudié les résultats de 64 idées de nouveaux produits que son entreprise avait envisagées. Une seule idée sur 4, soit un total de 16, a passé

Le coût estimé pour trouver un nouveau produit qui réussira (à partir de 64 nouvelles idées)

Étape	Nombre d'idées	Taux de succès	Coût par idée	Coût total
1. Filtrage des idées	64	1 : 4	1 000 $	64 000 $
2. Test de concept	16	1 : 2	20 000 $	320 000 $
3. Développement du produit	8	1 : 2	200 000 $	1 600 000 $
4. Test de marché	4	1 : 2	500 000 $	2 000 000 $
5. Lancement	2	1 : 2	5 000 000 $	10 000 000 $
			5 721 000 $	13 984 000 $

l'étape du filtrage des idées, à laquelle il en coûtait 1 000 $ pour reconsidérer une seule idée. La moitié des idées restantes, soit 8, ont survécu à l'étape du test du concept, qui coûtait 20 000 $ pour chaque idée. La moitié de ces idées, soit 4, ont été gardées après l'étape du développement du produit, qui coûtait 200 000 $ pour chaque produit. La moitié de ces idées, soit 2, ont subsisté après le test de marché, dont le coût s'élevait à 500 000 $ par idée. Quand ces 2 idées ont été lancées au coût de 5 millions de dollars chacune, une seule a connu beaucoup de succès. Ainsi, le développement d'une idée qui a connu le succès sur le marché a coûté à l'entreprise 5 721 000 $. Dans ce processus, il a fallu rejeter 63 idées. Par conséquent, le coût total pour développer un seul nouveau produit qui aura réussi est de 13 984 000 $. À moins que l'entreprise ne réussisse à améliorer le taux de succès à chaque étape et à réduire les coûts de chaque étape, elle aura à budgéter près de 14 millions de dollars dans sa recherche d'une nouvelle idée qui aura du succès. Si la direction générale désire mettre sur le marché 4 nouveaux produits qui auront du succès dans les années qui viennent, elle aura à budgéter au moins 56 millions (4 × 14 000 000 $) pour le développement de nouveaux produits.

Un autre facteur important du développement de nouveaux produits est la mise en place de structures organisationnelles efficaces. L'entreprise gère le développement de nouveaux produits de plusieurs façons[8] :

- **Les chefs ou directeurs de produits.** Plusieurs entreprises confient la responsabilité des nouveaux produits aux chefs ou directeurs de produits. Dans les faits, cette pratique n'est pas sans faiblesses. Les directeurs de produits sont généralement si occupés à gérer leur gamme de produits qu'ils ont peu de temps pour penser à de nouveaux produits, se concentrant plutôt sur des modifications ou des extensions à apporter à leurs produits. De plus, ils n'ont pas toujours les habiletés ou les connaissances nécessaires pour être suffisamment critiques et développer de nouveaux produits.

- **Les directeurs de nouveaux produits.** Kraft, General Foods et Johnson & Johnson ont des directeurs de nouveaux produits qui relèvent des directeurs de groupes de produits. Une telle organisation rend plus professionnelle la fonction de directeur de nouveaux produits. Toutefois, les directeurs de nouveaux produits ont tendance à n'envisager que des modifications de produits et des extensions de la gamme limitées au couple produit-marché qui les intéresse.

- **Les comités de nouveaux produits.** La plupart des entreprises mettent en place un comité de la haute direction chargé de revoir et d'approuver les propositions de nouveaux produits.

- **Les services des nouveaux produits.** Les grandes entreprises créent souvent un service des nouveaux produits, dirigé par un directeur doté d'une grande autorité et ayant accès à la haute direction. Les principales responsabilités de ce service comprennent la génération et le filtrage de nouvelles idées, le travail en collaboration avec le service de la R et D, la réalisation de tests sur le terrain et la commercialisation.

- **Les équipes de nouveaux produits.** Les compagnies 3M, Westinghouse et General Mills assignent souvent à des équipes la responsabilité du travail de développement de nouveaux produits. Une équipe est un groupe formé d'individus provenant de divers services fonctionnels responsables du lancement d'un produit ou d'une activité en particulier. Ce sont des « intrapreneurs » dégagés de toute autre tâche, à qui l'on accorde un budget, à qui l'on fixe des délais et des conditions de travail spéciales, et qui travaillent dans un environnement libéré de toute forme de bureaucratie. Ces équipes « intrapreneuriales » œuvrent quelquefois à partir de « terriers », des lieux de travail informels comme un garage ou une ancienne ferme. Bombardier utilise cette approche à l'occasion.

L'outil de gestion du processus d'innovation le plus raffiné est le système de gestion par étapes[9]. 3M et plusieurs autres entreprises utilisent cette approche. À la fin de chaque étape, il y a un point de contrôle, une porte qui doit être franchie. Le directeur de projet, qui travaille avec une équipe de spécialistes provenant de plusieurs fonctions (ingénierie, R et D, finances, etc.), doit soumettre pour approbation un ensemble de « livrables » (des objectifs précis à atteindre) s'il veut pouvoir franchir la « porte » de l'étape suivante. Par exemple, pour passer de l'étape du plan d'affaires à l'étape du développement de produits, une recherche en marketing donnant des résultats probants doit avoir été réalisée sur les besoins et les intérêts des consommateurs, de même qu'une analyse rigoureuse de la concurrence et une évaluation technique approfondie. La haute direction évaluera le projet par rapport à des critères précis et décidera si l'on peut procéder à l'étape suivante, ce qui implique toujours des coûts plus élevés. À chaque étape, quatre décisions peuvent être prises : aller de l'avant, abandonner le projet, le mettre de côté ou recommencer. Le directeur de projet et les membres de son équipe connaissent les résultats qu'ils doivent atteindre à chaque étape. Ce système de gestion impose une discipline rigoureuse dans le processus d'innovation en définissant précisément les étapes pour tous et en clarifiant les responsabilités des directeurs de projets et des équipes à chaque étape.

11.3
LA GESTION DU PROCESSUS DE DÉVELOPPEMENT DE NOUVEAUX PRODUITS

Nous sommes maintenant prêts à examiner les principaux défis que doit relever le marketing à chacune des étapes du processus de développement d'un nouveau produit. Ce processus comprend huit étapes bien définies : la recherche d'idées, le filtrage et l'évaluation des idées, le développement et le test du concept, l'élaboration de la stratégie de marketing, l'analyse économique, le développement du produit, le test de marché et le lancement. Un aperçu des différentes étapes et décisions du processus de développement de nouveaux produits est présenté à la figure 11.1.

11.3.1
La recherche d'idées

Le processus de développement de nouveaux produits commence par la recherche d'idées. La direction générale devrait établir ses priorités au sujet des produits et des marchés. Elle devrait énoncer les objectifs visés par les nouveaux produits, par exemple l'accroissement de la liquidité, la domination du marché ou tout autre objectif. Elle devrait spécifier quels efforts devraient être consacrés au développement de produits vraiment nouveaux, à la modification de produits existants et à l'imitation de produits des concurrents.

Les sources d'idées de nouveaux produits

Les idées de nouveaux produits peuvent provenir de plusieurs sources : des clients, des scientifiques, des concurrents, des représentants, des distributeurs et de la direction générale.

Selon l'optique marketing, **les besoins et les désirs des clients sont un point de départ logique dans la recherche d'idées de nouveaux produits**. Hippel a démontré que le pourcentage le plus élevé d'idées de nouveaux produits industriels provient des clients[10]. Les entreprises industrielles peuvent apprendre beaucoup en étudiant un groupe déterminé de clients, soit les clients qui font l'utilisation la plus avancée des produits de l'entreprise et qui distinguent les améliorations possibles avant tous les autres clients. Les entreprises peuvent cerner les besoins et les désirs de leurs clients à l'aide d'enquêtes, de tests projectifs, d'entrevues de groupe et même en prêtant attention aux lettres de suggestions et de plaintes des clients. Les meilleures idées proviennent souvent de clients

FIGURE 11.1
Un sommaire du processus de développement d'un nouveau produit

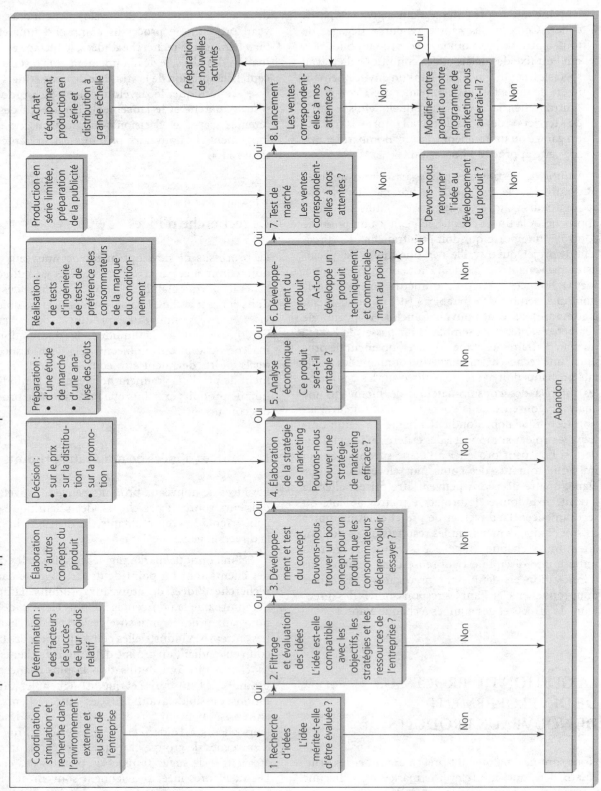

auxquels on demande de décrire les problèmes éprouvés avec les produits existants, plutôt que de leur demander directement des idées de nouveaux produits. Par exemple, Chrysler demande aux plus récents acheteurs ce qu'ils aiment le plus et le moins de leur voiture, et quel prix ils seraient prêts à payer pour obtenir certaines améliorations. Les enquêtes de ce type engendrent beaucoup d'idées d'améliorations potentielles des produits existants.

Les entreprises dépendent aussi de leurs **scientifiques, ingénieurs, concepteurs** et **autres employés** pour la recherche d'idées de nouveaux produits. Les entreprises qui réussissent bien ont su se donner une culture d'entreprise qui encourage chaque employé à rechercher de nouvelles idées pour améliorer la production, les produits et les services de l'entreprise. Toyota prétend que son personnel suggère deux millions d'idées par année, soit 35 idées par salarié, et que plus de 85 % de ces idées se réalisent. Kodak donne à la fois des récompenses en argent et une reconnaissance publique aux employés qui soumettent les meilleures idées pendant l'année.

Les entreprises peuvent trouver de nouvelles idées en examinant les produits des **concurrents**. L'information sur les concurrents peut provenir des distributeurs, des fournisseurs et des représentants. Les entreprises peuvent découvrir ce que les clients aiment et n'aiment pas des nouveaux produits de leurs concurrents. Elles peuvent acheter des produits de concurrents, les défaire en morceaux et en bâtir de meilleurs. Dans ce cas, la stratégie de concurrence est une **stratégie d'imitation et d'amélioration de produits** plutôt que **d'innovation en matière de produits**. Les Japonais sont passés maîtres dans cette stratégie en obtenant des licences ou en imitant plusieurs produits d'Europe ou d'Amérique et en trouvant de nouvelles façons de les améliorer.

Les **représentants** et les **intermédiaires** sont une source particulièrement prolifique d'idées de nouveaux produits. Ils sont placés directement devant les besoins et les plaintes des clients. Ils sont souvent les premiers à apprendre les progrès des concurrents. Un nombre croissant d'entreprises récompensent leurs représentants, distributeurs et vendeurs lorsqu'ils trouvent de nouvelles idées, et les forment dans ce sens. Par exemple, Bill Keefer, président de Warner Electric Brake and Clutch, exige que ses représentants inscrivent dans leur rapport de ventes mensuel les trois meilleures idées de produits potentiels dont ils ont entendu parler durant leurs visites à leurs clients. Il lit ces idées chaque mois et écrit des notes à ses ingénieurs, à ses directeurs de la production, etc., pour faire le suivi des meilleures idées.

La **direction générale** peut être une autre source importante d'idées de nouveaux produits. Certains directeurs d'entreprise, comme Edwin H. Land, l'ancien P.-D.G. de Polaroid, prennent personnellement la responsabilité de l'innovation technologique dans leur entreprise. Cela n'est pas nécessairement avantageux. Par exemple, lorsqu'un membre de la haute direction a une idée fixe, il n'a pas pour autant fait une recherche exhaustive sur l'intérêt ou sur la taille du marché. C'est ce qui est arrivé quand Land a défendu son projet de Polarvision (une pellicule développée instantanément), qui finit par être un échec majeur, parce que le marché se mit à préférer le caméscope comme moyen de capter des images.

Dans les entreprises reconnues pour leur intérêt à l'égard de l'innovation, le rôle de la haute direction n'est pas en soi d'inventer des produits, mais plutôt de faciliter le travail des individus qui ont de nouvelles idées. Par exemple, Lewis Platt, le P.-D.G. de Hewlett Packard, croit que le rôle de la direction générale est de créer un environnement qui encourage les cadres à prendre des risques et à rechercher de nouvelles occasions d'affaires. Sous le leadership de Platt, Hewlett Packard a été restructurée en plusieurs unités d'affaires autonomes[11].

Les idées de nouveaux produits peuvent aussi provenir d'autres sources, notamment des inventeurs, des bureaux de brevets, des laboratoires commerciaux et universitaires, des consultants industriels, des agences de publicité, des agences de recherche en marketing et des publications spécialisées.

Quoique les idées puissent provenir de nombreuses sources, les chances pour qu'elles reçoivent une attention sérieuse dépendent de leur endossement par un membre de l'organisation qui tient le rôle de « champion du produit ». À moins que quelqu'un n'affiche personnellement son enthousiasme pour l'idée du produit et ne la soutienne fortement, il est très probable que l'idée ne sera pas considérée sérieusement.

Les techniques de créativité

Les vraies bonnes idées proviennent de l'inspiration, du travail et de la méthode. Plusieurs « techniques de créativité » peuvent aider les individus et les groupes à concevoir de meilleures idées.

La liste des attributs

Cette technique consiste à faire en premier lieu une liste des principaux attributs d'un produit existant, puis à modifier chaque attribut pour tenter de l'améliorer. Considérons un tournevis[12]. Il s'agit d'une tige en acier, ronde, munie d'une poignée en plastique, dont on se sert en la faisant tourner manuellement. Supposons qu'on demande à un groupe de personnes de proposer des modifications d'attributs pour améliorer la performance ou l'apparence du tournevis. La tige ronde pourrait être hexagonale, de façon qu'une clé puisse servir à renforcer la rotation ; la puissance électrique pourrait remplacer la puissance manuelle ; la rotation pourrait être obtenue par une impulsion. Osborn a avancé que les idées utiles pouvaient être stimulées à l'aide des questions suivantes à propos d'un objet et de ses attributs : Peut-on en trouver d'autres usages ? Peut-on l'adapter ? l'amplifier ? le réduire ? le remplacer ? le modifier ? le renverser ? le combiner[13] ?

Les associations forcées

Dans ce cas, on procède en dressant une liste de plusieurs objets, et chaque objet est considéré par rapport aux autres objets. Récemment, un fabricant de matériel de bureau voulait concevoir un nouveau bureau pour les cadres. On dressa alors la liste de plusieurs objets : un bureau, un poste de télévision, une horloge, un ordinateur, une photocopieuse, une bibliothèque, etc.

L'analyse morphologique

Le terme « morphologie » signifie « structure » ; cette technique consiste à dégager les aspects structurels d'un problème et à examiner les relations entre ces aspects[14]. Supposons que le problème soit décrit comme étant le fait d'« amener quelque chose d'un endroit à un autre au moyen d'un véhicule à propulsion ». Les aspects importants à considérer sont le type de véhicule (chariot, chaise, civière, lit), le milieu dans lequel le véhicule fonctionne (air, eau, huile, surface dure, rouleaux, rail), la source de la puissance (air comprimé, moteur à combustion interne, moteur électrique, vapeur, champ magnétique, câbles, courroies). Ensuite, on laisse aller son imagination sur chaque croisement possible. Un véhicule du type « chariot propulsé par un moteur à combustion interne qui se déplace sur la neige » est une motoneige.

La définition des besoins ou des problèmes

Les techniques de créativité précédentes n'exigent pas la participation des consommateurs pour la recherche d'idées. La découverte des besoins et des problèmes, par contre, débute auprès du consommateur. On pose aux consommateurs des questions au sujet de leurs besoins, de leurs problèmes et de leurs idées. Par exemple, on leur demande de décrire les problèmes qu'ils éprouvent lorsqu'ils utilisent un produit donné ou une catégorie de produits.

Le Groupe Landis, une agence de recherche en marketing, utilise ces techniques. Pour une catégorie de produits donnée, on interviewe approximativement 1 000 individus, auxquels on demande s'ils sont « complètement satisfaits », « plutôt satisfaits », « plutôt insatisfaits » ou « extrêmement insatisfaits ». S'ils sont insatisfaits, les participants décrivent leurs problèmes et expriment leurs plaintes dans leurs propres mots. Par exemple, dans une étude menée auprès de consommateurs de muffins, 15 % d'entre eux exprimèrent une certaine insatisfaction, et les problèmes les plus fréquemment cités étaient que ces petits gâteaux n'étaient pas coupés à l'avance, qu'ils étaient trop secs ou trop mous ou qu'ils faisaient beaucoup de miettes. L'analyse démographique révéla que les usagers les plus insatisfaits étaient ceux qui appartenaient au groupe des 19 à 29 ans, soit ceux qui avaient les revenus les moins élevés. Ce renseignement peut être mis à profit par un concurrent actuel ou par un nouveau venu, qui améliorera le produit et ciblera les groupes les plus insatisfaits. On peut évaluer les divers problèmes selon leur gravité, leur incidence et les frais à engager pour les corriger, afin de déterminer quelles améliorations devraient être apportées au produit.

On peut de même inverser la technique. On soumet alors une liste de problèmes à des consommateurs et on leur demande de nommer les produits qui, selon eux, présentent ces problèmes[15]. Ainsi, le fait de citer le problème d'un contenant difficile à ranger sur une tablette pourrait amener le consommateur à nommer une nourriture pour chiens ou encore certaines céréales prêtes à servir. Un mercaticien de produits alimentaires pourrait alors penser à introduire sur le marché un produit ayant un emballage plus petit ou différent.

Le remue-méninges

La créativité au sein d'un groupe peut être stimulée par le remue-méninges (*brainstorming*), technique mise au point par Alex F. Osborn. Une entreprise tient des séances de remue-méninges quand elle a besoin de beaucoup d'idées. Le groupe typique comprend de 6 à 10 personnes. Ce n'est pas une bonne idée d'inclure trop d'experts dans le groupe parce que ceux-ci ont tendance à ne pas être assez souples lorsqu'ils abordent un problème. Le problème doit être précis. Les séances devraient durer environ une heure et se dérouler de préférence le matin. L'animateur ouvre la séance en disant : « Rappelez-vous que nous voulons trouver autant d'idées que possible, les plus saugrenues étant les meilleures. Et, souvenez-vous, **surtout pas d'évaluation.** » Les idées commencent à jaillir, chacune en amenant une autre, et en moins d'une heure on enregistre sur le magnétophone une centaine de nouvelles idées, et même davantage. Pour que la séance ait un maximum d'efficacité, Osborn a établi quatre règles :

1. **La critique est interdite.** Les commentaires négatifs sur les idées doivent être remis à plus tard.

2. **L'excentricité est bienvenue.** Plus l'idée est extravagante, mieux c'est ; il est plus facile d'étouffer une flamme que de l'allumer.

3. **La quantité est valorisée.** Plus il y aura d'idées, plus on aura de chances d'en trouver de bonnes.

4. **Il est souhaitable de combiner et d'améliorer des idées.** Les participants devraient indiquer comment on peut combiner les idées des autres pour en trouver ou en former encore de meilleures[16].

La synectique

William J.J. Gordon était d'avis que les séances de remue-méninges d'Osborn produisaient des solutions trop rapidement, avant même qu'un nombre suffisant de perspectives soient envisagées. Gordon décida de définir le problème d'une façon si générale que les membres du groupe n'auraient aucune idée de la nature du vrai problème.

Par exemple, une entreprise cherchait une méthode de fermeture des combinaisons étanches portées par des ouvriers manipulant des combustibles à haut rendement[17]. Gordon garda le secret sur ce problème précis et enclencha la discussion sur la notion générale de « fermeture », ce qui engendra des images de différents mécanismes de fermeture tels que les nids d'oiseaux, les bouches ou le fil à coudre. Alors que le groupe épuisait les perspectives initiales, Gordon introduisait graduellement les éléments qui permettaient de définir plus précisément le problème. Lorsque le groupe commença à se rapprocher d'une bonne solution, Gordon décrivit le problème et le groupe commença alors à raffiner la solution. Ces séances duraient au minimum trois heures, car Gordon croyait que la fatigue jouait un rôle important dans le déblocage d'idées.

Gordon décrivit cinq principes sous-jacents à la synectique :

1. **Le report.** Rechercher d'abord les points de vue plutôt que les solutions.

2. **L'autonomie de l'objet.** Laisser le problème prendre son envol.

3. **L'utilisation de lieux communs.** Mettre à profit le familier comme tremplin pour l'étrangeté.

4. **L'engagement et le détachement.** Successivement, examiner les détails d'un problème et prendre du recul afin de les voir comme les éléments d'un tout.

5. **Le recours aux métaphores.** Laisser s'établir des analogies entre des choses apparemment non pertinentes ou accidentelles, comme sources de nouveaux points de vue[18].

11.3.2
Le filtrage et l'évaluation des idées

Le point à retenir sur la recherche d'idées est que l'entreprise peut attirer de bonnes idées si elle est bien organisée. Elle peut motiver divers intervenants à lui soumettre des idées. Celles-ci devraient être acheminées à un **directeur des idées** dont le nom et le numéro de téléphone sont spécifiés. Les idées devraient être soumises par écrit au **comité des idées**, qui en prendrait connaissance chaque semaine. Le comité des idées devrait classer les idées en trois groupes : les idées prometteuses, les idées marginales et les idées rejetées. Chaque idée prometteuse devrait être étudiée brièvement par un des membres du comité, qui ferait un rapport à son sujet. Les idées retenues passeraient alors à l'étape du filtrage des idées.

L'objectif de la recherche d'idées était d'engendrer le plus grand nombre d'idées possible. Le but des étapes suivantes est de **réduire** le nombre d'idées pour n'en retenir que quelques-unes qui soient à la fois pratiques et attrayantes. La première étape de l'élagage est le filtrage.

En filtrant des idées, une entreprise doit éviter deux types d'erreurs. On commet une **erreur d'abandon** quand une entreprise rejette une idée qui aurait été bonne. Il n'y a rien de plus facile à faire que d'éliminer les idées des autres (voir la figure 11.2). Certains directeurs frémissent encore quand ils pensent à quelques-unes des idées qu'ils ont rejetées.

Xerox comprit immédiatement le potentiel qu'offrait la photocopieuse de Chester Carlson; IBM et Eastman Kodak ne le virent pas du tout. RCA fut capable d'entrevoir les perspectives innovatrices de la radio; la compagnie Victor Talking Machine n'en fut

pas capable. Henry Ford reconnut les promesses qu'offraient les automobiles; mais c'est General Motors qui comprit la nécessité de segmenter le marché en catégories de prix et de performance, avec un modèle pour chaque catégorie, si l'on voulait que ces promesses se réalisent. Sears rejeta l'idée de rabais, mais pas Wal-Mart[19]. Lorsqu'une entreprise fait trop d'erreurs d'abandon, cela signifie que ses critères de choix sont trop prudents.

On commet une **erreur d'adoption** quand on laisse une mauvaise idée se développer et se commercialiser. On peut distinguer trois types d'échecs qui s'ensuivent. Un **échec absolu** fait perdre de l'argent, les ventes ne couvrant pas les coûts variables. Un **échec partiel** fait perdre de l'argent, mais les ventes couvrent tous les frais variables et certains frais fixes. Un **échec relatif** est rentable, mais moins rentable que

FIGURE 11.2
**La résistance
aux nouvelles idées**

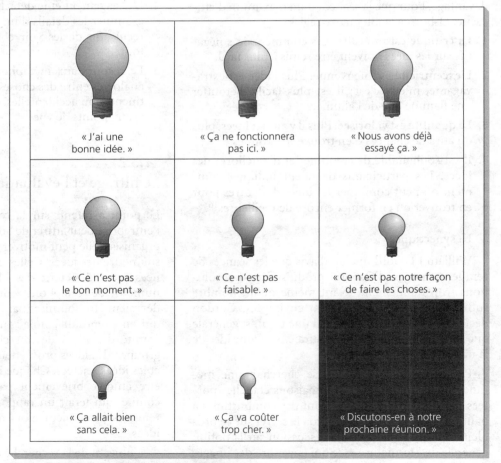

« J'ai une bonne idée. »

« Ça ne fonctionnera pas ici. »

« Nous avons déjà essayé ça. »

« Ce n'est pas le bon moment. »

« Ce n'est pas faisable. »

« Ce n'est pas notre façon de faire les choses. »

« Ça allait bien sans cela. »

« Ça va coûter trop cher. »

« Discutons-en à notre prochaine réunion. »

Source : Adaptée de Jerold Panas, Young & Partners, Inc.

le rendement des investissements escompté pour le produit ou le service, ou que le rendement des investissements normal de l'entreprise.

Le but du filtrage est de reconnaître et d'éliminer les mauvaises idées aussitôt que possible. En effet, on sait que les coûts de développement d'un produit s'accroissent de façon substantielle à chacune des étapes du développement (revoir le tableau 11.1).

Les méthodes d'évaluation des idées de produits

De plus en plus d'entreprises exigent que leurs cadres présentent leurs idées de nouveaux produits sur un formulaire standard qui peut être évalué par les membres du comité de nouveaux produits. Il s'agit de présenter l'idée du produit, le marché cible et la concurrence, d'estimer la taille du marché, le prix du produit, le temps du développement, les coûts de développement, les coûts de fabrication et le rendement des investissements.

Le comité évaluera alors chaque idée de nouveau produit ou service. Par exemple, dans l'entreprise japonaise Kao, le comité se demande : « Le produit est-il utile à l'entreprise et à la société ? Le coût sera-t-il inférieur à celui qu'engagera la concurrence ? Est-ce facile de le distribuer et d'en faire la publicité ? » La figure 11.3 présente un ensemble de questions qu'on devrait poser pour s'assurer qu'une nouvelle idée cadre bien avec les objectifs stratégiques et les

FIGURE 11.3
L'évaluation d'une occasion d'affaires par rapport aux objectifs et aux ressources de l'entreprise

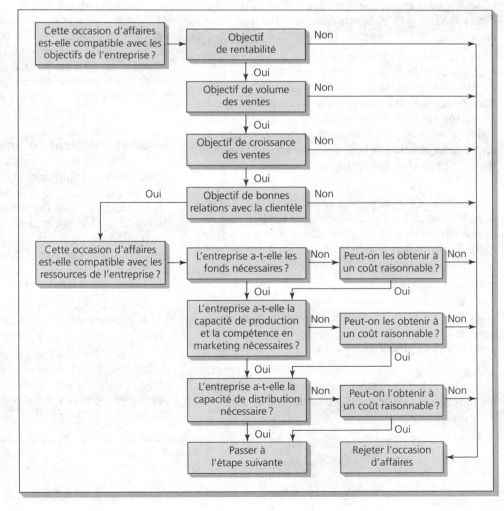

TABLEAU 11.2
Une grille d'évaluation des idées de produits

Facteurs de succès pour le lancement	Pondération	Évaluation du produit	Score
Supériorité ou avantage du produit	0,40	0,8	0,32
Rapport entre la performance et les coûts élevés	0,30	0,6	0,18
Dépenses de marketing élevées	0,20	0,7	0,14
Absence de concurrence	0,10	0,5	0,05
	1,00		0,69

Échelle : de 0 à 0,30 : mauvais ; de 0,31 à 0,60 : passable ; de 0,61 à 0,80 : bon. Niveau d'acceptation minimal : 0,61.

ressources de l'entreprise. Les idées qui ne correspondent pas à une ou à plusieurs des questions sont abandonnées.

Les idées qui ont passé ce tamisage peuvent être évaluées à l'aide de la grille présentée au tableau 11.2. La première colonne énumère les facteurs de succès d'un produit au moment de son lancement. Dans la deuxième colonne, la direction détermine la pondération à accorder à ces facteurs en fonction de leur importance relative. Il faut ensuite évaluer le produit par rapport à chacun des facteurs sur une échelle de 0 à 1.

La dernière étape consiste à multiplier la pondération de chaque facteur de succès par l'évaluation du produit pour obtenir le score. Dans notre exemple, l'idée du produit considéré a obtenu un score de 0,69, ce qui la situe un peu au-dessus du seuil d'acceptabilité.

Cette grille d'évaluation peut être raffinée. Son objet est de faciliter l'évaluation des idées et de générer des discussions, et non de prendre les décisions à la place des gestionnaires.

À mesure que l'idée du nouveau produit évolue, l'entreprise doit constamment réévaluer sa probabilité de succès. Pour cela, elle utilisera la formule suivante :

Par exemple, si ces trois probabilités sont estimées successivement à 0,50, à 0,65 et à 0,70, alors l'entreprise conclura que la probabilité globale de succès est de 0,23. Elle doit alors décider si une telle probabilité est suffisamment élevée pour passer au développement du nouveau produit.

11.3.3
Le développement et le test du concept

Les idées attrayantes retenues doivent être transformées en concepts de produit qui puissent être testés. Il faut savoir distinguer entre une idée, un concept et une image de produit. Une **idée de produit** est un produit potentiel que l'entreprise pourrait lancer sur le marché. Un **concept de produit** est une version soignée de l'idée de produit, exprimée en des termes qui puissent être compris par les consommateurs. Une **image de produit** est la représentation particulière que les consommateurs se font d'un produit existant ou potentiel.

Le développement du concept

Illustrons le développement du concept à l'aide de la situation suivante. Une grande entreprise de produits alimentaires a l'idée de produire une poudre qu'on ajouterait au lait pour en accroître la valeur nutritive et en rehausser le goût. Il s'agit là d'une idée de produit. Les consommateurs, cependant, n'achètent pas des idées de produit ; ils achètent des concepts de produit.

Toute idée de produit peut être transformée en plusieurs concepts de produit. La première question qu'on pourrait se poser est celle-ci : qui pourrait utiliser ce produit ? La poudre peut être destinée à des nouveau-nés, à des enfants, à des adolescents, à de jeunes adultes, à des adultes d'âge moyen ou à des personnes âgées. La deuxième question qu'on pourrait se poser est la suivante : quels sont les principaux

Probabilité globale de succès	=	Probabilité de la réalisation technique	×	Probabilité de la commercialisation à la suite de la réalisation technique	×	Probabilité du succès économique à la suite de la commercialisation

FIGURE 11.4

Le positionnement des produits et des marques

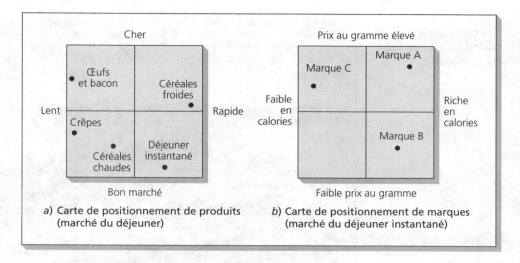

a) **Carte de positionnement de produits** (marché du déjeuner)

b) **Carte de positionnement de marques** (marché du déjeuner instantané)

avantages que procure ce produit? Est-ce le goût, la valeur nutritive, le rafraîchissement ou l'énergie? Troisièmement: à quelle occasion en particulier peut-on prendre cette boisson? Est-ce au déjeuner, au milieu de la matinée, au dîner, au milieu de l'après-midi, au souper ou tard dans la soirée? En répondant à ces questions, une entreprise peut développer plusieurs concepts de produit:

- **Concept 1**: une boisson instantanée pour adultes qui désirent prendre un déjeuner nutritif sans que la préparation soit longue.

- **Concept 2**: une collation liquide que les enfants prendront comme rafraîchissement le midi.

- **Concept 3**: un supplément nutritif que les gens âgés prendront le soir avant de se coucher.

Il s'agit là, en fait, de **concepts de catégories**; les concepts positionnent une idée au sein d'une catégorie de produits. Une boisson instantanée pour le déjeuner sera en concurrence avec les œufs et le bacon, les céréales, le café et les muffins, et d'autres aliments pour le déjeuner. Une collation liquide pour le goûter concurrencera les boissons gazeuses, les jus de fruits et d'autres boissons qui étanchent la soif. C'est le concept du produit, et non l'idée du produit, qui définit la concurrence.

Supposons maintenant que le concept de boisson instantanée pour le déjeuner paraisse le meilleur. La tâche suivante consiste à savoir comment ce produit se compare avec les autres aliments pour le déjeuner. C'est cette démarche que représente la figure 11.4*a*. Il s'agit d'une **carte de positionnement de produits**

montrant la boisson instantanée pour le déjeuner par rapport aux autres produits de déjeuner en ce qui concerne les deux aspects du prix et de la rapidité de la préparation. Une boisson instantanée pour le déjeuner offre à l'acheteur à la fois un prix faible et une préparation rapide. Son plus proche concurrent est les céréales froides; son concurrent le plus éloigné est le bacon et les œufs. On peut tirer profit de ces comparaisons en faisant la publicité du concept et en en faisant la promotion auprès du marché.

Le concept du produit doit ensuite être transformé en **concept de la marque**. La figure 11.4*b* présente une **carte de positionnement de marques** indiquant les positions de trois autres boissons instantanées pour le déjeuner. L'entreprise doit décider du niveau de prix et de la teneur en calories dans la fabrication de sa boisson, si ces deux attributs sont importants pour les acheteurs. Elle pourrait positionner la nouvelle marque sur le marché en offrant des valeurs caloriques moyennes à un prix moyen ou en offrant des valeurs caloriques faibles à un prix peu élevé. Ces deux positions donneraient un caractère distinctif à la nouvelle marque; elles seraient préférables à un positionnement à côté d'une marque existante qui obligerait l'entreprise à l'affrontement direct pour obtenir une part de marché.

Le test du concept

Le test du concept consiste à soumettre les divers concepts à des tests qu'on fait passer à des groupes

TABLEAU 11.3
Les questions relatives au concept de produit

Questions	Dimensions du produit mesurées
1. Les avantages sont-ils clairs et crédibles pour vous ?	Cette question permet de mesurer si le concept peut être communiqué et si ses avantages sont crédibles. Dans le cas où les scores sont faibles, le concept doit être raffiné ou reformulé.
2. À votre avis, ce produit résout-il un problème pour vous ou répond-il à un besoin ?	Cette question mesure le niveau de besoin. Plus fort est le besoin, plus élevé sera l'intérêt attendu du consommateur.
3. D'autres produits répondent-ils actuellement à ce besoin d'une façon satisfaisante ?	Cette question mesure le niveau d'écart entre le nouveau produit et les produits existants. Plus l'écart sera grand, plus grand sera l'intérêt attendu du consommateur. Le niveau de besoin peut être multiplié par le niveau d'écart pour produire un score d'écart de performance. Plus l'écart de performance est élevé, plus l'intérêt attendu sera élevé. Un écart de performance élevé signifie que le consommateur juge que le produit répond à un besoin important qui n'est pas satisfait par les produits actuels.
4. Le prix proposé est-il raisonnable par rapport à la valeur ?	Cette question mesure la valeur perçue. Plus la valeur perçue est élevée, plus l'intérêt attendu du consommateur sera élevé.
5. Achèteriez-vous (assurément, probablement, probablement pas, certainement pas) ce produit ?	Cette question mesure l'intention d'achat. On s'attendrait à ce que cette mesure soit élevée chez les consommateurs qui ont répondu positivement aux questions précédentes.
6. Qui utiliserait ce produit et à quelle fréquence le ferait-il ?	Cette question mesure le nombre d'usagers cibles et la fréquence d'achat.

appropriés de consommateurs cibles. Les concepts peuvent être présentés sous une forme symbolique ou physique. À ce stade, une description verbale ou imagée suffit, quoique la fiabilité d'un test du concept s'accroisse si les stimulus sont plus concrets et tangibles. Autrefois, la fabrication de prototypes coûtait cher et exigeait beaucoup de temps, mais le design et la fabrication assistés par ordinateur ont changé bien des choses. Aujourd'hui, il est possible de concevoir divers produits, modèles ou versions sur ordinateur (par exemple des jouets ou de petits appareils ménagers), et de faire des moules en plastique pour chaque modèle. Il est alors plus facile pour les consommateurs de donner leur opinion[20].

Certaines entreprises testent des concepts de produits à l'aide de la réalité virtuelle. Les programmes de réalité virtuelle utilisent des ordinateurs et des mécanismes sensoriels pour simuler la réalité. Par exemple, des designs d'armoires de cuisine peuvent, à l'aide d'un programme de réalité virtuelle, aider un client potentiel à visualiser sa cuisine une fois qu'elle aura été rénovée avec les produits de l'entreprise.

Quoique la réalité virtuelle en soit encore à ses débuts, ses applications ne cessent de se multiplier[21].

D'autres entreprises utilisent une approche appelée « ingénierie commandée par le client » pour concevoir de nouveaux produits. L'**ingénierie commandée par le client** accorde beaucoup d'importance aux préférences des clients dans l'établissement du design final. Par exemple, un fabricant d'automobiles pourrait décider de développer une voiture pour des gens ayant des revenus moyens à élevés et qui doivent franchir une grande distance pour se rendre à leur travail. Au moyen de groupes de discussion, les chercheurs pourraient cerner les besoins suivants : un siège confortable, un support pour les boissons, un réceptacle pour la monnaie, une accélération rapide et des rétroviseurs à grand angle pour faciliter le changement de voie. Ces différents désirs sont appelés les **attributs des clients**. Le service du marketing informe les ingénieurs de ces attributs, et les ingénieurs les traduisent en **attributs des ingénieurs** tels que les chevaux-vapeur, les rapports de transmission et le coefficient de pénétration dans l'air. Cette approche consiste donc à convertir les attributs des clients en attributs des ingénieurs et à déterminer les meilleurs compromis en considérant les coûts[22].

Une partie importante du test du concept consiste à présenter aux consommateurs une version soignée du concept. Voici une version plus élaborée du concept 1 que nous avons présenté précédemment.

> Il s'agit d'un produit en poudre qu'on ajoute à du lait pour en faire un déjeuner instantané qui procure la valeur nutritive nécessaire tout en étant savoureux et facile à préparer. Le produit serait offert en trois parfums : chocolat, vanille et fraise, et en sachets individuels, 6 par boîte à 0,79 $ la boîte. On demande alors aux consommateurs de répondre aux questions énumérées au tableau 11.3.

L'analyste du marketing résume alors les réponses des sujets de l'échantillon pour déterminer si le concept offre un attrait suffisamment vaste et puissant pour les consommateurs. On peut vérifier les niveaux d'écart de performance et d'intention d'achat des consommateurs par rapport aux normes passées de cette catégorie de produits pour voir si le concept est prometteur à court terme, à long terme ou s'il risque de connaître l'échec. Un fabricant de produits alimentaires, par exemple, élimine tout concept dont le score pour la réponse « achètera certainement » est inférieur à 40 %. Si le concept paraît attrayant, l'information permet aussi à l'entreprise de savoir quels produits ce nouveau produit remplacera, quels consommateurs sont les meilleures cibles, etc.

L'analyse conjointe

Les préférences pour divers concepts peuvent être mesurées à l'aide d'une technique de recherche bien connue, l'**analyse conjointe**. Cette technique permet de connaître l'utilité qu'accordent les consommateurs à divers niveaux d'attributs des produits ou des services. On demande aux participants de classer différentes combinaisons d'attributs qui forment différentes offres hypothétiques. Les mercaticiens peuvent utiliser les résultats pour déterminer l'offre la plus attrayante, estimer la part de marché et les profits éventuels.

Green et Wind ont illustré cette méthode en utilisant comme exemple un nouveau produit à usage résidentiel pour le nettoyage des tapis[23]. Supposons que le directeur de ce nouveau produit considère les cinq éléments de design suivants :

FIGURE 11.5

Trois conditionnements utilisés pour une analyse conjointe

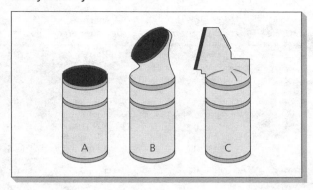

- trois conditionnements : A, B, C (voir la figure 11.5) ;
- trois marques : K2R, Netto, Tapinet ;
- trois prix : 1,19 $, 1,39 $, 1,59 $;
- un sceau d'approbation d'un organisme reconnu comme Good Housekeeping : oui, non ;
- une garantie d'argent remis : oui, non.

Globalement, le spécialiste du marketing peut développer 108 concepts d'un produit (3 × 3 × 3 × 2 × 2). Ce serait évidemment trop demander à des consommateurs que de placer par ordre ou d'évaluer tous ces concepts. On peut, par exemple, établir un échantillon de 18 concepts différents d'un produit, et les consommateurs trouveraient alors relativement facile de les placer par ordre croissant de préférence. Le tableau 11.4 montre comment un consommateur a placé par ordre les 18 concepts du produit. Il a donné le premier rang au concept 18, préférant ainsi le conditionnement C, le nom Tapinet, un prix de 1,19 $, un sceau d'approbation et une garantie d'argent remis.

En analysant les réponses des consommateurs, on peut, à l'aide d'un programme statistique, dériver les fonctions d'utilité pour les cinq attributs (voir la figure 11.6). L'utilité est mesurée par un nombre entre 0 et 1 ; plus l'utilité est forte, plus la préférence pour un niveau d'attribut est élevée. Par exemple, le conditionnement B est le plus apprécié, après quoi vient le C ; en fait, le conditionnement A n'obtient à peu près aucune utilité. Les noms préférés sont Tapinet, K2R et Netto, dans cet ordre. L'utilité selon

TABLEAU 11.4
Le classement, par un consommateur, de 18 combinaisons de stimulus

Carte	Design du conditionnement	Marque de commerce	Prix	Sceau Good Housekeeping	Garantie d'argent remis	Évaluation du répondant (rang)
1	A	K2R	1,19 $	Non	Non	13
2	A	Netto	1,39 $	Non	Oui	11
3	A	Tapinet	1,59 $	Oui	Non	17
4	B	K2R	1,39 $	Oui	Oui	2
5	B	Netto	1,59 $	Non	Non	14
6	B	Tapinet	1,19 $	Non	Non	3
7	C	K2R	1,59 $	Non	Oui	12
8	C	Netto	1,19 $	Oui	Non	7
9	C	Tapinet	1,39 $	Non	Non	9
10	A	K2R	1,59 $	Oui	Non	18
11	A	Netto	1,19 $	Non	Oui	8
12	A	Tapinet	1,39 $	Non	Non	15
13	B	K2R	1,19 $	Non	Non	4
14	B	Netto	1,39 $	Oui	Non	6
15	B	Tapinet	1,59 $	Non	Oui	5
16	C	K2R	1,39 $	Non	Non	10
17	C	Netto	1,59 $	Non	Non	16
18	C	Tapinet	1,19 $	Oui	Oui	1*

* Évaluation maximale

FIGURE 11.6
La fonction d'utilité obtenue d'une analyse conjointe

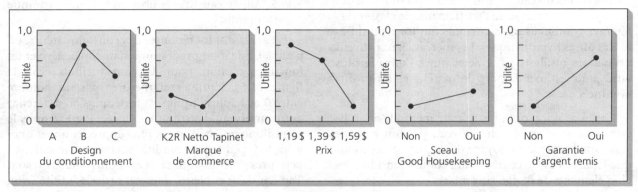

le consommateur varie en proportion inverse du prix. Un sceau d'approbation tel que celui de Good Housekeeping est souhaitable, mais il n'ajoute pas beaucoup d'utilité; cela ne vaudra sans doute pas la peine de se préoccuper de l'obtenir. Une garantie d'argent remis, par contre, est fortement préférée. La réunion de ces résultats montre que l'offre la plus souhaitable serait le design du conditionnement B, avec la marque de commerce Tapinet, se vendant à un prix de 1,19 $ avec un sceau d'approbation et une garantie d'argent remis.

On peut aussi déterminer l'importance relative de chaque attribut pour ce consommateur. On obtient l'importance relative d'un attribut en faisant la différence entre le plus haut niveau d'utilité de cet attribut et le plus bas niveau d'utilité du même attribut. Plus grande est la différence, plus important est l'attribut. Il est clair que, pour ce consommateur, le design du conditionnement et le prix sont les attributs les plus importants, suivis de la garantie d'argent remis, de la marque de commerce et, enfin, du sceau de Good Housekeeping.

Quand des données sur les préférences sont recueillies auprès de grands échantillons de consommateurs cibles, elles peuvent servir à estimer la part de marché qu'une certaine offre pourrait probablement obtenir, si l'on considère certaines hypothèses sur les réponses des concurrents. L'entreprise, cependant, pourrait, à la lumière d'autres considérations, ne pas lancer sur le marché une offre susceptible d'obtenir la plus grande part de marché. Par exemple, elle pourrait juger que le conditionnement C, quoiqu'il ajoute moins d'utilité que le conditionnement B, coûtera beaucoup moins cher et sera beaucoup plus rentable. L'offre la plus attrayante n'est pas toujours la plus rentable.

Sous certaines conditions, les chercheurs pourraient recueillir des données qui ne décrivent pas chaque offre de façon exhaustive, mais qui présentent plutôt à un consommateur deux facteurs à la fois. Par exemple, ils pourraient soumettre à ce consommateur des offres comportant trois niveaux de prix et trois types de conditionnements, et lui demander laquelle de ces neuf combinaisons il préférerait, puis un deuxième choix, etc. On lui ferait ensuite faire un choix entre deux autres variables. La méthode de comparaison par paires est peut-être plus facile à utiliser lorsqu'il y a plusieurs possibilités de variables et d'offres. Par contre, cette méthode est moins réaliste parce que les sujets doivent examiner seulement deux variables à la fois.

L'analyse conjointe est devenue un des outils les plus populaires pour développer et tester des concepts; elle a été appliquée des milliers de fois. Par exemple, la chaîne d'hôtels Marriott a conçu le design de son hôtel Courtyard à l'aide d'une analyse conjointe. Celle-ci a également été utilisée pour des designs d'automobiles, pour des services de transport aérien, pour des cosmétiques et pour l'établissement de caractéristiques de cartes de crédit.

11.3.4
L'élaboration de la stratégie de marketing

Le directeur d'un nouveau produit aura à préparer un énoncé préliminaire de la stratégie de marketing pour introduire le produit sur le marché. La stratégie de marketing subira des raffinements aux étapes ultérieures.

L'énoncé de la stratégie de marketing comporte trois volets. Dans le premier volet, on décrit la taille, la structure et le comportement du marché cible, le positionnement proposé du produit, les ventes, la part de marché et les objectifs de rentabilité recherchés pour les premières années. Par exemple:

> Le marché cible pour la boisson instantanée pour le déjeuner se compose de familles ayant des enfants réceptifs à une formule de déjeuner nouvelle, commode, nutritive et peu chère. La marque de l'entreprise sera positionnée dans le segment haut de gamme, ayant un prix et une qualité élevés. L'objectif initial est de vendre 500 000 caisses, ce qui représente 10 % du marché, et de ne pas voir la perte excéder 1,3 million de dollars pour la première année. L'objectif de la deuxième année est de vendre 700 000 caisses, soit une part de marché de 14 %, et d'obtenir un profit de 2,2 millions de dollars.

Dans le deuxième volet de l'énoncé de la stratégie de marketing, on trace les grandes lignes en ce qui concerne le prix, les stratégies de distribution et de communication, et le budget de marketing pour la première année.

> Le produit sera offert avec un parfum au chocolat et présenté dans des sachets individuels de 6 par boîte à un prix de détail de 2,49 $. Il y aura 48 boîtes par caisse et le prix de la caisse sera de 24 $ pour le distributeur. Pour les deux premiers mois, on offrira aux

distributeurs une caisse gratuite pour quatre caisses achetées, plus des allocations pour la publicité collective. Des échantillons seront distribués de porte en porte. On publiera dans les journaux des coupons ayant une valeur de 0,20 $. Le budget total de promotion des ventes sera de 2 900 000 $. Un budget de publicité de 6 000 000 $ sera divisé à parts égales entre la publicité locale et la publicité nationale. Les deux tiers iront à la télévision et le dernier tiers, aux journaux. Le message publicitaire mettra l'accent sur la qualité nutritive du produit et sur sa commodité. Le concept publicitaire tournera autour d'un petit garçon qui boit le déjeuner instantané et devient fort. Durant la première année, on dépensera 100 000 $ dans la recherche en marketing pour acheter les résultats de statistiques obtenues des magasins et d'un groupe de consommateurs afin de surveiller la réaction du marché et les taux d'achat.

Dans le troisième volet de l'énoncé de la stratégie de marketing, on décrit les ventes à long terme de même que les objectifs de rentabilité et l'évolution de la stratégie de marketing mix :

L'entreprise a l'intention à long terme de s'approprier une part de marché de 25 % et d'atteindre un rendement des investissements après impôt de 12 %. Pour ce faire, la qualité du produit sera élevée au départ et continuera d'être améliorée avec le temps grâce à la recherche. Le prix sera initialement fixé à un niveau d'écrémage du marché et sera abaissé progressivement de manière à étendre le marché et à faire face à la concurrence. Le budget total de promotion sera accru de 20 % chaque année, avec une répartition entre la publicité et la promotion des ventes de 65 % pour 35 %, répartition qui évoluera vers la parité. Le budget de recherche en marketing sera réduit à 60 000 $ par année après la première année.

11.3.5
L'analyse économique

Une fois le concept de produit et la stratégie de marketing élaborés, le manager peut évaluer l'attrait économique de la proposition. Il doit revoir les prévisions des ventes, des coûts et des profits, et déterminer si elles sont conformes aux objectifs de l'entreprise. Si elles le sont, on pourra passer à l'étape du développement du produit. À mesure que de nouvelles données seront recueillies, l'analyse économique sera révisée en conséquence.

L'estimation des ventes

Le manager doit estimer si les ventes seront assez élevées pour permettre à l'entreprise d'obtenir une rentabilité suffisante. Les méthodes d'estimation des ventes varient selon qu'il s'agit d'un produit acheté une seule fois, d'un produit acheté rarement ou d'un produit acheté fréquemment. La figure 11.7a illustre le cycle de vie attendu des produits qui ne sont achetés qu'une fois. Les ventes augmentent au début, atteignent leur apogée, puis diminuent progressivement, descendant vers zéro jusqu'à ce qu'il n'y ait plus d'acheteurs potentiels. Si de nouveaux acheteurs continuent à apparaître sur le marché, la courbe n'atteindra pas tout à fait zéro.

Les produits que l'on achète rarement, comme les automobiles, les grille-pain et l'équipement industriel, ont un cycle de remplacement dicté soit par l'usure du produit, soit par son obsolescence due à des changements de mode, de caractéristiques ou de goûts. Les prévisions des ventes de cette catégorie de produits exigent des estimations distinctes pour les ventes des produits achetés pour la première fois et pour les ventes de remplacement (voir la figure 11.7b).

Quant aux produits achetés fréquemment, tels que les biens de grande consommation et les biens industriels non durables, la courbe du cycle de vie des ventes ressemble à celle qui est présentée à la figure 11.7c. Le nombre de personnes qui achètent le produit pour la première fois s'accroît initialement pour atteindre son apogée, après quoi il décroît à mesure que diminue le nombre d'acheteurs qui restent (dans l'hypothèse d'une population fixe). Toutefois, les réachats surviennent rapidement dans la mesure où le produit donne satisfaction à une partie des acheteurs, qui deviennent alors des clients réguliers. La courbe des ventes se stabilisera alors à un plateau correspondant au niveau des achats de remplacement régulier ; à ce moment-là, le produit ne fait plus partie de la catégorie des nouveaux produits.

L'estimation des ventes d'un premier achat. Peu importe le produit considéré, la phase initiale de l'analyse économique consiste à estimer les premiers achats de la période. Il existe plusieurs méthodes d'estimation des premiers achats. Par exemple, un fabricant de matériel médical avait développé un nouvel appareil capable d'analyser les échantillons de sang. L'entreprise avait distingué trois segments de

FIGURE 11.7
**Le cycle de vie
du produit
pour trois types
de produits**

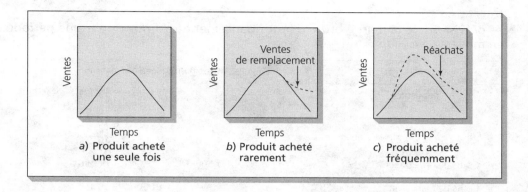

a) Produit acheté
une seule fois

b) Produit acheté
rarement

c) Produit acheté
fréquemment

marché: les hôpitaux, les cliniques et les laboratoires privés. Pour chaque segment, le manager avait défini la taille minimale d'une unité susceptible d'acheter cet appareil. Puis, on calcula le nombre d'unités dans chaque segment. Le nombre fut établi d'après la probabilité d'achat estimée, qui variait selon le segment. On totalisa ensuite les résultats afin d'obtenir le **potentiel du marché**, après quoi on estima le **taux de pénétration du marché** d'après l'effort publicitaire et l'effort de vente planifiés pour la période, le taux de bouche à oreille favorable, le prix de l'appareil et le niveau d'activité des concurrents. On multiplia enfin l'estimation du potentiel du marché par le taux de pénétration du marché pour obtenir une estimation des ventes du nouveau produit.

L'estimation des ventes de remplacement. Pour estimer les ventes de remplacement, le manager doit construire le **tableau de mortalité** du produit. À l'extrémité de ce tableau, on verra le moment où les premières ventes de remplacement apparaîtront. Les dates effectives de remplacement dépendront de l'évaluation que les consommateurs font de la conjoncture économique, de leur propre capacité financière, des autres produits offerts sur le marché, de même que du prix, de l'effort de vente et des modalités de financement. Puisque les ventes de remplacement sont difficiles à estimer avant que le produit soit utilisé, certains fabricants se basent uniquement sur les ventes de premier achat pour prendre leur décision de lancer un produit.

L'estimation des réachats. Pour les nouveaux produits achetés fréquemment, le vendeur doit estimer les réachats tout autant que les ventes de premier achat, car la valeur unitaire des produits achetés fréquemment est faible et les achats de renouvellement surviennent peu après le lancement. Un taux de réa-

chat élevé signifie que les consommateurs sont satisfaits; les ventes resteront probablement à un niveau élevé même après que tous les premiers achats auront été faits. Le vendeur devrait mesurer le pourcentage de réachat dans chacune des **classes de réachat**: les gens qui achètent le produit une fois, deux fois, trois fois, etc. Certains produits et certaines marques ne sont achetés que quelques fois, puis ils sont abandonnés. Il est important d'estimer si le taux de réachat des produits qui sont achetés fréquemment est susceptible de croître ou de décroître, et à quel taux[24].

L'estimation des coûts et des profits

Après avoir préparé les prévisions des ventes, le manager peut maintenant estimer les coûts et les profits attendus du projet. Les coûts sont estimés par les services de la R et D, de la production, du marketing et des finances. Le tableau 11.5 présente une projection sur cinq ans des ventes, des coûts et des profits de la boisson instantanée pour le déjeuner.

La ligne 1 indique les **revenus des ventes** prévus sur cinq ans. L'entreprise s'attend à vendre pour 11 889 000 $ pendant la première année (soit à peu près 500 000 caisses à 24 $ l'unité). On s'attend à ce que les ventes croissent d'environ 28 % les deux années suivantes, puis de 47 % dans la quatrième année et enfin de seulement 15 % dans la cinquième année. Ces prévisions reposent sur des hypothèses du taux de croissance du marché et des coûts en usine.

La ligne 2 indique le **coût des marchandises vendues**, qui se maintient à environ 33 % des ventes. On obtient ce coût en estimant le coût moyen de la main-d'œuvre, de la matière première et du conditionnement.

TABLEAU 11.5

Les prévisions de la marge brute d'autofinancement (*cashflow*) pour une période de cinq ans (en milliers de dollars)

	Année 0	Année 1	Année 2	Année 3	Année 4	Année 5
1. Revenus des ventes	0	11 889	15 381	19 654	28 253	32 491
2. Coût des marchandises vendues	0	3 981	5 150	6 581	9 461	10 880
3. Marge brute	0	7 908	10 231	13 073	18 792	21 611
4. Coûts de développement	− 3 500	0	0	0	0	0
5. Coûts de marketing	0	8 000	6 460	8 255	11 866	13 646
6. Frais généraux	0	1 189	1 538	1 965	2 825	3 249
7. Contribution brute	− 3 500	− 1 281	2 233	2 853	4 101	4 716
8. Contribution supplémentaire	0	0	0	0	0	0
9. Contribution nette	− 3 500	− 1 281	2 233	2 853	4 101	4 716
10. Contribution actualisée (15 %)	− 3 500	− 1 113	1 691	1 877	2 343	2 346
11. Marge brute d'autofinancement actualisée cumulée	− 3 500	− 4 613	− 2 922	− 1 045	1 298	3 664

La ligne 3 fait apparaître la **marge brute** attendue, qui est la différence entre les revenus des ventes et le coût des marchandises vendues.

La ligne 4 présente les **coûts de développement**, qui s'élèvent à 3,5 millions de dollars. Les coûts de développement sont composés de trois éléments. Le premier élément est constitué par les **coûts de développement du produit**, qui comprennent la recherche, le développement et le test du produit. Le deuxième élément est constitué par les **coûts de recherche en marketing** engagés pour évaluer la réponse globale du marché et ajuster le programme de marketing. Ces coûts comprennent les frais des tests d'emballage, des tests à domicile, des tests de nom et des autres tests de marketing. Le troisième élément est constitué par les **coûts de développement de la production** engagés pour les nouveaux équipements, les nouvelles usines ou les rénovations des usines, ainsi que pour l'investissement dans les stocks.

À la ligne 5, on trouve les **coûts de marketing** sur une période de cinq ans; ces coûts comprennent la publicité, la promotion des ventes, la recherche en marketing et des frais fixes représentant les frais de vente et d'administration du marketing. Pour la première année, les coûts de marketing s'élèvent à 67 %

des ventes et ils décroîtront progressivement, pour atteindre 42 % à la cinquième année.

La ligne 6 indique les **frais généraux** affectés à ce nouveau produit pour couvrir sa part des coûts des salaires des cadres, du chauffage, de l'éclairage, etc.

La ligne 7 présente la **contribution brute** aux profits, qu'on obtient en soustrayant les trois coûts précédents de la marge brute. On subira des pertes au cours de l'année 0 et de l'année 1 seulement, puis la contribution brute deviendra positive et atteindra 15 % à la fin de l'année 5.

À la ligne 8, la **contribution supplémentaire** rend compte de tout changement de revenu causé à d'autres produits de l'entreprise par suite de l'introduction du nouveau produit. Ce complément de revenu a essentiellement deux sources: les revenus d'entraînement et les revenus de cannibalisation. Le **revenu d'entraînement** est tout revenu additionnel qu'obtiennent d'autres produits de l'entreprise vu l'ajout du produit à la gamme, alors que le **revenu de cannibalisation** est une réduction du revenu d'autres produits de l'entreprise résultant de l'ajout du produit à la gamme[25].

À la ligne 9, on précise la **contribution nette**, qui est ici la même que la contribution brute.

La ligne 10 fait apparaître la **contribution actualisée**, soit la valeur réelle de chaque contribution future actualisée à un taux de 15 % par année. Par exemple, l'entreprise recevra 4 716 000 $ à la cinquième année seulement, ce qui signifie que la valeur actuelle n'est que de 2 346 000 $ si l'entreprise peut obtenir un taux de 15 % sur cet argent[26].

Finalement, la ligne 11 indique la **marge brute d'autofinancement** (*cash flow*) **actualisée cumulée**, qui est l'addition des contributions annuelles de la ligne précédente. La marge brute d'autofinancement est la série clé sur laquelle la direction base sa décision d'aller de l'avant ou non avec le projet. Deux éléments sont d'un grand intérêt. Le premier est le **risque maximal d'investissement**, qui est la **perte la plus élevée** que le projet peut occasionner. On constate que la pire position quant à la dette serait le montant de 4 613 000 $ dans l'année 1 ; cela représenterait la dette de l'entreprise si le projet se terminait à ce moment. Le deuxième élément est la **période de recouvrement**, qui est le temps pris par l'entreprise pour récupérer son investissement, y compris le rendement de 15 %. La période de recouvrement, dans le présent cas, est d'environ 3,5 ans. La direction aura alors à décider si elle accepte le risque de perdre un investissement maximal de 4,6 millions de dollars et une attente de 3,5 ans pour rentabiliser cet investissement.

Les entreprises utilisent aussi d'autres critères financiers pour évaluer l'intérêt d'une proposition de nouveau produit. La méthode la plus simple est l'**analyse du point mort**, où le service du marketing estime combien de caisses l'entreprise aurait à vendre pour couvrir ses frais avec la structure de prix et de coûts donnée. S'il croit que l'entreprise peut vendre au moins le nombre de caisses nécessaires pour atteindre le point mort, le projet passera normalement à l'étape du développement du produit.

Enfin, la méthode la plus complexe est l'**analyse du risque**. Ici, on formule trois estimations (optimiste, pessimiste et probable) pour chaque variable influant sur la rentabilité dans des conditions données de l'environnement de marketing et de la stratégie de marketing pour la période de planification. L'ordinateur calcule tous les résultats possibles ainsi qu'une courbe de distribution probabiliste de la rentabilité qui présente tous les rendements possibles des investissements de même que les probabilités[27].

11.3.6
Le développement du produit

Si le concept de produit franchit l'étape de l'analyse économique, le projet est alors transmis au service de la R et D, qui élabore le prototype. Jusqu'à présent, il n'existait qu'une description verbale, un dessin ou une maquette rudimentaire. Le développement du produit exige un investissement important qui dépasse nettement les frais engagés dans les premières étapes. Cette étape permettra de découvrir si l'idée peut être traduite en un produit techniquement et commercialement réalisable. Dans la négative, les sommes investies jusqu'à cette étape seront perdues, à moins qu'on ait obtenu certains renseignements utiles durant le processus.

Le service de la R et D développera un ou plusieurs prototypes ou versions physiques du concept de produit. On espère trouver un prototype qui répondra aux critères suivants : 1° les consommateurs constateront qu'il réunit les principaux attributs spécifiés dans l'énoncé du concept de produit ; 2° le prototype fonctionne de façon sécuritaire lorsqu'il est utilisé dans des conditions normales ; 3° le prototype peut être produit selon les coûts de production budgétés.

Pour développer un prototype qui connaîtra le succès, il faut des jours, des semaines, des mois, voire des années. La conception d'un nouvel avion commercial, par exemple le jet régional de Canadair, exige des années de développement (voir la rubrique Vision 2000 + intitulée « L'utilisation des nouvelles technologies dans le développement de nouveaux produits »). Même la mise au point d'un nouveau goût pour un produit alimentaire peut prendre beaucoup de temps. La division Maxwell House de General Foods avait découvert que les consommateurs désiraient une marque de café dont le goût était « hardi, fort et prononcé ». Les techniciens de laboratoire passèrent plus de quatre mois à explorer différents mélanges et arômes de café, avant de pouvoir mettre au point le goût recherché. Or, la fabrication de ce produit se révéla trop coûteuse et l'entreprise dut réduire le coût de production du mélange pour se conformer aux coûts de fabrication cibles. Ce compromis s'avéra toutefois néfaste et la nouvelle marque ne réussit pas très bien sur le marché. De même, McDonald's prétend avoir travaillé pendant sept ans à la mise au point de sa pizza.

L'utilisation des nouvelles technologies dans le développement de nouveaux produits

Au laboratoire de développement de Chrysler, les sujets regardent fixement un cadre qui semble contenir une feuille noire. Tout à coup, quand le cadre est placé dans une position donnée et qu'une lumière blanche apparaît, un hologramme d'une Dodge Viper rouge, une auto sport, semble sortir du cadre suffisamment pour que les sujets aient l'impression de pouvoir la toucher. Travaillant avec des entreprises spécialisées en holographie, Chrysler essaie de trouver des façons d'utiliser des hologrammes pour concevoir des autos et des camions, et ainsi éliminer des modèles pleine dimension pour développer le design de nouvelles automobiles, ce qui coûte très cher et consomme beaucoup de temps.

Même si l'holographie est une technologie prometteuse, il risque de se passer beaucoup de temps avant qu'elle permette d'accomplir ce que les fabricants ont à l'esprit, soit des hologrammes mesurant sept mètres sur quatre mètres qu'on pourrait faire apparaître en poussant un bouton après que les ingénieurs auront fourni les données pertinentes à un ordinateur, images qu'on pourrait aussi modifier en poussant un bouton. Entre-temps, les fabricants d'automobiles et d'autres fabricants tirent profit de l'utilisation du design assisté par ordinateur (DAO) et de la fabrication assistée par ordinateur (FAO), deux technologies introduites dans les années 60 et qui sont grandement utilisées de nos jours. Les logiciels de DAO permettent aux ingénieurs de produire des esquisses électroniques en deux dimensions qui peuvent être converties en design en trois dimensions par l'introduction de données mathématiques. La FAO, qui est utilisée pour contrôler l'équipement automatisé entrant dans la fabrication d'un produit, est la technologie sous-jacente à la robotique.

Un des principaux avantages de la technologie DAO-FAO est de permettre aux entreprises d'accélérer de façon notable le processus de développement de produits allant d'articles de bijouterie à des automobiles et même à des avions. Par exemple, la firme RPD Productions utilise la technologie DAO-FAO pour aider les clients de ce fabricant de bijoux à réaliser en cinq jours un bijou, ce qui aurait pris un mois avec la méthode traditionnelle. Lorsque les designers ont dessiné, par exemple, la forme d'une breloque avec un logiciel de DAO, RPD Productions peut utiliser un autre type de logiciel pour modifier l'apparence et la texture du nouveau produit de façon que les clients puissent voir les différentes possibilités.

Alors que l'industrie automobile avait besoin de plusieurs années et de milliards de dollars pour développer un produit jusqu'à son lancement sur le marché, Chrysler, grâce à la technologie DAO-FAO, a pu développer son automobile compacte Neon en moins de 31 mois et pour un coût de 1,3 milliard de dollars. Toujours en relation avec l'usage de cette technologie, Chrysler a établi une nouvelle structure organisationnelle. Elle a formé des équipes de développement de nouveaux produits, comprenant des personnes clés des services de l'ingénierie, de la fabrication et du marketing qui travaillent dans le même édifice pour accélérer le processus de développement du produit. La technologie DAO-FAO facilite aussi les communications avec les autres services qui sont situés ailleurs. Par exemple, cette méthode permet à l'équipe de développement d'afficher des dessins sur les écrans et d'avoir des discussions avec le personnel de la chaîne de montage pour obtenir une rétroaction immédiate sur la faisabilité de ses idées.

Sources: Nichole M. Christian, «Detroit in 3-D: Car Design Gets New Dimension», *The Wall Street Journal*, 24 mars 1995, p. B1, B3; Gene Bylinsky, «The Digital Factory», *Fortune*, 14 novembre 1994, p. 92-110; «High-Tech Jewelry Design», *Industry Week*, 18 juillet 1994, p. 185; «Chrysler Team Drives Neon Success», *Industry Week*, 18 juillet 1994, p. 75.

Lorsque les scientifiques travaillent en laboratoire, ils ne doivent pas se contenter de concevoir les caractéristiques fonctionnelles exigées : ils doivent aussi savoir comment en communiquer les aspects psychologiques par des **indices physiques**. Il leur faut donc savoir comment les consommateurs réagiront à différents poids, tailles, couleurs et à d'autres indices physiques. Prenons l'exemple des rince-bouche : la couleur jaune sert à persuader le consommateur du fait que le rince-bouche est un puissant « antiseptique » (Listerine) ; la couleur rouge évoque l'idée d'un rince-bouche « efficace » (Lavoris) ; la couleur verte atteste l'utilité d'un rince-bouche pour se donner une « haleine fraîche » (Micrin). De même, pour répondre aux exigences des consommateurs, de nos jours, il faut concevoir un moteur robuste, mais relativement silencieux. C'est la responsabilité des gens de marketing d'informer les gens de laboratoire des attributs recherchés par les consommateurs et de la manière dont les consommateurs évaluent la présence de tels attributs.

Une fois les prototypes développés, il faut en tester vigoureusement les caractéristiques fonctionnelles et leur acceptation par le marché. On effectue les **tests fonctionnels** en laboratoire, puis sur le terrain, pour s'assurer que le produit fonctionne efficacement et de façon sécuritaire. Un nouvel avion doit voler et être fiable ; un produit alimentaire doit avoir une durée de conservation relativement longue ; un nouveau produit pharmaceutique ne doit pas avoir d'effets secondaires dangereux. Les tests fonctionnels de nouveaux produits pharmaceutiques peuvent prendre plusieurs années en laboratoire, initialement avec des animaux et par la suite avec des sujets humains, avant que les produits reçoivent l'approbation gouvernementale.

Voici quelques exemples de tests fonctionnels de produits faits par certaines entreprises. Par exemple, Shaw Industries paie des gens pour marcher sur des échantillons de tapis huit heures par jour, ce qui représente 22 kilomètres pour chaque personne. Pour l'entreprise, 20 000 pas représentent plusieurs années d'usure moyenne pour un tapis. Chez Gillette, 200 volontaires provenant de divers services de l'entreprise arrivent au bureau chaque matin sans s'être rasés et se rasent dans des cabines où ils reçoivent des instructions de techniciens en ce qui concerne le rasoir, la crème à raser ou la lotion après-rasage à utiliser, et ils remplissent ensuite un questionnaire[28].

Les **tests effectués auprès des consommateurs** peuvent prendre plusieurs formes, allant d'une visite au laboratoire jusqu'à l'utilisation dans leur propre maison d'échantillons pour tester le produit. On recourt fréquemment aux **tests à domicile** pour des produits tels que des parfums, de la crème glacée ou de nouveaux appareils ménagers. Lorsque DuPont a mis au point ses nouveaux tapis à fibre synthétique, elle a installé gratuitement des tapis dans plusieurs maisons, à la condition que les propriétaires acceptent de faire un rapport sur ce qu'ils aimaient et n'aimaient pas de ce nouveau tapis synthétique.

Lorsqu'on teste un produit à la fine pointe de la technologie, comme les automobiles électriques, les mercaticiens doivent être aussi imaginatifs que les designers et les ingénieurs. Rügen, une petite île de la mer Baltique, est devenue un terrain d'essai pour les voitures de demain. Cinquante-huit résidants de cette île d'Allemagne sont passés de voitures en décrépitude qui exigeaient une consommation excessive d'essence à de nouvelles voitures électriques bichonnées de BMW, Mercedes Benz et Audi. Ironiquement, ces automobiles sont conçues pour être vendues en Californie, qui exige depuis 1998 que 2 % des autos vendues n'émettent aucun gaz polluant. Les tests de Rügen ont permis aux fabricants de ces voitures électriques de constater plusieurs problèmes. Les résidants de Rügen se sont rapidement rendu compte que tout long voyage doit être planifié avec soin à cause de la charge limitée des batteries. Et recharger les batteries n'est pas facile, car cela exige un temps allant d'une trentaine de minutes à une nuit entière[29].

Les méthodes pour mesurer les préférences des consommateurs

Il existe trois méthodes pour mesurer les préférences des consommateurs : le classement simple par rang, la comparaison par paires et l'évaluation monadique. Supposons qu'on montre à un consommateur trois articles : A, B et C. Il pourrait s'agir de trois automobiles, de trois messages publicitaires ou de trois candidats politiques.

La méthode de **classement simple par rang** exige que le consommateur classe les trois articles par ordre de préférence. Il pourrait, par exemple, établir que A > B > C. Or, cette méthode ne révèle pas la valeur réelle perçue par le consommateur pour chaque article. Le consommateur pourrait bien n'en aimer aucun. Cette méthode ne permet pas, non plus, de connaître l'intensité de la préférence pour un objet par rapport à un autre. Finalement, cette méthode est difficile à utiliser lorsqu'il y a beaucoup d'objets.

Selon la méthode de **comparaison par paires**, on présente à un consommateur un ensemble d'articles, deux à la fois, en lui demandant de dire lequel il préfère dans chaque paire. Ainsi, on pourrait présenter au consommateur les paires AB, AC et BC, et il pourrait préférer A à B, A à C et B à C. On en conclurait alors que A > B > C. La comparaison par paires offre deux avantages importants. Tout d'abord, il est relativement facile pour le sujet d'énoncer une préférence lorsqu'il y a seulement deux articles à la fois. Le deuxième avantage est que la méthode de comparaison par paires permet au consommateur de se concentrer sur deux articles et d'en constater les différences et les ressemblances.

La méthode d'**évaluation monadique** demande au consommateur d'exprimer ses préférences pour différents produits sur une échelle, par exemple une échelle en sept points où 1 = n'aime pas du tout, 4 = est indifférent et 7 = aime beaucoup. Supposons qu'un consommateur cote les produits comme suit: A = 6, B = 5 et C = 3. Cette méthode procure plus d'information que les précédentes. On peut en déduire non seulement l'ordre de préférences de l'individu (c'est-à-dire A > B > C), mais aussi le degré de préférence pour chaque produit ainsi que l'écart approximatif entre chaque préférence. Cette méthode est aussi facile à utiliser pour le sujet, surtout si le nombre de produits à évaluer est élevé.

11.3.7
Le test de marché

Une fois que les responsables du projet sont satisfaits de la performance fonctionnelle et psychologique du produit, celui-ci est prêt à recevoir son nom et son conditionnement, et à être mis en avant par un programme de marketing préliminaire qui le testera dans un environnement plus réaliste. (Les décisions portant sur la marque et sur le conditionnement seront analysées en détail au chapitre 15.) L'objet d'un test de marché est de comprendre comment les consommateurs et les vendeurs réagiront à la manipulation, à l'utilisation et au réachat du vrai produit, et de mesurer la taille du marché.

Ce ne sont cependant pas toutes les entreprises qui ont recours à des tests de marché:

Par exemple, sur un marché très concurrentiel comme celui des services financiers au Canada, les banques préfèrent souvent se limiter à des tests très préliminaires, ou encore aller directement de l'avant avec l'étape suivante parce que les services ou les produits offerts par les banques peuvent être facilement copiés. En effet, une banque qui offrirait un nouveau service financier bien conçu pourrait se voir devancer par un service similaire élaboré par un concurrent combatif doté d'un processus plus rapide de lancement de nouveaux produits. Par contre, quand il s'agit d'un service réellement nouveau, reposant de plus sur une technologie nouvelle, les banques font aussi des tests de marché. Ainsi, une banque canadienne a fait un test détaillé sur les opérations bancaires électroniques effectuées à domicile par téléphone. Certaines banques se sont même regroupées pour tester la carte de débit. Et la Banque Royale s'est unie au Mouvement Desjardins pour tester la carte à puce Mondex dans la région de Sherbrooke.

Un autre exemple est celui de la compagnie Revlon. Un cadre supérieur de Revlon déclarait:

Dans notre domaine, qui est avant tout celui des produits de beauté à prix élevé qui ne sont pas distribués par l'intermédiaire de canaux de masse, il n'est pas nécessaire de faire de tests de marché. Quand nous développons un nouveau produit, comme un maquillage liquide amélioré, nous savons qu'il se vendra parce que nous connaissons bien le domaine et que, de plus, nous avons quelque 1 500 démonstratrices dans les principaux grands magasins.

Cependant, la plupart des entreprises savent qu'un test de marché peut apporter une information indispensable au sujet des acheteurs, des revendeurs, de l'efficacité du programme de marketing, du potentiel du marché et d'autres sujets. Les principales questions deviennent alors: combien faut-il de tests de marché, et de quelle nature?

L'importance accordée aux tests de marché dépend du **coût de l'investissement** et du **risque**, d'une part, et des **contraintes de temps** et des **coûts de la recherche**, d'autre part. Un produit qui représente un investissement et un risque élevés doit être testé si l'on veut éviter toute erreur; le coût du test constitue un pourcentage relativement faible du coût total du projet. Le produit qui présente un niveau de risque élevé parce qu'il crée une nouvelle catégorie de produits (les premiers déjeuners instantanés), ou qui possède des caractéristiques nouvelles (la première pâte dentifrice au fluor) justifie le recours à des tests de marché plus approfondis que dans le cas des produits modifiés (une nouvelle marque de pâte dentifrice). Toutefois, la durée d'un test de marché peut être réduite de façon radicale si l'entreprise travaille sous pression pour lancer une nouvelle marque parce qu'une nouvelle saison débute ou parce que des concurrents s'apprêtent à lancer eux-mêmes une nouvelle marque. L'entreprise peut alors préférer le risque d'un échec du produit, quitte à perdre la distribution ou le taux de pénétration du marché d'un produit qui connaîtrait le succès. Le coût total du test de marché influera aussi sur la nature et sur l'intensité du test.

Les tests de marché de produits destinés aux consommateurs

En testant les produits destinés aux consommateurs, les entreprises cherchent à estimer quatre variables, à savoir le **taux d'essai**, le **taux du premier réachat**, le **taux d'adoption** et la **fréquence d'achat**. L'entreprise espère que la valeur de chacune de ces variables sera la plus forte possible. Dans certains cas, elle découvrira que plusieurs consommateurs font l'essai du produit mais que peu d'entre eux le rachètent, manifestant ainsi une certaine insatisfaction envers le produit. Ou encore, elle pourrait trouver que le taux du premier réachat est élevé, mais que le taux de réachat chute rapidement par la suite. Elle pourrait également découvrir un taux d'adoption permanent élevé, mais une fréquence d'achat faible (comme dans le cas des aliments surgelés pour gourmets), parce que les acheteurs n'utilisent le produit qu'à des occasions particulières.

Examinons maintenant les méthodes les plus courantes pour faire des tests de marché de produits de consommation, en commençant par les moins coûteuses.

Les tests par vagues successives de ventes

Dans ce type de test, on offre aux consommateurs qui ont déjà fait gratuitement l'essai du produit la possibilité d'acquérir le produit, ou un produit concurrent, à un prix légèrement réduit. L'offre est répétée de trois à cinq fois (vagues de ventes), et l'entreprise enregistre combien de consommateurs choisissent de nouveau le produit de l'entreprise ainsi que les taux de satisfaction et d'insatisfaction signalés. Ce type de recherche peut aussi inclure l'exposition des consommateurs à un ou à plusieurs concepts publicitaires sous une forme préliminaire pour mesurer leur incidence sur le renouvellement des achats.

Ce test par vagues successives peut être mis en œuvre rapidement, tout en garantissant une certaine confidentialité à l'égard de la concurrence, et sans exiger une campagne publicitaire ou un emballage définitif. Toutefois, ce type de recherche ne permet pas de connaître le taux d'essai qui pourrait être obtenu en réponse à divers efforts promotionnels de vente, puisque les consommateurs sont choisis à l'avance pour faire l'essai du produit. Cette méthode ne permet pas non plus de mesurer à quel point la marque sera retenue dans le réseau de distribution, ni de savoir si un positionnement favorable sera obtenu au point de vente.

La simulation en magasin

La technique de simulation en magasin (aussi appelée « test de marché en laboratoire », « magasin-laboratoire », « laboratoire d'achats » ou « test de marketing accéléré ») consiste à trouver de 30 à 40 acheteurs (dans un centre commercial ou ailleurs) et à les inviter à regarder certains messages publicitaires télévisés. On y trouvera des messages publicitaires bien connus et certains autres nouveaux, qui portent sur tout un éventail de produits. Un de ces messages publicitaires présente le nouveau produit, mais aucune information n'est fournie sur lui. On donne ensuite une petite somme d'argent aux participants, qui sont invités dans un magasin où ils peuvent conserver l'argent ou l'utiliser pour acheter n'importe quel produit. L'entreprise prend ensuite note du nombre de consommateurs qui achètent le nouveau produit et les produits des concurrents. Elle obtient ainsi une mesure de la capacité relative du message publicitaire de stimuler l'essai face à des messages des concurrents. On invite ensuite les consommateurs à expliquer les raisons de leurs achats et de leurs non-achats. Quelques semaines plus tard, on joint par téléphone les participants pour obtenir de l'information sur leur attitude à l'égard du produit, sur son utilisation, sur leur satisfaction, sur leur intention de réachat, et on leur offre de nouveau la possibilité de racheter le produit.

Cette méthode comporte de nombreux avantages, notamment la mesure de l'efficacité publicitaire et des taux d'achat (et de réachat, si on le désire) ainsi que des résultats rapides et confidentiels par rapport aux concurrents. Des prétests peuvent être réalisés en moins de trois mois au coût de 250 000 $ environ[30]. Les résultats sont en général incorporés dans des modèles mathématiques permettant d'estimer les prévisions des ventes. Des agences de recherche en marketing qui offrent ce service assurent qu'elles ont obtenu des prévisions des ventes relativement précises pour des produits qui ont été ultérieurement lancés sur le marché[31].

Les tests de marketing contrôlés

Plusieurs agences de recherche en marketing ont formé un groupe témoin de magasins qui ont accepté de vendre de nouveaux produits moyennant une certaine rémunération. L'entreprise qui a un nouveau produit à tester spécifie le nombre de magasins désiré ainsi que leur situation géographique. L'agence de recherche assure la livraison des produits au magasin participant et surveille leur emplacement sur les tablettes, le nombre de fronts de vente, les présentoirs et les promotions au point de vente, de même que les prix selon un plan préétabli. On peut aussi faire des tests publicitaires à petite échelle dans des journaux locaux durant le test.

Les tests contrôlés sont fort utiles car ils permettent à l'entreprise de tester l'effet de facteurs liés à la présence de produits au point de vente, de même que l'effet d'une campagne publicitaire limitée sur le comportement d'achat des consommateurs, sans que ceux-ci collaborent directement à ces tests. On peut cependant interroger plus tard un échantillon de consommateurs pour connaître leur opinion sur le produit ou sur la publicité. L'entreprise n'a pas besoin d'utiliser sa propre force de vente, d'accorder des allocations aux intermédiaires, ni même d'« acheter » la distribution. Toutefois, un test de marketing contrôlé n'offre pas le défi de vendre le nouveau produit aux intermédiaires. Cette technique expose aussi le produit à la concurrence.

Les marchés-tests

Les marchés-tests sont la forme la plus poussée de tests de nouveaux produits de consommation dans une situation de marché qui ressemble à celle qui existerait si le produit était lancé à une grande échelle. L'entreprise travaille normalement en collaboration avec une agence de recherche en marketing pour choisir un certain nombre de villes-tests représentatives, où la force de vente tentera de persuader les intermédiaires et les commerçants de stocker le produit et de lui donner une bonne exposition sur les étagères. L'entreprise mettra en place un programme publicitaire et promotionnel complet semblable à celui qui sera lancé à l'échelle nationale. C'est en réalité l'occasion de faire une répétition générale de tout le plan de marketing. Les marchés-tests peuvent coûter à l'entreprise plusieurs centaines de milliers de dollars, selon le nombre de villes testées, la durée du test et la quantité de données que l'entreprise désire obtenir.

Dans la mise en place de tests de marché, la direction du marketing doit répondre à plusieurs questions :

- **Combien de villes-tests ?** On utilise un nombre variable de marchés-tests, allant de deux à plusieurs villes. Le nombre de villes-tests sera proportionnel : 1° à la perte potentielle maximale ou à la probabilité de perte à l'échelle nationale ; 2° au nombre de stratégies de marketing possibles ou à l'incertitude entourant le choix de la meilleure stratégie ; 3° à l'importance des différences régionales ; 4° au risque d'une interférence de la part du concurrent au moment du test de marché.

- **Quelles villes ?** Aucune ville au Québec ou au Canada n'est un microcosme parfait de la nation. Les caractéristiques biculturelles du marché national canadien sont à elles seules une raison d'utiliser plus d'un test de marché dans les situations où la culture pourrait être un facteur important. D'autre part, certaines villes présentent des caractéristiques régionales meilleures que d'autres et, de ce fait, font l'objet de tests de marketing. Ainsi, Trois-Rivières et Sherbrooke, au Québec, Peterborough et London, en Ontario, et Calgary, en Alberta, ont souvent servi de terrain d'étude. Chaque entreprise doit décider de ses propres critères de situation des villes à retenir pour les tests de marché. Une entreprise peut rechercher une ville où l'on trouve plusieurs types d'industries, une bonne couverture médiatique (ou le contraire), des chaînes de magasins régionales ou des chaînes de coopératives, et un niveau de connaissances moyen. On évitera les villes qui sont trop souvent utilisées pour les marchés-tests.

- **Quelle sera la durée du test?** Un test de marché peut durer de quelques mois à plusieurs années. Plus longue sera la **période moyenne de réachat**, plus longue sera la durée du test nécessaire pour observer le taux de renouvellement des achats. Toutefois, la durée du test devra être raccourcie si les concurrents se précipitent sur le marché.

- **Quels renseignements recueillir?** Le responsable doit décider du type d'information qui devra être recueillie en ce qui concerne la valeur et le coût du produit. Les **données de l'expédition de l'entrepôt** indiquent les achats de stock bruts mais pas les ventes hebdomadaires au détail. Les **audits** en magasin présentent les données des ventes actuelles de même que les parts de marché des concurrents, mais ils n'indiquent pas les caractéristiques des achats des différentes marques. Les **panels de consommateurs** révèlent l'identité des gens qui achètent les différentes marques, leur fidélité à la marque et leur propension à changer de marque. Les **enquêtes auprès des acheteurs** fournissent une information approfondie sur les attitudes des consommateurs, sur l'utilisation des produits et sur la satisfaction. Les renseignements sur les attitudes des intermédiaires et des commerçants et sur l'efficacité de la publicité, de la promotion des ventes et du matériel au point de vente constituent également une information pouvant être utile.

- **Quelles décisions prendre?** Si le test de marché indique un taux d'essai et un taux de réachat élevés, il s'agit d'une invitation à aller de l'avant. S'il indique un taux d'essai élevé mais un faible taux de réachat, alors les consommateurs ne sont pas satisfaits, et le produit devra être modifié ou abandonné. S'il indique un faible taux d'essai et un taux de réachat élevé, le produit est satisfaisant, mais plus de gens doivent en faire l'essai. Il faut alors accroître les efforts de publicité et de promotion des ventes. Finalement, si le taux d'essai et le taux de réachat sont faibles, le produit devra être abandonné.

Un marché-test comporte plusieurs avantages, dont le premier est l'obtention de **prévisions plus fiables des ventes potentielles**. Si les ventes effectuées au cours du test sont inférieures aux objectifs, l'entreprise doit soit abandonner le produit, soit le modifier ou modifier le programme de marketing.

Un deuxième avantage est que l'on peut **prétester divers plans de marketing**. Il y a quelques années, Colgate-Palmolive utilisa un marketing mix différent dans quatre villes pour la mise sur le marché d'un nouveau savon. Les quatre stratégies étaient les suivantes: 1° un effort normal de publicité, complété par la distribution de porte en porte d'échantillons gratuits; 2° une publicité massive et la distribution d'échantillons; 3° un effort normal de publicité, complété par l'envoi par la poste de bons de réduction; 4° un effort normal de publicité sans promotion de lancement. Ce fut la troisième formule qui produisit la meilleure rentabilité, quoique le niveau des ventes ne fût pas le plus élevé.

À l'aide des marchés-tests, une entreprise peut découvrir un défaut du produit qui aura échappé à l'attention de tous à l'étape du développement du produit. Elle peut aussi recueillir des indications précieuses sur les problèmes relatifs à la distribution. Enfin, elle s'assure une meilleure compréhension des comportements dans les différents segments du marché.

Malgré les nombreux avantages des marchés-tests, certains spécialistes mettent en doute leur valeur. Dans une société qui change rapidement, certaines entreprises peuvent avoir cerné un besoin non satisfait et désirer être les premières à lancer sur le marché un nouveau produit ou service qui satisfera ce besoin. Le test de marché risquerait de ralentir le lancement et forcer ces entreprises à dévoiler leurs plans aux concurrents, qui se dépêcheraient alors de développer un produit rival. C'est ce qui est arrivé à Procter & Gamble il y a quelques années, quand General Mills devança l'entreprise avec le produit Betty Crocker, qui domine actuellement sa catégorie de produits[32].

De plus, les concurrents combatifs réagissent souvent en tentant de nuire aux tests de marché, rendant ainsi les résultats non fiables. Gatorade riposta avec vigueur à Pepsi, qui testait sur le marché une boisson semblable[33]. De nos jours, certaines entreprises évitent les tests de marché[34]. Par exemple, General Mills préfère maintenant lancer ses nouveaux produits dans environ 25% du pays, une région trop vaste pour que ses rivaux puissent nuire à cette expérience à grande échelle. Les gestionnaires de l'entreprise évaluent quotidiennement l'évolution des ventes du produit et décident des mesures correctives à prendre rapidement. Colgate-Palmolive lance souvent un nouveau produit dans des régions cibles; si le lancement dans ces régions réussit, elle poursuivra progressivement le déploiement dans d'autres régions[35].

Les managers devraient cependant réfléchir sérieusement avant de renoncer aux tests de marché. Unilever a appris à ses dépens le coût élevé qui est rattaché au fait d'omettre un test de marché. Voulant lancer un nouveau détergent, Power, qui utilisait un catalyseur breveté, l'entreprise alla de l'avant malgré l'avertissement venant de son principal concurrent, Procter & Gamble. Le P.-D.G. de Procter & Gamble, Edwin Artz, rencontra secrètement Niall Fitzgerald, le vice-président de Unilever, pour lui dire que le nouveau détergent endommageait en fait les vêtements. Unilever ignora cette information et procéda au lancement à grande échelle. Or, Procter & Gamble se préparait au même moment à lancer sa nouvelle marque européenne, Ariel Future, un nouveau détergent qui enlevait les taches. Procter & Gamble présenta aux journalistes partout en Europe des photos en couleurs démontrant la supériorité du produit Ariel sur le nouveau Power[36].

Les tests de marché de produits industriels

Il est aussi avantageux de faire des tests de marché pour des produits industriels; le type de test variera selon le type de produit. Les biens industriels chers ou les produits de haute technologie subissent normalement des tests alpha et bêta. On entend par **test alpha** un test fait au sein de l'entreprise pour mesurer ou améliorer la performance du produit, sa fiabilité, son design ou ses coûts d'exploitation. Si les résultats sont satisfaisants, on passera alors à un **test bêta**, qui implique la collaboration d'acheteurs potentiels qui acceptent qu'un test confidentiel se fasse dans leurs installations. Un test bêta offre des avantages à la fois au vendeur et à l'acheteur potentiel. Les ingénieurs commerciaux et les techniciens peuvent observer comment les adoptants potentiels utilisent le produit, ce qui peut révéler des problèmes d'utilisation, de sécurité, d'entretien ou de service après-vente, et ainsi aider le vendeur à mieux connaître les exigences reliées à la formation du client et au service après-vente. Le vendeur peut aussi observer la valeur ajoutée aux opérations du client, ce qui est susceptible de l'aider à fixer le prix. Enfin, le vendeur s'enquerra auprès des utilisateurs de leurs intentions d'achat ainsi que de leurs réactions après le test.

Les adoptants potentiels ont aussi avantage à faire le test dans leurs usines ou locaux: ils peuvent influencer le design du produit, acquérir une expérience avec le nouveau produit avant la concurrence, obtenir un bon rabais en échange de leur collaboration et voir naître une réputation de pionnier sur le plan technologique. Par contre, les vendeurs doivent interpréter avec prudence les résultats d'un test bêta parce qu'un nombre limité de lieux de test est utilisé, que ces lieux ne sont pas choisis de façon aléatoire et que les tests sont adaptés à chaque lieu; on ne peut donc pas généraliser les résultats. Il y a un autre risque: si les utilisateurs ne sont pas impressionnés par les résultats du test, ils peuvent exprimer une opinion défavorable sur le produit à différents intervenants de leur milieu.

Un autre test de marché fort utilisé est le **lancement dans un salon professionnel ou une foire commerciale**. Ces salons et ces foires attirent un grand nombre d'acheteurs qui veulent voir plusieurs nouveaux produits en quelques jours. Le fabricant peut mesurer l'intérêt manifesté par les acheteurs pour le nouveau produit, les réactions à diverses caractéristiques et conditions de vente, les intentions d'achat et le taux de commande. Un cas intéressant est le recours à des conférences scientifiques ou à des salons du livre pour lancer de nouveaux livres. Le principal inconvénient d'une foire est que le produit est révélé aux concurrents; en conséquence, le fabricant doit être prêt à lancer son produit dans les plus brefs délais.

Un nouveau produit industriel peut aussi être testé dans la **salle d'exposition des agents et des distributeurs**, où il est présenté à côté des autres produits du fabricant et, éventuellement, des produits de certains concurrents. Cette méthode permet d'obtenir de l'information sur les préférences et sur les prix dans une situation de vente normale. Ses désavantages sont que les clients peuvent vouloir passer des commandes qu'il est impossible de remplir, et que les clients qui se présentent ne sont pas forcément représentatifs du marché cible.

Certains fabricants ont utilisé les **tests de marketing contrôlés**. Ils produisent une quantité limitée de produits, qui est remise à la force de vente pour être vendue dans un nombre limité de régions, la vente étant soutenue par une promotion, un catalogue et d'autres activités de marketing. De cette façon, l'entreprise peut apprendre ce qui pourrait arriver à un programme de marketing à l'échelle nationale et ainsi prendre une décision plus éclairée sur le lancement.

11.3.8
Le lancement

En principe, le test de marché fournit assez d'information pour que l'entreprise puisse prendre une décision finale au sujet du lancement du nouveau produit. Si l'entreprise décide d'aller de l'avant avec le lancement, elle aura à faire face à des coûts plus importants que ceux qui étaient rattachés aux étapes préalables du processus. L'entreprise devra sous-traiter la fabrication du produit, construire ou louer une usine et acheter ou louer l'équipement de fabrication. La taille de l'usine sera une variable de décision critique. L'entreprise peut, par mesure de prudence, bâtir une usine plus petite que celle qu'exigent les prévisions des ventes. C'est ce que fit Quaker Oats lorsqu'elle lança ses nouvelles céréales 100 % naturelles. La demande dépassa tellement les prévisions des ventes que, pendant près d'un an, l'entreprise ne put subvenir à la demande. Quoiqu'elle bénéficiât d'une réponse positive du marché, son attitude prudente lui coûta très cher.

Un autre coût important est le coût de marketing. Pour introduire un nouveau produit de consommation de marque à l'échelle nationale, une entreprise aura à dépenser plus d'un million de dollars en promotion et en publicité dès la première année. Lorsqu'on introduit de nouveaux produits alimentaires, les dépenses de marketing représentent ordinairement 57 % des revenus des ventes durant la première année.

Quand? (le synchronisme)

Lors du lancement d'un nouveau produit, le **synchronisme** d'entrée sur le marché peut être crucial. Supposons qu'une entreprise ait presque achevé le travail de développement de son nouveau produit et qu'elle apprenne qu'un concurrent achève lui aussi le développement d'un nouveau produit. Le gestionnaire a alors trois choix possibles:

1. **Entrer sur le marché tout de suite.** L'entreprise qui entre en premier sur un marché bénéficie norma-lement des « avantages de l'innovateur », qui consistent à obtenir des engagements de certains distributeurs et de clients clés, et acquiert ainsi une réputation de chef de file. Toutefois, si le produit est lancé prématurément sur le marché, c'est-à-dire avant que toutes les failles aient été éliminées, alors l'image de l'entreprise peut en être ternie.

2. **Entrer sur le marché en parallèle.** L'entreprise peut décider de synchroniser son entrée sur le marché avec celle du concurrent. Si le concurrent se hâte de lancer son produit, l'entreprise peut faire la même chose pour neutraliser l'effet que le concurrent aurait eu s'il était entré en premier sur le marché. Si le concurrent prend son temps, alors l'entreprise peut consacrer ce temps supplémentaire à l'amélioration ou au raffinement de son produit.

3. **Entrer sur le marché plus tard.** L'entreprise peut délibérément retarder son lancement après que le concurrent a pris l'initiative. Cette tactique offre trois avantages. D'abord, le concurrent aura à supporter le coût de l'information à apporter au marché. Ensuite, le produit du concurrent peut révéler des failles que l'entreprise devancée essaiera d'éviter. Enfin, l'entreprise peut ainsi mieux connaître la taille du marché. Par exemple, la société britannique EMI a lancé un nouveau scanner, mais General Electric a obtenu la plus grande part de marché grâce à l'excellence de son produit et de la force de son réseau de distribution.

La décision du synchronisme implique d'autres aspects à considérer. Si le nouveau produit remplace un autre produit de l'entreprise, celle-ci peut désirer différer l'introduction du nouveau produit jusqu'à ce que le stock de l'ancien produit soit passablement réduit. Si le produit est hautement saisonnier, le lancement du nouveau produit peut être retardé jusqu'à la bonne saison. Étant donné tous ces éléments, le synchronisme d'entrée sur le marché doit être pensé avec soin[37].

Où? (la stratégie géographique)

L'entreprise doit décider si elle lancera le nouveau produit dans **une seule ville**, dans **une seule région**, dans **plusieurs régions**, sur le **marché national** ou sur le **marché international**. Peu d'entreprises ont suffisamment de ressources, de capacité de production ou de confiance en elles pour lancer un produit à l'échelle nationale. Elles élaboreront plutôt un **plan de déploiement progressif** du marché (*progressive market rollout*). Les petites entreprises en particulier choisiront une ville qui semble offrir un bon potentiel et feront une campagne éclair pour entrer sur ce marché, après quoi elles s'introduiront dans d'autres villes, une à la fois. Les plus grandes entreprises lanceront leurs produits dans toute une région et passeront ensuite à une autre région. Les entreprises qui possèdent des réseaux de distribution nationaux, par exemple les constructeurs d'automobiles, lanceront leurs nouveaux modèles à l'échelle nationale, à moins que leur capacité de production ne le permette pas.

La plupart des entreprises conçoivent des produits qui seront lancés sur le marché national. Ensuite, si le produit réussit bien, on songera à l'exporter dans des pays voisins et éventuellement dans le reste du monde, en le modifiant si cela s'avère nécessaire. Par contre, Cooper et Kleinschmidt, dans leur recherche portant sur des produits industriels, ont constaté que les produits conçus uniquement pour les marchés nationaux connaissent un taux d'échec élevé et obtiennent une part de marché et une croissance plus faibles. Au contraire, les produits développés dans la perspective d'un marché mondial — ou, au moins, d'un marché qui comprend les pays voisins — sont plus rentables tant au pays qu'à l'extérieur. Néanmoins, ces chercheurs rapportent que seulement 17 % des produits sont conçus dans cette optique. Les conséquences sont claires. Les entreprises connaîtraient plus de succès avec leurs nouveaux produits si elles adoptaient une optique internationale dans le design et le développement de nouveaux produits. Elles devraient accorder plus de soin au nom donné au produit, au choix des matériaux, aux caractéristiques du design, etc., et les modifications subséquentes coûteraient moins cher[38].

L'utilisation d'un plan de déploiement progressif suppose que l'entreprise est en mesure d'évaluer l'attrait des divers marchés. L'entreprise peut préparer une grille d'évaluation dans laquelle elle inscrira les marchés candidats dans les rangées, et les critères d'attrait dans les colonnes. Les principaux critères d'évaluation sont le potentiel du marché, la réputation de l'entreprise, les coûts de distribution, la qualité des données de recherche, l'influence des régions adjacentes et la pénétration du marché. Les résultats obtenus permettent à l'entreprise de déceler les marchés qui devraient avoir la priorité et d'élaborer en conséquence un plan d'élargissement géographique.

La présence de la concurrence est un facteur très important. Il sera peut-être nécessaire d'évaluer soigneusement chaque marché local pour déterminer s'il faut lancer ou non le produit sur le marché. Supposons que McDonald's désire lancer une nouvelle chaîne de restauration rapide offrant de la pizza. Pizza Hut occupe une place importante sur les marchés québécois et ontarien. On y trouve aussi d'autres chaînes moins importantes. Mais, selon certaines rumeurs, une grande chaîne multinationale est fort intéressée à ce marché. Il est clair que la décision de McDonald's sera différente et que son plan de déploiement progressif sera complexe dans un tel contexte.

À qui ? (les clients potentiels du marché cible)

Parmi les marchés qui feront l'objet d'un élargissement progressif, l'entreprise doit orienter sa distribution et sa promotion vers les groupes offrant les meilleures possibilités.

Idéalement, l'entreprise aura déjà défini le profil des principaux clients potentiels à partir des tests de marché préalables. La cible idéale pour un nouveau produit de consommation aurait les caractéristiques suivantes : elle serait composée d'acheteurs précoces, de gros utilisateurs, de leaders d'opinion, de gens qui seraient à l'origine d'un bouche à oreille favorable et de consommateurs qui peuvent être rejoints au moindre coût[39]. Malheureusement, peu de cibles possèdent ces caractéristiques. L'entreprise peut cependant évaluer les divers groupes de clients potentiels à l'aide de tels critères et cibler le groupe offrant le plus de potentiel. L'idée est d'engendrer des ventes élevées aussitôt que possible pour motiver la force de vente et attirer d'autres clients potentiels.

Comment ? (la stratégie de lancement)

L'entreprise doit élaborer un plan d'action pour lancer progressivement le nouveau produit sur les marchés retenus. Les avis de lancement de nouveaux produits apparaissent régulièrement dans le magazine *Brandweek*. Par exemple, la compagnie Fila a accru son budget de marketing de 25 % pour pouvoir introduire les chaussures de sport Grant Hill et sa gamme de vêtements pour hommes Fila Sport. Pour ce faire, elle a utilisé la télévision, des messages publicitaires à la radio en collaboration avec des chaînes de détaillants et la commandite d'événements[40].

Pour coordonner et harmoniser les différentes activités associées au lancement de nouveaux produits, le service du marketing peut utiliser diverses techniques de planification telles que l'analyse du chemin critique. En estimant le temps requis pour chaque activité, il est possible d'estimer le temps requis pour la réalisation du projet en entier. Tout délai dans une activité du chemin critique entraînera un délai dans le projet. Si le lancement doit être devancé, le responsable de la planification cherchera une façon de réduire le temps requis pour les activités du chemin critique[41].

11.4
LE PROCESSUS D'ADOPTION DU CONSOMMATEUR

Le **processus d'adoption du consommateur** commence là où le **processus d'innovation de l'entreprise** se termine. Ce processus décrit comment les consommateurs potentiels apprennent l'existence d'un nouveau produit, en font l'essai et l'adoptent (ou le rejettent). Les spécialistes du marketing doivent comprendre ce processus pour pouvoir élaborer une stratégie efficace qui permette une pénétration rapide du marché. Le processus d'adoption du consommateur sera suivi plus tard par le **processus de fidélité du consommateur**, qui concerne les fabricants ou les prestataires de services déjà établis.

Dans le passé, les directeurs de nouveaux produits utilisaient surtout une **optique de marché de masse** pour le lancement de leurs produits. Ils assuraient une distribution aussi vaste que possible et faisaient beaucoup de publicité pour le produit, en s'appuyant sur l'hypothèse que la plupart des gens étaient des acheteurs potentiels. L'optique du marché de masse présente cependant deux inconvénients : elle nécessite des dépenses de marketing importantes et elle entraîne des frais inutiles reliés à la communication avec des gens qui ne sont pas nécessairement des con-

sommateurs potentiels. Ces inconvénients ont favorisé l'utilisation d'une autre formule, le **marketing ciblant les gros utilisateurs**, où ces derniers sont le point de mire initial. Cette optique est logique dans la mesure où les gros utilisateurs sont reconnaissables, car ils se trouvent parmi les premiers à essayer un nouveau produit. Mais même parmi le groupe des gros utilisateurs, les intérêts des consommateurs diffèrent quant aux nouveaux produits et aux nouvelles marques ; plusieurs gros utilisateurs sont relativement fidèles à leurs marques habituelles. Certains gros utilisateurs sont plus prompts à adopter des produits que d'autres. En fait, plusieurs directeurs de nouveaux produits préfèrent maintenant cibler les consommateurs susceptibles d'adopter un produit rapidement. La **théorie de la diffusion de l'innovation** stipule les points suivants :

- Les consommateurs au sein d'un marché cible diffèrent quant au temps qui passe entre l'exposition à un nouveau produit et l'essai de ce produit.

- Les adoptants précoces partagent certaines caractéristiques qui les différencient des retardataires.

- Il existe des médias efficaces pour rejoindre les adoptants précoces.

- Les adoptants précoces ont tendance à être des leaders d'opinion et ils peuvent jouer un rôle utile en faisant eux-mêmes la publicité du nouveau produit auprès d'autres acheteurs potentiels.

Penchons-nous maintenant sur les processus de diffusion et d'adoption de nouveaux produits ou services, qui fournissent des indices pour déceler les adoptants précoces.

11.4.1
Les étapes du processus d'adoption

L'**innovation** désigne tout bien, service ou idée qui est **perçu** comme nouveau par quelqu'un. L'idée peut être très ancienne, mais elle est une innovation pour une personne qui la considère comme nouvelle.

Les innovations prennent du temps à se propager dans un ensemble social. Rogers définit le **processus de diffusion** comme étant « la propagation d'une nouvelle idée de sa source d'invention ou de création jusqu'aux adoptants ou utilisateurs terminaux[42] ». Le **processus d'adoption**, pour sa part, porte sur

« le schéma mental par lequel un individu en particulier passe entre la première fois qu'il entend parler d'une innovation et le moment où il l'adopte ». **L'adoption** est la décision d'un individu d'utiliser régulièrement un produit.

Nous dégagerons maintenant un certain nombre de conclusions des centaines d'études qui ont été faites sur la manière dont les gens acceptent de nouvelles idées.

Les acheteurs de nouveaux produits passent par cinq étapes :

- **La prise de conscience.** Le consommateur apprend l'existence de l'innovation mais ne possède pas d'information sur celle-ci.
- **L'intérêt.** Le consommateur est incité à rechercher de l'information sur l'innovation.
- **L'évaluation.** Le consommateur évalue le pour et le contre d'un essai de l'innovation.
- **L'essai.** Le consommateur essaie l'innovation pour se faire une meilleure idée de la valeur du produit ou du service.
- **L'adoption.** Le consommateur décide d'utiliser pleinement et régulièrement le nouveau produit ou service.

Cette progression dans la démarche vers l'adoption de nouveaux produits et services suppose que le directeur du marketing pense aux moyens qu'il pourrait utiliser pour faciliter le passage du consommateur d'une étape à l'autre. Un fabricant de lave-vaisselle portatifs peut découvrir que de nombreux consommateurs n'ont pas passé l'étape de l'intérêt, à cause du manque d'information et de l'importance de la dépense. Or, ces mêmes consommateurs s'intéresseraient peut-être à l'essai d'un lave-vaisselle en échange d'un paiement mensuel relativement faible. Le fabricant devrait alors envisager d'offrir un plan d'essai-location avec option d'achat.

11.4.2
Les facteurs influant sur le processus d'adoption

Même s'il est difficile de faire des généralisations sur le comportement des consommateurs, il existe néanmoins certains facteurs connus qui influent sur le processus d'adoption de ceux-ci.

Les gens diffèrent d'une façon marquée dans leur volonté d'essayer de nouveaux produits ou services

Rogers définit l'attrait de l'innovation comme étant « le degré auquel un individu est relativement plus prompt à adopter de nouvelles idées que les autres membres de son ensemble social ». Dans chaque domaine, il existe des personnes qui sont susceptibles d'être « des pionniers de la consommation » et des adoptants précoces. Certaines femmes sont les premières à adopter la dernière mode quant aux vêtements ou aux nouveaux appareils ménagers, comme les fours à micro-ondes ; certains médecins sont les premiers à prescrire de nouveaux médicaments ; certains producteurs agricoles sont les premiers à adopter de nouvelles méthodes de culture ; certaines personnes sont les premières à participer à un événement culturel, à faire un voyage dans un pays exotique peu visité ou à essayer une nouvelle forme de services financiers.

D'autres individus, par contre, adoptent de nouveaux produits beaucoup plus tard. Il est possible de classer les consommateurs en catégories selon le temps nécessaire pour adopter une innovation, ainsi qu'on peut le voir à la figure 11.8. Le processus d'adoption y est présenté sous la forme d'une distribution normale en fonction du temps. Après un départ lent, un nombre croissant de personnes adoptent l'innovation ; ce nombre atteint ensuite un sommet, puis diminue progressivement à mesure que diminue le nombre de personnes qui n'ont pas adopté le produit. On définit les innovateurs comme étant les premiers 2,5 % des consommateurs qui adoptent une nouvelle idée ; les adoptants précoces sont les 13,5 % suivants qui adoptent la nouvelle idée. Viennent ensuite la majorité précoce (34 %), la majorité tardive (34 %) et enfin les retardataires (16 %).

Rogers est d'avis que ces cinq groupes d'adoptants diffèrent selon l'orientation de leurs valeurs. Les innovateurs ont l'**esprit d'aventure** ; ils aiment bien essayer de nouvelles idées, même si cela est quelque peu risqué. Les adoptants précoces sont influencés par le **respect** que leur inspirent les innovateurs ; ce sont des leaders d'opinion dans leur communauté et ils adoptent tôt de nouvelles idées, mais avec prudence. La majorité précoce agit de **façon réfléchie** ; elle adopte de nouvelles idées avant l'ensemble des gens, quoiqu'elle se compose rarement de leaders. La

FIGURE 11.8
La classification des consommateurs en fonction du temps nécessaire à l'adoption d'une innovation

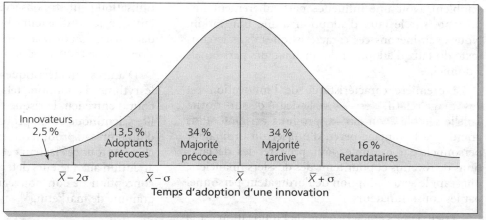

Source : Redessinée à partir d'Everett M. Rogers, *Diffusion of Innovations*, New York, Free Press, 1962, p. 162.

majorité tardive est plutôt **sceptique**; elle adopte une innovation seulement après que la majorité des gens l'ont essayée. Finalement, les retardataires sont caractérisés par leur **attachement à la tradition**; ils se méfient des changements, fréquentent des gens qui sont aussi traditionnels et n'adoptent l'innovation que lorsqu'elle commence à faire partie de la tradition.

Cette classification selon le temps nécessaire pour adopter un nouveau produit ou un nouveau service a pour conséquence qu'une entreprise innovatrice doit faire de la recherche sur les caractéristiques démographiques, psychographiques et médiagraphiques des innovateurs et des adoptants précoces, et qu'elle doit diriger ses communications essentiellement vers eux. Mais dépister les adoptants précoces n'est pas toujours facile. Personne n'a encore démontré l'existence d'un trait de personnalité suscitant la réceptivité à l'innovation. Certaines personnes sont des innovateurs dans certains secteurs, mais sont retardataires dans d'autres. Prenons l'exemple des gens d'affaires qui s'habillent de façon très traditionnelle, mais qui adorent faire l'essai de mets exotiques. Le défi des gens de marketing consiste à dégager les caractéristiques des acheteurs précoces probables pour chaque catégorie de produits ou de services. Par exemple, les agriculteurs innovateurs ont tendance à être plus instruits et plus efficaces que les agriculteurs non innovateurs. Les ménagères innovatrices sont plus grégaires et ont généralement un rang social plus élevé que les ménagères non innovatrices. La proportion d'adoptants précoces est plus élevée dans certaines communautés. Rogers a formulé les hypothèses suivantes sur les adoptants précoces. Les gens qui sont

des adoptants relativement plus précoces dans un ensemble social ont, comparativement aux adoptants tardifs, tendance à être plus jeunes, à avoir un rang social plus élevé, une position financière plus favorable, des activités plus spécialisées et des habiletés intellectuelles d'un type différent[43].

L'influence personnelle joue un rôle important dans l'adoption de nouveaux produits et services

On entend par « influence personnelle » l'effet que les commentaires émis par une personne au sujet d'un produit ou d'un service ont sur l'attitude d'une autre personne ou sur sa probabilité d'achat. Bien que l'influence personnelle soit un facteur important, son rôle est plus déterminant dans certaines situations et pour certaines personnes. L'influence personnelle est particulièrement plus importante à l'étape de l'évaluation du processus d'adoption qu'aux autres étapes. Elle a plus d'influence sur les adoptants tardifs que sur les adoptants précoces. Et elle a beaucoup plus d'importance dans les situations où le risque perçu est grand que dans celles où il est faible.

Les caractéristiques mêmes de l'innovation ont un effet sur son taux d'adoption

Certains produits deviennent populaires sur-le-champ (par exemple les Frisbee), alors que d'autres prennent beaucoup plus de temps à être acceptés (par exemple les autos à moteur diesel). Cinq caractéristiques semblent avoir une influence particulièrement importante sur le taux d'adoption d'une innovation. Nous examinerons ces caractéristiques dans le contexte du taux d'adoption des ordinateurs personnels à domicile.

La première caractéristique de l'innovation est **l'avantage relatif**, c'est-à-dire le degré de supériorité qu'elle semble avoir sur les produits existants. Plus grand sera l'avantage perçu d'utiliser un ordinateur personnel, par exemple pour préparer les déclarations de revenus et pour tenir des dossiers financiers, plus rapide sera l'adoption de l'ordinateur personnel par les consommateurs.

La deuxième caractéristique de l'innovation est la **compatibilité**, soit son degré d'harmonie avec les valeurs et les expériences des individus de la communauté. Des ordinateurs personnels, par exemple, peuvent être très compatibles avec le mode de vie qui existe dans les maisons de la classe moyenne supérieure.

La troisième caractéristique de l'innovation est sa **simplicité**, c'est-à-dire la mesure dans laquelle l'innovation est facile à comprendre ou à utiliser. Les ordinateurs personnels sont complexes et, en conséquence, leur pénétration dans les foyers prend beaucoup de temps.

La quatrième caractéristique de l'innovation est la **divisibilité**, soit le degré auquel elle peut être essayée sur une base limitée. La possibilité de location d'ordinateurs personnels avec option d'achat accroît le rythme d'adoption.

La dernière caractéristique de l'innovation est la **communicabilité**, qui est la mesure dans laquelle son utilisation peut être observée et décrite à d'autres. Le fait que les ordinateurs personnels se prêtent à la démonstration ou à la description favorise leur diffusion dans le milieu social.

D'autres caractéristiques peuvent aussi influer sur le rythme d'adoption, tels le coût d'acquisition, le coût d'entretien, le risque et l'incertitude, la crédibilité scientifique et l'approbation sociale. Le directeur d'un nouveau produit ou service doit faire des recherches sur tous ces facteurs et apporter une plus grande attention aux facteurs déterminants au moment de la conception de son nouveau produit et de son programme de marketing[44].

Les organisations peuvent aussi être classées en fonction de leur volonté d'essayer et d'adopter un nouveau produit

Ainsi, le concepteur d'une nouvelle méthode pédagogique tentera de repérer les écoles qui ont une probabilité élevée d'adoption. Le fabricant d'un nouvel appareillage médical voudra recenser les hôpitaux qui ont une probabilité élevée d'adoption. L'adoption dans une organisation dépend de variables dans l'environnement de l'organisation (dynamisme de la communauté, revenu de la communauté), de l'organisation elle-même (taille, rentabilité, pressions en faveur du changement) et de son administration (scolarité, âge, cosmopolitisme). Lorsqu'on a dégagé un ensemble d'indicateurs significatifs, on peut s'en servir pour mieux cibler les organisations les plus prometteuses.

RÉSUMÉ

1. Lorsqu'une entreprise a segmenté le marché, choisi ses groupes cibles de clients, cerné leurs besoins et déterminé le positionnement souhaité sur le marché, elle est prête à développer et à lancer de nouveaux produits. Le service du marketing devrait collaborer activement avec les autres services à chaque étape du développement du nouveau produit.

2. Si elle veut connaître du succès avec le développement de nouveaux produits, l'entreprise doit mettre en place une organisation efficace pour gérer le processus de développement. Les entreprises peuvent faire

appel à des directeurs de produits, à des directeurs de nouveaux produits, à des comités de nouveaux produits, à des services de nouveaux produits ou à des équipes de nouveaux produits.

3. Le processus de développement de nouveaux produits comprend huit étapes : la recherche d'idées, le filtrage et l'évaluation des idées, le développement et le test du concept, l'élaboration de la stratégie de marketing, l'analyse économique, le développement du produit, le test de marché et le lancement. À chaque étape, il faut décider si l'idée doit être poursuivie ou abandonnée. L'entreprise veut réduire le risque que de mauvaises idées soient adoptées ou que de bonnes idées soient rejetées.

4. Le processus d'adoption du consommateur est le processus par lequel le client entend parler des nouveaux produits, les essaie, et les adopte ou les rejette. De nos jours, plusieurs spécialistes du marketing ciblent les gros utilisateurs et les adoptants précoces de nouveaux produits, sachant bien que ces deux groupes peuvent être atteints par des médias précis et qu'ils se composent souvent de leaders d'opinion. Le processus d'adoption des consommateurs est déterminé par plusieurs facteurs que ne maîtrisent pas les mercaticiens, telles la volonté des consommateurs ou des organisations de faire l'essai de nouveaux produits de même que les influences personnelles et les caractéristiques du nouveau produit ou de l'innovation.

QUESTIONS

1. Pour trouver de bonnes idées de nouveaux produits, il faut de l'inspiration, de la transpiration et des techniques adéquates. Certaines entreprises ont de la difficulté à élaborer de nouvelles idées de produits parce qu'elles accordent plus d'importance à l'inspiration et à la transpiration qu'aux techniques. La liste des attributs, le puissant outil d'Alex F. Osborn, peut activer l'instinct créatif chez n'importe qui. Choisissez un produit ou un service avec lequel vous êtes familier et faites la liste de ses attributs. Ensuite, modifiez chacun des attributs pour améliorer le produit. Le tableau suivant vous sera utile dans votre réflexion.

Liste des attributs

Attributs	Amplifier	Réduire	Remplacer	Adapter	Réarranger	Combiner	Trouver un nouvel usage

Si vous avez de la difficulté à commencer cet exercice, considérez l'exemple des biscuits Oreo. À partir de l'Oreo traditionnel noir et blanc, Nabisco a développé l'Oreo recouvert de chocolat, l'Oreo géant, l'Oreo miniature, l'Oreo sans gras, l'Oreo à faible teneur en calories, les différentes sortes et tailles d'emballage, l'Oreo à la crème glacée, le cornet Oreo pour la crème glacée et les tablettes tendres Oreo.

2. Préparez une liste de questions auxquelles des gestionnaires devraient répondre afin de développer un nouveau produit ou service. Organisez les questions en fonction des catégories suivantes: 1° les possibilités du marché; 2° la concurrence; 3° la production; 4° les caractéristiques brevetables; 5° la distribution (pour les produits) ou la prestation (pour les services); 6° les finances. Ensuite, répondez à chacune des questions pour une idée de nouveau produit que vous avez. Est-ce que le développement et les tests effectués diffèrent entre un nouveau produit et un nouveau service?

3. Une entreprise dans l'industrie alimentaire veut développer une nouvelle vinaigrette en poudre. Le consommateur doit mélanger la poudre avec de l'eau, secouer la bouteille, et le tour est joué. L'entreprise est en concurrence avec d'autres entreprises dont la poudre se mélange avec de l'huile et du vinaigre. L'entreprise a l'intention de mener des tests de goût, afin de comparer les goûts des consommateurs pour une variété de vinaigrettes qu'on trouve dans le commerce. Cependant, l'équipe de développement de nouveaux produits craint que les résultats de ces tests ne soient pas réellement fiables, et elle veut donc tester le concept de trois manières au moins. Elle veut également tester d'autres types de vinaigrettes, comme une vinaigrette plus douce et une vinaigrette plus épicée. Suggérez d'autres formes de tests à l'équipe de développement de nouveaux produits.

4. Quelques amis viennent passer une partie de la soirée chez vous, et vous constatez qu'ils aimeraient grignoter quelque chose. Vous appelez Domino et commandez de la pizza et des ailes de poulet. Tout à coup, vous vous demandez pour quelle raison une pizzeria vend également du poulet.

Bien que le poulet soit toujours un des meilleurs vendeurs de la restauration rapide, Pizza Hut, Little Caesar et Domino — qui ont toutes un vaste choix de pizzas — ont ajouté les ailes de poulet à leur menu. Supposons que vous ayez travaillé chez Domino (ou dans une autre chaîne importante de pizzerias) lorsque les ailes de poulet ont été introduites. Évaluez l'idée des ailes de poulet à l'aide du processus en huit étapes de développement de nouveaux produits; posez-vous les questions qui se présenteront à chacune des étapes du processus. En quoi la pizza et les ailes de poulet sont-elles semblables? Pensez-vous que les ailes de poulet continueront à être commercialisées avec succès par les chaînes de pizzerias?

5. La recherche de nouvelles idées dans le développement de nouveaux produits requiert un esprit critique et une manière de penser non biaisée. Toutefois, plusieurs barrières peuvent gêner la progression de l'équipe de développement de nouveaux produits, et en fin de compte nuire au succès du nouveau produit. Une de ces barrières est la pensée commune, phénomène par lequel les gens en groupe ont tendance à se conformer aux opinions ou aux sentiments qui prévalent à l'intérieur du groupe plutôt que de sonder les hypothèses ou de remettre en question le bon sens. Une autre barrière est la rationalisation, soit la tendance d'un groupe à ne pas tenir compte de ses dernières mauvaises décisions. La rationalisation permet aux individus d'un groupe de dénier leurs propres responsabilités en partageant leur échec avec le groupe.

En vous basant sur les groupes dont vous faites partie, suggérez d'autres barrières au succès de la recherche de nouvelles idées.

6. Le tableau suivant présente les résultats d'un test interne portant sur des chaussettes sans odeur. Avant de commencer le test, chacun des consommateurs sélectionnait le style de chaussettes qu'il préférait. À la fin du test, les participants témoignaient de leur intention d'achat de telles chaussettes dans l'avenir. Ces données sont reportées au tableau. Quelles conclusions pouvez-vous tirer de ces données? Quel type de chaussettes est le plus populaire auprès des consommateurs? En supposant que les consommateurs testés soient représentatifs du marché, dites quelle est l'importance du prix sur ce marché? L'entreprise devrait-elle opter pour des emballages individuels (lignes 6 et 7) ou plutôt pour des emballages multiples (lignes 8 et 9)?

La probabilité d'achat de chaussettes sans odeur

		Participants	Achèterait sûrement	Achèterait probablement	Pourrait acheter ou ne pas acheter	N'achèterait probablement pas	N'achèterait sûrement pas
Type de chaussettes	(1) Total des participants	(185)	38 %	44 %	14 %	3 %	2 %
	(2) Chaussettes longues	(60)	43 %	47 %	7 %	3 %	—
	(3) Chaussettes courtes	(22)	45 %	27 %	23 %	5 %	—
	(4) Chaussettes athlétiques	(34)	42 %	35 %	15 %	6 %	3 %
	(5) Chaussettes de travail	(69)	29 %	51 %	16 %	1 %	3 %
Emballage et prix	(6) 1 paire à 1,79 $ - 1,99 $	(53)	42 %	38 %	13 %	4 %	4 %
	(7) 1 paire à 1,99 $ - 2,49 $	(42)	45 %	40 %	20 %	5 %	—
	(8) 3 paires à 4,99 $ - 5,99 $	(42)	31 %	48 %	19 %	—	2 %
	(9) 3 paires à 5,99 $ - 6,49 $	(48)	33 %	50 %	13 %	4 %	—

7. Procter & Gamble veut entrer sur le marché des soupes santé. La nouvelle soupe contiendrait des légumes, des protéines et des fibres, et serait positionnée comme un « repas ». Évaluez la situation de ce produit par rapport au marché et à l'entreprise.

8. Vous êtes responsable d'un comité de nouveaux produits chez Nestlé. Votre tâche consiste à élargir le marché du Nestlé Quick en transformant l'image du produit de façon qu'il représente un attrait pour de nouveaux segments de marché. Suggérez de nouvelles stratégies de marketing pour repositionner le produit dans l'esprit des consommateurs. Le Nestlé Quick est principalement utilisé comme un mélange pour le chocolat au lait, mais il a d'autres usages. Nommez quelques-uns de ces usages. En décidant d'élargir l'image du produit par la promotion d'autres usages, à quels défis l'entreprise fait-elle face?

9. Interprétez les résultats de l'analyse conjointe suivante sur les ordinateurs. Quelles conséquences cette étude comporte-t-elle pour le développement et le design de nouveaux produits dans la région A? Quels attributs sont des déterminants majeurs pour les comportements d'achat sur ce marché? Quelle combinaison des six attributs représenterait la meilleure valeur pour les consommateurs? À quels défis l'équipe de design de ce produit doit-elle faire face pour développer un ordinateur qui fournirait un maximum de valeur aux consommateurs?

	Attributs	Région A
Importance relative	RAM	12,3 %
	Mégahertz	19,7 %
	Vitesse du processus	25,0 %
	Mémoire	4,4 %
	Garantie	7,4 %
	Prix	23,5 %
Attribut 1 RAM	Niveau 1 (2 Mo)	16,7 %
	Niveau 2 (4 Mo)	51,1 %
	Niveau 3 (6 Mo)	45,5 %
	Niveau 4 (8 Mo)	10,5 %
Attribut 2 Mégahertz	Niveau 1 (25 MHz)	67,9 %
	Niveau 2 (33 MHz)	65,5 %
	Niveau 3 (50 MHz)	34,6 %
	Niveau 4 (75 MHz)	3,0 %
Attribut 3 Vitesse du processus	Niveau 1 (286)	0 %
	Niveau 2 (386)	30,3 %
	Niveau 3 (486)	72,7 %
	Niveau 4 (586)	82,2 %
Attribut 4 Mémoire	Niveau 1 (100 Mo)	41,0 %
	Niveau 2 (150 Mo)	55,3 %
	Niveau 3 (200 Mo)	53,2 %
	Niveau 4 (300 Mo)	43,1 %
Attribut 5 Garantie	Niveau 1 (6 mois)	26,7 %
	Niveau 2 (1 an)	49,6 %
	Niveau 3 (2 ans)	41,1 %
	Niveau 4 (3 ans)	30,6 %
Attribut 6 Prix	Niveau 1 (1 500 $)	100 %
	Niveau 2 (1 800 $)	72,7 %
	Niveau 3 (2 100 $)	40,4 %
	Niveau 4 (2 400 $)	22,7 %

10. Le président d'une entreprise a demandé au responsable des nouveaux produits ce qu'un produit spécifique rapporterait s'il était lancé sur le marché. « Des profits de trois millions de dollars en cinq ans », a répondu le responsable. Ensuite, le président lui a demandé si le produit présentait un risque d'échec. « Oui. » « Combien perdrions-nous si le lancement du produit s'avérait un échec ? » « Un million de dollars. » « Oubliez ce nouveau produit », a tranché le président. Êtes-vous d'accord avec sa décision ? Justifiez votre réponse.

RÉFÉRENCES

1. *New Products Management for the 1980s*, New York, Booz, Allen & Hamilton, 1982.
2. Christopher Power, « Flops », *Business Week,* 16 août 1993, p. 76-82.
3. Donnée tirée de Kevin J. Clancy et Robert S. Shulman, *The Marketing Revolution : A Radical Manifesto for Dominating the Marketplace*, New York, Harper Business, 1991, p. 6.
4. *Ibid.*
5. Robert G. Cooper et Elko J. Kleinschmidt, « New Product Processes at Leading Industrial Firms », *Industrial Marketing Management,* mai 1991, p. 137-147.
6. Robert G. Cooper et Elko J. Kleinschmidt, *New Products : The Key Factors in Success*, Chicago, American Marketing Association, 1990.
7. Modesto A. Madique et Billie Jo Zirger, « A Study of Success and Failure in Product Innovation : The Case of the U.S. Electronics Industry », *IEEE Transactions on Engineering Management,* novembre 1984, p. 192-203.
8. Voir David S. Hopkins, *Options in New-Product Organization*, New York, Conference Board, 1974.
9. Voir Robert G. Cooper, « Stage-Gate Systems : A New Tool for Managing New Products », *Business Horizons,* mai-juin 1990, p. 44-54. Voir aussi « The New Prod System : The Industry Experience », *Journal of Product Innovation Management,* vol. 9, 1992, p. 113-127.
10. Eric von Hippel, « Lead Users : A Source of Novel Product Concepts », *Management Science,* juillet 1986, p. 791-805. Voir aussi *The Sources of Innovation*, New York, Oxford University Press, 1988 ; « Learning from Lead Users », dans *Marketing in an Electronic Age*, sous la direction de Robert D. Buzzell, Cambridge, Mass., Harvard Business School Press, 1985, p. 308-317.
11. John H. Sheridan, « Lew Platt : Creating a Culture for Innovation », *Industry Week,* 19 décembre 1994, p. 26-30.
12. Voir John E. Arnold, « Useful Creative Techniques », dans *Source Book for Creative Thinking*, sous la direction de Sidney J. Parnes et Harold F. Harding, New York, Scribner's, 1962, p. 255.
13. Voir Alex F. Osborn, *Applied Imagination*, 3e éd., New York, Scribner's, 1963, p. 286-287.
14. Voir Edward M. Tauber, « HIT : Heuristic Ideation Technique — A Systematic Procedure for New Product Search », *Journal of Marketing,* janvier 1972, p. 58-70 ; Charles L. Alford et Joseph Barry Mason, « Generating New Product Ideas », *Journal of Advertising Research,* décembre 1975, p. 27-32.
15. Voir Edward M. Tauber, « Discovering New Product Opportunities with Problem Inventory Analysis », *Journal of Marketing,* janvier 1975, p. 67-70.
16. Alex F. Osborn, *Applied Imagination*, 3e éd., New York, Scribner's, 1963, p. 156.
17. John W. Lincoln, « Defining a Creativeness in People », dans *Source Book for Creative Thinking*, sous la direction de Sidney J. Parnes et Harold F. Harding, New York, Scribner's, 1962, p. 274-275.
18. *Ibid.*, p. 274.
19. Mark Hanan, « Corporate Growth Through Venture Management », *Harvard Business Review,* janvier-février 1969, p. 44. Voir aussi Carol J. Loomis, « Dinosaurs ? », *Fortune,* 3 mai 1993, p. 36-42.
20. « The Ultimate Widget : 3-D "Printing" May Revolutionize Product Design and Manufacturing », *U.S. News & World Report,* 20 juillet 1992, p. 55.
21. Benjamin Wooley, *Virtual Worlds*, Londres, Blackwell, 1992.
22. Voir John Hauser, « House of Quality », *Harvard Business Review,* mai-juin 1988, p. 63-73. L'ingénierie commandée par le client est aussi appelée « usage de la fonction de qualité ». Voir Lawrence R. Guinta et Nancy C. Praizler, *The QFD Book : The Team Approach to Solving Problems and Satisfying Customers Through Quality Function Deployment*, New York, Amacom, 1993.
23. Cet exemple a été tiré de Paul E. Green et Yoram Wind, « New Ways to Measure Consumers' Judgements », *Harvard Business Review,* juillet-août 1975, p. 107-117. Copyright © 1975 par le président et les membres du Collège de Harvard ; tous droits réservés. Voir aussi Paul E. Green et V. Srinivasan, « Conjoint Analysis in Marketing : New Developments with Implications for Research and Practice », *Journal of Marketing,* octobre 1990, p. 3-19 ; Jonathan Weiner, « Forecasting Demand : Consumer Electronics Marketer Uses a Conjoint Approach to Configure Its New Product and Set the Right Price », *Marketing Research : A Magazine of Management & Applications,* été 1994, p. 6-11 ; Dick R. Wittnick, Marco Vriens et Wim Burhenne, « Commercial Uses of Conjoint Analysis in Europe : Results and Critical Reflections », *International Journal of Research in Marketing,* janvier 1994, p. 41-52.
24. Voir Robert Blattberg et John Golanty, « Tracker : An Early Test Market Forecasting and Diagnostic Model for New Product Planning », *Journal of Marketing Research,* mai 1978, p. 192-202.

25. Voir Roger A. Kerin, Michael G. Harvey et James T. Rothe, « Cannibalism and New Product Development », *Business Horizons,* octobre 1978, p. 25-31.

26. La valeur actuelle (V) d'une somme (I) devant être reçue dans *t* années à un taux d'intérêt de *r* est obtenue de l'équation suivante : $V = I_1/(1 + r)^t$. Soit $4\,716\,\$/(1,15)^t = 2\,346\,\$$.

27. Voir David B. Hertz, « Risk Analysis in Capital Investment », *Harvard Business Review,* janvier-février 1964, p. 96-106.

28. Faye Rice, « Secrets of Product Testing », *Fortune,* 28 novembre 1994, p. 172-174 ; Lawrence Ingrassia, « Taming the Monster : How Big Companies Can Change : Keeping Sharp : Gillette Holds Its Edge by Endlessly Searching for a Better Shave », *The Wall Street Journal,* 10 décembre 1992, p. A1, A6.

29. Audrey Choi et Gabriella Stern, « The Lessons of Reugen : Electric Cars Are Slow, Temperamental and Exasperating », *The Wall Street Journal,* 30 mars 1995, p. B1, B3.

30. Christopher Power, « Will It Sell in Podunk ? Hard to Say », *Business Week,* 10 août 1992, p. 46-47.

31. Voir Kevin J. Clancy, Robert S. Shulman et Marianne Wolf, *Simulated Test Marketing : Technology for Launching Successful New Products,* New York, Lexington Books, 1994 ; V. Mahajan et Jerry Wind, « New Product Models : Practice, Shortcomings, and Desired Improvements », *Journal of Product Innovation Management,* vol. 9, 1992, p. 128-139.

32. Christopher Power, « Will It Sell in Podunk ? », *Business Week,* 10 août 1992, p. 46-47.

33. *Ibid.*

34. « Spotting Competitive Edges Begets New Product Success », *Marketing News,* 21 décembre 1984, p. 4 ; « Testing Time for Test Marketing », *Fortune,* 29 octobre 1984, p. 75-76 ; Jay E. Klompmaker, G. David Hughes et Russell I. Haley, « Test Marketing in New Product Development », *Harvard Business Review,* mai-juin 1976, p. 128-138.

35. *Ibid.*

36. Laurel Wentz, « Unilever's Power Failure a Wasteful Use of Haste », *Advertising Age,* 6 mars 1995, p. 42.

37. Pour obtenir plus d'information, voir Frank H. Alpert et Michael A. Kamins, « Pioneer Brand Advantages and Consumer Behavior. A Conceptual Framework and Propositional Inventory », *Journal of the Academy of Marketing Science,* été 1994, p. 244-253.

38. Voir Robert G. Cooper et Elko J. Kleinschmidt, *New Products : The Key Factors in Success,* Chicago, American Marketing Association, 1990, p. 35-38.

39. Philip Kotler et Gerald Zaltman, « Targeting Prospects for a New Product », *Journal of Advertising Research,* février 1976, p. 7-20.

40. Elaine Underwood, « Fila Budgets $40M on Hill, AVP, Upscale Apparel Line », *Brandweek,* 16 janvier 1995, p. 4.

41. Pour obtenir plus d'information, voir Keith G. Lockyer, *Critical Path Analysis and Other Project Network Techniques,* Londres, Pitman, 1984.

42. Cette section puise abondamment dans le livre d'Everett M. Rogers, *Diffusion of Innovations,* New York, Free Press, 1962. Voir aussi la 3e édition, 1983.

43. *Ibid.,* p. 192. Voir aussi S. Ram et Hyung-Shik Jung, « Innovativeness in Product Usage : A Comparison of Early Adopters and Early Majority », *Psychology and Marketing,* janvier-février 1994, p. 57-68.

44. Pour prendre connaissance d'un autre recensement, voir Hubert Gatignon et Thomas S. Robertson, « A Propositional Inventory for New Diffusion Research », *Journal of Consumer Research,* mars 1985, p. 849-867.

Chapitre 12

Le cycle de vie du produit et le management des produits

Videoway — Reproduit avec l'autorisation de Videotron ltée

La vie. On se lève, on part au pas, puis au trot, puis au galop,
puis au trot, puis au pas, puis on se recouche.
FÉLIX LECLERC

Une entreprise reformulera normalement sa stratégie de marketing plusieurs fois durant la vie d'un produit. Non seulement les conditions économiques changent et les concurrents lancent de nouvelles attaques, mais les produits passent aussi par diverses phases d'intérêt et d'exigences de la part des acheteurs. Il faut donc que l'entreprise planifie une série de stratégies adaptées à chaque phase du cycle de vie du produit. L'entreprise espère ainsi prolonger la vie et la rentabilité du produit tout en sachant que cette vie du produit ne durera pas toujours.

Dans ce chapitre, nous répondrons à trois questions :

- **Qu'est-ce que le cycle de vie d'un produit ?**
- **Quelles stratégies de marketing sont propres à chaque phase du cycle de vie d'un produit ?**
- **Comment évoluent les marchés et quelles sont les stratégies de marketing qui conviennent ?**

12.1
LE CYCLE DE VIE DU PRODUIT

Le **cycle de vie du produit** est un concept important en marketing, car il permet de mieux comprendre la dynamique concurrentielle du produit. En même temps, ce concept peut induire en erreur s'il n'est pas utilisé avec précaution. Pour bien le comprendre, évoquons d'abord un concept parallèle : le **cycle de vie demande-technologie**[1].

12.1.1
Le cycle de vie demande-technologie

Un produit n'est qu'une des solutions possibles pour répondre à un besoin. Par exemple, l'être humain a besoin d'une « capacité de calcul », et ce besoin s'est amplifié depuis des siècles avec le développement du commerce. Le changement du niveau de besoin est représenté par la **courbe du cycle de vie de la demande**, soit la courbe du haut de la figure 12.1a. On y remarque une phase d'**émergence** (E), suivie des phases de **croissance rapide** (C_1), de **croissance lente** (C_2), de **maturité** (M) et de **déclin** (D) du besoin. Dans le cas de la « capacité de calcul », nous n'avons peut-être pas encore atteint les phases de maturité et de déclin. Dans le cas d'un autre besoin, par exemple le transport individuel, le besoin est probablement à la phase de maturité et de déclin dans plusieurs pays développés.

Un besoin peut être satisfait par une technologie donnée. Le besoin d'une « capacité de calcul » fut d'abord satisfait par les doigts, puis par les bouliers, puis par les règles à calcul, puis par les machines à

FIGURE 12.1
Les cycles de vie demande-technologie-produit

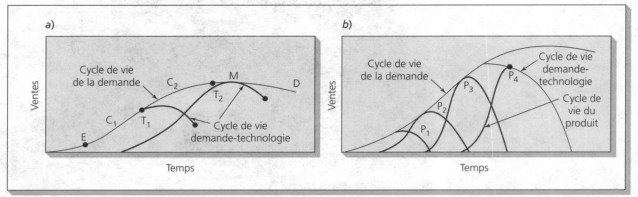

Source : H. Igor Ansoff, *Implanting Strategic Management*, Englewood Cliffs, N.J., Prentice Hall, 1984, p. 41.

calculer, puis par les calculatrices de poche et enfin par les ordinateurs. Chaque nouvelle technologie répond normalement au besoin d'une façon supérieure à celles qui existaient auparavant. Chacune possède un **cycle de vie demande-technologie**, représenté par les courbes T_1 et T_2 sous la courbe du cycle de vie de la demande à la figure 12.1*a*. Chaque cycle de vie demande-technologie indique les phases d'émergence, de croissance rapide, de croissance lente, de maturité et de déclin.

Pour chaque cycle de vie demande-technologie donné, on trouve une série de formes du produit qui répondra au besoin à un moment donné. Ainsi, la calculatrice de poche représente une nouvelle technologie qui procure une « capacité de calcul ». Au début, les calculatrices avaient la forme d'une boîte en plastique relativement volumineuse avec un petit écran et des touches numériques. Elles ne pouvaient accomplir que quatre opérations : addition, soustraction, multiplication et division. Cette version s'imposa durant quelques années, avant d'être remplacée par des calculatrices de poche plus petites qui permettaient d'accomplir davantage d'opérations mathématiques. Les calculatrices d'aujourd'hui ont un format à peine plus grand qu'une carte professionnelle et peuvent exécuter de nombreuses fonctions scientifiques et commerciales. La figure 12.1*b* présente une série de **cycles de vie d'un type de produits**, soit P_1, P_2, P_3 et P_4. Nous verrons ultérieurement que chaque forme de produit est représentée par un ensemble de marques qui ont leurs propres **cycles de vie de marque**.

Ces distinctions sont importantes. Si une entreprise désire se concentrer uniquement sur le cycle de vie de sa propre marque, elle risque de manquer le bateau, faute de comprendre l'ensemble du contexte, ce qui pourrait amener la chute de l'entreprise. Ainsi, un fabricant de règles à calcul pourrait ne voir comme concurrents que les autres fabricants de règles à calcul (les concurrents quant à la marque), alors qu'en fait il devrait se préoccuper d'une nouvelle technologie, celle des calculatrices de poche, qui tuera éventuellement la règle à calcul.

On pourrait d'ailleurs dire la même chose des tubes électroniques à vide. Les tubes à vide étaient une forme de technologie qui répondait au besoin de l'amplification des signaux électriques faibles. On vit apparaître avec le temps plusieurs améliorations de la forme de ce produit. L'introduction d'une nouvelle technologie, à savoir les transistors, entraîna la mort de ce produit. Les principaux fabricants de tubes à vide, tels que General Electric et RCA, ne réussirent pas à se mettre à l'heure de cette nouvelle technologie, et de nouveaux arrivants tels que Texas Instruments, Fairchild et Transitron en profitèrent.

Les entreprises doivent décider dans quelle demande-technologie elles doivent investir et à quel moment elles doivent se réorienter vers une nouvelle demande-technologie. Ansoff appelle une demande-technologie un **domaine d'activité stratégique**, à savoir « un segment distinctif de l'environnement dans lequel l'entreprise fait ou désire faire des affaires[2] ». Aujourd'hui, le problème est que plusieurs entreprises interviennent sur des marchés turbulents où les technologies changent rapidement, et qu'elles se voient dans l'impossibilité d'investir dans chacune d'elles. Elles se retrouvent dans la position où elles doivent faire un pari sur la demande-technologie qui l'emportera. Elles peuvent miser massivement sur une nouvelle technologie ou encore modérément sur plusieurs. Dans ce dernier cas, il est probable qu'elles ne deviendront pas des figures de proue. L'entreprise qui s'engagera massivement la première dans une technologie dominante remportera et gardera probablement le leadership. En conséquence, les entreprises doivent choisir avec soin les domaines d'activité stratégiques dans lesquels elles désirent faire des affaires. Par exemple :

> Quelques chercheurs consacrèrent 130 000 $ puisés dans leurs économies pour développer une idée simple. Ils avaient constaté que les commutateurs de réseau ultrarapides développés pour les compagnies de téléphone pouvaient aussi servir à accroître la capacité des réseaux d'ordinateurs personnels. La société qu'ils avaient créée, Fore Systems Inc., utilisa une nouvelle technologie, le mode de transfert asynchrone (MTA) pour se tailler une place importante sur le marché des commutateurs et sur le marché connexe des logiciels qui soutiennent les réseaux locaux ultrarapides. L'habileté de Fore Systems à compter sur cette technologie lui permit de s'emparer de 60 % du marché de 130 millions de dollars des commutateurs MTA[3].

12.1.2
Les phases du cycle de vie du produit

Penchons-nous maintenant sur le cycle de vie du produit. Le cycle de vie du produit représente les **phases**

distinctes de l'évolution des ventes d'un produit. À chaque phase correspondent des occasions et des problèmes distincts concernant la stratégie de marketing et le potentiel de rentabilité. En précisant la phase dans laquelle se trouve ou vers laquelle s'achemine un produit, les entreprises peuvent formuler de meilleurs plans de marketing.

Quatre hypothèses sous-tendent le concept de cycle de vie d'un produit :

1. Un produit a une vie limitée.
2. Les ventes d'un produit passent par différentes phases, et chacune d'entre elles pose de nouveaux défis pour le vendeur.
3. Le niveau de profit augmente et baisse selon les différentes phases du cycle de vie du produit.
4. Le produit exige des stratégies de marketing, de finances, de production, d'achat et de ressources humaines différentes pour chaque phase du cycle de vie.

La plupart des analyses du cycle de vie aboutissent à la conclusion que l'histoire des ventes d'un produit typique prend la forme d'une courbe normale (voir la figure 12.2). Cette courbe se divise normalement en quatre phases, à savoir l'**introduction**, la **croissance**, la **maturité** et le **déclin**[4] :

- **L'introduction.** C'est une période de croissance lente des ventes du produit. Les profits sont le plus souvent négatifs à cette étape à cause des dépenses élevées de démarrage.
- **La croissance.** Il s'agit d'une période d'acceptation à croissance rapide du produit sur le marché ; on

constate une amélioration substantielle de la rentabilité.

- **La maturité.** C'est là une période de ralentissement de la croissance des ventes parce que le produit a déjà été accepté par une partie importante des acheteurs potentiels. Les profits se stabilisent ou décroissent en proportion des dépenses de marketing qui doivent être engagées pour soutenir le produit face à la concurrence.
- **Le déclin.** Il s'agit de la période pendant laquelle les ventes diminuent fortement et les bénéfices s'effritent.

La désignation précise des limites du début et de la fin de chaque phase est quelque peu arbitraire. Normalement, on les fixe là où les taux de croissance et de déclin des ventes deviennent les plus marqués. Un directeur qui a l'intention d'utiliser ce concept devrait cependant voir jusqu'à quel point il décrit bien l'évolution des produits dans son industrie. Il devrait vérifier la séquence normale des phases et la durée moyenne de chaque phase. Cox a constaté qu'un médicament typique vendu sur ordonnance a une phase d'introduction d'une durée d'un mois, une phase de croissance de 6 mois, une phase de maturité de 15 mois et une phase très longue de déclin — en raison de la réticence des fabricants à retirer le produit de leur catalogue[5]. La durée des phases doit être revue périodiquement. L'intensité de la concurrence peut contribuer à réduire la durée du cycle de vie, ce qui signifie que les produits doivent rapporter des profits en moins de temps.

12.1.3
Les cycles de vie d'une classe de produits, d'un type de produits, d'un produit et d'une marque

Le concept de cycle de vie d'un produit peut être utile pour analyser une classe de produits (les spiritueux), un type de produits (les alcools blancs), un produit (la vodka) et une marque (Smirnoff) :

- La **classe de produits** a une durée de vie plus longue. Les ventes, pour plusieurs classes de produits, demeurent dans la phase de maturité pour une durée presque indéfinie, du fait qu'elles sont fortement liées à l'évolution démogra-

FIGURE 12.2
Le cycle de vie du produit

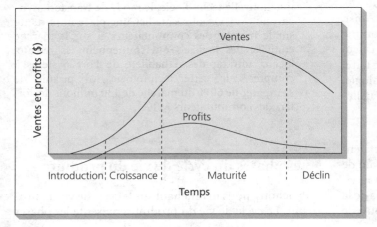

phique. Néanmoins, certaines classes de produits importantes, comme les cigarettes et les journaux, semblent avoir atteint la phase de déclin de leur cycle de vie. Par contre, d'autres produits, comme la télévision par satellite ou les téléphones cellulaires, sont maintenant dans leur phase d'introduction ou de croissance.

- Le **type de produits** a tendance à présenter une courbe du cycle de vie standard plus fidèlement que la classe de produits. Les machines à écrire manuelles sont passées par les phases d'introduction, de croissance, de maturité et de déclin ; les machines à écrire électriques et les machines à écrire électroniques sont passées par les mêmes phases.

- Le **produit** peut suivre la courbe standard ou d'autres configurations.

- La **marque** peut avoir un cycle de vie court ou long. Même si certaines marques disparaissent rapidement, d'autres — comme Ivory, Jell-O ou Kleenex — ont un cycle de vie long et servent de base pour lancer de nouveaux produits. Ainsi, Kimberly-Clark a utilisé la marque Kleenex pour lancer un papier hygiénique et une serviette de table. Procter & Gamble est d'avis qu'elle peut bénéficier d'une marque forte pendant longtemps.

12.1.4
D'autres configurations du cycle de vie

Ce ne sont pas tous les produits dont le cycle de vie peut être représenté par une courbe normale. Les chercheurs ont distingué de 6 à 17 configurations différentes de cycles de vie[6]. On trouvera à la figure 12.3 les trois formes les plus courantes. La figure 12.3*a* représente une configuration « croissance-déclin-stabilisation » qui est souvent caractéristique de nouveaux petits appareils ménagers. Ainsi, les ventes des couteaux électriques augmentèrent rapidement, puis diminuèrent et se figèrent. Ce dernier niveau est maintenu grâce aux achats des retardataires qui achètent le produit pour la première fois et aux adoptants précoces qui remplacent le produit.

La configuration « double cycle » (soit un deuxième cycle à la suite du premier) présentée à la figure 12.3*b* décrit souvent les ventes de nouveaux médicaments. L'entreprise pharmaceutique fait une promotion énergique de son nouveau médicament, ce qui produit le premier cycle. Plus tard, les ventes déclinent et l'entreprise décide de promouvoir de nouveau son médicament, ce qui produit un second cycle, normalement d'une amplitude et d'une durée moindres que le premier.

Une autre forme courante de courbe est la « courbe en festons » présentée à la figure 12.3*c*. Dans ce cas, les ventes engendrent une suite de cycles de vie qui dépendent de la découverte de nouveaux usages ou de nouvelles caractéristiques du produit. Les ventes du nylon, par exemple, montrent une forme en festons à cause de plusieurs nouvelles utilisations — parachutes, bas, chemises, tapis — apparues au fil du temps. On trouvera dans la rubrique Le marketing en coulisse 12.1 une description de facteurs importants qui influent sur la forme de la courbe du cycle de vie d'un produit.

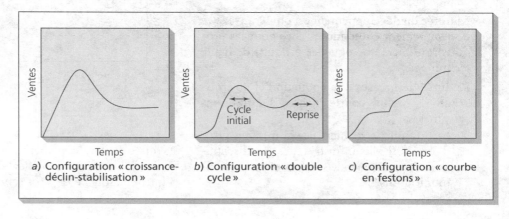

FIGURE 12.3
Des configurations fréquentes de cycles de vie de produits

a) Configuration « croissance-déclin-stabilisation »

b) Configuration « double cycle »

c) Configuration « courbe en festons »

LE MARKETING EN COULISSE 12.1

La prévision de la forme générale et de la durée du cycle de vie d'un produit

Goldman et Muller sont arrivés à des conclusions intéressantes sur les facteurs qui déterminent la forme et la durée du cycle de vie de produits donnés. Considérons tout d'abord la forme que le cycle de vie idéal d'un produit devrait prendre, soit la suivante:

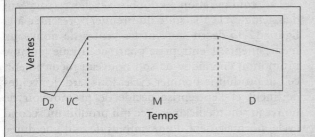

Cette forme est idéale pour plusieurs raisons. La période de développement (D_p) est courte et, par conséquent, les coûts de développement du produit pour l'entreprise sont faibles. Les phases d'introduction et de croissance (I/C) sont courtes et, par conséquent, les ventes atteignent rapidement leur apogée, ce qui représente des revenus maximaux à court terme. La phase de maturité (M) dure passablement longtemps; ainsi, l'entreprise jouit d'une longue période de rentabilité. Le déclin (D) est très lent, ce qui veut dire que la rentabilité diminue graduellement plutôt que soudainement.

Une entreprise qui envisage de lancer un nouveau produit devrait prévoir la forme du cycle de vie de celui-ci d'après les facteurs qui influent sur la durée de chaque phase:

- La **durée du développement** est plus courte et ce développement coûte moins cher pour les produits routiniers que pour les produits de haute technologie.

- La **durée des phases d'introduction et de croissance** sera plus courte dans les conditions suivantes:
  - Le produit ne requiert pas la mise en place d'une nouvelle infrastructure de distribution, de transport, de services et de télécommunications.

  - Les vendeurs accepteront rapidement le nouveau produit et en feront volontiers la promotion.

  - Les consommateurs ont un intérêt pour le produit et l'adopteront rapidement.

- La **durée de la phase de maturité** sera plus longue dans la mesure où les goûts des consommateurs et la technologie du produit sont relativement stables, et où l'entreprise conserve son avance sur le marché. Les entreprises font plus d'argent lorsqu'elles peuvent bénéficier d'une phase de maturité plus longue. Si celle-ci est trop courte, l'entreprise pourrait ne pas récupérer tout son investissement.

- La **durée de la phase de déclin** est plus lente si les goûts des consommateurs et la technologie du produit changent lentement. Plus les consommateurs seront fidèles à la marque, plus lent sera le déclin. Plus basses seront les barrières à l'abandon, plus rapidement certaines entreprises abandonneront le marché, ce qui réduira le taux de déclin pour les entreprises qui demeurent dans l'industrie.

Vu ces facteurs, nous comprenons pourquoi plusieurs entreprises de haute technologie échouent. Elles doivent faire face à des cycles de vie de produits qui sont fort peu attrayants. Le pire type de cycle de vie est le suivant:

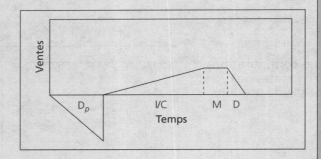

La durée du développement y est longue et les coûts de développement y sont élevés. De plus, les phases d'introduction et de croissance sont longues, la phase de maturité est courte et la phase de déclin est rapide. Plusieurs entreprises de haute technologie doivent investir des sommes élevées et beaucoup de temps pour développer leur produit; elles constatent qu'il faut beaucoup de temps pour introduire le produit sur le marché. Les marchés ne durent pas très longtemps et le déclin est abrupt, à cause des changements technologiques rapides.

Source: Arieh Goldman et Eitan Muller, «Measuring Shape Patterns of Product Life Cycles: Implications for Marketing Strategy», document de travail non publié, août 1982, Hebrew University of Jerusalem, Jerusalem School of Business Administration.

Les cycles de vie d'un style, d'une mode et d'un engouement

Il y a trois classes de cycles de vie qui se distinguent des autres: le style, la mode et l'engouement (voir la figure 12.4).

Un **style** est un mode d'expression distinctif et fondamental apparaissant dans un domaine du comportement humain. Par exemple, il existe des styles de maisons (canadienne, coloniale, moderne), de vêtements (de ville, de loisirs, négligés), d'art (réaliste, surréaliste, abstrait). Une fois apparu, un style peut durer pendant des générations et connaître une faveur plus ou moins générale. Le cycle de vie d'un style connaît plusieurs périodes d'intérêt renouvelées.

Une **mode** est un style populaire ou couramment accepté dans un domaine donné. Ainsi, les jeans sont une mode pour les vêtements, alors que la musique *country* est une mode dans la musique populaire. La mode passe par quatre étapes[7]:

1. À l'étape du **caractère distinctif**, certains consommateurs s'intéressent à quelque chose de nouveau qui leur permet de se distinguer des autres consommateurs. Les produits peuvent être fabriqués sur mesure ou encore produits en petite quantité par un fabricant donné.

2. À l'étape de l'**émulation**, d'autres consommateurs éprouvent le désir d'imiter l'initiateur de la mode dans leur milieu. D'autres fabricants commencent alors à fabriquer le produit en grande quantité.

3. À l'étape du **marché de masse**, la mode devient extrêmement populaire et les fabricants sont prêts à assurer une production de masse.

4. À l'étape du **déclin**, les consommateurs commencent à s'intéresser à d'autres modes qui attirent leur attention.

Ainsi, les modes ont tendance à croître tranquillement, à demeurer populaires pour un certain temps, puis à décliner lentement. La durée du cycle de vie d'une mode est difficile à prédire. Wasson croit que les modes passent parce qu'elles représentent un compromis au moment de l'achat et que les consommateurs commencent à rechercher les attributs que les produits ne possèdent pas[8]. Par exemple, lorsque les voitures se font plus compactes, elles deviennent relativement moins confortables. Alors, un nombre croissant d'acheteurs commencent à désirer des voitures plus spacieuses. De plus, si trop de gens adoptent une mode, plusieurs consommateurs s'en détourneront. Reynolds soutient que la durée du cycle de vie d'une mode dépend de la capacité de la mode de répondre à un besoin profond. Elle dépend

FIGURE 12.4
Les cycles de vie d'un style, d'une mode et d'un engouement

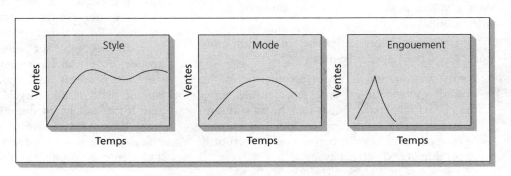

aussi de son degré de compatibilité avec les autres tendances de la société, de sa conformité aux normes et aux valeurs sociales, et de la présence éventuelle d'obstacles technologiques limitant son développement[9].

Un **engouement** est une mode qui attire très vite l'attention, qui est adoptée avec beaucoup de ferveur, qui atteint tôt son apogée et qui décline très rapidement. La durée de l'engouement est brève et il a tendance à n'attirer qu'un nombre limité d'intéressés. Il a souvent un aspect nouveau ou fantaisiste, comme c'est le cas pour les planches à roulettes ou les ensembles de ski « fluo ». L'engouement est souvent adopté par des gens qui recherchent des sensations nouvelles, qui désirent se distinguer des autres ou qui veulent avoir un sujet de conversation. Il ne survit pas longtemps parce que normalement il ne satisfait pas de désirs profonds ou ne les satisfait pas bien. Il est très difficile de prévoir si un produit ou un service ne sera qu'un engouement et, si tel est le cas, quelle en sera la durée : quelques jours, quelques semaines ou quelques mois. L'intérêt que lui accorderont les médias, entre autres facteurs, influera sur la durée de l'engouement.

Les vrais gagnants des guerres d'engouement sont ceux qui savent les reconnaître tôt et qui peuvent les convertir en des produits qui dureront. Certains engouements connaissent un très grand succès à court terme, mais disparaissent rapidement[10].

Le cycle de vie international

Même lorsque les ventes d'un produit commencent à décliner dans un pays, elles peuvent commencer à croître dans un autre. Le taux d'adoption de nouveaux produits varie selon les pays. Parfois, un pays qui est un adepte tardif peut arriver à fabriquer plus économiquement un produit et devenir un leader dans d'autres pays. Ainsi, il existe un **cycle de vie international** de produits.

Le cycle de vie international d'un produit comporte les quatre étapes suivantes :

1. **L'entreprise nationale exporte son produit.** Un produit innovateur est lancé avec succès sur le marché national parce que le marché est suffisamment important et qu'il existe des infrastructures développées. Par la suite, on commence à exporter ce produit vers d'autres pays.

2. **La production commence à se faire à l'étranger.** À mesure que les producteurs étrangers se familiarisent avec le produit, certains commencent à le produire pour leur marché national, ce qui peut se faire par cession de licence, en créant des coentreprises (où les frais et les risques sont partagés) ou tout simplement en imitant le produit. Les gouvernements aident souvent leurs producteurs en imposant des tarifs et des quotas sur les importations des produits.

3. **La production étrangère devient concurrentielle sur les marchés d'exportation.** Les producteurs étrangers ont maintenant acquis de l'expérience dans la fabrication du produit, et leurs coûts plus bas leur permettent de commencer à exporter dans d'autres pays.

4. **La concurrence à l'importation commence.** À cause de la croissance de leur volume d'activités et de leurs coûts plus bas, les producteurs étrangers deviennent très concurrentiels et peuvent commencer à exporter sur le marché national du producteur initial[11].

12.2
LES STRATÉGIES DE MARKETING SELON LES PHASES DU CYCLE DE VIE

Tournons-nous maintenant vers les phases du cycle de vie du produit et vers les stratégies de marketing appropriées qui y correspondent.

12.2.1
La phase d'introduction

La phase d'introduction débute au moment où le produit est distribué pour la première fois et offert aux acheteurs. Il faut du temps pour « remplir les pipelines » des grossistes et des détaillants qui rendent le produit accessible sur plusieurs marchés ; en conséquence, la croissance des ventes sera probablement lente. Des produits aussi répandus que le café instantané, le jus d'orange surgelé et la crème en poudre pour le café ont stagné durant de nombreuses années avant de connaître une croissance rapide. Buzzell a dégagé plusieurs facteurs expliquant la croissance lente de nombreux produits : les délais dans l'accroissement de la capacité de production, les problèmes techniques, les délais avant que le produit soit rendu accessible aux consommateurs, surtout à cause de la difficulté d'obtenir une distribution suffisante dans les magasins de détail, et la réticence des consommateurs à modifier les schémas de comportement établis[12]. Dans le cas de nouveaux produits coûteux, la croissance des ventes est retardée par des facteurs additionnels tels que le faible nombre d'acheteurs qui peuvent se permettre d'acheter le nouveau produit.

Au cours de la phase d'introduction, les profits sont négatifs ou faibles à cause des ventes peu élevées et des dépenses importantes de distribution et de promotion. Il faut beaucoup d'argent pour attirer les distributeurs et pour « remplir les pipelines ». Les dépenses promotionnelles sont à leur plus haut niveau quant au pourcentage des ventes, « ce qui est nécessaire à cause du niveau élevé d'efforts promotionnels exigé pour, premièrement, informer les consommateurs potentiels de l'existence d'un produit nouveau et inconnu, pour, deuxièmement, les inciter à essayer le produit et pour, troisièmement, assurer la distribution dans les magasins de détail[13] ».

Les entreprises concentrent leurs ventes sur les acheteurs qui sont les plus disposés à acheter, généralement ceux dont les revenus sont les plus élevés. Les prix ont tendance à être plutôt élevés, pour les raisons suivantes : « 1° les coûts sont élevés à cause du niveau relativement faible de production ; 2° les coûts technologiques de production n'ont pas encore été complètement maîtrisés ; 3° il faut de fortes marges pour supporter les dépenses élevées de promotion nécessaires pour assurer la croissance[14]. »

Les stratégies de marketing dans la phase d'introduction

En lançant un nouveau produit, la direction du marketing peut décider d'un niveau élevé ou réduit pour chacune des variables du marketing mix, soit le prix, la promotion, la distribution et la qualité du produit. S'il ne considère que le prix et la promotion, le service du marketing peut envisager une des quatre stratégies présentées au tableau 12.1 et que nous décrirons maintenant.

Une **stratégie d'écrémage rapide** consiste à lancer le nouveau produit à un prix élevé avec une promo-

TABLEAU 12.1

Les quatre stratégies de marketing pour le lancement d'un nouveau produit

		Promotion	
		Forte	Faible
Prix	Élevé	Stratégie d'écrémage rapide	Stratégie d'écrémage lent
	Bas	Stratégie de pénétration rapide	Stratégie de pénétration lente

tion importante. L'entreprise fixe un prix élevé dans le but de récupérer une marge brute unitaire aussi élevée que possible. Les dépenses élevées de promotion visent à convaincre le marché des mérites du produit, même à un niveau de prix élevé. Une forte promotion permet d'accélérer le taux de pénétration du marché. Cette stratégie se justifie dans les conditions suivantes : 1° une partie importante du marché potentiel ne connaît pas l'existence du produit ; 2° les gens qui en ont pris connaissance sont très désireux de l'acheter, même en payant le prix fort ; 3° l'entreprise doit affronter une concurrence potentielle et désire susciter une préférence pour la marque.

Une **stratégie d'écrémage lent** consiste à lancer le nouveau produit à un prix élevé, mais avec peu de promotion. L'objectif du prix élevé est de récupérer autant que possible une forte marge bénéficiaire unitaire, et le bas niveau de promotion permet de garder faibles les dépenses de marketing. On s'attend à ce qu'une telle combinaison puisse procurer un profit élevé. Cette stratégie se justifie quand : 1° la taille du marché est limitée ; 2° la majeure partie du marché connaît l'existence du produit ; 3° les acheteurs acceptent de payer un prix élevé ; 4° la concurrence potentielle n'est pas imminente.

Une **stratégie de pénétration rapide** consiste à lancer un produit à bas prix avec une forte promotion. Cette stratégie permet d'obtenir une pénétration du marché plus rapide et une plus grande part de marché. Elle se justifie si : 1° le marché est vaste ; 2° le marché ne connaît pas l'existence du produit ; 3° la plupart des acheteurs sont sensibles au prix ; 4° il y a une forte concurrence potentielle ; 5° le coût de production unitaire décroît à mesure que le volume de production augmente et que l'expérience de fabrication s'enrichit.

Une **stratégie de pénétration lente** consiste à lancer un nouveau produit à bas prix avec un niveau de promotion faible. Le prix peu élevé encourage une acceptation rapide du produit et l'entreprise limite sérieusement ses dépenses promotionnelles dans le but d'obtenir un profit net plus élevé. L'entreprise croit que la demande du marché est fortement élastique par rapport au prix mais faiblement élastique par rapport à la promotion. Cette stratégie se justifie quand : 1° le marché est vaste ; 2° le marché est tout à fait au courant de l'existence du produit ; 3° le marché est sensible au prix ; 4° il existe une certaine concurrence potentielle.

Nous allons présenter en détail les stratégies d'écrémage et de pénétration au chapitre 17.

Les entreprises pionnières

Les entreprises qui veulent introduire un nouveau produit doivent décider du moment où elles entreront sur le marché. Le fait d'être les premiers sur le marché offre des avantages certains, mais cela comporte aussi des risques et implique des coûts élevés. Quant au fait d'arriver plus tard sur le marché, ce peut être une bonne stratégie si une entreprise possède une technologie supérieure, une marque de commerce forte ou si elle offre une qualité supérieure. La plupart des études démontrent que les entreprises pionnières ont le plus à gagner. Il est clair que les entreprises pionnières comme Campbell, Coca-Cola, Kodak, Hallmark et Xerox ont acquis une domination soutenue sur les marchés. Robinson et Fornell, qui ont étudié toute une gamme d'entreprises à la phase de maturité dans les secteurs des biens de consommation et des biens industriels, ont découvert que les pionniers ont en général une part de marché plus élevée que les entreprises qui entrent tardivement sur le marché ou que les suiveurs (voir le tableau 12.2)[15].

Une étude d'Urban et autres a aussi démontré l'avantage pour une entreprise d'être pionnière. Il semble que l'entreprise qui arrive la deuxième sur le marché obtient seulement 71 % de la part de marché du pionnier et que celle qui arrive la troisième n'en obtient que 58 %[16]. De leur côté, Carpenter et Nakamoto ont observé que 19 des 25 entreprises qui

TABLEAU 12.2

La part de marché moyenne selon le moment de l'entrée sur le marché (%)

	Secteur des biens de consommation	Secteur des biens industriels
Pionniers	29 %	29 %
Suiveurs immédiats	17 %	21 %
Retardataires	13 %	15 %

étaient des leaders sur le marché en 1923 étaient toujours des leaders sur le marché en 1983, soit soixante ans plus tard[17].

D'où viennent les avantages que retirent les pionniers ? Certains avantages viennent du marché. La recherche a démontré que les consommateurs préfèrent souvent les marques pionnières aux autres marques[18]. Les adoptants précoces préfèrent les marques pionnières parce qu'ils les ont essayées et qu'ils ont été satisfaits. Ces marques définissent aussi des attributs que les catégories de produits devraient posséder. Étant donné que la marque pionnière cible le plus souvent le milieu du marché, elle attire une plus grande part des usagers. D'autres avantages viennent de la production, comme les économies d'échelle, le leadership technologique, la possession d'actifs rares et d'autres barrières à l'entrée.

Par contre, certains chercheurs ont soulevé des doutes sur le fait que les avantages des pionniers soient si marqués, voire inévitables. On pourrait citer les cas de Bowmar (les calculatrices), Reynolds (les plumes à bille) et Osborne (les ordinateurs portatifs), des entreprises pionnières qui ont été dépassées par des suiveurs. Schnaars a étudié 28 industries où les imitateurs ont dépassé les innovateurs[19]. Il a trouvé plusieurs faiblesses aux entreprises pionnières qui ont échoué, dont celles-ci : le développement du nouveau produit n'avait pas été complété ; le nouveau produit avait été mal positionné ; le nouveau produit avait été lancé avant que la demande soit assez forte ; les coûts de développement avaient épuisé les ressources de l'entreprise innovatrice ; celle-ci n'avait pas eu assez de ressources pour concurrencer les grandes entreprises entrant sur le marché ; le service du marketing avait fait preuve d'incompétence ou encore de suffisance. La réussite des imitateurs peut s'expliquer par des prix plus bas, une amélioration continue du produit ou une grande puissance de marketing permettant de surclasser le pionnier.

Dans une autre recherche, Golder et Tellis ont aussi contesté les avantages des pionniers[20]. Ils ont fait une différence entre un inventeur (le premier à développer le projet dans une nouvelle catégorie de produits), le pionnier du produit (le premier à développer un modèle fonctionnel) et le pionnier du marché (le premier à vendre une nouvelle classe de produits). Ils ont aussi inclus dans leur échantillon les entreprises qui avaient fait faillite, lesquelles sont souvent omises dans les études traditionnelles. À partir de ces précisions, ils en sont venus à la conclusion que, quoique ces entreprises pionnières puissent avoir des avantages, ceux-ci sont moins importants qu'on le prétend. Les entreprises pionnières qui ont connu l'échec sur un marché sont plus nombreuses que ne le rapporte la documentation, et un nombre plus grand de suiveurs immédiats (qui n'étaient pas des pionniers) ont réussi, surtout lorsqu'ils sont entrés sur le marché d'une façon décidée ou en engageant des ressources substantielles pour obtenir le leadership. En outre, certains retardataires ont dépassé des pionniers ; c'est le cas d'IBM face à Sperry pour les ordinateurs, de Matsushita face à Sony pour les magnétoscopes, de Texas Instruments face à Bowmar pour les calculatrices et de GE face à EMI pour les scanners. Tout au moins, ces résultats indiquent que, dans des circonstances favorables, un retardataire peut surmonter l'avantage du pionnier. Par contre, un pionnier alerte, selon Robertson et Gatignon, peut utiliser diverses stratégies pour empêcher un retardataire de lui enlever son leadership[21].

Le pionnier devrait envisager divers couples produit-marché qu'il pourrait choisir comme cibles, sachant qu'il ne peut s'attaquer à tous les couples. Supposons qu'une analyse de segmentation du marché révèle les couples produit-marché présentés à la figure 12.5. L'entreprise pionnière devrait analyser le profit potentiel de chaque marché individuellement et en interaction, et décider de sa stratégie d'extension de marché en conséquence. Ainsi, le pionnier de la figure 12.5 se propose de lancer son produit initial dans le couple $P_1 M_1$, puis d'étendre le même produit à un deuxième marché ($P_1 M_2$), puis de surprendre la concurrence en développant un deuxième produit pour ce deuxième marché ($P_2 M_2$), puis d'introduire ce deuxième produit sur le premier marché ($P_2 M_1$) et enfin de lancer un troisième produit sur le marché ($P_3 M_1$). Si ce plan fonctionne bien, cette entreprise pionnière pourrait conquérir une bonne partie des deux premiers segments de marché, qu'elle servirait avec deux ou trois produits. Évidemment, ce plan peut être modifié en cours de route, à mesure que de nouveaux facteurs se présenteront. Quoi qu'il en soit, l'entreprise aura au moins su établir d'avance comment elle désire évoluer sur ce nouveau marché.

FIGURE 12.5

Les stratégies de croissance à long terme selon les couples produit-marché

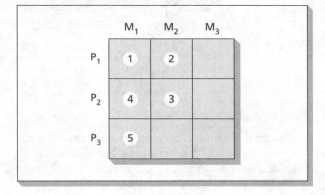

Le cycle de la concurrence

L'entreprise pionnière sait bien que, dans un avenir pas trop lointain, des concurrents se présenteront et provoqueront par le fait même une chute des prix et de sa part de marché. Elle doit alors se demander quand cela arrivera et ce qu'elle fera à chaque phase. Frey a proposé un modèle en cinq phases d'un cycle de la concurrence que le pionnier devrait prévoir (voir la figure 12.6)[22].

- À la première phase, le pionnier, qui est le **seul fournisseur**, a 100 % de la capacité de production et réalise naturellement toutes les ventes du produit.

- La deuxième phase est celle de la **pénétration de la concurrence**, qui débute lorsqu'un nouveau concurrent a mis au point une capacité de production et commence à faire des ventes commerciales. D'autres concurrents se présentent aussi, faisant chuter les parts de capacité de production et de ventes du chef de file.

FIGURE 12.6

Les phases du cycle de la concurrence

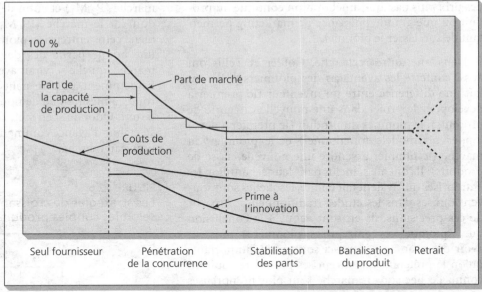

Source : John B. Frey, « Pricing over the Competitive Cycle », discours prononcé à la conférence sur le marketing au Conference Board, à New York, en 1982.

Plus tard, de nouveaux concurrents entreront sur le marché avec des prix plus bas que ceux du leader. Avec le temps, la valeur relative perçue du chef de file déclinera, entraînant une chute de ses prix.

- Durant la phase de croissance rapide, une surcapacité apparaîtra et, ainsi, lorsqu'un ralentissement cyclique se fera sentir, la surcapacité de l'industrie ramènera la marge bénéficiaire à des niveaux plus bas. Les nouveaux concurrents hésiteront alors à entrer sur le marché et ceux qui sont déjà en place chercheront à consolider leur position. Il en résultera, à la troisième phase, une **stabilisation des parts** de capacité de production et de marché.

- Cette période de stabilité est suivie de la quatrième phase, au cours de laquelle il y a **banalisation du produit** : les consommateurs ne paient plus de « prime à l'innovation », et les fournisseurs peuvent alors obtenir un taux normal de rendement des investissements.

- À ce moment intervient la cinquième phase, celle du **retrait** de certaines entreprises. L'innovateur pourrait décider d'accroître sa part en profitant du fait que certaines entreprises abandonnent leur part de marché, se retirent graduellement de celui-ci. Le pionnier doit reformuler continuellement de

nouvelles stratégies de prix et de marketing lorsqu'il passe par les diverses phases du cycle concurrentiel.

12.2.2
La phase de croissance

La phase de croissance est caractérisée par un accroissement rapide des ventes. Les adoptants précoces aiment le produit, et les consommateurs de la majorité précoce commencent à acheter le produit. De nouveaux concurrents, attirés par les possibilités d'une production à grande échelle et d'une rentabilité intéressante, entrent sur le marché. Ils introduisent de nouvelles caractéristiques et accroissent le réseau de distribution.

Les prix demeurent au même niveau ou baissent légèrement pendant que la demande s'accroît plutôt rapidement. Les entreprises maintiennent leurs dépenses promotionnelles au même niveau ou à un niveau légèrement supérieur pour faire face à la concurrence et pour continuer à renseigner le marché sur le produit. Les ventes augmentent encore plus vite, occasionnant une diminution du ratio dépenses promotionnelles-ventes.

Les profits augmentent durant cette phase du fait que les coûts de promotion sont répartis sur un plus grand volume de ventes et que les coûts unitaires de production chutent plus rapidement que les prix, en raison de l'effet de la « courbe d'expérience ».

Le taux de croissance passe d'un taux d'accélération à un taux de décélération. Les entreprises doivent être aux aguets pour détecter le début de la décélération, de façon à pouvoir préparer de nouvelles stratégies en conséquence.

Les stratégies de marketing dans la phase de croissance

Durant la phase de croissance, l'entreprise recourt à plusieurs stratégies pour soutenir sa croissance du marché aussi longtemps que possible. Elle peut :

- améliorer la qualité du produit, ajouter de nouvelles caractéristiques ou améliorer le design ;
- ajouter de nouveaux modèles et des produits de soutien ;
- attaquer de nouveaux segments ;
- pénétrer de nouveaux canaux de distribution ;
- réorienter une partie de l'effort publicitaire en remplaçant l'objectif d'une prise de conscience par un objectif de persuasion, voire de changement de comportement ;
- réduire les prix au bon moment afin d'attirer la couche suivante de consommateurs sensibles au prix.

L'entreprise qui adopte ces stratégies d'extension de marché renforcera sa position concurrentielle. Toutefois, cette amélioration ne se fera pas sans coûts additionnels. Par exemple, Second Cup a dû faire des efforts de marketing importants pour s'implanter au Québec, où l'on trouve déjà toute une panoplie de cafés et de bistros. Sans compter la firme américaine Starbucks, qui a déjà commencé son déploiement au Canada anglais[23]. Loblaws cherche aussi à étendre ses activités au Québec.

Une entreprise en phase de croissance est aux prises avec un dilemme : une part de marché plus élevée ou un profit à court terme plus élevé. En consacrant beaucoup d'argent à l'amélioration du produit, à sa promotion et à sa distribution, elle peut acquérir une position dominante. Elle renonce ainsi à un profit immédiat maximal dans l'espoir d'obtenir un profit encore plus élevé à la phase suivante.

12.2.3
La phase de maturité

Un peu plus tard, le taux de croissance des ventes commencera à diminuer, et le produit entrera dans une phase de maturité relative. Cette phase dure normalement plus longtemps que la précédente et elle pose des défis importants aux directeurs du marketing. **La plupart des produits sont dans la phase de maturité de leur cycle de vie et, en conséquence, l'essentiel du management du marketing réside dans la gestion de produits mûrs.**

La phase de maturité comprend trois périodes. Dans la première période, la **maturité croissante**, les ventes continuent de progresser, mais leur taux de croissance commence à décliner. Il n'y a plus de nouveaux canaux de distribution à remplir, même si certains acheteurs retardataires entrent encore sur le marché. Dans la deuxième période, la **maturité stable**, le niveau des ventes par personne est constant, le marché étant saturé. La majorité des consommateurs potentiels ont déjà essayé le produit, et les ventes futures proviendront surtout de la croissance démographique et du réachat. Dans la troisième période, la **maturité déclinante**, le niveau absolu des ventes commence à décroître, et les consommateurs se dirigent vers d'autres produits ou substituts.

Le ralentissement du taux de croissance entraîne une surcapacité dans l'industrie. Cette surcapacité engendre une intensification de la concurrence. Certains concurrents se dépêchent de déceler de nouveaux créneaux et de s'y attaquer. Les concurrents démarquent davantage leur marchandise et font plus fréquemment passer les prix sous la barre des prix de catalogue. Ils accroissent leur publicité et leur promotion auprès des intermédiaires et des consommateurs. Ils augmentent leur budget de R et D afin de découvrir des améliorations pour leur produit et de mieux les soutenir. Ils concluent des ententes pour fabriquer des produits de marques privées. Toutes ces mesures se traduisent par une certaine érosion des profits. Cette turbulence force les concurrents les plus faibles à abandonner le marché. L'industrie sera finalement composée de concurrents bien implantés dont l'objectif fondamental est d'accroître leurs avantages concurrentiels distinctifs.

Il existe alors deux types de concurrents. Il y a d'abord quelques très grandes entreprises qui dominent l'industrie et produisent la majeure partie de l'extrant de cette industrie. Ces entreprises servent l'ensemble du marché et sont rentables surtout à cause du fort volume de ventes, des faibles coûts, de la grande qualité du service à la clientèle, etc. Autour de ces entreprises dominantes, on voit ensuite de nombreuses entreprises qui se sont trouvé des créneaux. Ces créneaux prennent la forme de marchés spécialisés, de produits spécialisés ou de fabrication sur mesure. Les entreprises qui servent des créneaux répondent très efficacement aux besoins de ces petits marchés cibles, et elles exigent un prix plus élevé. Le choix se résume alors, pour une entreprise sur un marché à la phase de maturité, à savoir se battre pour devenir un des « trois grands » qui réaliseront leurs profits en produisant de grandes quantités à de faibles coûts, ou bien à se trouver un créneau où la rentabilité résultera plutôt d'une marge élevée.

Les stratégies de marketing dans la phase de maturité

Dans la phase de maturité, certaines entreprises abandonnent leurs produits les plus faibles, croyant qu'il y a peu d'avantages à en tirer. Elles croient que la meilleure chose à faire est de conserver leur argent pour développer de nouveaux produits. Ce faisant, elles ignorent à la fois le faible taux de réussite des nouveaux produits et le potentiel élevé que possèdent certains vieux produits. Les Japonais ont découvert des façons différentes d'offrir de nouvelles valeurs aux consommateurs et ont prouvé que l'abandon des produits faibles n'était pas nécessairement la meilleure stratégie dans le cas de nombreuses industries qu'on croyait à la phase de maturité, comme celles des automobiles, des motocyclettes, des téléviseurs, des montres et des caméras. De même, des marques aussi connues que Jell-O, Ovaltine et Arm & Hammer (le bicarbonate de soude) ont connu maintes fois une reprise majeure des ventes grâce à une stratégie de marketing créatrice. Les directeurs du marketing ne devraient pas tendre à délaisser ou à défendre passivement des produits vieillissants ou négligés (nous aborderons ce sujet plus en détail au chapitre 13). Les gens de marketing devraient évaluer systématiquement les stratégies de modification du marché, du produit et du marketing mix.

La modification du marché

L'entreprise devrait tenter d'accroître le marché pour sa marque en travaillant à partir des deux composantes du volume de ventes :

$$\text{Volume de ventes} = \text{Nombre d'utilisateurs} \times \text{Taux d'utilisation par utilisateur}$$

L'entreprise peut essayer d'**accroître le nombre d'utilisateurs** de la marque de trois façons :

1. **Convertir les non-utilisateurs.** L'entreprise peut essayer de convertir les non-utilisateurs en utilisateurs de la classe de produits. Par exemple, la clé du succès pour les services de fret aérien est la recherche constante de nouveaux utilisateurs auxquels les transporteurs aériens peuvent démontrer les avantages du transport aérien par rapport au transport terrestre.

2. **Pénétrer de nouveaux segments de marché.** L'entreprise peut essayer de pénétrer de nouveaux segments de marché — géographique, démographique, etc. — qui utilisent le produit, mais pas la marque. Par exemple, Johnson & Johnson a repositionné avec succès le shampooing pour bébés auprès des utilisateurs adultes.

3. **Enlever des clients aux concurrents.** L'entreprise peut s'efforcer d'inciter les clients des concurrents à utiliser ou à adopter sa marque. Par exemple, Pepsi-Cola essaie en permanence, en multipliant les défis, de convaincre les consommateurs de Coca-Cola de remplacer cette boisson gazeuse par Pepsi-Cola.

On peut aussi **accroître le volume de ventes** en amenant les utilisateurs actuels de la marque à accroître leur taux d'utilisation. Il y a trois stratégies à cette fin :

1. **Augmenter la fréquence d'utilisation.** L'entreprise peut essayer de convaincre les utilisateurs de multiplier les occasions d'utiliser ses produits. Par exemple, les mercaticiens du jus d'orange tentent d'amener les gens à boire du jus d'orange à des occasions autres qu'au déjeuner.

2. **Augmenter le niveau de consommation à chaque occasion.** L'entreprise peut tenter d'inciter les consommateurs à utiliser davantage le produit chaque fois qu'ils s'en servent. Ainsi, un fabricant de shampooing peut indiquer que le produit est plus efficace lorsqu'on procède à deux applications plutôt qu'à une seule.

3. **Multiplier les usages du produit.** L'entreprise peut tenter de découvrir de nouveaux usages pour le produit et de convaincre les gens de l'utiliser de diverses façons. Chez les fabricants de produits alimentaires, une pratique commune consiste à suggérer plusieurs recettes sur les emballages de façon à accroître les connaissances des consommateurs sur les usages possibles du produit.

La modification du produit

Les directeurs du marketing essaient également de stimuler les ventes en changeant les caractéristiques du produit, ce qui peut se faire de plusieurs façons.

Une stratégie d'**amélioration de la qualité** a pour objectif d'accroître la performance fonctionnelle du produit: sa durabilité, sa fiabilité, sa vitesse ou son goût. Un fabricant peut espérer devancer la concurrence en lançant une machine-outil, une automobile, un poste de télévision ou un détergent «nouveau et amélioré». Les fabricants de produits alimentaires appellent ce procédé un «lancement plus»: ils font alors la promotion d'un nouvel additif ou font la publicité de quelque chose de «plus fort», de «plus gros» ou de «meilleur». Cette stratégie est efficace dans la mesure où la qualité peut être réellement améliorée, où les acheteurs croient en cette déclaration d'une qualité améliorée et où un nombre suffisant d'acheteurs désirent une qualité supérieure. Mais les consommateurs ne sont pas toujours intéressés par un produit «amélioré», comme l'histoire du «nouveau Coke» le démontre bien.

> Secouée par la concurrence du Pepsi-Cola qui était plus doux, Coca-Cola décida d'abandonner sa formule traditionnelle pour donner elle aussi à la génération Pepsi une boisson gazeuse plus douce, nommée le nouveau Coke. Alors que les tests de goût en aveugle indiquaient que les utilisateurs du Coke préféraient le nouveau goût proposé par l'entreprise, le lancement du nouveau Coke déclencha une tempête de protestations. Les chercheurs en marketing avaient sous-estimé l'attachement des consommateurs au Coca-Cola. Certains d'entre eux écrivirent des lettres virulentes, allant jusqu'à menacer de poursuivre l'entreprise pour forcer le retour du Coke original. Finalement, l'échec du nouveau Coke profita à Coca-Cola. Deux mois après avoir annoncé l'abandon du nouveau Coke, l'entreprise réintroduisit sa formule centenaire sous le nom de Coca-Cola Classique, donnant ainsi à l'ancienne formule une nouvelle reconnaissance sur le marché.

Une stratégie d'**amélioration des caractéristiques** a pour objectif d'ajouter de nouvelles propriétés (taille, poids, force, matériaux, ajouts, accessoires) qui accroissent la diversité de l'utilisation, la sécurité ou la commodité du produit. Par exemple, l'introduction d'un moteur dans la tondeuse à gazon a augmenté la rapidité et la facilité de la tonte du gazon. Les fabricants ont ensuite renforcé les dispositifs de sécurité. Certains fabricants ont même ajouté à leurs tondeuses une capacité d'autopropulsion.

Une telle stratégie présente plusieurs avantages. L'ajout de nouvelles caractéristiques donne à l'entreprise une image de progrès et de leadership. Ces caractéristiques peuvent accroître la fidélité de certains segments de marché. Elles peuvent être adaptées ou abandonnées rapidement, ou encore offertes en option. Elles se prêtent bien à la publicité écrite et suscitent généralement l'enthousiasme des représentants et des distributeurs. Le principal inconvénient de cette stratégie est que les améliorations des caractéristiques sont facilement imitables. À moins qu'il n'y ait un avantage permanent à être le premier, il peut être difficile de justifier une amélioration.

Une stratégie d'**amélioration du style** a pour objectif d'améliorer l'attrait esthétique du produit. Le lancement annuel de nouveaux modèles d'automobiles met en évidence la concurrence selon le style plutôt que selon la qualité ou les caractéristiques. Dans le cas des produits alimentaires et ménagers, les entreprises introduisent des changements de couleur ou de texture, et modifient souvent l'emballage, ce qui est considéré comme une extension du produit. La stratégie d'amélioration du style a pour avantage de permettre à l'entreprise d'acquérir une identité sur le marché et, ce faisant, d'accroître la fidélité à la marque. La concurrence quant au style pose cependant certains problèmes. Premièrement, il est difficile de prévoir si les gens aimeront le nouveau style et, le cas échéant, lesquels l'aimeront. Deuxièmement, les changements de style ont normalement pour effet de mettre fin au vieux style ou aux anciens modèles, et l'entreprise risque alors de perdre certains clients qui les préfèrent. Les amateurs de baseball américains ont résisté à la substitution des arachides avec écale par des arachides sans écale[24].

La modification du marketing mix

Les directeurs de produit devraient aussi essayer de stimuler les ventes en modifiant un ou plusieurs éléments du marketing mix. Voici une liste de questions clés que les responsables du marketing devraient se poser :

- **Le prix.** Nos réductions de prix attireront-elles de nouveaux utilisateurs ? Si oui, le prix de catalogue devrait-il être baissé ? Ou devrait-on baisser le prix en proposant des réductions, des remises, l'absorption des frais de transport ou des conditions de paiement plus faciles ? Ou serait-il préférable d'augmenter le prix afin de renforcer l'image de qualité ?

- **La distribution.** L'entreprise peut-elle obtenir plus de soutien pour le produit ou une plus grande présence au point de vente ? Pourrait-on avoir accès à un plus grand nombre de points de vente ? L'entreprise peut-elle réussir à introduire son produit dans de nouveaux types de canaux de distribution ? Ainsi, la part de marché de Goodyear passa de 14 % à 16 % lorsque cette entreprise décida de distribuer ses pneus dans des magasins comme Sears et Wal-Mart[25].

- **La publicité.** Les dépenses publicitaires devraient-elles être accrues ? Le message ou l'axe publicitaire devrait-il être modifié ? Le choix des véhicules médiatiques devrait-il être révisé ? Le synchronisme, la fréquence ou la taille des messages devraient-ils être changés ?

- **La promotion des ventes.** L'entreprise devrait-elle accroître la promotion des ventes : les promotions aux intermédiaires, les bons de réduction, les remises, les garanties, les cadeaux ou les concours ?

- **La force de vente.** Le nombre ou la qualité des vendeurs devraient-ils être accrus ? Le degré de spécialisation de la force de vente devrait-il être modifié ? Les territoires de vente devraient-ils être revus ? Les modes de rémunération de la force de vente devraient-ils être réévalués ? La planification du travail des vendeurs devrait-elle être réévaluée ?

- **Le service à la clientèle.** L'entreprise peut-elle accroître la rapidité de sa livraison ? Les délais peuvent-ils être raccourcis ? Les clients ont-ils besoin d'un plus grand soutien technique ? Peut-on faciliter les conditions de paiement ?

Quels outils sont les plus efficaces à la phase de maturité ? Les gens de marketing ne s'entendent pas sur la réponse à donner à cette question. Par exemple, l'entreprise aurait-elle avantage à augmenter son budget de publicité plutôt que celui de la promotion des ventes ? Certains soutiennent que la promotion des ventes a plus d'effet que la publicité parce que les consommateurs ont atteint un équilibre dans leurs habitudes d'achat et leurs préférences, et que, en conséquence, la persuasion psychologique (publicité) n'est pas aussi efficace que la persuasion financière (réductions promotionnelles) pour briser cet équilibre. En fait, plusieurs fabricants de produits de consommation préemballés accordent plus de 60 % de leur budget total de communication à la promotion des ventes pour soutenir des produits ayant atteint la phase de maturité.

D'autres mercaticiens prétendent, de leur côté, qu'une marque devrait être gérée comme un actif immobilisé et soutenue par la publicité. Les directeurs de marques utilisent la promotion des ventes parce que ses effets peuvent être immédiatement constatés par leurs supérieurs. Malheureusement, une utilisation abusive de la promotion au détriment de la publicité peut nuire à la performance à long terme de la marque.

Un inconvénient important des modifications du marketing mix est qu'elles sont très facilement imitables par les concurrents, surtout les réductions de prix et l'ajout de services. L'entreprise pourrait bien ne pas y gagner autant que ce à quoi elle s'attend ; en fait, toutes les entreprises pourraient constater une érosion de leur rentabilité si elles augmentaient leurs attaques de marketing les unes contre les autres.

La rubrique Le marketing en coulisse 12.2 fournit un cadre aidant à trouver de nouvelles idées pour relancer les ventes de produits ayant atteint la phase de maturité.

12.2.4
La phase de déclin

Les ventes de la plupart des formes de produits et de marques finiront par décroître. Le déclin des ventes peut être lent, comme dans le cas des céréales aux flocons d'avoine, ou rapide, comme dans le cas de la voiture Edsel. Les ventes peuvent chuter à zéro, ou encore elles peuvent stagner à un bas niveau, et cela pendant de nombreuses années.

Les ventes d'un produit déclinent pour plusieurs raisons, dont le progrès technologique, les changements de goûts des consommateurs et l'accroisse-

LE MARKETING EN COULISSE 12.2
Pour vaincre le syndrome des produits à la phase de maturité

Les directeurs de produit à la phase de maturité ont besoin d'un cadre systématique pour dépister les idées révolutionnaires permettant de faire une percée. Le professeur John A. Weber, de l'Université Notre Dame, a élaboré le cadre suivant, qu'il appelle « analyse des écarts », pour cerner les occasions de croissance.

L'idée maîtresse consiste à définir les écarts possibles dans la gamme de produits, la distribution, l'utilisation, la concurrence, etc. L'analyse de la structure du marché suscite des questions qu'on peut se poser, par exemple pour un produit connu comme le Kool-Aid :

1. **Les changements naturels de la taille du marché potentiel de l'industrie.** Le taux de natalité et la démographie favorisent-ils une plus grande consommation de Kool-Aid ? Comment l'avenir économique probable influera-t-il sur la consommation de Kool-Aid ?

2. **Les nouvelles utilisations ou les nouveaux segments d'utilisateurs.** Le Kool-Aid peut-il être rendu attrayant pour les adolescents, les jeunes adultes, les célibataires, les parents ?

3. **Les différenciations innovatrices du produit.** Le Kool-Aid peut-il être fabriqué dans de nouvelles versions, par exemple des versions hypocaloriques ou ultrasucrées ?

4. **L'ajout d'une nouvelle gamme de produits.** La marque Kool-Aid peut-elle servir à lancer une nouvelle gamme de boissons gazeuses ?

5. **Les incitations aux non-utilisateurs.** Les personnes âgées peuvent-elles être amenées à en faire l'essai ?

6. **Les incitations aux faibles utilisateurs.** Est-il possible de rappeler aux enfants de boire du Kool-Aid chaque jour ?

7. **L'augmentation de la quantité utilisée à chaque occasion.** La quantité de Kool-Aid par sachet peut-elle être augmentée, de même que le prix ?

8. **La réduction des écarts entre les produits et les prix existants.** Devrait-on lancer de nouveaux formats pour le Kool-Aid ?

9. **La création de nouveaux éléments pour la gamme de produits.** Devrait-on créer de nouveaux parfums de Kool-Aid ?

10. **L'accroissement de l'étendue de la distribution.** La distribution du Kool-Aid peut-elle être étendue à l'Europe et à l'Asie ?

11. **L'accroissement de l'intensité de la distribution.** Le pourcentage de dépanneurs qui vendent du Kool-Aid peut-il être porté de 70 % à 90 % ?

12. **L'accroissement de l'exposition de la distribution.** Peut-on faire des offres aux grossistes et aux détaillants pour qu'ils accroissent la surface de rayonnage accordée au Kool-Aid ?

13. **La pénétration des positions des substituts.** Peut-on persuader les consommateurs du fait que le Kool-Aid est une boisson meilleure que les autres (boissons gazeuses, lait, etc.) ?

14. **La pénétration des positions des concurrents directs.** Peut-on persuader les consommateurs d'abandonner le principal concurrent en faveur de Kool-Aid ?

15. **La défense de la position actuelle de l'entreprise.** Peut-on satisfaire suffisamment les utilisateurs actuels pour qu'ils demeurent fidèles ?

Source : Adapté de John A. Weber, *Identifying and Solving Marketing Problems with Gap Analysis*, Notre Dame, Ind., Strategic Business Systems, 1986.

ment de la concurrence nationale et étrangère. Il en résultera une surcapacité de production, de fortes réductions de prix et une érosion de la rentabilité.

À mesure que les ventes d'un produit diminuent, certaines entreprises se retirent du marché. Celles qui restent réduiront le nombre de produits offerts. Elles peuvent aussi laisser tomber les plus petits segments de marché et les canaux de distribution les plus faibles. Elles peuvent réduire le budget promotionnel et baisser les prix encore plus.

Malheureusement, la plupart des entreprises n'ont pas su se donner une politique détaillée concernant la gestion des produits dont les ventes déclinent. Des raisons sentimentales y jouent souvent un rôle :

Tuer un produit, ou le laisser mourir, c'est une chose qui engendre souvent autant de tristesse qu'une rupture avec un vieil et fidèle ami. Le bretzel miniature à six faces fut le premier produit de notre entreprise. Notre gamme de produits ne sera plus jamais la même[26].

L'absence d'une politique de gestion des produits en déclin tient aussi à des raisons logiques. En effet, la direction croit que les ventes du produit s'amélioreront lorsque les conditions économiques seront plus favorables, que la stratégie de marketing aura été révisée ou qu'on aura amélioré le produit. Ou encore, le produit défaillant pourrait être conservé à cause de sa prétendue contribution aux ventes des autres produits de l'entreprise. De même, les revenus de ce produit pourraient couvrir les frais directs, et l'entreprise ne trouverait peut-être pas de meilleure façon d'employer ces fonds.

À moins de raisons exceptionnelles, il en coûte très cher à l'entreprise de garder un produit défaillant. Le coût ne se limite pas à la couverture des frais généraux et à la contribution aux profits. Les états financiers ne peuvent tout simplement pas révéler tous les coûts cachés. Un produit défaillant peut consommer une quantité disproportionnée du temps des cadres ; un tel produit exige souvent des ajustements de prix et de stocks ; il nécessite généralement une production en petites séries malgré les coûts élevés de montage ; il exige des publicitaires et des représentants des efforts qui pourraient être déployés plus efficacement dans les produits « en bonne santé », plus rentables ; la faiblesse du produit peut rendre le consommateur méfiant et jeter une ombre sur l'image de l'entreprise. Le coût élevé d'un produit défaillant peut bien n'apparaître que plus tard. Lorsqu'il n'est pas éliminé au bon moment, le produit défaillant retarde une recherche dynamique de produits de remplacement ; il crée une combinaison de produits déséquilibrée, où il y a trop de « succès passés » et pas assez de « succès futurs » ; il diminue la rentabilité actuelle et affaiblit la position à long terme de l'entreprise.

Les stratégies de marketing dans la phase de déclin

Une entreprise qui veut bien gérer ses produits vieillissants doit faire face à de nombreuses tâches et décisions.

Le dépistage des produits défaillants

La première tâche consiste à mettre en place un processus de dépistage des produits défaillants. L'entreprise crée d'abord un comité d'évaluation des produits, comprenant des représentants du marketing, de la recherche, de la production et des finances. Ce comité élabore un processus de dépistage des produits défaillants. Le bureau du contrôleur fournit les données pour chaque produit, en indiquant les tendances du marché, la part de marché, les prix, les coûts et les profits. Cette information est analysée à l'aide d'un logiciel qui signale les produits douteux. Les critères de cette analyse sont notamment le nombre d'années de déclin des ventes, les tendances quant à la part de marché, la marge bénéficiaire brute et le rendement des investissements. Les cadres responsables de produits douteux remplissent des formulaires d'évaluation, en y indiquant leurs prévisions des ventes et des profits, avec ou sans changements dans la stratégie de marketing. Le comité d'évaluation des produits évalue cette information et fait des recommandations pour chaque produit douteux : le *statu quo*, une modification de la stratégie de marketing ou l'abandon[27].

Le choix des stratégies de marketing

Certaines entreprises abandonneront des marchés en déclin plus tôt que d'autres. Tout dépendra des **barrières à la sortie**[28]. Plus celles-ci seront basses, plus il sera facile pour les entreprises d'abandonner l'industrie et plus ce sera encourageant pour les autres entreprises de s'y maintenir et d'attirer les clients des concurrents qui se retirent. Les entreprises restantes pourront bénéficier d'un accroissement des ventes et des profits. Ainsi, une entreprise peut décider de rester sur un marché jusqu'à la fin. Par exemple, Procter & Gamble resta jusqu'au bout sur le marché des savons liquides et réalisa d'importants profits à mesure que les autres entreprises se retiraient.

Dans une étude portant sur les stratégies d'entreprise dans des industries en déclin, Harrigan a décrit cinq stratégies de déclin possibles :

1. Accroître l'investissement de l'entreprise (pour dominer ou renforcer sa position concurrentielle).

2. Maintenir le niveau d'investissement actuel jusqu'à ce que l'incertitude dans l'industrie se soit dissipée.

3. Désinvestir de façon sélective en abandonnant les segments les moins intéressants, tout en renforçant simultanément la position de l'entreprise dans des créneaux lucratifs où la demande sera plus durable.

4. Récolter (ou écrémer) l'investissement de l'entreprise pour récupérer rapidement des fonds.

5. Désinvestir rapidement en liquidant les actifs de la façon la plus avantageuse possible[29].

La stratégie de déclin la plus appropriée dépendra de l'attrait relatif de l'industrie et de la position concurrentielle de l'entreprise dans cette industrie. Par exemple, une entreprise qui se trouve dans une industrie peu attrayante, où elle a néanmoins une force concurrentielle, pourrait envisager de réduire ses activités. Par contre, si elle se trouve dans une industrie attrayante et qu'elle possède une force concurrentielle, elle devrait envisager d'accroître ou de maintenir son niveau d'investissement. Ainsi, Procter & Gamble a tenté à plusieurs occasions de relancer des marques qui avaient eu des résultats désappointants sur des marchés forts :

> Procter & Gamble avait lancé une crème pour les mains nommée Wondra, qu'elle prétendait être moins huileuse et dont le conditionnement consistait en une bouteille inversée, de façon que la crème provienne du fond. Quoique les ventes initiales aient été élevées, les réachats furent décevants. Les consommateurs se plaignirent du fait que le fond de la bouteille devenait collant et que la faible teneur en huile de la crème la rendait moins fonctionnelle. Procter & Gamble apporta deux modifications majeures : tout d'abord, elle réintroduisit Wondra dans une bouteille traditionnelle, puis elle reformula les ingrédients de façon que la crème pour les mains soit plus fonctionnelle. On constata une augmentation des ventes.

Les représentants de Procter & Gamble affirment que le cycle de vie d'un produit n'existe pas et ils citent, à l'appui de leur assertion, des marques telles qu'Ivory, Camay et d'autres « vétérans » qui continuent à bien marcher.

Les stratégies sont très différentes selon qu'une entreprise choisit de **récolter** ou de **désinvestir**.

Comme nous l'avons vu au chapitre 3, récolter suppose qu'on élimine graduellement les coûts d'un produit ou d'une activité tout en tentant de maintenir le plus haut niveau de ventes possible. Les premiers coûts à supprimer sont ceux de la R et D, puis ceux des investissements dans les usines et les équipements. L'entreprise peut aussi choisir de réduire la qualité du produit, de ne pas remplacer les représentants qui quittent leur poste, de laisser tomber certains services et de réduire ses dépenses publicitaires. Cependant, elle aimerait bien entreprendre ces programmes de réduction de coûts sans donner aux clients, aux concurrents et au personnel des indices montrant qu'elle est en train de se retirer tranquillement du marché. Si les clients l'apprenaient, ils pourraient changer de fournisseurs ; si les concurrents l'apprenaient, ils pourraient le dire aux clients ; si le personnel l'apprenait, il pourrait se chercher un emploi ailleurs. Récolter est donc une stratégie dont l'éthique est douteuse ; de plus, cette stratégie est difficile à appliquer d'une façon efficace. Elle est néanmoins appropriée pour certains produits à la phase de maturité. Ainsi, cette stratégie peut accroître d'une façon substantielle le fonds de roulement durant la durée de sa réalisation, pourvu que les ventes ne s'écroulent pas[30].

Le résultat net de la récolte est souvent d'enlever toute sa valeur à l'entreprise ou à l'unité stratégique d'activité. Par contre, si une entreprise décide de désinvestir, elle cherchera d'abord un acheteur. Dans un tel cas, elle essaiera d'accroître l'attrait de l'entreprise ou de l'USA plutôt que de la démanteler. En conséquence, une entreprise doit réfléchir sérieusement avant de décider de récolter ou de se débarrasser d'une unité stratégique d'activité.

Les entreprises qui ont réussi à rajeunir un produit à la phase de maturité l'ont souvent fait en ajoutant une valeur au produit à la phase de déclin. Considérons l'expérience de Yamaha, un fabricant de pianos, de motocyclettes et de bien d'autres produits[31] :

> Pendant que Yamaha contrôlait 40 % du marché global du piano, la demande totale baissait de 10 % par année. Plutôt que d'abandonner ce domaine, la direction étudia en profondeur le comportement des clients et constata que la majorité des pianos étaient rarement utilisés, voire négligés, pour ne pas dire désaccordés la plupart du temps. Il semble que beaucoup de gens possédaient un piano, mais peu l'utilisaient, car ils n'avaient pas de temps à accorder à la maîtrise d'un tel instrument. Alors Yamaha décida

d'ajouter une valeur aux millions de pianos déjà sur le marché en développant une combinaison d'une technologie numérique et optique avancée qui permettait l'enregistrement de pièces jouées par des pianistes professionnels et la reproduction de ces pièces sur le piano. La venue de cette nouvelle technologie revitalisa l'industrie du piano.

La décision d'abandon

Lorsqu'une entreprise décide d'abandonner un produit, elle fait face à d'autres décisions. S'il existe encore une assez bonne distribution et si le produit a une certaine renommée, l'entreprise pourra peut-être le vendre à une plus petite entreprise :

> Dans le milieu des années 80, la poupée « Bout de chou » devint une fantaisie, voire une lubie, et pendant trois ans ce fut le jouet le plus vendu aux États-Unis. Les ventes en 1984 et 1985 dépassèrent le demi-milliard de dollars, avant que la popularité de cette poupée décline et que celle-ci disparaisse du marché. Néanmoins, à l'été 1989, Hasbro acheta à Coleco les droits de production et de marketing de la poupée « Bout de chou ». En investissant énormément dans la publicité et la distribution de la poupée dans les magasins de jouets, Hasbro put profiter de la force du nom de la marque, de sorte que la poupée connaît encore du succès dans les magasins de jouets[32].

Si l'entreprise ne réussit pas à trouver d'acheteurs, elle devra décider si elle liquide la marque rapidement ou lentement. Enfin, elle devra décider du niveau approprié de stock et de service après-vente pour maintenir le service à la clientèle aux anciens clients.

12.2.5
Réflexion critique sur la notion de cycle de vie du produit

Le concept de cycle de vie du produit est utilisé par les cadres de marketing pour interpréter la dynamique des produits et des marchés. En tant qu'outil de planification, ce concept permet de faire ressortir les principaux défis du marketing à chaque phase et suggère différentes stratégies de marketing que l'entreprise pourrait entreprendre. En tant qu'**outil de contrôle**, le concept de cycle de vie permet à l'entreprise de comparer la performance d'un produit avec celle de produits similaires dans le passé. En tant qu'**outil de prévision**, ce concept est moins utile parce que l'historique des ventes révèle souvent différentes courbes et que la durée des phases varie.

La théorie du cycle de vie du produit a reçu sa part de critiques. Certains auteurs prétendent que la forme et la durée du cycle de vie varient trop, qu'il manque au cycle de vie ce que possèdent les organismes vivants, à savoir une séquence établie d'étapes et une durée limitée pour chacune de ces étapes. Ils accusent les responsables du marketing de rarement savoir à quelle phase du cycle de vie leur produit en est réellement : un produit pourrait sembler être à la phase de maturité, alors qu'en fait il a tout simplement atteint un plateau temporaire au cours de la phase de croissance avant de connaître un regain de vie. Finalement, ils prétendent que le schéma du cycle de vie est plus le résultat des stratégies de marketing utilisées qu'un cheminement inévitable que les ventes doivent suivre :

> Supposons qu'une marque soit acceptable pour les consommateurs, mais qu'elle ait connu quelques mauvaises années à cause d'autres facteurs, par exemple une mauvaise publicité, l'abandon par une chaîne importante ou le lancement d'imitations par des concurrents soutenus par une promotion intensive. Au lieu de penser à prendre des mesures correctives, la direction commence à croire que sa marque est entrée dans la phase de déclin. Elle détourne alors une partie du budget promotionnel de cette marque pour financer la recherche de nouveaux produits. L'année suivante, la marque réussit encore moins bien, et la panique s'installe... Il est clair que le cycle de vie d'un produit est une variable dépendante et qu'il est déterminé par les activités de marketing ; ce cycle n'est pas une variable indépendante par rapport à laquelle les entreprises devraient adapter leur programme de marketing[33].

La figure 12.7 résume les principales caractéristiques, les objectifs de marketing et les stratégies de marketing des quatre phases du cycle de vie d'un produit. La figure 12.8 illustre une analyse fouillée de marketing pour des produits d'alimentation.

12.3
LE CONCEPT D'ÉVOLUTION D'UN MARCHÉ

La notion de cycle de vie d'un produit se limite à ce qui arrive à un produit ou à une marque plutôt que de porter sur ce qui arrive sur l'ensemble du marché. Ce concept donne donc une image orientée vers le

FIGURE 12.7

Le cycle de vie d'un produit : résumé des caractéristiques, des objectifs et des stratégies

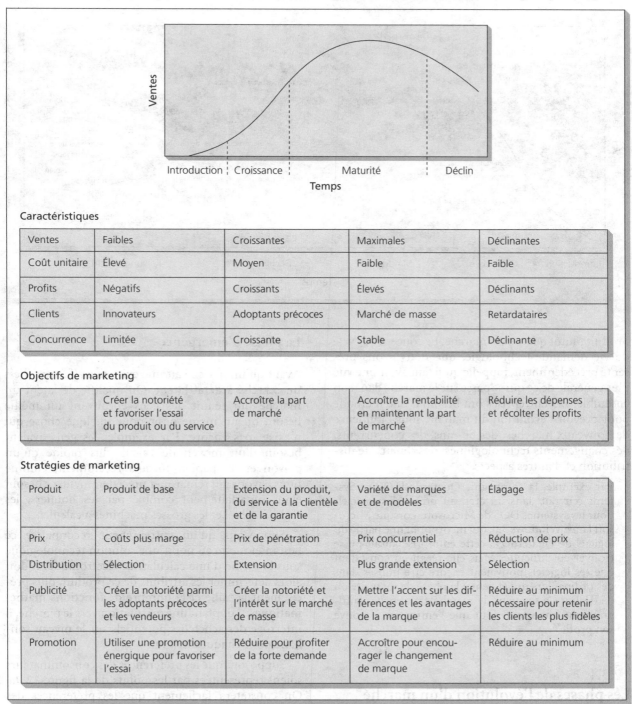

Caractéristiques

Ventes	Faibles	Croissantes	Maximales	Déclinantes
Coût unitaire	Élevé	Moyen	Faible	Faible
Profits	Négatifs	Croissants	Élevés	Déclinants
Clients	Innovateurs	Adoptants précoces	Marché de masse	Retardataires
Concurrence	Limitée	Croissante	Stable	Déclinante

Objectifs de marketing

	Créer la notoriété et favoriser l'essai du produit ou du service	Accroître la part de marché	Accroître la rentabilité en maintenant la part de marché	Réduire les dépenses et récolter les profits

Stratégies de marketing

Produit	Produit de base	Extension du produit, du service à la clientèle et de la garantie	Variété de marques et de modèles	Élagage
Prix	Coûts plus marge	Prix de pénétration	Prix concurrentiel	Réduction de prix
Distribution	Sélection	Extension	Plus grande extension	Sélection
Publicité	Créer la notoriété parmi les adoptants précoces et les vendeurs	Créer la notoriété et l'intérêt sur le marché de masse	Mettre l'accent sur les différences et les avantages de la marque	Réduire au minimum nécessaire pour retenir les clients les plus fidèles
Promotion	Utiliser une promotion énergique pour favoriser l'essai	Réduire pour profiter de la forte demande	Accroître pour encourager le changement de marque	Réduire au minimum

Sources : Chester R. Wasson, *Dynamic Competitive Strategy and Product Life Cycles*, Austin, Tex., Austin Press, 1978 ; John A. Weber, « Planning Corporate Growth with Inverted Product Life Cycles », *Long Range Planning*, octobre 1976, p. 12-29 ; Peter Doyle, « The Realities of the Product Life Cycle », *Quarterly Review of Marketing*, été 1976, p. 1-6.

FIGURE 12.8

Le marketing de produits d'alimentation

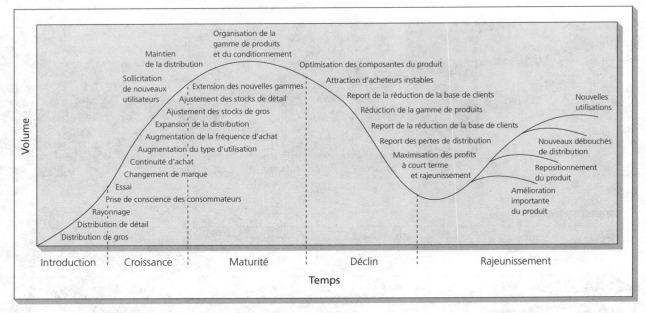

produit plutôt que vers le marché. Le concept de cycle de vie demande-technologie, que nous avons présenté précédemment, rappelle qu'il faut avoir une vue plus générale de ce qui se passe sur le marché dans son ensemble. Les entreprises ont besoin d'une méthode pour prévoir l'évolution du marché, sous l'influence de nouveaux marchés, des besoins, des concurrents, des changements technologiques, des canaux de distribution et d'autres aspects.

Par exemple, la compagnie Quaterdeck Office Systems œuvrait dans un créneau précis : les logiciels pour les systèmes DOS de Microsoft. Lorsque Microsoft lança Windows 3.0, qui incorporait une partie du logiciel de Quaterdeck, cette entreprise aurait pu se trouver en difficulté. Mais elle réagit en constatant que ses logiciels pouvaient encore être utilisés dans des ordinateurs qui étaient à la phase de maturité ou de déclin. Ce segment de marché était encore suffisamment important pour que l'entreprise y trouve son profit[34].

12.3.1
Les phases de l'évolution d'un marché

Quatre phases marquent l'évolution d'un marché : l'émergence, la croissance, la maturité et le déclin.

La phase d'émergence

Avant qu'un marché ait une existence effective, il est un **marché à l'état latent**. On qualifie de latent un marché qui réunit des gens éprouvant un même besoin ou un même désir pour quelque chose qui n'existe pas encore. Par exemple, les gens avaient besoin d'un moyen de calcul plus rapide qu'un crayon et du papier. Jusqu'à récemment, comme nous l'avons fait remarquer précédemment, ce besoin était imparfaitement comblé par les bouliers, les règles à calcul et les grosses machines à calculer.

Supposons qu'un entrepreneur reconnaisse ce besoin et mette au point une solution technologique sous la forme d'une calculatrice électronique. Il doit alors déterminer les attributs de ce produit, plus précisément la **taille** et le **nombre de fonctions mathématiques**. Adoptant une orientation vers le marché, il interroge des acheteurs potentiels sur le niveau souhaité pour chaque attribut.

Supposons que les préférences des consommateurs soient représentées par les points de la figure 12.9a. On constatera facilement que les préférences des clients cibles varient énormément. Certains préfèrent une calculatrice limitée à quatre fonctions (addition, soustraction, multiplication et division), alors que

FIGURE 12.9
**Deux
représentations
graphiques
de l'espace
de marché**

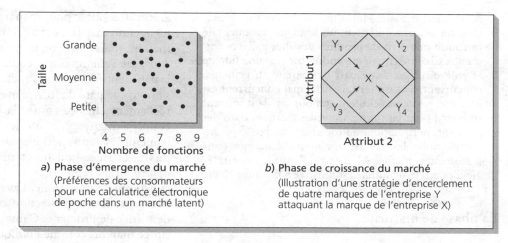

a) **Phase d'émergence du marché**
(Préférences des consommateurs
pour une calculatrice électronique
de poche dans un marché latent)

b) **Phase de croissance du marché**
(Illustration d'une stratégie d'encerclement
de quatre marques de l'entreprise Y
attaquant la marque de l'entreprise X)

d'autres désirent des fonctions plus complexes (pourcentage, racine carrée, logarithme, etc.). Certains désirent une petite calculatrice, alors que d'autres aimeraient en avoir une plus grosse. Lorsque les préférences des acheteurs sont dispersées uniformément sur le marché, on dit qu'il s'agit d'un **marché à préférences diffuses**.

Il s'agit pour l'entrepreneur de concevoir un produit optimal pour ce marché[35]. Il a trois possibilités :

1. Le nouveau produit peut être conçu pour répondre aux préférences d'un des coins du marché (**stratégie de créneau unique**).

2. Deux ou plusieurs produits peuvent être lancés simultanément pour conquérir deux ou plusieurs parties de ce marché (**stratégie de créneaux multiples**).

3. Le nouveau produit peut être conçu pour un marché moyen (**stratégie de marché de masse**).

Une stratégie de créneau unique a plus de sens dans le cas de petites entreprises. Une petite entreprise n'a pas suffisamment de ressources pour conquérir et conserver un marché de masse. La meilleure décision que pourrait prendre une petite entreprise consisterait à développer un produit spécialisé et de s'emparer d'un segment de marché qui n'attirerait pas les concurrents pour un certain temps.

S'il s'agit d'une grande entreprise, il serait plus logique de s'attaquer à l'ensemble du marché en concevant un produit pourvu d'une taille et d'un nombre de fonctions moyens. Un produit situé au centre restreint la somme des distances des préférences existantes pour le produit actuel. Une calculatrice de poche conçue pour un marché de masse réduira au minimum l'insatisfaction globale. Supposons que l'entreprise pionnière soit de grande taille et conçoive un produit pour un marché de masse. Elle lance le produit et la **phase d'émergence** commence.

La phase de croissance

Si le marché réagit bien, de nouvelles entreprises voudront entrer sur ce marché ; elles le pousseront alors dans la **phase de croissance du marché**. Une question intéressante à se poser est de savoir ce que fera la deuxième entreprise qui entrera sur le marché, en supposant que la première se soit établie au centre. La seconde entreprise a aussi trois possibilités :

1. Elle peut situer sa marque dans un des coins (**stratégie de créneau unique**).

2. Elle peut lancer deux ou plusieurs produits dans des coins qui ne sont pas encore occupés (**stratégie de créneaux multiples**).

3. Elle peut situer sa marque tout près de celle du premier concurrent (**stratégie de marché de masse**).

S'il s'agit d'une petite entreprise, elle choisira d'éviter un affrontement direct avec l'entreprise pionnière et lancera plutôt sa marque dans un des coins du marché. S'il s'agit d'une grande entreprise, elle lancera sa marque tout près du centre. Ces deux entreprises pourraient bien finir par se partager le marché de masse presque également. Ou encore, une grande entreprise pourrait choisir une stratégie de créneaux multiples.

Procter & Gamble entre occasionnellement sur un marché où il existe un concurrent de grande taille solidement installé. Plutôt que de lancer une imitation ou un produit pour un segment unique, elle introduit une série de produits destinés à divers segments. Chaque entrée engendre une certaine fidélité et enlève une certaine part de marché au principal concurrent. Tôt ou tard, le principal concurrent est encerclé, ses ventes chutent et, pour lui, il est souvent trop tard pour lancer de nouvelles marques dans des segments périphériques. Procter & Gamble, espérant un triomphe, lance alors une nouvelle marque dans le segment principal. C'est ce qui s'appelle une stratégie d'encerclement. Elle est illustrée à la figure 12.9*b*.

La phase de maturité

Chaque entreprise qui entrera sur le marché se positionnera tout près d'un concurrent existant ou dans un segment inoccupé. Éventuellement, les concurrents en viendront à servir les principaux segments de marché ; le marché atteindra alors la **phase de maturité**. En fait, souvent ils poursuivront leur démarche et envahiront les segments des autres concurrents, réduisant ainsi la rentabilité de tous dans ce processus. Lorsque la croissance du marché ralentira, le marché se divisera en segments de plus en plus fins, et l'on se retrouvera dans une situation de forte **fragmentation du marché**. C'est ce qu'illustre la figure 12.10*a*, où les lettres représentent différentes entreprises servant divers segments. Remarquons que deux segments n'y sont pas servis parce qu'ils sont trop petits pour rapporter des profits.

Cependant, l'évolution du marché ne s'arrête pas là. Un marché fragmenté évolue souvent vers une période de **consolidation du marché**, causée par l'apparition d'un nouvel attribut jouissant d'un attrait irrésistible pour le marché. Ce nouvel attribut n'engendrera pas nécessairement une extension de marché, mais plutôt un transfert des parts de marché. Ainsi, on remarqua une consolidation du marché de la pâte dentifrice quand Procter & Gamble introduisit sa nouvelle pâte dentifrice avec fluor Crest, qui était réellement efficace contre la carie dentaire. Tout à coup, des marques de pâte dentifrice qui prétendaient blanchir les dents, nettoyer les dents, avoir bon goût, servir de rince-bouche et même procurer du *sex-appeal* furent repoussées dans les coins, parce que les consommateurs désiraient avant tout une pâte dentifrice offrant une protection contre la carie. La pâte dentifrice de Procter & Gamble obtint la part du lion sur ce marché, comme l'indique le territoire X représenté à la figure 12.10*b*.

Toutefois, un marché consolidé ne sera pas nécessairement éternel. D'autres entreprises se hâteront d'imiter la marque qui aura si bien réussi, et on aboutira encore une fois à un marché fragmenté. Les marchés à la phase de maturité alternent entre la fragmentation et la consolidation. C'est la concurrence qui amène la fragmentation des marchés, alors que l'innovation entraîne leur consolidation.

La phase de déclin

Un jour ou l'autre, la demande de produits et de services existants commence à décliner, soit que le niveau de l'ensemble du besoin décline, soit qu'une nouvelle technologie commence à remplacer l'ancienne. Ainsi, une entreprise innovatrice pourrait introduire un vaporisateur pour la bouche si efficace qu'il deviendrait un substitut de la pâte dentifrice.

FIGURE 12.10

La fragmentation et la consolidation du marché à la phase de maturité

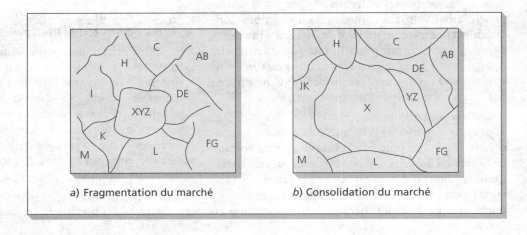

a) Fragmentation du marché

b) Consolidation du marché

Dans un tel cas, l'ancienne technologie finirait par disparaître et on assisterait à l'émergence d'un nouveau cycle de vie demande-technologie.

12.3.2
La dynamique de la concurrence par rapport aux attributs

Ainsi, après la phase d'émergence, l'évolution des marchés passe par plusieurs phases. Considérons l'évolution du marché de l'essuie-tout. Traditionnellement, les ménagères utilisaient seulement des torchons en coton ou en toile et des serviettes dans leur cuisine. Une entreprise papetière, qui était à la recherche d'un nouveau marché, développa des serviettes en papier éponge pour concurrencer les chiffons utilisés dans la cuisine. Ce développement donna naissance à un nouveau marché. On observa alors une prolifération de marques, ce qui engendra une fragmentation du marché. La surcapacité au sein de l'industrie força les fabricants à rechercher de nouvelles caractéristiques. Ainsi, un fabricant, qui avait appris que les consommateurs se plaignaient de la faible capacité d'absorption des serviettes en papier, introduisit un papier éponge très absorbant et accrut de cette façon sa part de marché. Mais cette consolidation du marché ne dura guère, parce que d'autres concurrents y introduisirent leur version d'un essuie-tout absorbant. On se retrouva de nouveau devant un marché fragmenté. Par la suite, un autre fabricant apprit que les consommateurs avaient exprimé le souhait que les essuie-tout en papier soient plus forts ; par conséquent, il en introduisit un, mais il fut rapidement imité par les autres fabricants. Plus tard, un autre fabricant lança un essuie-tout qui ne laissait pas de particules, et il fut rapidement imité. Les essuie-tout, qui étaient un produit relativement simple, devinrent donc un produit offrant divers attributs d'absorption, de résistance et de polyvalence. L'évolution de ce marché fut le résultat de différentes forces d'innovation et de concurrence.

La concurrence sur un marché engendre une découverte continue de nouveaux attributs. Si un nouvel attribut active la demande, alors plusieurs concurrents ne tarderont pas à l'offrir et il ne sera plus dominant. Dans la mesure où toutes les banques offrent des programmes d'épargne-retraite, un tel attribut n'influence plus les consommateurs dans le choix d'une banque. De même, puisque la plupart des compagnies aériennes offrent des repas durant les vols, les repas ne sont plus un élément dans le choix d'un transporteur aérien. **Les attentes des consommateurs sont progressives.** Ce fait met en évidence l'importance stratégique pour une entreprise de conserver son leadership en améliorant constamment les attributs. Chaque nouvel attribut, s'il a du succès, crée un avantage concurrentiel pour l'entreprise, lui procurant ainsi une part de marché et des profits temporairement plus élevés que la moyenne. Le leader sur un marché doit donc apprendre à faire du processus d'innovation une activité routinière.

Une première question cruciale qui se pose est de savoir si une entreprise peut réellement prévoir la séquence des attributs pour lesquels la demande sera probablement élevée et s'ils seront technologiquement réalisables avec le temps. Comment une entreprise peut-elle découvrir de nouveaux attributs ? Pour ce faire, on peut procéder de quatre manières.

La première méthode consiste en un **processus empirique** visant à découvrir les nouveaux attributs. L'entreprise cherche à apprendre des consommateurs quels avantages ils aimeraient voir ajouter au produit, de même que le niveau du désir pour chacun. L'entreprise doit aussi examiner le coût de développement de chaque attribut et la réaction probable de la concurrence. Elle choisira de développer des attributs qui promettent de procurer l'accroissement de la marge de profit le plus élevé.

La deuxième façon de procéder pose la recherche d'attributs comme un **processus intuitif.** Certains entrepreneurs se lancent dans le développement de produits en se fondant sur des intuitions plutôt que sur la recherche en marketing. Si un fabricant a su deviner quel attribut le marché désire, certains diront qu'il a du flair et d'autres objecteront qu'il a tout simplement eu de la chance. Quoi qu'il en soit, cette démarche ne procure aucune formule sûre pour déceler de nouveaux attributs.

Une troisième méthode soutient que les nouveaux attributs émergent d'un **processus dialectique.** Tout attribut qui offre un intérêt tend à être poussé à son extrême par le processus concurrentiel. Ainsi, les jeans furent mis sur le marché comme article vestimentaire peu cher ; avec le temps, ils devinrent un vêtement à la mode et, par conséquent, plus cher. Ce mouvement unidirectionnel contient cependant tous les germes de l'autodestruction. Un fabricant finira par découvrir une nouvelle étoffe plus économique pour confectionner un pantalon, et tous les consommateurs se lanceront sur ce nouveau produit. Selon la théorie dialectique, les innovateurs ne devraient pas aller dans le même sens que la masse ; ils devraient plutôt prendre une direction opposée, celle des segments de marché qui sont de plus en plus négligés.

Selon une quatrième optique, les nouveaux attributs émergent d'un **processus hiérarchique des besoins** (voir la théorie de Maslow au chapitre 6). Selon cette théorie, nous aurions dû être capables de prédire que les premières automobiles répondraient à des besoins de base de transport et qu'elles auraient dû être conçues de façon plus sécuritaire. Plus tard, nous aurions pu prédire que les automobiles répondraient à des besoins d'acceptation sociale et de prestige, et que, enfin, les voitures deviendraient un outil d'accomplissement de soi. La tâche d'un innovateur est de détecter le moment où le marché est réceptif à un produit satisfaisant un besoin de niveau plus élevé.

En fait, le développement de nouveaux attributs sur un marché est beaucoup plus complexe qu'aucune théorie simple ne le prétend. On ne peut sous-estimer le rôle des processus technologiques et sociaux qui influent sur l'émergence de nouveaux attributs. Ainsi, l'intérêt élevé des consommateurs pour des postes de télévision de taille réduite ne pouvait être satisfait tant que la technologie de la miniaturisation ne fut pas suffisamment avancée. Un des rôles des prévisions technologiques consiste à permettre la prédiction des progrès technologiques propres à procurer de nouveaux attributs aux consommateurs. Les facteurs sociaux jouent aussi un rôle important dans l'évolution des attributs. L'évolution de phénomènes tels que l'inflation, la rareté, l'écologie, le consumérisme ou les nouveaux styles de vie engendrent chez les consommateurs un déséquilibre qui les amène à réévaluer les attributs des produits et des services. Par exemple, l'inflation accroît l'intérêt pour les voitures compactes, mais la recherche de la sécurité au volant engendre le désir de voitures plus imposantes. Les entreprises désireuses d'innover doivent utiliser la recherche en marketing pour évaluer le potentiel de demande de divers attributs de façon à déterminer les meilleures orientations face à la concurrence.

RÉSUMÉ

1. Étant donné que les conditions économiques changent et que le niveau de concurrence varie, les entreprises se voient forcées d'ajuster leur stratégie de marketing plusieurs fois durant le cycle de vie d'un produit. Les classes de produits, les types de produits et les marques possèdent aussi un cycle de vie comportant des phases distinctes. Les phases du cycle de vie d'un produit sont l'introduction, la croissance, la maturité et le déclin. De nos jours, la plupart des produits sont à la phase de maturité.

2. Ce ne sont pas tous les produits qui évoluent selon le cycle de vie traditionnel formant une courbe normale. Certains produits montrent une configuration « croissance-déclin-stabilisation », d'autres ont un double cycle de vie, et d'autres encore forment une courbe en festons. Les cycles de vie d'un style, d'une mode et d'un engouement peuvent être très changeants. La clé du succès, dans le cas de ces derniers, dépend de l'habileté de l'entreprise à créer des produits qui dureront le plus longtemps possible.

3. En plus du cycle de vie national d'un produit, il existe un cycle de vie international du produit. Les entreprises nationales fabriquent et

exportent leurs produits, la production commence à se faire à l'étranger, la production étrangère devient concurrentielle sur les marchés d'exportation, et la concurrence à l'importation commence.

4. À chaque phase du cycle de vie du produit correspondent des stratégies de marketing appropriées. La **phase d'introduction** est caractérisée par une croissance lente et des profits minimaux, au moment où le produit est lancé dans le circuit de distribution. Durant cette phase, l'entreprise doit choisir entre quatre stratégies : un écrémage rapide, un écrémage lent, une pénétration rapide et une pénétration lente. S'il a du succès, le produit entre alors dans la **phase de croissance**, qui est marquée par une croissance rapide des ventes et un accroissement des profits. Durant cette phase, l'entreprise tente d'améliorer le produit et d'ajouter de nouveaux modèles, d'entrer dans de nouveaux segments de marché et de nouveaux canaux de distribution, elle réoriente une partie de son effort publicitaire en remplaçant l'objectif d'une prise de conscience par un objectif de persuasion, voire de changement de comportement, et enfin elle peut réduire les prix. Suit une **phase de maturité**, où les ventes ralentissent et les profits se stabilisent. L'entreprise s'efforce de trouver des stratégies innovatrices pour soutenir l'accroissement des ventes, notamment une modification du marché, du produit et du marketing mix. Enfin, le produit entre dans la **phase de déclin**, où il est difficile pour l'entreprise de freiner la détérioration des ventes et des profits. La tâche de l'entreprise, au cours de cette période, consiste à dépister les produits défaillants, à élaborer pour chacun d'eux une stratégie d'investissement, de désinvestissement ou de récolte, et finalement à abandonner les produits défaillants d'une façon qui réduit au minimum les dégâts pour l'entreprise, son personnel et ses clients.

5. Tout comme les marchés, les produits évoluent. Quatre phases marquent l'évolution d'un marché : l'émergence, la croissance, la maturité et le déclin. Un nouveau produit émerge quand un produit est créé pour satisfaire un besoin qui n'a pas encore été comblé. L'entreprise innovatrice conçoit alors habituellement un produit pour le marché de masse. Les concurrents entrent sur ce marché avec des produits similaires, ce qui engendre une **croissance** du marché. Plus tard, la croissance ralentit et le marché entre dans une phase de **maturité**. Le marché se **fragmente** alors de plus en plus, jusqu'à ce qu'une entreprise introduise un nouvel attribut fort attrayant qui **consolidera** le marché en réduisant le nombre de segments et en augmentant leur taille. Cette phase ne dure pas longtemps parce que les concurrents ne tardent pas à imiter les nouveaux attributs. On constate alors un mouvement de balancier entre la consolidation du marché, issue de l'innovation, et la fragmentation, issue de la concurrence. Le marché de la technologie actuelle **déclinera** jusqu'à la découverte d'une technologie supérieure.

6. Les entreprises doivent s'efforcer de prédire les nouveaux attributs que le marché désirera. Celles qui introduiront de nouveaux avantages

appréciés verront leur rentabilité s'accroître. La recherche de nouveaux attributs peut se fonder sur un processus empirique, sur un processus intuitif, sur un processus dialectique ou sur un processus hiérarchique des besoins. Le marketing qui connaîtra du succès est celui qui naîtra d'une vision créatrice de l'évolution potentielle du marché.

QUESTIONS

1. General Mills a acheté les droits américains pour la marque Lacoste, dont le chiffre d'affaires sur le marché nord-américain atteignait 540 millions de dollars; la majeure partie des ventes provenant de la chemise polo classique avec le fameux logo de l'alligator. Toutefois, au milieu des années 80, les ventes de la marque Lacoste baissèrent rapidement et les concurrents se moquèrent en chantant « Adieu, alligator! ». De plus, General Mills fit beaucoup de promotion pour le logo de Lacoste et commença à fabriquer ses chemises dans un pays en voie de développement en Asie en remplaçant le coton par un tissu synthétique. Conséquemment, la marque perdit son prestige et les revendeurs arrêtèrent de commander les produits Lacoste. En 1992, Devanlay S.A. racheta la licence de General Mills au coût de 42,5 millions de dollars. Quelles stratégies Devanlay S.A. aurait-elle dû employer pour regagner le prestige autrefois attribué aux produits affichant le logo de l'alligator?

2. Lorsqu'il y a une tendance à la baisse de la demande, plusieurs entreprises réduisent leurs prix pour stimuler la demande des consommateurs. Cependant, lorsque la plupart des coûts de production sont fixes et que l'actif de l'entreprise est spécialisé sur un marché particulier comme l'industrie des pneus pour les automobiles, l'effet de la baisse de la demande est davantage un fardeau. Les entreprises peuvent essayer d'augmenter leur marge de profit en diminuant les prix, mais les consommateurs de pneus achètent rarement des pneus supplémentaires uniquement

parce qu'ils sont à rabais. Ils préfèrent reporter l'achat jusqu'au moment où ils auront besoin de nouveaux pneus.

En réponse au déclin du marché dans les années 70, les trois plus importants fabricants américains de pneus ont poursuivi des stratégies différentes. Firestone a choisi le désinvestissement, B.F. Goodrich a choisi la récolte et Goodyear a choisi la consolidation. Qu'est-ce que chacune de ces stratégies entraîne? Qu'est-il arrivé à ces entreprises? Quelle était la bonne stratégie?

3. Une promenade dans n'importe quel magasin de détail vous démontrera que les nouveaux emballages remplacent les anciens emballages à un rythme phénoménal. Comment les stratégies d'emballage correspondent-elles à chacune des quatres phases du cycle de vie des produits? À quelle phase l'emballage sera-t-il le plus attrayant? À quelle phase sera-t-il le plus simple, où l'on portera le plus attention au prix? À quelle phase l'emballage peut-il être entièrement redessiné?

4. Schick a breveté un nouveau rasoir « mouillé » pour les femmes. Le rasoir peut être utilisé sous la douche ou dans la baignoire. Il est composé de lames jumelées sur une tête pivotante et comporte une poignée qui facilite son utilisation pour une femme. Quelles stratégies promotionnelles (incluant les promotions aux intermédiaires) Schick devrait-elle considérer pour ce produit à chacune des phases du cycle de vie du produit?

5. Des recherches et divers articles indiquent que les programmes de maîtrise en administration des

affaires (M.B.A.) du pays ont connu une baisse des inscriptions dans les années 90. On en conclut que ces programmes étaient à la phase de déclin. Toutefois, les dernières statistiques présentent une conclusion tout à fait différente. En réalité, les programmes de M.B.A. sont en train de renverser la tendance prévue avec une augmentation des inscriptions. Quels facteurs peuvent expliquer ce phénomène ?

6. Le cycle de vie du produit a été critiqué en tant qu'outil de management depuis son apparition, où il est devenu quasiment une théorie. Selon une des critiques les plus vives qui aient été faites, le cycle de vie s'explique de façon circulaire ; en d'autres mots, nous pouvons dire que le produit est à la phase de croissance parce que les ventes croissent, qu'il est à la phase de déclin parce que les ventes déclinent et qu'il est à la phase de maturité parce que les ventes n'augmentent pas ni ne baissent. Si ces critiques sont fondées, alors il semble que d'autres outils de management seraient plus appropriés que le concept de cycle de vie. Par exemple, la démographie a une incidence majeure sur certaines catégories de produits. Lorsque les individus vieillissent, leurs besoins face aux produits changent ; ainsi, l'étude de la démographie peut être aussi valable que le cycle de vie du produit. Nommez quatre autres facteurs influençant l'évolution du produit ou du marché que les gestionnaires devraient considérer.

7. Quelles stratégies d'investissement devraient poursuivre à court terme et à long terme chacune des entreprises suivantes ?

Entreprise	Attrait de l'industrie	Position concurrentielle de l'entreprise
A	Relativement attrayante	L'entreprise a un avantage concurrentiel.
B	Pas attrayante	L'entreprise n'a pas d'avantage concurrentiel.
C	Plus ou moins attrayante	L'entreprise a un avantage concurrentiel.
D	Pas attrayante	L'entreprise a un avantage concurrentiel.

8. Les produits de la compagnie Tupperware, qui organise des démonstrations à domicile pour vendre ses articles de cuisine et d'autres produits, sont à la phase de maturité. En vous basant sur votre compréhension des concepts exposés dans ce chapitre, réfléchissez en groupe sur des stratégies qu'il est possible d'adopter pour donner un deuxième souffle à ce type de produits.

9. Discutez des produits de divertissement à domicile qui ont composé, au cours des cent dernières années, le cycle de vie demande-technologie.

RÉFÉRENCES

1. La discussion sur le cycle de vie demande-technologie est tirée de H. Igor Ansoff, *Implanting Strategic Management*, 2e éd., Englewood Cliffs, N.J., Prentice Hall, 1991.
2. *Ibid.*
3. Amy Barrett, « Hot Growth Companies », *Business Week*, 22 mai 1995, p. 68-70.
4. Certains auteurs évoquent d'autres phases. Ainsi, Wasson ajoute une phase de turbulence entre la croissance et la maturité. Voir Chester R. Wasson, *Dynamic Competitive Strategy and Product Life Cycles*, Austin, Tex., Austin Press, 1978. La maturité correspond à une phase où l'on constate un ralentissement de la croissance des ventes alors que la saturation est marquée par un aplatissement des ventes après leur apogée.
5. Voir William E. Cox Jr., « Product Life Cycles as Marketing Models », *Journal of Business*, octobre 1967, p. 375-384.
6. John E. Swan et David R. Rink, « Fitting Market Strategy to Varying Product Life Cycles », *Business Horizons*, janvier-

février 1982, p. 72-76 ; Gerald J. Tellis et C. Merle Crawford, « An Evolutionary Approach to Product Growth Theory », *Journal of Marketing*, automne 1981, p. 125-134.
7. Chester R. Wasson, « How Predictable Are Fashion and Other Product Life Cycles ? », *Journal of Marketing*, juillet 1968, p. 36-43.
8. *Ibid.*
9. William H. Reynolds, « Cars and Clothing : Understanding Fashion Trends », *Journal of Marketing*, juillet 1968, p. 44-49.
10. John Grossman, « A Follow-Up on Four Fabled Frenzies », *Inc.*, octobre 1994, p. 66-67.
11. Certains auteurs croient que le cycle de vie international a moins de validité de nos jours parce que les entreprises multinationales gèrent de vastes réseaux mondiaux dans lesquels elles peuvent lancer de nouveaux produits n'importe où dans le monde et les introduire ailleurs sans que ce soit nécessairement dans l'ordre que le modèle du

cycle de vie prédit. Voir Louis T. Wells Jr., « A Product Life Cycle for International Trade ? », *Journal of Marketing*, juillet 1968, p. 1-6 ; Sak Onkvisit et John J. Shaw, « An Examination of the International Product Life Cycle and Its Applications Within Marketing », *Columbia Journal of World Business*, automne 1983, p. 73-79 ; Warren J. Keegan, *Global Marketing Management*, 5e éd., Englewood Cliffs, N.J., Prentice Hall, 1995, p. 37-43.

12. Robert D. Buzzell, « Competitive Behavior and Product Life Cycles », dans *New Ideas for Successful Marketing*, sous la direction de John S. Wright et Jack Goldstucker, Chicago, American Marketing Association, 1956, p. 51.

13. *Ibid.*

14. *Ibid.*

15. William T. Robinson et Claes Fornell, « Sources of Market Pioneer Advantages in Consumer Goods Industries », *Journal of Marketing Research*, août 1985, p. 305-317.

16. Glen L. Urban et autres, « Market Share Rewards to Pioneering Brands : An Empirical Analysis and Strategic Implications », *Management Science*, juin 1986, p. 645-659.

17. Gregory S. Carpenter et Kent Nakamoto, « Consumer Preference Formation and Pioneering Advantage », *Journal of Marketing Research*, août 1989, p. 285-298.

18. Frank R. Kardes, Gurumurthy Kalyanaram, Murali Chandrashekaran et Ronald J. Dornoff, « Brand Retrieval, Consideration Set Composition, Consumer Choice, and the Pioneering Advantage », *Journal of Consumer Research*, juin 1993, p. 62-75. Voir aussi Frank H. Alpert et Michael A. Kamins, « Pioneer Brand Advantage and Consumer Behavior : A Conceptual Framework and Propositional Inventory », *Journal of the Academy of Marketing Science*, été 1994, p. 244-253.

19. Steven P. Schnaars, *Managing Imitation Strategies*, New York, Free Press, 1994.

20. Peter N. Golder et Gerald J. Tellis, « Pioneer Advantage : Marketing Logic or Marketing Legend ? », *Journal of Marketing Research*, mai 1992, p. 34-46.

21. Thomas S. Robertson et Hubert Gatignon, « How Innovators Thwart New Entrants into Their Market », *Planning Review*, septembre-octobre 1991, p. 4-11, 48. Voir aussi David M. Szymanski, Lisa C. Troy et Sundar G. Bharadwaj, « Order of Entry and Business Performance : An Empirical Reexamination », *Journal of Marketing*, octobre 1995, p. 17-33.

22. John B. Frey, « Pricing over the Competitive Cycle », discours présenté à la conférence sur le marketing du Conference Board, à New York, en 1982.

23. Dori Jones Yang, « The Starbucks Enterprise Shifts into Warp Speed », *Business Week*, 24 octobre 1994, p. 76-79.

24. Donald W. Hendon, *Classic Failures in Product Marketing*, New York, Quorum Books, 1989, p. 29.

25. Allen J. McGrath, « Growth Strategies with a '90s Twist », *Across the Board*, mars 1995, p. 43-46.

26. R.S. Alexander, « The Death and Burial of "Sick Products" », *Journal of Marketing*, avril 1964, p. 1.

27. Voir Philip Kotler, « Phasing out Weak Products », *Harvard Business Review*, mars-avril 1965, p. 107-118 ; Richard T. Hise, A. Parasuraman et R. Viswanathan, « Product Elimination : The Neglected Management Responsibility », *Journal of Business Strategy*, printemps 1984, p. 56-63 ; George J. Avlonitis, « Product Elimination Decision Making : Does Formality Matter ? », *Journal of Marketing*, hiver 1985, p. 41-52.

28. Voir Kathryn Rudie Harrigan, « The Effect of Exit Barriers upon Strategic Flexibility », *Strategic Management Journal*, vol. 1, 1980, p. 165-176.

29. Kathryn Rudie Harrigan, « Strategies for Declining Industries », *Journal of Business Strategy*, automne 1980, p. 27.

30. Voir Philip Kotler, « Harvesting Strategies for Weak Products », *Business Horizons*, août 1978, p. 15-22 ; Laurence P. Feldman et Albert L. Page, « Harvesting : The Misunderstood Market Exit Strategy », *Journal of Business Strategy*, printemps 1985, p. 79-85.

31. Conrad Berenson et Iris Mohr-Jackson, « Product Rejuvenation : A Less Risky Alternative to Product Innovation », *Business Horizons*, novembre-décembre 1994, p. 51-56.

32. John Grossman, « A Follow-Up on Four Fabled Frenzies », *Inc.*, octobre 1994, p. 66-67 ; Conrad Berenson et Iris Mohr-Jackson, « Product Rejuvenation : A Less Risky Alternative to Product Innovation », *Business Horizons*, novembre-décembre 1994, p. 51-56.

33. Nariman K. Dhalla et Sonia Yuspeh, « Forget the Product Life Cycle Concept ! », *Harvard Business Review*, janvier-février 1976, p. 102-112, ici p. 105.

34. Norton Paley, « A Strategy for All Ages », *Sales and Marketing Management*, janvier 1994, p. 51-52.

35. Ce problème est très facile si les préférences des consommateurs sont concentrées sur un seul point. S'il y a des regroupements distincts de préférences, l'entreprise peut concevoir un produit pour le regroupement le plus important, ou pour celui que l'entreprise veut le moins servir.

Chapitre

13

Les stratégies de marketing du leader, des challengeurs, des suiveurs et des exploitants de créneaux

Challenger 601-3R — Reproduit avec l'autorisation de Canadair

Si vis pacem, para bellum.
Proverbe

Il est plus facile de faire la guerre que la paix.
GEORGES CLEMENCEAU

Dans le chapitre précédent, nous avons vu les stratégies de marketing aux différentes phases du cycle de vie d'un produit. Dans ce chapitre, nous étudierons la façon de concevoir des stratégies de marketing gagnantes qui tiennent compte des stratégies des concurrents.

Les concurrents exploitant un même marché cible auront, à un moment donné, des ressources et des objectifs différents et, par conséquent, des stratégies différentes. On trouvera sur ce marché de grandes entreprises, mais aussi de petites. Certaines auront beaucoup de ressources et d'autres, très peu.

La firme Arthur D. Little, importante société d'experts-conseils en management, croit que les entreprises occupent une des six positions concurrentielles suivantes dans leur industrie[1] :

- **Une position dominante.** L'entreprise a la main haute sur le comportement des autres concurrents et peut recourir à une vaste gamme de choix stratégiques.
- **Une position forte.** L'entreprise jouit d'une indépendance d'action sans mettre en danger sa position à long terme et elle peut maintenir cette position à long terme, peu importent les actions des concurrents.
- **Une position favorable.** L'entreprise possède une force qu'elle peut exploiter stratégiquement.
- **Une position défendable.** L'entreprise a un rendement assez satisfaisant pour continuer à faire des affaires. Son existence dépend de la tolérance de l'entreprise dominante et ses chances d'améliorer sa position sont inférieures à la moyenne.
- **Une position faible.** L'entreprise a un rendement insatisfaisant, mais elle peut profiter d'une occasion favorable pour améliorer son sort ; elle doit changer ou bien abandonner le marché.
- **Une position intenable.** L'entreprise a des résultats insatisfaisants et n'a aucune chance de s'améliorer.

Dans ce chapitre, nous examinerons une classification différente des positions concurrentielles. Il y a avantage à classer les entreprises d'après le rôle qu'elles jouent sur le marché cible, soit celui de leader, de challengeur, de suiveur ou d'exploitant de créneaux. Imaginons qu'un marché soit occupé par les entreprises représentées à la figure 13.1. Le **leader** possède 40 % d'un marché, soit la part la plus importante du marché. Une proportion de 30 % est entre les mains du **challengeur**, un bon deuxième qui travaille fort pour accroître sa part de marché. Une part de 20 % du marché appartient à un **suiveur**, qui désire maintenir sa part de marché tout en ne faisant pas trop de vagues. Le reste du marché, soit 10 %, est entre les mains d'**exploitants de créneaux**, PME qui servent des marchés (ou créneaux) qui ne sont pas exploités par les grandes entreprises.

Dans les pages qui suivent, nous répondrons aux questions suivantes :

- **Que doit faire le leader sur un marché pour accroître, défendre et prolonger son leadership ?**
- **Quelles sont les principales stratégies possibles pour un challengeur qui tente d'arracher des parts de marché au leader ?**
- **Comment un suiveur peut-il être rentable sans attaquer le leader sur un marché ?**
- **Quelles sont les principales possibilités et stratégies possibles pour un exploitant de créneaux ?**

FIGURE 13.1
Une structure hypothétique du marché

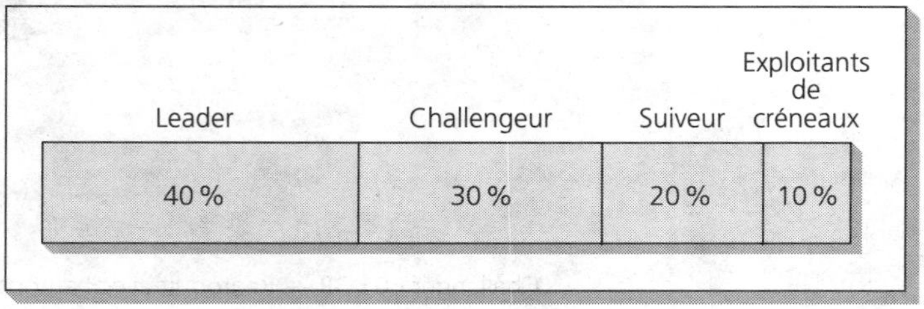

Leader	Challengeur	Suiveur	Exploitants de créneaux
40 %	30 %	20 %	10 %

13.1

LES STRATÉGIES DU LEADER

Dans la plupart des industries, il existe une entreprise reconnue pour être le leader. Cette entreprise possède la plus grande part de marché dans un couple produit-marché donné. Elle prend habituellement l'initiative en ce qui concerne les changements de prix, les lancements de nouveaux produits, l'étendue de la distribution et le volume de dépenses promotionnelles. Les autres entreprises peuvent, ou non, admirer ou respecter le leader, mais elles reconnaissent sa domination. Le leader constitue une référence que les concurrents attaquent, imitent ou évitent. Parmi les leaders, mentionnons, à l'échelle mondiale, Toyota (automobiles), Kodak (photographie), IBM (ordinateurs), Michelin (pneus), Coca-Cola (boissons gazeuses) et McDonald's (restauration minute), à l'échelle canadienne, Bombardier (transport), Cascades (produits du bois) et Culinar (alimentation), et, à une échelle plus locale, les Rôtisseries St-Hubert (restauration).

À moins qu'une entreprise dominante jouisse d'un monopole légal, l'existence d'un leader n'est pas nécessairement facile. Il doit toujours être aux aguets. Les autres entreprises s'attaquent constamment à ses points forts ou tentent de tirer profit de ses faiblesses. Le leader peut très bien manquer un virage et se retrouver en deuxième ou troisième position. Une innovation réussie d'un concurrent peut nuire grandement au leader (par exemple Tylenol, avec ses comprimés d'acétaminophène qui soulagent vite la douleur et la fièvre, a surclassé les comprimés d'acide acétylsalicylique, ou Aspirin, produits par Bayer; il en va de même pour JVC et Matsushita dont les magnétoscopes VHS ont supplanté le Betamax de Sony). Le leader peut pécher par un excès de conservatisme dans des temps difficiles, et le challengeur en profitera pour renforcer sa position. Si l'entreprise dominante se repose sur ses lauriers, alors des rivaux plus dynamiques et plus combatifs offriront des produits de meilleure qualité ou plus innovateurs. Sears a sous-estimé la concurrence de Wal-Mart, et Toyota fait une chaude lutte à General Motors en Amérique. De même, Dofasco a investi dans de nouvelles technologies de fabrication de l'acier, pendant que Stelco s'en tenait à ses produits traditionnels.

Le leader désire garder la première place. Pour ce faire, trois actions sont possibles: 1° il doit trouver des moyens d'accroître la demande globale ou primaire; 2° il doit protéger sa part de marché actuelle à l'aide de stratégies défensives et offensives; 3° il peut tenter d'accroître encore sa part de marché, même si la taille du marché demeure constante.

13.1.1

L'accroissement de la demande globale

C'est normalement l'entreprise dominante qui profite le plus de l'accroissement de la demande globale ou primaire. Si les gens prennent davantage de photos, ce sera sans doute Kodak qui y gagnera le plus, car sa part de marché est de 80 %. Si Kodak peut persuader plus de gens d'acheter des appareils photo et de prendre des photos, de prendre des photos dans des occasions autres que les fêtes ou de prendre plus de photos à chaque occasion, elle en bénéficiera énormément. En général, le leader doit être à la recherche de **nouveaux utilisateurs**, de **nouvelles utilisations** ou d'une **plus grande utilisation de ses produits et services**.

Les nouveaux utilisateurs

Chaque classe de produits possède la capacité d'attirer des acheteurs qui ne connaissent pas les produits ou qui s'abstiennent de les acheter à cause de leur prix ou de certaines de leurs caractéristiques. Un fabricant peut rechercher trois types d'utilisateurs. Ainsi, un parfumeur peut tenter de convaincre les femmes qui ne se parfument pas de le faire (**stratégie de pénétration de marché**, voir le chapitre 3), il peut inciter les hommes à prendre l'habitude de se parfumer (**stratégie de développement de marché**) ou encore il peut vendre du parfum dans d'autres pays (**stratégie d'expansion géographique**).

> Une des réussites les mieux connues en ce qui concerne la conquête de nouveaux utilisateurs est celle du shampooing pour bébés Johnson & Johnson, qui occupe une position dominante parmi les shampooings pour bébés. L'entreprise s'était inquiétée de la croissance de ses ventes quand le taux de natalité commença à décroître. Or, les gens de marketing de l'entreprise avaient remarqué que d'autres membres de la famille utilisaient occasionnellement pour leurs cheveux du shampooing pour bébés. La direction

décida alors de lancer une campagne publicitaire dirigée vers les adultes. En peu de temps, le shampooing pour bébés Johnson & Johnson devint la marque dominante sur le marché de tous les shampooings. Et à mesure que le pouvoir d'achat des adolescents s'accroît, ainsi que leur influence sur les décisions d'achat de leurs parents, les mercaticiens ciblent ce segment de marché avec des produits qui étaient autrefois destinés aux parents. Par exemple, Oil of Olay, dont la cible fut longtemps les femmes, s'adresse maintenant aux adolescentes dans les revues qui s'adressent à elles[2].

Les nouvelles utilisations

Une deuxième façon d'accroître la demande globale est de découvrir de nouvelles utilisations pour un produit et d'en faire la promotion. Par exemple, la personne moyenne mange des céréales au déjeuner trois matins par semaine. Les fabricants de céréales gagneraient à amener les gens à manger des céréales à d'autres occasions durant la journée. Ainsi, on fait la promotion de certaines céréales comme collation pour accroître la fréquence de leur utilisation.

Un cas classique de découverte de nouvelles utilisations est celui du nylon de DuPont. Chaque fois que le nylon semblait s'approcher de la phase de maturité du cycle de vie, on en trouvait une nouvelle utilisation. Le nylon fut d'abord employé comme fibre synthétique pour les parachutes ; par la suite, il servit à fabriquer des bas ; plus tard, il devint un produit important pour la fabrication de blouses pour femmes et de chemises pour hommes ; puis, il entra dans la fabrication des pneus d'automobiles, des housses de siège et des tapis[3]. Chaque nouvelle utilisation permit au produit de commencer un nouveau cycle de vie. Ce succès est attribuable au programme continu de R et D de DuPont visant à trouver de nouvelles utilisations.

Dans d'autres cas, ce sont des consommateurs plutôt que des fabricants qui découvrent de nouveaux usages. Ainsi, la gelée de pétrole Vaseline s'employait comme lubrifiant dans les ateliers d'usinage. Aujourd'hui, on utilise ce produit pour les soins de la peau, contre les éraflures et les brûlures, et même pour le soin des cheveux.

Arm & Hammer, le fabricant du bicarbonate de soude Cow Brand, voyait les ventes de son produit baisser depuis cent vingt-cinq ans ! Les usages du bicarbonate étaient fort nombreux, mais aucun d'eux n'avait fait l'objet de publicité. L'entreprise finit par découvrir que certains de ses clients s'en servaient pour désodoriser le réfrigérateur. Elle lança alors une importante campagne de publicité et de relations publiques mettant en valeur cette utilité du bicarbonate, et réussit ainsi à amener les gens à placer une boîte ouverte de bicarbonate dans leur réfrigérateur. Quelques années plus tard, Arm & Hammer découvrit également que les consommateurs utilisaient le bicarbonate pour éteindre les feux de graisse dans la cuisine et fit la promotion de cette utilisation avec beaucoup de succès. Par la suite, Arm & Hammer développa même une pâte dentifrice à base de bicarbonate de soude.

Une des tâches des entreprises est de surveiller les usages que les clients font de leurs produits. Cette surveillance est aussi importante pour les produits industriels que pour les produits destinés aux consommateurs. Des études menées par von Hippel ont démontré que la plupart des nouveaux produits industriels ont été suggérés par des clients plutôt que par les laboratoires de R et D de l'entreprise[4].

Une plus grande utilisation

La troisième stratégie consiste à inciter les gens à consommer davantage de produits et de services à l'occasion de chaque utilisation. Si un fabricant de céréales persuade les consommateurs de manger un plein bol de céréales au lieu d'un demi-bol, les ventes totales augmenteront. Procter & Gamble précise aux utilisateurs du shampooing Head & Shoulders qu'il est plus efficace de répéter l'application que d'en faire une seule.

Un exemple original de stratégie qui incite à accroître l'utilisation d'un produit est celui de Michelin, un fabricant français de pneus. Michelin voulait que les propriétaires d'automobiles de France fassent plus de kilométrage chaque année, afin de les amener à remplacer plus souvent leurs pneus. L'entreprise eut alors l'idée d'attribuer des cotes de qualité aux restaurants français. Bon nombre des meilleurs restaurants étant situés dans le sud de la France, beaucoup de Parisiens entreprirent d'y faire des voyages le week-end. Michelin commercialise même des cartes routières et des guides touristiques pour pousser les gens à se servir davantage de leur voiture.

13.1.2
La défense de la part de marché

En même temps qu'elle s'efforce d'accroître la demande globale, l'entreprise dominante doit continuellement défendre son marché actuel contre les attaques de l'ennemi. Le leader est poursuivi comme le coureur automobile qui se trouve en première position ; celui qui est le plus près et tous les autres tentent sans cesse de le dépasser. Coca-Cola doit constamment faire attention à Pepsi-Cola, Gillette à Bic, McDonald's à Burger King, General Motors à Ford, Kodak à Fuji[5], Bombardier à Embraer et les pharmacies Jean Coutu à Uniprix.

Depuis plus de cent ans, Kodak est reconnue pour la facilité d'utilisation de ses appareils photo et caméras, pour la grande qualité de ses pellicules et pour sa rentabilité élevée. Mais les ventes de Kodak cessèrent de croître au cours de la dernière décennie et ses profits commencèrent à diminuer. Kodak se fit dépasser par des concurrents plus innovateurs — plusieurs de ceux-ci étant japonais — qui introduisirent ou améliorèrent les appareils photo 35 mm, les caméras vidéo et les laboratoires de développement rapide de pellicules. Toutefois, quand la compagnie Fuji Film s'attaqua aux pellicules en couleurs, le pain et le beurre de Kodak, cette dernière prit cette attaque au sérieux.

Fuji entra sur le marché du film nord-américain en offrant des pellicules en couleurs de grande qualité à des prix inférieurs de 10 % à ceux de Kodak. Elle devança aussi Kodak sur ce marché avec des pellicules à grande sensibilité. Finalement, Fuji frappa un grand coup de marketing en devançant l'offre de Kodak comme fournisseur officiel des Jeux olympiques de Los Angeles en 1984. La part du marché américain de Fuji était de 8 % en 1984 et celle-ci s'était fixé pour objectif une part de marché de 15 % dans les années à venir. Ses ventes augmentaient à un taux de 20 % par année, ce qui était beaucoup plus que le taux de croissance du marché.

Kodak réagit avec vigueur pour protéger sa part de marché aux États-Unis. Elle égala les prix plus bas de Fuji et dévoila plusieurs améliorations pour ses pellicules. Les dépenses de publicité et de promotion de Kodak étaient supérieures à celles de Fuji dans un rapport de 20 à 1. De plus, elle paya 13,5 millions de dollars pour devenir le commanditaire des Jeux olympiques d'été de Séoul, en Corée du Sud, en 1988, et décrocha les droits pour les Jeux olympiques de Barcelone en 1992. Kodak réussit à défendre sa position sur le marché local ; au début des années 90, sa part de marché s'était stabilisée à un énorme 80 %.

Mais Kodak ne s'arrêta pas là ; elle entreprit une série d'actions vigoureuses pour accroître sa présence et ses ventes au Japon. Elle mit sur pied une filiale indépendante — Kodak Japon — et tripla son personnel. Elle acheta un distributeur japonais et mit sur pied son propre personnel japonais de vente et de marketing. Elle investit dans un centre de nouvelles technologies et un important centre de recherche japonais. Kodak accrut aussi grandement ses dépenses de promotion et de relations publiques. Kodak Japon commandite maintenant de nombreuses activités, allant d'émissions de télévision japonaises à des tournois de sumo.

Kodak retire de nombreux avantages de son attaque du marché japonais. Premièrement, le Japon offre de grandes possibilités d'accroissement des ventes et des profits, le marché de la pellicule et du papier photographiques étant d'une valeur de 1,5 milliard de dollars, ce qui en fait le deuxième plus important du monde. Deuxièmement, une partie des nouvelles technologies de la photographie provient de nos jours du Japon ; ainsi, la présence accrue de Kodak au Japon aide l'entreprise à se maintenir à jour au sujet des développements les plus récents. Troisièmement, le fait que Kodak possède des entreprises et des coentreprises au Japon lui permet de mieux comprendre les méthodes de production japonaises et de développer de nouveaux produits pour tous ces marchés. Kodak bénéficie d'un autre effet de son entrée sur le marché japonais : Fuji doit maintenant consacrer des ressources importantes pour défendre ses acquis sur le sol japonais contre les attaques de Kodak ; elle a donc moins de ressources pour attaquer Kodak sur le marché américain.

Il arrive aussi que plusieurs grandes entreprises veuillent se partager un marché en croissance. Bell Canada doit défendre son marché des télécommunications interurbaines non seulement contre Unitel, mais aussi contre plusieurs intermédiaires régionaux (par exemple Distributel), contre des firmes informatiques comme Microsoft qui ont décidé de s'attaquer au marché des télécommunications et même contre des fabricants d'équipement comme Siemens. Il est certain que Bell ne peut défendre tous ses territoires ; elle doit alors décider des marchés sur lesquels elle ripostera.

Que peut faire le leader sur un marché pour défendre sa position ? Il y a vingt-cinq siècles, Sun Tse disait à ses guerriers : «On doit compter sur le fait qu'on est inattaquable plutôt que sur le fait que l'ennemi ne nous attaque pas.» Une stratégie d'**innovation continue** est la solution la plus constructive. Le

---

LE MARKETING EN COULISSE 13.1
Les stratégies de défense

Il y a plusieurs années, les professeurs Hauser, Shugan et Gaskin ont élaboré et testé un modèle appelé Défenseur. Ce modèle repose sur les hypothèses suivantes :

1. Les consommateurs partagent les mêmes perceptions des caractéristiques des produits et de leurs forces relatives.

2. Les consommateurs ont des préférences différentes pour diverses caractéristiques d'un produit.

3. Les consommateurs connaissent et considèrent des nombres différents de marques.

4. Dans leurs choix, les consommateurs sont influencés par les caractéristiques du produit, son prix, sa distribution, sa publicité et sa promotion.

Illustrons le modèle Défenseur par le cas de l'attaque de prix lancée par Datril contre le leader de ce marché, Tylenol. Tylenol avait acquis une part de marché importante basée sur la douceur perçue de l'analgésique (pas de brûlures d'estomac) et récoltait des profits extraordinaires. Vint alors un attaquant, Bristol-Myers, qui introduisit le même produit, Datril, et l'annonça comme étant « tout aussi bon que Tylenol, mais moins cher ». Si les consommateurs avaient cru cette affirmation, Datril aurait empiété allègrement sur la part de marché de Tylenol. Comment Tylenol pouvait-elle se défendre ?

Les chercheurs ont étudié à l'aide du modèle Défenseur les meilleures mesures défensives possible qui étaient à la disposition de Tylenol. Ils en sont arrivés aux conclusions suivantes :

1. Tylenol devrait réduire ses prix, surtout lorsque le marché n'est pas segmenté. Lorsque le marché est segmenté, le prix devrait être élevé dans certains segments parmi les moins vulnérables.

2. Tylenol devrait réduire ses dépenses de distribution ; en particulier, elle devrait abandonner les détaillants marginaux qu'il n'est pas rentable de servir.

3. Tylenol devrait améliorer les caractéristiques fortes de son produit, plutôt que de tenter d'améliorer son produit par rapport aux caractéristiques fortes du produit de l'attaquant.

4. Le défenseur devrait dépenser moins dans la publicité destinée à accroître le niveau d'attention et plus dans la publicité visant à repositionner le produit.

Qu'a fait Tylenol pour parer l'attaque de Datril ? Elle a réduit rapidement son prix pour le régler sur celui de Datril et a lancé par la suite le Tylenol extra-fort pour capter l'intérêt des consommateurs grâce à son efficacité. Tylenol a gardé sa position de leader sur le marché et empêché Datril de lui prendre une trop grande part de marché.

Sources : John R. Hauser et Steve M. Shugan, « Defensive Marketing Strategy », *Marketing Science*, automne 1983, p. 319-360 ; John R. Hauser et S.P. Gaskin, « Application of the "DEFENDER" Consumer Model », *Marketing Science*, automne 1984, p. 327-351.

leader doit refuser de se contenter du *statu quo* ; il doit continuellement rester à la pointe de l'innovation, du service à la clientèle, de l'efficacité de la distribution et de la réduction des coûts. Le leader ne doit jamais cesser d'accroître son efficacité concurrentielle et sa valeur pour ses clients. Il doit appliquer le principe militaire de l'offensive : **il doit montrer de l'initiative, imposer le rythme et exploiter les faiblesses de l'ennemi.** La meilleure défensive consiste à passer à l'offensive.

L'entreprise dominante, même lorsqu'elle ne lance pas d'offensive, doit regarder de tous côtés et ne laisser aucun flanc exposé. Elle doit tenir ses coûts au minimum, et ses prix doivent correspondre à la valeur que les clients attribuent à sa marque. Un leader sur le marché des produits de grande consommation introduira plusieurs marques, en plusieurs formats et sous plusieurs formes, pour répondre aux diverses préférences des consommateurs et conserver autant de rayonnage que possible.

FIGURE 13.2
**Les stratégies
de défense**

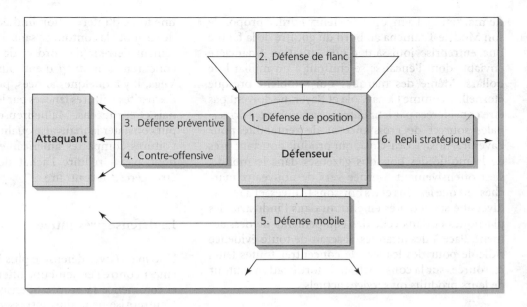

Les frais engagés pour colmater des ouvertures peuvent être élevés. Mais le coût de l'abandon d'un segment de marché perdu peut être bien plus élevé encore! General Motors ne voulait pas perdre d'argent en fabriquant de petites voitures, mais elle perd maintenant encore bien plus d'argent parce qu'elle a permis aux constructeurs japonais de pénétrer le marché. La part de GM sur le marché québécois a chuté énormément, contrairement à celle des constructeurs japonais, dont les voitures occupent une place de plus en plus importante sur ce marché. Xerox ne voulait pas perdre d'argent en fabriquant de petits photocopieurs, mais les Japonais n'ont pas hésité à se lancer sur le marché des photocopieurs personnels.

Le leader sur un marché donné doit déterminer avec soin quel terrain il est important de défendre, même à perte, et lequel peut être abandonné avec peu de risques. Il ne peut assurer la défense de toutes ses positions sur le marché; il doit concentrer ses ressources là où cela compte. Le but de la stratégie défensive est de réduire la probabilité d'attaque, de détourner les attaques vers des secteurs moins menaçants et d'en réduire l'intensité. Toute attaque nuira probablement aux profits.

Mais la forme et la rapidité de la réponse du défenseur peuvent faire une différence importante sur les profits. Des chercheurs ont étudié les formes les plus indiquées de réponse au prix et aux autres attaques (voir la rubrique Le marketing en coulisse 13.1 intitulée « Les stratégies de défense »).

L'intensification de la concurrence à l'échelle mondiale dans les dernières années a stimulé l'intérêt pour la métaphore militaire, particulièrement pour les modèles militaires décrits dans les écrits de Sun Tse, Mushashi, von Clausewitz et Liddell Hart[6]. On a suggéré aux leaders tant des entreprises que des pays de protéger leurs intérêts en faisant appel à des stratégies telles que l'« acrobatie politique », les « représailles de masse », la « guerre limitée », l'« escalade de réponses », la « diplomatie de la violence » et les « systèmes de menace ». Il existe en fait six stratégies de défense militaire auxquelles une entreprise dominante peut recourir. Elles sont représentées à la figure 13.2 et décrites ci-dessous[7].

La défense de position

La pratique la plus fondamentale de la défense consiste à bâtir des fortifications qui rendent imprenable la position ou le territoire. Ainsi, la célèbre ligne Maginot fut construite en temps de paix pour protéger le territoire français contre une invasion éventuelle par l'Allemagne. Toutefois, cette fortification, comme tous les moyens de défense statiques, fut une erreur. Se contenter de défendre sa position ou ses produits ou services actuels est une forme de **myopie**

du marketing. La myopie de Henry Ford, à propos de son Modèle T, amena au bord du gouffre de la faillite une entreprise jouissant d'une situation financière enviable dont l'encaisse se chiffrait à un milliard de dollars. Même des marques qui semblent presque éternelles, comme Coca-Cola et Bayer, ne doivent pas être considérées par leur entreprise comme les principales sources de croissance et de rentabilité pour l'avenir. Ainsi, Coca-Cola, qui produit pourtant près de la moitié des boissons gazeuses dans le monde, s'est offensivement tournée vers de nouveaux marchés tels que les vins et les boissons fruitées, et a même diversifié ses activités en entrant dans l'industrie des plastiques et dans celle des équipements de dessalement. Face à des attaques, il serait de toute évidence ridicule pour des leaders de concentrer toutes leurs ressources sur la construction de fortifications autour de leurs produits ou services actuels.

La défense de flanc

Le leader sur un marché ne doit pas seulement protéger son territoire, il doit aussi bâtir des avant-postes comme bases de stratégies défensives pour protéger un front faible ou servir de point d'appui pour une contre-offensive, au besoin. Voici un bon exemple de défense de flanc :

> La position défensive adoptée par Provigo, un important distributeur en alimentation, est instructive. Même si l'entreprise croit que les supermarchés vont continuer de croître et de demeurer une force dominante, elle a établi une défense de flanc en renforçant sa gamme de magasins d'alimentation franchisés et organisationnels pour relever de nouveaux défis, dans le contexte de Loblaws. En réaction à la croissance de la restauration minute, Provigo offre une grande gamme de repas préparés ou surgelés ; en réaction aux magasins d'alimentation à prix réduits, Provigo a aussi ouvert des magasins Maxi, où les coûts sont minimisés. Ces transformations n'ont pas empêché Provigo de se positionner en même temps sur le marché haut de gamme. Elle a en effet ajouté des comptoirs d'épicerie fine dans certains de ses magasins. En outre, elle profite d'une position avantageuse en ce qui concerne les coûts et les sources d'approvisionnement. Afin de répondre aux besoins croissants d'accessibilité, l'entreprise tient également un réseau important de dépanneurs Provi-Soir.

Une défense de flanc n'a pas une grande valeur si elle est si faible que l'ennemi peut la renverser avec une force d'intervention limitée, pendant que le gros des troupes la contourne sans problème. Ce fut précisément l'erreur de Ford et de General Motors, qui conçurent sans trop d'enthousiasme la Pinto et la Vega, il y a quelques années, pour parer les attaques des petites voitures lancées par les constructeurs japonais et européens. Malheureusement, tout le monde put constater la mauvaise qualité de la fabrication des voitures compactes américaines ; elles ne réussirent donc pas à réduire l'achat de voitures compactes étrangères, au contraire.

La défense préventive

Une manœuvre défensive plus belliqueuse consiste à lancer contre l'ennemi une offensive **avant** que celui-ci commence sa propre offensive contre l'entreprise. L'entreprise peut ainsi terrasser l'ennemi avant qu'il la frappe. La défense préventive pose comme principe qu'un gramme de prévention vaut plus qu'un kilogramme de soins : mieux vaut prévenir que guérir. Par exemple, lorsque la part de marché de Chrysler progressa, il y a quelques années, de 12 % à 18 %, on rapporte qu'un cadre supérieur de marketing d'une entreprise rivale déclara : « Chrysler devra me passer sur le corps avant d'atteindre 20 %. »

Sur un marché donné, une entreprise pourrait aussi se lancer dans des activités de guérilla ; elle chercherait alors à déstabiliser tout le monde, s'attaquant tantôt à un concurrent ici, tantôt à un autre là. Ou encore, la défense préventive pourrait prendre la forme d'un encerclement de tout le marché, comme l'a fait Seiko avec sa gamme de montres qui dépasse maintenant 2 300 modèles distribués partout dans le monde. Ou même, la défense préventive pourrait prendre la forme d'un barrage de front soutenu, comme l'a fait à plusieurs reprises Texas Instruments. Les stratégies de pression forte soutenue ont pour objectifs de permettre à l'entreprise de conserver en tout temps l'initiative et de contraindre la concurrence à être toujours sur la défensive.

Parfois, une attaque défensive prend la forme d'une guerre psychologique plutôt que d'une intervention sur le terrain. Le leader envoie alors des signaux sur le marché pour dissuader les concurrents d'entreprendre toute attaque[8]. Par exemple, une importante entreprise de produits pharmaceutiques est le chef de file dans une catégorie de médicaments.

Chaque fois qu'elle apprend qu'un concurrent envisage de bâtir une usine pour produire ce médicament, elle fait courir une rumeur selon laquelle elle a l'intention de réduire le prix de ce médicament et de bâtir une autre usine. Cette rumeur a pour effet d'intimider le concurrent et de le dissuader d'entrer sur ce marché. Cependant, le leader se garde bien de réduire ses prix et d'entreprendre la construction d'une autre usine. Évidemment, un tel stratagème ne peut fonctionner que quelques fois.

Les entreprises qui ont la chance de jouir d'actifs importants sur un marché, tels une grande fidélité à la marque ou un leadership technologique, ont la capacité d'encaisser certains coups ; elles peuvent même entraîner les adversaires dans des attaques coûteuses qui ne profitent pas à ces derniers à long terme. Par exemple, Heinz a laissé Hunt entreprendre une attaque massive sur le marché du ketchup sans guère y opposer de résistance. Hunt a attaqué Heinz avec deux nouvelles saveurs de ketchup ; elle a réduit ses prix au niveau de 70 % de ceux de Heinz ; elle a offert des remises importantes aux intermédiaires ; elle a augmenté son budget de publicité, qui a atteint le double de celui de Heinz. Hunt acceptait de perdre de l'argent durant cette attaque. La stratégie de Hunt a échoué, et les consommateurs ont continué à exprimer leur préférence pour la marque Heinz. Il est clair que Heinz a démontré une très grande confiance dans la supériorité de l'offre de sa marque.

La contre-offensive

Si un leader sur un marché est attaqué malgré ses manœuvres de défense de flanc ou de défense préventive, il doit alors répondre en contre-attaquant ses adversaires. Il ne doit pas demeurer passif face à une réduction de prix, à une promotion éclair, à une amélioration du produit ou à une invasion du territoire de vente par un concurrent. Il a le choix entre trois tactiques : riposter en menant une attaque de front, déclencher une attaque de flanc ou lancer une manœuvre de tenailles pour séparer une formation attaquante de sa base d'opération.

Dans certaines occasions, l'érosion de la part de marché est si rapide qu'une contre-attaque de front est nécessaire. Toutefois, un défenseur jouissant d'une certaine profondeur stratégique peut souvent absorber les coûts de l'attaque initiale en vue de riposter plus efficacement au moment opportun. Dans certaines circonstances, il peut même être avantageux de tolérer un certain recul pour permettre à une stratégie de se développer pleinement (et d'être bien comprise) avant de riposter. Une stratégie peut être perçue comme fort efficace, mais il y a souvent de bonnes raisons pour ne pas se précipiter aveuglément dans une contre-offensive.

Une meilleure riposte à une offensive consiste pour le défenseur à attendre et à trouver le défaut de la cuirasse de l'attaquant, notamment en discernant une faiblesse dans un segment où une contre-offensive viable peut être lancée. Dans cette optique, la division Lincoln de Ford conçut son Town Car comme un substitut de la Mercedes et misa sur une conduite plus douce et un confort plus grand pour les passagers que ce que Mercedes offrait, à un prix plus bas.

Lorsque le territoire d'un leader est attaqué, une contre-attaque efficace consiste en une invasion du territoire principal de l'attaquant de façon qu'il soit forcé de retirer une partie de son personnel pour défendre son territoire. Une autre forme de contre-offensive est l'utilisation d'influences économiques ou politiques pour décourager l'attaquant. Le leader peut aussi tenter d'écraser son concurrent en fixant des prix plus bas pour le produit attaqué à partir des revenus d'un produit moins vulnérable. Les entreprises privées de messagerie accusèrent Postes Canada de subventionner les prix plus bas de sa filiale Purolator à partir des revenus de son monopole sur le courrier de première classe[9]. D'autre part, le défenseur peut annoncer prématurément qu'une amélioration sera apportée à son produit afin de retarder l'achat par les clients du produit du concurrent, même si cette amélioration ne viendra que plus tard, ce qui crée cependant un certain risque. Finalement, le défenseur peut faire du lobbying pour obtenir des appuis politiques ou des actions légales en vue de contrecarrer ou de retarder la concurrence. Une stratégie de défense commune par les marchands en place, dans une ville ciblée par une chaîne majeure comme Costco, est de tout faire pour empêcher des changements de zonage de l'emplacement proposé[10].

La défense mobile

La défense mobile consiste pour le leader non seulement à défendre son territoire actuel, mais aussi à déplacer ou à étendre ses activités dans de nouveaux territoires qui serviront ultérieurement de points d'appui défensifs ou offensifs. Le chef de file étend ses activités à ces nouveaux territoires moins par une prolifération normale de la marque que par deux types de stratégies : l'élargissement de marché et la diversification. Ce sont là deux façons de procurer à l'entreprise une « profondeur stratégique » qui lui permet de faire face aux attaques continues et de lancer des raids de représailles.

L'**élargissement du marché** amène l'entreprise à ne plus se concentrer sur son produit actuel, mais plutôt sur le besoin générique sous-jacent, et à s'engager dans la R et D de toute la gamme des technologies associées à ce besoin. Ainsi, des sociétés pétrolières ont redéfini leur rôle en se percevant comme des productrices d'énergie. Cette redéfinition les amène à orienter leurs recherches vers les industries pétrolière, houillère, chimique et électrique.

Une stratégie d'élargissement de marché ne doit cependant pas être poussée trop loin, sous peine de violer deux principes militaires fondamentaux : le **principe de l'objectif** (« il faut s'attaquer à un objectif clairement défini et accessible ») et le **principe de masse** (« il faut concentrer l'effort sur le point le plus faible de l'ennemi »). Être dans le domaine de l'énergie est un objectif trop vaste. Le domaine de l'énergie n'est pas un besoin unique, mais plutôt un éventail de besoins (chauffage, éclairage, transport, etc.). Il y a, en fait, peu de choses dans le monde qui ne touchent de près ou de loin au domaine de l'énergie. De plus, une trop grande extension des activités pourrait diluer la masse de l'entreprise sur des marchés de plus en plus concurrentiels, et la survie à court terme doit certainement prédominer sur d'éventuelles batailles au dénouement incertain. La **myopie du marketing** pourrait alors se transformer en une **hypermétropie du marketing**, c'est-à-dire en un marketing doté d'une vision meilleure pour les objets éloignés que pour les objets proches.

Toutefois, une extension raisonnable peut être très fructueuse. Un bon exemple de stratégie d'élargissement de marché qui a connu du succès est celle d'Armstrong Cork, qui a redéfini son entreprise de revêtements de sol en une entreprise de revêtements décoratifs des pièces, y compris les murs et les plafonds. Ayant reconnu le besoin des clients de se créer un intérieur plaisant grâce à divers matériaux de recouvrement, Armstrong Cork a étendu ses activités dans des domaines voisins qui concouraient de façon synergique à la fois à sa croissance et à sa défense.

La **diversification** dans des industries qui ne sont pas reliées à celle dans laquelle l'entreprise se trouve (comme nous l'avons vu au chapitre 3) est un autre moyen de créer une profondeur stratégique. Lorsque l'industrie du tabac a compris l'étendue de la contestation au sujet du tabagisme, elle ne s'est pas rabattue sur une stratégie de défense de position ni même sur la recherche de substituts de la cigarette. Elle a plutôt dirigé des ressources vers de nouvelles industries. Ainsi, Seagram a diversifié ses activités en se tournant vers l'industrie du divertissement.

Le repli stratégique

Même les grandes entreprises connaissent des situations où elles ne peuvent plus défendre chacun de leurs territoires. Leurs forces sont trop dispersées et leurs concurrents grignotent leurs marchés sur tous les fronts. La meilleure solution paraît alors être un **repli stratégique planifié** (aussi appelé **retrait stratégique**). Un repli stratégique planifié ne signifie pas qu'il faille abandonner un marché, mais plutôt les territoires les plus faibles afin de réaffecter les forces dans les territoires les plus forts. Le repli stratégique planifié est un mouvement qu'une entreprise exécute pour consolider sa force concurrentielle sur un marché et concentrer sa masse autour d'un point d'appui. Heinz, General Mills, Del Monte et General Electric sont quelques-unes des entreprises qui ont élagué de façon appréciable leur gamme de produits au cours des dernières années.

13.1.3
L'accroissement de la part de marché

Les leaders peuvent également tenter d'améliorer leur rentabilité en s'efforçant d'accroître leur part de marché. Sur plusieurs marchés, un point de part de marché peut valoir des dizaines de millions de dollars. Il n'est donc pas surprenant que la concurrence traditionnelle se soit modifiée en marketing guerrier.

Il y a quelques années, le Strategic Planning Institute de Cambridge, au Massachusetts, lança une étude portant sur l'incidence de stratégies de marché sur les profits (*Profit Impact of Market Strategies*,

FIGURE 13.3
La relation entre la part de marché et la rentabilité

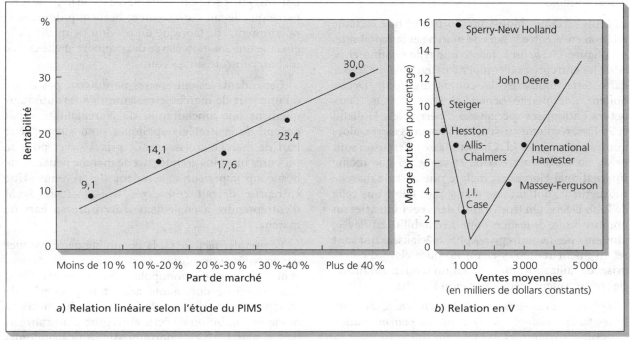

Source : Strategic Planning Institute, *The PIMS Program*, Cambridge, Mass.

PIMS). Son but était de discerner les variables les plus importantes qui influaient sur la rentabilité. Les données furent recueillies auprès de centaines d'entreprises ou d'unités stratégiques d'activité dans un grand nombre d'industries, et l'on dégagea les principales variables associées à la rentabilité. Ces variables sont la part de marché et la qualité du produit.

Les chercheurs constatèrent que la **rentabilité** (mesurée par le rendement des investissements avant les taxes) s'accroît avec la **part de marché relative sur le marché servi**[11], ainsi que l'illustre la figure 13.3*a*[12]. Selon les rapports du PIMS : « Le rendement moyen des investissements pour les entreprises dont la part de marché était inférieure à 10 % était approximativement de 11 %. En moyenne, une différence de 10 % quant à la part de marché s'accompagne d'une différence d'environ 5 % quant au rendement des investissements avant les taxes. » Les travaux du PIMS démontrent que les entreprises qui ont des parts de marché de 40 % ont un rendement des investissements moyen de 38,5 %, ce qui est plus de trois fois plus élevé que dans le cas des entreprises dont les parts de marché sont inférieures à 10 %[13].

Ces résultats ont amené plusieurs entreprises à adopter des objectifs d'extension de leur part de marché et de leadership. General Electric, par exemple, a décidé de briguer la première ou la deuxième place sur chacun des marchés qu'elle exploite, faute de quoi elle en sort. Ainsi, elle a mis fin à ses activités dans les industries des ordinateurs et des climatiseurs parce qu'elle ne pouvait y occuper la place qu'elle souhaitait.

Les résultats de l'étude du PIMS ont fait l'objet de critiques sévères, qui leur reprochent d'avoir peu de valeur et même d'être faux. Hamermesh et ses collègues ont trouvé de nombreuses entreprises dont la part de marché était faible et qui avaient pourtant connu du succès[14]. Woo et Cooper ont signalé 40 entreprises qui, malgré une faible part de marché, avaient obtenu un rendement des investissements de 20 % ou plus. Ces entreprises partageaient les caractéristiques suivantes : des produits ou services dont la qualité relative était élevée, des prix faibles et moyens par rapport à la qualité élevée, des gammes étroites de produits ou de services et des coûts totaux faibles[15]. La plupart de ces entreprises fabriquaient des composantes ou des fournitures industrielles achetées fréquemment et elles modifiaient rarement leurs produits.

Dans certaines industries, on trouve une certaine relation en V entre la part de marché et la rentabilité. À la figure 13.3b, on constate une telle relation en V pour les entreprises d'équipement agricole. Le leader dans cette industrie, la compagnie John Deere, obtient une marge bénéficiaire élevée. Or, deux petites entreprises spécialisées, Sperry-New Holland et Steiger, récoltent aussi des rendements élevés, alors que les compagnies J.I. Case et Massey-Ferguson sont prises au piège au creux de la vague, et que même International Harvester, malgré une part de marché substantielle, obtient une marge plus faible que celle de John Deere. On trouve ainsi dans ces industries un nombre limité de leaders dont la rentabilité est élevée, plusieurs petites entreprises plus spécialisées qui sont relativement rentables et un nombre élevé d'entreprises de taille moyenne qui ont un rendement financier relativement médiocre. Selon Roach :

> *Les grandes entreprises sur la branche droite du V ont tendance à s'adresser à l'ensemble du marché et atteignent des économies d'échelle qui leur permettent de retirer un avantage de la faiblesse de leurs coûts et de leur part de marché élevée. Les petits concurrents récoltent des profits élevés en se concentrant sur des segments limités et en y mettant au point des méthodes spécialisées pour la production, le marketing et la distribution. Paradoxalement, les concurrents de taille moyenne qui se retrouvent en bas du V sont incapables de se donner un avantage concurrentiel et ont souvent le pire rendement en ce qui a trait à la rentabilité. Captives de ce no man's land stratégique, les entreprises sont trop grandes pour tirer profit d'une concurrence concentrée, tout en étant trop petites pour bénéficier des économies d'échelle dont jouissent les concurrents de grande taille[16].*

Comment peut-on réconcilier les deux graphiques de la figure 13.3? Les résultats du PIMS démontrent que la rentabilité s'accroît à mesure que l'entreprise obtient une plus grande part de marché relativement aux concurrents sur le **marché servi**. La courbe en V ne prend pas en considération les segments de marché; elle représente plutôt la rentabilité relative d'une entreprise par rapport à sa taille dans l'**ensemble du marché**. Ainsi, Mercedes obtient des profits élevés parce qu'elle possède une part de marché élevée sur le marché des voitures de luxe, même si elle

ne possède qu'une faible part de marché par rapport à l'ensemble du marché de l'automobile. Elle a obtenu cette part de marché élevée sur le marché servi parce qu'elle fait correctement beaucoup de choses ; notamment, elle fabrique un produit de qualité, elle effectue une rotation élevée des capitaux et elle exerce un bon contrôle sur les coûts.

Cependant, les entreprises ne doivent pas croire qu'une part de marché croissante signifie automatiquement une amélioration de la rentabilité. Tout dépend de la stratégie appliquée pour gagner cette part de marché croissante. Le prix à payer pour se procurer une plus grande part de marché peut être de beaucoup supérieur à la valeur des revenus. Une entreprise devrait considérer trois facteurs avant d'entreprendre aveuglément d'accroître sa part de marché.

Le premier facteur est la possibilité de provoquer des activités anticoalition. Certains concurrents peuvent dénoncer la « monopolisation » d'un marché si une entreprise dominante accroît trop sa part de marché. Une telle possibilité pourrait suffire à modérer l'ambition de cette entreprise d'accroître sa part de marché. C'est pourquoi Microsoft abandonna une fusion potentielle de deux milliards de dollars avec son principal concurrent Intuit en 1995. Microsoft désirait acquérir Intuit pour pouvoir avoir accès au marché des logiciels de finances personnelles. Lorsque le gouvernement américain entreprit des poursuites contre Microsoft, celle-ci recula plutôt que de relever le défi[17].

Le deuxième facteur est le coût économique. On remarquera à la figure 13.4 la possibilité que la rentabilité puisse commencer à décroître après qu'un certain niveau de la part de marché a été atteint. On constatera aussi que la **part de marché optimale** de l'entreprise est de 50 % ; si cette dernière cherche à atteindre une plus grande part de marché, ce gain ne pourra se faire qu'aux dépens de la rentabilité. Cela n'infirme pas les résultats du PIMS, qui n'a pas montré ce qui arrivait à la rentabilité pour divers niveaux de part de marché excédant 50 %. Le problème est que le coût d'un accroissement marginal de la part de marché peut en excéder la valeur. Par exemple, après avoir atteint une part de marché de 60 %, une entreprise doit reconnaître que le reste des clients peut bien ne pas aimer l'entreprise, être fidèle à des concurrents, avoir des besoins uniques ou préférer faire des affaires avec de plus petits fournisseurs.

FIGURE 13.4

Le concept de part de marché optimale

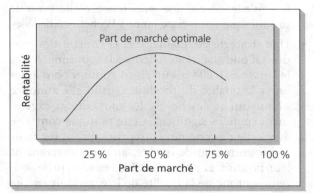

Il est aussi probable, dans un tel cas, que les concurrents combattront avec plus de vigueur pour défendre leur part de marché décroissante. Les coûts des services juridiques, des relations publiques et de lobbying augmentent avec l'accroissement de la part de marché. En général, par ailleurs, la poursuite d'une part de marché plus élevée devient moins justifiée quand des économies d'échelle ou d'apprentissage sont plus difficilement réalisables, quand il existe des segments de marché moins attrayants, quand les acheteurs désirent de multiples sources d'approvisionnement et quand les barrières à l'abandon sont élevées. Dans de telles circonstances, il serait sans doute préférable pour le leader d'accroître la taille du marché plutôt que de se battre pour obtenir des points supplémentaires de part de marché. Certains leaders ont même bénéficié d'une réduction sélective de leurs parts de marché dans des secteurs faibles[18].

Le troisième facteur est le choix par les entreprises d'une stratégie de marketing mix inefficace pour accroître leur part de marché, ce qui peut diminuer leur profit. Quoique certaines variables du marketing mix soient plus efficaces pour gagner des points de part de marché, leur utilisation ne procure pas nécessairement des bénéfices plus élevés. Une part de marché plus élevée conduit à un accroissement des profits quand le coût de production unitaire diminue à mesure que la part de marché s'accroît et quand l'entreprise offre un produit de qualité supérieure vendu à un prix élevé qui couvre plus que les coûts d'une offre de bonne qualité.

Buzzell et Wiersema ont jeté un certain éclairage sur l'effet de diverses variables du marketing mix sur la part de marché. Ils ont constaté que les entreprises qui bénéficiaient des gains les plus importants de part de marché faisaient généralement mieux que leurs concurrents sur trois points : le développement de nouveaux produits, la qualité relative du produit et les dépenses en marketing[19]. Plus précisément :

1. Normalement, les entreprises qui s'emparaient d'une plus grande part de marché développaient plus de nouveaux produits, qu'elles ajoutaient à leurs gammes.

2. Les entreprises qui amélioraient la qualité relative de leurs produits par rapport aux concurrents bénéficiaient de gains de part de marché plus importants que celles dont le niveau de qualité demeurait stable ou même diminuait.

3. Les entreprises qui augmentaient leurs dépenses de marketing plus rapidement que le taux de croissance du marché obtenaient généralement des gains de part de marché plus importants. L'accroissement des dépenses affectées à la force de vente avait pour effet de produire des gains de part de marché à la fois sur les marchés organisationnels et sur les marchés des consommateurs. Toutefois, l'accroissement des dépenses de publicité engendrait des gains de part de marché surtout dans le cas des entreprises produisant des biens de consommation. Enfin, l'accroissement des dépenses de promotion des ventes bénéficiait à tous les types d'entreprises.

4. Les entreprises qui réduisaient leurs prix d'une façon plus radicale que les concurrents ne bénéficiaient pas d'un accroissement notable de leur part de marché, contrairement à ce que laissent croire les apparences. Il est probable que des rivaux en assez grand nombre réduisaient partiellement leurs prix et que d'autres offraient des avantages différents aux acheteurs, de sorte que ces derniers n'adoptaient pas nécessairement les entreprises qui réduisaient beaucoup les prix.

13.1.4
Deux histoires de cas : Procter & Gamble et Caterpillar

Pour conserver leur leadership, les leaders ont appris à étendre leur marché total, à défendre leur territoire actuel et à accroître de façon rentable leurs parts de marché. Les principes permettant de conserver le leadership sur un marché sont admirablement illustrés par des entreprises telles que Procter & Gamble et Caterpillar. Ces entreprises ont manifesté une habileté remarquable à protéger leur part de marché contre les attaques répétées de challengeurs fort compétents. Leur succès ne dépend pas de leur habileté à bien faire quelque chose, mais plutôt à tout faire bien. Elles veillent à corriger la moindre faiblesse qu'elles observent[20].

Procter & Gamble

Procter & Gamble est largement reconnue comme l'entreprise qui possède la plus grande habileté en marketing de biens de consommation en Amérique du Nord. Elle vend la marque numéro 1 dans 19 des 39 catégories de produits où elle est représentée, et elle est une des 3 premières marques dans 34 de ces catégories. Son leadership repose sur plusieurs principes :

- **La connaissance des clients.** Procter & Gamble étudie ses clients, autant les consommateurs que les grossistes et les détaillants, grâce à un recours continu à la recherche en marketing et au système d'information externe. Entre autres, P & G fournit un numéro de téléphone gratuit (ligne 1-800) afin de permettre aux clients d'appeler directement l'entreprise pour lui faire part de leurs commentaires et de leurs plaintes.

- **Une perspective à long terme.** P & G prend le temps de bien analyser une occasion d'affaires et de préparer le meilleur produit, puis elle s'engage à long terme à faire un succès de ce produit. Elle continue encore d'améliorer ses croustilles Pringles, malgré les nombreux revers essuyés par ce produit.

- **L'innovation des produits.** P & G est très active dans la segmentation par avantages et dans l'innovation. Elle préfère lancer des marques qui offrent de nouveaux avantages aux clients plutôt que de lancer des marques qui sont des imitations soutenues par une publicité très forte. P & G a passé dix années à faire de la recherche sur la première pâte dentifrice efficace contre la carie, Crest, et à la développer. Elle a aussi consacré plusieurs années au développement du premier shampooing anti-pelliculaire qui ait été offert sur le marché des consommateurs, Head & Shoulders. De plus, l'entre-

prise expérimente à fond ses nouveaux produits auprès des consommateurs, et c'est seulement lorsqu'elle décèle une préférence réelle pour le produit que celui-ci est lancé à l'échelle nationale.

- **Une stratégie de qualité.** P & G conçoit des produits d'une qualité supérieure à la moyenne. Après le lancement, elle fait un effort continu pour améliorer la qualité du produit. Quand elle annonce « Nouveau et amélioré », les mots disent exactement ce qu'ils signifient. Cette pratique contraste avec celle de certaines entreprises qui, après avoir établi un niveau de qualité, améliorent rarement leur produit, et avec celle d'autres entreprises qui réduisent même la qualité de leur produit en vue de faire plus de profits.

- **Une offre complète.** P & G vend ses marques dans plusieurs formats et sous diverses formes pour répondre aux préférences variées des consommateurs. Cette façon de procéder permet à ses marques d'obtenir plus de rayonnage et empêche les concurrents de se faire une place pour combler des besoins qui ne sont pas satisfaits sur le marché.

- **Une stratégie multimarque.** P & G est à l'origine de l'art de la mise sur le marché de plusieurs marques dans la même classe de produits. Par exemple, elle produit huit marques de détergents pour la lessive et six marques de shampooings. L'astuce est de concevoir des marques qui répondent à des besoins différents des consommateurs, tout en concurrençant des marques déterminées des concurrents. Chaque directeur de marque gère sa marque indépendamment des directeurs des autres marques et concurrence même avec les autres directeurs en ce qui concerne l'exploitation des ressources de l'entreprise. Cependant, en réponse à la demande croissante pour obtenir une meilleure valeur, P & G a commencé à simplifier ses gammes de produits. Depuis 1991, l'entreprise a éliminé plus du quart des formats, parfums et autres aspects de ses produits. Elle surveille aussi de près les produits dont les résultats ne répondent pas aux attentes, et a supprimé plusieurs produits[21].

- **Une stratégie d'extension de la marque.** P & G utilise souvent les noms bien connus de ses marques pour lancer de nouveaux produits. Par exemple, la marque Ivory comprend maintenant à la fois un savon de toilette, un savon liquide et un détergent. Lancer un nouveau produit sous le nom connu d'une marque permet à l'entreprise d'obtenir une reconnaissance presque instantanée et une crédibilité plus grande avec des dépenses de publicité beaucoup moins élevées.

- **Une publicité intensive.** P & G est le deuxième annonceur en importance au Canada, avec des dépenses publicitaires annuelles de près de 100 millions de dollars, sans compter l'effet des 3 milliards de dollars dépensés aux États-Unis. L'entreprise n'hésite jamais à dépenser de l'argent pour assurer une prise de conscience ou une préférence plus fortes.

- **Une force de vente dynamique.** P & G possède une force de vente de premier ordre qui est très efficace lorsqu'il s'agit d'accroître le rayonnage et d'obtenir la coopération des détaillants en ce qui a trait aux promotions et aux présentoirs aux points de vente.

- **Une promotion des ventes efficace.** P & G possède un service de la promotion des ventes pour conseiller les directeurs de marques sur les promotions les plus efficaces à entreprendre pour atteindre leurs objectifs. Ce service, qui étudie les résultats des promotions aux consommateurs et aux revendeurs, a acquis une grande expertise pour assurer l'efficacité de divers types de promotion dans différentes circonstances. Cet atout n'empêche cependant pas P & G de réduire au minimum le recours à la promotion des ventes, aux dépens de la publicité, pour gagner la préférence à long terme des consommateurs.

- **Une stratégie combative face à la concurrence.** P & G n'hésite pas à prendre les grands moyens pour contrer un attaquant. Ainsi, elle accepte de dépenser de fortes sommes d'argent pour concurrencer avec vigueur les nouvelles marques et les empêcher d'obtenir une place sur le marché.

- **Une production et une gestion des coûts efficaces.** La réputation de Procter & Gamble comme grande entreprise de marketing n'est égalée que par sa réputation de grande entreprise manufacturière. P & G dépense de fortes sommes d'argent pour développer et améliorer les opérations de production, de façon que ses coûts soient parmi les plus bas de l'industrie. Elle a même poursuivi ses efforts pour réduire encore plus les coûts, ce qui lui permet de réduire le prix de certains de ses produits.

- **Un système de management des marques.** P & G est à l'origine du système de directeurs de marque,

dans lequel un cadre est responsable d'une marque. Cette pratique a été imitée par plusieurs concurrents, mais souvent sans le succès que P & G a obtenu en la perfectionnant année après année. P & G a modifié sa structure de management de manière que chaque classe de produits relève d'un directeur général qui est responsable du volume de ventes et de la rentabilité. Quoique cette nouvelle structure organisationnelle ne remplace pas le système de management des marques, elle aide à accroître la focalisation stratégique sur les besoins fondamentaux des consommateurs et sur la concurrence.

Ainsi, le leadership de Procter & Gamble est attribuable à l'orchestration réussie de plusieurs facteurs. Tant au Canada qu'à l'étranger, cette entreprise a accru sa part de marché dans la plupart des marchés où elle œuvre.

Caterpillar

Depuis 1940, Caterpillar domine l'industrie de l'équipement de construction. Ses tracteurs à chenilles, niveleuses et pelles mécaniques, peints de la couleur jaune familière, peuvent être vus régulièrement sur la plupart des chantiers de construction; ils comptent pour près de 50 % des ventes mondiales de machinerie lourde. Caterpillar a réussi à conserver son leadership tout en exigeant un prix élevé pour ses engins et en étant défiée par de nombreux concurrents compétents comme John Deere, Massey-Ferguson, J.I. Case et Komatsu. Plusieurs principes contribuent à expliquer le succès de Caterpillar:

- **Un produit de qualité supérieure.** Caterpillar produit de l'équipement de grande qualité reconnu pour sa fiabilité. La fiabilité est un attribut important pour les acheteurs dans le choix de la machinerie lourde. Pour convaincre ses acheteurs de la qualité supérieure de son équipement, Caterpillar construit celui-ci avec un acier plus épais que celui qu'exige la norme.

- **Un réseau de concessionnaires vaste et efficace.** Caterpillar a mis sur pied le réseau le plus important de concessionnaires indépendants de machinerie lourde. Ses 260 concessionnaires sont situés partout dans le monde et offrent la gamme complète de l'équipement Caterpillar. Vu l'étendue de la gamme, les concessionnaires de Caterpillar peuvent s'occuper uniquement de l'équipement de cette entreprise et n'ont pas besoin d'offrir d'autres gammes de produits. Les concurrents de ces concessionnaires, par contre, ne disposent normalement pas d'une gamme complète de machinerie lourde d'un même fournisseur et doivent donc offrir des produits complémentaires provenant de gammes non concurrentes. Caterpillar peut se permettre de ne choisir que les meilleurs candidats parmi ceux qui désirent obtenir une franchise (une nouvelle concession de Caterpillar coûte au franchisé six millions de dollars) et de dépenser plus d'argent dans la formation, la motivation et la qualité des services.

- **Un service supérieur.** Caterpillar a réussi à bâtir à l'échelle mondiale un système d'approvisionnement de pièces et de prestation de services à nul autre pareil dans l'industrie. Elle peut assurer la livraison de pièces de rechange et le service n'importe où dans le monde en moins de vingt-quatre heures après une panne. Pour égaler un tel niveau de service, les concurrents sont obligés d'engager des investissements substantiels ; et tout concurrent qui réussirait à atteindre le niveau de service de Caterpillar ne réussirait qu'à neutraliser cet avantage au lieu de faire un gain net.

- **Une gestion supérieure des pièces de rechange.** 30 % du volume de ventes de Caterpillar et plus de 50 % de ses profits proviennent de la vente de pièces de rechange. Caterpillar a élaboré un système supérieur de gestion des pièces de rechange qui lui procure une forte marge de profits dans ce secteur d'activité.

- **Un prix plus élevé.** Caterpillar est en mesure de demander un prix de 10 % à 15 % supérieur à celui de ses concurrents à cause de la valeur supplémentaire perçue par les acheteurs.

- **Une stratégie de gamme complète.** Caterpillar produit une gamme complète de machinerie lourde qui permet à ses clients de tout acheter à un seul endroit.

- **Un bon financement.** Caterpillar offre des conditions de paiement avantageuses, ce qui est important vu les fortes sommes en jeu.

Cependant, Caterpillar a éprouvé récemment des difficultés à cause de conditions de marché non favorables et d'une concurrence plus vigoureuse. Son principal concurrent est Komatsu, le fabricant de machinerie lourde le plus important du Japon, qui a adopté le slogan « Encerclons Caterpillar ». Pour ce faire, Komatsu étudie les créneaux intéressants, puis les attaque. Komatsu accroît continuellement sa gamme de produits et en améliore la qualité, tout en vendant ses engins jusqu'à 40 % moins cher que ceux de Caterpillar. Celle-ci cherche à persuader les acheteurs que les bas prix de Komatsu sont le fait d'une qualité moindre, mais ce ne sont pas tous les acheteurs qui la croient. Caterpillar a donc dû réévaluer ses politiques et concevoir de nouvelles stratégies de concurrence.

Caterpillar a réagi en réduisant ses coûts pour pouvoir égaler les prix de Komatsu ; elle a même pris l'initiative de procéder à des baisses de prix. Cette guerre de prix a presque mené à la faillite des concurrents comme International Harvester et Clark Equipment. Entre-temps, Komatsu a dû augmenter ses prix à plusieurs reprises, et sa part de marché a baissé. Cette longue guerre de prix, dommageable pour les deux parties, semble s'atténuer ; en effet, les deux entreprises acceptent une coexistence plus pacifique, ce qui les aide à accroître leur rentabilité.

13.2
LES STRATÉGIES DES CHALLENGEURS

Les entreprises qui occupent la deuxième ou la troisième place sur un marché, ou une place moins bonne, ont le choix entre deux stratégies. D'une part, elles peuvent attaquer durement le leader et les autres concurrents pour accroître leur part de marché ; elles sont alors des challengeurs. D'autre part, elles peuvent se contenter de la position qu'elles ont acquise et faire le moins de vagues possible ; elles sont alors des suiveurs. Les entreprises qui occupent la deuxième ou la troisième place peuvent être de très grande taille, comme Colgate, Ford, Westinghouse et Pepsi-Cola.

Il existe plusieurs exemples où les challengeurs ont rattrapé et même dépassé les leaders. Ainsi, Canon, dont la taille n'était que le dixième de celle de Xerox, produit désormais plus de photocopieurs que cette dernière. Toyota produit maintenant plus de voitures que General Motors. Nikon produit dorénavant plus d'appareils photo que Leica, et British Airways transporte aujourd'hui plus de passagers que Pan Am. Ces challengeurs, qui avaient de grandes aspirations, ont utilisé leurs ressources plus limitées de façon plus efficace que les leaders, lesquels continuaient à faire leurs affaires comme d'habitude. Dolan a découvert que la rivalité entre les concurrents était particulièrement féroce dans les industries où les coûts fixes et les coûts de possession des stocks étaient élevés, et où la demande primaire était stagnante, soit des industries comme celles de l'automobile, de l'acier, du papier et des produits chimiques[22]. Nous examinerons maintenant les stratégies concurrentielles d'attaque qui sont à la disposition des challengeurs.

13.2.1

La définition de l'objectif stratégique du concurrent

Un challengeur doit d'abord définir son objectif stratégique. L'objectif stratégique de la plupart des challengeurs est d'accroître leur part de marché. Or, le choix de cet objectif, que ce soit d'écraser le concurrent ou de réduire sa part de marché, n'est possible que si l'identité du concurrent est connue. Fondamentalement, un challengeur peut décider d'attaquer trois types d'entreprises :

- **Le challengeur peut attaquer le leader du marché.** Il s'agit là d'une stratégie à haut risque qui peut cependant présenter de grands avantages et qui peut avoir d'autant plus de sens que le leader n'est pas vraiment dominant ou qu'il ne répond pas bien aux besoins du marché. Le mécontentement des clients et les besoins non satisfaits des consommateurs sont des aspects à étudier avec soin. Si un segment substantiel n'est pas servi ou est mal servi, il peut devenir une cible stratégique intéressante. L'introduction de la bière légère par Miller a connu un grand succès sur le marché parce qu'elle répondait initialement au besoin nouvellement cerné d'une bière légère. Une autre stratégie consiste à surclasser le leader dans tous les segments. Ainsi, Xerox a conquis le marché des photocopieurs de 3M en mettant au point un procédé de reproduction supérieur. Plus tard, ce fut le tour de Canon.
- **Le challengeur peut attaquer des entreprises de sa taille qui ne font pas bien leur travail et qui sont mal financées.** Le challengeur peut attaquer des entreprises dont les produits vieillissent, dont les clients sont insatisfaits ou qui exigent des prix excessifs.
- **Le challengeur peut attaquer de petites entreprises locales et régionales qui ne font pas bien leur travail et qui sont mal financées.** Plusieurs fabricants de bière parmi les plus importants ont obtenu leur croissance non pas en se volant mutuellement des clients, mais plutôt en gobant le menu fretin, c'est-à-dire les petites brasseries régionales.

Le choix de l'objectif et celui du concurrent sont étroitement liés. Si l'on s'attaque au leader sur un marché, l'objectif sera alors de lui arracher une certaine part de marché. Ainsi, Bic ne se fait aucune illusion quant à la possibilité de renverser Gillette sur le marché du rasoir ; elle cherche uniquement à accroître sa part de marché. Si l'adversaire est une petite entreprise locale, l'objectif pourrait être tout simplement de l'éliminer.

13.2.2

Le choix d'une stratégie d'attaque

Après que le stratège a déterminé son adversaire et son objectif stratégique, quels sont les différents choix qui s'offrent à lui pour attaquer l'ennemi ? On peut imaginer un adversaire qui occupe un certain territoire sur un marché. Il existe cinq stratégies offensives possibles, présentées à la figure 13.5 et décrites ci-dessous.

L'attaque frontale

On dit que l'agresseur lance une attaque frontale (face à face) quand il concentre ses forces directement sur l'ennemi. Il s'attaque aux forces de l'ennemi plutôt qu'à ses faiblesses. La victoire ira à celui qui possède la plus grande force et le plus de ténacité. Dans une attaque frontale pure, l'attaquant met en joue les produits, la publicité, le prix et d'autres variables de marketing de l'adversaire.

Pour qu'une attaque frontale pure réussisse, l'agresseur doit jouir d'un avantage sur son adversaire. Selon le principe de force, **c'est celui qui engage le plus de troupes (ressources) qui gagnera.** Cette règle est modifiée si le défenseur a une plus grande puissance de feu grâce à une position privilégiée, telle

FIGURE 13.5
**Les stratégies
d'attaque**

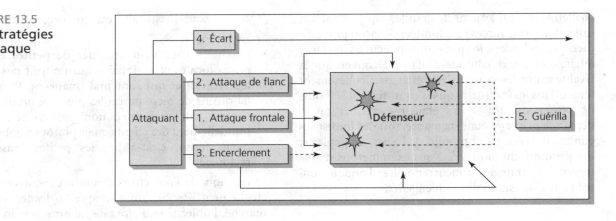

une position au sommet d'une montagne. Un principe militaire veut que, pour réussir une attaque frontale contre un ennemi qui est bien retranché ou qui contrôle un terrain plus élevé, les attaquants déploient une puissance de feu supérieure dans un rapport de 3 à 1. Si l'agresseur a des forces moins nombreuses ou une puissance de feu plus faible que le défenseur, l'attaque frontale devient alors une mission suicidaire. Le numéro 2 sur le marché des lames de rasoir au Brésil décida de s'attaquer à Gillette, le leader sur ce marché. On demanda à la direction de l'entreprise si elle comptait offrir aux consommateurs une meilleure lame. La réponse fut non. Un prix plus bas? Non. De meilleures remises aux intermédiaires? Non. Alors, comment s'attendait-elle à enlever une part de marché à Gillette? Par pure détermination, fut la réponse. Inutile de dire que cette offensive échoua.

L'entreprise qui lance une attaque frontale doit avoir plus que de la détermination, elle doit aussi avoir suffisamment de ressources et de forces. C'est exactement le cas pour IBM depuis que Microsoft l'a devancée dans l'industrie des logiciels.

En 1995, IBM fit une offre publique d'achat hostile, la première de son histoire, pour acquérir la compagnie Lotus Development Corp. La prise de contrôle la plus importante dans l'histoire d'IBM lui permit de devenir un challengeur sérieux pour Microsoft, qui possède 80 % des systèmes d'exploitation des ordinateurs personnels. IBM souhaitait faire cette acquisition parce que Lotus était le leader sur le marché des logiciels de réseau. La combinaison de la force de marketing d'IBM avec l'avantage technologique de Lotus mit Microsoft sur la défensive[23].

Au lieu d'une attaque frontale pure, le challengeur peut lancer une attaque frontale partielle, par exemple en réduisant les prix. Une telle attaque peut prendre deux formes. La stratégie la plus fréquente consiste à s'aligner sur l'offre du leader pour toutes les variables du produit et à réduire les prix. Cette stratégie peut réussir si le leader ne réagit pas en s'alignant lui-même sur les prix et si l'attaquant réussit à persuader le marché que son produit est égal à celui du leader ou qu'il représente une valeur intéressante pour le prix demandé. Helene Curtis est passée maître dans la stratégie quelque peu risquée de convaincre le marché que ses produits Suave et Finesse sont d'une qualité égale à ceux des concurrents dont les prix sont plus élevés. Elle offre des imitations économiques de marques reconnues dont le prix est plus élevé et elle en fait la promotion dans des campagnes de publicité comparatives tapageuses: «Nous faisons la même chose que les autres pour la moitié du prix.»

Une autre forme de stratégie de prix vigoureuse consiste pour l'attaquant à investir énormément dans la recherche visant à réduire ses coûts de production, puis à attaquer ses concurrents sur les prix. Texas Instruments et des entreprises japonaises ont connu des succès éclatants en lançant des attaques frontales au moyen de réductions de prix découlant de coûts plus bas.

L'attaque de flanc

Une armée se renforce là où elle s'attend à être attaquée. Elle est nécessairement moins protégée sur ses flancs et à l'arrière. Ses points faibles (angles morts) sont donc des cibles tentantes pour l'ennemi. Un principe de base de la stratégie militaire offensive consiste à **concentrer ses forces sur les faiblesses de l'ennemi**. L'agresseur fait mine de s'attaquer au côté fort de l'ennemi pour que celui-ci mobilise ses troupes, mais il lance la véritable attaque contre les flancs et les arrières. Cette manœuvre de diversion permet de prendre l'ennemi au dépourvu. Les attaques de flanc sont très sensées en marketing et sont particulièrement attrayantes pour des agresseurs qui possèdent moins de ressources que leurs adversaires. Si l'agresseur ne peut écraser l'ennemi par sa force brutale, il peut le dérouter grâce à un subterfuge.

On peut lancer une attaque de flanc contre un concurrent sur deux plans stratégiques, soit les plans géographique et segmental. Une attaque géographique consiste à déceler les régions d'un pays ou du monde où l'adversaire n'a pas beaucoup de succès. Par exemple, certains rivaux d'IBM ont choisi d'ouvrir des succursales particulièrement fortes dans des villes de taille moyenne ou petite qui étaient relativement négligées par IBM. Ainsi, Honeywell fait souvent affaire dans de plus petites villes parce qu'elle n'a pas à affronter la force de vente importante d'IBM.

L'autre stratégie, virtuellement plus puissante, consiste à découvrir des besoins du marché qui ne sont pas satisfaits par les leaders. Les constructeurs d'automobiles japonais et allemands ont choisi de ne pas concurrencer les constructeurs américains qui produisaient de grosses voitures voyantes qui engloutissaient l'essence et qui avaient prétendument la faveur des consommateurs. Ils ont plutôt reconnu un segment de consommateurs mal servis qui désiraient des voitures plus petites et plus économiques à l'usage.

Une stratégie de flanc consiste aussi à déceler, dans des segments de marché donnés, des changements occasionnant des lacunes qui ne sont pas comblées par les produits traditionnels de l'industrie et à se dépêcher de les combler pour ainsi établir des segments forts. Les attaques de flanc ont pour effet de mieux répondre aux divers besoins de l'ensemble du marché et sont donc plus profitables pour la collectivité que les guerres d'usure entre deux ou plusieurs entreprises tentant de servir le même marché. L'attaque de flanc s'intègre dans la meilleure tradition de la philosophie du marketing moderne, qui soutient que le but du marketing est de découvrir les besoins et de les satisfaire. Les attaques de flanc

offrent une probabilité de réussite plus élevée que les attaques frontales.

L'encerclement

L'encerclement est une tentative pour s'emparer d'une portion plus vaste du territoire ennemi grâce à une série d'attaques éclair. Il consiste à lancer une grande offensive sur plusieurs fronts de façon que l'ennemi doive à la fois protéger son front, ses flancs et ses arrières. L'agresseur peut offrir au marché tout ce que l'adversaire offre et davantage, c'est-à-dire présenter une proposition qui ne puisse être refusée. L'encerclement est une stratégie valable quand l'agresseur dispose de ressources supérieures à celles de l'adversaire et croit que l'encerclement sera total et suffisamment rapide pour briser la résistance de l'adversaire.

L'attaque de Seiko sur le marché des montres est un bon exemple de stratégie d'encerclement. Depuis plusieurs années, Seiko jouit d'une distribution tant dans les bijouteries que dans les grands magasins de détail et ne cesse d'épater ses clients, de même que ses concurrents, grâce à son énorme variété de modèles qui change constamment. Cette puissance de marketing est soutenue par quelque 2 300 modèles de montres que Seiko fabrique et vend partout dans le monde. « Seiko a fait mouche avec l'apparence, les caractéristiques, les préférences des usagers et d'autres choses encore qui pouvaient motiver le consommateur », souligne un vice-président admiratif d'un concurrent.

L'écart

L'écart est la stratégie d'attaque la plus indirecte. Elle implique le rejet de toute action belliqueuse dirigée contre le territoire existant d'un ennemi. L'écart consiste pour l'entreprise à éviter l'ennemi et à conquérir des marchés plus faciles pour élargir sa base de ressources. L'écart peut prendre trois formes : la diversification dans des produits qui n'ont pas de liens entre eux, la diversification sur de nouveaux marchés géographiques pour les produits existants ou un bond en avant avec de nouvelles technologies pour supplanter les produits existants.

À un moment donné, Colgate avait la réputation d'être un fabricant de savon et de détergent sans imagination. Lorsque David Foster arriva à la présidence, il eut la sagesse de reconnaître que tout affrontement direct avec Procter & Gamble était futile. «Sa puissance de feu était trois fois supérieure à la nôtre pour ce qui est des magasins, déclara Foster, et elle avait trois fois plus de chercheurs que nous.» La stratégie de Foster fut simple : renforcer la position de Colgate à l'étranger et contourner Procter & Gamble sur le marché intérieur en exploitant des marchés échappant à l'emprise de Procter & Gamble. Il s'ensuivit une vague d'acquisitions dans les domaines du textile, des produits pharmaceutiques, des cosmétiques ; Colgate fit aussi l'acquisition de tout un assortiment d'équipements de sport et de produits alimentaires. Les résultats furent éloquents : en quelques années, Colgate réussit à se tailler une place intéressante derrière Procter & Gamble sur plusieurs marchés et n'avait plus à mener la lutte contre elle sur les autres marchés.

Le bond en avant grâce à la technologie est une stratégie d'écart souvent utilisée dans les industries de haute technologie. Au lieu d'imiter le produit d'un concurrent et de s'engager dans une attaque frontale coûteuse, le challengeur investit patiemment dans la recherche et le développement d'une nouvelle technologie. Une fois satisfait de sa supériorité, il lance une attaque, situant ainsi le champ de bataille sur son territoire, où il possède un avantage. La stratégie d'attaque de Nintendo sur le marché des jeux vidéo avait précisément pour objectif d'arracher des parts de marché en introduisant une technologie supérieure et en redéfinissant l'espace concurrentiel. Maintenant, Sega/Genesis fait la même chose avec une technologie plus avancée, comme le font aussi les créateurs de jeux virtuels.

La guérilla

La guérilla est un autre type d'attaque qui est à la disposition des agresseurs sur un marché, surtout des petites entreprises sous-capitalisées. Elle consiste en de petites attaques intermittentes sur divers territoires de l'ennemi dans le but de le harceler, de le démoraliser et finalement de lui enlever la position qu'il occupe. La logique militaire est exposée par Liddell Hart de la façon suivante :

La raison la plus courante d'adopter une stratégie d'objectif limité est d'attendre un changement dans l'équilibre des forces ; un changement souvent recherché et obtenu est l'affaiblissement des forces de l'ennemi au moyen de petits coups plutôt qu'avec de grands coups risqués. La condition essentielle de la réussite d'une telle stratégie est que l'épuisement soit beaucoup plus grand chez l'ennemi que chez l'agresseur. On peut atteindre cet objectif en s'en prenant aux ressources de l'ennemi par des attaques locales qui l'annihilent ou lui infligent des pertes coûteuses, en l'engageant dans des attaques vaines, en l'amenant à disperser ses forces et, ce qui n'est pas négligeable, en épuisant son énergie morale et physique[24].

Dans une guérilla, les moyens d'attaque déployés contre l'adversaire peuvent être traditionnels ou non : guerres de prix sélectives, flambées promotionnelles intenses et, occasionnellement, poursuites judiciaires. La guérilla force les entreprises à innover constamment, à rechercher de nouveaux avantages concurrentiels ou à rechercher d'autres possibilités à l'extérieur des marchés actuels (voir la rubrique Mémento de marketing 13.1 intitulée «Les avantages de la guerre» où il est question d'autres avantages d'une grande rivalité)[25].

Normalement, la stratégie de la guérilla commerciale est pratiquée par une petite entreprise contre une plus grande : David attaque Goliath. En effet, comme la petite entreprise est incapable de mettre sur pied une attaque frontale, ni même une attaque de flanc efficace, elle installe un barrage d'attaques éclair de prix et de promotion dans divers secteurs du marché de l'adversaire ; elle planifie bien son action afin d'affaiblir graduellement la puissance de l'adversaire sur le marché. Ici encore, l'attaquant a le choix entre lancer quelques attaques majeures et lancer une suite ininterrompue d'attaques mineures. La philosophie militaire veut qu'une série continue d'attaques mineures crée plus d'effets cumulatifs de désorganisation et de confusion chez l'ennemi que quelques attaques massives. En vertu de ce principe, dans une attaque de guérilla, l'agresseur est plus efficace s'il s'attaque à de petits marchés isolés et mal défendus que s'il s'en prend aux principales positions fortes du défenseur sur des marchés où il est bien implanté et plus désireux de riposter de façon rapide et décisive.

Ce serait une erreur de croire que le recours à la guérilla est un pis-aller bon seulement pour les challengeurs financièrement faibles. La poursuite d'une campagne de guérilla continue peut coûter cher, même si elle est normalement moins coûteuse que des attaques frontales, par encerclement et même de flanc. De plus, la guérilla est davantage une préparation à la guerre que la guerre elle-même. En dernier recours, elle doit être suivie d'une attaque plus vigoureuse si, par cette stratégie, on espère finalement défaire l'adversaire.

MÉMENTO DE MARKETING 13.1
Les avantages de la guerre

La rivalité offre des avantages. Les avantages pour une entreprise de cibler un concurrent aussi combatif qu'elle-même sont les suivants :

1. **La visibilité.** Des rivaux bagarreurs ont tendance à attirer l'attention, ce qui leur donne beaucoup de visibilité et une grande couverture médiatique.

2. **La course à l'innovation.** La concurrence est un antidote à la suffisance. L'on ne s'endort pas au volant.

3. **Une rétroaction continue.** Un étalonnage industriel obsessif signifie que vous saurez toujours si vous êtes en arrière ou en avant. De cette façon, les changements de direction peuvent être faits plus rapidement et souvent plus économiquement.

4. **Une subvention au développement de marché.** Les coûts pour développer un marché ou bâtir une industrie sont partagés.

5. **Un survoltage pour la marque.** Il est plus facile de différencier une marque et d'en faire la promotion quand il existe une autre marque par rapport à laquelle vous pouvez vous comparer avantageusement.

6. **Une protection pour le prix.** À moins que ne se déclarent des guerres de prix, les pratiques du concurrent au sujet du prix peuvent aider à fixer un standard pour l'industrie, ce qui protégera votre marge de profit et soutiendra le niveau de prix.

7. **Les barrières à l'entrée.** Les entrants potentiels peuvent être découragés par un bon combat entre deux rivaux qui semblent vraiment sérieux.

8. **Un meilleur moral.** Une rivalité aide les employés à rester aux aguets, prêts pour la bataille, loyaux et fiers.

9. **Du plaisir.** Vous avez à jouer une nouvelle partie chaque jour. Vous avez toutes les chances d'en gagner quelques-unes.

Source : Anne Murphy, « Enemies, a Love Story », *Inc.*, avril 1995, p. 78.

13.2.3
Le choix d'une stratégie globale

Les cinq stratégies que nous venons de présenter sont plutôt générales. Le challengeur doit élaborer une stratégie globale consistant en plusieurs stratégies précises. Nous décrirons maintenant ces stratégies.

La stratégie du prix réduit. Une stratégie d'attaque importante pour un challengeur consiste à offrir aux acheteurs un produit comparable à celui du leader mais à un prix inférieur. Pour qu'une stratégie de prix réduit réussisse, trois conditions doivent être réunies : 1° le challengeur doit convaincre les acheteurs que ses produits et services sont comparables à ceux du leader ; 2° les acheteurs doivent être sensibles à un écart de prix et être prêts à tourner le dos à leur fournisseur actuel ; 3° le leader sur le marché doit décider de ne pas s'aligner sur le prix du challengeur malgré son attaque.

La stratégie de produits ou de services milieu ou bas de gamme. Une autre stratégie consiste à offrir au marché un produit d'une qualité moyenne ou moindre à un prix beaucoup plus bas. Cette stratégie fonctionne quand il existe un segment suffisamment important d'acheteurs qui ne sont intéressés que par le prix. Les entreprises qui adoptent cette stratégie peuvent cependant être à leur tour attaquées par des concurrents qui lanceront des produits de qualité encore moindre à des prix encore plus bas. La défense consiste alors à améliorer graduellement la qualité du produit.

La stratégie de produits ou de services de prestige. Un challengeur sur un marché peut lancer un produit ou un service de qualité supérieure et le vendre plus cher que le leader. Mercedes a déplacé Cadillac sur le marché américain en offrant une voiture de prix et de qualité supérieurs. Certaines entreprises qui ont recours à cette stratégie mettent plus tard sur le marché des produits à des prix plus bas pour tirer profit de leur renommée.

La stratégie de prolifération de produits ou de services. Le challengeur peut aussi attaquer le leader en multipliant le nombre de versions de ses produits ou de ses services, et ainsi offrir plus de choix aux acheteurs. Baskin-Robbins a connu du succès en offrant 31 parfums de crème glacée, ce qui est plus que ce qu'offrent ses principaux concurrents.

La stratégie d'innovation continue. Le challengeur peut miser sur l'innovation pour attaquer la position du leader. Ainsi, le succès de 3M dépend de l'introduction continue d'innovations exceptionnelles dans plusieurs domaines. Les consommateurs en général ont souvent beaucoup à gagner avec les stratégies d'innovation des challengeurs.

La stratégie d'amélioration du service. Le challengeur peut offrir de nouveaux ou de meilleurs services aux clients. Une partie du succès d'IBM est attribuable au fait qu'elle a reconnu que les clients étaient plus intéressés par les logiciels et les services que par l'équipement. La célèbre attaque d'Avis contre Hertz reposait sur sa promesse de livrer des automobiles plus propres et d'assurer un service plus rapide que ce n'est le cas pour Hertz : Avis reconnaissait qu'elle était le numéro 2 et promettait de faire plus que le leader grâce à son slogan « On y met du cœur ».

La stratégie d'innovation dans le mode de distribution. Un challengeur peut découvrir ou créer un nouveau canal de distribution. Avon est devenue une des plus importantes entreprises de cosmétiques en perfectionnant la vente de porte en porte plutôt qu'en s'attaquant aux autres entreprises de cosmétiques dans les magasins traditionnels. De son côté, Timex a connu beaucoup de succès grâce à la vente de ses montres à bas prix par l'intermédiaire des magasins de détail plutôt que des bijouteries.

La stratégie de réduction des coûts de fabrication. Le challengeur peut tenter d'obtenir des coûts de fabrication moindres que ceux de ses concurrents grâce à des achats plus efficaces, à des coûts de production plus bas et à un équipement de production plus moderne. L'entreprise peut profiter de ses coûts peu

élevés pour réduire hardiment ses prix dans le but d'accroître sa part de marché. Cette stratégie est à la base du succès des Japonais dans leur conquête des divers marchés dans le monde.

La stratégie intensive de communication. Certains challengeurs s'attaquent au leader en augmentant leurs dépenses de publicité et de promotion. Mais cela doit être fait prudemment. Pour obtenir une réponse rapide du marché, les challengeurs peuvent être tentés de réduire leurs dépenses publicitaires et d'augmenter leurs dépenses de promotion. Cette stratégie saura plaire aux commerces de détail, qui aiment la croissance de la fréquentation de leurs magasins. Malheureusement, la diminution des dépenses publicitaires vient restreindre l'usage du produit et entraîne à long terme une perte de part de marché. Des dépenses de promotion importantes constituent cependant une stratégie sensée si le produit du challengeur ou ses messages publicitaires démontrent une supériorité certaine sur la concurrence.

Un challengeur réussit rarement à améliorer sa part de marché en ne dépendant que d'un élément stratégique : son succès dépend de la conception d'une stratégie globale qui améliorera graduellement sa position.

13.3
LES STRATÉGIES DES SUIVEURS

Il y a plusieurs années, Theodore Levitt soutenait dans un article qu'une stratégie d'**imitation de produits** pouvait être aussi rentable qu'une stratégie d'**innovation de produits**[26]. En effet, un innovateur comme Sony doit assumer les dépenses énormes du développement du nouveau produit, en assurer la distribution et informer le marché. La récompense de tout ce travail, de tout ce risque, est normalement le leadership sur le marché. Il n'est pas impossible, cependant, qu'une autre entreprise se présente, imite ou améliore ce nouveau produit et en assure le lancement. C'est ce que fait constamment Panasonic, qui copie Sony et vend à des prix plus bas. Malgré le fait que Panasonic ne réussira probablement pas à devancer Sony, elle peut obtenir une rentabilité fort intéressante parce qu'elle n'aura pas eu à assumer les coûts d'innovation. La Banque Scotia a une stratégie semblable. Elle n'innove qu'occasionnellement, mais elle sait quels produits ou services financiers imiter. Son rendement de l'actif est l'un des meilleurs parmi les banques canadiennes.

Ce ne sont pas toutes les entreprises qui défieront le leader sur un marché. Les tentatives pour lui enlever des clients ne sont jamais prises à la légère par le leader. Si un suiveur accroît sa clientèle en baissant les prix, en améliorant le service ou en ajoutant des caractéristiques, le leader peut rapidement en faire autant pour réduire l'effet de l'attaque. De plus, le leader aura probablement beaucoup plus d'endurance dans une bataille à long terme. Après un dur combat, les deux entreprises pourraient se retrouver dans une position pire que celle qu'elles occupaient auparavant, ce qui signifie que le suiveur doit réfléchir sérieusement avant d'attaquer. À moins qu'il puisse lancer une attaque préventive sous la forme d'une innovation de produit ou d'une percée dans la distribution, le suiveur préférera souvent suivre le leader plutôt que de s'y attaquer.

Il n'en résulte pas que les suiveurs n'ont pas de stratégies. Ils doivent savoir comment conserver leurs clients actuels et obtenir une part équitable des nouveaux clients. Chaque suiveur tente d'offrir des avantages distinctifs pour son marché cible, tels la localisation, le service et le financement. Le suiveur est une cible tout indiquée pour les attaques des challengeurs. C'est pourquoi celui-ci doit s'efforcer à la fois de réduire ses coûts de fabrication et d'offrir un produit de qualité assorti d'un excellent service. Il doit aussi pénétrer les nouveaux marchés lorsqu'ils s'ouvrent.

Suivre le leader ne veut pas dire être passif ou être une copie conforme du leader. Le suiveur doit définir un plan de croissance qui n'encourage pas les représailles de la concurrence. On peut distinguer quatre grandes stratégies pour les suiveurs : la reproduction, le clonage, l'imitation et l'adaptation.

La reproduction. Dans ce cas, le suiveur copie intégralement les produits et les emballages du leader, et les vend sur le marché noir ou par des intermédiaires de réputation douteuse. Des entreprises comme Apple et Rolex sont victimes de contrefaçons, surtout en Asie, et elles recherchent des moyens de se défendre contre ce procédé.

Le clonage. Le clonage consiste à copier les produits, la distribution, la publicité ou la promotion du leader. Le produit ou le conditionnement du clone

ressemble à celui du leader. Le clone bénéficie en parasite des investissements du leader. Ainsi, la compagnie Ralcorp Holding vend des imitations de céréales (Corn Flakes, Tasteeos, etc.) dans des boîtes semblables à celles des grandes marques à un prix inférieur de 1 $. Cette stratégie est courante dans l'industrie des ordinateurs personnels. La plupart des concurrents d'IBM ont débuté avec des clones des ordinateurs personnels d'IBM[27].

L'imitation. Ici, on imite ce que le leader fait, mais on conserve une certaine différenciation dans la publicité, le prix, etc. Le leader ne se préoccupe pas réellement d'un tel suiveur tant que celui-ci ne l'attaque pas d'une manière vigoureuse. En fait, la présence du suiveur évite au leader d'être accusé de se trouver dans une situation de monopole.

L'adaptation. L'adaptation consiste à adapter ou même à améliorer les produits du leader. L'entreprise qui adapte les produits du leader choisira souvent de s'attaquer à des marchés différents de ceux du leader pour ne pas avoir à l'affronter directement ; cette entreprise pourrait même devenir éventuellement un challengeur. C'est ce que plusieurs entreprises japonaises ont fait en adaptant et en améliorant des produits qui avaient été développés par d'autres.

Qu'est-ce qu'un suiveur a à gagner ? Même si un suiveur n'a pas à engager les coûts de l'innovation, sa rentabilité est normalement moins élevée que celle du leader. Par exemple, une étude sur l'industrie alimentaire démontre que la plus grande entreprise a un rendement des investissements de 16 %, la deuxième, un rendement de 6 %, et le rendement des autres entreprises est négligeable ou négatif. Dans ce cas, seules les deux premières entreprises sont rentables, et encore, la deuxième l'est à peine. Il n'est donc pas surprenant que le P.-D.G. de General Electric, Jack Welch, exige que ses unités stratégiques d'activité soient premières ou deuxièmes, ou autrement... La route des suiveurs n'est pas nécessairement la voie la plus rentable.

13.4
LES STRATÉGIES DES EXPLOITANTS DE CRÉNEAUX

On trouve dans chaque industrie des entreprises qui se spécialisent dans l'exploitation de créneaux (voir la discussion sur les créneaux au chapitre 9). Au lieu de s'attaquer au marché entier, voire à de grands segments de marché, ces entreprises ciblent des segments au sein des segments, ou créneaux. Voici trois exemples d'entreprises qui sont devenues très rentables grâce à de telles stratégies.

Les ventes de Logitech, qui atteignent 400 millions de dollars, proviennent exclusivement de la vente de souris pour ordinateurs. Produisant une souris à chaque 1,6 seconde, l'entreprise fabrique des souris pour les gauchers et les droitiers, des souris sans fil utilisant des ondes radio, des souris ayant la forme de vraies souris pour les enfants et des souris à trois dimensions qui donnent à l'utilisateur l'impression d'agir derrière l'écran. En se concentrant uniquement sur les souris pour les ordinateurs, Logitech a connu tellement de succès qu'elle domine le marché mondial, avec comme challengeur Microsoft[28].

En se focalisant sur les masques chirurgicaux, la compagnie Tecnol Medical Products concurrence des géants comme Johnson & Johnson et 3M. Tecnol a modifié le masque traditionnel pour les milieux de la santé en une gamme complète et très rentable de masques spécialisés qui protègent les travailleurs de la santé contre les infections. Cette petite entreprise a maintenant surpassé Johnson & Johnson et 3M pour devenir le plus important fournisseur de masques chirurgicaux aux États-Unis[29].

Harlequin est un éditeur qui s'est spécialisé dans les romans d'amour, ignorant les produits plus traditionnels de l'industrie de l'édition de livres. La compagnie Torstar publie des livres qui sont maintenant diffusés en 21 langues un peu partout dans le monde. Les ventes de 1992 ont atteint le volume phénoménal de 225 millions de livres publiés par 600 à 700 auteurs ; les revenus se sont chiffrés à 375 millions de dollars et les profits ont dépassé 15 % des ventes. Mais la stratégie de marketing demeure très ciblée. Les opérations de Harlequin sont centralisées au siège social de Toronto, qui publie des livres dans un format standard. Chacun des 56 nouveaux titres produits chaque mois pour le marché nord-américain contient de 50 000 à 60 000 mots. Et 6 livres seulement peuvent prendre place sur les présentoirs fournis par Harlequin[30].

Mais la concentration sur un créneau n'est qu'une dimension du succès de ces entreprises. Par exemple, le succès de Tecnol peut être attribué à son habileté : 1° à choisir la bonne bataille à livrer (les masques chirurgicaux sont des produits peu importants pour Johnson & Johnson et 3M) ; 2° à maintenir ses coûts les plus bas possible en développant et en fabriquant elle-même ses produits ; 3° à innover constamment

puisqu'elle introduit une douzaine de nouveaux produits chaque année ; 4° à avoir fait l'acquisition d'entreprises rivales plus petites de manière à pouvoir accroître et étendre son offre.

Un point important à souligner est que des entreprises qui ont une faible part de marché peuvent néanmoins être très rentables grâce à une stratégie de créneau intelligente. Clifford et Cavanagh ont recensé plus de 25 entreprises de taille moyenne qui ont particulièrement bien réussi et ils en ont étudié les facteurs de succès[31]. Ils ont constaté que la plupart de ces entreprises avaient adopté des stratégies de créneaux. Un bon exemple nous est donné par la compagnie A.T. Cross, qui s'est positionnée sur le marché des stylos et crayons à prix élevés avec des instruments d'écriture plaqués or que plusieurs cadres possèdent ou aimeraient posséder. Au lieu de produire toutes sortes d'instruments d'écriture, A.T. Cross s'est concentrée sur le créneau haut de gamme, ce qui lui a rapporté gros quant à la croissance des ventes et des profits. Clifford et Cavanagh ont découvert d'autres facteurs communs aux entreprises à succès, dont une valeur élevée, un prix élevé, la création de nouvelles courbes d'expérience ainsi qu'une forte culture et une large perspective organisationnelles.

Dans une étude portant sur une centaine d'unités stratégiques d'activité, le Strategic Planning Institute a découvert que le rendement des investissements avait atteint 27 % sur les plus petits marchés, comparativement à seulement 11 % sur les plus grands marchés[32]. Pourquoi une stratégie de créneau est-elle si rentable ? La principale raison est que l'exploitant d'un créneau apprend à connaître si bien les clients du groupe cible qu'il répond mieux à leurs besoins que celui qui ne s'intéresse que superficiellement à ce créneau. En conséquence, l'exploitant d'un créneau peut exiger une marge plus élevée à cause de la valeur ajoutée. Il obtient une **marge élevée**, alors que le mercaticien de produits de grande consommation obtient un **volume élevé**.

Les exploitants de créneaux ont essentiellement trois tâches : la création de créneaux, l'expansion des créneaux et la protection des créneaux. Par exemple, Nike, le fabricant de chaussures de sport, crée constamment de nouveaux créneaux en concevant des chaussures pour différents sports tels que la marche, le cyclisme ou la planche à voile. Après avoir créé un marché pour une utilisation particulière, Nike élargit ce créneau en concevant différentes versions et marques. Finalement, Nike doit protéger son leadership lorsque de nouveaux concurrents pénètrent l'un de ses créneaux.

La stratégie de créneau comporte cependant un risque important en ce sens que le créneau peut être attaqué ou encore se tarir ; l'entreprise peut alors se retrouver avec des ressources très spécialisées ayant une valeur limitée pour d'autres possibilités. Par exemple, la compagnie Minnetonka avait développé un savon liquide dans un distributeur à la fois commode et esthétique pour la salle de bain. Le savon était acheté par certains ménages en tant qu'article de spécialité. Mais lorsque de grandes entreprises découvrirent l'existence de ce créneau, elles s'y attaquèrent résolument et transformèrent celui-ci en un super-segment. La part de marché de Minnetonka en souffrit grandement.

13.4.1
Les voies de spécialisation possibles pour un exploitant de créneaux

L'idée de base pour un exploitant de créneaux est la spécialisation. Nous vous présentons maintenant des exemples de spécialisation.

Le type d'utilisateurs. Une entreprise peut se spécialiser dans le service d'un type unique d'utilisateurs finals. Par exemple, un cabinet d'avocats peut se spécialiser dans le droit criminel, le droit civil ou le droit commercial. Les fabricants d'ordinateurs sont maintenant des convertis au marketing auprès de divers types d'utilisateurs. C'est ce qu'ils appellent le **marketing vertical**. Les fabricants d'ordinateurs se sont battus pendant plusieurs années pour vendre de l'équipement et des logiciels horizontalement à de nombreux marchés, et la guerre des prix est devenue de plus en plus dure. De petites entreprises, comme Hippocrate, commencèrent à se spécialiser dans des tâches verticales : soins médicaux, services juridiques, etc. Elles étudiaient des besoins précis de leurs groupes cibles en équipements et logiciels, et elles concevaient des produits à forte valeur ajoutée qui avaient un avantage concurrentiel sur les produits plus généraux. Leur force de vente était formée pour comprendre et servir un marché vertical déterminé. Les fabricants d'ordinateurs travaillaient aussi avec des revendeurs de valeur ajoutée indépendants qui adaptaient l'équipement informatique et les logiciels

à des clients en particulier ou à des segments de clients, moyennant un prix élevé[33].

Le niveau d'intervention. Une entreprise peut se spécialiser dans l'intervention à une étape précise du cycle de production et de distribution. Par exemple, une compagnie de cuivre peut se concentrer sur la production du cuivre brut, de composantes en cuivre ou de produits finis en cuivre.

La taille du client. L'entreprise peut concentrer ses ventes sur les petites, les moyennes ou les grandes entreprises. Plusieurs exploitants de créneaux se spécialisent dans la vente aux petits clients, souvent délaissés des grandes entreprises.

Le niveau de concentration. L'entreprise limite ses ventes à un ou à quelques clients importants. Certaines entreprises vendent toute leur production à une seule entreprise, comme Sears ou General Motors.

La situation géographique de la clientèle. L'entreprise ne vend que dans une localité, une région ou une partie du monde.

Le produit (ou service) ou la gamme de produits (ou de services). Une entreprise fabrique un seul produit ou une seule gamme de produits ; elle offre un seul service ou une seule gamme de services. Par exemple, dans l'industrie de l'équipement de laboratoire, certaines entreprises ne produisent que des microscopes, et certaines se limitent même à la fabrication de lentilles de microscopes.

Les caractéristiques des produits ou des services. L'entreprise se spécialise dans un certain type de produits ou de services, ou de caractéristiques de produits ou de services. Par exemple, Via Route est une entreprise de location d'automobiles qui ne loue que des voitures ou des camions d'occasion en bon état.

La fabrication à façon. L'entreprise fabrique les produits conformément aux exigences du client.

Le rapport qualité-prix. L'entreprise se positionne dans un créneau à une extrémité ou l'autre du marché. Par exemple, Hewlett Packard se spécialise dans les calculatrices de grande qualité à prix élevé.

Le niveau de service. L'entreprise offre un ou plusieurs services inexistants chez les autres entreprises. Un exemple d'une telle entreprise serait une banque qui accepterait des demandes de prêt par téléphone et livrerait l'argent au client.

Le canal de distribution. L'entreprise se spécialise dans le service d'un seul canal de distribution. Par exemple, une entreprise de boissons gazeuses pourrait décider de fabriquer un format de grande taille qui ne serait offert que dans les stations-service.

Sachant qu'un créneau peut être attaqué ou même se tarir, une **stratégie de créneaux multiples** est préférable à une **stratégie de créneau unique**. Lorsqu'une entreprise devient forte dans deux ou plusieurs créneaux, elle accroît ses chances de survie. Certaines grandes entreprises préfèrent même une stratégie de créneaux multiples pour servir un marché total. Ainsi, un cabinet d'avocats a acquis une réputation à l'échelle nationale en concentrant presque toutes ses activités dans trois domaines : la fusion et l'acquisition, la faillite et l'élaboration de prospectus.

Les entreprises désirant entrer sur un marché donné devraient s'attaquer initialement à un créneau plutôt qu'à l'ensemble du marché. On trouvera dans la rubrique Le marketing en coulisse 13.2 les principales stratégies que peuvent utiliser les entreprises pour entrer sur des marchés déjà occupés.

LE MARKETING EN COULISSE 13.2

Les stratégies utilisées par des entreprises qui entrent sur des marchés déjà occupés

Quelles stratégies de marketing utilisent les entreprises qui entrent sur des marchés déjà occupés par d'autres entreprises ? Biggadike a étudié les stratégies de 40 entreprises qui étaient entrées récemment sur un marché déjà occupé. Il a découvert que 10 entreprises étaient entrées sur le marché avec un prix plus bas, que 9 avaient égalé les prix des entreprises en place et que 21 étaient entrées avec un prix plus élevé. Il a aussi constaté que 28 entreprises prétendaient offrir un produit de qualité supérieure, que 5 entreprises affirmaient que la qualité de leur produit égalait celle des entreprises en place et que 7 déclaraient avoir un produit d'une qualité inférieure. La plupart de ces entreprises offraient une gamme de produits spécialisés et servaient un segment de marché étroit. Moins de 20 % avaient innové en ce qui concerne le mode de distribution. Plus de la moitié de ces entreprises disaient offrir un service à la clientèle supérieur. Enfin, plus de la moitié de ces entreprises dépensaient moins que les entreprises en place pour leur force de vente, la publicité et la promotion. Les types de marketing mix des entreprises entrant sur le marché étaient donc les suivants :

- un prix plus élevé et une meilleure qualité ;
- une gamme de produits plus étroite ;
- un segment de marché plus précis ;
- des canaux de distribution similaires ;
- un service supérieur ;
- des dépenses moins élevées pour la force de vente, la publicité et la promotion.

Carpenter et Nakamoto ont étudié les stratégies de lancement de nouveaux produits sur des marchés dominés par une marque telle que Jell-O ou Federal Express. Ces marques, qui souvent furent les pionnières sur un marché, sont particulièrement difficiles à attaquer parce qu'elles sont devenues le standard par rapport auquel les autres marques sont évaluées. Une nouvelle marque légèrement différente, par conséquent, peut être perçue comme étant moins attrayante, et une marque semblable peut être vue comme n'offrant rien d'unique. Ces deux chercheurs ont précisé quatre stratégies qui offrent un bon potentiel de rentabilité dans une telle situation :

- **La stratégie de différenciation.** Il s'agit d'un positionnement différent de la marque dominante avec un prix semblable ou plus élevé et des dépenses importantes de marketing pour établir la nouvelle marque comme étant un choix crédible par rapport à la marque dominante. C'est le cas pour Honda qui a défié Harley-Davidson avec ses motocyclettes.

- **La stratégie du challengeur.** Cette stratégie consiste en un positionnement près de la marque dominante avec des dépenses de publicité importantes, et un prix comparable ou supérieur, de manière à ébranler la suprématie de la marque dominante. C'est le cas pour Pepsi par rapport à Coke et pour Westinghouse par rapport à General Electric.

- **La stratégie de créneau.** Il s'agit d'un positionnement différent de la marque dominante avec un prix élevé et un maigre budget de publicité en vue d'exploiter un créneau nouveau et rentable. C'est le cas pour la pâte dentifrice Sensodyne pour les dents sensibles par rapport à Crest.

- **La stratégie de la prime.** Elle consiste en un positionnement près de la marque dominante par un produit de qualité avec des dépenses publicitaires modestes mais un prix élevé, de façon à surpasser la marque dominante. C'est le cas pour le chocolat Godiva et la crème glacée Häagen-Dazs par rapport aux marques standard.

Shnaars a étudié les stratégies de réussite d'entreprises qui se sont attaquées à des marchés occupés par un leader qui ne réussit pas à contrecarrer l'invasion. Il a relevé plus de 30 cas dans lesquels l'imitateur a déplacé l'innovateur. Voici quelques exemples :

Les imitateurs ont capturé le marché en offrant des prix plus bas et en vendant un produit amélioré ou en utilisant une plus grande puissance sur le marché et des ressources supérieures. Les innovateurs ont souvent connu l'échec à cause de la suffisance,

Produit	Innovateur	Imitateur
Logiciel de traitement de texte	Word Star	Word Perfect
Logiciel de comptabilité	Unicalc	Lotus 1-2-3
Cartes de crédit	Diners' Club	Visa et MasterCard
Stylos à bille	Reynolds	Parker
Scanners	EMI	General Electric
Calculatrices	Bowmar	Texas Instruments
Robots culinaires	Cuisinart	Black & Decker

d'une mauvaise gestion, d'un produit de mauvaise qualité ou encore de ressources inadéquates pour concurrencer les nouveaux arrivants.

Sources : Ralph Biggadike, *Entering New Markets : Strategies and Performance*, Cambridge, Mass., Marketing Science Institute, septembre 1977, p. 12-20 ; Gregory S. Carpenter et Kent Nakamoto, « Competitive Strategies for Late Entry into a Market with a Dominant Brand », *Management Science*, octobre 1990, p. 1268-1278 ; Gregory S. Carpenter et Kent Nakamoto, « Competitive Late Mover Strategies », document de travail, Northwestern University, 1993 ; Steven P. Schnaars, *Managing Imitation Strategies : How Late Entrants Seize Markets from Pioneers*, New York, Free Press, 1994.

RÉSUMÉ

1. Les stratégies de marketing dépendent énormément du fait qu'une entreprise est un leader, un challengeur, un suiveur ou un exploitant de créneaux.

2. Le leader sur le marché possède la plus grande part de marché. Pour assurer sa domination, il a trois possibilités : augmenter la demande globale, défendre sa part de marché et accroître sa part de marché. Premièrement, le leader sur un marché a tout avantage à explorer des façons d'augmenter son marché global en cherchant de nouveaux utilisateurs pour ses produits et services, de nouvelles utilisations ou une plus grande utilisation. Deuxièmement, pour protéger sa part de marché actuelle, il a le choix entre plusieurs stratégies de défense : la

défense de position, la défense de flanc, la défense préventive, la contre-offensive, la défense mobile et le repli stratégique. Les leaders les plus avisés se protègent en faisant tout correctement, en n'exposant aucun point faible aux attaques des concurrents. Troisièmement, le leader peut tenter d'accroître sa part de marché. Toutefois, cette ambition n'est sensée que si la rentabilité augmente avec un accroissement de la part de marché et si les tactiques de l'entreprise ne lui occasionnent pas de poursuites en vertu de la Loi sur la concurrence.

3. Un challengeur est une entreprise qui occupe la deuxième ou la troisième place sur un marché ou une place moins bonne et qui tente d'accroître sa part de marché en s'attaquant au leader, aux suiveurs ou aux plus petites entreprises dans l'industrie. Le challengeur peut choisir parmi toute une gamme de stratégies d'attaque : l'attaque frontale, l'attaque de flanc, l'encerclement, l'écart et la guérilla. Les attaques peuvent prendre plusieurs formes : des prix réduits, des produits milieu ou bas de gamme, des produits de prestige, une grande variété de produits, une innovation continue, l'amélioration du service et des canaux de distribution, la réduction des coûts de fabrication, ou des campagnes publicitaires intensives.

4. Un suiveur est un bon second qui choisit de ne pas faire de vagues par crainte de perdre plus qu'il ne pourrait gagner. Toutefois, même les suiveurs doivent élaborer des stratégies pour maintenir et accroître leur part de marché ou pour agrandir leur marché. Un suiveur dispose de quatre grandes stratégies : la reproduction, le clonage, l'imitation et l'adaptation.

5. Enfin, un exploitant de créneaux est le plus souvent une petite entreprise qui choisit de se concentrer sur une partie déterminée du marché qui n'attirera probablement pas les grandes entreprises. Les exploitants de créneaux deviennent souvent des spécialistes en ce qui concerne le type d'utilisateurs, le niveau d'intervention, la taille du client, le niveau de concentration, la situation géographique de la clientèle, le produit (ou service) ou la gamme de produits (ou de services), les caractéristiques des produits ou des services, la fabrication à façon, le rapport qualité-prix, le niveau de service et le canal de distribution. Une stratégie de créneaux multiples présente moins de risques qu'une stratégie de créneau unique.

QUESTIONS

1. La guerre du cola avait traditionnellement lieu entre les deux entreprises majeures de cola, mais depuis quelques années les marques de distributeur ont pris une part importante du marché.

Selon A.C. Nielsen du Canada, les marques de distributeur de boissons gazeuses ont pris 30 % du marché canadien à la suite d'une augmentation de 14 % en 1995. Les marques de distributeur sont particulièrement bien implantées dans les supermarchés, où leurs parts de marché sont peut-être plus grandes que celles de Coke et Pepsi. Cott est le plus important fabricant de marques de distributeur du Canada. Cette entreprise a maintenant une présence majeure sur le marché américain en approvisionnant approximativement 43 revendeurs. Décrivez, selon les termes utilisés dans ce chapitre, le marché des supermarchés pour les boissons gazeuses. Quelles entreprises jouent les rôles de leader, de challengeurs, de suiveurs et d'exploitants de créneaux ? Suggérez une stratégie concurrentielle pour Cott qui serait efficace contre Coke, Pepsi et d'autres marques de distributeur.

2. En 1986, un article de *Business Week* s'intitulait « Comment Ford a tapé dans le mille avec la Taurus ». Un sous-titre soulignait qu'une approche d'équipe empruntée aux Japonais avait produit la meilleure voiture depuis longtemps. Avant de concevoir la Taurus, Ford a acheté une Honda Accord et une Toyota Corolla, en essayant de trouver des éléments de ces concurrents qu'elle pourrait copier ou améliorer. Ford a également effectué des études sur les préférences des consommateurs afin de découvrir les petits détails que les consommateurs aimeraient retrouver dans leurs voitures. Toutes ces recherches ont porté fruit. En effet, au début des années 90, la Ford Taurus était la voiture la plus vendue au Canada, remplaçant la Honda Accord, qui détenait la première position depuis quelques années. Quelles stratégies pourraient être utilisées par le challengeur Honda Accord pour reprendre le marché de Ford ?

3. Un marché à la phase de maturité est caractérisé par un ensemble cohérent de fournisseurs, de concurrents, de distributeurs et de consommateurs. Un système fermé semble se développer, où chacun des joueurs s'associe afin de se protéger des intrus. Cette situation est souvent encouragée par des groupes externes, comme certains organismes réglementaires des gouvernements, les syndicats, les associations de gens d'affaires ou les institutions financières.

Prenons le cas du marché de l'automobile, qui est à la phase de maturité. Comment cette industrie réagirait-elle face à un nouvel arrivant ? Ainsi,

Roger Billings a inventé une automobile mue par l'hydrogène, qui utilise l'énergie nucléaire.

Quels sont les éventuels challengeurs auxquels Billings aura à faire face lors du lancement de son produit ? Pensez-vous que le leader ou les challengeurs actuels de l'industrie de l'automobile seraient intéressés à devenir des partenaires de Billings dans la production d'une automobile à l'hydrogène ? Une stratégie de créneau pourrait-elle être élaborée ? Comment Billings devrait-il procéder ?

4. Lorsque les ordinateurs personnels ont été introduits, IBM a décidé de ne pas entrer sur ce marché. IBM était déjà le leader dans l'industrie des gros ordinateurs. Elle voyait l'ordinateur personnel comme un jouet et ne voulait pas risquer sa réputation solide à cause d'un produit qui ne serait qu'un engouement.

Bien sûr, IBM est maintenant un joueur majeur dans l'industrie des ordinateurs personnels. Identifiez le leader, les challengeurs, les suiveurs et les exploitants de créneaux dans l'industrie des ordinateurs personnels. Nommez quelques-unes des stratégies qu'ils emploient. Quelles stratégies additionnelles recommanderiez-vous ?

5. Burger King a eu sa part de problèmes quand il s'est agi de définir une stratégie qui lui serait propre. Elle a abandonné quatre campagnes publicitaires majeures entre 1985 et 1987. Sa campagne « Une nourriture meilleure servie rapidement » n'a pas été bien reçue autant par les consommateurs que par les franchisés ; les campagnes « La guerre des hamburgers » et « La garniture » ont toutes deux été impopulaires. L'incapacité de Burger King de trouver une stratégie de challengeur adéquate explique le fait que sa part de marché est relativement stagnante.

Quelles stratégies de challengeur Burger King pourrait-elle utiliser afin d'augmenter ses parts de marché ? Gardez en tête que Burger King recherche la croissance au moyen de l'introduction de nouveaux produits uniques qui n'ont pas été lancés par McDonald's ou Wendy's. Ainsi, Burger King n'a pas trouvé d'attaque frontale (« La guerre des hamburgers ») ou d'attaque de flanc (l'introduction des mini-hamburgers appelés Burger Bundles) qui se soit avérée efficace. Une stratégie d'amélioration du service a également été sans succès, le service aux tables ayant été retiré peu après son introduction.

6. Commentez les déclarations suivantes qui ont été faites au sujet des stratégies de marketing de petites entreprises :

   a) « Une petite entreprise devrait s'efforcer de conquérir les clients de grandes entreprises, alors que celles-ci devraient s'efforcer d'attirer de nouveaux clients sur le marché. »

   b) « Les grandes entreprises devraient assurer le développement de nouveaux produits, et les petites entreprises devraient imiter ces produits. »

7. Vous faites partie d'une équipe de gestion de produits d'une gamme de détergents de Lever Brothers. L'objectif de votre groupe est d'attaquer la gamme de détergents de Procter & Gamble et de devenir le leader sur le marché, mais vous n'êtes pas sûr de la façon de procéder. Pesez le pour et le contre en ce qui concerne chacune des stratégies suivantes :

   a) l'attaque frontale ;

   b) l'attaque de flanc ;

   c) l'encerclement ;

   d) l'écart ;

   e) la guérilla.

8. Au chapitre 11, nous avons discuté du défi consistant à lancer un nouveau produit. Les coûts de développement sont généralement élevés. Pour cette raison, une stratégie d'imitation du produit peut être aussi fructueuse, voire plus fructueuse, qu'une stratégie d'innovation. En plus des coûts de développement d'un nouveau produit, quels défis une entreprise innovatrice aura-t-elle à relever ?

RÉFÉRENCES

1. Voir Robert V.L. Wright, *A System for Managing Diversity*, Cambridge, Mass., Arthur D. Little, 1974.
2. Laura Zinn, « Teens : Here Comes the Biggest Wave Yet », *Business Week*, 1er avril 1994, p. 76-86.
3. Voir Jordan P. Yale, « The Strategy of Nylon's Growth », *Modern Textiles Magazine*, février 1964, p. 32 et suivantes. Voir aussi Theodore Levitt, « Exploit the Product Life Cycle », *Harvard Business Review*, novembre-décembre 1965, p. 81-94.
4. Voir Eric von Hippel, « A Customer-Active Paradigm for Industrial Product Idea Generation », document de travail, Sloan School of Management, MIT, Cambridge, Mass., mai 1977.
5. Voir Carla Rapoport, « You Can Make Money in Japan », *Fortune*, 12 février 1990, p. 85-92 ; Keith H. Hammonds, « A Moment Kodak Wants to Capure », *Business Week*, 27 août 1990, p. 52-53 ; Alison Fahey, « Polaroid, Kodak, Fuji Get Clicking », *Advertising Age*, 20 mai 1991, p. 18 ; Peter Nulty, « The New Look of Photography », *Fortune*, 1er juillet 1991, p. 36-41.
6. Sun Tse, *The Art of War*, Londres, Oxford University Press, 1963 ; Miyamoto Mushashi, *A Book of Five Rings*, Woodstock, N.Y., Overlook Press, 1974 ; Karl von Clausewitz, *On War*, Londres, Routledge & Paul Kegan, 1908 ; Basil Liddell Hart, *Strategy*, New York, Praeger, 1967.
7. Ces six stratégies de défense et les cinq stratégies d'attaque ont été tirées d'un article de Philip Kotler et Ravi Singh, « Marketing Warfare in the 1980s », *Journal of Business Strategy*, hiver 1981, p. 30-41. Comme lecture additionnelle, voir Gerald A. Michaelson, *Winning the Marketing War : A Field Manual for Business Leaders*, 2e éd., Knoxville, Tenn., Pressmark, 1993 ; Al Ries et Jack Trout, *Marketing Warfare*, New York, McGraw-Hill, 1986 ; Jay Conrad Levinson, *Guerrilla Marketing*, Boston, Mass., Houghton-Mifflin, 1984 ; Barrie G. James, *Business Wargames*, Harmondsworth, Angleterre, Penguin Books, 1984.
8. Voir Michael E. Porter, *Competitive Strategy*, New York, Free Press, 1980, chap. 4.
9. Andrew Tausz, « Couriers United Against Canada Post », *The Globe and Mail*, 1er juin 1996, p. C1.
10. John Heinzl, « Costco, Loblaws Tangle in Turf War », *The Globe and Mail*, 26 juillet 1993, p. B1.
11. La part de marché relative est la part du marché servi relativement à la part de marché combinée des trois principaux concurrents, exprimée en pourcentage. Par exemple, si une entreprise a une part de marché de 30 % et si ses trois principaux concurrents ont respectivement une part de marché de 20 %, 10 % et 10 %, alors 30/ (20 + 10 + 10) = une part de marché relative de 75 %.
12. Sidney Schoeffler, Robert D. Buzzell et Donald F. Heany, « Impact of Strategic Planning on Profit Performance », *Harvard Business Review*, mars-avril 1974, p. 137-145 ; Robert D. Buzzell, Bradley T. Gale et Ralph G.M. Sultan, « Market Share — A Key to Profitability », *Harvard Business Review*, janvier-février 1975, p. 97-106.
13. Voir Robert D. Buzzell, Bradley T. Gale et Ralph G.M. Sultan, « Market Share — A Key to Profitability », *Harvard Business Review*, janvier-février 1975, p. 97, 100. Ces résultats ont été confirmés dans des études subséquentes du PIMS à partir d'une base de données de 1 600 entreprises

dans un grand nombre d'industries. Voir Robert D. Buzzell et Bradley T. Gale, *The PIMS Principles: Linking Strategy to Performance*, New York, Free Press, 1987.

14. Richard G. Hamermesh, M.J. Anderson Jr. et J.E. Harris, « Strategies for Low Market Share Businesses », *Harvard Business Review*, mai-juin 1978, p. 95-102.

15. Carolyn Y. Woo et Arnold C. Cooper, « The Surprising Case for Low Market Share », *Harvard Business Review*, novembre-décembre 1982, p. 106-113; voir aussi leur article intitulé « Market-Share Leadership — Not Always So Good », *Harvard Business Review*, janvier-février 1984, p. 2-4.

16. John D.C. Roach, « From Strategic Planning to Strategic Performance: Closing the Achievement Gap », *Outlook*, New York, Booz, Allen & Hamilton, 1981, p. 21. Cette courbe suppose que le rendement des investissements après les taxes est fortement corrélé avec la rentabilité et que les revenus de l'entreprise sont un substitut de la part de marché et présentent une courbe similaire.

17. Steve Lohr, « Gates, the Pragmatist, Walked Away », *The New York Times*, 22 mai 1995, p. D1:2.

18. Philip Kotler et Paul N. Bloom, « Strategies for High Market-Share Companies », *Harvard Business Review*, novembre-décembre 1975, p. 63-72. Voir aussi Michael E. Porter, *Competitive Advantage*, New York, Free Press, 1985, p. 221-226.

19. Robert D. Buzzell et Frederick D. Wiersema, « Successful Share-Building Strategies », *Harvard Business Review*, janvier-février 1981, p. 135-144.

20. Faye Rice, « The King of Suds Reigns Again », *Fortune*, 4 août 1986, p. 120-134; Bill Kelley, « Komatsu in Cat Fight », *Sales and Marketing Management*, avril 1986, p. 50-53; Ronald Henkoff, « This Cat Is Acting Like a Tiger », *Fortune*, 19 décembre 1988, p. 71-76.

21. Zachary Schiller, « Ed Artzt's Elbow Grease Has P&G Shining », *Business Week*, 10 octobre 1994, p. 84-85.

22. Voir Robert J. Dolan, « Models of Competition: A Review of Theory and Empirical Evidence », dans *Review of Marketing*, sous la direction de Ben M. Enis et Kenneth J. Roering, Chicago, American Marketing Association, 1981, p. 224-234.

23. Amy Cortese, « Gerstner at the Gates », *Business Week*, 19 juin 1995, p. 36-38.

24. Basil Liddell Hart, *Strategy*, New York, Praeger, 1967, p. 335.

25. Anne Murphy, « Enemies, a Love Story », *Inc.*, avril 1995, p. 77-81.

26. Theodore Levitt, « Innovative Imitation », *Harvard Business Review*, septembre-octobre 1966, p. 63 et suivantes. Voir aussi Steven P. Schnaars, *Managing Imitation Strategies: How Later Entrants Seize Markets from Pioneers*, New York, Free Press, 1994.

27. Greg Burns, « A Fruit Loop by any Other Name », *Business Week*, 26 juin 1995, p. 72, 76.

28. Allen J. McGrath, « Growth Strategies with a '90s Twist », *Across the Board*, mars 1995, p. 43-46.

29. Stephanie Anderson, « Who's Afraid of J&J and 3M? », *Business Week*, 5 décembre 1994, p. 66-68.

30. Allan Gould, « The Business of Book Publishing in Ontario », *Challenges*, Ontario Ministry of Economic Development and Trade, printemps 1993, p. 25-29; « In Her Arms He Melted… », *The Economist*, 31 août 1991, p. 54.

31. Donald K. Clifford et Richard E. Cavanagh, *The Winning Performance: How America's High and Midsize Growth Companies Succeed*, New York, Bantam Books, 1985.

32. Cité dans E.R. Linneman et L.J. Stanton, *Making Niche Marketing Work*, New York, McGraw-Hill, 1991.

33. Voir Bro Uttal, « Pitching Computers to Small Businesses », *Fortune*, 1er avril 1985, p. 95-104; voir aussi Stuart Gannes, « The Riches in Market Niches », *Fortune*, 27 avril 1987, p. 227-230.

Chapitre 14

Les stratégies de marketing et la mondialisation des marchés

On ne subit pas l'avenir, on le fait.
GEORGES BERNANOS

Il faut agir en homme de pensée, et penser en homme d'action.
HENRI BERGSON

Avec l'avènement de moyens de communication et de transport et de flux de trésorerie de plus en plus rapides, le temps et la distance sont de moins en moins importants. Les produits développés dans un pays donné sont souvent reçus avec enthousiasme dans d'autres pays. Mentionnons à titre d'exemples les sacs et les montres Gucci, les complets Pierre Cardin, les voitures BMW et même les hamburgers de McDonald's. On assiste à l'émergence d'un village planétaire. Un homme d'affaires allemand porte un complet italien pour son rendez-vous avec un collègue anglais qu'il a invité dans un restaurant japonais où, avant le repas, ils ont pris un apéritif français et une vodka russe.

Il est vrai que de nombreuses entreprises faisaient déjà des affaires à l'échelle internationale. Des noms tels que Shell, Bayer ou Sony sont familiers aux consommateurs de nombreux pays. La concurrence mondiale s'est cependant intensifiée, et des entreprises canadiennes ou québécoises qui ne s'étaient guère souciées de la concurrence se sont retrouvées avec de nouveaux concurrents dans leur arrière-cour. Avec le temps, les consommateurs se sont habitués à la domination des appareils photo japonais et des voitures de luxe allemandes. Des fabricants canadiens du secteur du textile ont perdu des parts de marché importantes aux mains de producteurs de Taiwan et de pays en voie de développement offrant des produits moins chers. Même des marques aussi connues que Nike sont fabriquées dans des pays du Tiers-Monde. On connaît aussi les changements économiques résultant de l'avènement de la Communauté économique européenne.

Ce ne sont cependant pas les entreprises européennes qui représentent les plus grandes menaces pour les entreprises canadiennes, mais les entreprises américaines. Avec l'Accord de libre-échange nord-américain (voir la rubrique Le marketing en coulisse 14.1 intitulée « Le défi du libre-échange »), les fabricants canadiens doivent devenir plus compétitifs pour protéger leurs marchés domestiques. La menace est aussi grande dans le secteur des services par suite de la déréglementation dans des industries telles que le transport et la finance. Par exemple, les entreprises de camionnage canadiennes doivent concurrencer des entreprises américaines, qui, après avoir fait leurs livraisons au Canada, peuvent maintenant transporter du fret à leur voyage de retour.

Certains préféreraient encore freiner cette invasion étrangère par des lois protectionnistes, mais à long terme le protectionnisme mène à une augmentation du coût de la vie et à la protection des entreprises inefficaces. Il n'existe qu'une voie : les entreprises doivent apprendre à pénétrer les marchés étrangers et à accroître leur compétitivité mondiale, en offrant des produits de qualité qui pourront être exportés sur des marchés étrangers. Les exportations canadiennes sont passées de 140 milliards de dollars à 250 milliards au cours des cinq dernières années et elles sont deux fois plus importantes par personne que les exportations japonaises[1].

Ironiquement, alors que les entreprises doivent pénétrer des marchés étrangers, le fait d'accroître les activités à l'étranger présente certains risques. Il existe en effet plusieurs défis à relever tels que les changements de frontières dans certains pays politiquement instables, les mauvaises conditions économiques et politiques comme en Russie, les problèmes de devises, la corruption et la piraterie technologique[2]. Pour toutes ces raisons, on pourrait conclure que les entreprises sont condamnées qu'elles restent au pays ou qu'elles s'attaquent aux marchés étrangers. Voici quelques-uns des défis que les entreprises doivent relever quand elles envisagent de se lancer sur des marchés étrangers :

1. **L'importance de la dette à l'étranger.** Plusieurs pays, quoiqu'ils présentent des marchés potentiels attrayants, ont accumulé une dette étrangère si élevée qu'il est difficile pour eux de payer l'intérêt sur cette dette. C'est le cas pour le Brésil, le Mexique et la Pologne.

2. **L'instabilité des gouvernements.** Les niveaux élevés de la dette, de l'inflation et du chômage ont engendré une forte instabilité dans plusieurs pays, ce qui accroît pour les entreprises étrangères les risques d'expropriation, de nationalisation, de limites au rapatriement des profits, et ainsi de

LE MARKETING EN COULISSE 14.1
Le défi du libre-échange

Puisque l'échange est un processus de création de la valeur (voir le chapitre 1), il est logique que les barrières à l'échange soient éliminées dans la mesure du possible. Une de ces barrières prend la forme de tarifs douaniers que les nations imposent à l'importation de biens et de services. Le but est de décourager les importations et de protéger les producteurs locaux de la concurrence étrangère. En conséquence, cela empêche souvent les consommateurs de bénéficier des avantages de bas prix et de produits souhaités. Lorsqu'on élimine les tarifs douaniers entre deux pays, il devrait se passer deux choses. À court terme, l'élimination de la protection tarifaire devrait forcer les producteurs nationaux à devenir plus productifs. À long terme, l'accroissement des échanges devrait être bénéfique à tous.

Les tarifs douaniers ont graduellement été réduits un peu partout dans le monde grâce à l'Accord général sur les tarifs douaniers et le commerce (GATT), et les exportateurs canadiens ont profité de ces réductions successives. Des avantages intéressants découlent aussi du Pacte de l'automobile entre le Canada et les États-Unis, qui permet aux fabricants de transporter de part et d'autre de la frontière des pièces et des moteurs d'automobiles sans droits de douane. Les usines et les ouvriers canadiens ont obtenu une part proportionnelle de la production des automobiles, et les consommateurs ont bénéficié de prix plus bas pour leurs voitures.

À l'origine, le Traité de libre-échange nord-américain de 1989 avait pour but d'éliminer tôt ou tard tous les tarifs douaniers entre le Canada et les États-Unis et d'amener les économies canadienne et américaine à former une union douanière. Une telle entente à long terme pourrait avoir un effet important sur certaines entreprises et même sur certaines industries. Des effets à court terme se sont déjà fait sentir : certaines usines canadiennes se sont agrandies, d'autres ont réduit leurs activités et

d'autres encore ont déménagé aux États-Unis. Le Conseil économique du Canada prévoit que lorsque les tarifs douaniers seront éliminés, certaines industries en sortiront plutôt victorieuses (+) et d'autres, plutôt perdantes (−) :

Construction	+ 2 070 millions
Imprimerie et édition	+ 586 millions
Métaux primaires	+ 337 millions
Agriculture	+ 327 millions
Entreprises de services	+ 171 millions
Textile	− 16 millions
Produits électriques	− 268 millions

Depuis 1994, l'Accord de libre-échange nord-américain (ALENA) comprend le Mexique, et la plupart des barrières tarifaires sur les biens et les services devraient être éliminées en 2003. L'ALENA devrait offrir de nouvelles occasions d'affaires dans les secteurs des produits de l'automobile, des services financiers, des télécommunications, des logiciels et de l'aéronautique.

Les critiques du libre-échange font ressortir les nombreux problèmes à court terme : plusieurs entreprises seront éliminées et certaines auront à s'adapter ; de nombreux ouvriers devront être recyclés et plusieurs perdront leur emploi. Les partisans du libre-échange soutiennent que les gains à long terme compenseront largement les problèmes se présentant à court terme. Ils prétendent aussi que le Canada n'avait pas réellement le choix dans le contexte de la mondialisation des marchés et des alliances politiques et stratégiques.

Dans ce contexte, le défi des gens de marketing est de s'adapter. Pour prospérer, et même survivre, les entreprises doivent continuellement mettre en place des processus de planification stratégique du marketing (voir le chapitre 3) et, en conséquence, s'adapter aux occasions et aux menaces que comporte un environnement de plus en plus vaste.

suite. Pour réduire ces risques, plusieurs entreprises achètent des rapports d'agences-conseils, telles que Frost & Sullivan, BERI et Business International's, lesquelles fournissent une classification des risques actuels et futurs de faire des affaires dans certains pays.

3. **Les problèmes de conversion des devises.** L'endettement élevé et l'instabilité économique et politique causent souvent de fortes fluctuations de la monnaie ou sa dépréciation. Les entreprises étrangères exigent d'être payées en devises fortes et de pouvoir rapatrier les profits, ce qui n'est pas possible dans plusieurs pays.

4. **Les exigences à l'entrée.** Les gouvernements imposent de nombreux règlements aux entreprises étrangères tels que la copropriété avec une participation majoritaire des partenaires locaux, l'embauche d'un nombre important de résidants du pays, le transfert technologique et des limites au rapatriement des profits.

5. **Les tarifs douaniers et les autres barrières tarifaires.** Les gouvernements imposent souvent des tarifs douaniers élevés aux importations dans le but de protéger l'industrie locale. On a souvent recours à des barrières invisibles telles que le fait de retenir ou de ralentir les autorisations exigées, ou encore d'exiger des ajustements aux normes locales pour les produits importés.

6. **La corruption.** Dans plusieurs pays, les hommes politiques et les fonctionnaires exigent des pots-de-vin avant de collaborer. Les contrats sont souvent accordés à ceux qui offrent les pots-de-vin les plus élevés plutôt qu'à la soumission la plus basse. Cette pratique est illégale pour les cadres canadiens, alors qu'elle est permise ou, du moins, tolérée dans certains autres pays.

7. **La piraterie technologique.** Une entreprise qui ouvre une usine à l'étranger craint toujours que les cadres locaux puissent s'approprier le savoir-faire technologique et l'utiliser ouvertement ou clandestinement pour la concurrencer. On a vu la chose se produire dans des industries aussi diverses que la machinerie, l'électronique et les produits pharmaceutiques et chimiques.

8. **Les coûts élevés d'adaptation des produits et des communications.** Avant de s'attaquer à un marché étranger, une entreprise doit étudier celui-ci avec soin. Elle doit d'abord se familiariser avec l'éco-nomie, la politique et la culture, puis modifier les produits et les communications comme il convient pour s'adapter aux goûts locaux.

9. **Les changements de frontières.** Les frontières de certains pays changent ; il suffit de penser aux anciennes entités qu'étaient encore récemment l'URSS, la Tchécoslovaquie et la Yougoslavie. Or, il est essentiel pour les mercaticiens que les frontières des pays soient connues et stables parce qu'elles dominent et forment le comportement économique à l'intérieur de ces frontières. Des changements de frontières peuvent signifier des changements importants de marchés cibles.

> Une industrie mondiale est une industrie dans laquelle la position stratégique des concurrents sur les principaux marchés géographiques et nationaux dépend fondamentalement de leur position dans l'ensemble mondial des marchés[3]. Une entreprise mondiale est une entreprise qui fait des affaires dans plus d'un pays et qui bénéficie, pour ses coûts et sa réputation, d'avantages en ce qui concerne la R et D, la production, la logistique, le marketing et les finances, lesquels sont inaccessibles aux concurrents qui n'ont que des activités locales.

Les entreprises mondiales planifient, mettent en œuvre et coordonnent leurs activités sur une base mondiale. Par exemple, le « camion mondial » de Ford possède un habitacle fabriqué en Europe et un châssis fabriqué au Canada ou aux États-Unis ; il est assemblé au Brésil et est ramené en Amérique du Nord pour y être vendu. La compagnie d'ascenseurs Otis fait fabriquer les systèmes de portes en France, les pièces mécaniques en Espagne, les pièces électroniques en Allemagne et les moteurs au Japon. Ce ne sont pas seulement les grandes entreprises qui font des affaires à l'étranger. De nombreuses PME du Québec, de la Scandinavie et du Benelux exportent beaucoup.

Dans ce chapitre, nous tenterons de répondre aux questions suivantes :

- **Quelles sont les caractéristiques de l'environnement du marketing international ?**

- **Quels facteurs une entreprise devrait-elle considérer lorsqu'elle envisage d'entrer sur des marchés étrangers ?**

- **Comment les entreprises peuvent-elles évaluer et choisir les meilleurs marchés étrangers à attaquer ?**

- **Quelles sont les principales manières d'entrer sur un marché étranger ?**

FIGURE 14.1
Les principales décisions en marketing international

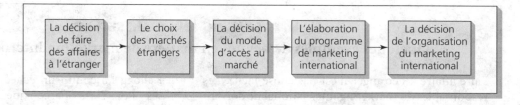

| La décision de faire des affaires à l'étranger | → | Le choix des marchés étrangers | → | La décision du mode d'accès au marché | → | L'élaboration du programme de marketing international | → | La décision de l'organisation du marketing international |

- Jusqu'à quel point une entreprise devrait-elle adapter ses produits et ses programmes de marketing aux besoins d'un pays étranger ?
- Comment l'entreprise devrait-elle s'organiser pour exercer ses activités internationales ?

La figure 14.1 présente les principales décisions qu'une entreprise doit prendre dans le domaine du marketing international.

14.1
LA DÉCISION DE FAIRE DES AFFAIRES À L'ÉTRANGER

La plupart des entreprises se contenteraient de faire des affaires sur le marché national s'il était suffisamment important. Les cadres n'auraient pas, alors, à apprendre d'autres langues, à composer avec des devises différentes et volatiles, à faire face à l'incertitude et au harcèlement sur les plans politique et légal ou à modifier les produits pour répondre aux besoins et aux attentes de clients différents. Il serait beaucoup plus facile et plus sûr de faire ainsi des affaires.

Plusieurs facteurs peuvent amener une entreprise à descendre dans l'arène internationale.

- Les entreprises mondiales offrant de meilleurs produits à des prix plus bas pourraient attaquer l'entreprise sur son marché national. L'entreprise pourrait alors vouloir contre-attaquer sur le marché des concurrents en les forçant à immobiliser leurs ressources.
- L'entreprise pourrait découvrir que certains marchés étrangers offrent des possibilités de profit plus grandes que les marchés locaux.
- L'entreprise a peut-être besoin d'un plus grand nombre de clients pour obtenir des économies d'échelle.
- L'entreprise pourrait vouloir réduire sa dépendance à l'égard d'un marché de façon à réduire le risque.

- Les clients de l'entreprise pourraient vouloir faire des affaires à l'étranger et exiger un service international.

Avant de prendre la décision de faire des affaires à l'étranger, l'entreprise doit évaluer plusieurs risques :

- Elle peut avoir de la difficulté à bien évaluer les préférences des clients étrangers ou ne pas offrir des produits et des services suffisamment attrayants face à la concurrence (voir la rubrique Le marketing en coulisse 14.2 intitulée « Quelques exemples de bévues en matière de marketing international »).
- Elle peut ne pas connaître la façon de faire des affaires dans ce pays et de négocier avec les gens d'affaires du pays.
- Elle peut sous-estimer la réglementation locale et faire face à des coûts auxquels elle ne s'attendait pas.
- Elle peut se rendre compte qu'elle ne possède pas d'expertise de direction internationale. Le pays étranger peut modifier ses lois commerciales d'une manière défavorable, dévaluer sa devise, instituer des contrôles sur les devises ou subir des changements politiques majeurs qui entraînent l'expropriation des entreprises étrangères.

Étant donné que les avantages compensent les risques, la plupart des entreprises décident de faire des affaires à l'étranger lorsqu'elles sont poussées par les événements, par exemple lorsqu'un exportateur national, un importateur étranger ou un gouvernement étranger sollicitent l'entreprise pour qu'elle entre sur des marchés étrangers, ou que l'entreprise a une surcapacité de production et doit trouver de nouveaux marchés pour ses produits.

14.2
LE CHOIX DES MARCHÉS ÉTRANGERS

Avant d'entreprendre des démarches pour aller à l'étranger, une entreprise doit tenter de définir ses

---

LE MARKETING EN COULISSE 14.2
Quelques exemples de bévues en matière de marketing international

Faire affaire à l'étranger n'est pas chose facile. Les responsables du marketing international ne doivent rien tenir pour acquis, surtout pas que leurs produits ou services seront bien acceptés dans un autre pays. Voici des exemples de bévues qu'ont commises de grandes entreprises :

- Hallmark a essuyé un échec lamentable en France. En effet, les Français ont horreur des cartes de vœux à l'eau de rose et préfèrent rédiger leurs propres cartes.

- Philips a réussi à faire des profits au Japon seulement après avoir réduit les dimensions de ses cafetières pour les ajuster aux petites cuisines japonaises, et celles de ses rasoirs pour les adapter aux mains japonaises, également plus petites.

- Coca-Cola a dû retirer du marché espagnol ses bouteilles de deux litres après avoir découvert que relativement peu d'Espagnols possédaient des réfrigérateurs suffisamment grands pour recevoir de telles bouteilles.

- Kellogg's a connu un échec en Angleterre avec ses Pop-Tarts parce que relativement peu d'Anglais possèdent un grille-pain et que le produit était de toute façon trop sucré pour le goût des Anglais.

- Crest fut initialement un échec au Mexique parce que les Mexicains se préoccupent peu de la carie dentaire et ne trouvent pas très attrayante la publicité à caractère scientifique.

- General Foods a gaspillé des millions de dollars en tentant d'introduire les mélanges à gâteau sur le marché japonais. L'entreprise n'avait pas remarqué que seulement 3 % des domiciles japonais possèdent un four.

- La cire à plancher de S.C. Johnson a connu initialement un échec au Japon. La cire rendait les planchers très glissants et l'entreprise n'avait pas tenu compte du fait que les Japonais ne portent pas de chaussures à la maison.

---

objectifs et politiques de marketing international. Elle doit décider de la **part des ventes qu'elle tentera d'atteindre à l'étranger par rapport à ses ventes totales**. Certaines entreprises choisissent de limiter leurs activités à l'étranger, souhaitant qu'elles ne représentent qu'une petite partie de leurs activités. D'autres ont des projets plus ambitieux, allant même jusqu'à désirer vendre un jour ou l'autre autant, voire plus, à l'étranger que dans leur pays d'origine.

L'entreprise doit ensuite décider si elle fera des affaires dans un pays, dans quelques pays ou dans de nombreux pays. La compagnie Bulova a fait ce dernier choix et a étendu ses activités dans plus de 100 pays. Or, s'étant trop dispersée, elle n'a réalisé des profits que dans deux pays et a perdu environ 55 millions de dollars. Amway a accru de façon marquée sa présence sur les marchés étrangers au cours des dernières années. Bien connue pour son réseau de vente de porte en porte, cette entreprise a commencé sa percée internationale en Australie en 1971 ; ce n'est qu'en 1980 qu'elle s'est attaquée à une dizaine de marchés étrangers. Mais le rythme s'est ensuite accéléré. Et, en 1994, Amway était présente dans plus de 60 pays, dont la Hongrie, la Pologne et la République tchèque. Ses ventes mondiales atteignent maintenant 6,8 milliards de dollars[4].

En général, il semble plus logique de concentrer ses efforts sur quelques pays et d'y travailler en profondeur afin de mieux les pénétrer. Ayal et Zif prétendent qu'il est préférable de n'entrer que dans quelques pays quand :

- les coûts d'entrée et de contrôle du marché sont élevés ;

- les coûts d'adaptation du produit et des communications sont élevés ;

- le niveau et le taux de croissance de la population et des revenus sont élevés dans les pays initialement choisis ;

- les entreprises étrangères dominantes peuvent établir des barrières à l'entrée élevées[5].

L'entreprise doit aussi décider du **type de pays** à pénétrer. L'attrait d'un pays dépend du produit, des caractéristiques géographiques, du revenu, de la population, du climat politique et d'autres facteurs. Une entreprise peut avoir une préférence pour certains groupes de pays ou certaines parties du monde. Kenichi Ohmae, par exemple, prétend que seules les « puissances de la Triade » — les États-Unis, l'Europe et le Japon — méritent qu'on s'y intéresse parce que ces marchés représentent la majeure partie du commerce international[6].

Quoique la position d'Ohmae puisse avoir du sens à court terme, puisque les profits seront sans doute plus élevés sur les marchés de la Triade, cette politique pourrait s'avérer désastreuse pour l'économie mondiale à long terme. Même si les marchés de la Triade possèdent en fait la plus grande partie du pouvoir d'achat, ils ne représentent pas la partie la plus importante de la demande latente. Les marchés de la Triade sont peut-être riches, mais ils sont à la phase de maturité ; les entreprises doivent aller jusqu'aux limites de leur créativité pour y trouver des occasions d'affaires. En revanche, les besoins non satisfaits des pays en voie de développement représentent un océan d'occasions d'affaires. Ce sont là des marchés potentiels énormes dans les domaines de l'alimentation, du vêtement, de l'habitation, des appareils ménagers, des appareils électroniques, etc., que les marchés de la Triade tiennent pour acquis. À moins qu'un certain pouvoir d'achat puisse être instauré dans les pays en voie de développement, le monde industrialisé se retrouvera avec une surcapacité de production et un très faible taux de croissance, pendant que les économies en voie de développement éprouveront de très grands besoins de consommation qu'elles seront incapables de satisfaire. Les divers gouvernements et les diverses entreprises nationales doivent trouver des moyens d'établir des liens dynamiques et synergiques dans une relation profitable à tout le monde.

En fait, plusieurs entreprises, de nos jours, ne suivent pas les recommandations d'Ohmae. Nombre de leaders sur les marchés internationaux se sont précipités dans les anciens marchés communistes d'Europe de l'Est et même sur les derniers bastions du communisme, tels que la Chine et le Viêtnam, où il existe de nombreux besoins non satisfaits de produits technologiques de qualité destinés aux consommateurs (voir la rubrique Vision 2000 + intitulée « Les

dernières frontières du marketing : la Chine, le Viêtnam et Cuba »).

Supposons qu'une entreprise se soit fait une liste de marchés potentiels pour l'exportation. Comment opérera-t-elle son choix entre ceux-ci ? Beaucoup d'entreprises optent pour la vente à des pays limitrophes parce qu'elles les comprennent mieux et que les coûts de distribution et de contrôle sont alors moins élevés. Aussi, il n'est pas surprenant que le marché le plus important pour le Canada soit les États-Unis et que les entreprises suédoises aient en premier lieu vendu leurs produits aux autres pays scandinaves. Avec l'arrivée de l'ALENA, les exportations se sont accrues rapidement, passant de 18 % du produit intérieur brut (PIB) en 1992 à 28 % en 1995, et représentent près de 80 % de toutes les exportations. Une partie importante de la croissance peut être attribuée à la mondialisation au sein des entreprises. Ainsi, IBM expédie des microprocesseurs de son usine de Burlington, au Vermont, à son usine de Bromont, au Québec, où ils sont assemblés en des sous-ensembles d'ordinateurs et expédiés à d'autres usines d'IBM[7]. Certains craignent cependant que cette intégration virtuelle de l'économie canadienne à l'économie américaine rende le Canada vulnérable aux changements économiques et politiques qui surviennent aux États-Unis[8].

Dans d'autres circonstances, la **proximité culturelle** influe sur les choix davantage que la **proximité géographique** ; ainsi, beaucoup d'artistes québécois préfèrent faire une partie de leur carrière en France plutôt qu'aux États-Unis.

En général, les pays ciblés devraient être évalués sous le rapport de trois critères importants : l'**attrait du marché**, l'**avantage concurrentiel** et le **risque**. Voici un exemple d'un système d'évaluation :

La compagnie International Hough fabrique de l'équipement pour l'exploitation minière et évalue l'**attrait du marché** en Chine et dans quatre pays d'Europe de l'Est. Elle évalue d'abord l'attrait du marché dans chaque pays d'après des indicateurs tels que le PNB par habitant, la main-d'œuvre dans l'industrie minière, les importations de machinerie et la croissance de la population. Elle évalue ensuite ses **avantages concurrentiels** potentiels dans chaque pays en fonction d'indicateurs comme les expériences commerciales préalables, la possibilité de produire à des coûts faibles et la capacité de son personnel de direction de travailler à l'aise dans ces pays. Finalement, elle évalue le **risque** lié aux activités dans

Les dernières frontières du marketing : la Chine, le Viêtnam et Cuba

Quelques heures après la levée de l'embargo commercial sur le Viêtnam qui durait depuis dix-neuf ans, une bouteille géante de Pepsi était installée sur la place principale de Hô Chi Minh-Ville. Pour ne pas se faire damer le pion, Coca-Cola fit parvenir une bouteille gonflable de Coke de 10 mètres de haut à l'occasion d'une célébration à la salle de concert de la ville. Peut-on trouver des symboles plus représentatifs de l'entrée de pays capitalistes dans les derniers bastions du communisme sur la planète ?

Alors que les anciens pays communistes entreprennent de réformer leurs marchés, les entreprises multinationales évaluent avec impatience les profits qui les attendent. Jetons maintenant un coup d'œil sur les dernières frontières du marketing sur le marché mondial, de même que sur les occasions d'affaires et les défis auxquels font face les mercaticiens dans ces pays.

La Chine : 1,2 milliard de consommateurs

Dans la province de Guangdong, des *yuppies* chinois circulent dans les allées d'un grand magasin pour acheter des chaussures de sport Nike ou Reebok d'une valeur de 130 $; ils n'hésitent pas à dépenser 5 $ pour un pot de beurre d'arachide Skippy dans la partie supermarché de ce même magasin. Quoique les revenus des consommateurs en Chine ne soient que de 170 $ par mois, ces derniers ont relativement beaucoup d'argent à dépenser parce que les logements et les soins de santé sont fournis par l'État, et qu'ils ont des économies appréciables dans leur bas de laine. Dans la ville de Shenzhen, la deuxième ville en importance du Guangdong, les consommateurs ont le plus haut revenu discrétionnaire de toute la Chine, soit 5 300 $ par année. Avec un tel pouvoir d'achat, une population de 1,2 milliard et une économie qui connaît la plus forte croissance du monde, la Chine encourage les entreprises étrangères à venir s'y établir. Procter & Gamble a été l'une des premières entreprises occidentales à s'implanter en Chine ; ses ventes dans ce pays, en 1993, atteignaient 170 millions de dollars, soit 50 % de plus que l'année précédente.

Malgré cela, les entreprises multinationales font face à plusieurs obstacles. Par exemple, la Chine n'est pas un marché unique ; elle est plutôt composée de plusieurs marchés, et des barrières régionales restreignent l'accès de certains produits. Les circuits de distribution sont sous-développés et l'infrastructure est si déficiente qu'une expédition par chemin de fer de Guanzhou à Beijing peut devenir une odyssée qui durera un mois. Puis il y a les problèmes de logistique ; ainsi, il faut approvisionner des milliers de petits dépanneurs qui ne peuvent se permettre d'acheter qu'un nombre limité de produits à la fois. Des gestionnaires astucieux, dans des entreprises telles que Allied Signal, tentent de contourner ces obstacles grâce à des ententes de partenariat avec des organismes gouvernementaux chinois (dans certaines régions, c'est la seule façon de commencer à faire des affaires). Ces partenaires commerciaux chinois sont fort utiles si l'on veut pénétrer les circuits de distribution et embaucher du personnel d'expérience.

Le dossier plutôt sombre des droits de la personne en Chine est souvent en toile de fond des missions commerciales du Québec et du Canada en Chine. Certaines entreprises comme Levi Strauss, le plus grand manufacturier de vêtements du monde, a refusé de s'attaquer au très grand marché chinois à cause des problèmes des droits de la personne. Mais certains politiciens et gens d'affaires sont plutôt d'avis que le fait de traiter avec la Chine fait partie de la solution. « Soutenir l'activité économique entraînera une plus grande liberté économique et politique pour les Chinois », déclare un porte-parole de 3M. 3M a été la première entreprise étrangère à s'établir à Shanghai en 1984. Elle compte maintenant 400 employés nationaux et estime que ses ventes atteindront 1,3 milliard de dollars en l'an 2000.

Le Viêtnam : un marché vierge

Le Viêtnam peut paraître le rêve de tout mercaticien : un pays de 72 millions de consommateurs, dont 80 % ont moins de 40 ans ; une quantité énorme de ressources naturelles, incluant le pétrole, l'or, le gaz et la forêt; un littoral de plages vierges qui pourraient être développées en des emplacements touristiques incroyables. Avec l'ouverture du marché vietnamien, en réponse aux besoins du développement international, ce rêve est en train de devenir une réalité pour certaines entreprises dynamiques. Alors que des entreprises européennes et asiatiques ont tiré profit des réformes du marché vietnamien qui ont débuté en 1986, il existe encore beaucoup de possibilités de vente de produits et services canadiens sur ce grand marché.

Malgré cet immense potentiel, il faut apporter certaines réserves. Le revenu par habitant de la plupart des Vietnamiens n'est que de 270 $ par année et, tout comme en Chine, l'infrastructure vietnamienne est délabrée; son système de transport et de communications est un des pires du monde. Le Viêtnam a un très long chemin à parcourir avant d'entrer dans la course avec les tigres de l'Asie du Sud-Est tels que Singapour ou la Corée du Sud. Quoique le pays et les marchés se développent, les mercaticiens procèdent à l'implantation avec prudence. Les dollars investis sont consacrés à des campagnes de publicité relativement simples parce que la plupart des consommateurs voient les produits pour la première fois. Pour cette raison, la radio et les panneaux publicitaires sont les meilleurs moyens de publicité. Par exemple, on trouve sur un panneau d'affichage à Hô Chi Minh-Ville un seul mot: Sony.

Cuba: un marché en devenir

Malgré l'embargo américain et les menaces de pénalité que fait peser la loi Helms-Burton, plusieurs pays des deux côtés de l'Atlantique continuent à faire des affaires à Cuba et à y investir. Le Canada est le plus important investisseur à Cuba, avec des engagements majeurs dans les industries minière et touristique. Et Mexico est un des plus importants fournisseurs de biens pour la bouillonnante industrie touristique cubaine. Au Havana In-Bound, une quasi-zone franche aux limites de La Havane, on trouve des entrepôts remplis de produits mexicains souvent destinés à des hôtels et à d'autres commerces que les Cubains établissent avec des partenaires étrangers. Cuba est une des îles les plus luxuriantes des Antilles, où des capitaux

importants ont été investis dans des hôtels construits ou gérés par des entreprises espagnoles, canadiennes et mexicaines. Les revenus touristiques atteignaient, en 1994, 1,1 milliard de dollars, dépassant ainsi les exportations de la canne à sucre comme source de devises fortes.

Plusieurs mercaticiens, tant au Canada qu'aux États-Unis, misent sur la chute ou sur la mort de Fidel Castro, et sur la levée de l'embargo qui s'ensuivra. « Il y a à Cuba un marché de 11 millions de consommateurs à moins de 32 minutes de vol de la Floride avec des demandes latentes qui datent de 30 ans. Est-ce que cela n'est pas excitant? » déclare Ana Maria Fernandez Haar, une Cubaine vivant aux États-Unis qui est présidente de l'agence de publicité IAC. Les mercaticiens de produits de consommation et de services touristiques ne sont que quelques-uns des mercaticiens intéressés à servir un marché cubain libre. Il faudra des années pour reconstruire l'infrastructure cubaine. Dans certaines parties du pays, il n'y a ni eau courante, ni système d'égout, ni source énergétique. « Les Cubains auront à se préoccuper des éléments reliés à leur survie avant de penser à la pizza et au Pepsi », déclare Joe Zubizarreta, un autre directeur de la publicité né à Cuba. De plus, l'on se préoccupe de l'éventualité de l'instabilité politique que pourrait provoquer le départ de Castro. Le régime de Castro pourrait ne pas disparaître en douce, et la violence qui en résulterait empêcherait plusieurs entrepreneurs de s'implanter dans ce pays. Pendant que plusieurs gens d'affaires du Canada et d'autres pays continuent à se créer une place à Cuba, d'autres se contentent de surveiller la situation et d'attendre le moment propice.

Sources: Marlene Piturro, « Capitalist China! », *Brandweek*, 16 mai 1994, p. 22-27; Bryan Batson, « Chinese Fortunes », *Sales and Marketing Management*, mars 1994, p. 93-98; Valerie Reitman, « Enticed by Visions of Enormous Numbers, More Western Marketers Move into China », *The Wall Street Journal*, 12 juillet 1993, p. B1:3; Cyndee Miller, « U.S. Firms Rush to Claim Share of Newly Opened Vietnam Market », *Marketing News*, 14 mars 1994, p. 11; Geoffrey Brewer, « American Businesses Bank On », *Sales and Marketing Management*, avril 1994, p. 15; Christy Fisher, « U.S. Marketers Wait for Opening in Cuba », *Advertising Age*, 29 août 1994, p. 1, 6; Christy Fisher, « How to Lose Friends and Annoy People », *The Economist*, 20 juillet 1996, p. 16.

TABLEAU 14.1
L'évaluation des marchés étrangers

		Attrait du marché			
		Élevé (E)	Moyen (M)	Faible (F)	
Avantage concurrentiel	E	Chine			Risque
	M		République tchèque		F
	F	Allemagne			
	E		Pologne		
	M			Roumanie	E
	F				

chaque pays en mesurant des facteurs tels que la stabilité politique, la stabilité de la monnaie et les politiques de rapatriement. En accordant des poids, en évaluant et en combinant les diverses variables, elle établit un tableau synoptique (voir le tableau 14.1). La Chine semble offrir l'occasion la plus intéressante puisqu'elle jouit d'une très bonne cote en ce qui concerne l'attrait du marché et l'avantage concurrentiel, tout en présentant des risques peu élevés. Par contre, l'attrait du marché de la Roumanie est faible : l'avantage concurrentiel y est moyen et le risque y est élevé. International Hough doit ensuite préparer une analyse financière pour ces pays afin de déterminer à quel rendement des investissements elle peut s'attendre.

14.3
LA DÉCISION DU MODE D'ACCÈS AU MARCHÉ

Une fois que l'entreprise a ciblé un pays particulier, elle doit déterminer la meilleure façon d'y avoir accès. Les options possibles sont l'**exportation indirecte**, l'**exportation directe**, la **concession de licence**, la **coentreprise** (*joint venture*) et l'**investissement direct**. Chaque stratégie comporte un degré d'engagement, de risque, de contrôle et de rentabilité potentielle différent. Ces cinq stratégies d'entrée sur les marchés étrangers sont représentées à la figure 14.2 et décrites ci-après.

14.3.1
L'exportation indirecte

La façon la plus facile de s'engager sur un marché étranger est l'exportation. Au cours des dernières années, les exportations de biens et de services du Québec et du Canada se sont accrues d'une manière qui ne s'était jamais vue. La croissance récente de ses exportations fait du Canada le pays des Sept grands pays industrialisés qui dépend le plus du commerce international[9].

Une **exportation occasionnelle** se traduit par un degré d'engagement faible, où l'entreprise exporte de temps en temps de son propre chef ou pour répondre à des commandes non sollicitées de l'étranger. L'**exportation active** exige la volonté affirmée de l'entreprise d'accroître ses exportations sur un marché précis. Dans les deux cas, l'entreprise continue à fabriquer tous ses produits dans son pays d'origine. Elle a le choix d'adapter les produits au marché étranger. L'exportation indirecte nécessite peu de changements dans la gamme de produits, l'organisation, les investissements ou la mission de l'entreprise.

Les entreprises qui souhaitent faire des affaires à l'étranger débutent souvent par l'exportation indirecte, c'est-à-dire par l'intermédiaire d'intervenants spécialisés. Quelles possibilités s'offrent aux entre-

FIGURE 14.2
Les cinq modes d'accès au marché

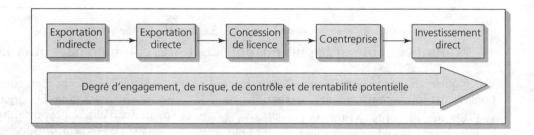

Exportation indirecte → Exportation directe → Concession de licence → Coentreprise → Investissement direct

Degré d'engagement, de risque, de contrôle et de rentabilité potentielle

prises qui recourent à des intermédiaires? Il existe quatre options possibles:

1. **Le marchand exportateur.** Situé dans le pays d'origine, cet intermédiaire achète le produit au fabricant et le vend à l'étranger en son nom.

2. **L'agent exportateur.** Également situé dans le pays d'origine, l'agent exportateur recherche des acheteurs et négocie des transactions, moyennant une commission. Les sociétés de commerce extérieur (*trading companies*) font partie de ce groupe.

3. **La coopérative d'exportation.** Une telle coopérative exécute diverses activités d'exportation au nom de plusieurs producteurs qui en assurent partiellement le contrôle administratif. Cette méthode est souvent utilisée pour l'exportation de produits agricoles.

4. **Une entreprise de management des exportations.** Il s'agit d'une entreprise d'exportation dont le management est assuré par un intermédiaire, moyennant une rétribution.

L'exportation indirecte offre deux avantages. Tout d'abord, elle n'exige que de faibles investissements. L'entreprise n'a pas à mettre sur pied un service d'exportation, une force de vente à l'étranger, ni même à établir un réseau de relations à l'étranger. Ensuite, l'exportation indirecte présente relativement peu de risques, car l'agent exportateur apporte non seulement un savoir-faire, mais aussi ses services, ce qui permet au vendeur d'éviter certaines erreurs.

14.3.2
L'exportation directe

Une entreprise peut décider de prendre en main ses propres exportations. Dans ce cas, l'investissement et le risque sont un peu plus importants, mais le potentiel de rentabilité est plus élevé. Il existe plusieurs façons de faire de l'exportation directe:

- **Un service (ou une division) d'exportation situé dans le pays d'origine.** Un directeur des ventes à l'exportation, avec un soutien administratif, effectue les ventes et fait appel, au besoin, aux divers services de l'entreprise. Il peut s'agir d'un service d'exportation autonome responsable de toutes les activités d'exportation et fonctionnant comme un centre de profit.

- **Une succursale ou une filiale de ventes à l'étranger.** Une succursale ou une filiale de ventes à l'étranger permet au fabricant d'être plus présent sur le marché étranger et d'exercer un meilleur contrôle. La succursale s'occupe de la distribution; elle peut aussi voir à l'entreposage de même qu'à la promotion. Elle sert souvent de centre d'exposition et de service après-vente.

- **Des représentants à l'exportation.** L'entreprise peut envoyer à l'étranger certains de ses représentants pour prospecter la clientèle.

- **Des distributeurs ou des agents situés à l'étranger.** Les distributeurs situés à l'étranger achèteront les produits et en prendront possession; les agents, eux, vendront les produits au nom de l'entreprise. On peut leur accorder des droits de représentation exclusifs ou seulement des droits généraux de représentation.

Qu'une entreprise choisisse d'entrer sur des marchés étrangers par l'exportation directe ou l'exportation indirecte, l'une des meilleures manières de faire ses premiers pas dans le monde de l'exportation est de participer à des foires commerciales à l'étranger. Une entreprise de logiciels peut tâter le pouls d'un marché en présentant ses produits à une exposition internationale de logiciels à Hong-Kong, par exemple (voir la rubrique Mémento de marketing 14.1 intitulée «Comment obtenir le plus possible des foires commerciales internationales?», où l'on trouvera quelques conseils pour bien se préparer à une foire commerciale internationale).

MÉMENTO DE MARKETING 14.1

Comment obtenir le plus possible des foires commerciales internationales?

Voici quelques suggestions pour obtenir le plus possible des foires commerciales internationales.

1. **Fixez des objectifs.** Avant de participer à une foire internationale, assurez-vous que vos objectifs correspondent aux objectifs de la foire. Dans les foires nationales, on cherche souvent à cerner des pistes de clients potentiels; dans les foires internationales, on se penche sur d'autres aspects des affaires. Les petites et moyennes entreprises y exposent fréquemment dans l'espoir de trouver un distributeur. Ainsi, plusieurs éditeurs participent à la foire nationale des éditeurs pour faire la promotion de leurs livres, mais ils participent à la Foire internationale du livre de Francfort pour acheter les droits de livres étrangers ou vendre les droits de leurs livres.

2. **Faites une planification longtemps d'avance.** Les exposants devraient être prêts à repérer, à évaluer provisoirement et à interviewer les distributeurs potentiels. Dans cette optique, il est préférable d'établir des contacts préliminaires avec les agents ou les distributeurs potentiels longtemps avant les dates fixées pour la tenue de la foire. Il est en fait recommandé de fixer des rendez-vous, car vous ne pouvez vous attendre à ce que les bonnes personnes se présentent immanquablement à votre kiosque. Pour une foire internationale, on suggère un minimum de huit à dix mois de préparation, mais une période de douze mois est préférable.

3. **Faites de la recherche marketing.** En plus de tenter de cerner des agents ou des distributeurs potentiels, les exposants doivent faire de la recherche marketing. Les organismes gouvernementaux d'aide à l'exportation, l'ambassade du Canada, la Maison du Québec et les organisateurs des foires sont autant de sources d'information sur le pays où se tiendra la foire. Parmi les sujets de recherche, on trouve la culture nationale, les partenaires commerciaux et les distributeurs potentiels, les pratiques commerciales, les heures d'ouverture des établissements financiers, le taux de change, le climat, de même que les vaccins nécessaires et l'exigence d'un visa dans certains cas. On trouvera en annexe à la fin de ce manuel des adresses électroniques utiles.

4. **Embauchez un traducteur ou un interprète si cela est nécessaire.** Si les personnes à rencontrer sont chinoises et que personne dans l'entreprise ne parle le mandarin, il est alors nécessaire d'embaucher un interprète. Les interprètes peuvent aussi être utiles pour négocier avec des clients ou des partenaires potentiels ou pour aider à composer avec la bureaucratie locale. Un cadre qui a une grande expérience internationale mentionnait récemment qu'avoir un interprète, c'est comme «avoir son propre ambassadeur à la foire. Ils vaut son pesant d'or».

Source: Adapté et reproduit avec l'autorisation de *Business Marketing*, mars 1995. Copyright © 1995, Crain Communications, Inc.

14.3.3

La concession de licence

La concession de licence est une façon simple pour un fabricant de se lancer dans le marketing international. Le fabricant en vient à une entente avec le détenteur de la licence pour un marché, et reçoit le droit d'utiliser un processus de fabrication, une marque de commerce, un brevet, un secret commercial ou une autre chose de valeur en échange d'une rétribution ou de redevances. La concession de licence permet au fabricant de s'implanter sur le marché en prenant peu de risques; le détenteur de la licence acquiert une expertise dans la fabrication, ou un produit ou une marque connus sans avoir à partir de zéro. Gerber a introduit ses aliments pour bébés sur le marché japonais grâce à une concession de licence. Coca-Cola effectue son marketing international en concluant des concessions de licence avec des embouteilleurs partout dans le monde, ou plus précisément des contrats de franchisage avec des embouteilleurs auxquels elle fournit le concentré nécessaire et la formation pour fabriquer, distribuer et vendre le produit. Acucobol produit des logiciels qui sont maintenant plus utilisés à l'étranger qu'en Amérique. Ses activités internationales ont débuté par une concession de licence du nom Acucobol à un entrepreneur allemand en échange d'une participation de 20 % dans l'entreprise. Elle a ensuite négocié des ententes de partenariat minoritaire semblables en Italie, en Grande-Bretagne et en Scandinavie[10].

La concession de licence comporte néanmoins certains désavantages. L'entreprise a moins de contrôle sur les licenciés que si elle avait implanté ses propres moyens de production. De plus, si les licenciés ont du succès, l'entreprise obtiendra moins de profits et, quand le contrat se terminera, elle pourrait s'apercevoir qu'elle a engendré un concurrent. Pour éviter cela, l'entreprise qui accorde une licence fournit des ingrédients ou des composantes de marque déposée nécessaires à la fabrication du produit. Mais la vraie solution consiste, pour cette entreprise, à rester continuellement à la pointe de l'innovation, de façon que le licencié dépende toujours d'elle.

Il n'y a pas que la concession de licence qui permette d'entrer sur un marché étranger. Une autre possibilité consiste dans le **contrat de gestion**, par lequel une entreprise offre de gérer un hôtel, un aéroport, un hôpital ou toute autre organisation, moyennant une rétribution. Dans ce cas, il s'agit d'exporter un service au lieu d'un produit. Le contrat de gestion permet de s'implanter sur un marché étranger avec moins de risques, tout en engendrant des revenus dès le début. L'entente peut devenir particulièrement attrayante si elle procure une option d'achat d'actions dans l'entreprise au cours d'une période définie. Par contre, l'entente n'a guère de sens si l'on peut mieux utiliser ses talents de gestionnaire à d'autres fins ou s'il y a plus à gagner en se chargeant de la totalité de l'affaire.

Par ailleurs, en vertu d'un **contrat de fabrication**, une entreprise peut engager par contrat des entreprises nationales pour fabriquer le produit. Lorsque Sears ouvrit des magasins au Mexique et en Espagne, elle trouva des fabricants nationaux possédant les compétences nécessaires pour fabriquer plusieurs produits parmi ceux qu'elle vend. Le contrat de fabrication a l'inconvénient de donner un moins grand contrôle sur le processus de fabrication et d'entraîner

une perte des profits potentiels. En revanche, il permet à l'entreprise de démarrer plus rapidement, avec moins de risques, et il donne la possibilité de former un partenariat ou même d'acheter le fabricant plus tard.

On peut évidemment recourir à des variantes et à des combinaisons de ces différentes ententes. Ainsi, des sociétés d'ingénierie canadiennes peuvent concevoir un projet, en assurer la réalisation dans un pays donné, où de nombreux contrats sont accordés, mais pour lesquels plusieurs composantes sont fabriquées au Québec ou au Canada. La société peut ensuite signer un contrat de gestion. C'est le cas, par exemple, pour le métro de Bangkok en Thaïlande, dont SNC-Lavalin assurera la gestion pendant quinze ans après avoir été responsable de sa conception et de sa réalisation.

Finalement, une entreprise peut entrer sur un marché étranger grâce au **franchisage**, qui est en fait plus complet que la concession de licence. Le franchiseur offre au franchisé un système complet de marque et de gestion des opérations. En retour, le franchisé doit investir des fonds et s'engager à payer certaines redevances au franchiseur. Des entreprises telles que McDonald's, PFK et Avis sont entrées sur de très nombreux marchés étrangers grâce à leurs concepts de commerce de détail.

14.3.4
La coentreprise

Les investisseurs étrangers peuvent s'associer à des investisseurs locaux pour créer une nouvelle entreprise dont ils partagent la propriété et la direction, c'est-à-dire une coentreprise (*joint venture*).

Plusieurs entreprises ont annoncé des projets de coentreprise au cours des dernières années. Par exemple[11] :

- Coca-Cola et la compagnie suisse Nestlé ont uni leurs forces pour développer le marché international du thé et du café instantanés, dont les ventes sont maintenant importantes au Japon.

- Procter & Gamble a formé une coentreprise avec son concurrent italien traditionnel Fater pour couvrir les fesses des bébés en Grande-Bretagne et en Italie. Cette coentreprise de couches jetables permettra au groupe de s'emparer de 60 % du marché britannique et de près de 90 % du marché italien.

- Le fabricant d'appareils ménagers Whirlpool a maintenant une participation de 53 % du secteur des appareils ménagers du groupe électronique hollandais Philips, ce qui lui permet de faire une entrée remarquée sur le marché européen.

Le partenariat peut être souhaitable ou nécessaire pour des raisons économiques ou politiques. Une entreprise peut estimer qu'elle n'a pas les ressources financières ou physiques ou la capacité de gestion suffisantes pour entreprendre seule un projet donné. Ou encore, l'État étranger peut exiger comme condition d'entrée sur son territoire la création d'une coentreprise.

Même les plus grandes entreprises ont quelquefois besoin de coentreprises pour entrer sur les marchés les plus difficiles. Lorsque Unilever, le géant anglo-hollandais, a décidé d'entrer sur le marché de la crème glacée en Chine, elle a joint ses forces à Sumstar, une entreprise d'investissement chinoise propriété de l'État. Le directeur général de la coentreprise déclare que l'aide de Sumstar a été cruciale lorsqu'il a fallu manœuvrer dans la très complexe bureaucratie chinoise afin de mettre sur pied une usine de haute technologie de crème glacée en moins de douze mois[12].

Le partenariat a aussi certains désavantages. Il peut exister des désaccords entre les partenaires au sujet des politiques d'investissement, de marketing ou d'autres politiques. Un des partenaires peut préférer réinvestir les profits, alors que d'autres partenaires peuvent souhaiter les encaisser. Enfin, un accord de coentreprise pourrait nuire à une entreprise multinationale qui souhaite se donner pour la fabrication ou le marketing des orientations à l'échelle mondiale[13].

14.3.5
L'investissement direct

La dernière forme d'engagement à l'étranger consiste à y investir dans des unités de fabrication ou d'assemblage. L'entreprise peut acquérir partiellement ou totalement une entreprise locale, ou encore bâtir sa propre unité de production à l'étranger. Après qu'une entreprise a acquis de l'expérience dans l'exportation et si le marché étranger paraît suffisamment intéressant, elle peut désirer se donner une capacité de pro-

duction à l'étranger, ce qui offre des avantages certains. Premièrement, l'entreprise peut réaliser des économies sur les coûts de la main-d'œuvre, des matières premières et des transports, ou bénéficier de privilèges fiscaux ou d'autres conditions spéciales de l'État étranger. Deuxièmement, l'entreprise acquerra une meilleure image dans le pays considéré grâce aux emplois créés. Troisièmement, l'entreprise établira des relations plus étroites avec l'État, les clients, les fournisseurs et les distributeurs locaux, ce qui lui permettra de mieux adapter ses produits à l'environnement de marketing local. Quatrièmement, l'entreprise garde la main haute sur son investissement et peut aussi se fixer des politiques de marketing et de fabrication qui serviront ses objectifs internationaux à long terme. Cinquièmement, l'entreprise s'assure le libre accès au marché, au cas où le pays hôte insisterait pour que le produit fini ait un certain pourcentage de contenu national.

En revanche, l'inconvénient majeur de cette forme d'engagement est que l'entreprise expose un investissement important à des risques : la dévaluation ou le gel des devises, la décroissance des marchés ou l'expropriation. Il pourrait être fort onéreux de réduire ou, pis encore, de cesser les activités, puisque les autorités nationales pourraient exiger de fortes compensations. L'entreprise n'a cependant pas d'autre choix que d'accepter ces risques si elle désire s'introduire sur un marché étranger.

14.3.6
Le processus d'internationalisation

Un problème auquel beaucoup de pays doivent faire face est le nombre insuffisant d'entreprises nationales qui s'engagent dans des activités de marketing international, ce qui empêche ces pays d'acquérir suffisamment de devises étrangères pour payer les biens qu'ils doivent importer. En conséquence, les gouvernements se tournent de plus en plus vers une promotion vigoureuse de l'exportation. Malheureusement, ces programmes de promotion atteignent rarement leurs objectifs parce qu'ils ne sont pas fondés sur le processus par lequel les entreprises s'internationalisent.

Johanson et Wiedersheim-Paul ont étudié le processus d'internationalisation d'entreprises suédoises[14]. Ils voient l'internationalisation comme un changement d'attitude qui résulte d'une série de décisions procurant conjointement un certain apprentissage et une plus grande confiance dans la capacité de l'entreprise de s'engager dans le commerce international. Selon eux, les entreprises passent par quatre étapes :

1. Elles n'ont aucune activité régulière d'exportation.
2. Elles confient l'exportation à des représentants ou à des agents indépendants.
3. Elles mettent en place une ou plusieurs filiales commerciales.
4. Elles établissent une capacité de production à l'étranger.

La première difficulté est d'amener les entreprises à passer de la première à la deuxième étape. Ce passage peut être rendu plus facile par l'observation des entreprises qui ont commencé à faire de l'exportation et de la façon dont elles ont pris leur première décision d'exporter[15]. La plupart des entreprises font appel, pour leur première transaction commerciale internationale, aux services d'un agent indépendant et choisissent un pays qui présente de faibles barrières psychiques. Si elle réussit bien, l'entreprise recrutera d'autres agents pour faire des affaires dans d'autres pays. À un moment donné, l'entreprise mettra sur pied un service de l'exportation pour gérer ses relations avec son réseau d'agents. Ensuite, l'entreprise pourrait se rendre compte que certains marchés étrangers sont suffisamment importants pour justifier l'utilisation de sa propre force de vente ; elle remplacera alors l'agent par une filiale commerciale. Ce changement augmente son engagement et son risque, mais il accroît aussi sa rentabilité potentielle. Pour gérer les filiales commerciales, l'entreprise remplacera éventuellement le service de l'exportation par un service international. Si certains marchés s'avèrent assez importants et stables, ou si le pays étranger insiste pour que la production soit locale, elle passera à l'étape suivante, qui consiste à établir une capacité de production sur ces marchés, ce qui représente un plus grand engagement, un plus grand risque, mais aussi un plus grand potentiel de gains. À ce stade, l'entreprise se rapprochera du fonctionnement d'une entreprise multinationale et déterminera la façon de mieux s'organiser et gérer ses activités internationales.

14.4
L'ÉLABORATION DU PROGRAMME DE MARKETING INTERNATIONAL

Les entreprises qui œuvrent sur un ou plusieurs marchés internationaux doivent décider si elles adapteront leur marketing mix aux conditions locales et, si oui, jusqu'à quel point. On trouve à un bout du continuum des entreprises qui pratiquent le **marketing mix standardisé à l'échelle mondiale**. La standardisation du produit, de la publicité, de la distribution et des autres éléments du marketing mix permet de minimiser les coûts parce qu'aucun changement majeur n'est apporté. À l'autre bout du continuum, il y a le **marketing mix différencié**, qui consiste à adapter le marketing mix à chaque marché cible, ce qui engendre des coûts plus élevés, lesquels seront compensés, du moins l'espère-t-on, par une part de marché plus importante et une plus grande rentabilité. Entre ces deux extrémités, il existe plusieurs possibilités (voir la rubrique Le marketing en coulisse 14.3 intitulée « Standardisation mondiale ou adaptation ? »).

LE MARKETING EN COULISSE 14.3
Standardisation mondiale ou adaptation ?

Les partisans du concept de marketing soutiennent que les besoins des consommateurs varient et que les programmes de marketing seront plus efficaces s'ils sont taillés sur mesure pour chaque groupe cible de consommateurs. Puisque ce concept s'applique au sein d'un pays, il devrait incontesta-

blement s'appliquer à des marchés étrangers, où les conditions économiques, politiques et culturelles varient énormément.

Cependant, plusieurs entreprises multinationales sont de plus en plus préoccupées par les pratiques d'adaptation excessives. Considérons le cas de Gillette:

> Gillette vend plus de 800 produits dans plus de 200 pays. On est maintenant arrivé à un point où différents noms de marques servent à désigner un même produit dans différents pays, et où la formule de la même marque peut différer selon le pays. Ainsi, le shampooing Silkience est connu sous le nom de Soyance en France, de Sientel en Italie et de Silience en Allemagne; la formule est souvent la même mais varie dans certains cas. Le texte et le message publicitaire varient aussi, parce que le directeur de Gillette, pour chaque pays, suggère des changements qui, croit-il, augmenteront les ventes.

En conséquence, Gillette et d'autres entreprises sont maintenant soucieuses d'imposer une plus grande standardisation, internationalement ou du moins régionalement. Elles voient là un moyen de réduire les coûts et d'accroître la puissance de leur marque.

Cette position a reçu l'appui de l'agence anglaise de publicité Saatchi et Saatchi ainsi que du professeur Theodore Levitt de l'Université Harvard. Saatchi et Saatchi a obtenu plusieurs nouveaux comptes publicitaires grâce à son affirmation selon laquelle elle peut produire une campagne publicitaire unique qui fonctionnerait internationalement. Entre-temps, le professeur Levitt a apporté une caution intellectuelle à la standardisation internationale. Il écrit:

> *Le monde entier devient un marché commun dans lequel les gens, peu importe où ils vivent, désirent les mêmes produits et les mêmes modes de vie. Les entreprises internationales doivent oublier les différences entre les pays et les cultures, et se concentrer plutôt sur la satisfaction de besoins universels.*

Levitt croit que les nouvelles technologies de communication et de transport ont créé un monde plus homogène. Partout sur la planète, les gens désirent fondamentalement les mêmes choses: celles qui facilitent la vie et accroissent leur temps libre et leur pouvoir d'achat. C'est cette convergence des désirs et des besoins qui a créé des marchés mondiaux pour des produits standardisés.

Selon Levitt, les entreprises multinationales traditionnelles montent en épingle les différences entre les marchés en supposant faussement que le concept de marketing exige de donner aux gens ce qu'ils disent vouloir. Elles pourvoient alors à des différences superficielles et produisent une panoplie de produits très différenciés. Cette adaptation engendre une efficacité moindre et des prix plus élevés pour les consommateurs.

Au contraire, toujours selon Levitt, l'entreprise mondiale vend plus ou moins le même produit de la même manière à tous les consommateurs pour profiter des bas coûts résultant de la standardisation. Elle met l'accent sur les ressemblances entre tous les marchés du monde et travaille énergiquement à «imposer judicieusement des produits standardisés convenables au monde entier». Elle différenciera ses produits et ses programmes de marketing de façon à répondre aux préférences locales seulement lorsque ces préférences ne peuvent être changées ou évitées. Grâce au marketing mondial, les entreprises réalisent des économies venant de la standardisation de la production, de la distribution, du marketing et du management. Elles peuvent aussi traduire les gains de productivité résultant de la standardisation en une plus grande valeur pour les consommateurs en offrant des produits de meilleure qualité et plus fiables à des prix moindres.

Levitt conseillerait à un constructeur d'automobiles de fabriquer une voiture mondiale, à un fabricant de shampooings de concevoir un shampooing mondial, et à un constructeur de tracteurs de lancer un tracteur mondial. En fait, certaines entreprises ont réussi à mettre sur le marché avec succès des produits mondiaux: Coca-Cola, Sony, McDonald's, Cross, etc. Ford a tenté de lancer une automobile mondiale avec sa Mondeo. Certains produits sont plus universels que d'autres et exigent donc moins d'adaptations. Mais même dans ces cas, certaines adaptations ont dû être faites. Le Coca-Cola est plus ou moins sucré et plus ou moins gazeux dans certains pays, McDonald's remplace le ketchup par de la sauce piquante au Mexique. Ford offre une adaptation nord-américaine de sa Mondeo avec la Ford Contour et la Mercury Mystique.

Lorsqu'une entreprise se tourne vers l'adaptation plutôt que vers la standardisation, elle doit penser en fonction de revenus additionnels plutôt que de coûts additionnels. Considérons l'exemple suivant.

Frito-Lay a réussi à imposer dans des douzaines de pays ses croustilles au fromage Cheetos en y apportant peu de modifications, mais elle s'est trouvée coincée lorsqu'elle a décidé d'entrer sur le marché chinois. Comment vendre un produit à base de fromage dans un pays où le fromage n'est pas un produit alimentaire important? Les directeurs de marques de Frito-Lay à Guangzhou ne se sont pas découragés pour autant. Après avoir fait des tests de 600 saveurs différentes auprès des consommateurs, l'entreprise a lancé un produit sans fromage de Cheetos «à la savoureuse crème américaine» et au «savoureux steak japonais». Cette flexibilité a été rapidement récompensée: après six mois, la marque se vendait partout en Chine, et il a fallu accroître la production pour répondre à la demande.

Plutôt que de supposer à l'avance que son produit puisse être introduit comme tel dans un autre pays, l'entreprise devrait passer en revue tous les éléments d'adaptation possibles et déterminer quelles adaptations ajouteraient plus de revenus que de coûts. Voici en quoi consistent ces éléments d'adaptation:

- les caractéristiques du produit;
- le nom;
- l'étiquetage;
- les couleurs;
- les matériaux;
- les prix;
- le thème publicitaire;
- le média publicitaire;
- l'exécution publicitaire;
- le conditionnement;
- la promotion des ventes.

Une étude a démontré que les entreprises font une ou plusieurs adaptations sur 80% des produits destinés à des marchés étrangers et que le produit moyen subit 4 des 11 modifications mentionnées ci-dessus. Signalons aussi que certains pays exigent des modifications ou des adaptations, que l'entreprise le veuille ou non. Ainsi, il est défendu d'utiliser des enfants dans les messages publicitaires en France et d'employer le terme «meilleur» pour faire la publicité d'un produit en Allemagne.

La standardisation mondiale n'est donc pas une philosophie du «tout ou rien», mais plutôt une question de degré. Les entreprises ont certainement raison de rechercher plus de standardisation, du moins du point de vue régional (région formée par plusieurs pays), sinon mondial. Goodyear, par exemple, tente d'obtenir l'uniformité dans ses logos, dans sa publicité d'entreprise et dans sa gamme de produits en Europe continentale, de façon à y manifester une présence plus cohérente. La résistance provient normalement des directeurs nationaux parce qu'une plus grande standardisation accroît le pouvoir du directeur régional à leurs dépens.

Néanmoins, tout bien considéré, les entreprises doivent être conscientes du fait que, quoique la standardisation permette d'économiser certains coûts, il y aura toujours des concurrents qui offriront davantage ce que les clients désirent dans chaque pays, et l'entreprise pourrait payer cher pour avoir voulu substituer une stratégie financière à court terme à une philosophie de marketing à long terme. En résumé, le marketing mondial, oui, mais la standardisation mondiale, pas nécessairement.

Sources: Theodore Levitt, «The Globalization of Markets», *Harvard Business Review*, mai-juin 1983, p. 92-102; Shari Caudron, «The Myth of the European Consumer», *Industry Week*, février 1994, p. 28-36; pour trouver un exemple du travail nécessaire à la préparation d'une campagne mondiale unique, voir Pam Weisz, «Border Crossings: Brands Unify Image to Countercult of Culture», *Brandweek*, 31 octobre 1994, p. 24-28; Karen Benezra, «Fritos Round the World», *Brandweek*, 27 mars 1995, p. 32, 35; pour obtenir plus d'information sur le dilemme standardisation-adaptation, voir Subhash C. Jan, «Standardization of International Marketing Strategy: Some Research Hypotheses», *Journal of Marketing*, vol. 53, nº 1, janvier 1989, p. 70-79; Johann P. Du Preez, Adamantios Diamantopoulos et Bod B. Schlegelmilch, «Product Standardization and Attribute Salience: A Three-Country Empirical Comparison», *Journal of International Marketing*, vol. 2, nº 1, 1994, p. 7-28; David M. Szymanski, Sundar G. Bharadwaj et P. Rajan Varadarajan, «Standardization versus Adaptation of International Marketing Strategy: An Empirical Investigation», *Journal of Marketing*, octobre 1993, p. 1-17; John A. Quelch et Edward J. Hoff, «Customizing Global Marketing», *Harvard Business Review*, mai-juin 1986, p. 59-68.

Nous présenterons maintenant des adaptations que les entreprises peuvent apporter à leur produit, à leur communication, à leur prix et à leurs circuits de distribution lorsqu'elles s'attaquent à un marché étranger.

14.4.1
Le produit

Keegan propose cinq stratégies d'adaptation du produit et de la communication à un marché étranger: l'extension, l'adaptation du produit, la création d'un produit, l'adaptation de la communication et la double adaptation (voir le tableau 14.2)[16].

La stratégie d'**extension** consiste à introduire le produit sur un marché étranger sans le modifier. La direction de l'entreprise en arrive à cette décision et en informe les gens de marketing: «Prenez le produit tel quel et trouvez des consommateurs.» La première étape est alors de chercher à savoir si les consommateurs étrangers utilisent un produit de ce genre. L'emploi des désodorisants varie énormément selon les pays: 80% des hommes en font usage en Amérique du Nord, 55% en Suède, 28% en Italie et 8% aux Philippines. Dans un pays donné, les femmes interviewées sur la fréquence d'utilisation de désodorisants déclarèrent: «Je l'utilise une fois par année lorsque je vais danser.» Cela est nettement insuffisant pour introduire un nouveau produit.

La stratégie d'extension a bien réussi avec les appareils photo et le matériel électronique destinés au marché des consommateurs, ainsi qu'avec les machines-outils dirigées sur le marché industriel; mais elle a lamentablement échoué dans d'autres cas. Ainsi, General Foods n'a découvert qu'après le lancement du Jell-O en Angleterre que les consommateurs n'en aimaient pas la texture, lui préférant celle des gâteaux et des gaufres. Lorsqu'elle a introduit les soupes en conserve en Angleterre, Campbell a perdu près de 40 millions de dollars parce qu'elle a négligé d'expliquer clairement aux consommateurs qu'il fallait ajouter de l'eau. Ceux-ci croyaient, en effet, que la soupe était trop chère par rapport aux petites dimensions de la boîte de conserve. L'extension est une stratégie tentante parce qu'elle n'exige aucune dépense supplémentaire en ce qui a trait à la R et D, à la modification de l'équipement de production ou de la promotion. Toutefois, elle peut coûter cher à long terme.

L'**adaptation du produit** est une stratégie qui exige d'ajuster le produit aux conditions et aux préférences locales. Il existe plusieurs degrés d'adaptation. Ainsi, une entreprise peut lancer une version dans une **région**, par exemple l'Europe de l'Ouest, et une autre pour l'Amérique du Nord. On peut également produire une version spécialement pour un **pays** en particulier. Au Japon, les tasses de café de Mister Donut sont plus légères et les anses sont plus petites pour correspondre à la taille de l'index du consommateur japonais moyen; même les beignets sont plus petits. Selon les pays, Heinz varie les ingrédients de ses produits alimentaires pour bébés: en Australie, elle vend un produit fait de cervelle d'agneau en purée et, aux Pays-Bas, un autre produit fait de haricots bruns en purée. General Foods offre différents mélanges de café: en Angleterre, on boit le café avec du lait; en France, on préfère le café noir; en Amérique latine, on désire un goût de chicorée. Unilever produit 85 saveurs de soupe au poulet pour le marché européen seulement. On peut même concevoir une version spécialement pour une **ville**, par exemple une bière au goût de Munich ou de Tokyo. Finalement, une entreprise peut produire une version pour des **intermédiaires**: un mélange à café pour Migros et un

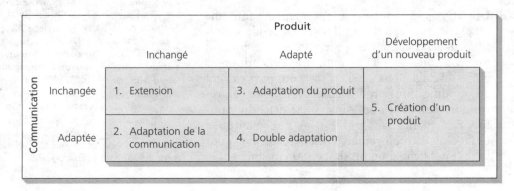

TABLEAU 14.2

Les cinq stratégies d'adaptation du produit et de la communication sur un marché étranger

		Produit		
		Inchangé	Adapté	Développement d'un nouveau produit
Communication	Inchangée	1. Extension	3. Adaptation du produit	5. Création d'un produit
	Adaptée	2. Adaptation de la communication	4. Double adaptation	

autre pour la Coopérative, deux chaînes d'alimentation suisses, ou encore pour Métro et Provigo, deux chaînes québécoises.

Alors que des produits doivent être fréquemment adaptés aux goûts locaux, dans certains cas ils doivent aussi être adaptés aux superstitions et aux croyances locales. En Asie, le monde surnaturel est souvent associé aux ventes. Le concept de *feng shui* en est un bon exemple:

> Une pratique fort populaire en Chine, à Hong-Kong et à Singapour (et répandue également au Japon, au Viêtnam et en Corée) est le *feng shui*, qui signifie «vent et eau». Les praticiens du *feng shui*, ou de la géomancie, recommandent les conditions les plus favorables pour n'importe quel projet, surtout l'emplacement d'édifices à bureaux et l'arrangement des bureaux, des portes et d'autres éléments. Pour avoir un bon *feng shui*, une bâtisse devrait faire face à l'eau et être flanquée d'une montagne. Elle ne devrait pas bloquer la vue des esprits de la montagne. On a conçu l'hôtel Hyatt de Singapour sans se préoccuper du *feng shui* et, en conséquence, on a dû le modifier pour accroître son niveau d'activité. Au début, la réception était parallèle aux portes et à la route, ce qui, selon la croyance, entraînerait une fuite de la richesse. De plus, l'hôtel faisait face au nord-ouest, ce qui encourageait les esprits indésirables à entrer dans l'hôtel. Un spécialiste de la géomancie recommanda alors des modifications pour retenir la richesse et bloquer l'entrée aux esprits indésirables[17]. L'hôtel Holiday Inn du quartier chinois de Montréal a aussi été adapté selon cette pratique.

La stratégie de **création d'un produit**, qui consiste à concevoir quelque chose de nouveau, revêt deux formes: l'**invention en amont** et l'**invention en aval**. L'invention en amont consiste à relancer d'anciennes formes d'un produit qui se révèlent néanmoins bien adaptées aux besoins actuels d'un pays. Ainsi, National Cash Register (NCR) a relancé la caisse enregistreuse manuelle, qu'elle peut vendre à un prix inférieur de moitié à celui des caisses enregistreuses électroniques; elle en a vendu d'énormes quantités en Amérique latine et en Afrique. Ce fait met en évidence l'existence de **cycles de vie internationaux de produits**, les pays étant prêts à accepter certains produits à des moments différents. Quant à l'invention en aval, elle consiste à créer des produits entièrement nouveaux pour répondre à des besoins dans un autre pays. Ainsi, les pays en voie de développement éprouvent un besoin considérable de produits alimentaires à forte teneur en protéines mais à prix modéré. Des entreprises telles que Quaker Oats, Swift et Monsanto font de la recherche sur les besoins en nutrition de ces pays, développent de nouveaux aliments et conçoivent des campagnes publicitaires pour favoriser l'essai et l'adoption de leurs produits. L'invention de produits est une stratégie coûteuse, dont la rentabilité peut cependant être élevée.

Les industries de services comptent pour une part de plus en plus importante du commerce international. En fait, le marché mondial des services a un taux de croissance deux fois plus élevé que celui des biens. L'extension des services intéresse de plus en plus les grandes sociétés de services aux entreprises, telles que les entreprises de comptabilité et de conseillers en gestion, les agences de publicité, les banques, les cabinets d'avocats et les compagnies d'assurances. Des entreprises de services telles qu'Arthur Andersen, American Express, le Club Med et Hilton sont connues partout dans le monde. Une part importante des activités de la firme d'ingénierie Le Groupe SNC provient d'activités internationales. Mais en même temps, plusieurs pays établissent des barrières à l'entrée ou une réglementation qui rendent difficile l'exportation de services. Au Brésil, on exige que les comptables soient diplômés d'universités brésiliennes. Certains pays d'Europe limitent l'importation d'émissions de télévision. Au Canada, on restreint le taux d'émissions étrangères (qui sont surtout américaines) à la radio et à la télévision afin de protéger la culture nationale ainsi que les auteurs, les artistes et les artisans locaux. D'autres pays, comme la Corée du Sud, tentent de protéger l'industrie des services financiers en limitant l'entrée des banques étrangères ou le nombre de leurs succursales. Les restrictions de ce genre sont tout à fait légitimes; c'est pourquoi les négociations sur le libre-échange de services progressent fort lentement à l'Organisation mondiale du commerce (OMC).

On trouvera dans la rubrique Le marketing en coulisse 14.4 des exemples de stratégies de produits et d'interventions sur des marchés étrangers qui sont le fait d'entreprises québécoises.

14.4.2
La communication

Les entreprises peuvent soit adopter la stratégie de communication utilisée sur le marché intérieur ou la modifier pour l'adapter à chacun des marchés. Il s'agira alors d'une stratégie d'**adaptation de la communication** si la communication est adaptée mais le produit inchangé, ou d'une stratégie de **double adaptation** si la communication ainsi que le produit sont adaptés.

En ce qui concerne le message, une première possibilité pour les entreprises consiste à le modifier sur trois points. Elles peuvent changer les mots, les noms et les couleurs. La campagne «Mettez-y du tigre» d'Exxon n'a subi que des adaptations mineures et a été bien acceptée partout dans le monde. Certaines couleurs doivent être changées à cause de leurs connotations dans certains pays: on associe le violet à la mort en Birmanie et dans certains pays d'Amérique latine; le blanc est associé au deuil au Japon et en Corée; le vert est associé aux maladies tropicales dans plusieurs pays où la forêt tropicale est dense, comme en Malaysia. Même les noms et les titres doivent quelquefois être changés. Ainsi, le mot anglais *mist*, qui signifie «brume», a le sens de «fumier» en allemand. De même, Nova, une marque de Chevrolet, signifie «ne fonctionne pas» (*no va*) en espagnol. Une annonce d'aspirateurs Electrolux traduite du suédois à l'anglais pour un magazine coréen se lisait: «Rien ne suce (aspire) comme un Electrolux.» Autre bévue du même genre, une annonce rédigée en anglais prétendait qu'un certain détergent lavait les pièces vraiment sales (*really dirty parts*); or, la traduction française de cette annonce, calquée sur l'anglais, se lisait comme suit: «Lave les parties vraiment sales», faisant ainsi involontairement allusion aux organes génitaux masculins...

Une deuxième possibilité consiste à conserver le même thème, mais à l'adapter aux valeurs locales. Un message publicitaire pour le savon Camay représentait une belle femme prenant son bain. Au Venezuela, on voyait aussi un homme dans la salle de bain; en Italie et en France, on ne voyait que la main de l'homme; au Japon, l'homme attendait à l'extérieur.

Une troisième possibilité consiste à constituer un réservoir duquel chaque pays tire les messages les plus appropriés. Coca-Cola et Goodyear utilisent cette approche.

Enfin, certaines entreprises exigent de leurs agences qu'elles procèdent à une adaptation totale au marché local, quitte à changer le message et même le thème. En voici trois exemples:

Kraft a recours à des annonces différentes pour son Cheez Whiz dans différents pays, du fait que la pénétration du produit dans les foyers est de 95% à Porto Rico, où le produit est d'usage général dans la cuisine, de 65% au Canada, où il sert à tartiner les rôties le matin, et de 35% aux États-Unis, où on le considère comme un aliment qui ne requiert aucune préparation.

Au Canada, Molson et Labatt lancent des campagnes souvent fort différentes pour le Québec et le reste du Canada. De même, General Motors a décidé de monter des campagnes publicitaires différentes pour le Québec après y avoir constaté l'érosion de sa part de marché à 26%, contre 33% dans le reste du Canada.

Renault choisit des thèmes différents pour la publicité de ses voitures dans divers pays. En France, on présente le «supercar» comme plaisant à conduire à la ville aussi bien que sur la grande route. En Allemagne, Renault met l'accent sur la sécurité, le confort et l'ingénierie moderne. En Italie, elle insiste sur la conduite et l'accélération. Enfin, en Finlande, elle met en valeur la solidité de la construction et la fiabilité.

L'utilisation des médias exige aussi une adaptation internationale, puisque le choix des médias possibles varie d'un pays à l'autre. Aucune publicité à la radio ni à la télévision n'est possible dans certains pays de la Scandinavie et du Moyen-Orient. Certains pays ont adopté une réglementation sur la publicité de certains produits. Ainsi, la publicité sur les cigarettes et les boissons alcooliques est défendue dans certains médias de plusieurs pays, dont le Canada. Il est interdit de montrer des femmes dans des messages publicitaires en Arabie saoudite. L'efficacité des magazines est grande en Italie et réduite en Autriche. Les journaux ont une diffusion nationale au Royaume-Uni, mais les annonceurs ne peuvent obtenir qu'une diffusion locale dans les journaux en Espagne.

Les spécialistes du marketing doivent aussi adapter leurs techniques de promotion des ventes aux divers pays. Ainsi, les bons de réduction sont interdits en Grèce, alors que c'est la forme de promotion la plus utilisée au Canada. En France, les jeux de hasard sont défendus et la valeur des primes doit être inférieure à 5% du coût du produit. Les gens en Europe et au Japon préfèrent demander de l'information par le courrier plutôt que par téléphone, ce qui a une influence sur les campagnes promotionnelles utilisant

LE MARKETING EN COULISSE 14.4
Les champions québécois de l'exportation

À la Bourse de New York, des centaines d'yeux suivent les soubresauts des titres affichés sur les écrans. Cette précieuse information est traitée par un contrôleur graphique de Matrox, fabriqué au Québec. Les pilotes des fameux avions de transport Hercules de l'aviation américaine ont acquis leur formation à bord d'un simulateur de vol signé CAE, fabriqué au Québec. Quelque 230 centrales nucléaires situées aux quatre coins du monde assurent la sécurité de leurs installations avec des vannes en acier forgé portant l'inscription de Velan et fabriquées au Québec. La France, l'Angleterre, l'Espagne, les États-Unis et le Canada peuvent enfin relier leurs réseaux téléphoniques grâce à un multiplexeur créé chez MPB Technologies, également fabriqué au Québec.

Le Québec compte ainsi quelques dizaines d'entreprises qui font figure de leaders dans leur secteur. Ce sont des championnes de l'exportation. Elles s'illustrent par leur savoir-faire unique ou par l'importance de leur part de marché. Parmi ces entreprises, qui reflètent particulièrement le dynamisme du Québec sur les marchés étrangers, mentionnons Harricana, Vibro-Meter, Bombardier, CAE Électronique, MPB Technologies, Matrox, Bomem, Québec/Amérique, Hoplab et Velan.

Les dirigeants de ces entreprises ont tous une idée précise de leur stratégie d'exportation. Ils ont aussi d'autres points en commun : ils connaissent les sources étrangères d'information et d'aide pour leur entreprise, et ne se gênent pas pour en tirer parti ; ils consacrent du temps et des ressources humaines aux activités d'exportation ; ils soignent leur potentiel de recherche et de développement, et mettent au monde des produits qui se distinguent de ceux des concurrents ; ils se lient, au besoin, à des partenaires étrangers pour compenser leurs moyens limités. Tous ont compris qu'ils doivent faire preuve d'une énorme patience.

Si exporter n'a rien d'une partie de plaisir et que plusieurs s'y brûlent les doigts, d'autres s'enthousiasment facilement en racontant leurs aventures, leurs bons coups et leurs moins bons. Lorsqu'on les écoute, on comprend que cette activité est tout, sauf un passe-temps. Demandez à Karel Velan, président de Velan : « Il y a quelque temps, j'ai signé un important contrat avec Esso International. L'entente arrivait après quatre mois de négociations et sept voyages à Londres... »

Ce sont d'abord la géographie et les ressources naturelles d'un pays qui déterminent ses champs d'expertise : « Nos abatteuses et nos ébrancheuses ont été conçues pour répondre avant tout à un besoin local. Nous n'avons jamais arrêté de les perfectionner. Et notre laboratoire est immense : la forêt abitibienne. » Robert Arcand préside Le Groupe Harricana, le premier fabricant et exportateur mondial d'accessoires forestiers pour la coupe du bois en longueur. Harricana illustre bien le pas franchi par nos entreprises, car on ne se contente plus de vendre nos matières premières à l'étranger. Ainsi, les travaux de l'Institut de recherche en électricité du Québec (IREQ) d'Hydro-Québec ont donné naissance à quelques entreprises privées qui, comme Vibro-Meter, commercialisent des appareils à haute valeur ajoutée nécessaires à la production d'électricité.

Le Québec a aussi acquis une réputation internationale avec son savoir-faire en transport et en télécommunications. « Ce n'est pas étonnant, nous avons un pays de fous ! Un pays qui n'en finit plus », s'exclame Jacques Gilbert, président de Raymond Chabot International, en parlant de la lutte entre les Québécois et la distance. Bombardier, une de nos locomotives à l'étranger, n'est-elle pas née du besoin de se déplacer en hiver ? Elle fait sa marque à l'étranger notamment avec le CL-215, qu'on appelle le « Canadair » en Europe. Quant aux simulateurs de vol de CAE Électronique, ils sont recherchés par des clients aussi exigeants que l'aviation américaine et de très nombreux transporteurs internationaux. MPB Technologies, de son côté, a mis au point un multiplexeur capable de connecter les réseaux téléphoniques de plusieurs pays.

« Depuis une quinzaine d'années, nous avons aussi mis l'accent sur notre savoir-faire technique et spécialisé demandant beaucoup de matière grise », observe Jacques Gilbert. Notre compétence en conseil, d'abord développée en ingénierie, s'est étendue à l'informatique. Parmi les fabricants dans ce domaine, c'est Matrox qui a retenu notre attention. Créée en 1978, elle s'est rapidement taillé une place enviable sur le marché international dans le domaine du graphisme et de l'image informatiques, un secteur hautement concurrentiel. En outre, plusieurs entreprises ont réussi à exploiter des créneaux en technologie de pointe; Bomem est de celles-là. Ses spectromètres à infrarouges sont appréciés partout dans le monde et témoignent de la vitalité du foyer de recherche en optique et en laser dont s'est dotée la région de Québec.

De plus, à cause de sa spécificité francophone en Amérique du Nord, le Québec fait grand cas de sa langue, dont il se pose souvent en défenseur. La maison d'édition Québec/Amérique a conçu un dictionnaire spécial qui a séduit nombre de maisons étrangères: *Le Visuel — Dictionnaire thématique*, qui est maintenant traduit en une dizaine de langues.

Enfin, la créativité des Québécois s'exporte aussi. Nous n'avons qu'à penser au succès de Softimage, aux innovations technologiques dans les spectacles de Céline Dion, aux succès du Cirque du Soleil à Las Vegas, à Disneyland et partout dans le monde.

le publipostage et sur les autres méthodes de promotion. Par suite de ces diverses restrictions, la responsabilité de la promotion des ventes est souvent confiée au management local.

14.4.3
Le prix

Les entreprises multinationales font face à de nombreuses difficultés en fixant leurs prix internationaux. Elles doivent composer avec l'escalade des prix, les prix de cession, le *dumping* et les marchés gris.

Peu importe la possibilité choisie, le prix d'un produit à l'étranger sera probablement plus élevé que dans le pays d'origine, à moins que l'entreprise ne décide de subventionner le prix. Il s'agit là du phénomène d'**escalade des prix**. Un sac à main Gucci peut se vendre 120 $ en Italie et 240 $ au Canada. Pourquoi? Gucci doit ajouter au prix de l'usine le prix du transport, les droits de douane et les marges de l'importateur, du grossiste et du détaillant. En raison des coûts ajoutés et du risque de fluctuations de la monnaie, le prix de vente peut être de deux à cinq fois plus élevé dans un autre pays, de façon que le fabricant puisse conserver sa marge bénéficiaire.

En élaborant une politique de prix internationale, les entreprises ont le choix entre trois possibilités:

1. **Fixer le même prix partout.** Ainsi, Coca-Cola pourrait décider de vendre sa canette de 340 mL 0,60 $ partout dans le monde. La rentabilité dans chaque pays varierait selon le prix demandé. Tou-

tefois, ce prix pourrait se révéler trop élevé dans les pays les moins favorisés, et trop bas dans les pays les plus riches.

2. **Fixer le prix dans chaque pays selon la demande.** Dans ce cas, Coca-Cola exigerait le prix le plus élevé que la demande peut accepter dans chaque pays. Toutefois, cette formule ne tient pas compte du coût réel, qui varie de pays en pays. Aussi, elle pourrait engendrer une situation où des intermédiaires dans les pays où les prix sont bas expédieraient leur Coca-Cola dans des pays où les prix sont élevés.

3. **Fixer le prix dans chaque pays d'après les coûts.** Ici, Coca-Cola se fixerait une marge bénéficiaire standardisée par rapport aux coûts. Mais cette façon de procéder pourrait entraîner des prix trop élevés dans certains pays où les coûts sont élevés.

Un autre problème est celui de la fixation du **prix de cession** des produits expédiés aux filiales étrangères. Considérons l'exemple suivant:

La compagnie suisse de produits pharmaceutiques Hoffman-LaRoche demandait à sa filiale italienne 30 $ le kilogramme pour le Librium, de manière à faire des profits plus élevés en Italie, où l'impôt sur les sociétés est peu élevé; mais elle exigeait 1 260 $ le kilogramme à sa filiale britannique, de manière à faire des profits plus élevés en Suisse qu'en Angleterre, où l'impôt sur les sociétés est élevé. La Commission antimonopole britannique poursuivit Hoffman-LaRoche pour arrérages d'impôt, et gagna.

Si l'entreprise exige un prix trop élevé d'une filiale, elle devra payer des droits de douane plus élevés, même si elle peut payer des impôts moins élevés dans un pays étranger. Par contre, si elle demande un prix trop bas à sa filiale, elle peut être accusée de *dumping*. Une entreprise peut être accusée de **dumping** si elle fixe son prix en bas de son coût ou à un prix plus bas que celui qu'elle demande sur le marché intérieur. Par exemple, Zenith accusa les fabricants japonais de téléviseurs de faire du *dumping* avec leurs appareils en Amérique du Nord. Lorsqu'à Douanes Canada on trouve des preuves de *dumping* chez une entreprise, on peut exiger des droits de *dumping*. Les États surveillent les abus de ce genre et forcent souvent les entreprises à fixer leur prix au prix normal du marché, c'est-à-dire au prix fixé pour ce produit ou un produit similaire.

Le dernier problème, et non le moindre, qui embête les entreprises est celui du **marché gris**. On parle de marché gris quand un produit donné se vend à des prix différents dans des régions ou des pays différents. Les vendeurs dans un pays où le prix est plus bas trouvent des façons de vendre leurs produits dans les pays où le prix est plus élevé, augmentant ainsi leurs profits. Par exemple :

> Minolta vend ses appareils photo à des commerçants de Hong-Kong à un prix plus bas qu'en Allemagne à cause des droits de douane et des frais de transport qui sont plus bas. Les commerçants de Hong-Kong se réservent des marges moins élevées que celles des commerçants allemands, qui préfèrent des marges élevées plutôt qu'un volume élevé. En fait, les appareils Minolta se vendaient au détail 238 $ à Hong-Kong et 370 $ en Allemagne. Des grossistes de Hong-Kong remarquèrent cette différence de prix et expédièrent des appareils Minolta à des commerçants allemands à un prix inférieur à celui du distributeur allemand. Le distributeur allemand ne pouvait alors plus vendre ses produits et s'en plaignit à Minolta.

Il arrive fréquemment que les entreprises s'aperçoivent que des distributeurs entreprenants achètent plus qu'ils ne peuvent vendre dans leur propre pays et expédient les biens dans d'autres pays. Ce faisant, ils entrent en concurrence avec les distributeurs présents dans ces pays grâce à leurs prix plus bas. Les entreprises multinationales tentent d'éviter les marchés gris, ou marchés parallèles, en suivant de près les distributeurs, en augmentant leurs prix pour les distributeurs jouissant de coûts moindres ou en modifiant les caractéristiques des produits dans divers pays.

14.4.4
Les circuits de distribution

Plusieurs fabricants croient que leur tâche s'achève lorsque les produits quittent l'usine. Or, ils ne doivent pas négliger l'acheminement des produits dans les circuits internationaux et intranationaux.

Lorsqu'elle analyse le problème de la distribution jusqu'aux consommateurs finals, une entreprise multinationale doit considérer le **circuit de distribution dans son ensemble**. La figure 14.3 représente les trois principaux liens entre le vendeur et l'utilisateur ou acheteur final. Le premier lien possible est celui du **siège social du marketing international du vendeur**, formé de son service de l'exportation ou de sa filiale internationale, qui prend les décisions au sujet des circuits de distribution et des autres éléments de marketing mix. Le deuxième lien, représenté par les **circuits de distribution internationaux**, permet l'acheminement des produits jusqu'aux frontières des pays étrangers. Il s'agit des décisions portant sur les types d'intermédiaires (agents, entreprises d'exportation, etc.), sur le mode de transport (air, mer, terre) et sur les ententes concernant le risque et le financement. Le troisième lien, les **circuits de distribution intranationaux**, achemine les produits de leur point d'entrée dans le pays étranger à l'utilisateur ou acheteur final.

Les circuits de distribution varient énormément d'un pays à un autre. Il y a des différences importantes entre le **nombre** et le **type d'intermédiaires** servant chaque marché étranger. Pour réussir à introduire son savon sur le marché japonais, Procter & Gamble a dû recourir à ce qui est probablement le système de distribution le plus complexe du monde. Elle doit vendre à un **grossiste de produits essentiels**

FIGURE 14.3
Le circuit de distribution en marketing international

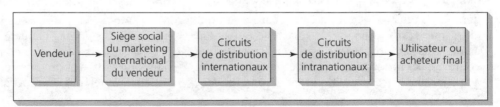

spécialisés, lequel vend à un **grossiste spécialisé**, qui vend à son tour à un **grossiste régional**, lequel revend à un **grossiste local**, qui vend finalement aux **détaillants**. Tous ces circuits de distribution peuvent faire doubler ou tripler le prix de vente au consommateur par rapport au prix de l'importateur[18]. Si Procter & Gamble vend le même produit en Afrique subsaharienne, elle peut avoir à vendre à un **grossiste importateur**, qui vendra à des **revendeurs**, lesquels vendront à leur tour à de petits commerçants (souvent des femmes) établis sur des marchés locaux.

Une autre différence importante dans les circuits de distribution consiste dans la **taille** et la **nature des commerces de détail** à l'étranger. Quoique des chaînes importantes de commerces de détail dominent le marché canadien, la plupart des commerces de détail dans nombre de pays sont entre les mains de petits commerçants indépendants. En Inde, des millions de commerçants font des affaires dans de toutes petites boutiques ou vendent sur des marchés publics. Leurs marges sont élevées, mais le prix réel payé est beaucoup plus bas que le prix demandé, à cause du marchandage. L'avènement de supermarchés pourrait aider à réduire les prix, mais la mise en place de ces supermarchés est difficile à cause des nombreuses barrières économiques et culturelles. En effet, de tels magasins priveraient de leur gagne-pain énormément de gens. De plus, ces gens ont de faibles revenus et ils doivent acheter quotidiennement de petites quantités à la fois, correspondant à ce qu'ils peuvent rapporter à la maison à pied ou à bicyclette. On y manque aussi d'espace de rangement et de moyens de réfrigération pour conserver la nourriture pendant plusieurs jours. Les coûts d'emballage et de conditionnement sont bas pour que les prix restent bas. En Inde, on achète souvent les cigarettes à l'unité, plutôt qu'en paquets. Fractionner les lots de marchandises demeure une fonction importante des intermédiaires et aide à perpétuer les longs circuits de distribution qui sont un obstacle majeur à l'extension du commerce de détail à une grande échelle dans les pays en voie de développement.

On trouvera, dans la rubrique Le marketing en coulisse 14.5 intitulée «Les champions du monde du marketing : les Japonais», des éléments permettant de réussir sur le marché international.

LE MARKETING EN COULISSE 14.5
Les champions du monde du marketing : les Japonais

Tout le monde reconnaît que les Japonais ont accompli un miracle économique depuis la Seconde Guerre mondiale. En relativement peu de temps, ils ont conquis le leadership dans des industries dominées par des géants qu'on croyait inattaquables : automobiles, motocyclettes, montres, calculatrices, instruments d'optique, acier, construction navale, pianos, fermetures à glissière, radios, téléviseurs, magnétoscopes, et ainsi de suite. De plus, les Japonais ont déjà conquis la deuxième position dans l'équipement informatique et l'équipement de construction, et ils se créent une place dans les industries chimique et pharmaceutique ainsi que dans celle de la machine-outil. Par ailleurs, ils renforcent leur position dans la haute couture et les produits de beauté, et ils commencent à se faire une place dans l'industrie aéronautique.

On a élaboré plusieurs théories pour tenter d'expliquer le succès global des Japonais. Pour certains, ce succès est attribuable à des pratiques de gestion uniques : l'emploi garanti à vie, les cercles de qualité, la gestion par consensus et la livraison juste-à-temps. Selon d'autres, ce succès est dû au rôle de soutien des subventions et des politiques gouvernementales, à l'existence de puissantes entreprises d'exportation et à un accès facile au financement bancaire. D'autres encore attribuent cette réussite aux politiques de faible taux de rémunération et aux pratiques illégitimes de *dumping*.

Mais un des éléments clés de la performance japonaise est sans doute l'habileté à la formulation et à la réalisation de stratégies de marketing. Les Japonais ont tout d'abord appris leur marketing des Américains et des Européens, mais ils excellent maintenant dans sa mise en application. Les Japonais savent comment choisir un marché, comment y entrer de la bonne façon, comment bâtir leur part de marché et comment la protéger contre les attaques des concurrents.

Le choix des marchés

Les entreprises et le gouvernement japonais travaillent très fort pour déceler des marchés mondiaux attrayants. Ils favorisent des industries qui exigent à la fois une main-d'œuvre qualifiée, une forte proportion de personnel hautement qualifié et peu de ressources naturelles, par exemple celles des produits électroniques pour les consommateurs, des appareils photo, des montres, des motocyclettes et des produits pharmaceutiques. Ils préfèrent un couple produit-marché qui est en pleine évolution technologique et dont le produit peut avoir un design unique tout en étant acheté par les consommateurs partout dans le monde. Ils recherchent aussi des industries dont les leaders sur le marché sont présomptueux ou mal financés. Ils prennent alors la décision stratégique de dominer ces industries et de réduire ou de détruire la concurrence.

L'entrée sur le marché

Les Japonais envoient des équipes de recherche dans le pays cible, où elles passent plusieurs mois à évaluer le marché et à concevoir une stratégie. Ils étudient la technologie et obtiennent des concessions de licence. Ils fabriquent le produit au Japon pour bâtir leur expérience et décourager les concurrents de vendre au Japon grâce à une variété de barrières tarifaires et non tarifaires. Ils entrent souvent sur un marché en vendant d'abord leurs produits pour des marques de fabricant ou de distributeur, connues par exemple dans de grands magasins. Plus tard, ils peuvent établir leur tête de pont avec une version dépouillée à bas prix d'un produit, d'autres fois avec un produit aussi bon que celui de la concurrence mais meilleur marché, ou encore avec un produit offrant une qualité supérieure, de nouvelles caractéristiques ou un nouveau design. Les Japonais mettent ensuite en place un bon circuit de distribution, de façon à offrir un service fiable à leurs clients, après quoi ils comptent sur la publicité pour

attirer l'attention du public sur leur produit. Pour entrer sur un marché, il importe davantage de bâtir une part de marché que de chercher à obtenir rapidement des profits. Les Japonais sont des capitalistes patients qui acceptent d'attendre même une décennie avant de réaliser des profits.

L'accroissement de la part de marché

Une fois entrés sur un marché, les Japonais concentrent leurs énergies sur l'accroissement de leur part de marché. Pour ce faire, ils comptent sur les stratégies de développement de produits et de marchés. Ils investissent beaucoup dans le développement, l'amélioration et la prolifération de produits, de façon à pouvoir offrir des produits meilleurs et plus nombreux que ceux de la concurrence. Grâce à la segmentation des marchés, ils sont capables de cerner de nouvelles occasions d'affaires et d'orchestrer les étapes du développement de marchés dans de nombreux pays, s'efforçant d'y bâtir un réseau de lieux de production et de marchés mondiaux.

La protection de la part de marché

Après avoir conquis la suprématie sur un marché, les Japonais se cantonnent dans un rôle de défenseurs plutôt que d'attaquants. Leur stratégie de défense est en fait une stratégie offensive grâce à un développement continu du produit et à une segmentation raffinée du marché. Pour maintenir leur leadership, les Japonais recourent à deux démarches de marketing axées sur le marché. La première démarche pourrait être appelée « zéro délai de réaction du client » ; ils sondent alors les clients les plus récents pour savoir s'ils aiment le produit et quelles améliorations ils suggèrent. Selon la deuxième démarche, nommée « zéro délai d'amélioration », ils modifient continuellement leurs produits pour garder leur avance.

La réaction à la concurrence japonaise

Quoique les entreprises occidentales aient été lentes à réagir à l'incursion des Japonais sur les divers marchés, la plupart d'entre elles ont maintenant lancé une contre-offensive. IBM a ajouté de nouveaux produits, a automatisé ses usines, se procure ses composantes à l'étranger et a conclu des partenariats stratégiques. Black & Decker élimine les écarts dans sa gamme de produits, accroît la qualité de ses produits, rationalise sa fabrication et fixe ses prix d'une façon plus concurrentielle. De plus en plus d'entreprises imitent certaines pratiques de gestion japonaises qui s'avèrent efficaces — contrôle de la qualité, cercles de qualité et management par consensus — lorsqu'elles peuvent s'intégrer à la culture locale. En outre, davantage d'entreprises osent entrer sur le marché japonais pour concurrencer les Japonais sur leur propre territoire. Bien que le fait d'entrer au Japon et d'y fonctionner avec succès exige énormément de fonds et de patience, plusieurs entreprises américaines ont bien réussi, notamment Coca-Cola, McDonald's, Max Factor, Xerox, IBM et Warner-Lambert.

Source : Pour lire une analyse plus approfondie de la question, voir Philip Kotler, Liam Fakey et Somkid Jatusripitak, *The New Competition*, Englewood Cliffs, N.J., Prentice Hall, 1985.

14.5
LA DÉCISION DE L'ORGANISATION DU MARKETING INTERNATIONAL

Selon leur degré d'engagement sur la scène internationale, les entreprises peuvent organiser les activités de marketing international de trois façons au moins : par un service d'exportation, une division internationale ou une organisation mondiale.

14.5.1
Le service d'exportation

Une entreprise commence normalement ses activités de marketing international en expédiant tout simplement des produits à l'étranger. Lorsque ses ventes internationales progressent, l'entreprise met sur pied un service d'exportation formé d'un responsable des ventes et de quelques assistants. À mesure que les ventes augmentent, on ajoute au service différentes fonctions de marketing qui lui permettent de s'attaquer plus vigoureusement aux marchés. Si l'entreprise opte pour la coentreprise ou pour l'investissement direct, le service d'exportation ne sera plus une structure organisationnelle adéquate pour gérer des activités internationales de plus grande envergure.

14.5.2
La division internationale

De nombreuses entreprises en viennent à s'engager dans plusieurs activités et projets internationaux. Une même entreprise peut exporter dans un pays, accorder une licence dans un autre, faire partie d'une coentreprise dans un troisième et avoir une filiale dans un quatrième. Tôt ou tard, l'entreprise créera une division internationale pour tirer profit de l'ensemble de ses activités internationales. La division internationale est dirigée par un président, qui en détermine les objectifs et le budget, et elle est responsable de la croissance de l'entreprise sur les marchés internationaux.

Une division internationale peut être organisée de plusieurs façons. Le personnel du siège social de la division se compose de spécialistes du marketing, de la production, de la recherche, des finances, de la planification et des ressources humaines ; ce personnel établira les plans d'action des unités opérationnelles et fournira à celles-ci divers services de soutien. Les unités opérationnelles peuvent d'abord prendre la forme d'**entités géographiques**. Les vice-présidents de grandes régions, comme l'Amérique du Nord, l'Amérique latine, l'Europe, l'Afrique, le Moyen-Orient et l'Asie, relèveront du président de la filiale internationale. Dépendant hiérarchiquement du vice-président régional, des directeurs seront nommés pour un pays ou un groupe de pays et auront la responsabilité de la force de vente, des succursales de vente, des distributeurs et des licenciés dans leurs pays respectifs. Ou encore, les unités opérationnelles peuvent prendre la forme de groupes de produits mondiaux, chacun ayant un vice-président qui prend à sa charge les ventes de chaque groupe de produits à l'échelle mondiale. Ces vice-présidents peuvent obtenir l'aide de spécialistes du siège social pour ce qui est d'expertises à l'échelle régionale. Finalement, les unités opérationnelles peuvent être des **filiales**

internationales, chacune ayant à sa tête un président. Les présidents des diverses filiales dépendent du président de la division internationale.

Plusieurs entreprises multinationales passent de l'un à l'autre de ces types d'organisation parce que chaque type comporte des problèmes différents. L'histoire des activités internationales de Westinghouse met ce fait en lumière :

> Avant 1960, Westinghouse possédait plusieurs filiales étrangères relativement autonomes qui avaient de vagues liens entre elles par l'intermédiaire d'une division internationale. Pour obtenir une meilleure coordination, Westinghouse mit sur pied une division internationale plus puissante avec des directeurs régionaux et des directeurs de pays. Cependant, plusieurs directions de produits chez Westinghouse trouvaient contrariant d'avoir à travailler par l'intermédiaire de divisions internationales et firent des pressions pour avoir une meilleure emprise sur la planification et l'exécution. Le siège social donna suite à la demande en 1971, supprima la division internationale et donna à 125 cadres des responsabilités à l'échelle mondiale. Cependant, les résultats ne furent pas uniformément bons. Ce qui se passa, c'est que plusieurs directions de produits ne prêtèrent pas suffisamment attention aux occasions internationales, puisque la grande partie de leurs activités étaient nationales ; elles n'avaient pas réellement d'expertise dans le marketing international et elles ne réussirent pas à coordonner leurs activités internationales. Il n'est donc pas surprenant que Westinghouse ait voulu améliorer cette situation en mettant en place une structure matricielle en 1979, formée d'un vice-président international responsable de quatre directeurs régionaux, qui à leur tour étaient responsables de directeurs de pays, conjointement avec des directeurs internationaux de divers groupes de produits. La structure matricielle permettait d'être sensible à la fois aux besoins des régions et à la stratégie globale concernant les produits, mais son coût était plus élevé et les conflits de gestion n'étaient pas évités pour autant.

Depuis quelque temps, la structure matricielle est l'objet de critiques. Certaines entreprises se disent déçues, voire agacées, par le potentiel élevé de conflits et d'inaction qui résultent de la recherche d'un consensus entre les directeurs de produit et les directeurs régionaux. La compagnie Digital Equipment, qui a eu besoin de plusieurs années pour passer des mini-ordinateurs aux ordinateurs personnels, attribue ce retard à la structure matricielle. Pendant qu'au sein de Digital Equipment les représentants de la fabrication, de l'ingénierie, du marketing et d'autres fonctions débattaient de l'intérêt de ce changement, les concurrents, eux, allaient tout simplement de l'avant.

Sans aller jusqu'à éliminer la structure matricielle, les entreprises la modifient. Un bon exemple est le cas d'IBM :

> Une partie de la stratégie de réorganisation majeure d'IBM a consisté à réorganiser ses 235 000 employés en 14 groupes, qui se concentrent sur les clients tels que les secteurs du pétrole et du gaz, des loisirs et des services financiers. De cette façon, un client important sera capable de négocier une entente avec un bureau de ventes central en vue d'installer des ordinateurs IBM partout dans le monde. Avec l'ancien système, une entreprise multinationale œuvrant dans 20 pays avait à négocier avec 20 unités locales qui avaient leurs propres structures de prix et leurs propres standards de service[19].

14.5.3
L'organisation mondiale

Plusieurs entreprises ont dépassé le stade de la division internationale pour devenir des organisations réellement mondiales. Elles cessent de se voir comme des gens de marketing nationaux qui ont des projets à l'étranger et elles commencent à considérer les choses sous l'angle du marketing mondial. La direction générale de l'entreprise et le personnel sont alors engagés dans la planification à l'échelle mondiale des installations de production, des politiques de marketing, des mouvements de capitaux et des systèmes logistiques. Les unités organisationnelles mondiales relèvent directement du directeur général ou du comité de direction, et non du responsable d'une division internationale. Les dirigeants ont une formation dans la gestion d'activités d'envergure mondiale, et non seulement nationale ou même internationale ou multinationale. Les unités recrutent leurs cadres dans de nombreux pays. Les composantes et le matériel sont achetés là où les coûts sont les plus bas, et les investissements sont faits là où le rendement des investissements est le plus élevé.

Les entreprises qui œuvrent dans plusieurs pays doivent faire face à une grande complexité organisationnelle. Par exemple, lorsqu'il s'agit d'établir le prix de gros ordinateurs pour un important système bancaire en Allemagne, quelle est l'influence réelle du directeur de produit, quelle est celle du directeur du marché pour le secteur bancaire et quelle est celle du directeur allemand de cette entreprise ? La décision dépend en pratique de la structure organisationnelle : s'agit-il d'une décision globale qui comporte un degré élevé de centralisation ou de décisions qui doivent être prises localement ?

Bartlett et Ghoshal proposent des contextes dans lesquels chacune des approches fonctionne le mieux. Ils décrivent certains facteurs qui favorisent l'intégration globale (c'est-à-dire une production hautement capitalistique, une demande homogène, etc.) par rapport à une réaction nationale (c'est-à-dire des barrières et des standards locaux, de fortes préférences locales). En conséquence, ils distinguent trois stratégies organisationnelles[20] :

1. Une **stratégie mondiale** considère que le monde entier est un marché unique. Cette stratégie est valable quand les facteurs d'intégration globale sont forts et quand les facteurs de réactions nationales sont faibles. Cela est vrai pour le marché de l'électronique destiné aux consommateurs où la plupart des acheteurs dans le monde accepteront une radio de poche, un magnétoscope, un téléviseur ou un lecteur de disques compacts relativement standard. Matsushita a fait relativement mieux que General Electric et Philips sur ce

marché parce qu'elle œuvre de façon plus mondiale et plus standardisée.

2. Une **stratégie internationale ou multinationale** considère que le monde est un portefeuille d'occasions d'affaires nationales. Cette stratégie est préférable quand les facteurs favorisant les réactions nationales sont forts et quand les facteurs favorisant une intégration mondiale sont faibles. Cela est particulièrement le cas pour les produits de consommation courante (les produits alimentaires, les produits de nettoyage, etc.). Bartlett et Ghoshal attribuent la meilleure performance d'Unilever par rapport à Kao et à Procter & Gamble au fait qu'elle accorde une plus grande autonomie à la prise de décision à ses unités locales.

3. Une **stratégie « intermédiaire »** consiste à standardiser certains éléments centraux de l'activité et à laisser un certain nombre de décisions au niveau local. Cette stratégie est particulièrement appropriée dans une industrie (telle que les communications) où chaque pays exige une certaine adaptation de l'équipement en permettant toutefois à l'entreprise de standardiser certains éléments plus importants. Bartlett et Ghoshal considèrent qu'Ericsson fait mieux en ce sens que NEC (qui a une trop grande orientation mondiale) et ITT (qui a une trop grande orientation locale).

RÉSUMÉ

1. De nos jours, les entreprises ne peuvent plus se permettre de prêter attention uniquement à leur marché local, quelle que soit l'importance de celui-ci. Malgré les nombreux défis qui se présentent sur la scène internationale (l'importance de la dette à l'étranger, l'instabilité des gouvernements, les problèmes de conversion de devises, les exigences à l'entrée, les tarifs douaniers et les autres barrières tarifaires, la corruption, la piraterie technologique, les coûts élevés d'adaptation des produits et des communications et les changements de frontières), les entreprises qui œuvrent dans des industries mondiales n'ont d'autre choix que d'internationaliser leurs opérations. Les entreprises ne peuvent plus se contenter de leur statut d'entreprises nationales et espérer maintenir ainsi leurs parts de marché.

2. Une entreprise qui désire faire des affaires à l'étranger doit d'abord considérer les avantages et les risques d'aller dans l'arène internationale.

Par la suite, elle doit définir ses objectifs et politiques de marketing international. Elle doit décider si elle fera des affaires dans un pays, dans quelques pays ou dans de nombreux pays. Ensuite, elle doit décider dans quel type de pays elle fera des affaires. La proximité culturelle est plus importante que la proximité géographique. En général, les pays ciblés doivent être évalués sous le rapport de trois critères importants : l'attrait du marché, l'avantage concurrentiel et le risque.

3. Une fois que l'entreprise a ciblé un pays particulier, elle doit déterminer la meilleure façon d'y avoir accès. Les options possibles sont l'exportation indirecte, l'exportation directe, la concession de licence, la coentreprise et l'investissement direct. Chaque stratégie comporte un degré d'engagement, de risque, de contrôle et de rentabilité potentielle différent. Les entreprises commencent normalement par l'exportation indirecte, puis elles passent par les différentes étapes à mesure qu'elles acquièrent de l'expérience sur la scène internationale.

4. En choisissant son programme de marketing international, une entreprise doit décider jusqu'à quel degré elle adaptera son marketing mix (produit, communication, prix et circuits de distribution) aux conditions locales. On trouve à un bout du continuum des entreprises qui pratiquent un marketing mix standardisé à l'échelle mondiale et, à l'autre bout, un marketing mix différencié. Entre ces deux extrémités, il existe plusieurs possibilités. En ce qui concerne le produit, l'entreprise peut poursuivre une stratégie d'extension, une stratégie d'adaptation du produit ou une stratégie de création d'un produit. Pour ce qui est de la communication, l'entreprise a le choix entre une stratégie d'adaptation de la communication et une stratégie de double adaptation. Quant au prix, les entreprises doivent faire face à certains problèmes : le phénomène d'escalade des prix, le prix de cession, le *dumping* et le marché gris ; en outre, il peut être très difficile de fixer des prix standard. Pour ce qui est de la distribution, les entreprises doivent considérer le circuit de distribution dans son ensemble allant jusqu'à l'utilisateur final. En choisissant les différents éléments du marketing mix, les entreprises doivent être sensibles aux limites culturelles, sociales, politiques, technologiques, environnementales et juridiques qui existent dans les autres pays.

5. Selon leur degré d'engagement sur la scène internationale, les entreprises peuvent organiser leurs activités de marketing international de trois façons au moins : par un service d'exportation, une division internationale ou une organisation mondiale. La plupart des entreprises commencent par établir un service d'exportation, avant de mettre sur pied éventuellement une division internationale. Quelques-unes deviendront réellement mondiales. Dans un tel cas, la direction générale de l'entreprise devra procéder à la planification et à l'organisation dans une perspective mondiale.

QUESTIONS

1. Avant d'introduire sa formule pour nourrissons dans les pays du Tiers-Monde, Nestlé a omis d'analyser adéquatement l'environnement de marketing, ignorant trois forces majeures du macroenvironnement :

   - Premièrement, Nestlé a ignoré l'environnement culturel. Elle n'a pas tenu compte des normes culturelles des pays du Tiers-Monde, où l'allaitement est la norme. On distribua des brochures dans lesquelles on déconseillait l'allaitement, le considérant comme primitif. Une fois que les mères cesseraient d'allaiter leur enfant, elles ne produiraient plus de lait et n'auraient d'autre choix que d'acheter le produit.

   - Deuxièmement, Nestlé a ignoré les infrastructures des pays en voie de développement. Ces pays ont souvent des problèmes d'eau contaminée dus à un transport d'eau et à une filtration inappropriés. Ainsi, étant donné que beaucoup de familles étaient trop pauvres pour acheter les quantités nécessaires du produit, les mères le diluaient avec de l'eau contaminée, ce qui rendait les enfants malades.

   - Troisièmement, Nestlé n'a pas tenu compte des environnements démographique et social. Comme le produit représentait une nouvelle façon de faire dans les pays du Tiers-Monde, Nestlé aurait dû renseigner les mères sur l'utilisation du produit. Celles-ci ne faisaient pas la stérilisation des bouteilles ni des tétines, ce qui rendait plusieurs enfants malades.

   Supposez que Nestlé soit maintenant déterminée à introduire une nouvelle gamme de boissons en poudre dans des pays en voie de développement. La poudre devra être ajoutée au lait ou à l'eau afin de composer une boisson rafraîchissante. Avant d'introduire le produit, comment l'entreprise devra-t-elle tenir compte des forces de l'environnement dans son programme marketing ?

2. Plusieurs spécialistes du marketing croient que les adolescents sont devenus des consommateurs mondiaux. Cela veut dire que, partout dans le monde, les adolescents s'habillent de la même façon, boivent les mêmes boissons et écoutent la même musique. Pouvez-vous expliquer l'homogénéisation des goûts qui se reflète dans ce phénomène propre aux adolescents ? Quels autres types de produits ont cet attrait universel ? Comment une entreprise qui a comme marché cible les adolescents peut-elle atteindre ce groupe ?

3. À cause du rétrécissement des marchés dû à la concurrence, une entreprise de taille moyenne qui fabrique de la vinaigrette envisage la possibilité d'aller à l'étranger (voir la figure 14.1). Quelles questions concernant la politique, la religion et la culture l'entreprise devrait-elle se poser avant de s'engager sur les marchés étrangers ? Choisissez un pays et posez des questions appropriées. Êtes-vous en position de décider si vous allez entrer sur le marché de la vinaigrette dans ce pays ?

4. « Pendant que les ventes de cigarettes diminuent ou stagnent dans plusieurs pays industrialisés, elles connaissent une forte croissance dans le Tiers-Monde. Les fabricants de cigarettes sont étouffés par les contraintes des pays développés. » Analysez le pour et le contre de cette « occasion d'affaires ».

5. Sélectionnez un des pays ou une des régions qui suivent et préparez un bref rapport (de deux à cinq pages) sur les institutions et sur les pratiques de marketing. De plus, discutez les défis auxquels doivent faire face les gestionnaires du marketing de ces pays et ceux que doivent relever les gestionnaires du marketing canadiens qui veulent faire des affaires dans ces pays.

   a) le Mexique ;

   b) la Communauté économique européenne ;

   c) la Pologne ;

   d) la Chine ;

   e) le Japon ;

   f) les pays en voie de développement.

6. Cuisinart, le célèbre fabricant de robots culinaires haut de gamme, a décidé d'entrer sur le marché international. Les membres de la direction de l'entreprise ont de la difficulté à déterminer la façon de développer le marché. Présentez quelques-unes des options de pénétration du marché possibles pour l'entreprise.

7. Dentsu a fait paraître récemment un rapport affirmant que l'introspection et le besoin de se réaliser sont devenus des facteurs importants du comportement du consommateur au Japon. En réalité, depuis dix ans, les entreprises ont vu les consommateurs japonais attribuer de plus en plus d'importance aux éléments intangibles des produits et des services par rapport aux éléments tangibles. Conséquemment, les consommateurs japonais deviennent de plus en plus intéressés aux produits et aux services qui fournissent une meilleure qualité de vie et un plus fort sentiment de réalisation de soi. Pour décrire ce phénomène, Dentsu parle d'une « préoccupation pour le bien-être ». Ainsi, les consommateurs japonais recherchent des produits et des services qui amélioreront leur vie de trois façons, c'est-à-dire qui leur permettront de se préoccuper du corps et de l'âme, des relations avec les gens qui les entourent et de la vie de tous les jours.

Seul ou en groupe de cinq ou six étudiants, déterminez ce à quoi correspondent ces préoccupations pour les entreprises canadiennes intéressées à exporter des biens au Japon. Quels types de produits répondraient à ces besoins? Quels produits pourraient avoir du succès au Japon?

8. Une grande entreprise a décidé, il y a quelques années, d'entrer sur le marché français des pneus. Elle fabriquait pour les camions de grosseur intermédiaire des pneus qui avaient été conçus pour satisfaire aux spécifications des roues arrière. L'expérience a été malheureuse; en effet, les pneus éclataient souvent, ce qui a donné une mauvaise image à cette entreprise en France. Que s'est-il passé?

9. Un constructeur canadien de machinerie lourde exploitant le marché d'Europe de l'Ouest fait appel à des représentants commerciaux canadiens sur ce marché. Or, l'entreprise croit qu'elle pourrait réduire ses coûts en embauchant des Européens pour faire la vente. Quels sont les avantages et les inconvénients pour cette entreprise d'avoir recours aux services de Canadiens plutôt que d'embaucher des résidents du pays où elle désire vendre?

RÉFÉRENCES

1. Paul Labbe, « Canadian Trade Olympians », *The Globe and Mail*, 26 septembre 1996, p. B2.
2. Pour obtenir plus d'information sur les changements de frontières, voir Terry Clark, « National Boundaries, Border Zones, and Marketing Strategy: A Conceptual Framework and Theoretical Model of Secondary Boundary Effects », *Journal of Marketing*, juillet 1994, p. 67-80.
3. Michael E. Porter, *Competitive Strategy*, New York, Free Press, 1980, p. 275.
4. Charles A. Coulombe, « Global Expansion: The Unstoppable Crusade », *Success*, septembre 1994, p. 18-20.
5. Igal Ayal et Jehiel Zif, « Market Expansion Strategies in Multinational Marketing », *Journal of Marketing*, printemps 1979, p. 84-94.
6. Voir Kenichi Ohmae, *Triad Power*, New York, Free Press, 1985; Philip Kotler et Nikhilesh Dholakia, « Ending Global Stagnation: Linking the Fortunes of the Industrial and Developing Countries », *Business in the Contemporary World*, printemps 1989, p. 86-97.
7. Greg Ip, « The Borderless World », *The Globe and Mail*, 6 juillet 1996, p. D1.
8. Madelaine Drohan, « Dependency on U.S. Leaves Canada Vulnerable », *The Globe and Mail*, 20 novembre 1996, p. B6.
9. Greg Ip, « Canada Leads G7 in Exports », *The Globe and Mail*, 22 avril 1996, p. B1.
10. Rob Norton, « Strategies for the New Export Boom », *Fortune*, 22 août 1994, p. 124-130.
11. Laura Mazur et Annik Hogg, *The Marketing Challenge*, Wokingham, Angleterre, Addison-Wesley, 1993, p. 42-44; Jan Willem Karel, « Brand Strategy Positions Products Worldwide », *Journal of Business Strategy*, vol. 12, n° 3, mai-juin 1991, p. 16-19.
12. Paula Dwyer, « Tearing up Today's Organization Chart », *Business Week*, 18 novembre 1994, p. 80-90.
13. Voir aussi J. Peter Killing, « How to Make a Global Joint Venture Work », *Harvard Business Review*, mai-juin 1982, p. 120-127.
14. Voir Jan Johanson et Finn Wiedersheim-Paul, « The Internationalization of the Firm », *Journal of Management Studies*, octobre 1975, p. 305-322.
15. Voir Stan Reid, « The Decision Maker and Export Entry and Expansion », *Journal of International Business Studies*, automne 1981, p. 101-112; Igal Ayal, « Industry Export Performance: Assessment and Prediction », *Journal of Marketing*, été 1982, p. 54-61; Somkid Jatusripitak, *The Exporting Behavior of Manufacturing Firms*, Ann Arbor, University of Michigan Press, 1986.

16. Warren J. Keegan, *Multinational Marketing Management*, 5e éd., Englewood Cliffs, N.J., Prentice Hall, 1995, p. 378-381.

17. J.S. Perry Hobson, «*Feng Shui*: Its Impacts on the Asian Hospitality Industry», *International Journal of Contemporary Hospitality Management*, vol. 6, n° 6, 1994, p. 21-26; Bernd H. Schmitt et Yigang Pan, «In Asia, the Supernatural Means Sales», *The New York Times*, 19 février 1995, vol. 3, n° 11, p. 2.

18. Voir William D. Hartley, «How Not to Do It: Cumbersome Japanese Distribution System Stumps U.S. Concerns», *The Wall Street Journal*, 2 mars 1972.

19. Paula Dwyer, «Tearing up Today's Organization Chart», *Business Week*, 18 novembre 1994, p. 80-90.

20. Voir Christopher A. Bartlett et Sumantra Ghoshal, *Managing Across Borders*, Cambridge, Mass., Harvard Business School Press, 1989.

PARTIE IV

PLANIFIER DES PROGRAMMES DE MARKETING

Chapitre

15

La gestion des gammes de produits, des marques et du conditionnement

Reproduit avec l'autorisation de Téléboutique Bell

À l'usine, nous fabriquons des cosmétiques ;
dans le magasin, nous vendons de l'espoir.
Charles Revlon

Un produit est fabriqué dans une usine,
mais c'est une marque qui est achetée par un client.
Un produit peut être copié par un concurrent ; une marque
est unique. Un produit peut devenir démodé, mais une marque
qui a du succès est impérissable.
Stephen King

Du thé dans une bouteille, ce n'est pas très excitant, n'est-ce pas ? Mais le thé infusé de Snapple a révolutionné le monde des boissons.

La compagnie Snapple Beverage Corp. était pratiquement inconnue en 1982 lorsqu'elle commença à produire sa gamme de boissons naturelles Snapple, qui était distribuée dans les magasins de produits naturels et les dépanneurs. Mais en 1987, quand l'entreprise lança son thé prêt-à-boire sans agents de conservation, elle provoqua tout un bouleversement sur le marché. Les consommateurs découvrirent rapidement que le thé Snapple était réellement bon comparativement au goût artificiel des thés glacés traditionnels en canette, et ils acceptèrent de payer un prix plus élevé pour se le procurer. Ce n'est qu'en 1992 que l'entreprise obtint une distribution nationale de ses 59 saveurs de boissons. Ses revenus atteignirent alors plus de 270 millions de dollars. Étant donné que l'entreprise se trouvait sous les feux des projecteurs, elle dut faire face à une concurrence intensive des grands de l'industrie des boissons, Pepsi-Cola et Coca-Cola. Misant sur l'enthousiasme croissant pour ses produits, Snapple diffusa des messages télévisés mettant en vedette de vrais clients qui témoignaient en faveur des produits de Snapple. Maintenant, les objectifs de l'entreprise sont d'amener les consommateurs à faire l'essai des autres saveurs, d'ajouter de nouvelles saveurs et d'éliminer celles qui se vendent le moins[1].

L'histoire de la réussite de Snapple met en évidence l'importance du premier élément du marketing mix qui est aussi le plus important : le **produit**. Toute la publicité et toute la promotion du monde ne permettront pas à un produit alimentaire de disparaître des étalages des supermarchés si les gens n'en aiment pas le goût.

Le produit est l'élément clé de l'**offre** de l'entreprise. La planification du marketing mix commence par la formulation d'une offre qui répond aux besoins et aux désirs des clients du marché cible. Le client portera son jugement sur l'offre à partir de trois éléments : la qualité et les caractéristiques du produit, la qualité et l'assortiment des services, et un juste prix ou prix basé sur la valeur (voir la figure 15.1).

Dans ce chapitre, nous nous pencherons sur le produit, dans le chapitre 16, sur les services et dans le chapitre 17 nous aborderons le prix. Ces trois éléments doivent être intégrés pour permettre de faire une offre concurrentielle et attrayante.

FIGURE 15.1
Les composantes de l'offre

Dans ce chapitre, nous nous poserons les questions suivantes :

- **Qu'est-ce qu'un produit ?**
- **Comment une entreprise peut-elle construire et gérer son mix de produits et ses gammes de produits ?**
- **Comment une entreprise peut-elle prendre de meilleures décisions en ce qui concerne ses marques ?**
- **Comment le conditionnement et l'étiquetage peuvent-ils servir d'outils de marketing ?**

15.1
QU'EST-CE QU'UN PRODUIT?

Un produit, comme nous l'avons vu au chapitre 1, se définit comme suit:

> **Un produit est tout ce qui peut être offert sur le marché en vue de satisfaire un besoin ou un désir.**

Quand on pense à des produits, on pense le plus souvent à des **produits physiques**, qui sont dits **tangibles**, comme les automobiles, les grille-pain, les chaussures, les œufs et les livres. Mais les **services**, qui sont **intangibles**, comme les coupes de cheveux, les concerts, les services bancaires et les voyages, sont aussi des produits. De même, un produit peut correspondre à des **personnes**; en effet, les personnalités politiques, sportives et artistiques sont des produits. On peut faire le marketing de Céline Dion, évidemment pas dans le dessein que les gens l'achètent, mais dans l'intention qu'ils lui prêtent attention, achètent ses disques ou assistent à ses spectacles. On peut également faire le marketing d'un **endroit** comme le mont Tremblant afin que les gens y achètent des terrains et y passent des vacances. On peut encore faire le marketing d'une **organisation**, comme Centraide ou Héma-Québec, afin que le public en ait une image positive et la soutienne. On peut même faire le marketing d'**idées**, comme la sécurité routière, la sobriété au volant ou l'alimentation saine, en vue de faire adopter les comportements qui sont préconisés. En somme, dans une vision plus large, la notion de produit englobe tout ce dont on peut faire le marketing, non seulement les objets, mais aussi les services, les personnes, les endroits, les organisations et les idées.

15.1.1
Les cinq niveaux de produits

En planifiant son offre au marché ou son produit, le spécialiste du marketing distingue **cinq niveaux de produits**, représentés à la figure 15.2[2]. Chaque niveau ajoute de la valeur pour le client, constituant ainsi une **hiérarchie de valeurs**. Au niveau le plus fondamental se trouve l'**avantage central**, soit le service ou l'avantage essentiel que le client achète réellement. Dans le cas d'un hôtel, le client d'une nuit achète le repos et le sommeil. En se procurant un rouge à lèvres, une femme cherche à se rendre attrayante. En achetant une perceuse, le consommateur se procure

FIGURE 15.2
Les cinq niveaux de produits

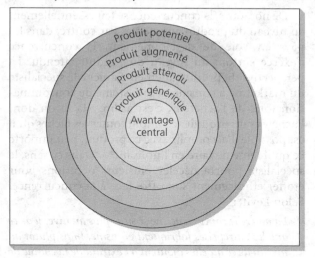

en réalité des «trous». Les mercaticiens offrent des avantages.

Le spécialiste du marketing doit s'employer à convertir cet avantage central en un **produit générique**, c'est-à-dire en une version de base du produit. Ainsi, une chambre d'hôtel comprend un lit, une salle de bain, des serviettes, un bureau et une penderie.

À un troisième niveau, le spécialiste du marketing prépare le **produit attendu**, soit un ensemble d'attributs et de conditions que les acheteurs attendent et acceptent lorsqu'ils achètent le produit. Les clients d'un hôtel, par exemple, s'attendent à obtenir un lit propre, du savon et des serviettes, de l'eau chaude, un téléphone, un téléviseur qui fonctionne, une penderie et un degré raisonnable de tranquillité. Puisque la plupart des hôtels répondent à ces attentes minimales, le voyageur risque de n'avoir pas de préférence et de s'arrêter à l'hôtel le plus accessible.

Au quatrième niveau, on trouve le **produit augmenté**, qui inclut les services et les avantages additionnels qui permettent souvent de distinguer l'offre d'une entreprise de celle des concurrents. Un hôtel peut valoriser son offre en ajoutant des services de télécopieur et d'informatique pour les gens d'affaires, des fleurs fraîches, la câblodistribution, une inscription rapide à l'arrivée, des préarrangements pour un départ rapide, un service à la chambre hors pair, et ainsi de suite, comme Développement Germain-des-Prés fait avec ses hôtels pour voyageurs «branchés». Elmer Wheeler a déjà dit: «Ne vendez pas le steak, vendez le grésillement.»

De nos jours, la concurrence se fait essentiellement au niveau du produit augmenté. Par contre, dans les pays en voie de développement, la concurrence s'exerce surtout au niveau du produit attendu. La perspective du produit augmenté amène le spécialiste du marketing à considérer le **système de consommation** total de l'acheteur, c'est-à-dire «la façon dont l'acheteur du produit accomplit toutes les tâches qu'il est possible d'accomplir avec ce produit, peu importe ce qu'il tente de faire en l'utilisant[3]». Dans ce sens, le spécialiste pourra déceler plusieurs occasions pour étoffer efficacement son offre face à la concurrence. Selon Levitt:

> *La nouvelle concurrence ne se situe plus au niveau de ce que les entreprises fabriquent en usine, mais plutôt au niveau de ce qu'elles ajoutent à l'extrant de la chaîne de production: conditionnement, services, publicité, conseils aux clients, conditions de financement, facilités de livraison et d'entreposage, ainsi que tout autre avantage auquel les gens accordent une valeur[4].*

Notons cependant certains points au sujet de la stratégie d'augmentation du produit. D'abord, tout ajout accroît les coûts du produit. Le spécialiste du marketing doit se demander si les consommateurs sont prêts à payer suffisamment pour couvrir les coûts supplémentaires. Ensuite, le produit augmenté peut rapidement devenir le produit attendu. De nos jours, les clients des hôtels s'attendent de plus en plus à trouver dans leur chambre le shampooing, la câblo-distribution et d'autres agréments. Cela signifie que les concurrents qui veulent augmenter leur produit devront trouver d'autres avantages à ajouter à leur offre. Par ailleurs, pendant que les entreprises accroissent le prix d'un produit en proportion de son augmentation, certains concurrents réagissent en offrant un produit attendu à un prix beaucoup plus bas. Ainsi, devant la croissance d'hôtels de luxe comme les chaînes Four Seasons, Hyatt et Western, on voit émerger des hôtels et motels plus économiques, comme la chaîne Journey's End, qui s'adressent aux clients désirant seulement le produit attendu.

Au cinquième et dernier niveau, on trouve le **produit potentiel,** qui incorpore toutes les augmentations et transformations que ce produit pourrait subir dans l'avenir. Alors que le produit augmenté est le produit vu sous l'angle de ce qui y a été ajouté jusqu'à aujourd'hui, le produit potentiel est le produit vu sous le rapport de son évolution possible. C'est là que les entreprises recherchent énergiquement de nouvelles façons de satisfaire les consommateurs et de distinguer leurs offres. L'émergence d'hôtels n'offrant que des suites représente une transformation innovatrice du produit hôtelier traditionnel.

Certaines entreprises parmi celles qui réussissent le mieux ajoutent à leur offre des avantages qui font plus que **satisfaire** leurs clients; ils les **charment.** Pour enchanter la clientèle, il est bon d'ajouter à l'offre des **éléments inattendus.** Ainsi, le client d'un hôtel qui trouve son lit préparé et un bonbon sur l'oreiller, ou des fleurs, ou un bol de fruits, ou encore un magnétoscope accompagné de cassettes, est ravi. L'hôtel lui manifeste ainsi son intention de le traiter de façon spéciale.

15.1.2
La hiérarchie des produits

Chaque produit est lié à d'autres. La hiérarchie des produits va des besoins fondamentaux aux articles destinés à satisfaire ces besoins. On distingue sept niveaux dans la hiérarchie des produits:

1. **La famille de besoins.** Il s'agit des besoins fondamentaux que satisfait le produit; dans le cas de l'assurance-vie, c'est la sécurité.

2. **La famille de produits.** C'est l'ensemble des classes de produits qui satisfont avec plus ou moins d'efficacité le même besoin; par exemple, l'épargne ou l'immobilier.

3. **La classe de produits.** C'est un groupe de produits, au sein de la famille de produits, qui présente une certaine cohérence fonctionnelle; par exemple, les produits financiers.

4. **La gamme de produits.** Il s'agit d'un groupe de produits, au sein de la même classe de produits, qui sont étroitement liés parce qu'ils fonctionnent de la même manière ou parce qu'ils sont vendus aux mêmes types de clients, dans les mêmes points de vente ou dans des zones de prix similaires.

5. **Le type de produits.** C'est l'ensemble des articles, au sein d'une gamme de produits, qui partagent une ou plusieurs formes possibles de produits; par exemple, l'assurance temporaire.

6. **La marque.** C'est le nom qui est associé à un ou à plusieurs articles d'une gamme de produits et qui

sert à en indiquer l'origine ou le caractère; par exemple, l'assurance-vie Desjardins.

7. **L'article.** C'est une unité de base distincte d'une marque ou d'une gamme de produits qu'on peut reconnaître par sa nature, sa taille, son prix, son apparence ou tout autre attribut qui permet de la différencier; par exemple, l'assurance temporaire renouvelable de Desjardins.

Voici un exemple typique. L'espoir est un besoin sous-jacent à toute une famille de produits de toilette, dont une classe de produits au sein de cette famille serait les cosmétiques, lesquels comprennent une gamme de produits, les rouges à lèvres, qui prennent plusieurs formes et qui sont offerts sous la marque appelée Revlon, dont un article est le rouge à lèvres givré.

On emploie fréquemment trois autres termes. Un **système de produits** est un groupe d'articles divers mais liés, du fait qu'ils fonctionnent d'une manière complémentaire. Par exemple, la société Nikon vend un appareil photo de base de 35 mm avec un ensemble complexe de lentilles, de filtres et d'autres accessoires qui constituent un système de produits. Un **assortiment de produits** est l'ensemble de tous les produits et articles qu'un vendeur particulier rend accessibles aux acheteurs. Enfin, la **catégorie de produits** réfère à une famille de produits complémentaires pouvant provenir de plusieurs fournisseurs et pour laquelle le gestionnaire, chez un distributeur ou un détaillant, est responsable des achats, de la logistique et de la mise en marché.

15.1.3
La classification des produits

Les spécialistes du marketing ont traditionnellement classé les produits suivant diverses caractéristiques : la durabilité, la tangibilité et l'utilisation des biens de consommation ou des biens industriels. À chaque type de produits correspond une stratégie de marketing mix[5].

La durabilité et la tangibilité

Selon leur durabilité et leur tangibilité, on peut classer les produits en trois catégories :

1. **Les biens non durables.** Les biens non durables sont des biens tangibles que l'on consomme géné-

ralement en une ou quelques utilisations, par exemple la bière, le savon et le sel. Puisque ces produits sont achetés fréquemment et consommés rapidement, la stratégie appropriée est de les rendre accessibles dans de nombreux endroits, de ne retenir qu'une faible marge bénéficiaire et d'entreprendre de nombreuses opérations publicitaires pour inciter à l'essai et influencer la préférence.

2. **Les biens durables.** Les biens durables sont des biens tangibles qui survivent normalement à plusieurs utilisations, par exemple les réfrigérateurs, les machines-outils et les vêtements. Les biens durables exigent en général plus de ventes directes au consommateur, de service à la clientèle et de garanties, et leur marge bénéficiaire est plus élevée.

3. **Les services.** Les services sont des activités, des avantages ou des satisfactions qui sont offerts à la vente, par exemple les coupes de cheveux, les services bancaires et les réparations. Les services sont intangibles, produits et consommés en même temps, hétérogènes et non stockables. En conséquence, ils exigent normalement plus de contrôle de la qualité, de crédibilité de la part du prestataire et d'adaptabilité. Le terme «produit» est utilisé pour des biens (tangibles) mais souvent aussi pour des services (intangibles), comme des produits financiers; les biens et les services sont fréquemment considérés en marketing comme des produits.

Les biens de consommation

Les consommateurs achètent une grande variété de biens de consommation. Une méthode utile pour classer ces biens repose sur les **habitudes d'achat des consommateurs**, parce que ces habitudes ont des conséquences sur les stratégies de marketing. On peut distinguer les produits d'achat courant, les produits d'achat réfléchi, les produits de spécialité et les produits non recherchés.

Les produits d'achat courant

En général, ce sont des produits que le consommateur achète fréquemment, rapidement, avec un minimum d'effort de comparaison et d'effort d'achat; c'est le cas pour les cigarettes, le savon et les journaux.

Les produits d'achat courant peuvent eux-mêmes se subdiviser en produits de première nécessité, d'achat impulsif et de dépannage. Les **produits de première nécessité** correspondent aux achats les plus courants, comme le pain, le lait, les œufs, ou encore le ketchup Heinz, la pâte dentifrice Crest et le yogourt Delisle. Les **produits d'achat impulsif** sont acquis sans préméditation ni effort de recherche. Ces produits sont normalement offerts en de nombreux endroits parce que les consommateurs ne les recherchent pas spécialement. Ainsi, les tablettes de chocolat et les magazines sont exposés près de la caisse pour attirer l'attention et inciter à l'achat, sans quoi les consommateurs ne penseraient pas à les acheter. Les **produits de dépannage** sont achetés lorsque le besoin se fait sentir : les pneus d'hiver et une pelle à la première tempête de neige, un livre ou un rasoir en voyage. Les fabricants de biens de dépannage s'assurent de les offrir dans de nombreux points de vente afin de bénéficier de la vente lorsque le client a besoin du produit.

Les produits d'achat réfléchi

Ce sont des produits que le client, pendant le processus de choix et d'achat, compare généralement sous le rapport de certains attributs tels que l'aspect pratique, la convenance, la qualité, le prix et le style. Il s'agit par exemple des meubles, des vêtements, des automobiles et des appareils ménagers.

Les produits d'achat réfléchi peuvent aussi se répartir en **produits homogènes** et **hétérogènes**. L'acheteur considère que la qualité des produits homogènes est similaire mais que leur prix est suffisamment différent pour justifier le magasinage. Le vendeur doit parler de prix avec l'acheteur. Par contre, lors de l'achat de vêtements, de meubles et d'autres produits hétérogènes, les caractéristiques sont souvent plus importantes pour l'acheteur que le prix. Si un acheteur désire un complet à rayures, la coupe, l'ajustement et l'apparence seront probablement plus importants que de petites différences de prix. Le vendeur de produits hétérogènes doit donc disposer d'un assortiment suffisamment vaste pour pouvoir satisfaire les goûts individuels, et avoir un personnel de vente formé pour fournir de l'information et des conseils aux clients.

Les produits de spécialité

Ce sont des produits qui possèdent des caractéristiques uniques ou une marque bien connue, ou les deux, de sorte qu'un groupe relativement nombreux d'acheteurs est disposé à faire un effort d'achat spécial pour se les procurer. Il s'agit de marques particulières ou d'objets de luxe, tels les automobiles, les chaînes stéréo et l'équipement de photographie.

Une Mercedes, par exemple, est un produit de spécialité parce que les acheteurs qui en désirent une sont prêts à se déplacer. De même, le parfum *Shalimar* de Guerlain, l'après-rasage Alfred Sung, les montres Gucci et les sacs à main Louis Vuitton sont des produits de spécialité. L'achat de produits de spécialité n'exige pas de l'acheteur qu'il fasse des comparaisons ; celui-ci devra plutôt se rendre aux points où ces produits sont en vente. Il n'est pas nécessaire que les vendeurs soient situés dans un endroit facile d'accès ; ces derniers doivent cependant faire savoir aux clients potentiels où ils se trouvent.

Les produits non recherchés

Ce sont des produits que le consommateur ne connaît pas, ou qu'il connaît mais qu'il ne pense pas normalement à acheter. Des produits nouveaux, comme les systèmes d'alarme et les ampoules à éclairage efficace, sont des produits non recherchés jusqu'à ce que le consommateur en apprenne l'existence grâce à la publicité. Les polices d'assurance, les testaments, les niches de columbarium et les encyclopédies sont des exemples classiques de produits ou de services connus mais non recherchés.

Les produits non recherchés exigent un effort important de marketing sous forme de publicité et de vente directe au consommateur. On a élaboré certaines techniques de vente raffinées afin de relever le défi de vendre des produits non recherchés.

Les biens industriels

Les organisations achètent une grande variété de produits et de services. Il existe une classification des biens industriels utile pour élaborer des stratégies de marketing appropriées. Elle se fonde sur la façon dont les biens industriels entrent dans le processus de production et sur leurs coûts relatifs. On distingue trois catégories de biens industriels : les matériaux et les composants, les biens d'équipement et les fournitures et services.

Les matériaux et les composants

Ce sont les produits qui entrent dans la fabrication des produits de l'entreprise. Ils sont de deux types : les matières premières de même que les pièces et les matériaux manufacturés.

Les **matières premières** se divisent en produits agricoles, comme le blé, le coton, le bétail, les fruits et les légumes, et en ressources naturelles, comme le bois, le pétrole, le minerai de fer et le poisson. Les **produits agricoles** sont fournis par de nombreux producteurs agricoles, qui remettent leur production à des intermédiaires, comme les coopératives, qui en assument l'assemblage, le classement, l'entreposage, le transport et la vente. Les produits agricoles représentent un volume incompressible à court terme, mais pas à long terme. Comme ils sont périssables et saisonniers, les produits agricoles exigent des pratiques de marketing particulières. Étant donné que ce sont des produits de base, les activités publicitaires et promotionnelles sont plutôt limitées, à quelques exceptions près. De temps en temps, les regroupements de producteurs, comme Les producteurs de lait du Québec, lancent une campagne pour promouvoir la consommation de leur produit, le lait. Certains producteurs possèdent même des marques de commerce : les oranges Sunkist, les bananes Chiquita, les pamplemousses Red River. Les **ressources naturelles** sont en quantité limitée. Elles sont souvent volumineuses, ont une faible valeur unitaire et leur transport du producteur à l'usager nécessite un effort considérable. Les producteurs, qui sont peu nombreux et puissants, vendent souvent directement aux utilisateurs industriels. Comme les industriels dépendent de ces matériaux, ils exigent fréquemment des contrats à long terme. L'homogénéité des ressources naturelles limite les activités de stimulation de la demande. Le prix et les délais de livraison sont les principaux facteurs qui influent sur le choix du fournisseur.

Les **pièces** et les **matériaux manufacturés** sont soit des matériaux composants, par exemple le minerai de fer, le ciment ou la fibre textile, soit des pièces composantes, par exemple les petits moteurs électriques, les pneus ou les pièces moulées. Les **matériaux composants** sont normalement transformés ; ainsi, le minerai de fer est transformé en acier et la fibre, en tissu. À cause de la nature standardisée des matériaux composants, ce sont surtout le prix et la fiabilité du fournisseur qui constituent les critères d'achat les plus importants. Les **pièces composantes** entrent directement dans la fabrication du produit, sans autre changement de forme, comme les petits moteurs électriques dans un aspirateur ou un ouvre-boîte, ou comme les pneus sur une automobile ou un véhicule tout-terrain. La plupart des pièces et des matériaux manufacturés sont vendus directement aux utilisateurs industriels, dont les commandes sont souvent passées un an d'avance, et même davantage. Le prix et le service à la clientèle sont les considérations de marketing majeures, et la marque et la publicité s'avèrent relativement moins importantes.

Les biens d'équipement

Ce sont des biens qui entrent en partie dans la fabrication du produit fini. Ils comprennent deux catégories : les installations et l'équipement accessoire.

Les **installations** se composent des **bâtiments** (les usines et les bureaux) et de l'**équipement fixe** (les génératrices, les machines-outils, les ordinateurs, les ascenseurs, etc.). Les installations constituent des achats majeurs. Elles sont généralement achetées directement au fabricant à la suite d'une négociation parfois longue. Le fabricant utilise une force de vente spécialisée de premier niveau, qui comprend souvent des ingénieurs. Il doit accepter de procéder à la fabrication selon les spécifications du client et assurer un service après-vente. On recourt à la publicité, mais de façon beaucoup moins importante que dans la vente directe au consommateur.

L'**équipement accessoire** comprend le **matériel mobile de l'usine** et les **outils** (chariots élévateurs, perceuses, etc.), ainsi que l'**équipement de bureau** (bureaux, ordinateurs personnels, photocopieurs, etc.). Ces types d'équipement ne sont pas incorporés dans le produit fini, mais ils en facilitent la fabrication. Ils ont une durée de vie plus courte que celle des installations de base, mais plus longue que celle des fournitures. Quoique certains fabricants fassent la vente directement, le plus souvent ils ont recours à des intermédiaires à cause de la dispersion géographique des marchés, du petit nombre d'acheteurs et du petit volume de leurs commandes. La qualité, les caractéristiques, le prix et le service après-vente sont des considérations majeures dans le choix du fournisseur. La force de vente est plus importante que la publicité, quoique cette dernière puisse servir fréquemment.

Les fournitures et les services

Ce sont des produits qui n'entrent nullement dans la fabrication du produit.

Il existe deux types de fournitures : les **fournitures d'exploitation** (lubrifiants, papier à lettres, stylos, etc.) et les **fournitures d'entretien et de réparation** (ampoules, clous, balais, etc.). Les fournitures sont l'équivalent, pour les biens industriels, des produits d'achat courant pour les biens de consommation. Elles sont généralement achetées avec un minimum d'effort sur la base du simple réachat. Elles sont normalement mises sur le marché par des intermédiaires à cause du grand nombre de clients, de la dispersion géographique et de la faible valeur unitaire de ces produits. Le prix et le service sont des considérations importantes, puisque les fournisseurs sont assez équivalents et que la préférence pour la marque est plutôt faible.

Les **services** à l'entreprise comprennent les **services d'entretien et de réparation** (nettoyage de planchers, réparation de photocopieurs, etc.) et les **services professionnels** (comptables, avocats, ingénieurs-conseils, publicitaires, etc.). Les services d'entretien sont le plus souvent fournis par de petits entrepreneurs et les services de réparation, par le fabricant de l'équipement d'origine. Les services professionnels sont tantôt une situation de nouvel achat, tantôt une situation de réachat, et le choix du prestataire se fait en fonction de la réputation de l'entreprise et de son personnel[6].

Dans les sections suivantes, nous verrons les décisions relatives à l'assortiment de produits, aux gammes de produits et aux marques.

15.2
LES DÉCISIONS PORTANT SUR LE MIX DE PRODUITS

Considérons tout d'abord les décisions portant sur le mix de produits.

> Un mix (ou assortiment) de produits est l'ensemble des gammes de produits et d'articles qu'un vendeur désire vendre aux acheteurs.

Par exemple, le mix de produits de Kodak consiste en deux grandes gammes de produits : des produits de l'information et des produits de l'image. L'assortiment de produits de NEC consiste en des produits de communication et en des produits informatiques.

Un assortiment de produits se caractérise par sa largeur, sa longueur, sa profondeur et sa cohérence. Ces concepts sont illustrés au tableau 15.1 pour certains produits de Procter & Gamble.

Par **largeur** du mix de produits, on entend le nombre de gammes de produits mis en vente par une entreprise. Le tableau 15.1 présente un mix de produits d'une largeur de 5 gammes. (En fait, Procter & Gamble possède plusieurs autres gammes : soins des cheveux, soins de santé, hygiène, boissons, produits alimentaires, etc.)

La **longueur** du mix de produits désigne le nombre total d'articles dans l'assortiment. Par exemple, au tableau 15.1, on en compte 25. On peut aussi parler de la longueur moyenne d'une gamme. On obtient cette longueur moyenne en divisant la longueur totale, ici 25, par le nombre de gammes, ici 5, ce qui donne une longueur moyenne de gamme de 5.

TABLEAU 15.1
Largeur et profondeur du mix de produits de Procter & Gamble

Largeur du mix de produits				
Détergents	Pâtes dentifrices	Pains de savon	Couches jetables	Mouchoirs de papier
Oxydol (1914)	Gleem (1952)	Ivory (1879)	Pampers (1961)	Charmin (1928)
Ivory Neige (1930)	Crest (1955)	Kirk's (1885)	Luvs (1976)	White Cloud (1958)
Dreft (1933)		Lava (1893)		Banner (1982)
Tide (1946)		Camay (1926)		Summit 1100's (1992)
Cheer (1950)		Zest (1952)		
Dash (1954)		Safeguard (1963)		
Bold (1965)		Coast (1974)		
Gain (1966)		Oil of Olay (1993)		
Era (1972)				

La **profondeur** du mix de produits de Procter & Gamble se définit par le nombre d'articles ou de variantes de chaque produit de la gamme. Ainsi, si Crest est offert en trois formats et deux formules (menthe et ordinaire), alors Crest a une profondeur de 6. En comptant le nombre d'articles dans chaque marque, on peut obtenir la profondeur moyenne du mix de produits de Procter & Gamble.

La **cohérence** du mix de produits désigne l'intégration des diverses gammes de produits quant à l'utilisation finale, aux exigences de la production, aux canaux de distribution ou à toute autre variable. Les produits de Procter & Gamble sont cohérents, car ce sont des biens de consommation qui utilisent les mêmes canaux de distribution. Ses gammes sont moins cohérentes parce qu'elles remplissent des fonctions différentes pour les acheteurs.

Ces quatre aspects du mix de produits fournissent à l'entreprise les bases de l'élaboration de sa stratégie de produits. L'extension de l'entreprise peut se faire de quatre façons. Elle peut ajouter des gammes de produits, augmentant ainsi la largeur de son assortiment de produits. Elle peut accroître la longueur de chaque gamme de produits. Elle peut aussi ajouter des variantes ou des articles pour accroître la profondeur de son mix de produits. Elle peut enfin chercher à augmenter ou à diminuer la cohérence de son assortiment selon qu'elle souhaite acquérir une réputation hors pair dans un seul domaine ou qu'elle désire s'implanter dans plusieurs domaines.

La responsabilité de la planification du mix de produits appartient surtout aux responsables de la planification stratégique de l'entreprise. Ces derniers doivent évaluer, à partir de l'information fournie par les spécialistes du marketing, les gammes à développer, à entretenir, à récolter ou à abandonner (voir le chapitre 3).

15.3
LA GESTION DES GAMMES DE PRODUITS

Un mix (ou assortiment) de produits se compose de plusieurs gammes de produits.

Une gamme de produits est un ensemble de produits étroitement liés entre eux parce qu'ils remplissent un rôle semblable, sont distribués par les mêmes canaux et sont vendus aux mêmes groupes de clients dans les mêmes zones de prix.

Chaque gamme de produits a généralement son propre directeur. Dans la division des appareils ménagers de General Electric, il y a des directeurs de gammes de produits pour les réfrigérateurs, les cuisinières, les laveuses, les sécheuses et d'autres appareils. De la même façon, on trouve dans les universités des doyens pour les facultés ou écoles de médecine, de génie, de droit, d'administration, des arts, des lettres, etc.

15.3.1
L'analyse de la gamme

Les directeurs de gammes de produits ont besoin de renseignements de deux types. Ils doivent d'abord connaître les ventes et les profits de chaque article de la gamme. Ils doivent ensuite savoir comment leur gamme de produits se compare avec celles de la concurrence.

Les ventes et les profits de la gamme

Le directeur d'une gamme de produits doit connaître le pourcentage des ventes totales et la contribution aux profits de chaque article de la gamme. On trouvera à la figure 15.3 l'exemple d'une gamme de produits de cinq articles.

Le premier article compte pour 50 % des ventes totales et pour 30 % des profits totaux. Les deux premiers articles représentent ensemble 80 % des ventes totales et 60 % des profits totaux. Si ces deux articles faisaient l'objet d'une attaque menée par un concurrent, les ventes et les profits de la gamme pourraient s'écrouler. Une forte concentration des ventes sur quelques articles rend une gamme vulnérable ; les articles doivent être suivis de près et protégés.

Quant au dernier article, il ne représente que 5 % des ventes et 5 % des profits. Le directeur de la gamme pourrait alors se demander s'il doit conserver cet article, qui contribue peu à la gamme.

Le positionnement de la gamme

Le directeur de la gamme de produits doit également étudier le positionnement de sa gamme par rapport à

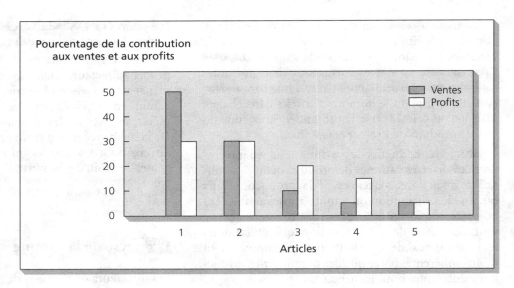

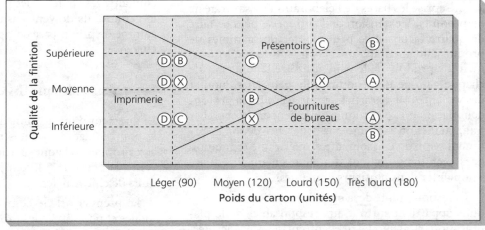

Source : Benson P. Shapiro, *Industrial Product Policy : Managing the Existing Product Line*, Cambridge, Mass., Marketing Science Institute, 1977, p. 101.

celles des concurrents. Prenons l'exemple d'un fabricant de carton. Les deux plus importants attributs des produits de ce type sont le poids du carton et la qualité de la finition. Le poids est normalement offert en quatre gabarits standard (90, 120, 150 et 180 unités) et la qualité, en trois degrés standard (inférieure, moyenne, supérieure). Sur la carte de positionnement de la figure 15.4[7], on trouvera la position des divers articles de la gamme de l'entreprise X et la position des articles de ses concurrents. Le concurrent A vend deux produits lourds ayant une qualité moyenne et inférieure. Le concurrent B vend quatre produits de poids et de qualités variés. Le concurrent

C vend trois produits dont le poids et la qualité sont proportionnels. Le concurrent D offre trois articles de carton léger de diverses qualités. Enfin, l'entreprise X, qui nous intéresse, offre trois articles de poids et de qualités variés.

Une carte de positionnement est fort utile pour analyser les gammes et élaborer des stratégies de marketing. Lorsque la position de chacune des gammes concurrentes est tracée sur une carte, cela permet aux cadres de l'entreprise X de repérer visuellement les articles des concurrents qui rivalisent avec les leurs. Par exemple, le carton léger de qualité moyenne de l'entreprise X est en concurrence avec un carton du concurrent D. Par contre, son carton de poids moyen et de qualité inférieure n'a pas réellement de concurrent. La carte révèle également des positionnements possibles pour de nouveaux produits. Par exemple, aucun fabricant n'offre un carton lourd de qualité inférieure. Si l'entreprise X estime qu'il existe une forte demande pour un tel carton et si elle peut le produire à un prix acceptable, elle devrait envisager l'ajout de cet article à sa gamme.

Un autre avantage de la carte de positionnement est qu'elle facilite le dépistage des segments de marché. La figure 15.4 indique quels types de papier, selon le poids et la qualité, sont préférés dans les industries de l'imprimerie, des présentoirs et des fournitures de bureau. Elle révèle que l'entreprise X est bien positionnée pour répondre aux besoins de l'imprimerie, mais qu'elle est moins bien placée pour servir les deux autres industries; elle devrait donc envisager de repositionner ses produits actuels ou d'en lancer de nouveaux.

15.3.2
La longueur de la gamme de produits

Un problème auquel font face les directeurs des gammes de produits est celui de la longueur optimale de la gamme. Une gamme est trop courte si le directeur peut accroître ses profits en y ajoutant des articles; elle est trop longue s'il peut accroître ses profits en abandonnant des articles.

La question de la longueur optimale de la gamme dépend des objectifs de l'entreprise. Les entreprises qui souhaitent une croissance et une part de marché élevées seront moins dérangées si certains articles ne contribuent pas aux profits. Par contre, les entreprises qui recherchent une rentabilité élevée auront une gamme de produits plus courte constituée de « gagnants ».

Les gammes de produits ont tendance à s'allonger au fil des années. Une capacité de production excédentaire exerce une pression sur le directeur de la gamme pour qu'il développe de nouveaux articles. La force de vente et le service de la distribution insistent aussi pour obtenir une gamme plus complète afin de mieux satisfaire les clients. Ainsi, le directeur de la gamme ajoutera des articles pour accroître les ventes et les profits.

Mais à mesure que des articles sont ajoutés, plusieurs coûts augmentent: les coûts de design et d'ingénierie, de stock, de production, de commande, de transport et de promotion du nouvel article. Finalement, quelqu'un mettra un frein à la multiplication excessive des produits. La direction générale peut stopper la croissance parce qu'il n'y a plus suffisamment de fonds ou parce que la capacité de production a atteint ses limites. Le contrôleur peut contester la prétendue rentabilité et exiger une étude. Cette étude révélera probablement qu'un certain nombre d'articles occasionnent des pertes. On abandonnera ces articles en vue de redresser énergiquement la situation. Ce cycle de croissance effrénée de la gamme suivie d'un élagage important se répétera plusieurs fois.

Une entreprise peut allonger sa gamme de produits de deux façons: par l'extension de la gamme ou par l'ajout d'articles à la gamme.

Les décisions d'extension de la gamme

Chaque gamme de produits d'une entreprise couvre seulement une partie de toutes les possibilités. Par exemple, les voitures BMW correspondent à un éventail de prix relativement élevé du marché de l'automobile. L'**extension de la gamme** consiste à porter la gamme actuelle d'une entreprise au-delà de son étendue actuelle. Une entreprise peut étendre sa gamme de trois façons: vers le bas, vers le haut et dans les deux directions.

L'extension vers le bas

Plusieurs entreprises commencent par le haut du marché puis s'étendent vers le bas.

Les chocolats Godiva, vendus dans des boîtes de couleur or, ont toujours été considérés comme un produit de luxe. Par contre, après que ce chocolatier eut prospéré dans les années 80, l'entreprise éprouva des difficultés dans les années 90, à cause d'une récession qui nuisit sérieusement aux ventes des produits de luxe comme le chocolat, qui se vendait 4 $ l'unité. Au milieu des années 90, Godiva entreprit une extension vers le bas et un changement majeur du style de ses magasins; elle remplaça la laque noire et le marbre rose, qui intimidaient les clients, par des planchers de bois blanchi plus chauds et des présentoirs pour les morceaux de chocolat, qui n'étaient plus enfermés dans une vitrine. Dans les nouveaux magasins, les clients pouvaient se servir eux-mêmes, les prix étant affichés sur des listes où on pouvait trouver une nouvelle gamme de chocolats Godiva qui se détaillaient au prix relativement bas de 0,70 $ l'unité[8].

Souvent, les entreprises ajoutent des modèles bas de gamme afin de pouvoir rendre public le fait que leurs prix peuvent être aussi faibles que ceux des concurrents. Ainsi, Sears propose des modèles de climatiseurs à partir de 399 $, et Chevrolet a lancé un modèle d'auto à un prix aussi bas que 10 999 $. Ces modèles promotionnels ou « accrocheurs » ont pour but d'attirer les clients au moyen des bas prix. Après avoir vu de meilleurs modèles que celui qui est offert à prix modique, les clients achètent souvent des modèles plus chers. Cette stratégie doit cependant être utilisée avec précaution. La marque « promotionnelle », même s'il s'agit d'une version bas de gamme, doit témoigner de l'image de qualité de la marque. Le vendeur doit aussi stocker suffisamment de modèles promotionnels lorsqu'il les annonce, afin de ne pas être accusé de publicité mensongère.

Une stratégie d'extension vers le bas est souhaitable lorsque l'entreprise :

- est attaquée dans la partie supérieure de sa gamme et décide de contre-attaquer par une invasion de produits bas de gamme ;

- trouve que la croissance des produits haut de gamme est au ralenti ;

- était, à l'origine, sur le marché haut de gamme afin d'établir une image de qualité, avec l'intention de s'étendre vers le marché de grande consommation ;

- complète sa gamme vers le bas pour empêcher la concurrence de mettre le pied dans un créneau.

Une stratégie d'extension vers le bas présente cependant certains risques. Le nouvel article bas de gamme peut entraîner la « cannibalisation » d'articles haut de gamme, ce qui engendrera une situation encore pire pour l'entreprise. En voici un exemple :

La division des systèmes médicaux de General Electric est le leader sur le marché des scanners, appareils de radiodiagnostic utilisés dans les hôpitaux et coûtant très cher. GE apprit qu'un concurrent japonais s'apprêtait à attaquer ce marché. Elle supposa que l'appareil japonais serait plus petit, utiliserait davantage l'électronique et coûterait moins cher. La meilleure défense pour GE consistait à introduire un appareil équivalent avant que les Japonais entrent sur le marché avec le leur. Toutefois, certains cadres

supérieurs de GE craignaient que ce modèle à bas prix ne nuise aux ventes du modèle haut de gamme, dont la marge bénéficiaire était plus élevée. Un des cadres régla le problème en posant la question suivante : « Ne sommes-nous pas mieux de nous cannibaliser nous-mêmes que de laisser les Japonais le faire ? »

Ou encore, l'introduction d'un article bas de gamme peut inciter les concurrents à contre-attaquer avec un article haut de gamme. Il est possible également que les vendeurs de l'entreprise ne veuillent pas vendre des articles bas de gamme ou n'en soient pas capables du fait que ces articles sont moins rentables ou ternissent leur image. Ainsi, les distributeurs de Harley-Davidson délaissèrent les motocyclettes de format réduit que l'entreprise avait conçues pour concurrencer les Japonais.

Plusieurs entreprises américaines ont commis l'erreur de négliger de combler les écarts dans le bas de leurs gammes. General Motors et Xerox résistèrent longtemps avant de construire de plus petits modèles. Les entreprises japonaises avaient décelé une ouverture béante sur le marché et n'hésitèrent pas à s'y engouffrer.

L'extension vers le haut

Les entreprises qui fabriquent des produits bas de gamme peuvent envisager d'entrer sur le marché haut de gamme dans certaines conditions. Elles peuvent être attirées par un taux de croissance plus rapide, par des marges plus élevées ou tout simplement par la possibilité de se repositionner comme un fabricant possédant une gamme complète. Par exemple, deux entreprises de cosmétiques, Avon et Mary Kay, qui vendaient depuis des années des produits milieu de gamme par l'intermédiaire de réseaux de vente directe, se sont attaquées à un marché plus haut de gamme avec de nouveaux produits et une publicité ciblant les consommatrices qui fréquentent les grands magasins. Avon a lancé son parfum *Natori* en 1995, en collaboration avec le designer de lingerie haut de gamme Josie Natori. Natori a ainsi permis à Avon d'améliorer son image dans les parfums, une catégorie de produits où la majeure partie de son offre était destinée, avec des prix plus bas, à un marché de grande consommation. Mary Kay compte sur un nouveau produit de soins de la peau pour amener des consommatrices qui achètent leurs cosmétiques dans les grands magasins à choisir ses produits. Tout comme Avon, Mary Kay annonce maintenant, pour la première fois, dans le magazine de mode haut de gamme *Vogue*.

L'extension vers le haut comporte aussi des risques. Non seulement les entreprises déjà à l'œuvre sur le marché haut de gamme peuvent y être bien établies, mais elles peuvent également contre-attaquer sur le marché bas de gamme. De même, il se peut que les clients potentiels ne croient pas que le nouveau venu fabrique des produits de qualité. Ou encore, les vendeurs et les distributeurs de l'entreprise ne possèdent peut-être pas la compétence ou la formation requises pour servir le marché haut de gamme. Toyota et Nissan prirent soin d'éviter ce problème lorsqu'elles introduisirent leur première automobile de luxe, la Lexus et l'Infiniti. Ces deux entreprises mirent sur pied des programmes pour s'assurer que les personnes chargées de vendre ces produits connaissaient les besoins des consommateurs du marché des autos de luxe. Elles donnèrent aussi beaucoup de liberté à leurs propres concessionnaires pour faire ce qui était nécessaire pour garantir la satisfaction des acheteurs. Les résultats furent remarquables : la Lexus obtient les notes les plus élevées chaque année depuis 1992 dans le sondage portant sur la satisfaction des clients réalisé par la firme indépendante J.D. Power & Associés.

L'extension dans les deux directions

Les entreprises positionnées dans le milieu de gamme peuvent décider de faire une extension dans les deux directions. La stratégie de Texas Instruments sur le marché des calculatrices de poche est un bon exemple de stratégie d'extension dans les deux directions. Avant que Texas Instruments pénètre ce marché, celui-ci était surtout dominé par Bowmar dans les articles bas de gamme (prix faible et qualité faible) et Hewlett Packard sur le marché haut de gamme (prix élevé et qualité élevée). Texas Instruments introduisit d'abord ses premières calculatrices sur le marché milieu de gamme (prix moyen et qualité moyenne), puis graduellement aux deux extrémités de ce continuum. Elle offrit de meilleures calculatrices que celles de Bowman à un prix équivalent ou même inférieur, ce qui entraîna finalement la chute de cette dernière. De plus, elle conçut des calculatrices de qualité élevée à un prix moindre que celui des calculatrices de Hewlett Packard, lui arrachant ainsi une bonne part du marché haut de gamme. Cette extension dans les deux directions lui permit rapidement de prendre le leadership du marché des calculatrices de poche.

La chaîne d'hôtels Marriott a aussi opéré une extension de sa gamme de produits dans les deux directions (voir la figure 15.5). À sa série initiale d'hôtels haut de gamme, elle a ajouté les hôtels Marriott Marquis pour répondre aux besoins du marché très haut de gamme, les hôtels Courtyard pour répondre aux besoins du marché milieu de gamme et enfin des hôtels à prix modique pour servir les voyageurs plus soucieux d'économie. Chaque chaîne cible un marché précis. La chaîne Marriott Marquis cible la

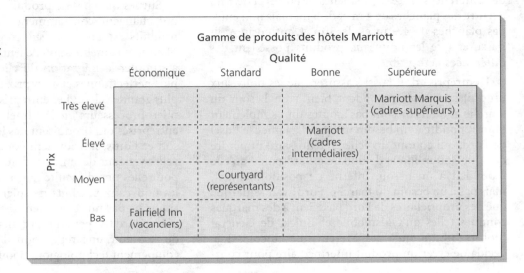

FIGURE 15.5
L'extension dans les deux directions : le prix des hôtels Marriott

direction générale, Marriott les cadres intermédiaires, Courtyard les représentants et Fairfield Inn les vacanciers et les ménages à revenu modeste. Le principal danger de cette stratégie est que certains voyageurs se contentent d'un hôtel de gamme inférieure lorsqu'ils constatent que les hôtels à prix modique de Marriott offrent à peu près tout ce qu'ils désirent. Il est néanmoins préférable pour Marriott de conserver les clients qui souhaitent aller dans des hôtels de gamme inférieure que de les perdre aux mains des concurrents.

Les décisions d'ajout à la gamme

Il est aussi possible d'allonger une gamme de produits en y ajoutant des articles. On peut viser plusieurs objectifs en ajoutant des articles à une gamme existante : augmenter la contribution aux profits, tenter de satisfaire des distributeurs qui se plaignent qu'une gamme incomplète leur fasse perdre des ventes, essayer d'utiliser la capacité de production excédentaire, tâcher d'être le leader de l'industrie avec une gamme complète et tenter d'empêcher des concurrents d'entrer sur le marché.

Lorsque cette stratégie est trop poussée, elle risque de mener à la cannibalisation et de semer la confusion dans l'esprit de la clientèle. L'entreprise doit s'efforcer d'amener les consommateurs à différencier chaque article ; ainsi, **chaque produit doit posséder une différence perceptible**, car selon la loi de Weber les clients sont plus sensibles aux différences relatives qu'aux différences absolues[9]. Les consommateurs perçoivent des différences entre des planches de 60 cm et de 1 m, et entre des planches de 4 m et de 5 m, mais non entre des planches de 4,9 m et de 5 m. L'entreprise doit s'assurer que les nouveaux produits possèdent des différences perceptibles.

L'entreprise doit aussi s'assurer que les nouveaux produits proposés répondent bien à un besoin du marché et qu'ils ne sont pas ajoutés tout simplement pour répondre à un besoin interne. La fameuse Edsel de Ford, qui connut un échec retentissant, fit perdre quelque 450 millions de dollars à Ford parce qu'elle répondait à un besoin interne de positionnement, mais pas à un besoin du marché. Ford avait remarqué que des propriétaires de Ford passaient à des marques connues telles qu'Oldsmobile et Buick, de General Motors, plutôt qu'à ses Mercury et Lincoln. Elle décida de créer un produit intermédiaire pour com-

pléter sa gamme, l'Edsel. Or, l'Edsel ne répondait pas réellement à un besoin du marché parce que d'autres modèles similaires étaient déjà en vente et que, surtout, les consommateurs commençaient à se tourner vers de petites voitures.

Lorsque le responsable d'une gamme de produits décide d'ajouter à la gamme établie un autre produit à un prix donné, la tâche de la conception de ce produit est confiée aux ingénieurs. Or, c'est le prix de vente visé, plus que le design, qui dictera la conception du produit.

15.3.3
Les décisions de modernisation

Même lorsque la longueur de la gamme est suffisante, il est quelquefois nécessaire de mettre la gamme à jour. Par exemple, les machines-outils d'une entreprise peuvent avoir une apparence des années 80, et on peut leur préférer les machines-outils d'apparence plus moderne des concurrents.

Une entreprise peut alors agir de deux manières : faire une mise à jour produit par produit ou modifier l'ensemble de la gamme d'un coup. Une démarche graduelle permet à l'entreprise de se faire une meilleure idée de la façon dont les clients et les distributeurs réagissent au nouveau style. Cette démarche est aussi moins gênante pour le fonds de roulement. Son principal désavantage est de dévoiler les changements aux concurrents, avec le risque que ces derniers commencent à modifier leur gamme en conséquence.

Sur les marchés de produits de haute technologie qui changent constamment, la modernisation des produits est un processus continu. Les entreprises planifient l'amélioration de leurs produits de manière à stimuler la **migration du client** vers des produits plus perfectionnés et à un prix plus élevé offrant une plus grande valeur. Les entreprises qui produisent des microprocesseurs, telles Intel et Motorola, et les entreprises qui produisent des logiciels, telles Microsoft et Lotus, introduisent continuellement de nouvelles versions de leurs produits. Le synchronisme est pour elles une difficulté majeure ; il faut en effet que les nouveaux produits ne soient pas lancés trop tôt (pour ne pas nuire aux ventes de la gamme actuelle) ni trop tard (de peur que la concurrence n'ait le temps de se valoir une réputation d'excellence pour son équipement technologique à jour).

15.3.4
Les décisions de mise en vedette de produits

Généralement, le directeur de la gamme de produits choisit un ou quelques produits qui seront mis en vedette. Parfois, le responsable met en vedette des articles promotionnels à bas prix pour accroître la fréquentation. Ainsi, Sears annoncera un magnétoscope à un prix très bas pour attirer les clients. De même, plusieurs constructeurs d'automobiles offrent des modèles économiques, contrastant avec les modèles haut de gamme qui se vendent trois, quatre ou cinq fois plus cher, afin d'attirer les clients chez le concessionnaire. Même Rolls-Royce offre un modèle économique à 197 000 $, comparativement à son modèle haut de gamme qui se vend 438 000 $, pour attirer de nouveaux clients.

À d'autres moments, on mettra en vedette un produit haut de gamme pour donner du prestige à toute la gamme. Ainsi, Stetson fait la promotion d'un chapeau pour hommes qui se vend 200 $, que peu d'hommes achètent, mais qui joue le rôle de « vaisseau amiral » ou de « joyau de la couronne » pour rehausser toute la gamme.

Quelquefois, une entreprise se rend compte qu'une partie de la gamme se vend mieux qu'une autre. Elle peut alors tenter d'activer la demande pour des produits qui se vendent le moins, surtout s'ils sont fabriqués dans une usine qui tourne au ralenti à cause d'un manque de demande. C'est la situation à laquelle dut faire face Honeywell quand ses ordinateurs de puissance moyenne ne se vendirent plus aussi bien que ses gros ordinateurs. Cependant, les choses ne sont pas si simples. On peut facilement soutenir que l'entreprise devrait faire la promotion des produits qui se vendent bien plutôt que d'essayer de mousser la demande des produits qui se vendent peu.

15.3.5
Les décisions d'élagage

Le directeur de la gamme de produits doit revoir périodiquement ses produits afin d'évaluer si certains doivent être élagués. Il y a deux raisons de procéder à l'élagage. La première est que certains produits sont des poids morts qui abaissent les profits. On peut détecter ces produits ou articles faibles grâce à l'analyse des coûts et des ventes. Ainsi, RCA a réduit le nombre de ses modèles de téléviseurs de 69 à 44, et une entreprise de produits chimiques a réduit sa gamme de 217 produits à 93, ne conservant que ceux dont le volume de ventes et le potentiel à long terme étaient les plus élevés et ceux dont la contribution aux profits était la plus importante.

La deuxième raison d'effectuer l'élagage réside dans le manque de capacité de production. Le cadre doit alors donner la priorité à la fabrication des produits dont la marge bénéficiaire est supérieure. Très fréquemment, les entreprises raccourcissent leur gamme quand la demande est forte et la rallongent quand elle est faible.

15.4
LA GESTION DES MARQUES

Lorsqu'une entreprise élabore une stratégie pour des produits individuels, elle fait face à une décision de marque. La marque est un élément majeur de la stratégie de marketing. D'une part, concevoir et lancer une marque exige un important investissement à long terme, surtout dans la publicité, la promotion et le conditionnement. Il est plus facile de fabriquer des produits dont les marques seront élaborées et commercialisées par d'autres. C'est le cas pour de nombreux fabricants taïwanais, qui fabriquent des quantités importantes de vêtements, d'appareils électroniques et d'ordinateurs qui ne sont pas commercialisés sous des noms taïwanais.

D'autre part, ces fabricants finissent par se rendre compte de la puissance des entreprises qui ont un nom de marque. En effet, ces dernières peuvent remplacer leurs sources d'approvisionnement actuelles, les sources taïwanaises par exemple, par d'autres sources moins chères en Malaysia ou ailleurs, puisqu'elles contrôlent la marque. C'est ce qu'ont fait les entreprises japonaises et sud-coréennes. Elles n'ont pas hésité à engager des dépenses importantes en vue de bâtir des noms de marques pour leurs produits telles que Sony, Toyota, Goldstar ou Samsung. Même quand ces entreprises ne peuvent plus se permettre de fabriquer ces produits dans leur propre pays, les noms de marques continuent à promouvoir la fidélité des clients.

15.4.1

Qu'est-ce qu'une marque?

L'habileté la plus caractéristique d'un mercaticien est sans doute celle qui consiste à créer, à maintenir, à protéger et à améliorer les marques. Plusieurs mercaticiens prétendent que la gestion des marques est «l'art et la pierre angulaire du marketing». L'American Marketing Association définit une marque comme suit:

> **Une marque est un nom, un terme, un signe, un symbole ou un dessin, ou encore une combinaison de ceux-ci, qui vise à faire reconnaître les biens et les services d'un vendeur ou d'un groupe de vendeurs et de les différencier de ceux des concurrents.**

Essentiellement, une marque désigne le vendeur ou le fabricant. Il peut s'agir d'un nom, d'une marque de commerce, d'un logo ou de tout autre symbole. Le vendeur obtient alors légalement les droits exclusifs d'utilisation de la marque à perpétuité. Ainsi, les marques se différencient d'autres actifs comme les brevets ou les droits d'auteurs, qui ont une date d'expiration.

Une marque est en fait la promesse que fait un vendeur d'offrir régulièrement un ensemble de caractéristiques, d'avantages et de services aux acheteurs. Les meilleures marques ont une connotation de garantie de qualité. Mais une marque est un symbole encore plus complexe que cela[10]. Elle peut avoir jusqu'à six types de significations:

1. **Les attributs.** Une marque suggère à première vue certains attributs. Ainsi, le nom Mercedes suggère une automobile chère, bien construite, bien conçue, durable, prestigieuse, rapide, offrant une excellente valeur de revente, etc. L'entreprise peut utiliser un ou plusieurs de ces attributs pour la publicité de son automobile. Pendant des années, Mercedes a misé sur la qualité de son ingénierie qui était meilleure que pour toute autre automobile dans le monde. Ce slogan servit de base de positionnement pour mettre en évidence tous les autres attributs de l'automobile.

2. **Les avantages.** Une marque est plus qu'un ensemble d'attributs. Les clients n'achètent pas des attributs: ils achètent des avantages. Les attributs doivent être traduits en avantages fonctionnels ou émotionnels. L'attribut «durable» pourrait être traduit en un avantage fonctionnel: «Je n'aurai pas besoin de m'acheter une nouvelle automobile avant plusieurs années.» L'attribut «cher» peut être traduit en un avantage émotionnel: «L'automobile m'aide à me sentir important.» L'attribut «bien construit» pourrait être traduit en des avantages fonctionnel et émotionnel: «Je suis en sécurité en cas d'accident.»

3. **Les valeurs.** La marque reflète dans une certaine mesure les valeurs du producteur. Ainsi, Mercedes signifie notamment haute performance, sécurité et prestige. Le mercaticien de la marque doit cerner des groupes précis d'acheteurs d'automobiles qui recherchent ces valeurs.

4. **La culture.** La marque peut aussi représenter une certaine culture. La Mercedes peut représenter la culture allemande: elle est organisée, efficace et de qualité supérieure.

5. **La personnalité.** La marque peut projeter une certaine personnalité. Si la marque était une personne, un animal ou un objet, qu'est-ce qui viendrait spontanément à l'esprit? La Mercedes peut suggérer un patron ayant un bon jugement (personne), un lion régnant (animal) ou un palais austère (objet). Parfois, la marque peut prendre la personnalité d'une personne en vue ou d'un porte-parole.

6. **L'utilisateur.** La marque suggère le type de consommateurs qui utilisent le produit. On serait surpris de voir un commis d'épicerie âgé de 20 ans conduire une Mercedes; on s'attendrait plutôt à trouver au volant un cadre supérieur âgé de 55 ans. Les utilisateurs seront plus probablement des gens qui respectent les valeurs, la culture et la personnalité du produit.

Si une entreprise considère qu'une marque est uniquement un nom, elle ne comprend pas réellement ce que signifie une marque. Le défi dans la gestion de la marque est d'élaborer un ensemble de significations profondes pour la marque. Quand le public peut visualiser les six dimensions de la marque que nous venons de voir, on peut dire que cette marque offre de la **profondeur**; autrement, elle est **superficielle**. Mercedes est une marque qui a de la profondeur parce qu'elle a une signification pour chacune des six dimensions de la marque. Une Audi est une marque qui a moins de profondeur parce qu'il est plus difficile de reconnaître ses avantages, sa personnalité et le profil de ses utilisateurs.

Étant donné les six types de significations de la marque, les mercaticiens doivent décider sur quelles dimensions ils veulent ancrer en profondeur l'identité de la marque. Une erreur serait de se limiter à promouvoir les attributs de la marque. Premièrement, un acheteur n'est pas nécessairement intéressé par des attributs de la marque autant que par ses avantages. Deuxièmement, les concurrents peuvent facilement copier les attributs. Troisièmement, les attributs actuels pourraient perdre de la valeur dans le temps, ce qui nuirait à une marque qui serait trop liée à des attributs précis.

Le fait de se limiter à la promotion d'un ou de quelques avantages comporte aussi des risques. Supposons que les mercaticiens de Mercedes proclament que le principal avantage de cette voiture est une « performance supérieure », et que plusieurs marques concurrentes réussissent à atteindre une performance aussi bonne que celle de Mercedes, sinon supérieure à elle. Ou supposons que les acheteurs d'automobiles commencent à accorder moins d'importance à une performance supérieure par rapport à d'autres avantages. Mercedes doit se réserver la liberté de se repositionner face à un nouvel avantage.

Les significations les plus durables d'une marque sont ses valeurs, sa culture et sa personnalité. Elles définissent l'essence même de la marque. Une Mercedes signifie une technologie avancée, une performance supérieure et le succès. Voilà ce que la stratégie de la marque Mercedes doit projeter. Ce serait une erreur de la part de Mercedes de construire une voiture économique portant le nom de Mercedes. Ce faisant, l'entreprise affaiblirait la valeur et la personnalité qu'elle a établies au cours des années.

15.4.2
Le concept de capital de la marque et sa mesure

Les marques possèdent différents pouvoirs et différentes valeurs sur le marché. À un bout du continuum, on trouve les marques qui sont inconnues de la plupart des acheteurs. Puis, il y a celles qui jouissent d'une **notoriété de la marque** relativement élevée chez les acheteurs (notoriété mesurée soit par le rappel ou par la reconnaissance de la marque). Au-delà, il y a des marques qui ont un degré relativement élevé d'**acceptabilité**, en d'autres mots des marques

que la plupart des clients n'hésiteraient pas à acheter. Il y a également les marques qui bénéficient d'un degré élevé de **préférence**. Ce sont les marques qui sont choisies par rapport aux autres. Et, à l'autre bout du continuum, il y a les marques auxquelles est associé un degré élevé de **fidélité**. Tony O'Reilly, le P.-D.G. de H.J. Heinz, propose le test suivant de fidélité à la marque : « Mon test préféré consiste à voir si une ménagère qui avait l'intention d'acheter du ketchup et qui constate que le produit ne se trouve pas dans un magasin se rendra dans un autre magasin pour en acheter ou si elle utilisera à la place une autre marque. »

En pratique, peu de clients sont aussi fidèles à la marque qu'O'Reilly l'espère. Aaker distingue cinq niveaux d'attitudes du client envers la marque, allant du plus faible au plus élevé :

1. Le client changera de marque surtout pour une question de prix ; il n'y a aucune fidélité à la marque.

2. Le client est satisfait de la marque ; il n'y a donc pas de raisons de changer de marque.

3. Le client est satisfait de la marque et il est même prêt à payer plus cher.

4. Le client valorise la marque et la considère un peu comme une amie.

5. Le client est très attaché à la marque.

Le **capital de la marque** est relié étroitement au nombre de clients de la marque qui appartiennent aux catégories 3, 4 ou 5 ci-haut mentionnées. Il est aussi lié, selon Aaker, au degré de notoriété de la marque, de qualité perçue de la marque, aux associations mentales ou émotionnelles fortes et à d'autres actifs tels que les brevets, les marques de commerce et les relations dans les circuits[11].

Certaines entreprises ont choisi comme stratégie de croissance d'acquérir et de bâtir de riches portefeuilles de marques. La compagnie Grand Metropolitan a acquis les marques Pillsbury, Géant Vert, Häagen-Dazs et Burger King. Nestlé a acquis Rowntree (Grande-Bretagne), Carnation (États-Unis), Stouffer (États-Unis), Buitoni-Perugina (Italie) et Perrier (France), ce qui en fait la plus grande entreprise de l'industrie alimentaire du monde. En fait, Nestlé a payé 6,1 milliards de dollars pour l'acquisition de Rowntree, soit cinq fois la valeur comptable. Ces entreprises n'inscrivent pas le capital de la marque dans leur bilan à cause de l'estimation relativement arbitraire de cet élément. (Par exemple, une mesure de la valeur du capital d'une marque est le prix supplémentaire que la marque peut exiger, multiplié par le volume supplémentaire de ventes qu'elle peut obtenir par rapport à une marque moyenne[12].)

Les 10 marques ayant le plus de valeur dans le monde entier selon un sondage effectué en 1994 par le *Financial World* sur la valeur des marques sont, par ordre décroissant, Coca-Cola, Marlboro, Nescafé, Kodak, Microsoft, Budweiser, Kellogg's, Motorola, Gillette et Bacardi. Selon ce sondage, la valeur du capital de la marque de Coca-Cola était de 48 milliards de dollars, celle de Marlboro, de 44 milliards et celle de Nescafé, de 15,3 milliards[13].

Un capital de la marque élevé offre plusieurs avantages concurrentiels :

- L'entreprise devra engager moins de frais de marketing à cause du niveau élevé de notoriété et de fidélité des consommateurs.

- L'entreprise aura un levier plus puissant pour négocier avec les intermédiaires et les détaillants, puisque les consommateurs s'attendent à ce qu'ils offrent la marque.

- L'entreprise peut demander un prix plus élevé que celui des concurrents parce que la qualité perçue de la marque est plus élevée.

- L'entreprise peut plus facilement faire des extensions de la marque, puisqu'au nom de la marque est attachée une forte crédibilité.

- La marque est en soi une défense contre la concurrence féroce basée sur les prix.

Le nom de la marque doit être géré avec soin de façon que le capital de la marque ne se déprécie pas. Cela implique de maintenir et d'améliorer dans le temps la notoriété de la marque, la qualité et l'utilité perçues de la marque, les associations positives avec la marque, etc. Ces tâches exigent des investissements continus en R et D, une publicité habile et un excellent service aux intermédiaires et aux consommateurs. Certaines entreprises telles que Canada Dry et Colgate-Palmolive ont nommé des directeurs du capital de la marque pour sauvegarder l'image de la marque, les associations avec celle-ci et la qualité de la marque — surtout lorsque le nom de la marque est utilisé pour d'autres produits —, et pour contrer certaines activités tactiques à court terme de directeurs de la marque trop zélés qui pourraient nuire à la marque.

Procter & Gamble croit que les marques bien gérées ne sont pas sujettes au cycle de vie de la marque. Plusieurs leaders chez les marques qui ont plus de 70 ans sont toujours des leaders ; c'est le cas pour Kodak, Wrigley, Gillette, Coca-Cola, Heinz et les soupes Campbell.

Certains analystes croient que les marques durent plus longtemps que les produits spécifiques des entreprises. Ils sont d'avis que les marques sont les actifs les plus importants et les plus durables d'une entreprise. Toute marque puissante correspond en fait à un ensemble de clients fidèles. Par conséquent, l'actif fondamental sous-jacent au capital de la marque est le **capital de la clientèle**. Cela suggère que l'effort premier de la planification du marketing est d'allonger le plus possible la valeur à vie de la fidélité du client, en utilisant la gestion de la marque comme principal outil de marketing.

Malheureusement, plusieurs entreprises ont mal géré leurs actifs les plus importants, à savoir leurs marques, parce qu'elles n'ont pas fait les efforts nécessaires pour gérer le capital de la marque. Selon une étude de la firme Kuczmarski et Associés, parmi un grand nombre d'entreprises faisant partie de plusieurs industries, seulement 43 % des entreprises ont indiqué qu'elles tâchaient de mesurer le capital de la marque. Et pendant que 72 % des entreprises avaient suffisamment confiance dans le capital de leur marque pour estimer que celle-ci pourrait durer deux ans sans recevoir aucun appui financier, plus des deux tiers des participants au sondage n'avaient aucune stratégie formelle à long terme pour leurs marques[14].

15.4.3
Les défis des marques

La gestion des marques pose plusieurs défis aux mercaticiens. Les principales décisions sont présentées à la figure 15.6 et commentées ci-dessous.

Les décisions concernant la marque

En matière de marque, l'entreprise doit prendre la décision fondamentale consistant à déterminer si elle apposera un nom de marque à un produit donné. Dans le passé, la plupart des produits n'avaient pas de

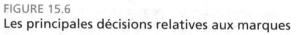

FIGURE 15.6
Les principales décisions relatives aux marques

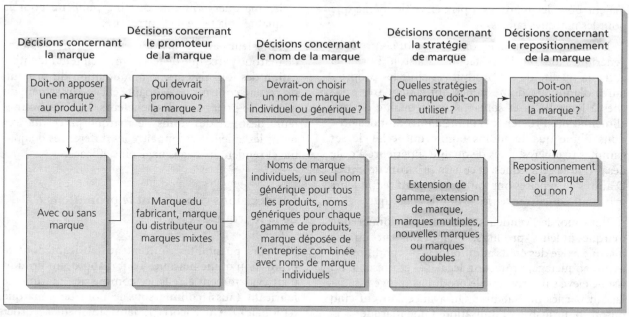

marque. Les producteurs et les intermédiaires vendaient leurs marchandises à même les barils, les boîtes ou les caisses, qui ne portaient pas le nom du fournisseur. Les acheteurs dépendaient de l'intégrité des vendeurs. Les premières pratiques d'attribution d'une marque remontent au temps des guildes médiévales, qui exigeaient que les artisans apposent leur marque sur les produits pour se protéger eux-mêmes et pour protéger les consommateurs contre les produits de mauvaise qualité. L'attribution d'une marque est aussi courante dans les milieux artistiques; les artistes signent depuis longtemps leurs œuvres.

De nos jours, la puissance de l'attribution d'une marque est si reconnue qu'il n'y a guère de produits qui en sont dépourvus. Même le sel est emballé dans des contenants propres aux fabricants; les oranges, les pamplemousses et les bananes sont marqués du nom des producteurs agricoles; les boulons et les écrous ordinaires sont vendus dans des sacs en plastique portant le nom du distributeur; les pièces d'automobiles (bougies, pneus, filtres) ont des noms de marque différents de ceux des constructeurs d'automobiles.

Dans certains cas, on a observé un retour à des produits sans marque pour certains produits de consommation et certains produits pharmaceutiques de base. Ainsi, les célèbres hypermarchés français Carrefour ont lancé dès 1976 une cinquantaine de produits sans marque, aussi appelés «produits génériques» (voir le chapitre 19). Plusieurs chaînes canadiennes ont fait de même quelques années plus tard. Les **produits génériques** sont des produits banalisés par les consommateurs, comme le papier hygiénique, les pâtes alimentaires ou les essuie-tout. Ces produits qui ne portent pas de marque sont des versions moins chères de produits commercialement achetés dans les supermarchés. Ils offrent une qualité quelque peu inférieure, à des prix inférieurs de 20 % à 40 % à ceux des marques nationales et inférieurs de 10 % à 20 % à ceux des marques de distributeur. Le prix moindre est rendu possible par la moindre qualité des ingrédients et par les économies réalisées sur l'étiquetage, sur le conditionnement et sur la publicité. Les produits génériques sont néanmoins assez satisfaisants pour que 70 % des consommateurs qui en ont acheté désirent en acheter de nouveau. Les produits génériques fabriqués dans les industries de produits alimentaires, ménagers et pharmaceutiques présentent un défi majeur pour les marques à prix élevé de même que pour les marques faibles.

Les marques nationales ont combattu les produits génériques de plusieurs façons. Ralston Purina a accru la qualité de ses produits et ciblé les propriétaires d'animaux domestiques qui étaient très attachés à leurs bêtes et soucieux de la qualité de leur alimentation. Procter & Gamble a introduit des produits d'une qualité moins bonne que celle de ses gammes régulières, mais de qualité supérieure à celle des produits génériques, et ce à un prix concurrentiel. D'autres entreprises ont tout simplement réduit leurs prix pour concurrencer les produits génériques[15].

Pourquoi les vendeurs préfèrent-ils donner une marque à leurs produits, quand on sait qu'une marque exige des coûts additionnels — conditionnement, étiquetage, protection légale — et présente un risque élevé s'il arrive que le produit soit jugé insatisfaisant par les utilisateurs? On avance souvent cinq raisons pour justifier l'utilisation d'une marque :

1. Un nom de marque simplifie le traitement des commandes et le repérage des produits. Ainsi, il est plus facile pour la société John Labatt de recevoir une commande de 100 caisses de Classique qu'une commande d'une centaine de caisses de « votre meilleure bière ». En outre, le vendeur a plus de facilité à retourner une commande expédiée à un mauvais destinataire ou à découvrir pourquoi telle bière est devenue rance, comme le signalent les plaintes de certains clients.

2. Un nom de marque et une marque déposée protègent légalement les caractéristiques uniques du produit, qui autrement pourraient être imitées par les concurrents.

3. Une marque permet au vendeur de fidéliser un groupe de clients qui peuvent être très rentables. La fidélité à la marque confère au vendeur une certaine protection contre la concurrence et un meilleur contrôle sur la planification du marketing mix.

4. L'attribution d'une marque permet au vendeur de mieux segmenter le marché. Plutôt que de n'offrir qu'un détergent, Procter & Gamble offre huit marques de détergents, chacun ayant sa propre composition et ciblant un segment qui recherche des avantages déterminés.

5. Les bonnes marques peuvent aider à bâtir l'image de l'entreprise. En portant le nom de l'entreprise, les marques font une certaine publicité pour la qualité et la taille de l'entreprise.

Pour leur part, les distributeurs désirent des noms de marque parce que de tels noms facilitent l'identification des fournisseurs, la manutention du produit, un certain contrôle de sa qualité et l'accroissement du niveau de préférence des acheteurs. Les consommateurs désirent des noms de marque parce que ces noms les aident à reconnaître les différences de qualité et rendent le magasinage plus efficace.

Les décisions concernant le promoteur de la marque

Plusieurs possibilités s'offrent au fabricant pour la promotion d'une marque. Tout d'abord, un produit peut évidemment être lancé comme une **marque de fabricant** (aussi connue sous le nom de « marque nationale »). Ou encore, le fabricant peut accorder une **licence de nom de marque** (voir la rubrique Le marketing en coulisse 15.1 intitulée « Que vaut un nom ? Des centaines de millions de dollars »). Le fabricant peut aussi fournir le produit à un intermédiaire pour que celui-ci y appose une **marque de distributeur** (aussi appelée « marque de détaillant », « marque de magasin » ou « marque privée »). Ou encore, le fabricant peut manufacturer certains produits sous son propre nom et d'autres sous le nom d'intermédiaires. Essentiellement, toute la production de Kellogg's, de Bombardier et d'IBM est faite sous leur propre nom de marque. Des Canadiens se sont vu accorder des licences pour des noms de marques tels que Christian Dior et Pierre Cardin. Laura Secord vend des poudings au chocolat sous sa propre marque. Whirlpool, quant à elle, produit à la fois des appareils ménagers vendus sous sa propre marque et d'autres vendus sous le nom de marque de distributeurs. Métro, de son côté, a fait fabriquer des produits qu'elle vend sous le nom même de Métro.

La bataille entre les marques de fabricant et les marques de distributeur. Les marques de fabricant ont tendance à dominer le marché des produits de consommation courante, comme les soupes Campbell et le ketchup Heinz, pour n'en citer que deux. Cependant, certaines grandes chaînes et certains distributeurs ont lancé récemment leurs propres

LE MARKETING EN COULISSE 15.1
Que vaut un nom ? Des centaines de millions de dollars

Il faut des années et des millions de dollars à un fabricant ou à un détaillant pour lancer un nouveau nom de marque. Cependant, il peut « louer » un nom qui évoque quelque chose d'enchanteur dans l'esprit des consommateurs. Des noms et des symboles créés par d'autres fabricants, les noms de sportifs ou d'acteurs bien connus, les personnages de films et de livres peuvent tous, en échange de droits, donner instantanément un nom de marque connu à un produit.

Par exemple, un film des Studios Disney, tels *Le roi lion* ou *Les 101 dalmatiens*, représente beaucoup plus qu'une ou deux heures de détente ; c'est aussi un véhicule pour vendre des centaines de produits — des animaux en peluche, du chocolat, des sacs à dos, des cahiers d'écoliers, des boîtes à lunch, des brosses à cheveux, etc. —, toutes choses que les enfants souhaiteront posséder si le film est un succès. En fait, *Le roi lion* est devenu le roi de la jungle des licences. Les ventes de produits dérivés pour ce film ont atteint un milliard de dollars en 1994 ; il s'agit du projet de marketing de Disney le plus important avec ses quelque 5 000 produits différents lancés dans 80 pays.

Des noms classiques comme Mickey Mouse, Peanuts et Barbie continuent à être imprimés sur des vêtements, sur des jouets, sur des fournitures scolaires année après année. La vente sous licence des produits de certaines séries télévisées aux États-Unis, comme les nombreuses réincarnations de Batman, a atteint 90 milliards de dollars en 1994, comparativement à 5 milliards en 1977.

Les fabricants et les détaillants paient des redevances pour orner leurs produits des noms d'innovateurs à la mode. Calvin Klein, Pierre Cardin, Gucci et d'autres cèdent des licences de leur nom ou de leurs initiales à des produits allant des blouses aux cravates en passant par les valises. Toutefois, depuis quelque temps, les étiquettes des couturiers sont devenues si communes que plusieurs détaillants les ont abandonnées, préférant lancer leur propre marque pour retrouver l'exclusivité, la liberté dans la fixation des prix, et des marges bénéficiaires plus élevées. La compagnie Murjani a obtenu des ventes de 130 millions de dollars en moins de deux ans avec des vêtements portant le nom de Coca-Cola. D'autres entreprises ont aussi effectué des concessions de licences dans des vêtements à la mode ; c'est le cas notamment pour Hershey, Jell-O, Burger King et McDonald's.

La forme la plus récente de concession de licence est la location d'une marque de commerce ou d'un logo rendu célèbre sur un marché donné, et son utilisation sur des marchés semblables ou non. Par exemple, on trouve des vêtements de travail Caterpillar, des bijoux Fabergé, des équipements de camping Winnebago et des lunettes de ski Porsche. La compagnie aérienne Virginia Atlantic Airlines a étendu la marque de la compagnie aérienne à la vente d'ordinateurs personnels multimédias et même à des produits qui n'y sont pas reliés, comme des pyjamas pour enfants et des séchoirs à cheveux. De telles ententes peuvent être très fructueuses. Comme un cadre d'une compagnie aérienne le déclarait : « Peu importent les recettes générées par l'utilisation des noms de marques, il s'agit là d'un profit pur. »

Sources : Voir John A. Quelch, « How to Build a Product Licensing Program », *Harvard Business Review*, mai-juin 1985, p. 186 et suivantes ; Cyndee Miller, « Corporate Licensing Grows as Firms Seek "Risk-Free" Products », *Marketing News*, 29 avril 1991, p. 1, 8 ; Kate Fitzgerald, « Licensing : Safe Bet in Recession », *Advertising Age*, 17 juin 1991, p. 46 ; Kate Fitzgerald, « "Lion" is New King of Licensing Jungle », *Advertising Age*, 4 juin 1994, p. 4 ; Lois Sloane, « Not just for Selling T-Shirts, Licensing is Brand-Building », *Brandweek*, 13 juin 1994, p. 43 ; Jennifer Lawrence, « United, American License Brands », *Advertising Age*, 19 décembre 1994, p. 38.

marques (par exemple les outils Craftsman, les appareils ménagers Kenmore et les batteries Diehard chez Sears), qui remportent maintenant non seulement la préférence des consommateurs, mais aussi leur fidélité. Un nombre croissant de grands magasins, de stations-service, de boutiques de vêtements, de pharmacies et de grandes surfaces spécialisées (super-marchés, quincailleries, etc.) ont désormais leur propre marque de commerce, comme Personnelle pour Jean Coutu et Mastercraft pour Canadian Tire. Les ventes de marques privées dans les supermarchés nord-américains représentent 20 % des ventes totales, et certains mercaticiens croient que cette part des ventes pourrait atteindre 25 % à 30 % dans quelques années. De l'avis de certains experts, la limite naturelle des ventes de marques maison serait de l'ordre de 50 % parce que certains consommateurs préféreront toujours des marques nationales, et que plusieurs catégories de produits ne sont pas attrayantes comme marques maison.

Cependant, on peut se demander pourquoi les intermédiaires tiennent à lancer leurs propres marques. Ils doivent, en effet, trouver des fournisseurs compétents qui peuvent livrer des produits d'une qualité constante. Ils doivent commander des quantités importantes et lier leurs fonds à des stocks. Ils doivent dépenser des sommes importantes pour la promotion de leur marque. Enfin, il est possible que les produits auxquels ils ont apposé leur marque ne soient pas bons, auquel cas le consommateur adoptera une attitude négative envers leurs autres produits ou même envers l'entreprise.

Malgré ces désavantages, les distributeurs lancent leurs propres marques parce qu'elles sont rentables. Ils recherchent des fabricants jouissant d'une capacité de production excédentaire qui produiront le produit à un coût faible. D'autres coûts, comme la publicité et la distribution physique, peuvent aussi être bas. C'est pourquoi les marques privées peuvent commander un prix inférieur tout en offrant une marge bénéficiaire supérieure. Les distributeurs qui réussissent bien avec leurs propres marques peuvent aussi accroître l'achalandage dans leurs magasins. Plusieurs consommateurs ne sont pas en mesure de distinguer les marques nationales des marques de distributeur.

On appelle **guerre des marques** la concurrence que se livrent les distributeurs et les fabricants pour obtenir la notoriété de leurs marques. Cet affrontement avantage les distributeurs de plusieurs manières. Le linéaire, ou la surface de rayonnage dans les magasins de détail, est limité; les distributeurs exigent donc des frais d'inscription fort importants avant d'accepter une nouvelle marque, pour couvrir les frais d'inscription et de stockage; ils exigent aussi des frais supplémentaires pour les présentoirs et la publicité dans les magasins. De plus, les marques de distributeur sont souvent offertes à des prix inférieurs à ceux des marques de fabricant, devenant ainsi attrayantes pour les acheteurs plus soucieux du prix. Évidemment, les distributeurs donnent une meilleure visibilité à leurs propres marques et s'assurent d'avoir des stocks suffisants. Les détaillants ont aussi amélioré la qualité de leurs propres marques. En voici un exemple :

Loblaws a accru le nombre de ses marques maison. Elle offre maintenant le biscuit le plus vendu au Canada, un biscuit aux brisures de chocolat vendu sous la marque Le Choix du Président. Le biscuit est meilleur au goût et coûte moins cher que le biscuit Ahoy de Nabisco. Loblaws a capturé une part de marché de 14 % presque exclusivement au détriment de la marque nationale de Nabisco. Elle a aussi introduit une marque privée de boissons gazeuses, qui compte pour 50 % des ventes de canettes de boissons gazeuses de Loblaws. Ses marques maison ont connu tellement de succès qu'elle accorde des concessions de licences à des détaillants dans d'autres pays qui ne sont pas concurrents, faisant ainsi d'une marque maison locale — incroyable mais vrai — une marque mondiale !

Un fait intéressant au sujet de la stratégie de Loblaws est l'approche qu'elle adopte pour développer certaines de ses marques maison avec Cott. Cott est une « entreprise virtuelle » qui possède peu d'actifs, mais qui a la capacité de réunir les fournisseurs nécessaires. Ainsi, pour le cola Le Choix du Président, Cott achète son sirop à un fournisseur, les bouteilles à un autre, utilise des agences de publicité et de marchandisage et des compagnies de transport pour produire la marque privée de Loblaws.

Cette situation contrarie les fabricants de marques nationales. Kevin Price déclare : « Il y a dix ans, les détaillants étaient des chihuahuas qui mordillaient les talons des fabricants. C'était une vraie nuisance, oui, mais cela restait un léger irritant; il fallait leur donner à manger et ils s'en allaient. Aujourd'hui, ce sont de vrais pitbulls, qui arrachent à la fois les bras et les jambes. Vous aimeriez bien les voir s'en aller, mais vous êtes trop occupés à vous défendre pour essayer de les chasser[16]. » Certains spécialistes du marketing croient que les marques privées remplaceront éventuellement la plupart des marques de fabricants, sauf les plus fortes.

Il y a quelques années, les consommateurs voyaient les marques placées en ordre sur une **échelle** de marques, leur marque préférée étant la première, et les autres marques suivant selon leurs préférences. De plus en plus de signes indiquent que cette échelle a été remplacée par la perception des consommateurs d'une **égalité des marques**, c'est-à-dire que plusieurs marques sont équivalentes[17]. Au lieu d'avoir une marque qu'ils préfèrent nettement, les consommateurs achètent parmi un ensemble de marques acceptables, choisissant celle dont le prix est le plus bas ou pour laquelle il existe une promotion à un moment donné. Joel D. Weiner, un ancien cadre de Kraft, mentionnait : « Les gens ne croient pas réellement que le fait de choisir entre Tide et Cheer soit une question importante. » Plusieurs études ont démontré que les consommateurs n'achetaient plus uniquement des marques connues. L'agence de publicité Grey a réalisé une étude qui révélait que 66 % des consommateurs choisissaient des marques dont les prix étaient moins élevés, surtout les marques maison.

Cette baisse d'intérêt pour les marques est due à plusieurs facteurs. Les consommateurs, dans un contexte économique difficile, sont plus avisés dans leurs choix, ou plus sensibles à la qualité, au prix et à la valeur. Ils peuvent constater que plus de marques concurrentes de fabricant et de distributeur offrent une qualité semblable à celle des meilleures marques. La multiplication des promotions et des rabais a amené les consommateurs à accorder plus d'importance au prix. Le fait que beaucoup d'entreprises ont réduit leur budget de publicité à 30 % du budget total de communication a affaibli le capital de certaines marques. Et la multiplication des extensions de marques et de gammes embrouille l'identité des marques et engendre une prolifération de produits qui sèment la confusion chez les consommateurs. De plus, les marques maison ont amélioré leur qualité et créent maintenant un défi majeur pour les marques de fabricant. Par exemple, les produits génériques et les produits de la marque maison Le Choix du Président représentent 1,5 milliard de dollars pour Loblaws, soit 32 % de toutes ses ventes[18].

Les fabricants ont réagi en accroissant de façon substantielle leurs budgets de publicité et de promotion destinées aux consommateurs afin de maintenir une préférence forte pour leur marque. Mais leurs prix sont souvent un peu plus élevés à cause des coûts de promotion. En même temps, les distributeurs les plus importants font des pressions sur les fabricants pour qu'ils offrent plus de réductions ou de remises sur quantité s'ils veulent accroître suffisamment l'espace de rayonnage. Lorsque les fabricants cèdent à ces pressions, ils ont alors moins d'argent à accorder à la publicité et à la promotion destinées aux consommateurs, et le leadership de leur marque s'évanouit. C'est ce que l'on appelle le dilemme des fabricants de marques nationales.

Pour maintenir leur pouvoir vis-à-vis des intermédiaires, les directeurs du marketing des principales marques ont recours aux stratégies suivantes. Ils doivent investir de façon massive et continue dans la R et D pour lancer de nouvelles marques, faire des extensions de gammes, ajouter des caractéristiques ou améliorer la qualité. Ils doivent maintenir des programmes importants de publicité pour maintenir la notoriété d'une marque et la préférence pour elle. Ils doivent trouver de nouvelles façons d'établir un partenariat avec les intermédiaires les plus importants pour faire des économies de logistique et trouver des stratégies concurrentielles qui entraîneront des économies pour les deux partenaires. Voici deux exemples :

Procter & Gamble a affecté 20 de ses cadres auprès des directeurs de Wal-Mart, au siège social de cette dernière, pour trouver des moyens de réduire les coûts et d'obtenir des économies pour les deux partenaires. Il en est résulté une façon plus personnalisée pour Procter & Gamble de recevoir les commandes et de maintenir les niveaux de stocks, ce qui a engendré des économies importantes pour les deux partenaires. Étant donné que les livraisons sont maintenant plus précises, Procter & Gamble a pu établir des calendriers de production plus efficaces et consacrer moins de temps à la négociation de promotions.

Kraft a acquis une telle expertise dans les fromages que les détaillants ont besoin de son aide pour optimaliser les profits dans la section des fromages de leurs magasins. Elle a mis au point un système expert qui permet de conseiller les chaînes d'alimentation sur la combinaison de fromages optimale pour chaque magasin (combinaison ajustée selon les caractéristiques du voisinage) et sur la disposition des fromages sur les étalages. L'équipe de marketing au siège social de Kraft a constitué une base de données pour chaque magasin d'alimentation et chaque chaîne de magasins d'alimentation, elle a formé les représentants locaux et leur a donné la responsabilité d'utiliser cette base de données pour conseiller chaque magasin sur le choix optimal des produits de Kraft.

Les décisions concernant le nom de la marque

Les fabricants qui choisissent de vendre leurs produits sous leur propre marque ont encore à faire d'autres choix. On peut distinguer quatre stratégies en ce qui a trait aux noms de marques :

1. **Des noms de marque individuels.** Cette stratégie est celle qu'a choisie Procter & Gamble (Tide, Bold, Cheer, Duz, etc.).

2. **Un seul nom générique pour tous les produits.** C'est cette stratégie qu'ont adoptée notamment Heinz et General Electric.

3. **Des noms génériques pour chaque gamme de produits.** Pour ses véhicules de loisir (Ski-doo, Sea-doo), Bombardier a adopté cette stratégie.

4. **La marque déposée de l'entreprise combinée avec des noms de marques individuels.** Les Rice Krispies et les Raisin Bran de Kellogg's ainsi que la Labatt 50 et la Labatt Classique de Labatt sont des exemples de cette stratégie.

Quels sont les avantages d'une stratégie de noms de marques individuels ? Un avantage majeur est que l'entreprise ne lie pas sa réputation au destin du produit. Si le produit échoue, ou semble ne pas être de bonne qualité, la réputation du fabricant n'en est pas entachée pour autant. Un fabricant de montres de qualité, comme Seiko, peut introduire une gamme de montres de moins bonne qualité, comme Pulsar, sans ternir le nom de Seiko. Cette stratégie permet aussi à l'entreprise de chercher le meilleur nom pour chaque nouveau produit. Un nouveau nom constitue l'occasion de créer un nouvel enthousiasme et de nouvelles convictions.

L'utilisation d'un seul nom générique pour tous les produits de l'entreprise offre aussi des avantages. Le coût de lancement du produit sera moindre parce qu'il n'est pas nécessaire de faire de la recherche pour trouver un nom au produit, ni de faire d'importantes dépenses de publicité pour créer la reconnaissance du nom de la marque et la préférence pour elle. De plus, les ventes seront d'autant plus élevées que la réputation du fabricant est bonne. Ainsi, Campbell peut introduire sans difficulté de nouvelles soupes sous son nom de marque et obtenir alors une reconnaissance immédiate.

Toutefois, quand une entreprise fabrique des produits qui sont passablement différents, il n'est pas approprié d'utiliser un seul nom générique. Swift a lancé des noms génériques différents pour ses jambons (Premium) et ses engrais (Vigoro). Lorsque Mead Johnson a développé un supplément diététique pour faire gagner du poids, elle a créé un nouveau nom générique, Nutriment, pour éviter toute confusion avec le nom générique Metrecal, dont les produits visent à faire perdre du poids. Les entreprises utilisent souvent des noms génériques différents pour des gammes de qualité différente au sein de la même catégorie de produits. Ainsi, les magasins d'alimentation A & P offrent des ensembles de marques de première, de deuxième et de troisième classe, respectivement Ann Page, Sultana et Iona.

Finalement, certains fabricants associent le nom de leur entreprise à un nom de marque individuel pour chaque produit. Le nom de l'entreprise légitime le nouveau produit, et le nom de la marque l'individualise. Ainsi, dans le cas de Quaker Oats Cap'n Crunch, Quaker Oats mise sur sa réputation dans le domaine des céréales prêtes à servir, et Cap'n Crunch individualise le nouveau produit et lui donne une image.

Une fois arrêtée la stratégie de marque, l'entreprise doit choisir le nom de la marque. Elle peut prendre le nom d'une personne (Bombardier, Lise Watier), d'un lieu (les huîtres Malpèque, le fromage Oka), évoquer la qualité (Duracell, Le Choix du Président), un mode de vie (Weight Watchers) ou encore créer un nom (Esso, Kodak).

Parmi les qualités souhaitables d'un nom de marque, on reconnaît les suivantes[19] :

1. **Il doit évoquer des avantages du produit :** par exemple Coldspot, Beautyrest, Craftsman, Accutron.

2. **Il doit suggérer des qualités du produit, comme l'action, la couleur ou l'aspect :** par exemple Sunkist, Spic and Span, Firebird.

3. **Il doit être facile à prononcer, à repérer et à mémoriser :** on peut privilégier des noms courts tels que Bic, Crest, Jos Louis ou Visa.

4. **Il doit être distinctif :** par exemple Kodak, Ultramar.

5. **Il ne doit pas avoir de connotation négative dans une autre langue :** ainsi, Nova signifie « ne fonctionne pas » en espagnol.

Les agences de recherche en marketing ont mis au point des méthodes raffinées de recherche de noms, notamment les **tests d'association** (quelles images viennent à l'esprit?), les **tests de mémorisation** (avec quelle facilité se souvient-on du nom?) et les **tests de préférences** (quels noms sont préférés?). Une des agences les plus connues dans ce domaine est Namelab, qui utilise une méthode, appelée «linguistique constructive», qui aide les clients à trouver des noms efficaces. C'est Namelab qui a trouvé des noms de produits tels qu'Acura, Compaq et Zapmail. Il existe même des logiciels pour aider les entreprises à trouver des noms.

Plusieurs entreprises s'efforcent de trouver un nom de marque unique qui sera tôt ou tard identifié au produit générique. Certaines ont réussi, avec des noms de marques tels que Frigidaire, Kleenex, Jell-O, Popsicle, Scotch Tape, Xerox et Fiberglass. En 1994, Federal Express a raccourci son nom en FedEx, un terme qui signifie pour plusieurs une livraison le lendemain.

Toutefois, le succès même de ces noms peut être une menace pour les droits exclusifs du produit. Ainsi, Cellophane et Shredded Wheat sont du domaine public. De même, le nom Xerox représente une catégorie de produits (les photocopieurs), et non un produit unique ou l'entreprise qui le fabrique. C'est pour cette raison que la direction de Xerox a décidé en 1994 de créer une nouvelle identité de marketing qui communiquerait mieux le leadership de Xerox dans les systèmes de bureau, et non uniquement en tant que fabricant de photocopieurs. En conséquence, l'entreprise a changé son identité pour «Les gens de documents Xerox». Désormais, les mots «Les gens de documents» viennent en premier dans la publicité de l'entreprise, suivis du mot Xerox. Lorsque la téléphoniste de Xerox répond au téléphone, elle dit: «Les gens de documents Xerox». Et un X stylisé rouge est mis en évidence dans tous les messages publicitaires, documents de marketing et produits de l'entreprise[20].

Étant donné la croissance rapide des marchés à l'échelle mondiale, les entreprises doivent choisir des noms de marques en considérant leur effet potentiel partout dans le monde. Ces noms doivent avoir une signification et il doit être possible de les prononcer dans plusieurs langues. Autrement, les entreprises constateront qu'elles ne peuvent utiliser leur marque bien connue à l'échelle nationale lorsqu'elles décideront de s'attaquer à des marchés internationaux (voir la rubrique Le marketing en coulisse 15.2 intitulée «Jusqu'où l'attribution d'une marque mondiale doit-elle aller?»).

Les décisions concernant la stratégie de marque

L'entreprise a le choix entre cinq stratégies de marque. Elle peut faire une **extension de gamme** (utiliser des noms de marques de produits pour de nouveaux formats, saveurs et parfums d'une classe de produits actuelle); elle peut faire une **extension de marque** (utiliser des noms de marques pour de nouvelles catégories de produits); elle peut prendre des **marques multiples** (utiliser de nouveaux noms de marques pour une même catégorie de produits); elle peut adopter de **nouvelles marques** (utiliser un nouveau nom de marque pour une nouvelle catégorie de produits); elle peut enfin prendre des **marques doubles** (utiliser des marques qui portent le nom de deux ou plusieurs marques biens connues). Selon une étude des Marketing Intelligence Services, des 17 363 nouveaux produits lancés en 1993, seulement une poignée, 794 pour être exact, peuvent être considérés réellement comme des innovations. La plupart des autres étaient des extensions de la marque ou des améliorations du produit[21].

L'extension de gamme

L'extension de gamme consiste à ajouter de nouveaux articles à un même type de produits qui utilisent le même nom de marque et qui offrent le plus souvent de nouvelles caractéristiques telles que de nouveaux parfums, de nouvelles formes, de nouvelles couleurs, de nouveaux ingrédients ou de nouveaux conditionnements. Ainsi, la société Danone a récemment introduit plusieurs extensions de la gamme de ses yogourts, dont des yogourts légers sans gras, de nouveaux parfums comme le chocolat à la menthe et la pomme au caramel, des yogourts auxquels on peut ajouter des fruits séchés, et une version crémeuse du yogourt conçue pour plaire aux enfants.

La grande majorité des nouveaux produits consiste en des extensions de gamme, allant jusqu'à 89 % dans le cas des produits alimentaires. L'entreprise essaie souvent, alors, d'utiliser sa capacité de production excédentaire, de répondre à de nouveaux besoins des consommateurs, de réagir à une nouvelle offre des concurrents ou d'occuper plus d'espace sur les rayonnages.

Plusieurs entreprises introduisent aussi des variantes d'une marque qui sont en fait des marques pour des circuits de distribution ou des détaillants

LE MARKETING EN COULISSE 15.2
Jusqu'où l'attribution d'une marque mondiale doit-elle aller?

Autrefois, les entreprises choisissaient de nouveaux noms de marque qui avaient une signification dans leur pays. Lorsque certaines entreprises tentèrent d'introduire leur marque sur des marchés étrangers, elles découvrirent que le nom actuel était inapproprié. Il pouvait être difficile à prononcer, choquant, drôle, ou encore il n'avait aucune signification ou avait déjà été utilisé. L'entreprise était alors forcée de trouver un nouveau nom de marque pour un produit qui avait déjà été introduit dans un autre pays. Ainsi, Procter & Gamble dut créer un nom de marque différent pour son shampooing Pert Plus lorsqu'elle l'introduisit au Japon (où elle l'appela Rejoy) et au Royaume-Uni (où elle l'appela Vidal Sassoon). Mais le fait d'utiliser des noms de marques différents pour le même produit implique des coûts plus élevés. L'entreprise doit développer des étiquettes, conditionnements et messages publicitaires différents.

De nos jours, les frontières ont tendance à disparaître. En Europe, les droits de douane, les délais aux frontières et d'autres freins au commerce européen sont rapidement éliminés. Les entreprises cherchent de plus en plus à lancer de nouvelles marques européennes. Procter & Gamble a lancé son détergent Ariel dans toute l'Europe. Mars a remplacé plusieurs de ses noms de marque par la marque M&M à l'échelle mondiale et a changé sa troisième plus importante marque au Royaume-Uni (Marathon) pour le nom de Snickers, utilisé aux États-Unis. Et Unilever cherche a réduire le nombre de ses marques de détergents en Europe.

Certains noms de marque, par contre, sont reconnus à l'échelle mondiale. Par exemple, les compagnies Kodak, McDonald's, IBM, Sony et Coca-Cola ne penseraient pas à utiliser des noms de marque différents lorsqu'elles entrent dans de nouveaux pays.

Quels sont les avantages d'un nom de marque mondial? Un des principaux avantages est l'économie d'échelle réalisée lors de la préparation des conditionnements, des étiquettes, des promotions et de la publicité. Les économies de publicité résultent de l'utilisation de messages publicitaires standardisés et du fait que la couverture médiatique déborde de plus en plus les frontières des pays. Un autre avantage est relié au fait que les ventes peuvent augmenter parce que les voyageurs verront leur marque favorite annoncée et distribuée sur d'autres marchés. En outre, les circuits de distribution sont plus réceptifs à une marque mondiale qui est annoncée sur le marché. Finalement, un nom de marque reconnu partout dans le monde est un atout en soi, surtout si l'image qui est associée au pays d'origine s'avère positive. Les entreprises japonaises ont acquis une réputation mondiale pour ce qui est de la qualité et de la haute technologie, et le nom de leurs produits donne aux acheteurs potentiels la certitude qu'ils obtiendront une bonne valeur.

Mais il y a aussi des coûts et des risques rattachés à l'attribution d'une marque mondiale. Ainsi, il est possible qu'un nom de marque unique ne soit pas aussi attrayant que plusieurs noms locaux. Et si une entreprise remplace un nom local reconnu par un nom mondial, les coûts du changement pourront être substantiels. Elle devra informer les millions de consommateurs du fait que sa marque existe toujours mais sous un autre nom. Pour sa part, la direction nationale pourrait offrir beaucoup de résistance à un changement commandé par le siège social. De plus, une centralisation excessive de la planification et de la programmation de la marque pourrait étouffer la créativité locale, qui aurait été susceptible de produire de meilleures idées de marketing pour le produit.

Même quand une entreprise a fait la promotion d'un nom à l'échelle mondiale, il est quelquefois difficile d'uniformiser les associations qui sont faites avec la marque dans tous les pays. La bière Heineken, par exemple, est perçue comme une bière de qualité au Canada et comme une bière bon marché en Belgique. Le Cheez Whiz, de la compagnie Kraft General Foods, est utilisé comme fromage à tartiner au Canada et comme parfum pour le café à Porto Rico.

La principale conclusion qu'il faut tirer de tout cela est que les entreprises les plus avisées utiliseront une approche mondiale pour les éléments qui permettent d'économiser des sommes d'argent importantes, et une approche locale pour développer un positionnement plus concurrentiel et ainsi obtenir le succès souhaité.

précis. Ces variantes résultent de la pression que les détaillants mettent sur les fabricants afin d'obtenir de ces derniers une offre distinctive pour leurs clients. Ainsi, un fabricant d'appareils photographiques peut offrir ses appareils bas de gamme à Wal-Mart et ses appareils haut de gamme à des magasins spécialisés. Ou encore, Valentino peut fabriquer des costumes pour différents grands magasins[22].

Les extensions de gamme comportent des risques et ont provoqué des débats animés parmi les spécialistes du marketing[23]. Ceux qui sont opposés à cette stratégie croient que le nom de la marque peut perdre sa signification; Ries et Trout ont appelé cela la « trappe de l'extension de gamme[24] ». Lorsque quelqu'un demandait jadis un Coca-Cola, il recevait une bouteille en verre de 6,5 onces. Aujourd'hui, le vendeur lui demandera : « Un Coke Classique ? Régulier ou diète ? Sans caféine ? En bouteille ou en canette ? » Dans certains cas, l'identité de la marque originale est si forte qu'elle peut même nuire aux nouveaux produits.

Les extensions de gamme peuvent aussi avoir des effets positifs. Ainsi, ces produits ont plus de chances de réussir que les nouveaux produits, qui ont un taux d'échec de 80 % à 90 %. Certains spécialistes du marketing arguent que l'extension de gamme est la meilleure façon de faire des affaires. Kimberly-Clark a connu beaucoup de succès avec ses extensions de la gamme de la marque Kleenex. « Nous tentons de placer des mouchoirs de papier dans chacune des pièces de la maison, déclare un cadre de Kimberly-Clark. Si nous réussissons, le produit sera utilisé. » Cette philosophie est sous-jacente au développement d'une vingtaine de sortes de mouchoirs de papier destinés à être utilisés tantôt par des enfants, tantôt par des femmes, tantôt par des hommes.

Souvent, par contre, les entreprises n'ont pas le choix d'étendre leur gamme. L'extension de gamme est une réalité qui résulte d'une concurrence féroce sur le marché (voir le Mémento de marketing 15.1 intitulé « Les déterminants du succès des extensions de gamme »).

L'extension de marque

La stratégie d'**extension de marque** consiste à utiliser le nom d'une marque qui réussit bien pour lancer une nouvelle gamme de produits. Armour s'est servie de sa marque de commerce Dial pour lancer une variété de nouveaux produits qui n'auraient pas facilement été distribués sans la notoriété du nom Dial. Honda, quant à elle, utilise son nom pour des automobiles, des motocyclettes, des chasse-neige, des moteurs hors-bord et des motoneiges. Cela lui permet de diffuser le slogan publicitaire suivant : « Vous pouvez placer six Honda dans votre garage. » De même, des fabricants de vêtements comme Ralph Lauren et Gap ont développé leurs propres marques de savon, d'après-rasage, de shampooing, etc.

Une stratégie d'extension de marque offre de nombreux avantages. Un nom de marque qui a une forte notoriété donne au nouveau produit une reconnaissance immédiate. Sony, en apposant son nom sur un nouveau produit électronique, assure immédiatement la connotation d'un produit de qualité. L'entreprise évite ainsi toutes les dépenses de publicité nécessaires pour familiariser les consommateurs avec un nouveau nom.

En même temps, une telle stratégie comporte certains risques. Des extensions de marque telles que les bas-culottes de Bic et la gomme à mâcher Life Savers ont connu des échecs retentissants. Le nom de la marque peut être apposé sur un produit qui décevra le consommateur; cela nuira ainsi aux autres produits de l'entreprise. Il se peut également que le nom de la marque ne convienne pas au nouveau produit. Même si le produit est bon et donne satisfaction, serait-on tenté d'acheter une vinaigrette signée Ultramar ? Par ailleurs, la trop grande utilisation d'un nom de marque peut entraîner un positionnement confus dans l'esprit des consommateurs.

C'est ce qui se passe quand les consommateurs ne peuvent plus associer une marque à un produit précis ou à des produits relativement semblables. Les concurrents peuvent alors tirer profit de l'affaiblissement

---

MÉMENTO DE MARKETING 15.1

Les déterminants du succès des extensions de gamme

Reddy, Holak et Bhat ont étudié les déterminants du succès des extensions de gamme. Ils ont obtenu les résultats suivants :

1. Les extensions des gammes de marques fortes connaissent plus de succès que les extensions des marques faibles.

2. Les extensions des gammes de marques symboliques connaissent plus de succès sur le marché que celles des marques moins symboliques.

3. Les extensions de gammes qui reçoivent un soutien publicitaire et promotionnel important ont plus de succès que celles qui reçoivent un faible soutien.

4. Les extensions de gammes qui sont faites les premières pour un type de produits connaissent plus de succès que celles qui entrent plus tard sur le marché, pourvu qu'il s'agisse de marques fortes.

5. La taille de l'entreprise et la compétence en marketing jouent un rôle important dans le succès de l'extension.

6. Une extension de gamme hâtive aide à l'extension du marché de la marque originale.

7. L'augmentation des ventes obtenue des extensions de gamme peut compenser largement la perte des ventes due à la cannibalisation.

Source : Extrait de Srinivas K. Reddy, Suzan L. Holak et Subodh Bhat, « To Extend or Not to Extend : Success Determinants of Line Extensions », *Journal of Marketing Research*, mai 1994, p. 243-262.

---

de la marque. Voyons ce qui est arrivé à Hyatt et à Marriott :

> Hyatt a pratiqué une stratégie d'extension de marque. Le nom Hyatt apparaît sur chacun des types d'hôtels de la chaîne : Hyatt Resorts, Hyatt Regency, Hyatt Suites et Park Hyatt. Marriott, de son côté, a fait appel à des marques multiples. Les types d'hôtels sont appelés Marriott Marquis, Marriott, Residence Inn, Courtyard et Fairfield Inn. Il est plus difficile pour les clients de Hyatt de connaître les différences entre les types d'hôtels Hyatt, alors que Marriott a clairement ciblé ses hôtels pour des marchés différents et investi dans des noms de marques différents et dans des images différentes pour chacun.

Le fait d'apposer le nom d'une marque actuelle sur une nouvelle classe de produits exige beaucoup de prudence. Par exemple, S.C. Johnson a appelé sa crème à barbe Edge. Ce nom a été utilisé avec succès pour un après-rasage. Le même nom pourrait sans doute être utilisé pour des lames de rasoir. Mais le risque serait plus grand si l'entreprise voulait se servir de ce nom pour un shampooing ou une pâte dentifrice. Le nom Edge cesserait alors de désigner des produits de rasage.

Les entreprises qui ont l'intention d'apposer leur marque sur de nouveaux produits doivent réaliser des recherches pour apprendre si les associations reliées à la marque conviennent aux nouveaux produits. Le meilleur résultat possible serait que le nom de la marque aide à accroître les ventes à la fois du nouveau produit et du produit actuel. Un résultat acceptable serait que le nouveau produit se vende bien sans pour cela nuire aux ventes du produit actuel. Le pire résultat serait l'échec du nouveau produit et une baisse des ventes du produit actuel[25].

Les marques multiples

Une entreprise lance souvent des marques additionnelles dans une même catégorie de produits. Les fabricants adoptent une stratégie de marques multiples pour plusieurs raisons. Parfois, les entreprises désirent mettre en évidence de nouvelles caractéristiques ou de nouveaux attraits pour répondre à des modifications. Une stratégie de marques multiples permet aussi à l'entreprise d'obtenir plus de linéaire, et ainsi de protéger sa marque principale par des **marques de flanc**. Par exemple, Seiko a développé plusieurs noms de marques, comme Seiko Lasalle pour ses montres à prix élevé, et Pulsar pour ses montres moins chères, de manière à protéger ses flancs. Un autre cas est celui de l'entreprise qui hérite de plusieurs marques à la suite de l'acquisition de concurrents, chacun ayant une clientèle fidèle. Ainsi, la multinationale suédoise Electrolux possède maintenant tout un éventail de marques (Frigidaire, Kelvinator, Westinghouse, Zanussi, White, Gibson) pour ses électroménagers.

Le piège à éviter avec ce type de stratégie est que chaque marque n'obtienne qu'une petite part de marché et qu'aucune ne devienne ainsi réellement rentable. L'entreprise aura alors gaspillé ses ressources dans plusieurs marques au lieu d'implanter quelques marques très rentables. Les entreprises doivent éliminer les produits les plus faibles et établir un processus de filtrage rigoureux pour choisir les nouvelles marques. Idéalement, la cannibalisation doit se faire au détriment des marques des concurrents et non de celles de l'entreprise. Du moins, les profits et le flux de trésorerie devraient être plus élevés avec cette stratégie, même s'il y a un peu de cannibalisation entre les marques de l'entreprise[26].

Les nouvelles marques

Quand une entreprise lance des produits dans une nouvelle catégorie, il est possible qu'elle découvre qu'aucun de ses noms de marques actuels est approprié. Par exemple, si Timex décidait de faire des brosses à dents, il serait sans doute inopportun de les appeler des brosses à dents Timex. Lorsque l'image de la marque actuelle a peu de chances d'aider le nouveau produit, l'entreprise a intérêt à créer un nouveau nom.

Avant d'introduire de nouveaux noms de marques, l'entreprise doit se poser plusieurs questions. Par exemple, 3M se demande : Est-ce que les ventes seront suffisamment importantes ? Est-ce que le produit durera assez longtemps ? Ferions-nous mieux de ne pas utiliser le nom 3M au cas où le lancement de produit échouerait ? Le produit a-t-il besoin du soutien du nom 3M ? Est-ce que le coût de création d'un nouveau nom de marque sera couvert par les ventes et les profits prévus ? Les entreprises se demandent souvent si ce coût en vaut la peine. En fait, le coût de création d'un nouveau nom de marque sur le marché canadien pour un produit de grande consommation peut s'élever à plusieurs millions de dollars.

Les marques doubles

Un phénomène qui prend de l'ampleur est celui des **marques doubles**, par lequel deux ou même plusieurs marques connues sont utilisées pour une offre donnée. Chacune des parties espère que l'autre marque renforcera la préférence pour sa marque ou l'intention d'achat. Dans le cas des conditionnements conjoints, chaque marque espère atteindre un nouveau marché en s'associant à une autre marque.

Le dédoublement de la marque peut prendre plusieurs formes. On peut faire un dédoublement avec des composantes ; par exemple, Volvo annonce qu'elle utilise des pneus Michelin. La même entreprise peut également utiliser deux de ces marques à la fois. Le dédoublement de la marque peut aussi résulter d'un partenariat ; par exemple, Assurance Belair s'associe avec le CAA au Québec, et General Electric s'associe avec Hitachi au Japon pour ce qui est des ampoules.

Les décisions concernant le repositionnement de la marque

Quelle que soit la justesse du positionnement initial d'une marque, l'entreprise peut avoir à se repositionner un jour. Un concurrent peut lancer une marque dont le positionnement est très près de la marque de l'entreprise et lui enlever ainsi une partie de sa part de marché. Ou encore, les préférences des consommateurs peuvent changer et entraîner une réduction de la demande de la marque de l'entreprise.

Un exemple classique de repositionnement réussi est celui de Seven-Up. Seven-Up n'était qu'une boisson gazeuse parmi plusieurs autres, qui était achetée surtout par des personnes d'âge mûr qui désiraient une boisson douce au goût de citron. La recherche avait révélé que la majorité des consommateurs de boissons gazeuses préféraient un cola, mais pas en tout temps, et même que plusieurs consommateurs ne voulaient plus boire de cola. Seven-Up, ambitionnant le leadership sur ce dernier marché, élabora une stratégie brillante pour le conquérir et atteignit son objectif. L'incola fut présenté comme une boisson jeune et rafraîchissante, celle qu'il fallait rechercher lorsqu'on ne voulait pas boire de cola. Seven-Up créa une nouvelle façon de voir le marché des boissons gazeuses pour les consommateurs, soit un marché constitué de colas et d'incolas.

15.5
LES DÉCISIONS CONCERNANT LE CONDITIONNEMENT ET L'ÉTIQUETAGE

Le conditionnement et l'étiquetage sont nécessaires pour plusieurs produits. Le conditionnement peut jouer un rôle mineur (pour certains produits de quincaillerie) ou un rôle majeur (pour les cosmétiques). Certains conditionnements, comme les bouteilles ou les canettes de Coke, sont connus partout dans le monde. Le conditionnement et l'étiquetage sont des éléments importants dans certains cas de la stratégie de produits.

15.5.1
Les décisions concernant le conditionnement

On définit le conditionnement de la façon suivante :

> **Le conditionnement est l'ensemble des activités de conception et de fabrication de l'emballage du produit.**

On distingue trois niveaux de conditionnement. Le **conditionnement primaire** correspond au contenant du produit, comme les bouteilles d'après-rasage Old Spice ou Drakkar. Le **conditionnement secondaire** comprend tous les matériaux qui protègent le conditionnement primaire et que l'on jette au moment où l'on commence à utiliser le produit. La boîte en carton qui contient la bouteille d'après-rasage constitue à la fois une protection pour le produit et un support promotionnel. Le **conditionnement d'expédition** consiste dans l'emballage nécessaire à l'entreposage, à l'identification et au transport. Les caisses contenant les boîtes d'après-rasage sont de ce type. Enfin, l'étiquetage, qui fait partie du conditionnement, porte l'information décrivant le produit et apparaît sur le conditionnement ou dans celui-ci.

Le conditionnement est devenu, avec le temps, un puissant outil de marketing. Un conditionnement bien conçu peut avoir à la fois une valeur de commodité pour le consommateur et une valeur de promotion pour le fabricant. Plusieurs facteurs ont contribué à l'utilisation croissante du conditionnement comme outil de marketing :

- **Le libre-service.** Un nombre croissant de produits sont vendus en libre-service dans les supermarchés et les magasins de vente au rabais, voire dans les grands magasins. Un supermarché peut stocker jusqu'à 15 000 articles, et le consommateur moyen passe devant approximativement 300 articles à la minute en faisant son marché. Considérant que 53 % des achats sont impulsifs, le conditionnement produit donc un message publicitaire de 5 secondes. Le conditionnement doit alors accomplir plusieurs tâches de vente : attirer l'attention, décrire les caractéristiques du produit et laisser une impression d'ensemble favorable.

- **Le niveau de vie.** Le niveau de vie des consommateurs a tendance à s'améliorer, de sorte qu'ils sont prêts à payer un peu plus pour la commodité, l'apparence, la fiabilité et le prestige d'un meilleur conditionnement.

- **L'image de marque et l'image de l'entreprise.** Les entreprises admettent de plus en plus l'apport de conditionnements bien conçus à l'obtention d'une reconnaissance instantanée de la marque ou de l'entreprise. On reconnaît ainsi à première vue l'emballage jaune familier des films Kodak.

- **Les possibilités d'innovation.** Un conditionnement innovateur peut être bénéfique pour les consommateurs et rapporter des profits au producteur. Les pompes distributrices de pâte dentifrice ont conquis 12 % du marché parce que les consommateurs les trouvaient commodes et propres.

- **La protection de l'environnement.** Le conditionnement a été contesté, et souvent avec raison, par des groupes de pression écologistes. Certaines entreprises ont réagi positivement en vendant des contenants de remplacement. Les entreprises doivent prendre des décisions qui servent les intérêts à long terme de la société en même temps que les objectifs à court terme des consommateurs et des entreprises.

La conception d'un conditionnement efficace des nouveaux produits exige plusieurs décisions. La première tâche consiste à élaborer le **concept de conditionnement.** Le concept de conditionnement définit ce que fondamentalement le conditionnement doit **être ou faire** pour un produit donné. Les principales fonctions du conditionnement sont-elles d'offrir une protection supérieure au produit, d'introduire une nouvelle façon d'enrichir le contenu, d'évoquer certaines qualités du produit ou de l'entreprise, ou autre chose encore ?

Kraft General Foods a développé un nouveau produit alimentaire pour chiens sous forme de boulettes ressemblant à de la viande hachée. La direction jugea que l'aspect unique et fort appétissant du produit devait être mis en valeur par une présentation rendant cet aspect aussi visible que possible. **La visibilité** fut alors définie comme le concept de conditionnement fondamental. On envisagea diverses possibilités et on choisit finalement un plateau couvert d'une pellicule transparente.

Une fois le concept élaboré, toute une série de décisions doivent être prises sur d'autres éléments du conditionnement : **la taille**, la **forme**, les **matériaux**, la **couleur**, le **texte** et l'**emblème de marque**. Pour chaque élément, il existe de nombreuses possibilités : un texte long ou court, un plateau en plastique ou en carton, etc. De plus, chacun des éléments du conditionnement doit être harmonisé avec les autres. La taille influe sur les décisions concernant la forme et les matériaux, et ainsi de suite. Les éléments du conditionnement doivent aussi s'harmoniser avec le prix, la publicité et les autres éléments du marketing mix.

Une fois définis les éléments du conditionnement, il faut tester celui-ci. On doit mener des **tests d'ingénierie** pour vérifier si le conditionnement résiste bien à des conditions normales de manutention. **Les tests visuels** permettent de s'assurer que le texte est lisible et que les couleurs sont harmonieuses. Les **tests auprès des distributeurs** permettent de s'assurer que les distributeurs trouvent l'emballage attrayant et facile à manipuler. Enfin, les **tests auprès des consommateurs** permettent de vérifier s'ils réagissent favorablement au conditionnement.

En dépit de toutes ces précautions, il y aura fort probablement des failles qui ne seront décelées que très tard.

La compagnie Warner-Lambert avait testé dans trois villes une tablette soluble effervescente qui donnait une boisson gazeuse instantanée. Heureusement, les températures élevées dans ces trois villes au moment du test révélèrent que le carton n'offrait pas une protection suffisante lorsqu'il faisait très chaud. L'entreprise substitua au carton un emballage en aluminium et évita ainsi une erreur qui aurait pu lui coûter cher[27].

La mise au point d'un conditionnement peut coûter quelques centaines de milliers de dollars et prendre de quelques mois à un an. L'importance du conditionnement ne doit pas être sous-estimée, vu le rôle qu'il joue pour attirer et satisfaire les consommateurs. Les entreprises doivent cependant prêter attention aux considérations environnementales croissantes lors du choix du conditionnement[28].

15.5.2
Les décisions concernant l'étiquetage

Les vendeurs doivent aussi étiqueter leurs produits. Il peut s'agir d'une étiquette simple apposée sur le produit ou d'un graphisme très raffiné qui fait partie de l'emballage. L'étiquette peut ne contenir que le nom de la marque comme elle peut fournir beaucoup de renseignements. Même si le vendeur préfère une étiquette simple, la loi peut exiger la mention de certaines indications, comme c'est le cas pour les produits alimentaires.

Une étiquette remplit plusieurs fonctions. L'étiquette permet d'**identifier** le produit ou la marque, par exemple le nom Sunkist estampillé sur les oranges. Elle sert à **calibrer** les produits, comme dans le cas des œufs : petits, moyens, gros, etc. L'étiquette peut aussi **décrire** le produit : qui l'a fabriqué, où et quand, ce qu'il contient, comment on peut s'en servir, quoi faire pour l'employer sans danger, la date d'expiration le cas échéant, etc. Finalement, l'étiquette peut **promouvoir** le produit grâce à un graphisme attrayant. Certains auteurs font même une distinction entre les étiquettes servant à l'identification, au calibrage, à la description et à la promotion.

Les étiquettes passent de mode tôt ou tard et doivent être remises au goût du jour. Depuis 1890, les étiquettes du savon Ivory ont été remodelées 18 fois par des changements graduels dans la taille et le design des lettres. L'étiquette de la boisson gazeuse Orange Crush a été modifiée de façon substantielle lorsque les concurrents ont commencé à présenter des fruits sur leurs étiquettes, suscitant ainsi une croissance de leurs ventes. Orange Crush a alors conçu une étiquette affichant de nouveaux symboles et des couleurs plus riches et plus prononcées pour suggérer la fraîcheur.

Les étiquettes ont fait l'objet de nombreuses prescriptions légales depuis qu'elles existent. En effet, les étiquettes peuvent induire les consommateurs en erreur, omettre des renseignements importants sur les ingrédients ou ne pas informer suffisamment sur l'utilisation sécuritaire du produit. Les gouvernements fédéral et provinciaux ont donc voté plusieurs lois et règlements pour protéger le consommateur. Ces lois portent en particulier sur l'emballage, sur les marques de commerce nationales et sur l'étiquetage exact. D'autre part, au Québec, des exigences linguistiques viennent s'ajouter à cette législation. Certaines pratiques d'étiquetage aident à mieux informer les consommateurs : **on affiche le prix unitaire** (spécifiant le prix par unité d'une mesure standard), on **informe de la date d'expiration** (indiquant la vie attendue du produit) et on utilise de plus en plus l'**étiquetage informatif** (précisant la valeur nutritive, en calories et en grammes, des éléments). Ainsi, les vendeurs doivent s'assurer que leurs étiquettes contiennent toute l'information requise avant de lancer de nouveaux produits.

Les problèmes de conditionnement et d'étiquetage ont mobilisé l'attention du public et ont conduit à de nouvelles réglementations et à de nouvelles pratiques. Les mercaticiens les plus avisés ont des préoccupations autant écologiques qu'économiques dans leurs décisions de conditionnement et d'étiquetage.

RÉSUMÉ

1. Le produit est le premier élément du marketing mix de même que le plus important. La stratégie de produit exige que soient prises des décisions coordonnées sur le mix de produits, sur les gammes de produits, sur les marques, sur le conditionnement et sur l'étiquetage.

2. En planifiant son offre, le mercaticien doit envisager un produit en fonction de cinq niveaux. L'avantage central est le service ou l'avantage essentiel que le client achète réellement. Le produit générique est la version de base du produit. Le produit attendu est un ensemble d'attributs et de conditions que les acheteurs attendent et acceptent lorsqu'ils achètent un produit. Le produit augmenté inclut les services et les avantages additionnels que le vendeur présente afin de distinguer son offre de celles des concurrents. Enfin, le produit potentiel incorpore les nouvelles caractéristiques et les nouveaux services qui pourraient s'ajouter à l'offre à un moment donné.

3. Tous les produits peuvent être classés selon leur durabilité et leur tangibilité (biens non durables, biens durables et services). Les biens de consommation sont souvent classés selon les habitudes d'achat des consommateurs : les produits d'achat courant (les produits de première nécessité, les produits d'achat impulsif et les produits de dépannage), les produits d'achat réfléchi (homogènes et hétérogènes), les produits de spécialité et les produits non recherchés. Les biens industriels sont classés selon quatre catégories de biens : les matériaux et les composants (les matières premières, les produits agricoles et les ressources naturelles), les pièces et matériaux manufacturés (les matériaux composants et les pièces composantes), les biens d'équipement (les installations et l'équipement accessoire) ainsi que les fournitures et les services (les fournitures d'exploitation, d'entretien et de réparation, les services d'entretien et de réparation et les services professionnels).

4. La plupart des entreprises commercialisent plus d'un produit. Leur mix de produits se caractérise par sa largeur, sa longueur, sa profondeur et

sa cohérence. Ces quatre aspects du mix de produits sont les outils que l'entreprise utilise pour élaborer sa stratégie de produits. La rentabilité et le potentiel de croissance des diverses gammes composant le mix de produits doivent être évalués périodiquement. Les meilleures gammes devraient recevoir un appui inconditionnel ; les gammes les plus faibles devraient recevoir moins de soutien ou être éliminées ; quant aux nouvelles gammes, elles devraient permettre de combler l'écart de profits.

5. Chaque gamme de produits se compose d'articles. Le directeur de la gamme de produits doit étudier les ventes et la contribution aux profits de chaque article ainsi que son positionnement par rapport aux articles des concurrents. Cette analyse devrait procurer les renseignements nécessaires à plusieurs décisions au sujet des gammes de produits. L'extension de la gamme consiste à allonger la gamme actuelle vers le bas, vers le haut ou dans les deux directions. L'ajout à la gamme consiste à ajouter des produits à la gamme actuelle. La modernisation de la gamme consiste à donner une nouvelle vie à la gamme, soit en faisant une mise à jour de la gamme produit par produit ou en modifiant l'ensemble de la gamme d'un seul coup. La mise en vedette consiste à choisir certains articles qui feront la promotion de la gamme. Enfin, l'élagage consiste à déceler les articles les plus faibles de la gamme et à les éliminer.

6. L'attribution d'une marque est une décision majeure de la stratégie de produits, puisqu'elle implique des coûts financiers et des coûts en temps. Les meilleures marques ont un capital qui constitue un actif pour l'entreprise. Les entreprises doivent décider si elles apposeront une marque aux produits, si elles feront appel à une marque de fabricant ou à une marque de distributeur, et quel nom de marque elles utiliseront. Elles doivent aussi décider si elles auront recours à des stratégies d'extension de gamme ou de marque, à des marques multiples, à de nouvelles marques ou à des marques doubles. Les meilleurs noms de marques évoquent des avantages du produit, suggèrent des qualités du produit, sont faciles à prononcer, à repérer et à mémoriser, sont distinctifs et n'ont pas de connotation négative dans une autre langue.

7. Les conditionnements et l'étiquetage sont nécessaires pour plusieurs produits. Il faut choisir le conditionnement qui ajoutera de la valeur pour le consommateur, comme la commodité ou la protection, et assurera la promotion pour le fabricant ou le distributeur. Le conditionnement est en fait un message commercial d'une durée de cinq secondes. Les spécialistes du marketing doivent élaborer un concept de conditionnement, puis le tester auprès des distributeurs et des consommateurs tout en prêtant attention aux considérations environnementales. Les produits exigent aussi des étiquettes pour l'identification et, le cas échéant, pour le calibrage, la description et la promotion du produit. Il existe des lois spécifiant l'information requise sur les étiquettes de manière à renseigner et à protéger les consommateurs.

QUESTIONS

1. Supposons que Wal-Mart demande à la compagnie 3M de développer une cellophane qu'elle pourrait vendre dans ses magasins sous le nom Wal-Mart. Wal-Mart veut que le produit soit de la même qualité que la marque de cellophane 3M. 3M est d'accord pour fabriquer un produit de bonne qualité, mais non un produit de qualité supérieure qui rivaliserait avec sa propre marque. Évaluez le dilemme auquel fait face 3M. Quels sont les avantages et les inconvénients pour 3M de produire la cellophane pour Wal-Mart?

2. Les consommateurs d'aujourd'hui désirent obtenir la meilleure valeur possible pour leur argent. Conséquemment, les entreprises recherchent des solutions pour garder leurs clients, car elles ne veulent pas que ceux-ci les abandonnent au profit de marques maison équivalentes à bas prix. Une des solutions à ce problème est que les entreprises se tournent vers une stratégie de dédoublement de la marque, qui consiste à former des alliances avec d'autres entreprises afin de produire une plus grande valeur pour le consommateur. Cependant, une mauvaise planification de cette stratégie peut créer de la confusion dans l'esprit du consommateur et ainsi dévaluer une marque. Quelles précautions faut-il prendre pour éviter ce type d'erreur?

3. À l'aide du concept de niveaux de produits, comparez trois véhicules: une Porsche, une camionnette Ford et une Toyota Tercel.

4. Proposez une définition de l'activité principale de chacune des grandes entreprises suivantes:

   a) General Motors;

   b) Bayer (aspirine);

   c) Banque Nationale;

   d) Sears;

   e) le magazine *Châtelaine*.

5. La plupart des entreprises préfèrent développer une gamme de produits diversifiée pour ne pas avoir à dépendre d'un seul produit. Néanmoins, une entreprise qui ne fabrique et ne vend qu'un produit jouit de certains avantages. Quels sont-ils?

6. Un chef de produit expérimenté et un nouveau chef de produit chez Sunbeam se sont engagés dans une discussion. Marc Filion, le nouveau chef de produit, prétend qu'un produit doit être élagué aussitôt qu'il éprouve des problèmes, et qu'un nouveau produit doit être introduit afin de le remplacer. Jean Cheswick, un chef de produit d'expérience, insiste sur le fait que les produits peuvent être rajeunis et ne devraient pas être automatiquement éliminés. Présentez des arguments qui aideraient Jean à convaincre Marc.

7. Le programme de récompense de la société Edison a été introduit en 1986 afin de reconnaître l'excellence de l'innovation de produits destinés aux consommateurs. Les gagnants (qui sont les produits eux-mêmes) sont choisis en fonction des critères suivants:

   - innovation sur le marché (ou stratégie innovatrice), positionnement, publicité et promotion des ventes;

   - technologie innovatrice;

   - structure innovatrice du marché, développement innovateur d'un nouveau marché ou restructuration d'un marché existant par la création d'un nouveau segment ou par la domination d'un segment existant;

   - valeur durable;

   - répercussions sur la société: amélioration du mode de vie des consommateurs ou augmentation de la liberté de choix des consommateurs.

   Choisissez cinq produits qui, selon vous, répondent à ces critères et expliquez pourquoi ces produits méritent une récompense.

8. On parle fréquemment des entreprises comme étant des leaders de marché, des challengeurs, des suiveurs ou des exploitants de créneaux. Cependant, ces catégories s'appliquent plus souvent aux gammes de produits de l'entreprise qu'à l'entreprise elle-même. Certains produits de l'entreprise pourraient être des leaders, d'autres pourraient être des challengeurs, d'autres, des suiveurs et d'autres, des exploitants de créneaux. Considérez la liste suivante de produits et de services que Bell

Canada offre. À quelle catégorie pouvez-vous les associer ?

a) La vidéotéléphonie ;

b) le service de téléphone cellulaire ;

c) le service de téléphone interurbain ;

d) le service de téléphone local ;

e) la carte à puce ;

f) le service de consultation internationale ;

g) la R et D sur la communication (en collaboration avec Bell Northern Research) ;

h) l'équipement manufacturier (en collaboration avec Northern Telecom) ;

i) la télévision par satellite.

9. Plusieurs entreprises ont l'intention d'apposer leur marque sur des aliments frais. Décrivez les problèmes que ces entreprises pourraient éprouver et suggérez des solutions appropriées.

RÉFÉRENCES

1. Greg W. Prince, « Snapple Comes of Age », *Beverage World,* février 1993, p. 24-30 ; Melissa Campanelli, « Profiles in Marketing : Arnold Greenberg », *Sales and Marketing Management,* août 1993, p. 12.

2. Cette discussion est une adaptation de l'article de Theodore Levitt, « Marketing Success Through Differentiation — of Anything », *Harvard Business Review,* janvier-février 1980, p. 83-91 ; le premier niveau, l'avantage central, a été ajouté au modèle proposé par Levitt.

3. Voir Harper W. Boyd Jr. et Sidney Levy, « New Dimensions in Consumer Analysis », *Harvard Business Review,* novembre-décembre 1963, p. 129-140.

4. Theodore Levitt, *The Marketing Mode,* New York, McGraw-Hill, 1969, p. 2.

5. Vous trouverez d'autres définitions dans le *Dictionary of Marketing Terms,* sous la direction de Peter D. Bennett, Chicago, American Marketing Association, 1995. Voir aussi Patrick E. Murphy et Ben M. Enis, « Classifying Products Strategically », *Journal of Marketing,* juillet 1986, p. 24-42.

6. De Brentani, Ulrike, Ragot et Emmanuel, « Developing New Business-to-Business Professional Services : What Factors Impact Performance ? », *Industrial Marketing Management,* novembre 1996, p. 517-530.

7. On peut trouver cette figure dans Benson P. Shapiro, *Industrial Product Policy : Managing the Existing Product Line,* Cambridge, Mass., Marketing Science Institute, 1977, p. 3-5, 98-101.

8. Fara Warner, « Upscale Chocolate's Not Hot, so Godiva Does a Makeover », *Brandweek,* 4 juillet 1994, p. 21.

9. Voir Steuart Henderson Britt, « How Weber's Law Can Be Applied to Marketing », *Business Horizons,* février 1975, p. 21-29.

10. Cette approche prend en considération des dimensions proposées par Larry Light, de Ted Bates Advertising, lors d'une conférence donnée à la Northwestern University, soit les attributs, les avantages, les valeurs et la personnalité ; elle prend aussi en considération le concept de prisme d'identité proposé par Jean-Noel Kapfere, *Strategic Brand Management : New Approaches to Creating and Eva-* *luating Brand Equity,* Londres, Kogan Page, 1992, p. 38 et suivantes.

11. David A. Aaker, *Managing Brand Equity,* New York, Free Press, 1991. Voir aussi Kevin Lane Keller, « Conceptualizing, Measuring, and Managing Customer-Based Brand Equity », *Journal of Marketing,* janvier 1993, p. 1-23.

12. David A. Aaker, *Managing Brand Equity,* New York, Free Press, 1991, p. 21-30. Voir aussi Patrick Barwise et autres, *Acccounting for Brands,* Londres, Institute of Chartered Accountants in England and Wales, 1990 ; Peter H. Farquhar, Julia Y. Han et Yuji Ijiri, « Brands on the Balance Sheet », *Marketing Management,* hiver 1992, p. 16-22. Le capital de la marque devrait refléter non seulement la valeur capitalisée des profits différentiels résultant de l'utilisation actuelle du nom de la marque, mais aussi la valeur de l'extension potentielle de la marque à d'autres produits.

13. Alexandra Ourusoff, « Brands : What's Hot. What's Not », *Financial World,* 2 août 1994, p. 40-54.

14. Scott Davis et Darrell Douglass, « Holistic Approach to Brand Equity Management », *Marketing News,* 16 janvier 1995, p. 4-5.

15. Pour plus d'information, voir Brian F. Harris et Roger A. Strang, « Marketing Strategies in the Age of Generics », *Journal of Marketing,* automne 1985, p. 70-81.

16. Cité dans « Trade Promotion : Much Ado About Nothing », *Promo,* octobre 1991, p. 37.

17. Pour une discussion plus élaborée sur la qualité perçue des marques maison, voir Paul S. Richardson, Alan S. Dick et Arun K. Jain, « Extrinsic and Intrinsic Cue Effects on Perceptions of Store Brand Quality », *Journal of Marketing,* octobre 1994, p. 28-36.

18. Voir « Global Gourmet », *Canadian Business,* juillet 1993, p. 22-33.

19. Voir Kim Robertson, « Strategically Desirable Brand Name Characteristics », *Journal of Consumer Marketing,* automne 1989, p. 61-70.

20. Tim Triplett, « Generic Fear to Xerox Is Brand Equity to FedEx », *Marketing News,* 15 août 1994, p. 12-13 ; Tim Triplett, « Xerox Changes Identity », *Marketing News,* 29 août 1994, p. 1.

21. Robert McMath, « Product Proliferation », *Adweek (Eastern Ed.) Superbrands 1995 Supplement*, 1995, p. 34-40.

22. Voir Steven M. Shugan, « Branded Variants », *1989 AMA Educators Proceedings*, Chicago, American Marketing Association, 1989, p. 33-38.

23. Robert McMath, « Product Proliferation », *Adweek (Eastern Ed.) Superbrands 1995 Supplement*, 1995, p. 34-40 ; John A. Quelch et David Kenny, « Extend Profits, Not Product Lines », *Harvard Business Review*, septembre-octobre 1994, p. 153-160 ; Bruce G.S. Hardle, Leonard M. Lodish, James V. Kilmer, David R. Beatty et autres, « The logic of Product-Line Extensions », *Harvard Business Review*, novembre-décembre 1994, p. 53-62.

24. Al Ries et Jack Trout, *Positioning : The Battle for Your Mind*, New York, McGraw-Hill, 1981.

25. Barbara Loken et Deborah Roedder John, « Diluting Brand Beliefs : When Do Brand Extensions Have a Negative Impact ? », *Journal of Marketing*, juillet 1993, p. 71-84 ; Susan M. Broniarcyzk et Joseph W. Alba, « The Importance of the Brand in Brand Extension », *Journal of Marketing Research*, mai 1994, p. 214-228 (le numéro porte entièrement sur les marques et sur le capital de la marque).

26. Voir Mark B. Taylor, « Cannibalism in Multibrand Firms », *Journal of Business Strategy*, printemps 1986, p. 69-75.

27. Anthony C. Collings, « Product Tryouts : Sales Tests in Selected Cities Help Trim Risks of National Marketing », *The Wall Street Journal*, 10 août 1962.

28. Voir Alicia Swasy, « Sales Lost Their Vim ? Try Repackaging », *The Wall Street Journal*, 11 octobre 1989, p. B1 ; Marisa Manley, « Product Liability : You're More Exposed than You Think », *Harvard Business Review*, septembre-octobre 1987, p. 28-40 ; John E. Calfee, « FDA's Ugly Package », *Advertising Age*, 16 mars 1992, p. 25.

La gestion des entreprises de services et des services de soutien

*Il n'y a pas d'industrie des services. Il y a simplement
des industries dans lesquelles les composantes du service sont
plus ou moins importantes que dans d'autres industries.
Tout le monde est dans les services.*
THEODORE LEVITT

*Le service à la clientèle n'est pas une unité administrative ;
c'est une façon de penser, une façon de faire.*
RICHARD DOW

Le marketing s'est d'abord développé dans le contexte de la mise sur le marché de produits et de biens tels que la pâte dentifrice, les automobiles et les biens d'équipement. Or, une des mégatendances les plus marquées au Canada et dans les autres pays parvenus à l'ère postindustrielle est la croissance prodigieuse des services. Les entreprises de services représentent plus des deux tiers du produit national brut et des emplois, et une partie encore plus importante des nouveaux emplois, pour la prochaine décennie[1]. Les emplois dans les services se retrouvent non seulement dans les entreprises de services (hôtellerie, transport aérien, services financiers, etc.), mais aussi au sein d'entreprises productrices de biens (services du contentieux, personnel médical, formateurs, etc.). La demande croissante de services est une conséquence directe de la société d'abondance, de l'augmentation des activités de loisir et de la complexité des produits. En conséquence, un Québécois moyen n'est ni un trappeur ni un paysan, mais un membre d'une économie postindustrielle de services. De là est né un intérêt croissant pour les défis particuliers du marketing de services[2].

Les industries de services sont très variées. Il y a le secteur public avec ses tribunaux, ses centres d'emploi, ses hôpitaux, ses organismes d'aide, ses services militaires, ses services d'ambulance, de police et d'incendie, ses bureaux de poste, son bien-être social et ses écoles. Il y a le secteur à but non lucratif avec ses musées, ses églises, ses collèges privés, ses fondations, ses organismes de charité comme Centraide, etc. Le secteur privé compte évidemment pour une partie importante des entreprises de services avec ses transporteurs aériens, ses banques, ses firmes de consultants, ses hôtels, ses compagnies d'assurances, ses services informatiques, ses services de réparation, ses agents immobiliers et ses dépanneurs. De plus, plusieurs travailleurs du secteur manufacturier fournissent aussi des services, comme les comptables, les

informaticiens et les préposés au service à la clientèle. Ces travailleurs sont en fait une « usine de services » fournissant des services à une « usine de produits ».

Outre les entreprises de services traditionnelles, on trouve de plus en plus de nouveaux types d'entreprises de services :

Il existe maintenant des entreprises qui, moyennant rémunération, équilibreront votre budget familial, prendront soin de vos philodendrons, vous réveilleront le matin, vous conduiront à votre travail ou vous aideront à trouver une nouvelle maison, un nouvel emploi, une nouvelle auto, un nouveau conjoint, un nouvel astrologue, un violoniste tzigane ou quelqu'un pour nourrir votre chat. À moins que vous ne vouliez louer un motoculteur ? des animaux de ferme ? des peintures originales ? Et dans le domaine professionnel, vous trouverez des entreprises qui organiseront vos congrès et vos réunions de vente, concevront vos produits, se chargeront de votre informatique ou vous fourniront les services temporaires de secrétaires, et même de cadres.

Dans le présent chapitre, nous répondrons aux questions suivantes :

- **Quelle est la nature des services ?**
- **Comment les services se distinguent-ils ?**
- **Comment les entreprises de services peuvent-elles mieux se différencier et améliorer leur qualité et leur productivité ?**
- **Comment les entreprises productrices de biens peuvent-elles améliorer leur service à la clientèle ?**

16.1
LA NATURE DES SERVICES

On définit le service de la façon suivante :

Un service est un acte, un rendement ou une prestation qu'une partie peut offrir à une autre et qui est essentiellement intangible et n'engendre pas un transfert de propriété. Un service peut être lié à un produit.

L'offre qu'une entreprise fait au marché peut aussi comporter certains services. La composante « service » peut être une partie plus ou moins importante de l'offre totale. En fait, l'offre peut aller d'un produit pur, à un extrême, à un service pur, à l'autre extrême. On peut distinguer cinq catégories d'offre :

1. **Un bien matériel pur.** L'offre consiste avant tout dans un bien tangible, tel que du savon, de la pâte dentifrice ou du sel. Aucun service n'est attaché à ce produit.

2. **Un bien matériel accompagné de services.** L'offre est constituée d'un bien matériel accompagné d'un ou de plusieurs services qui en augmentent l'attrait pour le consommateur. Par exemple, les constructeurs d'automobiles vendent une voiture avec une garantie, un service d'entretien, un manuel d'instructions, etc. Levitt a observé ceci : « Plus un produit générique est technologiquement raffiné (par exemple une voiture ou un ordinateur), plus les ventes dépendront de la qualité et de l'accessibilité des services à la clientèle qui l'accompagnent (salles d'exposition, livraison, réparation et entretien, assistance technique, formation du personnel, conseils lors de l'installation, respect de la garantie). En ce sens, un fabricant d'automobiles est davantage une entreprise de services qu'une entreprise manufacturière. Sans ses services, ses ventes ne peuvent croître[3]. » (Voir la rubrique Le marketing en coulisse 16.1 intitulée « La rentabilité grâce aux services ».)

3. **Un service mixte.** L'offre consiste à la fois en des biens et des services. Par exemple, dans le secteur de la restauration, les clients considèrent autant la qualité du service que la qualité de la nourriture.

4. **Un service central accompagné de biens et de services auxiliaires.** L'offre se compose alors d'un service central accompagné de services de soutien ou de biens de soutien, ou des deux. Par exemple, les passagers d'un transporteur aérien achètent un service de transport. Ils arrivent à destination sans réellement avoir de témoignage tangible des frais engagés. Néanmoins, le voyage inclut des éléments matériels tels que les repas et les rafraîchissements, le talon du billet et le magazine du transporteur. La prestation d'un tel service exige des investissements majeurs dans un bien appelé avion, mais sa caractéristique fondamentale demeure d'être un service.

5. **Un service pur.** L'offre réside avant tout dans un service. C'est le cas pour les services de physiothérapie, de garderie ou de coiffure.

Vu la diversité du couple produit-service, il est difficile de faire des généralisations sur les services à moins d'apporter certaines distinctions supplémentaires.

Tout d'abord, les services peuvent exiger du **personnel** (des services comptables) ou de l'**équipement** (les guichets automatiques). Un service basé sur l'équipement variera selon qu'il sera automatisé ou assuré par un personnel peu qualifié ou très qualifié. Les services basés sur le personnel varieront aussi selon que la prestation sera assurée par un personnel non qualifié ou hautement qualifié.

D'autre part, ce ne sont pas tous les services qui exigent la **présence du client**. Ainsi, une opération au cerveau exige évidemment la présence du client, mais pas la réparation d'une voiture. Si le client doit être présent, le prestataire du service doit tenir compte de ses besoins. Par exemple, une coiffeuse investira dans le décor de son salon de coiffure, fera entendre une musique de fond et entretiendra la conversation avec son client.

Les services diffèrent aussi selon qu'ils répondent à un besoin **personnel** (services personnels) ou à un besoin **professionnel** (services professionnels). Les avocats factureront de façon différente leurs clients privés et les entreprises qui requièrent leurs services de façon régulière. Les prestataires de services concevront normalement des programmes de marketing différents pour leur marché personnel et leur marché professionnel.

Finalement, les fournisseurs de services différeront selon leurs **objectifs** (à but lucratif ou à but non lucratif) et le **type de propriété** (privée ou publique). En croisant ces deux caractéristiques, on obtiendra quatre types relativement différents d'entreprises de services. Les activités de marketing d'une galerie d'art dans le Vieux-Montréal (une entreprise privée à but lucratif) diffèrent de celles du Musée des beaux-arts (une entreprise publique à but non lucratif)[4].

LE MARKETING EN COULISSE 16.1
La rentabilité grâce aux services

À mesure que se rétrécit la marge bénéficiaire sur les produits que les entreprises vendent, celles-ci essaient d'accroître leur rentabilité grâce aux services qu'elles fournissent. On exige de plus en plus de frais pour des services qui étaient dans le passé offerts gratuitement comme complément au produit. Dans d'autres cas, on a tout simplement augmenté le prix des services fournis. Les concessionnaires, de nos jours, font la majeure partie de leurs profits grâce au financement et aux réparations, et non grâce à la vente d'automobiles. En outre, les entreprises ont créé de nouvelles entreprises de services en parallèle avec leurs activités de fabrication. Dans d'autres cas encore, les unités stratégiques d'activités de services croissent plus rapidement et sont plus rentables que les unités stratégiques de production de l'entreprise.

Il y a six façons pour les fabricants de créer des activités de services :

1. **Transformer le produit en un système de soutien.** Plutôt que de vendre uniquement leurs produits, les entreprises qui fabriquent des produits chimiques, des ordinateurs et des machines-outils offrent maintenant leurs produits comme un des éléments d'un programme intégré de services qui répondent mieux aux besoins des clients. Ainsi, un fabricant d'engrais chimiques qui a adopté une optique de service peut offrir d'ajuster la formule d'engrais pour chaque ferme, et même d'étendre l'engrais avec son propre équipement. L'entreprise américaine Fanuc Robotics, un des plus grands fabricants de robots en Amérique du Nord, a changé sa mission de fabricant de robots pour une mission de concepteur et d'installateur de systèmes de fabrication sur mesure.

2. **Adapter les services internes d'une entreprise pour en faire des services externes vendables.** Certaines entreprises qui avaient développé des compétences internes ont constaté qu'elles pouvaient vendre ces compétences à d'autres entreprises. Ainsi, la Banque Nationale offre des services-conseils en technologie de l'information et en informatique pour l'exploitation de solutions financières électroniques par l'intermédiaire de sa filiale, la SIBN. Et Xerox a mis au point au sein de l'entreprise un programme de formation des représentants commerciaux si efficace qu'elle a décidé de vendre cette approche à d'autres entreprises.

3. **Offrir des services à d'autres entreprises à partir des unités de production de l'entreprise.** Certaines entreprises s'aperçoivent qu'elles peuvent vendre à d'autres entreprises certains services issus des unités de production de l'entreprise. Kimberly-Clark gère et entretient ses propres avions pour ses cadres. Elle offre maintenant ses services d'entretien et de réparation aux autres entreprises qui possèdent leur propre avion.

4. **Gérer les services d'autres entreprises.** Un secteur qui connaît une croissance importante est celui de la gestion de contrat pour des services tels que la cantine, les centres de traitement de données ou l'entretien de bâtisses. Ainsi, la compagnie Scott, qui produit des graines pour le gazon, gère aussi une entreprise d'entretien de gazon. S.C. Johnson, qui vend des insecticides, gère également une entreprise d'extermination. Et chez Johnson Control, un fabricant de thermostats et de systèmes énergétiques, les ingénieurs, qui étaient auparavant confinés dans leur bureau devant l'ordinateur, travaillent maintenant dans les bâtisses des clients, gérant les systèmes de chauffage et de climatisation qu'ils ont aidé à créer.

5. **Vendre des services financiers.** Les fabricants d'équipement ont découvert qu'ils pouvaient tirer profit du financement des achats de leurs clients. Bombardier offre un tel service. La compagnie GE Credit Corporation offrait originalement des services de financement à ses propres clients et vendeurs, mais aujourd'hui cette entreprise fait le financement d'hypothèques aux commerces et aux particuliers, de location d'autos et de stocks des commerçants.

6. **Offrir des services de distribution.** Certains manufacturiers peuvent être à la fois les propriétaires et les gestionnaires de magasins de détail

pour écouler leurs propres produits. Ainsi, Tip Top Tailor est avant tout un fabricant de vêtements qui gère un ensemble de chaînes de magasins de vêtements. Quaker Oats n'est pas seulement un fabricant de céréales ; elle gère aussi plusieurs chaînes de restaurants. Nombre de fabricants ont aussi établi des magasins d'usines et certains fabricants ont mis sur pied un magasin où ils vendent leurs propres produits.

Parmi ceux-ci, on trouve des magasins pour les produits Speedo, Nike, Levi's et Docker.

Sources : Voir Irving D. Canton, « Learning to Love the Service Economy », *Harvard Business Review*, mai-juin 1984, p. 89-97 ; Mark Hanan, *Profits Without Product : How to Transform your Product-Business into a Service*, New York, Amacom, 1992 ; Ronald Henkoff, « Service Is Everybody's Business », *Fortune*, 27 juin 1994, p. 48-60.

16.2
LES CARACTÉRISTIQUES DES SERVICES ET LEURS IMPLICATIONS POUR LE MARKETING

Les services présentent quatre caractéristiques majeures qui influent sur l'élaboration des programmes de marketing : l'intangibilité, la simultanéité, la variabilité et la périssabilité.

16.2.1
L'intangibilité

Les services sont intangibles. Avant de les acheter, contrairement aux produits, on ne peut ni les voir, ni les goûter, ni les sentir, ni les entendre. La personne qui se fait faire une chirurgie plastique ne peut voir les résultats avant l'achat, pas plus que le patient dans le bureau d'un psychanalyste ne peut prédire les résultats de l'intervention.

Pour réduire son incertitude, l'acheteur cherchera des signes ou des preuves démontrant la qualité du service. Il déduira le degré de qualité du service d'après l'apparence des locaux, la tenue et la conduite du personnel, l'état de l'équipement, l'attrait du matériel publicitaire, la qualité des symboles et le niveau des prix.

La tâche du fournisseur de services consiste donc à « gérer l'apparence », à « rendre tangible l'intangible[5] ». Alors que le défi du mercaticien de produits est d'ajouter une valeur immatérielle à son produit, le défi du mercaticien de services consiste, au contraire, à rendre concrète et à imager une offre abstraite, par

exemple « Vous êtes entre bonnes mains avec Allstate », ou le parapluie de la Travellers, qui symbolise l'abri contre les intempéries, ou encore le rocher de Gibraltar de La Prudentielle, « solide comme le roc ».

Supposons qu'une banque désire se donner une image de services rapides et efficaces. Elle pourrait rendre sa stratégie de positionnement plus tangible de plusieurs façons :

1. **Les locaux.** L'aménagement des locaux de la banque peut dénoter la rapidité et l'efficacité des services. L'architecture, tant à l'intérieur qu'à l'extérieur, doit être dynamique. La position des comptoirs et la canalisation du trafic doivent être planifiées avec soin. La file d'attente ne doit pas paraître indûment longue. Il doit y avoir suffisamment de sièges pour les clients qui attendent de rencontrer un conseiller de la succursale. La musique d'ambiance doit renforcer l'image d'un service efficace.

2. **Le personnel.** Le personnel de la banque doit être occupé. Par ailleurs, il doit y avoir suffisamment d'employés pour ne pas faire attendre indûment les clients.

3. **L'équipement.** L'équipement de la banque — ordinateurs, photocopieurs, bureaux — doit être à la pointe du progrès.

4. **L'information.** Le matériel publicitaire de la banque doit dégager une image d'efficacité. Les brochures doivent être claires et aérées. On doit choisir les photos avec soin.

5. **Le logo.** La banque doit choisir un nom et un symbole pour représenter concrètement son service. Par exemple, elle peut adopter le nom de Mercure

et concevoir son logo à partir du symbole de ce dieu de la mythologie grecque.

6. **Le prix.** La tarification des divers services de la banque doit être transparente et simple à comprendre à chaque occasion.

16.2.2
La simultanéité

En général, les services sont produits et consommés en même temps, ce qui n'est pas vrai pour les biens matériels, qui sont fabriqués, stockés, distribués par l'intermédiaire de plusieurs revendeurs et consommés plus tard. Si le service est rendu par une personne, alors la personne fait partie du service. Puisque le client est souvent présent au moment où le service est rendu, l'interaction du prestataire avec son client est une caractéristique fondamentale du marketing de services. Le prestataire et le client peuvent tous deux influer sur le service rendu.

Dans le cas de spectacles et de services professionnels, les acheteurs éprouvent un grand intérêt pour le prestataire du service lui-même. Le service ne sera pas le même si, avant un spectacle de Bruno Pelletier, on annonce au public que celui-ci sera remplacé par Dan Bigras. Peu importe la valeur de chacun de ces artistes, l'un et l'autre ont des fans fidèles dont les préférences sont distinctes. Quand les clients ont des préférences marquées pour un prestataire particulier, le prix et la disponibilité de ce prestataire conditionnent son offre de temps à la clientèle.

Il existe cependant des stratégies pour remédier à cette limite. Le prestataire de services peut travailler avec des groupes plus nombreux. La psychothérapie est passée de la psychothérapie individuelle à la psychothérapie de petit groupe, et même à celle de grand groupe. Le prestataire de services peut apprendre à travailler plus rapidement. Ainsi, un psychothérapeute peut consacrer 40 minutes à chaque client au lieu de 50 minutes et voir ainsi plus de clients. Un physiothérapeute peut rendre une partie du service et faire fournir une autre partie du service par un technicien en physiothérapie. L'hygiéniste dentaire peut faire une partie de la tâche du dentiste. Ou encore, une entreprise de services peut former plus de prestataires tout en maintenant la confiance de la clientèle. C'est ce que H & R Block a fait avec son réseau national de conseillers en impôt.

16.2.3
La variabilité

Les services sont fort variables puisqu'ils dépendent de la personne qui rend le service et du moment et du lieu où le service est rendu. Certains médecins sont très doués pour soigner les enfants, alors que d'autres s'impatientent rapidement. Certains chirurgiens obtiennent d'excellents résultats pour certains types d'opérations, mais ont moins de succès dans d'autres domaines. Les gens qui achètent les services sont conscients de cette forte variabilité et comptent souvent sur le bouche à oreille pour choisir un prestataire.

Les entreprises de services peuvent améliorer la qualité de leurs services de trois façons. Tout d'abord, elles peuvent investir dans des programmes d'embauche et de formation du personnel. Les compagnies aériennes, les banques et les hôtels consacrent des sommes substantielles à la formation de leurs employés afin qu'ils rendent de bons services. Ainsi, le client devrait trouver le même personnel amical et serviable dans chacun des hôtels de la chaîne hôtelière Delta.

Ensuite, les entreprises peuvent normaliser le processus de prestation de services dans toute l'organisation. On trouvera à la figure 16.1 un schéma du processus de prestation d'un fleuriste membre d'un réseau national de distribution florale[6]. Pour le client, la livraison de fleurs consiste simplement à faire un appel, à choisir les fleurs et à passer la commande. Dans les coulisses, l'entreprise s'occupera de s'approvisionner en fleurs, de les assembler en bouquets et de les disposer dans des vases, d'en faire la livraison et de percevoir le paiement.

Enfin, les entreprises peuvent mesurer la satisfaction des clients grâce à une pratique de demande de suggestions et de réception de plaintes, à des sondages et à des comparaisons avec la concurrence, de façon qu'elles puissent déceler un mauvais service et y apporter les corrections nécessaires[7].

16.2.4
La périssabilité

La périssabilité (ou non-durabilité) des services rend difficile la gestion de ceux-ci. En effet, les services ne s'entreposent pas. C'est la raison pour laquelle les

FIGURE 16.1

Une représentation graphique du processus de prestation d'un fleuriste membre d'un réseau national de distribution florale

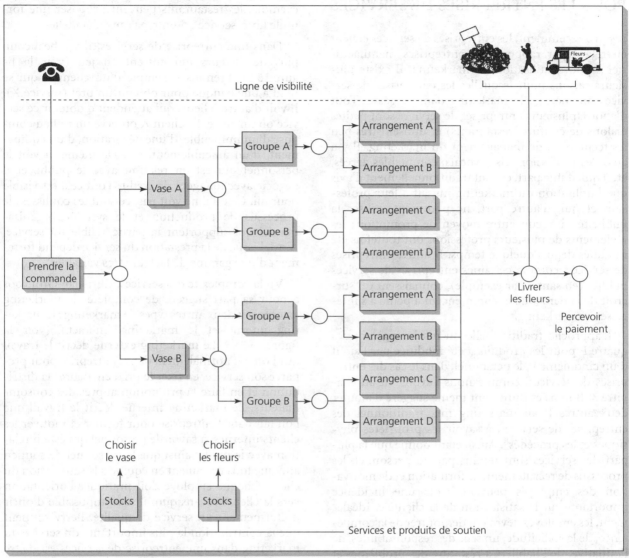

Source : G. Lynn Shostack, « Service Positioning Through Structural Change », *Journal of Marketing*, janvier 1987, p. 39.

compagnies aériennes imposent des frais d'annulation sur certains billets. La périssabilité des services n'est pas un problème quand la demande est stable, parce qu'il est relativement facile de planifier la présence du personnel. Quand la demande fluctue, les entreprises de services font face à des problèmes plus sérieux. Par exemple, les transports en commun doivent, à cause de la demande à l'heure de pointe, se munir de plus d'équipement qu'ils n'en auraient besoin si la demande était stable pendant toute la journée. Le problème des horaires des conducteurs est aussi important.

16.3
LES STRATÉGIES DE MARKETING POUR LES ENTREPRISES DE SERVICES

Jusqu'à récemment, les entreprises de services étaient en retard par rapport aux entreprises manufacturières pour l'utilisation du marketing. Il existe plusieurs raisons pour lesquelles les entreprises de services ont négligé le marketing dans le passé. Tout d'abord, plusieurs entreprises de services sont petites (salons de coiffure, restaurants) et utilisent très peu les techniques de management du marketing. Il y a aussi les professionnels (avocats, comptables agréés, etc.) qui, d'une part, étaient traditionnellement d'avis que l'utilisation du marketing nuisait à leur profession et qui, d'autre part, ne pouvaient utiliser la publicité ni aucun autre moyen de promotion ; les règlements de plusieurs professions ont toutefois été modifiés depuis quelque temps. D'autres entreprises de services, comme certaines entreprises de services publics (en santé, par exemple), connaissent un surcroît de la demande et commencent à peine à s'intéresser au marketing.

L'approche traditionnelle du marketing mix des quatre P pour les produits a été modifiée par l'ajout d'un cinquième P, le **personnel**, dans le cas des entreprises de services, comme nous l'avons vu au chapitre 3. Booms et Bitner ont même suggéré d'ajouter deux autres P au marketing mix traditionnel des entreprises de services, à savoir les **propriétés physiques** et les **procédés**[8]. Ainsi, étant donné que la plupart des services sont rendus par du **personnel**, les processus de recrutement, de formation et de motivation des employés peuvent avoir une incidence importante sur la satisfaction de la clientèle. Idéalement, les employés devraient démontrer de la compétence, de la sollicitude, un sens des responsabilités, de l'initiative, de l'habileté à résoudre des problèmes et de la bonne volonté. Les entreprises de services telles que Federal Express et Marriott ont confiance en leur personnel au point de donner l'autorité au personnel de première ligne de dépenser jusqu'à 100 $ pour résoudre un problème avec un client. Les entreprises essaient aussi de prouver la qualité de leurs services grâce à leurs **propriétés physiques** et à la présentation. Ainsi, un hôtel peut développer une apparence et une façon de faire avec les clients qui représentent bien son intention d'accroître la valeur pour ceux-ci ; cela peut se manifester par la courtoisie, la décora-

tion, des attentions ou tout autre avantage. Finalement, les entreprises de services peuvent utiliser différents **procédés** pour offrir leurs services. Par exemple, les restaurants peuvent proposer une formule libre-service ou un repas aux chandelles.

Dans une entreprise de services, il y a beaucoup plus de facteurs qui entrent en jeu (voir la figure 16.2). Prenons l'exemple d'un client A qui se rend à une banque pour obtenir un prêt (service X). Il voit d'autres clients qui attendent d'obtenir ce service ou un autre. Le client A observe un milieu composé d'un immeuble, d'une décoration, d'un équipement, d'un ameublement, etc. De même, il voit le personnel qui est en relation avec le public et il négocie avec un agent de crédit. Tout cela est visible pour lui. Ce qu'il ne voit pas, ce sont les coulisses : le processus de production et le système organisationnel qui supportent la partie visible du service. Ainsi, l'issue de la prestation du service dépend fortement d'une gamme de facteurs très variables[9].

Vu la complexité des services, Christian Gronroos a pour sa part suggéré de compléter le marketing externe par deux autres types de marketing : le marketing interne et le marketing interactif (voir la figure 16.3)[10]. Le **marketing externe** décrit le travail que l'on fait normalement dans l'entreprise pour préparer son service, en fixer le prix, en assurer la distribution et en faire la promotion auprès des consommateurs. Le **marketing interne** décrit le travail que l'on fait dans l'entreprise pour former et motiver les **clients internes**, à savoir le personnel qui est en relation avec le public ainsi que le personnel de soutien afin que tous travaillent en équipe à la satisfaction du client. Chaque employé doit pratiquer l'orientation vers la clientèle, sans quoi il sera impossible d'offrir uniformément un service de qualité. Berry soutient que la contribution la plus importante du service du marketing dans une entreprise de services est d'être « extraordinairement ingénieux pour mobiliser tous les membres de l'organisation dans la pratique du marketing[11] ».

Le **marketing interactif**, qui est une dimension du marketing **relationnel**, se concentre sur l'interaction du personnel avec la clientèle. Dans le marketing de services, la qualité des services est étroitement liée au prestataire. Cela est particulièrement vrai pour les services professionnels[12]. Le client ne juge pas la qualité du service seulement sur sa **qualité technique** (la réussite d'une intervention chirurgicale), mais aussi

FIGURE 16.2
**Les éléments
de la prestation
d'un service**

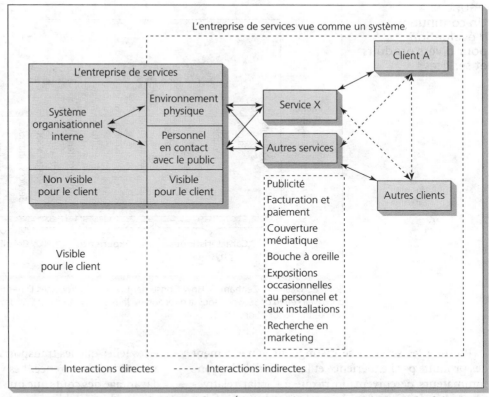

Source : Légèrement adaptée de Pierre Eiglier et Éric Langeard, « A Conceptual Approach of the Service Offering », dans *Proceedings of the EAARM X Annual Conference*, sous la direction de H. Hartvig Larsen et S. Heede, Copenhagen School of Economics and Business Administration, 1981.

FIGURE 16.3
**Les trois types de marketing dans les
entreprises de services**

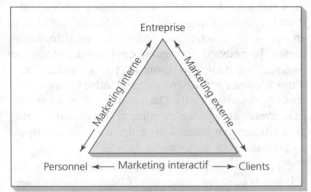

sur sa **qualité fonctionnelle** (l'intérêt que montre le chirurgien et la confiance qu'il inspire)[13]. Par exemple, une société de courtage peut offrir deux services de haute technologie : un service téléphonique et un service informatique. Les deux services réduisent

la dépendance des clients envers les courtiers. Mais si certains clients préfèrent les contacts personnels, ils doivent aussi avoir accès aux courtiers. Les professionnels ne devraient pas supposer qu'ils satisferont leurs clients uniquement parce qu'ils fournissent un bon service technique. En conséquence, ils doivent également maîtriser des habiletés de marketing interactif.

En fait, il existe des services dont le client ne peut juger la qualité technique même après les avoir reçus ! On trouvera à la figure 16.4 un continuum pour des produits et des services selon la difficulté d'évaluation[14]. À gauche sont placés les biens qui possèdent des caractéristiques qu'on peut facilement évaluer avant l'achat ; ce qui les distingue, ce sont leurs **caractéristiques physiques**. Au milieu, on trouve des biens et des services que l'acheteur ne peut évaluer qu'après l'achat ; ce qui les caractérise, c'est l'**expérience**. À droite apparaissent les biens et les services que l'acheteur trouvera difficiles à évaluer même après la consommation ; ce qui les distingue, c'est la **crédibilité**[15].

FIGURE 16.4
**Un continuum
d'évaluation
pour divers produits
et services**

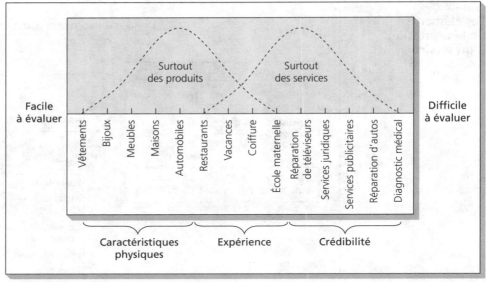

Source : Valarie A. Zeithaml, « How Consumer Evaluation Processes Differ Between Goods and Services »,
dans *Marketing of Services*, sous la direction de James H. Donnelly et William R. George, Chicago, American
Marketing Association, 1981.

Puisque les services se distinguent généralement des produits par l'expérience et la crédibilité, les consommateurs perçoivent un risque à l'achat relativement plus élevé que dans le cas des produits. Ce fait a plusieurs conséquences. Premièrement, les consommateurs dépendent plus du bouche à oreille que de la publicité d'une entreprise de services. Deuxièmement, les consommateurs dépendent beaucoup du prix, du personnel qui est en relation avec la clientèle et d'indices physiques pour juger la qualité d'un service. Troisièmement, ils ont tendance à être très fidèles à un prestataire de services lorsqu'ils sont satisfaits.

Les entreprises de services font maintenant face à trois défis : accroître la **différenciation concurrentielle**, la **qualité du service** et la **productivité**. Quoique ces trois préoccupations soient en interaction, nous les examinerons tour à tour.

16.3.1
La gestion de la différenciation

Dans les entreprises de services, les spécialistes du marketing se plaignent souvent de la difficulté de différencier leurs services de ceux des concurrents. De plus, la déréglementation dans des entreprises de ser-

vices telles que les transports et les services financiers a accru la concurrence. Les voyageurs qui se soucient davantage des coûts que du service ont forcé des compagnies bien établies comme Air Canada à réévaluer leur marketing mix.

Air Canada opte pour la qualité du service, mais aussi pour des ventes périodiques de places à prix réduit pour défendre sa part de marché. De même, à la suite de la déréglementation des services financiers, on a vu naître des services de courtage à tarifs réduits dont le succès témoigne de la faible fidélité des clients envers les sociétés de courtage traditionnelles lorsqu'ils peuvent épargner de l'argent. Ainsi, la Banque Nationale du Canada, par l'intermédiaire d'une filiale à part entière, Investel, offre un service de courtage à tarifs réduits. Dans la mesure où les clients perçoivent un service comme relativement homogène, ils ont tendance à accorder moins d'attention au prestataire qu'au prix.

La solution pour faire face à la concurrence par le prix est de concevoir une offre, une prestation de services et une image différenciées.

L'offre

Une entreprise de services peut ajouter des **caractéristiques innovatrices** pour distinguer son offre. On appelle **services primaires** ou **de base** ce que le consommateur s'attend à avoir, ce à quoi on peut ajouter des **caractéristiques secondaires**. Pour étoffer leur offre, certains transporteurs aériens ont introduit des innovations telles que les films, les réservations, la vente de marchandises hors taxe, les services téléphoniques, de même que des programmes pour les grands voyageurs. Le programme Aéroplan d'Air Canada permet ainsi d'obtenir des primes de voyage pour le transport aérien, l'hébergement à l'hôtel et la location d'une voiture. Certaines compagnies aériennes ont même ajouté des services de librairie, d'ordinateur, etc. On offre aux voyageurs de la classe affaires des salles de repos avec douche, téléviseur, journaux, rafraîchissements et repas.

La compagnie Hertz offre un service hors de l'ordinaire aux détenteurs de sa carte or. Dès son arrivée à l'aéroport, le client est accueilli dans une navette gratuite qui le transporte à l'aire de stationnement où l'attend l'auto qui lui est assignée. Les clés sont déjà dans l'auto, et le coffre arrière est prêt à accueillir les bagages. La facture est accrochée au rétroviseur et le client a tout simplement à présenter son permis de conduire au gardien lorsqu'il prend la route.

Un des gros problèmes des entreprises de services est que la plupart des innovations peuvent être facilement imitées. Il leur est à peu près impossible de conserver leur avance à long terme. En revanche, l'entreprise de services qui fait régulièrement de la recherche et procède à des innovations dans un service y gagnera des avantages temporaires successifs sur ses concurrents et acquerra une réputation d'innovation (c'est le cas pour la Banque TD, qui a souvent été un leader, avec la Ligne verte, notamment) ; elle retiendra les clients qui désirent ce qu'il y a de mieux.

La prestation des services

Une entreprise de services peut aussi différencier la prestation de ses services de trois façons, à savoir par son personnel en relation avec le public, par l'environnement physique et par le processus. Une entreprise de services peut se distinguer en acquérant un personnel en relation avec le public plus compétent et plus fiable que celui de ses concurrents. Elle peut mettre au point un environnement physique supérieur (Cinéplex Odéon) pour la prestation de ses services. Finalement, elle peut concevoir un processus de distribution supérieur, par exemple les services bancaires électroniques à domicile.

L'image

Les entreprises de services peuvent aussi s'efforcer de différencier leur image à l'aide de symboles et de marques de commerce. Ainsi, le Groupe financier Banque Royale a adopté le symbole du lion pour projeter une image de solidité. Le lion de la Banque Royale, qui est bien connu, fournit un élément de familiarité aux clients de la banque. D'autres entreprises de services financiers ont acquis la réputation d'être les meilleures dans leur domaine, comme la firme de courtage Nesbitt Burns pour la qualité de sa recherche et la société H & R Block pour l'efficacité des coûts de ses services fiscaux.

Il existe aussi des entreprises de services qui ont acquis une réputation enviable à l'échelle internationale. Un bon exemple est le Club Med (une filiale de la société française Club Méditerranée, S.A.), qui connaît un succès de marketing et financier sans précédent depuis plus de quarante ans. Gilbert Trigano a ouvert le premier village Club Med en Grèce en 1955, et aujourd'hui le Club Med gère plus de 114 villages dans plus de 36 pays.

La formule du Club Med est simple : offrir des vacances qui permettent aux gens d'oublier le stress quotidien. Ils n'ont aucune décision à prendre. Ils peuvent s'habiller de façon informelle, rencontrer d'autres personnes, s'amuser et prendre des repas avec elles, tout cela sous un climat chaud et dans une ambiance agréable. Pendant une ou deux semaines inoubliables, les vacanciers s'échappent d'un monde de compétition et pénètrent dans un monde plus simple de coopération au sein du village Club Med.

Les invités paient à l'avance leur séjour et utilisent des jetons au lieu de la monnaie dans le village. Les invités, appelés « gentils membres », sont aidés par les membres du personnel, appelés « gentils organisateurs » (GO). Les gentils organisateurs, dont le nombre peut atteindre une centaine dans un village, travaillent de longues heures et peuvent servir d'instructeur aux invités, d'amuseur ou d'ami. Les villages sont situés dans des environnements pittoresques et offrent toute une panoplie de services sportifs, de discothèques, en plus d'une excellente cuisine.

Le Club Med fait des profits remarquables à partir des frais versés par les invités. Il fait des millions de dollars en intérêts en déposant les paiements reçus plusieurs semaines avant la visite des invités. De plus, le Club Med peut offrir des services de transport aérien à des prix de grossiste grâce à son volume d'activité important, tout en facturant des tarifs

Ce qu'il faut faire pour dépasser les attentes des clients

Les attentes des clients sont les vraies normes par rapport auxquelles on peut juger de la qualité des services. La compréhension de la nature et des déterminants des attentes est essentielle si l'on veut s'assurer que la prestation du service égalera ou même dépassera ces attentes.

C'est en répondant efficacement aux attentes qu'on se prépare à les dépasser — ce qui, en retour, contribue à maintenir la fidélité des clients. Selon Berry et Parasuraman, les directeurs du marketing devraient se poser les questions suivantes s'ils cherchent à combler et à dépasser les attentes des clients:

1. **Nous efforçons-nous de présenter une image réaliste de nos services à nos clients?** Vérifions-nous l'exactitude du contenu de nos messages avant que les clients y soient exposés? Existe-t-il une communication continue entre les employés qui servent des clients et ceux qui font des promesses à ceux-ci? Tentons-nous d'évaluer l'effet d'indices comme le prix sur les attentes des clients?

2. **Est-ce une priorité pour notre entreprise d'assurer un service impeccable du premier coup?** Soulignons-nous suffisamment à nos employés que le fait d'offrir un service fiable est une manière efficace de combler les attentes des clients? Nos employés sont-ils formés pour offrir un service sans fautes? Sont-ils récompensés pour cela? Est-ce que nous vérifions régulièrement la prestation de nos services pour repérer et corriger les erreurs possibles?

3. **Communiquons-nous efficacement avec nos clients?** Communiquons-nous périodiquement avec nos clients pour vérifier que nous répondons bien à leurs besoins et pour leur dire que nous aimons faire affaire avec eux? Formons-nous nos employés de manière qu'ils se préoccupent du bien-être de nos clients? Exigeons-nous que nos employés se préoccupent du bien-être des clients et valorisons-nous cette attitude?

4. **Tentons-nous d'impressionner favorablement nos clients lors de la prestation du service?** Nos employés sont-ils conscients que le processus de prestation de services offre l'occasion tout indiquée de surpasser les attentes des clients? Faisons-nous des efforts pour encourager l'excellence durant la prestation des services?

5. **Nos employés considèrent-ils que les problèmes reliés à la prestation de services sont des possibilités pour impressionner favorablement les clients, ou pensent-ils plutôt qu'il s'agit d'obstacles?** Préparons-nous et encourageons-nous nos employés à exceller dans la résolution de problèmes? Les récompensons-nous lorsqu'ils trouvent un règlement exceptionnel?

6. **Évaluons-nous continuellement notre rendement par rapport aux attentes des clients et nous efforçons-nous de l'améliorer?** Nous efforçons-nous d'avoir un rendement continu qui aille au-delà du niveau de service minimal? Profitons-nous de toutes les possibilités pour dépasser le niveau de service souhaité?

Sources: Reproduit avec la permission de The Free Press; réimprimé de Simon & Schuster, *Marketing Services: Competing Through Quality*, de Leonard L. Berry et A. Parasuraman. Copyright © 1991 par The Free Press. Voir aussi Leonard L. Berry, *On Great Service: A Framework for Action*, New York, Free Press, 1995.

réguliers aux invités. Enfin, des montants substantiels sont obtenus des pays hôtes pour bâtir de nouveaux villages qui permettent d'accroître l'offre touristique.

Pendant longtemps, le Club Med a utilisé une approche standard pour concevoir et gérer ses villages. Aujourd'hui, l'entreprise permet certaines adaptations dans le but d'attirer et de satisfaire de nouveaux marchés. Certains clubs ont été conçus pour attirer des clients plus âgés qui sont mariés et qui ont des enfants. Certains villages offrent des sessions de formation en informatique. Le nombre de GO qui parlent d'autres langues que le français s'est accru. De nouveaux villages, plus faciles d'accès pour les Nord-Américains, ont été établis. En d'autres mots, le Club Med est en train de passer d'un marketing mondial standardisé à un marketing mondial adapté[16].

16.3.2
La gestion de la qualité des services

Une des façons les plus importantes de différencier une entreprise de services consiste à assurer un service d'une qualité supérieure à celle des concurrents. La clé du succès est de satisfaire, voire de dépasser, les attentes des clients cibles en matière de qualité. Les

attentes de ces derniers résultent de leurs expériences passées, du bouche à oreille, de la publicité de l'entreprise et de leurs besoins personnels. C'est en fonction de ces aspects que les clients choisissent le prestataire d'un service ; puis, après avoir reçu le service, ils comparent le **service perçu** avec le **service attendu**. Si le service perçu est en deçà de leurs attentes, les clients ne s'intéresseront plus au prestataire. Si le service perçu comble ou surpasse leurs attentes, il est probable qu'ils utiliseront de nouveau les services du prestataire. Vous trouverez une liste de questions que les mercaticiens devraient se poser pour aller au-delà des attentes les plus élevées des clients dans le Mémento de marketing 16.1 intitulé « Ce qu'il faut faire pour dépasser les attentes des clients ».

Parasuraman, Zeithaml et Berry ont élaboré un modèle de qualité des services qui met en évidence les principales exigences à remplir pour pouvoir offrir un service de qualité[17]. Ce modèle, qui est présenté à la figure 16.5, précise cinq écarts qui peuvent être la

FIGURE 16.5
Un modèle de la qualité d'un service

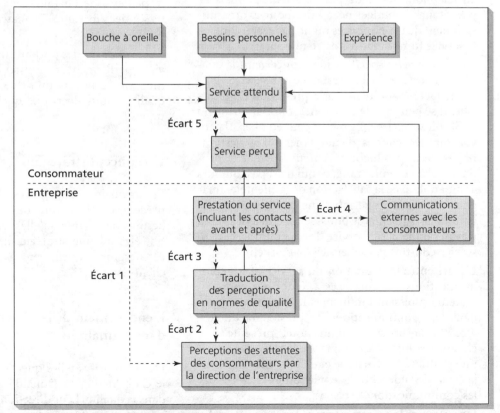

Source : A. Parasuraman, Valarie A. Zeithaml et Leonard L. Berry, « A Conceptual Model of Service Quality and Its Implications for Future Research », *Journal of Marketing*, automne 1985, p. 44.

cause d'un service de mauvaise qualité. En voici la description :

1. **L'écart entre les attentes des consommateurs et la perception qu'en a la direction de l'entreprise.** La direction de l'entreprise ne perçoit pas toujours correctement ce que les consommateurs veulent ou la façon dont les consommateurs évaluent la qualité des éléments du service. Ainsi, les administrateurs d'un hôpital peuvent croire que les patients jugent la qualité du service d'après la qualité des repas, alors qu'en fait ils attachent plus d'importance à l'empathie des infirmières.

2. **L'écart entre les perceptions de l'entreprise et les normes de qualité des services.** Il est possible que la direction de l'entreprise n'établisse pas de normes de qualité des services, ou fixe des normes floues ou peu réalistes. Ou encore, les normes peuvent être claires et réalistes, mais la direction peut ne pas s'efforcer d'atteindre le degré de qualité souhaité. Par exemple, la direction d'une compagnie aérienne peut désirer que le temps d'attente au téléphone n'excède pas 20 secondes, mais ne pas allouer le budget nécessaire pour avoir suffisamment de téléphonistes ou ne pas réagir lorsque le service tombe en deçà de ce niveau.

3. **L'écart entre les spécifications concernant la qualité des services et la prestation du service.** Plusieurs facteurs influent sur la prestation d'un service. Il se peut que le personnel soit mal formé ou qu'il soit surchargé. Le moral peut être bas. Il peut y avoir des pannes d'équipement. Les gestionnaires de la production mettent souvent la productivité au premier rang, ce qui n'est pas toujours compatible avec la satisfaction de la clientèle. Imaginez la pression que subit une caissière dans une banque lorsqu'elle est poussée à l'efficience et au travail rapide par le service des opérations, et à un service courtois par le service du marketing.

4. **L'écart entre la prestation du service et les communications externes.** Les attentes des consommateurs subissent l'influence des promesses faites dans les communications du prestataire du service. Si la brochure d'un hôtel présente une chambre somptueuse et que le client trouve en fait une chambre bon marché et d'apparence minable, la cause de la déception sera les attentes créées par les communications externes.

5. **L'écart entre le service perçu et le service attendu.** Cet écart résulte d'un ou de plusieurs des écarts précédents. La multiplicité des écarts possibles explique pourquoi les prestataires de services ont de la difficulté à assurer la prestation de la qualité attendue du service.

Berry et Parasuraman ont dressé une liste des principaux **facteurs déterminants de la qualité des services.** Ce sont, par ordre d'importance accordée par les clients (pour une somme totale de 100 points)[18] :

1. La **fiabilité**, soit l'habileté à offrir un service de façon uniforme et précise (32 points).

2. La **réactivité**, soit la volonté d'aider le client et la réponse appropriée et rapide aux demandes du client (22 points).

3. L'**assurance**, à savoir la capacité d'offrir un service courtois que manifeste un personnel compétent et qui sait inspirer confiance (19 points).

4. L'**empathie**, c'est-à-dire l'habileté à comprendre le client et à lui apporter une attention personnalisée (16 points).

5. La **tangibilité**, soit l'aspect des locaux, de l'équipement, de l'habillement et de la tenue du personnel ainsi que du matériel de communication (11 points).

Diverses études portant sur des entreprises de services performantes montrent qu'elles ont en commun un certain nombre de pratiques relatives à la qualité. Nous décrirons quelques-unes de ces pratiques.

Un concept stratégique

Les meilleures entreprises de services connaissent précisément la nature de leur marché cible et les besoins des clients qu'elles tentent de satisfaire. Elles ont élaboré une stratégie distinctive pour satisfaire ces besoins, laquelle leur assure la fidélité de leurs clients.

L'engagement de la direction générale dans la qualité

Des entreprises telles que Marriott, Federal Express, le Club Med et McDonald's se sont engagées à fond dans la qualité. Leur direction n'évalue pas seulement les résultats financiers sur une base mensuelle, mais aussi la performance du service. Ray Kroc, de

McDonald's, insiste pour que le rendement soit mesuré continuellement chez chaque franchisé sous le rapport de la qualité, du service, de la propreté et de la valeur. Les franchisés qui ne donnent pas un bon rendement sont forcés d'abandonner.

L'établissement de normes élevées

Les meilleurs fournisseurs de services fixent des normes de qualité élevées. L'objectif de Swissair, par exemple, est que 96 % ou plus de ses passagers évaluent son service de bon à supérieur, faute de quoi elle prendra des mesures correctives. Le niveau des normes doit être approprié à la nature du service. Ainsi, une norme de 98 % de transactions sans fautes peut paraître élevée ; mais avec une telle précision, Federal Express perdrait 32 000 colis par jour, et il y aurait 5 fautes par page dans ce livre. Et avec un tel niveau de fiabilité, nous manquerions d'eau et d'électricité trois jours et demi par année. Si certaines entreprises offrent de très bons services, d'autres cherchent à atteindre le « zéro défaut[19] ».

Des méthodes de surveillance de la performance des services

Les meilleures entreprises de services évaluent régulièrement leur rendement tout autant que celui de leurs concurrents. Elles recourent à une panoplie de méthodes pour mesurer la performance : le **magasinage chez les concurrents**, le recours à des **clients anonymes**, ou acheteurs fantômes (voir le chapitre 2), les **sondages** et les **formulaires de suggestions et de plaintes**. General Electric envoie chaque année à domicile 700 000 cartes-questionnaires pour évaluer la performance de son personnel de services. Plusieurs banques canadiennes mènent un sondage auprès de clients de chaque succursale et fournissent au directeur de la succursale un rapport où il peut comparer la performance de sa succursale durant la présente année avec celle de l'année précédente, de même qu'avec celle de la moyenne de toutes les succursales de la banque. Certaines entreprises de services mesurent hebdomadairement leur rendement suivant des critères jugés importants par les clients et reportent les résultats sur des graphiques qui sont affichés à la vue de tous les employés. Par exemple, on trouvera à la figure 16.6 un graphique typique représentant la rapidité de la réponse au téléphone d'un service à la clientèle. Les dirigeants réagiront chaque fois que la performance est inférieure à la performance minimale acceptable. On s'efforcera aussi d'améliorer ce niveau dans le temps.

Lorsque les mercaticiens conçoivent des méthodes de rétroaction de la clientèle telles que des sondages, ils doivent être prêts à remettre en question les croyances et les hypothèses qu'ils chérissent. S'ils ne le

FIGURE 16.6

Le suivi de la performance du service à la clientèle

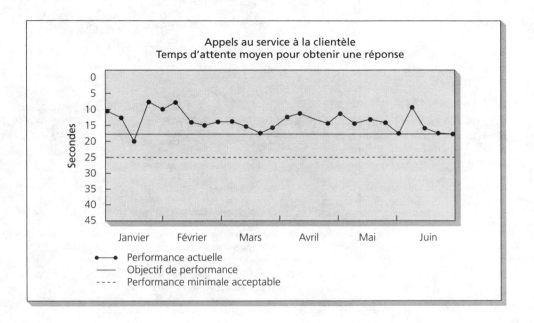

font pas, les résultats risqueront de les éloigner de leurs objectifs de qualité. C'est ce que United Parcel Service (UPS) découvrit un jour :

> La direction de UPS avait toujours supposé que la livraison à temps était la plus grande préoccupation des clients. La définition de la qualité dans l'entreprise était même basée sur cette prémisse. Pour accélérer la livraison des colis des clients, UPS avait accordé beaucoup d'importance à des études des temps et mouvements. On calculait le temps d'attente attribuable au délai d'ouverture des portes d'ascenseur et le temps de réponse à la porte des clients. En conséquence, les sondages contenaient plusieurs questions visant à accélérer le service.
>
> Il s'avère que UPS ne posait pas les bonnes questions. Quand l'entreprise commença à élargir la problématique pour apprendre comment elle pourrait amé-

liorer ses services, elle découvrit que les clients accordaient beaucoup d'importance au contact personnel avec les messagers ; ceux-ci donnaient souvent des suggestions pratiques pour améliorer l'expédition.

Évidemment, la livraison à temps est un facteur majeur, mais il importe aussi de bien connaître les besoins et les attentes des clients[20].

Les services peuvent être évalués d'une façon utile selon l'**importance** que le client leur accorde et selon la **performance** de l'entreprise. Nous verrons au tableau 16.1 comment les clients évaluent l'importance et la performance de 14 éléments (ou attributs) du service d'entretien d'un concessionnaire d'automobiles.

L'importance a été évaluée sur une échelle à quatre points allant de « extrêmement important » à « pas du

TABLEAU 16.1
Évaluation par les clients d'un concessionnaire d'automobiles de l'importance de certains attributs et de sa performance par rapport à ces attributs

Numéro de l'attribut	Description de l'attribut	Évaluation moyenne de l'importance[a]	Évaluation moyenne de la performance[b]
1	Travail bien exécuté du premier coup	3,83	2,63
2	Réaction rapide aux plaintes	3,63	2,73
3	Respect rapide de la garantie	3,60	3,15
4	Capacité de faire n'importe quel travail	3,56	3,00
5	Service accessible au besoin	3,41	3,05
6	Service courtois et amical	3,41	3,29
7	Voiture prête au moment promis	3,38	3,03
8	Travail limité à ce qui est nécessaire	3,37	3,11
9	Prix bas pour le service	3,29	2,00
10	Nettoyage après le service	3,27	3,02
11	Accessibilité à partir de la maison	2,52	2,25
12	Accessibilité à partir du travail	2,43	2,49
13	Voiture prêtée	2,37	2,35
14	Envoi d'un avis d'entretien	2,05	3,33

a Évaluation établie à l'aide d'une échelle à quatre points : « extrêmement important », « important », « peu important » et « pas du tout important ».
b Évaluation établie à l'aide d'une échelle à quatre points : « excellente », « bonne », « passable » et « inacceptable ». Le participant pouvait aussi signifier qu'il n'avait pas l'information nécessaire pour faire une évaluation donnée.

FIGURE 16.7
**L'analyse de l'importance
et de la performance**

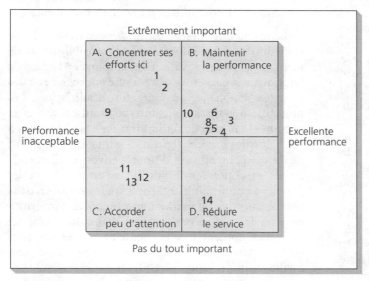

tretien », qui reçoit une trop bonne cote puisque cet attribut est relativement peu important. Les ressources sont peut-être mal utilisées. Le concessionnaire aurait sans doute avantage à consacrer moins de ressources et d'efforts à l'envoi de ces avis, et à utiliser ces économies pour améliorer la performance par rapport à des attributs plus importants où l'entreprise fait moins bien. Cette analyse peut être améliorée en évaluant aussi les concurrents par rapport à ces attributs. La pire situation serait de découvrir qu'un concurrent direct performe mieux que l'entreprise par rapport à un ou à plusieurs éléments importants[21].

Des structures pour répondre aux clients qui se plaignent

Des études portant sur l'insatisfaction de la clientèle démontrent qu'environ 25 % des clients sont insatisfaits de leurs achats, mais que seulement 5 % d'entre eux se plaignent. Les autres 95 % pensent que le fait de se plaindre ne vaut pas l'effort, ou bien ils ne savent pas comment acheminer leurs plaintes ou à qui s'adresser.

Des 5 % des clients qui se plaignent, approximativement la moitié sont satisfaits de la façon dont le problème a été résolu. Il est essentiel que les entreprises trouvent des solutions satisfaisantes aux problèmes des clients. Alors qu'en moyenne un client satisfait communique son expérience positive à 3 personnes, un client insatisfait communique ses griefs à 11 personnes. Si ces dernières répètent ces commentaires au même nombre de personnes, le bouche à oreille connaîtra une croissance exponentielle.

Par contre, les clients dont les plaintes ont été résolues de façon satisfaisante deviennent souvent des clients plus fidèles que les clients qui n'ont jamais été insatisfaits. Environ 34 % des clients qui ont communiqué des plaintes majeures qui ont été résolues de façon satisfaisante achèteront de nouveau à l'entreprise, et ce nombre croîtra à 52 % lorsque les causes d'insatisfaction sont mineures. Si les plaintes sont résolues rapidement, de 52 % (dans le cas des plaintes majeures) à 95 % des clients (dans le cas des plaintes mineures) achèteront de nouveau à l'entreprise[22].

tout important », en passant par « important » et « peu important ». Quant à la performance du concessionnaire, elle a été évaluée sur une échelle à quatre points allant de « excellente » à « inacceptable », en passant par « bonne » et « passable ». Par exemple, « le travail bien exécuté du premier coup » a reçu une évaluation moyenne de 3,83 sous le rapport de l'importance, et une évaluation moyenne de 2,63 sous le rapport de la performance ; le client accordait donc une cote relativement élevée à l'importance, mais jugeait que la performance n'était pas très bonne.

L'évaluation des 14 éléments est illustrée à la figure 16.7, divisée en quatre sections. Dans le quadrant A, on trouve des attributs importants pour lesquels la performance n'atteint pas le niveau souhaité ; ce sont les attributs 1, 2 et 9. Le concessionnaire devrait veiller de façon particulière à améliorer la performance du service d'entretien en ce qui concerne ces éléments. Dans le quadrant B, on trouve les attributs qui sont importants mais pour lesquels le service enregistre une bonne performance ; la tâche du concessionnaire consiste donc à conserver cette performance élevée. Le quadrant C renferme des attributs peu importants pour lesquels la prestation est médiocre ; on ne leur accordera pas beaucoup d'attention puisqu'ils ne sont pas importants. Finalement, le quadrant D présente l'attribut « envoi d'un avis d'en-

Pour toutes ces raisons, les entreprises doivent mettre sur pied des programmes de résolution de plaintes de façon à réduire les dommages que pourraient causer ces insatisfactions. Premièrement, l'entreprise devrait faciliter la tâche aux clients insatisfaits qui désirent se plaindre. Par exemple, il serait ridicule pour un hôtel d'annoncer à ses clients que les plaintes seront reçues au bureau de la direction entre 9 heures et 11 heures du matin. Les entreprises, au contraire, devraient tout faire pour permettre à leurs clients d'exprimer leurs plaintes le plus facilement possible. Elles peuvent utiliser des formulaires de suggestions ou de plaintes ou offrir un numéro de téléphone gratuit. Certaines entreprises indiquent un numéro de téléphone gratuit dans leurs brochures ou, comme le fait la chaîne Pizza Hut, sur les boîtes de pizza. Quand un client se plaint, le siège social de Pizza Hut envoie immédiatement un message téléphonique au directeur du restaurant, qui doit appeler le client en moins de 48 heures et résoudre la plainte.

Deuxièmement, les employés de l'entreprise qui reçoivent des plaintes doivent être formés et avoir suffisamment d'autorité pour résoudre de façon rapide et adéquate les problèmes des clients. Des études ont démontré que plus vite une entreprise répond aux plaintes des clients, plus le taux de satisfaction des clients envers l'entreprise est élevé. Troisièmement, l'entreprise devrait aller au-delà de l'insatisfaction des clients reliée à un problème précis, et tenter de découvrir les causes profondes des problèmes les plus fréquents afin de pouvoir les corriger. En analysant les types de plaintes, une entreprise peut être en mesure de corriger les erreurs du système qui donnent naissance à de telles plaintes. La chaîne de restauration rapide Satisfaction Guaranteed Eateries donne les directives suivantes à ses employés : « Lorsque les clients doivent attendre plus de 10 minutes au-delà du moment de leur réservation, mais moins de 20 minutes, nous leur offrons des boissons gratuites. S'ils doivent attendre plus de 20 minutes, alors le repas est gratuit. Si le pain est déposé sur la table plus de 5 minutes après que les clients se sont assis, nous leur offrons une chaudrée gratuite »[23].

La satisfaction du personnel autant que celle de la clientèle

Les entreprises de services bien gérées croient fermement que la qualité des relations avec les employés se reflétera dans les relations avec les clients. La direction met alors l'accent sur le marketing interne et offre un environnement de soutien et de récompense aux employés pour améliorer la qualité du service.

Le **marketing interne** est un processus de collecte et de diffusion de l'information, de sensibilisation, de formation et de motivation des employés à l'égard de l'optique de marketing grâce à une approche et à des activités semblables au marketing traditionnel. Les objectifs du marketing interne sont nombreux : accroître le niveau de sensibilisation à la clientèle et à la qualité des services (ce qui crée un environnement de fierté, d'empathie et d'intérêt envers la clientèle) ; attirer et conserver les meilleurs employés, et les amener à accomplir leur tâche le mieux possible, dans une perspective de marketing ; obtenir de l'information sur le marché par l'intermédiaire du personnel qui est en contact avec la clientèle ; assurer une plus grande participation des employés grâce à une meilleure information ascendante et descendante[24].

Karl Albrecht observe que les employés insatisfaits peuvent devenir des « terroristes ». De leur côté, Rosenbluth et Peters vont jusqu'à dire que ce sont les employés de l'entreprise, et non ses clients, qui devraient être les « numéros un » si l'entreprise espère réellement satisfaire ses clients[25]. Une bonne façon de satisfaire les employés consiste à leur permettre de composer avec les exigences de leur vie personnelle. Sachant qu'il est de plus en plus important pour les employés de consacrer du temps à leur famille, les directeurs les plus avisés font tout ce qu'ils peuvent pour répondre à leurs besoins en leur accordant des horaires flexibles. Par exemple, il est possible d'embaucher et de retenir plus de mères qui ont de jeunes enfants en répondant à leur besoin de ne pas travailler lorsque les enfants sont de retour à la maison après l'école[26].

16.3.3
La gestion de la productivité

Il existe des pressions très fortes pour que les entreprises de services accroissent leur productivité. Puisque les entreprises de services dépendent d'une main-d'œuvre considérable, les coûts s'accroissent rapidement. Il existe sept façons d'améliorer la productivité d'un service.

La première façon consiste à amener les prestataires de services à travailler plus fort ou avec plus d'habileté. Travailler plus fort n'est sans doute pas une bonne solution, mais travailler avec plus d'habileté est possible grâce à de meilleures méthodes de sélection et de formation.

La deuxième façon consiste à accroître la quantité de services en négligeant quelque peu la qualité. Les dentistes emploient des hygiénistes dentaires qui donnent certains traitements, ce qui leur permet de voir plus de clients en consacrant moins de temps à chacun. La même formule a cours dans les cliniques de physiothérapie où l'on fait appel à des techniciens en physiothérapie.

La troisième façon consiste à « industrialiser le service » en ajoutant des équipements et en standardisant la production. Levitt recommande aux entreprises de services d'adopter une « attitude d'usine » envers la production des services. Un bon exemple de cette optique est la « chaîne de montage » établie par McDonald's pour la mise sur le marché de la restauration rapide, ce qui a donné naissance aux « hamburgers technologiques[27] ». La SNCF (Société nationale des chemins de fer), en France, utilise des machines distributrices pour l'achat de billets et la remise des cartes d'embarquement. Un autre exemple est l'hôpital Shouldice, près de Toronto, spécialisé dans les opérations de hernies, qui a réussi à réduire le séjour normal d'un patient de sept jours à seulement trois jours et demi en industrialisant le service. Quoique les médecins soient payés moins cher qu'en bureau privé et que les infirmières doivent s'occuper de plus de patients que dans un hôpital ordinaire, le degré de satisfaction des patients est incroyablement élevé[28].

La quatrième façon consiste à réduire ou à rendre désuet le besoin de services en créant des produits qui en éliminent la nécessité. Ainsi, la télévision a diminué l'importance des salles de cinéma, les vêtements sans entretien (*wash-and-wear*) ont diminué le besoin de blanchisseries, et de nouvelles pratiques médicales ont réduit le temps d'hospitalisation.

La cinquième façon consiste à concevoir un service plus efficace. Tous les efforts de la prévention en médecine communautaire ont pour objectif de réduire le nombre de patients dans les hôpitaux. L'embauche de techniciens spécialisés peut aider à diminuer le nombre de spécialistes requis dans certaines fonctions.

La sixième façon est d'inciter les clients à faire le travail eux-mêmes, c'est-à-dire de substituer la main-d'œuvre de la clientèle à celle de l'entreprise. Par exemple, des entreprises acceptent de faire elles-mêmes le tri de leur courrier pour réduire les frais postaux. Les restaurants qui fonctionnent selon le libre-service font faire une partie du travail des serveurs par les clients. Enfin, l'exemple le plus frappant est sans doute le succès impressionnant que les banques ont obtenu avec les guichets automatiques et les services bancaires à domicile.

La septième et dernière façon consiste à exploiter le pouvoir de la technologie. Quoiqu'on pense souvent que la technologie serve avant tout à économiser du temps et des coûts dans les entreprises manufacturières, elle offre aussi un très grand potentiel, souvent inutilisé, pour rendre les employés des entreprises de services plus productifs. Considérons l'exemple suivant[29] :

> En utilisant un système informatisé appelé Apriori, les employés de la compagnie Storage Dimensions peuvent répondre sur-le-champ aux questions des clients qui leur proviennent du service à la clientèle. Quand un client a un problème, il appelle un préposé qui entre dans l'ordinateur les mots clés. Si on a déjà répondu à cette question, un indice apparaît sur l'écran de l'ordinateur. Depuis l'installation de ce système, Storage Dimensions a réduit le temps moyen de résolution de problèmes de deux heures à vingt minutes. L'entreprise utilise aussi l'information obtenue durant les échanges avec ses clients pour cerner des possibilités de vente et trouver des idées pour le développement de nouveaux produits.

Les entreprises devraient toutefois ne pas pousser trop loin leur souci de la productivité si elles ne veulent pas réduire la qualité perçue. Certaines façons d'accroître la productivité, par exemple en normalisant la qualité, peuvent même aider à accroître la satisfaction des clients. Par contre, d'autres façons de parvenir à cette fin normalisent tellement le service qu'elles le dépersonnalisent. Le contact personnel (*high touch*) est remplacé par la technologie (*high tech*). C'est le compromis que Burger King a fait en concurrençant les hamburgers standard de McDonald's par son offre de hamburgers au goût de chaque client, ce qui a cependant quelque peu réduit la productivité de Burger King. Dans un autre domaine, certains éditeurs offrent des livres adaptés aux besoins des professeurs, changeant l'ordre des chapitres et éliminant même certains chapitres.

16.4
LA GESTION DES SERVICES DE SOUTIEN

Nous avons jusqu'ici fait porter notre attention sur les entreprises de services. Il faut cependant reconnaître que les services de soutien offerts par les entreprises manufacturières à leurs clients sont aussi fort importants. Les fabricants d'équipement — appareils ménagers, équipement de bureau, tracteurs, ordinateurs, avions — fournissent à leurs clients des services de soutien pour les produits vendus. En fait, les services de soutien sont devenus l'une des façons les plus dynamiques d'offrir un avantage concurrentiel. Plus de 50 % des profits de certains fabricants, comme Caterpillar, proviennent des services de soutien.

Les entreprises qui fournissent des services de haute qualité l'emporteront sans aucun doute sur les concurrents moins orientés vers le service. Le tableau 16.2 en donne la preuve. Le Strategic Planning Institute a mené une enquête auprès de 3 000 entreprises qu'il a classées en trois groupes selon les évaluations que les clients faisaient de la qualité perçue des services fournis, puis il a comparé le premier tiers avec le troisième tiers. Le tableau indique clairement que les entreprises de services qui offraient un service de grande qualité avaient des prix plus élevés, connaissaient une croissance plus rapide et réalisaient davantage de profits à cause de la qualité supérieure de leurs services.

L'entreprise doit définir avec soin les besoins des clients pour pouvoir concevoir avec succès les produits et les services de soutien. Les clients sont souvent très préoccupés par la possibilité de voir s'interrompre le service qu'ils attendent du produit. Il existe trois types principaux de préoccupations[30] :

1. Les clients sont préoccupés par la **fiabilité** du produit et la **fréquence des bris** de ce produit dans une période donnée. Un fermier pourrait tolérer qu'un instrument aratoire se brise une fois par année, mais pas deux ou trois fois.

2. Les clients sont préoccupés par la **durée du temps d'arrêt**. Plus long sera le temps d'arrêt, plus élevé sera le coût, surtout s'il est impossible de travailler pendant que le produit ou l'appareil ne fonctionne pas. Par exemple, un contremaître dans la construction peut tolérer un temps d'arrêt de quelques heures pour une excavatrice, mais il deviendra certainement plus impatient à mesure que la durée du bris se prolongera. Les clients veulent un service sur lequel ils peuvent compter, ce qui implique par exemple la capacité du vendeur de réparer l'appareil rapidement, ou au moins de prêter un autre appareil pour que les travaux puissent recommencer[31].

3. Les clients sont préoccupés par les **coûts des services d'entretien et de réparation**. Combien les clients doivent-ils dépenser pour l'entretien régulier et les réparations de l'équipement ?

Un acheteur intelligent prend tous ces facteurs en considération lorsqu'il choisit un vendeur. L'ache-

TABLEAU 16.2 La contribution de la qualité à la performance de l'entreprise	Évaluation par les clients de la qualité perçue		Différence de points de pourcentage
	Premier tiers	Troisième tiers	
Indice du prix par rapport à la concurrence	7 %	− 2 %	+9 %
Changement annuel de la part de marché	6 %	− 2 %	+8 %
Croissance annuelle des ventes	17 %	8 %	+9 %
Rendement des ventes	12 %	1 %	+11 %

Source : Phillip Thompson, Glenn Desourza et Bradley T. Gale, « The Strategic Management of Service and Quality », *Quality Progress*, juin 1985, p. 24.

teur désire estimer le coût attendu de l'offre durant toute la vie du produit, ce qui comprend le coût d'achat plus le coût actualisé de l'entretien et des réparations, moins la valeur de rachat actualisée. Les acheteurs ont le droit d'exiger des données précises des vendeurs pour pouvoir faire leur choix.

L'importance de la fiabilité, de la sécurité de fonctionnement et de l'entretien varie selon le type de produit et d'utilisateur. Un bureau qui possède un seul ordinateur exigera une fiabilité plus grande, un niveau de service plus élevé et un service de réparation plus rapide qu'un bureau où plusieurs ordinateurs peuvent être utilisés en cas de panne. Une compagnie aérienne se doit d'offrir une fiabilité à 100 % dans les airs. Quand la fiabilité est importante, les entreprises manufacturières ou les fournisseurs de services peuvent offrir des garanties pour promouvoir les ventes (voir la rubrique Le marketing en coulisse 16.2 intitulée « L'utilisation des garanties pour promouvoir les ventes »).

Pour ce faire, le fabricant doit savoir reconnaître les services qui ont le plus de valeur pour les clients et déterminer l'importance que ces derniers leur accordent. Dans le cas d'équipements complexes et chers, comme les systèmes d'imagerie médicale, les fabricants devront offrir un nombre minimal de services de **facilitation**, comme des services d'architecture, des services d'installation, des services de formation, des services de réparation et d'entretien ainsi que des services financiers.

Les fabricants peuvent aussi offrir des services qui permettent d'accroître la **valeur ajoutée**. Herman Miller, un important fabricant de meubles de bureau américain, offre aux clients la « promesse » de Herman Miller, qui consiste en quatre points : 1° une garantie de cinq ans sur les produits ; 2° une vérification de la qualité après l'installation ; 3° une garantie sur la date de livraison ; 4° une indemnité de reprise pour certains produits.

Les entreprises doivent planifier à la fois la conception de leurs produits et le choix de l'assortiment de services. Les cadres responsables de la conception et de la qualité du produit devraient faire partie de l'équipe du nouveau produit dès le début. Un produit bien conçu exigera moins de services. Le photocopieur familial de Canon fonctionne avec des cartouches d'encre jetables qui ont grandement réduit le besoin en services. Kodak et 3M conçoivent des équipements qui permettent à l'utilisateur de se brancher

sur un appareil central de diagnostic qui effectue des tests, isole le défaut et répare l'équipement par voie téléphonique.

16.4.1
La stratégie de service après-vente

Les entreprises doivent déterminer de quelle manière elles offriront aux clients leur service après-vente, c'est-à-dire des services d'entretien, de réparation et de formation. La plupart des entreprises ont créé un service qui assume une telle responsabilité, soit le **service à la clientèle**. La qualité du service à la clientèle varie grandement d'une entreprise à l'autre. À une extrémité, on trouve un service à la clientèle qui ne fait que recevoir et acheminer les appels à la personne responsable d'un service pour que celle-ci prenne des mesures correctives ; il n'y a alors pratiquement pas de suivi pour savoir si on a répondu à la demande du client à sa satisfaction. À l'autre extrémité, on trouve un service à la clientèle qui reçoit les suggestions, les demandes et les plaintes des clients, et qui y réagit rapidement. Voici quelques exemples[32].

> Procter & Gamble imprime un numéro de téléphone gratuit sur chacun de ses produits et reçoit près d'un million d'appels par année. Ces appels sont motivés par plusieurs raisons : certains clients désirent de l'information sur la façon de se servir du produit, d'autres offrent des suggestions pour améliorer le produit, d'autres encore se plaignent de produits défectueux. Chez Procter & Gamble, ces appels sont les bienvenus parce qu'ils sont la base du processus d'amélioration continue de ses produits et de ses opérations.

> General Electric dépense des millions de dollars par année pour faire fonctionner son centre d'appels 24 heures par jour, 365 jours par année. On y répond à trois millions d'appels par année. Des conseillers à la clientèle ont un accès instantané à 750 000 réponses au sujet de 8 500 modèles de produits de 120 gammes de produits. GE a découvert que 80 % des gens qui se plaignent achètent de nouveau des produits de l'entreprise lorsque celle-ci a répondu d'une façon satisfaisante à leur plainte.

> Merck a une ligne téléphonique destinée aux médecins. Un médecin peut appeler l'entreprise pour obtenir de l'information sur une maladie donnée ; un documentaliste de Merck lui postera ou télécopiera les articles importants qui portent sur cette maladie. Quoique ce service soit coûteux, il aide à bâtir une image forte de Merck dans l'esprit des médecins.

L'utilisation des garanties pour promouvoir les ventes

Tous les vendeurs ont la responsabilité légale de répondre aux attentes raisonnables et normales d'un acheteur. Certains ont recours à un **engagement formel** (*warranty*), qui est un énoncé de la performance attendue d'un produit par un fabricant. Les produits qui ne répondent pas aux normes peuvent être retournés au fabricant ou à un centre de réparation accrédité pour réparation, remplacement ou remboursement de la somme déboursée. Les garanties, qu'elles soient explicites ou implicites, sont une obligation légale.

D'autres vendeurs vont plus loin et offrent une **garantie** de satisfaction totale, c'est-à-dire une assurance générale que le produit peut être retourné si sa performance est insatisfaisante. Par exemple, on peut déclarer que la satisfaction est garantie ou que l'argent sera remis. Les garanties fonctionnent le mieux quand les conditions sont énoncées clairement et sans échappatoires. Le client devrait pouvoir les utiliser facilement et l'entreprise devrait apporter les corrections rapidement. Autrement, les clients seront insatisfaits. L'insatisfaction peut amener le client à ne plus faire d'achat, à faire un bouche à oreille négatif, voire à entreprendre une poursuite judiciaire. Prenons le cas de l'entreprise Pizza Domino, qui connut une croissance phénoménale lorsqu'elle garantit une livraison de ses pizzas en moins de 30 minutes pour toutes les commandes téléphoniques. La garantie stipulait que toute livraison faite en retard serait gratuite (plus tard la garantie fut modifiée et l'on accorda plutôt une réduction de trois dollars). Mais l'entreprise fut forcée d'annuler sa garantie quand un jugement de la cour octroya 105 millions de dollars à une femme qui avait été frappée par une auto de livraison de Domino.

Aujourd'hui, plusieurs entreprises promettent une satisfaction totale, sans être plus précises. Ainsi, Procter & Gamble annonce : « Si vous n'êtes pas satisfait pour quelque raison que ce soit, retournez le produit pour obtenir un remplacement, un échange ou une remise. » Certaines entreprises vont au-delà d'une garantie générale de satisfaction en faisant des promesses spéciales qui les différencient nettement de la concurrence et qui deviennent alors un outil efficace de vente. Voici quelques exemples de l'utilisation imaginative de garanties :

- L.L. Bean, un détaillant d'équipement de plein air, promet à ses clients « une satisfaction à 100 % de quelque manière que ce soit et pour toujours ». Par exemple, si un client achète une paire de bottes et si, deux mois plus tard, il se rend compte qu'elles s'éraflent trop facilement, l'entreprise reprendra les bottes et remettra l'argent au client, ou remplacera celles-ci par une autre marque.

- La compagnie A.T. Cross garantit ses crayons et ses plumes à vie. Ainsi, un client dont la plume cesse de fonctionner la poste tout simplement à l'entreprise (les enveloppes sont même fournies par les détaillants qui vendent les instruments d'écriture de Cross), et la plume est réparée ou remplacée sans frais.

- Federal Express s'est taillé une place dans la tête et le cœur des gens en promettant sans réserve une livraison le lendemain matin avant 10 h 30.

- Oakley Millwork, un fournisseur de produits pour l'industrie de la construction, offre la garantie suivante : tout article du catalogue qui n'est pas en stock sera livré au client aussitôt que possible gratuitement. Les ventes de l'entreprise augmentèrent de 33 % de 1988 à 1991, alors que les activités de la construction résidentielle baissaient de 41 % durant la même période.

- Une entreprise d'extermination de la vermine, BBBK, offre la garantie suivante : 1° aucun paiement ne sera exigé avant que tous les animaux ou insectes nuisibles n'aient été éliminés ; 2° si nous ne réussissons pas, le client recevra une remise entière, et les frais de l'entreprise qui prendra la relève seront payés en entier ; 3° si un client trouve chez lui un animal ou un insecte nuisible, BBBK paiera la chambre d'hôtel du client et lui enverra une lettre d'excuses ; 4° si l'établissement du client doit être fermé, BBBK paiera toutes les amendes, tous les profits perdus et 5 000 $ en plus. Étant donné qu'elle offre une garantie aussi étendue, BBBK peut demander jusqu'à cinq fois le prix qu'exigent ses principaux concurrents; elle a obtenu une part de marché élevée, et cela en ne payant que 0,4 % de ses ventes en dépenses reliées à la garantie.

- À un lave-auto Scruba Dub Auto Wash, les clients peuvent faire laver de nouveau leur auto s'ils ne sont pas satisfaits du travail qui a été accompli. Les membres du club Scruba Dub (il faut payer 5,95 $ pour être membre du club et avoir droit à certains rabais) obtiennent un nouveau lavage s'il pleut ou s'il neige moins de 24 heures après qu'ils ont fait laver leur auto.

Les garanties sont particulièrement efficaces dans deux situations. La première situation est celle où une entreprise ou ses produits ne sont pas bien connus. Par exemple, une entreprise peut mettre au point et offrir un liquide qui prétend enlever les taches tenaces sur un tapis. La « satisfaction garantie ou argent remis » accroît la confiance d'un acheteur potentiel. La deuxième situation est celle où la qualité des produits est supérieure à la concurrence. L'entreprise pourrait tirer profit de sa performance supérieure en offrant une garantie parce qu'elle sait que les concurrents ne peuvent pas offrir la même garantie.

Une autre forme de garantie est la garantie « interne ». Certaines entreprises offrent des garanties à d'autres unités ou divisions de la même entreprise. Par exemple, GTE offre des sessions de formation pour les cadres à plus de 18 000 employés qui sont à son service. Si les cours ne répondent pas aux attentes des participants, les frais d'inscription leur seront remis ou bien on cherchera d'autres moyens de les satisfaire. Quoique les cours soient entièrement payés par l'entreprise, chaque participant paye en fait à partir des budgets de sa propre unité. En cas d'insatisfaction, une remise est alors faite par le centre de formation au budget de l'unité en question. Les entreprises telles que GTE croient que les garanties internes sont une excellente façon d'atteindre leurs objectifs de gestion de la qualité totale.

Sources: Pour faire des lectures supplémentaires, voir « More Firms Pledge Guaranteed Service », *The Wall Street Journal*, 17 juillet 1991, p. B1, B6 ; Barbara Ettore, « Phenomenal Promises Mean Business », *Management Review*, mars 1994, p. 18-23. Pour connaître une liste de facteurs permettant de déterminer si une entreprise devrait offrir des garanties, voir Christopher W.L. Hart, *Extraordinary Guarantees*, New York, Amacom, 1993.

Les étapes de la stratégie de service après-vente

Les entreprises passent par différents niveaux de service après-vente à mesure qu'elles connaissent du succès sur les marchés. Les fabricants commencent normalement par gérer leur propre service de pièces et de réparation. Ils veulent rester en contact avec leurs équipements et connaître les problèmes qu'ils peuvent entraîner. La formation du personnel du client coûte cher et prend du temps. Les fabricants ont aussi découvert qu'il peut être très rentable d'assurer le service et de fournir les pièces. Tant qu'ils sont les seuls fournisseurs des pièces, ils peuvent exiger un prix majoré. En fait, plusieurs fabricants d'équipement fixent leurs prix relativement bas de manière à faciliter la vente, et compensent cela plus

tard en demandant des prix plus élevés pour les pièces et le service. Ce fait explique aussi l'émergence de concurrents qui fabriquent des pièces similaires, voire identiques, et les vendent aux clients et aux intermédiaires à un prix moins élevé. Les fabricants avertissent leurs clients du danger relié à l'utilisation de pièces fabriquées par des concurrents, plutôt que de pièces d'origine, mais ils ne sont pas toujours convaincants.

Avec le temps, plusieurs fabricants cèdent les activités d'entretien et de réparation à des distributeurs et à des vendeurs autorisés. Ces intermédiaires sont tout près des clients, possèdent un plus grand nombre de centres de service et peuvent offrir un service plus rapide, sinon meilleur. Les fabricants retirent alors leurs profits de la vente des pièces, laissant les profits du service à leurs intermédiaires.

Plus tard apparaît une tierce partie, les entreprises de services indépendantes. Plus de 40 % du travail de services sur les automobiles est maintenant accompli par des garages et des chaînes comme Monsieur Muffler et Canadian Tire, plutôt que par les concessionnaires attitrés. On trouve de plus en plus d'organisations de services indépendantes pour faire l'entretien d'ordinateurs, d'équipements de télécommunications, etc. Le plus souvent, elles offrent un service à un meilleur prix et plus rapidement que les fabricants ou les intermédiaires attitrés.

Finalement, certains clients importants en viennent à se charger eux-mêmes de l'entretien et de la réparation. Ainsi, certaines entreprises possédant plusieurs centaines d'ordinateurs personnels, d'imprimantes et d'autres appareils de ce genre trouvent plus économique de faire leur propre service sur place. Ces entreprises négocient souvent des prix spéciaux du fait qu'elles fournissent leur propre service.

Lele a noté les grandes tendances suivantes dans le domaine des services de soutien[33] :

1. Les fabricants d'équipement construisent du matériel de plus en plus fiable et facile à réparer. Une raison de ce changement est le remplacement de l'équipement électromécanique par l'équipement électronique, plus fiable et plus facile à réparer. En outre, plusieurs pièces ou ensembles de pièces sont modulaires et jetables, ce qui facilite l'autoservice.

2. Les clients deviennent de plus en plus exigeants dans l'achat de services qu'ils veulent voir tarifer séparément. Ils veulent obtenir des soumissions séparées pour chaque élément du service et avoir le droit de magasiner pour pouvoir choisir les éléments de services qu'ils désirent.

3. Les clients aiment de moins en moins faire des affaires avec de nombreux prestataires de services pour les différents types d'équipement. Certaines organisations de services ont maintenant des possibilités de gammes d'équipements plus larges[34].

4. Les contrats de service sont une « espèce menacée ». Étant donné que les équipements sont plus fiables et qu'il y a de plus en plus de pièces jetables, les clients sont de moins en moins enclins à payer annuellement de 2 % à 10 % du prix d'achat pour le service.

5. Le choix en matière de services s'accroît rapidement, ce qui est de nature à garder bas les prix des services et à limiter les profits qu'ils permettent de réaliser. Les fabricants d'équipement doivent de plus en plus faire des profits en fixant correctement le prix de leur équipement, indépendamment des contrats de service.

RÉSUMÉ

1. Comme le secteur tertiaire occupe une place de plus en plus importante dans notre économie, les spécialistes du marketing doivent avoir une meilleure connaissance du marketing de services. Un service est un acte, un rendement ou une prestation qu'une partie peut offrir à une autre ; il est essentiellement intangible et n'engendre pas un transfert de propriété.

2. Les services sont intangibles, indivisibles, variables et périssables. Chacune de ces caractéristiques entraîne des problèmes et exige des stratégies de marketing appropriées. Les spécialistes du marketing doivent trouver des moyens de concrétiser l'intangibilité, d'accroître la productivité des prestataires, qui sont inséparables du service, de normaliser la qualité des services à cause de leur variabilité et, enfin, d'influencer plus efficacement les mouvements de l'offre et de la demande en vue de réduire les inconvénients de la non-durabilité.

3. Il est reconnu que les entreprises de services ont pris du retard sur les entreprises manufacturières quant à l'adoption et à l'application des concepts de marketing. Le marketing de services exige non seulement des stratégies de marketing externe, mais aussi des stratégies de marketing interne pour motiver le personnel, et des stratégies de marketing interactif pour développer les habiletés d'interaction des prestataires de services. Les clients utilisent à la fois des critères techniques et des critères fonctionnels pour juger de la qualité des services.

4. Il existe trois grandes tâches de marketing dans une entreprise de services. Premièrement, une entreprise de services doit différencier son offre, sa prestation et son image. Deuxièmement, elle doit gérer la qualité du service de façon à répondre aux attentes des clients, voire à surpasser celles-ci. L'entreprise qui a une optique clientèle plus marquée développe un concept stratégique, voit la direction manifester son engagement dans la qualité des services, établit des normes élevées, applique des méthodes permettant de surveiller la performance des services. Elle veille aussi à satisfaire les clients qui se plaignent et met en place un environnement interne qui est autant axé sur la satisfaction des employés que sur celle des clients. Troisièmement, l'entreprise de services doit gérer la productivité des employés en aidant ceux-ci à travailler plus efficacement, en augmentant la quantité de services et en sacrifiant quelque peu la qualité lorsque cela s'avère nécessaire, en industrialisant le service, en inventant des possibilités de nouveaux produits, en concevant un service plus efficace, en fournissant aux clients la motivation pour substituer leur propre travail à celui de l'entreprise et, finalement, en utilisant une technologie qui permet de gagner à la fois du temps et de l'argent.

5. Même les entreprises manufacturières doivent offrir des services à leurs clients. Pour assurer le meilleur soutien possible, un fabricant doit cerner les services que valorisent le plus les clients et déterminer leur importance relative. L'assortiment de services inclut les services de facilitation et d'accroissement de la valeur ainsi que le service après-vente, qui est souvent la responsabilité du service à la clientèle, celui-ci assurant les services d'entretien, de réparation et de formation.

QUESTIONS

1. Les entreprises de services comme les hôtels, les transporteurs, les banques, les restaurants et les parcs d'attractions reconnaissent de plus en plus que leur marketing mix compte maintenant un cinquième P: le personnel. Les employés des entreprises de services sont constamment en contact avec les consommateurs et peuvent produire sur eux de bonnes ou de mauvaises impressions.

Décrivez cinq étapes que vous utiliseriez afin d'enseigner aux employés de La Ronde comment développer une attitude positive envers les clients.

2. Lorsqu'un service est terminé, le client ne conserve pas un produit tangible, mais il éprouve plutôt un sentiment comme la joie, le plaisir, la satisfaction, la frustration, le désappointement ou la colère. Les fournisseurs de services doivent définir clairement le sentiment qu'ils veulent susciter chez leurs clients comme résultat du service. Pensez à trois entreprises qui vous ont offert des services dernièrement et considérez les services qui vous ont satisfait et ceux qui ne vous ont pas satisfait. En prenant cette réflexion comme point de départ, établissez une méthode qui permettra à une petite clinique médicale de bien répondre aux besoins de ses clients.

3. Choisissez une compagnie aérienne et indiquez comment elle pourrait accroître sa différenciation par rapport aux concurrents, la qualité de ses services et sa productivité.

4. Une clinique d'optométrie a vu son chiffre d'affaires passer de 315 000 $ à plus de 5 000 000 $ avec un taux de croissance annuel de 22 %. Étrangement, la croissance a eu lieu sans fusion, ni acquisition, ni budget de marketing élevé. Le gestionnaire de la clinique, Louis-Philippe Montreuil, admet que l'entreprise offre un excellent service mais qu'il n'est pas réellement différent de celui des entreprises concurrentes. Quel est le secret du succès de cette clinique d'optométrie?

L'entreprise utilise une stratégie de marketing multidimensionnelle qui commence par une ébauche du plan : une liste d'objectifs spécifiques qu'elle veut atteindre. Ce plan est un instrument de travail utilisé quotidiennement auprès des ressources et des employés pour renforcer les objectifs établis par l'entreprise. De plus, Montreuil croit que les clients achètent une perception qui devient une réalité. Créer une perception positive requiert une attention constante. Les outils de marketing suivants permettent de créer cette perception :

a) les relations publiques ;

b) la publicité ;

c) les séminaires ;

d) les imprimés (brochures, etc.).

Suggérez des façons dont un optométriste peut utiliser chacun de ces outils de marketing pour différencier ses services de ceux des concurrents, en gardant à l'esprit que la plupart des optométristes offrent les mêmes types de services. Qui devrait être responsable de l'implantation de la stratégie?

5. Nommez le besoin central satisfait par les services suivants et énumérez les caractéristiques de ces derniers :

a) les forces armées ;

b) la religion ;

c) une compagnie d'assurances.

6. Décrivez les facteurs qui contribuent à l'adoption des concepts et des pratiques de marketing dans les entreprises de services.

7. Individuellement ou en groupe, préparez un guide pour mesurer et récompenser la qualité des services dans les entreprises.

8. Theodore R. Cunningham, de Chrysler, a fait récemment la remarque suivante : « Dans un sondage récent, les acheteurs d'une voiture neuve disaient qu'ils préféraient aller chez le dentiste pour subir un traitement de canal plutôt que de passer par les étapes du processus d'achat d'une voiture. » En d'autres mots, la plupart des nouveaux acheteurs d'une voiture neuve s'attendent au scénario suivant. Ils entrent chez un concessionnaire et sont approchés immédiatement par un vendeur enthousiaste qui semble connaître tout sauf les réponses à leurs questions. S'ils demandent le prix, le vendeur ira chercher quelqu'un qui pourra négocier avec eux. Une fois qu'ils se sentent prêts à signer l'entente, le vendeur essaie de leur vendre de nouvelles options : garantie contre la rouille, garantie prolongée. Après que la voiture est livrée, si quelque chose fait défaut, il est très difficile de retrouver le vendeur.

Individuellement ou en groupe, nommez quelques-unes des raisons qui engendrent des perceptions négatives chez les acheteurs de voitures envers les vendeurs. Élaborez un nouveau système qui changerait la culture du vendeur en introduisant le concept du marketing relationnel dans le processus.

RÉFÉRENCES

1. Ronald Henkoff, « Service Is Everybody's Business », *Fortune*, 27 juin 1994, p. 48-60.
2. Voir G. Lynn Shostack, « Breaking Free from Product Marketing », *Journal of Marketing*, avril 1977, p. 73-80 ; Leonard L. Berry, « Services Marketing Is Different », *Business*, mai-juin 1980, p. 24-30 ; Éric Langeard, John E.G. Bateson, Christopher H. Lovelock et Pierre Eiglier, *Services Marketing : New Insights from Consumers and Managers*, Cambridge, Mass., Marketing Science Institute, 1981 ; Karl Albrecht et Ron Zemke, *Service America ! Doing Business in the New Economy*, Homewood, Ill., Dow Jones-Irwin, 1986 ; Karl Albrecht, *At America's Service*, Homewood, Ill., Dow Jones-Irwin, 1988 ; Benjamin Scheider et David E. Bowen, *Winning the Service Game*, Boston, Harvard Business School Press, 1995.
3. Theodore Levitt, « Production-Line Approach to Service », *Harvard Business Review*, septembre-octobre 1972, p. 41-42.
4. Pour connaître d'autres classifications de services, voir Christopher H. Lovelock, *Services Marketing*, 3ᵉ éd., Upper Saddle River, N.J., Prentice Hall, 1996. Voir aussi John E. Bateson, *Managing Services Marketing : Text and Readings*, 3ᵉ éd., Hinsdale, Ill., Dryden Press, 1995.
5. Voir Theodore Levitt, « Marketing Intangible Products and Product Intangibles », *Harvard Business Review*, mai-juin 1981, p. 94-102 ; Leonard L. Berry, « Services Marketing Is Different », *Business*, mai-juin 1980, p. 24-30.
6. Voir G. Lynn Shostack, « Service Positioning Through Structural Change », *Journal of Marketing*, janvier 1987, p. 34-43.
7. Voir W. Earl Sasser, « Match Supply and Demand in Service Industries », *Harvard Business Review*, novembre-décembre 1976, p. 133-140.
8. Voir B.H. Booms et M.J. Bitner, « Marketing Strategies and Organizational Structures for Service Firms », dans *Marketing of Services*, sous la direction de J.H. Donnelly et W.R. George, Chicago, American Marketing Association, 1981, p. 47-51.
9. Keaveney a trouvé plus de 800 comportements critiques dans les entreprises de services, qui sont la cause d'un changement de fidélité de la part des clients. Ces comportements entrent dans de grandes catégories comme le prix, la commodité, l'expérience et la réponse des employés. Voir Susan M. Keaveney, « Customer Switching Behavior in Service Industries : An Exploratory Study », *Journal of Marketing*, avril 1995, p. 71-82.
10. Christian Gronroos, « A Service Quality Model and Its Marketing Implications », *European Journal of Marketing*, vol. 18, nᵒ 4, 1984, p. 36-44. Le modèle de Gronroos est une des contributions les plus notoires à la stratégie du marketing de services.
11. Leonard L. Berry, « Big Ideas in Services Marketing », *Journal of Consumer Marketing*, printemps 1986, p. 47-51. Voir aussi Walter E. Greene, Gary D. Walls et Larry J. Schrest, « Internal Marketing : The Key to External Marketing Success », *Journal of Services Marketing*, vol. 8, nᵒ 4, 1994, p. 5-13.

12. Christian Gronroos, « A Service Quality Model and Its Marketing Implications », *European Journal of Marketing*, vol. 18, nᵒ 4, 1984, p. 38-39.
13. Voir Philip Kotler et Paul N. Bloom, *Marketing Professional Services*, Englewood Cliffs, N.J., Prentice Hall, 1984.
14. Voir Valarie A. Zeithaml, « How Consumer Evaluation Processes Differ Between Goods and Services », dans *Marketing of Services*, sous la direction de James H. Donnelly et William R. George, Chicago, American Marketing Association, 1981, p. 186-190.
15. Amy Ostrom et Dawn Iacobucci, « Consumer Trade-Offs and the Evaluation of Services », *Journal of Marketing*, janvier 1995, p. 17-28.
16. Voir « A New Course for Club Med », *Asian Business*, janvier 1991, p. 96-98. Au sujet de l'offre de qualité totale du Club Med, voir « Sun, Sea, Sand and Service », *International Journal of Health Care Quality Assurance*, vol. 7, nᵒ 4, 1994, p. 18-19.
17. A. Parasuraman, Valarie A. Zeithaml et Leonard L. Berry, « A Conceptual Model of Service Quality and Its Implications for Future Research », *Journal of Marketing*, automne 1985, p. 41-50. Voir aussi Susan J. Devlin et H.K. Dong, « Service Quality from the Customers' Perspective », *Marketing Research : A Magazine of Management and Applications*, hiver 1994, p. 4-13.
18. Leonard L. Berry et A. Parasuraman, *Marketing Services : Competing Through Quality*, New York, Free Press, 1991, p. 16.
19. Voir James L. Heskett, W. Earl Sasser Jr. et Christopher W.L. Hart, *Service Breakthroughs*, New York, Free Press, 1990.
20. David Greising, « Quality : How to Make It Pay », *Business Week*, 8 août 1994, p. 54-59.
21. John A. Martilla et John C. James, « Importance-Performance Analysis », *Journal of Marketing*, janvier 1977, p. 77-79.
22. Voir John Goodman, Technical Assistance Research Program (TARP), U.S. Office of Consumer Affairs Study on Complaint Handling in America, 1986 ; Karl Albrecht et Ron Zemke, *Service America ! Doing Business in the New Economy*, Homewood, Ill., Dow Jones-Irwin, 1986 ; Leonard L. Berry et A. Parasuraman, *Marketing Services : Competing Through Quality*, New York, Free Press, 1991, p. 16 ; Roland T. Rust, Bala Subramanian et Mark Wells, « Making Complaints a Management Tool », *Marketing Management*, vol. 1, nᵒ 3, 1992, p. 41-45.
23. Timothy W. Firnstahl, « My Employees Are my Service Guarantee », *Harvard Business Review*, juillet-août 1989, p. 29-34.
24. Pierre Filiatrault, « Le marketing interne », *Le banquier*, nᵒ 4, juillet-août 1989, p. 22-28.
25. Voir Hal F. Rosenbluth et Diane McFerrin Peters, *The Customer Comes Second*, New York, William Morrow, 1992.
26. Myron Magnet, « The Productivity Payoff Arrives », *Fortune*, 27 juin 1994, p. 79-84.

27. Theodore Levitt, « Production-Line Approach to Service », *Harvard Business Review*, septembre-octobre 1972, p. 41-52 ; voir aussi son article « Industrialization of Service », *Harvard Business Review*, septembre-octobre 1976, p. 63-74.

28. Voir William H. Davidow et Bro Uttal, *Total Customer Service : The Ultimate Weapon*, New York, Harper & Row, 1989.

29. Nilly Landau, « Are You Being Served ? », *International Business*, mars 1995, p. 38-40.

30. Voir Milind M. Lele et Uday S. Karmarkar, « Good Product Support Is Smart Marketing », *Harvard Business Review*, novembre-décembre 1983, p. 124-132.

31. Pour prendre connaissance d'une recherche récente sur les répercussions des délais de service sur les évaluations du service, voir Shirley Taylor, « Waiting for Service : The Relationship Between Delays and Evaluations of Service », *Journal of Marketing*, avril 1994, p. 56-69.

32. Voir Ross M. Scovotti, « Customer Service... A Tool for Growing Increased Profits », *Teleprofessional*, septembre 1991, p. 22-27.

33. Milind M. Lele, « How Service Needs Influence Product Strategy », *Sloan Management Review*, automne 1986, p. 63-70.

34. Voir cependant Ellen Day et Richard J. Fox, « Extended Warranties, Service Contracts, and Maintenance Agreement — A Marketing Opportunity ? », *Journal of Consumer Marketing*, automne 1985, p. 77-86.

La gestion du prix

Reproduit avec l'autorisation de Provigo Distribution inc.

Le prix est ce que les consommateurs paient,
et la valeur est ce pour quoi ils paient.
Robert J. McMahon

Un prix peu élevé ne signifie pas nécessairement un bon achat;
au contraire, si on veut un produit de qualité,
il faut souvent payer le prix.
T.C. Haliburton

Toutes les entreprises et de nombreuses organisations à but non lucratif doivent déterminer des prix pour leurs produits et services. Le prix peut prendre différentes appellations:

Le prix est omniprésent dans nos vies: loyer pour l'appartement, frais d'inscription à l'université ou honoraires à un dentiste ou à un comptable. Les transporteurs aériens établissent des tarifs, Hydro-Québec dresse une facture selon un taux, et les banques prélèvent des intérêts sur l'argent que vous avez emprunté. Le prix pour conduire une voiture sur certaines autoroutes est un droit de passage, alors que la compagnie qui assure votre voiture vous demande une prime. Un conférencier reçoit des honoraires comme paiement d'un discours sur un politicien qui, moyennant un pot-de-vin, a accepté de fermer les yeux sur les agissements d'un individu coupable d'avoir dérobé les cotisations d'une association de gens d'affaires. Les clubs et les sociétés dont vous êtes membre peuvent demander une contribution spéciale afin de couvrir des dépenses inattendues. Votre avocat peut demander qu'une provision soit constituée afin de pourvoir au paiement de ses services. Le «prix» d'un administrateur correspond à sa rémunération. Le prix d'un vendeur est sa commission et celui d'un ouvrier est son salaire. Finalement, même si les économistes ne partagent pas nécessairement cet avis, plusieurs d'entre nous considèrent que l'impôt sur le revenu est le prix à payer pour avoir le privilège de faire de l'argent[1].

Comment le prix est-il déterminé? Autrefois, le prix s'établissait au moment de la négociation entre l'acheteur et le vendeur. Le vendeur demandait un prix plus élevé que ce qu'il s'attendait à recevoir, tandis que l'acheteur offrait moins que ce qu'il s'attendait à payer. Après discussion, les deux s'entendaient sur un prix acceptable.

Fixer un prix pour tous les acheteurs est une idée relativement récente. Cette formule a grandement favorisé le développement du commerce à la fin du XIXe siècle. Ainsi, la plupart des grandes chaînes optent pour une politique de prix unique parce qu'elles offrent beaucoup de produits et emploient beaucoup de personnel.

Autrefois, le prix jouait un rôle déterminant dans le choix que faisait l'acheteur. Il en est encore ainsi dans les pays les plus pauvres, dans les groupes défavorisés et pour les produits de base. Cependant, d'autres facteurs que le prix (comme la garantie ou le service après-vente) influent maintenant sur le comportement d'achat. Le prix reste néanmoins un élément fondamental en raison de son incidence sur la part de marché et sur la rentabilité. En fait, de fortes pressions ont été exercées sur les prix au cours des dernières années (voir la figure 17.1). Alors que le revenu annuel réel des consommateurs stagne, voire décroît, et que leurs attentes sont donc moins élevées, ceux-ci prêtent plus attention aux prix, ce qui force les détaillants à réduire leurs prix. Les détaillants, à leur tour, exercent des pressions sur les fabricants. Il en résulte un marché caractérisé par des rabais importants et de nombreuses activités de promotion des ventes.

Le prix est le seul élément du marketing mix qui produise un revenu; les autres éléments engendrent des coûts. Le prix est aussi un des éléments les plus adaptables du marketing mix; il peut être changé

FIGURE 17.1

La transmission des pressions à la baisse sur les prix

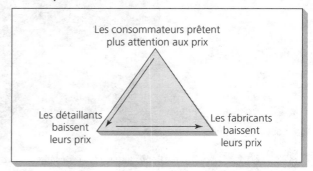

rapidement, contrairement aux caractéristiques du produit ou du service et aux ententes dans les canaux de distribution. Beaucoup d'entreprises ont de la difficulté à fixer les prix. Les erreurs les plus courantes sont les suivantes : le prix est trop dépendant des coûts ; le prix n'est pas modifié assez rapidement pour qu'on puisse bénéficier des changements récents qui se produisent sur le marché ; le prix est établi indépendamment du reste du marketing mix plutôt que comme un élément intrinsèque de la stratégie de positionnement ; le prix tient peu compte de la variété des produits offerts et des segments de marché.

Il existe de nombreuses façons de déterminer les prix. Dans les PME, les prix sont le plus souvent fixés par la direction générale plutôt que par les services du marketing ou des ventes. Dans les grandes entreprises, la responsabilité de la fixation des prix est assumée par les directeurs de divisions et les chefs de produit, même si la direction générale établit les objectifs et les politiques et approuve les prix proposés par les cadres intermédiaires. Dans les industries où la fixation du prix est un élément important (télécommunications, aérospatiale, transport, énergie), les entreprises disposent souvent d'un service spécialement formé pour fixer les prix ou aider les autres services à établir un prix approprié. Ce service relève du service du marketing, du service des finances ou de la direction générale. D'autres cadres exercent aussi une influence sur l'établissement des prix. Ce sont les directeurs des ventes, de la production, des finances et de la comptabilité.

Dans ce chapitre, nous nous intéresserons à trois questions :

- **Comment le prix d'un produit ou d'un service doit-il être fixé pour la première fois ?**
- **Comment le prix doit-il être adapté, dans l'espace ou le temps, pour tenir compte de nouvelles circonstances ou tirer parti de nouvelles occasions d'affaires ?**
- **Quand l'entreprise doit-elle prendre l'initiative de changer son prix et comment doit-elle répondre à la concurrence par les prix ?**

17.1
LA FIXATION DU PRIX

La fixation du prix est un problème quand une entreprise doit le faire pour la première fois. Tel est le cas lorsqu'elle développe ou acquiert un nouveau produit, lorsqu'elle introduit ses produits existants dans un nouveau circuit de distribution ou un nouveau territoire et lorsqu'elle répond à un appel d'offres.

L'entreprise doit décider du positionnement de son produit par rapport à la réalité et aux prix. Une entreprise peut positionner son produit pour le bas du marché ou le haut du marché. Il existe en fait sept niveaux possibles. Voici un exemple pour l'industrie automobile :

Segment	Entreprise
Haut de gamme	Mercedes
Luxe	Audi
Besoins précis	Volvo
Milieu de gamme	Buick
Fonctionnel	Ford Focus
Économique	Hyundai
Bas de gamme	Lada

Sur chaque marché, il y a normalement une marque ultime, l'étalon auquel les autres marques se comparent ; ici, il s'agit de la Mercedes. Tout juste en dessous, on trouve les automobiles de luxe telles que la Audi, la Lexus, l'Infiniti ou la Lincoln. Un peu plus bas, on trouve des automobiles qui répondent à des besoins précis telles que la Volvo (sécurité) ou la Subaru Outback (traction intégrale). Au milieu, on trouve une grande gamme de produits, comme la Buick, la Pontiac et la Mazda. Tout juste plus bas, il y a les marques fonctionnelles, comme la Focus ou la Cavalier. Plus bas encore se trouvent les marques économiques dont la performance est néanmoins très satisfaisante. Finalement, il y a le bas de gamme, une voiture pas chère mais de qualité minimale, quelquefois même douteuse.

L'entreprise doit d'abord positionner son produit en ce qui concerne la qualité et le prix. Le tableau 17.1 recense neuf possibilités de stratégies qualité-prix. Les stratégies de positionnement 1, 5 et 9 correspondent à la diagonale et peuvent coexister sur un même marché, c'est-à-dire qu'un fabricant peut vendre un produit de haute qualité à un prix supérieur, tandis qu'un concurrent offre un produit de qualité moyenne à un prix moyen et qu'un autre offre un produit de faible qualité à un prix bas. Les trois concurrents peuvent coexister aussi longtemps que le marché se composera de trois groupes d'acheteurs : ceux qui insistent sur la qualité, ceux qui insistent sur

TABLEAU 17.1
Les neuf stratégies pour le rapport qualité-prix

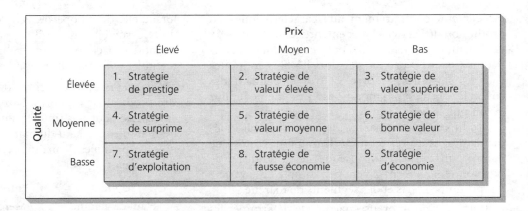

		Prix		
		Élevé	Moyen	Bas
Qualité	Élevée	1. Stratégie de prestige	2. Stratégie de valeur élevée	3. Stratégie de valeur supérieure
	Moyenne	4. Stratégie de surprime	5. Stratégie de valeur moyenne	6. Stratégie de bonne valeur
	Basse	7. Stratégie d'exploitation	8. Stratégie de fausse économie	9. Stratégie d'économie

le prix et ceux qui recherchent un bon compromis entre les deux.

Les stratégies de positionnement 2, 3 et 6 représentent autant de façons de s'attaquer aux positionnements de la diagonale. La stratégie 2 dit : « Notre produit offre la même qualité élevée que le produit 1, mais il coûte moins cher. » La stratégie 3 dit la même chose et offre même une plus grande économie. Enfin, la stratégie 6 vise les acheteurs qui sont soucieux à la fois d'un certain rapport qualité-prix et d'un prix modéré. Si les consommateurs qui sont sensibles à la qualité ont confiance en ces concurrents, ils sont alors sages d'acheter leurs produits et de bénéficier, de cette manière, d'une certaine économie (à moins que l'entreprise n'ait réussi à créer un produit de consommation ostentatoire).

Les stratégies 4, 7 et 8 correspondent à une surévaluation du produit par rapport à sa qualité. Les consommateurs penseront qu'ils ont été dupés et seront probablement mécontents. Les gens de marketing compétents se garderont de recourir à ces stratégies douteuses.

De nombreux facteurs interviennent dans la fixation du prix. Nous proposons ici une démarche en six étapes :

1. la détermination des objectifs de prix ;
2. l'évaluation de la demande ;
3. l'estimation des coûts ;
4. l'analyse de l'offre et des prix de la concurrence ;
5. le choix d'une méthode de fixation du prix ;
6. le choix du prix final (voir la figure 17.2).

FIGURE 17.2
La politique de fixation des prix

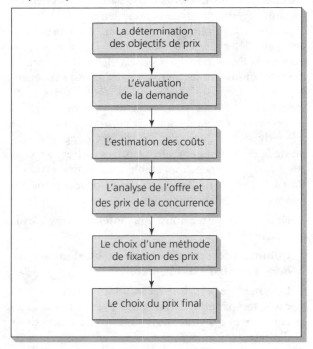

17.1.1
La détermination des objectifs de prix

L'entreprise doit d'abord clarifier les objectifs qu'elle s'efforce d'atteindre avec un produit particulier. Si elle a clairement cerné la cible et le positionnement, le marketing mix et le prix en découlent logiquement.

Par exemple, si un fabricant de véhicules de loisirs veut se spécialiser dans la production d'une autocaravane haut de gamme pour attirer les consommateurs, il lui faudra demander un prix élevé. Ainsi, la stratégie de fixation du prix est largement déterminée par la décision antérieure de positionnement sur le marché.

Plus les objectifs de l'entreprise sont clairs, plus l'établissement du prix sera facile. Chaque prix possible aura des conséquences différentes pour les objectifs comme le prix, les ventes et la part de marché. En fait, une entreprise peut chercher à atteindre six objectifs principaux par ses prix : la survie, la maximisation du profit actuel, la maximisation du chiffre d'affaires, la maximisation des unités vendues, l'écrémage du marché et le leadership de la qualité.

La survie

Survivre devient un objectif majeur lorsque l'entreprise est dans une position de surcapacité, lorsqu'elle est en exploitation dans un environnement concurrentiel défavorable ou lorsque les besoins des consommateurs changent. Pour certaines entreprises, la survie est le défi qu'elles devront relever durant les prochaines années. Pour garder l'usine en activité et assurer la rotation des stocks, ou pour obtenir un certain niveau de service, elle réduira souvent les prix. Les profits sont moins importants que la survie de l'entreprise. Aussi longtemps que les prix couvrent les coûts variables et certains coûts fixes, les entreprises restent en affaires. Cependant, la survie est seulement un objectif à court terme. À long terme, l'entreprise devra apprendre à ajouter de la valeur, sinon elle cessera d'exister.

La maximisation du profit actuel

De nombreuses entreprises essaient d'établir le prix qui maximisera le profit à court terme. Elles estiment la demande et les coûts pour divers prix, et elles choisissent le prix qui permettra d'obtenir le meilleur profit, le meilleur fonds de roulement ou le meilleur rendement des investissements.

La maximisation du profit actuel ne va pas sans problèmes. En effet, cette maximisation suppose que l'entreprise connaît ses fonctions de demande et de coûts, alors qu'en réalité elles sont plutôt difficiles à évaluer. Également, l'entreprise met l'accent sur le rendement financier courant plutôt que sur le rendement à long terme. Finalement, l'entreprise ignore les effets des autres variables de son marketing mix, les réactions de la concurrence et les restrictions légales sur le prix.

La maximisation du chiffre d'affaires

Certaines entreprises cherchent à maximiser le chiffre d'affaires plutôt que le profit. La maximisation du chiffre d'affaires exige d'estimer la fonction de demande. De nombreux cadres croient alors que la maximisation du revenu permet d'accroître la rentabilité à long terme et la croissance de la part de marché.

La maximisation des unités vendues

D'autres entreprises veulent maximiser les ventes unitaires. Elles pensent qu'un volume de ventes unitaires supérieur entraînera, grâce aux économies d'échelle, des coûts réduits et, par conséquent, des profits plus importants. Elles fixent les prix le plus bas possible, croyant que le marché est sensible au prix. Cela s'appelle un **prix de pénétration du marché**, lequel est pratiqué à une grande échelle par Texas Instruments. Texas Instruments bâtit d'immenses usines et établit le prix le plus bas possible ; elle obtient alors une grande part de marché ; ses coûts chutant avec l'expérience, elle réduit encore davantage ses prix.

Plusieurs conditions doivent être réunies pour qu'on puisse fonctionner ainsi : 1° le marché doit être très sensible au prix et un prix bas doit stimuler la croissance du marché ; 2° les coûts de production et de distribution doivent baisser à mesure que l'expérience dans la production s'accroît ; 3° un prix bas doit décourager la concurrence actuelle ou éventuelle de suivre l'entreprise sur ce terrain.

L'écrémage du marché

De nombreuses entreprises préfèrent établir des prix élevés pour écrémer le marché. DuPont est la première entreprise à avoir adopté un **prix d'écrémage**. Pour chaque innovation (cellophane, nylon, téflon, etc.), DuPont estime le plus haut prix que lui permettent de demander les avantages du nouveau produit par rapport aux substituts. L'entreprise fixe le prix le plus élevé possible, mais qui est juste assez attrayant pour que certains segments de marché adoptent le nouveau produit. Chaque fois que les ventes commencent à baisser, DuPont baisse les prix pour attirer la tranche suivante de clients sensibles au prix. De cette façon, DuPont écrème le maximum de revenus des différents segments de marché. Polaroid, une autre adepte de cette pratique, lance d'abord un modèle cher d'un nouvel appareil photo, puis elle introduit graduellement des modèles moins perfectionnés et moins chers pour attirer de nouveaux segments.

L'écrémage du marché se justifie dans les conditions suivantes : 1° il existe un nombre suffisant de clients qui ne sont pas sensibles au prix ; 2° les coûts unitaires de production d'un petit volume ne sont pas élevés au point d'annuler l'avantage relié au fait de demander le prix maximal que le marché est prêt à accepter ; 3° un prix initial élevé n'aura pas pour effet d'attirer la concurrence ; 4° un prix élevé projette l'image d'un produit supérieur.

Le leadership de la qualité

Une entreprise peut se fixer comme objectif d'être le chef de file en ce qui concerne la qualité du produit. Un bon exemple est Maytag, qui construit des machines à laver de qualité supérieure et qui les vend ensuite une centaine de dollars de plus que ses concurrents. Maytag brandit le slogan « Construit pour durer », et sa publicité met en vedette le bon vieux réparateur de Maytag qui n'a jamais rien à faire. Cette stratégie a rapporté à Maytag un rendement des capitaux propres continuellement supérieur au rendement moyen de l'industrie.

Autres objectifs de prix

Les entreprises à but non lucratif et les entreprises publiques peuvent adopter plusieurs autres objectifs. Les universités cherchent à récupérer seulement une partie de leurs coûts étant donné que ces institutions dépendent avant tout des subventions gouvernementales et des dons pour se financer. Mais une école de langues privée doit récupérer tous ses coûts et même faire des profits. Une troupe de théâtre amateur peut fixer ses prix suffisamment bas pour s'assurer de vendre tous les sièges du théâtre. Certains programmes sociaux, comme l'assurance-médicaments,

peuvent ajuster leurs prix selon le niveau de revenu des usagers.

17.1.2
L'évaluation de la demande

Chaque prix demandé par l'entreprise entraînera un niveau de demande différent et aura par conséquent un effet différent sur les objectifs de marketing. La relation entre le prix actuel demandé et la demande actuelle s'analyse au moyen de la **courbe de la demande** (voir la figure 17.3a). La courbe de la demande indique le nombre d'unités que le marché achètera dans une période donnée et pour divers prix demandés durant cette période. Normalement, la demande et le prix sont en relation inverse : plus le prix est élevé, plus la demande est basse (et inversement).

Pour les biens de prestige, la courbe de la demande a parfois une pente positive. Ainsi, un fabricant de parfum se rendit compte qu'en haussant son prix il vendait plus de parfum au lieu d'en vendre moins ! Les consommateurs interprétèrent le prix plus élevé comme la preuve qu'il s'agissait d'un produit meilleur ou plus prestigieux. Cependant, lorsqu'un prix trop élevé est demandé, le niveau de la demande se remet à baisser.

Les facteurs agissant sur la sensibilité au prix

La courbe de la demande décrit la réaction générale du marché à différents niveaux de prix qui peuvent être demandés pour un produit donné. Elle est en fait la somme des réactions de plusieurs individus ayant une sensibilité différente face au prix. Il importe donc, avant tout, de comprendre les facteurs qui ont une influence sur la sensibilité au prix des acheteurs. Nagle a distingué neuf facteurs :

1. **La différenciation du produit.** Les acheteurs sont moins sensibles au prix quand un produit ou un service se différencie des autres.

2. **La connaissance des produits de substitution.** Les acheteurs sont moins sensibles au prix lorsqu'ils connaissent peu les substituts.

3. **La difficulté de comparaison.** Les acheteurs sont moins sensibles au prix lorsqu'ils peuvent difficilement comparer la qualité des substituts.

FIGURE 17.3
Les courbes de la demande

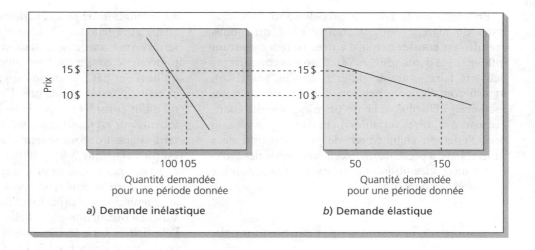

a) Demande inélastique

b) Demande élastique

4. **L'importance de la dépense.** Les acheteurs sont moins sensibles au prix lorsque la dépense est une petite partie de leur revenu.

5. **L'importance du prix dans le coût total.** Les acheteurs sont d'autant moins sensibles au prix qu'il compte pour une faible part du coût total du produit fini ou du service.

6. **Le partage des coûts.** Les acheteurs sont moins sensibles au prix lorsqu'ils partagent les dépenses avec quelqu'un d'autre.

7. **Un investissement déjà amorti.** Les acheteurs sont moins sensibles au prix lorsqu'un produit (ou même un service) est lié à un actif déjà amorti.

8. **Le rapport qualité-prix.** Les acheteurs sont moins sensibles au prix lorsqu'ils perçoivent la qualité, le prestige ou le caractère exclusif du produit ou du service.

9. **Le stockage.** Les acheteurs sont d'autant moins sensibles au prix d'un produit qu'ils ne peuvent le stocker[2].

Les méthodes d'estimation de la courbe de la demande

La majorité des entreprises cherchent à mesurer leur courbe de la demande. Pour établir cette courbe, il existe plusieurs méthodes.

La première méthode consiste à faire l'analyse stratégique des données passées sur les prix, les quantités vendues et d'autres facteurs afin d'estimer les relations. Les données analysées peuvent être longitudinales (dans le temps) ou transversales (différentes régions à un temps donné). L'élaboration d'un modèle satisfaisant et l'utilisation adéquate des bonnes techniques statistiques exigent une compétence certaine.

Pour établir la courbe de la demande, il est nécessaire d'expliciter les hypothèses relatives au comportement des concurrents. Il y a deux façons d'estimer la demande. L'une est de considérer que les prix des concurrents sont stables, peu importe le prix demandé par l'entreprise. L'autre est de considérer que les concurrents fixent un prix différent pour chaque prix que l'entreprise établit. Nous adopterons pour l'instant la première hypothèse et nous reviendrons plus tard sur la question des réactions des concurrents aux prix.

Une deuxième méthode est l'approche expérimentale. Bennett et Wilkinson ont mis au point une méthode d'estimation de la courbe de la demande dans le magasin. Ils ont fait systématiquement varier le prix de plusieurs produits vendus dans un magasin de vente au rabais et ils ont observé les résultats[3]. Une variante de cette méthode consiste à fixer des prix différents dans des territoires semblables pour déterminer dans quelle mesure les ventes sont influencées par des prix différents. La troisième méthode consiste à demander aux acheteurs potentiels combien d'unités ils achèteraient à différents niveaux de prix proposés[4]. La principale lacune de cette méthode est que les acheteurs ont tendance à sous-estimer leurs intentions d'achat à des prix plus élevés pour décourager l'entreprise d'augmenter ses prix.

En mesurant la relation prix-demande, les analystes du marché doivent contrôler ou, du moins, prendre en considération d'autres facteurs pouvant influer sur la demande. Les réactions des concurrents peuvent faire toute la différence. S'ils réagissent, modifieront-ils leurs prix ou d'autres variables du marketing ? De plus, si l'entreprise apporte des changements à d'autres variables du marketing en plus du prix, l'effet du changement de prix sera difficile à isoler. Nagle a présenté un excellent résumé des différentes méthodes utilisées pour mesurer la sensibilité au prix et à la demande[5].

L'élasticité de la demande par rapport au prix

Les gens de marketing ont besoin de savoir comment la demande réagira à un changement de prix. Considérons les deux courbes de la demande de la figure 17.3. Dans la partie *a*, le prix augmente de 10 $ à 15 $, qui engendre une baisse relativement faible de la demande de 105 à 100. Dans la partie *b* de la figure, la même augmentation de prix entraîne une diminution substantielle de la demande de 150 à 50. Si la demande change à peine à la suite d'un modeste changement de prix, on dit alors que la demande est **inélastique**. Par contre, si la demande change beaucoup, on dit que la demande est **élastique**.

Qu'est-ce qui détermine l'élasticité de la demande par rapport au prix ? La demande tend à être moins élastique dans les conditions suivantes : 1° il y a très peu de substituts ou de concurrents ; 2° les acheteurs remarquent à peine l'augmentation du prix ; 3° les acheteurs sont lents à changer leurs habitudes d'achat et à rechercher des prix plus bas ; 4° les acheteurs croient que l'augmentation du prix est justifiée par une amélioration de la qualité, une inflation normale ou toute autre raison valable.

Si la demande est élastique plutôt qu'inélastique, on envisagera alors un prix plus bas. Un prix plus bas produira un revenu total plus élevé, pourvu que les coûts de production et de vente additionnels n'augmentent pas de façon disproportionnée[6].

L'élasticité de la demande par rapport au prix dépend de l'importance et de la direction du changement de prix envisagé. Elle peut être négligeable pour un faible changement de prix, et substantielle pour un changement de prix prononcé. Elle peut aussi être différente selon qu'il y a une réduction de prix ou une augmentation de prix. Finalement, l'élasticité à long terme aura tendance à différer de l'élasticité à court terme. Après une augmentation de prix, les acheteurs pourraient conserver leur fournisseur actuel parce qu'ils n'ont pas remarqué l'augmentation, que celle-ci est trop faible, qu'ils ont d'autres préoccupations ou qu'ils considèrent que la recherche d'un nouveau fournisseur est fastidieuse ; mais ils pourraient, tôt ou tard, changer de fournisseur. Dans ce cas, la demande est plus élastique à long terme qu'à court terme. Le contraire peut aussi se produire : les acheteurs abandonnent un fournisseur après avoir remarqué une augmentation de prix, mais ils y reviennent par la suite. La distinction entre l'élasticité à court terme et l'élasticité à long terme signifie que les vendeurs ne connaîtront l'effet total de leurs changements de prix qu'après un certain temps.

17.1.3
L'estimation des coûts

Alors que la demande détermine souvent le prix plafond que peut demander l'entreprise pour son produit, les coûts établissent le prix plancher. L'entreprise désire fixer un prix qui couvre les coûts de production, de distribution et de vente, et qui donne une juste rémunération de l'effort fourni et du risque couru.

Les types de coûts

Les coûts d'une entreprise prennent deux formes : les coûts fixes et les coûts variables. Les **coûts fixes** (aussi appelés « frais généraux ») sont les coûts qui ne varient pas selon la production et le volume de ventes. Quel que soit son chiffre d'affaires, l'entreprise doit payer chaque mois son loyer, son chauffage, ses frais d'intérêts, les salaires de ses cadres, etc. Les coûts fixes doivent être payés, quel que soit le niveau de production.

Les **coûts variables** varient directement selon le volume de production. Par exemple, chaque calculatrice de poche produite par Texas Instruments suppose des coûts pour le plastique, les microprocesseurs, l'emballage, etc. Ces coûts tendent à être les mêmes pour chaque unité produite. Ces coûts sont dits variables parce qu'ils varient selon le volume de production.

Le **coût total** est la somme des coûts fixes et des coûts variables pour un niveau de production donné. La direction cherche à fixer un prix qui couvrira au moins le coût total à un niveau de production donné.

Les changements de coûts à différents niveaux de production

Afin de prendre une décision éclairée au sujet du prix, la direction a besoin de savoir comment ses coûts varient selon différents niveaux de production.

Prenons le cas d'une entreprise telle que Texas Instruments, qui dispose d'une usine pouvant produire 1 000 calculatrices de poche par jour. Le coût par unité est élevé si, dans une journée, peu d'unités sont produites. Lorsque la production atteint 1 000 unités par jour, le coût moyen à court terme (CM*ct*) descend. La raison en est que les coûts fixes s'étalent sur un plus grand nombre d'unités, chaque unité absorbant une petite partie des coûts fixes. Texas Instruments peut essayer de produire plus de 1 000 unités par jour, mais les coûts s'accroîtront de nouveau. Les coûts moyens augmenteront après 1 000 unités parce que les installations deviendront inefficientes. Les travailleurs s'agglutineront autour des machines, celles-ci tomberont en panne plus souvent et les travailleurs se nuiront les uns aux autres (voir la figure 17.4*a*).

Si Texas Instruments estime qu'elle peut vendre 2 000 unités par jour, elle devra envisager de bâtir une nouvelle usine. On devra y trouver des machines et des postes de travail plus efficients, et le coût unitaire de production de 2 000 unités par jour deviendra inférieur au coût unitaire de production de 1 000 unités par jour. C'est ce qu'illustre la courbe de la figure 17.4*b* sur le coût moyen à long terme (CM*lt*). En fait, des installations d'une capacité de 3 000 unités devraient même être plus efficientes selon la courbe de la figure 17.4*b*. Toutefois, une production de 4 000 unités par jour serait moins efficiente à cause du mauvais fonctionnement dû à la trop grande taille : il y aurait trop de personnel à gérer, la bureaucratie paralyserait les activités, etc. La figure 17.4*b* indique que la taille optimale de l'usine se situe autour de 3 000 unités par jour, pourvu que la demande soit suffisante pour ce niveau de production.

Les changements de coûts dus à l'expérience

Supposons que Texas Instruments dispose d'une usine fabriquant 3 000 calculatrices de poche par jour. À mesure qu'elle accroît son expérience, elle améliore son savoir-faire. Les travailleurs apprennent des méthodes plus efficaces, la gestion des matières premières et des stocks est améliorée, etc. Le résultat est que le coût moyen baisse avec l'accumulation de l'expérience dans la production. C'est ce que montre la figure 17.5. Le coût moyen de production des 100 000 premières calculatrices est de 10 $ par calculatrice. Lorsque les 200 000 premières unités auront été produites, le coût moyen sera tombé à 9 $. Si l'on atteint une production cumulative de 400 000 unités, le coût moyen sera de 8 $. Cette diminution des coûts avec l'accumulation de l'expérience dans la

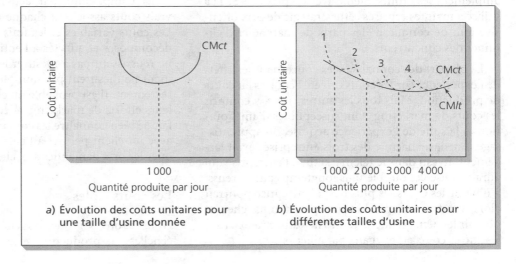

FIGURE 17.4
Le coût unitaire à différents niveaux de production

a) Évolution des coûts unitaires pour une taille d'usine donnée

b) Évolution des coûts unitaires pour différentes tailles d'usine

FIGURE 17.5
**La courbe
d'expérience
du coût unitaire**

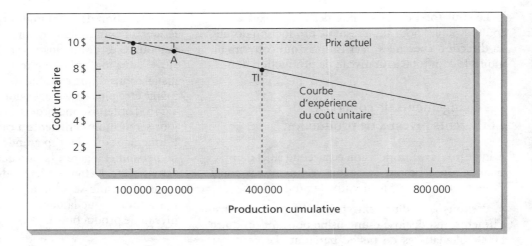

production est appelée la **courbe d'expérience,** ou **courbe d'apprentissage.**

Maintenant, supposons que trois entreprises se font concurrence dans cette industrie, soit Texas Instruments (TI) et les entreprises A et B. TI est le producteur au prix le plus bas avec 8 $ l'unité. Si les trois entreprises vendent la calculatrice 10 $, TI réalise un profit de 2 $ l'unité, A fait 1 $ et B couvre simplement ses coûts. Un choix intelligent pour TI serait de baisser son prix à 9 $. Cela aurait pour effet de faire sortir B du marché et même d'amener A à envisager un retrait. TI hériterait ainsi des clients qui autrement seraient allés à B (et peut-être à A). De plus, des acheteurs sensibles au prix seraient prêts à entrer sur le marché à ce prix plus bas. Les coûts de TI baisseraient encore plus rapidement lorsque ses ventes dépasseraient 400 000 unités, de sorte qu'elle récupérerait amplement ses profits, même avec un prix de 9 $. TI a utilisé à maintes reprises cette stratégie de prix offensive afin de conquérir des parts de marché et d'éliminer des concurrents.

La plupart des connaissances concernant les effets de l'expérience sur les coûts ont été acquises en cours de production. Mais tous les autres coûts, y compris les coûts de marketing, sont susceptibles d'améliorations à la suite de l'expérience acquise, ou apprentissage. Ainsi, si chacune des trois entreprises avait largement investi dans le télémarketing, l'entreprise qui aurait utilisé cet outil le plus longtemps aurait réussi à obtenir les coûts les plus bas. L'entreprise pourrait alors vendre son produit un peu moins cher et obtenir le même rendement des investissements, tous les autres coûts étant égaux par ailleurs[7].

Les changements de coûts en fonction de la différenciation de l'offre

De nos jours, les entreprises essaient d'adapter aux différents acheteurs leur offre et les conditions qui y sont rattachées. Ainsi, un fabricant qui fait affaire avec diverses chaînes de magasins de détail négociera des conditions différentes. Un détaillant pourrait souhaiter avoir une livraison quotidienne de façon à maintenir ses stocks bas, alors qu'un autre pourrait désirer avoir une livraison deux fois par semaine de façon à obtenir un prix plus bas. En conséquence, les coûts du fabricant différeront selon la chaîne de magasins de détail, et ses profits différeront aussi. Pour estimer la rentabilité réelle des divers détaillants, le fabricant adoptera la comptabilité par activités au lieu de la méthode du coût de revient standard[8].

La comptabilité par activités tente d'établir les vrais coûts associés à chaque entité (chaque client). Les coûts variables et les frais généraux doivent être décomposés et affectés à l'entité. Les entreprises qui ne réussissent pas à mesurer les vrais coûts correctement ne mesurent pas non plus leur rentabilité correctement. Il est probable qu'elles ne déploieront pas leurs efforts de marketing adéquatement. De plus, le fait de bien connaître les coûts réels dans une relation avec un client permet à l'entreprise de mieux expliquer les prix demandés aux clients.

Les coûts cibles

Nous avons vu que les coûts changent avec les échelles de production et l'expérience. Les coûts peuvent aussi changer par suite d'un effort concerté des ingénieurs, des concepteurs et des acheteurs d'une entreprise en vue de les réduire. Les Japonais, en particulier, utilisent une méthode appelée le **coût cible**[9]. Ils utilisent la recherche en marketing pour établir les fonctions souhaitées du nouveau produit. Puis ils fixent le prix qui devrait être demandé, connaissant l'attrait du produit et les prix des concurrents. Ils déduisent ensuite la marge bénéficiaire souhaitée du prix, ce qui laisse le coût cible qui doit être obtenu. Puis ils examinent chaque élément du coût — la conception, l'ingénierie, la fabrication, les ventes, etc. — et le décomposent en des éléments plus fins. On considère de nouvelles façons de concevoir les pièces, d'éliminer les fonctions ou de réduire les coûts des fournisseurs. L'objectif général est d'aligner les coûts finaux projetés sur le coût cible. Si l'entreprise ne peut réussir, elle décidera peut-être de ne pas développer le produit parce que celui-ci ne pourrait être vendu au prix cible et ainsi atteindre le profit cible. Si elle réussit, il est probable que les profits suivront. L'exemple suivant illustre une réussite :

> Le coût cible est la méthode que Compaq a utilisée pour réagir aux concurrents qui s'étaient attaqués à ses produits avec des ordinateurs à prix bas en 1992. Voici comment fonctionne le prix cible chez Compaq. Une équipe de recherche développe les spécifications d'un nouvel ordinateur. Les concepteurs s'assoient avec les gens de marketing, de la fabrication, du service à la clientèle, des achats et d'autres services. Les gens de marketing donnent à ce groupe de recherche un prix cible, la direction fixe les objectifs de marge de profit, et l'équipe détermine ensuite ce que devraient être les coûts. Il est souvent difficile d'atteindre les objectifs de coûts et cela exige un effort d'équipe renouvelé dans le processus de fabrication ; les ingénieurs doivent concevoir le produit avec moins de pièces et travailler en collaboration avec d'autres services pour modifier les procédés de fabrication pour produire des pièces de façon plus économique et plus rapide. Mais ce travail ardu a été bien récompensé. L'ordinateur personnel Prolinea et l'agenda Contura ont été les premiers produits manufacturés chez Compaq à partir du nouveau système de prix, ce qui a permis aux ventes de Compaq de croître de 64 %, et aux profits de l'entreprise de doubler quasiment[10].

La méthode du coût cible est une amélioration apportée à la méthode traditionnelle du développement de nouveaux produits, qui consiste à concevoir le produit, à estimer les coûts, puis à déterminer le prix du produit. Le coût cible met l'accent sur la réduction des coûts du produit durant les étapes de la planification et de la conception, au lieu de tenter de modifier les coûts après que le produit a été lancé.

17.1.4
L'analyse de l'offre et des prix de la concurrence

Bien que la demande du marché délimite un prix plafond et que les coûts délimitent un prix plancher, les prix de la concurrence et les réactions possibles aux prix aident l'entreprise à mieux connaître les prix qu'elle peut établir. L'entreprise a besoin de connaître le prix et la qualité de chaque offre des concurrents ; elle doit faire un étalonnage industriel ou commercial. Pour cela, elle peut recourir à plusieurs méthodes. Elle peut envoyer des acheteurs fantômes acheter des produits des concurrents et faire des comparaisons entre leurs prix et leurs offres. Elle peut obtenir des listes de prix des concurrents ou leur acheter de l'équipement et le défaire en pièces. Enfin, l'entreprise peut demander à des consommateurs leur appréciation du prix et de la qualité de l'offre de chaque concurrent.

Une fois que l'entreprise connaît les prix et les offres de la concurrence, elle peut les utiliser pour orienter la fixation de son propre prix. Si son offre est équivalente à celle d'un concurrent, l'entreprise devra régler son prix sur celui du concurrent, sinon elle perdra des ventes. Si l'offre de l'entreprise est inférieure, celle-ci ne pourra justifier un prix plus élevé que celui de son concurrent. Si l'offre de l'entreprise est supérieure, elle pourra fixer un prix plus élevé que celui de son concurrent. L'entreprise doit être consciente, cependant, que les concurrents ont la possibilité d'ajuster leurs prix en réponse à celui qu'elle pratique.

17.1.5
Le choix d'une méthode de fixation du prix

Maintenant qu'elle connaît les trois C (la **courbe de la demande du marché**, la fonction des **coûts** et les prix des **concurrents**), l'entreprise est prête à fixer un prix.

FIGURE 17.6
**Les trois C
de la fixation
d'un prix**

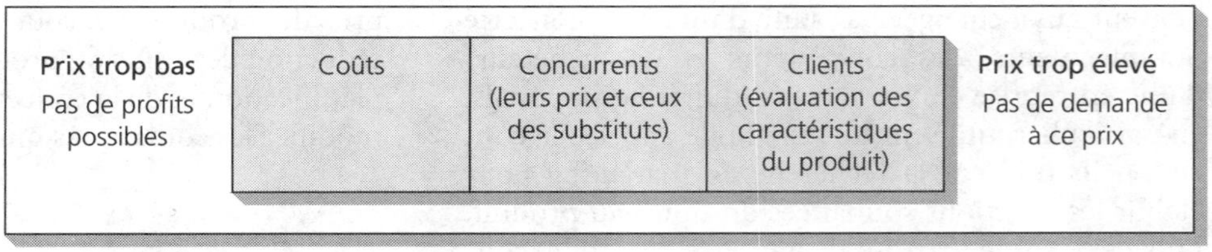

Prix trop bas	Coûts	Concurrents	Clients	Prix trop élevé
Pas de profits possibles		(leurs prix et ceux des substituts)	(évaluation des caractéristiques du produit)	Pas de demande à ce prix

Le prix se situera quelque part entre un prix trop bas pour engendrer un profit et un prix trop élevé pour créer une demande. La figure 17.6 résume les trois facteurs clés de la détermination d'un prix. Les coûts fixent un plancher au prix. Les prix de la concurrence et des substituts sont un point de référence que l'entreprise doit considérer pour déterminer son prix. L'estimation des caractéristiques uniques de l'offre de l'entreprise par les consommateurs permettra de situer le prix plafond.

Cependant, en pratique, les entreprises résolvent la question du prix avec des méthodes qui mettent l'accent sur une ou deux variables clés ou sur l'ensemble de celles-ci. Ces méthodes aboutissent à un prix précis. Examinons maintenant six méthodes de détermination du prix : le coût plus la marge, le rendement cible des investissements, la valeur perçue, la valeur, le prix du marché et les soumissions.

Le coût plus la marge

La méthode la plus élémentaire consiste à déterminer le prix en additionnant au coût du produit une marge standard. Lorsqu'elles calculent leur offre, les entreprises de construction estiment le coût total du projet et ajoutent une marge pour couvrir les frais généraux et dégager des profits. Les avocats, les comptables et les autres membres de professions libérales procèdent de cette façon en majorant leurs coûts d'une marge. Certains vendeurs disent à leurs clients que le prix demandé correspondra à leurs coûts, auxquels ils ajouteront une marge déterminée. C'est de cette façon, par exemple, que l'aérospatiale fixe ses prix pour l'État.

Nous illustrerons cette méthode de fixation du prix en fonction du coût plus la marge. Supposons qu'un fabricant de grille-pain estime ses coûts et ses ventes de la façon suivante :

Coûts variables	10 $/unité
Coûts fixes	300 000 $
Ventes attendues	50 000 unités

Le coût unitaire du fabricant est donné par :

$$\text{Coût unitaire} = \text{Coûts variables} + \frac{\text{Coûts fixes}}{\text{Ventes attendues (en unités)}}$$

$$= 10\ \$/\text{unité} + \frac{300\,000\ \$}{50\,000\ \text{unités}} = 16\ \$.$$

Maintenant, le fabricant veut prendre une marge bénéficiaire (ou marge sur les ventes) de 20 % sur les ventes. Le prix de vente du fabricant sera donné par :

$$\text{Prix de vente} = \frac{\text{Coût unitaire}}{(1 - \text{marge})} = \frac{16\ \$}{1 - 0,2} = 20\ \$.$$

Le fabricant devra demander au vendeur 20 $ pour obtenir un profit de 4 $ par unité. Si le vendeur désire obtenir une marge de 50 % sur ses ventes, il devra vendre le grille-pain 32 $. C'est l'équivalent, en fait, d'une marge de 100 % sur les coûts.

La marge est généralement plus élevée pour les produits saisonniers (pour compenser le risque qu'il y ait des invendus), les articles spéciaux, les articles à faible taux de rotation, les articles aux coûts de stockage et de manutention élevés ainsi que les articles dont la demande est inélastique. De plus, les entreprises prennent parfois une marge plus élevée lorsqu'il y a des coûts variables cachés ou élevés. Un exemple de marge très élevée serait celui des disques compacts qui ont un prix de détail de 17 $:

Quoique les consommateurs pensent déjà que le prix des disques compacts est trop élevé (quand on le compare au prix de 8 $ ou 9 $ des disques en vinyle maintenant désuets), ils seraient outrés d'apprendre que la marge qui est prise sur ce produit est de plus de 2 000 %. Le coût de fabrication d'un disque compact est à peu près de 0,75 $, et ce disque est vendu au magasin de disques au prix de 10 $ à 11 $. Des représentants de la direction de Time Warner, un important fabricant de disques compacts, prétendent que les prix sont poussés vers le haut par les coûts cachés du marketing, de la promotion, des cachets des artistes et des diverses redevances. La fixation d'un prix est « très arbitraire », déclare un cadre d'une entreprise importante. « Nous sommes dans un milieu on ne peut plus spéculatif. Si une étiquette peut percer le marché avec un nouveau groupe ou une nouvelle vedette, l'année est assurée. Les 300 000 à 500 000 premiers exemplaires d'un nouveau disque compact permettent à peine d'atteindre le point mort. En pratique, 80 % de tous les disques vendus ne permettent pas de faire de l'argent. Ce sont les 20 % restants qui doivent compenser les 80 % »[11].

L'utilisation d'une marge standard pour établir les prix est-elle logique ? Généralement pas. Une démarche qui ne tient compte ni de la demande courante, ni de la valeur perçue, ni de la concurrence a peu de chances de conduire à un profit maximal. Supposons que le fabricant de grille-pain de l'exemple qui a été présenté précédemment fixe son prix à 20 $, mais qu'il vende seulement 30 000 grille-pain au lieu de 50 000. Son coût unitaire sera plus élevé, puisque les coûts fixes seront répartis sur un moins grand nombre d'unités et que son pourcentage de marge réalisé sur les ventes sera plus faible. La fixation du prix d'après la marge fonctionne seulement si le prix engendre en fait le niveau de ventes souhaité.

Les entreprises qui lancent un nouveau produit le vendent souvent à un prix élevé en espérant couvrir leurs coûts le plus rapidement possible. Mais une stratégie de marge élevée peut être fatale si un concurrent fixe son prix très bas. C'est ce qui est arrivé à Philips dans le cas du prix de ses vidéodisques. Philips voulait faire des profits sur chacun de ses appareils. Entre-temps, les concurrents japonais ont pu établir des prix plus bas et ont réussi à s'emparer rapidement d'une bonne part du marché, ce qui a fait diminuer substantiellement leurs coûts.

Malgré tout, la fixation du prix en fonction du coût plus la marge reste populaire pour de nombreuses raisons. Premièrement, les vendeurs sont plus sûrs des coûts que de la demande. En rattachant le prix aux coûts, ils simplifient leur tâche dans la fixation du prix et n'ont pas, de plus, à faire de fréquents ajustements quand la demande change. Deuxièmement, lorsque toutes les entreprises d'une industrie donnée utilisent cette méthode de fixation du prix, les prix ont tendance à être identiques. La concurrence par les prix est donc minimisée, ce qui ne serait pas le cas si les entreprises prêtaient attention à la fluctuation de la demande quand elles fixent leurs prix. Troisièmement, nombreux sont ceux qui pensent que l'ajout d'une marge est plus équitable à la fois pour les acheteurs et pour les vendeurs. Les vendeurs ne profitent pas des acheteurs quand la demande s'accroît, et les vendeurs obtiennent un juste rendement des investissements.

Le rendement cible des investissements

Une autre méthode est la fixation du prix en fonction du rendement cible des investissements. L'entreprise fixera le prix qui permettra d'atteindre un objectif de rendement des investissements donné. Cette méthode de fixation du prix est utilisée par General Motors, qui établit le prix de ses automobiles de façon à obtenir un rendement de 15 % à 20 %. Elle est également employée par les entreprises de services publics, qui sont contraintes d'obtenir un rendement de leurs investissements acceptable.

Supposons que le fabricant de grille-pain précité a investi un million de dollars dans une entreprise et souhaite retirer un rendement des investissements de 20 %, soit 200 000 $. Le prix à fixer pour obtenir un rendement cible des investissements est donné par la formule suivante :

Prix à fixer pour un objectif de rendement

$$= \frac{\text{Coût}}{\text{unitaire}} + \frac{\text{Rendement cible des investissements} \times \text{Investissement}}{\text{Ventes attendues (en unités)}}$$

$$= 16\ \$ + \frac{20\ \% \times 1\ 000\ 000\ \$}{50\ 000} = 20\ \$.$$

Le fabricant obtiendra un rendement de 20 % si les coûts pris en considération et les ventes estimées sont précis. Mais que se passe-t-il s'il n'atteint pas les 50 000 unités à ce prix ? Le fabricant peut faire l'analyse du **point mort** pour connaître ce qui se passera à divers niveaux de ventes. La figure 17.7 présente un schéma de point mort. Les coûts fixes sont de 300 000 $, peu importe le volume de ventes. Les coûts

FIGURE 17.7

**Un schéma
de point mort
pour fixer le prix
en fonction d'un
rendement cible
des investissements**

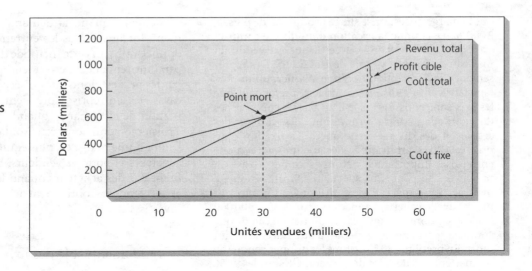

variables sont ajoutés aux coûts fixes et progressent linéairement avec le volume. Le revenu total du graphique débute à 0 et il augmente pour chaque unité vendue.

Les droites du revenu total et du coût total se croisent sur le graphique à 30 000 unités. C'est le point mort, qu'on peut vérifier par la formule suivante :

$$\text{Point mort} = \frac{\text{Coûts fixes}}{\text{Prix} - \text{Coûts variables}} = \frac{300\,000\,\$}{20\,\$ - 10\,\$}$$

$$= 30\,000 \text{ unités.}$$

Le fabricant s'attend bien sûr à ce que le marché achète 50 000 unités à 20 $ l'unité. Dans un tel cas, il gagnerait 200 000 $ pour un investissement d'un million de dollars. Mais cela dépend beaucoup aussi de l'élasticité par rapport au prix et des prix des concurrents. Malheureusement, la méthode de la fixation du prix en fonction du rendement cible des investissements ne tient pas compte de ces aspects. Le fabricant devrait aussi considérer différents prix et estimer leurs conséquences possibles en ce qui concerne le volume de ventes et les profits. Il devrait également chercher des moyens de diminuer ses coûts fixes et ses coûts variables parce que des coûts plus bas impliqueront la diminution du point mort requis.

La valeur perçue

De plus en plus d'entreprises fixent leur prix à partir de la valeur perçue du produit ou du service. Elles considèrent que la perception de la valeur par l'acheteur, et non les coûts du vendeur, est l'élément fondamental de la fixation du prix. Elles utilisent les variables du marketing mix autres que le prix pour accroître aux yeux des acheteurs la valeur perçue. Le prix est donc déterminé de façon à correspondre à la valeur perçue[12].

La fixation du prix d'après la valeur perçue s'intègre bien à la notion de positionnement. Une entreprise élabore le concept d'un produit pour un marché cible précis en planifiant la qualité et le prix. Ensuite, la direction estime le volume de ventes qu'elle espère atteindre pour un prix donné. Cette estimation indique les besoins quant à la capacité de production et l'investissement nécessaire, ainsi que les coûts unitaires. La direction calcule si le produit rapportera des profits satisfaisants aux prix et aux coûts retenus. Si la réponse est positive, alors l'entreprise continuera de développer le produit ; si la réponse est négative, elle abandonnera le produit.

DuPont et Caterpillar sont deux grands utilisateurs de la valeur perçue du prix. Quand DuPont a développé sa nouvelle fibre synthétique pour les tapis, elle a prouvé aux fabricants de tapis qu'ils pouvaient se permettre de lui payer jusqu'à 3,08 $ le kilogramme pour cette nouvelle fibre tout en conservant leurs profits. C'est ce que DuPont appelle la **valeur d'utilisation du prix**. DuPont s'est cependant rendu compte qu'en établissant le prix de ce nouveau matériau à 3,08 $ le kilo, elle laisserait le marché indifférent. Aussi a-t-elle fixé son prix plus bas que 3,08 $ le kilo, le niveau dépendant du taux de pénétration du marché voulu. DuPont n'a pas utilisé ses coûts unitaires de fabrication pour fixer son prix; elle s'est seulement basée sur la probabilité qu'il y ait suffisamment de profits pour aller de l'avant.

Voici un autre exemple de la politique de prix de DuPont. Pour un produit chimique donné, DuPont fixe deux prix: un prix pour le produit standard et un prix pour un produit à valeur ajoutée (voir le tableau 17.2).

DuPont a mesuré la valeur ajoutée de chaque avantage, ce qui totalise 10 $ par kilo. Le client qui veut se procurer le produit à valeur ajoutée doit payer 230 $ le kilo. Cette stratégie est basée sur la **valeur des composantes**. Le client pourrait aussi demander seulement quelques-unes de ces composantes au lieu du forfait total.

Caterpillar s'est aussi servie de cette méthode pour fixer le prix de ses équipements de construction. Elle peut fixer à 100 000 $ le prix d'un tracteur, quoique la concurrence vende un tracteur semblable 90 000 $, et obtenir davantage de commandes! Lorsqu'un client demande à Caterpillar pourquoi il doit payer 10 000 $ de plus, le vendeur lui répond:

90 000 $	est le prix du tracteur qui correspond au tracteur du concurrent.
7 000 $	est le supplément justifié par la durabilité supérieure.
6 000 $	est le supplément justifié par la fiabilité supérieure.
5 000 $	est le supplément justifié par la supériorité du service.
2 000 $	est le supplément justifié par l'extension de la garantie.
110 000 $	est le prix pour la valeur du produit.
– 10 000 $	est la remise.
100 000 $	est le prix de vente final.

Quelle surprise pour le client quand il apprend que le montant supplémentaire de 10 000 $ représente en fait une valeur ajoutée de 20 000 $ par rapport au concurrent! Il choisira donc le tracteur Caterpillar parce qu'il sera convaincu que ses **frais d'exploitation à long terme** seront plus bas.

Le secret de la fixation du prix en fonction de la valeur perçue tient au fait de déterminer la perception par le marché de la valeur de l'offre. Les vendeurs qui ont une perception exagérée de la valeur de leur offre demanderont un prix trop élevé. D'autres vendeurs qui sous-estiment la valeur de leur offre demanderont moins que ce qu'ils pourraient obtenir. Il faut faire de la recherche en marketing pour mesurer la perception que le marché a de la valeur perçue afin de fixer efficacement le prix[13].

La valeur

Au cours des dernières années, plusieurs entreprises ont adopté la méthode de la fixation du prix en fonction de la valeur, par laquelle elles fixent un prix relativement bas pour un produit ou un service de

TABLEAU 17.2

Une politique de prix pour un produit standard et pour un produit à valeur ajoutée

Attribut	Produit standard	Produit à valeur ajoutée	Valeur ajoutée
Qualité	Impuretés, moins de 10 parties par million	Impuretés, moins de 1 partie par million	2,80 $
Livraison	Moins de deux semaines	Moins d'une semaine	0,30 $
Produit	Produit chimique seulement	Système intégré	1,60 $
Innovation	Peu de soutien de la R et D	Soutien important de la R et D	4,00 $
Formation	Initiale	Sur demande	0,80 $
Service après-vente	Au siège social	À l'échelle locale	0,50 $
Prix	220 $/kg	230 $/kg	10,00 $/kg

qualité. Le prix selon la valeur doit permettre de représenter une valeur élevée offerte aux consommateurs. La Lexus en est un bon exemple : Toyota aurait pu fixer le prix de la Lexus, considérant sa qualité extraordinaire, beaucoup plus près du prix de la Mercedes.

Voici deux autres exemples de cette méthode[14] :

Depuis quelques années, la chaîne de restauration rapide Taco Bell a modifié ses opérations et réduit ses prix de façon significative pour réintroduire la notion de valeur auprès des clients des chaînes de restauration rapide.

La société Nucor Steel, grâce aux opérations très efficaces de ses aciéries de taille réduite, a été capable d'offrir à ses clients un acier de haute qualité à un prix substantiellement plus bas que celui des autres fabricants d'acier.

Récemment, Procter & Gamble a créé toute une sensation en changeant sa politique de prix pour plusieurs produits. Les couches jetables Pampers et Luvs ainsi que le détergent liquide Tide sont maintenant vendus à un prix basé sur la valeur plutôt qu'à un prix basé sur la valeur perçue. Dans le passé, une famille fidèle à Procter & Gamble devait payer en moyenne jusqu'à 725 $ annuellement en surplus pour utiliser les produits de Procter & Gamble par rapport aux marques privées ou aux marques à bas prix. Procter & Gamble constata que, dans un contexte où les gens recherchent de plus en plus la valeur, ce surplus pourrait engendrer des problèmes. Pour pouvoir offrir des prix basés sur la valeur, l'entreprise dut effectuer un exercice majeur de réingénierie. Elle modifia la façon dont elle développait ses produits, les fabriquait, les distribuait, en fixait les prix, choisissait les marchés et vendait les produits pour pouvoir livrer la meilleure valeur à chaque étape de la chaîne de distribution[15]. Ainsi, la fixation du prix en fonction de la valeur ne constitue pas simplement une baisse du prix d'un produit par rapport aux concurrents. Il s'agit plutôt d'un exercice de réingénierie de toutes les opérations de l'entreprise pour devenir réellement un producteur à bas coûts, sans sacrifier la qualité. Ensuite, l'entreprise baisse nettement les prix pour pouvoir attirer un plus grand nombre de clients qui accordent de l'importance à la valeur.

Un type majeur de prix en fonction de la valeur est le prix bas tous les jours que l'on trouve souvent dans les magasins de détail. Un détaillant qui adopte une telle politique détermine le prix le plus bas possible chaque jour et n'a pas recours aux rabais temporaires. Ces prix plus bas pratiqués de manière constante éliminent l'incertitude hebdomadaire au sujet des prix et sont très différents des prix « tantôt élevés, tantôt bas » des concurrents qui optent plutôt pour une optique de promotion. Dans ce dernier cas, les détaillants exigent des prix plus élevés sur une base quotidienne mais font fréquemment des promotions où les prix sont temporairement plus bas que ceux des détaillants qui ont choisi une optique de prix plus bas tous les jours[16].

La stratégie de prix « élevés-bas » est née au début des années 70 dans la vague de l'augmentation de l'inflation. Lorsque les prix des produits de base commencèrent à baisser, les fabricants de produits alimentaires ne diminuèrent pas leurs prix élevés ; ils offrirent plutôt aux détaillants des rabais sur certains produits. Ces rabais étaient ensuite transmis aux clients sous forme de rabais ou de promotions, et les clients pouvaient alors comparer les prix avec ceux d'autres détaillants. Cependant, au cours des dernières années, la politique de prix élevés-bas a été remplacée par la politique des prix bas tous les jours. C'est l'approche utilisée par les concessionnaires d'automobiles Saturn, de General Motors, et par Wal-Mart, qui ont en fait aidé à définir le terme et le concept. Sauf pour quelques ventes occasionnelles sur certains articles chaque mois, Wal-Mart promet les prix les plus bas chaque jour sur les principales marques. « Il ne s'agit pas d'une stratégie à court terme », déclare un cadre de Wal-Mart. « Vous devez être prêt à vous engager en ce sens et vous devez être capable de fonctionner avec des ratios de dépenses plus bas que ceux de tout le monde. »

Les détaillants adoptent cette politique pour plusieurs raisons, la plus importante étant que la pratique de rabais et de promotions réguliers coûte cher et a amené les consommateurs à ne plus croire aux prix offerts tous les jours sur les étalages. Les consommateurs ont de moins en moins de temps à consacrer à la recherche de rabais des supermarchés et au découpage des coupons.

La politique des prix les plus bas chaque jour n'est cependant pas une garantie de succès. Sears a connu l'échec lorsqu'elle appliqua cette approche en 1989. Elle ne réussit pas à réduire les coûts suffisamment pour compenser la baisse initiale inévitable du volume d'activités pendant que les consommateurs attendaient de voir ce qui se passerait. Wal-Mart fut capable de maintenir cette politique parce que ses dépenses ne représentent que 15 % des ventes ; comparativement, Sears dépense plus de 29 % du montant de ses ventes pour couvrir ses coûts d'administration, de location et d'autres coûts. Finalement, Sears ne réussit pas à réduire tous ses prix de façon que ceux-ci soient plus bas que ceux de ses concurrents. Et elle continua à annoncer des rabais de sorte que l'approche des prix bas perdit tout crédit auprès de ses clients. Le résultat est que Sears offre maintenant ce que le milieu appelle des prix équitables tous les jours, par lesquels le marchand essaie d'offrir de façon constante un prix équitable et moins de rabais[17].

Le prix du marché

Cette méthode de fixation du prix prend davantage en considération la concurrence que les coûts ou la demande. L'entreprise peut décider de vendre au même prix, plus cher ou moins cher que ses principaux concurrents. Dans les industries oligopolistiques qui vendent des produits de base (acier, papier, engrais), les différentes entreprises fixent en général le même prix. Les petites entreprises suivent le leader et changent leur prix quand celui-ci le change et non quand la demande ou les coûts changent. Certaines entreprises peuvent exiger un léger supplément ou offrir un léger rabais, mais elles conservent cette différence. Ainsi, les petits détaillants d'essence fixent d'habitude leur prix quelques cents de moins que celui des principales sociétés pétrolières, sans laisser la différence s'accroître ou diminuer.

La pratique du prix du marché est assez populaire. Lorsqu'il est difficile de mesurer les coûts ou lorsque la réponse de la concurrence est incertaine, les entreprises estiment que le prix du marché représente une bonne solution. On croit que le prix du marché reflète la sagesse collective de l'industrie quant à un prix qui permet de dégager une rentabilité satisfaisante et de conserver la paix dans l'industrie.

Les soumissions

La fixation du prix en fonction des soumissions se produit, comme son nom l'indique, lorsque les entreprises font des soumissions pour obtenir un contrat. L'entreprise fixe alors son prix d'après son appréciation des prix des concurrents, de ses propres coûts et de la demande. Chaque entreprise veut obtenir le contrat, ce qui implique normalement de proposer un prix plus faible que celui des autres soumissionnaires. D'un autre côté, plus elle augmente son prix au-dessus de ses coûts, plus elle diminue ses chances d'obtenir le contrat.

L'effet de ces deux forces contradictoires peut se décrire sous l'angle du **profit espéré** pour chaque soumission (voir le tableau 17.3). Supposons une soumission de 9 500 $ qui produirait une probabilité élevée d'obtenir le contrat, c'est-à-dire 0,81, mais un profit peu élevé de 100 $. Dans ce cas, le profit espéré est de 81 $. Si l'entreprise soumissionnait à 11 000 $, son profit serait de 1 600 $, mais ses chances de remporter le contrat pourraient être réduites à 0,01, et le profit espéré serait alors de seulement 16 $. Un critère logique de soumission serait d'agir de façon à maximiser le profit espéré. Conformément au tableau 17.3, la meilleure soumission serait de 10 000 $, pour laquelle le profit espéré est de 216 $.

La prise en considération d'un tel critère n'a de sens que pour une entreprise qui fait de nombreuses soumissions. En misant sur la loi de la moyenne, l'entreprise pourra espérer obtenir à long terme le maximum de profits. Une entreprise qui ne soumissionne que de temps en temps ou qui a absolument besoin d'obtenir un certain contrat n'aura pas intérêt

TABLEAU 17.3
Les effets de différentes soumissions sur le profit espéré

Soumission de l'entreprise	Profit de l'entreprise	Probabilité (estimée) d'obtenir le contrat	Profit espéré
9 500 $	100 $	0,81	81 $
10 000 $	600 $	0,36	216 $
10 500 $	1 100 $	0,09	99 $
11 000 $	1 600 $	0,01	16 $

à utiliser le critère du profit espéré. Ce critère, par exemple, ne fait aucune différence entre une probabilité de 0,10 de gagner 1 000 $ et une probabilité de 0,80 de gagner 125 $. Or, l'entreprise qui veut maintenir son activité de production peut préférer le second contrat au premier.

17.1.6
Le choix du prix final

Les méthodes de fixation du prix que nous venons de voir avaient pour objectif de réduire les fourchettes de prix pour fixer le prix final. Dans le choix de ce prix final, l'entreprise doit tenir compte de certains facteurs additionnels, dont l'aspect psychologique du prix, l'influence des autres variables du marketing mix, la politique de fixation des prix de l'entreprise et l'influence du prix sur les autres intervenants.

L'aspect psychologique du prix

Les vendeurs devraient considérer l'aspect psychologique en plus de l'aspect économique. Plusieurs consommateurs utilisent le prix comme indicateur de la qualité. Quand Fleishmann augmenta le prix de son gin de 14,50 $ à 16,50 $, les ventes augmentèrent au lieu de baisser. La fixation d'un prix en fonction de l'image est spécialement efficace pour les produits de luxe comme les parfums et les voitures coûteuses. Un flacon de parfum à 100 $ peut contenir 10 $ de parfum, mais les personnes qui l'offrent paieront volontiers ces 100 $ pour prouver leur affection au destinataire du cadeau.

Une étude des perceptions de la relation qualité-prix dans le domaine de l'automobile a conclu à l'existence d'une double interaction[18]. On attribuait aux voitures vendues à des prix élevés une qualité supérieure à celle qu'elles possédaient en réalité. D'autre part, on attribuait aux voitures de qualité supérieure un prix plus élevé que leur prix réel. Quand on a accès à d'autres sources d'information pour juger de la qualité, le prix devient un indicateur de la qualité moins déterminant. Mais quand l'information n'est pas accessible, le prix reste toujours un signe de qualité.

Les vendeurs utilisent souvent la notion de **prix de référence** pour fixer un prix. Par exemple, les acheteurs ont à l'esprit un prix de référence lorsqu'ils

recherchent un produit en particulier. Ce prix de référence peut reposer sur des prix actuels, sur des prix passés ou sur la situation d'achat. Par exemple, le vendeur peut placer son produit parmi des produits plus chers pour faire croire qu'il est de la même catégorie. Les grands magasins répartissent les vêtements pour dames dans divers rayons différenciés par le prix ; les vêtements trouvés dans les rayons des articles chers sont censés être de meilleure qualité. On peut aussi amener le consommateur à penser au prix de référence en annonçant un prix suggéré élevé du fabricant, en indiquant que le prix avait été fixé plus haut initialement ou en comparant le prix du produit au prix plus élevé d'un concurrent[19].

De nombreux vendeurs croient aux prix non arrondis. Les annonces dans les journaux sont dominées par les prix non arrondis. Ainsi, une chaîne stéréo sera offerte à 299 $ au lieu de 300 $. De nombreux consommateurs associent ce prix à un niveau de 200 $ plutôt que de 300 $. Une autre explication est que les prix non arrondis évoquent la notion de rabais. En revanche, si une entreprise souhaite conserver une image de prix élevé plutôt que de faible prix, elle doit s'écarter de la pratique des prix non arrondis.

L'influence des autres variables du marketing mix sur le prix

Le prix final doit également tenir compte de la qualité de la marque et de l'effort publicitaire relativement à la concurrence. Farris et Reibstein, qui ont examiné les relations entre le prix relatif, la qualité relative et la publicité relative pour 227 entreprises vendant aux consommateurs, ont obtenu les résultats suivants :

1. Les marques ayant une qualité relativement élevée et un budget de publicité relativement élevé sont capables de demander un prix plus élevé pour leurs produits. Les consommateurs sont apparemment prêts à payer plus cher pour des produits connus que pour des produits inconnus.

2. Les marques ayant une qualité relativement élevée et un budget de publicité relativement élevé ont les prix les plus élevés. Inversement, les marques dont la qualité et la publicité sont faibles ont les prix les plus bas.

3. La relation positive entre un prix élevé et un effort publicitaire élevé se vérifie davantage à la fin du

cycle de vie du produit pour les leaders sur un marché et pour des produits ayant une faible valeur unitaire[20].

La politique de fixation des prix de l'entreprise

Le prix final doit convenir aux lignes directrices de la politique de fixation des prix de l'entreprise. Plusieurs grandes entreprises ont un service dont le rôle est d'élaborer une politique de fixation des prix, de mettre ceux-ci en vigueur ou encore d'approuver les décisions en matière de fixation des prix. Leur objectif est de s'assurer que les responsables des ventes fixent des prix à la fois raisonnables pour le consommateur et rentables pour l'entreprise. Le problème est encore plus complexe dans le cas d'entreprises de service public (comme Hydro-Québec, Bell ou Cantel), qui doivent en plus prendre en considération les directives de divers organismes de réglementation.

L'influence du prix sur les autres intervenants

La direction doit aussi considérer les réactions des différents intervenants à l'égard du prix final. Comment les **distributeurs** et les **revendeurs** accueilleront-ils le nouveau prix? La **force de vente** acceptera-t-elle de vendre le produit au prix proposé ou se plaindra-t-elle que le prix soit trop haut? Quelle sera la réaction des **concurrents** au prix? Les **fournisseurs** augmenteront-ils leur prix quand ils verront celui de l'entreprise? Le **gouvernement** peut-il remettre en question le prix fixé?

En dernier lieu, les responsables du marketing doivent vérifier si leurs prix sont conformes aux lois et si leur politique de fixation des prix est défendable. Les règles du prix équitable sont gouvernées par des lois fédérales et provinciales. La loi la plus importante est la Loi sur la concurrence. Son but est de rendre illégale toute entente entre les entreprises qui aurait pour effet de restreindre la concurrence, telle la collusion pour fixer les prix. Il est illégal de fixer les prix en soi, sauf lorsqu'une loi le permet de façon explicite, comme dans le cas des offices de commercialisation. Les lois provinciales et fédérales offrent aussi une protection contre les pratiques de prix trompeurs. En effet, il est illégal pour une entreprise de fixer des prix « réguliers » qui sont artificiellement élevés et d'an-

noncer un solde à des prix qui sont semblables aux prix de tous les jours. Il est aussi interdit aux vendeurs d'utiliser des stratégies de prix « prédateurs » fixés temporairement très bas en vue de détruire la concurrence, pas plus qu'il n'est possible pour un fabricant d'exiger des détaillants qu'ils vendent à un prix spécifié. Un fabricant peut cependant spécifier un prix de détail **suggéré**. Mais il n'a pas le droit de refuser de vendre à un détaillant qui fixe des prix différents.

Certaines formes de **prix discriminatoires**, par lesquels les vendeurs proposent des prix différents à des gens différents au sein d'un même groupe commercial, sont aussi illégales. Les prix discriminatoires sont cependant légaux si le vendeur peut prouver que ses coûts sont différents quand il vend à différents détaillants; par exemple, il coûte moins cher par unité de vendre plusieurs bicyclettes à Sears que de vendre quelques bicyclettes à un magasin local. Le vendeur peut également faire de la discrimination par le prix s'il fabrique des produits qui offrent des niveaux de qualité différents à différents détaillants, ou s'il doit se protéger des concurrents[21].

17.2
L'ADAPTATION DES PRIX

Les entreprises ne fixent pas un prix unique; elles définissent plutôt une structure de tarification qui touche différents produits et articles, et qui reflète des variations de la demande géographique et des coûts ainsi que des variations selon les segments de marché, le moment de l'achat, l'importance de la commande, la fréquence des livraisons, les garanties, les contrats de service et d'autres facteurs. À cause des services, des rabais et du soutien promotionnel, une entreprise obtient rarement la même rentabilité de chaque unité vendue d'un produit. Nous étudierons différentes stratégies d'adaptation des prix: les prix géographiques, les réductions de prix, les prix promotionnels, les prix discriminatoires et la fixation des prix d'une gamme de produits.

17.2.1
Les prix géographiques

L'établissement d'un prix géographique implique que l'entreprise déterminera le prix de ses produits selon les endroits où se trouvent ses clients. Doit-elle fixer un prix plus élevé pour un client éloigné afin de couvrir les frais de transport supplémentaires et ainsi courir le risque de perdre ce client? Ou doit-elle facturer le même prix à tous les clients, peu importe leur situation géographique?

Un autre problème est de savoir comment on sera payé. Ce problème est particulièrement critique quand les acheteurs n'ont pas assez de devises fortes pour régler leurs achats. Souvent, les acheteurs veulent offrir autre chose que de l'argent en guise de paiement, ce qui a engendré une pratique de plus en plus courante: le commerce de **contrepartie**.

Dans les pays occidentaux, les entreprises sont peu familières avec le commerce de contrepartie et préféreraient que leurs ventes soient faites au comptant. Néanmoins, les ententes de contrepartie sont une stratégie de marketing de plus en plus utilisée en Asie, au Moyen-Orient et dans d'autres parties du monde où des négociations élaborées font partie de la culture d'affaires. Les entreprises occidentales sont souvent forcées de s'engager dans le commerce de contrepartie si elles veulent faire des affaires dans ces pays. Selon certains experts, le commerce de contrepartie compte déjà pour approximativement 15% des échanges commerciaux dans le monde. Il peut prendre plusieurs formes[22].

Le troc. Le troc constitue un échange direct de produits sans agent ou intermédiaire. En 1993, un important fabricant de vêtements en France, Éminence S.A., annonça un accord de contrepartie d'une valeur de 32 millions de dollars pour des sous-vêtements et des vêtements de sport destinés aux consommateurs des pays d'Europe de l'Est. En échange, Éminence reçut une variété de produits et services allant de services de transport à de l'espace publicitaire dans de nombreux magazines d'Europe de l'Est.

L'accord de compensation. Dans cette forme de contrepartie, le vendeur reçoit une partie du paiement comptant et le reste en produits. Ainsi, un fabricant aéronautique britannique a vendu au Brésil des avions qui ont été payés comptant à 70% et avec du café pour le reste.

L'accord de rachat. Le vendeur vend une usine clés en main, de l'équipement ou une technologie à un autre pays, et accepte comme paiement partiel les produits fabriqués avec l'équipement fourni. Par exemple, une entreprise de produits chimiques américaine a construit une usine pour une compagnie en Inde; elle a accepté d'être payée partiellement au comptant et, pour le reste, en produits chimiques fabriqués dans cette usine.

L'accord de réciprocité. Le vendeur est payé en argent, mais il s'engage à dépenser dans le pays en question une partie substantielle de cet argent dans un délai donné. Par exemple, Pepsi-Cola vend du sirop pour cola en Russie et accepte d'être payée en partie en roubles et en partie en vodka russe, qui sera vendue dans les pays occidentaux.

Certains accords de contrepartie plus complexes mettent en relation plus de deux parties. Par exemple, Daimler-Benz a vendu 30 camions à la Roumanie en échange de 150 jeeps fabriquées en Roumanie, qui ont été vendues à l'Équateur en échange de bananes, qui à leur tour ont été vendues en Allemagne de l'Ouest à des chaînes de supermarchés en échange de marks.

Au cours des dernières années, la définition de la contrepartie a été étendue pour inclure des ententes contractuelles entre exportateurs qui fournissent certains bénéfices ou certaines compensations à l'acheteur comme conditions de vente. Par exemple, quand le constructeur aéronautique McDonnell Douglas a voulu conclure une entente touchant la vente d'hélicoptères Apache d'une valeur de 320 millions de dollars aux Émirats arabes unis, la compagnie a accepté de protéger le royaume arabe contre certains moustiques. McDonnell Douglas a donc aidé à mettre en place le système pour combattre certains moustiques qui détruisent les récoltes près de la capitale d'Abou Dhabi.

Comme d'autres entreprises, McDonnell Douglas emploie de plus en plus de spécialistes dans son service du commerce de contrepartie. D'autres entreprises, cependant, dépendent d'agences de troc et de spécialistes de la contrepartie pour les aider à mettre en place et à faciliter de telles transactions.

17.2.2
Les réductions de prix

De nombreuses entreprises changent leur prix de vente afin de tenir compte de situations comme le paiement comptant, le volume d'achats et les achats hors saison. Ces ajustements de prix, ou réductions, sont décrits ci-dessous. Mais avant d'aller de l'avant, voici un mot d'avertissement. Trop d'entreprises sont si désireuses d'offrir des escomptes, des rabais ou des conditions spéciales (publicité collective, frais de transport, etc.) à leurs revendeurs et à leurs clients qu'elles ne se rendent pas compte qu'elles retirent très peu de profits de plusieurs transactions. Les entreprises devraient calculer les coûts de chaque escompte et de chaque rabais de même que leur incidence sur les ventes. Elles seraient alors en mesure d'établir des politiques pour déterminer jusqu'à quel point elles peuvent octroyer des escomptes et des rabais à leurs clients pour obtenir des contrats et faire des ventes[23].

Les escomptes

Un escompte est une réduction de prix accordée à l'acheteur lorsqu'il acquitte sa facture avant l'échéance. Un exemple typique d'escompte est un prix de « 2 % 10 jours, net 30 jours », ce qui signifie que l'acheteur peut déduire 2 % de la facture s'il paie dans les 10 jours, et qu'il devra payer le plein montant s'il paie après le dixième jour. Cet escompte doit être accordé à tous les acheteurs qui satisfont à cette exigence. Cette forme d'escompte, très courante dans plusieurs industries, permet une gestion améliorée du fonds de roulement et réduit les coûts de perception du crédit et les créances douteuses.

Les remises

Les remises sont des réductions accordées aux acheteurs qui achètent un volume important. Un exemple typique de remise est « 10 $ par unité pour moins de 100 unités, 9 $ par unité pour 100 unités ou plus ». Les remises doivent être offertes équitablement à tous les clients et ne doivent pas excéder les économies en matière de coût que fait le vendeur lorsqu'il vend en grande quantité. Ces économies incluent les réductions de dépenses sur les ventes, sur le stockage et sur le transport. Elles peuvent être offertes de façon non cumulative (sur chaque commande passée) ou cumulative (sur le nombre d'unités commandées pendant une période donnée). Les remises ont pour but d'inciter l'acheteur à concentrer ses achats sur un fournisseur donné plutôt que de s'approvisionner à des sources multiples.

Les remises à la profession

Les remises à la profession, aussi appelées « remises contractuelles », sont offertes par les fabricants aux membres du circuit de distribution qui se chargent de certaines fonctions comme la vente, le stockage et la tenue des livres. Un fabricant peut offrir différentes remises de ce genre à différents intermédiaires selon les fonctions remplies, mais il doit proposer les mêmes remises à chacun des intermédiaires d'un même circuit.

Les réductions saisonnières

Une réduction saisonnière est une diminution de prix consentie à un acheteur qui achète une marchandise ou un service hors saison. Les réductions saisonnières permettent d'entretenir une activité plus régulière tout au long de l'année. Les fabricants de skis offriront des réductions aux détaillants au printemps et en été pour encourager les détaillants à passer leurs commandes plus tôt. Les hôtels, les motels et les compagnies aériennes offriront aussi des réductions saisonnières dans leurs périodes creuses.

Les ristournes

Les ristournes sont d'autres formes de réduction par rapport au prix de catalogue. Par exemple, la **ristourne de reprise** est une réduction de prix accordée au client qui retourne un vieil article pour en acheter un nouveau. Les ristournes de reprise sont très fréquentes dans l'industrie automobile et dans certaines autres catégories de biens durables. La **ristourne promotionnelle** est un paiement, ou réduction de prix, qui récompense un vendeur participant à une campagne publicitaire et à un programme de soutien des ventes.

17.2.3
Les prix promotionnels

Dans certaines circonstances, une entreprise est amenée temporairement à fixer le prix de ses produits au-dessous de son prix de catalogue et même parfois au-dessous de ses coûts. Les prix promotionnels se présentent sous différents aspects :

- **Les produits d'appel.** Les supermarchés et les grands magasins peuvent proposer des produits d'appel (*loss leader*). Ce sont des produits de marques connues offerts au prix coûtant, ou même en bas du prix coûtant, afin de stimuler l'achat d'autres produits. Toutefois, certains fabricants désapprouvent l'utilisation de leur marque comme produit d'appel parce que cette pratique affaiblit l'image de marque et occasionne des conflits avec les autres détaillants qui, eux, s'en tiennent à leur liste de prix. En pratique, les fabricants ont peu de recours contre les détaillants, si ce n'est de refuser la publicité collective.

- **Les offres spéciales.** Les vendeurs établissent des prix spéciaux durant certaines saisons pour attirer davantage de clients. Ainsi, le linge de maison est toujours en promotion en janvier pour attirer les clients fatigués d'aller dans les magasins.

- **Les offres de réductions.** On propose aux consommateurs des offres de réductions pour encourager l'achat des produits d'un fabricant durant une période particulière. Les offres de réductions peuvent aider le fabricant à diminuer ses stocks tout en maintenant sa liste de prix. Par exemple, les constructeurs d'automobiles ont proposé à plusieurs reprises, au cours des dernières années, des offres de ce genre pour relancer les ventes. Les trois grands constructeurs d'automobiles américains ont toutefois diminué leurs offres de remboursement, les faisant passer par exemple de 1 200 $ par véhicule en 1992 à 700 $ en 1993[24]. On trouve aussi des bons de réduction sur les produits destinés aux consommateurs. Ils stimulent les ventes sans pour autant coûter à l'entreprise autant qu'une réduction de prix. En effet, nombreux sont les acheteurs qui se les procurent mais oublient d'envoyer le bon de réduction.

- **Le financement à taux réduit.** Au lieu de réduire ses prix, l'entreprise peut proposer au consommateur un financement à taux réduit. Les constructeurs d'automobiles présentent souvent des taux d'intérêt plus bas de plusieurs points de pourcentage que le taux normal des prêts aux consommateurs, et vont même occasionnellement jusqu'à baisser ce taux à 0 %. Un grand nombre d'acheteurs d'automobiles financent l'achat de celles-ci à de faibles taux d'intérêt, ce qui procure à cette forme de financement un attrait certain. Cette dernière entre en concurrence avec la location d'auto-mobiles, qui constitue une autre forme de financement.

- **Le financement à long terme.** Les banques et les constructeurs d'automobiles offrent aussi de financer à plus long terme les achats de maisons ou d'automobiles, ce qui leur permet d'établir des paiements mensuels plus bas. Les consommateurs prennent alors moins en considération le coût (le taux d'intérêt) que leur capacité de remplir des obligations moins élevées.

- **Les garanties et les contrats de service.** Une entreprise peut promouvoir les ventes en ajoutant à son offre une garantie ou un contrat de service, gratuitement ou à prix réduit.

- **La réduction psychologique.** Les promotions sur des prix normaux sont une forme légitime de fixation d'un prix. Faire des ventes à rabais et afficher des prix inférieurs aux prix ordinaires est permis. Par contre, établir un prix artificiellement élevé pour un produit et l'offrir à un prix qui fait croire à une économie substantielle est interdit, par exemple : « Était à 359 $, maintenant à 299 $. » Ces tactiques douteuses sont défendues par la loi et désapprouvées par le Bureau d'éthique commerciale.

Les stratégies de prix promotionnels sont souvent des stratégies éphémères. Il faut être conscient que si ces outils donnent des résultats, ils peuvent être facilement imités par les concurrents ; l'entreprise innovatrice perd donc rapidement cet avantage. Si les prix promotionnels ne donnent pas de résultats, les entreprises perdront de l'argent qui aurait pu être investi dans des outils de marketing ayant un effet à long terme, telles l'amélioration de la qualité du produit et des services auxiliaires, ou encore l'amélioration de l'image du produit grâce à la publicité.

17.2.4
Les prix discriminatoires

Les entreprises modifient souvent leur prix de base pour s'ajuster aux différents types de consommateurs, de produits, de lieux, etc. Quand une entreprise vend un produit ou un service à deux ou à plusieurs prix qui ne reflètent pas de façon proportionnelle les écarts de coûts, elle pratique des **prix discriminatoires**. Ces derniers peuvent prendre plusieurs formes :

- **Le prix selon le segment de clients.** On parle d'un prix discriminatoire lorsque tous les groupes de clients ne paient pas le même prix pour un produit ou un service donné. Par exemple, le prix d'entrée dans un musée sera plus bas pour les étudiants et les retraités.

- **Le prix selon les versions des produits.** Ici, les prix des versions des produits sont différents, mais ils ne sont pas proportionnels à leurs coûts respectifs. Le prix d'une bouteille de 1,5 litre d'eau minérale Évian est de 2 dollars. Évian utilise la même eau pour un vaporisateur à émulsion hydratante et en fixe le prix à 4 $ pour une qualité moindre. Grâce à la discrimination entre les versions de produits, l'entreprise obtient 4 $ pour seulement 50 mL d'eau sous une forme, et un peu moins de 0,07 $ pour 50 mL d'eau sous une autre forme.

- **Le prix selon l'image.** Certaines entreprises proposent le même produit à deux niveaux de prix différents basés sur des images différentes. Ainsi, un fabricant de parfum peut présenter un parfum dans un flacon simple, lui donner un nom et une image, et demander un prix de 10 $ pour 10 mL. Il peut également offrir le même parfum dans un flacon spécial, avec une image et un nom différents, et exiger 30 $ pour la même quantité.

- **Le prix selon les endroits.** Ici, les prix varient considérablement suivant les endroits, même si le coût de l'offre à chaque endroit est essentiellement le même. Tel est le cas pour les prix pratiqués pour les fauteuils de théâtre, qui varient en fonction des préférences pour certaines places; c'est aussi le cas pour les prix des billets pour un match des Alouettes au Stade McGill et pour un match du Canadien au Centre Molson.

- **Le prix en fonction du moment.** Les prix peuvent aussi varier suivant la saison, le jour ou l'heure. Bell Canada applique une grille de tarifs pour les appels interurbains selon le moment du jour et de la semaine. Par contre, les centres de ski fixent des prix plus élevés le week-end et durant les vacances des Fêtes.

Pour qu'un prix discriminatoire fonctionne, certaines conditions doivent être remplies. Premièrement, il doit être possible de segmenter le marché, et les segments doivent correspondre à une intensité variable de la demande. Deuxièmement, il faut que les clients faisant partie du segment où le prix est moins élevé n'aient aucune possibilité de revendre le produit aux clients du segment où le prix est plus élevé. Troi-

sièmement, il ne faut pas que la concurrence soit capable de vendre à bas prix dans les segments où les prix sont les plus élevés. Quatrièmement, les coûts de la segmentation et de la surveillance du marché ne doivent pas excéder le revenu attendu de la discrimination de prix. Cinquièmement, cette pratique ne doit pas créer de mécontentement ou de ressentiment. Et sixièmement, la forme particulière des prix discriminatoires ne doit pas être illégale[25].

Par suite de la déréglementation de plusieurs industries, l'utilisation de prix discriminatoires est devenue plus fréquente. Une compagnie aérienne, par exemple, demandera un prix différent aux passagers d'un même vol, selon la classe, le moment du jour et de la nuit, le jour de la semaine, la saison, l'entreprise du voyageur, sa fréquentation antérieure ou son état civil (jeune, troisième âge), etc. Les compagnies aériennes appellent ce système la **gestion du rendement**, laquelle correspond dans les faits à la volonté de recueillir le plus de revenus possible tout en remplissant les sièges vacants.

17.2.5
La fixation des prix d'une gamme de produits

La logique de la fixation du prix doit être modifiée quand le produit fait partie d'une gamme de produits. Dans ce cas, l'entreprise doit rechercher l'ensemble de prix qui maximisera la rentabilité de toute la gamme. La fixation des prix d'une gamme de produits est une tâche difficile, car les différents produits comportent une demande et des coûts liés les uns aux autres, et ils sont soumis à des degrés différents de concurrence. On distingue six situations : le prix de la gamme, le prix des options, le prix des produits et des services complémentaires, les prix à double structure, le prix des sous-produits et le prix d'ensembles.

Le prix de la gamme

Normalement, les entreprises développent une gamme de produits plutôt que des produits seuls. Par exemple, la compagnie Reebok International offre quatre versions de ses chaussures de sport, Shaq Attack. Le modèle de base coûte 80 $, et chaque version subséquente offre des caractéristiques additionnelles allant jusqu'à 160 $ pour le modèle le plus complet. La direction doit décider des niveaux de prix à établir pour les différents modèles. Cette structure de prix devra tenir compte des différences de coûts entre les chaussures de sport, des perceptions des différentes caractéristiques par la clientèle et des prix des concurrents. Si la différence de prix entre deux paires de chaussures de sport successives est petite, les acheteurs se procureront le modèle de chaussures de sport offrant le plus de caractéristiques, et cela augmentera les profits de l'entreprise si la différence de prix est nettement plus grande que les coûts engagés. Mais si la différence de prix est trop importante, les consommateurs achèteront le modèle de chaussures régulier[26].

Dans plusieurs circuits de distribution, les vendeurs mettent sur pied un système de prix de référence pour les produits de leur gamme. Ainsi, des magasins de vêtements pour hommes offrent un éventail de costumes à trois niveaux de prix : 150 $, 250 $ et 350 $. Les consommateurs associeront à chaque catégorie une qualité faible, moyenne ou haute d'après ces prix de référence. Le rôle des vendeurs est justement de définir les différences dans la qualité perçue qui justifient les différences de prix.

Le prix des options

De nombreuses entreprises proposent des accessoires en option ou des caractéristiques comme complément du produit standard. L'acheteur d'une voiture peut commander aujourd'hui des vitres électriques, des phares antibrouillard et le verrouillage automatique. Cependant, la tarification de ces options n'est pas aisée. Les constructeurs doivent décider des caractéristiques qui seront incluses dans le prix et de celles qui seront considérées comme des options. La stratégie de prix normale chez les fabricants d'automobiles américains consiste à faire la publicité d'un modèle de base à 10 000 $, par exemple, afin d'attirer les gens dans les halls d'exposition des concessionnaires, ces halls étant remplis de modèles à 13 000 $ ou plus garnis d'options. Les modèles économiques sont tellement dépourvus de confort et d'avantages que la plupart des acheteurs les rejettent[27].

Les restaurants font face à un problème semblable de fixation des prix. Les clients peuvent commander une boisson alcoolique en plus de leur repas. Le prix des apéritifs, des vins, des bières et des digestifs est élevé comparativement au prix des plats. Les revenus des repas couvrent les coûts des aliments et les autres frais d'exploitation, et l'alcool permet de faire des profits. Voilà pourquoi les serveurs stimulent la vente de boissons alcooliques. Par contre, dans les brasseries, on vend l'alcool à un prix abordable pour attirer la clientèle des buveurs et on se reprend en vendant les repas plus cher.

Le prix des produits et des services complémentaires

Certains produits nécessitent l'utilisation de produits complémentaires ou liés pour pouvoir fonctionner. Il en est ainsi des lames de rasoir et des pellicules photographiques. Les fabricants des produits de base (rasoirs et appareils photo) les offrent souvent à un prix bas mais demandent un prix élevé pour les fournitures. Ainsi, Kodak demande un prix bas pour ses appareils photo afin de pouvoir faire de l'argent avec la vente de pellicules. De leur côté, les fabricants d'appareils photo qui ne vendent pas de pellicule demandent un prix élevé pour leurs appareils afin de faire le même volume de profits.

Il y a cependant un danger à établir trop haut le prix des produits complémentaires. Caterpillar, par exemple, fait de gros profits sur le marché après-vente en établissant des prix élevés pour ses pièces et son service. La marge de ses équipements est de 30 % et celle des pièces atteint quelquefois 200 %. Or, cette pratique donne naissance à des « entreprises pirates » qui contrefont ces pièces et les vendent à des mécaniciens peu scrupuleux qui les posent en demandant le même prix que pour les pièces produites par Caterpillar. Entre-temps, cette dernière perd ces ventes. Caterpillar essaie de remédier à ce problème en exhortant les propriétaires d'équipement à traiter uniquement avec ses concessionnaires autorisés s'ils veulent un rendement garanti. En fait, cette situation a été créée par les prix élevés que le fabricant demande pour les pièces de remplacement ou le service après-vente[28].

Les prix à double structure

Les entreprises de services fixent souvent un prix pour un service de base et un prix variable pour l'utilisation. C'est ainsi que certains abonnés du téléphone paient un prix de base mensuel, plus un supplément pour les appels qui dépassent le nombre minimal. Le tarif d'Hydro-Québec comporte même une triple structure : il comprend des frais d'abonnement, plus des frais pour les 30 premiers kilowattheures par jour et d'autres frais pour le reste de la consommation. Certains parcs d'attractions font payer un droit d'entrée, plus un supplément au-delà d'un certain nombre d'attractions. Les entreprises de services font face à un problème semblable à celui des fabricants qui doivent établir un prix pour les produits complémentaires, c'est-à-dire qui doivent fixer le prix à demander pour un service de base et le prix à demander pour un usage variable. Le prix de base devrait être suffisamment bas pour encourager l'achat du service, et le profit pourrait provenir des frais d'utilisation. C'est ce que fait Bell Canada pour le service téléphonique, soit l'abonnement mensuel et les appels interurbains.

Le prix des sous-produits

La production des viandes préparées, des produits pétroliers et des produits chimiques implique souvent la présence de sous-produits. Si les sous-produits ont peu de valeur et si leur élimination coûte cher, ils influeront sur la fixation du prix du produit de base. Le fabricant devrait accepter n'importe quel prix supérieur à ce qu'il en coûte pour s'en débarrasser. Si les sous-produits ont une quelconque valeur pour un groupe de clients, alors leur prix devrait être fixé en fonction de cette valeur. Tout revenu obtenu de la vente de sous-produits permettra à l'entreprise de réduire plus facilement le prix du produit de base, si elle est forcée de le faire par la concurrence. Un autre exemple de sous-produits est le fumier qui provient des zoos et qui est vendu par la compagnie Zoo-Doo[29].

Le prix d'ensembles

Les vendeurs groupent souvent leurs produits afin de proposer un prix global. Ainsi, les constructeurs d'automobiles peuvent offrir un ensemble d'options à un prix inférieur au coût d'achat de ces options lorsqu'elles sont achetées séparément. Les orchestres ou les théâtres offrent pour un abonnement annuel un prix moins élevé que le prix des représentations vendues séparément. Les banques offrent aussi des ensembles (ou forfaits) de services financiers à des prix avantageux. Puisque les clients n'envisagent sans doute pas de se procurer tous les éléments de l'ensemble, les économies sur les composantes de l'ensemble doivent être suffisamment substantielles pour les inciter à acquérir l'ensemble[30].

Certains clients ne sont pas intéressés au forfait ou à l'ensemble complet. Supposons que l'offre d'un fournisseur d'équipement médical comprenne la formation et la livraison gratuite. Un client pourrait ne pas vouloir se prévaloir de la formation ni de la livraison gratuite afin d'obtenir un prix plus bas. Le vendeur, de son côté, pourrait trouver avantageux d'offrir une tarification séparée dans ce cas si l'économie résultant de l'élimination de ces deux composantes du forfait est supérieure à la réduction qu'il donne au client. Par exemple, si le fournisseur économise 100 $ en n'offrant ni la livraison ni la formation et qu'il réduise son prix de 80 $, il augmentera son profit de 20 $ tout en satisfaisant le client.

17.3

LES INITIATIVES ET LES RÉACTIONS AUX MODIFICATIONS DE PRIX

Après avoir élaboré la stratégie et la structure de tarification, les entreprises doivent faire face à des situations où elles voudront réduire ou augmenter ces prix.

17.3.1

L'initiative de la baisse de prix

Plusieurs circonstances peuvent amener une entreprise à baisser ses prix, même au risque de déclencher une guerre des prix. La première circonstance est une **surcapacité de production**. Ici, l'entreprise a besoin de ventes supplémentaires qu'elle n'a pu obtenir par l'augmentation de sa force de vente, l'amélioration de son produit ou d'autres mesures. Elle peut abandonner sa position de suiveur et choisir une fixation de prix offensive pour accroître ses ventes. Or, si l'entreprise réduit ses prix, elle peut engendrer une guerre des prix, car les concurrents feront tout pour conserver leur part de marché.

Une autre circonstance est la **chute de la part de marché** due à la concurrence vigoureuse en matière de prix. De nombreuses industries nord-américaines comme celles de l'automobile, de l'électronique, des appareils photo, des montres et de l'acier ont perdu des parts de marché au bénéfice de la concurrence japonaise. General Motors, par exemple, a réduit de 10 % le prix de ses voitures sous-compactes pour faire face à la forte concurrence japonaise.

Les entreprises s'efforceront aussi de réduire les prix pour établir leur **domination** grâce à des **coûts moins élevés**. Ou bien l'entreprise démarrera avec des coûts plus faibles que ceux de ses concurrents, ou bien elle prendra l'initiative de réduire ses prix dans l'espoir d'accroître sa part de marché et de bénéficier d'économies d'échelle. People Express avait choisi une stratégie offensive de bas prix et gagné une part de marché importante. Toutefois, cette dernière stratégie comporte aussi quelques désavantages importants :

1. **Une faible qualité.** Les consommateurs supposeront que la qualité est inférieure à celle des concurrents qui ont choisi des prix plus élevés.

2. **Une part de marché fragile.** Un prix bas permet d'augmenter la part de marché, mais pas la fidélité du marché. Les clients se tourneront vers tout concurrent éventuel qui offrira un prix encore plus bas.

3. **Le risque financier.** Les concurrents qui demandent des prix élevés peuvent réduire leurs prix et survivre plus longtemps parce qu'ils ont de fortes réserves financières.

Ce sont ces désavantages qui ont causé l'échec de People Express quelques années plus tard.

Dans une **économie en récession**, les entreprises envisagent souvent de réduire leurs prix, car moins de consommateurs sont alors prêts à acheter les modèles haut de gamme d'un produit. Dans la rubrique Le marketing en coulisse 17.1 intitulée « L'analyse du marketing mix dans un contexte de récession », on trouvera la description de plusieurs possibilités qui s'offrent aux vendeurs pour adapter leurs prix et leur marketing mix à une situation de demande en déclin.

17.3.2
L'initiative de la hausse de prix

Une hausse de prix réussie peut faire grimper considérablement les profits. Par exemple, si la marge de profit d'une entreprise est de 3 % des ventes, une hausse de 1 % du prix entraînera une augmentation de 33 % des profits, si l'on suppose un volume de ventes inchangé. Voici un exemple (voir le tableau 17.4) : supposons qu'une entreprise fixe son prix à 10 $ et vende 100 unités qui lui ont coûté 970 $. Le profit s'établit à 30 $, soit 3 % des ventes. En accroissant son prix de 0,10 $ (augmentation de 1 % du prix), l'entreprise augmente son profit de 33,3 % si le volume de ventes demeure constant.

Un fait important qui peut provoquer une hausse de prix est l'**augmentation des coûts**. Une hausse de coûts qui n'est pas compensée par un gain de productivité peut réduire la marge de profit et amener l'entreprise à accroître régulièrement ses prix. Les entreprises accroissent souvent leurs prix dans une proportion supérieure à la hausse des coûts afin de parer à un accroissement du taux d'inflation ou à une réglementation des prix par l'État. C'est ce qu'on appelle la **tarification anticipée**. Les entreprises hésitent à établir un prix à long terme avec leurs clients, craignant qu'une hausse de l'inflation ne ronge leur marge de profit.

Un autre facteur engendrant une hausse de prix est une **demande accrue**. Lorsqu'une entreprise n'arrive pas à satisfaire tous ses clients, elle peut augmenter ses prix, instaurer des quotas pour ses clients, ou bien faire les deux. Le « vrai » prix peut être augmenté de plusieurs façons, qui ont chacune un effet différent

TABLEAU 17.4
Les profits avant et après une hausse de prix

	Avant	Après	
Prix	10 $	10,10 $	Augmentation de 1 % du prix
Volume vendu	100	100	
Chiffre d'affaires	1 000 $	1 010 $	
Coûts	− 970 $	− 970 $	
Profit	30 $	40 $	Augmentation de 33,3 % du profit

LE MARKETING EN COULISSE 17.1
L'analyse du marketing mix dans un contexte de récession

Nous décrivons ci-après une situation réelle mettant en relation deux fabricants d'électroménagers concurrents, après avoir modifié certains détails pour qu'ils ne puissent être identifiés. Les appareils de l'entreprise A sont perçus comme ayant une meilleure qualité et des prix plus élevés que ceux de l'entreprise B. La demande est élevée pour les produits des deux entreprises.

Si une récession économique s'installe, il y aura moins d'acheteurs et leur préférence ira à la

marque B, qui est moins chère. Le nombre d'acheteurs désirant acheter l'appareil le plus coûteux diminuera. Si le fabricant A ne fait rien pour remédier à cette situation, sa part de marché diminuera.

Le fabricant A devra cerner les diverses possibilités de marché qui s'offrent à lui et faire un choix parmi celles-ci. Il existe au moins huit possibilités de marché. Elle sont décrites ci-dessous.

Options stratégiques	Raisonnement	Conséquences
1. Maintenir le prix et la valeur perçue. Éliminer certains clients déterminés.	L'entreprise jouit d'une forte fidélité de la part de ses clients. Elle est disposée à perdre ses clients les moins intéressants au profit de la concurrence.	Petite part de marché. Faible rentabilité.
2. Augmenter le prix et la valeur perçue.	Augmenter les prix pour couvrir la hausse des coûts. Améliorer la qualité pour justifier les prix élevés.	Petite part de marché. Rentabilité maintenue.
3. Maintenir le prix et augmenter la valeur perçue.	Il en coûte moins cher de maintenir le prix et d'augmenter la valeur perçue.	Petite part de marché. Rentabilité déclinante à court terme. Rentabilité en hausse à long terme.
4. Réduire le prix partiellement et augmenter la valeur perçue.	Il est essentiel d'offrir aux consommateurs des réductions de prix tout en mettant en évidence la valeur plus élevée de l'offre.	Part de marché maintenue. Rentabilité en déclin à court terme. Rentabilité en hausse à long terme.
5. Réduire le prix de façon marquée et maintenir la valeur perçue.	Mettre au pas et décourager la concurrence par le prix.	Part de marché maintenue. Rentabilité en déclin à court terme.
6. Réduire le prix de façon marquée et réduire la valeur perçue.	Punir et décourager la concurrence tout en maintenant la marge bénéficiaire.	Part de marché maintenue. Marge maintenue. Rentabilité réduite à long terme.
7. Maintenir le prix et réduire la valeur perçue.	Réduire les dépenses de marketing pour combattre la hausse des coûts.	Petite part de marché. Marge maintenue. Rentabilité réduite à long terme.
8. Introduire un modèle économique.	Donner au marché ce qu'il désire.	Une certaine cannibalisation, mais un volume de ventes plus élevé.

sur les acheteurs. Les changements de prix décrits ci-dessous sont très courants :

- **Une politique de soumission de prix différée.** L'entreprise ne fixe son prix final qu'une fois le

produit fini et livré. La tarification différée est une pratique courante dans les secteurs où les délais de production sont longs tels que la construction industrielle ou la fabrication d'équipement lourd.

- **L'utilisation de clauses d'indexation.** L'entreprise demande au client de payer le prix actuel plus, en tout ou en partie, le taux d'inflation jusqu'à la livraison. Une clause d'indexation dans le contrat prévoit qu'une augmentation du prix doit se fonder sur un indice de prix déterminé, tel l'indice du coût de la vie. Les clauses d'indexation se retrouvent dans de nombreux contrats qui concernent des travaux industriels de longue durée.

- **La tarification séparée.** L'entreprise établit un prix de base, mais certains éléments associés à l'offre, comme la livraison ou l'installation auparavant gratuites, sont tarifés séparément. IBM, par exemple, offre maintenant séparément des programmes d'assistance et de formation. De nombreux restaurants ont préféré transformer le prix de la table d'hôte en prix à la carte. Une plaisanterie populaire en Roumanie veut que le prix courant d'une voiture ne comprenne ni les pneus ni le volant.

- **La diminution ou l'élimination des réductions.** L'entreprise ordonne à la force de vente de ne plus offrir d'escomptes ni de remises.

Une entreprise devrait aussi déterminer si elle augmente son prix de façon importante en un seul coup ou plutôt graduellement. Par exemple, lorsque les coûts de la chaîne de salons de coiffure franchisés Supercuts furent augmentés, la direction se demanda si elle devait hausser le prix de la coupe de cheveux immédiatement de 6 $ à 8 $ ou bien l'augmenter à 7 $ la première année et à 8 $ l'année suivante. Généralement, les consommateurs préfèrent de petites augmentations de prix sur une base régulière à une hausse marquée des prix en une seule fois.

Lorsqu'elle augmente son prix, l'entreprise prendra garde de ne pas passer pour vorace et ternir ainsi son image auprès des clients. Ceux-ci, qui ont une bonne mémoire, peuvent se retourner contre une telle entreprise lorsque le marché se stabilisera. Pour savoir comment éviter de passer pour vorace, voir la rubrique Mémento de marketing 17.1 intitulée « Comment ne pas augmenter les prix ».

Il existe d'autres façons de répondre à une augmentation des coûts et de la demande sans pour autant hausser les prix. Voici quelques-unes de ces possibilités :

- Réduire le format du produit vendu plutôt que d'augmenter le prix. Par exemple, à un moment donné, Cadbury a maintenu le prix de sa tablette de chocolat mais en a réduit la taille. De son côté, Nestlé a conservé le format initial mais en a augmenté le prix.

- Remplacer des composants ou des ingrédients par d'autres meilleur marché. Par exemple, de nombreux confiseurs ont remplacé le vrai chocolat par du chocolat synthétique pour pallier la hausse du prix du cacao. Pour leur part, les constructeurs d'automobiles ont remplacé le métal par du plastique là où c'était possible.

- Réduire ou éliminer certaines caractéristiques du produit pour réduire les coûts. Par exemple, Sears a conçu un certain nombre de ses appareils de façon que leurs prix puissent concurrencer ceux des appareils offerts dans les magasins de vente au rabais.

- Réduire ou éliminer certains services, comme l'installation, la livraison gratuite ou les garanties prolongées.

- Utiliser des matériaux de conditionnement moins chers ou faire la promotion de formats plus grands pour réduire le plus possible les coûts d'emballage.

- Réduire le nombre et les dimensions des modèles offerts.

- Créer une nouvelle marque économique ou des produits génériques. Par exemple, introduire des articles génériques à des prix moins élevés que les marques privées et à des prix beaucoup moins élevés que les marques nationales.

17.3.3
Les réactions aux changements de prix

Tout changement de prix peut avoir un effet sur les clients, sur les concurrents et sur l'entreprise.

Les réactions des clients

Les clients se posent souvent des questions au sujet des changements de prix[31]. Une réduction de prix peut être interprétée de plusieurs façons : l'article sera remplacé par un modèle plus récent ; l'article a un défaut et ne se vend pas bien ; l'entreprise connaît des difficultés financières et pourrait ne pas être en mesure d'assurer le service après-vente ; le prix

MÉMENTO DE MARKETING 17.1
Comment ne pas augmenter les prix

Moins de vingt-quatre heures après l'invasion du Koweït par l'Irak en 1990, les prix au détail de l'essence commencèrent à augmenter et ils gagnèrent 10 % en moins d'une semaine. Le public était furieux. De toute évidence, les sociétés pétrolières dépendent énormément du pétrole de l'Irak et du Koweït. Mais le public ne pouvait pas comprendre pourquoi cette relation touchait les prix immédiatement. Il se demandait : « Pourquoi cela arrive-t-il quand les réserves de pétrole sont censées être passablement élevées ? » Même si les explications données par les entreprises après les faits avaient un certain sens (l'influence importante sur les ventes des marchés à terme et la nécessité de récupérer l'augmentation déjà proposée), la rapidité de l'augmentation causa un tollé général et suscita des accusations d'abus. Cet exemple permet de tirer des leçons des choses à faire et des choses à ne pas faire lorsqu'on désire augmenter les prix dans un contexte d'augmentation de coûts volatils.

- **Ne pas oublier qu'il doit y avoir un sentiment d'équité dans l'éventualité d'une augmentation de prix.** Une augmentation de prix au début d'une guerre de prix, par exemple, ne semble pas équitable ou juste. Les consommateurs détestent les gens qui tentent de tirer profit d'eux.

- **Ne jamais violer le principe d'information (avant de changer les choses, prévenir les consommateurs).** Les clients s'attendent à être informés d'une augmentation de prix de façon qu'ils puissent prendre certaines précautions telles qu'acheter d'avance ou magasiner en vue de réduire les coûts.

- **Ne pas traiter les clients avec condescendance en n'expliquant pas la logique sous-jacente à une augmentation importante de prix.** Par suite de l'invasion du Koweït par l'Irak, le blitz publici-

taire des sociétés pétrolières sur l'augmentation des prix avait un peu ce ton-ci : « Vous allez payer plus et il n'y a rien que vous puissiez faire pour changer cela. » Ce qu'il faut, c'est expliquer dans des termes simples et compréhensibles pourquoi les prix ont changé, et présenter des graphiques montrant comment les prix augmentent aux différentes étapes de la distribution de l'essence.

- **Utiliser toutes les formes possibles d'augmentation de prix moins visibles avant d'annoncer l'augmentation de prix.** Avant d'imposer aux clients une augmentation de prix visible, il convient d'utiliser d'autres moyens indirects et moins visibles d'augmenter les prix tels que l'élimination des escomptes au comptant sur volume, l'augmentation des commandes minimales, les restrictions sur la production et la vente de produits pour lesquels la marge est plus faible, et la facturation d'un service qui a été, dans le passé, offert gratuitement aux clients. Ce ne sont là que quelques exemples.

- **Utiliser des clauses mobiles dans les contrats et les soumissions.** Cette politique permet d'augmenter les prix automatiquement à partir d'une formule conçue préalablement. L'objectif est de transmettre les risques d'augmentation des coûts aux clients d'une manière proactive et bien précisée. Pour être jugée équitable, la base de l'échelle doit inclure des facteurs simples tels que l'augmentation d'indices des prix reconnus à l'échelle nationale. La publication de l'augmentation des prix de fournisseurs de matières premières est aussi une bonne base de référence pour communiquer une augmentation de prix.

Source : Adapté d'Eric Mitchell, « How Not to Prices », *Small Business Reports*, novembre 1990, p. 64-67.

baissera encore et il vaut mieux attendre ; ou encore, la qualité a été réduite.

Une augmentation de prix, qui normalement décourage les ventes, peut avoir une signification positive pour certains clients : l'article est très demandé, et si on ne l'achète pas maintenant, on risque de ne plus le trouver ; ou bien l'article représente une valeur exceptionnelle.

Les clients sont plus sensibles au prix des produits qui coûtent cher ou qu'ils achètent fréquemment, alors qu'ils remarquent à peine les prix plus élevés d'articles qui coûtent peu cher et qu'ils ne se procurent qu'occasionnellement. De plus, certains acheteurs réagissent moins au prix de vente du produit qu'à son coût total d'acquisition, d'utilisation et de service après-vente pour toute la durée de vie du produit ou du service. Une entreprise peut fixer un prix plus élevé que celui de la concurrence et continuer à faire des affaires avec un client si elle peut le persuader que le coût d'utilisation pour toute la durée de vie du produit reste inférieur.

Les réactions des concurrents

Une entreprise qui envisage des changements de prix doit se préoccuper autant des réactions de ses concurrents que de celles de ses clients. Les réactions des concurrents sont plus importantes lorsque leur nombre est limité, lorsque le produit est homogène et lorsque les acheteurs sont très bien informés.

Comment une entreprise peut-elle prédire les réactions probables de ses concurrents? Supposons que l'entreprise ait un seul concurrent important. La réaction du concurrent peut être envisagée suivant deux points de vue. L'un est de supposer que le concurrent a une politique face aux modifications de prix. L'autre est de supposer que le concurrent traite chaque changement de prix comme un nouveau défi et réagit chaque fois dans le sens de ses intérêts. L'entreprise devrait prendre en considération la situation financière actuelle du concurrent, ses ventes récentes, sa capacité de production, la fidélité de ses clients et ses objectifs d'ensemble. Si le concurrent a un objectif de part de marché, il est probable qu'il alignera son prix sur celui de l'entreprise. S'il a un objectif de maximisation du profit, il peut réagir en adoptant d'autres stratégies, par exemple augmenter le budget de publicité ou améliorer la qualité du produit. Le défi consiste à découvrir ce qui se passe dans la tête du concurrent en recourant à des sources internes et externes d'information.

Le problème est d'autant plus complexe que le concurrent peut donner différentes interprétations à un changement de prix. Prenons le cas d'une réduction de prix. Le concurrent peut penser que l'entreprise essaie de s'approprier son marché, qu'elle est en difficulté et cherche à augmenter ses ventes ou qu'elle veut que l'ensemble de l'industrie réduise son prix dans le but de stimuler la demande totale.

Lorsqu'il y a plusieurs concurrents, l'entreprise doit estimer la réaction probable de chacun des concurrents les plus directs. Si tous les concurrents se comportent de la même façon, il suffit de faire une analyse du concurrent le plus typique.

Les réactions de l'entreprise

Demandons-nous maintenant comment une entreprise devrait répondre à un changement de prix apporté par un concurrent. Sur les marchés caractérisés par des produits hautement homogènes, l'entreprise a une faible marge de manœuvre: elle doit aligner son prix sur celui du concurrent si celui-ci baisse son prix. Elle pourrait chercher des façons d'améliorer son produit, mais si elle n'en trouve aucune, elle devra alors réduire son prix. Dans le cas contraire, elle perdra certainement une fraction de sa part de marché parce que les gens ne paieront pas un prix plus élevé pour se procurer un produit qui est essentiellement le même que le produit dont le prix est moins élevé.

Quand un concurrent augmente son prix sur un marché où les produits sont homogènes, il se peut que les autres entreprises n'alignent pas leur prix sur lui. Elles se conformeront à ce changement si l'augmentation du prix profite à l'ensemble de l'industrie. Mais si une entreprise ne pense pas qu'elle-même ou l'industrie puisse y gagner quelque chose, son refus de s'aligner sur ce prix peut faire en sorte que le leader et les autres entreprises réviseront leur décision d'augmenter le prix.

Sur les marchés de produits différenciés, une entreprise a davantage de latitude pour réagir à une modification de prix apportée par la concurrence. Les acheteurs choisissent le vendeur sur la base de plusieurs facteurs: le service, la qualité, la fiabilité, etc. Ces facteurs rendent les acheteurs moins sensibles à de petites variations de prix.

Avant de réagir, l'entreprise doit considérer les points suivants: 1° Pourquoi le concurrent a-t-il changé son prix? Est-ce pour augmenter sa part de marché, pour utiliser sa capacité excédentaire de production, pour répondre à l'évolution des coûts ou pour provoquer un changement de prix dans l'industrie? 2° Le concurrent a-t-il planifié un changement de prix temporaire ou bien permanent ? 3° Qu'adviendra-t-il de la part de marché et des profits si l'entreprise ne réagit pas ? Les autres entreprises vont-elles réagir ? 4° Quelle sera la réponse probable des concurrents et des autres entreprises à chaque réaction possible ?

Les leaders sur un marché doivent souvent affronter des réductions de prix offensives de la part de petites entreprises qui désirent obtenir une plus grande part de marché. En se servant du prix, Fuji attaque Kodak, Bic attaque Gillette et Compaq attaque IBM. Les marques qui sont les leaders doivent de plus en plus faire face à des marques privées que préfèrent de nombreux consommateurs soucieux des prix. La part de marché des marques privées s'accroît constamment[32]. Si les produits du concurrent qui se porte à l'attaque sont comparables à ceux du leader, un prix plus bas causera un effritement de la part de marché du leader. Celui-ci a alors le choix entre plusieurs stratégies :

- **Maintenir le prix.** Le leader pourrait maintenir son prix et sa marge de profit s'il croyait : 1° qu'il perdrait trop de profits en réduisant son prix ; 2° qu'il ne perdrait pas une trop grande part de marché ; 3° qu'il serait capable de reconquérir la part de marché lorsque ce serait nécessaire ; 4° qu'il pourrait conserver ses meilleurs clients, laissant ainsi les clients moins intéressants au concurrent. Cependant, si le leader maintenait son prix, l'attaquant risquerait d'être de plus en plus confiant à mesure que ses ventes augmenteraient, que le moral de la force de vente du leader baisserait et que la perte de la part de marché serait plus importante que prévu. À ce moment-là, le leader pourrait succomber à la panique, baisser ses prix pour recouvrer sa part de marché et trouver la situation plus difficile et plus coûteuse qu'il ne l'avait imaginé.

- **Augmenter la qualité perçue.** Le leader pourrait maintenir son prix, mais il lui faudrait accroître la valeur de son offre. Il pourrait améliorer son produit, ses services et ses communications. De même, il pourrait insister sur la qualité relative de son produit par rapport à celui de son concurrent qui offre un prix plus bas. L'entreprise trouverait peut-être plus avantageux de maintenir son prix et de dépenser de l'argent pour améliorer la qualité perçue que de réduire son prix et de fonctionner avec une faible marge.

- **Réduire son prix.** Le leader pourrait aligner son prix sur celui de son concurrent. Il pourrait le faire parce que : 1° son coût tombe avec le volume ; 2° il perdrait une fraction de sa part de marché à cause de la sensibilité du marché au prix ; 3° il aurait de la difficulté à regagner plus tard la part de marché qu'il perdrait. Naturellement, une telle décision entraînerait une baisse de profit à court terme. En réponse à la réduction de prix du leader, certaines entreprises réduiront la qualité de leurs produits, les services et les communications de marketing pour maintenir les profits, mais cette stratégie nuira à long terme à leur part de marché. L'entreprise devrait veiller à maintenir sa qualité même si elle réduit les prix.

- **Augmenter le prix et améliorer la qualité.** Le leader pourrait augmenter son prix et introduire quelques nouvelles marques pour nuire à la marque qui se lance à l'attaque. Hublein a utilisé cette stratégie quand sa vodka Smirnoff, qui détenait 23 % du marché de la vodka, a été attaquée par une autre marque, Wolfschmidt, dont le prix était de 1 $ de moins par bouteille. Au lieu de baisser le prix de la Smirnoff de 1 $, Hublein l'a augmenté de 1 $, utilisant les profits excédentaires pour accroître sa publicité. Hublein a aussi introduit une autre marque, Relska, pour concurrencer la Wolfschmidt et une troisième marque, Popov, qui se vendait à un prix inférieur à la Wolfschmidt. Cette stratégie a effectivement maté Wolfschmidt, donnant à Smirnoff l'image d'une marque d'élite.

- **Lancer une gamme à faible prix.** Une des meilleures réponses est d'ajouter des articles à bas prix dans une gamme ou de créer une marque séparée à bas prix. Cette tactique est nécessaire si un segment de marché donné, que l'entreprise est en train de perdre, est trop sensible au prix pour se laisser convaincre par l'argument de la haute qualité. Kodak combat les marques privées en offrant un produit saisonnier à bas prix, le Funtime.

La meilleure réponse dépend de la situation. L'entreprise attaquée doit prendre en considération l'étape du cycle de vie du produit, son importance dans le portefeuille de produits de l'entreprise, les intentions et les ressources du concurrent, la sensibilité au prix et à la qualité, le comportement des coûts en fonction du volume de même que les autres possibilités qui s'offrent à l'entreprise.

FIGURE 17.8

Les choix possibles de stratégies en réaction à une réduction de prix par un concurrent

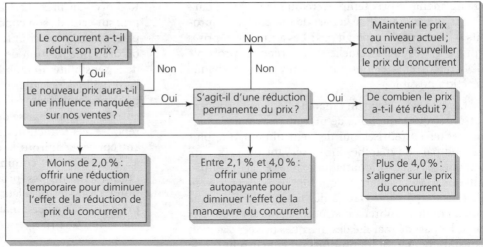

Source : Redessinée avec la permission de Raymond J. Trapp, document non publié, Northwestern University, 1964.

Une analyse détaillée de toutes les solutions possibles n'est pas toujours faisable quand une entreprise se fait attaquer. Le concurrent qui a décidé de lancer une attaque peut s'être préparé longtemps, mais l'entreprise doit le plus souvent réagir en quelques heures ou quelques jours. La seule façon de réduire le temps de réaction au prix est de prévoir les changements de prix éventuels de la concurrence et d'établir des stratégies de réactions en conséquence. La figure 17.8 illustre des choix possibles de stratégies de prix en réaction à une diminution de prix par un concurrent. Dans les industries où les changements de prix sont fréquents et où il est important de réagir rapidement, on a le plus souvent recours à des programmes planifiés de réactions à un changement de prix. On en trouve de nombreux exemples dans les industries des viandes préparées, du pétrole et du bois.

RÉSUMÉ

1. En dépit du rôle de plus en plus important des autres variables du marketing, le prix demeure un élément crucial du marketing mix. Il est le seul élément du marketing mix qui produise un revenu, les autres éléments étant des coûts.

2. En établissant le prix d'un produit, l'entreprise suit une démarche en six étapes. Premièrement, elle détermine précisément ses objectifs de prix, tels la survie, la maximisation du profit actuel, la maximisation du chiffre d'affaires, la maximisation des unités vendues, l'écrémage du marché ou le leadership de la qualité. Deuxièmement, elle évalue la demande en analysant les courbes de la demande, qui indiquent le volume probable acheté par période à différents niveaux de prix. Plus la demande est inélastique, plus l'entreprise pourra fixer un prix élevé. Troisièmement, elle estime ses coûts, lesquels varient selon divers niveaux de production, selon l'expérience acquise dans la production,

selon la différenciation de l'offre et selon les coûts cibles. Quatrièmement, elle analyse l'offre et les prix de la concurrence pour pouvoir positionner son propre prix. Cinquièmement, elle choisit une méthode de fixation des prix parmi les suivantes : le coût plus la marge, le rendement cible des investissements, la valeur perçue, la valeur, le prix du marché et les soumissions. Sixièmement, elle procède au choix du prix final en tenant compte de certains facteurs additionnels : l'aspect psychologique du prix, l'influence des autres variables du marketing mix sur le prix, la politique de fixation du prix de l'entreprise et l'influence du prix sur les autres intervenants.

3. Les entreprises n'établissent pas un prix unique ; elles ont plutôt une structure de prix qui reflète les variations des coûts et de la demande en fonction de la géographie, les exigences des segments de marché, le moment de la commande, l'importance de la commande et d'autres facteurs. Il existe plusieurs stratégies d'adaptation des prix. La première stratégie prend en considération la situation géographique ; l'entreprise décide alors de fixer le prix d'après les endroits où se trouvent ses clients, ce qui implique souvent des ententes de contrepartie. La deuxième stratégie consiste dans les réductions de prix, où l'entreprise détermine les escomptes, les remises, les remises à la profession, les réductions saisonnières et les ristournes. La troisième stratégie est celle des prix promotionnels, où l'entreprise décide des produits d'appel, des offres spéciales, des offres de réduction, du financement à taux réduit, du financement à long terme, des garanties et contrats de service, et de la réduction psychologique. La quatrième stratégie consiste dans les prix discriminatoires, où l'entreprise établit différents prix selon le segment de clients, les versions des produits, l'image, les endroits et le moment. La cinquième stratégie est la fixation des prix d'une gamme de produits ; dans ce cas, l'entreprise décide d'une zone de prix pour plusieurs produits d'une gamme, du prix des options, du prix des produits et des services complémentaires, des prix à double structure, du prix des sous-produits et du prix d'ensembles.

4. Après avoir élaboré des stratégies de prix, les entreprises font souvent face à des situations qui les obligent à changer les prix. Une baisse de prix peut être occasionnée par une surcapacité de production, une chute de la part de marché, le désir de dominer le marché au moyen de coûts plus bas ou une récession. Une hausse de prix peut être causée par une augmentation des coûts ou une demande accrue. Ces situations peuvent exiger une politique de soumission de prix différée, l'utilisation de clauses d'indexation, une tarification séparée ou la diminution ou l'élimination des réductions. Il existe d'autres façons d'augmenter les prix, dont la réduction des formats, le remplacement de composants ou d'ingrédients par d'autres meilleur marché, l'élimination ou la réduction de certaines caractéristiques et la création de marques économiques ou de produits génériques.

5. Une entreprise qui se trouve aux prises avec un changement de prix apporté par un concurrent doit s'efforcer de percer l'intention du concurrent et de connaître la durée de ce changement. La stratégie de l'entreprise variera selon qu'elle fabrique des produits homogènes ou non. Les leaders sur un marché, lorsqu'ils sont attaqués par des concurrents qui offrent des réductions de prix offensives, peuvent choisir de maintenir leur prix, d'augmenter la qualité perçue du produit, de réduire leur prix, d'augmenter leur prix et d'améliorer la qualité ou de lancer une gamme à faible prix. La meilleure réponse dépend de plusieurs facteurs. S'il est souhaitable de réagir rapidement, l'entreprise a intérêt à planifier ses réactions à différentes stratégies de prix possibles de la concurrence.

QUESTIONS

1. De nos jours, plusieurs consommateurs, un peu partout dans le monde, peuvent se permettre d'acheter une automobile luxueuse. Il y a quelques années, nombre de consommateurs étaient prêts à acheter une Mercedes pour sa performance mais trouvaient cette automobile trop chère. Cela donna l'idée à Toyota de concevoir une automobile qui pourrait se comparer à la Mercedes sans avoir l'inconvénient d'un prix élevé. Ainsi, les acheteurs auraient le sentiment d'avoir fait un achat rationnel et non pas d'avoir dépensé beaucoup d'argent dans le seul but d'améliorer leur position sociale.

Le résultat de la décision de Toyota fut la Lexus, avec son style attrayant, sa finition bichonnée et son intérieur somptueux. Dans une de ses premières publicités, Toyota affichait une Lexus à côté d'une Mercedes et sous-titrait ceci : « Pour la première fois dans l'histoire, on peut échanger une automobile de 73 000 $ contre une automobile de 36 000 $ et considérer cet échange comme positif. » Les concessionnaires Lexus offrent de vastes salles d'exposition décorées avec des fleurs et des plantes, et les vendeurs ont une approche très professionnelle. L'entreprise a dressé une liste de clients potentiels et leur a envoyé une vidéocassette démontrant la performance de la Lexus. Par exemple, la vidéocassette montrait un ingénieur plaçant un verre d'eau sur le capot d'une Mer-

cedes et sur celui d'une Lexus. Lorsque les moteurs étaient activés, seul le verre d'eau placé sur la Mercedes bougeait, ce qui laissait croire que le moteur de la Lexus ne créait pas de soubresauts et que, conséquemment, la conduite était plus douce. Les acheteurs de la Lexus étaient plus que satisfaits ; ils étaient ravis et vantaient leur nouvelle automobile à leurs amis. Ils devenaient ainsi les meilleurs vendeurs de l'entreprise.

À quel dilemme fait face la Mercedes et quelles mesures pourrait-elle adopter pour réagir à la concurrence de la Lexus ?

2. Les entreprises W, X, Y et Z produisent des interrupteurs. On a demandé à des acheteurs industriels de répartir 100 points entre les produits des entreprises par rapport à quatre attributs. Les résultats sont les suivants :

Importance relative	Caractéristiques	Produits de l'entreprise			
		W	X	Y	Z
0,35	Durabilité	30	15	40	15
0,15	Attrait	20	20	30	30
0,25	Absence de bruit	30	15	35	20
0,25	Sécurité	25	25	25	25

En moyenne, les interrupteurs se vendent 20 $. Quel prix devrait être fixé par l'entreprise W si l'entreprise Y fixe le sien à 22 $?

3. Plusieurs entreprises offrent tellement de rabais et de promotions à leurs revendeurs et aux consommateurs qu'ils ne se rendent pas compte du peu de profits qu'ils réalisent sur leurs ventes. Considérez la situation suivante:

Prix du vendeur	6,00 $
Réduction sur la quantité achetée	0,10 $
Rabais	0,12 $
Prix facturé	5,78 $
– Escompte	0,30 $
– Réduction sur le volume annuel	0,37 $
– Promotion spéciale	0,35 $
– Publicité collective	0,20 $
– Livraison	0,19 $
Revenu	4,37 $

Le fabricant établit un prix de 6,00 $ aux revendeurs mais enlève une réduction sur la quantité achetée et offre un rabais pour égaler la concurrence, ce qui donne un prix facturé de 5,78 $. Cependant, ce chiffre ne représente pas le revenu réel du fabricant (ce qui reste dans ses poches). D'autres coûts s'ajoutent, laissant un revenu réel net de seulement 4,37 $. Discutez de l'effet financier de ces réductions sur la rentabilité de l'entreprise. Quel pourcentage du prix du revendeur va actuellement dans les poches du fabricant? Qu'est-ce qu'une entreprise devrait considérer avant d'offrir des réductions?

4. Une entreprise pourrait choisir de fixer un prix bas pour un produit afin de décourager les concurrents désirant entrer sur le marché. Y a-t-il des situations où une entreprise essaie d'attirer des concurrents sur un nouveau marché et fixe un prix élevé pour cette raison?

5. Une grande aciérie a développé un nouveau procédé de galvanisation des feuilles d'acier qui permet de les peindre (ce qui n'était pas possible auparavant) et de les utiliser dans certaines parties de la carrosserie de l'automobile pour prévenir la corrosion. Quels sont les facteurs à considérer pour une aciérie qui voudrait établir un prix pour ce produit?

6. L'objectif de cet exercice est de démontrer comment les revendeurs, comme les supermarchés, utilisent la fixation du prix dans l'établissement de leurs stratégies de marketing. En comparant les politiques de prix de différents types de magasins d'alimentation, vous deviendrez conscient de la variation du coût d'un panier de marché pour les consommateurs.

Pour ce faire, des équipes de quatre étudiants devraient être formées. Chaque membre d'une équipe est affecté à un magasin. Ainsi, chaque membre d'une équipe visitera un type de magasin différent (par exemple un supermarché, un dépanneur ou une grande surface). Une autre possibilité est que chaque membre visite le même type de magasin mais dans une région différente.

Chaque membre de l'équipe doit trouver les prix pour les articles suivants:

Nom du magasin :	
Lieu :	

Articles	Prix
1. Bacon Maple Leaf (500 g)	
2. Douzaine d'œufs (gros)	
3. Lait 2 % (1 L)	
4. Soupe Campbell poulet et nouilles (284 mL)	
5. Tostitos cuits (270 g)	
6. Beurre d'arachide croquant Kraft (1 kg)	
7. Coke classique (2 L)	
8. Céréales Shreddies (675 g)	
9. Film Kodak (35 mm, 200 ASA, 24 poses)	
10. Piles Energizer (2/paquet, taille D)	
11. Papier hygiénique Royale (8 rouleaux)	
12. Windex (650 mL)	
13. Dentifrice Crest (75 mL)	
14. Désodorisant (75 mL)	
15. Lames de rasoir Gillette Sensor (5 lames)	
Total	

7. Westinghouse s'apprête à introduire un lave-vaisselle qui rend les verres et la vaisselle exceptionnellement propres à l'eau froide. L'entreprise veut évaluer les avantages et les inconvénients d'une introduction du produit avec une stratégie

de pénétration du prix comparativement à une stratégie d'écrémage du prix. Pesez le pour et le contre dans le cas de chacune de ces stratégies. Sur quels facteurs Westinghouse devrait-elle se baser pour prendre sa décision?

8. En principe, une réduction de prix est compensée par l'augmentation de l'effort de marketing. Comment une réduction de prix peut-elle compenser les coûts équivalents de l'augmentation de l'effort de marketing?

RÉFÉRENCES

1. Adapté de David J. Schwartz, *Marketing Today: A Basic Approach*, 3ᵉ éd., New York, Harcourt Brace Jovanovich, 1981, p. 271.
2. Thomas T. Nagle et Reed K. Holden, *The Strategy and Tactics of Pricing*, 2ᵉ éd., Englewood Cliffs, N.J., Prentice Hall, 1995, chap. 4. Il s'agit d'un excellent livre de référence sur la prise de décision quant au prix.
3. Voir Sidney Bennett et J.B. Wilkinson, « Price-Quantity Relationships and Price Elasticity Under In-Store Experimentation », *Journal of Business Research*, janvier 1974, p. 30-34.
4. John R. Nevin, « Laboratory Experiments for Estimating Consumer Demand — A Validation Study », *Journal of Marketing Research*, août 1974, p. 261-268; Jonathan Weiner, « Forecasting Demand: Consumer Electronics Marketer Uses a Conjoint Approach to Configure Its New Product and Set the Right Price », *Marketing Research: A Magazine of Management and Applications*, été 1994, p. 6-11.
5. Thomas T. Nagle et Reed K. Holden, *Strategy and Tactics of Pricing*, 2ᵉ éd., Englewood Cliffs, N.J., Prentice Hall, 1995, chap. 13.
6. Pour lire un résumé des études sur l'élasticité, voir Dominique M. Hanssens, Leonard J. Parsons et Randall L. Schultz, *Market Response Models: Econometric and Time Series Analysis*, Boston, Kluwer Academic Publishers, 1990, p. 187-191.
7. Voir William W. Alberts, « The Experience Curve Doctrine Reconsidered », *Journal of Marketing*, juillet 1989, p. 36-49.
8. Voir Robin Cooper et Robert S. Kaplan, « Profit Priorities from Activity-Based Costing », *Harvard Business Review*, mai-juin 1991, p. 130-135. Pour en savoir plus sur la comptabilité par activités, voir le chapitre 24 de ce livre.
9. Voir Ford S. Worthy, « Japan's Smart Secret Weapon », *Fortune*, 12 août 1991, p. 75.
10. Christopher Farrell, « Stuck! How Companies Cope when They Can't Raise Prices », *Business Week*, 15 novembre 1993, p. 146-155.
11. Neil Strauss, « Pennies that Add up to $16.98: Why CD's Cost So Much », *The New York Times*, 5 juillet 1995, p. C11:1.
12. Tung-Zong Chang et Albert R. Wildt, « Price, Product Information, and Purchase Intention: An Empirical Study », *Journal of the Academy of Marketing Science*, hiver 1994, p. 16-27. Voir aussi G. Dean Kortge et Patrick A. Okonkwo, « Perceived Value Approach to Pricing », *Industrial Marketing Management*, mai 1993, p. 133-140.
13. Pour consulter une étude empirique portant sur neuf méthodes utilisées par des entreprises pour évaluer la valeur perçue par les consommateurs, voir James C. Anderson, Dipak C. Jain et Pradeep K. Chintagunta, « Customer Value Assessment in Business Markets: A State-of-Practice Study », *Journal of Business-to-Business Marketing*, vol. 1, nº 1, 1993, p. 3-29.
14. Voir Christopher Power, Walecia Konrad, Alice Z. Cunes et James B. Treece, « Value Marketing », *Business Week*, 11 novembre 1991, p. 54-60; « What Intelligent Consumers Wants », *Fortune*, 28 décembre 1992, p. 56-60.
15. Bill Saporito, « Behind the Tumult at P & G », *Fortune*, 7 mars 1994, p. 74-82.
16. Stephen J. Hoch, Xavier Dreze et Mary J. Purk, « EDLP, Hi-Lo, and Margin Arithmetic », *Journal of Marketing*, octobre 1994, p. 16-27.
17. Adam Bryant, « Many Companies Try to Simplify Pricing », *The New York Times*, 18 octobre 1992, p. 4, 6:1; Stephanie Strom, « Retailers' Latest Tactic: If It Says $15, It Means $15 », *The New York Times*, 29 septembre 1992, p. D1, D3. Voir aussi Anne T. Coughlan et Naufel J. Vilcassim, « Retail Marketing Strategies: An Investigation of Everyday Low Pricing vs. Promotional Pricing Policies », document de travail, Northwestern University, Kellogg Graduate School of Management, décembre 1989.
18. Gary M. Erickson et Johny K. Johansson, « The Role of Price in Multi-Attribute Product-Evaluations », *Journal of Consumer Research*, septembre 1985, p. 195-199.
19. K.N. Rajendran et Gerard J. Tellis, « Contextual and Temporal Components of Reference Price », *Journal of Marketing*, janvier 1994, p. 22-34.
20. Paul W. Farris et David J. Reibstein, « How Prices, Expenditures, and Profits Are Linked », *Harvard Business Review*, novembre-décembre 1979, p. 173-184. Voir aussi Makoto Abe, « Price and Advertising Strategy of a National Brand Against Its Private-Label Clone: A Signaling Game Approach », *Journal of Business Research*, juillet 1995, p. 241-250.
21. Henry Cheeseman, *Contemporary Business Law*, Englewood Cliffs, N.J., Prentice Hall, 1995.
22. Voir Michael Rowe, *Countertrade*, Londres, Euromoney Books, 1989; P.N. Agarwala, *Countertrade: A Global Perspective*, New Delhi, Vikas Publishing House, 1991; Christopher M. Korth (dir.), *International Countertrade*, New York, Quorum Books, 1987.
23. Voir Michael V. Marn et Robert L. Rosiello, « Managing Price, Gaining Profit », *Harvard Business Review*, septembre-octobre 1992, p. 84-94.

24. Brian S. Moskal, « Consumer Age Begets Value Pricing », *Industry Week*, 21 février 1994, p. 36, 38, 40.

25. Les lois sur la discrimination de prix aux États-Unis sont très complexes. Pour obtenir plus d'information sur les pratiques illégales, voir Henry Cheeseman, *Contemporary Business Law*, Englewood Cliffs, N.J., Prentice Hall, 1995.

26. Christopher Farrell, « Stuck ! How Companies Cope when They Can't Raise Prices », *Business Week*, 15 novembre 1993, p. 146-155.

27. Brian S. Moskal, « Consumer Age Begets Value Pricing », *Industry Week*, 21 février 1994, p. 36, 38, 40.

28. Voir Robert E. Weigand, « Buy In-Follow on Strategies for Profit », *Sloan Management Review*, printemps 1991, p. 29-37.

29. Susan Krafft, « Love, Love Me Doo », *American Demographics*, juin 1994, p. 15-16.

30. Voir Gerald J. Tellis, « Beyond the Many Faces of Price : An Integration of Pricing Strategies », *Journal of Marketing*, octobre 1986, p. 146-160, ici p. 155. Cet excellent article analyse et illustre d'autres stratégies de prix.

31. Pour un excellent aperçu, voir Kent B. Monroe, « Buyers' Subjective Perceptions of Price », *Journal of Marketing Research*, février 1973, p. 70-80.

32. Jonathan Berry, « Attack of the Fighting Brands », *Business Week*, 2 mai 1994, p. 125 ; Karen Benezra, « Mixed Messages », *Brandweek*, 25 juillet 1994, p. 28-39.

Chapitre 18

Le choix et la gestion des circuits de distribution

Reproduit avec l'autorisation des Rôtisseries St-Hubert

L'intermédiaire n'est pas un lien contractuel dans une chaîne forgée par le fabricant, mais plutôt un marché indépendant, une cible qui représente un groupe important de clients pour qui il achète.
PHILIP McVEY

L a plupart des fabricants ne vendent pas leurs produits directement aux utilisateurs finaux. Il existe une multitude d'intermédiaires, aux noms variés et aux fonctions diverses, entre les fabricants et les utilisateurs finaux. Quelques-uns de ces intermédiaires, tels les grossistes et les détaillants, achètent la marchandise et en prennent possession pour ensuite la revendre. On les appelle des **marchands**. D'autres — les courtiers, les agents des fabricants ou les agents commerciaux — recherchent des clients et parfois négocient au nom du fabricant. Pourtant, ils n'achètent pas la marchandise en leur propre nom; on les appelle donc des **agents**. Enfin, d'autres intermédiaires — les transporteurs, les entrepôts indépendants, les banques et les agences de publicité — contribuent à la distribution, mais ils ne prennent pas possession de la marchandise et ne négocient pas les achats ou les ventes; ce sont des **facilitateurs**.

Les décisions sur le choix d'un circuit de distribution sont d'une importance capitale, puisque le circuit choisi par l'entreprise influe au bout du compte sur toutes les autres décisions de marketing. Avant de fixer ses prix, une entreprise doit savoir si elle se servira de boutiques exclusives ou si elle utilisera la distribution de masse. Les décisions relatives à la force de vente et à la publicité dépendent du degré de formation et de motivation exigé des revendeurs. De plus, les décisions relatives au circuit de distribution **engagent l'entreprise avec ses partenaires commerciaux pour des périodes relativement longues**. Lorsqu'un constructeur d'automobiles fait appel à des concessionnaires indépendants pour vendre ses produits, il ne peut pas les remplacer du jour au lendemain par des succursales à propriété entière. De même, quand une pharmacie indépendante vend les produits d'une grande entreprise pharmaceutique, elle fait obstacle à la distribution de ces produits par les supermarchés. Comme l'a remarqué Corey:

*Un système de distribution [...] constitue une **ressource externe** clé qui se construit pendant de longues années et qui ne peut être changée facilement. D'une impor-* *tance égale aux principales ressources internes, telles la fabrication, la recherche, l'ingénierie et la force de vente, le système de distribution représente un engagement commercial important auprès d'un grand nombre d'entreprises de distribution indépendantes de même qu'auprès des marchés qu'elles servent. Un tel système exige aussi un engagement dans un ensemble de politiques et de pratiques qui constituent la base sur laquelle se tisse un vaste réseau de relations à long terme[1].*

Les circuits de distribution ont donc tendance à être relativement stables. Pour cette raison, lorsqu'une entreprise choisit ses canaux de distribution, elle doit penser non seulement à l'environnement de vente d'aujourd'hui, mais aussi à celui de demain.

Nous nous proposons, dans ce chapitre, d'explorer quatre questions:

- **Quelle est la nature des circuits de distribution?**
- **À quelles décisions les entreprises doivent-elles faire face afin d'organiser, de gérer, d'évaluer et de modifier leurs circuits de distribution?**
- **Quelles sont les tendances actuelles de la dynamique des circuits?**
- **Quelle est la meilleure façon de résoudre les conflits au sein de l'organisation des circuits?**

Au chapitre 19, nous examinerons la question du circuit de distribution sous l'optique des détaillants, des grossistes et des entreprises de distribution physique. On trouvera au tableau 18.1 une terminologie sommaire des circuits de distribution.

18.1
LA NATURE DES CIRCUITS DE DISTRIBUTION

La plupart des fabricants travaillent en collaboration avec des intermédiaires afin d'amener leurs produits au marché. Ces intermédiaires constituent ce qu'on appelle un **circuit de distribution**, un **canal de**

TABLEAU 18.1
La terminologie sommaire des circuits de distribution

Agent de fabricant

Intermédiaire qui représente plusieurs fabricants et qui fait la vente de leurs produits. L'agent de fabricant est embauché par une entreprise et non par une force de vente, ou fonctionne de concert avec celle-ci.

Agent de vente

Intermédiaire qui fait la recherche des clients et qui négocie au nom d'un producteur, sans prendre possession des biens.

Courtier

Intermédiaire dont la tâche consiste à réunir les acheteurs et les vendeurs. Il ne fait aucun stockage, ne s'occupe pas de financement et n'assume aucun risque.

Détaillant

Entreprise commerciale qui vend des produits et des services directement à l'utilisateur final pour son utilisation personnelle.

Facilitateur

Intermédiaire qui participe au processus de distribution, qui ne prend pas possession de la marchandise et qui ne négocie pas les achats ou les ventes.

Force de vente

Ensemble des personnes embauchées par l'entreprise pour vendre ses produits et ses services.

Grossiste

Entreprise commerciale qui vend des produits et des services à ceux qui les achètent pour les revendre ou les utiliser à des fins commerciales.

Marchand

Intermédiaire qui achète la marchandise, en prend possession et la revend.

distribution ou un **circuit commercial**. Nous adoptons ici la définition formulée par Stern et El-Ansary :

> On appelle circuits de distribution des ensembles d'organisations interdépendantes engagées dans un processus qui a pour objet de rendre accessible un produit ou un service pour son utilisation ou sa commercialisation[2].

18.1.1
Pourquoi se sert-on d'intermédiaires ?

Pourquoi le fabricant est-il prêt à déléguer aux intermédiaires une partie de la responsabilité de vendre ses produits ? Déléguer, c'est perdre partiellement la maîtrise du choix des clients et des méthodes de vente. Sachant que les fabricants peuvent très bien vendre directement aux clients, il est évident que les avantages qu'offre l'emploi des intermédiaires contrebalancent les inconvénients. Voyons quels sont ces avantages.

Un grand nombre de fabricants n'ont pas les ressources suffisantes pour effectuer une distribution directe. General Motors, par exemple, se sert de dizaines de milliers de concessionnaires pour vendre ses automobiles ; même General Motors ne pourrait que difficilement acheter ses concessionnaires.

La distribution directe est souvent impossible. Par exemple, pour la compagnie William Wrigley Jr., l'établissement de points de vente spécialisés de gomme à mâcher dans tout le pays ou la vente de gomme à mâcher de porte en porte ou par correspondance ne constituent pas des solutions pratiques pour la distribution de ses produits. Wrigley serait obligée de vendre de la gomme à mâcher avec d'autres menus articles, et se retrouverait ainsi dans le commerce de détail. Il est beaucoup plus facile pour Wrigley de passer par l'intermédiaire d'un réseau complexe d'entreprises de distribution indépendantes.

Les fabricants qui ont les capitaux suffisants pour établir leurs propres canaux peuvent souvent obtenir une meilleure rentabilité en investissant dans leur capacité de production. Si une entreprise obtient un

FIGURE 18.1

**Comment
un intermédiaire
permet de réduire
le nombre
de transactions**

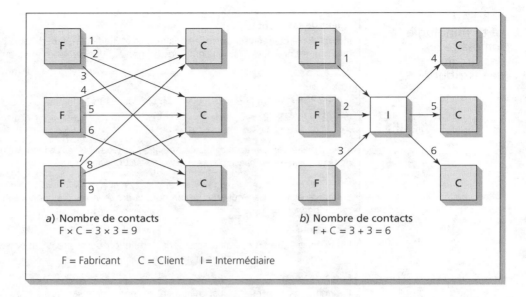

a) Nombre de contacts
F × C = 3 × 3 = 9

b) Nombre de contacts
F + C = 3 + 3 = 6

F = Fabricant   C = Client   I = Intermédiaire

taux de rentabilité de 20 % sur la fabrication, mais ne prévoit qu'une rentabilité de 10 % sur ses investissements dans la distribution, elle ne désirera certainement pas assumer la responsabilité de la distribution ou de la vente au détail[3].

Les fabricants recourent à des intermédiaires parce que ceux-ci sont mieux en mesure que les fabricants de distribuer de façon efficace leurs produits aux marchés cibles, et cela grâce à leurs relations, à leur expérience, à leur spécialisation et à leurs économies d'échelle. Selon Stern et El-Ansary :

Les intermédiaires facilitent la distribution des produits et des services [...]. C'est un processus essentiel dont le but est de combler l'écart entre les assortiments de biens et de services proposés par les fabricants et ceux que demandent les consommateurs. Cet écart résulte du fait que le fabricant produit traditionnellement une grande quantité d'un type limité de produits, tandis que les consommateurs en général désirent une quantité limitée d'une grande variété de produits[4].

La figure 18.1 met en évidence un des types d'économie qui résulte de l'utilisation d'intermédiaires. La partie *a* de la figure montre trois fabricants qui vendent directement à trois clients. Ce système exige neuf transactions différentes. La partie *b* montre les trois fabricants se servant d'un seul intermédiaire qui entre en contact avec trois clients. Ce système n'exige que six transactions. L'utilisation d'intermédiaires permet donc de réduire le nombre de transactions entre fabricants et clients.

18.1.2
Les fonctions de la distribution et les flux de distribution

Un circuit de distribution facilite le mouvement des produits et des services du producteur au consommateur. Il réduit les écarts de temps, de lieu et de possession qui séparent les produits et les services des personnes qui aimeraient les utiliser. Les membres d'un circuit de distribution remplissent de nombreuses fonctions importantes :

- **l'information** : la collecte et la dissémination de l'information de marketing sur les clients actuels et potentiels, sur la concurrence et sur d'autres forces de l'environnement de marketing ;
- **la promotion** : l'élaboration et la transmission de communications persuasives à propos de l'offre conçue pour attirer les clients ;
- **la négociation** : la recherche d'un accord sur le prix et sur d'autres conditions pour assurer le transfert de possession ou de propriété ;
- **la prise de la commande** : la communication au fabricant des intentions d'achat par les membres du circuit de distribution ;
- **le financement** : l'acquisition et l'affectation des fonds destinés au stockage à divers niveaux du circuit de distribution ;
- **le partage du risque** : la prise en charge du risque associé aux opérations de distribution ;

- **la distribution physique**: le stockage et le transport successifs des matières premières jusqu'au client final;

- **le paiement**: l'utilisation par les acheteurs de la banque et d'autres institutions financières pour le paiement de leurs factures;

- **la propriété**: le véritable transfert de propriété d'une organisation ou d'une personne à une autre.

Quelques-unes de ces fonctions sont **en aval** (la distribution physique, la propriété et la promotion), d'autres sont **en amont** (la prise de la commande et le paiement) et d'autres encore sont **bidirectionnelles** (l'information, la négociation, le financement et le partage du risque). Ces fonctions sont opérationnalisées par des flux. Cinq de ces flux sont représentés à la figure 18.2, qui illustre le marketing de chariots élévateurs. La nature complexe des circuits, même les plus simples, serait mise en évidence si tous ces flux se superposaient sur un seul diagramme.

Une entreprise manufacturière qui lance un nouveau produit requérant des services de soutien doit mettre sur pied trois types de circuits ou de réseaux: un réseau de vente, un réseau de livraison et un réseau de service après-vente. Ces trois réseaux n'ont pas besoin d'être intégrés au sein de la même entreprise. Ainsi, Dell Computer utilise le téléphone pour la vente, des services de messagerie rapide pour la livraison de ses produits et des services de réparation locaux pour son service après-vente. Chacun de ces réseaux subit différentes influences de l'environnement technologique. À l'avenir, de plus en plus d'entreprises utiliseront l'informatique pour leur réseau de vente; de leur côté, de plus en plus de clients utilisent leur ordinateur pour rechercher de meilleurs achats. L'ordinateur peut aussi servir de circuit de livraison; par exemple, certaines entreprises de logiciels livrent leurs produits de cette façon. Même la réparation d'ordinateurs peut être faite par ordinateur ou par téléphone.

La question n'est pas de se demander **si** les diverses fonctions des canaux de distribution sont nécessaires; elles le sont. La question qui se pose est plutôt de savoir **qui** va les remplir. Toutes ces fonctions ont en commun trois choses: elles utilisent des ressources rares, elles peuvent être mieux remplies par la spécialisation et les membres du circuit qui s'en chargent sont partiellement permutables. Plus le fabricant remplit lui-même les fonctions, plus ses coûts augmentent et plus le prix est élevé. Lorsque des intermédiaires prennent en charge quelques-unes des fonctions, les coûts et les prix du fabricant diminuent, mais les intermédiaires doivent ajouter des frais pour rémunérer leur travail. Si les intermédiaires fonctionnent plus efficacement que les fabricants, les consommateurs devraient profiter d'un prix moins élevé. Si les consommateurs décident de remplir eux-mêmes quelques-unes des fonctions, ils doivent bénéficier de prix moins élevés. Le problème de la responsabilité des diverses tâches de distribution est un problème d'efficience et d'efficacité.

Les fonctions de la distribution sont plus importantes que les institutions qui les remplissent. Les changements dans les institutions au sein des canaux de distribution reflètent donc la venue de méthodes plus efficaces d'organisation des fonctions économiques nécessaires pour produire les assortiments de biens et de services destinés aux clients cibles.

18.1.3
Les niveaux d'un circuit de distribution

Tout circuit de distribution peut être caractérisé par le nombre de **niveaux** qu'il comporte. Chaque intermédiaire qui remplit une fonction pour amener le produit plus près de l'acheteur final constitue un **niveau du circuit**. Le fabricant ainsi que le consommateur font partie du circuit puisqu'ils contribuent tous les deux au processus qui achemine le produit à sa destination ultime. C'est le nombre de **niveaux d'intermédiaires** d'un circuit qui en définit la **longueur**. La figure 18.3*a* représente plusieurs circuits de distribution de longueurs différentes.

Un **circuit à zéro niveau** (autrement dit, un **circuit de marketing direct**) ne comporte aucun intermédiaire entre le producteur et le consommateur. Les principales méthodes du marketing direct sont le porte-à-porte, les démonstrations à domicile, la vente par correspondance, le télémarketing, le téléachat, le commerce électronique et les points de vente dont le producteur est le propriétaire. Les représentants d'Avon, par exemple, vendent des produits de beauté de porte en porte; les représentants de Tupperware vendent des ustensiles de cuisine par la voie de démonstrations à la maison; Xerox se sert du télémarketing pour vendre des fournitures aux entreprises; certains fabricants vendent des exerciseurs à la

FIGURE 18.2
Cinq flux de marketing dans les circuits de distribution de chariots élévateurs

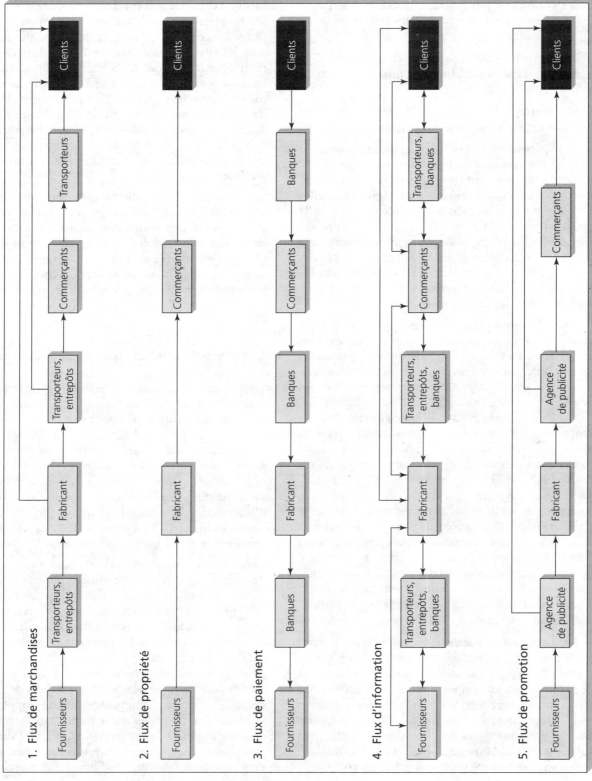

FIGURE 18.3

Les niveaux d'un circuit de distribution

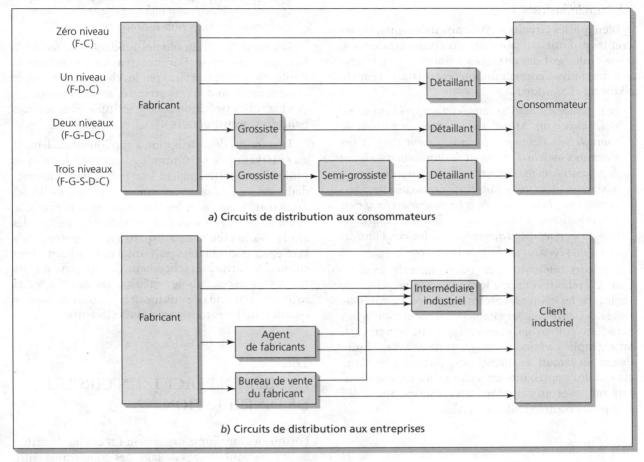

a) Circuits de distribution aux consommateurs

b) Circuits de distribution aux entreprises

télévision; le magazine *L'actualité* vend ses abonnements par correspondance; les producteurs agricoles permettent l'autocueillette des pommes, des fraises et des framboises sur leurs terres. Archambault vend ses disques et ses livres sur Internet. Enfin, un fabricant de meubles haut de gamme, Barrymore, a ouvert son propre magasin de meubles à Toronto, pour pallier les nombreuses faillites de magasins de meubles haut de gamme. Cette entreprise fait maintenant deux fois plus de ventes dans ses propres magasins que dans les autres magasins de détail[5].

Un **circuit à un niveau** comporte un seul intermédiaire, tel un détaillant. Un **circuit à deux niveaux** comporte deux intermédiaires, qui, sur le marché des consommateurs, sont normalement un grossiste et un détaillant. Un **circuit à trois niveaux** comporte trois intermédiaires; par exemple, les grossistes

vendent aux semi-grossistes, qui vendent à leur tour aux détaillants.

Certains circuits de distribution comportent un nombre de niveaux plus élevé, mais ce cas est relativement rare. Du point de vue du producteur, plus le circuit est complexe, plus il est difficile d'obtenir de l'information sur le consommateur final et plus il est difficile d'exercer un contrôle, car normalement le fabricant n'entre en relation qu'avec le niveau adjacent.

La figure 18.3*b* représente les circuits habituellement utilisés dans le marketing industriel. Pour vendre ses produits industriels, un fabricant peut soit recourir à son équipe de vente pour entrer directement en contact avec des clients industriels, soit vendre à des intermédiaires qui vendent ensuite aux clients industriels. Ainsi, les circuits à un, à deux et à trois niveaux sont communs dans les circuits de distribution industriels.

Bien que les circuits servent normalement à transférer les produits du fabricant aux consommateurs, il existe également des circuits à rebours. Ainsi, la gestion des déchets connaît un intérêt croissant. D'après Zikmund et Stanton :

> *Le recyclage des détritus solides est un problème écologique important. Même si le recyclage est possible du point de vue technique, le renversement du flux des matériaux au sein d'un circuit de distribution — le fait de procéder à un marketing de détritus par un circuit « à rebours » — pose un véritable défi. Les canaux à rebours actuels sont plutôt primitifs, et les stimulants financiers sont insuffisants. Il faut persuader le consommateur de changer de rôle ; il doit devenir un producteur, l'instigateur d'un processus de distribution inversé[6].*

Plusieurs intermédiaires jouent un rôle dans les canaux à rebours comme les centres de recyclage de fabricants, les groupes communautaires, les municipalités, les citoyens, les chaînes d'alimentation telles que Métro et Provigo, et les entrepôts de traitement[7]. Par exemple, certaines entreprises de recyclage fournissent un circuit de distribution pour des produits tels que les contenants en verre et les canettes, qui sont ramassés aux maisons puis transportés à des entreprises comme Dofasco et Alcan.

18.1.4
La distribution des services

Le concept de circuit de distribution ne se limite pas à la distribution de biens matériels. Les promoteurs d'idées et les prestataires de services doivent également faire face au problème consistant à les **mettre à la disposition** des consommateurs cibles. Pour ce faire, ils peuvent, par exemple, établir des programmes de formation à distance, comme la téléuniversité de l'Université du Québec (TELUQ) ou encore le réseau de la santé (hôpitaux, départements de santé communautaire, etc.). Afin de mieux atteindre une population dispersée, il est nécessaire de bien choisir non seulement l'emplacement, mais aussi le mode de distribution.

> *Les hôpitaux doivent être situés de manière à pouvoir offrir à la population les soins médicaux les plus complets. De même, on doit construire des écoles là où elles*

> *seront accessibles aux enfants qui iront y étudier. Il faut que le poste de pompiers soit situé de façon à être le plus efficace possible en cas d'incendie et que l'emplacement du bureau de vote facilite le processus électoral[8].*

Les nouvelles technologies rendent plus faciles la livraison de certains services par les entreprises et l'utilisation de ces services par les clients. Un exemple évident est celui de l'industrie des services financiers (voir la rubrique Vision 2000 + intitulée « Les services bancaires électroniques »).

Les circuits de distribution s'appliquent également au « marketing de personnes ». Avant 1940, les artistes professionnels atteignaient leur public par l'intermédiaire de sept canaux : les cabarets de vaudeville, les événements spéciaux, les boîtes de nuit, la radio, le cinéma, les fêtes foraines et le théâtre. Pendant les années 50, le vaudeville a disparu avec l'émergence de la télévision, circuit très puissant. Les politiciens, tout comme les artistes, recherchent des moyens ou des canaux efficaces, tels les médias, les assemblées et même les réunions de cuisine et les pauses-café, pour transmettre leurs messages à leurs électeurs[9].

18.2
LA MISE EN PLACE D'UN CIRCUIT DE DISTRIBUTION

Lorsque les fabricants organisent un circuit de distribution, ils sont obligés de faire des compromis entre l'idéal, le possible et la réalité (ce qui existe déjà). Une nouvelle entreprise aux ressources limitées s'adresse normalement à un marché local en faisant appel aux intermédiaires déjà en place. Le nombre de ces intermédiaires sur un marché donné est généralement restreint. Le circuit comprend des agents du fabricant, quelques grossistes, plusieurs détaillants déjà établis, quelques entreprises de transport et un petit nombre d'entrepôts. Dans ce cas, le problème ne réside pas nécessairement dans le choix des meilleurs canaux, mais dans le fait de convaincre des intermédiaires de prendre en charge le produit.

Si la nouvelle entreprise réussit, il se peut qu'elle décide de s'attaquer à de nouveaux marchés. Là encore, le fabricant aura tendance à passer par les intermédiaires existants, quoique les circuits puissent différer selon le cas. Sur les petits marchés, l'entreprise vendra directement aux détaillants ; sur des marchés

VISION 2000 +
Les services bancaires électroniques

Les succursales ont longtemps été l'épine dorsale des banques à charte canadiennes; elles étaient le circuit de distribution à l'aide duquel les clients faisaient des dépôts et recevaient de l'argent. Mais aujourd'hui, quelle place occupent les succursales bancaires dans la distribution des services financiers? Grâce à la technologie — allant des guichets automatiques aux services bancaires téléphoniques ou informatisés —, un nombre croissant de clients préfèrent utiliser ces moyens pour transiger avec la banque plutôt que de se déplacer dans des succursales. Le résultat est que, partout dans le pays, les banques ont fermé plusieurs de leurs succursales ou réduit la taille de celles-ci. Cette tendance pourrait influencer plus de la moitié des succursales d'ici les années 2010.

La raison principale de la fermeture de succursales bancaires est la réduction des coûts. Les services rendus dans les succursales coûtent beaucoup plus cher que les services bancaires électroniques rendus par l'ordinateur et par le téléphone. Par exemple, le coût d'une transaction est deux fois plus élevé à la caisse qu'au guichet automatique. Ces économies sont une des principales raisons de la multiplication des guichets automatiques. Toutefois, cela n'est que la partie visible de l'iceberg. Les banques établissent maintenant toutes sortes de services électroniques pour rendre des services bancaires à domicile par l'intermédiaire de l'ordinateur et du téléphone.

On développe aussi de plus en plus de services financiers qui pourront être livrés grâce au réseau Internet. Une des principales raisons de l'intérêt des banques pour Internet est qu'une nouvelle forme de concurrence est susceptible d'être exercée par des entreprises autres que les banques. Si les banques n'occupent pas rapidement tout l'espace qui leur revient dans la distribution électronique de services financiers, elles risquent de voir une partie de leurs activités passer aux mains d'autres types d'entreprises. Cette stratégie est fort logique dans un contexte de concurrence accrue, puisqu'une autre raison de la décroissance des services bancaires dans les succursales est que les consommateurs peuvent obtenir de plus en plus de services financiers dans d'autres types d'entreprises. Des millions de dollars de dépôts ont été confiés aux fonds mutuels; les compagnies d'assurances offrent des hypothèques; d'autres entreprises offrent des services de planification financière; en outre, l'on assiste régulièrement à la naissance de nouveaux types d'entreprises qui offrent des services financiers.

Dans le passé, l'atout principal des banques était qu'elles avaient la mainmise sur le système de paiement, qui influence la fidélité des clients. Mais les banques ne peuvent plus compter uniquement sur cet atout. Plusieurs changements technologiques innovateurs apportés aux processus de transactions permettent désormais à des entreprises qui ne sont pas des banques d'accéder à des systèmes de paiement et de s'insérer entre les clients et la banque. Des entreprises telles que Microsoft et Reuters veulent contrôler l'interface entre les clients et la banque. Des outils technologiques aussi accessibles que l'ordinateur, le téléphone et le guichet automatique ont maintenant la capacité d'effectuer la plupart, voire la totalité, des transactions des clients. Le but ultime de ces outils est de permettre aux clients de se servir n'importe quand et n'importe où. Si cette approche se généralise, qui établira la relation avec les clients? Microsoft? CompuServe? Richard K. Crone, de KPMG Peat Marwick, déclare: « Si les banques ne contrôlent pas le circuit de distribution ou la relation avec les clients, elles se retrouveront rapidement en concurrence pour obtenir l'espace cybernétique, de la même manière que les fabricants de biens de consommation doivent maintenant se concurrencer pour obtenir le rayonnage dans les supermarchés. [...] Les banques doivent reconnaître que la situation géographique n'est plus un facteur, et que l'autoroute électronique représente aussi un circuit de distribution pour les services financiers. »

Sources: Richard K. Crone, « Banking Without Banks », *United States Banker*, novembre 1994, p. 88; John W. Milligan, « Can Banking Regain Its Lost Market Share? », *United States Banker*, septembre 1994, p. 28-87; Kelly Holland, « What Every Virtual Mail Needs: A Virtual Bank », *Business Week*, 26 juin 1995, p. 101.

plus importants, elle passera par des distributeurs. Dans un milieu rural, l'entreprise s'adressera à des magasins généraux; dans un milieu urbain, elle passera plutôt par des boutiques spécialisées. Dans une partie du pays, elle pourra accorder des concessions exclusives, puisque les marchands ont l'habitude de travailler de cette manière; dans une autre partie du pays, l'entreprise se servira de tous les intermédiaires susceptibles de commercialiser ses produits. Dans un pays donné, elle pourrait avoir recours à des agents de vente internationaux; dans un autre pays, elle pourrait établir un partenariat avec une entreprise locale[10]. Ainsi, le système de distribution d'une entreprise évolue en fonction des possibilités et des conditions des marchés donnés. En voici un bon exemple:

> Snapple, un fabricant de boissons à base de fruits, fut fondée au début des années 70 et commença à vendre ses produits uniquement par l'intermédiaire de magasins de produits de santé. Graduellement, elle abandonna ce circuit au profit de celui des dépanneurs. «À l'origine, cette approche était logique, déclare un membre de la direction de l'entreprise. Les grandes chaînes exigeaient des sommes énormes pour que nous puissions mettre nos produits sur leurs étalages; nous étions une petite entreprise, et nous ne pouvions nous permettre cela.» Snapple fut bien récompensée d'avoir utilisé le circuit souvent négligé des dépanneurs. Même si la part de marché de Snapple n'était que de 0,9 %, ce pourcentage est intéressant si l'on considère qu'aux États-Unis les ventes dans ce circuit excèdent le milliard de dollars. Les ventes de Snapple sur ce marché dépassent celles de tous les concurrents, sauf Coca-Cola. Lorsque Snapple décida, en 1992, d'assurer une distribution nationale élargie incluant les supermarchés, elle était en excellente position pour négocier avec ceux-ci. En s'attaquant à ce nouveau circuit, Snapple devait toutefois commencer à utiliser de nouveaux outils de promotion comme les coupons-rabais, les réductions de prix et la publicité à frais partagés[11].

L'organisation d'un circuit de distribution comporte plusieurs étapes: l'analyse des besoins des consommateurs, la définition des objectifs et des contraintes, la détermination des possibilités et l'évaluation des possibilités.

18.2.1
L'analyse des besoins des consommateurs

La première étape de l'organisation d'un circuit de distribution consiste à comprendre tous les aspects de l'achat par les consommateurs: quoi, où, pourquoi, quand et comment. Il s'agit de comprendre le niveau de service attendu. Le niveau de service comprend cinq volets:

- **Le volume unitaire d'achat.** Il s'agit de la quantité du produit que le canal de distribution rend normalement accessible à un consommateur à chaque occasion d'achat. Lorsqu'elle achète ses voitures, une entreprise de location d'automobiles préfère un canal qui lui permet d'en acheter beaucoup. Par contraste, une famille cherchera un canal qui lui permettra d'acheter une seule voiture. De toute évidence, il faut établir des canaux différents pour les acheteurs de parcs d'automobiles et pour les familles qui n'achètent qu'une voiture. D'ailleurs, plus le volume unitaire d'achat est réduit, plus le niveau de service offert par le canal doit être élevé.

- **Le délai.** Il exprime la durée moyenne pendant laquelle un consommateur doit attendre pour recevoir les produits. Normalement, les consommateurs préfèrent les circuits qui offrent une livraison rapide. Un service rapide exige un niveau élevé de service.

- **L'accessibilité.** Les consommateurs désirent que les produits se vendent dans un endroit facilement accessible. Une Chevrolet, par exemple, est plus accessible qu'une Cadillac, en ce sens qu'il existe un plus grand nombre de concessionnaires Chevrolet. Le consommateur profite de la grande décentralisation du marché de Chevrolet lorsqu'il veut acheter une automobile ou la faire réparer; les coûts de recherche et de transport sont alors moindres. L'accessibilité est d'ailleurs augmentée par l'emploi de la distribution directe.

- **La variété.** On entend par variété la largeur de l'assortiment fourni par le circuit. En général, les clients ont une préférence pour une grande variété puisqu'elle a plus de chances de répondre à leurs besoins. Ainsi, une personne qui veut acheter une voiture choisira un concessionnaire qui vend plusieurs marques de voitures.

- **Les services de soutien.** Ils représentent les services supplémentaires (le crédit, la livraison, l'installation, les réparations) offerts par le canal. Plus les services de soutien sont raffinés, plus la valeur ajoutée est grande, mais aussi plus grande sera la quantité de travail accomplie par le circuit[12].

Le concepteur d'un circuit de distribution doit connaître les niveaux de service attendus par les consommateurs cibles. L'ajout de niveaux de service implique des coûts plus élevés dans un circuit et des prix plus élevés pour les clients; l'inverse est aussi vrai. Le grand succès des magasins-entrepôts témoigne du fait que les consommateurs sont prêts à accepter moins de service pour profiter de prix moins élevés.

18.2.2
La définition des objectifs et des contraintes

Les objectifs du circuit de distribution devraient être formulés sous l'angle du niveau de service souhaité. Selon Bucklin, dans un environnement compétitif, les membres d'un circuit devraient organiser leurs tâches fonctionnelles de sorte que le coût total du circuit soit minimisé par rapport au niveau de service souhaité[13]. En général, il est possible de distinguer plusieurs segments qui souhaitent des niveaux de service différents. Pour bien planifier un circuit de distribution, le fabricant doit cibler les segments de marché qu'il servira et déterminer le canal le plus efficace dans chaque cas. Chaque producteur formule ses objectifs quant au canal en fonction des contraintes provenant des produits mêmes, des intermédiaires, de la concurrence, des politiques de l'entreprise, de l'environnement et du niveau de service qu'exigent les consommateurs cibles.

Les objectifs des circuits varient selon les caractéristiques des produits. Les produits périssables exigent en général un circuit court car l'on veut éviter les délais et la manutention. Les produits volumineux, tels les matériaux de construction ou les boissons gazeuses, exigent des circuits qui réduisent au minimum la distance du transport et le nombre de manipulations entre le producteur et le consommateur. Les produits non standardisés, comme la machinerie spécialisée ou les formulaires, sont vendus directement par les représentants de l'entreprise puisque les intermédiaires n'ont pas l'expertise nécessaire. Les produits requérant un service après-vente, comme les services d'installation ou d'entretien, sont en général vendus et entretenus soit par l'entreprise, soit par un réseau de concessionnaires exclusifs. Enfin, les produits ayant une valeur unitaire élevée sont souvent vendus par l'équipe de vente de l'entreprise plutôt que par des intermédiaires.

Le circuit de distribution s'organise également en fonction des forces et des faiblesses des différents types d'intermédiaires dans l'accomplissement des fonctions de la distribution. Par exemple, les agences de fabricants, qui sont le plus souvent des agences multicartes, peuvent joindre des clients pour un coût moins élevé en raison du fait que leurs coûts sont partagés. En effet, ces agences représentent plusieurs entreprises non concurrentes et quelquefois complémentaires. Ainsi, une agence pourrait représenter un fabricant de bâtons de hockey, un fabricant de casques de hockey, un fabricant de gants de hockey, et ainsi de suite. Mais l'effort de vente est alors moins intense que celui que fournissent des représentants de l'entreprise (voir le chapitre 22). La conception du circuit de distribution est aussi influencée par les circuits de distribution que les concurrents ont choisi d'utiliser.

La conception des circuits de distribution doit aussi tenir compte d'un environnement plus large. Quand la conjoncture économique est mauvaise, les producteurs cherchent à acheminer leurs produits aux consommateurs de la façon la plus efficace. Pour ce faire, ils emploient des circuits plus courts et éliminent les services jugés non essentiels qui ne font qu'accroître les coûts. Les lois et la réglementation influent également sur la conception du circuit de distribution. La loi décourage les circuits qui auraient pour effet de réduire la concurrence ou de favoriser la création d'un monopole.

18.2.3
La détermination des possibilités

Après avoir cerné son marché cible et déterminé le positionnement souhaité, l'entreprise devrait procéder à une analyse des différentes possibilités. Une possibilité en matière de circuit de commercialisation comporte trois éléments: les types d'intermédiaires, le nombre d'intermédiaires ainsi que les droits et les responsabilités des membres du circuit.

Les types d'intermédiaires

L'entreprise devrait déterminer les types d'intermédiaires susceptibles d'effectuer le travail de distribution. Voici deux exemples.

Un fabricant d'équipement de test avait développé un appareil qui détectait le son de connexions mécaniques défectueuses dans des machines ayant des composantes mobiles. Les cadres de l'entreprise croyaient qu'ils pourraient vendre ce produit aux industries qui utilisaient des moteurs électriques, à vapeur ou à combustion interne, telles que l'aviation, l'automobile, le chemin de fer, la conservation d'aliments, la construction et le pétrole. La force de vente de l'entreprise était petite. Le problème qui s'est posé était d'entrer en contact avec ces diverses industries de la façon la plus efficace. On a dégagé les possibilités suivantes :

- **La force de vente de l'entreprise.** On pourrait accroître l'équipe de vente de l'entreprise et assigner des territoires aux représentants, qui y joindraient les clients potentiels de la région. Ou encore, on pourrait former une équipe de vente pour chaque industrie.

- **Une agence de fabricants.** On pourrait engager une agence de fabricants qui vendrait le nouvel équipement de test selon la région ou selon le type d'industrie.

- **Des distributeurs industriels.** On pourrait trouver, dans les régions ou les industries, des distributeurs industriels qui achèteraient et stockeraient les appareils. On leur donnerait la distribution exclusive, une marge suffisante, la formation nécessaire et le soutien promotionnel.

Une entreprise de produits électroniques destinés aux consommateurs fabrique aussi des téléphones cellulaires. Elle a relevé les possibilités suivantes :

- **Le marché des fabricants.** L'entreprise pourrait vendre ses téléphones cellulaires aux constructeurs d'automobiles, qui les installeraient dans les voitures neuves.

- **Le marché des concessionnaires.** L'entreprise pourrait vendre ses téléphones cellulaires aux concessionnaires en vue d'effectuer des ventes de remplacement à l'occasion de la réparation des voitures.

- **Les détaillants de pièces d'automobiles.** L'entreprise pourrait vendre ses téléphones cellulaires aux détaillants de pièces d'automobiles. Elle pourrait entrer en contact avec ces détaillants au moyen d'une force de vente ou d'intermédiaires.

- **La vente par correspondance.** L'entreprise pourrait faire de la publicité pour ses téléphones cellulaires dans des catalogues de vente par correspondance.

Les entreprises devraient également chercher des circuits de distribution innovateurs. La firme Conn Organ, par exemple, a vendu ses orgues dans les grands magasins et les magasins de vente au rabais. Ce faisant, elle a joui davantage de la publicité pour ses produits que si elle les avait vendus uniquement dans des magasins se spécialisant dans les instruments de musique. De même, on peut vendre par correspondance des livres, des disques, etc. Les banques ont aussi développé plusieurs services bancaires à domicile (voir la rubrique Le marketing en coulisse 18.1 intitulée « Les services bancaires à domicile »).

Au lieu d'utiliser un circuit traditionnel, une entreprise est parfois obligée d'établir un autre circuit de distribution, notamment si le circuit préféré pose trop de difficultés ou s'il est trop coûteux. Cette décision est souvent avantageuse pour l'entreprise. Un des principaux avantages d'un circuit non traditionnel est que la concurrence y est moins forte, du moins au début. Voici deux exemples :

> Timex a d'abord essayé de vendre des montres pas très chères dans des bijouteries traditionnelles, mais la plupart de ces magasins ont refusé de les stocker. L'entreprise a donc cherché ailleurs et a finalement réussi à vendre ses montres dans des points de vente de distribution de masse. En fin de compte, cette décision a joué en faveur de l'entreprise à cause de la croissance rapide de cette sorte de commerce.

> Avon a choisi de vendre ses produits de porte en porte après avoir été refusée par les grands magasins. Non seulement elle a maîtrisé la technique du porte-à-porte, mais elle a fait plus d'argent que nombre d'entreprises de cosmétiques qui vendent dans les grands magasins.

Au fond, le choix d'un circuit de distribution dépend beaucoup des attentes du marché et des coûts de transaction dans le circuit (salaires et dépenses, investissements irrécupérables, assurances, etc.). L'entreprise doit opter pour le circuit qui promet la meilleure rentabilité.

Le nombre d'intermédiaires

Les entreprises doivent choisir le nombre d'intermédiaires nécessaires à chaque niveau du circuit. Trois stratégies sont possibles : la distribution exclusive, la distribution sélective et la distribution intensive.

La distribution exclusive

Certains fabricants limitent le nombre d'intermédiaires autorisés à vendre leurs produits. Cette forme

LE MARKETING EN COULISSE 18.1
Les services bancaires à domicile

Avec le lancement des guichets automatiques en 1970, le système financier électronique était né au Canada. Puis, dans les années 80, les répondeurs téléphoniques étaient lancés sur le marché. Grâce aux services financiers téléphoniques, les clients d'un établissement financier obtiennent un accès commode et flexible à toute une gamme de produits et de services financiers. Des ordinateurs personnels, par l'intermédiaire de réseaux privés ou d'Internet, donnent accès à un nombre croissant de produits et de services. En plus des services financiers téléphoniques, les clients des institutions financières peuvent, grâce à leur ordinateur personnel, suivre le rendement de leur portefeuille, imprimer les états de compte de prêts, d'hypothèques ou de cartes de crédit, et transférer des activités de leurs comptes bancaires à leur ordinateur personnel où elles seront analysées à l'aide d'un logiciel de planification financière. La Banque Nationale offre des services de courtage à escompte grâce à son service Investel. Les transactions financières en tout genre faites à domicile par l'intermédiaire d'un ordinateur ou d'un modem s'appellent les services bancaires à domicile, quoique les services téléphoniques soient aussi utilisés à domicile.

Grâce à l'utilisation des guichets automatiques, l'accessibilité aux services financiers s'est grandement accrue au cours des dernières années. Interac, le système canadien partagé de guichets automatiques, offrait en 1997 aux détenteurs de cartes d'établissements financiers la possibilité de retirer de l'argent comptant dans plus de 14 484 guichets automatiques au Canada (auxquels s'ajoutent les guichets de Desjardins). En vertu d'ententes internationales, les Canadiens ont accès à l'argent comptant dans plus de 165 000 guichets automatiques dans 67 pays. Il y a 5,78 guichets automatiques par 10 000 habitants au Canada, en comparaison de 4,18 aux États-Unis, de 3,61 en Allemagne et de 3,33 au Royaume-Uni; seul le Japon, avec 9,78 guichets automatiques, offre un meilleur ratio par habitant. Les retraits des guichets automatiques représentent maintenant plus de la moitié des paiements électroniques gérés par l'Association canadienne de paie-

ments et 72 % de tous les retraits des comptes personnels.

La Banque de Montréal, une pionnière dans les services bancaires à domicile, a créé la division mbanx, qui est en fait une banque virtuelle qui offre toute une gamme de services bancaires personnels au moyen du téléphone, du télécopieur, de l'ordinateur personnel et du guichet automatique; il existe un service similaire pour les travailleurs autonomes et les petites entreprises.

Pour Matthew Barrett, ex-président de la Banque de Montréal, cette banque était « la première manifestation réelle sur le continent de services bancaires directs complets. En exploitant la technologie, mbanx livre de nouveaux services qu'on ne trouvait auparavant que pour les entreprises ou les nantis. Il s'agit d'une véritable démocratisation des services bancaires. »

Les nouvelles technologies, les pressions pour augmenter la rentabilité, la déréglementation, la croissance accrue de la concurrence, les nouvelles façons de vivre des consommateurs et leurs nouveaux besoins ont incité les spécialistes du marketing des institutions financières à entreprendre des changements majeurs dans la distribution des services financiers. En fait, les services financiers se transforment de façon importante. Les établissements financiers encouragent de plus en plus les clients à utiliser les services financiers électroniques plutôt que les services traditionnels des succursales. La structure des prix a été modifiée en conséquence.

Pour ce faire, les banques et les autres institutions financières dépendent de plus en plus de la technologie. Et les Canadiens ont été très réceptifs aux nouvelles technologies. Près de la moitié des ordinateurs vendus au Canada chaque année sont vendus aux PME (22,4 %) et aux particuliers (21,2 %). Le cybermarketing est arrivé. Les services financiers électroniques permettent aux clients d'obtenir des services financiers plus rapidement et plus efficacement. Les institutions financières changent la manière de faire des affaires. Elles mettent l'accent sur les services financiers électroniques plutôt que sur les services personnalisés de caissiers et de caissières, ce qui leur permet de transférer des ressources pour établir un type différent de relations avec les clients grâce à des services financiers-conseils. Désormais, les choses se dérouleront différemment.

« Les services financiers sont essentiels dans une économie moderne ; les banques, non ! » Pour survivre, les banques doivent se rendre essentielles aux gens qui comptent : leurs clients...

Source : Adapté de Pierre Filiatrault et Jean Perrien, *Marketing des services financiers*, Montréal, Institut des banquiers canadiens, 1999, chap. 8 ; Association des banquiers canadiens, Activités bancaires canadiennes, éditions 1996, 1997, 1998.

de distribution est appelée la distribution exclusive, puisque la vente des produits est réservée à certains intermédiaires sélectionnés. Cette méthode de distribution va souvent de pair avec la **vente exclusive** : les intermédiaires choisis n'ont pas le droit de vendre les produits des concurrents.

En accordant une distribution exclusive, le fabricant essaie de compter sur des vendeurs plus connaissants et dynamiques et de contrôler davantage les politiques des intermédiaires en ce qui concerne le prix, la promotion, le crédit et divers services. La distribution exclusive a tendance à mettre en valeur l'image du produit et à procurer une plus grande marge bénéficiaire. Elle exige une plus grande collaboration et un partenariat plus étroit entre le vendeur et l'intermédiaire. On trouve la distribution exclusive dans la distribution de nouvelles voitures, de certains appareils ménagers et de certaines marques de vêtements de femme.

La distribution sélective

Entre la distribution exclusive et la distribution intensive se situe la distribution sélective, soit l'emploi de plus d'un intermédiaire, mais pas de tous les intermédiaires qui accepteraient de vendre un produit particulier. C'est une méthode de distribution utilisée à la fois par des entreprises établies et par de nouvelles entreprises qui souhaitent attirer des intermédiaires en leur promettant une distribution sélective. Ainsi, l'entreprise n'est pas obligée de dissiper ses efforts en se servant de plusieurs points de vente, dont certains seraient marginaux. Elle peut établir de bonnes relations avec ces intermédiaires et attendre d'eux un effort supérieur à la moyenne pour vendre des produits. La distribution sélective permet au fabricant d'atteindre le marché de façon adéquate, avec plus de contrôle et à moindres frais que la distribution intensive.

La distribution intensive

Par une stratégie de distribution intensive, le fabricant cherche à stocker ses produits dans le plus grand nombre de points de vente possible. Lorsque les consommateurs recherchent la plus grande utilité en ce qui a trait au lieu, il est essentiel d'accroître l'intensité de la distribution. Cette stratégie est généralement employée pour des produits de grande consommation, tels les savons, les croustilles, les tablettes de chocolat et les cigarettes.

Les fabricants sont souvent tentés de passer d'une distribution exclusive ou sélective à une distribution intensive. Mais cette dernière stratégie, si elle peut aider à améliorer leur rendement à court terme, peut aussi nuire à leur rendement à long terme. Supposons qu'un fabricant de vêtements, comme Liz Claiborne, cherche à élaborer une stratégie de distribution plus intensive. À mesure que l'entreprise utilise les magasins à grande surface, elle perd un certain contrôle sur les présentoirs, le niveau de service et le prix. À mesure que le fabricant multiplie le nombre de chaînes de magasins de détail auxquelles il offre ses produits, certaines chaînes, ayant des structures de coûts moins lourdes, peuvent réduire leurs prix. Le prestige de la marque diminue, et il devient alors difficile pour Liz Claiborne de maintenir le niveau de ses prix.

Les droits et les responsabilités des membres du circuit

L'entretien de bonnes relations est un élément important de la gestion d'un circuit de distribution. C'est pourquoi le fabricant doit déterminer les droits et les responsabilités de chaque membre du circuit, et s'assurer que chaque membre est respecté et a toutes les possibilités d'être rentable[14]. Les principaux éléments de l'entente commerciale sont la **politique de prix**, les **conditions de vente**, les **droits territoriaux** et les **services fournis par chaque partie**.

La **politique de prix** exige que le producteur établisse une liste de prix et un barème de réductions. Les intermédiaires doivent les considérer comme justes.

Les **conditions de vente** sont les conditions de paiement et les garanties du fabricant. La plupart des fabricants offrent des escomptes au comptant aux intermédiaires pour le paiement rapide de leurs factures. Il arrive aussi que les fabricants offrent une garantie contre les produits défectueux et les baisses de prix. La garantie contre les baisses de prix encourage les intermédiaires à acheter une plus grande quantité de produits.

Les **droits territoriaux** constituent un autre élément des relations commerciales. Les intermédiaires veulent savoir à quel endroit les autres intermédiaires seront accrédités par le fabricant. Ils souhaitent également obtenir une rétribution pour toutes les ventes qui ont lieu sur leur territoire, qu'ils aient vendu ou non les produits eux-mêmes.

Les **services et responsabilités réciproques** doivent être clairement énoncés, surtout dans le cas de franchises et de canaux de vente exclusifs. McDonald's, par exemple, fournit à ses franchisés un bâtiment, du soutien promotionnel et administratif, de la formation et un accès rapide à des marchandises à prix concurrentiel. En échange, les franchisés sont obligés d'acheter une quantité suffisante de produits, de maintenir les standards de l'entreprise en ce qui concerne l'apparence du restaurant ainsi que la formation du personnel, et de supporter les programmes promotionnels.

18.2.4
L'évaluation des possibilités

Après avoir cerné plusieurs systèmes de distribution possibles, le producteur doit évaluer chaque système selon des **critères économiques, de contrôle et de souplesse**. Prenons par exemple la situation suivante :

Un fabricant de meubles des Bois-Francs souhaite vendre ses produits aux États-Unis à des détaillants de la Nouvelle-Angleterre. Il a deux possibilités :

1. Il pourrait embaucher deux nouveaux représentants, qui travailleraient à Hartford, au Connec-

ticut. Ces derniers recevraient un salaire de base et des commissions en fonction de leurs ventes.

2. Il pourrait faire appel à une agence exclusive de la Nouvelle-Angleterre qui a des relations avec des détaillants. Cette agence compte six représentants, qui recevraient une commission en fonction de leurs ventes.

Les critères économiques

Chaque solution aboutira à des niveaux différents de ventes et de coûts. La première question qui se pose est de savoir quelle solution permettra d'atteindre le plus haut niveau de ventes : la force de vente de l'entreprise ou une agence de fabricants. La plupart des directeurs du marketing croient que l'équipe de vente de l'entreprise vendra davantage du fait que les représentants de l'entreprise concentrent tous leurs efforts sur les produits de l'entreprise, qu'ils sont mieux formés pour vendre les produits, qu'ils sont plus énergiques puisque leur sécurité financière dépend du succès de l'entreprise et, en fin de compte, qu'ils ont plus de succès puisque beaucoup de clients préfèrent traiter directement avec l'entreprise.

En revanche, une agence de fabricants peut vendre plus que la force de vente de l'entreprise. Premièrement, l'agence de fabricants dispose de 30 représentants au lieu de 10. Deuxièmement, il est possible que la force de vente de l'agence soit aussi dynamique que celle de l'entreprise. Cela dépendra du pourcentage de commission offert. Troisièmement, certains clients préfèrent traiter avec des agents qui représentent plusieurs fabricants plutôt qu'avec des représentants d'une seule entreprise. Quatrièmement, l'agence possède déjà un réseau de relations, tandis que la force de vente de l'entreprise sera obligée de créer des relations à partir de zéro.

L'étape suivante consiste à estimer les coûts de chaque circuit. Les coûts sont représentés à la figure 18.4. Les frais fixes pour engager une agence de fabricants sont moindres que ceux qui sont rattachés à l'établissement d'un bureau de vente dans l'entreprise. Pourtant, les coûts augmentent plus rapidement avec une agence, puisque ses représentants reçoivent une commission plus élevée que les représentants de l'entreprise.

Il existe un niveau des ventes V auquel les coûts des ventes sont les mêmes pour les deux circuits. L'agence

FIGURE 18.4

Le diagramme du point mort : le choix entre la force de vente de l'entreprise et une agence de fabricants

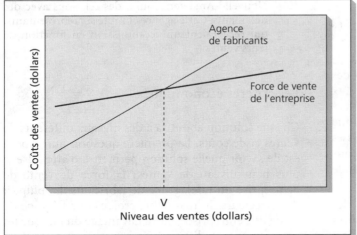

est le circuit préféré pour un volume de ventes inférieur à V, et la force de vente de l'entreprise est préférée pour un volume supérieur à V. Il n'est donc pas surprenant que les petites entreprises, de même que les grandes entreprises dans leurs plus petits territoires, aient tendance à utiliser des agences lorsque le volume de ventes est trop bas ; il n'est alors pas rentable d'avoir une force de vente d'entreprise.

Les critères de contrôle

On doit élargir l'évaluation du circuit pour comprendre les problèmes de contrôle. Le recours à une agence de fabricants pose un problème de contrôle. En effet, une agence de fabricants constitue une entreprise commerciale qui cherche à maximiser ses profits. Il est possible que les représentants se concentrent davantage sur les clients qui achètent le plus, mais qui n'achètent pas nécessairement les produits du fabricant en question. Qui plus est, les représentants ne maîtrisent pas nécessairement les aspects techniques du produit de l'entreprise et ils ne sont pas toujours capables de promouvoir le produit de façon efficace.

Les critères de souplesse

Chaque circuit entraîne un engagement d'une certaine durée, de même qu'une perte de flexibilité. Un

fabricant qui cherche à engager une agence de fabricants sera peut-être obligé de signer un contrat de cinq ans. Il est possible que, pendant cette période, d'autres méthodes de vente, telle la vente par correspondance, deviennent plus efficaces ; mais le fabricant sera alors lié à l'agence. Un circuit exigeant un engagement de longue durée doit être nettement supérieur du point de vue de l'économie et du contrôle pour qu'on puisse envisager cette possibilité.

18.3
LA GESTION D'UN CIRCUIT DE DISTRIBUTION

Après avoir choisi un circuit de distribution, une entreprise doit sélectionner, motiver et évaluer les intermédiaires. D'ailleurs, les conditions devront être modifiées de temps en temps.

18.3.1
Le choix des intermédiaires

La capacité d'attirer des intermédiaires remplissant les conditions peut varier d'un fabricant à un autre. Pour certains producteurs, le recrutement des intermédiaires ne pose aucun problème. Par exemple, Toyota a réussi à recruter plusieurs nouveaux concessionnaires pour la Lexus. Dans certains cas, une promesse de distribution exclusive ou bien sélective suffit pour attirer un nombre suffisant de candidats.

À l'autre bout de l'échelle se situent les fabricants pour lesquels le recrutement des intermédiaires répondant aux conditions constitue une tâche difficile. Lorsque Polaroid a débuté, elle n'a pas réussi à vendre ses appareils photo dans les magasins spécialisés dans l'équipement photographique. Elle a dû vendre ses produits dans des points de vente de distribution de masse. En général, les petits fabricants de produits alimentaires ont de la difficulté à convaincre les chaînes de supermarchés, comme Provigo et Métro, de vendre leurs produits. De même, les fabricants d'équipement ont souvent de la difficulté à trouver des intermédiaires satisfaisant aux exigences. Voici ce qui est arrivé à Epson.

La compagnie Epson du Japon, un des plus grands fabricants d'imprimantes pour ordinateur, se préparait à faire une extension de sa gamme de produits grâce à l'ajout d'ordinateurs. Le directeur général d'Epson, Jack Whalen, n'était pas satisfait des intermédiaires actuels et avait des doutes sur leur capacité de vendre aux nouveaux types de magasins de détail. Convaincu de la nécessité de remplacer les intermédiaires déjà en place, il décida de recruter de nouveaux intermédiaires sans que personne ne le sache. Whalen engagea le cabinet de conseillers en ressources humaines Hergenrather & Company et leur donna les directives suivantes :

- Il faut chercher des candidats ayant de l'expérience dans les canaux de distribution à deux niveaux (de l'usine à l'intermédiaire puis au détaillant) d'appareils électriques (téléviseurs, magnétoscopes, etc.) et d'appareils électroménagers (cuisinières, réfrigérateurs, etc.).

- Les candidats devront être du type entrepreneur ou chef d'entreprise et être désireux et capables d'établir leur propre commerce.

- On leur offrira un salaire annuel de 80 000 $ plus une prime, ainsi qu'une somme de 375 000 $ pour les aider à établir leur commerce ; chacun devra investir 25 000 $, en échange de quoi il obtiendra des actions dans le commerce.

- Ils ne pourront vendre que des produits Epson, mais ils auront le droit de stocker des logiciels d'autres entreprises. Chaque concessionnaire devra avoir un centre de formation de même qu'un centre de service bien équipé.

Le cabinet de conseillers eut de la difficulté à trouver des candidats satisfaisant aux conditions et motivés. En réponse à une petite annonce (qui taisait le nom de l'entreprise) placée dans des journaux d'affaires, elle reçut près de 1 700 lettres, la plupart provenant de gens à la recherche d'un emploi qui ne répondaient pas aux exigences. Ensuite, le cabinet se servit des pages jaunes pour trouver les noms de concessionnaires existants et il téléphona aux directeurs adjoints. On fit de nombreuses entrevues et il fallut beaucoup de travail pour réussir à produire une liste de noms de personnes répondant aux conditions. Whalen les interviewa toutes lui-même et choisit les 12 candidats répondant le mieux aux exigences pour ses 12 régions franchisées. Pour son travail, le cabinet de conseillers reçut des honoraires de 250 000 $.

La dernière étape consistait à mettre fin à l'entente avec les concessionnaires actuels d'Epson. Étant donné que le processus de recrutement s'était déroulé dans le plus grand secret, les concessionnaires ne s'étaient pas du tout doutés de ce qui leur arrivait. Jack Whalen leur donna un préavis de 90 jours. Ils étaient évidemment atterrés puisqu'ils avaient été les premiers concessionnaires d'Epson. Toutefois, aucun contrat n'avait été signé entre les deux parties. Néanmoins, Whalen était convaincu que ses concessionnaires n'avaient pas les capacités pour prendre en main les nouveaux produits d'Epson, ni pour établir les circuits de distribution nécessaires. Aucune autre solution n'était envisageable[15].

Qu'elle ait ou non de la difficulté à recruter des intermédiaires, une entreprise doit déterminer les caractéristiques qui distinguent les meilleurs. Elle tiendra compte de critères tels que le nombre d'années d'expérience de l'intermédiaire dans le domaine, les autres gammes de produits qu'il distribue, la croissance des ventes et des profits, sa solvabilité, son aptitude à coopérer et sa réputation. Si les intermédiaires sont des agences de fabricants, l'entreprise devrait évaluer le nombre et la nature des autres produits vendus, de même que la taille et la qualité de la force de vente. Dans le cas où les intermédiaires sont des magasins à grande surface qui désirent une distribution exclusive, l'entreprise voudra évaluer l'emplacement des magasins, le potentiel de croissance et le type de clientèle.

18.3.2
La motivation des intermédiaires

Les intermédiaires doivent être constamment motivés pour travailler au mieux de leurs capacités. La motivation provient en partie des conditions qui les ont convaincus de s'intégrer au circuit, mais elle doit être renforcée par une formation, une surveillance et un encouragement continus. Le fabricant doit vendre non seulement **par** les intermédiaires, mais aussi **aux** intermédiaires. Par exemple, les programmes de promotion pour les intermédiaires peuvent être une puissante source de motivation. Quand la microbrasserie Brewski se lança en affaires, elle offrit plusieurs avantages tant aux petits qu'aux gros intermédiaires qui acceptaient de vendre ses produits. Par exemple, elle leur remit des blousons de cuir valant 450 $ lorsqu'ils atteignaient leurs objectifs de ventes à court terme. De plus, les intermédiaires avaient l'autorité pour offrir à leurs meilleurs clients des robinets de tonneaux pour la bière en fût sculptés en bois et peints à la main, qui portaient l'emblème de marque de la microbrasserie[16].

Pour motiver les membres du circuit à travailler au mieux de leurs possibilités, il faut bien comprendre les besoins et les attentes des intermédiaires. McVey énonce les propositions suivantes pour mieux comprendre les intermédiaires :

L'intermédiaire agit souvent d'abord comme acheteur pour ses clients, et seulement ensuite comme représentant de ses fournisseurs. [...] Il désire surtout vendre tous les produits que ses clients souhaitent acheter. [...]

L'intermédiaire cherche à grouper les produits en familles de produits assortis pour créer des ensembles qui seront vendus aux clients particuliers. Ses efforts de vente sont dirigés principalement vers l'obtention de commandes pour des assortiments de produits plutôt que pour des produits isolés. [...]

S'il n'est pas motivé à le faire, l'intermédiaire ne se préoccupera pas de recueillir des statistiques détaillées sur les ventes de marques particulières [...]. Or, ces renseignements sont essentiels au développement de nouveaux produits et aux décisions touchant le prix, l'emballage et la promotion ; toutefois, ils sont souvent perdus dans les dossiers mal tenus des intermédiaires, s'ils ne sont pas tout simplement cachés aux fournisseurs[17].

La gestion des intermédiaires par les fabricants peut se faire de plusieurs façons. Les fabricants peuvent tirer leur pouvoir de cinq sources : la coercition, la récompense, la légitimité, l'expertise et l'exemplarité.

Le **pouvoir de coercition** peut prendre la forme d'une menace, où le fabricant exprime à l'intermédiaire son intention de lui retirer certaines ressources ou même de rompre la relation avec lui au cas où celui-ci refuserait de coopérer. Si l'intermédiaire est très dépendant du fabricant, cette forme de pouvoir peut s'avérer très efficace. Pourtant, l'exercice de ce pouvoir aboutit au ressentiment et peut amener les intermédiaires à s'organiser pour y faire contrepoids. Très efficace à court terme, le pouvoir coercitif l'est généralement moins à long terme.

Le **pouvoir de récompense,** qui consiste à attribuer des récompenses ou des primes, prend souvent la forme d'un avantage supplémentaire faisant suite à un rendement supérieur de l'intermédiaire dans une activité particulière. Normalement, le pouvoir de récompense est plus efficace que le pouvoir coercitif,

mais il ne faut pas en surestimer l'efficacité. Les intermédiaires se conforment alors aux souhaits du fabricant non pas en réponse à une conviction interne, mais plutôt en réponse à un avantage externe. Ils en viendront rapidement à s'attendre à une récompense chaque fois que le fabricant désirera un comportement déterminé. Si, plus tard, le fabricant cesse d'offrir une récompense, les intermédiaires auront l'impression qu'on les a dupés.

Le **pouvoir de légitimité** s'exerce quand l'exigence d'un certain comportement s'insère naturellement dans la relation hiérarchique et dans le contrat. Ainsi, General Motors a le droit d'insister pour que ses concessionnaires maintiennent un certain niveau de stocks, puisque cela fait partie de l'entente de la franchise. Le fabricant estime en avoir le droit et l'intermédiaire, lui, a l'obligation de s'y soumettre. Le pouvoir légitime fonctionne tant que les intermédiaires considèrent le fabricant comme le chef légitime du circuit.

Le **pouvoir d'expertise** peut être exercé par le fabricant qui possède un savoir spécialisé que les intermédiaires prisent. Par exemple, il est possible qu'un fabricant ait mis en place un système perfectionné pour obtenir une information fort utile à l'intention des intermédiaires. Ou encore, le fabricant peut avoir un excellent programme de formation pour les représentants embauchés par les intermédiaires. C'est là une forme de pouvoir efficace, puisque le fabricant aide les intermédiaires dans l'exercice de leurs fonctions. Le problème qui se pose est celui de l'affaiblissement du pouvoir quand le savoir se transmet du fabricant aux intermédiaires. Afin d'éviter cette perte de pouvoir, le fabricant doit acquérir de nouvelles compétences. Ainsi, les intermédiaires auront intérêt à maintenir une coopération continue avec le fabricant.

Le **pouvoir d'exemplarité** s'exerce lorsque le fabricant jouit d'un tel niveau de respect que les intermédiaires sont fiers de s'y associer. Des entreprises telles que IBM, Caterpillar, McDonald's et Hewlett Packard détiennent un pouvoir d'exemplarité élevé et, en général, les intermédiaires sont prêts à coopérer avec le fabricant.

Les fabricants obtiendront le maximum de coopération en cultivant le pouvoir d'exemplarité, le pouvoir d'expertise, le pouvoir de légitimité et le pouvoir de récompense, et cela dans cet ordre. En général, ils devraient éviter d'exercer le pouvoir de coercition[18].

Les fabricants diffèrent énormément les uns des autres dans la façon de gérer leurs intermédiaires. Essentiellement, ils ont le choix entre plusieurs formes de pouvoir pour obtenir leur collaboration. Ils peuvent chercher à établir une relation basée sur la **coopération**, sur le **partenariat** ou sur la **distribution programmée**[19].

La plupart des fabricants cherchent avant tout à s'assurer de la **coopération** des intermédiaires. Pour ce faire, ils utilisent la carotte ou le bâton. Parfois, ils présentent des incitations, comme des marges plus élevées, des offres spéciales, des primes, des bonis, des allocations pour la publicité collective et des concours. D'autres fois, ils ont recours à des sanctions telles que les menaces portant sur la réduction de la marge, sur la réduction du délai de livraison ou sur la résiliation de l'entente. Le défaut de cette manière d'agir tient à la méconnaissance des besoins, des problèmes, des forces et des faiblesses des intermédiaires. Le fabricant se contente de choisir des méthodes de motivation au hasard, sans se soucier de la relation à long terme. McCammon remarque que beaucoup de stratégies consistent en « des offres rapidement faites, des concours quelconques et des formules de réduction qui n'ont pas été mûries[20] ».

Les entreprises les plus raffinées essaient de créer un **partenariat** à long terme avec leurs intermédiaires. Le fabricant conçoit avec précision ses attentes par rapport à ses intermédiaires en ce qui concerne le marché à atteindre, les niveaux de stocks, le développement du marketing, la sollicitation de nouveaux comptes, les conseils et services techniques ainsi que l'information de marketing. Il recherche d'abord l'accord de l'intermédiaire sur ces points précis. Il peut ensuite établir un **programme de rémunération fonctionnel** pour encourager l'adhésion à ses politiques. Ainsi, au lieu de payer une simple commission de vente de 35 %, un fournisseur de matériel dentaire offre à ses intermédiaires 20 % pour les ventes, 5 % pour un niveau de stocks de 60 jours, 5 % pour le paiement rapide des factures et 5 % pour la transmission de l'information sur les achats des clients.

La **distribution programmée** représente la forme d'entente la plus raffinée. McCammon la définit comme la construction d'un système de marketing vertical, planifié et professionnellement géré qui intègre à la fois les besoins des fabricants et ceux des distributeurs[21]. Le fabricant établit au sein de l'entreprise un service spécialement chargé des **relations avec les distributeurs** qui vise à cerner leurs besoins et à élaborer des programmes de distribution conçus de manière que chaque distributeur réalise le plus possible son potentiel. En collaboration avec les distributeurs, ce service planifie les objectifs commerciaux, les niveaux de stocks, les plans de mise sur le marché, les exigences de formation dans la vente et les plans de publicité et de promotion. L'objectif est de modifier la façon de voir des distributeurs qui croient que, pour faire de l'argent, il faut négocier durement avec le fabricant. Le but consiste aussi à leur faire bien comprendre qu'ils ont beaucoup à gagner s'ils augmentent leurs ventes en faisant partie d'un système de marketing vertical perfectionné. Kraft et Procter & Gamble sont deux entreprises qui ont un excellent système de gestion des relations avec leurs intermédiaires.

Il y a trop de fabricants qui considèrent leurs distributeurs comme des clients plutôt que comme des partenaires. Nous verrons dans la rubrique Le marketing en coulisse 18.2 intitulée « La transformation de distributeurs industriels en partenaires commerciaux » divers mécanismes dont se servent des fabricants d'avant-garde pour convertir leurs distributeurs en partenaires.

Jusqu'à présent, nous avons présenté les fabricants et les distributeurs comme étant des organisations séparées. Or, plusieurs fabricants sont aussi des distributeurs de produits complémentaires de leur propre gamme de produits, mais qui sont fabriqués par d'autres entreprises manufacturières. De plus, certains intermédiaires possèdent aussi des marques maison et octroient des contrats pour la fabrication de produits. De telles entreprises doivent donc maîtriser à la fois les fonctions de la fabrication et de la distribution.

18.3.3
L'évaluation des intermédiaires

Un fabricant devrait évaluer régulièrement les résultats de ses intermédiaires, surtout en ce qui concerne la réalisation des quotas de ventes, le niveau moyen de stocks, les délais de livraison, la prise en charge des marchandises détériorées ou perdues, la coopération dans les programmes de promotion et de publicité ainsi que la prestation du service à la clientèle.

LE MARKETING EN COULISSE 18.2
La transformation de distributeurs industriels en partenaires commerciaux

Avant de dégager les pratiques et les attitudes qui contribuent le plus à établir de bonnes relations dans les circuits de distribution, Narus et Anderson ont interviewé plusieurs fabricants. Voici quelques-unes des pratiques qu'ils ont constatées :

1. Les représentants de Timken (roulements à rouleaux) rencontrent chez les clients des cadres qui travaillent à divers niveaux hiérarchiques et qui occupent diverses fonctions, comme les directeurs généraux, les directeurs des achats et même les représentants.

2. Les représentants de la société Square D (disjoncteurs et tableaux de distribution électrique) passent une journée avec chaque distributeur à travailler au comptoir de vente afin de mieux comprendre la nature de son travail.

3. DuPont a établi un comité d'organisation pour le marketing des distributeurs, comité qui se réunit régulièrement pour discuter des problèmes et des tendances.

4. Dayco (produits techniques en plastique et en caoutchouc) organise chaque année une retraite d'une semaine avec 20 jeunes cadres des distributeurs et 20 jeunes cadres de Dayco qui participent ensemble aux séminaires et aux activités.

5. Parker Hannifin (produits hydrauliques) fait un sondage annuel auprès de ses distributeurs en leur demandant d'évaluer l'entreprise en fonction de certains éléments majeurs. L'entreprise informe aussi ses distributeurs de ses nouveaux produits et de ses nouvelles pratiques par des bulletins et des cassettes vidéo. De même, elle recueille et analyse les photocopies des factures des distributeurs en vue de leur suggérer des moyens d'accroître leurs ventes.

6. La compagnie Cherry Electrical Products (interrupteurs et claviers électroniques) a créé un poste de directeur du marketing auprès des distributeurs. Ce dernier collabore avec les distributeurs pour produire un plan officiel de marketing pour chaque distributeur. En outre, l'entreprise a mis en place un système de réponse rapide en affectant à chaque distributeur deux personnes du service à la clientèle.

7. Des fabricants de vêtements comme Levi Strauss ou Vanity Fair ont élaboré un système de réponse rapide en collaboration avec les détaillants. Ainsi, les producteurs et les distributeurs travaillent ensemble afin d'accélérer le maintien du niveau des stocks, d'améliorer le service à la clientèle, de faciliter l'étiquetage des prix et de réduire tous les coûts pour amener le produit du fabricant aux clients dans les magasins. Vanity Fair a établi un tel système avec plus de 300 entreprises.

8. Motorola a mis sur pied une équipe composée de représentants et de spécialistes de la logistique de l'entreprise, d'un distributeur de Motorola, d'un client et de cadres de chacune des trois entreprises. Le client souhaitait que la livraison juste-à-temps de Motorola atteigne 100 %. L'équipe a trouvé une solution à ce problème en mettant en place deux entrepôts dans les usines du client, permettant ainsi de réduire les délais de 50 jours à moins de 24 heures.

9. La compagnie Loctite Corp. a réagi à une demande d'un distributeur et élaboré un programme destiné à mettre en valeur six produits qui formaient un « ensemble de survie ». Cette promotion a connu plus de succès que toutes les autres promotions qui avaient été faites auparavant, accroissant de façon importante la clientèle de base de l'entreprise.

10. Rust-Oleum répond de la façon suivante à la demande de programmes de marketing personnalisés qui lui a été faite par les distributeurs : à chaque trimestre, les distributeurs sont invités à choisir les promotions qui leur conviennent le mieux à partir d'un menu de promotions présenté par l'entreprise.

Sources : Les six premiers exemples proviennent de James A. Narus et James C. Anderson, « Turn Your Industrial Distributors into Partners », *Harvard Business Review*, mars-avril 1986, p. 66-71. Les autres exemples sont tirés de John R. Johnson, « Promoting Profits Through Partnerships », *Industrial Distribution*, mars 1994, p. 22, 24, et de Robert D. Buzzell et Gwen Ortmeyer, « Channel Partnership Streamline Distribution », *Sloan Management Review*, printemps 1995, p. 85-96.

De temps en temps, le fabricant s'apercevra que certains intermédiaires sont trop payés pour le travail qu'ils font. Par exemple, un fabricant a découvert qu'il payait un intermédiaire pour entreposer des stocks qui étaient en réalité emmagasinés dans un entrepôt public à ses propres frais. Les fabricants doivent donc vérifier régulièrement si les intermédiaires ne sont pas trop payés pour les services qu'ils rendent. Le fabricant doit discuter avec des intermédiaires dont le rendement est insatisfaisant. Ceux-ci peuvent avoir besoin d'une plus grande motivation ou d'une formation plus poussée. Si leur rendement ne change pas, il serait alors préférable de résilier l'entente.

18.3.4
La modification d'un circuit de distribution

Il ne suffit pas d'organiser un bon circuit de distribution puis de le mettre en marche. Le circuit doit être modifié régulièrement en fonction des nouvelles conditions du marché. Des changements deviennent nécessaires lorsqu'il y a un changement dans les habitudes des consommateurs, une expansion du marché, l'arrivée de nouveaux concurrents et l'émergence de nouveaux systèmes de distribution innovateurs, ou encore lorsque les produits arrivent à la phase de maturité (voir la rubrique Le marketing en coulisse 18.3 intitulée « L'évolution des circuits de distribution en fonction du cycle de vie du produit »).

Micro Fridge, un fabricant d'appareils ménagers qui combinent un miniréfrigérateur avec un four à micro-ondes, dut ainsi modifier son circuit de distribution.

Au début de l'entreprise, Robert Bennett, le P.-D.G. de Micro Fridge, décida de vendre ses produits par l'intermédiaire de distributeurs d'appareils ménagers. Son plan misait sur 170 représentants de 17 distributeurs indépendants. De cette manière, Bennett croyait couvrir les trois quarts des États-Unis; confiant, il attendit les résultats. Mais, trois mois après le lancement, plus de 3 500 miniréfrigérateurs invendus étaient stockés dans le circuit de distribution.

L'appareil avait été conçu essentiellement pour être utilisé dans des résidences d'étudiants ou des dortoirs de casernes, et les distributeurs de Micro Fridge n'avaient aucun contact avec les réseaux collégial, universitaire ou militaire. Les distributeurs étaient des mercaticiens de produits de grande consomma-

tion qui n'avaient aucune idée sur la façon d'aborder ces marchés. L'entreprise se retrouva vite en difficulté, et Robert Bennett dut se rendre à l'évidence : il avait choisi un mauvais circuit de distribution. Il dut donc mettre sur pied un tout nouveau circuit de distribution. Il embaucha quatre représentants qui consacrèrent tous leurs efforts aux relations avec les responsables de l'hébergement dans les maisons d'enseignement et les casernes. Ces nouveaux clients potentiels comprirent rapidement les avantages de l'appareil et, en quelques années, 11 000 unités étaient vendues, ce qui représentait des revenus de 4,7 millions de dollars[22].

Dans les marchés très concurrentiels où les barrières à l'entrée sont faibles, la structure optimale du circuit de distribution changera inévitablement dans le temps. La structure actuelle ne fournira pas toujours le meilleur rendement pour des coûts donnés. En conséquence, la structure actuelle sera remplacée par une structure plus optimale. Il est possible de distinguer trois niveaux de modifications pour un circuit de distribution. Le changement peut comprendre **l'ajout ou l'élimination de certains membres du circuit**, **l'ajout ou l'élimination de certains canaux** ou **la mise sur pied d'une méthode complètement différente pour vendre les produits sur tous les marchés**.

L'ajout ou l'élimination d'intermédiaires déterminés exige une analyse marginale. Avant d'éliminer un concessionnaire, un constructeur d'automobiles devrait soustraire les ventes de cet intermédiaire et estimer les profits ou les pertes qui pourraient en résulter pour les autres concessionnaires du fabricant.

Parfois, un fabricant peut penser à éliminer tous les intermédiaires dont les ventes sont inférieures à un certain niveau. Ainsi, Navistar, un constructeur de camions, avait remarqué que 5 % de ses concessionnaires vendaient moins de trois ou quatre camions par année. Ses calculs l'amenèrent à la conclusion que s'il continuait à travailler avec ces concessionnaires, il lui en coûterait plus que ne lui rapportait la vente des camions. Or, la décision d'éliminer ces intermédiaires pouvait entraîner des conséquences sérieuses pour tout le système. Les coûts unitaires de la production des camions auraient été plus élevés, les frais généraux étant répartis sur un nombre moins élevé d'unités; certaines catégories d'employés et d'équipement se seraient retrouvées sans activité; un certain nombre de commandes seraient passées aux concurrents; enfin, d'autres concessionnaires de l'entreprise auraient pu se sentir menacés. Tout cela devait être

LE MARKETING EN COULISSE 18.3
L'évolution des circuits de distribution en fonction du cycle de vie du produit

Aucun système de distribution n'est capable d'être concurrentiel pendant toute la durée du cycle de vie d'un produit. À un moment donné, les adoptants précoces seraient probablement prêts à payer le coût élevé de la valeur ajoutée de certains canaux, mais plus tard les acheteurs choisiraient des canaux moins chers. Ainsi, les photocopieuses se vendaient aux petites entreprises d'abord par des forces de vente directe, puis par des distributeurs d'équipement de bureau, ensuite par des détaillants et finalement par des entreprises de vente par correspondance. Les compagnies d'assurances continuent en revanche à faire appel à des représentants indépendants ; de même, les constructeurs d'automobiles persistent à recourir à des concessionnaires indépendants. Dans les deux cas, on pourrait voir émerger une forte concurrence résultant de nouveaux circuits de distribution moins chers. Cette formule traditionnelle pourrait tôt ou tard être fatale pour le fabricant.

Miland M. Lele a construit la grille présentée dans cet encadré pour illustrer la façon dont les circuits de distribution ont changé pour les ordinateurs personnels et les vêtements de couturiers aux différentes étapes du cycle de vie du produit.

- **L'introduction.** Les modes et les produits entièrement nouveaux ont tendance à percer le marché par la voie de canaux spécialisés (tels les petits magasins de hobbies, les boutiques), qui décèlent les tendances et attirent les adoptants précoces.

- **La croissance.** À mesure que l'intérêt des acheteurs s'accroît, des circuits de distribution de masse émergent (les chaînes de magasins spécialisés, les grands magasins), lesquels offrent des services, mais moins que n'en offraient les circuits précédents.

- **La maturité.** Lorsque la croissance ralentit, certains concurrents transfèrent leurs produits à des canaux moins chers (tels les magasins à grande surface).

- **Le déclin.** Lorsque le déclin commence, des canaux encore moins chers émergent (tels les entreprises de vente par correspondance et les magasins de vente au rabais).

Les premiers canaux doivent relever le défi consistant à créer un marché. Ils ont un coût élevé puisque c'est à cette phase qu'il faut chercher des

La valeur ajoutée par le canal et le taux de croissance du marché

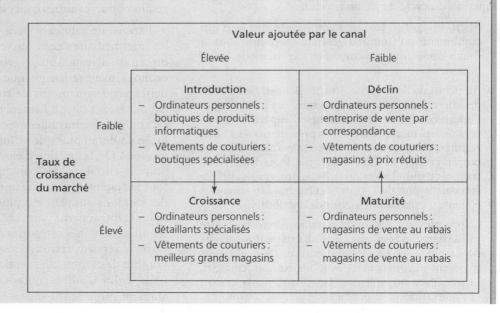

acheteurs et les sensibiliser. Les canaux suivants ont la tâche de développer le marché et d'offrir suffisamment de services. À la phase de maturité, beaucoup d'acheteurs cherchent des prix moins élevés et fréquentent plutôt les canaux à faible valeur ajoutée. Enfin, pour atteindre les acheteurs potentiels qui restent, on peut seulement établir des prix très bas dans des canaux à très faible valeur ajoutée.

Source: Voir Miland M. Lele, «Change Channels During Your Product's Life Cycle», *Business Marketing*, décembre 1986, p. 64.

pris en considération. Finalement, Navistar décida d'abandonner les intermédiaires marginaux.

La décision la plus difficile est celle qui concerne la révision de l'ensemble du système de distribution[23]. Les circuits de distribution peuvent facilement se démoder avec le temps. On constatera alors un écart entre le système de distribution existant d'un vendeur et le système idéal qui répondrait mieux aux besoins et aux désirs des clients cibles. Il existe de nombreux exemples à cet effet. Ainsi, le système de vente de porte en porte d'Avon dut être modifié avec l'entrée massive des femmes sur le marché du travail; pour sa part, IBM, qui se fiait uniquement à sa propre force de vente, dut modifier son approche lorsque furent introduits les ordinateurs personnels à bas prix.

Le cabinet d'experts-conseils Stern et Germini a proposé un processus en 14 étapes pour réduire l'écart entre le système de distribution existant et le système idéal pour les clients cibles[24]:

1. Revoir l'information existante et faire de la recherche sur les circuits de distribution.
2. Bien comprendre le système de distribution existant.
3. Tenir des séminaires et faire des entrevues auprès des membres du circuit actuel.
4. Faire l'analyse des circuits des concurrents.
5. Évaluer les occasions d'affaires à court terme dans les circuits existants.
6. Mettre au point un plan d'attaque à court terme.
7. Tenir des groupes de discussion et faire des entrevues avec les utilisateurs finaux.
8. Faire des sondages auprès des utilisateurs.
9. Faire l'analyse des normes et des systèmes existant dans l'industrie.
10. Concevoir un système de distribution idéal.
11. Concevoir un système réaliste, c'est-à-dire un système idéal limité par la réalité du milieu.
12. Faire l'analyse des écarts entre les systèmes existant, idéal et réaliste.
13. Cerner et développer des options stratégiques.
14. Concevoir le circuit optimal.

18.4
L'ÉVOLUTION DES CIRCUITS DE DISTRIBUTION

Les circuits de distribution ne sont pas statiques. De nouveaux grossistes et détaillants voient le jour, et de nouveaux circuits de distribution se forment. Nous allons maintenant examiner la croissance récente des systèmes de marketing verticaux, horizontaux et multicircuits, et voir comment ces systèmes coopèrent, se concurrencent et même entrent en conflit les uns avec les autres.

18.4.1
La croissance des systèmes de marketing verticaux

Un des changements les plus remarquables qui se soient produits dans les circuits de distribution est l'apparition des **systèmes de marketing verticaux**, qui se sont révélés tout un défi pour les **systèmes de marketing traditionnels**. Un circuit de marketing de forme classique comprend un fabricant indépendant, un ou des grossistes et un ou des détaillants. Chaque élément de la chaîne constitue une entreprise différente qui cherche à maximiser ses propres profits, même si cela se fait au détriment d'autres membres du circuit, empêchant ainsi l'ensemble du système de maximiser les profits. Aucun des membres du circuit n'a un pouvoir total, voire substantiel, sur les autres membres. Pour McCammon, les circuits traditionnels sont «des réseaux fortement fragmentés composés de fabricants, de grossistes et de détaillants qui forment ensemble une vague alliance, qui marchandent à distance et négocient âprement les conditions de vente, mais qui agissent de façon autonome[25] ».

Un système de marketing vertical (SMV), au contraire, comprend un ou des fabricants, un ou des grossistes ainsi que des détaillants, qui agissent en tant que système unifié. Ils travaillent en collaboration, tous étant assujettis à celui des membres qui possède les autres, ou qui les a franchisés, et qui jouit de tellement de pouvoir que les autres sont forcés de collaborer. Fabricants, grossistes et détaillants sont tous capables de dominer le système de marketing vertical. McCammon voit les SMV comme « des réseaux gérés professionnellement, ayant une programmation centrale ; ils sont conçus dans le but de réaliser des économies d'exploitation et d'avoir le plus d'effets possible sur le marché[26] ». La raison d'être des SMV est de contrôler le comportement des membres du circuit et d'éliminer les conflits qui se produisent lorsque des membres poursuivent des objectifs différents. Ces systèmes permettent de réaliser des économies grâce à leur taille, à leur pouvoir de négociation et à l'élimination du dédoublement de services. Les SMV sont devenus le mode prédominant de distribution sur le marché des consommateurs ; ils servent entre 70 % et 80 % du marché total. Il existe trois types de SMV : le système de marketing vertical d'entreprise, le système vertical contrôlé et le système vertical contractuel.

Le système de marketing vertical d'entreprise

Un SMV d'entreprise est un système de marketing vertical qui appartient à un propriétaire unique et comprend les fonctions successives de la production et de la distribution. Les entreprises qui souhaitent exercer le plus de contrôle possible sur les canaux favorisent l'intégration verticale. Celle-ci peut se réaliser soit en amont ou en aval. Considérons quelques exemples. Sears obtient plus de 50 % des produits qu'elle vend d'entreprises dont elle est propriétaire ou partiellement propriétaire. Sherwin-Williams fabrique de la peinture, mais l'entreprise possède également 2 000 magasins de détail qu'elle gère. Loblaws comprend non seulement des chaînes de supermarchés (dont la chaîne Provigo), mais aussi le conglomérat George Weston.

Le système de marketing vertical contrôlé

Un SMV contrôlé assume la coordination des fonctions successives de la production et de la distribution non à cause de la propriété, mais à cause de la taille et du pouvoir d'une des parties. Les fabricants d'une marque prédominante sont capables d'obtenir un degré élevé de collaboration et de soutien des revendeurs. Ainsi, des entreprises telles que Kodak, Gillette, Procter & Gamble et Campbell jouissent d'une grande coopération de la part de leurs revendeurs en ce qui concerne l'étalage, le linéaire, la promotion et les politiques de prix.

Le système de marketing vertical contractuel

Le SMV contractuel est constitué d'entreprises qui sont indépendantes dans les différentes fonctions de la production et de la distribution, et qui intègrent leurs programmes sur une base contractuelle afin de réaliser plus d'économies ou d'obtenir plus de ventes qu'elles n'auraient pu le faire seules. C'est ce que Johnston et Lawrence appellent un « partenariat à valeur ajoutée[27] ». Ce système, qui a connu une grande expansion au cours des dernières années, constitue un des changements économiques les plus importants d'aujourd'hui. On peut distinguer les trois types de SMV contractuels suivants.

Les chaînes volontaires parrainées par des grossistes

Les grossistes organisent des chaînes volontaires de détaillants indépendants afin de les aider à concurrencer les grandes chaînes de détail. Le grossiste, par exemple Provigo, lance un programme destiné à standardiser les pratiques de vente des détaillants et à les aider à réaliser des économies d'achat qui leur permettront de concurrencer de façon efficace les grandes chaînes.

Les coopératives de détaillants

Les détaillants peuvent aussi prendre l'initiative d'organiser une nouvelle entité commerciale pour remplir les fonctions du grossiste et même certaines fonctions du fabricant. Les membres concentrent leurs achats à la coopérative et adoptent des programmes de promotion et de publicité à frais partagés. Rona est une coopérative de détaillants en quincaillerie. Les profits sont partagés entre les membres au prorata du pourcentage d'achats de chacun. Ceux qui ne sont pas membres peuvent, dans certains cas, avoir le droit d'acheter à la coopérative, mais ils ne bénéficient pas des profits.

Les organisations de franchise

Un membre du circuit, appelé le franchiseur, peut intégrer plusieurs fonctions successives des processus de production et de distribution. Le franchisage s'avère l'innovation la plus fructueuse du commerce de détail des dernières années et celle dont la croissance a été la plus rapide. Quoique l'idée de base ne date pas d'hier, certaines formes de franchisage sont relativement nouvelles. On peut distinguer trois formes de franchises.

La première forme est la **franchise de détail parrainée par un fabricant**, dont l'industrie automobile fournit de nombreux exemples. Ainsi, Ford accorde une licence à des concessionnaires pour vendre ses voitures, les concessionnaires étant des gens d'affaires indépendants qui acceptent diverses conditions de vente et de service.

La deuxième forme est la **franchise accordée à un grossiste et parrainée par un fabricant**, qu'on trouve dans l'industrie des boissons gazeuses. Coca-Cola, par exemple, accorde une licence à des embouteilleurs (grossistes), qui achètent le concentré auquel ils ajoutent du gaz carbonique, qui mettent en bouteille la boisson gazeuse et qui finalement la vendent aux détaillants sur les marchés locaux.

La troisième forme est la **franchise parrainée par une entreprise de services**. Dans ce cas, une entreprise de services organise tout un système pour servir ses clients avec le plus d'efficacité possible. Les entreprises de location d'automobiles (Hertz, Avis et Tilden), d'hébergement (Holiday Inn et Best Western) et de restauration rapide (McDonald's et Pizza Hut) sont des exemples de cette forme de franchise.

La nouvelle concurrence dans les commerces de détail

Un grand nombre de détaillants indépendants, lorsqu'ils n'appartiennent pas à un SMV, ont mis sur pied des boutiques spécialisées qui servent des segments de marché auxquels les grandes chaînes ne s'intéressent pas. Il en résulte une polarisation dans la vente au détail entre, d'une part, les grandes organisations de marketing vertical et, d'autre part, les magasins spécialisés indépendants, ce qui pose des problèmes aux fabricants. Ils ne peuvent pas se passer facilement des intermédiaires indépendants avec lesquels ils sont en étroite relation. Pourtant, ils doivent tôt ou tard se réorienter vers les SMV, qui croissent rapidement mais qui offrent des conditions souvent moins intéressantes. Les SMV menacent constamment de supplanter les gros fabricants pour établir leur propre entreprise de fabrication. **La nouvelle concurrence dans le domaine de la vente au détail se fait de moins en moins entre des entreprises indépendantes, et de plus en plus entre des systèmes entiers de réseaux programmés ayant une gestion centralisée (SMV d'entreprise, contrôlés ou contractuels) qui se concurrencent pour réaliser de meilleures économies et susciter les réactions les plus favorables des clients.**

18.4.2
La croissance des systèmes de marketing horizontaux

Le développement des **systèmes de marketing horizontaux** constitue une autre évolution importante dans le domaine du marketing. De façon générale, deux ou plusieurs entreprises indépendantes forment une alliance afin d'exploiter ensemble de nouvelles possibilités du marché. Chaque entreprise n'a pas assez de capital, d'expertise, de ressources de production ou de marketing pour s'aventurer seule. Il se peut également que l'entreprise n'ose pas courir de risques ou qu'elle espère obtenir une synergie substantielle en s'alliant à une autre entreprise. Les entreprises peuvent former une alliance permanente ou temporaire, ou bien elles peuvent constituer une nouvelle entreprise. Adler appelle ce phénomène le **marketing symbiotique**[28]. En voici quelques exemples :

> Pillsbury et Kraft Foods ont conclu un accord selon les termes duquel Pillsbury se chargeait de la fabrication et de la publicité pour sa gamme de produits surgelés, tandis que Kraft se servait de son expertise pour la distribution.

> Coca-Cola et Joseph E. Seagram & Sons ont mis sur pied ensemble une entreprise pour fabriquer et vendre une gamme de boissons gazeuses sous l'étiquette Seagram.

Beecham Products Inc. et Johnson & Johnson ont parrainé ensemble des campagnes promotionnelles pour vendre la brosse à dents Reach, de la première, et la pâte dentifrice Aqua-Fresh, de la seconde.

18.4.3
La croissance des systèmes de marketing multicircuits

Traditionnellement, la plupart des entreprises s'adressaient à un seul marché au moyen d'un seul circuit. Aujourd'hui, face à la fragmentation des marchés et à la multiplicité des circuits existants, un nombre croissant d'entreprises ont adopté la distribution multicircuit. On parle de **marketing multicircuit** lorsqu'une seule entreprise se sert de deux ou plusieurs canaux de marketing pour atteindre un ou plusieurs segments de consommateurs. Par exemple, Compaq vend ses ordinateurs personnels directement à des entreprises et, pour le grand public, utilise des chaînes de détaillants de produits électroniques, des magasins spécialisés dans les produits informatiques et des revendeurs spécialisés.

En ajoutant de nouveaux canaux de distribution, les entreprises peuvent bénéficier de trois avantages importants. Le premier avantage est l'accroissement de la couverture du marché : les entreprises ajoutent souvent un canal parce qu'un segment de marché ne peut être rejoint par les canaux existants (par exemple, ajouter des représentants pour rejoindre les producteurs agricoles). Le deuxième avantage est le coût plus bas du canal : des entreprises peuvent choisir un nouveau canal pour réduire leurs coûts de vente aux clients actuels (la vente par téléphone plutôt que des visites aux clients moins importants). Le troisième avantage est la vente personnalisée : certaines entreprises peuvent ajouter un canal dont les caractéristiques de vente répondent mieux aux attentes des clients (par exemple, ajouter des techniciens ou des ingénieurs pour vendre un équipement complexe).

Les avantages obtenus par ces nouveaux canaux ne vont pas sans problème, cependant. Les nouveaux canaux engendrent typiquement des conflits et des problèmes de contrôle. Des conflits se présentent lorsque deux ou plusieurs canaux de distribution de l'entreprise se concurrencent pour attirer les mêmes clients. Les problèmes de contrôle résultent du fait que les nouveaux canaux sont souvent plus indépendants et rendent la coopération plus difficile.

Il est clair que les entreprises doivent bien réfléchir à la structure du circuit de distribution qu'elles adopteront. Moriarty et Moran ont proposé d'utiliser une matrice hybride pour planifier la structure d'un circuit (voir la figure 18.5)[29]. La grille présente plusieurs canaux de distribution et plusieurs tâches de marketing ; une pratique fréquente consiste à assigner à divers canaux la vente à des groupes différents de clients. Par exemple, une entreprise peut utiliser sa propre force de vente pour vendre aux clients plus importants, elle peut utiliser le télémarketing pour vendre à des clients de taille moyenne et elle peut utiliser des distributeurs pour vendre à des clients moins importants ou à de nouveaux clients. Cela paraît une solution intéressante, car l'entreprise peut servir plus de clients à divers coûts et ajuster le degré de personnalisation en conséquence. Mais ces avantages peuvent être contrebalancés par un accroissement des conflits au sujet de la propriété des comptes clients. Par exemple, les représentants de vente peuvent souhaiter recevoir une rétribution pour toutes les ventes faites dans leur territoire, peu importe la taille du compte ou le canal de distribution utilisé.

Swartz et Moriarty croient qu'il y a une meilleure façon de concevoir et de gérer un système de marketing hybride[30]. Selon eux, ce sont les tâches de marketing et non les canaux de distribution qui doivent être les éléments de l'architecture d'un circuit. Ils suggèrent d'établir une banque de données centralisée contenant de l'information sur les clients actuels, sur les clients potentiels, sur les produits, sur les programmes et sur les méthodes de marketing. Il faut ensuite générer des listes de clients au moyen de la publicité, du publipostage et du télémarketing. Puis, il faut planifier les rencontres avec les clients en utilisant le télémarketing. La prévente se fera grâce à la publicité, au publipostage et au télémarketing. On transmet ensuite l'information à la force de vente pour la conclusion de la vente. Et le service sera fourni par des distributeurs ou des détaillants. Les représentants seront responsables de la gestion des comptes. Ainsi, la force de vente, qui coûte cher, permettra surtout de conclure les ventes et de gérer les comptes afin d'obtenir de nouvelles ventes. Cette architecture hybride de circuit et ce système de gestion optimalisent la couverture, la personnalisation et le contrôle tout en minimisant les coûts et les conflits.

FIGURE 18.5
Une matrice hybride

Méthodes et circuits de marketing	Vendeur		**Tâches pour activer la demande**						Client
			Listes de clients	Qualification de la vente	Prévente	Conclusion de la vente	Service après-vente	Gestion des comptes	
		Gestion des comptes nationaux							
		Vente directe							
		Télémarketing							
		Publipostage							
		Commerces de détail							
		Distributeurs							
		Vendeurs et revendeurs							
		Publicité							

Source : Rowland T. Moriarty et Ursula Moran, « Marketing Hybrid Marketing Systems », *Harvard Business Review*, novembre-décembre 1990, p. 150.

18.4.4
Les rôles de l'entreprise individuelle dans le circuit de distribution

Dans une industrie, chaque entreprise doit définir son rôle par rapport aux autres canaux dans le système de distribution. McCammon a distingué cinq rôles[31] :

1. Les **initiés** sont membres du canal dominant, ont accès aux meilleures sources d'approvisionnement et jouissent de beaucoup de respect dans l'industrie. Il est dans leur intérêt de maintenir les accords existants et ils se chargent de renforcer les règles de l'industrie.

2. Les **aspirants** cherchent à devenir des initiés. Ils ont moins accès aux meilleures sources d'approvisionnement, ce qui peut les désavantager dans une période de pénurie. En raison de leur désir de devenir des initiés, ils adhèrent aux règles de l'industrie.

3. Les **périphériques** n'appartiennent pas au canal dominant. Ils remplissent des fonctions négligées par les autres membres, ou bien ils servent des segments de marché plus petits, ou encore ils distribuent des quantités réduites de marchandises. En général, ils bénéficient du système en vigueur et adhèrent aux règles de l'industrie.

4. Les **éphémères** ne font pas partie du canal dominant et ne cherchent pas à en devenir membres. Ils entrent sur le marché et en ressortent en fonction des occasions. Leurs attentes sont à court terme et ils ont peu d'intérêt à adhérer aux règles de l'industrie.

5. Les **innovateurs externes** sont les vrais challengeurs qui sèment le désordre dans les canaux dominants. Ils établissent de nouveaux systèmes pour remplir la fonction marketing au sein du

circuit. S'ils réussissent, ils entraînent de profonds changements au sein du circuit de distribution. Ce sont des entreprises telles que McDonald's, Avon et Holiday Inn, qui ont conçu de nouveaux systèmes défiant les circuits traditionnels.

Un autre rôle important dans le circuit est celui du **capitaine de circuit**. Le capitaine de circuit est le membre dominant d'un circuit particulier, celui qui le dirige. Par exemple, General Motors est le capitaine de circuit d'un système qui comprend un très grand nombre de fournisseurs, de concessionnaires et de facilitateurs. Comme le montrent les exemples de McDonald's et de Sears, le capitaine de circuit n'est pas nécessairement un fabricant. Certains circuits sont dépourvus de capitaine; dans ce cas, chaque entreprise agit de façon indépendante.

18.5
LA COOPÉRATION, LA CONCURRENCE ET LES CONFLITS DANS LES CIRCUITS DE DISTRIBUTION

Si bien conçus et si bien gérés que soient les circuits de distribution, il est impossible d'éliminer tout conflit, puisque des entreprises indépendantes n'ont pas toujours les mêmes intérêts. Dans cette section, nous nous poserons trois questions : quelle est la nature des conflits qui surgissent au sein d'un circuit ? Quelles en sont les causes principales ? Quelles mesures peut-on prendre pour résoudre les situations conflictuelles ?

18.5.1
La nature des conflits

Supposons qu'un fabricant organise un système de marketing vertical composé, outre lui-même, de grossistes et de détaillants. Le fabricant espère que tous les membres du circuit travailleront en coopération les uns avec les autres. Normalement, les profits pour tout le circuit sont plus élevés lorsque les membres individuels agissent en coopération au lieu de travailler dans leur seul intérêt. C'est par la coopération que les membres du circuit peuvent le mieux cerner les besoins des consommateurs des marchés cibles, comme c'est par la coopération qu'ils peuvent

le mieux servir les consommateurs et répondre à leurs attentes.

Pourtant, il arrive souvent que des conflits se produisent au sein des systèmes verticaux, horizontaux et multicircuits. On parle d'un **conflit de circuit vertical** lorsque surgit un conflit entre des niveaux différents d'un même circuit. Par exemple, General Motors est entrée en conflit il y a plusieurs années avec ses concessionnaires lorsque l'entreprise a voulu mettre en vigueur certaines politiques de service, de prix et de publicité. D'autre part, plusieurs fabricants d'automobiles ont eu maille à partir avec leurs concessionnaires qui n'appréciaient pas le fait que l'entreprise vende les mêmes automobiles à des agences de location d'automobiles, car ces automobiles se retrouveront sur le marché très lucratif des voitures d'occasion[32]. Un conflit est survenu entre Coca-Cola et certains de ses distributeurs quand ceux-ci ont voulu faire de l'embouteillage pour l'entreprise Dr. Pepper, une autre marque de boissons gazeuses. (Pour plus d'information sur le sujet, voir la rubrique Le marketing en coulisse 18.4 intitulée « Les conflits dans les circuits de distribution verticaux de l'industrie des biens de grande consommation ».)

Un **conflit de circuit horizontal** se produit lorsqu'il y a un conflit entre des membres d'un même niveau d'un circuit. Dans des villes où plusieurs concessionnaires vendaient les automobiles Ford, par exemple, certains d'entre eux se sont plaints que d'autres concessionnaires faisaient une publicité tapageuse. Certaines franchises de Pizza Inn ont porté plainte contre d'autres franchises qui trichaient sur les ingrédients et offraient un service de qualité inférieure, nuisant ainsi à la réputation de Pizza Inn. Dans de pareils cas, c'est au capitaine de circuit qu'incombe la responsabilité d'établir des directives claires et exécutoires, et d'agir rapidement pour que le conflit se règle.

On assiste à un **conflit multicircuit** lorsque le fabricant a mis sur pied deux ou plusieurs circuits qui se concurrencent pour vendre sur un même marché. Levi Strauss a provoqué le ressentiment des boutiques spécialisées lorsqu'elle a commencé à vendre ses jeans dans les grands magasins. Par contre, ceux-ci ont également réagi négativement quand certains fabricants de vêtements, comme Ralph Lauren, Liz Claiborne et Anne Klein, qui vendaient dans les grands magasins, ont ouvert leurs propres magasins. De même, les magasins indépendants spécialisés dans la vente des

LE MARKETING EN COULISSE 18.4
Les conflits dans les circuits de distribution verticaux de l'industrie des biens de grande consommation

Pendant de nombreuses années, les fabricants de produits de grande consommation ont bénéficié d'un pouvoir relativement important par rapport aux détaillants. Ce pouvoir dépendait dans une large mesure des stratégies d'aspiration, par lesquelles les fabricants dépensaient des montants élevés en publicité pour susciter des préférences pour leurs marques; en conséquence, les détaillants étaient obligés de distribuer celles-ci pour répondre à la demande des consommateurs. Plusieurs changements ont entraîné un transfert relatif du pouvoir des détaillants aux manufacturiers:

- la croissance de détaillants ayant un pouvoir d'achat concentré (par exemple, au Québec, Métro et Provigo [Loblaws], ou, en Suisse, Migros et La Coop, responsables à elles deux de près de 70 % de toutes les ventes au détail dans le domaine de l'alimentation);

- le développement par les détaillants de marques maison à des prix plus bas, qui sont bien considérées par les clients et qui concurrencent directement les marques des fabricants;

- le manque de rayonnage pour présenter toutes les nouvelles marques offertes (un supermarché moyen stockant 24 000 articles et les fabricants offrant 10 000 nouveaux articles chaque année);

- l'insistance des grandes chaînes de détaillants auprès des fabricants pour accroître les budgets de promotion s'ils désirent que leurs marques soient acceptées ou conservées par les magasins et continuent à recevoir le soutien de ceux-ci;

- la diminution des budgets de publicité des fabricants et l'érosion de l'influence des médias;

- le raffinement croissant du marketing et du système d'information des détaillants (par exemple l'utilisation des codes à barres, les données des lecteurs optiques, l'échange de données informatisées et les analyses de la rentabilité des produits).

Le pouvoir croissant des détaillants s'est manifesté par l'imposition de frais d'attribution de l'espace, lorsque les fabricants désirent mettre leurs nouveaux produits sur les étalages des magasins, de frais de présentoirs pour couvrir les coûts de l'espace de ces derniers, d'amendes pour des livraisons en retard ou incomplètes, de frais de sortie pour couvrir les coûts du retour des marchandises aux fabricants.

Les fabricants ont découvert que si leur marque n'est pas une des deux ou trois marques nationales les plus importantes, ils sont presque obligés de l'abandonner. Étant donné que les détaillants sont susceptibles de ne vouloir offrir que quatre marques au plus pour une catégorie d'aliments, et qu'ils offrent déjà deux marques qui sont les leurs, seules les deux marques nationales les plus importantes pourront faire des ventes intéressantes. Les fabricants des autres marques moins importantes seront forcés de produire des marques maison.

Tous ces changements ont créé des défis pour les fabricants, qui doivent trouver des moyens de regagner ou même de maintenir leur pouvoir vis-à-vis des détaillants. Il est clair que les fabricants ne peuvent mettre sur pied leurs propres magasins de détail, pas plus qu'ils ne souhaitent continuer à dépenser autant d'argent pour les promotions aux intermédiaires et ainsi réduire les montants permettant de bâtir l'image de leurs marques. Les entreprises qui ont les parts de marché les plus importantes se sont tournées vers les stratégies suivantes pour maintenir leur pouvoir dans le circuit de distribution:

1. Mettre l'accent sur les marques qui ont plus de chances de devenir la première ou la deuxième marque de leur catégorie et s'engager à faire de plus en plus de recherche pour améliorer la qualité, les caractéristiques et le conditionnement de leurs produits.

2. Maintenir un programme continu d'extension de la gamme et un programme prudent d'extension de la marque. Au sein de ce programme, développer des marques offensives pour concurrencer les marques maison des détaillants.

3. Dépenser autant que possible pour une publicité bien ciblée afin de bâtir et de maintenir la franchise de la marque.

4. Considérer que chaque chaîne de magasins de détail est un marché cible distinct, cerner ses besoins précis et ajuster l'offre et le système de vente pour servir chaque magasin cible de façon rentable. L'entreprise doit traiter les magasins de détail comme des partenaires stratégiques et être prête à personnaliser les produits, les conditionnements, les services, les avantages, les liens électroniques et les réductions de coûts.

5. Fournir un degré élevé de qualité de service et de nouveaux services: une livraison juste-à-temps de commandes complètes sans erreurs, la réduction du temps du cycle de commande, une capacité de livraison dans les cas urgents, des services-conseils en marchandisage, le soutien de la gestion des stocks, un processus de commande et de facturation simplifié, et l'accessibilité de l'information sur l'état des commandes d'une expédition.

6. Considérer l'adoption de prix bas chaque jour comme une solution de rechange aux ententes commerciales qui peuvent provoquer des erreurs importantes de prévisions des achats à terme ou un mauvais aiguillage des marchandises.

7. Utiliser le pouvoir d'exemplarité, le pouvoir de légitimité, le pouvoir d'expertise et le pouvoir de récompense, dans cet ordre, et éviter le pouvoir de coercition.

8. Soutenir les détaillants traditionnels et, en même temps, faire une extension vigoureuse dans d'autres types de chaînes de détaillants, tels que les magasins-entrepôts, les clubs, les magasins de vente au rabais, les dépanneurs et même le marketing direct.

Les fabricants les plus vigilants qui désirent présenter une offre intéressante à leurs clients mettent en place un système appelé « réaction efficace au consommateur » (*efficient consumer response*, ECR), qui implique le recours à quatre outils. Le premier outil est le système de comptabilité par activité, qui permet aux fabricants de mesurer et de démontrer aux chaînes de magasins les coûts réels des ressources utilisées pour répondre aux exigences de la chaîne (voir le chapitre 17). Le deuxième outil est l'échange de données informatisées, qui améliore la capacité des fabricants de gérer les stocks, les expéditions, les annonces de promotions, etc., pour mieux servir les intérêts des détaillants et leurs propres intérêts (voir le chapitre 4). Le troisième outil est le programme continu de réapprovisionnement, qui permet aux fabricants de remplacer les produits sur la base de la demande actuelle et prévue du magasin. Le dernier outil est le système de gestion du réapprovisionnement, qui permet d'expédier de plus grandes quantités aux centres de distribution des détaillants qui seront réexpédiées aux magasins individuels avec un minimum de perte de temps et d'entreposage dans les centres de distribution. Les fabricants qui maîtriseront le système de réaction efficace au consommateur auront une longueur d'avance sur leurs concurrents.

Sources: Pour plus d'information, voir Zachary Schuller, « Not Everyone Loves a Supermarket Special: P&G Moves to Banish Widly Fluctuating Prices that Boost Its Costs », *Business Week*, 17 février 1992, p. 64-68; Gary Davies, *Trade Marketing Strategies*, Londres, Paul Chapman Publishing, 1993.

marques de pneus les plus populaires de Goodyear se sont offusqués lorsque l'entreprise a décidé de vendre ses produits par l'intermédiaire de magasins de détail comme Sears et Wal-Mart (Goodyear a réagi plus tard en offrant aux magasins indépendants des marques qui ne pouvaient être vendues dans les magasins de détail). Les conflits multicircuits ont tendance à s'intensifier quand les membres d'un circuit obtiennent un prix plus bas (à cause d'un plus grand volume d'achats) ou quand ils sont prêts à travailler avec une marge moins élevée.

18.5.2
Les causes de conflits dans les circuits

Il importe de distinguer les différentes causes de conflits dans les circuits. Selon la cause, certains conflits se résolvent plus facilement que d'autres.

L'**incompatibilité des objectifs** constitue une des causes principales de conflits. Par exemple, le fabricant peut vouloir garder ses prix bas pour obtenir une croissance du marché plus rapide. En revanche, les distributeurs pourraient préférer des marges plus élevées pour obtenir une meilleure rentabilité à court terme. C'est là un conflit particulièrement difficile à résoudre.

Parfois, le conflit provient d'une **mauvaise définition des rôles et des droits**. IBM vend ses ordinateurs personnels à ses clients importants par l'intermédiaire de sa propre force de vente, mais ses concessionnaires licenciés essaient également de vendre à ces mêmes clients. Ici, c'est le manque de clarté dans la définition des frontières territoriales, des conditions de crédit et de vente, etc., qui provoque les conflits (voir la rubrique Le marketing en coulisse 18.5 intitulée « Les mauvais côtés des systèmes multicircuits : les conflits de circuits chez IBM »).

Le conflit peut aussi être provoqué par des **différences de perceptions**. Il est possible que les prévisions économiques du fabricant soient optimistes à court terme et qu'il désire que ses distributeurs, en conséquence, accroissent leur niveau de stocks. En revanche, les intermédiaires peuvent être pessimistes à l'égard des mêmes prévisions économiques.

Le conflit peut enfin être causé par la **trop grande dépendance** des intermédiaires à l'égard d'un fabricant. La rentabilité des concessionnaires exclusifs, par exemple les concessionnaires d'automobiles, est étroitement liée aux décisions de conception du produit et de prix prises par le fabricant, ce qui entraîne de fréquents conflits.

18.5.3
La gestion des conflits

Les conflits ne sont pas tous nuisibles ; certains peuvent même être salutaires. Entre autres, les conflits peuvent susciter une adaptation plus dynamique aux changements de l'environnement. Certes, lorsqu'il y a trop de conflits, cela est dommageable au fonctionnement d'un système. Néanmoins, il importe moins d'éliminer les conflits que de mieux les gérer. Pour ce faire, il existe plusieurs mécanismes de gestion efficace des conflits[33].

L'**adoption d'objectifs généraux communs** constitue peut-être la solution la plus intéressante. Il s'agit, pour les membres du circuit, d'arriver à se mettre d'accord, par exemple, sur l'objectif fondamental poursuivi, que ce soit la survie, la part de marché, la qualité supérieure ou la satisfaction du client, ou sur les objectifs de fonctionnement. Cet accord se réalise le plus souvent lorsque le circuit se trouve face à une menace externe telle qu'un circuit concurrentiel plus efficace, une loi hostile ou un changement dans les désirs des consommateurs. Un effort concentré peut éliminer la menace. Il est aussi possible qu'une telle collaboration démontre l'importance de travailler ensemble pour atteindre des objectifs communs.

L'**échange de personnes** entre deux ou plusieurs niveaux du circuit constitue une autre méthode utile pour gérer un conflit. Par exemple, certains cadres de General Motors pourraient travailler chez des concessionnaires, pendant que certains concessionnaires travailleraient chez General Motors dans le service des politiques à l'intention des concessionnaires. On peut supposer que les deux parties auront, après une telle expérience, une meilleure appréciation du point de vue de l'autre partie et qu'elles seront sans doute plus compréhensives lorsqu'elles retourneront à leur poste respectif.

La **cooptation** est l'effort fait par une organisation donnée pour gagner le soutien des dirigeants d'autres organisations en les invitant à participer à des conseils consultatifs, à des conseils d'administration, etc., où ils pourront exprimer leurs opinions. Si les dirigeants de l'organisation qui prend l'initiative considèrent avec sérieux les interventions des dirigeants invités, le processus de cooptation peut réussir à réduire les conflits. Mais il y a un prix à payer : l'organisation qui prend l'initiative doit parfois faire des concessions quant à sa conduite et à ses plans afin d'obtenir l'appui de l'autre partie.

L'**adhésion à plusieurs associations professionnelles** est une autre façon de réduire les conflits. Par exemple, des cadres d'un fabricant de produits alimentaires peuvent faire partie à la fois d'une association de fabricants et d'une association de marketing, ce qui est susceptible d'amener la création d'un comité mixte chargé de se pencher sur les problèmes de protection du consommateur dans le domaine alimentaire.

Lorsque le conflit est chronique ou très sérieux, les parties auraient peut-être avantage à recourir à la diplomatie, à la médiation ou à l'arbitrage. La

LE MARKETING EN COULISSE 18.5

Les mauvais côtés des systèmes multicircuits : les conflits de circuits chez IBM

Lorsque IBM a ajouté les ordinateurs personnels à sa gamme de produits à la fin des années 70, elle ne pouvait pas se permettre de les vendre par le biais de son unique circuit de distribution, soit sa propre force de vente, qui coûtait trop cher. En moins de dix ans, IBM a ajouté 18 nouveaux circuits pour rejoindre ses clients, incluant des commerces de détail, la vente par catalogue, le publipostage et le télémarketing. L'objectif d'IBM était d'utiliser toute une gamme de circuits les plus efficients possible de façon à rejoindre divers segments cibles d'acheteurs.

Mais en ajoutant de nouveaux circuits, une entreprise accroît les possibilités de conflits dans ses circuits. En fait, trois conflits ont vu le jour dans les circuits d'IBM :

1. **Un conflit entre la direction des comptes nationaux et la force de vente.** Pour être efficaces, les directeurs des comptes nationaux dépendent de représentants de vente qui font des visites aux usines et aux bureaux de certains clients nationaux situés dans le territoire des représentants, parfois à la suite d'avis très courts. Le représentant dans un territoire donné peut voir plusieurs directeurs des comptes nationaux lui demander de faire de telles visites, ce qui est de nature à perturber sérieusement son horaire de vente, et ainsi à nuire à ses commissions. Il risque donc de ne pas collaborer avec les directeurs des comptes nationaux lorsque les visites demandées vont à l'encontre de ses propres intérêts.

2. **Un conflit entre la force de vente et le télémarketing.** Les représentants de vente n'aiment guère que leur entreprise établisse un système de vente par télémarketing pour vendre aux clients plus petits. Ils veulent conserver le droit de visiter ces clients dans leur territoire et ainsi bénéficier de ces commissions. Ils refusent que l'entreprise dirige leurs clients vers des opérations de télémarketing. L'entreprise a prétendu que le télémarketing avait pour effet de donner plus de temps aux représentants de façon qu'ils puissent vendre aux comptes plus importants et

ainsi obtenir de meilleures commissions ; les représentants ont toutefois rejeté cet argument.

3. **Un conflit entre la force de vente et les détaillants.** Parmi les détaillants, on trouve des revendeurs à valeur ajoutée qui achètent des ordinateurs chez IBM et incorporent des logiciels spécialisés requis par l'acheteur cible, et des magasins de détail d'informatique qui sont un excellent circuit pour vendre du petit équipement au public et aux petites entreprises. Ces détaillants sont censés, en principe, ne solliciter que les petits clients, mais plusieurs se sont attaqués à des comptes plus importants. Ils peuvent souvent offrir l'installation d'un logiciel spécialisé et la formation, un meilleur service et même des prix plus bas que la force de vente d'IBM. Les représentants d'IBM se sont opposés à ce que ces commerçants sollicitent leurs propres clients et les ont donc vus comme des concurrents. Ils jugeaient que ces revendeurs nuisaient aux relations avec leurs clients. Ils voulaient qu'IBM cesse de vendre par l'intermédiaire de ces commerçants qui essayaient de vendre à des clients plus importants qui étaient en concurrence avec eux. Mais IBM pouvait perdre beaucoup d'argent si elle abandonnait les détaillants qui connaissaient le plus de succès. En guise de réponse, IBM a décidé de rétribuer les représentants pour les ventes faites à leurs propres clients par des revendeurs entreprenants.

Quand une entreprise telle qu'IBM découvre qu'un pourcentage appréciable de ses revenus est touché par une situation conflictuelle, elle se doit d'établir clairement les **frontières des circuits**. Ces frontières peuvent être déterminées à partir des caractéristiques des clients, de la géographie ou des produits. Par exemple, IBM peut exiger que ses revendeurs ajoutent de la valeur aux ordinateurs en préparant des logiciels pour les hôpitaux et qu'ils limitent leurs ventes aux hôpitaux comptant moins de 200 lits (une frontière selon les caractéristiques des clients). Elle peut aussi utiliser des agents dans les régions rurales et des commerces d'ordinateurs dans les grandes villes. Elle pourrait vendre un ordinateur personnel modifié à des détaillants et vendre des modèles plus avancés par l'intermédiaire de sa propre force de vente. Des frontières de circuits bien tracées réduiront certains conflits, mais il y aura toujours des débats pour déterminer qui doit régler certains cas ambigus, tels les comptes plus petits qui croissent rapidement et les comptes

plus importants qui ont des unités d'achat décentralisées.

Source: Pour plus d'information, voir Frank V. Cespedes et E. Raymond Corey, « Managing Multiple Channels », *Business Horizons*, juillet-août 1990, p. 67-77.

diplomatie implique que chaque partie envoie un représentant ou un groupe pour rencontrer les homologues de l'autre partie afin de résoudre le conflit. Il serait logique de nommer des diplomates qui travailleraient ensemble régulièrement pour prévenir l'éclatement de conflits. La **médiation** signifie le recours à une tierce partie qui cherche à concilier les intérêts des deux parties en conflit. L'**arbitrage** a lieu lorsque les deux parties s'entendent pour présenter leur conflit à un tiers (un ou plusieurs arbitres) dont la décision sera exécutoire pour les deux parties.

Étant donné le potentiel élevé de conflits au sein des circuits, il serait sage que les membres d'un circuit s'entendent d'avance sur des méthodes de résolution de conflits.

18.5.4
Les problèmes juridiques et éthiques des relations dans les circuits

À toutes fins utiles, les entreprises ont toute la liberté légale pour mettre sur pied les circuits de distribution qui répondent le mieux à leurs exigences. En fait, les lois qui concernent les circuits visent à empêcher les actions d'entreprises qui tenteraient d'interdire à d'autres entreprises d'employer un circuit donné. La plupart des lois au sujet des circuits ont trait aux droits et aux obligations des membres du circuit après que la relation est formalisée. Nous aborderons maintenant certains aspects juridiques de quatre pratiques commerciales dans les circuits : les ententes d'exclusivité, l'exclusivité des territoires, les ententes irrévocables et les droits des intermédiaires.

Les ententes d'exclusivité

Plusieurs fabricants et intermédiaires souhaitent mettre sur pied des circuits exclusifs. Comme nous l'avons vu précédemment dans ce chapitre, la stratégie par laquelle un vendeur est limité à un certain nombre de points de vente pour ses produits est appelée la distribution exclusive. Lorsqu'un vendeur exige d'intermédiaires qu'ils ne vendent pas les produits des concurrents, cette stratégie se nomme l'**entente d'exclusivité**. Les deux parties peuvent bénéficier d'une entente d'exclusivité. Les vendeurs obtiennent ainsi des points de vente plus fidèles et fiables, et les intermédiaires obtiennent une source d'approvisionnement fiable et un meilleur soutien du vendeur. Mais les ententes d'exclusivité empêchent d'autres fabricants de vendre leurs produits à ces intermédiaires. Cette pratique est légale au Canada tant qu'elle ne menace pas de créer un monopole ou ne réduit pas de façon notoire la concurrence et tant que les deux parties concluent librement une telle entente.

L'exclusivité des territoires

Les ententes d'exclusivité incluent souvent des ententes d'exclusivité des territoires. Un fabricant peut accepter de ne pas vendre à d'autres vendeurs dans un territoire donné. Il s'agit là d'une pratique normale dans les systèmes de franchises pour accroître la motivation et l'engagement des franchisés. Cette pratique aussi est légale au Canada, un vendeur n'étant pas obligé de vendre à un plus grand nombre de points de vente qu'il ne le souhaite. Le distributeur peut également accepter de restreindre ses activités à un seul territoire. Mais certains intermédiaires peuvent hésiter à laisser passer des occasions d'affaires parce qu'ils ne peuvent vendre dans d'autres territoires. Cependant, le fait d'exiger le respect de ce type d'entente pourrait créer un problème de limitation du commerce.

Les ententes irrévocables

Les fabricants d'un produit dont la marque est forte la vendront à des intermédiaires si et seulement si ceux-ci acceptent de vendre certains produits de la gamme, voire toute la gamme. Le fait de forcer les intermédiaires à acheter une partie d'une gamme ou toute la gamme n'est pas nécessairement illégal. Mais une telle exigence deviendra illégale si elle entraîne une réduction substantielle de la concurrence. En effet, cette pratique pourrait nuire au libre choix des marques d'autres fabricants.

Les droits des intermédiaires

Les fabricants sont libres de choisir les intermédiaires avec lesquels ils veulent faire affaire, mais ils ne peuvent mettre fin de façon inconsidérée à une entente. En général, il est possible pour les fabricants d'abandonner des intermédiaires s'il y a une cause raisonnable. Mais ils ne peuvent rompre l'entente si, par exemple, des intermédiaires refusent de collaborer à une entente qu'ils jugent douteuse d'un point de vue légal, comme une entente d'exclusivité ou une entente irrévocable.

RÉSUMÉ

1. La plupart des fabricants ne vendent pas leurs produits aux utilisateurs finaux. Entre les fabricants et les utilisateurs finaux, il y a les circuits de distribution, lesquels sont composés d'intermédiaires qui remplissent toutes sortes de fonctions. Les décisions sur les circuits de distribution sont parmi les décisions les plus critiques pour plusieurs entreprises. Le choix des circuits de distribution influe sur toutes les autres décisions de marketing.

2. Les entreprises utilisent des intermédiaires lorsqu'elles n'ont pas les ressources financières pour vendre directement aux clients (ou pour faire du marketing direct), lorsqu'il n'est pas possible d'appliquer le marketing direct ou lorsqu'elles peuvent être plus rentables en adoptant cette approche. On fait appel aux intermédiaires parce qu'ils parviennent avec une très grande efficacité à rendre accessibles les produits aux marchés cibles. Les fonctions les plus importantes des intermédiaires sont l'information, la promotion, la négociation, la prise de la commande, le financement, le partage du risque, la distribution physique, le paiement et la propriété. Ces fonctions sont plus fondamentales que les institutions (détaillants et grossistes) œuvrant dans les circuits de distribution à un moment donné.

3. Les fabricants ont le choix entre plusieurs circuits de distribution pour atteindre un marché. Ils peuvent vendre directement ou passer par un ou plusieurs niveaux du circuit de distribution. La mise en place d'un circuit de distribution comporte plusieurs étapes. Il y a d'abord l'analyse des besoins des consommateurs. Puis il y a la définition des objectifs et des contraintes. Il y a ensuite la détermination des possibilités, ce

qui inclut le type et le nombre d'intermédiaires. Là-dessus, l'entreprise doit décider de sa stratégie de distribution, qui peut être exclusive, sélective ou intensive, et déterminer les droits et les responsabilités des membres du circuit. Enfin, il y a l'évaluation des possibilités.

4. La gestion d'un circuit de distribution exige que l'entreprise choisisse des intermédiaires et les motive au moyen de stimulants efficaces. L'objectif est de construire une relation de partenariat qui sera rentable pour tous les membres du circuit. Les membres individuels du circuit doivent être évalués régulièrement par rapport à des standards déterminés à l'avance. Il faut aussi savoir modifier le circuit en fonction des conditions continuellement changeantes de l'environnement de marketing.

5. Les circuits de distribution se caractérisent par des changements continus et parfois profonds. Les trois tendances les plus marquées sont la croissance des systèmes de marketing verticaux, celle des systèmes de marketing horizontaux et celle des systèmes de marketing multicircuits.

6. Des conflits peuvent se produire dans les circuits de marketing. Les différentes causes de conflits sont l'incompatibilité des objectifs, une mauvaise définition des rôles et des droits, les différences de perceptions et une trop grande dépendance des intermédiaires à l'égard du fabricant. Il existe plusieurs mécanismes de gestion efficace des conflits : l'adoption d'objectifs généraux communs, l'échange de personnes, la cooptation, l'adhésion à plusieurs associations professionnelles, la diplomatie, la médiation et l'arbitrage.

QUESTIONS

1. Jusqu'à récemment, on promettait aux employés masculins des grandes entreprises japonaises un emploi à vie. Ils commençaient leur carrière dans une entreprise et la terminaient trente ou quarante ans plus tard, toujours dans la même entreprise. Aujourd'hui, on ne garantit plus un emploi à vie ; toutefois, la culture japonaise reste fortement orientée vers la famille et l'amitié. Par exemple, les vendeurs japonais utilisent le *jinmiaku*, un réseau de relations qui est un point focal de la société japonaise.

Amway, une entreprise qui vend de porte en porte des détergents, des vitamines, des cosmétiques, du savon et d'autres produits, s'est attaquée au marché japonais. Quel circuit de distribution recommanderiez-vous à cette entreprise compte tenu de la culture japonaise ? Comment Amway devrait-elle motiver ses employés et quelle sera la réaction des Japonais au fait de travailler pour Amway ? Quelles sont les chances de succès d'Amway au Japon ?

2. Étant donné que les systèmes de câblodistribution se concurrencent de plus en plus, les entreprises de câblodistribution augmentent leurs services et offrent des centaines de chaînes ; elles offriront

éventuellement des technologies numériques, interactives, etc. Le magasinage à domicile deviendra de plus en plus important et perfectionné. Certains imaginent des centres commerciaux télévisés où l'on pourra s'informer et passer une commande sans quitter son fauteuil. En ce moment, les réseaux d'achat à la maison et les chaînes publicitaires font des ventes qui atteignent des millions de dollars et attirent l'attention des commerçants, y compris de ceux qui offrent des produits haut de gamme.

Le magasinage à domicile représente une série de défis pour les vendeurs. Supposons que Holt Renfrew, un magasin reconnu pour l'élégance de ses vêtements et son service à la clientèle, s'intéresse au magasinage à domicile. Quels conseils donneriez-vous à Holt Renfrew afin de développer ses produits et son image dans ce circuit de distribution? Comment Holt Renfrew pourrait-elle offrir au moyen de la télévision et de l'ordinateur le service personnalisé qu'elle fournit déjà dans ses magasins?

3. On peut voir les circuits de distribution comme un ensemble d'organisations indépendantes présentant un potentiel élevé de conflits. Dans ce cas, pourquoi une entreprise choisirait-elle de s'intégrer à un tel système?

4. Il y a souvent des conflits entre les fabricants et les intermédiaires. Décrivez différents types de conflits. Au fond, qu'est-ce que chaque partie souhaite obtenir de l'autre? Et pourquoi ces attentes donnent-elles naissance à des conflits?

5. Sears a établi dans ses magasins des centres de services financiers offrant des fonds du marché monétaire, de l'assurance sur la vie et contre les accidents, des cartes de crédit, des prêts pour l'achat d'une automobile ou d'un bateau remboursables par versements, et ainsi de suite. Quels sont les avantages et les inconvénients de ce type de services pour un magasin comme Sears?

6. « Les intermédiaires sont des parasites. » Voilà une accusation que lancent certains observateurs depuis toujours. Cette accusation est-elle pertinente dans le cas d'un système économique concurrentiel? Pourquoi?

7. Pizza Hut envisage la possibilité de lancer des petits-déjeuners pizzas dans le but d'exploiter un nouveau marché et d'augmenter la valeur de ses marchés actuels. Les pizzas destinées au petit-déjeuner seraient constituées de saucisses, d'œufs, de bacon et d'autres aliments traditionnels du petit-déjeuner. Individuellement ou en petit groupe, imaginez des possibilités de nouveaux canaux de distribution pour la pizza par rapport à ceux qui existent déjà (le restaurant, la livraison à domicile).

8. L'expérience d'un grand nombre d'entreprises tant sur les marchés organisationnels que sur les marchés des consommateurs prouve que le meilleur circuit de distribution pour un produit change selon les phases du cycle de vie du produit. Des spécialistes du marketing prétendent que les producteurs vont d'un circuit à un autre au cours du cycle de vie du produit — de la vente directe aux magasins spécialisés, aux grands magasins et aux magasins-entrepôts — afin de maintenir un avantage concurrentiel. Établissez une stratégie de distribution pour une perceuse à piles en fonction des phases de son cycle de vie.

   a) Quel est l'élément stratégique crucial à chacune des phases?

   b) Quels canaux devraient être utilisés à chacune des phases?

   c) À quelle phase du cycle de vie la marge sera-t-elle la plus élevée?

   d) À quelle phase devrait-on trouver le plus d'intermédiaires, et à quelle phase devrait-on en utiliser le moins?

9. Suggérez des possibilités de circuits de distribution pour:

   a) une petite entreprise qui a développé une moissonneuse radicalement différente;

   b) un petit fabricant de produits en plastique qui a développé un panier à pique-nique qui conserve fraîches la nourriture et les boissons;

   c) un appareil chauffant l'eau instantanément et sans réservoir.

   Quels sont les avantages et les désavantages de chaque possibilité?

RÉFÉRENCES

1. E. Raymond Corey, *Industrial Marketing: Cases and Concepts*, 4e éd., Englewood Cliffs, N.J., Prentice Hall, 1991, chap. 5.

2. Louis W. Stern et Adel I. El-Ansary, *Marketing Channels*, 5e éd., Upper Saddle River, N.J., Prentice Hall, 1996.

3. Certains producteurs peuvent cependant mettre sur pied un circuit dont ils sont partiellement propriétaires. Ainsi, McDonald's possède le cinquième de ses points de vente. L'avantage de cette approche est qu'elle permet de mieux connaître les problèmes de gestion quotidiens, de tester rapidement de nouveaux produits ou de nouvelles idées et d'utiliser ces points de vente pour l'étalonnage commercial afin de comparer le rendement des restaurants franchisés. Un désavantage majeur est le ressentiment possible des franchisés et la crainte de ces derniers que l'entreprise ne tente d'acheter de plus en plus de restaurants de franchises. Évidemment, cette structure de distribution double peut engendrer des conflits.

4. Louis W. Stern et Adel I. El-Ansary, *Marketing Channels*, 5e éd., Upper Saddle River, N.J., Prentice Hall, p. 5-6.

5. Janet McFarland, «Barrymore Builds Retail Sales», *The Globe and Mail*, 7 octobre 1996, p. B6.

6. William G. Zikmund et William J. Stanton, «Recycling Solid Wastes: A Channels-of-Distribution Problem», *Journal of Marketing*, juillet 1971, p. 34.

7. Pour plus d'information sur les circuits à rebours, voir Marianne Jahre, «Household Waste Collection as a Reverse Channel — A Theoretical Perspective», *International Journal of Physical Distribution and Logistics*, vol. 25, no 2, 1995, p. 39-55; Terrance L. Pohlen et M. Theodore Farris II, «Reverse Logistics in Plastics Recycling», *International Journal of Physical Distribution and Logistics*, vol. 22, no 7, 1992, p. 35-37.

8. Adapté de Ronald Abler, John S. Adams et Peter Gould, *Spatial Organizations: The Geographer's View of the World*, Englewood Cliffs, N.J., Prentice Hall, 1971, p. 531-532.

9. Voir Irving Rein, Philip Kotler et Martin Stoller, *High Visibility*, New York, Dodd, Mead, 1987.

10. Pour une discussion plus technique sur les façons dont les entreprises ayant une optique de service à la clientèle s'attaquent à des marchés internationaux, voir M. Krishna Erramilli, «Service Firms' International Entry-Mode Approach: A Modified Transaction-Cost Analysis Approach», *Journal of Marketing*, juillet 1993, p. 19-38.

11. Kent Phillips, «Brand of the Year», *Beverage World*, mai 1994, p. 140; Melissa Campanelli, «Profiles in Marketing: Arnold Greenberg», *Sales and Marketing Management*, août 1993, p. 12; Tim Stephens, «What Makes Snapple Pop?», *Beverage World*, octobre 1994, p. 200, 202.

12. Louis P. Bucklin, *Competition and Evolution in the Distributive Trades*, Englewood Cliffs, N.J., Prentice Hall, 1972.

Voir aussi Louis W. Stern et Adel I. El-Ansary, *Marketing Channels*, 5e éd., Upper Saddle River, N.J., Prentice Hall, 1996.

13. Louis P. Bucklin, *A Theory of Distribution Channel Structure*, Berkeley, Institute of Business and Economic Research, University of California, 1966.

14. Pour plus d'information sur le marketing relationnel et sur la gestion des circuits de marketing, voir Jan B. Heide, «Interorganizational Governance in Marketing Channels», *Journal of Marketing*, janvier 1994, p. 71-85.

15. Arthur Bragg, «Undercover Recruiting: Epson America's Sly Distributor Switch», *Sales and Marketing Management*, 11 mars 1985, p. 45-49.

16. Vincent Alonzo, «Brewski», *Incentive*, décembre 1994, p. 32-33.

17. Philip McVey, «Are Channels of Distribution what the Textbooks Say?», *Journal of Marketing*, janvier 1960, p. 61-64.

18. Ces types de pouvoir ont été proposés par John R.P. French et Bertram Raven, «The Bases of Social Power», dans *Studies in Social Power*, sous la direction de Dorwin Cartwright, Ann Arbor, University of Michigan Press, 1959, p. 150-167.

19. Voir Bert Rosenbloom, *Marketing Channels: A Management View*, 5e éd., Hinsdale, Ill., Dryden Press, 1995.

20. Bert C. McCammon Jr., «Perspectives for Distribution Programming», dans *Vertical Marketing Systems*, sous la direction de Louis P. Bucklin, Glenview, Ill., Scott, Foresman, 1970, p. 32.

21. *Ibid.*, p. 43.

22. *Ibid.*, p. 65-68.

23. Pour un excellent rapport sur ce sujet, voir Howard Sutton, *Rethinking the Company's Selling and Distribution Channels*, rapport de recherche no 885, Conference Board, 1986, 26 p.

24. Voir Louis W. Stern et Adel I. El-Ansary, *Marketing Channels*, 5e éd., Upper Saddle River, N.J., Prentice Hall, 1986, p. 189.

25. Bert C. McCammon, «Perspectives for Distribution Programming», dans *Vertical Marketing Systems*, sous la direction de Louis P. Bucklin, Glenview, Ill., Scott, Foresman, 1970, p. 32-51.

26. *Ibid.*, p. 32-51.

27. Russell Johnston et Paul R. Lawrence, «Beyond Vertical Integration — The Rise of the Value-Adding Partnership», *Harvard Business Review*, juillet-août 1988, p. 94-101.

28. Lee Adler, «Symbiotic Marketing», *Harvard Business Review*, novembre-décembre 1966, p. 59-71; P. Rajan Varadarajan et Daniel Rajaratnam, «Symbiotic Marketing Revisited», *Journal of Marketing*, janvier 1986, p. 7-17.

29. Voir Rowland T. Moriarty et Ursula Moran, « Marketing Hybrid Marketing Systems », *Harvard Business Review*, novembre-décembre 1990, p. 146-155.

30. Voir Gordon S. Swartz et Rowland T. Moriarty, « Marketing Automation Meets the Capital Budgeting Wall », *Marketing Management*, vol. 1, n° 3, 1992.

31. Bert C. McCammon Jr., « Alternative Explanations of Institutional Change and Channel Evolution », dans *Toward Scientific Marketing*, sous la direction de Stephen A. Greyser, Chicago, American Marketing Association, 1963, p. 477-490.

32. Voir Devarat Purohit et Richard Staelin, « Rentals, Sales, and Buybacks : Managing Secondary Distribution Channels », *Journal of Marketing Research*, août 1994, p. 325-338.

33. Cette section s'inspire de Louis W. Stern et Adel I. El-Ansary, *Marketing Channels*, 5e éd., Upper Saddle River, N.J., Prentice Hall, 1986, chap. 6.

La gestion des commerces de détail et de gros et celle des systèmes de logistique du marché

Reproduit avec l'autorisation de Provigo Distribution inc.

Entre deux maux, il faut choisir le moindre.
ARISTOTE

Dans le chapitre précédent, nous avons observé les intermédiaires du point de vue de fabricants qui désiraient mettre sur pied et gérer des circuits de distribution. Nous verrons, dans ce chapitre, comment ces mêmes intermédiaires — les détaillants, les grossistes et les entreprises de distribution physique — en sont venus à reconnaître la nécessité d'élaborer leurs propres stratégies de marketing. Nous verrons aussi comment ils le font. Plusieurs d'entre eux utilisent les outils les plus récents de marketing et de planification stratégique. Ils mesurent leur rendement de plus en plus souvent selon le rendement des investissements plutôt que selon la marge. Ils segmentent mieux leurs marchés et améliorent leur positionnement ainsi que le choix de leur marché cible. Ils ont entrepris d'appliquer des stratégies offensives d'expansion du marché et de diversification.

Dans ce chapitre, nous nous posons les questions suivantes au sujet de chacun des secteurs de distribution (détaillants, grossistes et entreprises de distribution physique) :

- **Quelles sont la nature et l'importance de ces secteurs ?**
- **Quels en sont les principaux types d'entreprises ?**
- **Quelles décisions de marketing ces entreprises prennent-elles ?**
- **Quelles sont les principales tendances dans chacun de ces trois secteurs ?**

19.1
LE COMMERCE DE DÉTAIL

Le commerce de détail comprend toutes les activités de vente de biens et de services directement aux utilisateurs finaux pour leur usage personnel et non commercial. Un commerce de détail consiste dans toute entreprise commerciale dont les ventes proviennent surtout des ventes au détail.

Toute entreprise qui fait de la vente de ce type pratique le commerce de détail, que ce soit un fabricant, un grossiste ou un détaillant, peu importe **comment** se fait la vente des biens et des services (par une personne, par courrier, par téléphone ou par distributeur automatique) et **où** la vente se fait (dans un magasin, dans la rue ou chez le consommateur). Par ailleurs, un **détaillant** ou un **magasin de détail** est toute entreprise commerciale dont le chiffre d'affaires provient surtout des ventes au détail.

19.1.1
Les types de détaillants

Il existe une grande variété de magasins de détail, et de nouvelles formes de commerce de détail voient régulièrement le jour. On trouve plusieurs façons de classer les détaillants. Nous avons retenu les catégories suivantes : 1° les détaillants en magasin ; 2° les détaillants hors magasin ; 3° les organisations de détail.

Les détaillants en magasin

Il existe toute une panoplie de magasins dans lesquels les consommateurs modernes peuvent faire leurs achats de biens et de services. Les types de magasins les plus répandus qu'on trouve dans la plupart des pays sont : les **magasins spécialisés**, les **grands magasins**, les **supermarchés**, les **dépanneurs**, les **magasins de vente au rabais**, les **magasins-entrepôts**, les **magasins à grande surface** et les **salles de vente par catalogue** (voir le tableau 19.1). Le type le plus connu de magasins est le grand magasin comme La Baie au Canada, ou Les Galeries Lafayette en France. Les grands magasins japonais comme Takashimaya et Mitsukoshi attirent des millions de clients chaque année ; on y trouve même des galeries d'art, des cours de cuisine et des terrains de jeu pour les enfants. Les magasins El Cortes Ingles attirent des foules de clients espagnols.

Les commerces de détail, tout comme les produits, passent à travers les phases de croissance et de déclin d'un cycle qu'on pourrait appeler **cycle de vie de détail**[1]. Des commerces de détail d'un certain type voient le jour, bénéficient d'une période de croissance

TABLEAU 19.1
Les principaux types de commerces de détail

Type	Description	Exemples
Les magasins spécialisés	Un magasin spécialisé offre une gamme restreinte de produits qui a cependant une grande profondeur, c'est-à-dire qui compte un grand nombre d'articles. Des exemples de magasins spécialisés sont les magasins de vêtements, les magasins d'articles de sport, les magasins de meubles, les fleuristes et les libraires. On peut subdiviser les magasins spécialisés selon l'étroitesse de leur gamme de produits. Un magasin de vêtements serait un **magasin à gamme unique**, un magasin de vêtements pour hommes serait un **magasin à gamme limitée** et un magasin de chemises sur mesure pour hommes serait un **magasin surspécialisé**. Certains analystes prétendent que ce sont les magasins surspécialisés qui connaîtront à l'avenir la croissance la plus rapide, profitant des possibilités plus grandes de segmentation du marché, de ciblage du marché et de spécialisation des produits.	Body Shop (produits cosmétiques), Jeans Junction (surtout des jeans), Warehouse (vêtements de travail ou de loisirs)
Les grands magasins	Les grands magasins offrent plusieurs gammes de produits, le plus souvent des vêtements, de l'ameublement et des appareils ménagers. Chaque gamme est gérée comme un rayon indépendant par des acheteurs spécialisés et des spécialistes de mise en marché. On trouve aussi des **grands magasins spécialisés** n'offrant qu'un certain nombre de gammes de produits, par exemple des vêtements, des produits de beauté ou des articles de cadeaux.	La Baie et Sears (grands magasins), Les Ailes de la Mode (grand magasin spécialisé)
Les supermarchés	Le supermarché est un magasin relativement grand dont les coûts et les marges sont peu élevés, dont le volume d'activité est élevé et dont le fonctionnement est le libre-service ; il a été conçu pour mieux répondre à l'ensemble des besoins des clients en produits d'alimentation, de lessive et d'entretien. La concurrence est si forte entre les supermarchés que le profit d'exploitation atteint souvent à peine 1 % du chiffre d'affaires et 10 % de la valeur nette. Malgré que les supermarchés aient subi de durs coups de la part de plusieurs concurrents innovateurs, tels les dépanneurs et les magasins-entrepôts, ce sont toujours les magasins de détail les plus visités par les consommateurs.	Métro-Richelieu, Provigo, Loblaws, Sobey's
Les dépanneurs	Les dépanneurs sont des magasins relativement petits, situés près des zones résidentielles, ouverts plusieurs heures par jour et sept jours par semaine, et offrant une gamme limitée de produits d'achat courant ayant un haut taux de roulement. Les longues heures d'ouverture et le fait que les consommateurs font surtout appel aux dépanneurs pour compléter leurs achats en font des magasins où les frais d'exploitation, et donc les prix, sont un peu plus élevés. Plusieurs dépanneurs ont ajouté la vente de café, de sandwiches, de pâtisseries et plusieurs services.	Provi-Soir, Couche-Tard
Les magasins de vente au rabais	Un magasin de vente au rabais offre une marchandise standard à des prix plus bas que ceux des marchands traditionnels en acceptant des marges plus faibles et en vendant de plus grandes quantités. Les véritables magasins de vente au rabais cèdent régulièrement leur marchandise à bas prix et offrent des marques nationales, de façon que les bas prix ne soient pas associés à une qualité inférieure. Le magasin de vente au rabais n'est plus limité à la marchandise générale ; on le trouve aussi dans les magasins spécialisés tels que les magasins d'articles de sport, d'électronique et les libraires.	Wal-Mart, Zellers, Cole's
Les magasins-entrepôts	Les magasins-entrepôts achètent à des prix de gros plus faibles que les prix habituels et demandent aux consommateurs un prix moindre que le prix de détail. Ils ont tendance à offrir des collections de marchandises de haute qualité qui changent tout le temps. Ce sont souvent des fins de gamme, des surplus de production ou des produits de deuxième catégorie qui sont obtenus de fabricants ou d'autres détaillants à prix réduits. Il y a trois types de magasins-entrepôts : les entrepôts de fabricants, les magasins-entrepôts indépendants et les clubs d'entrepôt.	

TABLEAU 19.1
Les principaux types de commerces de détail (*suite*)

Type	Description	Exemples
Les magasins-entrepôts (*suite*)		
Les entrepôts de fabricants	Les entrepôts de fabricants appartiennent à des fabricants qui les exploitent et qui écoulent normalement les surplus de fabricants, ou encore des fins de série ou des articles de deuxième catégorie. On trouve souvent ces magasins concentrés le long de quelques rues dans des quartiers où il y a beaucoup de fabricants. Une nouvelle tendance est le regroupement de tels magasins dans des centres commerciaux constitués de magasins de fabricants. La possibilité d'obtenir des bas prix sur toute une gamme de produits est suffisante pour attirer des consommateurs.	Ralph Lauren, les Versants de Saint-Sauveur
Les magasins-entrepôts indépendants	Les magasins-entrepôts indépendants sont exploités dans des endroits semblables à ceux des clubs d'entrepôt, mais on n'y demande aucune cotisation.	Pennington's
Les clubs d'entrepôt	Les clubs d'entrepôt, aussi appelés « clubs de grossistes », offrent un choix limité d'appareils électroménagers, de meubles et de vêtements, d'articles d'épicerie et d'autres marchandises de marques reconnues. Les membres paient une cotisation de 25 $ à 50 $ pour avoir le privilège d'obtenir des rabais importants sur leurs achats. Les clubs d'entrepôt sont relativement nouveaux au Canada.	Costco
Les magasins à grande surface	La surface de ces magasins peut excéder les 3 500 m^2 d'espace de vente. Ces magasins sont conçus pour répondre à l'ensemble des besoins des consommateurs en matière de produits alimentaires et non alimentaires d'achat routinier. On peut y trouver toutes sortes de produits ou de services, comme des services financiers ou une cordonnerie. Il existe aussi des magasins à grande surface qui sont en fait d'immenses magasins spécialisés offrant des gammes d'une grande profondeur. Les magasins intégrés et les hypermarchés sont des variantes des magasins à grande surface.	Maxi, Réno-Dépôt, Rona L'Entrepôt
Les magasins intégrés	Il s'agit d'une forme limitée de supermarchés qu'on trouve souvent sur le marché pharmaceutique. On y vend des produits pharmaceutiques, alimentaires et non alimentaires.	Jean Coutu, Pharmaprix
Les hypermarchés	Les hypermarchés sont des magasins encore plus grands pouvant atteindre 8 000 m^2 et, dans certains cas, 22 000 m^2. Ils intègrent les principes des supermarchés, des magasins de vente au rabais et des magasins-entrepôts. La gamme de produits offerts va bien au-delà des produits d'achat courant et inclut des meubles, de petits et de gros appareils électroménagers, des vêtements et bien d'autres choses. Les principes de base sont la présentation de la marchandise en vrac, la réduction au minimum de la manutention par le personnel et les réductions offertes aux clients qui acceptent de transporter eux-mêmes les appareils électroménagers et les meubles à l'extérieur du magasin. Les hypermarchés sont nés en France, et cette forme de commerce de détail connaît une grande popularité en Europe.	Carrefour et Casino en France, Frank Meijer's aux Pays-Bas
Les salles de vente par catalogue	Les salles de vente par catalogue appliquent des principes de vente par catalogue et de magasins de vente au rabais à un vaste choix de produits de marques connues dont la marge est élevée et le roulement, rapide. On y trouve, entre autres, des bijoux, des outils électriques, des valises, des appareils photo et de l'équipement photographique. Le client commande l'article choisi, qu'on lui livre sur-le-champ à un guichet dans le magasin. La rentabilité de ces magasins provient de la réduction de leurs coûts qui permettent d'offrir des prix bas et d'accroître leurs ventes.	Consumer's Distributing

Sources : Pour plus d'information, voir Leah Rickard, « Supercenters Entice Shoppers », *Advertising Age*, 29 mars 1995, p. 1-10 ; Debra Chanil, « Wholesale Clubs : A New Era ? », *Discount Merchandiser*, novembre 1994, p. 38-51 ; Julie Nelson Forsyth, « Department Store Industry Restructures for the 90s », *Chain Store Age Executive*, août 1993, p. 29A-30A ; John Milton Fogg, « The Giant Awakens », *Success*, mars 1995, p. 51 ; J. Douglas Eldridge, « Non-Store Retailing : Planning for a Big Future », *Chain Store Age Executive*, août 1993, p. 34A-35A.

accélérée, atteignent leur maturité, puis déclinent. Les formes traditionnelles de commerces de détail n'ont atteint leur maturité qu'après une longue période, mais les nouvelles formes de commerce de détail y arrivent beaucoup plus tôt. Il a fallu près de quatre-vingts ans aux grands magasins pour atteindre la phase de maturité, alors que les magasins-entrepôts, une forme plus récente de commerces de détail, ont atteint leur maturité en une dizaine d'années.

L'hypothèse qui explique la venue de nouveaux types de magasins pour remplacer les types de magasins traditionnels est connue sous le nom de **roue de détail**[2]. Les magasins traditionnels offrent générale-ment plusieurs services à leurs clients et fixent leurs prix de manière à couvrir leurs coûts. Cette pratique fournit des occasions pour de nouveaux types de commerces de vente au détail, par exemple les maga-sins de vente au rabais, qui offrent des bas prix, peu de services, mais qui ont des frais d'exploitation peu élevés. Un nombre croissant d'acheteurs visitent d'abord les magasins traditionnels pour fixer leur choix, puis se rendent dans des magasins de vente au rabais pour faire l'achat. À mesure que ces magasins de vente au rabais accroissent leur part de marché, ils offrent plus de services et améliorent leurs installa-tions. Il en résulte une augmentation des coûts qui les force à accroître leurs prix à un niveau tel qu'ils finis-sent par ressembler aux magasins traditionnels qu'ils ont remplacés. En conséquence, ils deviennent vulné-rables à de nouveaux types de magasins ayant des frais d'exploitation plus bas et une marge moins élevée. Cette hypothèse explique partiellement le succès ini-tial et les problèmes consécutifs à celui-ci qu'ont connus certains grands magasins, comme Simpsons, qui ont fermé leurs portes, et certains magasins de vente au rabais, comme les Magasins M et Pascal, qui ont aussi dû fermer leurs portes.

On voit naître de nouveaux types de magasins qui répondent à des préférences fort variées des consom-mateurs pour des services particuliers et pour le niveau de service en général. La plupart des détaillants peuvent être classés dans les catégories suivantes, selon leur niveau de service:

- **Le libre-service.** Le libre-service est d'usage dans plusieurs commerces de détail, surtout pour des produits d'achat courant et même, dans certains cas, pour des produits d'achat réfléchi (voir le cha-pitre 15). Le libre-service est la pierre angulaire de tous les magasins de vente au rabais. Plusieurs clients sont prêts à faire eux-mêmes les démarches touchant la recherche, la comparaison et le choix pour économiser de l'argent.

- **Le libre-choix.** Dans ce type de magasin, les clients trouvent eux-mêmes les produits dont ils ont besoin, quoiqu'ils puissent demander de l'aide. La transaction est effectuée par un vendeur qui accompagnera le client à la caisse pour le paie-ment. Les magasins libre-choix ont des frais d'exploitation plus élevés que les libres-services à cause du personnel supplémentaire nécessaire.

- **Le service limité.** Les magasins de ce type appor-tent une plus grande aide aux clients, puisqu'ils offrent davantage de produits d'achat réfléchi et que les clients ont besoin de plus d'information. Ces magasins offrent aussi des services tels que le crédit et la possibilité de retourner la marchandise, qu'on ne trouve pas normalement dans les maga-sins libre-choix; en conséquence, leurs frais d'exploitation sont plus élevés.

- **Le service complet.** On trouve dans ce type de magasin plusieurs vendeurs disposés à assister le client à chaque étape du processus de recherche, de comparaison et de choix. Les clients qui aiment qu'on s'occupe d'eux préfèrent les magasins de ce genre. Les coûts y sont plus élevés puisqu'on y trouve souvent des biens ou des produits spécia-lisés dont le taux de roulement est faible (bijoux, appareils photo, articles de mode), une politique de retour plus libérale, différentes possibilités de crédit, un service de livraison gratuite, un service à domicile pour les biens durables, et diverses instal-lations pour les clients, tels les restaurants.

On trouvera à la figure 19.1 une matrice qui com-bine divers niveaux de valeur ajoutée avec diverses étendues de gamme. On distingue quatre grandes stratégies de positionnement possibles pour les détaillants:

1. Holt Renfrew est un exemple typique de magasin qui offre une gamme élargie de produits ayant une forte valeur ajoutée. Les magasins de ce quadrant accordent beaucoup d'attention à la décoration du magasin, à la qualité des produits, au service et à l'image. Leur marge bénéficiaire est élevée et, s'ils

FIGURE 19.1

Une carte de positionnement des commerces de détail

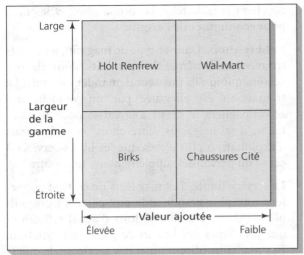

Source : Adaptée de William T. Gregor et Eileen M. Friars, « Money Merchandising : Retail Revolution in Consumer Financial Service », Cambridge, Mass., The MAC Group, 1982.

ont assez de chance pour avoir un volume de ventes élevé, ils seront très rentables.

2. Birks est un exemple de magasin qui offre une gamme étroite de produits ayant une forte valeur ajoutée. De tels magasins entretiennent une image d'exclusivité et ont tendance à fonctionner avec un volume de ventes plutôt faible, mais une forte marge bénéficiaire.

3. Chaussures Cité est un exemple de magasin qui offre une gamme étroite de produits ayant une faible valeur ajoutée. Ces magasins attirent les consommateurs qui accordent de l'importance au prix. Ils offrent des prix bas en maintenant leurs coûts bas grâce à une conception uniforme de leurs installations et grâce à la centralisation de leurs achats, de leur marchandisage, de leur publicité et de leur distribution.

4. Wal-Mart appartient à une catégorie de magasins qui offrent une gamme élargie de produits ayant une faible valeur ajoutée. Ces magasins accordent beaucoup d'importance au maintien des bas prix, de façon à conserver l'image de commerces qui offrent de bonnes réductions. Ils compensent leur faible marge par un volume de ventes élevé.

Les détaillants hors magasin

Quoique la grande majorité des produits et des services soient vendus dans les magasins, certaines activités de vente au détail ont lieu à l'extérieur des magasins. Il s'agit d'une forme de commerce qui a connu une croissance plus rapide que les commerces de détail traditionnels. Certains observateurs croient qu'éventuellement une partie importante des activités de vente au détail auront lieu hors magasin, comme la vente par correspondance, le téléachat et les achats par ordinateur au moyen d'Internet. Il existe quatre catégories de canaux d'activités de vente au détail : la **vente directe**, le **marketing direct**, les **distributeurs automatiques** et les **services d'achat** (voir le tableau 19.2).

Les organisations de détail

Quoique plusieurs commerces de détail appartiennent à des propriétaires indépendants, un nombre de plus en plus élevé de commerces appartiennent à une forme quelconque de commerces organisationnels de détail. Les organisations de détail obtiennent de nombreuses économies d'échelle grâce à leur pouvoir d'achat, à une image de marque et à des employés mieux qualifiés. Les six types de commerces organisationnels de détail sont les **chaînes organisationnelles**, les **chaînes volontaires**, les **coopératives de détaillants**, les **coopératives de consommateurs**, les **organisations de franchise** et les **conglomérats de marchandisage**. La description de ces types de commerces est présentée au tableau 19.3, et les organisations de franchises sont discutées dans la rubrique Le marketing en coulisse 19.1 intitulée « La fièvre du franchisage ».

19.1.2
Les décisions de marketing des détaillants

De nos jours, les détaillants souhaitent ardemment trouver de nouvelles stratégies de marketing qui leur permettront d'attirer et de retenir les clients. Auparavant, ils retenaient leurs clients en offrant un lieu accessible, des assortiments uniques ou spéciaux de biens ou de services, en fournissant plus de services

TABLEAU 19.2

Les principaux types de commerces hors magasin

Type	Description	Exemples
La vente directe	La vente directe, qui a commencé il y a plusieurs centaines d'années avec des vendeurs itinérants, est devenue au Canada une industrie comprenant plus de 600 entreprises qui pratiquent la vente de **porte en porte**, la vente de **bureau en bureau** ou les **démonstrations à domicile**. On trouve trois formes de vente directe : la vente de personne à personne, la vente d'une personne à un groupe (les démonstrations à domicile) et la vente par réseau.	
La vente de personne à personne	Un vendeur tente de vendre des produits à un acheteur potentiel.	Avon (cosmétiques), Fuller (produits de nettoyage), Electrolux (aspirateurs)
La vente d'une personne à un groupe	Une représentante se rend à la maison d'une hôtesse qui a invité des amies, des parentes ou des voisines à une soirée. La représentante fait une démonstration et prend les commandes. Les meilleures représentantes obtiennent des prix somptueux ; par exemple, Mary Kay offre à ses meilleures vendeuses des diamants, des visons, voire l'utilisation d'une Cadillac pendant un an.	Tupperware, Mary Kay Cosmetics
La vente par réseau	Amway a été la pionnière de cette forme de vente à domicile qui fait appel à des travailleurs autonomes. Ces entrepreneurs, qui sont à leur compte, agissent comme distributeurs. Les distributeurs, à leur tour, recrutent des sous-distributeurs à qui ils vendent leurs produits et qui, éventuellement, recrutent d'autres personnes à qui ils vendent des produits. La rémunération d'un distributeur provient du pourcentage des ventes de tous les vendeurs qu'il a recrutés et du pourcentage d'une marge pour tout produit vendu à un client final.	Amway, Beauty Counselor
Le marketing direct	Les sources originales du marketing direct sont le publipostage et la vente par catalogue. Le marketing direct signifie maintenant toute forme de contact direct telle que le télémarketing, la télévente (émissions spécialisées ou information publicitaire) et le commerce électronique (décrit en détail au chapitre 23).	Boutique TVA (télévente), Horticlub (correspondance)
Les distributeurs automatiques	La distribution automatique sert à vendre toutes sortes de produits, notamment les produits d'achat impulsif pour lesquels la commodité a une valeur élevée (cigarettes, boissons gazeuses, friandises, journaux, boissons chaudes), et nombre d'autres produits (bas, cosmétiques, condoms, casse-croûte, soupes et autres aliments chauds, livres de poche, disques, films, tee-shirts, polices d'assurance, cirage à chaussures et même des films sur vidéocassette et des vers pour la pêche). Au Japon, on trouve aussi dans les distributeurs des bijoux, des fleurs fraîches, des produits congelés et du whisky. Des distributeurs automatiques sont placés dans les usines, les bureaux, les écoles, les universités, les hôpitaux, les grands magasins, les hôtels, les stations-service et les aéroports. Les distributeurs automatiques offrent plusieurs avantages aux consommateurs : accessibilité jour et nuit, libre-service et non-manutention de la marchandise.	Coca-Cola, *La Presse*
Les services d'achat	Un service d'achat est un détaillant sans magasin servant des clientèles déterminées, le plus souvent le personnel de grandes organisations telles que des écoles, des hôpitaux, des syndicats et des agences gouvernementales. Les membres de l'organisation deviennent membres du service d'achat, ce qui leur permet d'acheter à certains détaillants qui ont accepté de donner des rabais et des remises aux membres du service d'achat à qui on a donné une liste de ces détaillants. Ainsi, un client qui désirerait acheter un caméscope obtiendrait un formulaire de commande du service d'achat, remettrait sa commande à l'un des détaillants agréés et achèterait à rabais l'appareil. Le détaillant paierait ensuite certains droits au service d'achat.	Grandes entreprises comme General Motors ou Hydro-Québec

Sources : Pour plus d'information, voir J. Douglas Eldridge, « Non-Store Retailing : Planning for a Big Future », *Chain Store Age Executive*, août 1993, p. 34A-35A ; Peter Clothier, *Multi-Level Marketing : A Practical Guide to Successful Network Selling*, Londres, Kogan Page, 1990.

TABLEAU 19.3
Les principaux types d'organisations de détail

Type	Description	Exemples
Les chaînes organisationnelles	Les chaînes organisationnelles comprennent deux ou plusieurs magasins appartenant à un seul propriétaire qui en assure la direction ; elles pratiquent une gestion centralisée des achats et de la mise sur le marché, et elles vendent des gammes similaires de marchandises d'un magasin à l'autre. On trouve les chaînes organisationnelles dans tous les secteurs du commerce de détail, mais elles occupent une part plus substantielle du marché dans les grands magasins, les magasins de produits de grande consommation, les magasins d'alimentation, les magasins de chaussures, les magasins de vêtements et les pharmacies. Leur chiffre d'affaires leur permet d'acheter de la marchandise en grande quantité à des prix avantageux. Elles peuvent se permettre d'engager des spécialistes au siège social dans les domaines du prix, de la promotion, du marchandisage, du contrôle des stocks et des prévisions des ventes.	Tip Top Tailors (vêtements pour hommes), Sam the Record Man (musique)
Les chaînes volontaires	Une chaîne volontaire consiste en un groupe de détaillants indépendants parrainé par un grossiste qui achète en grandes quantités et organise un marchandisage commun.	Provigo
Les coopératives de détaillants	Une coopérative de détaillants consiste en un ensemble de détaillants indépendants qui établissent une organisation d'achats centralisée et entreprennent des efforts promotionnels communs.	Métro-Richelieu, Rona
Les coopératives de consommateurs	Une coopérative de consommateurs (ou coop) est un commerce de détail dont les propriétaires sont les clients. Ces coopératives sont souvent mises sur pied par des gens qui s'estiment mal servis par des commerçants exigeant des prix trop élevés ou offrant des produits de mauvaise qualité. Les membres investissent une certaine somme d'argent pour ouvrir leur propre magasin, ils choisissent par vote les politiques de gestion et ils élisent la direction. On peut décider de fixer les prix le plus bas possible ou encore de fixer des prix normaux et d'offrir une ristourne aux membres en fonction de leur volume d'achats.	Diverses coopératives, par exemple dans les universités ; le Mouvement Desjardins, qui offre des services financiers en tout genre
Les organisations de franchises	Une organisation de franchise est une association contractuelle entre un franchiseur (un fabricant, un grossiste ou une organisation de services) et des franchisés (gens d'affaires indépendants qui achètent le droit de posséder et de diriger une ou plusieurs unités dans l'organisation de franchise). Normalement, les organisations de franchises sont basées sur un service ou un produit unique, sur une méthode pour faire des affaires, sur une marque de commerce ou un projet ou sur un fonds de commerce mis au point par le franchiseur. Le franchisage est particulièrement important dans les secteurs de la restauration rapide, des clubs de films vidéo, des centres de conditionnement physique, des salons de coiffure, des centres de location de voitures, des motels, des agences de voyages et de l'immobilier.	McDonald's, Subway, Canadian Tire, Provi-Soir
Les conglomérats de marchandisage	Les conglomérats de marchandisage sont des sociétés dont l'organisation n'est pas rigide qui regroupent des formes de commerce variées sous le leadership d'un seul propriétaire assurant une certaine intégration des fonctions de distribution et de management.	Dylex (vêtements), F.W. Woolworth

ou de meilleurs services que les concurrents et en offrant des cartes de crédit qui permettaient à leurs clients d'acheter à crédit. Tout cela a bien changé. Plusieurs magasins offrent maintenant des assortiments équivalents. Ainsi, on peut trouver des mar-

ques nationales telles que Levi's, Izod et Calvin Klein non seulement dans la plupart des grands magasins, mais aussi dans des magasins de vente au rabais et même dans des magasins-entrepôts. Désireux d'accroître leur chiffre d'affaires, les fabricants de

La fièvre du franchisage

Jadis un cas exceptionnel parmi les petites entreprises, les franchises représentent maintenant 35 % des ventes au détail, et les experts s'attendent à ce que d'ici quelques années ce pourcentage atteigne 50 %. Et il est probable que cette prévision se réalisera parce que, peu importe le type de banlieue où l'on vit, on trouvera toujours des Provi-Soir ou des McDonald's. McDonald's est une des entreprises de franchisage les plus réputées et les plus populaires. Il existe déjà plus de 14 000 restaurants de cette chaîne dans le monde et ses ventes annuelles atteignent 30 milliards de dollars. Subway a aussi connu beaucoup de succès récemment et ses ventes augmentent rapidement.

Comment fonctionne un système de franchises? Chaque franchise fait partie d'un groupe tissé serré d'entreprises dont les opérations systématiques sont planifiées, dirigées et contrôlées par l'instigateur de l'entreprise de franchisage, soit le franchiseur. Généralement, on considère que les franchises se distinguent par rapport à trois caractéristiques :

1. **Le franchiseur, qui possède une marque de commerce ou un service, accorde une licence à des franchisés, lesquels en retour paient des redevances.**

2. **Le franchisé doit payer pour avoir le droit de faire partie du système.** Les frais initiaux ne représentent qu'une partie du montant total que le franchisé investit quand il signe un contrat de franchise. Les coûts de démarrage incluent la location d'équipements et d'accessoires, et parfois des frais continus de licence. Un franchisé de McDonald's peut investir jusqu'à 800 000 $ pour le démarrage. Le franchisé paie ensuite au franchiseur (McDonald's) des frais de service et des frais de location qui représentent 11,5 % du volume de ventes du franchisé. Le succès de Subway est partiellement attribuable aux faibles coûts de démarrage, qui sont de 60 000 $ à 90 000 $, ce qui est inférieur de 70 % aux frais de démarrage de la plupart des franchises.

3. **Le franchiseur fournit au franchisé un système de marketing et d'exploitation pour pouvoir faire des affaires.** McDonald's exige que les franchisés fréquentent l'«Université du hamburger» durant trois semaines pour apprendre comment gérer ce type d'entreprise, et les franchisés doivent adopter certaines procédures pour acheter des fournitures. Les franchiseurs les plus dynamiques recherchent aussi des idées chez leurs franchisés. Le franchiseur des imprimeries à service rapide Alfa Graphics, par exemple, a pour politique de consulter ses franchisés afin d'obtenir des suggestions et des idées sur la façon d'améliorer les affaires.

Dans le meilleur des cas, la franchise profite à la fois au franchiseur et au franchisé. Parmi les avantages qu'en retire un franchiseur, il y a la possibilité de couvrir un territoire rapidement, la motivation et le travail d'employés qui sont davantage des entrepreneurs que des personnes embauchées, la connaissance que le franchisé a de son milieu et son pouvoir d'achat important (il suffit de penser, par exemple, aux commandes de draps que doit faire Holiday Inn). Le franchisé bénéficie de son appartenance à une entreprise connue dont la marque et la notoriété l'avantageront. Il a aussi plus de facilité à obtenir des prêts auprès des institutions financières et il reçoit un soutien continu dans plusieurs domaines comme la publicité et le marketing, le choix d'un emplacement et le recrutement du personnel.

Par suite de la multiplication des franchises au cours des dernières années, plusieurs types de franchiseurs (tels que les franchiseurs dans la restauration rapide) doivent faire face à un marché local de plus en plus saturé. Un indice de cette saturation est le nombre de plaintes déposées par les franchisés contre le franchiseur, qui a augmenté de plus de 50 % annuellement depuis 1990. La plainte la plus commune des franchisés est l'empiétement du franchiseur sur le territoire du franchisé en permettant l'ouverture de nouveaux magasins ou restaurants. Une autre plainte est le taux réel de faillites, plus élevé que le taux annoncé. On a souvent reproché à Subway, en particulier, d'induire les franchisés en erreur en leur disant que seulement 2 % des franchisés feront faillite, alors que la réalité est fort différente. De plus, certains franchisés croient avoir été trompés par les promesses exagérées de soutien, alors qu'ils reçoivent très peu de soutien une fois que le contrat est signé et que les 100 000 $ ont été investis.

Typiquement, il y aura un conflit entre le franchiseur qui jouit d'une croissance et les franchisés qui réussissent tout juste à survivre. Voici quelques nouvelles possibilités qui permettraient aux franchiseurs et aux franchisés de resserrer leurs liens :

• **Des alliances stratégiques avec des entreprises importantes.** Un exemple d'alliance stratégique est l'entente intervenue entre Fuji et un magasin de développement rapide de photos connu sous le nom de Moto Photo. Fuji a ainsi réalisé une importante pénétration du marché grâce aux 400 emplacements de Moto Photo, et les franchisés de Moto Photo ont pu jouir de la notoriété de la marque Fuji de même que des effets de sa publicité.

• **L'expansion dans d'autres pays.** Les franchises de restauration rapide sont devenues populaires un peu partout dans le monde. Aujourd'hui, McDonald's possède plus de 4 700 restaurants dans de nombreux pays, incluant un restaurant de 700 places à Moscou. La chaîne de pizzérias Domino a été introduite au Japon par le franchisé Ernest Higa, qui y possède 106 restaurants, dont les ventes annuelles atteignent 190 millions de dollars. Une partie du succès de Higa est attribuable à son habileté à adapter les produits Domino au marché japonais, où la présentation compte pour beaucoup. Il a déterminé la place précise que les diverses garnitures de la pizza doivent occuper et fait des marques perforées sur les boîtes de façon que les pointes soient parfaitement uniformes.

• **Des emplacements non traditionnels.** On trouve maintenant des franchises dans les aéroports, dans des stades, des universités, des hôpitaux, des parcs thématiques, des casinos et des salles de congrès.

Sources : Norman D. Axelrad et Robert E. Weigand, « Franchising – A Marriage of System Members », dans *Marketing Managers Handbook*, 3e éd., sous la direction de Sidney Levy, George Frerichs et Howard Gordon, Chicago, Dartnell, 1994, p. 919-934 ; Meg Whittemore, « New Directions in Franchising », *Nation's Business*, janvier 1995, p. 45-52 ; Andrew E. Serwer, « McDonald's Conquers the World », *Fortune*, 17 octobre 1994, p. 103-116 ; Andrew E. Serwer, « Trouble in Franchise Nation », *Fortune*, 6 mars 1995, p. 115-129 ; Carol Steinberg, « Millionaire Franchisees », *Success*, mars 1995, p. 65-69 ; Lawrence S. Welch, « Developments in International Franchising », *Journal of Global Marketing*, vol. 6, nos 1-2, 1992, p. 81-96.

marques nationales ont introduit leurs produits partout où ils le pouvaient. En conséquence, les magasins se ressemblent de plus en plus : ils deviennent homogénéisés. Dans la plupart des villes, on peut compter de nombreux magasins, mais seulement quelques assortiments.

Il y a aussi de moins en moins de différences entre les services offerts par les détaillants. Plusieurs grands magasins ont quelque peu réduit leur service, alors que plusieurs magasins de vente au rabais ont amélioré le leur. Les consommateurs deviennent de plus en plus avisés et sensibles au prix. Ils ne voient pas pourquoi ils paieraient plus cher pour des marques similaires, surtout si les différences dans le service se sont estompées. Ils n'ont pas non plus besoin du crédit d'un magasin en particulier, puisque les cartes de crédit des banques (Visa et MasterCard) sont maintenant acceptées dans tous les magasins.

Pour toutes ces raisons, de plus en plus de détaillants pensent à revoir leurs stratégies de marketing[3]. Ainsi, face à la croissance que connaissent les magasins de vente au rabais et les magasins spécialisés, les grands magasins ont décidé de contre-attaquer. Traditionnellement situés dans les centres-villes, plusieurs ont ouvert depuis déjà longtemps des succursales dans les centres commerciaux de la banlieue, où il y a amplement d'espaces de stationnement et où les revenus des familles sont plus élevés. D'autres font plus souvent des soldes, redécorent leurs magasins ou expérimentent avec le publipostage et même le télémarketing. Face à la concurrence des magasins à grande surface, les supermarchés ont ouvert des magasins plus grands, offrant plus de produits et de variété, et ils ont amélioré l'apparence de leurs magasins. Les supermarchés ont aussi accru leur budget de communication et ils accordent beaucoup plus d'importance au développement de marques privées pour réduire leur dépendance à l'égard des marques nationales et accroître leur marge bénéficiaire.

Voyons maintenant les différents types de décisions de marketing prises par les détaillants en ce qui concerne le marché cible, l'assortiment de produits, les services et l'atmosphère, le prix, la promotion et l'emplacement.

Le marché cible

La décision la plus importante que doit prendre un détaillant est de déterminer son marché cible. Le magasin devrait-il cibler les acheteurs de la classe élevée, moyenne ou basse ? Les clients cibles désirent-ils la variété, la profondeur d'assortiments ou la commodité ? Tant que le marché cible n'aura pas été défini et que le profil de la clientèle ne sera pas connu, le détaillant ne sera pas en mesure de prendre des décisions cohérentes relativement à l'assortiment de produits, à la décoration du magasin, aux messages publicitaires et aux médias, au prix, etc.

Trop de détaillants n'ont pas bien cerné leur marché cible ou tentent de satisfaire trop de marchés, n'en satisfaisant ainsi aucun. Même un magasin comme Sears, qui sert plusieurs types de clients, doit définir les groupes de clients qui devraient être ciblés, de façon à pouvoir ajuster les assortiments de produits, les prix, les sites et la promotion.

Certains détaillants ont bien défini leur marché cible, d'autres non. En voici deux exemples :

À leurs débuts, les magasins Wal-Mart étaient de très grands magasins-entrepôts situés dans de petites villes, et qui vendaient de tout, allant des vêtements aux pièces d'automobile, en passant par les appareils ménagers, et ce au meilleur prix possible. Maintenant, Wal-Mart bâtit aussi des magasins dans les grandes villes. Elle compte plus de 2 000 magasins au Canada, aux États-Unis et au Mexique, de même que des centaines de clubs d'entrepôt Sam. Le secret de

Wal-Mart ? Écouter les clients, traiter les employés comme des associés, gérer avec soin les achats et contrôler les dépenses de façon serrée. On trouve des affiches mettant en évidence le fait que chez Wal-Mart « la satisfaction est garantie » et qu'on y « vend moins cher ». Les clients sont accueillis par des hôtes très serviables. Wal-Mart dépense beaucoup moins que Sears et K-mart pour la publicité, mais ses ventes croissent au taux de 28 % par année. Elle est souvent citée comme une pionnière du commerce de détail. Son utilisation des prix les plus bas tous les jours (voir le chapitre 17) et de l'échange de données informatisées (EDI) pour la gestion des stocks a servi d'étalon pour les autres détaillants ; Wal-Mart a été le premier grand commerçant à s'attaquer à la mondialisation des services dans ce secteur[4].

Pour créer The Limited Inc., une boutique de vêtements pour jeunes femmes à la mode, Leslie H. Wexner emprunta 5 000 $. Tous les aspects du magasin — choix des vêtements, équipement, ameublement, musique, couleurs, personnel — furent conçus en fonction de la consommatrice cible. Il ouvrit ensuite plusieurs magasins, mais une décennie plus tard ses clientes originales n'étaient plus des « jeunes » femmes. Pour rejoindre les « nouvelles jeunes », il lança le Limited Express. Avec le temps, il mit sur pied ou acquit d'autres chaînes, dont Victoria's Secret et Bath & Body Works. Malgré son succès indéniable, The Limited Inc. fait maintenant face à de nouveaux défis. Les ventes de son magasin amiral, The Limited, commencèrent à baisser en 1992 et baissèrent encore plus pendant les trois années suivantes. Les clientes traditionnelles, maintenant âgées de plus de 30 ans, fréquentaient moins les magasins et trouvaient les vêtements trop jeunes et mal coupés. Les fabricants sont d'avis que The Limited perdit son sens de la mode lorsque l'entreprise commença à acheter de plus en plus de vêtements en Asie. Commander des marchandises outre-mer exige de prendre des décisions des mois à l'avance ; il devient alors difficile de suivre la mode de près et d'assurer le suivi de la qualité. Pour retrouver le chemin du succès, The Limited Inc. fait maintenant un effort important pour dénicher des produits innovateurs pour ses 721 magasins[5].

Considérant l'expérience de The Limited, les détaillants devraient effectuer périodiquement des recherches en marketing afin de s'assurer qu'ils atteignent bien leurs clients cibles et satisfont leurs besoins.

FIGURE 19.2

Une comparaison entre la vieille image et la nouvelle image d'un magasin qui cherche à attirer une clientèle à l'aise

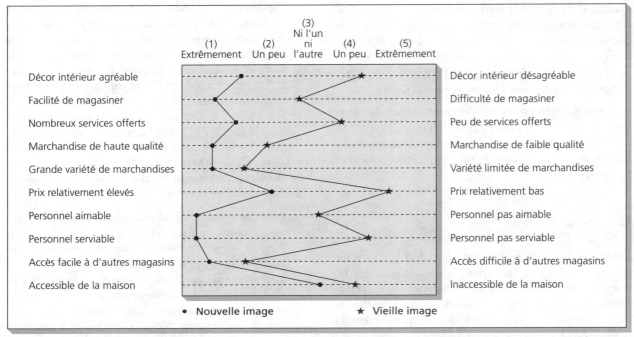

Source : Adaptée de David W. Cravens, Gerald E. Hills et Robert B. Woodruff, *Marketing Decision Making : Concepts and Strategy*, Homewood, Ill., Richard D. Irwin, 1976, p. 234. Copyright © 1976 par Richard D. Irwin Inc.

Voyons le cas d'un magasin qui essaie d'attirer des clients à l'aise mais dont l'image est représentée à la figure 19.2 par la ligne ponctuée d'étoiles (vieille image). L'image du magasin n'est pas très attrayante pour ce marché cible. Le magasin doit ou bien servir le marché de masse, ou bien être transformé en un magasin plus luxueux. Supposons qu'on adopte la deuxième solution. Plus tard, on interviewe encore des clients du magasin. L'image du magasin est décrite par la ligne ponctuée de points (nouvelle image) apparaissant à la figure 19.2. Le magasin a réussi à rajuster son image en la faisant correspondre aux attentes du marché cible.

L'assortiment de produits

L'assortiment de produits du détaillant doit correspondre aux attentes du marché cible. En fait, l'assortiment est l'élément clé dans la lutte concurrentielle contre des détaillants semblables. Les détaillants doivent donc décider de la **largeur** et de la **profon-** deur de l'assortiment de produits. Ainsi, dans le domaine de la restauration, un restaurant peut offrir un assortiment restreint et peu profond (le restaurant du coin), un assortiment restreint mais profond (une rôtisserie), un assortiment large mais peu profond (la cantine d'un hôpital ou d'une université) ou un assortiment large et profond (un grand restaurant). L'autre aspect de l'assortiment de produits est la qualité des produits. Les clients s'intéressent non seulement à la variété des choix, mais aussi à la qualité des produits.

Le vrai défi du détaillant commence après que l'assortiment de produits et le niveau de qualité ont été définis. On trouvera toujours des concurrents qui offrent un assortiment et une qualité similaires. Il est alors nécessaire d'élaborer une stratégie de différenciation de produits. Wortzel décrit plusieurs stratégies de différenciation de produits pour le détaillant :

1. **Mettre en vedette des marques nationales exclusives qui ne sont pas offertes chez les concurrents.**

Holt Renfrew peut obtenir des droits exclusifs sur les robes d'un couturier bien connu partout dans le monde.

2. **Mettre en vedette surtout des produits de marques privées.** Les Pharmacies Jean Coutu vendent plusieurs produits de leur propre marque, Personnelle.

3. **Mettre en vedette des événements commerciaux distinctifs.** Certains magasins, à l'occasion du Grand Prix de formule 1, organisent des événements spéciaux. Ou encore, on peut inviter Catherine Deneuve à faire la promotion d'un parfum à l'occasion d'une semaine consacrée aux produits de beauté.

4. **Mettre en vedette des produits-surprises ou des produits qui changent souvent.** Les Pharmacies Jean Coutu mettent en vedette des produits saisonniers, par exemple pour la rentrée des classes, ou encore des achats spéciaux pour lesquels elles ont obtenu des prix très bas.

5. **Mettre en vedette des produits nouveaux ou différents.** Mariette Clermont met sur le marché des meubles et des lampes qui sont différents de ceux des autres magasins de meubles.

6. **Offrir des produits à façon.** Tip Top Tailors, en plus de ses costumes prêts à porter, offre des costumes taillés sur mesure.

7. **Offrir un assortiment très ciblé.** Pennington offre des vêtements pour femmes de taille forte et relativement âgées. La chaîne de magasins de jouets pour adultes Brockstone offre des outils ou des gadgets inusités aux clients qui visitent ses magasins[6].

Après avoir décidé de la stratégie d'assortiment, les détaillants doivent déterminer leurs sources, leurs politiques et leurs pratiques d'approvisionnement. Dans de petites entreprises, c'est généralement le propriétaire qui fait le choix des marchandises et qui effectue les achats. Dans les grandes entreprises, l'achat est une fonction spécialisée et un emploi à temps plein.

Prenons, par exemple, les supermarchés. Au siège social d'une chaîne de supermarchés, on trouve des acheteurs spécialisés qui sont responsables du développement des assortiments de marques, ou même des catégories de produits. Ils doivent aussi recevoir les représentants qui veulent présenter de nouvelles marques. Dans certaines chaînes, les acheteurs ont autorité pour accepter ou rejeter de nouveaux articles. Dans d'autres chaînes, leur rôle se limite au tamisage des rejets évidents ou des acceptations évidentes ; les autres articles sont soumis à l'approbation d'un comité d'achat de la chaîne.

Même lorsque l'article est accepté par le comité d'achat de la chaîne, certains magasins de la chaîne peuvent refuser de vendre ce produit. Selon un directeur d'une chaîne de supermarchés : « Peu importe ce qu'un représentant vend ou ce qu'un acheteur achète, la personne qui a la plus grande influence sur la vente finale d'un nouvel article est le directeur du magasin. » Dans une chaîne nationale de supermarchés, les deux tiers des nouveaux articles acceptés à l'entrepôt sont commandés par les directeurs de magasins, et seulement un tiers est imposé par le siège social.

Les fabricants doivent donc faire face à un défi majeur pour introduire leurs nouveaux produits sur les étalages des magasins. Ils offrent aux supermarchés du pays de 150 à 250 nouveaux articles chaque semaine, dont 70 % sont rejetés par les acheteurs des magasins. De plus, les acheteurs doivent éliminer un article pour chaque nouvel article, puisque le rayonnage dans le magasin est limité. Pour cette raison, les fabricants sont très désireux de connaître les critères d'acceptation utilisés par les acheteurs, les comités d'achat et les directeurs de magasins. La compagnie A.C. Nielsen a demandé aux directeurs de magasins d'évaluer, sur une échelle en trois points, l'importance des différents critères qui influencent leur décision d'accepter un nouvel article. Ils ont trouvé que les acheteurs sont surtout influencés (par ordre d'importance) par l'acceptation évidente du produit par les consommateurs, par des plans de publicité et de promotion bien conçus, et par la valeur des remises et allocations consenties aux intermédiaires.

Les détaillants améliorent rapidement leurs habiletés reliées à l'approvisionnement. Ainsi, ils ont appris à maîtriser tout ce qui concerne les prévisions de la demande, le choix des marchandises, le contrôle des stocks, la disposition des rayonnages et la présentation des produits. Ils utilisent des ordinateurs pour contrôler les stocks, calculer les quantités économiques, préparer les commandes et faire des rapports sur les dollars dépensés pour les vendeurs et les produits. Ces chaînes de supermarchés utilisent les données des lecteurs optiques pour mieux gérer leur assortiment de marchandises, magasin par magasin.

Les magasins ont aussi appris à mesurer la **rentabilité par produit**, ce qui leur permet d'établir les coûts de manutention depuis le moment où le produit est livré à l'entrepôt jusqu'à celui où le client l'achète et l'emporte avec lui. Cette approche permet seulement de mesurer les coûts directs associés à la manutention du produit — réception, déplacement, administration, sélection, vérification, entreposage, transbordement. Les détaillants qui ont adopté cette approche ont appris avec étonnement qu'il existe une faible corrélation entre la marge brute d'un produit et le profit réel de ce produit. Par exemple, certains produits dont le volume est important ont des coûts de manutention si élevés qu'ils sont peu rentables et devraient obtenir moins d'espace de rayonnage que certains produits dont le volume est faible.

Il est clair que les fabricants et les intermédiaires font face à des acheteurs de plus en plus avisés. Les vendeurs doivent apprendre à comprendre les exigences changeantes des détaillants et à mettre au point des offres concurrentielles et attrayantes qui aideront les détaillants à mieux servir leurs clients. On trouvera au tableau 19.4 une liste de plusieurs outils de marketing que les vendeurs utilisent pour améliorer l'attrait de leurs offres aux détaillants. Voici un exemple qui montre comment un vendeur, General Electric, procéda pour accroître le niveau de service et la responsabilité de ses détaillants :

> Jusqu'à la fin des années 80, General Electric utilisait un système traditionnel qui consistait à livrer à ses détaillants le plus grand nombre possible d'appareils ménagers GE. La croyance sous-jacente était que le détaillant aurait ainsi moins d'espace pour les produits et les marques des concurrents, et qu'en conséquence ses vendeurs recommanderaient les appareils de GE. Mais GE se rendit compte que cette approche engendrait des problèmes, surtout chez les plus petits détaillants d'appareils ménagers qui ne pouvaient se permettre de conserver un stock important ni de concurrencer quant au prix les magasins de détail plus importants. C'est pourquoi GE inventa un nouveau modèle appelé « connexion directe ». En vertu de ce système, les détaillants d'appareils ménagers de GE ne recevraient que les modèles de démonstration. Ils dépendraient maintenant d'un « inventaire

TABLEAU 19.4
Les outils de marketing utilisés par les vendeurs face aux détaillants

1. **La publicité à frais partagés.** Le vendeur accepte de payer une partie des coûts de publicité déboursés par le détaillant pour les produits du vendeur.

2. **L'étiquetage préalable.** Le vendeur pose une étiquette sur chaque produit, où l'on trouve de l'information sur le prix, sur le fabricant, sur la taille, sur le numéro du produit et sur la couleur ; cette étiquette aide le détaillant lors du renouvellement des commandes.

3. **L'achat sans stock.** Le vendeur maintient ses stocks et livre les produits du détaillant sur demande.

4. **Le système de renouvellement automatique de la commande.** Le vendeur fournit les formulaires et les liens informatiques pour le renouvellement automatique de la commande par le détaillant.

5. **Le soutien publicitaire.** Il s'agit de photos ou de scénarios des messages diffusés à la radio ou à la télévision.

6. **Les prix spéciaux.** Il s'agit de rabais pour des promotions dans tous les magasins.

7. **Les privilèges de retour ou d'échange de marchandises.** Il s'agit des privilèges accordés au détaillant quant au retour ou à l'échange de marchandises.

8. **Les allocations de démarquage.** Ce sont des allocations visant à compenser les coûts du démarquage engagés par le détaillant.

9. **La commandite de démonstrations.** Le vendeur apporte son soutien pour les démonstrations faites en magasin.

virtuel » pour remplir les commandes. Les détaillants pouvaient ainsi avoir accès au système de commande de GE 24 heures par jour, vérifier la disponibilité d'un modèle particulier et passer une commande pour obtenir une livraison le jour suivant. De plus, ils obtenaient de GE le meilleur prix, le financement de la filiale de crédit de GE, et il n'y avait aucun intérêt pendant les 90 premiers jours. En échange de ces avantages, les détaillants devaient s'engager à vendre neuf des principales catégories de GE, à s'assurer que les ventes des produits GE représenteraient plus de 50 % de leurs ventes, à donner accès à leurs livres comptables à GE et à payer GE chaque mois par des transferts électroniques de fonds. Le résultat fut impressionnant : la marge bénéficiaire des détaillants de GE augmenta en flèche, et GE a pu établir une relation avec des détaillants qui lui seraient fidèles et qui dépendraient d'elle. De plus, le nouveau système de commande de GE réduisit de façon substantielle les coûts administratifs. Enfin, GE connaît maintenant ses ventes actuelles de produits dans les commerces de détail, ce qui l'aide à planifier de façon plus précise sa production[7].

Les services et l'atmosphère

Les détaillants doivent aussi décider de l'**assortiment de services** qu'ils offriront à leurs clients. On trouvera au tableau 19.5 une liste de quelques-uns des principaux services que les détaillants assurant un service complet peuvent offrir. L'assortiment de services est un des outils clés pour différencier un produit d'un autre.

L'**atmosphère d'un magasin** est un autre élément de l'arsenal du détaillant. Chaque magasin a un aménagement qui facilite ou complique les déplacements. Le magasin a une « apparence » : un magasin est malpropre, un autre est agréable, un troisième grandiose, un quatrième sombre. Chaque magasin doit projeter une atmosphère délibérée qui convient au marché cible et l'amène à acheter. Un salon funéraire doit être tranquille, modérément éclairé et pourvu d'un décor invitant au recueillement ; une discothèque, par contre, doit être brillante, bruyante et vibrante. Les magasins Ikea encouragent les jeunes familles à y magasiner en prévoyant une section de loisirs pour les jeunes enfants et en créant une atmosphère familiale dans chaque magasin. Dans les supermarchés, on a constaté que la variation du rythme de la musique influe sur le temps moyen passé dans le magasin de même que sur les dépenses moyennes (il faut cependant être prudent parce qu'une telle pratique peut soulever des problèmes éthiques à cause de la possibilité d'une influence subliminale). Dans des magasins chic, on parfume certains rayons. On trouve, dans le nouvel hôtel chic New Otani de Singapour, une chute d'eau dont le débit est synchronisé avec la musique. Des décorateurs créatifs y conçoivent une atmosphère en combinant les stimuli visuels, auditifs, olfactifs et tactiles afin de produire l'effet désiré[8]. Par exemple :

> La compagnie Nike a ouvert des boutiques spécialisées où sont réparties, sur quatre étages, des salles d'exposition et de vente. Chaque salle est consacrée à un sport, où le client peut voir l'équipement et les chaussures appropriés à ce sport. L'adolescent intéressé trouvera une salle pour l'équipement de tennis, ou bien l'amateur de basket-ball trouvera tout un ensemble de souliers et de vêtements de basketball. Dans ce dernier cas, il verra des photos de vedettes actuelles ou d'autres photos immortalisant les hauts faits de la carrière de Michael Jordan, de même qu'un terrain de basket-ball où il pourra essayer les chaussures et voir comment celles-ci amélioreront sa performance.

TABLEAU 19.5
Les services typiques d'un commerce de détail

Services avant l'achat	Services après l'achat	Services auxiliaires
1. Acceptation de commandes téléphoniques	1. Livraison	1. Encaissement de chèques
2. Acceptation de commandes par correspondance	2. Emballage régulier	2. Information générale
3. Publicité	3. Emballage-cadeau	3. Stationnement gratuit
4. Étalage dans les vitrines	4. Ajustements	4. Restaurants
5. Étalage à l'intérieur	5. Retour de marchandises	5. Réparations
6. Salles d'essayage	6. Retouches	6. Décoration intérieure
7. Heures d'ouverture	7. Modifications	7. Crédit
8. Spectacles de mode	8. Installation	8. Toilettes
9. Reprises	9. Gravure	9. Garderie

Source : Carl M. Larson, Robert E. Weigand et John S. Wright, *Basic Retailing*, 2e éd., Englewood Cliffs, N.J., Prentice Hall, 1976, p. 384. Reproduit avec la permission de Prentice Hall Inc., Englewood Cliffs, N.J.

Le magasin Les Ailes de la Mode a créé un magasin spécialisé qui offre les griffes les plus réputées. Dans chaque magasin, les comptoirs sont situés autour d'une place centrale où l'on trouve un piano, des fauteuils, des revues et des journaux. À l'occasion, on peut entendre un pianiste, sinon on entend une musique de fond. On a créé une atmosphère de prestige au moyen d'îlots regroupant des griffes ou des thèmes précis, et les étagères sont en bois. L'atmosphère est également chaleureuse. Les employées sont courtoises, et un achat est placé dans un sac distinctif. Au moment de la préparation de la facture, l'employée prend connaissance du nom de la cliente sur la carte de crédit ; puis elle contourne le comptoir pour remettre en mains propres le produit emballé. Elle remercie alors la cliente en l'appelant par son nom.

Même les centres commerciaux accordent maintenant plus d'importance à la création d'atmosphères. On mise sur la décoration, sur l'éclairage, voire sur des événements spéciaux. Ainsi, aux Galeries de la Capitale à Québec, on trouve, outre les grands magasins, les boutiques et les restaurants, des jeux pour enfants, des montagnes russes et une immense patinoire où jeunes et moins jeunes s'en donnent à cœur joie ; on y présente à l'occasion des activités spéciales. Par ailleurs, on trouve à Edmonton le « plus grand centre commercial du monde » avec ses 800 boutiques, un lac intérieur (incluant des sous-marins…), une patinoire où parfois les joueurs de hockey des Oilers d'Edmonton s'entraînent. Et les enfants peuvent s'amuser dans un parc qui présente de nombreuses attractions, comme un lagon muni d'une machine qui fait des vagues. Plusieurs touristes s'installent dans les hôtels luxueux qui y sont établis, car le centre commercial est leur destination.

Le prix

Les prix du détaillant sont un facteur important de positionnement et doivent donc être décidés en fonction du marché cible, de l'assortiment de produits et de services ainsi que de la concurrence. Tous les détaillants aimeraient pouvoir obtenir une marge bénéficiaire élevée de même qu'un important volume de ventes, mais malheureusement les deux ne vont pas de pair. La plupart des détaillants peuvent être classés dans deux catégories, soit ceux qui ont un **volume de ventes faible** et une **marge bénéficiaire élevée** (les magasins spécialisés) et ceux qui ont un **volume de ventes élevé** et une **marge bénéficiaire faible** (les magasins de vente au rabais et les magasins-entrepôts). D'autres détaillants réunissent les deux formules. Ainsi, chez Métro, on trouve, d'une part, des produits de la marque Métro, qui donnent une image de bonne valeur pour le prix demandé, et, d'autre part, un comptoir libre-service de viandes préemballées ou un comptoir de boucherie où un boucher pourra préparer un rôti de bœuf de coupe française.

Les détaillants doivent aussi faire attention à leurs tactiques de prix. La plupart des détaillants fixeront des prix peu élevés pour certains articles qui serviront d'**articles d'appel**, ou **articles sacrifiés**, et qui attireront les clients. Ils organiseront aussi à l'occasion des soldes dans tout le magasin. Ils planifieront des réductions de la marge sur les articles se vendant le moins. Par exemple, les magasins de chaussures s'attendent à vendre 50 % de leurs chaussures avec une marge bénéficiaire normale, 25 % avec une marge bénéficiaire de 40 % et les derniers 25 % au prix coûtant.

Plusieurs détaillants ont abandonné la stratégie des soldes occasionnels, ayant plutôt opté pour une stratégie de « prix les plus bas tous les jours » (voir le chapitre 17). Cette dernière approche entraîne souvent des coûts de publicité plus bas, une plus grande stabilité des prix, et une image plus forte d'équité et de fiabilité. Les concessionnaires d'automobiles Saturn affichent le plus bas prix et refusent de négocier un prix plus bas. Un des grands attraits de Wal-Mart consiste dans les prix plus bas. Par contre, Sears, qui avait adopté cette approche en 1989, dut l'abandonner l'année suivante parce que sa structure de coûts ne lui permettait pas d'utiliser une telle stratégie de façon rentable. Tout de même, une étude faite par Feather démontre que les chaînes de supermarchés qui offrent les prix les plus bas chaque jour sont les plus rentables[9].

Coughlan et Vilcassim croient que, sur un marché de détail duopolistique sans différenciation réelle, un détaillant appliquant une stratégie de prix promotionnels sera un jour ou l'autre forcé de passer à une stratégie de bas prix tous les jours s'il fait face à un concurrent qui offre de tels bas prix tous les jours[10].

Aucune de ces deux entreprises ne sera cependant capable de faire des profits supérieurs à la moyenne, à cause des pressions qu'exercent les prix de la concurrence. Toutefois, les deux entreprises pourraient être tentées d'organiser occasionnellement des soldes dans le but d'obtenir un avantage temporaire.

La promotion

Les détaillants doivent employer des outils de promotion qui soutiennent et renforcent le positionnement de leur image. Ainsi, les magasins spécialisés, comme Birks, recourront à une publicité raffinée, alors que certains magasins de détail feront une publicité tapageuse, souvent à la radio ou à la télévision, y annonçant leurs prix réduits. Les boutiques exclusives utilisent des magazines prestigieux et forment leur personnel de façon à accueillir les clients, à interpréter leurs besoins, à s'occuper de leurs plaintes et à remédier à leurs appréhensions. De leur côté, les magasins de vente au rabais ont moins de vendeurs bien formés et disposent leurs marchandises de manière à transmettre l'image d'aubaines et d'économies substantielles.

L'emplacement

Les détaillants savent bien que les trois clés du succès d'un commerce de détail sont « l'emplacement, l'emplacement et l'emplacement ». Le choix de l'emplacement pour un détaillant est le facteur concurrentiel clé de sa capacité d'attirer les clients. Par exemple, les clients ont plus tendance à choisir une banque qui est facilement accessible pour eux. Les chaînes de grands magasins, les pétrolières et les franchiseurs dans la restauration rapide prennent un soin particulier à choisir leurs emplacements. La solution au problème comprend trois étapes : choisir d'abord les régions du pays où l'on ouvrira des magasins, ensuite les villes qui conviennent et enfin l'emplacement précis. Une chaîne de magasins d'équipement informatique peut décider d'exploiter des magasins en Ontario et au Québec, puis opter au Québec pour les villes de Montréal, de Québec et de Sherbrooke, et enfin, à Montréal, choisir ses emplacements en banlieue, à Laval et à Brossard.

Les plus grands commerces de détail doivent résoudre le problème consistant à situer plusieurs petits magasins dans plusieurs emplacements, ou quelques magasins plus grands dans moins d'emplacements. En général, un détaillant devrait chercher à ouvrir suffisamment de magasins dans chaque ville pour pouvoir faire des économies d'échelle quant à la promotion et à la distribution. Plus grands seront les magasins, plus grande sera leur zone de fréquentation.

Les détaillants peuvent choisir un emplacement pour leur magasin au centre-ville, dans un centre commercial régional, dans un centre commercial local, dans une artère commerciale ou encore dans un magasin :

- Les **districts commerciaux du centre-ville** se trouvent dans la partie de la ville la plus vieille, où la circulation est très dense. Les loyers des magasins et des bureaux sont normalement élevés. Cependant, depuis quelque temps, plusieurs centres-villes se sont partiellement vidés, créant ainsi un effet de « trou de beigne ». On a assisté à un exode vers la banlieue, ce qui a amené une détérioration des commerces de détail situés dans la ville et un changement dans la composition des clients.

- Les **centres commerciaux régionaux** sont de grands centres commerciaux comptant de 40 à plus de 200 magasins ; ils attirent la clientèle dans un rayon de 8 à 30 kilomètres. Généralement, le centre met en vedette un ou deux grands magasins reconnus, comme La Baie ou Sears, auxquels s'ajoutent un grand nombre de petits magasins, dont plusieurs sont des franchisés. Ces centres commerciaux sont attrayants parce qu'ils offrent beaucoup de places de stationnement, un arrêt unique, des restaurants et des activités de loisirs. Les centres qui ont du succès exigent des loyers élevés en échange d'une forte densité d'acheteurs.

- Les **centres commerciaux locaux** sont plus petits. On y trouve normalement un magasin principal et de 20 à 40 petits établissements.

- Les **artères commerciales** réunissent des magasins qui répondent aux besoins normaux d'un quartier en alimentation, quincaillerie, nettoyage et essence. Ils servent la population dans un rayon de 5 à 10 minutes en voiture.

- Un **emplacement dans un magasin** peut aussi être un choix intéressant. On trouve ainsi des McDonald's et des succursales bancaires dans de grands magasins, des supermarchés et des aéroports.

À cause du compromis qu'il faut faire entre la densité de la fréquentation et le loyer élevé, les détaillants doivent décider de l'emplacement le plus avantageux pour leur commerce. Ils peuvent utiliser tout un éventail de méthodes pour évaluer l'emplacement, notamment le dénombrement des passants, les sondages sur les habitudes d'achat des consommateurs ou l'analyse des types de concurrents[11]. Plusieurs méthodes de choix d'un emplacement ont été proposées[12].

Les détaillants peuvent évaluer l'efficacité des ventes de magasins particuliers en considérant quatre indicateurs:

1. Le nombre moyen de personnes qui passent devant le magasin par jour.

2. Le pourcentage de celles qui entrent dans le magasin.

3. Le pourcentage de celles qui entrent pour acheter.

4. Le montant moyen dépensé par vente.

Le mauvais rendement d'un magasin peut être attribué à un mauvais emplacement par rapport à la densité de la circulation, à une chute du nombre de passants, à un nombre trop élevé de personnes qui entrent sans acheter ou au fait que les acheteurs n'achètent pas assez. Ainsi, on peut trouver des solutions à chacun de ces problèmes. On peut remédier au problème de la densité de la circulation en choisissant un meilleur emplacement; on peut accroître le nombre de personnes qui entrent dans le magasin en améliorant les étalages de la devanture et la publicité; on peut améliorer le pourcentage des personnes qui achètent et le montant de leurs dépenses grâce à des produits de meilleure qualité, à des prix plus équitables et à une force de vente plus compétente.

19.1.3
Les tendances dans le commerce de détail

Passons maintenant en revue les tendances majeures que les détaillants doivent prendre en considération lorsqu'ils planifient leur stratégie de concurrence:

1. **Les nouvelles formes de commerces de détail.** De nouvelles formes de commerces de détail émergent continuellement et menacent les formes plus traditionnelles. Ainsi, les quincailliers et les marchands de matériaux de construction sont menacés par de nouveaux magasins de rénovation à grande surface qui offrent un vaste choix non seulement de matériaux de rénovation, mais aussi de matériaux pour les nouvelles constructions.

2. **Un cycle de vie plus court des commerces de détail.** Les nouvelles formes de commerces de détail ont un cycle de vie de plus en plus court. Ils sont souvent faciles à copier; l'attrait de la nouveauté passe et ils se démodent souvent rapidement.

3. **La croissance des commerces hors magasin.** Les moyens électroniques ont contribué d'une façon importante à la croissance de la vente hors magasin. Les consommateurs reçoivent de l'information sur la vente par des chaînes de télévision spécialisées, par l'ordinateur, le télécopieur et le téléphone, information à laquelle ils peuvent répondre immédiatement grâce à un numéro de téléphone gratuit ou à leur ordinateur.

4. **La croissance de la concurrence entre les types de commerces.** De nos jours, la concurrence s'est accrue entre les différents types de commerces et même de magasins. Ainsi, elle s'est accrue entre les commerces de détail dans les magasins traditionnels et ceux qui se trouvent hors magasin, en particulier le marketing direct et le commerce électronique (comme nous le verrons au chapitre 23). Les magasins de vente par catalogue, les grands magasins et les magasins de vente au rabais se concurrencent en vue d'attirer les mêmes consommateurs.

La concurrence entre, d'une part, les chaînes de magasins à grande surface et de supermarchés et, d'autre part, les petits commerces de détail indépendants est particulièrement vive. À cause de leur important pouvoir d'achat, les chaînes obtiennent de meilleures conditions que les indépendants, et la surface plus grande permet aux plus grands magasins d'offrir aux clients plus de services en tout genre. L'arrivée dans certaines villes de magasins à grande surface a entraîné la fermeture de commerces indépendants.

Par contre, l'arrivée de magasins à grande surface n'a pas que des effets négatifs. Plusieurs petits commerces réussissent bien. La grande taille et la force de marketing ne compensent pas toujours la personnalisation et l'accueil que les clients obtiennent dans les plus petits commerces. Ou encore, les petits commerces peuvent souvent mieux répondre aux besoins des clients dans des créneaux précis et ainsi fidéliser cette clientèle.

5. **La polarisation du commerce de détail.** La croissance de la concurrence entre les divers types de commerces pousse les détaillants à maximiser le nombre de gammes de produits qu'ils offrent. Les magasins de vente au rabais Zellers et les magasins spécialisés tels que Radio Shack et Toys « Я » Us ont connu une croissance et une rentabilité élevées.

6. **La puissance croissante des superdétaillants.** On assiste à la naissance et à la croissance de superdétaillants. Grâce à leur système d'information supérieur et à leur grand pouvoir d'achat, ces superdétaillants peuvent négocier des prix plus bas et passer ces économies aux clients[13] (pour plus d'information sur ce sujet, voir la rubrique Le marketing en coulisse 19.2 intitulée « Les superdétaillants prennent beaucoup de place sur le marché »).

7. **La nouvelle définition de l'arrêt unique pour faire tous ses achats.** Les consommateurs privilégiaient autrefois les grands magasins comme Sears ou La Baie parce que ceux-ci leur permettaient de faire leurs achats en un seul endroit. Cet avantage concurrentiel existe de moins en moins, puisque les centres commerciaux peuvent aussi, à leur façon, prétendre à cet avantage. En effet, les magasins spécialisés dans les centres commerciaux représentent de plus en plus une concurrence directe pour les grands magasins, puisque, lors d'un seul arrêt, les consommateurs peuvent avoir accès à tous les articles qu'ils veulent acheter, incluant des articles à bas prix offerts par quelques superdétaillants qu'on trouve dans certains centres commerciaux.

8. **La croissance des systèmes de marketing verticaux.** La qualité du management et de la planification des circuits de marketing s'est grandement améliorée. Pourtant, à mesure que les grandes entreprises accroissent leur contrôle sur les circuits de distribution, les petits commerces indépendants sont graduellement évincés (voir au chapitre 18 les avantages des systèmes de marketing verticaux).

9. **Le développement chez les grands détaillants d'un portefeuille de commerces.** Les diverses entreprises à l'œuvre dans le commerce de détail modifient constamment leur offre et lancent de nouvelles formes de magasins orientées vers des clients ayant des modes de vie différents. Elles ne se limitent pas à une forme unique. Ainsi, les grands magasins offrent plusieurs formes de commerces de détail au sein du même établissement.

10. **L'importance croissante de la technologie comme outil de concurrence.** Les techniques de commercialisation de détail deviennent rapidement des outils de concurrence. Les détaillants les plus dynamiques utilisent l'ordinateur pour obtenir de meilleures prévisions des ventes, pour contrôler les coûts de leurs stocks, pour passer des commandes électroniquement à leurs fournisseurs, pour faire parvenir du courrier électronique aux magasins et même pour vendre aux clients dans les magasins. Ils recourent à des lecteurs optiques[14], font des transferts électroniques de fonds[15], utilisent la télévision dans les magasins et améliorent le processus de manutention des marchandises.

Un nouveau lecteur optique qui fonctionne selon une technique analogue au radar est maintenant utilisé pour compter les personnes qui circulent dans de grands magasins. Ainsi, un important grand magasin qui a commencé à utiliser ce système a découvert les principales pointes de fréquentation des clients. Pour mieux composer avec la fréquentation, le magasin a demandé à certains de ses employés de modifier des habitudes de travail, comme les heures des repas. Le système est aussi utilisé entre autres pour mesurer l'effet des messages publicitaires dans les journaux sur la fréquentation du magasin. En combinant les données sur la fréquentation et sur les ventes, les détaillants peuvent évaluer d'une façon un peu plus précise comment le magasin réussit à convertir les visiteurs en acheteurs[16].

11. **L'expansion mondiale des principaux détaillants.** Les détaillants qui ont une approche unique et un positionnement de marque forts étendent de plus en plus leurs affaires dans d'autres pays[17].

Ainsi, des détaillants tels que McDonald's et Toys « Я » Us se taillent une place à l'échelle mondiale à cause de leurs prouesses dans le domaine du marketing.

Parce que les marchés sont de plus en plus saturés et sont arrivés à la phase de maturité au pays, plusieurs détaillants recherchent des occasions d'affaires à l'étranger pour accroître leurs profits. Par exemple, la division canadienne de McDonald's a ouvert le premier restaurant McDonald's en Russie. Néanmoins, les détaillants canadiens sont passablement en retard sur les commerçants européens et asiatiques en ce qui a trait à la mondialisation des marchés. Seulement 18 % ont tiré profit de la mondialisation des marchés comparativement à 40 % des détaillants européens et à 31 % des détaillants asiatiques. Parmi les détaillants étrangers qui ont pris le virage de la mondialisation, on trouve Marks and Spencer de Grande-Bretagne, Benetton d'Italie, les hypermarchés Carrefour de France, les magasins Ikea de Suède et les supermarchés Yaohan du Japon[18]. Marks and Spencer, qui a débuté comme un petit bazar en 1884, est devenue une chaîne importante de magasins au cours des dernières décennies et est maintenant associée à 150 magasins franchisés partout dans le monde, lesquels vendent surtout sa marque privée de vêtements. Elle est aussi entrée dans le domaine de l'alimentation. Benetton, qui fait souvent les nouvelles à cause de sa publicité controversée (voir le chapitre 21), est un des magasins de détail qui connaissent la croissance la plus rapide avec des ventes qui atteignaient les 3,4 milliards de dollars en 1997. Enfin, les magasins Ikea, qui offrent des meubles biens construits mais relativement peu chers, sont fort populaires au Canada ; les clients peuvent passer une grande partie de la journée dans ces magasins.

12. **Les commerces de détail en tant que centres communautaires.** Avec le nombre croissant de personnes qui vivent seules, travaillent à la maison, vivent isolées en banlieue, sans compter les très nombreuses personnes âgées, il y a de plus en plus de commerces qui, peu importe le type de produits ou de services qu'ils offrent, deviennent aussi un lieu où les gens peuvent se rencontrer. Ainsi, dans un dépanneur Provi-Soir à Saint-Adolphe-d'Howard, le propriétaire offre à ses clients un endroit où ils peuvent s'asseoir, prendre un café et lire le journal. Dès avant huit heures le matin, plusieurs travailleurs viennent prendre un café avant de se rendre au travail. Dans les plus grands magasins, on trouve aussi des cafés, des comptoirs de jus, des terrains de jeu pour les enfants. Mais ce sont les centres commerciaux, avec leurs nombreux magasins, restaurants, pubs et commerces en tout genre qui reçoivent le plus de visiteurs à cause de la température ambiante contrôlée toute l'année et des nombreux événements qui y sont organisés. En fait, dans certains centres commerciaux, on organise occasionnellement des expositions, des spectacles de danse folklorique ou des séances de danse sociale pour les personnes agées[19].

19.2
LE COMMERCE DE GROS

> **Le commerce de gros comprend toutes les activités liées à la vente de biens et de services aux individus qui les achètent pour les revendre ou les utiliser à des fins commerciales.**

Cette définition exclut les fabricants et les fermiers, parce qu'ils font surtout de la production, et les détaillants, parce qu'ils vendent aux consommateurs.

Les grossistes (aussi appelés « distributeurs ») diffèrent des détaillants de plusieurs façons. Brièvement, les grossistes accordent moins d'importance à la promotion, à l'atmosphère et à l'emplacement parce qu'ils sont en contact avec des gens d'affaires plutôt qu'avec des consommateurs. Deuxièmement, les transactions des grossistes sont généralement plus importantes que celles des détaillants, et le territoire de vente des grossistes est normalement plus grand que celui des détaillants. Troisièmement, l'État traite les grossistes différemment des détaillants en ce qui concerne les lois et les impôts.

Pourquoi avoir recours à des grossistes ? Les fabricants pourraient bien les court-circuiter et vendre directement aux détaillants ou aux utilisateurs finaux. On a recours à eux quand ils peuvent remplir plus efficacement une des fonctions suivantes :

LE MARKETING EN COULISSE 19.2
Les superdétaillants prennent beaucoup de place sur le marché

Des détaillants tels que Wal-Mart, Toys « Я » Us, Réno-Dépôt et Costco terrorisent leurs concurrents et leurs fournisseurs. Ces superdétaillants utilisent des systèmes raffinés de logistique et d'information de marketing pour offrir un bon service et des quantités importantes de produits à un prix fort attrayant pour un grand nombre de consommateurs. Ils bousculent les petits fabricants et les petits détaillants au cours de ce processus. Alors que le taux de croissance des ventes au détail augmente annuellement de quelques points de pourcentage, les ventes des superdétaillants croissent au taux annuel de 15 %.

À cause de leur taille et de leur volume de ventes, les superdétaillants croient qu'ils sont dans une meilleure position que les fabricants pour déterminer ce que les clients veulent. Plusieurs d'entre eux disent même à de gros fabricants quoi fabriquer, dans quelles tailles, de quelles couleurs et avec quel conditionnement ; comment établir le prix et faire la promotion des produits ; quand et comment expédier ces produits ; et même comment réorganiser et améliorer leur production et leur gestion. Les fabricants n'ont guère le choix d'accepter ces demandes. S'ils ne le font pas, ils se coupent eux-mêmes d'une partie du marché. Ils savent aussi que leurs concurrents ne demanderaient pas mieux que de les remplacer. En conséquence, ils doivent accepter une marge bénéficiaire beaucoup moins grande pour pouvoir bénéficier de l'important volume de ventes qu'apportent les superdétaillants.

De plus, les fabricants peuvent avoir à répondre à bien d'autres demandes de la part des super-détaillants. Costco, un club d'entrepôt, demande des tailles de conditionnements spéciales. Réno-Dépôt a aussi ses exigences vis-à-vis de ses fournisseurs. Toys « Я » Us, le plus grand détaillant de jouets aux États-Unis, obtient des exclusivités, telle une poupée Barbie qui ne sera pas vendue ailleurs.

De plus, les superdétaillants imposent des amendes dans le cas des produits défectueux et des livraisons faites en retard. Ils exigent aussi des rabais pour l'ouverture de nouveaux magasins et pour des occa-

sions spéciales. Tous ces changements ont créé une révolution dans le commerce de détail. Les grands fabricants travaillent maintenant plus étroitement avec les superdétaillants pour répondre à leurs demandes. Par exemple, Procter & Gamble a désormais une équipe de travail qui assure la liaison avec Wal-Mart. Au cours du développement d'une nouvelle gamme d'outils, Black & Decker a sollicité l'opinion de la chaîne Home Depot au sujet du nom, de la couleur et de la garantie de façon que Home Depot trouve cette gamme acceptable. Et la compagnie Borden a décidé d'intégrer ses huit organisations de vente en une seule après que Wal-Mart se fût plainte d'avoir à faire affaire avec autant de représentants.

Par ailleurs, le nombre de petits fabricants diminue à mesure que les commerces de détail grossissent. Les superdétaillants préfèrent traiter avec moins de fournisseurs et privilégient donc les plus importants. Les petits fabricants n'ont pas les budgets nécessaires pour répondre aux demandes de produits et de conditionnements personnalisés, pour investir dans des liens électroniques, pour faire des livraisons fréquentes ou pour annoncer leurs propres marques de façon intensive. Ceux qui réussissent à vendre à Wal-Mart et à K-mart peuvent en retirer beaucoup d'avantages, mais ils doivent s'attendre à faire des investissements substantiels, à accroître leur qualité et à réduire leurs prix. En outre, une partie importante de leurs affaires dépend d'un seul détaillant, ce qui les rend extrêmement vulnérables. Ainsi, un fabricant de cadres, Murray Becker Industries, qui fournissait 80 % des cadres à K-mart, a poursuivi cette firme pour deux millions de dollars en dommages parce que celle-ci avait terminé de façon incorrecte son contrat avec lui.

Les petits détaillants font aussi face à une concurrence mortelle de la part des superdétaillants. Cela est particulièrement vrai des superdétaillants qu'on appelle les « tueurs de classes », qui se concentrent sur une seule classe de produits, comme Toys « Я » Us. Ces superdétaillants évitent les grands centres commerciaux et s'installent dans des endroits accessibles mais moins chers, offrant des prix plus bas et une grande sélection de produits. Ils finissent par se tailler la part du lion dans leur catégorie, et forcent ainsi une réduction du nombre de fabricants. En conséquence, Toys « Я » Us, par exemple, contrôle maintenant 20 % du commerce de détail des jouets aux États-Unis et six fabricants dominent cette industrie, alors qu'il y a dix ans aucun fabricant n'avait une part de marché qui excédait 5 %. Les consommateurs profitent de cette situation, naturellement. La recherche continue des superdétaillants pour accroître leur efficacité entraîne des économies qui sont transmises aux consommateurs sous forme de prix plus bas et d'un meilleur service. Par exemple, Wal-Mart est capable d'offrir des prix plus bas que Sears parce que ses frais d'exploitation et de vente ne sont que de 15 %, comparativement à 28 % pour Sears.

Source : Adapté de Zachary Schuller, Wendy Zellner, Ron Stodghull II et Mark Maremont, « Clout ! More and More, Retail Giants Rule the Marketplace », *Business Week*, 21 décembre 1992, p. 66-73.

- **La vente et la promotion.** Les grossistes fournissent une force de vente qui permet aux fabricants d'atteindre plusieurs plus petits clients à un coût relativement bas. Le grossiste a souvent plus de relations qu'un fabricant, et l'acheteur lui fait plus confiance qu'à un fabricant éloigné.
- **L'achat et la préparation d'assortiments.** Les grossistes sont capables de choisir des articles et de préparer les assortiments demandés par leurs clients, ce qui permet aux clients d'épargner.
- **Le fractionnement des gros lots.** Les grossistes sont en mesure de faire réaliser des économies à leurs clients en achetant de très gros lots qu'ils peuvent fractionner en de plus petites quantités.
- **L'entreposage.** Le grossiste est responsable du stockage, réduisant ainsi les coûts de stockage et les risques à la fois pour les fournisseurs et les clients.
- **Le transport.** Les grossistes peuvent livrer la marchandise plus rapidement aux acheteurs parce qu'ils sont plus près d'eux que les fabricants.
- **Le financement.** Les grossistes financent leurs clients en leur faisant crédit et ils financent les fournisseurs en commandant tôt et en payant leurs factures à temps.
- **Le partage du risque.** Les grossistes absorbent une partie du risque en prenant possession de la marchandise et ils assument les coûts reliés au vol, aux dommages, aux dégâts et à l'obsolescence.
- **La transmission de renseignements sur le marché.** Les grossistes transmettent à leurs fournisseurs et à leurs clients des renseignements sur les activités des concurrents, sur les nouveaux produits, sur les changements de prix, etc.
- **Les services de gestion et de conseil.** Les grossistes aident souvent les détaillants à améliorer leur exploitation en formant des préposés aux ventes, en les aidant à monter les étalages dans les magasins et en mettant en place des systèmes de comptabilité et de contrôle des stocks. Ils peuvent également aider les clients industriels en offrant des services de formation et des services techniques.

19.2.1
La croissance et les types de grossistes

Les activités du commerce de gros croissent depuis dix ans au taux composé de 5,8 %[20]. Plusieurs facteurs ont contribué à la croissance du commerce de gros : la croissance d'usines de plus grande taille situées à de plus grandes distances des principaux acheteurs ; la croissance du nombre d'activités de production effectuées avant que les commandes soient passées plutôt qu'en réponse à des commandes données ; une augmentation du nombre de niveaux de producteurs et d'utilisateurs intermédiaires ; enfin, un besoin croissant d'adaptation des produits aux besoins des utilisateurs intermédiaires et finaux en ce qui concerne la quantité, le conditionnement et les formes.

On peut classer les grossistes en quatre types majeurs, à savoir les **grossistes marchands**, les **courtiers** et les **agents**, les **succursales** et les **bureaux de vente de fabricants et de détaillants** et les **grossistes divers** (on trouvera au tableau 19.6 les principales fonctions de ces types de grossistes).

19.2.2
Les décisions de marketing des grossistes

Les grossistes et les distributeurs ont dû faire face à des pressions croissantes de la concurrence au cours des dernières années. Ils ont été aux prises avec de nouvelles formes de concurrence, des clients de plus en plus exigeants, de nouvelles technologies et de plus en plus de programmes d'achat direct institués par les gros acheteurs industriels et institutionnels ainsi que par les détaillants. Ils ont donc réagi en élaborant des stratégies en conséquence. Un de leurs efforts importants a été l'amélioration de la productivité des actifs grâce à un meilleur management des stocks et des comptes clients. Ils ont aussi amélioré leurs décisions stratégiques concernant leurs marchés cibles, l'assortiment de produits et de services, le prix, la communication et l'emplacement.

Les décisions portant sur les marchés cibles

Les grossistes doivent définir leurs marchés cibles et non tenter de parvenir à servir tout le monde. Ils peuvent choisir un groupe cible de clients selon des critères de taille (par exemple uniquement les gros détaillants), de type de clients (par exemple seulement les dépanneurs), de besoins de services (par exemple les clients qui ont besoin de crédit) ou selon tout autre critère. Au sein du groupe cible, ils peuvent discerner les clients les plus rentables, puis concevoir une meilleure offre et améliorer les relations avec ceux-ci. Ils peuvent proposer des systèmes de commandes automatiques, établir des programmes de formation et de conseil en gestion, et même parrainer une chaîne volontaire. Ils peuvent décourager les clients les moins rentables en exigeant des commandes plus importantes ou en imposant des frais supplémentaires pour les plus petites commandes.

Les décisions portant sur l'assortiment de produits et de services

Le « produit » des grossistes est avant tout leur assortiment. Les grossistes sont soumis à une forte pression qui les force à stocker une gamme complète de produits et à maintenir suffisamment de stocks pour remplir les commandes urgentes. Cette exigence peut cependant les rendre non rentables. De nos jours, les grossistes réévaluent le nombre de gammes qu'ils doivent offrir et ne choisissent que les plus rentables. Ils doivent aussi évaluer les services afin de déterminer ceux qui les aideront le plus à bâtir des relations solides avec les clients et de repérer ceux qui doivent être éliminés ou facturés en sus. L'objectif est de trouver un assortiment de services distincts qui a de la valeur pour les clients.

Les décisions portant sur le prix

Les grossistes fixent traditionnellement leurs prix en ajoutant un pourcentage conventionnel de marge aux coûts des biens, disons 20 %, pour couvrir leurs dépenses. Les dépenses peuvent compter pour 17 % de la marge brute, ce qui laisse une marge de profit d'environ 3 %. Dans les commerces de gros en épicerie, la marge de profit moyen est souvent inférieure à 2 %. Les grossistes commencent à expérimenter de nouvelles méthodes de fixation des prix. Ils peuvent réduire leur marge bénéficiaire sur certaines gammes dans le but de gagner de nouveaux clients. Ils peuvent demander aux fournisseurs une réduction spéciale de prix, lorsqu'ils veulent tirer profit d'une occasion pour accroître les ventes du fournisseur.

Les décisions portant sur la communication

C'est surtout par leur force de vente que les grossistes atteignent leurs objectifs de communication. Même alors, la plupart des grossistes considèrent la vente comme une négociation où un représentant particulier transige avec un individu particulier, plutôt que comme l'effort d'une équipe pour non seulement vendre à des clients importants, mais aussi établir avec eux une relation à long terme. Pour ce qui est de la communication non personnelle, les grossistes

TABLEAU 19.6
Les principaux types de grossistes

LES GROSSISTES MARCHANDS	Les grossistes marchands sont les entreprises indépendantes qui prennent possession des marchandises qu'elles vendent. On les appelle aussi « marchands en gros », « distributeurs » et « grossistes en fournitures industrielles ». Les grossistes marchands peuvent être subdivisés en deux groupes : les grossistes à services complets et les grossistes à services limités.
Les grossistes à services complets	Les grossistes à services complets fournissent des services tels que le stockage, la force de vente, le crédit, la livraison et des conseils en gestion. Ils sont eux-mêmes divisés en deux groupes : les marchands en gros et les distributeurs industriels.
Les marchands en gros	Les marchands en gros vendent surtout aux détaillants et offrent une gamme complète de services. Les **grossistes généraux** offrent plusieurs gammes de marchandises. Les **grossistes à gammes de produits limitées** ne vendent qu'une ou deux gammes de marchandises, mais offrent un assortiment qui a beaucoup de profondeur. Les **grossistes à gammes de produits spécialisés** concentrent leurs activités sur la vente d'une seule gamme de produits qui offre beaucoup de profondeur. Parmi eux, on trouve les grossistes en produits de santé ou les grossistes en fruits de mer.
Les distributeurs industriels	Les distributeurs industriels sont des grossistes marchands qui vendent à des fabricants plutôt qu'à des détaillants ; ils offrent des services tels que le stockage, le crédit et la livraison. Ils peuvent offrir un large éventail de marchandises, une gamme de produits généraux ou une gamme de produits spécialisés.
Les grossistes à services limités	Les grossistes à services limités offrent moins de services à leurs fournisseurs et à leurs clients. Il y a plusieurs types de grossistes à services limités : les grossistes au comptant, les grossistes-livreurs, les intermédiaires en gros, les installateurs en rayons, les coopératives de producteurs et les grossistes de vente par correspondance.
Les grossistes au comptant	Les grossistes au comptant offrent une gamme limitée de produits ayant un taux de rotation rapide, qu'ils vendent au comptant à de petits détaillants. Ils ne font normalement pas de livraison.
Les grossistes-livreurs	Les grossistes-livreurs, aussi appelés « marchands livreurs » (*truck jobbers*), accomplissent surtout des fonctions de vente et de livraison. Ils offrent une gamme limitée de produits semi-périssables (tels le lait, le pain et les casse-croûte), qu'ils peuvent vendre aux supermarchés, aux dépanneurs, aux restaurants, aux hôtels, aux hôpitaux et aux cantines d'usine en se faisant payer comptant.
Les intermédiaires en gros	Les intermédiaires en gros exercent leurs activités dans des industries où les marchandises sont livrées en grandes quantités, en vrac ou en chargement complet. Le charbon, le bois, les produits chimiques ou pétroliers sont des exemples de telles industries. Lorsqu'une commande est reçue, l'intermédiaire en gros trouve un fabricant qui expédie la marchandise directement au client selon les conditions et le délai fixés. L'intermédiaire en gros prend possession de la marchandise et assume le risque à partir du moment où la commande est acceptée jusqu'au moment où la livraison est faite chez le client.
Les installateurs en rayons	Les installateurs en rayons (*rackjobbers*) servent les détaillants en alimentation et en pharmacie pour tout ce qui concerne les articles non alimentaires. Ils marquent les prix sur la marchandise, s'assurent de la propreté et de la fraîcheur, mettent en place les présentoirs aux points de vente et contrôlent les stocks souvent à l'aide d'un équipement d'informatique. Les produits sont vendus en consignation, ce qui signifie que les installateurs gardent le titre des produits et facturent les détaillants seulement si les produits sont vendus aux consommateurs. Les installateurs en rayons fournissent donc des services de livraison, d'étalage, de stockage et de financement. Ils font peu de promotion, parce qu'ils vendent des marques connues qui sont beaucoup annoncées.
Les coopératives de producteurs	Les coopératives de producteurs sont la propriété des membres agriculteurs qui rassemblent les produits de la ferme vendus sur les marchés locaux. Les profits sont distribués aux membres à la fin de l'année. Les coopératives de producteurs tentent souvent d'améliorer la qualité des produits et de faire la promotion d'une marque, tels les oranges Sunkist ou les raisins Sun Maid.
Les grossistes de vente par correspondance	Les grossistes de vente par correspondance envoient leurs catalogues de produits à des clients commerciaux, industriels et institutionnels. Leurs principaux clients sont de petites entreprises situées dans des régions éloignées. On ne maintient pas une force de vente pour rendre visite aux clients. Les commandes sont remplies et envoyées par la poste, par camion ou par d'autres moyens de transport efficaces.

→

TABLEAU 19.6
Les principaux types de grossistes (*suite*)

LES COURTIERS ET LES AGENTS	Les courtiers et les agents ne prennent pas possession de la marchandise et n'accomplissent que quelques fonctions. Leur principale fonction est de faciliter l'achat et la vente. Leur taux de commission varie de 2 % à 7 % selon la nature des fonctions demandées. Ils se spécialisent généralement dans des gammes de produits ou auprès de types de clients.
Les courtiers	La principale fonction des courtiers est de réunir les acheteurs et les vendeurs et d'aider à la négociation. Ils sont payés par la partie qui fait appel à leurs services. Ils ne font aucun stockage, ils ne s'occupent pas de financement et n'assument aucun risque. Les exemples les plus familiers de courtiers sont les courtiers en produits alimentaires, en immobilier, en assurances et en valeurs mobilières.
Les agents	Les agents représentent soit les acheteurs, soit les vendeurs de façon plus permanente que les courtiers. Il en existe plusieurs sortes : les agents de fabricants, de vente ou d'achat, et les commissionnaires.
Les agents de fabricants	Les agents de fabricants représentent deux ou plusieurs fabricants dont les gammes sont souvent complémentaires. Ils concluent une entente en bonne et due forme avec chaque fabricant au sujet de la politique de fixation des prix, des territoires, du processus de traitement des commandes, du service de livraison, des garanties et des taux de commission. Ils connaissent chacune des gammes de produits du fabricant et mettent à profit leurs nombreuses relations pour vendre ces produits. La plupart des agents de fabricants sont de petites entreprises comptant un nombre restreint d'employés qui sont des vendeurs compétents. Ces agents sont utiles aux petits fabricants qui ne peuvent se permettre de mettre sur pied une force de vente, et aux gros fabricants qui veulent conquérir de nouveaux territoires ou se faire représenter sur des territoires où ils ne peuvent maintenir leur propre force de vente à temps plein.
Les agents de vente	Les agents de vente reçoivent par contrat l'autorisation de vendre toute la production d'un fabricant, celui-ci ne s'intéressant pas à la fonction de vente ou ne possédant pas les compétences requises. L'agent de vente agit comme un service des ventes et a une influence appréciable sur les prix et sur les conditions de vente. Il n'a normalement pas de limite territoriale. On trouve des agents de vente dans des industries comme le textile, l'équipement et la machinerie industriels, le charbon et le coke, les produits chimiques, les métaux.
Les agents d'achat	Les agents d'achat ont généralement une relation à long terme avec les acheteurs, font des achats pour eux, vont même jusqu'à faire la réception, l'inspection, l'entreposage et l'expédition des marchandises pour les acheteurs. Ils sont bien informés et fournissent aux clients une information utile sur les marchés, tout en obtenant les meilleurs produits et les meilleurs prix possible.
Les commissionnaires	Les commissionnaires sont des agents qui prennent possession des produits et négocient les ventes. Normalement, ils ne sont pas employés à long terme. Ils sont le plus souvent engagés dans la mise sur le marché de produits agricoles par des cultivateurs qui ne désirent pas vendre leur propre production et qui n'appartiennent pas à des coopératives de producteurs. Les commissionnaires prennent un camion plein de produits agricoles au marché central, en vendent le contenu aux meilleurs prix possible, déduisent leur commission et leurs dépenses, et remettent le reste aux producteurs agricoles.
LES SUCCURSALES ET LES BUREAUX DE VENTE DE FABRICANTS ET DE DÉTAILLANTS	Certains fabricants et certains détaillants remplissent des fonctions de grossistes. Des succursales ou bureaux sont utilisés pour la vente ou l'achat.
Les succursales et les bureaux de vente	Certains fabricants mettent sur pied leurs propres succursales et bureaux de vente pour améliorer le contrôle des stocks, la vente et la promotion. Les **succursales de vente** maintiennent des stocks. On les trouve dans les industries telles que le bois, l'équipement et les pièces d'automobiles. Les **bureaux de vente** ne stockent pas de marchandises et sont à l'œuvre surtout dans l'industrie des tissus et de la mercerie.
Les bureaux d'achat	Les bureaux d'achat fonctionnent comme des courtiers ou des agents, sauf qu'ils font partie de l'organisation de l'acheteur. Plusieurs détaillants mettent sur pied des bureaux d'achat sur les marchés plus importants comme Montréal et Toronto.
LES GROSSISTES DIVERS	On trouve divers types de grossistes spécialisés dans certains secteurs, tels les ramasseurs de produits agricoles, les raffineries et les terminaux des produits pétroliers ainsi que les entreprises de vente aux enchères.

auraient avantage à adopter certaines techniques de construction d'image utilisées par les détaillants. Ils devraient élaborer une stratégie globale de communication incluant la publicité, la promotion des ventes et les relations publiques. Ils devraient aussi utiliser davantage de matériel et les programmes de communication des fournisseurs.

Les décisions portant sur l'emplacement

Traditionnellement, les grossistes choisissaient leur emplacement là où les loyers et les taxes étaient bas. Souvent, les systèmes de manutention de matériaux et les systèmes de traitement des commandes étaient en retard sur les technologies existantes. De nos jours, les grossistes les plus dynamiques ont amélioré la manutention de leurs marchandises et la gestion de leurs coûts en se dotant d'**entrepôts automatisés**.

Un des plus grands distributeurs de produits pharmaceutiques du monde, la compagnie McKesson, fournit aux pharmacies indépendantes un ordinateur pour qu'elles puissent passer des commandes. Les commandes transmises par les pharmaciens sont exécutées dans les plus brefs délais. Sur réception de la commande, un contenant en plastique bleu est placé sur un convoyeur dans un des entrepôts de McKesson, et le système informatisé choisit automatiquement les articles requis. La facture est préparée, la boîte scellée et dirigée vers un camion ; celui-ci livre la commande le lendemain matin dans 100 % des cas. Le système commande aussi automatiquement les stocks requis des entreprises pharmaceutiques[21]. Un autre exemple est celui d'un important distributeur industriel, Grainger, qui a développé un système d'information sur les stocks pour ses succursales. Ainsi, n'importe quelle succursale de l'entreprise peut savoir immédiatement si certains articles sont en stock dans n'importe quelle autre succursale. Ce système a nettement réduit le temps de réponse aux clients et a aidé à accroître les ventes.

19.2.3
Les tendances du commerce de gros

Les fabricants ont toujours la possibilité de court-circuiter les grossistes ou de remplacer des grossistes inefficaces par d'autres plus efficaces. Les principales plaintes des fabricants à propos des grossistes sont les suivantes : ils ne font pas une promotion assez énergique de la gamme de produits du fabricant ; ils agissent plutôt comme des preneurs de commandes ; ils ne stockent pas suffisamment de marchandises et par conséquent ne peuvent remplir les commandes des clients assez rapidement ; ils ne fournissent pas au fabricant des données à jour sur le marché et sur la concurrence ; ils n'attirent pas des cadres de haut calibre et n'essaient pas de réduire leurs propres coûts ; enfin, ils demandent trop cher pour leurs services.

Les grossistes d'avant-garde, en revanche, adaptent leurs services aux besoins changeants de leurs fournisseurs et de leurs clients cibles. Ils reconaissent que leur unique raison d'être est l'ajout d'une valeur au circuit de distribution. Ils améliorent constamment leurs services et réduisent leurs coûts (voir le Mémento de marketing 19.1 intitulé « Les stratégies de grossistes ayant connu un très bon rendement »).

Narus et Anderson ont interviewé des chefs de file en distribution industrielle et ont dégagé quatre façons de renforcer leurs relations avec les fabricants :

1. Ils recherchent une entente claire avec les fabricants sur les fonctions attendues du circuit de distribution.

2. Ils obtiennent une meilleure compréhension des exigences des fabricants en visitant leurs usines et en assistant à des congrès d'associations de fabricants et à des foires commerciales.

3. Ils respectent les engagements qu'ils ont pris avec les fabricants en atteignant les objectifs de ventes, en payant rapidement leurs factures et en fournissant aux fabricants de l'information sur la clientèle.

4. Enfin, ils distinguent et offrent les services qui ont une valeur ajoutée pour les fournisseurs et qui les aident[22].

L'industrie de la distribution fait face à de grands défis en ce début du nouveau millénaire. Elle demeure vulnérable à l'une des tendances les plus marquées des années 90, soit la résistance aux augmentations de prix et le choix de fournisseurs à partir de compromis entre les coûts et la qualité. La tendance à une intégration verticale selon laquelle les

MÉMENTO DE MARKETING 19.1
Les stratégies de grossistes ayant connu un très bon rendement

Une étude en profondeur a été réalisée auprès de 97 grossistes ayant connu un très bon rendement, afin de découvrir les stratégies fondamentales qui leur avaient permis d'acquérir un avantage concurrentiel durable. L'étude a révélé les 12 stratégies fondamentales suivantes, qui ont transformé la structure de la distribution.

1. **Les fusions et les acquisitions.** Au moins un tiers des grossistes de l'échantillon avaient fait de nouvelles acquisitions, qui leur avaient permis d'entrer sur de nouveaux marchés, de renforcer leur position sur les marchés actuels, de se diversifier ou de faire de l'intégration verticale.

2. **Le redéploiement des actifs.** Au moins 20 des 97 grossistes avaient vendu ou liquidé une ou plusieurs de leurs activités marginales dans le but de renforcer leurs activités principales.

3. **La diversification.** Plusieurs grossistes avaient diversifié leur éventail respectif d'activités dans le but de réduire l'influence des cycles économiques.

4. **L'intégration verticale.** Plusieurs grossistes avaient accru leur intégration verticale afin d'améliorer leur marge.

5. **Les marques privées.** Le tiers de ces commerces de gros avaient accru leurs programmes de marques privées.

6. **L'extension vers des marchés internationaux.** Au moins 26 grossistes faisaient des affaires à l'échelle internationale et projetaient d'accroître leur pénétration du marché en Europe et en Asie.

7. **La valeur ajoutée aux services.** La plupart des grossistes avaient mis sur pied des services ayant une valeur ajoutée, notamment des livraisons urgentes spéciales, du conditionnement sur demande et des systèmes informatiques de management. Ainsi, l'important grossiste en produits pharmaceutiques, McKesson, avait établi des liens informatiques directs avec 32 fabricants de produits pharmaceutiques, un programme de comptes clients informatisé pour les pharmaciens et des terminaux dans les pharmacies pour les commandes.

8. **Les systèmes de vente.** De plus en plus de grossistes offraient à leurs clients des programmes clés en main de marchandisage, créant ainsi une menace pour les grossistes qui continuaient à vendre des articles séparément. Dans un programme clés en main, tout est fait pour faciliter la vie du client ; ce dernier n'a alors qu'à tourner la clé et à ouvrir ses portes pour accueillir ses propres clients.

9. **Les stratégies innovatrices.** Certains grossistes ont décelé de nouveaux groupes de clients et créé spécialement pour eux des programmes clés en main de marchandisage.

10. **Le marketing de créneau.** Certains grossistes se sont spécialisés dans une ou quelques catégories de produits, conservant des stocks importants, offrant une livraison rapide et un service de qualité pour satisfaire certains marchés négligés des concurrents.

11. **Le marketing multiplex.** Le marketing multiplex consiste à servir simultanément plusieurs segments de marché en offrant des produits et des services d'une qualité supérieure à ceux de la concurrence et à des prix très concurrentiels. Plusieurs grossistes ont ajouté de nouveaux segments à leurs segments principaux, espérant ainsi obtenir de plus grandes économies d'échelle et une plus grande force face à la concurrence. Certains grossistes en produits pharmaceutiques, en plus du fait qu'ils servaient les hôpitaux, ont mis sur pied des programmes destinés aux cliniques médicales, aux pharmacies et aux centres de santé communautaire.

12. **Les nouvelles technologies de la distribution.** Les grossistes qui ont un très bon rendement ont amélioré leur système informatique de

commandes, de contrôle des stocks et d'auto-matisation des entrepôts. Ils utilisent aussi de plus en plus de techniques de marketing direct, par correspondance ou par téléphone.

Source : Voir Bert McCammon, Robert F. Lusch, Deborah S. Coykendall et James M. Kenderdine, *Wholesaling in Transition*, Norman, University of Oklahoma, College of Business Administration, 1989.

fabricants tentent d'accroître leur part de marché en faisant l'acquisition de grossistes qui facilitent l'accès au marché est encore forte. Par exemple, dans le secteur de la santé, des fabricants de produits pharmaceutiques ont fait l'acquisition de réseaux de distribution de produits pharmaceutiques et même de réseaux de pharmacies. Cette tendance a commencé en 1993 lorsqu'un fabricant de produits pharmaceutiques a fait l'acquisition d'une entreprise de distribution par correspondance. Les distributeurs qui survivront dans ce secteur et dans d'autres seront plus importants et offriront plus de services à leurs clients[23].

19.3
LA LOGISTIQUE DU MARCHÉ

Le processus de transfert de biens aux clients s'appelait traditionnellement la **distribution physique.** La distribution physique débute à l'usine. Le directeur de la distribution physique essaie de choisir un ensemble d'entrepôts (points de stockage) et de transporteurs qui livreront les produits à leurs destinations finales à temps et aux plus bas coûts possible.

Récemment, le concept de distribution physique s'est étendu pour correspondre désormais à celui de **gestion de la chaîne d'approvisionnement.** La chaîne d'approvisionnement débute en amont de la distribution physique ; elle tente d'obtenir les meilleurs intrants (matières premières, pièces et biens d'équipement). Il faut ensuite convertir efficacement ces intrants en des produits finis, avant de les expédier à leurs destinations finales. Une perspective encore plus large veut qu'il faille examiner de quelle façon les fournisseurs eux-mêmes obtiennent leurs intrants, qui vont aussi loin qu'aux matières premières. La perspective de la chaîne d'approvisionnement peut aider une entreprise à déterminer les meilleurs four-

nisseurs et à améliorer sa productivité, ce qui, en fin de compte, contribuera à diminuer ses coûts.

Malheureusement, selon l'optique de la chaîne d'approvisionnement, les marchés ne sont qu'une destination. Une entreprise serait plus efficace si elle considérait les exigences de ses marchés cibles avant de concevoir à rebours la chaîne d'approvisionnement. Cette vision moderne est au cœur des systèmes de **logistique**, et elle amène à améliorer la chaîne d'approvisionnement en tant que chaîne de **demande**. Voici quelques exemples de produits qui pourraient tirer profit ou qui ont tiré profit d'une optique de chaîne de demande.

Un fabricant de logiciels considère normalement que son défi consiste à produire et à empaqueter des disques et des manuels, à les expédier aux grossistes, qui à leur tour les expédient aux détaillants, qui eux les vendent aux clients. Les clients apportent le produit ainsi conditionné à la maison ou au bureau, pour ensuite télécharger le logiciel sur leur ordinateur. Dans la perspective de la logistique, on se demandera si les clients pourraient être servis d'une meilleure façon. Il existe au moins deux moyens de livraison supérieurs. Le premier moyen consiste à demander aux entreprises de commander et de payer le logiciel qui sera ensuite téléchargé sur l'ordinateur du client. Selon le deuxième moyen, des logiciels populaires comme Windows peuvent être téléchargés sur un ordinateur par le fabricant de l'ordinateur quand le client commande un nouvel ordinateur. Ces deux solutions éliminent le besoin d'imprimer, d'empaqueter, d'expédier et de stocker des millions de disques et de livres. Une solution semblable pourrait être utilisée pour la distribution de disques compacts, de journaux, de jeux vidéo, de films et d'autres produits qui transmettent la voix, le texte, des données ou des images. Les consommateurs pourraient téléphoner, demander à écouter un échantillon d'un disque et demander à ce qu'il soit téléchargé. Lire des articles de journaux sur Internet est devenu courant et il est même possible que des articles sur des sujets précis soient téléchargés automatiquement, ce qui permettrait d'obtenir un journal virtuel personnalisé.

Les consommateurs allemands achetaient habituellement leurs boissons gazeuses en bouteilles individuelles. Or, un fabricant de boissons gazeuses décida de faire l'essai du paquet de six bouteilles. Les consommateurs réagirent positivement devant la commodité du transport des bouteilles à la maison dans un paquet de six. Les détaillants réagirent aussi positivement parce que les bouteilles étaient plus faciles à placer sur les tablettes et que plus de bouteilles pouvaient être achetées à la fois. Le fabricant avait conçu le paquet de six bouteilles de façon qu'il se stocke aisément sur les tablettes. Ensuite, il mit au point des caisses et des palettes pour transporter ces paquets de six efficacement au quai de réception des magasins. On apporta certaines modifications à l'usine pour produire ces nouveaux paquets de six bouteilles. Le service des achats publia des appels d'offres pour se procurer les nouveaux matériaux requis. Une fois bien établi, ce nouveau conditionnement des boissons gazeuses connut instantanément du succès auprès des consommateurs, et la part de marché du fabricant s'accrut de façon substantielle.

Ingvar Kamprad, le fondateur de la chaîne de détaillants de meubles Ikea, trouva un moyen de livrer des meubles de qualité à un prix inférieur à celui de ses concurrents. Les économies chez Ikea proviennent de plusieurs sources : 1° l'entreprise achète un volume important de meubles, ce qui lui permet d'obtenir des prix plus bas ; 2° les meubles sont conçus pour être expédiés démontés, ce qui entraîne des coûts de transport plus bas ; 3° le client transporte le meuble à sa demeure, ce qui réduit les coûts de livraison ; 4° le client assemble le meuble ; 5° Ikea utilise une stratégie de faible marge et de volume élevé comparativement à la plupart de ses concurrents. Toutes choses étant égales par ailleurs, Ikea peut demander 20 % de moins que ses concurrents pour des meubles semblables.

La perspective de la chaîne de demande peut aider à générer des idées qui accroîtront la productivité. Prenons le cas d'un fabricant de machines à laver tel que Whirlpool. Avec une approche traditionnelle, Whirlpool ferait des prévisions de la demande des détaillants pour chaque machine à laver de sa gamme. Elle établirait ensuite un calendrier de production et fabriquerait suffisamment de machines à laver à

chaque période pour approvisionner les usines, les entrepôts, les centres de distribution et les détaillants. Whirlpool espérerait alors que ses prévisions de la demande se concrétisent. Si ce n'était pas le cas, elle aurait à faire face à des coûts de stockage importants.

Une meilleure approche, dans une optique de chaîne de demande, consisterait pour Whirlpool à demander plutôt aux détaillants de maintenir dans leurs magasins quelques modèles de machines à laver. Un détaillant indiquerait sur une base quotidienne quels modèles de machines à laver ont été vendus. Whirlpool établirait alors son calendrier de production quotidien à partir de la pression de la demande résultant des commandes des clients. Chaque machine à laver serait produite en quelques jours et envoyée au détaillant. Ce système juste-à-temps réduirait de beaucoup les coûts de stockage qui pourraient résulter de mauvaises prévisions. Pour que cette approche fonctionne, il faut que les conditions suivantes soient remplies :

1. Whirlpool doit pouvoir recevoir l'information la plus récente sur les commandes passées par les détaillants.

2. Whirlpool peut produire et expédier en deçà de quelques jours les machines à laver commandées. La clé du succès pour Whirlpool est de produire des machines à laver avec une approche modulaire permettant d'ajuster des caractéristiques précises à la fin du processus de production. L'idée est de fabriquer d'avance 90 % du produit et les 10 % restants sur commande. (Par exemple, Benetton prépare ses pulls sans couleur, les couleurs étant ajoutées lorsque la firme connaît les couleurs les plus vendues.)

3. Le client accepte d'attendre la livraison quelques jours.

Voici maintenant la définition de la logistique du marché :

La logistique du marché comprend la planification, la mise en œuvre et le contrôle des flux de matériaux et de produits finis à partir de l'approvisionnement jusqu'aux points d'utilisation pour satisfaire les besoins de la clientèle tout en faisant un profit.

La tâche des entreprises consiste à bien gérer les flux de valeur ajoutée du fournisseur à l'utilisateur final, ce qui implique la coordination des activités des fournisseurs, des acheteurs, des fabricants, des spécialistes du marketing, des membres du circuit et des clients.

Les systèmes d'information jouent un rôle critique dans la gestion de la logistique du marché. Les principaux gains d'efficacité de la logistique proviennent des progrès des technologies de l'information, plus précisément des ordinateurs, des terminaux aux points de vente, de la codification universelle des produits, du système mondial de radiorepérage (système de positionnement par satellite), de l'échange de données informatisées et du transfert électronique de fonds. Ces développements ont permis aux entreprises de faire en sorte ou d'exiger qu'un produit donné soit livré le lendemain au quai 25 à 10 h du matin et de contrôler cette promesse. Wal-Mart a été un pionnier en ce sens.

Wal-Mart a été un des premiers détaillants à investir des sommes importantes dans les technologies de l'information. Elle fournit à chacun de ses magasins des caisses enregistreuses équipées de lecteurs optiques. Cet équipement permet à Wal-Mart de savoir ce que les clients achètent et, en conséquence, de dire quoi produire et où livrer les biens. Wal-Mart exige de ses fournisseurs qu'ils expédient les produits suspendus sur des supports et étiquetés de façon qu'ils puissent être mis en place immédiatement dans les magasins, ce qui réduit les coûts d'entreposage et d'information. C'est pourquoi les magasins Wal-Mart n'utilisent que 10 % de l'espace pour l'entreposage des biens, comparativement à 25 % pour la plupart des concurrents. Un autre résultat du système de commandes informatisé de Wal-Mart est que celle-ci insiste pour que ses ordinateurs soient reliés directement à ceux des fournisseurs, des courtiers et des autres intermédiaires. Des fournisseurs tels que Procter & Gamble ou Kraft ont reçu la responsabilité de prendre eux-mêmes les décisions de réapprovisionnement à partir de l'information transmise par Wal-Mart. Pour décourager le surstockage, Wal-Mart ne paie pas ses fournisseurs avant que leurs produits aient été vendus[24].

Une autre entreprise qui a resserré son contrôle sur les coûts de distribution est Benetton. Celle-ci ne compte qu'un centre de distribution, lequel est situé à Castrette, en Italie. Dans cet immense centre surnommé le Grand Charles, on trouve des robots qui peuvent expédier les modèles les plus récents des produits Benetton aux entreprises ou aux magasins de l'entreprise dans 120 pays en moins de 12 jours, ce qui est une vitesse prodigieuse pour l'industrie du vêtement[25].

La logistique du marché comprend plusieurs activités (voir la figure 19.3). La première activité est la prévision des ventes, d'après laquelle l'entreprise planifie sa production et ses niveaux de stocks. Le programme de production spécifie les matières premières que le service des achats devrait se procurer. Les matières premières sont transportées à l'usine, livrées au quai de réception et entreposées dans l'entrepôt de matières premières. Les matières premières sont ensuite transformées en produits finis. Les stocks de produits finis sont le lien entre les commandes des clients et les activités de production de l'entreprise. Les commandes des clients font baisser les stocks de produits finis ; lorsqu'un certain niveau est atteint, c'est le signal de la mise sur le marché du processus de production. À la sortie de la chaîne de montage, les produits finis sont emballés, entreposés à l'usine, pris en charge par le service de l'expédition, transportés, entreposés près des marchés, livrés aux clients et pris en charge par le service à la clientèle.

On se préoccupe de plus en plus, dans les entreprises, du coût total de la logistique, qui peut représenter de 30 % à 40 % du coût total d'un produit. Chaque année, les entreprises québécoises et canadiennes dépensent des milliards de dollars pour envelopper, regrouper, charger, décharger, trier, recharger et transporter des produits. Des améliorations même très modestes peuvent entraîner des épargnes substantielles. L'industrie de l'alimentation croit qu'elle peut réduire ses coûts de 10 % grâce à la réingénierie de sa logistique du marché. Il faut 104 jours pour qu'une boîte de céréales pour le petit-déjeuner aille de l'usine au supermarché en passant par le labyrinthe des grossistes, des distributeurs, des courtiers et des intervenants en tout genre[26]. C'est à cause d'une inefficacité aussi coûteuse que les experts de la logistique du marché croient qu'elle est la « dernière frontière des économies de coûts ». Des coûts plus bas de logistique du marché permettent à la fois d'obtenir des prix plus bas et des marges bénéficiaires plus élevées.

Quoique les coûts de la logistique du marché puissent être élevés, un programme bien planifié de logis-

FIGURE 19.3

Les principaux éléments de la logistique du marché

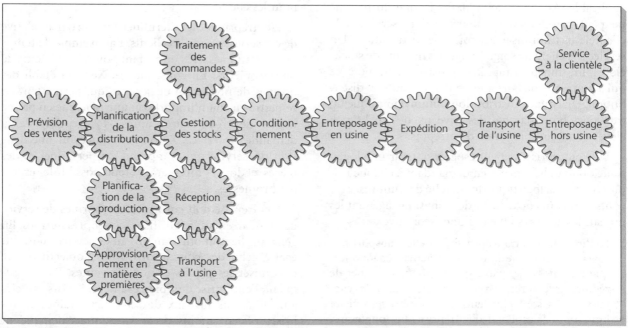

Source : Adaptée de Wendell M. Stewart, « Physical Distribution : Key to Improved Volume and Profits », *Journal of Marketing*, janvier 1965, p. 66.

tique du marché peut devenir un outil de marketing concurrentiel des plus importants. Les entreprises peuvent attirer de nouveaux clients en offrant un meilleur service, un cycle plus court ou des prix plus bas grâce aux améliorations de la logistique du marché.

Qu'arrive-t-il si la logistique du marché d'une entreprise ne fonctionne pas très bien? L'entreprise peut alors perdre des clients lorsqu'elle ne réussit pas à livrer la marchandise à temps. Kodak a fait l'erreur de lancer une campagne de publicité nationale pour son nouvel appareil photo à développement instantané avant que la livraison d'un nombre suffisant d'appareils ait été effectuée dans les magasins. Les clients, qui ont constaté que cet appareil n'était pas en vente, ont alors acheté des appareils Polaroid. Un autre exemple est celui de Laura Ashley, qui a compris qu'elle devait modifier complètement son système de logistique du marché qui ne lui permettait pas de livrer ses produits assez rapidement au Japon.

Dans le passé, les blouses fabriquées à Hong-Kong pour tous les magasins de la chaîne Laura Ashley

étaient livrées au centre de distribution de l'entreprise au pays de Galles. Puis, les blouses, commandées par un magasin de Tokyo, devaient être localisées, emballées et expédiées au Japon. À cause de cette démarche inefficace, les entrepôts de Laura Ashley étaient souvent pleins alors que les magasins japonais étaient à court de 15% à 20% des articles dont la demande était forte. Pour réduire cette inefficacité et ces coûts et pour mieux répondre aux besoins de la clientèle, l'entreprise a embauché Federal Express, qui a consulté les magasins de la chaîne Laura Ashley pour savoir comment structurer, emballer et expédier les commandes. Maintenant, les produits Laura Ashley sont expédiés directement du fabricant aux magasins partout dans le monde, ce qui réduit les coûts de distribution et accélère les processus de réapprovisionnement[27].

19.3.1
L'objectif de la logistique du marché

Plusieurs entreprises déclarent que leur objectif de logistique du marché est de faire parvenir **les bons**

produits au bon endroit, au bon moment, aux moindres coûts. Malheureusement, cette définition est peu applicable. Aucun système de logistique du marché ne peut simultanément maximiser le service à la clientèle et minimiser les coûts de distribution. Un service à la clientèle soigné exige des niveaux de stocks élevés, un transport rapide et plusieurs entrepôts, ce qui a pour effet de faire augmenter les coûts de distribution. Un coût de distribution minimal implique un transport bon marché, des niveaux de stocks peu élevés et un nombre limité d'entrepôts.

Une entreprise ne peut espérer obtenir une logistique du marché efficace en demandant à chaque responsable de la logistique du marché de minimiser ses coûts. Les coûts de distribution physique agissent les uns sur les autres, souvent d'une façon inverse :

Le directeur des transports favorise le transport ferroviaire plutôt que le transport aérien, chaque fois que c'est possible, parce que le premier permet de réduire les factures de fret. Toutefois, comme les chemins de fer sont plus lents, le transport ferroviaire immobilise le capital de l'entreprise plus longtemps, retarde les paiements de la part des clients et peut amener ces derniers à se tourner vers des concurrents qui offrent un service plus rapide.

Le service de l'expédition utilise des cartons bon marché afin de minimiser les coûts d'expédition, ce qui entraîne un taux élevé de dommages causés aux produits durant le transport et peut miner la confiance des clients.

Le directeur des stocks préfère des stocks peu élevés de manière à en réduire les coûts. Or, une telle politique entraîne des ruptures de stock, des commandes en retard, de la paperasserie, de petites séries de production et des frais d'expédition élevés.

Étant donné que les activités de logistique du marché exigent des compromis difficiles, on doit prendre les décisions en tenant compte de l'ensemble du système.

Le point de départ pour concevoir un système de logistique du marché est d'étudier ce que les clients veulent et ce que les concurrents offrent. Les clients sont intéressés par plusieurs choses : des livraisons à temps, la volonté du fournisseur de répondre à leurs demandes urgentes, le soin avec lequel la marchandise est manipulée, la facilité avec laquelle les fournisseurs acceptent les reprises de marchandises et la

rapidité avec laquelle ils les remplacent, ainsi que l'acceptation du fournisseur de maintenir des stocks pour les clients.

L'entreprise doit déterminer l'importance relative de ces services pour les clients. Par exemple, le temps de réparation est très important pour les acheteurs de photocopieurs. En conséquence, Xerox a établi des normes de prestation de services qui permettent de remettre en état n'importe où une machine en panne moins de trois heures après la réception de la demande de service. Xerox doit concevoir une division du service qui comprend du personnel et des pièces, et dont l'emplacement rend possible le respect des promesses.

L'entreprise doit considérer les normes de service des concurrents avant de fixer ses propres normes. En général, elle veut offrir un niveau de service au moins égal à celui des concurrents. Mais l'objectif est de maximiser les profits et non les ventes. Par conséquent, l'entreprise doit bien évaluer les coûts associés aux différents niveaux de service. Certaines entreprises offrent moins de services, mais demandent moins d'argent pour ceux-ci. D'autres entreprises offrent plus de services que la concurrence, mais exigent en contrepartie un prix plus élevé afin de couvrir les frais de service.

L'entreprise devra tôt ou tard établir des objectifs de logistique du marché pour guider sa planification. Par exemple, Coca-Cola désire mettre le Coke à portée de la main au moment où le client le désire. Les entreprises vont encore plus loin et définissent des normes pour chaque facteur de service.

Un fabricant d'appareils ménagers a établi les normes de service suivantes : livrer au moins 95 % des commandes aux concessionnaires moins de sept jours après la réception de la commande, remplir les commandes des concessionnaires avec une précision de 99 %, répondre aux demandes des concessionnaires sur l'évolution des commandes en moins de trois heures et s'assurer que les dommages aux marchandises en transit n'excèdent pas 1 %.

Étant donné un ensemble d'objectifs de logistique du marché, l'entreprise est prête à concevoir un système qui minimise les coûts permettant d'atteindre ces objectifs. Chaque système possible de logistique du marché comporte un coût total donné par l'équation suivante.

$$LM = T + FE + VE + V$$

où :

LM = coût total de la logistique du marché du système proposé;

T   = coût total de transport du système proposé;

FE = coût fixe d'entreposage du système proposé;

VE = coût variable d'entreposage (y compris les coûts de stockage) du système proposé;

V   = coût total des ventes perdues en raison du délai moyen de livraison du système proposé.

Le choix d'un système de logistique du marché exige l'évaluation du coût total (LM) associée à différents systèmes envisagés et le choix du système qui minimise le coût total de distribution. D'autre part, s'il est difficile d'évaluer V dans l'équation, l'entreprise devrait au moins s'efforcer de minimiser le coût de distribution T + FE + VE pour atteindre un niveau cible de service à la clientèle.

19.3.2
Les principales décisions de logistique du marché

Examinons maintenant quatre éléments majeurs d'un système de logistique du marché : 1° Comment devrait-on traiter les commandes (**traitement des commandes**) ? 2° Où les stocks devraient-ils être situés (**entreposage**) ? 3° Quelles quantités de stocks devrait-on garder (**gestion des stocks**) ? 4° Comment les biens doivent-ils être expédiés (**transport**) ?

Le traitement des commandes

Le système de logistique du marché est mis en branle par la réception de la commande d'un client. La plupart des entreprises essaient actuellement de réduire la durée du cycle de la commande, c'est-à-dire le temps qui s'écoule entre la réception de la commande, la livraison de la commande et le paiement de la commande. Ce cycle comprend plusieurs étapes incluant la transmission de la commande par le représentant, la réception de la commande et la vérification du crédit du client, la vérification de l'inventaire ou du calendrier de production, l'expédition de la commande et de la facture, et la réception du paie-

ment. Plus longue est la durée de ce cycle, plus bas sont la satisfaction du client et les profits de l'entreprise.

Grâce à l'informatique, les entreprises ont fait des progrès importants pour accélérer les cycles de manutention et de paiement. Par exemple :

General Electric utilise un système d'information qui vérifie le crédit du client dès la réception de la commande et détermine si les articles sont en stock et où ils sont stockés. L'ordinateur émet une commande pour expédier le produit, facturer le client, mettre à jour les données sur les stocks, émettre une commande de production et transmettre le message aux représentants de vente de façon qu'ils puissent informer le client du fait que sa commande sera livrée — tout cela en moins de quinze secondes.

Sara Lee a mis sur pied des équipes de vente (composées de directeurs des ventes, de directeurs de la logistique et de directeurs du marketing) pour rencontrer les clients les plus importants de l'entreprise. Une équipe a été informée de la très grande insatisfaction d'un client important par rapport au système de facturation de Sara Lee. Les factures qui auraient dû être traitées en moins d'une journée exigeaient un processus qui durait de quatre à cinq jours. En réaction à cette plainte, Sara Lee a modifié son processus de manière que les factures du client puissent être traitées en moins de six heures[28].

L'entreposage

Toute entreprise doit stocker sa marchandise en attendant de la vendre. L'entreposage est une fonction nécessaire, car les cycles de production et de consommation coïncident rarement. Même si la demande de produits agricoles est continue, la production est saisonnière. La fonction d'entreposage comble les écarts de temps et de quantité.

L'entreprise doit déterminer le nombre et l'emplacement souhaitables des points de stockage. Un nombre élevé de points de stockage permet une livraison rapide aux clients, mais augmente d'autant les coûts d'entreposage. Le nombre de points d'entreposage doit représenter un équilibre entre le niveau de service à la clientèle et les coûts de distribution.

Une partie des stocks de l'entreprise est gardée à l'usine ou tout près, alors que le reste est distribué dans des entrepôts à travers le pays. Les entreprises peuvent posséder des entrepôts privés ou louer de l'espace dans des entrepôts publics. Elles utilisent des entrepôts de stockage et des entrepôts de distribution. Les **entrepôts de stockage** servent à entreposer les biens pour de longues périodes. Les **entrepôts de distribution** reçoivent des biens de diverses usines et de divers fournisseurs, et en assurent un roulement aussi rapide que possible. Par exemple, après que National Semiconductor eut fermé ses six entrepôts et mis sur pied un centre de distribution à Singapour, son temps moyen de livraison minimal diminua de 47 %, ses coûts de distribution diminuèrent de 2,5 % et ses ventes s'accrurent de 34 %[29]. Provigo recourt à des centres de distribution pour la distribution de produits alimentaires et Rona fait de même pour la distribution de la quincaillerie.

Les anciens entrepôts à plusieurs étages, fonctionnant avec des ascenseurs et utilisant des procédés de manutention inefficaces ne sont plus concurrentiels face aux nouveaux **entrepôts automatisés** occupant un seul étage et munis de systèmes de manutention de matériaux avancés commandés par ordinateur. L'ordinateur lit les commandes et dirige les chariots élévateurs et les grues, rassemble les marchandises, les transporte sur les quais d'expédition et prépare les factures. Ces entrepôts ont permis de réduire le nombre d'accidents du travail, les coûts de la main-d'œuvre, les bris et le vol de marchandises, et ont amélioré le contrôle des stocks. Quand la société Helene Curtis a remplacé ses six anciens entrepôts par un nouvel entrepôt moderne valant 43 millions de dollars, ses coûts de distribution ont baissé de 40 %[30].

La gestion des stocks

Les niveaux de stocks représentent une décision importante de logistique du marché car ils influent sur la satisfaction du client. Les spécialistes du marketing aimeraient bien que leur entreprise ait des stocks suffisants pour remplir immédiatement toutes les commandes des clients. Il n'est cependant pas efficace du point de vue des coûts de maintenir un tel niveau de stocks. **Les coûts de stockage augmentent à un taux croissant à mesure que le niveau de service à la clientèle approche les 100 %.** La direction doit savoir quelle augmentation des ventes et des profits résul-

tera d'un niveau de stocks plus élevé et des promesses de délais de livraison plus courts.

La prise de décision en matière de niveau de stocks exige de savoir quand il faut commander et quelle quantité. Lorsque le niveau de stocks diminue, la direction doit savoir à quel moment elle passera une nouvelle commande. Ce niveau de stockage est appelé le **point** ou le **seuil de commande**. Un point de commande de 20 signifie que les commandes doivent être passées dès que le stock descend en deçà de ce niveau. Le point de commande final devrait équilibrer le risque de rupture de stock et les coûts de surstockage.

Par ailleurs, la direction doit savoir quelle quantité il faut commander. Plus grande sera la quantité commandée, moins fréquemment il sera nécessaire de passer une commande. L'entreprise doit équilibrer les coûts de traitement des commandes et les coûts de stockage. Les **coûts de traitement des commandes** pour un fabricant consistent en des **coûts de démarrage** et des **coûts de production** pour chaque article. Si les coûts de démarrage sont faibles, le fabricant peut produire l'article plus souvent ; le coût par article est alors relativement stable et se situe près des coûts de production. Si, au contraire, les coûts de démarrage sont élevés, le fabricant peut réduire le coût unitaire moyen en produisant de longues séries de production et en stockant plus de marchandises.

Les coûts de traitement des commandes doivent être comparés aux **coûts de stockage**. Plus le niveau moyen de stocks sera élevé, plus les coûts de stockage seront élevés. Les coûts de stockage incluent les coûts d'entreposage, les coûts de capital, les taxes et les primes d'assurance, la dépréciation et l'obsolescence. Les coûts de stockage peuvent atteindre jusqu'à 30 % de la valeur des stocks. Cela signifie que les directeurs du marketing qui veulent que leur entreprise entrepose de grandes quantités de stocks doivent pouvoir démontrer que des niveaux de stocks plus élevés rapporteront un surplus de profits bruts qui dépassera l'augmentation des coûts de stockage.

On peut déterminer la quantité de commande optimale en évaluant comment les coûts de traitement des commandes et les coûts de stockage s'additionnent à différents niveaux de commande. La figure 19.4 montre que le coût unitaire de traitement des commandes décroît avec le nombre d'unités commandées parce que les coûts des commandes sont répartis sur

FIGURE 19.4

Le calcul de la quantité de commande optimale

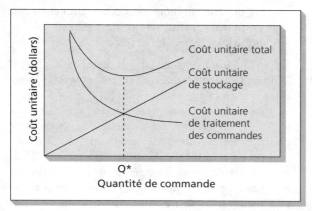

un plus grand nombre d'unités. De son côté, le coût unitaire de stockage s'accroît avec le nombre d'unités commandées parce que chaque unité demeure plus longtemps en stockage. Les deux courbes de coûts, additionnées verticalement, donnent la courbe du coût total. Le point le plus bas sur la courbe du coût total est projeté sur l'abscisse, où l'on trouve la quantité de commande optimale Q*[31].

L'intérêt croissant pour les **méthodes de production juste-à-temps** modifiera les pratiques de planification des stocks. La production juste-à-temps consiste à acheminer des matières premières à l'usine au moment où elles y sont requises. Si les fournisseurs sont fiables, alors le fabricant peut maintenir un niveau de stocks bas et répondre aux attentes des clients en matière de délais. Voici un exemple intéressant :

> La grande chaîne de supermarchés britannique Tesco a développé un système de logistique du marché juste-à-temps fort innovateur. Tesco voulait réduire grandement les coûts de stockage en magasin, qui sont très élevés. Pour ce faire, elle a mis sur pied un système qui permet le réapprovisionnement deux fois par jour. Normalement, il fallait trois camions de livraison pour les produits congelés, les produits réfrigérés et les produits réguliers. L'entreprise a alors conçu de nouveaux camions ayant trois compartiments indépendants pour recevoir les trois types de produits. (Pour plus d'information sur le juste-à-temps, voir le chapitre 7.)

Le transport

Les spécialistes du marketing doivent également s'intéresser à la question du transport dans leur entreprise. Les décisions relatives au transport influent sur le prix des produits, sur les délais de livraison et sur l'état des marchandises livrées ; tous ces facteurs entrent en ligne de compte dans la satisfaction du client.

Pour expédier ses marchandises à ses entrepôts, à ses concessionnaires et à ses clients, l'entreprise peut choisir parmi cinq moyens de transport : le rail, l'avion, le camion, le bateau et le pipeline. Les entreprises prennent en considération des critères tels que la **rapidité**, la **fréquence**, la **fiabilité**, la **capacité**, la **disponibilité** et le **coût**. Si l'expéditeur recherche la rapidité, les transports aérien et routier sont tout indiqués. Si le but est de réduire les coûts, alors le transport maritime et le pipeline sont appropriés. Le camion est relativement bien évalué par rapport à tous les critères, ce qui explique la croissance de sa part de marché.

Les expéditeurs combinent de plus en plus souvent deux ou plusieurs moyens de transport grâce à la conteneurisation. La **conteneurisation** consiste à mettre des biens dans de grands contenants ou des remorques qui peuvent facilement être transférés d'un moyen de transport à un autre. Par exemple, on peut combiner le transport ferroviaire avec le transport routier, le transport routier avec le transport maritime, le transport maritime avec le transport ferroviaire et le transport routier avec le transport aérien. Un mode intégré de transport offre des avantages déterminés à l'expéditeur. Ainsi, un mode combiné de transport ferroviaire et routier est meilleur marché que le camionnage seul, tout en fournissant à la fois flexibilité et commodité.

En choisissant des modes de transport, les expéditeurs peuvent avoir à choisir entre des transporteurs privés, contractuels ou publics. Si l'expéditeur possède ses propres camions ou ses propres avions, il est un **transporteur privé**. Un **transporteur contractuel** est une organisation indépendante qui vend des services de transport à d'autres organisations sur une base contractuelle. Un **transporteur public** fournit des services entre des points précis selon un horaire préétabli, et ses services tarifés sont offerts à tous les expéditeurs.

Les décisions relatives au transport doivent prendre en considération les avantages et les désavantages de chacun des moyens de transport ainsi que leur influence sur les autres éléments de la logistique du marché tels que l'entreposage et le stockage. Puisque les coûts de transport changent avec le temps, les entreprises doivent analyser de nouveau leurs décisions concernant la logistique du marché en vue de trouver les arrangements optimaux[32].

19.3.3
La responsabilité organisationnelle de la logistique du marché

Les gestionnaires qui ont une grande expérience de la logistique du marché ont pu en tirer quatre grandes leçons. La première leçon est qu'il est essentiel qu'un vice-président de premier niveau se voie confier la responsabilité de tous les éléments de la logistique. Cette personne devrait avoir à répondre du rendement du système de logistique tant du point de vue des coûts que du point de vue de la satisfaction de la clientèle. Le but est de gérer les activités de logistique du marché pour obtenir le plus haut niveau possible de satisfaction de la clientèle, et ce à un coût raisonnable. Voici deux exemples:

> Burroughs a mis sur pied une division des services de logistique pour centraliser le contrôle de toutes les activités de logistique du marché. Cette division dépend hiérarchiquement du vice-président du mar-

keting à cause de la grande importance que Burroughs accorde au service à la clientèle. En moins de deux ans et demi, l'entreprise a réalisé des économies de plus de deux millions de dollars annuellement, tout en fournissant un service de meilleure qualité aux succursales régionales et aux clients.

En 1993, Sears a embauché le lieutenant général William G. Pagonis, qui était responsable de la logistique durant la guerre du Golfe (opération *Tempête du désert*), en tant que premier vice-président de la logistique du marché. L'embauche de ce spécialiste donne une indication de la volonté de Sears de renouer avec le succès. Avant de faire preuve de ce nouveau leadership, Sears gérait plus de 50 centres régionaux de distribution pour la livraison d'appareils ménagers et de meubles. Aujourd'hui, ces centres ne sont plus qu'au nombre de 7, ce qui a permis de réduire les coûts de stockage de 400 millions de dollars et les ruptures de stock, de 70 %.

La deuxième leçon qu'on peut tirer est que les stratégies de logistique doivent découler des stratégies de l'entreprise et non seulement de considérations ayant trait aux coûts. Une troisième leçon est que le système de logistique doit reposer sur une information exhaustive et sur des liens électroniques continus entre les différentes parties. Finalement, les objectifs de logistique de l'entreprise doivent être égaux ou supérieurs aux normes de service des concurrents, et les représentants de toutes les équipes pertinentes doivent collaborer au processus de planification de la logistique.

RÉSUMÉ

1. Le commerce de détail comprend toutes les activités relatives à la vente de biens et de services directement aux utilisateurs finaux pour leur utilisation personnelle et non commerciale. Les détaillants peuvent être classés en détaillants en magasin, en détaillants hors magasin et en organisations de détail.

   Comme les produits, les magasins de détail passent par les phases d'un cycle de vie appelé cycle de vie de détail. Alors que les magasins actuels offrent de plus en plus de services pour demeurer concurrentiels, leurs coûts et leurs prix s'accroissent, ce qui ouvre la porte à de nouvelles formes de commerces de détail, qui offrent un assortiment de marchandises et de services à des prix plus bas. Les principaux types de commerces de détail sont les magasins spécialisés, les grands magasins, les supermarchés, les dépanneurs, les magasins de vente au rabais, les magasins-entrepôts (les entrepôts de fabricants, les magasins-entrepôts indépendants, les clubs d'entrepôt), les magasins à grande surface (les magasins intégrés, les hypermarchés) et les salles de vente par catalogue.

Quoique les ventes dans les magasins constituent l'essentiel des ventes au détail, le commerce hors magasin croît plus rapidement que le commerce traditionnel en magasin. Cette catégorie réunit la vente directe (la vente de personne à personne, la vente d'une personne à un groupe et la vente par réseau), le marketing direct, les distributeurs automatiques et les services d'achat.

Même si plusieurs commerces de détail sont indépendants, la plus grande partie des commerces de détail appartient à des organisations de détail telles que les chaînes organisationnelles, les chaînes volontaires, les coopératives de détaillants, les coopératives de consommateurs, les organisations de franchises et les conglomérats de marchandisage.

2. Les détaillants, comme tous les autres mercaticiens, doivent préparer des plans de marketing qui incluent des décisions portant sur le marché cible, sur l'assortiment de produits, sur les services et l'atmosphère, sur le prix, sur la promotion et sur l'emplacement.

Ces décisions doivent prendre en considération les principales tendances dans le commerce de détail aujourd'hui : les nouvelles formes de commerces de détail, le cycle de vie plus court des commerces de détail, la croissance des commerces hors magasin, la croissance de la concurrence entre les types de commerces, la polarisation du commerce de détail, la puissance croissante des superdétaillants, la nouvelle définition de l'arrêt unique pour faire tous ses achats, la croissance des systèmes de marketing verticaux, le développement chez les grands détaillants d'un portefeuille de commerces, l'importance croissante de la technologie comme outil de concurrence, l'expansion mondiale des principaux détaillants et le rôle des commerces de détail en tant que centres communautaires.

3. Le commerce de gros comprend toutes les activités liées à la vente de biens et de services aux individus qui les achètent dans le but de les revendre ou de les utiliser à des fins commerciales. Les grossistes aident les fabricants à distribuer efficacement leurs produits aux nombreux détaillants et utilisateurs industriels partout dans le pays. Ils accomplissent de nombreuses fonctions, notamment la vente et la promotion, l'achat et la préparation d'assortiments, le fractionnement des gros lots,

l'entreposage, le transport, le financement, le partage du risque, la transmission de renseignements sur le marché et des services de gestion et de conseil.

Les grossistes peuvent se diviser en quatre groupes : les grossistes marchands, qui comprennent les grossistes à services complets (les marchands en gros et les distributeurs industriels) et les grossistes à services limités (les grossistes au comptant, les grossistes-livreurs, les intermédiaires en gros, les installateurs en rayons, les coopératives de producteurs et les grossistes de vente par correspondance) ; les courtiers et les agents, qui incluent les agents de fabricants, les agents de vente, les agents d'achat et les commissionnaires ; les succursales et les bureaux de vente de fabricants et de détaillants, comme les succursales et les bureaux de vente ainsi que les bureaux d'achat ; enfin, divers types de grossistes qu'on trouve notamment dans le domaine de l'agriculture.

Les grossistes aussi doivent prendre des décisions portant sur leurs marchés cibles, l'assortiment de produits et de services, le prix, la communication et l'emplacement. Ils doivent répondre aux besoins de leurs fournisseurs et à ceux de leur clientèle cible, tout en reconnaissant que leur rôle principal est d'ajouter de la valeur au circuit.

Les producteurs de biens et de services doivent décider de la logistique du marché, c'est-à-dire de la meilleure façon d'approvisionner l'entreprise et de stocker et d'acheminer les biens et les services. La tâche de la logistique consiste à bien gérer les flux de valeur ajoutée du fournisseur à l'utilisateur final, c'est-à-dire coordonner les activités des fournisseurs, des acheteurs, des fabricants, des spécialistes du marketing, des membres du circuit et des clients. Les principaux gains d'efficacité logistique ont été obtenus grâce aux développements des technologies de l'information. Quoique les coûts de la logistique du marché puissent être élevés, un programme de logistique du marché bien planifié peut devenir un outil de concurrence important. Le but ultime de la logistique du marché est de répondre aux besoins des clients d'une façon efficace et rentable.

Les managers de la logistique du marché ont à prendre quatre décisions touchant le traitement des commandes, l'entreposage, la gestion des stocks et le transport. Quatre règles de logistique s'imposent. Premièrement, un cadre de premier niveau doit avoir la responsabilité de tous les éléments de la logistique. Deuxièmement, les stratégies de logistique doivent découler des stratégies de l'entreprise. Troisièmement, le système de logistique doit reposer sur une information exhaustive et sur des liens électroniques continus entre les différentes parties. Enfin, les objectifs de la logistique de l'entreprise doivent être égaux ou supérieurs à ceux des concurrents, et tous doivent collaborer à la planification de cette logistique.

QUESTIONS

1. Alors que Wal-Mart connaît une forte croissance des ventes depuis quelques années, son concurrent direct K-mart essaie de survivre. Réfléchissez à certaines techniques que K-mart et d'autres magasins de vente au rabais pourraient utiliser pour garder leur clientèle.

2. L'échange de données informatisées (EDI) rend possible l'échange d'informations entre deux ordinateurs à des endroits différents au moyen du langage informatique. Nommez quelques répercussions de cette technologie sur l'industrie du commerce de détail.

3. Créez une matrice de différents niveaux de service et de largeurs d'assortiments. Décrivez les grandes stratégies de positionnement qui résultent de ces combinaisons. Nommez des détaillants importants pour chacune de ces catégories.

4. Traditionnellement, les grossistes investissent très peu en communication. Pourquoi les éléments du marketing mix sont-ils négligés par les grossistes?

5. Un important fabricant éprouve des ennuis avec son système de distribution physique. Il se rend compte que la solution repose sur une réorganisation de sa logistique du marché, mais il ne sait pas comment procéder. Suggérez un plan qui permettra à cette entreprise de déterminer son problème et de le régler.

6. Appliquez le concept de roue de détail à l'industrie du courtage. Comment cette industrie a-t-elle commencé? Comment a-t-elle évolué au cours des années? Où se trouve-t-elle à l'heure actuelle?

7. La technologie devient de plus en plus importante dans la gestion logistique du marché. Un des leaders dans ce domaine a été Federal Express. Préparez un bref rapport (de deux à cinq pages) résumant les réalisations de FedEx.

8. Dans deux de ses magasins, une chaîne a ouvert un service de consultation juridique offrant une consultation pour des honoraires de 20 $. Les clients sont invités à s'asseoir dans une cabine téléphonique où des téléphonistes les mettent en contact avec un bureau d'avocats qui répondent à leurs questions sur-le-champ. Commentez la décision de marketing d'un détaillant qui offre des services juridiques.

9. Depuis plusieurs années, le fabricant d'ordinateurs Gateway 2000 vend ses ordinateurs par le biais de commandes postales. L'entreprise a maintenant l'intention d'ouvrir ses propres magasins. Discutez des facteurs intervenant dans le démarrage de magasins de détail. Où Gateway devrait-elle localiser ses magasins? Une fois les magasins ouverts, comment Gateway évaluera-t-elle la localisation de ses magasins? Quels autres facteurs Gateway devrait-elle considérer pour garantir son succès dans l'industrie du commerce de détail?

10. Une entreprise a un coût de stockage de 30 %. Le directeur du marketing veut que l'entreprise augmente ses stocks de 400 000 $ à 500 000 $, croyant ainsi que les ventes pourront s'accroître de 120 000 $ en raison du meilleur service et de la plus grande fidélité des clients. La marge bénéficiaire de l'entreprise est de 20 %. Est-il avantageux pour l'entreprise d'augmenter son niveau de stocks?

RÉFÉRENCES

1. William R. Davidson, Albert D. Bates et Stephen J. Bass, « Retail Life Cycle », *Harvard Business Review*, novembre-décembre 1976, p. 89-96.
2. Stanley C. Hollander, « The Wheel of Retailing », *Journal of Marketing*, juillet 1960, p. 37-42.
3. Pour une discussion plus élaborée, voir Lawrence H. Wortzel, « Retailing Strategies for Today's Marketplace », *Journal of Business Strategy*, printemps 1987, p. 45-56; voir

aussi Roger D. Blackwell et W. Wayne Talarzyk, « Life-Style Retailing: Competitive Strategies for the 1980s », *Journal of Retailing*, hiver 1983, p. 7-26.
4. Bill Saporito, « And the Winner Is Still… Wal-Mart », *Fortune*, 2 mai 1994, p. 62-70.
5. Margaret Webb Pressler, « Looking to Rack Up a Recovery: The Limited Struggles with a Sagging Image and Sagging Sales », *The Washington Post*, 24 janvier 1995,

p. D1:2; Susan Caminiti, «The Limited: In Search of the 90's Consumer», *Fortune*, 21 septembre 1992, p. 100.

6. Lawrence H. Wortzel, «Retailing Strategies for Today's Marketplace», *Journal of Business Strategy*, printemps 1987, p. 45-56.

7. Voir Michael Treacy et Fred Wiersema, «Customer Intimacy and Other Discipline Values», *Harvard Business Review*, janvier-février 1993, p. 84-93.

8. Pour une discussion plus élaborée, voir Philip Kotler, «Atmospherics as a Marketing Tool», *Journal of Retailing*, hiver 1973-1974, p. 48-64; Mary Jo Bitner, «Servicescapes: The Impact of Physical Surroundings on Customers and Employees», *Journal of Marketing*, avril 1992, p. 57-71.

9. Frank Feather, *The Future Consumer*, Toronto, Warwick Publishing, 1994, p. 171.

10. Voir Anne T. Coughlan et Naufel J. Vilcassim, «Retail Marketing Strategies: An Investigation of Everyday Low Pricing vs. Promotional Pricing Policies», document de travail, Northwestern University, Kellogg Graduate School of Management, décembre 1989. Voir aussi Stephen J. Hoch, Xavier Dreze et Mary E. Purk, «EDLP, Hi-Lo, and Margin-Arithmetic», *Journal of Marketing*, octobre 1994, p. 1-15.

11. R.L. Davies et D.S. Rogers (dir.), *Store Location and Store Assessment Research*, New York, John Wiley, 1984.

12. Voir Sara L. McLafferty, *Location Strategies for Retail and Service Firms*, Lexington, Mass., Lexington Books, 1987.

13. Jay L. Johnson, «Supercenters: An Evolving Saga», *Discount Merchandiser*, avril 1995, p. 26-30.

14. De nombreuses erreurs de facturation sont causées par les lecteurs optiques, qui sont maintenant utilisés dans de nombreux commerces d'alimentation, de quincaillerie, etc. Dans une enquête menée par la revue *Protégez-vous* en décembre 1998 auprès de six grands magasins (Wal-Mart, La Baie, Zellers, Sears, Eaton et Canadian Tire) sur 432 produits en solde, 67 ont été vendus à un prix erroné, pour un taux d'erreurs moyen de 15,5%. Aucune erreur n'a été trouvée chez Wal-Mart, qui a une politique de bas prix tous les jours; chez Canadian Tire, l'erreur favorisait le consommateur; chez les autres commerçants, l'erreur favorisait ces derniers. La palme vient à Eaton avec 30 erreurs, soit un pourcentage de 44,8% de toutes les erreurs, ce qui représentait une erreur de 173,23$ sur un achat de 868,69$. Pour plus de détails, voir Chantal Desjardins et Maryse Guénette, «Lecteurs optiques: factures truffées d'erreurs», *Protégez-vous*, décembre 1998, p. 5-9. Voir aussi Catherine Yang, «Maybe They Should Call Them "Scammers"», *Business Week*, 16 janvier 1995, p. 32-33; Ronald C. Goodstein, «UPC Scanner Pricing Systems: Are They Accurate?», *Journal of Marketing*, avril 1994, p. 20-30.

15. Pour connaître les facteurs de succès d'un système d'échange de données informatisées, voir David T. Vlosky,

Richard P. Smith et Paul M. Wilson, «Electronic Data Interchange Implementation Strategies: A Case Study», *Journal of Business and Industrial Marketing*, vol. 9, n° 4, 1994, p. 5-18.

16. «Business Bulletin: Shopper Scanner», *The Wall Street Journal*, 18 février 1995, p. A1:5.

17. Pour une discussion plus élaborée sur les tendances du commerce de détail, voir Louis W. Stern et Adel I. El-Ansary, *Marketing Channels*, 5e éd., Upper Saddle River, N.J., Prentice Hall, 1996.

18. Shelley Donald Coolidge, «Facing Saturated Home Markets, Retailers Look to Rest of World», *Christian Science Monitor*, 14 février 1994, p. 7:1; Carla Rapoport et Justin Martin, «Retailers Go Global», *Fortune*, 20 février 1995, p. 102-108.

19. Gherry Khermouch, «Third Places», *Brandweek*, 13 mars 1995, p. 36-40.

20. Voir Bert McCammon, Robert F. Lusch, Deborah S. Coykendall et James M. Kenderdine, *Wholesaling in Transition*, Norman, University of Oklahoma, College of Business Administration, 1989.

21. Voir Frank Feather, *The Future Consumer*, Toronto, Warwick Publishing, 1994, p. 96.

22. James A. Narus et James C. Anderson, «Contributing as a Distributor to Partnerships with Manufacturers», *Business Horizons*, septembre-octobre 1987. Voir aussi James D. Hlavecek et Tommy J. McCuistion, «Industrial Distributors – When, Who, and How», *Harvard Business Review*, mars-avril 1983, p. 96-101.

23. Richard A. Melcher, «The Middlemen Stay on the March», *Business Week*, 9 janvier 1995, p. 87.

24. Voir Rita Koselka, «Distribution Revolution», *Forbes*, 25 mai 1992, p. 54-62.

25. Carla Rapoport et Justin Martin, «Retailers Go Global», *Fortune*, 20 février 1995, p. 102-108.

26. Ronald Henkoff, «Delivering the Goods», *Fortune*, 28 novembre 1994, p. 64-78.

27. Stephanie Strom, «Logistics Steps into Retail Battlefield», *The New York Times*, 3 novembre 1993, p. D1:2. Voir aussi Marita van Oldenborgh, «Power Logistics», *International Business*, octobre 1994, p. 32-34; James Aaron Cooke, «Will Logistics Be the Magic Bullet? Part 3», *Traffic Management*, mai 1995, p. 35-38.

28. E.J. Muller, «Faster, Faster, I Need It Now!», *Distribution*, février 1994, p. 30-36.

29. Ronald Henkoff, «Delivering the Goods», *Fortune*, 28 novembre 1994, p. 64-78.

30. Rita Koselka, «Distribution Revolution», *Forbes*, 25 mai 1992, p. 54-62.

31. La quantité de commande optimale est obtenue par la formule $Q = 2DC/I$, où D = demande annuelle, C = coût pour passer une commande et I = coût annuel de stockage par unité. Cette formule prend comme hypothèses un coût de commande et un coût de stockage constants, une demande

connue et pas de rabais. Pour plus d'information sur le sujet, voir Richard J. Tersine, *Principles of Inventory and Materials Management*, 4e éd., Englewood Cliffs, N.J., Prentice Hall, 1994.

32. Pour une étude sur les 117 entreprises qui sont les chefs de file de la logistique du marché, voir Donald J. Bowersox et autres, *Leading Edge Logistics Competitive Positioning for the 1990's,* Oak Brook, Ill., Council of Logistics Management, 1989. Voir aussi Robert A. Novack, John Langley Jr. et Lloyd M. Rinehard, *Creating Logistics Value,* Oak Brook, Ill., Council of Logistics Management, 1995.

L'élaboration
des stratégies
de communication

> *[...] d'un point de vue fonctionnel et pratique,*
> *le médium est le message.*
> MARSHALL McLUHAN

L'activité de marketing exige plus, de nos jours, que le développement d'un bon produit, facile d'accès, et la fixation d'un prix attrayant. Une entreprise doit en outre communiquer avec ses clients actuels et potentiels, les fournisseurs, les détaillants, les détenteurs d'enjeux. Non seulement il faut savoir faire, mais il faut aussi le faire savoir. Inévitablement, chaque entreprise s'engage dans la communication. Pour la plupart des entreprises, la question n'est pas de savoir si la communication est nécessaire, mais plutôt de savoir ce qu'il faut dire, à qui et à quelle fréquence.

Le mix des communications (qu'on appelle également le mix promotionnel) comporte cinq outils principaux :

1. **La publicité**, qui consiste en toute forme monnayée de présentation et de promotion non personnelles d'idées, de biens ou de services par un annonceur désigné.

2. **La promotion des ventes**, laquelle constitue toute incitation à court terme destinée à encourager l'achat d'un produit ou d'un service.

3. **Les relations publiques**, qui consistent en des programmes variés destinés à améliorer, à maintenir ou à protéger l'image d'une entreprise ou d'un produit.

4. **La vente**, c'est-à-dire toute présentation orale qui est faite au cours d'une conversation avec un ou plusieurs acheteurs potentiels dans le but de solliciter une réponse directe ou d'obtenir des commandes.

5. **Le marketing direct**, soit l'utilisation de la poste, du téléphone, du télécopieur, du courrier électronique, d'Internet ou de tout autre outil de communication qui permet de communiquer directement avec des clients actuels ou potentiels[1].

De nombreux outils, comme ceux qui sont présentés au tableau 20.1, s'inscrivent dans ces catégories. Mais la communication, grâce aux progrès technologiques, va au-delà des outils usuels de communication (journaux, radio, téléphone, télévision) ; elle inclut aussi de nouveaux outils de communication comme les ordinateurs, les télécopieurs, les télé-phones cellulaires et les téléavertisseurs. Grâce à la réduction des coûts, les nouvelles technologies permettent à plusieurs entreprises de passer de la communication de masse à une communication plus ciblée et au dialogue des personnes. Mais les communicateurs ne devraient jamais oublier le mot célèbre de Marshall McLuhan selon lequel le choix du médium de communication influence le contenu du message communiqué.

La communication dans une entreprise englobe davantage que les outils de communication énumérés au tableau 20.1. Le style du produit, le prix, la forme et la couleur du conditionnement, le comportement et l'apparence du représentant de l'entreprise, tous ces éléments communiquent quelque chose aux consommateurs. C'est tout le marketing mix, et non seulement la communication, qui doit être orchestré afin que cette dernière produise le meilleur effet. Nous présenterons l'intérêt d'une communication intégrée plus loin dans le chapitre.

Dans ce chapitre, nous examinerons trois questions importantes :

· **Comment fonctionne la communication ?**

· **Quelles sont les principales étapes de l'élaboration d'un programme efficace de communication marketing ?**

· **Qui doit être responsable de l'élaboration de ce programme ?**

Les trois prochains chapitres sont consacrés à la communication : le chapitre 21 traite de la publicité, de la promotion des ventes et des relations publiques ; le chapitre 22 se rapporte à la force de vente ; quant au chapitre 23, il concerne le marketing direct et le commerce électronique.

20.1
LE PROCESSUS DE COMMUNICATION

Trop souvent, la communication marketing se focalise sur l'amélioration de la notoriété, de l'image et de la préférence pour un produit ou une entreprise auprès du marché cible. Mais cette approche de la

TABLEAU 20.1
Quelques outils usuels de communication

Publicité	Promotion des ventes	Relations publiques	Ventes	Marketing direct
Messages imprimés et électroniques	Jeux et concours	Dossiers de presse	Démonstrations	Catalogues
Emballage interne	*Sweepstakes*	Discours	Réunions de vente	Envois par la poste
Conditionnement	Loteries	Séminaires	Télévente	Télémarketing
Matériel audiovisuel	Primes et cadeaux	Rapports annuels	Programmes de stimulation	Commerce électronique
Catalogues	Échantillons	Mécénat	Salons et foires	Commerce télévisuel
Cinéma	Stands	Parrainage	Échantillons	Télécopieur
Journaux internes	Foires et expositions	Publications		Courriel
Brochures	Démonstrations	Relations communautaires		Boîte vocale
Affiches	Bons de réduction	Groupes de pression		Guichets électroniques
Reproduction d'annonces	Rabais	Objets publicitaires		
Panneaux-réclame	Financement à faible taux d'intérêt			
Annuaires	Primes-marchandises			
Présentoirs	Événements			
Symboles et logos	Objets publicitaires			

communication a des limites certaines : elle est trop souvent à court terme, elle coûte trop cher et la plupart des messages ne sont pas entendus.

De nos jours, on a tendance à considérer la communication marketing comme la **gestion du processus d'achat du client dans le temps**, soit durant les étapes de la prévente, de la vente, de la consommation et de la postconsommation. Et parce que les clients sont différents, les programmes de communication doivent être conçus pour des segments précis, des créneaux, voire des individus. Grâce aux nouvelles technologies de l'information, les entreprises ne doivent pas seulement se demander comment rejoindre leurs clients, mais aussi comment elles peuvent permettre à leurs clients d'entrer en contact avec elles.

Le point de départ du processus de communication est donc un audit de toutes les interactions potentielles que les clients cibles peuvent avoir avec le produit, le service ou l'entreprise. Par exemple, une personne qui achète un nouvel ordinateur en parlera avec des collègues ou des amis, verra des messages publicitaires à la télévision, lira des articles dans les journaux et les magazines, et examinera des ordinateurs dans des magasins. Le mercaticien doit évaluer laquelle de ces expériences aura le plus d'influence à chacune des étapes du processus d'achat. Cette connaissance lui permettra d'allouer un budget de communication de la façon la plus efficace.

Pour communiquer efficacement, les gens de marketing doivent comprendre les éléments fondamentaux sous-jacents à une communication efficace. La figure 20.1 illustre un modèle de communication composé de neuf éléments. Deux de ces éléments représentent les partenaires d'une communication : l'**émetteur** et le **récepteur**. Deux éléments constituent les principaux outils de la communication : le **message** et le **média**. Quatre éléments représentent les fonctions principales de la communication : le **codage**, le **décodage**, la **réponse** et la **rétroaction**. Le dernier élément constitue le **bruit** dans le système, c'est-à-dire les messages aléatoires ou concurrents qui peuvent interférer avec la communication[2].

Ce modèle met en évidence les facteurs essentiels d'une communication efficace. Les émetteurs doivent connaître les auditoires qu'ils veulent atteindre et les réponses qu'ils veulent obtenir. Ils encodent leurs messages en fonction de la manière dont l'auditoire cible les décode habituellement. L'émetteur doit transmettre le message par des médias efficaces, afin que ce message atteigne l'auditoire cible. Il doit d'ailleurs établir des canaux de rétroaction pour vérifier la réponse du récepteur au message.

FIGURE 20.1
Les éléments de la communication

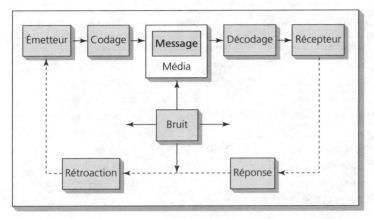

Pour qu'un message soit efficace, le processus d'encodage de l'émetteur doit s'accorder avec le processus de décodage du récepteur. Un message a davantage de chances d'être compris s'il s'inscrit à la fois dans le champ d'expérience de l'émetteur et dans celui du récepteur. L'émetteur peut encoder le message et le récepteur peut le décoder seulement d'après l'expérience de chacune des parties. Cette exigence complique la vie des émetteurs d'un certain rang social (tel le personnel des agences de publicité), qui souhaitent communiquer efficacement avec des membres d'un autre rang social (tels les ouvriers).

La tâche de l'émetteur est de transmettre son message au récepteur. Il est possible que ce message n'atteigne pas l'auditoire cible, et cela pour trois raisons :

• **L'attention sélective.** Les gens sont bombardés par plus de 1 600 messages publicitaires par jour. Parmi ceux-ci, seulement 80 sont remarqués consciemment et environ 12 provoquent une réaction quelconque. Le communicateur doit donc concevoir le message de façon à attirer l'attention du récepteur en dépit des distractions de l'environnement. C'est à cause de l'attention sélective que, par exemple, Loto-Québec utilise des annonces portant un titre comme « Gagnez le gros lot de 5 millions », accompagné d'une image frappante et d'un texte très court afin de capter l'attention. Avec très peu d'efforts, le récepteur pourrait gagner beaucoup d'argent.

• **La distorsion sélective.** Les gens peuvent modifier le message et entendre ce qu'ils veulent bien entendre. Les récepteurs ont des attitudes préexistantes qui créent des attentes concernant ce qu'ils vont voir ou entendre. Ils entendront ce qui cadre avec leur système de croyances. En conséquence, il arrive souvent que les récepteurs ajoutent au message des éléments qui n'y appartiennent pas (**amplification**) et qu'ils ne remarquent pas des éléments constitutifs du message (**nivelage**). La tâche de l'émetteur est donc de créer un message simple, clair, intéressant et répétitif afin de communiquer l'essentiel à l'auditoire.

• **La mémorisation sélective.** Les gens ne retiendront dans leur mémoire permanente qu'une infime fraction des messages qui leur sont destinés. Le passage du message de la mémoire à court terme à la mémoire permanente du récepteur dépend du processus de **remémoration** du message. Par la remémoration, on n'entend pas uniquement la répétition, mais également un processus par lequel le récepteur élabore la signification du message, de sorte que des pensées se rapportant au message passent de sa mémoire permanente à sa mémoire à court terme. Si l'attitude initiale du récepteur envers un objet est positive et s'il se remémore les arguments favorables, le message sera probablement accepté et enregistré. Si l'attitude initiale du récepteur est négative et si la personne se remémore des contre-arguments, le message sera probablement rejeté, même s'il reste dans la mémoire permanente. Les contre-arguments inhibent la persuasion, parce qu'ils contribuent à préparer un message contradictoire. Une bonne partie de la persuasion exige la remémoration des propres pensées du récepteur. En fait, l'autopersuasion constitue une grande partie de la persuasion[3].

Les communicateurs continuent à chercher les relations entre les différentes caractéristiques d'un auditoire et sa facilité à être persuadé. On croit que les gens qui sont plus instruits ou intelligents sont moins influençables, mais rien n'est moins sûr. Les gens qui acceptent que des normes externes guident leur comportement et qui possèdent un faible concept de soi semblent subir des influences plus facilement que les autres. On estime également que les gens qui ont peu confiance en eux sont aussi plus faciles à convaincre. Cependant, sur ce dernier point, des recherches menées par Cox et Bauer ont démontré une relation curviligne entre la confiance en soi et la facilité à être persuadé; ceux qui ont une confiance moyenne semblent être les plus influençables[4].

Le communicateur devrait chercher les caractéristiques d'un auditoire qui correspondent à la suggestibilité et s'en servir pour guider la conception du message et le choix des médias. Des gens qui ont déjà été exposés à des tentatives préalables auront une réaction différente à un effort de persuasion de celle des gens qui n'ont pas été exposés à une telle tentative[5].

Fiske et Hartley ont dégagé plusieurs facteurs qui modèrent l'effet d'une communication:

1. Plus grand sera le monopole de la source d'information sur le récepteur, plus le changement ou l'effet produit chez le récepteur en faveur de la source sera grand.

2. Les effets de la communication sont plus marqués lorsque le message correspond aux opinions, aux croyances et aux dispositions existantes du récepteur.

3. La communication est susceptible d'effectuer les changements les plus profonds sur des questions nouvelles, périphériques ou sans grande importance, qui ne font pas partie du système central de valeurs du récepteur.

4. La communication fonctionne de façon plus efficace lorsque la source est considérée comme sympathique, objective et dotée d'une expertise et d'un prestige élevés; elle est surtout efficace quand la source détient un certain pouvoir et constitue une chose à laquelle on peut s'identifier.

5. Le contexte social, le groupe ou le groupe de référence modifient la communication et influent sur son acceptation[6].

20.2
LES ÉTAPES DE L'ÉLABORATION D'UNE COMMUNICATION EFFICACE

Examinons maintenant les principales étapes de l'élaboration d'un programme efficace de communication. Le communicateur doit: 1° délimiter l'audi-

toire cible; 2° déterminer les objectifs de communication; 3° concevoir le message; 4° choisir les canaux de communication; 5° déterminer le budget de communication total; 6° décider des moyens de communication; 7° mesurer les résultats de la communication; 8° gérer et coordonner la communication marketing intégrée.

20.2.1
La délimitation de l'auditoire cible

Un communicateur en marketing doit commencer par avoir une idée précise de ce qu'est son auditoire cible. L'auditoire pourrait être composé d'acheteurs potentiels des produits de l'entreprise, d'utilisateurs actuels ou de gens qui décident ou qui ont une influence. Il peut s'agir d'individus, de groupes ou du grand public. L'auditoire cible exercera une influence profonde sur les décisions prises par le communicateur, sur ce qu'il dira, sur la manière dont il le dira, sur le moment où il le dira, sur le lieu où il le dira et sur les personnes à qui il le dira.

L'analyse de l'image

Une grande partie de l'analyse de l'auditoire consiste à évaluer l'image actuelle que l'auditoire cible a de l'entreprise, de ses produits et de sa concurrence. Les attitudes et les comportements des gens à l'égard d'un objet sont conditionnés par leurs croyances à l'égard de cet objet.

> On appelle **image** l'ensemble des croyances, des idées et des impressions qu'entretient une personne à propos d'un objet.

La première étape de l'analyse de l'image consiste à mesurer le degré de familiarité d'un auditoire envers un objet, en se servant d'une **échelle de familiarité**:

Je n'en ai jamais entendu parler	J'en ai vaguement entendu parler	Je le connais un peu	Je le connais bien	Je le connais très bien

Si la plupart des personnes interrogées lors d'un sondage choisissent les deux premières réponses, l'objectif de l'entreprise sera donc d'accroître sa notoriété.

L'entreprise devrait ensuite mesurer l'attitude des personnes interrogées à l'égard de l'objet, et surtout celle des personnes qui le connaissent déjà. Cette deuxième phase nécessite l'emploi d'une **échelle d'attitude** :

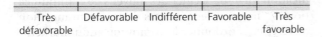

| Très défavorable | Défavorable | Indifférent | Favorable | Très favorable |

Si la majorité des personnes interrogées coche l'une des deux premières réponses, l'entreprise a un problème d'image.

La combinaison des deux échelles illustre bien la nature du défi que pose la communication. Par exemple, supposons qu'on demande aux résidants d'une région donnée leur degré de familiarité avec quatre hôpitaux locaux — A, B, C et D — et leur attitude à l'égard de ces hôpitaux. On fait la moyenne des réponses obtenues, qu'on peut représenter sur une matrice comme celle qui est illustrée à la figure 20.2. L'hôpital A jouit de l'image la plus positive ; la plupart des gens le connaissent et ont une attitude favorable à son égard. L'hôpital B est moins familier à la majorité des gens, mais ceux qui le connaissent l'aiment. Heureusement pour lui, puisqu'il a une image plutôt négative, l'hôpital C n'est pas bien connu. Finalement, l'hôpital D est considéré comme un mauvais hôpital, et tout le monde le sait !

Évidemment, chaque hôpital doit faire face à un problème de communication différent. L'hôpital A doit conserver sa bonne réputation et sa notoriété au sein de la communauté. L'hôpital B gagne à être mieux connu, puisque les gens qui le connaissent l'estiment. L'hôpital C doit chercher à savoir pourquoi il a une image négative, puis il doit améliorer son

rendement et ne pas trop se faire remarquer. L'hôpital D devrait minimiser son exposition (éviter de faire la nouvelle), améliorer sa qualité, puis se présenter de nouveau devant le public.

Chaque hôpital doit faire un pas de plus et analyser le contenu particulier de son image. L'un des outils les plus connus pour y parvenir est le **différentiel sémantique**[7]. L'utilisation de cet outil comporte les étapes suivantes :

1. **La détermination des critères pertinents.** Le chercheur demande à des gens de déterminer les critères qu'ils utilisent lorsqu'ils pensent à un objet. Il peut leur demander : « À quoi pensez-vous lorsque vous pensez à un hôpital ? » Si quelqu'un répond : « Je pense à la qualité des soins médicaux », on transformera cette réponse en une échelle adjective bipolaire. À une extrémité, on mettrait, par exemple, « soins médicaux inférieurs », et à l'autre extrémité, « soins médicaux supérieurs ». L'échelle compterait cinq ou sept degrés. La figure 20.3 indique un ensemble de critères pour le cas d'hôpitaux.

2. **La réduction du nombre de critères pertinents.** Le nombre de critères ne devrait pas être trop élevé si l'on tient à ne pas importuner les personnes interrogées, surtout s'il y a plusieurs objets à évaluer. En général, les gens semblent utiliser trois critères de jugement qui devraient être mesurés :

   - l'évaluation (mesurée par une échelle « bon-mauvais ») ;
   - la puissance (mesurée par une échelle « fort-faible ») ;
   - l'activité (mesurée par une échelle « actif-passif »).

   En se servant de ces critères comme guide, le chercheur évite d'utiliser des échelles qui n'ajoutent pas beaucoup d'information.

3. **La collecte de données.** Un échantillon de la population cible est tiré au hasard et les participants évaluent un des objets à la fois. Les adjectifs bipolaires devraient être distribués de telle sorte que ceux qui sont défavorables ne se trouvent pas tous du même côté.

4. **La détermination des profils moyens.** La figure 20.3 révèle le profil moyen des hôpitaux A, B et C (l'hôpital D est exclu), obtenu par le calcul de la moyenne de chaque critère pour chaque hôpital. L'image de chaque hôpital est représentée par le

FIGURE 20.2
Une analyse de la familiarité et de l'attitude

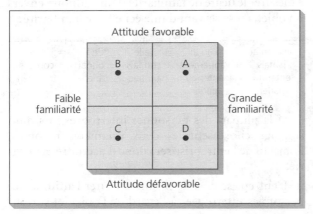

FIGURE 20.3
**L'image
de trois hôpitaux
(différentiel
sémantique)**

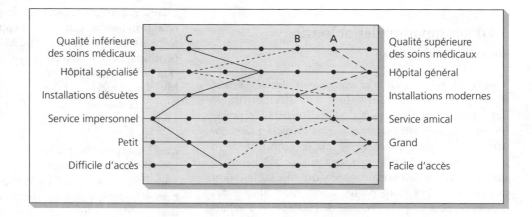

profil en zigzag, qui résume la perception moyenne de cet hôpital. Ainsi, l'hôpital A est perçu comme un hôpital grand, moderne, amical, supérieur et facile d'accès. En revanche, l'hôpital C est jugé petit, désuet, impersonnel, inférieur et difficile d'accès.

5. **L'analyse de la variance de l'image.** Étant donné que les profils moyens résultent de l'agrégation de réponses individuelles, ils ne révèlent pas le degré de variance de chaque image. Est-ce que tout le monde a vu l'hôpital B tel qu'on le représente ici, ou existe-t-il des variations considérables dans les perceptions? Si tout le monde a la même perception, on dira que l'image est très **précise**; si les perceptions diffèrent beaucoup, on dira qu'elle est très **floue**. Il se peut qu'une organisation ne souhaite pas avoir une image très précise. Il existe des entreprises qui préfèrent projeter une image floue afin que des groupes différents la perçoivent sous diverses optiques.

L'entreprise devrait maintenant proposer une **image désirée** qui fait contraste avec l'**image actuelle**. Supposons que l'hôpital C aime que le public perçoive plus favorablement la qualité des soins médicaux offerts, les équipements, l'attitude amicale du personnel, et ainsi de suite. L'administration de l'hôpital doit choisir quel écart elle désire combler en premier lieu. Est-il plus souhaitable d'améliorer l'attitude du personnel (par des programmes de formation) ou la qualité des équipements (par la rénovation)? Chaque aspect de l'image devrait être évalué au moyen des questions suivantes:

- En quoi une amélioration de l'image visant à combler l'écart entre l'image actuelle et l'image désirée contribuerait-elle à projeter une meilleure image globale?

- Quelle stratégie (combinaison de changements véritables et de changements de communication) permettrait de combler cet écart?

- Combien en coûterait-il pour combler cet écart?

- Combien de temps faudrait-il pour combler cet écart?

Fondamentalement, la direction d'une entreprise doit décider de la position qu'elle désire que l'entreprise occupe sur le marché. Le but n'est pas de combler tous les écarts, mais plutôt de se distinguer par rapport aux attributs auxquels le marché cible accorde le plus d'importance.

Toute entreprise qui cherche à améliorer son image doit s'armer de patience. Les images ont tendance à « coller ». Elles continuent à exister longtemps après que l'entreprise a opéré des changements. Ainsi, une université reconnue pour la qualité de son enseignement pourrait continuer à profiter d'une image favorable longtemps après que la qualité de son enseignement aurait commencé à se détériorer. La ténacité d'une image s'explique par le fait qu'une fois que les gens se font une certaine image d'un objet, ils perçoivent toute autre information de façon sélective. Ils ne perçoivent que ce qui correspond à leur image. Il faudrait une information contradictoire pour susciter des doutes et ouvrir l'esprit des gens à de nouvelles idées. Une image a sa propre vie, surtout quand le public n'a pas d'expérience directe et continue avec l'objet transformé. Ainsi, un fabricant de chaussures dont le style s'était démodé misa sur une publicité qui ridiculisait ses travers pour créer une image de dynamisme et de modernisme[8].

20.2.2
La détermination des objectifs de communication

Une fois le marché cible et ses caractéristiques cernés, le responsable du marketing doit décider de la réponse désirée de la part de l'auditoire. La réponse souhaitée, bien sûr, sera l'achat de l'objet et la satisfaction du consommateur. Mais le comportement d'achat résulte d'un long processus de décision du consommateur. Le responsable du marketing doit savoir comment faire passer l'auditoire cible à des étapes de plus en plus proches de la décision d'achat.

Le responsable du marketing peut chercher une réponse **cognitive**, **affective** ou **comportementale** de la part de l'auditoire cible. Autrement dit, le responsable du marketing pourrait avoir comme objectif de faire entrer une idée dans l'esprit du consommateur, de changer son attitude ou bien de le faire agir. Même là, il existe divers modèles des étapes de la réponse du consommateur. La figure 20.4 illustre les quatre modèles les plus connus des **niveaux hiérarchiques de réponse**.

Dans tous ces modèles, on présume que l'acheteur passe par les étapes cognitive, affective et comportementale, dans cet ordre. C'est la séquence « apprendre-ressentir-faire », qui est appropriée lorsqu'un auditoire est fortement impliqué à l'égard d'une classe de produits perçue comme ayant un degré de différenciation élevé, par exemple la classe de l'automobile. La séquence « faire-ressentir-apprendre » décrit mieux le cas où l'auditoire est fortement impliqué, mais perçoit peu de différenciation ou n'en perçoit aucune à l'intérieur de la classe de produits, comme c'est le cas pour l'achat d'un revêtement d'aluminium. Une troisième séquence, « apprendre-faire-ressentir », s'applique au cas où l'auditoire a une faible implication et perçoit peu de différenciation à l'intérieur de la classe de produits, comme dans l'achat du sel. Si le responsable du marketing est capable de reconnaître la séquence qui convient, il sera en mesure de mieux planifier la communication[9].

Supposons un cas où le niveau d'implication est élevé à l'égard de la classe de produits et où l'acheteur perçoit une grande différenciation au sein de la classe. Nous appliquerons alors le modèle de la **hiérarchie des effets** (apprendre, ressentir, faire — voir la deuxième colonne de la figure 20.4) et décrirons les six étapes du processus qui amène à l'achat d'un produit : la prise de conscience, la connaissance, l'attrait, la préférence, la conviction et l'achat.

FIGURE 20.4
Les modèles des niveaux hiérarchiques de réponse

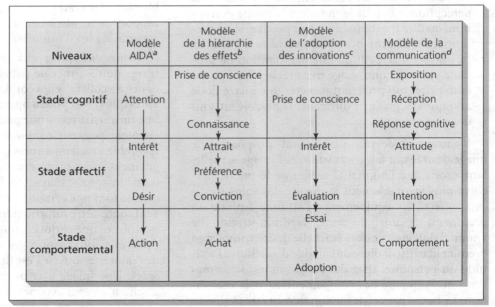

Niveaux	Modèle AIDA[a]	Modèle de la hiérarchie des effets[b]	Modèle de l'adoption des innovations[c]	Modèle de la communication[d]
Stade cognitif	Attention	Prise de conscience ↓ Connaissance	Prise de conscience	Exposition ↓ Réception ↓ Réponse cognitive
Stade affectif	Intérêt ↓ Désir	Attrait ↓ Préférence ↓ Conviction	Intérêt ↓ Évaluation	Attitude ↓ Intention
Stade comportemental	Action	Achat	Essai ↓ Adoption	Comportement

Sources : [a] E.K. Strong, *The Psychology of Selling*, New York, McGraw-Hill, 1925, p. 9 ; [b] Robert J. Lavidge et Gary A. Steiner, « A Model for Predictive Measurements of Advertising Effectiveness », *Journal of Marketing*, octobre 1961, p. 61 ; [c] Everett M. Rogers, *Diffusion of Innovations*, New York, Free Press, 1962, p. 79-86 ; [d] diverses sources.

1. **La prise de conscience.** Si la majorité de l'auditoire n'est pas consciente du produit, l'objectif du communicateur est d'en construire la notoriété, peut-être tout simplement en faisant connaître le nom, ce qui est susceptible de ne nécessiter que des messages simples et répétitifs. Toutefois, même dans ce cas, la construction de la notoriété prend du temps. Considérons le cas suivant. Supposons qu'une école privée située dans les Basses-Laurentides cherche des candidats à Laval, où son nom n'est pas bien connu, mais où se trouvent, disons, 30 000 parents qui pourraient désirer envoyer leurs enfants à cette école. L'administration pourrait se donner l'objectif de rendre 70 % de ces parents conscients de l'existence de l'école au cours de la prochaine année.

2. **La connaissance.** Il est possible que l'auditoire cible soit conscient de l'existence d'écoles privées, mais qu'il n'en sache pas grand-chose. L'école pourrait souhaiter communiquer à l'auditoire cible le fait qu'elle constitue une école secondaire mixte offrant des programmes d'études de première qualité. Elle doit donc connaître le nombre de personnes dans l'auditoire cible qui ne connaissent pas l'école ou la connaissent peu, moyennement ou beaucoup. L'école pourrait ensuite choisir comme objectif de communication de faire connaître son nom et ses programmes.

3. **L'attrait.** Même si les parents ciblés connaissent l'existence de l'école, ils n'ont pas nécessairement une opinion sur elle. Si les parents perçoivent l'école de façon défavorable, la tâche du communicateur est de découvrir pourquoi et de concevoir une campagne de communication visant à susciter une opinion favorable. Si l'opinion négative résulte de lacunes véritables de l'école, il faudra plus qu'une campagne de communication. L'école devra d'abord combler ces lacunes; puis elle communiquera sa nouvelle qualité quand et seulement quand ses insuffisances auront été corrigées. De bonnes relations publiques exigent de bonnes actions suivies de bonnes paroles, et non l'inverse.

4. **La préférence.** Les parents peuvent **être intéressés** par l'école sans la **préférer**. Dans ce cas, le communicateur doit essayer de susciter la préférence du consommateur. Le communicateur verra alors à promouvoir la qualité des programmes de l'école, ainsi que la valeur, la performance et les autres attraits de l'école. Il peut vérifier le succès de la campagne en mesurant de nouveau les préférences de l'auditoire après la campagne.

5. **La conviction.** Des parents peuvent préférer l'école, mais ne pas être convaincus à cause de la culpabilité qu'ils pourraient éprouver à l'idée d'envoyer leurs enfants dans une école privée. La tâche du communicateur est de les persuader que leurs enfants bénéficieront de cette forme d'éducation. Pour ce faire, il pourrait se servir de témoignages de parents satisfaits.

6. **L'achat.** Enfin, des parents peuvent avoir la conviction mais ne pas se sentir prêts à prendre une décision. Il se peut qu'ils attendent d'avoir plus d'information ou bien qu'ils aient l'intention d'agir plus tard. Le communicateur doit amener les parents à l'étape ultime; pour ce faire, il doit savoir pourquoi ils hésitent. Si les frais de scolarité posent un problème, l'école pourrait offrir des bourses. Si l'hésitation des parents est due au fait qu'ils ne connaissent pas réellement l'école, on pourrait les inviter à visiter les locaux et à voir les équipements pédagogiques et sportifs. On pourrait même permettre aux enfants d'assister à quelques cours ou à certaines activités.

20.2.3
La conception du message

Après avoir défini la réponse souhaitée de l'auditoire cible, le communicateur doit élaborer un message adéquat. Le message devrait attirer l'**attention**, soutenir l'**intérêt**, susciter le **désir** et provoquer l'**action** (modèle AIDA — voir la première colonne de la figure 20.4). En réalité, il y a très peu de messages qui amènent l'acheteur de l'étape de la prise de conscience jusqu'à l'étape de l'achat, mais le modèle AIDA indique les qualités souhaitables d'un message.

On doit résoudre quatre problèmes pour formuler le message: quoi dire (le **contenu du message**), comment le dire logiquement (la **structure du message**), comment le dire d'une façon symbolique (le **format du message**) et qui devrait le dire (la **source du message**).

Le contenu du message

Le communicateur doit savoir ce qu'il faut dire à l'auditoire cible pour provoquer la réponse souhaitée.

À l'époque du marketing de masse, on croyait qu'un message unique ferait l'affaire de tout le monde. Aujourd'hui, on sait que des personnes différentes recherchent des avantages différents d'un même produit. De plus, les gens prêtent maintenant moins attention à la publicité de masse à cause du manque de temps et de la croyance dans le fait que la plupart des marques se ressemblent. Les consommateurs zappent sur leur poste de télévision ou utilisent le bouton du balayage électronique pour leur radio. Le défi est donc de créer des messages qui sauront attirer l'attention de groupes cibles précis. Par exemple, l'agence de publicité Creative Artists, utilisée par Coca-Cola, a produit un réservoir de messages commerciaux pour divers segments de marché. Les directeurs de Coca-Cola à l'échelle locale, nationale ou mondiale peuvent décider des messages qui fonctionneraient le mieux pour chaque segment cible.

En cherchant le meilleur contenu pour un message, le mercaticien recherche un **appel**, un **thème publicitaire**, un **attrait commercial**, une **accroche** ou un **argument unique** (*unique selling proposition*). Il s'agit de formuler un avantage du produit, une motivation à l'égard de celui-ci, une identification à l'entreprise ou une raison pour laquelle l'auditoire devrait considérer ce produit ou vouloir en apprendre davantage à son sujet. On distingue trois sortes d'appels : l'appel à la raison, l'appel aux émotions et l'appel au sens éthique.

Les **appels à la raison** s'adressent au sens commun des gens. Ces appels consistent à démontrer que le produit livrera les avantages promis. Ce sont, par exemple, des messages qui évoquent la qualité, l'économie, la valeur ou les performances d'un produit. On croit généralement que les acheteurs industriels sont les plus susceptibles de réagir aux appels rationnels. Ils connaissent la classe de produits, ils ont été formés de façon à discerner la valeur et ils doivent rendre compte à d'autres personnes de leur choix. Lorsqu'ils achètent des produits chers, des consommateurs ont également tendance à faire de la recherche et à envisager diverses possibilités. Ils sont réceptifs à des appels ayant trait à la qualité, à la valeur, au prix et aux performances.

Les **appels aux émotions** tentent de susciter des émotions, négatives ou positives, qui inciteront le consommateur à acheter le produit. Les mercaticiens cherchent l'appel émotionnel le plus persuasif (*emotional selling proposition*). Un produit peut être relativement semblable à celui de la concurrence mais permettre des associations exclusives pour les consommateurs (par exemple Rolls-Royce, Harley-Davidson et Rolex) ; la communication devrait faire appel à des associations. Les communicateurs ont exploité des appels à des émotions telles que la peur, le sentiment de culpabilité et la honte pour amener des gens à faire ce qu'ils devraient faire (par exemple se brosser les dents, prendre rendez-vous avec le médecin une fois par année) ou à cesser de faire ce qu'ils ne devraient pas faire (par exemple fumer, consommer trop d'alcool, consommer des drogues, trop manger ou mal s'alimenter). Les appels à la peur sont efficaces jusqu'à un certain point (par exemple les messages publicitaires qui présentent un accident de la route mortel dû à la vitesse excessive), mais l'auditoire aura tendance à éviter le message s'il s'attend à trouver un degré de peur trop élevé dans le message. La recherche a démontré que ni les appels trop forts à la peur, ni les appels trop faibles ne sont efficaces. Ce sont plutôt les appels modérés qui incitent le plus à suivre une recommandation. En outre, les appels à la peur fonctionnent mieux si la crédibilité de la source est élevée. Un appel à la peur est aussi plus efficace lorsque la communication permet de réduire, d'une façon crédible et efficiente, la peur qu'elle a soulevée[10].

Les communicateurs se servent également d'appels positifs aux émotions, par l'**humour**, l'**amour**, la **pitié**, la **fierté** et la **joie**. Il n'a pas encore été prouvé qu'un message humoristique, par exemple, s'avère plus efficace qu'une version sans humour du même message. Un message humoristique attirera probablement plus l'attention et pourra susciter des attitudes plus positives à l'égard de la source. En revanche, il semble que l'humour puisse aussi réduire la compréhension ; le message peut aussi s'user plus rapidement, ou encore éclipser le produit[11]. Au Québec, Daniel Lemire (« Oncle Georges ») a eu une incidence majeure sur les ventes de Listerine, tout comme Claude Meunier (le « Pôpa » de *La petite vie*) pour Pepsi-Cola. La part de marché de Pepsi-Cola dépassait en effet la part de marché de Coca-Cola moins d'un an après l'arrivée des messages publicitaires mettant en vedette Claude Meunier. Avec ses « Terrib', terrib', terrib'... », « 'Est effrayante » et avec ses autres messages « songés », il a permis à Pepsi de devancer Coke sur un des rares marchés du monde, et « Pepsiman » a contribué à maintenir cette avance.

Les **appels au sens éthique** sont dirigés vers le sens moral du récepteur, vers ce qui est honnête et juste. On s'en sert souvent pour convaincre les gens d'appuyer des campagnes d'intérêt social telles que la protection de l'environnement, l'amélioration des relations interethniques, l'égalité des droits pour les femmes et les groupes minoritaires ainsi que l'aide aux personnes handicapées. Les campagnes de Centraide misent sur le sens des responsabilités des plus favorisés, qui leur impose un devoir moral envers les démunis. Les appels au sens éthique sont rarement utilisés pour les produits de consommation courante.

Certains publicitaires estiment que les messages sont plus persuasifs lorsqu'ils contredisent légèrement les croyances de l'auditoire. Les messages qui ne font que se conformer aux croyances de l'auditoire attirent moins l'attention et, au mieux, ne font que renforcer les croyances. Toutefois, si les messages sont contraires aux croyances de l'auditoire, ils susciteront une contre-argumentation dans l'esprit des gens et seront rejetés. Le défi est de concevoir un message qui sera modérément contradictoire, à mi-chemin entre les deux extrêmes.

Les entreprises qui vendent leurs produits dans des pays étrangers doivent être prêtes à changer leur message. Par exemple, Helene Curtis a ajusté son message aux différents pays où sont vendus ses produits de soin des cheveux. Les Anglaises de la classe moyenne lavent plus fréquemment leurs cheveux que les Espagnoles. Les Japonaises évitent de laver leurs cheveux trop souvent par crainte d'éliminer les huiles protectrices naturelles (pour plus d'information sur l'élaboration des communications dans un contexte de mondialisation des marchés, lire la rubrique Le marketing en coulisse 20.1 intitulée « Quelques défis d'une communication mondiale »).

La structure du message

L'efficacité d'un message dépend également de sa structure. La recherche de Hovland a permis de mieux comprendre l'importance, pour l'efficacité de la persuasion, de la formulation d'une conclusion, d'une argumentation à sens unique, ou au contraire à double sens, et de l'ordre de présentation des éléments du message.

Un premier élément de la structure d'un message est la **formulation d'une conclusion**. Il s'agit de savoir si le communicateur doit lui-même tirer la conclusion de son message pour l'auditoire ou s'il doit laisser l'auditoire tirer sa propre conclusion. Les premières recherches sur le sujet indiquaient que la formulation de la conclusion par le communicateur lui-même constituait la formule la plus efficace. Des recherches plus récentes montrent plutôt que les meilleurs messages publicitaires posent des questions et laissent les lecteurs, les auditeurs ou les téléspectateurs tirer leur propre conclusion[12]. La formulation d'une conclusion peut amener des réactions négatives dans les situations suivantes :

- Si l'auditoire n'a pas confiance dans le communicateur, il peut avoir une attitude hostile à l'égard de toute tentative visant à l'influencer.

- Si le sujet est simple ou si l'auditoire est intelligent, on risque de l'indisposer en prenant la peine de lui expliquer ce qui est évident.

- Si le sujet est de nature plutôt intime, l'auditoire peut dénier au communicateur le droit de tirer une conclusion.

La formulation d'une conclusion trop explicite peut limiter l'acceptation d'un produit. Si la compagnie Ford avait insisté sur le fait que la Mustang était une voiture destinée aux jeunes, elle aurait pu dissuader les personnes appartenant à d'autres groupes d'âge de s'y intéresser. Une certaine ambiguïté dans le stimulus peut entraîner une définition d'un marché plus large et l'emploi plus spontané de certains produits. La formulation d'une conclusion explicite semble plus indiquée dans le cas de produits complexes ou spécialisés pour lesquels une utilisation précise et manifeste est prévue.

Un autre élément important pour une communication persuasive est l'utilisation d'**arguments à sens unique ou à double sens**. Le communicateur doit-il seulement mettre en valeur son produit ou doit-il aussi mentionner quelques-unes de ses faiblesses ? On pourrait croire que la présentation à sens unique est la plus efficace, mais la chose n'est pas assurée. Ainsi, Listerine a souvent mis en évidence le mauvais goût de ce rince-bouche, qui permet de rafraîchir l'haleine[13]. Voici certaines conclusions émanant de recherches effectuées sur cette question[14] :

- Les messages à sens unique sont plus efficaces avec un auditoire qui a déjà une attitude favorable à l'égard de la position du communicateur, et les arguments à double sens ont plus de succès dans le

LE MARKETING EN COULISSE 20.1
Quelques défis d'une communication mondiale

Les entreprises multinationales relèvent un certain nombre de défis en élaborant des programmes de communication mondiale. Elles doivent d'abord décider si les messages publicitaires seront créés au siège social ou localement. Par exemple, Nike favorise un programme publicitaire mondial standard conçu au siège social de l'entreprise, permettant toutefois certains ajustements mineurs pour chaque marché. À l'opposé, Reebok favorise des messages commerciaux locaux utilisant des thèmes différents. Gillette, pour sa part, a choisi une campagne de publicité mondiale standard lorsqu'elle a lancé son nouveau rasoir Sensor dans 19 pays. Par contre, Hewlett Packard délègue la plupart de ses décisions publicitaires aux entreprises nationales, les messages publicitaires devant néanmoins respecter certaines normes d'identité et de conception standard de l'entreprise et, évidemment, de budget.

D'autre part, même si une entreprise privilégie la standardisation de sa communication, les contraintes légales peuvent la forcer à effectuer certaines adaptations. Ainsi, certains produits pharmaceutiques ne peuvent être annoncés à la télévision ou encore ils doivent respecter certaines règles. La publicité sur certains produits pharmaceutiques est bannie ou limitée à la télévision en Italie et en Irlande du Nord. La publicité sur la cigarette est bannie dans les médias audio et vidéo aux Pays-Bas et en Grande-Bretagne, et elle est bannie dans tous les médias en Italie. L'utilisation de primes est pros-

crite en Autriche et en Allemagne. De plus, étant donné que l'accès aux médias varie d'un pays à l'autre, le choix de ceux-ci pour la publicité doit souvent être ajusté. La télévision commerciale n'est pas accessible en Norvège, au Danemark, en Suède et en Arabie saoudite. En Allemagne, le temps alloué à la publicité à la télévision est limité à 40 minutes par jour, et les messages sont regroupés pour ne pas interrompre les émissions ; le résultat est que ces messages reçoivent très peu d'attention des auditeurs.

Par contre, l'accessibilité des chaînes de télévision grâce au satellite rend plus difficile la tâche des gouvernements pour ce qui est de la limitation de l'utilisation des messages commerciaux. Ces chaînes rejoignent des dizaines de millions de personnes parlant plusieurs langues et comptent parmi leurs clients des entreprises telles que Nike, Coca-Cola et Gillette. Le fait que la télévision par satellite peut atteindre des auditoires de plus en plus larges a encouragé des publicitaires à favoriser des marques européennes et mondiales plutôt que des campagnes traditionnelles. Ainsi, Campbell a lancé une nouvelle marque, BiscUits Maison, simultanément en France, en Allemagne, en Belgique et aux Pays-Bas. Johnson & Johnson a aussi lancé à l'échelle européenne un nouvel analgésique, sous le nom de Dolormin. Et Revlon essaie de développer un nom mondial pour ses produits.

---

cas d'un auditoire opposé au point de vue du communicateur.

- Les messages à double sens s'avèrent plus efficaces si la scolarité de l'auditoire est élevée.

- Les messages à double sens se révèlent plus efficaces avec un auditoire qui sera probablement exposé à une contre-propagande.

Enfin, l'**ordre de présentation** des arguments dans une communication persuasive est important[15]. Dans le cas d'un message à sens unique, la présentation de l'argument le plus percutant au début du mes-

sage offre l'avantage de capter l'attention. Cette stratégie est importante dans les journaux et d'autres médias où l'auditoire risque de ne pas prêter attention au message. Toutefois, le point culminant étant au début de la communication, il est difficile de soutenir l'intérêt tout au long de celle-ci. Avec un auditoire captif, en revanche, la présentation de l'argument le plus puissant à la fin pourrait s'avérer plus efficace. Dans le cas des messages à double sens, la question qui se pose est de savoir si l'on doit présenter l'argument positif au début (l'**effet de primauté**) ou à la fin (l'**effet de contiguïté**). Si l'auditoire est hostile a priori, le communicateur peut commencer par se servir de contre-arguments. L'auditoire se trouvera alors désarmé et le communicateur pourra conclure avec son argument le plus puissant[16].

Le format du message

Le communicateur doit concevoir un format efficace pour le message. S'il s'agit d'un message imprimé, il doit choisir le titre, le texte, l'image et la couleur. Si le message est présenté à la radio, le communicateur doit choisir les mots, la qualité de la voix (le débit, le rythme, le ton, l'articulation) et les effets vocaux (les pauses, les soupirs et les bâillements). La voix d'un annonceur qui vante des voitures d'occasion ne doit pas ressembler à celle d'un annonceur qui fait la promotion de Mercedes neuves. Si le message est télévisé, il faut prendre en considération tous ces éléments en tenant compte aussi du langage du corps du communicateur (les indices non verbaux). Les présentateurs doivent faire attention aux expressions du visage, aux gestes, aux vêtements, à l'attitude et au style de coiffure. Si le message est transmis par le produit lui-même ou par l'emballage, le communicateur doit surveiller la couleur, la texture, l'odeur, les dimensions et la forme.

La couleur joue un rôle important dans les préférences alimentaires. Au cours d'une expérience, on a invité des femmes à goûter à du café servi dans quatre tasses placées à côté de contenants brun, rouge, bleu et jaune. La qualité du café dans chaque tasse était la même. Pourtant, 75 % des femmes ont trouvé que le café de la tasse placée à proximité du contenant brun avait un goût trop fort, près de 85 % d'entre elles ont trouvé que le café placé près du contenant rouge était le plus riche, presque tout le monde estimait que le café situé près du contenant bleu était doux et enfin que celui qui était placé à côté du contenant jaune était faible.

La source du message

Un message communiqué par une source attirante obtient un degré plus élevé d'attention et de rappel. Les responsables du marketing recourent souvent à des vedettes comme porte-parole, tels Jacques Ville-neuve pour la Golf et Claude Meunier pour Pepsi-Cola. Les vedettes obtiennent un plus haut degré d'efficacité si elles personnifient un des éléments principaux du produit, car dans ce cas leur crédibilité est plus grande. La crédibilité est importante parce que plus la source est crédible, plus elle est persuasive. Les entreprises pharmaceutiques font appel aux plus grands spécialistes à cause de leur grande crédibilité. Pour la même raison, on fait également appel à des médecins et à des infirmières pour annoncer des produits de consommation courante, comme les couches jetables. De même, les organismes de lutte antidrogue font appel à d'anciens toxicomanes pour informer les élèves des écoles secondaires sur les méfaits de la drogue, en raison de leur crédibilité supérieure à celle des enseignants dans ce domaine.

Quels sont les facteurs qui confèrent de la crédibilité à une source? Les trois facteurs les plus souvent cités sont l'expertise, la confiance et la popularité[17]. L'**expertise** est le savoir spécialisé ou la compétence que l'émetteur semble posséder pour parler du produit. Les médecins, les scientifiques et les professeurs sont reconnus comme des experts dans leur propre domaine. La **confiance** est accordée à la source si elle est perçue comme objective et honnête. On a plus tendance à se fier à un ami qu'à un étranger ou à un représentant, et les gens ont davantage confiance en des personnes qui ne sont pas payées pour endosser un produit qu'à celles qui sont payées[18]. La **popularité** est fonction de l'attrait que la source exerce sur l'auditoire. Elle dépend de qualités telles que la sincérité, l'humour et le naturel. Une source est d'autant plus crédible qu'elle est bien perçue sous ces trois aspects.

Si une personne a une attitude positive à l'égard de la source et du message, ou bien si elle a une attitude négative à l'égard des deux, on peut dire qu'il existe un état de cohérence cognitive. Mais qu'arrive-t-il si une personne a une attitude contradictoire à l'égard de la source et du message? Supposons qu'un consommateur entende une de ses vedettes préférées vanter un produit qu'il n'aime pas. Osgood et Tannenbaum postulent qu'**un changement d'attitude se produira dans le sens d'une plus grande cohérence entre les deux évaluations**[19]. Le consommateur aimera moins la célébrité et il appréciera davantage la marque. S'il entend la même célébrité vanter d'autres marques qu'il n'aime pas, il finira par adopter une attitude négative envers la vedette, tout en conservant une attitude négative à l'égard des marques. Le **principe de cohérence cognitive** permet aux communicateurs d'utiliser une image favorable pour diminuer des sentiments négatifs à l'égard d'une marque, mais ce faisant ils risquent de perdre une part de l'estime de leur auditoire.

20.2.4
Le choix des canaux de communication

Le communicateur doit choisir les canaux de communication les plus efficaces pour transmettre le message. Souvent, il est nécessaire d'utiliser plusieurs canaux pour maximiser cette efficacité. Cela est particulièrement vrai pour les représentants des entreprises pharmaceutiques, qui peuvent rarement persuader les médecins, qui sont très occupés, de leur consacrer plus de dix minutes. Leur présentation doit être précise, rapide et convaincante. L'importance cruciale de ce type de vente a forcé l'industrie pharmaceutique à appuyer cet effort de vente à l'aide d'une panoplie de canaux de communication complémentaires. Cela implique l'utilisation de la publicité dans les revues professionnelles, l'envoi d'information par le courrier (incluant des cassettes audio ou vidéo), la distribution d'échantillons gratuits et même le télémarketing. Les entreprises pharmaceutiques commanditent des conférences où elles paient un grand nombre de médecins afin qu'ils viennent passer un week-end pour entendre des médecins renommés vanter certains médicaments, alors que l'après-midi est consacré au golf, à l'équitation, au tennis ou au ski. Les représentants de vente organisent aussi des téléconférences où les médecins sont invités à utiliser leur téléphone pour discuter avec un expert de certains problèmes communs. De plus, ils organisent des lunchs ou des dîners d'affaires auxquels ils invitent de petits groupes de médecins. Toutes ces démarches sont entreprises dans l'espoir de bâtir une préférence chez le médecin pour une marque reconnue d'un médicament qui risque de ne pas être très différent de sa contrepartie générique.

Il y a deux grandes catégories de canaux de communication : les **canaux personnels** et les **canaux impersonnels**.

Les canaux de communication personnels

Les canaux de communication personnels se composent de deux personnes ou plus qui communiquent entre elles directement. Elles peuvent communiquer face à face, par téléphone, par courrier, par courriel, ou bien il peut s'agir d'une personne qui communique avec un auditoire. L'efficacité des communications interpersonnelles provient de la possibilité d'individualiser la présentation et d'obtenir de la rétroaction.

On peut répartir les canaux de communication personnels en trois groupes. Les **canaux commerciaux** sont constitués des représentants des entreprises qui entrent en contact avec les acheteurs du marché cible. Les **canaux d'experts** comprennent les experts indépendants qui communiquent avec les acheteurs cibles. Les **canaux sociaux** sont constitués des voisins, des amis, des membres de la famille et des associés qui parlent aux acheteurs cibles. Ce dernier canal, également connu sous le nom de **bouche à oreille**, est le canal le plus persuasif pour beaucoup de produits. Dans une étude menée auprès de 7 000 consommateurs dans 7 pays européens, 60 % déclarèrent qu'ils avaient été influencés par la famille ou les amis pour ce qui est de l'utilisation d'une nouvelle marque[20].

Plusieurs entreprises sont très au fait de l'influence puissante du bouche à oreille provenant des canaux d'experts et des canaux sociaux pour stimuler les ventes de nouveaux produits. Elles recherchent donc des façons de stimuler ces canaux pour que ceux-ci recommandent leurs produits et services. Par exemple, Regis McKenna a suggéré à une entreprise de logiciels qui lançait un nouveau produit d'en faire d'abord la promotion dans les revues professionnelles, auprès de sommités, d'analystes financiers et d'autres influenceurs qui pourraient faire un bouche à oreille favorable, ensuite auprès des détaillants et enfin auprès des clients[21]. La compagnie MCI a été capable d'attirer des clients en lançant un nouveau programme qui encourage les parents et les amis des clients de MCI à utiliser cette dernière pour leurs appels téléphoniques de façon que les deux parties puissent bénéficier de tarifs plus bas. Certaines entreprises recourent même à un thème de bouche à oreille dans leur campagne publicitaire (pour avoir plus d'information sur ce sujet, voir la rubrique Le marketing en coulisse 20.2 intitulée « Savoir établir des canaux de référence utilisant le bouche à oreille pour bâtir une clientèle »).

L'influence personnelle s'avère très efficace, surtout dans deux situations. La première est celle où le produit est cher, présente un risque ou est acheté

LE MARKETING EN COULISSE 20.2
Savoir établir des canaux de référence
utilisant le bouche à oreille pour bâtir une clientèle

Il y a des centaines d'occasions où les gens demandent une recommandation à d'autres personnes, que ce soit des amis, des connaissances ou des professionnels. Par exemple, quelqu'un peut rechercher un dentiste, un électricien, un hôtel, une clinique médicale, un avocat, un conseiller en management, un agent d'assurances, un architecte, un décorateur d'intérieurs, etc. Si nous avons confiance en la personne qui fait la recommandation, il y a de bonnes chances pour que nous suivions sa suggestion. Dans un tel cas, la personne qui fait la recommandation peut être utile à la fois à la personne qui rend le service et à celle qui recevra le service.

La personne qui fait une recommandation doit naturellement être prudente en faisant celle-ci. Si la personne qui recherche un service donné suit la recommandation et est insatisfaite, elle perdra confiance en la personne qui a fait la recommandation. Elle risque même d'arrêter de faire affaire avec l'individu qui a fait une telle recommandation ou, dans des cas extrêmes, elle peut faire un bouche à oreille négatif, voire engager des poursuites contre cette personne.

Considérant ces risques, pourquoi quelqu'un prendrait-il la responsabilité de faire une recommandation? Il y a en fait trois avantages potentiels. Premièrement, la personne qui fait la recommandation peut être satisfaite d'avoir aidé un client ou un ami. Deuxièmement, le lien avec le client ou l'ami peut devenir plus fort. Et, troisièmement, la personne qui fait la recommandation peut même recevoir certains avantages tangibles de la part de la personne qui rend le service.

Dans ce dernier cas, cet avantage peut prendre une des quatre formes suivantes: 1° la personne qui a été recommandée peut renvoyer l'ascenseur en recommandant à d'autres personnes celle qui l'a recommandée; 2° la personne qui rend le service peut donner un service amélioré à la personne qui a fait la recommandation, réduire certains prix ou lui permettre de faire de la publicité dans son lieu de travail; 3° la personne qui offre le service peut être suffisamment reconnaissante et faire de petits cadeaux comme offrir des billets pour des événements sportifs ou artistiques, ou un abonnement à une revue, ou toute autre marque d'attention; 4° dans certains cas, la personne qui rend le service peut payer une commission ou des honoraires. Dans ce dernier cas, une certaine prudence est de mise parce qu'une telle pratique peut aller à l'encontre de l'éthique et même de la loi. Toutefois, il s'agit d'une pratique courante: par exemple, les concessionnaires d'automobiles peuvent obtenir une commission sur les prêts automobiles faits par un établissement financier. Des arrangements similaires peuvent exister avec des agents immobiliers.

Les entreprises de services ont tout à gagner à établir des **canaux de référence**. Les gens qui fournissent des services font la promotion directe de leur organisation non seulement à des clients potentiels, mais aussi auprès des **sources de référence** potentielles. Ainsi, les architectes savent qu'ils peuvent être recommandés par des avocats, des comptables, des contracteurs, des établissements financiers et des décorateurs. Les spécialistes en psychiatrie infantile savent qu'ils peuvent être recommandés par des conseillers pédagogiques, des membres du clergé, des travailleurs sociaux et des médecins. Le défi consiste à repérer les sources de référence importantes et à prendre des mesures pour cultiver leur soutien. Les pourvoyeurs de services peuvent utiliser plusieurs moyens pour bâtir des relations avec des sources de référence; par exemple, certains publient régulièrement des bulletins d'information, d'autres invitent ces sources à luncher, d'autres encore offrent des consultations gratuites. Lorsqu'un pourvoyeur de services obtient un nouveau client grâce à une recommandation, il devrait envoyer un mot d'appréciation à la personne qui a fait la référence; après avoir servi le client, il devrait avertir la personne qui a fait la recommandation du résultat obtenu. En pratique, les prestataires de services devraient considérer les sources de référence commerciales comme un autre marché cible exigeant la préparation d'un plan de marketing précis pour acquérir leur soutien.

Sources : Pour de l'information supplémentaire, voir Scott R. Herriott, « Identifying and Developing Referral Channels », *Management Decision*, vol. 30, n° 1, 1992, p. 4-9 ; Peter H. Reingen et Jerome B. Kernan, « Analysis of Referral Networks in Marketing : Methods and Illustration », *Journal of Marketing Research*, novembre 1986, p. 370-378 ; Jerry R. Wilson, *Word-of-Mouth Marketing*, New York, John Wiley, 1991 ; Michael E. Cafferky, *Let Your Customers Do the Talking*, Chicago, Dearborn Financial Publishing, 1995, p. 30-33.

rarement. Dans de telles conditions, les acheteurs veulent s'informer. Ils vont au-delà de l'information offerte par les médias pour rechercher les opinions de sources compétentes et fiables. L'autre situation est celle où le produit suggère quelque chose sur le statut ou sur le goût de l'utilisateur. Dans ce cas, les acheteurs consultent d'autres personnes pour éviter d'être embarrassés.

Les entreprises peuvent prendre les mesures suivantes pour inciter les canaux d'influence personnelle à travailler dans leur intérêt :

- **Elles peuvent repérer les entreprises et les individus les plus influents, et leur consacrer plus d'efforts**[22]. Ainsi, dans la vente industrielle, toute une industrie pourrait subir l'influence d'un seul leader dans l'adoption de nouvelles innovations. Les premiers efforts de vente devraient se concentrer sur cette entreprise.

- **Elles peuvent créer des leaders d'opinion en fournissant le produit à certaines gens à des conditions préférentielles.** Ainsi, une entreprise peut offrir à un prix spécial des skis à l'équipe de ski de l'université. Elle le fera dans l'espoir que ces skieurs vanteront les qualités des skis aux autres étudiants. Ou encore, elle donnera des skis aux skieurs émérites pour qu'ils les mettent en évidence à l'occasion des compétitions nationales et internationales.

- **Elles peuvent travailler en collaboration avec des gens qui ont de l'influence dans leur communauté, tels les animateurs de radio, les présidents de classe et les responsables de clubs ou d'associations.** Lors du lancement de la Ford Thunderbird sur le marché, on a offert aux cadres de conduire gratuitement une voiture pendant une journée. Parmi les 15 000 personnes qui ont profité de cette

offre, 10 % ont admis qu'elles pourraient devenir des acheteurs, tandis que 84 % ont affirmé qu'elles recommanderaient cette voiture à des amis.

- **Elles peuvent inclure dans le contenu du message publicitaire des témoignages de personnes influentes.** La caution qu'apportent à des produits, à des services ou à des causes des vedettes sportives ou artistiques, comme Wayne Gretzky, Catherine Deneuve ou Jacques Villeneuve, peut influencer fortement les consommateurs. Dans certains cas, on fait appel avec succès à des employés, comme Wal-Mart et la Banque Royale le font à l'occasion ; une campagne de Snapple a ainsi connu beaucoup de succès[23].

- **Elles peuvent concevoir un style d'action publicitaire qui provoque des conversations.** Une campagne de Wendy's montrant une femme âgée en train de chercher de la viande située quelque part dans une quantité énorme de pains a réussi à susciter beaucoup de commentaires.

- **Elles peuvent établir des canaux de référence utilisant le bouche à oreille pour bâtir une clientèle.** Les professionnels encouragent souvent leurs clients à recommander leurs services à des clients potentiels. Des dentistes, par exemple, demandent à leurs clients satisfaits de les recommander à leurs amis et à leurs connaissances, et les remercient ensuite de cette recommandation.

- **Elles peuvent établir un groupe de discussion électronique.** Les propriétaires de véhicules Toyota peuvent avoir des discussions en temps réel sur le site web de l'entreprise pour partager leurs expériences. Le personnel de Toyota peut suivre la discussion et même intervenir lorsque cela est approprié.

Les canaux de communication impersonnels

Les canaux de communication impersonnels transmettent des messages sans avoir de contacts ni d'interactions personnels. Il existe trois catégories de canaux impersonnels : les médias, les atmosphères et les événements.

Les **médias** sont constitués des médias imprimés (les journaux, les magazines, le publipostage), des médias audiovisuels (la radio, la télévision), des médias électroniques (les magnétophones, les magnétoscopes, les vidéodisques, les disques compacts, les cédéroms et Internet) et des médias d'affichage (les panneaux d'affichage extérieurs et intérieurs, les affiches). La plupart des messages impersonnels se transmettent à travers des médias payés.

Les **atmosphères** sont des environnements conçus pour créer ou renforcer les attitudes positives à l'égard de l'achat d'un produit ou d'un service. Ainsi, les avocats décorent leur bureau de tapis orientaux et de meubles en chêne pour communiquer une image de « stabilité » et d'« expérience[24] ». Un hôtel de luxe créera une atmosphère de prestige grâce à des chandeliers en cristal, à des colonnes en marbre et à d'autres signes manifestes de luxe.

Les **événements** sont des manifestations préparées à l'avance qui ont pour but de communiquer des messages particuliers aux auditoires cibles. Les services de relations publiques organisent des conférences de presse, des vernissages et des activités culturelles ou sportives pour créer des effets de communication déterminés avec un auditoire cible. Molson parraine le Grand Prix du Canada, Bell Canada, le Festival Juste pour rire et Alcan et Labatt, le Festival international de jazz de Montréal.

Bien que la communication personnelle s'avère souvent plus efficace que la communication impersonnelle, il se peut que les médias soient le principal moyen de stimuler la communication personnelle. Les communications de masse influent sur les attitudes et les comportements individuels des gens par un **processus de communication en deux étapes**. Il arrive souvent que les idées provenant de la radio et de la presse soient adoptées par les leaders d'opinion, qui ensuite les transmettent aux couches moins actives de la population.

Ce processus de communication en deux étapes a plusieurs conséquences. Premièrement, l'influence des médias sur l'opinion publique est moins directe, moins puissante et moins automatique qu'on peut le supposer. Elle est médiatisée par les leaders d'opinion, c'est-à-dire les personnes qui appartiennent aux groupes primaires et dont les opinions sont sollicitées pour un ou plusieurs domaines de produits. Les leaders d'opinion sont plus exposés aux médias que ne le sont les personnes qu'ils influencent. Ils transmettent des messages aux gens qui sont moins exposés aux médias, étendant ainsi l'influence de ces médias. Ils peuvent également altérer des messages ou même ne pas les transmettre du tout, agissant alors comme des **filtres**.

Deuxièmement, le processus de communication en deux étapes remet en question la croyance selon laquelle les styles de consommation des gens proviennent, par une sorte de mouvement descendant, de l'influence des classes sociales supérieures. Au contraire, les gens interagissent principalement à l'intérieur de leur propre classe sociale et acquièrent leurs idées conformément à ce que croient d'autres personnes qui leur ressemblent et qui sont les leaders d'opinion.

Troisièmement, les émetteurs de la communication de masse seraient plus efficaces s'ils dirigeaient leurs messages précisément vers les leaders d'opinion, laissant ces derniers transmettre les messages aux autres. Ainsi, les fabricants de produits pharmaceutiques feront d'abord la promotion de leurs nouveaux produits auprès des médecins les plus influents. Les recherches les plus récentes indiquent que les leaders d'opinion et le public en général sont aussi influencés par la communication de masse. Les médias encouragent les leaders d'opinion à disséminer l'information, et le grand public cherche l'information auprès de ceux-ci.

Les chercheurs en communication s'orientent vers une conception de la communication interpersonnelle axée sur une perspective sociostructurelle[25]. Ils voient la société comme composée de **clans**, c'est-à-dire de petits groupes sociaux dont les membres interagissent plus fréquemment avec les gens au sein de leur groupe qu'avec les gens qui n'y appartiennent pas. Les membres d'un clan sont semblables et cette ressemblance est favorable à une communication efficace, mais en même temps elle tient le clan éloigné des nouvelles idées. Le défi est de rendre l'ensemble social plus ouvert, ce qui amènerait les membres des clans à échanger plus d'information avec d'autres personnes dans la société. Les gens qui servent de liaison ou de pont facilitent ce processus d'ouverture. Une personne qui fait la **liaison** est quelqu'un qui relie deux ou plusieurs clans, sans appartenir elle-même à l'un d'entre eux. Une personne qui fait le **pont** appartient à un clan et est liée à un membre d'un autre clan.

20.2.5
La détermination du budget de communication total

Une des décisions les plus difficiles auxquelles une entreprise doit faire face est celle du budget à allouer à la communication. John Wanamaker, le magnat des grands magasins américains, avait coutume de dire : « Je sais que la moitié de mon budget publicitaire est gaspillée, mais je ne sais pas laquelle. »

Ainsi, il n'est pas surprenant que le budget consacré au marketing, et en particulier à la communication publicitaire, varie considérablement d'une entreprise à l'autre. Les dépenses de communication peuvent compter pour 30 % à 50 % des ventes dans l'industrie des produits de beauté, mais seulement pour 10 % à 20 % dans l'industrie de l'équipement industriel. Au sein d'une même industrie se trouvent également des entreprises qui dépensent beaucoup et d'autres qui dépensent peu. Par exemple, Nabisco Brands est une entreprise qui dépense beaucoup pour sa communication dans l'industrie des produits emballés. Les entreprises qui dépensent peu dans la même industrie sont celles qui fabriquent des produits génériques et les marques maison pour les chaînes d'épiceries telles que Provigo et Métro.

Comment les entreprises établissent-elles leur budget ? Filiatrault et Chebat ont dégagé cinq méthodes de détermination du budget de marketing, dont celui de la communication : 1° le budget historique ; 2° les ressources disponibles ; 3° le pourcentage des ventes ou du chiffre d'affaires ; 4° la parité avec la concurrence ; 5° les objectifs et les tâches. Un total de 762 entreprises du Québec ont participé à l'étude, qui a démontré que la méthode la plus populaire était le budget historique (79,7 % des managers interrogés l'utilisant occasionnellement ou toujours), suivie de la méthode des objectifs et des tâches (72,9 %), de la méthode du pourcentage des ventes ou du chiffre d'affaires (70,1 %), de la méthode des ressources disponibles (49,6 %) et de la méthode de la parité avec la

concurrence (16,9 %)[26]. En pratique, plusieurs méthodes sont souvent utilisées en même temps.

Le budget historique

Beaucoup d'entreprises prennent en considération le budget alloué à la communication (ou au marketing) au cours de la dernière année ou des années antérieures. À combien s'élevait le budget de l'an dernier ? À environ 325 000 $. Ce montant devient alors le point de référence pour l'établissement du nouveau budget. Le principal avantage de cette méthode est la réduction du risque à cause de l'expérience de l'entreprise. Ses principaux désavantages sont qu'elle limite la créativité des administrateurs et qu'elle amène ceux-ci à établir un budget en fonction de la tradition de l'entreprise plutôt que des occasions d'affaires.

Les ressources disponibles

De nombreuses entreprises établissent le budget promotionnel en fonction des ressources qu'elles estiment pouvoir y consacrer. Un cadre a expliqué cette méthode ainsi : « C'est simple. Premièrement, je monte voir le contrôleur et je lui demande combien il peut nous donner cette année. — Un million et demi, répond-il. Plus tard, le patron vient me voir et me demande combien nous devons dépenser. — Eh bien, lui dis-je, à peu près un million et demi[27]. »

Cette méthode d'établissement du budget promotionnel ne tient aucunement compte ni du rôle de la communication en tant qu'investissement, ni de l'effet de la communication sur le volume de ventes. Elle mène à un budget promotionnel annuel incertain, ce qui rend difficile la planification du marketing à long terme.

Le pourcentage des ventes ou du chiffre d'affaires

De nombreuses entreprises établissent leurs dépenses publicitaires selon un pourcentage déterminé des ventes (soit actuelles, soit attendues), du prix de vente ou du chiffre d'affaires. Un administrateur d'une entreprise ferroviaire déclarait : « Nous établissons notre budget annuel le 1er décembre de l'année précédente. À cette date, nous ajoutons à notre chiffre d'affaires pour l'année en cours l'estimation des ventes de décembre, puis nous fixons à 2 % du budget total notre budget de communication pour l'année suivante[28]. » Normalement, les constructeurs d'automobiles allouent au budget publicitaire un pourcentage fixe basé sur le prix planifié des voitures. Les entreprises pétrolières établissent le budget à quelques fractions d'un cent de chaque litre d'essence vendu sous leur propre marque.

La méthode du pourcentage des ventes ou du chiffre d'affaires offre plusieurs avantages. Premièrement, elle permet la fluctuation des dépenses publicitaires en fonction des ressources de l'entreprise. Elle satisfait ainsi les directeurs des finances, qui croient que les dépenses devraient être liées au mouvement cyclique des ventes de l'entreprise. Deuxièmement, cette méthode amène l'administration à tenir compte de la relation entre le coût de l'effort promotionnel, le prix de vente et la marge bénéficiaire de chaque unité. Troisièmement, elle encourage la stabilité concurrentielle dans la mesure où les concurrents consacrent à peu près le même pourcentage de leurs ventes à l'effort promotionnel.

En dépit de ces avantages, pourtant, la méthode basée sur le pourcentage des ventes ou du chiffre d'affaires se justifie difficilement. En effet, cette méthode s'appuie sur un raisonnement faux : elle considère les ventes comme la cause et non comme l'effet de la communication. Le budget est établi en fonction de la disponibilité des ressources et non des occasions de marché. Elle décourage l'expérimentation de la communication à contre-courant et les efforts énergiques. Le budget dépend alors des fluctuations annuelles des ventes, ce qui peut nuire à la planification à long terme. Cette méthode ne fournit aucun critère logique pour choisir le pourcentage, hormis les activités passées de l'entreprise et les activités présentes des concurrents. Enfin, elle ne favorise guère la détermination du budget en fonction des mérites de chaque produit et territoire.

La parité avec la concurrence

Il existe un faible pourcentage d'entreprises qui établissent leur budget de communication en fonction des dépenses de leurs concurrents. Cette façon de raisonner peut être illustrée par cette demande qu'un directeur adresserait à un représentant : « Avez-vous une idée du pourcentage des ventes brutes consacré à la publicité par les autres entreprises dans le secteur des fournitures pour les entrepreneurs[29] ? » Ce directeur croit que s'il dépense pour la publicité le même pourcentage des ventes que celui de ses concurrents, il conservera sa part de marché.

On avance deux arguments en faveur de cette méthode. Le premier est que les dépenses des concurrents représentent la sagesse collective de toute l'industrie. Le deuxième est qu'on évite des guerres promotionnelles en maintenant une parité avec la concurrence.

Cependant, ces arguments ne tiennent pas vraiment. Il n'existe aucune raison de croire que la concurrence sait mieux que soi ce qu'il faut dépenser pour la publicité. La réputation, les ressources, les occasions d'affaires et les objectifs de chaque entreprise sont tellement différents que leur budget de publicité ne peut pas servir de guide. En outre, il n'y a pas de preuves que les budgets basés sur la parité avec la concurrence empêchent les guerres promotionnelles d'éclater.

Les objectifs et les tâches

Cette méthode exige que les responsables du marketing établissent leur budget de communication en définissant des objectifs précis et en estimant le coût des tâches à accomplir pour les atteindre. La somme de ces coûts est le budget de communication proposé.

Ule a montré comment la méthode des objectifs et des tâches peut être utilisée pour établir un budget publicitaire[30]. Supposons que Lise Watier désire lancer un nouveau shampooing qui prévient les pellicules et qui protège contre le soleil, qu'elle a nommé Maîtrise. Les étapes de la méthode fondée sur les objectifs et les tâches sont les suivantes :

1. **Déterminer l'objectif de part de marché.** L'entreprise, qui estime à 5 millions le nombre d'utilisatrices potentielles au Canada, désire obtenir 8 % du marché, soit 400 000 clientes.

2. **Déterminer le pourcentage du marché qui sera exposé au message.** La publicité devrait atteindre 80 % des utilisatrices potentielles, soit 4 millions de clientes potentielles qui devraient donc connaître l'existence de ce produit.

3. **Déterminer le pourcentage de personnes qui devront faire l'essai de la marque par rapport à celles qui la connaissent.** L'entreprise serait

satisfaite si 25 % des clientes potentielles qui connaissent le produit Maîtrise en font l'essai (1 million de clientes potentielles, soit 25 % de 4 millions). Car l'entreprise croit que 40 % des femmes qui feront l'essai du produit (400 000 femmes) l'adopteront et lui seront fidèles.

4. **Déterminer le nombre d'expositions pour un taux d'essai de 1 %.** Le responsable du marketing estime que 40 expositions pour chaque 1 % de la population cible produira un taux d'essai de 25 %.

5. **Déterminer le nombre de points d'évaluation (*gross rating points*) requis.** Puisque 1 GRP se définit comme une exposition pour 1 % de la population cible, afin d'atteindre 40 expositions de Maîtrise pour 80 % de la population, il faudra un achat de 3 200 GRP (40 × 80).

6. **Déterminer le coût de la communication requis.** Si le coût d'une exposition pour 1 % de la population cible (soit 40 000 personnes) est en moyenne de 800 $ pour le média choisi, le budget promotionnel pour 3 200 GRP devrait être de 2 560 000 $ (800 $ × 3 200) pour la première année.

L'avantage de cette méthode est qu'elle force la direction à préciser ses hypothèses sur la relation entre les dollars dépensés, les niveaux d'exposition, les taux d'essai et la consommation régulière.

Une question majeure qui se pose est de savoir quel poids on devrait accorder à la communication dans le marketing mix total (par rapport à l'amélioration du produit, aux réductions de prix, au niveau de service à la clientèle, etc.). La réponse sera fonction de la phase où se trouvent les produits de l'entreprise dans leur cycle de vie, du type du produit (fortement différencié ou non), de la facilité ou de la difficulté à vendre le produit et d'autres facteurs. Théoriquement, le budget de communication total devrait s'établir au point où la marge bénéficiaire du dernier dollar promotionnel est égale à la marge bénéficiaire du dernier dollar utilisé de la meilleure façon dans d'autres activités de marketing. L'application de ce principe ne s'avère pourtant pas facile.

20.2.6
Le choix du mix de communication

Les entreprises doivent faire face au défi de répartir le budget de communication entre les cinq outils de communication : la publicité, la promotion des ventes, les relations publiques, les ventes et le marketing direct. Au sein de la même industrie, les entreprises peuvent se distinguer nettement par la façon dont elles affectent leur budget de communication. Avon consacre ses ressources promotionnelles à la vente directe, tandis que Revlon dépense massivement pour la publicité. Dans le cas des aspirateurs, Electrolux dépense beaucoup pour sa force de vente de porte en porte, tandis que Hoover dépense plus pour la publicité.

Les entreprises recherchent toujours des façons d'améliorer leur efficacité en substituant des outils promotionnels à d'autres. Ainsi, des entreprises ont remplacé certaines activités de représentation par de la publicité, du publipostage et du télémarketing. Les banques canadiennes et les caisses populaires ont remplacé une partie de la publicité sur les hypothèques par du publipostage et du télémarketing très ciblés. D'autres entreprises ont accru leurs dépenses de promotion des ventes aux dépens de la publicité. Les nombreuses substitutions possibles au sein du mix de communication prônent une meilleure coordination de toutes les activités de marketing d'une entreprise au sein d'un service unique du marketing dans l'entreprise. La rubrique Le marketing en coulisse 20.3 intitulée « Le mix de communication marketing dans les entreprises québécoises » présente les résultats d'une recherche menée à cet effet.

Plusieurs facteurs influencent le responsable du marketing dans son choix des outils de communication. Nous verrons ces facteurs dans les sections suivantes et les examinerons plus en détail aux chapitres 22 et 23.

La nature de chaque outil du mix de communication

Chaque outil du mix de communication (publicité, promotion des ventes, relations publiques, ventes et marketing direct) a ses propres caractéristiques et coûts. Les responsables du marketing doivent comprendre les caractéristiques de chacun de ces outils pour choisir les meilleurs moyens d'action possible[31].

La publicité

Étant donné les formes et les emplois multiples de la publicité, il est difficile de faire des généralisations englobant toutes ses caractéristiques en tant qu'éléments des moyens de communication[32]. Voici quelques-unes de ces caractéristiques :

- **Un mode de communication public.** La publicité constitue un mode de communication très public. Ce caractère public confère une sorte de légitimité au produit et suppose aussi que l'offre est standardisée. De plus, puisque beaucoup de gens reçoivent le même message, les acheteurs savent que les raisons pour lesquelles ils achètent le produit seront comprises des autres.

- **La puissance de la couverture.** La publicité est un média puissant qui permet au vendeur de répéter un message plusieurs fois. Elle permet également à l'acheteur de recevoir et de comparer les messages de différents concurrents. Une campagne de publicité à grande échelle dit quelque chose de positif au sujet de la taille, de la popularité et du succès du vendeur.

- **La qualité d'expression.** La publicité offre des occasions de présenter l'entreprise et ses produits de façon attrayante et expressive, grâce à l'utilisation créative de l'imprimerie, des sons et des couleurs. Toutefois, il arrive de temps en temps que cette qualité d'expression édulcore le message ou distraie l'auditoire.

- **Le caractère impersonnel.** La publicité ne peut cependant être aussi pressante qu'un représentant. L'auditoire ne se sent pas obligé d'y prêter attention, ni de réagir. La publicité ne peut qu'entretenir un monologue, et non un dialogue, avec l'auditoire.

D'une part, la publicité peut servir à construire une image à long terme pour un produit (Coca-Cola) et, d'autre part, elle peut servir à provoquer des ventes rapides (une annonce de Sears pour un solde de fin de semaine). La publicité constitue un moyen efficace d'atteindre un grand nombre d'acheteurs dispersés géographiquement, et cela à un coût d'exposition minime. Certaines formes de publicité, telle la publicité à la télévision, exigent un budget important, alors que d'autres formes, comme la publicité dans les journaux, sont accessibles moyennant un budget

---

LE MARKETING EN COULISSE 20.3
Le mix de communication marketing dans les entreprises québécoises

Une vaste étude menée au Québec permet de connaître le mix de communication marketing d'entreprises québécoises. On estime que les entreprises répartissent leur budget de communication marketing d'après les pourcentages suivants :

Activités de marketing	Pourcentage du chiffre d'affaires	
	Ensemble des entreprises	Entreprises de services
Ventes (y compris les salaires des représentants)	47,4 %	43,3 %
Publicité et promotion des ventes	24,6 %	24,1 %
Service à la clientèle (y compris les salaires du personnel en relation avec le public)	20,0 %	24,1 %
Recherche et planification	4,5 %	4,8 %
Divers	3,5 %	3,7 %

Sources : Pierre Filiatrault et Jean-Charles Chebat, « How Service Firms Set Their Marketing Budgets », *Industrial Marketing Management*, vol. 19, 1990, p. 63-67 ; Pierre Filiatrault, « Comment fixer un budget de marketing », *Magazine PME*, vol. 13, n° 8, octobre 1997, p. 47.

---

relativement moins important. Le seul fait qu'un produit soit annoncé pourrait influer sur les ventes. Les consommateurs peuvent croire qu'un produit est d'une qualité supérieure tout simplement parce qu'il fait l'objet d'une campagne publicitaire massive ; si le produit n'était pas de qualité, pour quelle raison l'entreprise dépenserait-elle tant d'argent pour le vanter ?

Deux nouvelles formes de messages publicitaires brouillent quelque peu cette catégorie du mix de communication : le publireportage et l'infopublicité. Les publireportages sont des messages imprimés qui présentent du texte et qui sont conçus pour ressembler au contenu régulier du journal ou de la revue. Les infopublicités sont des messages commerciaux télévisuels qui semblent être des émissions d'une durée de trente minutes, mais qui sont en fait des messages publicitaires pour un produit, ou qui servent à obtenir des noms de clients potentiels. Les émissions publicitaires demandent normalement aux téléspectateurs d'appeler pour passer leur commande et permettent donc de mesurer immédiatement les résultats. De grandes entreprises considèrent de plus en plus l'infopublicité comme un des éléments de la communication de marketing parce que les émissions publicitaires permettent d'obtenir des résultats mesurables et de renseigner les consommateurs sur des utilisations possibles de produits qui ne sont pas évidentes à première vue.

La promotion des ventes

Bien que les outils de promotion des ventes — coupons, concours, bons de réduction, etc. — soient très différents, ils ont trois caractéristiques communes :

- **Un pouvoir informatif.** Les outils de promotion des ventes attirent l'attention du consommateur et offrent de l'information qui peut amener celui-ci au produit.
- **Un pouvoir incitatif.** Les outils de promotion des ventes comprennent toujours une concession, un mobile ou une contribution qui offrent au consommateur une valeur supplémentaire.
- **La formulation d'une invitation.** Les outils de promotion des ventes renferment une invitation explicite à effectuer la transaction immédiatement.

Les entreprises utilisent des outils de promotion des ventes pour provoquer une réponse plus forte et plus rapide. La promotion des ventes peut servir à scénariser les offres de produits et à relancer des ventes qui sont à la baisse. Toutefois, les effets produits par la promotion des ventes sont normalement de courte durée, et elle ne réussit pas à susciter une préférence à long terme pour une marque particulière.

Les relations publiques

L'attrait des relations publiques et de la publicité institutionnelle gratuite repose sur les trois caractéristiques suivantes :

- **Une grande crédibilité.** Ce qui est présenté sous la forme d'une nouvelle semble plus authentique et plus crédible aux consommateurs que les annonces publicitaires.
- **Une sphère d'influence élargie.** Les relations publiques sont susceptibles d'atteindre beaucoup d'acheteurs potentiels qui auraient évité les représentants et les annonces publicitaires. Il s'agit d'une forme d'attaque de flanc. Le message se présente comme faisant partie des nouvelles plutôt que comme une communication orientée vers la vente.
- **La théâtralisation.** Tout comme la publicité, les relations publiques ont la capacité de présenter une entreprise ou un produit de façon spectaculaire.

Les responsables du marketing ont tendance à sous-utiliser les relations publiques ou à les utiliser après coup. Pourtant, un programme de relations publiques bien intégré aux autres éléments de la communication marketing peut s'avérer extrêmement efficace.

Les ventes

Les ventes constituent l'outil le plus efficace à certaines étapes du processus menant à l'achat. La vente s'avère particulièrement efficace lorsqu'il s'agit de susciter la préférence, la conviction et le comportement de l'acheteur. Cette efficacité supérieure s'explique par le fait que la vente se distingue de la publicité par trois qualités :

- **Une manière d'agir interpersonnelle.** La vente se caractérise par une relation immédiate, interactive et dynamique entre deux ou plusieurs personnes. Chaque partie peut observer de près les besoins et les caractéristiques de l'autre, et s'ajuster sur-le-champ.
- **Une manière d'agir relationnelle.** La vente permet à toutes sortes de relations de se former, allant d'une simple relation de vente à une amitié profonde. Normalement, les représentants efficaces ont à cœur les intérêts de leurs clients, s'ils veulent établir une relation à long terme.
- **Une manière d'agir réactive.** La vente fait en sorte que l'acheteur sent une certaine obligation d'écouter le représentant. Il éprouve un plus grand besoin d'être attentif et de répondre, même si sa réponse est un simple « merci ».

Ces caractéristiques entraînent pourtant des dépenses. Une force de vente constitue un engagement financier à plus long terme que la publicité. On peut facilement interrompre la publicité, mais il s'avère plus difficile de diminuer la taille d'une force de vente.

Le marketing direct

Les diverses formes de marketing direct (le publipostage, le télémarketing, la vente par catalogue, le commerce électronique) ont quatre caractéristiques en commun :

- **Un mode non public de communication.** Le message est souvent transmis à une personne précise.
- **Un message personnalisé.** Le message peut être personnalisé pour plaire à une personne précise.
- **Un message à jour.** Le message peut être préparé rapidement et adapté à une personne donnée.
- **Une communication interactive.** Le message peut être modifié selon la réponse de la personne.

Les facteurs du choix du mix de communication

Les entreprises tiennent compte de plusieurs facteurs en établissant leurs moyens promotionnels : les types de couples produit-marché, le choix d'une stratégie de pression ou d'une stratégie d'aspiration, l'étape du processus d'achat, la phase du cycle de vie du produit et la position de l'entreprise sur le marché.

Les types de couples produit-marché

L'importance des outils de communication varie beaucoup entre le marché du consommateur et le marché organisationnel (voir la figure 20.5). Les entreprises de produits destinés aux consommateurs privilégient, dans l'ordre, les moyens de communication traditionnels, la publicité, la promotion des ventes (qui se rapproche de la publicité), les ventes et les relations publiques. En général, la vente est plus indiquée pour les produits complexes, coûteux et risqués, de même que sur les marchés où les vendeurs sont moins nombreux mais plus importants (les marchés industriels).

Quoique la publicité soit moins importante que la vente personnelle sur les marchés organisationnels, elle y joue un rôle appréciable. La publicité peut remplir les fonctions suivantes :

- **Faire prendre conscience.** Les acheteurs potentiels qui ne connaissent pas l'entreprise ou le produit pourraient refuser de voir le représentant. La publicité sert à présenter l'entreprise et ses produits.

FIGURE 20.5

L'importance relative des outils de communication pour les produits destinés aux consommateurs et pour les produits destinés aux organisations

Produits destinés aux consommateurs	Produits destinés aux organisations
Publicité	Ventes
Promotion des ventes	Promotion des ventes
Ventes	Publicité
Relations publiques	Relations publiques
Importance relative	Importance relative

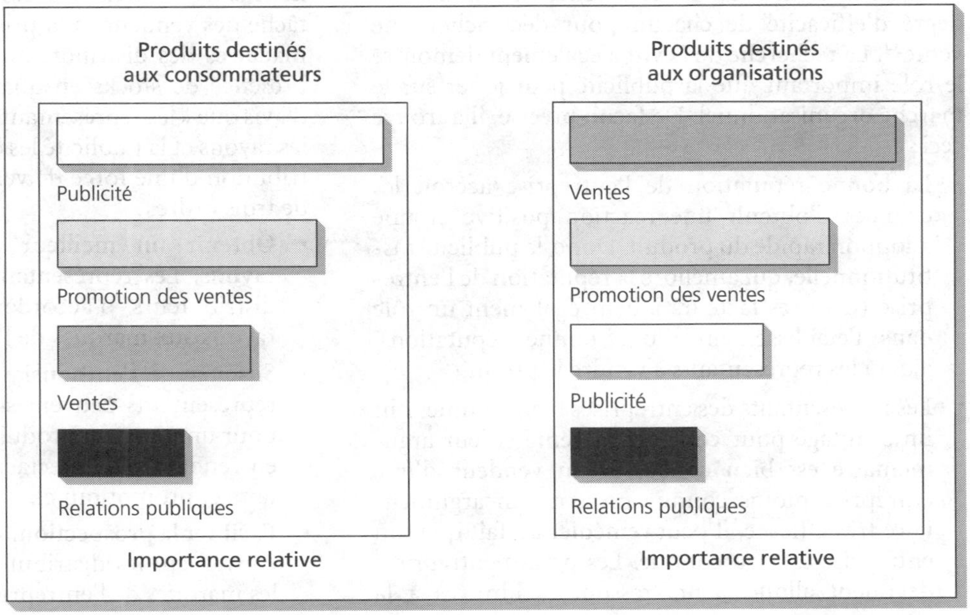

- **Faire comprendre.** Si l'on a ajouté de nouveaux attributs au produit, la publicité peut en partie en expliquer la nature et les avantages.

- **Faire remémorer.** Si les acheteurs qui connaissent déjà le produit ne sont pas prêts à l'acheter, la publicité qui déclenche le processus de remémoration sera plus efficace qu'une visite d'un représentant.

- **Produire une liste de clients potentiels.** Les annonces qui portent des coupons-réponses sont un moyen efficace d'établir des listes pour les représentants.

- **Légitimer l'entreprise et ses produits.** Les représentants peuvent utiliser des reproductions des annonces de leur entreprise parues dans des magazines prestigieux pour légitimer leur entreprise et leurs produits.

- **Rassurer les clients.** La publicité peut rappeler aux clients la façon d'utiliser le produit et les rassurer au sujet de leur achat.

De nombreuses études ont mis en évidence le rôle important joué par la publicité sur le marché organisationnel. Dans son étude du marketing des fournitures industrielles, Morrill a démontré que la publicité, comme soutien de la vente, a augmenté les ventes de 23 % par rapport aux ventes faites sans publicité. Le coût total de la communication, en pourcentage des ventes, a été réduit de 20 %[33]. Freeman a élaboré un modèle formel pour répartir le budget de communication entre la publicité et la vente en fonction du degré d'efficacité de chacun pour déclencher une vente[34]. La recherche de Levitt a également démontré le rôle important que la publicité peut jouer sur le marché organisationnel. De façon précise, il a trouvé ceci :

- La bonne réputation de l'entreprise accroît les chances d'obtenir une réaction positive et une adoption rapide du produit. Donc, la publicité institutionnelle, qui améliore la réputation de l'entreprise (d'autres facteurs jouent également un rôle dans l'établissement d'une bonne réputation), aidera les représentants à vendre le produit.

- Les représentants des entreprises bien connues ont un avantage pour conclure la vente si leur argumentaire est bien conçu. Si un vendeur d'une entreprise moins connue présente un argumentaire très efficace, il peut remédier au fait que son entreprise est peu connue. Les petites entreprises devraient allouer leurs ressources limitées à la sélection et à la formation de bons représentants plutôt que de dépenser leur argent pour la publicité.

- La réputation de l'entreprise s'avère la plus utile lorsque le produit est complexe, que le risque est grand et que l'acheteur n'a pas reçu une bonne formation professionnelle[35].

Lilien, qui a mené une série d'études sur les pratiques de marketing dans un programme de recherche appelé ADVISOR, rapporte les résultats suivants :

- Les entreprises industrielles moyennes fixent leur budget de marketing à 7 % des ventes. Et elles ne dépensent que 10 % de leur budget de marketing pour la publicité. Les entreprises dépensent le reste de leur budget de communication pour la force de vente, les foires commerciales, la promotion des ventes et le publipostage.

- Les entreprises industrielles dépensent un pourcentage plus élevé que la moyenne pour la publicité lorsque leurs produits sont de qualité supérieure, uniques ou achetés fréquemment, ou lorsqu'il y a une croissance du marché assez forte.

- Les entreprises industrielles fixent un budget de marketing plus élevé que la moyenne lorsque leurs clients sont plus dispersés ou lorsque la croissance de leurs clients est plus élevée[36].

Néanmoins, les ventes peuvent apporter une contribution importante au marketing de produits destinés aux consommateurs. Certains spécialistes du marketing auprès des consommateurs limitent la tâche des vendeurs à la prise de commandes hebdomadaires des distributeurs et à la vérification de la présence de stocks en quantités suffisantes. On est d'avis que « les représentants mettent des produits sur les rayons et la publicité les enlève ». Pourtant, la contribution d'une force de vente bien formée peut être de trois ordres :

- **Obtenir un meilleur positionnement sur les rayons.** Les représentants peuvent persuader les distributeurs d'accorder plus d'espace sur les rayons aux marques de l'entreprise.

- **Susciter de l'enthousiasme pour le produit.** Les représentants peuvent susciter de l'enthousiasme pour un nouveau produit auprès des distributeurs en rendant plus spectaculaire le support publicitaire et promotionnel.

- **Faciliter la prospection.** Les représentants peuvent convaincre les distributeurs potentiels de vendre les marques de l'entreprise.

FIGURE 20.6
Les stratégies de pression et d'aspiration

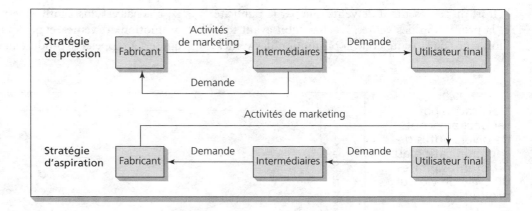

La stratégie de pression et la stratégie d'aspiration

Le choix des moyens de communication est influencé fortement par le choix que fait l'entreprise d'une stratégie de pression (*push*) ou d'une stratégie d'aspiration (*pull*). Ces deux stratégies sont comparées à la figure 20.6. Une **stratégie de pression** consiste en des activités de marketing du fabricant (en particulier la force de vente et la promotion réseau des ventes) dirigées vers le réseau de distribution afin de convaincre les distributeurs de commercialiser le produit et de le promouvoir jusqu'à l'utilisateur final. Une **stratégie d'aspiration** consiste en des activités de marketing (principalement la publicité et la promotion des ventes aux consommateurs) dirigées vers les utilisateurs finaux pour les inciter à demander aux intermédiaires de distribuer le produit, et ainsi inciter les intermédiaires à commander le produit du fabri-

cant. Les entreprises d'une même industrie peuvent différer par l'importance qu'elles accordent à l'une ou l'autre stratégie. Par exemple, Lever Brothers recourt davantage à la stratégie de pression, alors que Procter & Gamble se sert plus de la stratégie d'aspiration.

L'étape du processus d'achat

Le degré d'efficacité par rapport au coût des outils de communication varie selon l'étape du processus d'achat. La figure 20.7 indique le degré relatif d'efficacité par rapport aux coûts de quatre outils. À l'étape de la prise de conscience, la publicité et les relations publiques jouent un rôle plus important que les visites impromptues des représentants ou la promotion des ventes. La compréhension subit principalement l'influence de la publicité et de la vente personnelle. La conviction du client est plus influencée par

FIGURE 20.7
L'efficacité par rapport aux coûts de divers outils de communication aux différentes étapes du processus d'achat

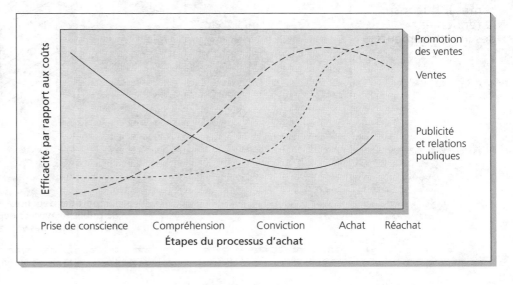

l'effort du représentant de vente que par la publicité et la promotion des ventes. L'achat subit avant tout l'influence de la vente et de la promotion des ventes.

Le réachat est aussi influencé par la vente et par la promotion des ventes, et quelque peu par la publicité, qui sert à rappeler le produit au client. Il est clair que

FIGURE 20.8
L'efficacité par rapport aux coûts de divers outils de communication aux différentes phases du cycle de vie du produit

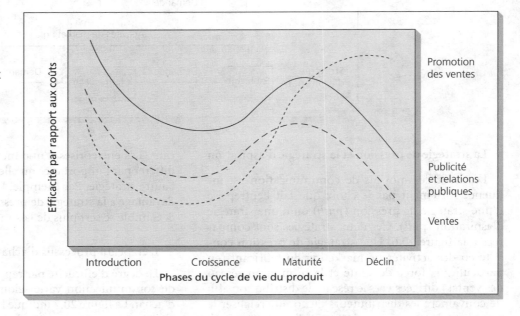

FIGURE 20.9
Comment la position sur le marché et le rapport des dépenses de publicité avec les dépenses de promotion des ventes influent sur le rendement des investissements

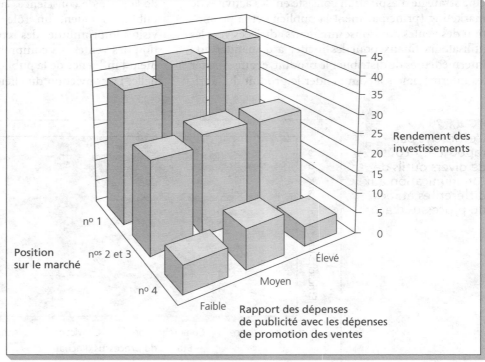

Source : Bradley T. Gale, « Power Brands : The Essentials », texte inédit, novembre 1991, p. 2.

la publicité constitue l'outil le plus efficace pendant les premières étapes du processus menant à l'achat; la vente et la promotion des ventes sont les outils les plus efficaces pendant les étapes ultérieures.

La phase du cycle de vie du produit

Le degré d'efficacité par rapport aux coûts des outils de communication varie selon les phases du cycle de vie du produit. La figure 20.8 illustre certaines hypothèses sur leur efficacité relative.

À la phase d'**introduction**, la publicité a une efficacité élevée par rapport aux coûts, suivie de la promotion des ventes, qui incite à l'essai, et de la vente, qui permet d'obtenir une plus grande couverture de la distribution.

À la phase de **croissance**, on a moins besoin d'outils promotionnels, car la demande a pris son élan grâce au bouche à oreille.

À la phase de **maturité**, la promotion des ventes, la publicité et la vente deviennent de plus en plus importantes, dans cet ordre.

À la phase de **déclin**, la promotion des ventes continue à jouer un rôle important, la publicité perd de l'importance et les vendeurs prêtent peu attention au produit.

La position de l'entreprise sur le marché

Comme le démontre la figure 20.9, en ce qui concerne les marques qui occupent les premières places, la publicité obtient un meilleur rendement que la promotion des ventes. Pour les trois marques les plus importantes, le rendement des investissements augmente avec la croissance du soutien des dépenses de publicité par rapport aux dépenses de promotion des ventes. Pour les marques qui occupent la quatrième place ou pire encore, la rentabilité décroît lorsque les dépenses publicitaires relatives à la promotion croissent.

20.2.7
La mesure des résultats de la communication

Après avoir mis en œuvre le plan de communication, le communicateur doit en mesurer l'effet sur l'auditoire cible. Il s'agit de demander à ce dernier s'il reconnaît le message ou s'il s'en souvient, le nombre de fois qu'il l'a vu, ce dont il se souvient, comment il a réagi au message ainsi que son attitude précédente et actuelle à l'égard du produit et de l'entreprise. Le communicateur voudra également étudier des mesures comportementales de la réponse de l'auditoire, tel le nombre de personnes qui ont acheté le produit, qui l'ont aimé et qui en ont parlé à d'autres personnes.

La figure 20.10 offre un bon exemple de mesure des résultats. Si on prend la marque A, on constate que 80 % du marché total connaît cette marque; de ce 80 %, 60 % l'a essayée, mais seulement 20 % des personnes qui l'ont essayée en sont satisfaites. Ces résultats indiquent que le programme de communication réussit à faire connaître le produit, mais que le produit ne semble pas répondre aux attentes des consommateurs. En revanche, seulement 40 % du marché total connaît la marque B; de ce 40 %, seulement 30 % l'a essayée, mais 80 % des personnes qui l'ont essayée en sont satisfaites. Dans ce cas, il faudrait améliorer le programme de communication pour profiter de la capacité du produit de satisfaire les consommateurs.

20.2.8
Le management et la coordination d'une communication marketing intégrée

Plusieurs entreprises dépendent encore d'un ou deux outils de communication pour atteindre leurs objectifs de communication. Cette pratique persiste en dépit de la désintégration des marchés de grande consommation en une multitude de micromarchés, chacun exigeant sa propre approche communicationnelle, malgré la prolifération des nouveaux types de médias et malgré le raffinement croissant des consommateurs. La panoplie d'outils de communication, de messages possibles et la multiplicité des auditoires obligent les entreprises à repenser l'utilisation et l'intégration des outils de communication.

De plus en plus d'entreprises adoptent le concept de **communication marketing intégrée**, qui est défini comme suit:

> Le concept de communication marketing intégrée reconnaît la valeur ajoutée d'un plan détaillé qui évalue les rôles stratégiques d'une variété d'outils de communication (comme la publicité, le marketing

FIGURE 20.10

La mesure de l'effet relatif sur deux marques

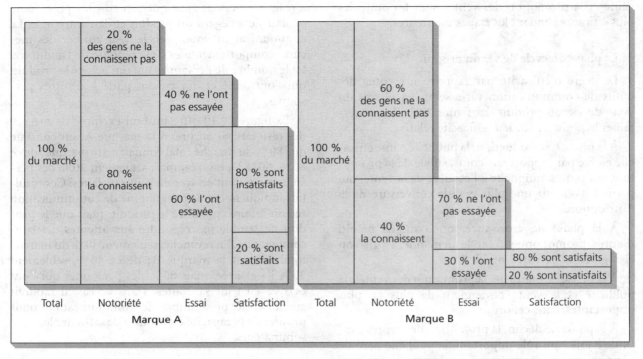

direct, la promotion des ventes et les relations publiques) et associe ces outils pour obtenir la clarté, l'uniformité et les répercussions maximales de la communication grâce à une intégration totale de messages distincts[37].

Voici un exemple d'intégration créative de communication marketing :

La compagnie pharmaceutique Warner-Wellcome, fabricant de Benadryl, voulait faire la promotion de cet antihistaminique auprès des personnes qui souffrent d'allergie. Elle utilisa alors la publicité et les relations publiques pour accroître la notoriété de la marque et pour promouvoir un numéro de téléphone gratuit où l'on indiquait aux gens le niveau de pollen dans leur région. Les gens qui composaient ce numéro plus d'une fois recevaient des échantillons gratuits du produit, des coupons-rabais et de l'information décrivant les avantages du produit. Ils recevaient aussi régulièrement un bulletin qui leur donnait des conseils sur la façon de composer avec les problèmes d'allergie[38].

Une étude menée en 1991 auprès des cadres supérieurs et de la haute direction de grandes entreprises qui fabriquent des produits de consommation indi-

quait que 70 % de ceux-ci favorisaient le concept de communication marketing intégrée pour aider à accroître l'efficacité de leur communication. Au même moment, plusieurs grandes agences de publicité, dont Ogilvy & Mather et Young & Rubicam, ont fait l'acquisition d'importantes agences spécialisées dans la promotion des ventes, les relations publiques et le marketing direct dans le but d'offrir un arrêt unique. Mais à leur grand étonnement, la plupart des clients n'étaient pas encore prêts à élaborer un programme de communication marketing intégrée, préférant faire affaire avec des agences distinctes.

Pourquoi cette résistance ? En partie parce que les grandes entreprises ont embauché divers spécialistes de communication pour travailler avec les directeurs de marque de l'entreprise. Naturellement, chaque spécialiste de communication se bat pour obtenir une plus grande part du budget. Le directeur des ventes voudra embaucher deux nouveaux représentants pour 80 000 $, alors que le directeur de la publicité insistera pour affecter cette somme à ses messages commerciaux aux heures de pointe. De leur côté, les directeurs des relations publiques sont convaincus qu'un bon programme de publicité institutionnelle fera des merveilles, tandis que les spécialistes du publipostage et du télémarketing croient qu'ils détiennent la bonne réponse.

Les directeurs de marque eux-mêmes possèdent souvent une information limitée sur les différentes formes de communication marketing. Plusieurs d'entre eux ont seulement une expérience traditionnelle dans la publicité et les médias. Ils ont relativement peu de connaissances en marketing direct, en promotion des ventes ou en relations publiques. Et souvent les responsables des différents outils de communication connaissent peu les autres outils. De plus, les responsables de la communication favorisent aussi certaines agences spécialisées et refusent de remettre toutes les responsabilités de la communication à une super agence de communication. Ils arguent que l'entreprise devrait choisir la meilleure agence spécialisée pour chaque but, et non des agences de deuxième et troisième niveau seulement parce que celles-ci sont associées à de très grandes agences. Ils estiment que les agences de publicité ne réussissent pas elles-mêmes l'intégration visée, puisque chaque service de l'agence fonctionne comme un centre de profit indépendant. Selon eux, les agences de publicité ont tendance à dépenser proportionnellement une trop faible partie du budget de publicité pour la recherche en publicité, favorisant les dépenses dans les médias qui requièrent moins d'efforts.

La communication marketing intégrée produira des messages plus uniformes, une plus grande cohérence de l'image de l'entreprise et elle aura un effet plus important sur les ventes. Cette approche exige que soit assignée à une seule personne la responsabilité — qui n'existait pas auparavant — d'unifier l'image de l'entreprise au moyen d'un éventail d'activités. La communication marketing intégrée amélio-

rera l'habileté de l'entreprise à rejoindre les bons clients avec les bons messages aux bons moments et aux bons endroits[39]. Une importante entreprise d'électricité a découvert l'utilité de cette approche quand la haute direction a mis sur pied une équipe de projet de communication marketing intégrée :

Pour mettre au point une approche de communication marketing intégrée, l'entreprise réalisa plusieurs entrevues en profondeur avec des cadres de l'entreprise, fit une revue de la documentation, effectua des sondages auprès des clients et mena des entrevues auprès d'autres entreprises afin de connaître les meilleures pratiques courantes. À la suite de cette démarche, l'équipe fit quatre recommandations : 1° que l'entreprise gère sa réputation comme un actif; 2° qu'elle conçoive et mette en œuvre un processus de communication intégrée pour gérer tous les aspects de sa communication; 3° qu'elle forme tous ses employés dans le domaine de la communication, puisque ses clients réagissaient plus aux actions des employés qu'à des programmes planifiés précis; 4° qu'elle établisse et améliore une base de données stratégiques pour l'aider à prévoir les intérêts des clients et à améliorer la satisfaction et le maintien de la clientèle. À partir de ces recommandations, l'équipe développa des processus de communication marketing intégrée qui sont maintenant directement liés aux activités d'affaires de l'entreprise[40].

Les partisans de la communication marketing intégrée décrivent celle-ci comme une nouvelle façon d'aborder le processus de marketing dans son ensemble au lieu d'en examiner seulement certaines parties. Vous trouverez dans le Mémento de marketing 20.1 intitulé « Une liste de vérification pour une communication marketing intégrée » les étapes que l'on conseille à une entreprise de franchir pour créer un tout intégré à partir des différents éléments de la communication marketing.

MÉMENTO DE MARKETING 20.1
Une liste de vérification pour une communication marketing intégrée

Les mercaticiens qui ont l'oreille de la direction de l'entreprise peuvent prendre l'initiative de lui soumettre une proposition en vue d'établir une communication marketing intégrée. Une telle proposition inclut souvent les recommandations suivantes :

• **Faites l'audit de toutes les dépenses de communication au sein de l'entreprise.** Décomposez les budgets et les tâches, et consolidez-les en un budget unique. Évaluez toutes les dépenses de communication par produit, outil de promotion et phase du cycle de vie, et évaluez-en les effets. Utilisez cette analyse comme base pour améliorer l'utilisation de chacun de ces outils.

- **Créez des mesures du rendement global.** Mettez au point des systèmes pour évaluer toutes les activités de communication. Puisque l'objectif de la communication marketing intégrée est de changer le comportement d'achat des consommateurs, ce comportement doit être mesuré si l'on veut démontrer l'effet de la communication sur la rentabilité de l'entreprise. On peut mesurer le rendement des investissements en faisant le suivi des efforts de communication de l'entreprise par l'achat de données auprès d'agences de recherche spécialisées.

- **Utilisez les problèmes courants de gestion et les bases de données pour mieux comprendre toutes les parties intéressées.** Assurez-vous de la participation des clients, des employés, des investisseurs, des intermédiaires ou de toute autre partie intéressée à toutes les étapes de votre plan de communication.

- **Précisez tous les points de contact de l'entreprise, de ses produits et de ses services.** Utilisez cet audit pour déterminer à quel endroit les communications peuvent être le mieux utilisées pour renforcer les messages de l'entreprise. Vérifiez la capacité de la communication de faire ce renforcement à chaque point de contact, qu'il s'agisse du conditionnement du produit, des présentoirs, des réunions d'actionnaires, des rencontres avec les représentants des actionnaires, etc. Assurez-vous que vos efforts de communication ont lieu au moment, à la place et de la façon souhaités par vos clients.

- **Analysez les tendances internes et externes qui peuvent influencer l'habileté de l'entreprise à faire des affaires.** Regardez les secteurs où les communications peuvent être le plus utiles. Évaluez les forces et les faiblesses de chacun des outils de communication. Choisissez un ensemble de tactiques promotionnelles à partir de ces forces et de ces faiblesses. Utilisez ces tactiques pour atteindre vos objectifs de marketing.

- **Élaborez des plans d'affaires et de communication pour chaque marché local.** Intégrez ces plans dans la stratégie de communication globale.

- **Nommez un responsable de tous les efforts de communication persuasive de l'entreprise.** Cette approche aidera à accroître l'efficacité en centralisant la planification et en créant des mesures de rendement global.

- **Développez des thèmes, des tons et des niveaux de qualité compatibles entre tous les médias de communication.** Cette uniformité permettra d'obtenir un effet plus important et de prévenir les recoupements et les répétitions inutiles. Lors de la création du matériel publicitaire, tentez de voir comment celui-ci peut être utilisé pour divers auditoires. Assurez-vous que le matériel contient toujours vos messages de base et vos arguments de vente.

- **N'embauchez que des gens qui peuvent travailler en équipe.** Les employés formés selon cette nouvelle façon de penser intégrée ne travailleront pas en vase clos. Au contraire, ils miseront sur la responsabilité du groupe et seront prêts à assumer toute nouvelle responsabilité qui leur permettra de mieux répondre aux besoins des clients.

- **Incorporez la communication marketing intégrée au processus de gestion de l'entreprise.** Grâce à la gestion participative, par exemple, il est possible de concevoir un effort de management intégré qui permettra de mieux atteindre les buts de l'entreprise. Une stratégie de communication marketing intégrée devrait entraîner une plus grande efficacité de chacune des fonctions de la communication, contribuant ainsi au succès de la mission de l'entreprise.

Source : Matthew P. Gonring, « Putting Integrated Marketing Communications to Works Today », *Public Relations Quarterly*, automne 1994, p. 45-48.

RÉSUMÉ

1. De nos jours, le marketing exige plus que le développement d'un bon produit à un prix attrayant rendu accessible aux clients du marché cible. Les entreprises doivent aussi communiquer avec les clients actuels, les clients potentiels, les détaillants, les fournisseurs, les détenteurs d'enjeux et le grand public. Le mix de communication marketing consiste en cinq outils principaux de communication : la publicité, la promotion des ventes, les relations publiques, la vente et le marketing direct.

2. Le processus de communication comprend neuf éléments : l'émetteur et le récepteur, le codage et le décodage, le message, le média, la rétroaction, la réponse et le bruit. Pour que le message soit bien reçu, les mercaticiens doivent coder celui-ci en prenant en considération la façon dont l'auditoire cible décode normalement les messages. Ils doivent aussi transmettre le message au moyen de médias efficaces qui atteignent l'auditoire cible et établir des canaux de rétroaction pour pouvoir évaluer les réponses des récepteurs des messages. L'auditoire pourrait ne pas recevoir le message à cause de l'attention sélective, de la distorsion sélective et de la mémorisation sélective.

3. Les étapes de l'élaboration d'une communication efficace sont : 1° la délimitation de l'auditoire cible ; 2° la détermination des objectifs de communication ; 3° la conception du message ; 4° le choix des canaux de communication ; 5° la détermination du budget de communication total ; 6° le choix du mix de communication ; 7° la mesure des résultats de la communication ; 8° le management et la coordination d'une communication marketing intégrée.

   En délimitant l'auditoire cible, le mercaticien doit faire des analyses de familiarité et d'attitude, et chercher à réduire les écarts entre la perception actuelle du public et la perception idéale recherchée. Les objectifs de communication peuvent être cognitifs, affectifs ou comportementaux. Autrement dit, l'entreprise peut souhaiter faire entrer une idée dans l'esprit du consommateur, changer son attitude ou bien le faire agir. Lors de la conception du message, le mercaticien doit accorder beaucoup d'attention au contenu du message (ce qui implique des appels à la raison, aux émotions ou au sens éthique), à la structure du message (une conclusion au message ou non, une argumentation à sens unique ou au contraire à double sens, et l'ordre de présentation des éléments), au format du message (imprimé ou verbal) et à la source du message (incluant le degré d'expertise, de confiance et de popularité de la source). Les canaux de communication peuvent être personnels (canaux commerciaux, d'experts et sociaux) ou impersonnels (médias, atmosphères et événements).

   Quoiqu'il existe plusieurs méthodes pour déterminer un budget, les cinq méthodes principales sont : le budget historique, les ressources disponibles, le pourcentage des ventes ou du chiffre d'affaires, la parité avec la concurrence ainsi que les objectifs et les tâches. Cette dernière méthode devrait être privilégiée car elle exige des mercaticiens qu'ils établissent leur budget en fonction d'objectifs précis. Pour décider des meilleurs moyens de communication, les mercaticiens doivent considérer les avantages et les coûts de chaque outil de communication; ils doivent aussi considérer les types de couples produit-marché, le choix d'une stratégie de pression ou d'une stratégie d'aspiration, l'étape du processus d'achat du consommateur, la phase du cycle de vie du produit et la position de l'entreprise sur le marché. Pour mesurer les résultats de la communication, il faut demander à l'auditoire cible s'il reconnaît le message ou s'il s'en souvient, le nombre de fois qu'il l'a vu, ce dont il se souvient, comment il a réagi au message ainsi que son attitude précédente et actuelle à l'égard du produit et de l'entreprise. Enfin, pour gérer et coordonner le processus de communication de l'entreprise, il faut avoir recours à une communication marketing intégrée.

QUESTIONS

1. Réfléchissez à une décision majeure que vous avez prise lors d'un achat important, comme une automobile ou encore l'inscription à une université. En utilisant les éléments de la communication (figure 20.1), déterminez comment chacun de ces éléments a influencé votre décision. Quel élément a eu la plus grande influence? Quelles informations additionnelles auraient pu être utiles? Qu'avez-vous décidé?

2. Pour déterminer le contenu d'un message publicitaire, le communicateur doit préciser quel type de message aura l'effet désiré sur l'auditoire cible. Trouvez des messages imprimés témoignant des appels à la raison ou aux émotions pour les exemples suivants :

   a) qualité;

   b) économie;

   c) rendement;

   d) peur;

   e) sentiment de culpabilité;

   f) humour;

   g) fierté;

   h) sympathie.

3. Trouvez cinq exemples de messages imprimés utilisant la caution de produits ou de services par des célébrités. Ces célébrités ont-elles été retenues pour leur expertise, leur confiance ou leur popularité? Comment percevez-vous l'efficacité de ce type de publicité? Ces messages sont-ils réalistes? Quels sont vos commentaires par rapport à chacune des célébrités pour chaque publicité choisie? Pensez-vous que ces publicités vous soient destinées? Quelles conséquences peut engendrer l'utilisation de célébrités dans des publicités?

4. Comment réagissez-vous aux défis suivants? Donnez les raisons de votre choix.

   a) L'auditoire cible pour votre produit a quelques hésitations à son égard. Quelles qualités aimeriez-vous voir chez le porte-parole de votre message?

   b) Décrivez les types d'appels qui seraient les plus efficaces pour les produits ou les services suivants : les couches jetables, les détergents, les cigarettes, les ceintures de sécurité, Centraide, l'assurance-vie.

5. Les principaux médias — journaux, magazines, radio, télévision et panneaux-réclame — présen-

tent des différences frappantes en ce qui concerne leur capacité de théâtralisation, leur crédibilité, leur capacité d'attirer l'attention et d'autres aspects valorisés de la communication. Décrivez les principales caractéristiques de chaque type de média.

6. Quels sont les facteurs déterminants du succès d'un programme de communication marketing intégrée? Comment la structure d'une organisation peut-elle nuire à ce type de communication?

7. Supposons qu'à la compagnie Wilson Sporting Goods Inc. le directeur des ventes et le directeur des communications se rapportent directement au directeur du marketing. Comment le directeur du marketing peut-il réussir à harmoniser le service des ventes avec celui des communications? En outre, comment peut-il amener le programme de communication à informer et à motiver le marché cible en plus de vendre aux distributeurs et aux représentants de Wilson?

8. Quelles sortes de réponses les stratégies de communication pour les produits suivants devraient-elles tenter de susciter chez les consommateurs?

   a) Les services juridiques;

   b) la pizza surgelée;

   c) les services vétérinaires;

   d) les téléphones cellulaires;

   e) les répondeurs téléphoniques;

   f) les marteaux.

9. Supposons que la Société canadienne du cancer vous embauche pour élaborer un plan de communication marketing intégrée qui informera les gens sur les risques de contracter le cancer de la peau que comporte la surexposition au soleil. De plus, la campagne renseignera les adeptes du soleil sur la façon de prévenir cette maladie. En équipe de cinq, mettez au point un plan de communication marketing intégrée pour la Société canadienne du cancer. Utilisez la grille suivante pour vous aider à organiser vos pensées.

	Publicité	Relations publiques	Promotion des ventes	Marketing direct
Objectif de santé				
Auditoire cible				
Solution au problème				
Promesses faites dans le message à la réalisation de l'objectif de santé				
Soutien crédible apporté aux promesses				
Personnalité (et ton) de la communication				
Meilleur temps pour joindre l'auditoire cible				
Points de contact avec les consommateurs				

RÉFÉRENCES

1. Ces définitions ont été adaptées de Peter D. Bennett, *Dictionary of Marketing Terms*, Chicago, American Marketing Association, 1995.

2. Un modèle de communication a été élaboré expressément pour la communication publicitaire; voir Barbara B. Stern, «A Revised Communication Model for Advertising: Multiple Dimensions of the Source, the Message, and the Recipient», *Journal of Advertising*, juin 1994, p. 5-15.

3. Voir Brian Sternthal et C. Samuel Craig, *Consumer Behavior: An Information Processing Perspective*, Englewood Cliffs, N.J., Prentice Hall, 1982, p. 97-102.

4. Donald F. Cox et Raymond A. Bauer, «Self-Confidence and Persuasibility in Women», *Public Opinion Quarterly*, automne 1964, p. 453-466; Raymond L. Horton, «Some Relationships Between Personality and Consumer Decision-Making», *Journal of Marketing Research*, mai 1979, p. 233-246.

5. Marian Friestad et Peter Wright, «The Persuasion Knowledge Model: How People Cope with Persuasion Attempts», *Journal of Consumer Research*, juin 1994, p. 1-31.

6. Voir John Fiske et John Hartley, *Reading Television*, Londres, Methuen, 1980, p. 79. Au sujet des effets de l'expertise sur la persuasion, voir aussi Elizabeth J. Wilson et Daniel L. Sherrell, «Source Effects in Communication and Persuasion Research: A Meta-Analysis of Effect Size», *Journal of the Academy of Marketing Science*, printemps 1993, p. 101-112.

7. L'échelle du différentiel sémantique a été mise au point par C.E. Osgood, C.J. Suci et P.H. Tannenbaum, *The Measurement of Meaning*, Urbana, University of Illinois Press, 1957.

8. Joshua Levine, «Please Excuse Our Shoe Styles of the Past», *Forbes*, 2 janvier 1995, p. 64.

9. Voir Michael L. Ray, *Advertising and Communications Management*, Englewood Cliffs, N.J., Prentice Hall, 1982.

10. Pour des références sur les appels à la peur, voir Michael R. Solomon, *Consumer Behavior*, 3e éd., Upper Saddle River, N.J., Prentice Hall, 1996.

11. Kevin Goldman, «Advertising: Knock, Knock. Who's There? The Same Old Funny Ad Again», *The Wall Street Journal*, 2 novembre 1993, p. B10:4. Voir aussi Marc G. Weinberger, Harlan Spotts, Leland Campbell et Amy L. Parsons, «The Use and Effect of Humor in Different Advertising Media», *Journal of Advertising Research*, mai-juin 1995, p. 44-55.

12. Voir James F. Engel, Roger D. Blackwell et Paul W. Minard, *Consumer Behavior*, 8e éd., Fort Worth, Texas, Dryden, 1994.

13. Voir Ayn E. Crowley et Wayne D. Hoyer, «An Integrative Framework for Understanding Two-Sided Persuasion», *Journal of Consumer Research*, mars 1994, p. 561-574.

14. Voir C.I. Hovland, A.A. Lumsdaine et F.D. Sheffield, *Experiments on Mass Communication*, vol. 3, Princeton, N.J., Princeton University Press, 1948, chap. 8; Ayn E. Crowley et Wayne D. Hoyer, «An Integrative Framework for Understanding Two-Sided Persuasion», *Journal of Consumer Research*, mars 1994, p. 561-574. Pour un autre point de vue, voir George E. Belch, «The Effects of Message Modality on One- and Two-Sided Advertising Messages», dans *Advances in Consumer Research*, sous la direction de Richard P. Bagozzi et Alice M. Tybout, Ann Arbor, Mich., Association for Consumer Research, 1983, p. 21-26.

15. Curtis P. Haugtvedt et Duane T. Wegener, «Message Order Effects in Persuasion: An Attitude Strength Perspective», *Journal of Consumer Research*, juin 1994, p. 205-218; H. Rao Unnava, Robert E. Burnkrant et Sunil Erevelles, «Effects of Presentation Order and Communication Modality on Recall and Attitude», *Journal of Consumer Research*, décembre 1994, p. 481-490.

16. Voir Brian Sternthal et C. Samuel Craig, *Consumer Behavior: An Information Processing Perspective*, Englewood Cliffs, N.J., Prentice Hall, 1982, p. 282-284.

17. Herbert C. Kelman et Carl I. Hovland, «Reinstatement of the Communication in Delayed Measurement of Opinion Change», *Journal of Abnormal and Social Psychology*, vol. 48, 1953, p. 327-335.

18. David J. Moore, John C. Mowen et Richard Reardon, «Multiple Sources in Advertising Appeals: When Product Endorsers Are Paid by the Advertising Sponsor», *Journal of the Academy of Marketing Science*, été 1994, p. 234-243.

19. C.E. Osgood et P.H. Tannenbaum, «The Principles of Congruity in the Prediction of Attitude Change», *Psychological Review*, vol. 62, 1955, p. 42-55.

20. Michael Kiely, «Word-of-Mouth Marketing», *Marketing*, septembre 1993, p. 6.

21. Voir Regis McKenna, *The Regis Touch*, Reading, Mass., Addison-Wesley, 1985; Regis McKenna, *Relationship Marketing*, Reading, Mass., Addison-Wesley, 1991.

22. Michael E. Cafferky a déterminé quatre types de personnes que les entreprises essaient d'atteindre pour stimuler le bouche à oreille: les leaders d'opinion, les chercheurs, les gens influents et les connaisseurs. Les leaders d'opinion sont des gens fort respectés dans leur milieu social; ils ont une crédibilité élevée dans un réseau social donné et ils ont la parole facile. Les chercheurs sont des gens qui consacrent beaucoup de temps à la recherche des meilleurs achats (des meilleures valeurs) sur le marché. Les gens influents sont des penseurs politiquement ou socialement actifs; ils essaient de savoir ce qui se passe et d'influencer les autres. Finalement, les connaisseurs sont des personnes qui sont reconnues en tant qu'experts pour un type de produits donné (amateurs d'art ou de musique, spécialistes de l'informatique, etc.). Voir *Let Your Customers Do the Talking*, Chicago, Dearborn Financial Publishing, 1995, p. 30-33.

23. Greg W. Prince, «A Tale of Two Spokestars», *Beverage World*, janvier 1995, p. 35.

24. Voir Philip Kotler, «Atmospherics as a Marketing Tool», *Journal of Retailing*, hiver 1973-1974, p. 48-64.

25. Voir Everett M. Rogers, *Diffusion of Innovations*, 4e éd., New York, Free Press, 1995.

26. Pierre Filiatrault et Jean-Charles Chebat, «Marketing Budgeting Practices: An Empirical Study», dans *Development in Marketing Science*, sous la direction de Jon M. Hawes et Georges B. Glisan, Akron, The Academy of Marketing Science, vol. IX, 1987, p. 278-282.

27. Cité dans Daniel Seligman, «How Much for Advertising?», *Fortune*, décembre 1956, p. 123. Pour une discussion intéressante sur l'établissement du budget promotionnel, voir Michael L. Rothschild, *Advertising*, Lexington, Mass., D.C. Heath, 1987, chap. 20.

28. Albert Wesley Frey, *How Many Dollars for Advertising?*, New York, Ronald Press, 1955, p. 65.

29. *Ibid.*, p. 49.

30. Adapté de G. Maxwell Ule, «A Media Plan for "Sputnik" Cigarettes», *How to Plan Media Strategy*, American Association of Advertising Agencies, congrès régional de 1957, p. 41-52.

31. Voir Sidney J. Levy, *Promotional Behavior*, Glenview, Ill., Scott, Foresman, 1971, chap. 4.

32. Relativement peu de recherches ont été faites sur l'efficacité de la publicité sur le marché organisationnel. Pour un sondage sur le sujet, voir Wesley J. Johnson, «The Importance of Advertising and the Relative Lack of Research», *Journal of Business and Industrial Marketing*, vol. 9, no 2, 1994, p. 3-4.

33. *How Advertising Works in Today's Marketplace: The Morrill Study*, New York, McGraw-Hill, 1971, p. 4.

34. Cyril Freeman, «How to Evaluate Advertising's Contribution», *Harvard Business Review*, juillet-août 1962, p. 137-148.

35. Theodore Levitt, *Industrial Purchasing Behavior: A Study in Communication Effects*, Boston, Harvard Business School, Division of Research, 1965.

36. Voir Gary L. Lilien et John D.C. Little, «The ADVISOR Project: A Study of Industrial Marketing Budgets», *Sloan Management Review*, printemps 1976, p. 17-31; Gary L. Lilien, «ADVISOR 2: Modeling the Marketing Mix Decision for Industrial Products», *Management Science*, février 1979, p. 191-204.

37. Cette définition a été adaptée à partir de la définition de l'American Association of Advertising Agencies.

38. Paul Wang et Lisa Petrison, « Integrated Marketing Communications and Its Potential Effects on Media Planning », *Journal of Media Planning*, vol. 6, n° 2, 1991, p. 11-18.

39. Voir Don E. Schultz, Stanley I. Tannenbaum et Robert F. Lauterborn, *Integrated Marketing Communications: Putting It Together and Making It Work*, Lincolnwood, Ill., NTC Business Books, 1992; Ernan Roman, *Integrated Direct Marketing: The Cutting-Edge Strategy for Synchronizing Advertising, Direct Mail, Telemarketing, and Field Sales*, Lincolnwood, Ill., NTC Business Books, 1995; Mary L. Koelle, « Integrated Marketing Communications: Barriers to the Dream », *Integrated Marketing Communications*, 19 juin 1991, p. 7-9.

40. Don E. Schultz, « The Next Step in IMC? », *Marketing News*, 15 août 1994, p. 8-9.

Chapitre 21

Le management de la publicité, de la promotion des ventes et des relations publiques

Campagne Vins de France — Sopexa, Canada, 1998. Conception et réalisation Zoum Communication. Photo : Maryse Raymond.

> *Le métier de publicitaire est maintenant si près de la perfection*
> *qu'il est difficile de suggérer des améliorations.*
> Dʳ Samuel Johnson, 1759

Dans ce chapitre, nous décrirons la nature et l'utilisation de trois outils de communication : la publicité, la promotion des ventes et les relations publiques. Quoiqu'il ne soit pas toujours facile d'en mesurer l'efficacité, ces trois outils de communication contribuent fortement à la performance du marketing. Nous répondrons aux questions suivantes :

- **Qu'entend-on par publicité ? Quelles sont les étapes de l'élaboration d'un programme de publicité ?**

- **À quoi peut-on attribuer l'utilisation croissante de la promotion des ventes et comment les décisions relatives à la promotion des ventes sont-elles prises ?**

- **Comment les entreprises peuvent-elles tirer profit de tout le potentiel des relations publiques et de l'information publicitaire dans leur mix de marketing ?**

21.1
L'ÉLABORATION ET LA GESTION DE PROGRAMMES PUBLICITAIRES

La publicité est l'un des principaux outils que les entreprises utilisent pour transmettre des communications persuasives aux acheteurs et aux publics cibles. On définit la publicité de la façon suivante :

> La publicité est toute forme payée de présentation et de promotion impersonnelles d'idées, de biens ou de services par un annonceur clairement identifié.

Les annonceurs ne sont pas seulement des entreprises, mais aussi des musées, des organismes de charité et des organismes gouvernementaux. Les messages publicitaires sont des moyens efficaces, à des coûts relativement bas, de communiquer des informations pour établir une préférence pour une marque comme Coca-Cola ou pour éduquer le grand public face au problème de la drogue.

La publicité est faite de différentes manières par les organisations. Dans les petites entreprises, elle constitue la responsabilité d'une personne du service des ventes ou du service du marketing, qui travaille avec une agence de publicité. Certaines grandes entreprises mettent sur pied leur propre service de la publicité, dont le directeur relève du vice-président du marketing. Le rôle du service de la publicité est d'établir le budget de publicité total, d'approuver les messages et les campagnes élaborés par l'agence, de s'occuper de la publicité postale, de faire dresser les présentoirs pour les concessionnaires et de se charger de toutes les autres formes de publicité qui ne sont pas faites normalement par une agence. La plupart des entreprises recourent aux services d'une agence de publicité extérieure pour les aider à créer leurs campagnes de publicité et pour choisir et acheter les espaces dans les médias.

Pour mettre en œuvre une campagne publicitaire, les directeurs du marketing doivent toujours commencer par cerner le **marché cible** et les **motivations des acheteurs**. Pour ce faire, ils doivent prendre cinq décisions principales en vue de mettre sur pied une campagne publicitaire, décisions connues sous l'appellation des cinq M :

- **Mission** : quels sont les objectifs de la publicité ?

- **Moyens financiers** : combien faut-il dépenser ?

- **Message** : quels messages faut-il transmettre ?

- **Médias** : quels médias doit-on utiliser ?

- **Mesures** : comment doit-on évaluer les résultats ?

Ces décisions sont présentées à la figure 21.1 et dans les sections suivantes.

21.1.1
La détermination des objectifs publicitaires

La première étape de l'élaboration d'une campagne publicitaire est la détermination des objectifs publicitaires. Les objectifs doivent découler des décisions qui ont été prises préalablement sur le marché cible, sur le positionnement sur le marché et sur le mix de marketing. Les stratégies de positionnement et de mix de marketing déterminent la tâche dévolue à la publicité dans le plan de marketing total.

FIGURE 21.1
Les principales décisions du management de la publicité

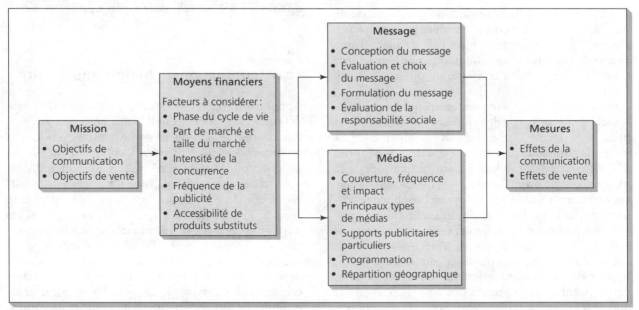

On peut assigner à la publicité plusieurs objectifs spécifiques de communication et de vente. Colley a recensé 52 objectifs publicitaires dans son ouvrage *Defining Advertising Goals for Measured Advertising Results*[1]. Il a élaboré une méthode appelée DAGMAR, qui vise à convertir les objectifs publicitaires en des buts précis mesurables. Un **objectif publicitaire** est une tâche communicationnelle déterminée et un niveau de réalisation à atteindre auprès d'un auditoire donné, dans une période fixée. Colley donne l'exemple suivant :

> Parmi les trois millions de personnes qui possèdent une laveuse automatique, accroître de 10 % à 40 % le nombre de celles qui reconnaissent la marque X comme un détergent écologique d'une efficacité supérieure, et ce en un an.

On peut classer les objectifs publicitaires selon que leur but est d'informer, de persuader ou de rappeler. On trouvera au tableau 21.1 une liste d'exemples de tels objectifs.

La **publicité informative** est utile surtout aux premières phases du cycle de vie d'une classe de produits, car l'objectif est alors de susciter la **demande primaire**. Les producteurs de yogourt, au début, devaient informer les consommateurs des avantages

TABLEAU 21.1
Quelques objectifs publicitaires possibles

Informer

Informer les marchés de l'existence d'un produit.

Suggérer de nouvelles utilisations du produit.

Informer le marché d'un changement de prix.

Expliquer le fonctionnement du produit.

Décrire les services existants.

Corriger les mauvaises impressions.

Réduire les craintes des consommateurs.

Bâtir l'image de l'entreprise.

Persuader

Créer une préférence pour la marque.

Encourager le remplacement par sa propre marque.

Changer les perceptions du client au sujet des attributs du produit.

Persuader le client d'acheter maintenant.

Persuader le client de recevoir le vendeur.

Rappeler

Rappeler aux consommateurs que le produit peut être nécessaire à court terme.

Rappeler aux consommateurs à quels endroits ils peuvent acheter le produit.

Rappeler l'existence du produit durant les saisons mortes.

Entretenir la notoriété spontanée.

nutritionnels du yogourt, de même que de ses nombreuses utilisations.

La **publicité persuasive** devient plus importante dans les phases ultérieures, car alors la concurrence s'accroît. À ce moment, l'objectif est de susciter une **demande sélective** pour une marque en particulier. C'est la forme la plus courante de publicité. Ainsi, Gucci essaie de persuader les consommateurs du fait que ses produits sont plus prestigieux que les produits semblables. Une partie de la publicité persuasive peut prendre la forme d'une **publicité comparative**. La publicité comparative cherche à établir la supériorité d'une marque par rapport à d'autres marques de la même classe de produits en faisant des comparaisons sur certains attributs[2]. On trouve de la publicité comparative dans des classes de produits comme les automobiles, les pneus, les pâtes dentifrices et les désodorisants. La compagnie Burger King a élaboré avec succès une campagne de publicité comparative contre McDonald's en faisant valoir les avantages de faire cuire les hamburgers sur du charbon de bois plutôt que de les faire frire. L'entreprise qui utilise la publicité comparative doit s'assurer qu'elle peut prouver sa prétention à la supériorité et qu'elle ne peut subir une contre-attaque sur un autre attribut de la part d'une marque plus forte. La publicité comparative est plus efficace lorsqu'elle fait appel en même temps à la raison et aux émotions[3].

La **publicité de rappel** est très importante à la phase de maturité du produit pour s'assurer que le consommateur n'oublie pas le produit. Les messages publicitaires en quadrichromie dans les revues, qui coûtent très cher à Coca-Cola, n'ont pas pour but d'informer ou de persuader, mais bien de rappeler aux consommateurs d'acheter Coca-Cola. Une forme similaire de publicité est la **publicité de renforcement**, qui cherche à convaincre des acheteurs actuels qu'ils ont fait le bon choix. La publicité pour les voitures dépeint souvent des clients satisfaits jouissant de quelque caractéristique spéciale de leur nouveau véhicule.

Le choix d'un objectif publicitaire devrait s'appuyer sur une analyse approfondie de la situation de marketing actuelle. Par exemple, si la classe de produits a atteint la phase de maturité et que l'entreprise est le leader sur le marché, et si le taux d'utilisation de la marque est faible, l'objectif indiqué est de susciter une plus grande utilisation de la marque. S'il s'agit d'une nouvelle classe de produits, si l'entreprise n'est

pas un leader sur le marché mais que sa marque est supérieure à celle du leader, alors l'objectif indiqué est de convaincre le marché de la supériorité de la marque.

21.1.2
La détermination du budget publicitaire

Après avoir fixé les objectifs publicitaires, il faut déterminer le budget publicitaire pour chaque produit. Le rôle de la publicité est de déplacer vers le haut la courbe de la demande. L'entreprise ne désire dépenser que la somme nécessaire pour atteindre un objectif de ventes. Mais comment une entreprise sait-elle si elle dépense le bon montant, ni trop ni trop peu? Si l'entreprise ne dépense pas assez, les effets seront négligeables et, paradoxalement, elle se trouvera à avoir trop dépensé. D'autre part, si l'entreprise dépense trop pour la publicité, alors une partie de la dépense aurait pu mieux servir ailleurs. Certains critiques sont d'avis que les grandes entreprises de produits de consommation dépensent trop pour la publicité, alors que généralement les entreprises industrielles ne dépensent pas assez[4].

Un argument possible à l'appui des dépenses de publicité élevées dans les entreprises productrices de biens de consommation emballés est que les effets différés durent plus longtemps que la période en cours. Quoique la publicité soit considérée comme une dépense courante, une partie de celle-ci est en fait un investissement qui engendre une valeur incorporelle appelée «fonds commercial» ou «capital de la marque» (*brand equity*). Lorsque cinq millions de dollars sont dépensés pour l'achat d'équipement, cette dépense est vue comme un actif qu'on peut déprécier sur une période de cinq ans et dont le cinquième du coût sera considéré comme une dépense dès la première année. Par contre, quand on dépense cinq millions pour la publicité d'un nouveau produit qu'on lance, la somme entière est considérée comme une dépense de la première année. Estimer que les coûts d'une campagne publicitaire sont entièrement une dépense limite le nombre de lancements de nouveaux produits qu'une entreprise peut effectuer en une année.

Il y a cinq facteurs à prendre en considération pour la détermination du budget de publicité[5]:

1. **Les phases du cycle de vie du produit.** Habituellement, les nouveaux produits exigent d'importants

budgets de publicité si l'on veut engendrer la notoriété et amener les consommateurs à essayer ces produits. Les marques établies ont ordinairement besoin d'un plus petit budget par rapport aux ventes.

2. **La part de marché et la taille du marché.** Les marques qui possèdent une grande part de marché n'ont normalement besoin que d'un petit budget publicitaire quant au pourcentage des ventes pour maintenir leur part de marché. Par contre, pour augmenter les ventes en accroissant la taille du marché ou encore la part de marché, il faut des budgets publicitaires importants. De plus, le coût par exposition pour rejoindre le consommateur est moins élevé pour une marque très utilisée que pour une marque possédant une faible part de marché.

3. **L'intensité de la concurrence.** Sur un marché où il existe plusieurs concurrents et où les dépenses publicitaires sont élevées, une marque doit faire plus de publicité pour faire entendre sa voix. Même l'encombrement publicitaire qui ne constitue pas une concurrence directe pour la marque rend nécessaire une publicité plus importante.

4. **La fréquence de la publicité.** Le nombre d'expositions requises pour transmettre aux consommateurs le message de la marque détermine aussi le budget publicitaire.

5. **L'accessibilité de produits substituts.** Dans le cas des produits d'achat courant (cigarettes, bière, boissons gazeuses), les marques doivent avoir recours à une publicité intensive pour établir une image différentielle. La publicité est aussi importante quand une marque peut offrir des avantages ou des caractéristiques physiques uniques.

Les chercheurs en marketing ont élaboré plusieurs modèles de dépenses publicitaires prenant en considération ces facteurs et d'autres. Un des meilleurs modèles de la première vague fut celui de Vidale et Wolfe[6]. Essentiellement, dans ce modèle, un budget publicitaire plus important est requis s'il y a un taux élevé de réponse du marché, un taux élevé de déclin des ventes (c'est-à-dire le taux auquel les consommateurs oublient le message publicitaire et la marque) et une partie importante du marché qui n'a pas été touchée. Toutefois, ce modèle néglige d'autres facteurs importants, par exemple le niveau de publicité de la concurrence et l'efficacité du message publicitaire de l'entreprise.

Le professeur John D.C. Little a proposé un modèle évolutif expérimental pour déterminer le budget de publicité[7]. Supposons qu'une entreprise ait fixé un taux de dépenses publicitaires basé sur l'information la plus récente au sujet de la courbe de réponse du marché. Elle dépense ce taux sur tous les marchés, à l'exception de certains marchés tests choisis au hasard. Les dépenses publicitaires seront à un niveau moins élevé dans la moitié des marchés tests et à un niveau plus élevé dans l'autre moitié. On obtiendra ainsi de l'information sur les ventes moyennes résultant d'un niveau faible, moyen et élevé de dépenses publicitaires, ce qui permettra de mettre à jour les paramètres de la courbe de réponse du marché. La courbe de réponse du marché, qui est maintenant à jour, sert à déterminer le meilleur taux de dépenses publicitaires pour la prochaine période. Si cette expérience est répétée à chaque période, les dépenses publicitaires s'approcheront des dépenses publicitaires optimales[8].

21.1.3
Les décisions relatives au message

La créativité dans le message varie d'une campagne à l'autre. Comme William Bernbach le fait remarquer : « Les faits ne sont pas suffisants. [...] N'oublions pas que Shakespeare a souvent utilisé des scénarios plutôt banals, mais son génie résidait dans la façon de dire les choses. » La façon de dire est de première importance également en publicité :

> La bataille entre Coca-Cola et Pepsi-Cola se fait non seulement sur le plan budgétaire, mais aussi sur le plan de la créativité. Les succès de Pepsi-Cola au Québec sont attribuables à la créativité de Claude Meunier.

> Les messages publicitaires de la bière Miller Lite sont un autre exemple. On y présentait des vedettes sportives et des célébrités, comme Bernard « Boum Boum » Geoffrion, qui discutaient pour déterminer si le principal avantage de la bière Miller était son goût ou le fait qu'elle était moins bourrative. Cette campagne surclassa toutes les autres sur la bière, quoique les coûts de plusieurs de celles-ci aient été plus élevés.

Il est clair que l'effet de la créativité dans une campagne publicitaire peut être plus important que le nombre de dollars dépensés. C'est seulement après avoir attiré l'attention qu'un message publicitaire peut aider à accroître les ventes d'une marque. En publicité, un adage dit qu'on ne peut vendre ce qui n'est pas irrésistible.

Un avertissement est de rigueur à ce moment-ci. Toute la publicité créative du monde ne peut entraîner l'accroissement de la part de marché d'un mauvais produit. Tel fut le cas des comprimés Alka-Seltzer de la compagnie Miles Inc.

Pendant plus de trente ans, les comprimés contre les aigreurs d'estomac Alka-Seltzer avaient bénéficié d'une des publicités les plus créatives de l'histoire. En 1969, la compagnie a utilisé un message qui est maintenant devenu classique dans lequel 260 prisonniers se sont rebellés, sous l'influence de l'acteur bien connu George Raft, contre la qualité de la nourriture en prison en frappant leur tasse de métal sur les tables pour réclamer de l'Alka-Seltzer. Un peu plus tard la même année, la compagnie a diffusé un autre message qui est aussi un classique en son genre : « La lune de miel ». Dans ce message, les comprimés Alka-Seltzer ont sauvé le nouveau marié après le repas d'huîtres pochées et de boulettes de viande à la guimauve que lui avait préparé son épouse. Durant les deux décennies suivantes, la compagnie a conçu plusieurs autres messages publicitaires pour la télévision, en proposant des slogans tels que : « Essayez-les, vous les aimerez. » Malgré tous ces messages, la part de marché des comprimés contre les aigreurs d'estomac Alka-Seltzer, qui était de 25 % en 1968, est descendue jusqu'à un peu moins de 10 % en 1996. Les messages les plus « pétillants » n'ont pu empêcher la dégringolade d'Alka-Seltzer[9].

Pour élaborer une stratégie créative, les publicitaires passent par les étapes suivantes : la conception du message, l'évaluation et le choix du message, et la formulation du message.

La conception du message

En principe, le message (les principaux avantages qu'offre le produit) devrait être élaboré en même temps que le concept du produit est développé. Pourtant, même à l'intérieur de ce concept, il existe de nombreuses possibilités de message. De plus, avec le temps, le spécialiste du marketing peut désirer changer le message sans évidemment changer le produit, surtout si les consommateurs recherchent de nouveaux avantages de ce produit.

Les publicitaires responsables de la créativité recourent à plusieurs méthodes pour élaborer les axes publicitaires possibles. Plusieurs procèdent de façon inductive en parlant avec les consommateurs, les distributeurs, les experts et même les concurrents. Ce sont les consommateurs qui sont la principale source de bonnes idées. Leurs opinions au sujet des forces et des faiblesses des marques existantes donnent souvent des indices importants pour la stratégie de créativité. Leo Burnett prône les entrevues en profondeur pour la raison suivante : « Je suis dans un face à face bien concret avec des gens à qui j'essaie de vendre. Je tente de me faire une idée de la sorte de gens qu'ils sont, de la façon dont ils utilisent le produit, et même de ce qu'est le produit[10]. »

D'autres créateurs « créatifs » suivent une démarche **déductive** pour créer des messages publicitaires. Maloney a proposé un cadre en ce sens (voir le tableau 21.2)[11]. Il est d'avis que les acheteurs s'attendent à un des quatre types d'avantages suivants d'un produit : un avantage **rationnel**, un avantage **sensoriel**, un avantage **social** et un avantage **gratifiant** (satisfaction du moi). Les acheteurs peuvent visualiser ces avantages au moyen de l'**expérience des résultats de l'utilisation**, de l'**expérience de l'utilisation du produit** ou de l'**expérience qui accompagne l'utilisation**. Les 4 types d'avantages associés à ces 3 types d'expériences donnent lieu à 12 types de messages publicitaires.

Un publicitaire peut créer un thème pour chacun de ces 12 types, de même que des messages appropriés pour le produit. Par exemple, l'attrait « Nettoie mieux les vêtements » est la promesse d'un avantage rationnel découlant de l'expérience des résultats de l'utilisation du produit, et la phrase « Le goût d'une vraie bière dans une bière sans alcool » est la promesse d'un avantage sensoriel découlant de l'expérience de l'utilisation du produit.

Combien de thèmes différents un publicitaire devrait-il élaborer avant de faire un choix ? Plus il créera de messages publicitaires, plus grande est la probabilité que l'agence concevra un message comportant plusieurs attraits. Toutefois, plus l'agence passera de temps à créer des messages publicitaires, plus élevés seront les coûts. Étant donné le système de rémunération utilisé auparavant, soit généralement 15 % du montant des achats d'espace, les agences de publicité n'étaient pas très désireuses de faire des efforts pour créer et prétester plusieurs messages (pour plus d'information sur le fonctionnement des agences de publicité, voir la rubrique Le marketing en coulisse 21.1 intitulée « Comment fonctionne une

TABLEAU 21.2

Exemples de 12 types d'attraits pour un message publicitaire

Types potentiels d'expériences du produit	Types potentiels d'avantages			
	Rationnel	Sensoriel	Social	Gratifiant
Expérience des résultats de l'utilisation	1. Nettoie mieux les vête-ments	2. Facilite la digestion	3. Quand vous tenez à servir ce qu'il y a de mieux	4. Pour la peau que vous méritez
Expérience de l'utilisation du produit	5. La tondeuse qui démarre facilement	6. Le goût d'une vraie bière dans une bière sans alcool	7. Qui garantit l'accepta-tion sociale	8. Le magasin pour le jeune cadre
Expérience qui accompagne l'utilisation	9. L'emballage en plas-tique conserve la fraî-cheur	10. Le téléviseur portatif le plus léger	11. L'ameublement des gens modernes	12. La chaîne stéréo pour la famille qui a du goût

Source : Adapté de John C. Maloney, « Marketing Decisions and Attitude Research », dans *Effective Marketing Coordination*, sous la direction de George L. Baker Jr., Chicago, American Marketing Association, 1961, p. 595-618.

agence de publicité ? »). Mais cela change. De plus, ce sont quelquefois les clients des agences qui ne souhaitent pas faire ces dépenses, même si le contrôle a priori est essentiel pour accroître la probabilité de succès d'une campagne publicitaire. Heureusement, les coûts pour produire les premières ébauches de messages publicitaires peuvent de nos jours être réduits de beaucoup par l'utilisation des techniques d'infographie, techniques qui font appel à l'informatique pour la représentation graphique et le traitement de l'image. Les publicitaires respectueux de la créativité peuvent proposer assez rapidement plusieurs possibilités de messages publicitaires en empruntant à divers fichiers informatiques les images vidéo, la linotypie, etc.

L'évaluation et le choix du message

L'annonceur doit évaluer les diverses possibilités de messages. Un bon message publicitaire est normalement axé sur une proposition de vente centrale, sans toutefois donner trop d'information sur le produit, ce qui dilue l'impact du message. Twedt soutient que les messages devraient être évalués selon leur **attrait**, leur **exclusivité** et leur **crédibilité**[12]. Le message doit ensuite dire quelque chose d'exclusif ou de distinctif qui ne s'applique pas à toutes les marques dans la catégorie de produits. Le message doit être crédible ou démontrable.

Ainsi, une organisation à but non lucratif cherchait un thème publicitaire pour amasser des fonds afin de combattre les malformations congénitales. Plusieurs messages ont été proposés lors d'une séance de remue-méninges. On a demandé à un groupe de jeunes parents d'évaluer chaque message selon son attrait, son exclusivité et sa crédibilité au moyen d'une cote pouvant aller jusqu'à 100 points par message. Par exemple, le message « Sept cents bébés naissent chaque jour avec une malformation congénitale » a obtenu des cotes de 70, 62 et 80 respectivement pour l'intérêt, l'exclusivité et la crédibilité, alors que le message « Votre prochain bébé pourrait naître avec une malformation congénitale » a obtenu des cotes de 58, 51 et 70 respectivement. Le premier message a été mieux évalué que le second sur tous les points et a été préféré pour la campagne publicitaire[13].

L'annonceur doit effectuer un prétest afin de déterminer quel attrait a le plus grand impact sur le comportement. Par exemple, Transports Canada tentait de déterminer lequel de trois messages serait le plus efficace pour informer les automobilistes des dangers de conduire sans ceinture de sécurité. On a testé trois messages à la fois dans deux villes canadiennes semblables à l'aide des journaux, de la radio et de la télévision. Le sondage téléphonique mené avant et après la diffusion des messages publicitaires a permis de mesurer, pour les trois messages, le rappel ainsi que la compréhension que les gens avaient de ces messages[14].

LE MARKETING EN COULISSE 21.1
Comment fonctionne une agence de publicité?

Quoiqu'ils soient familiarisés avec les messages publicitaires, peu de consommateurs savent comment les agences conçoivent et produisent la publicité, et comment elles font des ententes pour que la publicité soit diffusée dans les divers médias.

La majorité des agences sont concentrées à Toronto et à Montréal. Mais la plupart des grandes villes comptent au moins une agence. Les quatre agences les plus importantes du Québec sont Cossette Communication-Marketing, Publicis Canada Inc., PNMD Communication et Marketel.

Les agences de publicité les plus importantes du Québec

Agences	Revenus bruts (millions de dollars)		
	1996	1997	1998
1. Cossette Communication-Marketing	55,8	66,7	80,5
2. Publicis Canada Inc.	17,6	30,4	31,7
3. Marketel	11,1	12,7	15,5
4. Groupaction/JWT	6,9	7,6	15,1
5. PNMD Communication	9,3	13,2	12,4
6. Groupe Everest	4,5	6,4	9,0
7. Beauchesne, Ostiguy et Simard	2,6	5,7	7,8
8. Palm Publicité Marketing	5,5	5,9	6,7
9. Groupe BCP	5,0	5,0	6,4
10. Les Communications l'Académie-Ogilvy	3,4	4,4	4,8

Source : *Marketing Magazine*, 29 juin 1998, p. 25-31; *Les Affaires, Guide des services aux entreprises*, 1999, p. 51.

Même les entreprises qui possèdent un service de la publicité important ont recours à des agences de publicité. Celles-ci emploient des spécialistes qui sont plus aptes que le personnel de l'entreprise à réaliser les diverses phases de la conception et de la diffusion du message publicitaire. Les agences sont payées en partie à même les réductions de prix obtenues des médias, et leurs coûts directs pour les entreprises sont en fait peu élevés. De plus,

puisqu'une entreprise peut changer d'agence n'importe quand, les agences de publicité travaillent fort pour parvenir à un bon résultat.

Les agences de publicité possèdent normalement quatre services : la **création**, qui élabore et produit les messages publicitaires ; les **médias**, qui choisissent les médias et font le placement des annonces ; la **recherche**, qui étudie les caractéristiques et les besoins des auditoires ; les **services administratifs**, qui s'occupent des diverses activités administratives de l'agence. Chaque compte est sous la responsabilité d'un chargé de compte, le personnel de chacun des services étant habituellement affecté à un ou à plusieurs comptes.

Les agences misent sur leur réputation ou sur leur taille pour aller chercher de nouvelles affaires. Généralement, cependant, un client invitera quelques agences à faire une présentation pour la campagne proposée, et il choisira parmi celles-ci.

Les agences de publicité étaient traditionnellement payées par des commissions et quelquefois par des honoraires. Les agences recevaient d'ordinaire une rémunération de 15 % du prix payé pour les médias.

Ce mode de rémunération causait des problèmes à la fois aux annonceurs et aux agences. Les entreprises les plus importantes se plaignaient qu'elles devaient payer plus pour les mêmes services que recevaient de petites entreprises, tout simplement parce qu'elles faisaient plus d'annonces. Les entreprises estimaient aussi que la rémunération par commissions amenait les agences à moins recourir aux médias peu coûteux et à dédaigner les campagnes publicitaires de courte durée. Les agences étaient également insatisfaites parce qu'elles devaient souvent rendre des services supplémentaires à certains comptes sans être rétribuées pour cela.

Une étude faite pour le compte de l'Association of Canadian Advertisers démontre que les commissions comme mode de rémunération sont choses du passé. En 1976, 76 % des agences de publicité utilisèrent le système de commissions de 15 % des coûts de médias ; en 1998, seulement 5 % des agences de publicité exigeaient cette forme de paiement, et un autre 25 % se faisaient payer par une combinaison de commissions et d'honoraires. Plusieurs raisons ont amené les agences à changer leur mode de rémunération. La première est que ce mode de paiement permet des économies de fonctionnement. Grâce à la décomposition des éléments du service rendu, le client paie uniquement pour ce dont il a besoin. Une autre raison est que la plupart des agences de publicité ont créé des unités d'affaires indépendantes pour l'achat des médias, ce qui a encouragé la division des tâches et des formes de facturation.

En conséquence, on constate maintenant une tendance marquée à une forme de rémunération par honoraires ou à une combinaison de commissions et d'honoraires.

Une autre tendance constatée ces dernières années est que de plus en plus d'annonceurs sont des entreprises multinationales et que l'entreprise canadienne préfère faire des affaires avec une succursale d'une agence de publicité multinationale. En réaction à cette tendance, certaines agences de publicité indépendantes ont fait des alliances avec des agences ayant des succursales dans d'autres pays.

Sources: Voir « World's Top 50 Advertising Organizations », *Advertising Age*, 10 avril 1995, p. S-18; « Canada's Top Agencies », *Marketing Magazine*, 24 juillet 1995, p. 11; Patrick Allosery, « Fees for Ad Services Take Top Billing », *Financial Post*, 7 mai 1999, p. C3; Lara Mills, « Fees in Flux », *Marketing Magazine*, 13 septembre 1999, p. 11-12.

La formulation du message

L'impact du message ne dépend pas seulement de ce qui est dit, mais aussi de la façon dont on le dit. Certains messages ont comme objectif un **positionnement rationnel** et d'autres, un **positionnement émotionnel**. Au Canada, les messages publicitaires présentent souvent un avantage ou une caractéristique explicite conçu pour s'adresser à un esprit rationnel : « Rend les vêtements plus propres », « Soulage plus rapidement », etc. Les messages japonais sont plus indirects et s'adressent davantage aux émotions. Par exemple, la publicité de Nissan pour Infiniti ne montre pas l'auto, mais plutôt de beaux paysages destinés à produire une association et une réponse émotionnelles.

Le choix du titre, du texte, etc., peut faire une différence dans l'impact d'un message publicitaire. Lalita Manrai rapporte une étude dans laquelle elle avait créé deux messages publicitaires pour la même automobile. Le premier message avait pour titre « Une nouvelle voiture » et le deuxième, « Cette voiture est-elle pour vous ? » Ce dernier titre exploitait une stratégie publicitaire appelée **étiquetage**, par laquelle un consommateur est étiqueté ou désigné comme appartenant au genre de personnes intéressées par ce type de produit. Les deux messages différaient aussi en ce que le premier décrivait des caractéristiques de l'automobile et le deuxième décrivait ses

avantages. Dans le test, la performance du deuxième message publicitaire fut nettement supérieure à celle du premier pour ce qui est de l'impression générale du produit, de l'intérêt du lecteur pour l'achat du produit et de la probabilité qu'il le recommande à un ami[15].

La formulation du message peut être décisive pour les classes de produits qui se ressemblent beaucoup, comme les détergents, le café et la vodka. Considérons le succès obtenu par la vodka Absolut :

Il existe une similarité physique entre les vodkas de différentes marques. Au point que ce produit peut être considéré comme une eau-de-vie difficilement différenciable. Pourtant, le niveau de préférence pour la marque et la fidélité à la marque d'un tel produit peuvent être surprenants. Cela dépend en grande partie de l'image du produit. Lorsque Absolut, une marque de vodka suédoise bien connue, s'est attaquée au marché nord-américain en 1979, l'entreprise a été fort déçappointée des résultats de la première année : seulement 7 000 caisses avaient été vendues. En 1991, les ventes atteignaient 2 000 000 de caisses. Absolut est devenue la marque de vodka importée la plus populaire aux États-Unis avec une part de marché de 65 %. Et les ventes d'Absolut croissent un peu partout dans le monde. Son arme secrète : une bonne stratégie de ciblage, de conditionnement et de publicité. Absolut cible les consommateurs de vodka, qui sont raffinés, d'une mobilité sociale ascendante et nantis. La forme distinctive de la bouteille d'Absolut suggère l'austérité suédoise. Cette bouteille est devenue une icône qui est utilisée comme élément central dans chacun des messages publicitaires. Des artistes réputés ont formulé les messages publicitaires de la vodka Absolut, et l'image de la bouteille se retrouve toujours d'une façon astucieuse dans le message. Grâce à ses messages, Absolut a gagné plus de prix dans l'industrie de la publicité que toute autre entreprise dans l'histoire.

Lors de la préparation d'une campagne, le publicitaire prépare normalement un **énoncé de stratégie créative** décrivant l'objectif, le contenu et le ton du message désiré. Voici un énoncé de stratégie pour un message de la compagnie Pillsbury :

L'**objectif** du message est de convaincre les gens qui aiment les biscuits qu'ils peuvent maintenant acheter un produit sur le marché qui est aussi bon qu'un produit fait à la maison. Le **contenu** consiste à mettre en évidence les caractéristiques suivantes du produit : ces biscuits ont l'apparence de biscuits maison, ils ont la même texture que les biscuits maison et ils ont le goût des biscuits maison. L'**argumentation** quant à la promesse « aussi bons que ceux qui sont faits à la maison » comprend deux volets : les biscuits sont fabriqués avec la même sorte de farine que celle qu'on utilise pour faire des biscuits maison, farine qui n'a jamais été utilisée auparavant pour des produits commerciaux ; les recettes de biscuits employées sont des recettes traditionnelles. Le **ton** du message sera celui de nouvelles à la radio ou à la télévision, tempéré par une ambiance chaude et une voix réfléchie témoignant de l'attention apportée à la qualité de la cuisine traditionnelle.

Le personnel de création doit donc trouver un **style**, un **ton**, des **mots** et une **forme** pour la formulation du message. Tous ces éléments doivent transmettre une image et un message cohésifs. Puisque peu de gens lisent le texte lui-même, l'image et le titre doivent résumer la proposition de vente.

Le style

Il existe plusieurs styles de formulation d'un message :

- **La tranche de vie.** On montre une ou plusieurs personnes utilisant le produit dans un contexte normal. Par exemple, une famille assise à table exprime sa satisfaction pour la nouvelle marque de biscuits.

- **Le mode de vie.** On met en évidence la façon dont un produit s'intègre à un mode de vie. Par exemple, un message publicitaire pour un whisky montre un homme d'âge moyen, de belle apparence, qui porte un vêtement de marque, à la barre de son voilier.

- **La fantaisie.** Il s'agit de créer de la fantaisie pour un produit ou son utilisation. Ainsi, un message publicitaire pour le parfum Chanel n° 5 montre une spectatrice, dans un cinéma où l'on présente un film de Marilyn Monroe, qui se trouve soudainement transformée en Marilyn Monroe, et son contenant de maïs soufflé est devenu par enchantement une grosse bouteille de parfum Chanel n° 5. Grâce à l'infographie, les publicitaires créatifs n'ont plus qu'à laisser aller leur imagination[16].

- **L'ambiance ou l'image.** On crée une ambiance ou une image évocatrice autour d'un produit, par exemple la beauté, l'amour ou la sérénité. On ne parle pas du produit si ce n'est par le biais de suggestions. Plusieurs annonces sur les automobiles et les alcools recourent à ce procédé dans le but d'évoquer une ambiance ou de créer une image. Cette approche est aussi utilisée par d'autres entreprises qui cherchent à créer une nouvelle image. Récemment, des fabricants d'équipement informatique ont fait appel à cette approche pour se donner une image plus moderne ou plus mondiale.

- **Le slogan musical.** On utilise une ou plusieurs personnes, ou des personnages de dessins animés, avec une musique entraînante ou caractéristique, un refrain publicitaire. Plusieurs annonces de boissons gazeuses utilisent cette formule.

- **La personnalité symbolique.** On crée un personnage qui personnifie le produit. Le personnage peut être imaginaire (le Géant Vert, le capitaine Crouche ou le petit bonhomme Pillsbury) ou réel (Ronald McDonald et Youppi).

- **L'expertise technique.** On met en évidence l'expertise et l'expérience de l'entreprise dans la fabrication des produits. Ainsi, un message sur les automobiles Saturn de GM a connu beaucoup de succès pour avoir su créer l'intérêt en montrant des scènes sur la chaîne de montage où la Saturn est fabriquée.

- **La preuve scientifique.** Ici, on présente les résultats d'une enquête ou d'une étude scientifique qui prouvent que la marque est préférée ou qu'elle a une meilleure performance qu'une ou plusieurs autres marques. Pendant des années, Crest a fait valoir des preuves scientifiques pour convaincre les acheteurs de dentifrice de la supériorité de ce produit en ce qui concerne la prévention de la carie dentaire.

- **Le témoignage.** On fait appel à une source fortement crédible, populaire ou énergique qui fait l'éloge du produit. Il peut s'agir d'une personnalité sportive ou artistique, ou de gens ordinaires qui affirment leur préférence pour le produit (voir la rubrique Le marketing en coulisse 21.2 intitulée « La stratégie du témoignage de vedettes »).

Le ton

Le communicateur doit aussi choisir le ton approprié pour le message publicitaire. Procter & Gamble adopte invariablement un ton positif; les messages disent toujours des choses très positives au sujet des produits. On a tendance à éviter l'humour pour ne pas détourner l'attention du message. Au contraire, pendant des années, le message de Volkswagen au sujet de sa fameuse Coccinelle utilisait un ton humoristique, laissant même entendre que la Coccinelle n'était pas jolie. L'accroissement de la part de marché de Listerine au Québec est en partie attribuable aux messages humoristiques de Daniel Lemire (Oncle Georges). D'autres entreprises, comme les compagnies d'assurances et de téléphone, utilisent les émotions.

Les mots

Il faut trouver des mots qui attirent l'attention, qui se mémorisent facilement. Les thèmes suivants auraient fort probablement eu moins d'effet sans le slogan imaginatif qui leur est associé[17] :

Le thème	Le slogan
7-Up n'est pas un cola.	« L'incola »
Ne prenez pas votre automobile, prenez plutôt l'autobus	« Prenez l'autobus, laissez-nous conduire »
Magasinez en consultant les pages de l'annuaire	« Faites marcher vos doigts »
Une nouvelle fourgonnette qui s'apparente à une automobile et qui offre beaucoup de flexibilité et d'avantages	« L'autobeaucoup »

Il est nécessaire d'être particulièrement créatif en ce qui a trait aux titres. Il y a six types fondamentaux de titres : la **nouvelle** (« Les produits XYZ sont maintenant en vente chez... »), la **question** (« L'avez-vous essayé dernièrement ? »), la **narration** (« Ils se sont mis à rire quand je me suis assis au piano, mais quand j'ai commencé à jouer... »), l'**ordre** (« N'achetez pas avant de les avoir vus tous les trois »), la **façon** (« Douze moyens d'économiser de l'impôt »), la **raison** (« Pourquoi ils ne peuvent cesser d'acheter »).

La forme

Les éléments relatifs à la forme tels que la taille, la couleur et l'illustration ont une incidence tant sur l'impact de l'annonce que sur ses coûts. Un réaménagement mineur des éléments physiques d'une annonce peut améliorer grandement son pouvoir d'attraction. Les annonces de grande taille attirent davantage l'attention, mais pas proportionnellement à ce qu'elles coûtent de plus. L'utilisation de la couleur, au lieu du noir et blanc, augmente l'efficacité des annonces, comme leurs coûts d'ailleurs. En planifiant l'importance relative des différents éléments d'une annonce, on peut obtenir une formulation optimale. De nouveaux appareils électroniques rendent possible l'étude du mouvement des yeux et permettent ainsi de montrer comment les consommateurs peuvent être amenés à regarder diverses annonces grâce au positionnement stratégique des éléments dominants.

Nombre de recherches sur la publicité imprimée démontrent l'importance relative de l'**image**, du **titre** et du **texte**, dans cet ordre. Le lecteur remarque tout d'abord l'image, qui doit donc être capable d'attirer son attention. Puis, le titre doit être suffisamment efficace pour amener la personne à lire le texte. Le texte lui-même doit être bien composé. Néanmoins, une annonce vraiment bonne ne sera remarquée que par 50 % de l'auditoire auquel elle est présentée ; approximativement 30 % d'un auditoire qui aura été exposé au message pourra se souvenir de l'information essentielle du titre ; environ 25 % se souviendra du nom de l'annonceur et seulement 10 % lira la majeure partie du texte. Les messages moyens, malheureusement, n'atteignent même pas ces résultats.

Une étude de l'industrie portant sur les messages publicitaires qui ont obtenu des résultats au-dessus de la moyenne tant pour le rappel que pour la reconnaissance révèle que ces annonces avaient les caractéristiques suivantes : les messages présentaient une innovation (nouveaux produits ou nouvelles utilisations), une histoire intéressante (capacité d'attirer

LE MARKETING EN COULISSE 21.2
La stratégie du témoignage de vedettes

Les spécialistes du marketing ont depuis presque toujours fait appel à des personnalités pour faire valoir leurs produits. Une célébrité bien choisie peut, à tout le moins, attirer l'attention sur un produit, sur un service ou sur une institution. Par exemple, Jacques Villeneuve est associé à Téléglobe et il a fait des messages publicitaires pour la Golf de Volkswagen, et le nom de Wayne Gretzky est accolé à des vêtements. Sylvie Fréchette, Jean Lapointe et Patrick Roy ont été les porte-parole respectivement de la Banque Nationale, de la Banque Royale et de la Banque CIBC. Ou encore, c'est l'expertise et l'autorité de la personne qui se reportent sur la marque, comme dans le cas de Michael Jordan qui endosse les chaussures de basket Air Jordan de Nike.

Le choix de la vedette est cependant critique. Elle doit être bien connue, elle doit avoir un effet très positif sur le produit, et son témoignage doit être approprié au produit ou au service. Sylvester Stallone est bien connu et pourrait avoir un effet positif, mais peut-être pas s'il annonçait une conférence mondiale sur la paix. Mad Dog Vachon est bien connu, mais il pourrait avoir un effet négatif sur divers groupes. Roch Voisine, Céline Dion et Bruno Pelletier pourraient, quant à eux, annoncer avec succès un grand nombre de produits au Québec, parce qu'ils y sont bien connus et très appréciés.

Les athlètes sont un groupe particulièrement efficace pour appuyer des produits tels que les articles de sport, les boissons gazeuses et les vêtements. Aux États-Unis, des vedettes de football, de basket-ball, de golf et d'autres sports gagnent des millions de dollars en témoignant pour les produits de Nike, de Wilson, de Coca-Cola et d'autres. Non seulement la photo de la vedette apparaît dans le message, mais les messages sont multipliés par la vente de tee-shirts, de jouets, de jeux et de centaines de produits dérivés.

Le principal problème du spécialiste du marketing est de choisir une vedette dont les coûts seront compensés par les ventes additionnelles qu'elle engendrera. Il espère aussi que la célébrité n'approu-

vera pas trop de produits, car l'effet de saturation lui ferait perdre de sa valeur. Par-dessus tout, il prie bien fort pour que la vedette ne soit pas impliquée dans un scandale (Pepsi a dû renoncer à Madonna à cause d'une chanson antichrétienne, de nombreuses entreprises ont abandonné Ben Johnson à cause du scandale des stéroïdes anabolisants aux Jeux olympiques de Séoul, sans compter Hertz, dont O.J. Simpson avait fait la publicité pendant vingt ans avant qu'il soit accusé du meurtre de son épouse), qu'elle ne tombe pas malade, qu'elle ne se blesse pas ou qu'elle ne meure pas. Il est toutefois possible de couvrir ces derniers risques avec des assurances.

Peut-être à cause de la fréquence des scandales mettant aux prises des célébrités, des compagnies d'assurances offrent maintenant une protection au publicitaire contre de tels risques. Ainsi, une compagnie d'assurances offre une assurance « décès, invalidité et déshonneur » pour couvrir les défauts et les frasques des célébrités qui endossent des produits. La police d'assurance, dont la couverture peut atteindre 5 000 000 $, protège les entreprises contre « les pertes associées à l'annulation des promotions ou des endossements d'une célébrité due à des événements qui échappent à la maîtrise de l'assuré ». Une autre voie s'offre aux spécialistes du marketing : des porte-parole fictifs. Par exemple, Owens-Corning utilise la Panthère rose depuis quinze ans pour faire la publicité de ses produits isolants, et la compagnie d'assurances La Métropolitaine recourt aux personnages de la bande dessinée *Peanuts* pour faire la promotion de plusieurs de ses produits d'assurance. Les images projetées par des personnages de bandes dessinées ne changent pas de façon marquée avec le temps, et les entreprises ont plus de contrôle sur elles...

Sources : Adapté d'Irving Rein, Philip Kotler et Martin Stoller, *High Visibility : How Executives, Politicians, Entertainers, Athletes, and Other Professionals Create, Market and Achieve Successful Images*, New York, Dodd, Mead, 1987 ; Willy Stern, « Rebel with a Cachet », *Business Week*, 17 juillet 1995, p. 74, 76 ; Christine Unruh, « Snap Crackle Pop », *Journal of Business Strategy*, mars-avril 1995, p. 39-43.

l'attention), des comparaisons avant-après, des démonstrations, des solutions à un problème ou l'utilisation de personnes ou de symboles qui sont les emblèmes de la marque (il peut s'agir de dessins ou de caricatures, comme le Géant Vert, ou de personnes, dont des célébrités)[18].

De nombreuses critiques, provenant tout autant de l'extérieur de l'industrie publicitaire que de l'industrie elle-même, déplorent l'avalanche de messages et de slogans peu imaginatifs, voire ternes, imposés aux lecteurs, aux auditeurs et aux téléspectateurs depuis quelques années[19]. On se demande souvent pourquoi les messages publicitaires se ressemblent tant. Pourquoi les agences de publicité ne sont-elles pas plus créatives ? Norman W. Brown, chef de la direction de l'agence de publicité Foote, Cone & Belding, répond que, dans beaucoup de cas, ce sont les annonceurs, et non les agences, qui devraient être blâmés. Il dit que lorsque son agence élabore une campagne publicitaire très créative, le chef de marque ou des membres de la direction de l'entreprise sont avant tout inquiétés par le risque qu'une telle annonce pourrait comporter ; alors, ou bien ils la rejettent, ou bien ils exigent tellement de modifications qu'elle perd de sa force. Brown est d'avis que plusieurs messages publicitaires ne font pas preuve de créativité parce que les gens préfèrent la sécurité à l'originalité.

L'évaluation de la responsabilité sociale

Tant les annonceurs que les agences de publicité doivent s'assurer que leur publicité « créative » n'enfreint pas les normes sociales et légales. La plupart des mercaticiens travaillent fort pour communiquer de façon ouverte et honnête avec les consommateurs. Néanmoins, il peut toujours y avoir des abus ; c'est pourquoi les gouvernements ont élaboré un ensemble substantiel de lois et de règlements pour contrôler la publicité.

Les lois fédérales et provinciales interdisent la publicité mensongère et frauduleuse. Les annonceurs n'ont pas le droit de faire des promesses fausses, comme dire qu'un produit peut guérir une maladie alors qu'il ne le fait pas. Ils n'ont pas le droit non plus de faire des démonstrations fausses comme recouvrir d'un plastique transparent du papier de verre pour montrer qu'une lame de rasoir peut même raser du papier de verre.

Il est aussi illégal de créer des messages publicitaires qui sont susceptibles de tromper même si, dans les faits, personne n'est induit en erreur. Ainsi, on ne peut prétendre qu'une cire pour les parquets peut offrir une protection pendant six mois à moins qu'elle ne le fasse dans des conditions précises ; on ne peut non plus annoncer qu'un pain diététique comporte moins de calories tout simplement parce que les tranches sont plus minces. Le problème est d'être capable de faire la différence entre une tromperie et une exagération acceptable dont l'intention n'est pas de faire croire ce qui est présenté.

De plus, les vendeurs n'ont pas le droit de recourir à des pratiques commerciales qui permettent d'attirer des acheteurs grâce à la fraude ou à un abus de confiance. Supposons qu'un vendeur annonce un téléphone cellulaire au prix de 99 $. Quand les consommateurs essaient d'acheter l'appareil qui a été présenté dans la publicité, le vendeur ne peut refuser de le vendre, ou le déprécier en démontrant qu'il fonctionne mal, ou encore promettre une date de livraison déraisonnable, et ce dans le but de faire acheter un appareil plus cher[20].

On reproche aussi à des concessionnaires d'automobiles d'utiliser une telle approche. Par exemple, on ne trouve plus l'auto à prix réduit qui a été annoncée, pour la raison que « la dernière vient tout juste d'être vendue » ; le concessionnaire tente alors de vendre un modèle plus cher.

La responsabilité sociale des annonceurs inclut aussi le respect des groupes ethniques, des minorités et des groupes de pression. Considérons les exemples suivants[21] :

- Un message publicitaire de la compagnie Nynex fut critiqué par des groupes préoccupés par les droits des animaux parce que le message montrait un lapin teint en bleu.

- Une annonce de la compagnie Black Flag a été critiquée par un groupe d'anciens combattants à cause du type de musique utilisé lors de la démonstration qui montrait des insectes morts.

- Un message publicitaire de Calvin Klein, qui présentait un modèle filiforme, fut fort critiqué par une association qui se bat contre l'anorexie.

Certaines entreprises ont lancé des campagnes publicitaires basées sur les responsabilités sociales. Benetton, le fabricant et détaillant italien de vêtements élégants, en est un bon exemple.

Benetton en a choqué plus d'un avec ses photos dramatiques d'un patient souffrant du sida qui était à l'article de la mort, ou du visage d'un parent qui se reflétait dans le sang versé par une personne tuée par la mafia, ou encore d'un uniforme taché de sang d'un soldat de l'ancienne Yougoslavie. Le seul texte contenu dans ces messages était un petit encadré qui disait tout simplement : « Couleurs unies de Benetton ». Oliviero Toscani, directeur de la création chez Benetton et photographe de ses campagnes publicitaires, soutient que le but de la campagne était de sensibiliser les gens à ces réalités sociales et que « tout le monde fait appel aux émotions pour vendre un produit. La différence ici est que nous ne vendons pas un produit. Nous voulons montrer la réalité telle que nous la connaissons ».

Même si l'intention que contiennent ces messages de Benetton était bonne et même si ces messages attiraient l'attention, ils furent plus souvent condamnés que loués. Ainsi, une cour allemande décréta que trois messages publicitaires qui présentaient des enfants au travail dans un environnement condamnable constituaient en fait de l'exploitation et étaient donc illégaux. La décision de la cour allemande suivait un jugement d'une cour française qui ordonna à Benetton de payer 43 000 $ à titre de dédommagement aux personnes qui étaient infectées par le virus du sida en France[22].

21.1.4
Les décisions relatives aux médias

La tâche suivante du publicitaire est de choisir les médias qui véhiculeront le message. Les étapes consistent à déterminer la couverture, la fréquence et l'impact désirés, à choisir entre les principaux types de médias, à choisir les supports publicitaires, à décider de la programmation de la campagne publicitaire ainsi que de la répartition géographique.

Les décisions en matière de couverture, de fréquence et d'impact

> Choisir des médias consiste à trouver la solution au problème de la recherche des médias offrant le meilleur rapport efficacité-coût pour obtenir le nombre désiré d'expositions auprès de la clientèle cible.

Mais qu'entend-on par « nombre désiré d'expositions » ? D'abord, l'annonceur recherche une certaine réponse de l'auditoire cible, par exemple un **taux d'essai**. Toutefois, le taux d'essai d'un produit ou d'un service dépend aussi d'autres choses, dont le niveau de notoriété de la marque. Supposons que le taux d'essai d'un produit augmente à un taux décroissant par rapport au niveau de notoriété, comme on peut le voir à la figure 21.2a. Si l'annonceur recherche un taux d'essai S*, il lui faudra atteindre un niveau de notoriété N*.

La tâche suivante consiste à déterminer combien d'expositions E* seront nécessaires pour produire un niveau de notoriété N* auprès de l'auditoire. L'effet des expositions sur la notoriété dépendra de la couverture, de la fréquence et de l'impact de ces expositions :

- La **couverture** (C) est le nombre d'individus ou de ménages exposés à un média au moins une fois durant une période donnée.

- La **fréquence** (F) est le nombre de fois qu'un individu ou un ménage moyen est exposé au message dans une période donnée.

- L'**impact** (I) est la valeur qualitative d'une exposition dans un support publicitaire donné. Ainsi, une annonce de produits alimentaires dans *Châtelaine* aura plus d'impact que dans *Allô Police*.

On trouvera à la figure 21.2b la relation entre la notoriété et la couverture. Plus la couverture, la fréquence et l'impact des expositions seront élevés, plus la notoriété sera grande. Le responsable de la planification médiatique aura à faire des compromis importants entre la couverture, la fréquence et l'impact. Supposons que le responsable des médias ait un budget publicitaire d'un million de dollars et que le coût par 1 000 expositions, pour une qualité moyenne, soit de 5 $. L'annonceur peut alors acheter 200 millions d'expositions (= 1 000 000 $ ÷ 5/1 000). Si l'annonceur cherche à obtenir une fréquence d'expositions moyenne de 10, alors il pourra atteindre 20 000 000 de personnes (= 200 000 000/10) avec le budget dont il dispose. Maintenant, si l'annonceur désire un média de meilleure qualité qui coûte 10 $ par 1 000 expositions, il ne pourra atteindre que 10 000 000 de personnes, à moins qu'il n'accepte de baisser la fréquence des expositions désirée.

Voyons maintenant comment les concepts de couverture, de fréquence et d'impact sont liés :

- **Le nombre total d'expositions** (E). On obtient le nombre total d'expositions en multipliant la

FIGURE 21.2
Les relations entre l'essai, la notoriété et l'exposition

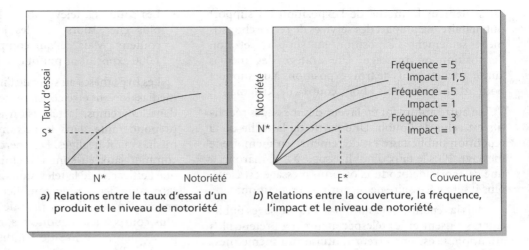

a) Relations entre le taux d'essai d'un produit et le niveau de notoriété

b) Relations entre la couverture, la fréquence, l'impact et le niveau de notoriété

couverture par la fréquence moyenne, c'est-à-dire E = C × F. C'est ce qu'on appelle l'indice de couverture brute (ICB) ; en anglais, on parle de cotes d'écoute brutes ou *gross rating points* (GRP). Si un plan médiatique atteint 80 % des domiciles avec une fréquence d'expositions moyenne de 3, on dira de ce plan qu'il a un ICB (ou GRP) de 240 (soit 80 × 3). Si un autre plan médiatique a un ICB de 300, on dira alors qu'il a plus de poids, mais on ne saura pas si cela dépend de la couverture ou de la fréquence.

- **Le nombre pondéré d'expositions (NPE).** Le nombre pondéré d'expositions est égal à la couverture multiplié par la fréquence multiplié par l'impact moyen, c'est-à-dire NPE = C × F × I.

Le choix des médias oblige à faire des compromis. Pour un budget donné, quelle est la meilleure combinaison de couverture, de fréquence et d'impact du point de vue du coût ? La couverture est plus importante pour le lancement de nouveaux produits ou de marques de soutien, ou encore lorsqu'on cherche à atteindre un marché cible indéfini. La fréquence est plus importante quand la concurrence est forte, quand le contenu du message est compliqué à présenter, quand il y a beaucoup de résistance de la part des consommateurs ou quand il s'agit de produits achetés fréquemment[23].

Pour qu'un message publicitaire ait de l'effet, plusieurs annonceurs sont d'avis qu'il est nécessaire que le nombre d'expositions requises de l'auditoire cible soit élevé. Trop peu de répétitions peut même être un gaspillage, puisque les messages seront à peine remar-

qués. D'autres ont des doutes sur la valeur d'une fréquence d'expositions élevée. Ils croient qu'après que les gens ont vu le même message publicitaire à plusieurs reprises, ou bien ils passent à l'action, ou bien ils deviennent irrités par le message, ou encore ils cessent de le remarquer. Krugman soutenait que trois expositions à un message publicitaire peuvent suffire :

La première exposition est, par définition, unique. Tout comme pour l'exposition initiale à quoi que ce soit, il se produit une réponse cognitive du type « Qu'est-ce que c'est ? » qui prédomine. La deuxième exposition à un stimulus [...] engendre plusieurs effets. Un premier effet peut être une réaction cognitive semblable à celle de la première exposition, surtout si l'auditoire a manqué une grande partie du message la première fois. [...] Le plus souvent, une réponse du type « Qu'en penser ? » remplace le « Qu'est-ce que c'est ? » [...] La troisième exposition constitue un rappel, si la décision d'acheter à la suite de l'évaluation du message n'a pas encore été prise. À la troisième exposition, l'auditoire commence aussi à se désengager ou à ne plus prêter attention à quelque chose qu'il connaît déjà[24].

La thèse de Krugman favorisant trois expositions doit cependant être nuancée. Il veut en fait dire trois **expositions réelles**, lors desquelles une personne voit en fait l'annonce trois fois. Il ne faudrait pas confondre cette exposition avec l'**exposition au support publicitaire**, à savoir le nombre de fois que la personne a été exposée au support qui transmet l'annonce. Si seulement la moitié des lecteurs regardent les messages publicitaires dans les revues, ou si les lecteurs prennent le temps de lire les annonces à toutes les deux parutions, alors l'exposition au message est seulement la moitié de l'exposition du support publicitaire. La plupart des services de recherche estiment seulement l'exposition au support, et non l'exposition au message. Un stratège des médias aurait à acheter plus de trois expositions à un support pour atteindre les trois « bons coups » de Krugman[25].

Un autre argument en faveur des messages répétitifs est celui de l'oubli. Une partie de la tâche de la répétition publicitaire est de remettre en mémoire le message. Plus le taux d'oubli associé à une marque, à une catégorie de produits ou à un message est élevé, plus il sera nécessaire de recourir à la répétition.

Mais la répétition ne suffit pas. Les messages publicitaires s'usent et les téléspectateurs n'y prêtent plus attention. C'est une erreur d'utiliser un même message publicitaire trop longtemps, et les annonceurs devraient exiger que leurs agences de publicité renouvellent leurs messages. Ainsi, Duracell peut choisir parmi plus de 40 versions de son message de base.

Le choix entre les principaux types de médias

Le responsable de la planification des médias doit connaître la capacité des principaux types de médias de fournir une couverture, une fréquence et un impact donnés. On voit au tableau 21.3 la synthèse des coûts, des avantages et des limites des principaux médias publicitaires.

Les responsables de la planification des médias choisissent parmi ces catégories de médias en considérant plusieurs variables[26], dont les plus importantes sont les suivantes :

- **Les habitudes de l'auditoire cible du média.** Par exemple, la radio et la télévision sont les médias les plus efficaces pour atteindre les adolescents.
- **Le produit.** Les vêtements féminins sont davantage mis en valeur dans les revues en couleurs, alors que les avantages des appareils photo Polaroid peuvent être mieux démontrés à la télévision. Les divers types de médias ont des capacités différentes de démonstration, de représentation, d'explication, de crédibilité et de couleurs.
- **Le message.** Le message qui annonce un grand solde pour le lendemain doit faire appel à la radio ou aux journaux. Un message contenant de nombreuses données techniques conviendra aux revues spécialisées ou à la publicité par la poste.

- **Les coûts.** La télévision est le média qui coûte le plus cher, alors que les journaux sont moins coûteux. Mais ce qui compte, c'est le coût par 1 000 expositions plutôt que le coût total.

Les hypothèses au sujet de l'impact et des coûts des médias doivent être constamment réexaminées. Pendant longtemps, la télévision a joui d'une position prépondérante dans le mix médiatique, les autres médias étant négligés. Les chercheurs scientifiques et commerciaux en sont toutefois venus à remarquer que l'efficacité de la télévision diminuait à cause de la saturation des messages publicitaires (les annonceurs envoyaient de plus en plus de messages de plus en plus courts à leurs auditoires, ce qui a entraîné une plus faible attention de l'auditoire et moins d'impact), de l'émergence de nouveaux médias, de la prolifération des concours, de l'accroissement du *zapping*, de la plus grande utilisation des magnétoscopes et de la câblodistribution et de la diminution de l'écoute des chaînes traditionnelles. De plus, les coûts publicitaires à la télévision s'étaient accrus plus vite que ceux de tous les autres médias. Plusieurs entreprises ont observé qu'en combinant des annonces imprimées avec des messages télévisés, on obtenait bien souvent de meilleurs résultats qu'en utilisant uniquement des messages télévisés.

Une autre raison de cette remise en question est l'émergence continue de nouveaux médias. Par exemple, les annonceurs ont accru leurs dépenses pour les messages extérieurs au cours de la dernière décennie. L'affichage extérieur est un excellent moyen de rejoindre d'importants segments locaux de consommateurs. La câblodistribution et la télévision par satellite atteignent un nombre croissant de ménages et génèrent des millions de dollars de revenus de publicité chaque année. Cette forme de télévision permet la spécialisation des chaînes — dans les sports, les nouvelles, etc. —, qui s'avère attrayante pour les mercaticiens souhaitant cibler des groupes précis.

Un autre média très prometteur est le magasin lui-même. Les supports promotionnels traditionnels dans les magasins, tels que les présentoirs au bout des gondoles et les étiquettes de prix réduits, sont renforcés par une panoplie de nouveaux supports médiatiques. Certains supermarchés vendent de l'espace sur leurs carreaux de sol pour des logos d'entreprise. Ils font l'expérience de « tablettes parlantes », qui renseignent les clients lorsqu'ils circulent dans certaines

TABLEAU 21.3
Les profils des principaux types de médias au Canada

Médias	Dépenses en 1997 (millions de dollars)	(%)	Exemples de coûts	Avantages	Limites
Journaux	2 179	26	13 500 $ pour une page en blanc et noir, le samedi, dans *La Presse*	Flexibilité, bonne couverture locale, bonne acceptation, forte crédibilité	Courte durée de vie, faible qualité de la production, peu d'auditoires secondaires
Publipostage	1 168	15	De 1 $ à 10 $ par envoi (voir l'Association canadienne de marketing direct)	Sélectivité, flexibilité, personnalisation, aucune concurrence directe	Coût élevé par contact, image de matériel indésirable (*junk mail*)
Télévision	2 100	27	De 1 500 $ à 23 000 $ pour un message de 30 secondes à TVA	Combinaison de l'image, du son et du mouvement; attention élevée, bonne couverture, bon attrait des sens	Encombrement, coût absolu élevé, courte durée de vie, peu de sélectivité
Annuaires	894	12	914 $ par mois pour un quart de page dans les *Pages Jaunes* de Montréal	Pertinence, répétition des expositions élevée	Faible sélectivité, impossibilité de faire des modifications, mauvaise qualité de reproduction
Radio	849	11	250 $ pour 30 secondes à CKAC aux heures de pointe	Utilisation de masse, une certaine sélectivité, coût raisonnable, flexibilité	Son seulement, faible attention, auditoire fuyant
Périodiques	347	6	13 895 $ pour une page en quadrichromie dans *L'actualité*	Bonne sélectivité géographique et démographique, reproduction de haute qualité, durabilité, crédibilité et prestige, auditoire secondaire	Pas de garantie d'emplacement, perte
Affichage extérieur	220	2	250 000 $ pour 189 panneaux (GRP = 50/semaine) pendant 4 semaines dans 3 villes importantes	Répétition des expositions, faible coût, faible concurrence	Créativité limitée, peu de sélectivité
Autres	300	1			
Total	8 057				

Sources : *Canadian Media Directors' Council Media Digest* 1999-2000 et appels à divers médias.

sections. Une compagnie a introduit un chariot avec vidéo qui contient un écran informatique donnant une information utile aux consommateurs (par exemple le chou-fleur est riche en vitamine C) pendant 70 % du temps et annonçant des promotions pendant 30 % du temps (« Vingt cents de moins sur la marque maison de saumon »).

On trouve aussi des messages publicitaires dans les livres en format de poche qui se vendent le plus, de même que sur les vidéocassettes de films. On observe de plus en plus de messages sur du matériel imprimé, tels les rapports annuels, les feuilles de données, les catalogues et les lettres d'information. Plusieurs entreprises qui envoient des factures mensuellement (comme les entreprises de cartes de crédit, les grands magasins, les compagnies pétrolières, les compagnies de téléphone ou d'électricité) insèrent dans l'enveloppe des feuillets annonçant des produits et des services. Certaines entreprises envoient des cassettes audio ou vidéo par la poste. Comme la productivité des médias traditionnels décline, la recherche de nouveaux médias ne cessera de croître (pour plus d'information sur les nouveaux médias électroniques, voir la rubrique Vision 2000 + intitulée « Les nouveaux médias », ainsi que le chapitre 23).

Les nouveaux médias

Il y a quarante ans, les annonceurs qui cherchaient à atteindre un auditoire de masse avaient à relever un défi relativement facile, car il n'existait que quelques possibilités. De nos jours, à mesure que de nouvelles formes de médias et de communication émergent, le marché de masse est fragmenté en des milliers de minimarchés. Pour cibler ces minimarchés efficacement, les annonceurs vont au-delà des médias traditionnels de la télévision, de la radio, de l'imprimé et de l'affichage extérieur pour transmettre leur message dans les autobus et le métro, dans les arénas, dans les toilettes des universités, sur les écrans de cinéma, sur les vêtements et sur les étalages des supermarchés. Ils envoient aussi des messages dans nos boîtes vocales, au téléphone, sur nos écrans d'ordinateur et par télécopieur.

La venue des nouveaux médias électroniques est souvent la dernière étape d'une séquence d'événements naturelle. Depuis l'époque où les maçons égyptiens marquaient leurs briques, les médias comme d'autres produits et services passent par diverses phases précises d'un cycle de vie. Chaque nouveau média a une phase de croissance suivie d'une phase de déclin. Les autres médias ne disparaissent pas, mais ils se fixent à un niveau donné, connaissant de temps à autre des sursauts. Il y a quarante ans, les trois principales chaînes de télévision américaines se partageaient 100 % de l'auditoire des téléspectateurs, mais en 1980 cette part baissa à 87 % et en 1990, à 62 %. Ce déclin de la part de marché dépend directement de la pénétration accrue de la câblodistribution et de la télévision à péage. Prenons le cas des médias imprimés aux États-Unis, où les annonceurs dépendaient jadis d'une poignée de publications nationales telles que *Life* et les défunts *Look* et *Saturday Evening Post*; aujourd'hui, les annonceurs peuvent choisir parmi des milliers de revues spécialisées selon des intérêts précis. Les magazines peuvent de plus en plus difficilement concurrencer les revues spécialisées.

Les mercaticiens qui veulent diffuser des annonces dans les médias imprimés font face à plusieurs contraintes, la plus importante étant l'espace limité dans chaque publication. Pour résoudre ce problème, certains annonceurs sont allés jusqu'à proposer l'utilisation d'immenses panneaux électroniques qui présenteraient dans le ciel les logos des entreprises. Heureusement pour les annonceurs, la combinaison des télécommunications, de l'informatique et des technologies vidéo offre des possibilités illimitées.

Les magazines électroniques. Les plus récents magazines américains comme *Bender, Trouble & Attitude* et *Launch* ne peuvent être trouvés dans les kiosques à journaux, car ils sont accessibles uniquement sur Internet et par d'autres moyens de communication directe. La mise sur pied et le fonctionnement de ces magazines électroniques (*digizines*) coûtent beaucoup moins cher que ceux des magazines imprimés. Par exemple, le lancement d'une nouvelle publication sur papier glacé pour les hommes de 18 à 34 ans exigerait 10 000 000 $, alors que les coûts de démarrage de *digizines* sont d'environ 200 000 $ à 500 000 $. Il reste cependant à trouver des moyens de fixer les prix de la publicité. Les coûts des magazines électroniques sont souvent fonction des méga-octets, quoique certains expérimentent d'autres moyens pour voir ce que le marché est prêt à accepter.

La télévision interactive. La combinaison de l'ordinateur, du téléphone et du téléviseur rend maintenant possible la participation des gens à des communications à deux sens avec des programmes ou des services d'information grâce à leur appareil de télévision. Pendant que les réseaux d'achat à domicile permettent aux clients de passer leurs commandes après avoir vu la marchandise sur l'écran du téléviseur, la télévision interactive va un peu plus loin en permettant au consommateur d'utiliser un clavier et un modem pour communiquer directement avec les vendeurs sur leur écran de télévision. En ce moment, la technologie de la télévision interactive est à l'étape de l'expérimentation, et les tests de marché ainsi qu'un déploiement partiel seront réalisés sous peu.

Les télécopieurs. Utilisée par la plupart des mercaticiens qui œuvrent sur le marché organisationnel, la technologie de la télécopie sur demande permet aux entreprises d'entreposer de l'information dans un programme de télécopieur. Les clients qui désirent de l'information peuvent composer le numéro gratuit d'un programme de télécopieur, qui télécopie automatiquement l'information en moins de cinq minutes. Les clients peuvent ainsi avoir accès à l'information en tout temps. Un tel service peut être mis sur pied pour moins de 1 000 $, et beaucoup de mercaticiens sur le marché organisationnel croient que les frais de poste ainsi économisés valent largement l'investissement. Un autre avantage est que la technologie permet aux entreprises de faire le suivi pour cette forme de publicité de manière à évaluer celle qui est la plus efficace. La technologie des télécommunications permet assez facilement de reconnaître les demandes d'information qui résultent de différentes petites annonces dans les médias imprimés. On ajoute tout simplement trois chiffres, représentant des postes différents, ce qui permet à l'entreprise de savoir quels postes reçoivent le plus d'appels; il est alors possible d'éliminer les médias les moins efficaces.

Qu'est-ce que ces nouveaux moyens électroniques signifient pour l'avenir de la publicité? Rust et Oliver prétendent que la prolifération des nouveaux médias entraînera à long terme la mort de la publicité de masse telle que nous la connaissons maintenant. Cela veut aussi dire une relation directe accrue entre producteurs et consommateurs, à l'avantage des deux parties. Les producteurs peuvent ainsi obtenir plus d'information sur leurs clients et mieux personnaliser leurs produits et leurs messages; de leur côté, les clients exercent un meilleur contrôle parce qu'ils peuvent choisir de recevoir ou non un message publicitaire.

Sources: Roland T. Rust et Richard W. Oliver, « Notes and Comments: The Death of Advertising », *Journal of Advertising*, décembre 1994, p. 71-77; Lorien Golaski, « Product Ads Are Just a Call Away », *Business Marketing*, septembre 1994, p. 26; Dennis Donlin, « Scaling New-Media Mountains », *Advertising Age*, 27 mars 1995, p. 22; Steve Yahn, « Advertising's Brave New World », *Advertising Age*, 16 mai 1994, p. 1, 53.

Vu le nombre croissant de médias et leurs caractéristiques, le responsable de la planification des médias doit d'abord décider de la répartition de son budget entre les principaux types de médias. Par exemple, le plus gros annonceur du Canada est General Motors; son budget de publicité annuel est réparti de la façon suivante: 56 % est alloué à la télévision, 32 % aux journaux, 6 % aux magazines, 3 % à la radio, et le reste est partagé entre l'affichage extérieur et les autres médias, incluant le coût de la page Web sur le réseau Internet.

Le choix des supports publicitaires

En ce qui concerne les décisions relatives aux médias, il faut ensuite choisir le moyen de diffusion du message de la façon la plus efficace eu égard aux coûts. Le responsable de la planification des médias fait alors face à un nombre incroyable de choix:

Si les revues destinées aux consommateurs emportent la préférence, il existe au Canada 82 revues anglophones et 33 revues francophones qui ont un tirage supérieur à 30 000 exemplaires. Sauf les téléhoraires, les revues francophones parmi les plus populaires sont *Châtelaine*, *L'actualité*, *Madame au foyer* et *Sélection du Reader's Digest*. Étant donné que plusieurs revues sont spécialisées, les annonceurs peuvent atteindre des groupes ou des associations bien définis, comme les 61 000 lecteurs de *Sentier Chasse-Pêche*. Par contre, il est difficile d'atteindre par l'intermédiaire de revues les gens qui ont des intérêts diversifiés. Pour cela, on préférera les journaux et la télévision. Il y a 11 quotidiens au Québec, mais il y a plus de 250 journaux régionaux ou de quartier. Il y a 4 réseaux de télévision francophones au Québec et 2 réseaux anglophones (au Canada, il existe 41 stations de télévision de la CBC, 20 de Radio-Canada et 16 de CTV), en plus de 10 réseaux spécialisés francophones (comme Canal D et RDS) et 26 réseaux spécialisés anglophones. Au Québec, il y a 181 stations de radio. Les annonceurs doivent considérer des programmes particuliers et des plans particuliers pour chaque support médiatique[27].

Voilà qui met en évidence l'existence d'une très grande fragmentation des marchés, ce qui permet aux annonceurs d'atteindre plus efficacement des groupes précis; mais en même temps, il en coûte plus cher pour porter à l'attention du grand public les produits d'achat courant.

Ainsi, même après avoir choisi un des principaux types de médias — les revues, les journaux, la télévision ou la radio —, l'annonceur doit encore faire des choix complexes. Par exemple, si l'on retient la télévision comme média, devra-t-on utiliser un réseau national, un réseau spécialisé ou des stations locales ? À l'heure de pointe ou tard la nuit ? Dans une émission d'information ou dans un téléroman, une comédie ou un drame ? Comment faire un choix dans cette grande variété d'émissions ? Le responsable de la planification des médias dépend des services de mesure des médias, qui lui donnent les estimations de la taille de l'auditoire, de sa composition et des coûts des médias. On peut mesurer la taille de l'auditoire de plusieurs façons :

- **La diffusion.** C'est le nombre d'unités physiques par lesquelles le message est distribué.

- **L'auditoire général.** Il s'agit du nombre de personnes qui sont exposées au support publicitaire. (Si le support circule de main en main, alors l'auditoire est plus grand que le nombre de lecteurs.)

- **L'auditoire effectif.** C'est le nombre de personnes qui ont les caractéristiques de la cible et qui sont exposées au support.

- **L'auditoire effectif exposé aux messages.** C'est le nombre de personnes qui ont les caractéristiques de la cible et qui ont vu le message.

Le critère du coût par mille

Les responsables de la planification des médias calculent le **coût par mille personnes atteintes** par un support donné. Si une annonce d'une pleine page en quadrichromie dans *L'actualité* coûte 13 895 $ et que le nombre moyen estimé des lecteurs de la revue est de 533 000, le coût par mille est alors de 26,06 $. La même annonce dans *Décormag* ne coûterait que 3 250 $, elle atteindrait 211 000 personnes et le coût par mille serait de 15,40 $. Les responsables de la planification des médias devraient donc classer les différentes revues selon leur coût par mille et choisir celles dont les coûts par mille sont les plus bas. Les magazines préparent d'ailleurs des profils de lecteurs pour les annonceurs résumant les principales caractéristiques d'un lecteur ou d'une lectrice typique, qui incluent l'âge, le revenu, l'état civil, le type de résidence et les activités de loisirs.

Or, ce critère est trop simple ; plusieurs ajustements doivent être apportés à cette mesure initiale. Premièrement, la mesure doit être ajustée en raison de la **qualité de l'auditoire**. Pour une annonce de lotion pour bébés, une revue lue par un million de jeunes mères jouirait d'une exposition de un million, mais si elle est lue par un million d'hommes âgés, sa valeur d'exposition serait près de zéro. Deuxièmement, la valeur de l'exposition devrait être ajustée de manière à tenir compte de la **probabilité d'attention de l'auditoire**. Les lectrices de *Châtelaine*, par exemple, prêtent sans doute plus attention aux annonces que les lectrices de *7 Jours*. Troisièmement, la valeur de l'exposition doit aussi être ajustée à la **qualité rédactionnelle** (le prestige et la crédibilité) qu'une revue (ou un journal) peut avoir par rapport à d'autres. Finalement, la valeur de l'exposition doit être ajustée en fonction de la **politique d'emplacement des annonces** de la revue et de ses **services additionnels** (tels que des éditions régionales et des éditions destinées à des groupes particuliers ainsi que les délais d'achat requis).

Les responsables de la planification des médias raffinent de plus en plus leurs mesures de l'efficacité des médias et utilisent leurs résultats dans des modèles mathématiques pour arriver au meilleur mix de médias possible. Plusieurs agences de publicité recourent à un logiciel pour choisir initialement les médias, après quoi elles apportent des améliorations d'après des facteurs pertinents qui ne sont pas pris en considération dans leur modèle.

La programmation de la campagne publicitaire

La programmation de la campagne publicitaire dans le temps pose deux problèmes : le problème de la répartition générale et le problème de la répartition partielle.

Le problème de la répartition générale

L'annonceur doit décider de la façon dont il planifiera la répartition de la publicité par rapport aux tendances saisonnières et aux cycles économiques. Supposons que 70 % des ventes d'un produit se font entre les mois de juin et de septembre. Trois options sont possibles. L'entreprise fera varier ses dépenses publicitaires selon les fluctuations saisonnières, elle pourra les faire varier en opposition avec celles-ci, ou encore elle pourra garder sa publicité constante pendant toute l'année. La plupart des entreprises ont tendance à suivre la demande saisonnière. Mais ce n'est pas toujours le cas :

Il y a quelques années, un fabricant de boissons gazeuses décida d'accroître ses dépenses publicitaires durant les périodes creuses. Il en résulta une augmentation de la consommation de sa marque durant ces périodes, qui ne nuisit pas à la consommation de cette marque durant la pleine saison. D'autres fabricants commencèrent à faire la même chose. Le résultat net fut une courbe de la consommation annuelle distribuée de façon plus égale. En concentrant sa publicité sur une saison, l'industrie avait en fait accentué les fluctuations saisonnières.

Forrester a proposé d'appliquer la méthode de la dynamique industrielle pour tester les politiques cycliques de publicité[28]. Il croit que la publicité agit en retard sur la prise de conscience du consommateur ; à son tour, la prise de conscience influe en retard sur les ventes de l'usine, et les ventes de l'usine agissent à retardement sur les dépenses publicitaires. Ces différentes relations dans le temps peuvent être étudiées, formulées mathématiquement et informatisées. On peut ensuite simuler les différentes possibilités de répartition pour évaluer les divers impacts sur les ventes, sur les coûts et sur les profits de l'entreprise. Rao et Miller ont aussi élaboré un modèle qui incorpore les retards dans les relations entre les dépenses publicitaires et la part de marché d'une marque pour chacun des marchés où la marque est commercialisée. Ils ont testé avec succès leur modèle avec 5 marques de Lever dans 15 districts, établissant un lien entre la part de marché et les dépenses publicitaires à la télévision et dans les imprimés, les réductions et les promotions aux intermédiaires[29].

Kuehn a élaboré un modèle qui explore la façon dont la publicité devrait être programmée pour des produits d'épicerie d'achat courant, très saisonniers et de faible valeur unitaire[30]. Il a démontré qu'une programmation optimale dépend du degré d'effet à retardement de l'annonce et de la force du comportement d'achat habituel du consommateur. L'**effet à retardement** désigne le taux auquel l'effet du message publicitaire diminue avec le passage du temps. Un retard de 0,75 par mois signifie que l'effet actuel d'une dépense publicitaire passée est de 75 % du niveau du mois précédent. Le **comportement d'achat habituel** indique le niveau de fidélité à la marque, peu importe

le niveau de publicité. Un taux d'achat élevé de 0,90 signifie que 90 % des acheteurs répètent leur choix de la marque à la période suivante.

Kuehn a constaté que, lorsqu'il n'y a pas d'effet publicitaire à retardement ni de comportement d'achat habituel, le responsable du marketing peut très bien utiliser une règle du pourcentage des ventes pour son budget publicitaire ; la programmation optimale des dépenses publicitaires coïncide alors avec le modèle saisonnier attendu des ventes de l'industrie. Par contre, s'il y a un effet publicitaire à retardement ou un comportement d'achat habituel, la méthode de budgétisation du pourcentage des ventes n'est pas optimale. Il serait alors préférable de planifier les dépenses publicitaires avant les ventes saisonnières. L'apogée des dépenses publicitaires devrait précéder celui des ventes. La campagne publicitaire devrait devancer d'autant plus les prévisions des ventes que le délai de réponse est plus long. En outre, les dépenses publicitaires devraient être d'autant plus stables que le comportement d'achat est habituel.

Le problème de la répartition partielle

Le problème de la répartition partielle consiste à savoir comment allouer les dépenses publicitaires sur une courte période, de façon à obtenir l'impact maximal.

Supposons qu'une entreprise décide d'acheter 30 messages à la radio durant le mois de septembre. On trouvera à la figure 21.3 plusieurs possibilités. Le côté gauche de la figure indique que les messages publicitaires pour le mois peuvent être concentrés dans une petite partie du mois (le « matraquage » publicitaire), dispersés de façon continue ou encore de façon intermittente durant le mois. La partie supérieure de la figure montre que les messages publicitaires peuvent être transmis à une fréquence constante, croissante, décroissante ou alternée.

La possibilité de programmation publicitaire la plus efficace dépendra des objectifs de communication par rapport à la nature du produit, aux clients cibles, aux canaux de distribution et aux autres facteurs du marketing. Considérons les cas suivants :

Un **détaillant** désire annoncer des soldes présaison d'équipement de ski. La directrice commerciale sait bien que seules certaines personnes sont intéressées par le ski. Elle pense que les acheteurs cibles ont besoin d'entendre les messages seulement une ou

FIGURE 21.3
Les possibilités de programmation publicitaire

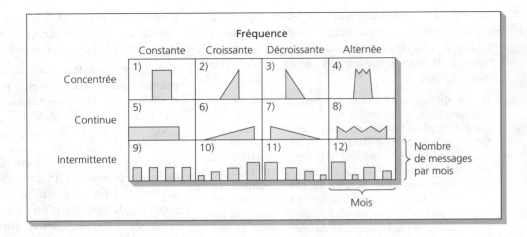

deux fois. Son objectif est de maximiser la couverture, et non la fréquence. Elle décide de concentrer les messages sur les jours de soldes à un niveau constant, mais de varier l'horaire pour éviter d'atteindre les mêmes auditoires. Elle applique le modèle 1 de la figure 21.3.

Un **fabricant et distributeur** de silencieux désire que son nom soit bien en vue dans le public. Mais il ne veut pas que sa publicité soit trop continue, puisque seulement de 3 % à 5 % des automobiles sur les routes ont besoin d'un nouveau silencieux à un moment donné. Il choisit de recourir à une publicité intermittente. De plus, sachant que le jeudi est un jour de paye, il décide de faire passer quelques messages au milieu de la semaine et plusieurs messages le jeudi. Il utilise le modèle 12.

La répartition de la programmation devrait tenir compte de trois facteurs. Le premier facteur est le **taux d'arrivée de nouveaux acheteurs**, soit le taux auquel les nouveaux acheteurs entrent sur le marché ; plus ce taux est élevé, plus la publicité devrait être continue. Le deuxième facteur est la **fréquence d'achat**, soit le nombre de fois durant la période qu'un acheteur moyen achète les produits ; plus la fréquence d'achat est élevée, plus la publicité devrait être continue. Le troisième facteur est le **taux d'oubli**, soit le taux auquel l'acheteur oublie la marque ; plus le taux d'oubli est élevé, plus la publicité devrait être continue.

Au moment du lancement d'un nouveau produit, l'annonceur doit choisir entre des stratégies de continuité, de concentration, de vagues (*flighting*) ou d'impulsions (*pulsing*). La **stratégie de continuité** réside dans une programmation d'exposition égale

tout au long d'une période donnée. Cependant, les coûts de publicité élevés et les variations saisonnières des ventes sont des conditions qui rendent peu avantageuse la publicité continue. Généralement, les annonceurs utilisent la publicité continue dans des situations d'extension de marché, pour des articles achetés fréquemment et pour des catégories d'acheteurs définies de façon précise. La **stratégie de concentration** implique que tout le budget publicitaire est dépensé en une seule période, ce qui convient à des produits vendus à l'occasion de fêtes ou d'activités saisonnières particulières. Une **stratégie de vagues** consiste dans l'alternance de publicité et d'absence de publicité selon un cycle déterminé. On utilise cette stratégie quand les budgets sont limités, quand le cycle d'achat est relativement long ou pour des articles saisonniers. Une **stratégie d'impulsions** met en œuvre une publicité continue à un faible niveau, renforcée périodiquement par des vagues d'une plus grande intensité. La stratégie d'impulsions offre certains avantages de la publicité continue et de la publicité par vagues ; c'est donc un compromis dans la stratégie de programmation[31]. Les gens qui favorisent la stratégie d'impulsions sont d'avis que l'auditoire apprendra le message plus en profondeur et qu'on réduira ainsi les dépenses publicitaires.

Les recherches ont démontré que Budweiser pourrait interrompre la publicité sur un marché donné et ne souffrir d'aucun effet adverse sur les ventes pour au moins un an et demi. Ensuite, la compagnie pourrait aller de l'avant avec une poussée de publicité d'une durée de six mois pour rétablir le taux de croissance antérieur. Quoique la recherche étudiât la stratégie par vagues, Budweiser opta pour la stratégie d'impulsions, laquelle était moins risquée.

La répartition géographique

Une entreprise doit aussi décider de la manière dont elle allouera son budget de publicité selon le lieu et le temps. L'entreprise peut faire des achats à l'échelle nationale, lorsqu'elle achète du temps d'antenne sur un réseau de télévision national ou dans des magazines qui ont une circulation nationale. Elle peut aussi faire des achats régionaux ou locaux, quand elle achète du temps d'antenne sur des marchés de télévision précis. De même, elle peut faire de la publicité pour des éditions régionales de magazines. Dans un tel cas, les messages publicitaires atteignent un marché situé en deçà de 60 à 100 kilomètres d'une ville donnée. Ces marchés sont connus sous le terme de secteurs d'influence dominante ou de secteurs désignés de marketing. L'entreprise peut faire aussi des achats locaux lorsqu'elle diffuse des annonces dans les journaux, à la radio, ou au moyen de panneaux d'affichage locaux.

Voici un exemple de problème typique de répartition géographique du budget de publicité :

> Pizza Hut exige de ses franchisés une redevance de 4 % pour la publicité. L'entreprise dépense 2 % de ce budget dans des médias nationaux et 2 % dans des médias régionaux et locaux. Une partie de la publicité nationale est gaspillée à cause de la faible pénétration de Pizza Hut dans certaines régions. Ainsi, quoique Pizza Hut détienne 30 % du marché de la pizza vendue par des restaurants franchisés à l'échelle nationale, sa part de marché varie de 5 % dans certaines villes à 70 % dans d'autres villes. Les franchisés dans les villes où elle a une part de marché plus élevée exigent que plus d'argent soit dépensé pour la publicité dans ces régions. Par contre, si Pizza Hut affecte tout son budget à la publicité régionale, il n'y aura pas suffisamment d'argent pour couvrir la moitié des États-Unis. Les dépenses publicitaires régionales impliquent des coûts de production plus élevés et un plus grand nombre de messages conçus pour répondre aux particularités des conditions locales, au lieu d'un seul effort créatif pour le marché national. En conséquence, la publicité nationale permet d'obtenir l'efficience, mais elle ne permet pas de s'attaquer efficacement aux diverses situations locales.

21.1.5
L'évaluation de l'efficacité publicitaire

Une bonne planification et un bon contrôle de la publicité dépendent entièrement des mesures de l'efficacité publicitaire. Or, le niveau de la recherche fondamentale sur l'efficacité publicitaire est étonnamment peu élevé. Selon Forrester, « Probablement pas plus de 1/5 de 1 % de toutes les dépenses publicitaires n'est utilisé pour arriver à une compréhension approfondie de la façon de dépenser les autres 99,8 %[32]. »

La plupart des mesures de l'efficacité publicitaire ont trait à des campagnes et à des messages particuliers, et sont donc de nature appliquée. La plus grande partie de l'argent est dépensée par les agences pour le **prétest** d'une annonce donnée ; on dépense beaucoup moins pour le **post-test**, ou l'évaluation *a posteriori* des effets d'une annonce. Plusieurs entreprises élaborent une campagne publicitaire et la lancent à l'échelle nationale, puis évaluent son efficacité. Il serait préférable de lancer la campagne dans une ou quelques villes d'abord, puis d'évaluer ce qui se passe avant de lancer une campagne dans tout le pays avec un budget très élevé. Ainsi, une compagnie testa tout d'abord une nouvelle campagne dans une ville. La campagne échoua lamentablement, et la compagnie épargna tout l'argent qu'elle aurait dépensé dans une campagne nationale.

La plupart des annonceurs essaient de mesurer l'**effet de communication d'un message**, c'est-à-dire son effet potentiel sur la prise de conscience, la connaissance ou la préférence. Ils aimeraient mesurer l'**effet de vente**, mais ils pensent le plus souvent que cet effet est trop difficile à mesurer. En fait, il serait possible d'étudier les deux.

La recherche sur les effets communicationnels

La recherche sur les effets communicationnels tente d'évaluer l'effet communicationnel d'un message. C'est ce qu'on appelle les tests de messages publicitaires (*copy testing*), ce qui peut être fait avant qu'un message soit diffusé dans les médias ou après qu'il a été imprimé ou diffusé.

Il existe trois méthodes principales pour prétester la publicité. La première est la **méthode de l'évaluation directe**, où l'on demande aux consommateurs d'évaluer divers messages publicitaires. Ces tests servent à évaluer l'attention apportée à un message, sa lisibilité de même que ses forces cognitives, affectives et comportementales (voir la figure 21.4). Quoiqu'il s'agisse là d'une mesure imparfaite de l'impact réel

FIGURE 21.4
Un formulaire d'évaluation d'une annonce

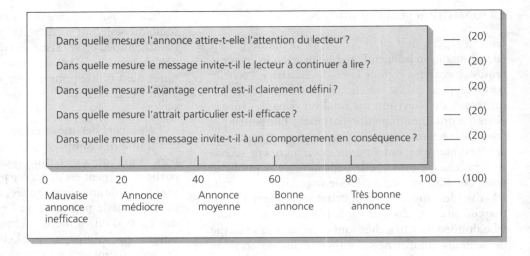

Dans quelle mesure l'annonce attire-t-elle l'attention du lecteur ?	___ (20)
Dans quelle mesure le message invite-t-il le lecteur à continuer à lire ?	___ (20)
Dans quelle mesure l'avantage central est-il clairement défini ?	___ (20)
Dans quelle mesure l'attrait particulier est-il efficace ?	___ (20)
Dans quelle mesure le message invite-t-il à un comportement en conséquence ?	___ (20)

```
0        20        40        60        80       100  ___ (100)
Mauvaise   Annonce   Annonce   Bonne    Très bonne
annonce    médiocre  moyenne   annonce  annonce
inefficace
```

d'un message, une évaluation favorable indique un message potentiellement plus efficace. Le **test de portefeuille** consiste à demander aux consommateurs de regarder ou d'écouter un portefeuille d'annonces, en prenant tout le temps nécessaire. On leur demande ensuite d'indiquer les annonces dont ils se souviennent et de décrire leur contenu, avec ou sans l'aide de l'intervieweur. Le niveau de rappel est une indication de la capacité de l'annonce de capter l'attention, d'être comprise et d'être mémorisée. Les **tests de laboratoire** utilisent un équipement pour mesurer les réactions physiologiques de consommateurs à une annonce : les battements de cœur, la tension artérielle, la dilatation des pupilles et la transpiration. Ces tests mesurent la capacité d'un message de retenir l'attention, mais ils ne révèlent rien de son incidence sur les croyances, sur les attitudes ou sur les intentions de comportement. (Le tableau 21.4 décrit quelques-unes de ces techniques de recherche sur les effets des messages publicitaires.)

Haley, Stafforoni et Fox arguent que les méthodes d'évaluation de messages publicitaires sont si connues et utilisées qu'il est facile d'oublier leurs limites, qui sont importantes. De façon plus précise, les tests ont tendance à être excessivement rationnels et verbaux, et dépendent avant tout des rapports, sous une forme ou sous une autre, que font les participants. Ils estiment que les mercaticiens devraient aussi porter plus d'attention aux éléments non verbaux des messages qui peuvent avoir une influence très forte sur le comportement[33].

TABLEAU 21.4
Quelques techniques de recherche publicitaire

MESSAGES IMPRIMÉS

Starch et Gallup & Robinson Inc. (Canada) Ltée offrent toute une gamme de services de prétest en faisant paraître dans des revues des messages imprimés à évaluer. Les revues sont ensuite distribuées à des consommateurs. Plus tard, on joint ces consommateurs et on les interroge sur les revues et leur publicité. On recourt à des tests de mémorisation et de reconnaissance pour déterminer l'efficacité d'une annonce. Trois scores de lecture sont préparés par Starch : 1° le **taux d'observation** (remarqué), soit le pourcentage des lecteurs qui se rappellent avoir vu l'annonce dans la revue ; 2° le **taux d'association** (vu et associé), soit le pourcentage des lecteurs qui associent correctement le produit et le message à l'annonceur ; 3° le **taux de lecture** (lu en grande partie), soit le pourcentage des personnes qui disent avoir lu plus de la moitié des textes du message. Starch fournit aussi des normes publicitaires indiquant les scores moyens de chaque classe de produits pour l'année en cours, séparément pour les hommes et les femmes, pour chacune des revues, de façon à permettre aux annonceurs de comparer l'impact de leurs annonces avec celui des annonces de leurs concurrents.

TESTS TÉLÉVISÉS

Il existe quatre méthodes de prétests de messages télévisés :

Tests à domicile

On apporte au domicile des consommateurs cibles un projecteur avec un petit écran. Ces consommateurs regardent les messages publicitaires. Cette technique a l'avantage de susciter toute l'attention des sujets, mais elle crée une situation de projection anormale.

→

TABLEAU 21.4

Quelques techniques de recherche publicitaire (*suite*)

TESTS TÉLÉVISÉS (*suite*)

Tests dans les centres commerciaux

Afin de placer les consommateurs dans une situation qui se trouve plus près du lieu de décision réel, les prétests sont effectués dans une remorque installée sur le terrain de stationnement d'un centre commercial. On montre aux consommateurs les produits testés et on leur donne la possibilité de choisir entre un ensemble de marques dans une situation d'achat simulée. Puis les consommateurs regardent une série de messages publicitaires. On leur donne alors des coupons qui doivent être utilisés dans le centre commercial. D'après la mesure de l'encaissement des coupons, les annonceurs peuvent estimer l'influence des messages publicitaires sur les comportements d'achat.

Tests dans les cinémas

On invite les consommateurs à un cinéma pour leur présenter le projet d'une nouvelle série d'émissions de télévision ainsi que certains messages publicitaires. Avant le début de la représentation, on demande aux consommateurs d'indiquer leur préférence pour des marques dans une certaine classe de produits. Après la représentation, on demande de nouveau aux consommateurs de choisir leurs marques préférées dans diverses catégories. Les changements de préférences sont censés mesurer le pouvoir de persuasion des messages publicitaires.

Tests en direct

Ces tests sont effectués à l'occasion d'une émission régulière de télévision. Les participants sont des personnes qui ont accepté de regarder l'émission dans laquelle les messages publicitaires testés sont présentés, ou des personnes qui ont déjà vu l'émission. On leur pose ensuite des questions pour mesurer la mémorisation des messages. Cette technique fait appel à un environnement plus réaliste pour l'évaluation des messages publicitaires.

Les annonceurs s'intéressent aussi à la mesure de l'effet communicationnel global d'une campagne publicitaire une fois qu'elle est terminée. Jusqu'à quel point une campagne publicitaire a-t-elle accru la notoriété de la marque, la compréhension de la marque, une préférence formulée pour la marque? Supposons que l'annonceur ait mesuré ces niveaux avant la campagne. Il pourrait prélever au hasard un échantillon de consommateurs après la campagne pour évaluer les effets communicationnels de celle-ci. Si une entreprise espérait accroître la notoriété d'une marque de 20 % à 50 % et qu'elle ait réussi à le faire à seulement 30 %, alors elle pourrait conclure qu'elle a fait quelque chose d'incorrect : peut-être ne dépense-t-elle pas assez ou ses messages sont-ils de mauvaise qualité, ou encore il y a un autre facteur inconnu qui nuit à l'efficacité de la communication.

La recherche sur les effets sur les ventes

La recherche sur les effets communicationnels de la publicité aide les annonceurs à évaluer les effets de la communication, mais elle révèle peu de choses sur leur impact sur les ventes. Quelle proportion des ventes peut être attribuée à un message publicitaire qui a augmenté la notoriété de la marque de 20 % et la préférence pour la marque de 10 % ?

Les effets de la publicité sur les ventes sont généralement plus difficiles à mesurer que les effets communicationnels. Les ventes dépendent de plusieurs facteurs, tels les caractéristiques du produit, son prix, son accessibilité et les actions des concurrents. Moins ces facteurs seront nombreux ou plus ils seront contrôlables, plus il sera facile de mesurer l'impact de la publicité sur les ventes. Il est relativement facile de mesurer celui-ci dans des situations de marketing direct, mais il est plus difficile de mesurer l'effet d'une publicité qui vise à établir l'image d'une marque ou d'une entreprise.

Les entreprises désirent généralement savoir si elles dépensent trop d'argent ou pas assez pour la publicité. Un moyen d'y parvenir consiste à utiliser la relation suivante :

Part de dépenses publicitaires

↓

Part de voix

↓

Part de raison et de cœur

↓

Part de marché

En d'autres termes, la part de dépenses publicitaires d'une entreprise produira une part de voix équivalente, qui gagnera une certaine part de raison et de cœur, et finalement une part de marché donnée. Peckham, qui a analysé la relation entre la part de voix et la part de marché pour de nombreux produits de consommation pendant plusieurs années, a découvert une relation de 1 pour 1 dans le cas de produits bien établis, et une relation de 1,5-2,0 pour 1 pour les nouveaux produits[34]. Forts de cette information, supposons qu'on observe les données suivantes pour trois entreprises bien établies vendant un produit presque identique à un prix presque identique.

	(1) Dépenses publicitaires	(2) Part de voix (%)	(3) Part de marché (%)	(4) Indice d'efficacité publicitaire (colonne 3/ colonne 2)
A	2 000 000 $	57,1	40,0	70
B	1 000 000 $	28,6	28,6	100
C	500 000 $	14,3	31,4	220

L'entreprise A dépense 2 millions de dollars et les dépenses totales de l'industrie sont de 3,5 millions de dollars ; sa part de voix est donc de 57,1 %. Par contre, sa part de marché n'est que de 40 %. En divisant sa part de marché par sa part de voix, on obtient un indice d'efficacité publicitaire de 70, ce qui indique que ou bien le budget de publicité de l'entreprise A est trop élevé, ou bien celle-ci gère mal son budget. Les dépenses publicitaires de l'entreprise B représentent 28,6 % du total des dépenses publicitaires de l'industrie et elle a une part de marché de 28,6 % ; la conclusion est qu'elle dépense son argent d'une façon efficiente. Finalement, l'entreprise C, elle, dépense seulement 14,3 % du total de l'industrie et obtient néanmoins une part de marché de 31,4 % ; par conséquent, elle dépense son argent d'une façon extrêmement efficiente et elle devrait probablement accroître son effort publicitaire.

Les chercheurs tentent de mesurer l'impact de la publicité sur les ventes en analysant soit des données historiques, soit des données expérimentales. La **démarche historique** suppose la recherche d'une corrélation entre les ventes passées et les dépenses publicitaires passées, en tenant compte ou non d'un effet décalé dans le temps à l'aide de techniques statistiques avancées. Palda a étudié l'effet des dépenses publicitaires sur les ventes d'un mélange de légumes Lydia Pinkham pour la période s'étendant de 1908 à 1960[35]. Il a calculé l'effet marginal de la publicité sur les ventes à court terme et à long terme. Le dollar de publicité marginale n'augmentait les ventes que de cinquante cents à court terme, ce qui révélait que

Lydia Pinkham dépensait trop pour la publicité. Mais l'effet marginal à long terme était trois fois plus élevé. Palda a calculé que le taux de retour marginal après les taxes pour les dépenses publicitaires atteignait 37 % pour toute la période.

Montgomery et Silk ont estimé l'efficacité sur les ventes de trois outils de communication utilisés dans l'industrie pharmaceutique[36]. Une entreprise de produits pharmaceutiques dépensait 38 % de son budget de communication pour la publicité postale, 32 % pour les échantillons et la documentation, et 29 % pour la publicité dans les revues spécialisées. Les résultats de leur recherche ont indiqué que la publicité dans les revues, l'outil de communication le moins utilisé, avait l'élasticité publicitaire la plus élevée à long terme, soit 0,365 ; les échantillons et la documentation avaient une élasticité de 0,108 ; la publicité postale avait une élasticité de 0,018 seulement. Ils ont conclu que l'entreprise dépensait trop pour la publicité postale et pas assez pour la publicité dans les revues spécialisées.

D'autres chercheurs recourent à l'**expérimentation** pour mesurer l'impact de la publicité sur les ventes. Au lieu de faire une affectation budgétaire semblable en pourcentage de la publicité par rapport aux ventes dans tous les territoires, l'entreprise dépense plus dans certains territoires et moins dans d'autres ; c'est ce qu'on appelle des tests de dépenses élevées et des tests de dépenses faibles. Si les tests de dépenses élevées produisent des augmentations substantielles des ventes, il se pourrait que l'entreprise ne dépense pas assez pour la publicité. Si, au contraire, ces tests ne produisent pas plus de ventes et que les tests de dépenses faibles n'amènent pas une chute des ventes, alors l'entreprise dépense trop. Il est évidemment nécessaire d'assurer un bon contrôle expérimental durant ces tests, dont la durée doit être suffisamment longue pour permettre la mesure des effets décalés des changements de niveaux de dépenses publicitaires.

DuPont fut l'une des premières entreprises à concevoir une démarche expérimentale pour ses dépenses publicitaires. La division de la peinture de DuPont classa ses 56 territoires de vente en 3 groupes, selon qu'elle y avait une part de marché élevée, moyenne ou faible. DuPont alloua un budget normal de publicité au premier tiers de chacun de ces groupes ; elle alloua deux fois et demie le budget normal au deuxième tiers et quatre fois le budget normal au troisième tiers. À la fin de l'expérimentation, DuPont estima quelles ventes supplémentaires avaient été engendrées par les niveaux les plus élevés de dépenses publicitaires. Elle constata que des dépenses publicitaires élevées augmentaient les ventes à un taux décroissant, et que l'augmentation des ventes était moins élevée dans les territoires où la part de marché de DuPont était élevée[37].

Une autre méthode consiste à répartir le budget publicitaire sur une base géographique en utilisant un modèle qui tient compte des différences entre les territoires pour ce qui est de la taille du marché, de la réponse à la publicité, de l'efficience des médias, de la concurrence et de la marge de profit. Pour l'affectation d'un budget de publicité, Urban a élaboré un modèle de répartition du budget pour les médias sur la base de 35 variables géographiques[38].

En général, un nombre croissant d'entreprises s'efforcent de mesurer l'effet des dépenses publicitaires sur les ventes au lieu de se contenter des mesures des effets communicationnels. Par exemple, Millward Brown International a réalisé des études de suivi au Royaume-Uni il y a plusieurs années. L'objectif de ces études était d'indiquer aux responsables si la publicité avait eu des effets bénéfiques sur leur marque, et ce afin de les aider dans leur prise de décision concernant la publicité[39].

Un résumé de la recherche sur l'efficacité de la publicité

Quoique les entreprises aient besoin de faire plus de recherche sur l'efficacité de la publicité, des chercheurs ont tiré des conclusions générales qui peuvent être utiles aux mercaticiens[40]:

- **L'impact de la publicité sur les changements de marque.** Tellis, qui a analysé les achats de 12 marques importantes de produits achetés fréquemment par des consommateurs, est arrivé à la conclusion que la publicité paraît avoir une incidence sur l'accroissement du volume d'achats des acheteurs fidèles, mais qu'elle a relativement moins d'efficacité lorsqu'il s'agit d'attirer de nouveaux acheteurs. Pour les acheteurs fidèles, un taux d'expositions élevé chaque semaine peut toutefois être plus inefficace à cause d'un effet de nivellement de l'efficacité de la publicité. Il semble peu probable que la publicité ait des effets cumulatifs incitant à la fidélité ; ce sont plutôt les caractéristiques du produit, les présentoirs et surtout le prix

qui ont le plus de répercussions sur la réponse[41]. Ces résultats n'ont pas été bien reçus par le milieu publicitaire, et plusieurs personnes ont contesté les données et la méthodologie utilisées par Tellis. D'autre part, un ensemble d'expériences contrôlées par la firme de recherche IRI a démontré un accroissement des ventes résultant de la publicité durant l'année du test, résultats qui étaient encore présents deux ou trois ans après l'expérience. Ainsi, IRI en est venue à la conclusion que l'incidence de la publicité est largement sous-estimée lorsqu'on ne considère qu'une année.

- **Les effets de l'environnement.** Les messages publicitaires peuvent être plus efficaces quand le message présente de la cohérence avec l'environnement. Par exemple, un message reflétant la bonne humeur qui serait placé dans une émission de télévision reflétant la joie de vivre serait probablement plus efficace qu'un message plus sobre qui serait placé dans la même émission. De la même manière, un message sérieux fonctionne normalement mieux lorsqu'il est placé dans une émission perçue comme sérieuse[42]. De plus, les gens croiront probablement davantage un message publicitaire à la télévision ou à la radio et seront probablement mieux disposés envers la marque soutenue par le message s'il se trouve dans une émission qu'ils aiment ou à laquelle ils sont très attentifs[43].

- **L'effet des messages positifs par rapport à l'effet des messages négatifs.** Parfois, les consommateurs réagissent mieux à des messages négatifs qu'à des messages positifs. Par exemple, une compagnie de carte de crédit est entrée en contact avec ses clients qui n'avaient pas utilisé leurs cartes au cours des trois derniers mois. À un groupe de non-utilisateurs elle a envoyé un message expliquant les avantages reliés à l'utilisation de la carte de crédit. À un autre groupe de non-utilisateurs elle a envoyé un message qui expliquait les pertes qu'ils pourraient subir en n'utilisant pas la carte de crédit. L'effet du message qui misait sur les pertes potentielles fut supérieur à celui du message qui misait sur les gains potentiels. Le pourcentage de clients qui ont commencé à utiliser la carte de crédit en considérant les pertes potentielles était plus de deux fois plus élevé que celui des clients qui ont utilisé la carte dans un contexte positif, et les dépenses des premiers ont été deux fois plus élevées que les dépenses des derniers[44].

- **Les effets de la publicité sur les ventes.** Dans une étude récente, John Philip Jones a utilisé les données fournies par la firme de recherche en marketing Nielsen pour étudier les effets de la publicité. Il a constaté que 70 % des campagnes publicitaires augmentaient les ventes immédiatement dans l'échantillon, mais l'effet n'a été marqué que dans 30 % des cas. De plus, seulement 46 % des campagnes paraissent avoir eu une influence à long terme sur les ventes. Jones est d'avis que l'accroissement des ventes peut résulter d'un unique message publicitaire, que seules les campagnes intensives ont des retours décroissants et que les messages publicitaires qui ne donnent pas de résultats immédiats devraient être retirés[45].

21.2
LA PROMOTION DES VENTES

La promotion des ventes est un élément essentiel du mix de communication. On la définit de la façon suivante :

> La promotion des ventes consiste dans une vaste gamme de techniques conçues pour susciter, surtout à court terme, des achats plus rapides ou plus importants de produits et de services particuliers par les consommateurs ou les gens d'affaires[46].

Pendant que la publicité donne une **raison** de faire un achat, la promotion des ventes offre un **stimulant** pour procéder à cet achat. Parmi les outils de promotion les plus courants en ce qui a trait à la **promotion destinée aux consommateurs**, signalons les échantillons, les bons de réduction, les offres de remboursement, les offres spéciales, les primes, les prix, les récompenses, les essais gratuits, les garanties, les promotions jumelées, les promotions croisées et les présentations au point de vente ainsi que les démonstrations. Dans le cas de la **promotion destinée aux intermédiaires**, mentionnons les remises à l'achat, les allocations et les marchandises gratuites. Enfin, pour ce qui est de la **promotion destinée aux entreprises et aux représentants**, notons l'existence des foires commerciales et des congrès, des concours de vente et de la publicité par l'objet.

De nos jours, la promotion des ventes est utilisée pour la plupart des organisations, notamment les fabricants, les intermédiaires, les détaillants, les asso-

ciations professionnelles et même les organisations à but non lucratif, qui organisent des bingos, des spectacles, des tournois de golf, des réceptions et des concours.

21.2.1
La croissance rapide de la promotion des ventes

La proportion des dépenses de promotion des ventes par rapport au budget total de communication s'est accrue de façon régulière depuis plus de deux décennies[47], et l'on s'attend à ce que ce taux élevé de croissance se maintienne. Dans l'industrie des biens de consommation conditionnés, les dépenses pour la promotion des ventes représentent près des trois quarts des budgets de promotion et de publicité combinés. Toutefois, cette proportion est un peu plus faible au Canada[48]. La promotion des ventes est populaire lorsqu'elle produit des résultats visibles à court terme. Ainsi, McDonald's a fait une grande utilisation de la promotion des ventes associée à des films populaires, qui a entraîné une augmentation de ses ventes de 7,1 %, lesquelles ont atteint 18,9 milliards de dollars en 1993, comparativement à une hausse moyenne de 6,6 % pour l'ensemble de l'industrie de la restauration rapide. Le choix d'une stratégie de promotion qui misait davantage sur des réductions et des offres spéciales a aidé MasterCard à freiner une perte de marché continue durant cinq ans et même à augmenter sa part de marché, qui a atteint 28,9 %[49].

Plusieurs facteurs ont contribué à la croissance de la promotion des ventes, surtout sur le marché des consommateurs[50]. Parmi les facteurs internes, signalons les suivants : la promotion est maintenant mieux acceptée de la direction générale en tant qu'outil efficace de vente ; de plus en plus de directeurs de produit sont qualifiés pour utiliser des outils de promotion des ventes ; les directeurs de produit subissent de plus en plus de pressions pour accroître leurs ventes à court terme. Parmi les facteurs externes, mentionnons ceux-ci : le nombre croissant de marques ; l'utilisation de plus en plus fréquente de la promotion par les concurrents ; la faible différenciation entre plusieurs marques ; les demandes accrues des intermédiaires aux fabricants pour que ces derniers fassent plus de promotions ; le déclin de l'efficacité publicitaire à cause des coûts croissants de la publicité, de la saturation médiatique et des contraintes légales.

La croissance rapide des divers outils de promotion (coupons, concours, etc.) a cependant engendré une **saturation de la promotion** semblable à la saturation publicitaire. Il existe un danger que les consommateurs se détournent de la promotion, ce qui entraînerait une diminution de l'effet des outils de promotion sur les ventes. Les fabricants doivent s'élever au-dessus de la masse en différenciant leurs actions de promotion par l'offre de valeurs plus intéressantes, en utilisant des présentoirs plus attrayants ou en faisant des démonstrations plus dynamiques.

21.2.2
Les objectifs de la promotion des ventes

Les objectifs particuliers de la promotion des ventes varient selon la nature des outils de promotion. Un échantillon gratuit stimule l'essai par les consommateurs, alors que les services gratuits d'un expert-conseil cimentent les relations à long terme avec un détaillant.

Les vendeurs utilisent des actions de promotion de type incitatif pour attirer de nouveaux utilisateurs, récompenser les clients fidèles et accroître le taux de rachat chez les utilisateurs occasionnels. Les nouveaux utilisateurs sont de trois types : les usagers d'une autre marque dans la même classe de produits ou de services, les usagers d'autres classes et ceux qui changent fréquemment de marques. Les actions de promotion attirent souvent les acheteurs non fidèles, parce que les autres types d'utilisateurs ne remarquent pas toujours la promotion ou n'y réagissent pas nécessairement. Les consommateurs qui changent souvent de marques recherchent avant tout les bas prix, une bonne valeur ou des primes. Il est peu probable qu'une promotion des ventes réussisse à les transformer en des utilisateurs fidèles à une marque. La promotion lancée sur des marchés où les marques ne sont pas très différenciées produit un taux élevé de réponse à court terme, mais peu de changements permanents dans les parts de marché. Sur les marchés où les marques sont très différentes, la promotion peut changer les parts de marché de façon plus permanente.

Plusieurs directeurs du marketing ont tendance à estimer d'abord leurs besoins en dépenses promo-

tionnelles pour les intermédiaires, puis ce qu'il faut pour la promotion aux consommateurs ; ce qui reste est alloué au budget de publicité. Il y a cependant un danger à faire jouer le second rôle à la publicité par rapport à la promotion des ventes. La publicité sert normalement à bâtir la fidélité à la marque, alors que la promotion des ventes a pour objectif d'affaiblir la fidélité envers une marque concurrente. Ainsi, si la promotion d'une marque mise surtout sur des prix peu élevés, le consommateur commencera à penser qu'il s'agit d'une marque « bon marché » et n'achètera que lorsqu'il y aura une réduction. Personne ne sait quand ce changement se produit précisément, mais il existe un risque à faire de la promotion pour une marque bien connue pendant plus de 30 % du temps[51]. Les marques dominantes font plutôt rarement des réductions, puisque cela ne ferait que contribuer à subventionner les utilisateurs actuels. L'étude de Brown, menée auprès de 2 500 acheteurs de café, a révélé ceci :

- La promotion des ventes agit plus rapidement sur les ventes que ne le fait la publicité.

- Sur un marché à la phase de maturité, la promotion des ventes n'engendre guère de nouveaux acheteurs qui seront fidèles, parce qu'elle attire avant tout le consommateur à l'affût d'aubaines qui changera de marque chaque fois qu'apparaîtront de nouvelles promotions.

- Les acheteurs fidèles n'ont pas tendance à modifier leur comportement d'achat face à une promotion des concurrents.

- La publicité semble capable d'accroître le noyau de clients fidèles à une marque[52].

Il existe aussi des preuves indiquant que les promotions de prix ne contribuent pas à accroître d'une façon permanente le volume total de ventes d'une classe. Elles ne permettent qu'une croissance du volume à court terme.

Les concurrents qui ont de plus petites parts de marché trouvent avantageux d'utiliser la promotion des ventes parce qu'ils ne peuvent s'autoriser les budgets de publicité importants des leaders du marché. Ils ne peuvent pas non plus obtenir de rayonnage sans offrir des réductions ou des remises substantielles aux intermédiaires, ni stimuler l'essai par les consommateurs sans offrir de stimulants. La concurrence par les prix est courante pour les marques à faible notoriété qui tentent d'accroître leur part de marché, mais elle est moins efficace pour un leader dont la croissance dépend de l'extension de toute la classe de produits[53].

Il en résulte que plusieurs compagnies de produits alimentaires conditionnés pensent qu'elles sont forcées de faire plus de promotion des ventes qu'elles ne le souhaiteraient. Kellogg's, Kraft et d'autres chefs de file ont annoncé qu'elles recourraient désormais davantage aux stratégies d'aspiration et accroîtraient leur budget de publicité. Selon ces entreprises, on peut imputer à l'utilisation abusive de la promotion des ventes la diminution de la fidélité à la marque, l'accroissement de la sensibilité du consommateur aux prix, la dilution de l'image de qualité des marques et la focalisation sur le marketing à court terme.

Farris et Quelch, cependant, ne sont pas d'accord avec cette position[54]. Ils soutiennent que la promotion des ventes offre de nombreux avantages tant aux fabricants qu'aux consommateurs. Elle permet aux fabricants de s'ajuster aux variations à court terme de l'offre et de la demande. Elle permet aussi à ces derniers de fixer un prix élevé et de voir jusqu'où ils peuvent aller. Elle donne l'occasion aux consommateurs de faire l'essai de nouveaux produits au lieu de conserver leurs vieilles habitudes d'achat. Elle favorise de nouvelles formes de commerce de détail, comme les magasins qui offrent des prix bas tous les jours et ceux qui offrent occasionnellement des réductions, procurant ainsi un choix aux consommateurs. Elle permet aux consommateurs de mieux connaître les prix. Elle permet aux fabricants de vendre plus qu'ils ne le feraient normalement au prix courant, ce qui leur procure des économies d'échelle et des réductions de coûts. Elle donne aussi la possibilité aux fabricants d'adapter leurs programmes aux différents segments de consommateurs. Enfin, les consommateurs eux-mêmes éprouvent la satisfaction d'être des acheteurs avisés lorsqu'ils peuvent profiter de prix réduits.

21.2.3
Les principales décisions relatives à la promotion des ventes

Lorsqu'une entreprise décide de faire de la promotion des ventes, elle doit définir les objectifs, choisir les outils de promotion des ventes, élaborer les programmes, les prétester, en assurer la mise en œuvre et le contrôle, et évaluer les résultats.

La définition des objectifs de promotion des ventes

Les **objectifs de promotion des ventes** découlent des **objectifs de communication**, qui résultent eux-mêmes des **objectifs de marketing** définis pour le produit ou le service. Les objectifs de marketing sont généraux, les objectifs de communication sont un peu plus précis et les objectifs de promotion des ventes sont très délimités. Les objectifs fixés pour la promotion des ventes varieront selon le type de marché cible. En ce qui concerne la promotion destinée aux **consommateurs**, les objectifs peuvent être de stimuler l'achat de formats plus grands, de favoriser l'essai chez les non-utilisateurs ou d'attirer des clients des marques concurrentes. Pour ce qui est de la promotion destinée aux **intermédiaires**, les objectifs peuvent être d'inciter les détaillants à stocker de nouveaux articles, à stocker davantage de produits, à encourager l'achat hors saison, à nuire aux promotions des concurrents, à accroître la fidélité des détaillants ou à obtenir l'accès à de nouveaux magasins de détail. En ce qui a trait à la promotion destinée aux **entreprises** et aux **représentants**, les objectifs peuvent être de stimuler leur soutien à de nouveaux produits ou à de nouveaux modèles, d'encourager l'accroissement de la prospection ou de stimuler les ventes hors saison[55].

Le choix des outils de promotion des ventes

On dispose de plusieurs outils de promotion pour atteindre les objectifs fixés. Le responsable de la promotion doit prendre en considération le type de marché, les objectifs de la promotion, les actions de la concurrence ainsi que le coût et l'efficacité de chaque outil.

Les outils de promotion des ventes destinée aux consommateurs

Les principaux outils de promotion destinée aux consommateurs sont décrits au tableau 21.5. On peut distinguer entre les outils de promotion des fabricants destinés aux consommateurs et les outils des détaillants destinés aux consommateurs. Les premiers sont souvent utilisés par les fabricants d'automobiles qui offrent des réductions ou des conditions de crédit ou de location fort attrayantes. Les derniers comprennent les offres spéciales, les bons de réduction, les primes, les concours, etc. On peut aussi distinguer entre les outils de promotion qui cherchent à

TABLEAU 21.5

Les principaux outils de promotion des ventes destinée aux consommateurs

Outil	Exemples
Échantillon	
Un échantillon est une quantité limitée d'un produit offerte au consommateur pour qu'il en fasse l'essai. L'échantillon peut être livré de porte en porte, envoyé par la poste, offert gratuitement dans les magasins, attaché à un autre produit ou mis en valeur dans un message publicitaire. L'échantillon est la façon la plus efficace, mais la plus chère, d'introduire un nouveau produit.	La compagnie Vick Chemical a distribué des échantillons de sa lotion Oil of Olay dans plus d'un million de foyers québécois, engendrant ainsi 100 000 nouveaux utilisateurs du produit.
Bon de réduction	
Le bon de réduction est un bon qui donne droit à une réduction à l'achat d'un produit déterminé. Les bons de réduction peuvent être envoyés par la poste, attachés à d'autres produits ou inclus dans ceux-ci, insérés dans une revue ou un journal, ou encore incorporés à une page publicitaire dans une revue ou un journal. Les taux d'encaissement et d'utilisation varient selon le mode de distribution : ce taux est de 2 % dans le cas des journaux, de 8 % dans le cas de la publicité postale et de 17 % dans le cas du conditionnement. Un bon de réduction peut être efficace pour stimuler les ventes d'une marque se trouvant à la phase de maturité ou pour inciter à un essai précoce d'une nouvelle marque. Les experts estiment que, pour être efficace, un bon de réduction devrait permettre un rabais de 15 % à 20 %.	A & P offre des bons de réduction « personnalisés » à partir des achats faits par le client des produits complémentaires ou associés. Le taux d'encaissement de tels bons est plus élevé que celui des bons de réduction traditionnels.
Offre de remboursement	
L'offre de remboursement procure une réduction de prix après l'achat plutôt qu'en magasin. Les consommateurs doivent envoyer la « preuve d'achat » désignée au fabricant, qui rembourse par la poste une partie du prix de l'achat.	Toro a lancé une promotion fort astucieuse sur certains modèles de souffleuse en offrant un remboursement partiel si les chutes de neige sur le marché de l'acheteur étaient inférieures à la moyenne ; les concurrents n'ont pu imiter cette offre, faute de temps.
Offre spéciale	
L'offre spéciale, qui procure aux consommateurs une épargne sur le prix courant d'un produit, est annoncée sur l'étiquette ou l'emballage. Elle prend la forme d'une réduction de prix, par laquelle un produit unique est vendu à prix réduit (par exemple deux articles pour le prix d'un), ou encore d'un jumelage, par lequel deux produits sont vendus ensemble (tels un tube de pâte dentifrice et une brosse à dents). Les offres spéciales sont plus efficaces que les bons de réduction pour stimuler les ventes à court terme.	Certains fabricants regroupent divers désodorisants pour la maison en un ensemble (par exemple un désodorisant en aérosol et un autre liquide).
Prime	
La prime (ou cadeau) est une marchandise offerte à un prix relativement bas, ou gratuitement, en vue de stimuler l'achat d'un produit particulier. Elle peut être incluse à l'intérieur du produit ou attachée à l'extérieur. Ou encore, l'emballage lui-même peut être un contenant réutilisable qui sert de prime. La prime peut également prendre la forme d'un article envoyé par la poste aux consommateurs qui ont fourni une preuve d'achat, tel un dessus de boîte ou un code à barres. Enfin, elle peut prendre la forme d'un article vendu à un prix plus bas que le prix normal de détail à des consommateurs qui en font la demande. Les fabricants offrent maintenant aux consommateurs toutes sortes de primes portant le nom de l'entreprise.	Quaker Oats a fait une promotion où elle insérait des pièces de monnaie d'argent ou d'or dans des sacs de nourriture pour chiens. Par ailleurs, les amateurs du Canadien de Montréal peuvent commander des casquettes, des blousons et des centaines d'autres articles portant le nom du club de hockey.
Prix (concours, loteries et jeux)	
Un prix est la possibilité qui est offerte de gagner de l'argent comptant, un voyage ou des marchandises par suite d'un achat. Un concours exige l'inscription des consommateurs moyennant une suggestion, une estimation, une chanson ou toute autre forme d'examen ; un jury choisira le gagnant. Une loterie consiste, pour le consommateur, à soumettre son nom à un tirage au sort. Un jeu est une activité régie par un ensemble de règles : on remet quelque chose au consommateur chaque fois qu'il achète, comme des numéros de bingo ou des lettres manquantes	Une association caritative organise le tirage d'une automobile ou d'autres prix pour les personnes qui achètent des billets. Un fabricant d'amortisseurs a organisé un concours offrant des voitures sport à la fois aux clients gagnants et aux garages où les amortisseurs avaient été installés. →

TABLEAU 21.5

Les principaux outils de promotion des ventes destinée aux consommateurs (*suite*)

Outil	Exemples
Prix (concours, loteries et jeux) (*suite*) qui peuvent l'aider ou non à gagner un prix. Toutes ces formes de prix tendent à attirer davantage l'attention que les bons de réduction ou les primes.	
Récompense à la clientèle La récompense à la clientèle prend la forme d'argent comptant ou toute autre forme de bien matériel ou moral proportionnel à la fréquentation de l'entreprise par le client. Les timbres-primes sont aussi une forme de récompense pour les clients ; ils peuvent être utilisés pour l'acquisition de produits. Dans certains restaurants, on poinçonne une carte et le client peut obtenir un repas gratuit sous certaines conditions.	Le programme des grands voyageurs d'Air Canada offre des points par kilomètre effectué en voyage dont l'accumulation peut valoir aux voyageurs des billets d'avion gratuits et la location gratuite de voitures ou de chambres d'hôtel. La banque CIBC offre une carte Visa Aero Or. Chaque dollar dépensé avec cette carte peut être appliqué au programme des grands voyageurs d'Air Canada. Des chaînes d'hôtels offrent des stimulants similaires et les coopératives d'achat paient à leurs membres des dividendes basés sur leurs achats.
Essai gratuit L'essai gratuit consiste à inviter des acheteurs potentiels à essayer le produit sans frais, dans l'espoir qu'ils l'achèteront.	Les concessionnaires d'automobiles encouragent l'essai des voitures sur la route afin de stimuler l'intérêt pour l'achat.
Garantie La garantie porte surtout sur des produits, mais on trouve maintenant des garanties sur des services. La garantie est une promesse formelle ou informelle du vendeur selon laquelle la performance du produit sera telle qu'elle a été spécifiée, sans quoi le vendeur le réparera, le remplacera ou encore remettra l'argent au client durant une période donnée.	Lorsque Chrysler a offert pour la première fois une garantie de cinq ans sur ses véhicules, garantie substantiellement plus longue que celles de GM et de Ford, les consommateurs l'ont remarqué.
Promotions jumelées Le jumelage de promotions consiste dans la collaboration de deux ou plusieurs marques ou entreprises, en vue d'accroître leur attrait grâce à des bons de réduction, à des remboursements ou à des concours. Les compagnies unissent leurs forces dans l'espoir d'obtenir une exposition plus importante. Lorsque plusieurs représentants de vente font des pressions pour la même promotion auprès des détaillants, ils ont de meilleures chances d'accroître leur rayonnage.	On trouve du détergent All dans les machines à laver Inglis. Des pneus Michelin sont montés sur les automobiles Subaru.
Promotion croisée La promotion croisée consiste à faire de la publicité pour une marque non concurrente.	Diet Pepsi indique sur ses canettes que la boisson gazeuse contient de l'Aspartam. On trouve aussi un décalque d'Intel sur les ordinateurs IBM.
Présentoirs au point de vente et démonstrations Les présentoirs au point de vente et les démonstrations sont deux outils de promotion utilisés sur le lieu même des commerces. Malheureusement, plusieurs détaillants n'aiment pas utiliser les centaines de présentoirs, d'annonces et d'affiches qu'ils reçoivent des fabricants. Les fabricants réagissent en créant des présentoirs plus attrayants, les reliant à la publicité à la télévision ou aux messages imprimés. Ils offrent même d'en assurer le montage dans les magasins.	Le présentoir de la compagnie L'Eggs, qui vend des bas-culottes, est un des présentoirs les plus créatifs qui aient été fabriqués. On le considère comme l'un des principaux facteurs du succès de cette marque.

Sources : Pour plus d'information, voir « Consumer Incentive Strategy Guide », *Incentive*, mai 1995, p. 58-63 ; William Urseth, « Promos 101 », *Incentive*, janvier 1994, p. 53-55 ; William Urseth, « Promos 101, Part II », *Incentive*, février 1994, p. 43-45 ; Jonathan Berry, « Wilma ! What Happened to the Plain Old Ad ? », *Business Week*, 6 juin 1994, p. 54-58.

établir la fidélité des clients et ceux qui ne le font pas. Les outils de promotion qui cherchent à bâtir la fidélité sont normalement accompagnés d'un message de vente ; c'est le cas notamment pour les échantillons gratuits, les bons de réduction ou encore les primes lorsqu'il y a un lien avec le produit. Les outils de promotion des ventes qui n'ont pas pour objectif d'accroître la fidélité comprennent les offres spéciales, les primes aux consommateurs qui n'ont pas de lien avec le produit, les concours et les loteries, les offres de remboursement et les remises aux intermédiaires. Les vendeurs devraient utiliser de préférence des outils de promotion qui cherchent à bâtir la fidélité, parce qu'ils renforcent la compréhension que le consommateur a de la marque.

Il semble que la promotion des ventes soit plus efficace lorsqu'elle est utilisée avec la publicité. Dans une étude, on a constaté qu'une réduction de prix n'avait fait augmenter les ventes que de 15 %. Lorsqu'elle a été combinée avec une publicité qui vantait les caractéristiques du produit, les ventes ont augmenté de 19 % ; avec la même publicité, mais avec l'ajout de présentoirs au point de vente, elles ont augmenté de 24 %[56].

De plus en plus de grandes entreprises ont un directeur de la promotion des ventes dont la tâche consiste à aider les directeurs de marques à choisir le bon outil promotionnel. L'exemple suivant montre comment une entreprise a choisi l'outil de promotion le plus approprié :

> Une entreprise a lancé un nouveau produit et conquis une part de marché de 20 % en moins de six mois. Son taux de pénétration était de 40 % (c'est-à-dire le pourcentage du marché cible qui a acheté la marque au moins une fois). Le taux de rachat était de 10 % (le pourcentage des utilisateurs qui ont fait l'essai une première fois et qui ont racheté la marque une ou plusieurs fois). Cette entreprise devait accroître la fidélité de ses utilisateurs. Dans un tel cas, un bon de réduction placé dans l'emballage se révélait tout indiqué pour accroître le taux de rachat. Toutefois, si le taux de rachat avait été élevé (disons 50 %), alors l'entreprise aurait plutôt tenté d'attirer de nouveaux utilisateurs. Dans un tel cas, un bon de réduction envoyé par la poste aurait pu être efficace.

Les outils de promotion des ventes destinée aux intermédiaires

Les principaux outils de promotion que les fabricants emploient pour les intermédiaires sont décrits

TABLEAU 21.6
Les principaux outils de promotion des ventes destinée aux intermédiaires

Remise ou réduction sur la quantité

La remise est une réduction accordée sur le prix de catalogue pour chaque caisse achetée pendant une période donnée. L'offre encourage les vendeurs à acheter de plus grandes quantités ou à maintenir en stock un nouvel article qui n'aurait pas été acheté autrement. Les vendeurs peuvent concevoir la remise sous la forme d'une publicité, d'une réduction de prix ou d'un profit immédiat.

Allocation

Une allocation est une somme d'argent offerte à un détaillant qui accepte de mettre en valeur les produits d'un fabricant d'une façon quelconque. Une **allocation publicitaire** récompense les détaillants qui ont annoncé le produit du fabricant. Une **allocation de présentoir** les récompense d'avoir installé un présentoir pour un produit particulier.

Marchandises gratuites

Les marchandises gratuites ou primes en marchandises sont offertes aux intermédiaires qui achètent une certaine quantité d'un produit ou qui mettent en valeur certains parfums ou certains formats d'un produit. Les fabricants peuvent aussi offrir des **primes à la vente**, sous forme d'argent comptant ou de cadeaux, aux représentants qui favorisent la vente des produits du fabricant. Ils peuvent aussi pratiquer la publicité par l'objet en offrant aux détaillants des objets publicitaires portant le nom de l'entreprise, par exemple des plumes, des crayons, des calendriers, des presse-papiers, des pochettes d'allumettes, des cendriers ou des règles.

au tableau 21.6. Dans certaines industries, la proportion des dépenses promotionnelles pour les intermédiaires peut être plus élevée que celle des dépenses visant les consommateurs. Il en est particulièrement ainsi dans le cas des produits conditionnés au Canada, où la proportion est estimée à 77 % par rapport à 23 % ; ce fait est attribuable à la concentration des chaînes d'alimentation et à leur pouvoir sur les canaux[57]. Les fabricants utilisent les outils de promotion destinée aux intermédiaires pour quatre raisons :

1. **Les promotions aux intermédiaires peuvent persuader les grossistes ou les détaillants de distribuer la marque.** Le linéaire est si rare que les fabricants doivent offrir des rabais, des allocations, la garantie de rachat, les primes en marchandises ou même des paiements pour obtenir de l'espace sur les tablettes et, lorsqu'ils l'ont obtenu, pour pouvoir y demeurer.

2. **Les promotions aux intermédiaires peuvent persuader les détaillants et les grossistes de maintenir un stock plus élevé que la normale.** Les fabricants offrent des remises pour inciter les intermédiaires à maintenir des stocks plus élevés dans leurs entrepôts et magasins. Les fabricants sont d'avis que les intermédiaires travailleront plus fort lorsqu'ils auront surstocké un produit donné.

3. **Les promotions aux intermédiaires peuvent inciter les détaillants à faire la promotion de la marque en la mettant en vedette, en montant des présentoirs et en réduisant les prix.** Les fabricants peuvent rechercher des présentoirs pour les bouts de gondole, une augmentation du linéaire ou des réductions de prix, ce qu'ils obtiendront en offrant aux détaillants des réductions qui seront payées en échange de preuves de performance.

4. **Les promotions aux intermédiaires peuvent stimuler les détaillants et leurs représentants à pousser le produit.** Les fabricants se font concurrence pour obtenir un effort soutenu des ventes des détaillants en offrant des primes à la vente, du soutien à la vente, des programmes de reconnaissance des efforts, des primes et des concours de ventes.

Les fabricants dépensent probablement plus pour la promotion auprès des intermédiaires qu'ils ne souhaitent le faire. La concentration croissante du pouvoir d'achat entre les mains de détaillants, moins nombreux et plus importants, leur permet d'exiger des fabricants un soutien financier aux dépens de la promotion auprès des consommateurs et de la publicité[58]. Les intermédiaires comptent maintenant sur l'argent des promotions des fabricants. De plus, aucun fabricant ne peut unilatéralement cesser d'offrir des allocations aux intermédiaires sans perdre le soutien du canal de distribution. Dans certains pays, les détaillants sont devenus les principaux publicitaires et utilisent surtout les allocations promotionnelles obtenues des fournisseurs.

Des frictions se créent au sein des entreprises entre les représentants et les directeurs de marque. Les représentants soutiennent que les détaillants ne conserveront pas les produits de l'entreprise sur les tablettes à moins de recevoir plus de primes ou de remises, alors que les directeurs de marque souhaitent dépenser une plus grande portion de leur budget pour la promotion et la publicité. Puisque les représentants de vente connaissent mieux le marché local qu'un directeur de marque qui travaille dans un bureau au siège social, certaines entreprises ont alloué une partie substantielle du budget de promotion des ventes aux représentants et aux directeurs du marketing locaux.

Les fabricants ont d'autres ennuis avec la promotion auprès des intermédiaires. Premièrement, ils trouvent difficile de surveiller les détaillants pour s'assurer qu'ils feront bien ce qu'ils se sont engagés à faire. Les détaillants ne veulent pas toujours transformer les allocations d'achat en réductions de prix pour les consommateurs, et ils peuvent bien ne pas fournir le linéaire ou monter les présentoirs supplémentaires même après avoir reçu des allocations à ces fins. Les fabricants insistent de plus en plus pour obtenir des preuves de performance avant de payer ces allocations. Deuxièmement, de plus en plus de détaillants surstockent des marchandises, c'est-à-dire qu'ils achètent, durant la période de la promotion, une plus grande quantité de produits de la marque qu'ils ne peuvent en vendre durant cette même période. Ces détaillants peuvent réagir à une remise de 10 % par caisse en achetant des approvisionnements pour plusieurs semaines. Le fabricant se voit alors obligé d'accroître sa production plus qu'il ne l'avait prévu et d'assumer des coûts spéciaux pour les équipes et les heures supplémentaires. Troisièmement, les grandes chaînes de détaillants font de plus en plus de « détournements », c'est-à-dire qu'elles achètent plus de caisses qu'il n'est nécessaire dans une région donnée où le fabricant offre une promotion, et elles expédient le surplus dans les régions où il n'y a pas de promotion. Les fabricants essaient d'éviter le surstockage en limitant les quantités qui seront vendues à prix réduit ou en produisant et en livrant moins que les commandes reçues dans le but d'éliminer les pics de production[59].

C'est pourquoi les fabricants croient que la promotion auprès des intermédiaires est devenue un cauchemar. On trouve toutes sortes de promotions souvent liées les unes aux autres, qui sont complexes à administrer et qui engendrent souvent des pertes. Kevin Price décrit la promotion auprès des intermédiaires de la façon suivante :

Il y a dix ans, le détaillant était un chihuahua qui mordillait les talons des fabricants. C'était une nuisance, certes, mais en fait c'était seulement un petit irritant. Vous lui donniez un biscuit et il se calmait. Aujourd'hui, c'est un pitbull qui veut vous arracher une jambe et un bras. Vous aimeriez pouvoir vous en débarrasser, mais vous en êtes incapable. De nos jours, la gestion des promotions est l'affaire du président[60].

Les outils de promotion des ventes destinée aux entreprises et aux représentants

Les entreprises dépensent des milliards de dollars pour la promotion auprès des entreprises. Les principaux outils de promotion sont décrits au tableau 21.7. Ces outils servent à repérer des clients potentiels, à impressionner et à récompenser des clients ainsi qu'à inciter la force de vente à travailler davantage. Traditionnellement, pour chacun des outils de promotion, les entreprises établissent un budget qui est relativement stable d'une année à l'autre.

TABLEAU 21.7
Les principaux outils de promotion des ventes destinée aux entreprises et aux représentants

Foire commerciale et congrès

Les associations industrielles, commerciales et professionnelles organisent annuellement des foires commerciales, des salons et des congrès. Les entreprises qui vendent des produits et des services à une industrie particulière louent un espace et montent des stands et des présentoirs pour exposer leurs produits. Des centaines de foires commerciales et de salons se tiennent chaque année, attirant des millions de visiteurs. L'assistance à une foire commerciale peut aller de quelques milliers à plusieurs dizaines de milliers de visiteurs, comme c'est le cas pour les grandes foires organisées notamment par les industries du tourisme ou du plastique. Les vendeurs qui participent à de telles foires s'attendent à y trouver plusieurs avantages, dont la découverte de nouveaux clients potentiels, le maintien de contacts avec les clients actuels, l'introduction de nouveaux produits, la rencontre de nouveaux clients, des ventes additionnelles aux clients actuels et l'information des clients grâce à des publications, à des films et à du matériel audiovisuel.

Les responsables du marketing qui font affaire avec des entreprises et des organisations dépensent jusqu'à 35 % de leur budget annuel de promotion dans les foires commerciales. Ils doivent prendre plusieurs décisions, notamment sur le choix des foires commerciales auxquelles leur entreprise participera, la somme à dépenser pour chaque foire commerciale, la façon de bâtir des stands qui captent l'attention, et la manière de faire un suivi efficace auprès des clients potentiels.

Concours de ventes

Un concours de ventes a pour but d'inciter les représentants ou les concessionnaires à accroître leurs ventes pour une période donnée grâce à des prix accordés à ceux qui réussissent le mieux. La majorité des entreprises mettent sur pied des concours de ventes annuellement ou plus fréquemment pour leur force de vente. Aussi appelés « programmes de stimulation », ces concours servent à motiver et à couronner les vendeurs qui ont une bonne performance. Ceux qui réussissent le mieux reçoivent des voyages, de l'argent comptant ou des cadeaux. Certaines entreprises donnent des points de performance qui permettent d'acquérir toute une variété de prix. Un cadeau qui sort de l'ordinaire sans être cher peut convenir aussi bien qu'un cadeau coûteux. Les stimulants fonctionnent mieux quand ils sont liés à des objectifs de ventes mesurables et accessibles (telles la création de nouveaux comptes et la réactivation de vieux comptes), où les employés ont l'impression d'avoir une chance égale. Autrement, s'ils croient que les buts ne sont pas raisonnables, ils ne relèveront pas le défi.

Publicité par l'objet

La publicité par l'objet repose sur des articles utiles peu coûteux donnés aux clients potentiels et aux clients actuels, et portant le nom et l'adresse de l'entreprise, voire parfois un message publicitaire. Les représentants de vente donnent ces articles aux clients potentiels et aux clients actuels sans aucune obligation de leur part. Les produits les plus communément employés à cette fin sont les stylos à bille, les calendriers, les aide-mémoire, les trophées et les plaques commémoratives.

Certains objets peuvent être très spécialisés ; ainsi, une compagnie de produits pharmaceutiques peut placer dans un cube de plastique un stérilet que les médecins pourront montrer à leurs patientes. La compagnie BCH Unique, sise en Beauce, qui exporte les trois quarts de sa production, a acquis une grande expertise dans l'encastrement en acrylique d'objets de ce type. Ces articles permettent de maintenir le nom de l'entreprise sous les yeux des clients potentiels et laissent une impression favorable à cause de leur utilité.

L'élaboration d'un programme de promotion des ventes

Lorsqu'ils font la planification de la promotion des ventes auprès des entreprises, les mercaticiens utilisent de plus en plus de médias pour élaborer un concept total de la campagne. Kerry E. Smith décrit un programme complet de promotion des ventes de la façon suivante :

> *Afin de faire la promotion d'une bière haut de gamme, il faut utiliser la télévision pour atteindre les consommateurs, le publipostage pour motiver les intermédiaires, des présentoirs pour supporter les détaillants, le téléphone pour répondre aux consommateurs, un bureau de service pour traiter les appels, des préposés à l'informatique pour saisir les données de même que des ordinateurs et des logiciels pour traiter ces données. On utilise des promotions non seulement pour pousser le*

produit chez les détaillants, mais aussi pour connaître les clients, découvrir des pistes menant à des clients potentiels, bâtir des bases de données et offrir des bons de réduction, des échantillons et des offres de remboursement[61].

Le responsable du marketing doit prendre d'autres décisions pour bien définir le programme de promotion. Premièrement, il doit décider de l'**importance du stimulant** à offrir. Il faut un niveau minimal de stimulation pour que la promotion réussisse. Un niveau plus élevé de stimulation produira un taux de réponse plus élevé, mais le rendement sera décroissant.

Deuxièmement, ce responsable doit établir les **conditions de participation**. Il peut offrir les stimulants à tout le monde ou à des groupes précis. Il peut offrir une prime uniquement aux personnes qui présenteront un code à barres ou une preuve d'achat. Il peut également organiser des loteries dans certaines provinces. Quoi qu'il en soit, les familles des membres du personnel de l'entreprise ou encore les personnes dont l'âge est inférieur à un certain seuil n'ont généralement pas le droit de participer à la promotion.

Troisièmement, le spécialiste du marketing doit décider de la **durée de la promotion**. Si la promotion est trop brève, plusieurs clients potentiels ne pourront en tirer profit puisqu'ils n'auront pas le temps de renouveler leur achat. Si la promotion dure trop longtemps, elle perdra quelque peu de sa force d'immédiateté. Selon un chercheur, la fréquence optimale est approximativement de trois semaines par trimestre, et la durée optimale est la longueur du cycle d'achat moyen[62]. Évidemment, le cycle promotionnel optimal varie selon la catégorie de produits et même selon le produit.

Quatrièmement, le mercaticien doit aussi choisir un **véhicule de distribution**. Ainsi, un bon de réduction de 25 cents sera inclus dans l'emballage d'un produit, distribué dans un magasin, offert par la poste ou transmis par un média publicitaire. À chaque mode de distribution correspond un niveau différent de couverture et de coûts.

Cinquièmement, il doit aussi établir le **moment** (*timing*) **de la promotion**. Par exemple, les directeurs de marque fixent des dates pour les diverses promotions planifiées annuellement. Ces dates sont utilisées par les services de la production, des ventes et de la distribution. On devra aussi organiser certaines pro-

motions spéciales qui exigeront la coopération de toutes les fonctions dans des délais très brefs.

Finalement, le responsable du marketing doit déterminer le **budget total de promotion des ventes**. Il peut le faire de deux façons. Il peut tout d'abord faire un budget à base zéro où il choisit des promotions définies et en estime les coûts totaux. Les coûts d'une promotion déterminée se composent des **coûts administratifs** (impression, poste, publicité) et des **coûts des stimulants** (coûts de la prime ou du rabais, y compris les coûts de réponse), multipliés par le **nombre d'unités** que l'on s'attend à vendre durant la promotion. Dans le cas de bons de réduction, les coûts devraient prendre en considération le fait que seulement une fraction des consommateurs les encaisseront. Dans le cas d'une prime dans l'emballage, les coûts de la promotion doivent inclure les coûts d'acquisition et d'emballage de la prime, qui seront compensés par toute augmentation du prix du produit.

La façon la plus traditionnelle de déterminer un budget de promotion des ventes est de se baser sur un pourcentage conventionnel du budget de communication total. Par exemple, on peut allouer 30 % du budget de communication total de la pâte dentifrice à la promotion des ventes, alors que ce pourcentage pourrait être de 50 % pour le shampooing. Ces pourcentages varient selon les diverses marques sur divers marchés et dépendent de la phase du cycle de vie du produit et des dépenses promotionnelles des concurrents.

Le prétest du programme de promotion des ventes

Quoique les programmes de promotion des ventes s'appuient souvent sur les expériences passées, on devrait faire un prétest pour déterminer si les outils sont appropriés, si l'importance du stimulant est optimale et si le véhicule de distribution est efficace. Malheureusement, un grand nombre de promotions ne sont pas testées. Strang soutient que les promotions peuvent normalement être testées rapidement et à des coûts relativement faibles, et que plusieurs grandes entreprises testent diverses stratégies promotionnelles nationales sur des marchés particuliers[63]. On peut facilement prétester la promotion des ventes destinée aux consommateurs. On peut demander à ces derniers d'évaluer ou de classer par ordre de préférence différentes sortes de promotions. On peut aussi faire des essais sur le terrain dans certaines régions.

La mise en œuvre et le contrôle d'un programme de promotion des ventes

Les directeurs du marketing doivent préparer des plans de mise en œuvre et de contrôle pour chacune des promotions. La planification de la mise en œuvre comprend le délai préparatoire et la durée du programme. Le délai préparatoire est le temps que l'on prend pour préparer le programme avant de le lancer. Ce délai comprend la planification initiale, la conception et l'approbation des modifications du conditionnement ou du matériel qui sera envoyé par la poste ou distribué à domicile, la préparation du matériel au point de vente et la publicité à frais partagés, l'information pour le personnel de vente sur le terrain, l'établissement des allocations pour les divers intermédiaires, l'achat et l'impression des primes ou du matériel spécial de conditionnement, la production de stocks, le stockage dans les différents centres de distribution en préparation du lancement à une date déterminée et finalement la distribution aux détaillants[64].

La promotion commence avec le lancement et se termine quand 95 % de la marchandise de la promotion est entre les mains des consommateurs, ce qui peut prendre d'un à plusieurs mois selon la durée de la promotion.

L'évaluation des résultats de la promotion des ventes

L'évaluation des résultats est une étape cruciale du processus de management. Les fabricants peuvent suivre trois méthodes pour évaluer l'efficacité d'une promotion : les données des ventes, les sondages auprès des consommateurs et la méthode expérimentale.

La méthode la plus courante est l'**analyse des données des ventes** (ou de la part de marché) avant, pendant et après la promotion, fournies par des firmes telles que Nielsen. Supposons qu'une entreprise ait une part de marché de 6 % avant la promotion, que cette part s'élève à 10 % durant la promotion et qu'elle retombe à 5 % immédiatement après la promotion, pour enfin se stabiliser à 7 % quelque temps après la promotion (voir la figure 21.5). La promotion a évidemment attiré de nouveaux utilisateurs en plus d'entraîner d'autres achats chez les clients actuels. Après la promotion, les ventes baissent jusqu'à ce que les consommateurs utilisent leur stock. Le niveau à long terme de 7 % indique que l'entreprise a su gagner quelques nouveaux utilisateurs. La promotion des ventes fonctionne mieux, en général, lorsqu'elle incite des clients des concurrents à faire l'essai d'un produit supérieur.

Si le produit de l'entreprise n'est pas supérieur à celui des concurrents, il est probable que la part de marché retournera au niveau antérieur à celui de la promotion. La promotion n'aurait alors modifié que la demande dans le temps plutôt que la demande

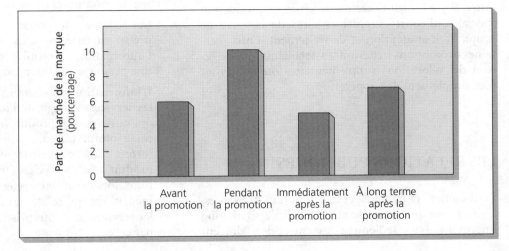

FIGURE 21.5
L'effet d'une promotion destinée aux consommateurs sur la part de marché d'une marque

totale. Dans un tel cas, les coûts de la promotion pourraient avoir été récupérés, mais il est plus probable qu'ils ne l'auront pas été. Une étude récente a montré que seulement 16 % de toutes les promotions des ventes sont rentables[65].

Si l'on a besoin de plus d'information, on peut recourir à des **sondages auprès des consommateurs** pour savoir ce qu'ils retiennent de la promotion, ce qu'ils pensent de celle-ci, combien en ont profité et comment la promotion a influé sur leur comportement d'achat après coup.

Enfin, on peut évaluer une promotion des ventes grâce à une **méthode expérimentale**. On fera alors des expériences avec divers attributs, comme la valeur du stimulant, la durée de la promotion et les véhicules de distribution. Par exemple, on pourrait envoyer des coupons à la moitié des ménages d'un panel de consommateurs; les données des lecteurs optiques permettraient de déterminer si les coupons influencent les ventes immédiatement ou plus tard. Cette information pourrait faciliter le calcul de l'augmentation des ventes résultant de la promotion.

Outre ces méthodes précises d'évaluation des résultats de la promotion des ventes, le management doit reconnaître d'autres coûts et problèmes potentiels. D'abord, les promotions peuvent faire décroître à long terme la fidélité à la marque en rendant les consommateurs plus sensibles aux promotions qu'à la publicité. Ensuite, elles peuvent être plus chères qu'il n'y paraît. Invariablement, certaines promotions seront dirigées vers les mauvais consommateurs (ceux qui ne changent pas de marque, ceux qui changent continuellement de marque et les propres clients de l'entreprise qui tirent profit de la promotion). En outre, il y a les coûts cachés de séries de production spéciales, d'efforts supplémentaires de la force de vente, de manutention et de traitement. Enfin, certaines promotions irriteront les détaillants, qui exigeront des allocations supplémentaires ou refuseront tout simplement de coopérer.

21.3
LES RELATIONS PUBLIQUES

Tout comme la publicité et la promotion des ventes, les relations publiques sont un outil de marketing important. Non seulement les entreprises doivent entretenir des relations positives avec leurs clients, leurs fournisseurs et leurs détaillants, mais elles doivent aussi composer avec de nombreux publics. Nous définissons un public de la façon suivante :

> **Un public est tout groupe qui s'intéresse à la capacité de l'entreprise d'atteindre ses objectifs ou qui a actuellement ou potentiellement une influence sur cette capacité. Les relations publiques comprennent un ensemble de programmes et d'activités conçus pour promouvoir ou protéger l'image de l'entreprise, de ses produits ou de ses services.**

Un public peut faciliter la capacité d'une entreprise d'atteindre ses objectifs tout comme il peut lui nuire. On a malheureusement trop souvent considéré les relations publiques comme une activité qui est conçue après l'élaboration d'un programme de communication. Mais les directeurs les plus avisés prennent des mesures pour gérer avec succès les relations avec les publics clés. La plupart des entreprises ont un service des relations publiques qui planifie ces relations. Le service des relations publiques surveille de près les attitudes et les opinions des publics de l'organisation, et ils diffusent de l'information pour bâtir son image. Quand une information négative est diffusée sur l'entreprise, le rôle du service des relations publiques est de limiter les dommages. Les meilleurs services des relations publiques prennent le temps de conseiller les membres de la haute direction pour que ceux-ci adoptent des programmes positifs et interdisent les pratiques douteuses de façon à éliminer toute publicité négative.

Les services des relations publiques sont responsables de cinq grands types d'activités qui ne donnent pas nécessairement toutes un soutien direct au marketing de produits et de services :

1. **Les relations de presse.** Le but des relations de presse est de faire passer dans les médias toute l'information susceptible d'attirer l'attention sur une personne, sur un produit ou sur un service.

2. **L'information publicitaire sur les produits et sur les services.** Il s'agit de l'information publicitaire qui porte sur un produit ou sur un service déterminé plutôt que sur l'entreprise. Elle prend la forme d'une couverture de presse traitant d'un produit ou d'un service. On parle de publicité gratuite lorsqu'on fait référence à la couverture médiatique qui relate des faits sur les produits et les services de l'entreprise, et qui n'est pas payée par celle-ci.

3. **La communication institutionnelle.** Cette activité, qui comprend à la fois les communications internes et les communications externes de l'entreprise, a pour objectif de promouvoir la compréhension de l'organisation.

4. **Le lobbying.** Le lobbying consiste en des interventions auprès des législateurs et des fonctionnaires dans le but de promouvoir ou de faire échouer divers règlements et lois.

5. **Le conseil.** Le conseil consiste à faire des recommandations à la direction au sujet de problèmes d'intérêt public ou encore au sujet des positions et de l'image de l'entreprise[66].

De plus, les directeurs du marketing et ceux des relations publiques ne parlent pas toujours le même langage. Une des principales différences est que les managers du marketing sont très préoccupés par la rentabilité, alors que les praticiens des relations publiques sont préoccupés par la dissémination de l'information. Les entreprises mettent de plus en plus souvent sur pied un **groupe de relations publiques** au sein du service du marketing pour soutenir directement l'élaboration de l'image de l'entreprise et la promotion de ses produits. Ainsi, les relations publiques dans le domaine du marketing, par exemple auprès des milieux financiers et auprès du grand public devraient servir d'appui aux activités de ce domaine d'activité[67].

Le rôle traditionnel de l'information publicitaire (*publicity*) est d'obtenir de l'espace rédactionnel, plutôt que de l'espace payé, dans les médias écrits et audiovisuels pour promouvoir un produit, un lieu ou une personne. Mais les relations publiques dans le domaine du marketing veulent dire plus de nos jours, car elles contribuent aux tâches suivantes :

- **Aider au lancement de nouveaux produits.** Le succès spectaculaire de jouets tels que les Tortues Ninja et les poupées Teletubbies s'explique en partie par l'information publicitaire.

- **Aider au repositionnement d'un produit à la phase de maturité.** Les diverses acquisitions de Pétro-Canada avaient créé une image de bureaucratie gouvernementale. La société décida alors de commanditer le flambeau olympique pour améliorer son image institutionnelle et freiner le déclin de sa part de marché.

- **Accroître l'intérêt pour une catégorie de produits.** Le Bureau des produits laitiers du Québec, qui a pour objectif la promotion de produits laitiers, s'est associé à diverses activités sportives telles que des marathons et des concours de patinage artistique. Les restaurants McDonald's font des collectes de fonds pour les manoirs Ronald McDonald afin de fournir de l'hébergement aux parents d'enfants atteints du cancer.

- **Influencer des groupes cibles précis.** Des entreprises commanditent des événements spéciaux dans divers groupes ethniques ou sociaux.

- **Défendre des produits qui ont connu des ennuis.** Johnson & Johnson a réagi d'une façon magistrale aux problèmes éprouvés par son produit Tylenol grâce à un effort structuré d'information publicitaire. La brasserie Molson O'Keefe a dû faire revenir pour vérification 80 millions de bouteilles de bière par suite de la découverte de 6 bouteilles contaminées à la soude caustique (sur une production de 200 millions de bouteilles). En quelques jours, toutes les bouteilles ont été vérifiées et retournées aux détaillants avec le soutien promotionnel approprié. Le vice-président des affaires publiques s'est montré très actif en préparant le communiqué de presse, en rencontrant les journalistes et en répondant à leurs questions.

- **Construire une image institutionnelle qui rejaillira favorablement sur les produits.** Le président Lee Iacocca a su projeter une image positive sur les produits Chrysler, lors de son passage à la présidence de l'entreprise, grâce à ses discours et à son autobiographie.

À mesure que le pouvoir de la publicité de masse s'affaiblit à cause de l'augmentation des coûts, d'une plus grande saturation des médias et de la fragmentation des marchés, les directeurs du marketing se tournent de plus en plus vers les relations publiques. Dans une enquête menée auprès de 286 directeurs du marketing, les trois quarts ont déclaré que leur entreprise utilisait l'information publicitaire. Ils trouvent que cette forme de publicité est particulièrement efficace lorsqu'il s'agit de créer la connaissance et la notoriété de la marque, à la fois pour de nouveaux produits et pour les produits bien établis. Dans plusieurs cas, les activités de relations publiques sont plus efficaces que la publicité du point de vue du coût. Elles doivent être planifiées en même temps que la publicité. Ces activités exigeront désormais une plus grande part du budget que dans le passé, et il est même possible que cette part provienne de la publicité[68]. Les directeurs

LE MARKETING EN COULISSE 21.3
Le lancement de Windows 95

De temps à autre, une entreprise dépense des sommes disproportionnées pour attirer l'attention sur un nouveau produit. Une des campagnes les plus importantes fut celle de Microsoft, qui dépensa 295 millions de dollars pour faire mousser son nouveau produit Windows 95. Windows 95 n'était pas tant un nouveau produit qu'un produit qui était aussi facile à utiliser que celui de son rival, le système Macintosh.

La campagne de relations publiques de Microsoft connut beaucoup de succès. Aucun message publicitaire n'avait été fait avant le lancement officiel de Windows 95, le 24 août 1995. Néanmoins, tout le monde en avait entendu parler ! Le *Wall Street Journal* estima que 3 000 en-têtes, 6 852 reportages et plus de 3 000 000 de mots avaient été consacrés à Windows 95 entre le 1er juillet et le 24 août 1995. Des équipes de Microsoft partout dans le monde développèrent des trucs publicitaires ingénieux pour attirer l'attention du grand public tels qu'une bannière de 200 mètres au haut de la tour du CN à Toronto. Le célèbre Empire State Building de New York fut couvert des couleurs rouge, jaune et vert du logo de Windows 95. Microsoft paya le *Times* de

Londres pour que celui-ci distribue gratuitement tout son tirage de 1,5 million d'exemplaires. Lorsque le logiciel de Windows 95 fut finalement mis en vente, des milliers de personnes attendaient dans des files pour pouvoir l'acheter. À la fin de la première semaine, les ventes en Amérique du Nord dépassaient 100 millions de dollars. On peut facilement tirer une leçon de ces événements : une campagne de relations publiques peut être plus efficace que des millions de dollars dépensés dans des campagnes publicitaires.

Mais pourquoi Bill Gates jugea-t-il nécessaire de dépenser tant d'argent dans les relations publiques ? Il y a deux raisons possibles. D'abord, préoccupés par les défauts qu'ils avaient trouvés dans des versions préliminaires des systèmes d'exploitation, les utilisateurs d'ordinateurs pouvaient hésiter à en faire l'achat. Microsoft voulait contrecarrer cette hésitation. Ensuite, Apple avait réduit de façon radicale les prix de ses ordinateurs dans l'espoir de vendre plus d'ordinateurs Macintosh avant que Windows 95 soit lancé. Ainsi, Microsoft voulut freiner la croissance des ventes de Macintosh en vendant autant de logiciels Windows 95.

---

du marketing devront donc acquérir plus d'habileté dans l'utilisation des ressources de relations publiques. La compagnie Gillette exige que chaque directeur de marque alloue une partie de son budget aux relations publiques, et celui-ci est obligé de se justifier s'il n'a pas utilisé tout ce budget.

Il est clair que les relations publiques peuvent avoir un effet important sur la prise de conscience ou sur la notoriété d'un produit, et cela à une fraction du coût de la publicité. En effet, les entreprises ne paient pas l'espace ou le temps obtenus des médias. Elles ne paient que pour leur personnel qui élabore et fait circuler l'information sur l'entreprise, et qui gère certains événements. Si l'entreprise réussit à créer une histoire intéressante, celle-ci pourrait être retenue par les médias, et la couverture médiatique qui en résulterait pourrait valoir des millions de dollars en publicité. De plus, cette information aurait beaucoup plus

de crédibilité que la publicité. Certains experts prétendent que les consommateurs sont probablement cinq fois plus influencés par l'information publicitaire que par la publicité.

Un exemple intéressant d'une activité de relations publiques est celui d'Intel, qui a su tourner en sa faveur une situation qui aurait pu facilement être désastreuse :

Lorsque les utilisateurs d'ordinateurs se servant d'une puce Pentium d'Intel remarquèrent un problème en 1994, l'entreprise refusa de remplacer la puce à moins que les utilisateurs de l'ordinateur parviennent à prouver qu'ils avaient besoin de celle-ci pour faire des opérations mathématiques complexes (les seules opérations qui étaient affectées par le défaut). À la suite d'un tollé de la part des consommateurs, les responsables des relations publiques chez Intel vinrent à la rescousse. Après avoir mis sur pied, à l'échelle mondiale, des centres de service pour remplacer la puce défectueuse à l'intention des entreprises et des commerces de détail, Intel entra en contact avec chacun des clients sur une base individuelle, que ceux-ci soient de grandes entreprises ou des particuliers. Intel réussit à mobiliser un grand nombre de ses employés qui répondaient à tous les appels de clients préoccupés, et envoya partout aux États-Unis des spécialistes pour visiter les clients importants et remplacer la puce Pentium. Pour atteindre les consommateurs, Intel envoya ses propres employés dans les magasins de détail partout au pays dans les semaines précédant Noël de 1994. Conséquemment à cette campagne intensive de relations publiques, Intel réussit à maintenir sa réputation, qui avait été sérieusement compromise au cours des semaines précédentes[69].

La rubrique Le marketing en coulisse 21.3 intitulée « Le lancement de Windows 95 » présente un autre exemple de campagne de relations publiques qui a connu beaucoup de succès.

21.3.1
Les principales décisions relatives aux relations publiques en marketing

Avant de déterminer à quel moment et de quelle façon on doit faire appel aux relations publiques dans le domaine du marketing, le management devrait établir des objectifs de marketing, choisir les messages et les véhicules de relations publiques, et évaluer les résultats. Les principaux outils de relations publiques dans le domaine du marketing sont présentés au tableau 21.8.

La détermination des objectifs de relations publiques en marketing

Les relations publiques en marketing peuvent contribuer aux objectifs suivants :

- **Accroître la notoriété.** Les relations publiques peuvent aider à attirer l'attention sur un produit, sur un service, sur une personne, sur une organisation ou sur une idée.

TABLEAU 21.8
Les principaux outils de relations publiques dans le domaine du marketing

Publications

Les entreprises dépendent beaucoup du matériel de communication pour atteindre leurs marchés cibles et influer sur eux. Ce matériel comprend les rapports annuels, les brochures, les articles, les revues d'entreprise et les lettres d'information, le matériel audiovisuel et multimédia. Le **rapport annuel** de Chrysler sert aussi de brochure de vente en faisant la promotion de chaque nouvelle automobile auprès des actionnaires. Les **brochures** jouent évidemment un rôle important pour informer les clients du marché cible sur la nature d'un produit, sur son fonctionnement et sur la façon de l'assembler. Des **articles** bien pensés, rédigés par les cadres de l'entreprise, peuvent aussi attirer l'attention sur l'entreprise et sur ses produits. Les **revues d'entreprise** et les **lettres d'information** peuvent aider à bâtir l'image de l'entreprise et à transmettre des nouvelles importantes au marché cible. Le **matériel audiovisuel et multimédia**, tel que les films, les diapositives, les vidéocassettes et les audiocassettes, sert de plus en plus d'outil de promotion. Le coût du matériel audiovisuel et multimédia est normalement plus élevé que celui du matériel imprimé, mais son effet est plus grand. Les commissaires industriels font préparer des vidéos par des professionnels pour faire la promotion d'une région, d'une ville ou d'un parc industriel, afin de persuader les entreprises et les organisations de s'y installer. Les universités font de même pour attirer de nouveaux étudiants.

Événements

L'entreprise peut attirer l'attention sur ses nouveaux produits ou sur ses autres activités en organisant des événements spéciaux : conférences de presse, séminaires, visites industrielles, expositions, concours et compétitions, anniversaires, commandites d'activités sportives et culturelles qui rejoignent les marchés cibles. Air Canada, Alcan et Molson O'Keefe commanditent plusieurs activités sportives et culturelles. Ces activités fournissent un prétexte à l'entreprise pour inviter les fournisseurs, les distributeurs et les clients importants, de même que pour mettre en relief de façon répétée ses produits et ses ventes.

Nouvelles

Une des tâches les plus importantes du responsable des relations publiques est de trouver ou de créer des nouvelles favorables à l'entreprise, à ses produits ou à son personnel. Il faut alors des habiletés en ce qui concerne l'élaboration d'un concept d'article, la recherche à mener et l'écriture d'un communiqué de presse. Cependant, le responsable des relations publiques doit aller au-delà de la préparation de textes. Obtenir des médias qu'ils acceptent les communiqués de presse et assistent aux conférences de presse exige aussi des habiletés de marketing et des habiletés interpersonnelles. Un bon directeur des relations publiques comprend que la presse a besoin d'histoires intéressantes et appropriées, et de communiqués de presse qui sont bien écrits et qui attirent l'attention. Il doit également s'assurer de l'appui des éditeurs et des journalistes. Plus les relations avec la presse seront soignées, plus il est probable que cette dernière donnera de l'entreprise une couverture plus complète et plus favorable.

Discours et interviews

Les discours et les interviews sont un autre moyen d'attirer l'attention sur l'entreprise et sur ses produits. Les allocutions charismatiques de Lee

→

Les principaux outils de relations publiques dans le domaine du marketing (*suite*)

Discours et interviews (*suite*)

Iacocca devant de grands auditoires ont aidé Chrysler à vendre ses voitures. De plus en plus, les cadres supérieurs des entreprises sont appelés à répondre aux questions des médias ou à présenter des discours lors de réunions de vente ou de dîners d'affaires, comme ceux de la chambre de commerce ; leur performance lors de ces événements peut bâtir ou détruire l'image de l'entreprise. Les entreprises choisissent avec soin leurs porte-parole, utilisent les services de rédacteurs de discours et forment les porte-parole de façon qu'ils améliorent leur habileté à parler en public.

Activités communautaires et sociales

L'entreprise peut améliorer son image en contribuant non seulement par des fonds, mais aussi par du temps à des causes sociales valables. Une grande entreprise exige normalement que ses cadres appuient les affaires communautaires et sociales des villes et des régions où se trouvent ses bureaux et usines. Dans certaines circonstances, les entreprises offriront de verser à une cause déterminée une partie des revenus engendrés par les achats des consommateurs. Les activités de relations publiques associées aux causes sociales sont de plus en plus courantes lorsqu'il s'agit de bâtir une bonne image. Ainsi, plusieurs entreprises délèguent un cadre pendant quatre mois pour aider Centraide à organiser sa campagne annuelle. De même, de grandes chaînes d'alimentation comme Provigo et Métro organisent annuellement, de concert avec des fabricants, une importante promotion dont les bénéfices sont versés à Centraide.

Signes d'identité

L'identité de l'entreprise est transmise par les factures, les lettres, les cartes professionnelles, les uniformes, le hall d'entrée, etc. Cependant, ces éléments risquent de revêtir des formes différentes, ce qui peut être une source de confusion, de même qu'une occasion manquée de créer une forte identité institutionnelle. Dans une société de surconsommation, les entreprises doivent se concurrencer pour attirer l'attention. Elles doivent donc faire des efforts pour créer une identité visuelle que le public reconnaît immédiatement. L'identité visuelle est transmise par le logo de l'entreprise, la papeterie, les brochures, les enseignes, les formulaires d'affaires, les cartes professionnelles, les bâtiments, les uniformes et les règles d'habillement ainsi que le matériel roulant.

Source : Pour plus d'information sur le marketing de causes sociales, voir P. Rajan Varadarajan et Anil Menon, « Cause-Related Marketing : A Co-Alignment of Marketing Strategy and Corporate Philanthropy », *Journal of Marketing*, juillet 1988, p. 58-74.

- **Bâtir la crédibilité.** Les relations publiques peuvent accroître la crédibilité en communiquant un message dans un contexte d'information publicitaire.

- **Stimuler la force de vente et la distribution.** Les relations publiques peuvent aider à stimuler l'enthousiasme des vendeurs et des intermédiaires. La couverture médiatique d'un nouveau produit avant qu'il soit lancé aidera les représentants à le vendre aux détaillants.

- **Empêcher la croissance des coûts de communication.** Les relations publiques coûtent moins cher que le publipostage ou la publicité de masse. Plus le budget de communication de l'entreprise est petit, plus il est avantageux d'utiliser les relations publiques pour gagner une « part d'esprit ».

Des objectifs précis devraient être fixés pour chaque campagne de relations publiques. Une association de viticulteurs a déterminé les objectifs de relations publiques suivants pour améliorer l'image de la consommation du vin et accroître sa part de marché dans le domaine des vins : 1° préparer des articles sur le vin et tenter de les placer dans les meilleurs magazines et dans les journaux (dans les sections sur l'alimentation, dans les numéros spéciaux) ; 2° concevoir des articles démontrant la valeur du vin pour la santé et les envoyer aux professionnels de la santé ; 3° élaborer de l'information publicitaire pour le marché des jeunes adultes, le marché des universités, les organismes gouvernementaux et divers groupes ethniques. Ces objectifs ont été raffinés dans des buts spécifiques de façon que les résultats puissent être évalués.

Le choix des messages et des véhicules de relations publiques en marketing

Il est ensuite nécessaire de penser à des choses intéressantes à dire sur le produit, puis d'approfondir le sujet. Supposons qu'une université régionale comme l'Université du Québec à Chicoutimi désire une meilleure visibilité. Le responsable des relations publiques tenterait de trouver des renseignements, des récits, des histoires ou tout dossier d'articles qui pourraient intéresser le public. Certains professeurs ont-ils des profils de carrière inhabituels ? Travaille-t-on à un projet d'intervention ou à un programme de recherche original ? Donne-t-on des cours nouveaux ou très différents ? Y a-t-il des événements captivants sur le campus ? Une telle recherche devrait normalement permettre de découvrir une panoplie de renseignements pouvant être transmis aux médias. Les dossiers d'articles retenus devraient refléter l'image que l'université désire se donner.

Si le nombre d'articles n'est pas suffisant, le responsable des relations publiques en marketing pourrait proposer que l'université commandite des événements susceptibles de faire la nouvelle. Le défi devient alors de **créer la nouvelle** plutôt que de la rapporter. On pourrait penser à être l'hôte d'un colloque ou d'un congrès, à inviter des conférenciers prestigieux ou à organiser des conférences de presse. Chaque événement est une occasion de créer de nombreux articles destinés à différents auditoires.

La **création d'événements** est une activité particulièrement importante pour annoncer les activités de collecte de fonds pour des organisations à but non lucratif. Les responsables des collectes ont élaboré toute une série d'événements spéciaux, notamment les célébrations d'anniversaires, les expositions d'art, les ventes aux enchères, les soirées-bénéfices, les bingos, les ventes de livres, les concours, les danses, les expositions, les défilés de mode, les activités sportives, les ventes d'objets d'artisanat, les ventes d'antiquités, les tournois de golf et toutes sortes d'activités sociales. Et aussitôt qu'un événement est créé, par exemple un téléthon, il est copié par plusieurs concurrents[70].

Les organisations à but lucratif utilisent aussi divers événements pour attirer l'attention sur leurs produits ou services, par exemple la montgolfière de Remax. Un autre exemple bien connu est le dirigeable de Goodyear, présent à diverses activités sportives et à d'autres événements ou occasions depuis plusieurs décennies. Cette activité a connu tellement de succès depuis quelques années que la compagnie Fuji Photo Film a aussi fait fabriquer son propre dirigeable, qu'elle utilise dans des occasions similaires.

Les responsables des relations publiques réussissent souvent à trouver ou à créer des histoires au sujet de produits qui sont aussi banals que le porc, l'ail et les pommes de terre. En voici un exemple :

> Une des marques bien connues de nourriture pour chats est la marque 9-Lives de Star-Kist Foods. L'image de marque est le chat Morris. L'agence de publicité Leo Burnett, qui avait créé Morris pour ses messages publicitaires, désirait en faire un félin très vivant, très dynamique et très réel auquel les propriétaires et les amateurs de chats s'associeraient. L'agence de publicité engagea une firme de relations publiques qui proposa la mise en œuvre des idées

suivantes : 1° lancer un concours du chat le plus semblable à Morris sur neuf marchés importants; 2° écrire un livre intitulé *Morris, une biographie intime*; 3° créer une récompense convoitée appelée le Morris, statuette en bronze décernée aux propriétaires de chats qui gagneraient à des expositions locales de chats; 4° commanditer une campagne d'adoption de chats dont le « porte-parole » serait Morris; 5° distribuer un livret intitulé *La méthode Morris de soins des chats*. Ces activités de relations publiques renforcèrent la part de marché de la marque sur le marché de la nourriture pour chats.

La mise en œuvre d'un plan de relations publiques en marketing

La mise en œuvre d'un plan de relations publiques en marketing doit être effectuée avec minutie. Prenons par exemple le problème de la publication d'articles dans les médias. Un article exceptionnel est facile à diffuser. Or, la plupart des articles présentent peu d'intérêt et ne réussiront probablement pas à passer le bureau du rédacteur en chef. Un des actifs les plus importants d'un bon relationniste est ses relations personnelles avec les directeurs de divers médias. Les spécialistes de l'information publicitaire et des relations publiques sont souvent d'anciens journalistes qui connaissent les éditeurs de plusieurs médias et savent ce qu'ils désirent. Ils considèrent que les éditeurs des divers médias sont un marché qu'ils doivent satisfaire pour que ces éditeurs continuent à diffuser leurs communiqués.

L'information publicitaire exige des soins encore plus particuliers lorsqu'elle concerne la mise sur pied d'événements spéciaux tels que les soirées hommages, les conférences de presse et les concours nationaux. Les responsables des relations publiques doivent être soucieux des détails et habiles à trouver des solutions rapides lorsque des problèmes surviennent.

L'évaluation des résultats des relations publiques en marketing

La contribution aux profits des relations publiques en marketing est difficile à mesurer, parce qu'elles sont utilisées de concert avec d'autres outils de communication. Si l'on se sert des relations publiques avant de recourir à d'autres outils, leur contribution est plus facile à évaluer. Les trois mesures de l'efficacité des relations publiques sont: 1° l'exposition; 2° le changement de notoriété, de compréhension et d'attitude; 3° la contribution aux ventes et aux profits.

L'exposition

La mesure la plus facile de l'efficacité des relations publiques est le nombre d'**expositions créées dans les médias**. Les relationnistes fournissent à leurs clients un livre de coupures de journaux extraites de tous les journaux qui ont relaté la nouvelle au sujet d'un produit, et un résumé de cette couverture pouvant prendre la forme suivante:

La couverture médiatique comprenait 350 cm de colonnes de textes et de photographies parues dans 35 publications ayant un tirage total de 7,9 millions d'exemplaires; 250 minutes à la radio, sur 29 stations, avec un auditoire total estimé à 6,5 millions de personnes; 66 minutes de télévision, sur 16 chaînes, avec un auditoire estimé à 9,1 millions de personnes. Si cet espace et ce temps avaient été achetés au taux courant, le tout aurait coûté 1 047 000 $[71].

La mesure de l'exposition n'est toutefois pas très satisfaisante. Il n'y a aucune indication sur le nombre de personnes qui ont en fait lu, écouté ou gardé en mémoire le message, ni sur ce qu'elles en ont pensé après coup. Il n'y a aucune information sur l'auditoire net rejoint, puisque les mêmes lecteurs peuvent lire plusieurs publications ayant diffusé la nouvelle. Comme le but des relations publiques est la couverture et non la fréquence, il serait plus utile de connaître le nombre d'expositions uniques.

Le changement de notoriété, de compréhension et d'attitude

Une meilleure mesure est le **changement de notoriété, de compréhension et d'attitude** résultant de la campagne de relations publiques (après avoir tenu compte des effets des autres outils de communication). Par exemple, combien de gens se rappellent tel article dans les nouvelles? Combien en ont fait part à d'autres personnes (une mesure du bouche à oreille)? Combien de personnes ont changé d'idée après avoir entendu le message? Une association de producteurs de pommes de terre avait appris, par exemple, que le pourcentage de personnes qui étaient d'accord avec l'énoncé «Les pommes de terre sont riches en vitamines et en minéraux» était passé de 36 % avant la campagne à 67 % après la campagne, ce qui représentait une amélioration considérable de la compréhension du produit.

La contribution aux ventes et aux profits

L'incidence sur les ventes et sur les profits est la mesure la plus satisfaisante, lorsqu'elle est possible. Par exemple, les ventes du produit 9-Lives s'étaient accrues de 43 % à la fin de la campagne de relations publiques portant sur le chat Morris. Par contre, les dépenses pour la publicité et la promotion des ventes s'étaient aussi accrues; il fallait également en tenir compte. Supposons que les ventes aient augmenté de 1,5 million de dollars et que le management estime que les relations publiques ont contribué pour 15 % à l'augmentation totale des ventes. Alors, le rendement des investissements en relations publiques se calculerait de la façon suivante:

Augmentation totale des ventes	1 500 000 $
Estimation de l'augmentation des ventes causée par la campagne de relations publiques (15 %)	225 000 $
Contribution des ventes du produit à la marge (10 %)	22 500 $
Coût direct du programme de relations publiques	− 10 000 $
Contribution à la marge résultant de l'investissement en relations publiques	12 500 $
Rendement des investissements en relations publiques (12 500 $ divisé par 10 000 $)	125 %

Dans les années à venir, on peut s'attendre à ce que les relations publiques jouent un rôle de plus en plus important dans les efforts de communication des entreprises. On peut aussi s'attendre à une plus grande intégration des relations publiques au mix de communication, incluant le publipostage.

RÉSUMÉ

1. La publicité est toute forme payée de présentation et de promotion impersonnelles d'idées, de biens et de services par un annonceur clairement identifié. Les annonceurs ne sont pas seulement des entreprises, mais aussi des organisations à but non lucratif et des organisations gouvernementales.

   L'élaboration d'un programme publicitaire fait appel à un processus en cinq étapes. Premièrement, les mercaticiens doivent déterminer les objectifs publicitaires ; ils doivent ainsi décider s'ils veulent informer, persuader ou rappeler. Deuxièmement, ils doivent déterminer le budget publicitaire, qui doit prendre en considération les phases du cycle de vie du produit, la part de marché et la taille du marché, l'intensité de la concurrence, la fréquence de la publicité et l'accessibilité de produits substituts. Troisièmement, les mercaticiens doivent choisir le message, ce qui implique la conception du message, l'évaluation et le choix du message — son attrait, son exclusivité et sa crédibilité —, la formulation du message — où il faut trouver le style, le ton, les mots et la forme — et faire l'évaluation de la responsabilité sociale. Quatrièmement, ils doivent prendre des décisions relatives aux médias, soit des décisions en matière de couverture, de fréquence et d'impact du message, des décisions ayant trait au choix du type de médias, des décisions concernant les supports publicitaires qui donneront les résultats souhaités quant à la diffusion, à l'auditoire général, à l'auditoire effectif et à l'auditoire effectif exposé au message. Finalement, après avoir programmé la campagne publicitaire, les mercaticiens doivent évaluer les effets communicationnels et les effets de la publicité sur les ventes.

2. La promotion des ventes consiste en une vaste gamme d'outils conçus pour susciter, surtout à court terme, des achats plus rapides ou plus importants, ou des services particuliers par les consommateurs ou les gens d'affaires. Alors que la publicité donne une raison de faire un achat, la promotion des ventes offre un stimulant pour procéder à cet achat.

   Les principaux outils de promotion des ventes destinée aux consommateurs sont l'échantillon, le bon de réduction, l'offre de remboursement, l'offre spéciale, la prime, le prix, la récompense à la clientèle, l'essai gratuit, la garantie, la promotion jumelée, la promotion croisée, le présentoir au point de vente et la démonstration. Les outils de promotion des ventes destinée aux intermédiaires comprennent la remise ou réduction sur la quantité, l'allocation et les marchandises gratuites. Les outils de promotion des ventes destinée aux entreprises et aux représentants se résument aux foires commerciales et aux congrès, aux concours de ventes et à la publicité par l'objet.

   Les dépenses de promotion des ventes en pourcentage du budget annuel de communication se sont accrues au cours des deux dernières décennies, et cette croissance continuera fort probablement. Lorsqu'une entreprise choisit de faire de la promotion des ventes, elle doit fixer les objectifs, choisir des outils de promotion des ventes, élaborer un programme, en faire le prétest, s'assurer de la mise en œuvre et du contrôle du programme, et finalement évaluer les résultats du programme de promotion des ventes. La plupart des gens sont d'avis que la promotion des ventes permet surtout d'accroître les ventes et la part de marché à court terme, mais qu'elle a moins d'effets à long terme. En outre, plusieurs formes de promotion des ventes causent des problèmes importants aux mercaticiens, en particulier leurs coûts élevés.

3. Un public est tout groupe qui s'intéresse à la capacité de l'entreprise d'atteindre ses objectifs ou qui a actuellement ou potentiellement une influence sur cette capacité. Les relations publiques consistent en une variété de programmes que l'on conçoit pour promouvoir ou protéger l'image d'une entreprise ou de ses produits. De nos jours, beaucoup d'entreprises utilisent les relations publiques pour appuyer leur service du marketing dans la promotion et la fabrication de l'image de l'entreprise ou de ses produits. Les relations publiques peuvent avoir une incidence remarquable sur la notoriété pour une fraction du coût de la publicité, et elles sont souvent plus crédibles. Les principaux outils de relations publiques sont les publications, les événements, les nouvelles, les discours et interviews, les activités communautaires et sociales de même que les signes d'identité. Lorsqu'elle estime à quel moment et de quelle façon elle peut utiliser les relations publiques en marketing, la direction doit fixer des objectifs de marketing, choisir les messages et les véhicules de relations publiques, mettre en œuvre avec soin le plan d'action et évaluer les résultats. Les résultats sont souvent mesurés en fonction de l'exposition, du changement de notoriété, de compréhension et d'attitude, et de la contribution aux ventes et aux profits.

QUESTIONS

Pour les questions 1 à 3, choisissez une entreprise qui vous semble intéressante à étudier. Cette entreprise peut être celle qui vous emploie actuellement, une entreprise qui vous a déjà employé ou encore une entreprise dont vous aimeriez faire partie.

1. Proposez à la classe un exemple d'une publicité de cette entreprise et un exemple d'une publicité d'un concurrent. Quelle publicité vous paraît la plus efficace? Quelle est la partie la plus forte de la publicité en question? Qu'est-ce que vous préférez dans chacune des publicités? Quels changements recommanderiez-vous pour améliorer la publicité de l'entreprise que vous avez choisie?

2. Apportez en classe un échantillon d'une promotion des ventes de cette entreprise. Quel est l'objectif de cette promotion? Croyez-vous que la promotion puisse aider à réaliser cet objectif? Qu'est-ce que vous jugez le plus intéressant ou étonnant dans cette promotion? Devrait-on la continuer? Pourquoi? Quels sont les aspects négatifs potentiels de cette promotion et des promotions en général?

3. L'entreprise que vous avez choisie est consciente qu'une mauvaise publicité peut avoir un effet négatif durable sur son avenir ; ainsi, elle désire que son personnel de direction se sente à l'aise lors de rencontres avec les médias concernant de bonnes ou de mauvaises nouvelles. Individuellement ou en groupe, aidez l'équipe de relations publiques à concevoir une grille d'entrevue en 10 points destinée aux médias. Cette grille sera utilisée par tous les gestionnaires qui sont susceptibles d'être questionnés par l'entremise de médias imprimés ou électroniques.

   Voici deux points pour vous aider à commencer :

   • Si un reporter vous appelle, déterminez la raison de l'appel et l'information recherchée. Si vous ne pouvez répondre aux questions ou si vous avez besoin de renseignements additionnels, promettez de le rappeler plus tard. Assurez-vous de le rappeler.

   • Ne vous attendez pas à ce que le reportage soit exactement le reflet de vos propos. Attendez-vous à ce qu'il y ait un peu de confusion dans les faits ; si les erreurs ne sont pas majeures, ne demandez pas de corrections.

4. Qu'entend-on par l'expression « un public » ? Pourquoi la plupart des organisations servent-elles plus d'un public ? Donnez des exemples de publics que sert un hôpital. Quelles influences la multiplicité des publics a-t-elle sur un programme de relations publiques ?

5. Supposons qu'une marque de lotion après rasage soit réduite de 0,09 $ pour une période limitée. (En d'autres mots, le fabricant vendra le produit aux revendeurs ou aux grossistes 0,09 $ de moins que le prix courant.) Le produit se vend régulièrement 1,09 $, et le profit du fabricant avant les dépenses de marketing est de 0,40 $. Le directeur de marque prévoit la vente d'un million de bouteilles grâce à ce rabais. Les coûts administratifs de cette promotion sont de 10 000 $.

   a) Déterminez le coût total de cette promotion.

   b) Supposons que l'entreprise prévoit la vente de 800 000 bouteilles de lotion sans l'aide de la promotion. Est-ce que la promotion en vaut la peine ?

6. Black & Decker a récemment acheté la division des petits appareils ménagers de General Electric, qui fabrique des grille-pain, des malaxeurs portatifs, des ouvre-boîtes, des couteaux électriques, etc. Une des décisions à prendre maintenant est reliée au domaine de la promotion des ventes. Cette industrie est traditionnellement caractérisée par des stratégies de pression qui représentent la majorité des efforts promotionnels. Toutefois, Black & Decker considère une stratégie d'aspiration comme une partie dominante du mix promotionnel.

   Individuellement ou en petit groupe, décidez si l'entreprise devrait utiliser une stratégie de pression ou une stratégie d'aspiration pour lancer sa nouvelle acquisition. Quels types de promotions utiliseriez-vous ? Pour quelles raisons ?

7. La direction des Expos désire accroître l'assistance aux matchs. Le propriétaire de l'équipe a décidé d'engager un spécialiste du marketing pour accroître l'assistance. Comment celui-ci devrait-il procéder ?

8. Un fabricant d'aliments en conserve pour chiens doit choisir entre le média A et le média B. Le média A atteint 10 000 000 de lecteurs et demande 20 000 $ pour une pleine page de publicité (2 $ par 1 000). Le média B atteint 15 000 000 de lecteurs et demande 25 000 $ pour une pleine page de publicité (1,67 $ par 1 000). De quelle autre information le fabricant a-t-il besoin afin de décider lequel des deux médias est le meilleur ?

9. Citez trois crises récentes dans lesquelles la crédibilité d'entreprises ou d'organismes gouvernementaux a été compromise. Dans chaque cas, comment a-t-on géré le nom et l'image de l'organisation dans une perspective de relations publiques ? Pouvez-vous suggérer une stratégie de minimisation des préjudices s'appuyant sur ces expériences ?

RÉFÉRENCES

1. Voir Russell H. Colley, *Defining Advertising Goals for Measured Advertising Results*, New York, Association of National Advertisers, 1961.

2. Voir William L. Wilkie et Paul W. Farris, « Comparison Advertising : Problem and Potential », *Journal of Marketing*, octobre 1975, p. 7-15.

3. Voir Randall L. Rose, Paul W. Miniard, Michael J. Barone, Kenneth C. Manning et Brian D. Till, « When Persuasion Goes Undetected : The Case of Comparative Advertising », *Journal of Marketing Research*, août 1993, p. 315-330 ; Sanjay Putrevu et Kenneth R. Lord, « Comparative and Noncomparative Advertising : Attitudinal Effects Under Cognitive and Affective Involvement Conditions », *Journal of Advertising*, juin 1994, p. 77-91.

4. Pour une bonne discussion sur ce point, voir David A. Aaker et James M. Carman, « Are You Overadvertising ? », *Journal of Advertising Research*, août-septembre 1982, p. 57-70.

5. Voir Donald E. Schultz, Dennis Martin et William P. Brown, *Strategic Advertising Campaigns*, Chicago, Crain Books, 1984, p. 192-197.

6. M.L. Vidale et H.R. Wolfe, « An Operations-Research Study of Sales Response to Advertising », *Operations Research*, juin 1957, p. 370-381.

7. John D.C. Little, « A Model of Adaptive Control of Promotional Spending », *Operations Research*, novembre 1966, p. 1075-1097.

8. Pour d'autres modèles sur la fonction des budgets de publicité, voir Gary L. Lilien, Philip Kotler et K. Sridhar Moorthy, *Marketing Models*, Englewood Cliffs, N.J., Prentice Hall, 1992, chap. 6.

9. Joshua Levine, « Fizz, Fizz… Plop, Plop », *Forbes*, 21 juin 1993, p. 139 ; « Mission Impossible », *Advertising Age*, 8 mars 1993, p. 18.

10. Voir « Keep Listening to that Wee, Small Voice », dans *Communications of an Advertising Man*, Chicago, Leo Burnett Co., 1961, p. 61.

11. John C. Maloney, « Marketing Decisions and Attitude Research », dans *Effective Marketing Coordination*, sous la direction de George L. Baker Jr., Chicago, American Marketing Association, 1961, p. 595-618.

12. Dik Warren Twedt, « How to Plan New Products, Improve Old Ones, and Create Better Advertising », *Journal of Marketing*, janvier 1969, p. 53-57.

13. Voir William A. Mindak et H. Malcolm Bybee, « Marketing Application to Fund Raising », *Journal of Marketing*, juillet 1971, p. 13-18.

14. Voir Nancy Arnott, « Getting the Picture », *Sales and Marketing Management*, juin 1994, p. 74-82.

15. Lalita Manrai, « Effect of Labeling Strategy in Advertising : Self-Referencing versus Psychological Reactance », thèse de doctorat, Northwestern University, 1987.

16. Bob Garfield, « Wondrous Chanel No. 5 Spot Deftly Nurtures the Product », *Advertising Age*, 12 décembre 1994, p. 3.

17. L. Greenland, « Is this the Era of Positioning ? », *Advertising Age*, 29 mai 1972.

18. David Ogilvy et Joel Raphaelson, « Research on Advertising Techniques that Work — And Don't Work », *Harvard Business Review*, juillet-août 1982, p. 14-18.

19. Joanne Lipman, « It's It and that's a Shame : Why Are Some Slogans Losers ? », *The Wall Street Journal*, 16 juillet 1993, p. A1:4 ; Paul Farhi, « The Wrong One Baby, Uh-Uh : Has Madison Avenue Lost It ? », *The Washington Post*, 28 février 1993, p. C5:1.

20. Voir Dorothy Cohen, *Legal Issues in Marketing Decision Making*, Cincinnati, South-Western, 1995.

21. Kevin Goldman, « Advertising from Witches to Anorexics : Critical Eyes Scrutinize Ads for Political Correctness », *The Wall Street Journal*, 19 mai 1994, p. B1:3.

22. Nathaniel C. Nash, « Advertising : A German Court Rules that Images in a Benetton Campaign Are Exploitative and Illegal », *The New York Times*, 7 juillet 1995, p. D6:1 ; Kevin J. Clancy et Robert S. Shulman, *Marketing Myths that Are Killing Business*, New York, McGraw-Hill, 1994, p. 148-149.

23. Donald E. Schultz, Dennis Martin et William P. Brown, *Strategic Advertising Campaigns*, Chicago, Crain Books, 1984, p. 340.

24. Voir Herbert E. Krugman, « What Makes Advertising Effective ? », *Harvard Business Review*, mars-avril 1975, p. 96-103, ici p. 98.

25. Voir Peggy J. Kreshel, Kent M. Lancaster et Margaret A. Toomey, « Advertising Media Planning : How Leading Advertising Agencies Estimate Effective Reach and Frequency », Urbana, University of Illinois, Department of Advertising, document n° 20, janvier 1985. Voir aussi Jack Z. Sissors et Lincoln Bumba, *Advertising Media Planning*, 3ᵉ éd., Lincolnwood, Ill., NTC Business Books, 1988, chap. 9.

26. Voir Roland T. Rust, *Advertising Media Models : A Practical Guide*, Lexington, Mass., Lexington Books, 1986.

27. *Canadian Media Director's Council Media Digest*, 1999-2000.

28. Voir Jay W. Forrester, « Advertising : A Problem in Industrial Dynamics », *Harvard Business Review*, mars-avril 1959, p. 100-110.

29. Voir Amber G. Rao et Peter B. Miller, « Advertising/Sales Response Functions », *Journal of Advertising Research*, avril 1975, p. 7-15.

30. Voir Alfred A. Kuehn, « How Advertising Performance Depends on Other Marketing Factors », *Journal of Advertising Research*, mars 1962, p. 2-10.

31. Voir aussi Hani I. Mesak, « An Aggregate Advertising Pulsing Model with Wearout Effects », *Marketing Science*, été 1992, p. 310-326 ; Fred M. Feinberg, « Pulsing Policies for Aggregate Advertising Models », *Marketing Science*, été 1992, p. 221-234.

32. Jay W. Forrester, « Advertising : A Problem in Industrial Dynamics », *Harvard Business Review*, mars-avril 1959, p. 102.

33. Russell I. Haley, James Stafforoni et Arthur Fox, « The Missing Measures of Copy Testing », *Journal of Advertising Research*, mai-juin 1994, p. 46-56. Voir aussi le numéro de

mai-juin 1994 du *Journal of Advertising Research*, qui comporte des articles sur les tests de messages publicitaires.

34. Voir J.O. Peckham, *The Wheel of Marketing*, Scarsdale, New York, publié à compte d'auteur, 1975, p. 73-77.

35. Kristian S. Palda, *The Measurement of Cumulative Advertising Effect*, Englewood Cliffs, N.J., Prentice Hall, 1964, p. 87.

36. David B. Montgomery et Alvin J. Silk, « Estimating Dynamic Effects of Market Communications Expenditures », *Management Science*, juin 1972, p. 485-501.

37. Voir Robert D. Buzzell, « E.I. DuPont de Nemours & Co. : Measurement of Effects of Advertising », *Mathematical Models and Marketing Management*, Boston, Division of Research, Graduate School of Business Administration, Harvard University, 1964, p. 157-179.

38. Voir Glen L. Urban, « Allocating Ad Budgets Geographically », *Journal of Advertising Research*, décembre 1975, p. 7-16.

39. Voir Nigel Hollis, « The Link Between TV Ad Awareness and Sales : New Evidence from Sales Response Modelling », *Journal of the Market Research Society*, janvier 1994, p. 41-55.

40. Voir aussi David Walker et Tony M. Dubitsky, « Why Liking Matters », *Journal of Advertising Research*, mai-juin 1994, p. 9-18 ; Abhilasha Mehta, « How Advertising Response Modeling (ARM) Can Increase Ad Effectiveness », *Journal of Advertising Research*, mai-juin 1994, p. 62-74 ; Karin Holstius, « Sales Response to Advertising », *International Journal of Advertising*, vol. 9, n° 1, 1990, p. 38-56.

41. Gerald J. Tellis, « Advertising Exposure, Loyalty, and Brand Purchase : A Two-Stage Model of Choice », *Journal of Marketing Research*, mai 1988, p. 134-144.

42. Voir Michael A. Kamins, Lawrence J. Marks et Deborah Skinner, « Television Commercial Evaluation in the Context of Program Induced Mood : Congruency versus Consistency Effects », *Journal of Advertising*, juin 1991, p. 1-14.

43. Voir Kenneth R. Lord et Robert E. Burnkrant, « Attention versus Distraction : The Interactive Effect of Program Involvement and Attentional Devices on Commercial Processing », *Journal of Advertising*, mars 1993, p. 47-60 ; Kenneth R. Lord, Myung-Soo Lee et Paul L. Sauer, « Program Context Antecedents of Attitude Toward Radio Commercials », *Journal of the Academy of Marketing Science*, hiver 1994, p. 3-15.

44. Voir Yoav Ganzach et Nili Karashi, « Message Framing and Buying Behavior : A Field Experiment », *Journal of Business Research*, janvier 1995, p. 11-17.

45. « It's Official : Some Ads Work », *The Economist*, 1er avril 1995, p. 52.

46. De Robert C. Blattberg et Scott A. Neslin, *Sales Promotion : Concepts, Methods, and Strategies*, Englewood Cliffs, N.J., Prentice Hall, 1990. Ce livre présente l'exposé sur la promotion des ventes le plus compréhensible et le plus analytique qui ait été produit jusqu'à ce jour.

47. « It's Official : Some Ads Work », *The Economist*, 1er avril 1995, p. 52.

48. Ken Riddel, « The New Order of Promotions », *Marketing*, vol. 98, n° 22, 31 mai 1993, p. 31.

49. Jonathan Berry, « Wilma ! What Happened to the Plain Old Ad ? », *Business Week*, 6 juin 1994, p. 54-58.

50. Roger A. Strang, « Sales Promotion — Fast Growth, Faulty Management », *Harvard Business Review*, juillet-août 1976, p. 115-124, ici p. 116-119.

51. Pour un bon résumé de la recherche sur l'érosion de la fidélité des consommateurs aux marques principales, voir Robert C. Blattberg et Scott A. Neslin, *Sales Promotion : Concepts, Methods, and Strategies*, Englewood Cliffs, N.J., Prentice Hall, 1990.

52. Robert George Brown, « Sales Response to Promotions and Advertising », *Journal of Advertising Research*, août 1974, p. 33-39, ici p. 36-37.

53. F. Kent Mitchel, « Advertising/Promotion Budgets : How Did We Get Here, and What Do We Do Now ? », *Journal of Consumer Marketing*, automne 1985, p. 405-447.

54. Voir Paul W. Farris et John A. Quelch, « In Defense of Price Promotion », *Sloan Management Review*, automne 1987, p. 63-69.

55. Pour un modèle permettant de déterminer les objectifs de promotion des ventes, voir David B. Jones, « Setting Promotional Goals : A Communications Relationship Model », *Journal of Consumer Marketing*, vol. 11, n° 1, 1994, p. 38-49.

56. Voir John C. Totten et Martin P. Block, *Analyzing Sales Promotion*, 2e éd., Chicago, Dartnell, 1994, p. 69-70.

57. John Yokum, « Skeptical Look at Industry Figures », *Marketing*, 23 avril 1990, p. 11.

58. Voir Paul W. Farris et Kusum L. Ailawadi, « Retail Power : Monster or Mouse ? », *Journal of Retailing*, hiver 1992, p. 351-369.

59. Voir « Retailers Buy Far in Advance to Exploit Trade Promotions », *The Wall Street Journal*, 9 octobre 1986, p. 35.

60. Kevin Price, « Trade Promotion : Much Ado About Someting », *PROMO*, octobre 1991, p. 15, 37, 40.

61. Kerry E. Smith, « Media Fusion », *PROMO*, mai 1992, p. 29.

62. Arthur Stern, « Measuring the Effectiveness of Package Goods Promotion Strategies », document présenté à l'Association of National Advertisers, Glen Cove, New York, février 1978.

63. Roger A. Strang, « Sales Promotion — Fast Growth, Faulty Management », *Harvard Business Review*, juillet-août 1976, p. 120.

64. Kurt H. Schaffir et H. George Trenten, *Marketing Information Systems*, New York, Amacom, 1973, p. 81.

65. Voir Magid M. Abraham et Leonard M. Lodish, « Getting the Most Out of Advertising and Promotion », *Harvard Business Review*, mai-juin 1990, p. 50-60.

66. Adapté de Scott M. Cutlip, Allen H. Center et Glen M. Broom, *Effective Public Relations*, 8e éd., Englewood Cliffs, N.J., Prentice Hall, 1997.

67. Voici une excellente référence : Thomas L. Harris, *The Marketer's Guide to Public Relations*, New York, John Wiley, 1991.

68. Tom Duncan, *A Study of How Manufacturers and Service Companies Perceive and Use Marketing Public Relations*, Muncie, Ind., Ball State University, décembre 1985. Pour plus d'information sur l'efficacité comparée de la publicité et des relations publiques, voir Kenneth R. Lord et Sanjay Putrevu, « Advertising and Publicity : An Information

Processing Perspective», *Journal of Economic Psychology*, mars 1993, p. 57-84.

69. Kate Bertrand, «Intel Starts to Rebuild», *Business Marketing*, février 1995, p. 1, 32; John Markoff, «In About-Face, Intel Will Swap Its Flawed Chip», *The New York Times*, 21 décembre 1994, p. A1:1; T.R. Reid, «It's a Dangerous Precedent to Make the Pentium Promise», *The Washington Post*, 26 décembre 1994, WBIZ, 14:1.

70. Voir Dwight W. Catherwood et Richard L. Van Kirk, *The Complete Guide to Special Event Management*, New York, John Wiley, 1992.

71. Arthur M. Merims, «Marketing's Stepchild: Product Publicity», *Harvard Business Review*, novembre-décembre 1972, p. 111-112. Voir aussi Katerine D. Paine, «There Is a Method for Measuring PR», *Marketing News*, 6 novembre 1987, p. 5.

Chapitre 22

La gestion de la force de vente

Tout le monde vit de la vente de quelque chose.
Robert Louis Stevenson

*P*lus d'un million de Canadiens travaillent directement ou indirectement dans la vente et dans les activités connexes. Ce n'est évidemment pas tout le monde qui vit de la vente[1]. On ne trouve pas des forces de vente seulement dans le milieu des affaires, mais également dans les organismes à but non lucratif. Une partie importante des activités de sollicitation de Centraide est structurée comme une force de vente : on assigne des territoires ou des marchés, on fixe des objectifs et on assure un suivi. Les représentants de différentes universités font des représentations auprès des conseillers pédagogiques et des élèves des cégeps. Le ministère des Ressources naturelles (Forêt Québec) donne des plants d'arbres aux associations de protection de l'environnement des lacs afin de sensibiliser les propriétaires riverains à la nécessité de conserver les arbres, et des représentants du Ministère indiquent comment planter des arbres et faire échec au déboisement sauvage. Les représentants de l'Orchestre symphonique de Montréal font de la sollicitation téléphonique pour vendre des abonnements aux différents concerts de l'orchestre. La vente est l'une des plus vieilles professions du monde.

On désigne sous plusieurs vocables les personnes qui font de la vente : vendeur, représentant, représentant de vente, directeur de compte, ingénieur commercial, agent, responsable du service à la clientèle et représentant du marketing. Il existe plusieurs stéréotypes au sujet du représentant. Un vendeur peut inspirer la pitié, comme dans la célèbre pièce d'Arthur Miller, *Mort d'un commis voyageur*. On connaît aussi l'image du vendeur exubérant souvent mis en scène dans les comédies présentées par les théâtres d'été ; c'est le beau parleur, le conteur de blagues, le bon vivant qui donne des tapes dans le dos. Les vendeurs n'aiment guère ni l'un ni l'autre de ces stéréotypes. Néanmoins, on leur reproche souvent de harceler les gens, quoique ce soient souvent les acheteurs qui sont à la recherche d'un vendeur.

En réalité, le terme « vendeur » s'applique à toute une gamme de situations du système économique, où les différences l'emportent souvent sur les similitudes. Robert McMurry a proposé la catégorisation suivante des vendeurs[2] :

1. **Le livreur.** On parle de livreur dans les cas où le rôle le plus important du vendeur est d'assurer la livraison d'un produit (mazout, pain, lait).

2. **Le preneur de commandes.** Dans ce cas-ci, le vendeur reçoit les commandes sur place (par exemple la préposée aux cosmétiques dans une pharmacie Jean Coutu), ou encore il rend visite à des commerçants pour prendre des commandes de routine (tels les représentants de produits de consommation dans les supermarchés).

3. **Le missionnaire.** Ce type de représentant a pour mission de maintenir de bonnes relations avec les clients actuels et potentiels ou de les informer. On ne s'attend pas nécessairement à ce qu'il prenne des commandes, cela étant même parfois défendu (comme dans le cas du représentant médical d'une entreprise de produits pharmaceutiques).

4. **Le technicien.** Il s'agit ici d'un vendeur qui doit absolument posséder de vastes connaissances techniques (ainsi, l'ingénieur commercial pour un produit industriel joue avant tout un rôle de conseiller auprès des entreprises clientes).

5. **Le promoteur.** C'est le type de vendeur qui travaille dans les situations les plus difficiles, lesquelles exigent de lui un effort créateur pour vendre des produits tangibles (aspirateurs, réfrigérateurs, recouvrement d'aluminium et encyclopédies) ou des services (assurances, services financiers, publicité).

6. **Le marchand de solutions.** Il s'agit d'un représentant dont l'expertise consiste à trouver des solutions aux problèmes des clients souvent à l'aide d'un système de produits et de services (par exemple des ordinateurs et des systèmes de communication).

Il y a là toute une gamme de situations allant des moins créatives aux plus créatives. Dans les premiers cas, il faut essentiellement servir la clientèle et prendre des commandes, alors que dans les seconds cas, il faut faire de la prospection et influencer les clients pour qu'ils achètent. Notre discussion portera plutôt sur les types de vente plus créatifs.

Personne ne met en doute l'importance de la force de vente dans le mix de marketing, surtout pour les

FIGURE 22.1

Les étapes de la conception et de la gestion de la force de vente

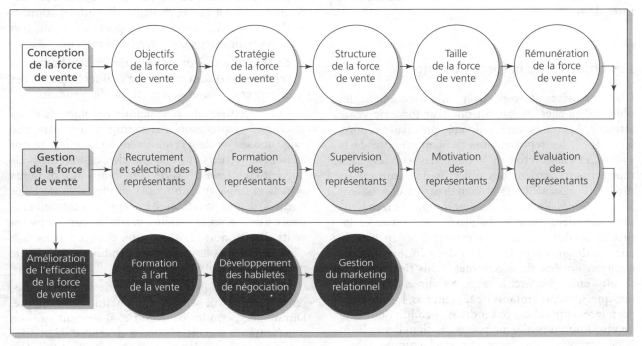

articles majeurs. Cependant, les entreprises sont préoccupées par les coûts élevés et croissants de la force de vente (salaires, commissions, primes, comptes de frais, avantages sociaux). Étant donné que le coût d'une visite d'un représentant peut dépasser 250 $ dans certaines industries et que quatre visites en moyenne sont requises pour la conclusion d'une vente, le coût total pour conclure une vente peut atteindre 1 000 $[3]. Les entreprises doivent donc déterminer avec soin à quel moment et de quelle manière elles utiliseront une force de vente. Il n'est donc pas surprenant que celles-ci tentent de substituer le publipostage et la vente au téléphone à la force de vente pour réduire leurs dépenses de vente. En même temps, elles essaient d'accroître la productivité d'une force de vente réduite en améliorant la sélection, la formation, la motivation et la rémunération.

Le présent chapitre portera sur trois questions importantes touchant la force de vente :

• **Quelles décisions les entreprises doivent-elles prendre au moment de la conception de la force de vente ?**

• **Comment les entreprises procèdent-elles pour recruter, sélectionner, former, superviser, motiver et évaluer leur force de vente ?**

• **Comment les représentants de vente peuvent-ils améliorer leur façon de vendre, de négocier ou de gérer les relations avec les clients ?**

Examinons maintenant plus en détail les différentes étapes de la conception et de la gestion de la force de vente et la façon d'en améliorer l'efficacité, présentées à la figure 22.1.

22.1
LA CONCEPTION DE LA FORCE DE VENTE

Les représentants personnalisent la relation entre l'entreprise et ses clients. Pour beaucoup de clients, le représentant est en fait l'entreprise, et c'est le représentant qui fournit à l'entreprise de l'information sur le marché. C'est pourquoi l'entreprise doit apporter beaucoup de soin à la conception de la force de vente, ce qui exige la définition des objectifs, de la stratégie, de la structure, de la taille et de la rémunération de la force de vente.

22.1.1
Les objectifs de la force de vente

Les entreprises doivent fixer minutieusement les objectifs qu'elles souhaitent que leur force de vente atteigne. Autrefois, une seule idée prévalait : vendre. Chez IBM, les représentants devaient vendre de la « tôle », et chez Xerox on vendait des « boîtes ». Les représentants avaient des objectifs de ventes et les meilleurs représentants atteignaient ou dépassaient leurs objectifs. Plus tard, on s'est dit que les représentants devraient avoir les habiletés pour résoudre les problèmes des clients ; ils devraient être capables de faire un diagnostic et de trouver des solutions. Depuis quelques années, dans certaines industries, on parle de plus en plus de vente responsabilisée. Selon cette optique, les représentants ne tentent pas, lors de leurs premières approches, de vendre un produit donné ou de résoudre un problème précis. Ils cherchent plutôt à démontrer à un client potentiel comment leur entreprise peut contribuer à augmenter la rentabilité de l'entreprise du client. Ils essaient de devenir des « partenaires de la rentabilité ».

Peu importe le contexte de la vente, les représentants de vente doivent accomplir une ou plusieurs des tâches suivantes :

- **La prospection.** Les représentants doivent rechercher des clients potentiels et établir des contacts avec eux.
- **Le ciblage.** Les représentants doivent décider de l'allocation du temps entre les clients potentiels et les clients actuels.
- **La communication.** Les vendeurs doivent communiquer habilement l'information sur les produits et les services de leur entreprise.
- **La vente.** Il est essentiel que les représentants connaissent bien l'« art de la vente », soit l'approche des clients, la présentation de vente, la réfutation des objections et la conclusion de la vente.
- **Le service après-vente.** Les vendeurs peuvent donner des conseils aux clients pour la résolution de leurs problèmes, fournir une assistance technique, faciliter les arrangements financiers et assurer une livraison dans les meilleurs délais.

- **La collecte d'information.** Les représentants sont particulièrement bien placés pour collaborer à des études de marché et recueillir de l'information, et ils fournissent aussi des rapports de vente fort utiles pour mieux comprendre le marché.
- **La répartition.** Durant les périodes de pénurie, les représentants sont capables d'évaluer la qualité des clients et d'assurer la répartition des produits.

Les entreprises doivent définir les objectifs et les activités avec précision. Par exemple, une entreprise exige que ses vendeurs consacrent 80 % de leur temps aux clients actuels et 20 % aux clients potentiels ; ils doivent consacrer 85 % de leur temps aux produits actuels et 15 % aux nouveaux produits. Si de telles normes ne sont pas établies, les représentants ont tendance à consacrer la majeure partie de leur temps à la vente des produits existants aux clients actuels et à négliger à la fois les nouveaux produits et les clients potentiels.

La répartition de l'effort de vente entre les différentes tâches varie selon la conjoncture économique. Durant les périodes de pénurie, il se peut que les représentants n'aient plus rien à vendre. Certaines entreprises en concluent alors trop vite qu'elles doivent réduire le nombre de leurs vendeurs. Une telle façon de voir est peu judicieuse, puisqu'elle ne tient pas compte des autres rôles joués par les vendeurs : la répartition des produits, les conseils aux clients insatisfaits, l'information sur les plans de l'entreprise pour remédier à la pénurie et la vente des produits existants de l'entreprise.

En même temps que les entreprises doivent se battre de plus en plus fort pour conserver leurs clients, elles évaluent maintenant davantage l'habileté de leurs représentants à créer à la fois la satisfaction de leurs clients et la rentabilité de leur entreprise. Voici deux exemples :

Pour nombre de personnes, la vente d'automobiles a longtemps été caractérisée par la manipulation et le harcèlement, jusqu'à ce que la division Saturn de GM soit créée. Chez un concessionnaire Saturn, on ne négocie pas les prix, et la satisfaction de la clientèle est essentielle. Tous les nouveaux représentants doivent suivre une formation de trois jours sur l'art de servir la clientèle. Le but est de s'assurer que les représentants et tous les autres employés du concessionnaire transforment l'énergie qui était auparavant gaspillée dans la rivalité entre eux en une énergie axée sur la collaboration en n'hésitant pas à adresser les clients aux autres employés de façon à combler les attentes des clients. Ceux-ci peuvent constater cet esprit d'équipe lorsqu'ils viennent chercher leur automobile neuve, car ils sont entourés de toute une équipe : le représentant de vente et le personnel du service à la clientèle et de la réception. On félicite le client, on prend des photos et on lui remet les clés de la voiture. Cela peut sembler excessif, mais en 1993 les mesures de la satisfaction de la clientèle faites par la firme J.D. Power indiquaient que Saturn se classait immédiatement après Lexus et Infiniti, dont les automobiles se vendent jusqu'à cinq fois plus cher.

Dans la très concurrentielle industrie du papier, la compagnie James River a adopté la même approche. Auparavant, plusieurs représentants de la compagnie vendaient des produits différents, ce qui forçait les entreprises à acheter le contenu d'un plein camion de chacun des produits offerts par différents vendeurs pour obtenir de bons prix. Aujourd'hui, la compagnie peut vendre un seul camion chargé de divers produits à des prix bas grâce à l'unification de la force de vente[4].

Dans la perspective du marketing, les représentants doivent prendre en considération la satisfaction de la clientèle et la rentabilité de l'entreprise. Ils doivent savoir comment analyser les données des ventes, mesurer le potentiel d'un marché, recueillir de l'information et établir des stratégies et des plans de marketing. Les vendeurs doivent développer leurs habiletés dans la perspective du marketing, et cela devient particulièrement crucial au niveau de la direction des ventes. Les spécialistes du marketing sont d'avis que les vendeurs deviendront plus efficaces à long terme s'ils comprennent le marketing aussi bien que la vente.

22.1.2
La stratégie de la force de vente

Il existe une vive concurrence entre les entreprises pour obtenir les commandes des clients. Elles doivent donc déployer stratégiquement leur force de vente, afin que celle-ci cible les bons clients, au bon moment et de la bonne façon. Les vendeurs peuvent approcher les clients de plusieurs manières :

- **Le vendeur et l'acheteur.** Un représentant s'adresse à un client actuel ou potentiel en personne ou au téléphone.
- **Le vendeur et le groupe d'achat.** Un représentant fait une présentation à un groupe d'achat (ou comité d'achat).

- **Une équipe de vente et un groupe d'achat.** Une équipe de vente (composée, par exemple, d'un directeur des ventes, d'un vendeur et d'un ingénieur commercial) fait une présentation à un groupe d'achat.
- **Une vente-conférence.** Le représentant est accompagné de spécialistes de l'entreprise lorsqu'il va rencontrer un ou plusieurs acheteurs afin de discuter de problèmes et de possibilités d'affaires.
- **La vente-séminaire.** Une équipe de vente de l'entreprise organise un séminaire pour présenter les derniers progrès techniques et l'état actuel des connaissances à un groupe technique de l'entreprise cliente.

De nos jours, les vendeurs agissent souvent comme des directeurs de comptes, et ils doivent alors organiser des rencontres entre diverses personnes appartenant aux entreprises vendeuse et acheteuse. La vente exige de plus en plus un travail d'équipe, nécessitant le soutien d'autres personnes, dont la direction générale, qui prend de plus en plus part au processus de vente, surtout en ce qui a trait aux comptes nationaux ou lorsque des clients importants sont en cause ; le service technique, qui fournit de l'information et des services aux clients avant, pendant ou après l'achat ; le service à la clientèle, qui assure au client l'installation, l'entretien et d'autres services ; enfin, le personnel administratif, composé des analystes des ventes, des expéditeurs et des secrétaires. Un exemple intéressant d'une entreprise qui a utilisé avec succès une approche de vente par équipe est celui de DuPont :

Dans les années 80, DuPont consacra beaucoup d'énergie à la mise sur pied d'équipes de vente avec du personnel qui provenait de tous les services de l'entreprise et qui travaillait à développer et à vendre de nouveaux produits. En 1990, une équipe composée de chimistes, de cadres venant des services des ventes et du marketing et de spécialistes de la réglementation remarquèrent que les producteurs agricoles qui cultivaient du maïs avaient besoin d'un herbicide pouvant être appliqué moins fréquemment. Pour répondre à ce besoin, l'équipe créa un produit dont les ventes atteignirent 75 millions de dollars dès la première année[5].

Une fois qu'elle a choisi la démarche de vente souhaitable, l'entreprise peut mettre sur pied sa propre force de vente ou avoir recours à une force de vente contractuelle. La **force de vente de l'entreprise** réunit des employés à temps plein ou à temps partiel qui travaillent exclusivement pour l'entreprise. Cette force de vente inclut le **personnel interne de vente**, dont les activités ont lieu aux bureaux de l'entreprise et qui joint les clients par téléphone ou reçoit des visites d'acheteurs potentiels, et le **personnel de vente sur le terrain**, qui rend visite aux clients. Une **force de vente contractuelle** se compose de courtiers et d'agents de fabricants qui sont rémunérés à la commission, selon leurs ventes.

22.1.3
La structure de la force de vente

La stratégie de vente influera sur la structure de la force de vente. Si l'entreprise ne vend qu'une gamme de produits à une industrie dont les usagers sont relativement homogènes, mais distribués géographiquement, l'entreprise adoptera probablement une structure de vente selon le territoire. Si elle vend plusieurs types de produits à plusieurs types de clients, elle choisira probablement une structure de vente par produit ou par client. Le tableau 22.1 résume les structures de la force de vente les plus communes. On trouvera une description d'une forme spécialisée de structure de la force de vente, la gestion des comptes nationaux, dans la rubrique Le marketing en coulisse 22.1 intitulée « La gestion des comptes nationaux : nature et fonctionnement ».

Les entreprises existantes ont besoin de réviser la structure de leur force de vente à mesure que les conditions du marché ou de l'économie changent. IBM en est un excellent exemple[6] :

IBM a perdu une part importante du marché dans l'industrie de l'informatique pour deux raisons. Premièrement, elle n'a pas su reconnaître que les ordinateurs personnels étaient la voie de l'avenir. Deuxièmement, l'entreprise était sclérosée par une organisation de vente et de marketing si bureaucratique et monolithique qu'elle avait perdu le contact avec ses clients. Lorsque ses activités ont connu un pic en

TABLEAU 22.1
Diverses structures de la force de vente

Structure par territoire

L'organisation de vente la plus simple consiste à affecter un représentant à un territoire exclusif où il vend toute la gamme des produits de l'entreprise. Ce mode d'organisation offre de nombreux avantages. Premièrement, il permet une définition claire des responsabilités du vendeur. Puisqu'il est le seul représentant travaillant dans ce territoire, il reçoit le crédit ou le blâme pour les ventes dans le secteur, dans la mesure où les résultats dépendent de l'effort de vente. Deuxièmement, le fait d'avoir une responsabilité territoriale accroît la motivation du vendeur à développer les affaires et les relations personnelles. De telles relations sont d'intérêt non seulement pour ses affaires, mais aussi pour sa vie personnelle. Finalement, les frais de déplacement sont ainsi relativement limités, puisque chaque représentant se déplace dans un territoire relativement restreint.

En ce qui concerne la taille des territoires, ceux-ci peuvent être conçus pour offrir soit un potentiel de vente égal, soit une charge de travail égale. Chaque formule présente des avantages et des désavantages. Les territoires qui ont un potentiel de vente égal procurent à chaque représentant les mêmes possibilités de revenu et fournissent à l'entreprise un moyen d'évaluer la performance. Des différences persistantes dans les ventes réalisées dans un territoire sont censées refléter les capacités ou les efforts de chaque vendeur. Toutefois, étant donné que la densité géographique de la clientèle varie, les territoires offrant un potentiel de vente égal ont souvent des tailles différentes. L'autre formule consiste à découper les territoires de façon à assurer une charge de travail égale.

Pour ce qui est de la forme des territoires, on compose ceux-ci en combinant de petites divisions territoriales telles que des circonscriptions électorales ou même des divisions de recensement, jusqu'à ce qu'on obtienne un territoire offrant un potentiel de vente ou une charge de travail donnés. Dans le découpage d'un territoire, on doit prendre en considération les barrières naturelles, la compatibilité des zones adjacentes, l'accessibilité des transports et d'autres facteurs. Plusieurs entreprises préfèrent certaines formes de territoires, parce que la forme du territoire peut influer sur les coûts et la facilité de couverture, de même que sur la satisfaction du représentant. Aujourd'hui, les entreprises peuvent avoir recours à des logiciels pour concevoir des territoires qui optimisent des critères tels que la densité, l'égalité de la tâche ou du potentiel de vente et la minimisation du temps de déplacement.

Structure par produit

La nécessité d'une bonne connaissance de leurs produits par les vendeurs de même que le développement de structures organisationnelles en fonction de produits et de la gestion de produits ont amené plusieurs entreprises à organiser leur force de vente à partir de leurs gammes de produits. La spécialisation par produit est particulièrement souhaitable lorsque les produits sont techniquement complexes, très hétérogènes ou très nombreux. Par exemple, Kodak utilise des forces de vente différentes pour ses films et pour ses produits industriels. Dans le premier cas, les représentants vendent des produits simples qui sont distribués à une grande échelle, alors que dans le deuxième cas il s'agit de produits complexes exigeant de bonnes connaissances techniques de la part des représentants.

→

TABLEAU 22.1
Diverses structures de la force de vente (*suite*)

Structure par marché

Certaines entreprises spécialisent aussi leur force de vente pour servir différents marchés. Des forces de vente différentes peuvent être mises sur pied pour différentes industries et même pour différents clients. Par exemple, IBM a récemment ouvert des bureaux de vente pour des clients des secteurs de la finance et du courtage à Toronto, et deux bureaux de vente indépendants pour l'industrie automobile, un pour General Motors à Oshawa et l'autre pour Ford à Oakville.

L'avantage le plus évident de la spécialisation selon les marchés est que chaque force de vente connaît très bien les besoins précis des clients. Le principal désavantage d'une telle structure apparaît lorsque les divers types de clients sont dispersés dans tout le pays, car il faut alors beaucoup de temps et de dépenses de voyages à chacun des représentants de l'entreprise.

Structure complexe

Lorsqu'une entreprise vend une grande variété de produits à plusieurs types de clients dans une vaste région, il est quelquefois nécessaire de combiner plusieurs modes d'organisation. Les vendeurs peuvent se spécialiser par couple territoire-marché, produit-marché, etc. Un représentant peut alors dépendre hiérarchiquement d'un ou plusieurs directeurs.

1990, la force de vente de marketing de l'entreprise mondiale comptait 150 000 personnes, qui étaient organisées sur une base géographique avec des équipes de représentants de vente se consacrant à des clients dans un grand nombre d'industries. Depuis les débuts de l'entreprise, les représentants d'IBM enseignaient en quelque sorte la technologie de l'informatique à leurs clients; puisque IBM était la plus grosse entreprise dans son industrie, cela signifiait que cet enseignement portait uniquement sur des produits d'IBM. Mais avec le temps, cette approche d'une présentation unique pour tous a commencé à irriter les clients qui connaissaient l'informatique et qui avaient un bon jugement. Par exemple, des représentants de vente d'IBM ont tenté de convaincre une entreprise de télécommunications cliente de ne pas changer ses gros ordinateurs pour des réseaux de mini-ordinateurs beaucoup moins chers; ils ont aussi voulu pousser la vente de leurs gros ordinateurs au lieu d'écouter leur client et d'essayer de comprendre ses besoins. Ce qui devait arriver arriva, le client a quitté IBM pour une entreprise qui était plus à l'écoute de ses besoins, Hewlett Packard. À la longue, les pertes de part de marché et les coûts énormes reliés au maintien d'une force de vente aussi importante ont forcé IBM à réorganiser complètement ses opérations de vente et de marketing de la manière suivante:

- En 1994, le nombre de personnes œuvrant dans le marketing et dans la vente chez IBM a été réduit de 150 000 à 70 000. Non seulement IBM a réduit sa force de vente, mais elle a déplacé ses représentants de bureaux somptueux vers de nouveaux bureaux plus modestes, et néanmoins aussi fonctionnels.

- Les représentants de vente qui traditionnellement se rapportaient à des directeurs régionaux — qui étaient responsables de toutes les industries dans leur région — se rapportent maintenant à des directeurs régionaux pour chaque industrie. L'entreprise a été réorganisée verticalement en 14 industries telles que les services financiers, le pétrole et le commerce de détail.

- La structure de la force de vente est toujours composée de spécialistes par industrie et par produit. Par exemple, si un directeur des ventes découvre qu'une banque à Montréal a besoin d'un logiciel spécialisé, il appelle alors le spécialiste des logiciels de la région pour qu'il fasse la vente du produit.

- Les représentants de vente jouent désormais un rôle plus actif de conseillers, alors qu'ils étaient auparavant des preneurs de commandes ou des vendeurs sous pression. Leur mission est de trouver des solutions pour le client, même si cela peut déboucher sur la recommandation de la technologie d'un concurrent.

- Les clients choisissent comment ils veulent faire affaire avec IBM. Pour certains clients, cela signifie qu'ils peuvent utiliser les services de conseillers en affaires, d'un spécialiste d'un produit ou d'un spécialiste d'un système pour incorporer des produits IBM dans les systèmes d'information de leur entreprise. À l'autre bout du continuum, on trouve des clients qui n'ont jamais vu un représentant d'IBM en personne, et qui dépendent exclusivement de contacts téléphoniques avec des représentants.

22.1.4
La taille de la force de vente

Après avoir défini la stratégie et la structure de sa force de vente, l'entreprise est prête à en déterminer la taille. Les vendeurs constituent un des atouts les plus productifs et les plus coûteux de l'entreprise.

LE MARKETING EN COULISSE 22.1
La gestion des comptes nationaux : nature et fonctionnement

Quand une entreprise vend à plusieurs comptes relativement petits, elle utilise une force de vente organisée selon le territoire. On apporte cependant une attention et un traitement spéciaux aux comptes les plus importants, appelés « comptes clés » ou « comptes principaux » (*house accounts*). Si un compte est en fait une grande entreprise composée de plusieurs divisions à l'œuvre sur une vaste base géographique et sujette à plusieurs influences d'achat (comme General Electric ou General Motors), on considérera un tel compte comme un **compte national** placé sous la responsabilité d'un seul individu ou d'une seule équipe de vente. Si une entreprise a plusieurs comptes de ce type, il est probable qu'elle mettra sur pied un service de **gestion des comptes nationaux**. Ce service assurera la vente auprès de très gros clients. Une compagnie telle que Xerox gère plus de 250 comptes nationaux au moyen d'un tel service.

La croissance de la gestion des comptes nationaux s'explique de plusieurs façons. Tandis que la concentration des achats s'accroît à cause des fusions et des acquisitions, un nombre réduit d'acheteurs effectuent une plus grande part des ventes d'une entreprise. Par exemple, les comptes les plus importants d'une entreprise (20 % des comptes) peuvent représenter plus de 80 % des ventes de l'entreprise. Un deuxième facteur est que plusieurs acheteurs centralisent les achats de certains articles au lieu de laisser de tels achats sous la responsabilité d'unités locales. Cette façon de procéder accroît leur pouvoir de négociation avec les vendeurs. En retour, les vendeurs doivent accorder beaucoup plus d'attention à ces acheteurs importants. Un troisième facteur est la complexité grandissante des produits ; en conséquence, un plus grand nombre de groupes dans l'organisation de l'acheteur prennent part au processus d'achat, et le vendeur typique n'aura peut-être pas l'habileté, l'autorité ou l'envergure pour pouvoir vendre efficacement à un acheteur important.

En organisant un programme de comptes nationaux, une entreprise doit faire face à plusieurs problèmes : comment choisira-t-elle un compte natio-

nal ? Comment le gérera-t-elle ? Comment formera-t-elle, gérera-t-elle et évaluera-t-elle les directeurs de comptes nationaux ? Quelle structure lui permettra de bien gérer les comptes nationaux ? Enfin, quelle place accordera-t-elle à la gestion des comptes nationaux dans l'organisation ?

Les entreprises utilisent plusieurs critères pour choisir les comptes nationaux. Elles recherchent des comptes qui achètent des volumes importants (surtout les produits les plus rentables de l'entreprise), qui centralisent leurs achats, qui exigent un niveau de service élevé dans plusieurs régions, qui peuvent être sensibles aux prix et qui recherchent une relation de partenariat à long terme avec l'entreprise. Évidemment, ces comptes nationaux ont aussi des attentes face à leurs fournisseurs. Ils s'attendent à ce que les directeurs de comptes comprennent leur entreprise, leur industrie, leur environnement concurrentiel, leur marché, leur technologie, leurs produits et leurs services. Les entreprises doivent par conséquent nommer des directeurs de comptes nationaux qui sont capables de comprendre ces comptes et de suivre et de favoriser leur croissance. Les directeurs de comptes nationaux doivent savoir comment entrer en contact avec les principaux influenceurs dans l'organisation de l'acheteur. Ils doivent aussi communiquer avec de nombreuses personnes dans leur propre organisation, tel le personnel des ventes, de la recherche, de la production, pour assurer la coordination et pouvoir répondre aux exigences de l'acheteur. Ainsi, les directeurs de comptes nationaux agissent comme un pont entre leur propre entreprise et celle de l'acheteur. C'est pourquoi on les appelle souvent les directeurs de relations.

Les entreprises font souvent l'erreur de choisir les meilleurs représentants de vente pour devenir gestionnaires de comptes nationaux. Des habiletés différentes sont requises pour ces deux tâches. Comme le disait un directeur de comptes nationaux : « Il ne s'agit pas d'une tâche de représentant de vente en tant que telle, mais plutôt d'une tâche de consultant de marketing auprès de nos clients, et de vendeur des habiletés et des capacités de notre entreprise plutôt que de nos produits. »

Les comptes nationaux obtiennent normalement des prix plus bas à cause de leur important volume d'achats. Par contre, les entreprises soulignent que les comptes nationaux reçoivent souvent une grande valeur ajoutée, incluant un point de contact unique qui leur est consacré, une facturation unique, des engagements précis, des liens électroniques pour l'échange de documents informatisés, une priorité quant aux livraisons, une information privilégiée et bien d'autres avantages. Il n'est donc pas surprenant que plusieurs comptes importants apprécient ces services supplémentaires et ne cherchent pas outre mesure à obtenir des prix plus bas.

Sources : Pour plus d'information, voir John F. Martin et Gary S. Tubridy, « Major Account Management », dans *AMA Management Handbook*, 3e éd., sous la direction de John J. Hampton, New York, Amacom, 1994, p. 3-25 à 3-27. De même, vous pouvez obtenir plus d'information de la NAMA (National Account Management Association), 150 N. Wacker Dr., Suite 1760, Chicago, IL 60606.

Accroître le nombre de vendeurs aura pour effet d'accroître à la fois les ventes et les coûts.

Une fois que l'entreprise a fixé le nombre de clients qu'elle désire rejoindre avec la force de vente, elle effectue souvent une **analyse de la charge de travail** pour déterminer la taille de la force de vente. Cette méthode comporte cinq étapes :

1. On groupe les clients en catégories de tailles variant selon leur volume d'achats annuel.

2. On détermine la fréquence des visites souhaitable (nombre de visites par client par année) pour chaque catégorie de clients. La fréquence des visites doit refléter l'objectif que l'entreprise recherche par rapport aux concurrents.

3. On calcule la charge de travail quant au nombre de visites par année en multipliant le nombre de comptes dans chaque catégorie de clients par la fréquence de visites correspondante.

4. On détermine le nombre moyen de visites qu'un vendeur peut effectuer par année.

5. Finalement, on obtient le nombre de vendeurs requis en divisant le nombre de visites annuelles totales nécessaires par le nombre moyen des visites faites par un vendeur.

Supposons qu'une entreprise estime qu'elle a 1 000 clients de type A et 2 000 clients de type B au pays, et que les clients de type A doivent être visités 36 fois par année, alors que ceux de type B doivent être visités 12 fois par année. Il en résulterait que l'entreprise aurait besoin d'une force de vente pouvant effectuer 60 000 visites par année, soit (1 000 × 36) + (2 000 × 12). Si l'on suppose qu'un vendeur typique peut effectuer 1 000 visites par année, l'entreprise aurait alors besoin de 60 vendeurs à plein temps.

À cause des pressions énormes qu'elles subissent pour réduire leurs coûts, plusieurs entreprises diminuent leur force de vente, qui est l'un des services qui coûtent le plus cher. Prenons le cas de la compagnie Coca-Cola Amatil, le franchisé de Coca-Cola en Australie :

Amatil avait dans le passé une armée de représentants qui visitaient les dépanneurs. Les représentants faisaient jusqu'à 30 visites par jour. Cela leur donnait tout juste le temps de prendre les commandes et peut-être de présenter un nouveau produit. Lorsque Amatil analysa les coûts qu'entraînaient ses représentants — salaire, automobile, téléphone, soutien administratif et autres dépenses —, elle constata qu'elle gaspillait beaucoup de temps et d'argent. Amatil entre maintenant en contact avec ses petits comptes grâce à son nouveau service de télémarketing, et les représentants de vente ne font que quelques visites aux petits dépanneurs, concentrant plutôt leurs efforts sur les comptes les plus importants. Cette décision a permis de réduire les coûts par commande et de rendre rentables les petits comptes.

22.1.5
La rémunération de la force de vente

Pour attirer des vendeurs, l'entreprise doit concevoir un mode de compensation intéressant. Les vendeurs aiment être assurés de la régularité de leurs revenus, d'une récompense supplémentaire pour des performances supérieures à la moyenne et d'une rémunération juste pour leur expérience et leur ancienneté. En revanche, l'employeur désire un régime de rémunération qui permette un bon contrôle tout en étant économique et simple. Les objectifs d'économie de la direction seront en conflit avec les objectifs de sécurité financière des représentants. Il n'est donc pas surprenant que les régimes de rémunération varient énormément d'une industrie à l'autre, et même au sein de la même industrie.

La direction doit décider du niveau et de la composition d'un régime de rémunération efficace. Le **niveau de rémunération** doit être en rapport avec le « prix du marché » pour le type de poste et les capacités requises. Par exemple, les revenus d'un vendeur d'expérience en 1992 étaient de 50 000 $[7]. En 2000, dans les industries informatique, pharmaceutique et d'autres, ce revenu peut facilement atteindre 100 000 $ pour de bons vendeurs. Si le prix du marché pour un représentant est défini de façon précise, l'entreprise n'a guère d'autre choix que de payer le taux courant. Un taux plus bas aurait pour effet de réduire la qualité et la quantité des candidats, mais payer plus cher n'est pas nécessaire. Le prix du marché pour des représentants est cependant rarement bien défini. Les données publiées sur les niveaux de rémunération de la force de vente de différentes industries sont peu nombreuses et en général insuffisamment détaillées.

L'entreprise doit ensuite déterminer les **éléments de la rémunération** : la partie fixe, la partie variable, les remboursements de dépenses et les avantages sociaux. La **partie fixe** est destinée à satisfaire le besoin d'une certaine stabilité du revenu qu'éprouvent les représentants. Cette partie fixe peut prendre la forme d'un salaire ou d'une indemnité fixe. La **partie variable** vise à stimuler et à récompenser un effort supérieur, et peut prendre la forme de commissions, de primes ou d'une participation aux bénéfices. Les **remboursements de dépenses** permettent aux représentants de payer leurs frais de voyage, d'hébergement, de restauration et de représentation. Enfin, les **avantages sociaux** tels que les vacances, les assurances maladie ou accident, l'assurance-vie et le régime de retraite ont pour objet d'assurer la sécurité et la satisfaction des vendeurs.

La direction des ventes doit décider de l'importance relative des divers éléments du régime de rémunération. Une règle souvent appliquée consiste à affecter environ 70 % du revenu total à la partie fixe et les 30 % restants aux autres éléments de la rémunération. Mais les variations autour de cette moyenne sont si marquées qu'on ne peut réellement s'en servir comme règle de base pour l'établissement de la rémunération. On a tendance à accorder une plus grande importance à la rémunération fixe dans les emplois où il y a une forte proportion des tâches autres que la vente, ainsi que dans les emplois où l'aspect technique de la vente est relativement complexe et exige du travail en équipe. Par contre, on accorde plus d'importance à la rémunération variable dans les emplois où les ventes sont cycliques ou dépendent beaucoup de l'initiative de la force de vente.

La rémunération fixe et la rémunération variable sont la base des trois types de régimes de rétribution de la force de vente : uniquement le salaire fixe, uniquement les commissions, ou une combinaison du salaire et des commissions. Environ le quart des entreprises paient uniquement un salaire ou uniquement des commissions. Les trois autres quarts utilisent une combinaison des deux modes de rémunération, qui varie beaucoup selon les entreprises[8].

Le salaire fixe comporte plusieurs avantages. Il offre aux représentants un revenu stable, ce qui est plus propice pour accomplir des tâches autres que les tâches de vente. Il n'incite pas les représentants à vendre plus que ce dont les clients ont réellement besoin. Du point de vue de l'entreprise, ce régime est plus facile à administrer et réduit la rotation des représentants. Les avantages d'une rémunération par commissions seulement sont qu'elle attire les représentants les plus performants, offre plus d'incitations, exige moins de supervision et facilite le contrôle des coûts reliés à la vente. Une combinaison du salaire et des commissions permet de retirer les meilleurs avantages des deux modes de rémunération tout en réduisant les désavantages.

Quand la rémunération est basée sur une combinaison du salaire et des commissions, les entreprises peuvent associer la partie variable du revenu des représentants à une grande variété d'objectifs stratégiques. Certains sont d'avis qu'on assistera à une diminution de la mesure du volume de ventes comme facteur principal de la rémunération des représentants en faveur de nouveaux facteurs liés à la réalisation de priorités stratégiques et de gestion de territoire pour accroître la rentabilité. Une étude récente a démontré qu'un nombre croissant d'entreprises utilisent la performance d'unités stratégiques d'activité ou de plus petites équipes pour déterminer les incitations. Le pourcentage d'entreprises qui récompensent les bonnes performances des USA s'est accru de 13 % en 1991 à 22 % en 1994. Par ailleurs, pendant que de plus en plus d'entreprises mettent l'accent sur la satisfaction de la clientèle dans une perspective d'amélioration de la qualité totale, elles associent la satisfaction de la clientèle à la rémunération des employés. Dès 1992, General Electric a commencé à tester l'utilisation des sondages portant sur la satisfaction de la clientèle comme facteur de rémunération pour les représentants. Et une partie importante de la réorganisation majeure de la force de vente d'IBM a consisté en la mise en place d'un système de rémunération qui est aussi basé sur la satisfaction de la clientèle telle que mesurée par des sondages menés auprès des clients, en plus évidemment de récompenser la rentabilité[9].

22.2
LA GESTION DE LA FORCE DE VENTE

Après avoir déterminé les objectifs, la stratégie, la structure, la taille et la rémunération de la force de vente, l'entreprise se tournera vers le recrutement et la sélection, la formation, la supervision, la motivation et l'évaluation des représentants. Diverses politiques et procédures guident ces décisions.

22.2.1
Le recrutement et la sélection des représentants

L'importance d'une bonne sélection

Bien choisir des représentants efficaces est la clé du succès d'une force de vente. La différence entre la performance d'un représentant moyen et celle d'un représentant exceptionnel peut être considérable. Une étude a révélé que 27 % de la force de vente réalisait plus de 52 % des ventes. Mais, en plus de l'écart de productivité des ventes, il faut considérer les pertes énormes qui résultent de l'engagement de candidats inaptes. Le taux de roulement moyen des représentants dans toutes les industries est de près de 20 %. Lorsqu'un vendeur quitte une entreprise, les coûts associés à la recherche et à la formation d'un nouveau représentant, en plus des coûts reliés aux ventes perdues, peuvent atteindre de 50 000 $ à 75 000 $. En outre, une force de vente composée de plusieurs nouveaux employés est moins productive[10].

Les pertes financières dues au taux de roulement élevé constituent seulement une partie du coût total. Un nouveau vendeur reçoit une rémunération directe égale à environ la moitié du coût direct des ventes. Si le représentant reçoit 30 000 $ par année, il faut compter une somme à peu près équivalente pour les avantages sociaux, les remboursements de dépenses, la supervision, le local, les fournitures et le personnel de secrétariat. En conséquence, le nouveau représentant doit réaliser des ventes dont la marge brute couvre au moins les frais de ventes totaux de 60 000 $. Si la marge brute est de 10 %, alors les ventes du nouveau représentant doivent atteindre 600 000 $ pour que l'entreprise atteigne le point mort.

Qu'est-ce qu'un bon représentant ?

La sélection de représentants serait relativement facile si l'on savait quelles qualités rechercher. Le point de départ consiste à demander aux clients quels sont les traits de personnalité qu'ils préfèrent chez un représentant. La plupart des clients disent qu'ils veulent un représentant honnête, fiable, compétent et serviable. L'entreprise devrait donc rechercher ces traits lorsqu'elle choisit ses candidats.

Une autre façon de faire est de rechercher les traits les plus communs chez les représentants de l'entreprise qui connaissent le plus de succès. Dans son étude sur les représentants qui avaient obtenu les meilleures performances, Charles Garfield concluait que ces représentants avaient les caractéristiques suivantes : ils aiment prendre des risques, ont un sens profond de la mission, ont une orientation vers la résolution de problèmes, se préoccupent du client et font une bonne planification[11]. De son côté, Robert McMurry écrivait : « Je suis convaincu que les représentants de vente les plus efficaces sont des "courtisans", soit des individus qui ont un besoin compulsif d'obtenir et de conserver l'affection des autres[12]. » Selon lui, le superreprésentant possède cinq autres caractéristiques : « une énergie supérieure, une très grande confiance en soi, un besoin chronique d'argent, une bonne connaissance de l'industrie ainsi qu'un état d'esprit qui l'amène à considérer toute objection, résistance ou obstacle comme un défi[13] ». Mayer et Greenberg, pour leur part, ont composé une des listes les plus courtes qui soient des traits de personnalité du vendeur. Ils sont parvenus à la conclusion qu'un bon vendeur devrait posséder deux qualités de base : l'**empathie**, c'est-à-dire la capacité de ressentir ce que le client ressent, et le **dynamisme** (*ego drive*), soit le besoin profond de conclure une vente[14].

L'entreprise devrait aussi prendre en considération la nature des tâches rattachées aux postes. Y a-t-il beaucoup de paperasse à remplir ? Y a-t-il de nombreux déplacements à effectuer ? Le représentant se heurtera-t-il à un pourcentage élevé de refus ?

Le processus de recrutement

Après que la direction a établi les critères de sélection, elle doit passer au recrutement. Le service des ressources humaines utilise plusieurs méthodes pour rechercher les candidats ; il fait appel notamment aux recommandations, aux vendeurs actuels, aux agences de placement, à la publication d'annonces et à la sollicitation d'étudiants. Toutefois, peu d'étudiants désirent faire carrière dans la vente. Un sentiment répandu est que la vente est un emploi et non une profession, et qu'elle comporte trop d'insécurité et trop de déplacements. Pour faire tomber ces objections, les responsables du recrutement dans l'entreprise font valoir les salaires élevés du début, les possibilités d'augmentations de salaire et le fait que le quart des présidents des grandes entreprises ont commencé leur carrière dans le marketing et la vente.

Les méthodes d'évaluation

Un bon processus de recrutement attirera plusieurs postulants, et l'entreprise devra choisir les meilleurs candidats. Les méthodes d'évaluation peuvent varier d'une simple entrevue non structurée jusqu'aux tests et aux entrevues poussés, non seulement avec le candidat, mais aussi avec son conjoint[15]. Si le conjoint ne peut supporter les nombreuses absences associées à ce mode de vie, il est sans doute souhaitable de ne pas embaucher un tel candidat.

Plusieurs entreprises font passer aux candidats des tests officiels. Quoique les résultats de ces tests ne constituent qu'un élément d'information dans un ensemble qui comprend les caractéristiques personnelles, les références, l'expérience passée et les impressions de l'intervieweur, certaines compagnies, telles IBM, La Prudentielle, Procter & Gamble et

Gillette, leur accordent beaucoup d'importance. Gillette prétend que l'utilisation des tests a réduit le taux de roulement de 42 % et qu'ils sont étroitement liés au succès futur de nouveaux représentants au sein de l'organisation de vente.

22.2.2
La formation des représentants

Plusieurs entreprises envoient encore leurs représentants sur le terrain presque immédiatement après les avoir engagés. On leur donne des échantillons, des carnets de commandes et une description de leur territoire. Or, les résultats ne sont pas nécessairement bons. Un vice-président d'une importante entreprise de produits alimentaires consacra une semaine entière à l'observation d'une cinquantaine de démarches de vente faites auprès d'un acheteur très occupé, responsable des achats d'une importante chaîne de supermarchés. Voici ce qu'il observa :

La majorité des vendeurs étaient mal préparés, incapables de répondre à des questions simples et ne savaient pas ce qu'ils voulaient accomplir durant la visite. Ils ne considéraient pas la visite comme une tâche professionnelle préparée à l'avance. Ils n'avaient aucune idée des désirs et des besoins de l'acheteur, qui était par ailleurs très occupé[16].

De nos jours, les clients sont plus exigeants et ils font affaire avec plusieurs fournisseurs ; c'est pourquoi ils ne toléreront pas des représentants incompétents. Les clients s'attendent à ce que les représentants aient une connaissance approfondie des produits, soient en mesure de faire des suggestions pour améliorer les opérations du client et soient fiables et efficaces. Ces exigences ont forcé les entreprises à investir beaucoup plus dans la formation des représentants.

Aujourd'hui, les nouveaux représentants peuvent connaître une période de formation s'étendant de quelques semaines à plusieurs mois. La période de formation moyenne est de 28 semaines chez les fabricants de produits industriels, de 12 semaines dans les entreprises de services et de 4 semaines chez les fabricants de biens de consommation. La durée de la formation varie selon la complexité de la tâche de vente et le type de personne recrutée par l'entreprise. Les nouveaux représentants d'IBM reçoivent une formation exhaustive. Et IBM s'attend à ce que ses représentants consacrent 15 % de leur temps chaque année à une formation supplémentaire.

Les programmes de formation poursuivent plusieurs buts :

- **Les représentants doivent apprendre à bien connaître l'entreprise et s'y identifier.** La plupart des entreprises consacrent la première partie de leur programme de formation à une présentation de l'histoire de l'entreprise et de ses objectifs, de l'organisation et de sa structure hiérarchique, des principaux directeurs, de la structure financière de l'entreprise, des locaux, des principaux produits et de leurs volumes de ventes.

- **Les représentants doivent connaître les produits de l'entreprise.** Les stagiaires apprennent comment les produits sont fabriqués et quelles fonctions ils remplissent dans diverses utilisations.

- **Les représentants doivent connaître les caractéristiques de leurs clients et de leurs concurrents.** Les représentants apprennent à connaître les différents types de clients et leurs besoins, leurs motivations et leurs habitudes d'achat. On leur enseigne les stratégies et les politiques de l'entreprise, et celles des concurrents.

- **Les représentants doivent apprendre comment faire des démarches de vente efficaces.** Les représentants reçoivent de la formation sur les principes de la vente. L'entreprise propose les principaux arguments de vente pour chaque produit et fournit même un argumentaire.

- **Les représentants doivent connaître les responsabilités et les méthodes de travail.** Les représentants doivent apprendre comment répartir le temps entre la clientèle actuelle et la clientèle potentielle, comment gérer la répartition des frais, rédiger des rapports et préparer des itinéraires efficaces.

De nouvelles méthodes de formation voient constamment le jour. Mentionnons, entre autres, les jeux de rôles, les exercices de sensibilisation, les cassettes audio et vidéo, l'enseignement à distance, l'enseignement assisté par micro-ordinateur de même que des films sur la vente et sur les produits et services de l'entreprise. Une méthode de formation intéressante est le programme d'apprentissage mis en œuvre par IBM, qui combine un ordinateur personnel avec un vidéodisque laser. Le stagiaire peut ainsi s'exercer à faire des visites ou des démarches de vente avec un acteur qui joue sur l'écran le rôle d'un directeur dans une industrie précise. L'acteur répond différemment selon les propos du stagiaire.

La technologie de l'automatisation des ventes a amené les représentants à être plus souvent sur la route qu'à leur bureau ; par conséquent, il est plus coûteux de les former au moyen des méthodes traditionnelles. En effet, les représentants ne sont plus assez longtemps au bureau et ils sont souvent submergés par la paperasse et l'information, qu'ils se trouvent au bureau ou sur la route. Mais la technologie permet aux représentants d'accroître leur efficacité et leur productivité. Plusieurs entreprises ont commencé à utiliser des systèmes de formation interactive à partir de cédéroms. Par exemple, les représentants de la compagnie Tandem Computers avaient l'habitude de se plaindre du fait qu'ils ne pouvaient tenir à jour toute l'information imprimée et tout le matériel de formation que la compagnie leur envoyait. Maintenant, les représentants transportent avec eux leur propre salle de formation miniature ; ils n'ont qu'à glisser un cédérom (comprenant à la fois des modules de présentation et une bibliothèque de documents) dans leur ordinateur portatif. Le coût pour démarrer, reproduire et poster un cédérom (qui peut comprendre jusqu'à 1 000 documents et présentations) est égal au coût d'impression et d'envoi d'une seule feuille de données. En tout, cette entreprise déclare qu'elle fait des économies d'environ 2 millions de dollars par année en utilisant cette technologie[17].

Les services de formation doivent recueillir de l'information sur les effets des différentes méthodes de formation sur la performance des vendeurs. Elles devraient permettre de noter un effet mesurable sur le taux de rotation des vendeurs, sur le volume de ventes, sur l'absentéisme, sur la valeur moyenne d'une vente, sur le rapport visite-commande, sur le degré de satisfaction et d'insatisfaction des clients, sur le nombre de nouveaux clients par unité de temps et sur le volume des marchandises retournées.

22.2.3
La supervision des représentants

Les nouveaux représentants reçoivent plus qu'un territoire, une rémunération et une formation ; ils reçoivent aussi de la supervision. Travailler sous supervision est le lot de toute personne qui travaille pour quelqu'un d'autre. La supervision est l'expression de l'intérêt naturel et continu de l'employeur pour les activités de ses employés.

Le degré de supervision varie selon les entreprises. On supervise de moins près les vendeurs qui sont surtout payés à la commission. En revanche, la supervision est beaucoup plus marquée pour les vendeurs salariés à qui on affecte des clients précis.

L'élaboration de normes de visites aux clients

En 1989, le vendeur moyen faisait 4,2 visites par jour, soit relativement moins que les 5 visites par jour du début des années 80[18]. Cette tendance à la baisse est attribuable à l'utilisation croissante du téléphone et du télécopieur, à une plus grande dépendance à l'égard des systèmes de commande automatique et à une chute des visites sans rendez-vous grâce à une meilleure information sur le marché permettant de reconnaître les clients potentiels.

Le vrai problème consiste à déterminer le volume de ventes à un client en fonction du nombre de visites annuelles. Magee décrit une expérience où des clients semblables furent affectés aléatoirement à trois groupes[19]. On demanda aux représentants d'accorder moins de cinq heures par mois aux clients du premier groupe, de cinq à neuf heures par mois à ceux du deuxième groupe et plus de neuf heures à ceux du troisième groupe. Les résultats démontrèrent que des visites supplémentaires engendraient plus de ventes. Il ne restait donc qu'à voir si les ventes additionnelles justifiaient les coûts supplémentaires. Une autre recherche plus récente a révélé que les représentants de vente passent trop de temps à vendre à de petits comptes, souvent non rentables, alors qu'ils devraient consacrer plus d'efforts de vente aux comptes plus importants et plus rentables[20].

L'établissement de normes pour la clientèle potentielle

Les entreprises spécifient souvent combien de temps devrait être consacré à la prospection de nouveaux clients. Ainsi, une entreprise pourrait exiger que ses représentants consacrent 25 % de leur temps à la prospection et arrêtent de rendre visite à un client après trois visites infructueuses.

Les entreprises fixent des standards de prospection pour plusieurs raisons. Sans directives, plusieurs vendeurs consacreraient la majeure partie de leur temps aux clients actuels. Un vendeur peut s'attendre davantage à recevoir une commande de clients actuels que d'un client potentiel, qui pourrait bien ne jamais passer une commande. À moins de recevoir une prime pour l'ouverture d'un compte pour un nouveau client, les représentants ont tendance à ne pas faire d'efforts pour obtenir de nouveaux clients. Certaines entreprises dépendent donc de vendeurs missionnaires pour la découverte d'une nouvelle clientèle.

La gestion efficace du temps

Des recherches ont démontré que les vendeurs les plus efficaces savent comment gérer efficacement leur temps[21]. Le **calendrier annuel de visites** est un outil qui indique quels clients actuels et potentiels devraient être visités, et quelles activités devraient être accomplies.

Les représentants de Bell planifient leurs visites et leurs activités à partir de trois concepts. Le premier concept est le **développement du marché**, soit les efforts nécessaires pour informer les clients, découvrir de nouveaux clients et obtenir une meilleure visibilité dans la communauté. Le deuxième concept consiste en des **activités pour engendrer les ventes**, c'est-à-dire les efforts directs pour vendre des produits donnés à des clients lors de visites précises. Le troisième concept consiste en les **activités de protection du marché**, soit divers efforts pour apprendre ce que la concurrence fait et pour préserver les relations avec les clients existants. La force de vente cherche à établir un équilibre entre ces activités de façon que l'entreprise n'obtienne pas des ventes élevées à court terme aux dépens du développement du marché à long terme.

On utilise aussi des **analyses de temps et tâches**. Les vendeurs répartissent leur temps de la façon suivante :

- **La préparation.** Le temps que les représentants passent à recueillir de l'information et à planifier leur stratégie de visites.

- **Les voyages.** Dans certains cas, le temps des déplacements équivaut à 50 % du temps total. On peut réduire le temps des déplacements en utilisant des moyens de transport plus rapides, quoique les coûts soient alors plus élevés. Certaines entreprises encouragent leur force de vente à utiliser le transport aérien pour accroître la proportion de leur temps consacré à la vente.

- **La restauration et la détente.** Une partie de la journée est consacrée à la restauration et à la détente. Ces arrêts devraient coïncider avec le temps où les clients ne sont pas disponibles.

- **L'attente.** Les vendeurs passent du temps à attendre le moment de leurs rendez-vous avec les acheteurs. Il s'agit là de temps perdu, à moins qu'ils n'utilisent ce temps pour faire leur planification et rédiger leurs rapports.

- **La vente.** La vente correspond au temps consacré aux acheteurs en face à face ou au téléphone. On peut diviser ce temps entre le temps consacré aux civilités et le temps consacré aux affaires.

- **L'administration.** Il s'agit du temps consacré à la rédaction des rapports, à la facturation, à la présence à des réunions, aux conversations avec d'autres membres de l'entreprise à propos des problèmes de production, d'expédition, de facturation, de performance de vente, etc. Les représentants devraient consacrer du temps aux tâches administratives tôt le matin, ou tard le soir, alors qu'il est moins probable que les clients potentiels pourront leur accorder des rendez-vous.

Il n'y a donc pas de quoi se surprendre si le temps effectif accordé à la vente ne représente que 25 % du temps total[22]. Les entreprises cherchent constamment de nouvelles façons d'employer plus efficacement le temps de la force de vente. À cette fin, on dispose de plusieurs moyens, par exemple une plus grande utilisation du téléphone, la simplification des formulaires administratifs, le recours à l'ordinateur pour la préparation des itinéraires et des plans de visites, et l'analyse de rapports de recherche en marketing sur les clients et sur l'information concernant la concurrence.

Afin de pallier le manque de temps de leur **force de vente externe**, plusieurs entreprises ont accru la taille et les responsabilités de leur **force de vente interne**. Dans un sondage mené auprès de 135 distributeurs d'équipement électronique, Narus et Anderson ont constaté qu'en moyenne les représentants internes constituaient 57 % de la force de vente totale[23]. Les principales raisons de cette nouvelle orientation sont, selon les directeurs des ventes, l'augmentation rapide du coût des visites sur le terrain et l'utilisation crois-

sante des ordinateurs et des nouveaux équipements de communication.

Il y a trois types de vendeurs internes. Il y a d'abord ceux qui offrent un **soutien technique**, c'est-à-dire qui fournissent une information technique aux clients et répondent à leurs questions. Il y a ensuite les **assistants de vente**, qui offrent un soutien administratif aux représentants externes. Ils appellent les clients à l'avance pour confirmer les rendez-vous, vérifient leur crédit, font le suivi des livraisons et répondent aux questions des clients quand ces derniers ne peuvent joindre les vendeurs. Il y a enfin ceux qui font de la vente par téléphone (**télémarketing**) ; ils utilisent donc le téléphone pour trouver de nouveaux clients, en évaluer le potentiel et même leur vendre. Grâce au télémarketing, un représentant peut atteindre jusqu'à 50 clients par jour, comparativement aux 4 visites des représentants qui sont sur la route.

Le télémarketing peut être utile pour faire la vente croisée de produits compatibles, pour accroître la taille des commandes, pour présenter les nouveaux produits de l'entreprise, pour ouvrir de nouveaux comptes et réactiver d'anciens comptes, pour accorder plus d'attention aux comptes négligés, pour faire le suivi du publipostage et évaluer le potentiel de certains clients face à cette forme de vente (nous discuterons plus en détail du télémarketing au chapitre 23).

La force de vente interne permet de libérer les représentants, qui peuvent ainsi passer plus de temps à vendre aux clients les plus importants, à trouver des clients potentiels importants et à en faire des clients, à mettre en place des systèmes de commandes pour obtenir des commandes ouvertes et à mettre sur pied des systèmes contractuels. Entre-temps, la force de vente interne accorde plus de temps à la vérification des stocks, au suivi des commandes, aux appels aux clients moins importants et à l'accomplissement de nombreuses autres tâches. Une partie importante de la rémunération des vendeurs externes consiste dans une commission, alors que les vendeurs internes reçoivent un salaire ou bien un salaire plus une prime.

Les nouvelles technologies de l'information et des communications ont permis d'accroître considérablement la productivité de la force de vente grâce aux ordinateurs portatifs et aux micro-ordinateurs, aux télécopieurs, aux magnétoscopes, à la composition téléphonique automatique, au téléphone cellulaire, au courrier électronique et à la téléconférence. La force de vente dépend énormément de la technologie. Non seulement l'information sur les ventes et les stocks est transférée beaucoup plus rapidement au moyen des innovations techniques, mais des logiciels permettent de soutenir la prise de décision des directeurs des ventes et des représentants (voir la rubrique Vision 2000 + intitulée «L'automatisation des ventes permet d'accroître radicalement la productivité des représentants»).

VISION 2000 +

L'automatisation des ventes permet d'accroître radicalement la productivité des représentants

Le mot de passe dans les ventes de nos jours est l'«automatisation des ventes». Plusieurs entreprises, parmi celles qui ont muni leur force de vente d'ordinateurs portatifs, notent une augmentation marquée de la productivité de leurs représentants. Certaines entreprises signalent une augmentation de 5 % à 10 % du temps consacré à la vente par les représentants, parce que ceux-ci ont moins de déplacements à effectuer et de paperasse à remplir, planifient mieux leurs visites et font des visites plus efficaces. Une compagnie d'assurances est d'avis qu'elle peut attribuer jusqu'à 50 % de l'accroissement de ses ventes à l'utilisation de son système de soutien à la vente sur ordinateur portatif.

Comment se fait l'automatisation des ventes ? Voici les applications que Shell Chemical a incluses dans ses logiciels pour ordinateurs portables : 1° un rapport de dépenses, où les représentants peuvent plus facilement et avec plus de précision rendre compte de leurs dépenses et obtenir un remboursement rapide ; 2° une fonction d'information sur les ventes, qui permet aux représentants de se procurer l'information la plus récente sur des clients donnés, notamment les numéros de téléphone, les adresses, les faits les plus récents et les derniers prix ; 3° le courrier électronique, qui permet aux vendeurs de recevoir rapidement des messages des autres vendeurs et de leur en transmettre aussi rapidement ; 4° divers formulaires administratifs, tels ceux qui se rapportent aux plans de visites du territoire ou aux rapports de visites, qui peuvent être remplis plus rapidement et expédiés électroniquement ; 5° un calendrier des rendez-vous ; 6° une liste des choses à faire ; 7° un chiffrier ; 8° un logiciel permettant de faire des graphiques, ce qui s'avère fort utile aux vendeurs lors de la préparation d'un argumentaire.

D'autres compagnies ont inclus des caractéristiques différentes dans leurs systèmes. Par exemple, les représentants de la compagnie Nordstrom Valve ont un logiciel qui permet de calculer expressément la soupape appropriée pour le projet d'un client. Le client peut alors vérifier la précision des calculs, discuter des conditions d'achat et signer un contrat qui provient de l'imprimante du représentant. Il faut cependant convaincre les représentants des avantages de l'utilisation des nouvelles technologies. Des objections telles que «Je ne suis pas une secrétaire» et «Je prends tellement de temps à entrer et à lire des informations qu'il ne m'en restera plus pour faire des ventes» sont fréquentes, et il faut y répondre. Certains représentants n'aiment pas beaucoup l'idée de partager des informations sur leurs clients avec les gens du siège social, préférant conserver les informations de valeur pour eux-mêmes. Les entreprises doivent venir à bout de ces craintes et faire participer les représentants au développement d'un programme d'automatisation des ventes. «Il est essentiel d'abord de comprendre les problèmes de vos représentants, puis de concevoir un système d'automatisation qui aidera à résoudre ces problèmes», déclarait le président de l'Association de l'automatisation des ventes.

L'automatisation des ventes a progressé au point où plusieurs entreprises ont même supprimé leurs bureaux de vente. Compaq, par exemple, a aidé ses 220 représentants à installer leur bureau dans leur domicile, leur fournissant un ordinateur portable, un bureau, une imprimante au laser, un télécopieur et deux lignes téléphoniques. Chaque matin, les représentants de Compaq se joignent au réseau de l'entreprise pour obtenir le matériel de marketing, les rapports techniques, les communiqués de presse et le courriel. Le représentant se rend ensuite chez ses clients (il n'a pas à se rendre inutilement à son bureau). Le soir, le représentant écrit et imprime ses lettres, répond à son courriel et prépare son travail du lendemain. Ainsi, l'entreprise a épargné des coûts importants de location et les représentants ont économisé des heures de déplacements, ce qui leur permet de consacrer plus de temps à la vente.

Sources : « Computer-Based Sales Support : Shell Chemical's System », New York, The Conference Board, Management Briefing, *Marketing*, avril-mai 1989, p. 4-5 ; R. Lee Sullivan, « The Office that Never Closes », *Forbes*, 23 mai 1994, p. 212-213 ; John W. Verity, « Taking a Laptop on a Call », *Business Week*, 25 octobre 1993, p. 124-125 ; Jack Falvey, « Manager's Journal : The Hottest Thing in Sales since the Electric Fork », *The Wall Street Journal*, 10 janvier 1994, p. A12:3 ; Louis A. Wallis, *Computer-Based Sales Force Support*, New York, The Conference Board, rapport nº 953, 1990 ; Robert Shaw, *Computer-Aided Marketing and Selling : Information Asset Management*, Oxford, Angleterre, Butterrworh-Heinemann, 1993 ; George W. Columbo, *Sales Force Automation*, New York, McGraw-Hill, 1994.

22.2.4
La motivation des représentants

Certains représentants sont capables d'offrir un plus grand effort sans nécessiter un encadrement précis de la part de la direction. Pour eux, vendre est une des tâches les plus fascinantes du monde. Ils sont ambitieux et n'ont pas besoin d'être stimulés. Mais la majorité des représentants ont besoin d'encouragement pour pouvoir offrir le meilleur d'eux-mêmes. Cela est particulièrement vrai pour la vente sur le terrain pour les raisons suivantes :

- **La nature du travail.** La tâche du représentant engendre de nombreuses frustrations. Les représentants travaillent souvent seuls, leur horaire est irrégulier et ils s'éloignent fréquemment de leur domicile. Ils doivent affronter les vendeurs des concurrents, qui risquent d'être offensifs. Ils sont en position d'infériorité vis-à-vis de l'acheteur. Ils n'ont pas souvent l'autorité pour faire ce qu'il faut pour réussir une vente. Enfin, ils perdent des ventes après avoir travaillé très fort pour les obtenir.

- **La nature humaine.** En général, faute de stimulants spéciaux, tels des gains financiers ou une reconnaissance sociale, les êtres humains ne donnent pas leur plein rendement au travail.

- **Les problèmes personnels.** Les représentants ont parfois des préoccupations d'ordre personnel telles que la maladie dans leur famille, les mésententes conjugales ou des dettes.

Le problème de la motivation des représentants a été étudié par Churchill, Ford et Walker[24]. Leur modèle simplifié prend la forme suivante :

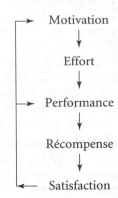

En d'autres termes, plus la motivation d'un représentant est élevée, plus grand sera son effort ; plus grand sera son effort, meilleure sera sa performance ; une meilleure performance engendrera des récompenses plus importantes ; plus les récompenses seront importantes, plus la satisfaction sera élevée ; enfin, une satisfaction élevée engendre une grande motivation. Les implications de ce modèle sont les suivantes :

1. **Les directeurs des ventes doivent être capables de convaincre les représentants qu'ils peuvent vendre plus en travaillant plus fort ou en étant formés pour mieux travailler.** Toutefois, si les ventes dépendent surtout des conditions économiques et des activités de la concurrence, les liens du modèle perdent de leur pertinence.

2. **Les directeurs des ventes devraient être capables de convaincre les représentants que les récompenses attribuées pour une meilleure performance valent l'effort supplémentaire.** Si les récompenses ou stimulants sont perçus comme ayant été fixés d'une façon arbitraire, s'ils ne sont pas assez importants ou s'ils ne sont pas du bon type, les liens s'en trouveront altérés.

Churchill, Ford et Walker ont ensuite mesuré l'impact de diverses récompenses. Le stimulant ou la récompense qui avait la plus grande valeur était le salaire, suivi de la promotion, du développement personnel et du sentiment de réalisation de soi. Les récompenses qui avaient le moins de valeur étaient le respect et la sympathie, la sécurité et la reconnaissance. En d'autres mots, les représentants sont très motivés par le salaire, par les possibilités de promotion et par la satisfaction de besoins profonds ; ils le sont moins par des gentillesses et la sécurité.

Les chercheurs ont aussi constaté que l'importance des stimulants variait selon les caractéristiques démographiques des individus. Ainsi, les stimulants financiers étaient plus appréciés par les représentants âgés, qui avaient plus d'ancienneté et une plus grande famille. Quant aux récompenses morales (la reconnaissance, le respect, les gentillesses, le sentiment de réalisation de soi), elles étaient plus valorisées par les jeunes représentants célibataires ou ayant une petite famille, qui étaient souvent plus instruits.

Les stimulants varient beaucoup selon les pays. Un sondage effectué auprès de 2 800 professionnels de la vente dans 6 pays révélait que les stimulants financiers étaient les stimulants préférés de 37 % des représentants aux États-Unis, mais de seulement 20 % des représentants au Canada. Ce sont les représentants de l'Australie et de la Nouvelle-Zélande qui étaient les moins motivés par la paie[25].

Nous avons déjà étudié la rémunération en tant que stimulant. Tournons-nous maintenant vers les quotas de ventes et quelques autres stimulants.

Les quotas de ventes

De nombreuses entreprises fixent des quotas de ventes, qui déterminent ce que chaque représentant devrait vendre durant l'année pour chaque produit. La rémunération est souvent liée au degré de réalisation des quotas.

On établit des quotas dans le contexte du plan de marketing annuel. L'entreprise établit d'abord les prévisions des ventes. Ces prévisions deviennent la base de la planification de la production, des ressources humaines et des finances. Puis, la direction établit les quotas de ventes par région et territoire, dont le total est normalement supérieur aux prévisions des ventes. Les quotas de ventes sont fixés à un niveau supérieur à celui des prévisions des ventes afin d'inciter les directeurs des ventes et les représentants à offrir le meilleur d'eux-mêmes. Que les quotas soient atteints ou non, l'entreprise peut atteindre ses prévisions des ventes.

Chaque directeur des ventes pour une région, par exemple, partage ensuite le quota entre les représentants de la région. Il existe trois écoles de pensée pour la détermination de quotas. L'**école des quotas élevés** fixe des quotas plus élevés que ceux que la majorité des vendeurs peuvent atteindre, mais qui restent relativement accessibles. Les tenants de cette école croient que des quotas élevés incitent à accomplir des efforts supplémentaires. L'**école des quotas moyens** fixe des quotas que la majorité des représentants peuvent atteindre. Les partisans de cette école soutiennent que la force de vente reconnaîtra ainsi que les quotas sont justes et accessibles. De plus, les représentants acquerront de cette façon une certaine confiance en eux-mêmes. Quant à la troisième école, l'**école des quotas variables**, elle est d'avis qu'il existe des différences entre les vendeurs, de sorte que les quotas doivent être élevés pour certains et moyens pour d'autres.

Un point de vue assez universellement partagé est que le quota d'un représentant devrait être égal aux ventes de la dernière année, plus un certain pourcentage de la différence entre le potentiel de vente du territoire et les ventes des dernières années. Plus le représentant réagit favorablement à la pression, plus ce pourcentage devrait être élevé.

Les autres stimulants

Les entreprises utilisent aussi d'autres moyens pour stimuler l'effort de vente. Les **réunions de vente** représentent à la fois une rencontre sociale, une rupture avec la routine, une possibilité de rencontrer des membres de la direction et de parler avec eux ainsi qu'une possibilité d'échanger des impressions et de s'identifier à un groupe plus vaste. Les réunions de vente sont un important outil de communication et de motivation.

Les entreprises commanditent aussi des **concours de vente** incitant les vendeurs à un effort de vente particulier qui excède les attentes normales. Les récompenses peuvent prendre la forme de voitures, de vacances, de manteaux de fourrure, d'argent comptant ou de reconnaissance. Un concours devrait permettre à suffisamment de vendeurs de gagner. Chez IBM, approximativement 70 % des vendeurs sont membres du Club 100 %. La récompense est un voyage de trois jours qui inclut un banquet où l'on reconnaît publiquement les succès et où l'on distribue une broche bleu et or. Si quelques personnes seulement peuvent gagner, ou si presque tout le monde peut le faire, le concours ne réussira pas à engendrer un effort supplémentaire. La période du concours de vente ne devrait pas être annoncée à l'avance parce que certains vendeurs garderont des ventes jusqu'au début du concours. D'autre part, certains vendeurs pourraient gonfler leurs ventes durant la période du concours en y incluant des promesses de clients qui ne se réaliseront pas après la fin du concours.

Certaines entreprises réussissent à trouver des récompenses moins traditionnelles pour motiver leurs représentants de vente :

> Ann Machado, fondatrice et propriétaire de Creative Staffing, un service de placement, récompense non seulement les représentants, mais aussi les autres employés au moyen de repas dans d'excellents restaurants, de fleurs, de séjours dans des établissements de santé, de cours d'art culinaire et de jours supplémentaires de vacances. On pourrait penser à première vue que l'entreprise aurait besoin de tout un service pour déterminer ces récompenses et les mettre en œuvre, mais tel n'est pas le cas, puisque Mᵐᵉ Machado permet à chaque employé de choisir la récompense qu'il souhaite et de décrire ce qu'il doit faire pour l'obtenir. Tout ce qu'elle a à faire, c'est d'approuver le choix. « Le fait de permettre aux gens de choisir leurs propres objectifs et leurs propres récompenses les responsabilise et les valorise », déclare Mᵐᵉ Machado[26].

22.2.5
L'évaluation des représentants

Nous avons décrit jusqu'à présent les aspects incitatifs de la supervision : comment la direction communique aux représentants ce qu'ils devraient faire et ce qui les motive à le faire. Mais une bonne préparation n'est pas suffisante ; il faut aussi donner de la rétroaction. Une rétroaction adéquate implique d'obtenir une information régulière du représentant pour évaluer sa performance.

Les sources d'information

La direction peut obtenir de l'information de ses représentants de plusieurs façons. La source d'information la plus importante est sans doute les rapports de ventes. On peut aussi obtenir une information additionnelle grâce à l'observation personnelle, à des lettres et à des plaintes des clients, à des enquêtes auprès des clients et à des conversations avec les autres représentants.

Les rapports de ventes se composent de deux volets : les **plans d'activités futures** et les **comptes rendus d'activités passées**. Un bon exemple du premier type de rapport est le **plan de travail du vendeur**, que les représentants soumettent une semaine ou un mois à l'avance. Ce plan présente les visites à faire et les itinéraires. Ce rapport force les représentants à planifier leurs activités, à informer la direction de leurs activités et à fournir une base de comparaison entre les plans et les réalisations. Les représentants peuvent être évalués sur leur habileté à planifier leur travail et à le mettre en œuvre.

La plupart des entreprises exigent que leurs représentants préparent un **plan annuel de marketing pour leur territoire**. Dans ce document, ils exposent leurs programmes d'action pour la conquête de nouveaux clients et l'accroissement des ventes pour les clients actuels. Cette forme de rapport permet au représentant de devenir un directeur de marché et un centre de profit. Les directeurs des ventes analysent ces plans, font des suggestions et les utilisent pour établir des quotas de ventes.

Les vendeurs rendent compte de leurs activités dans des **rapports de visites**. Les rapports de visites informent la direction des ventes au sujet des activités du vendeur, fournissent de l'information précise sur les clients et donnent une information utile aux visites ultérieures. Les représentants soumettent aussi des rapports sur les dépenses, sur les nouveaux clients, sur les clients perdus, sur les activités économiques locales et sur les conditions économiques.

Ces rapports fournissent des données brutes à partir desquelles les directeurs des ventes peuvent extraire les indicateurs clés des performances de vente. Les indicateurs clés sont : 1° le nombre moyen de visites par vendeur par jour ; 2° la durée moyenne d'une visite par contact ; 3° les revenus moyens par visite ; 4° le coût moyen par visite ; 5° les frais de représentation moyens par visite ; 6° le pourcentage de commandes par 100 visites ; 7° le nombre de nouveaux clients pour la période ; 8° le nombre de clients perdus durant la période ; 9° le coût de la force de vente en pourcentage des ventes totales. Ces indicateurs aident à répondre à plusieurs questions utiles : Les représentants font-ils suffisamment de visites par jour ? Consacrent-ils trop de temps à chaque visite ? Dépensent-ils trop en frais de représentation ? Remplissent-ils assez de commandes par 100 visites ? Amènent-ils suffisamment de nouveaux clients et conservent-ils suffisamment d'anciens clients ?

L'évaluation structurée de la performance

Les rapports des vendeurs de même que certaines observations fournissent des éléments de base pour l'évaluation des représentants. L'emploi de méthodes formelles d'évaluation offre au moins trois avantages. Premièrement, la direction doit communiquer ses standards pour pouvoir juger de la performance de vente. Deuxièmement, elle doit recueillir le plus d'information possible sur chaque vendeur. Troisièmement, les vendeurs savent qu'ils auront à s'asseoir un jour en face de leur directeur des ventes pour expliquer leur performance et dire pourquoi ils n'ont pas atteint certains objectifs. Il existe plusieurs façons de faire des évaluations.

Les comparaisons avec les ventes passées

Ce type d'évaluation consiste à comparer les ventes actuelles du représentant avec ses ventes passées. On trouvera au tableau 22.2 un exemple d'une telle fiche d'évaluation.

Le directeur des ventes peut apprendre beaucoup de choses en consultant la fiche d'évaluation de Gilles Charest. Les ventes totales de Gilles Charest ont augmenté chaque année (ligne 3), ce qui ne veut pas nécessairement dire qu'il améliore ses résultats. L'analyse des ventes nettes par produit indique qu'il a connu plus de succès avec les ventes du produit B qu'avec celles du produit A (lignes 2 et 1). En se référant au pourcentage des quotas qui lui avaient été fixés (lignes 4 et 5), on s'aperçoit que l'accroissement des ventes du produit B s'est fait aux dépens de celles du produit A. Or, la marge brute du produit B est supérieure à celle du produit A durant les deux dernières années (lignes 6 et 7). Cette différence tend à démontrer que Gilles Charest a poussé la vente d'un produit à fort volume et à faible marge aux dépens d'un produit plus rentable. Quoique ces ventes totales aient augmenté de 1 100 $ entre 1998 et 1999 (ligne 3), la marge brute totale (ligne 8) a en fait diminué de 580 $.

Même si les frais de vente (ligne 9) connaissent une augmentation croissante, le pourcentage des frais de vente par rapport aux ventes totales (ligne 10) semble stable. Cette augmentation des frais de vente ne peut guère s'expliquer par l'augmentation du nombre de visites (ligne 11). Elle peut cependant être liée au succès que Charest a connu dans l'acquisition de nouveaux clients (ligne 14). Toutefois, il est possible qu'en prospectant de nouveaux clients il ait négligé les clients actuels, comme l'indique la tendance à la hausse du nombre de clients perdus chaque année (ligne 15).

Les deux dernières lignes du tableau 22.2 indiquent le niveau et la tendance des ventes et de la marge brute moyennes par client. Ces données prennent toute leur signification lorsqu'elles sont comparées avec les moyennes globales de l'entreprise. Si la marge brute moyenne par client de Gilles Charest est inférieure à la moyenne de l'entreprise, il est possible que ce représentant se concentre sur de mauvais clients ou encore qu'il ne consacre pas assez de temps à chaque client. C'est en analysant le nombre annuel de visites (ligne 11) que le directeur pourrait vérifier si Charest est aussi productif que les autres vendeurs. Si les distances qu'il doit parcourir dans son territoire sont équivalentes à celles qu'il faut parcourir dans les autres territoires, on pourrait en conclure qu'il ne consacre pas suffisamment d'heures au travail chaque jour, qu'il n'est pas très bon pour planifier ses ventes et concevoir ses itinéraires, ou encore qu'il accorde trop de temps à certains clients.

L'évaluation de la satisfaction de la clientèle

Gilles Charest réussit peut-être très bien à obtenir des ventes, sans pour autant être apprécié par ses clients. Il est peut-être un peu meilleur que les

TABLEAU 22.2
**Une fiche
d'évaluation
des ventes d'un
représentant**

		Territoire : Beauce Représentant : Gilles Charest		
	1996	1997	1998	1999
1. Ventes nettes du produit A	251 300 $	253 300 $	270 000 $	263 100 $
2. Ventes nettes du produit B	423 200 $	439 200 $	553 900 $	561 900 $
3. Ventes nettes totales	674 500 $	692 400 $	823 900 $	825 000 $
4. Pourcentage du quota du produit A	95,6	92,0	88,0	84,7
5. Pourcentage du quota du produit B	120,4	122,3	134,9	130,8
6. Marge brute du produit A	50 260 $	50 610 $	54 000 $	52 620 $
7. Marge brute du produit B	42 320 $	43 920 $	55 390 $	56 190 $
8. Marge brute totale	92 580 $	94 560 $	109 390 $	108 810 $
9. Frais de vente	10 200 $	11 100 $	11 600 $	13 200 $
10. Frais de vente en pourcentage des ventes totales	1,5	1,6	1,4	1,6
11. Nombre de visites	1 675	1 700	1 680	1 660
12. Coût par visite	6,09 $	6,53 $	6,90 $	7,95 $
13. Nombre moyen de clients	320	324	328	334
14. Nombre de nouveaux clients	13	14	15	20
15. Nombre de clients perdus	8	10	11	14
16. Ventes moyennes par client	2 108 $	2 137 $	2 512 $	2 470 $
17. Marge brute moyenne par client	289 $	292 $	334 $	326 $

vendeurs des concurrents, ou son produit est meilleur, ou encore il parvient à trouver de nouveaux clients pour remplacer ceux qui ne veulent plus traiter avec lui. Un nombre croissant d'entreprises mesurent la satisfaction de la clientèle non seulement à l'égard des produits et du service à la clientèle, mais aussi des représentants. On peut mesurer les opinions des clients sur les représentants, sur les produits et sur le service à la clientèle par des questionnaires postaux ou téléphoniques. Les représentants qui sont particulièrement bien évalués par leurs clients reçoivent une reconnaissance spéciale, des récompenses ou des primes.

L'évaluation qualitative des représentants

L'évaluation doit aussi tenir compte de la connaissance que le représentant a de son entreprise, de ses produits, de ses clients, de ses concurrents, de son territoire et de ses responsabilités. Les traits de sa personnalité, ses bonnes manières, son apparence, son élocution et son tempérament peuvent également être évalués. Le directeur des ventes devrait aussi prendre en considération la motivation et le respect de l'autorité[27].

Le directeur des ventes devrait vérifier si le représentant connaît et respecte la loi. Par exemple, il est illégal pour les représentants de mentir aux consommateurs au sujet des avantages reliés à l'achat d'un produit donné. Les arguments des représentants de vente doivent être conformes au contenu de la publicité. En vendant à des entreprises, ils ne doivent pas offrir de pots-de-vin aux acheteurs ou à d'autres personnes pour influencer la vente. Ils ne doivent pas obtenir une information technique, ou des secrets des concurrents, en utilisant des méthodes de corruption ou d'espionnage industriel. Finalement, les représentants ne doivent pas dénigrer les concurrents ou leurs produits en suggérant des choses qui sont fausses[28].

Chaque entreprise devrait déterminer ce qu'il importe que les représentants sachent. Elle devrait ensuite leur communiquer ses critères d'évaluation, de façon qu'ils sachent également comment leur performance sera évaluée et qu'ils puissent, en conséquence, faire des efforts pour s'améliorer.

22.3
LES PRINCIPES DE VENTE

Passons maintenant de la conception et de la gestion de la force de vente à la raison d'être de celle-ci, à savoir vendre. Vendre est un art ancien qui a donné naissance à une vaste documentation et à de nombreux principes. Les vendeurs efficaces ont plus que de l'instinct ; ils ont été formés à une méthode d'analyse et de gestion du client. Vendre est aujourd'hui une profession qui implique la maîtrise et la mise en pratique d'un grand nombre de principes. Il existe de nombreux styles de vente ; certains sont compatibles avec le concept de marketing et d'autres non. Penchons-nous maintenant sur trois aspects importants de la vente : l'art de la vente, la négociation et la gestion du marketing relationnel[29].

22.3.1
La formation à l'art de la vente

Aujourd'hui, les entreprises dépensent plusieurs millions de dollars chaque année pour former leurs représentants à l'art de la vente. Il existe sur le marché plus d'un million de livres, de cassettes, de vidéocassettes et de séminaires aux titres aussi alléchants que *Comment réussir dans la vente*, *Comment vendre n'importe quoi à n'importe qui*, *Comment connaître le succès en six heures*, ou *Mille façons d'accroître ses ventes*. Un des classiques dans ce genre est le livre de Dale Carnegie intitulé *Comment se faire des amis et influencer les gens*.

Toutes les méthodes de formation ont pour objectif de transformer un preneur de commandes en un arracheur de commandes. Le **preneur de commandes** tient pour acquis que les clients connaissent leurs besoins, qu'ils n'aiment pas qu'on tente de les influencer et qu'ils préfèrent les vendeurs courtois et efficaces. Un exemple d'une telle mentalité serait le représentant qui fait du porte-à-porte en demandant simplement aux clients s'ils ont besoin de quelque chose.

Pour former des gens de manière qu'ils deviennent des **arracheurs de commandes**, il y a deux orientations de base : une orientation vers la vente et une orientation vers le client. L'**orientation vers la vente** consiste à apprendre au vendeur à utiliser des techniques de vente sous pression telles que celle qu'emploient les vendeurs d'encyclopédies ou d'automobiles. Cette technique comprend la valorisation exagérée des avantages du produit, la critique des produits de la concurrence, une présentation coulante, de même que la capacité de se vendre soi-même et de faire une concession qui permettra de conclure la vente. Cette forme de vente suppose qu'il faut exercer une pression sur les clients pour qu'ils achètent, que les clients sont influencés par les arguments coulants et les manières prévenantes, et qu'ils ne regretteront pas d'avoir signé une commande, ou qu'il n'importe aucunement qu'ils le regrettent ou non.

L'**orientation client** est une démarche qui consiste à former des personnes de façon qu'elles résolvent les problèmes des clients. Le vendeur apprend à écouter les clients et à les questionner afin de reconnaître leurs besoins et de trouver des solutions. Les habiletés à faire des présentations sont secondaires par rapport aux habiletés d'analyse des besoins. Cette démarche suppose que les clients ont des besoins latents qui constituent des occasions pour l'entreprise, qu'ils apprécient les suggestions constructives et qu'ils seront fidèles à un vendeur qui aura à cœur leurs intérêts à long terme. Résoudre des problèmes est beaucoup plus près du concept de marketing que de vendre sous pression ou de prendre des commandes.

Aucune méthode n'est meilleure que les autres dans toutes les circonstances. Dans la plupart des programmes de formation à la vente, on trouve un processus de vente composé de sept étapes importantes, représentées à la figure 22.2 et décrites dans les paragraphes qui suivent[30].

La prospection et l'évaluation

La première étape du processus de vente est de reconnaître les clients potentiels. Même si l'entreprise tente de fournir des pistes, les vendeurs doivent avoir l'habileté à ouvrir leurs propres pistes. On peut ouvrir des pistes de la façon suivante :

FIGURE 22.2
Les sept étapes de la vente

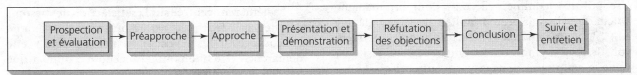

- Demander à des clients actuels le nom de clients potentiels.

- Maintenir des contacts avec des sources de référence telles que les fournisseurs, les concessionnaires, les autres vendeurs, les banquiers et les cadres d'associations professionnelles.

- Faire partie d'associations auxquelles les clients potentiels appartiennent.

- S'engager dans des activités de parole et d'écriture qui attireront l'attention.

- Scruter des sources de noms telles que les journaux et les annuaires.

- Utiliser le téléphone et le courrier pour trouver ses propres pistes.

- Faire des visites sans rendez-vous.

Le représentant doit avoir assez de flair pour discerner les mauvaises pistes. On peut évaluer les clients potentiels en analysant leur capacité financière, leur chiffre d'affaires, leurs besoins propres, leur emplacement et la probabilité de relations d'affaires à long terme. Le représentant peut téléphoner ou écrire à des clients potentiels avant de leur rendre visite. On peut classer ces derniers en trois catégories : les clients potentiels chauds, les tièdes et les froids.

Certaines entreprises encouragent des employés qui ne sont pas des représentants de vente à faire de la prospection. Une des stratégies de prospection de vente les plus originales est venue d'une entreprise manufacturière plutôt traditionnelle, John Deere :

En 1993, la diminution de la demande d'équipement agricole combinée avec des actions offensives de la part des concurrents poussèrent les managers de John Deere à créer une stratégie où l'on faisait participer des employés de la chaîne de montage à la recherche et à l'approche de clients potentiels. La compagnie envoya certains des employés les plus expérimentés et compétents à des foires agricoles régionales partout en Amérique du Nord pour présenter l'équipement de la compagnie à des intermédiaires et à des producteurs agricoles. Ces employés

rendirent aussi des visites impromptues à des producteurs agricoles locaux pour discuter de leurs problèmes. Les clients potentiels percevaient ces nouveaux représentants comme étant des gens qui pouvaient donner une information honnête et pragmatique sur les caractéristiques des produits John Deere. Ainsi, après que ces nouveaux représentants eurent courtisé les nouveaux clients en utilisant leur expertise sur les nouvelles méthodes de fabrication et sur les programmes de qualité totale, l'entreprise pouvait déterminer à quel moment et de quelle manière les représentants de vente feraient des présentations, puis concluraient des ventes[31].

La préapproche

Le vendeur doit en savoir le plus possible sur une entreprise qui est un client potentiel (ses besoins, son processus d'achat) et sur ses acheteurs (leurs caractéristiques personnelles, les styles d'acheteurs). Le représentant peut consulter des sources de données traditionnelles, comme Moody's, Standard & Poor's ou Dun & Bradstreet, des connaissances et d'autres personnes pour bien s'informer sur l'entreprise. Les vendeurs doivent fixer des objectifs de visites qui pourraient être, par exemple, l'évaluation du client potentiel ou la collecte de renseignements à son sujet. Ils doivent décider de la meilleure approche, soit une visite, soit un appel téléphonique ou une lettre (par la poste ou par courriel). Ils doivent aussi choisir le bon moment parce que les clients potentiels sont plus occupés durant certaines périodes. Finalement, il faudrait que les vendeurs planifient une stratégie de vente globale pour chaque compte.

L'approche

Le représentant devrait savoir comment aborder le client pour que la relation débute sur un bon pied. Il devrait envisager de porter des vêtements semblables à ceux de l'acheteur, montrer de la courtoisie et éviter les manières qui distraient, comme marcher ou regarder fixement le client. L'entrée en matière devrait être positive, comme celle-ci : « Bonjour, madame Ducharme. Je suis Jean Beaulieu de la compagnie ABC. Je vous remercie d'avoir bien voulu me recevoir. Je ferai de mon mieux pour que cette visite en vaille le coup pour vous et votre entreprise. » Le représentant posera ensuite quelques questions clés, suivies d'une écoute active, pour mieux comprendre l'acheteur et ses besoins.

La présentation et la démonstration

Le vendeur présente ensuite son produit à l'acheteur en suivant la formule AIDA, à savoir : attirer son **attention**, soutenir son **intérêt**, stimuler le **désir** et obtenir l'**achat** ou l'**action**. Il mettra l'accent sur les avantages des caractéristiques du produit ou du service pour le client. Ces **avantages** peuvent prendre plusieurs formes : un prix plus bas, moins de travail ou plus de profits pour l'acheteur. Quant aux **caractéristiques**, elles constituent les particularités du produit, comme sa taille ou son poids. Une erreur classique de la vente est de mettre en avant des caractéristiques du produit (une optique produit) au lieu d'avantages pour le client (une optique marketing).

Les entreprises ont élaboré trois démarches en ce qui concerne les présentations de vente. La démarche la plus traditionnelle est la **démarche standardisée**, par laquelle le vendeur mémorise une présentation portant sur les points principaux. Cette démarche repose sur le modèle stimulus-réponse : l'acheteur est passif, mais on peut l'amener à acheter en ayant recours à des stimulus comme des mots, des photos, des conditions et des actions. Un vendeur d'encyclopédies présentera le produit comme « une occasion unique dans la vie de quelqu'un », tout en montrant de très belles illustrations en couleurs en vue de déclencher un désir pour l'encyclopédie. La démarche standardisée sert surtout dans la vente de porte en porte et au téléphone.

La **démarche adaptée** repose aussi sur le modèle stimulus-réponse, mais tôt dans l'entrevue le vendeur cerne les besoins et le style de l'acheteur, et il y adapte sa démarche. Le représentant enclenche la discussion avec l'acheteur à partir des besoins et des attitudes de celui-ci. Ensuite, il passe à une présentation adaptée qui montre comment le produit peut répondre aux besoins de l'acheteur. La présentation n'est pas standardisée, mais elle suit un canevas.

La **démarche centrée sur la satisfaction des besoins** débute par la recherche des besoins réels du client en l'encourageant à s'exprimer le plus possible. Cette démarche exige une bonne capacité d'écoute et une habileté à résoudre les problèmes. Le vendeur joue alors le rôle d'un **expert-conseil** compétent qui espère aider le client à faire des économies ou de meilleurs profits. La nouvelle organisation de vente d'IBM utilise cette approche.

Quelle que soit la démarche adoptée, on peut améliorer un argumentaire à l'aide de brochures, d'un tableau à feuilles volantes, de diapositives, de films, de cassettes audio et vidéo et d'échantillons.

Toshiba utilise les technologies les plus avancées pour démontrer les capacités de ses scanners CAT et MRI aux professionnels de la santé :

Les scanners CAT et MRI de Toshiba sont de gros équipements qui coûtent très cher. Une installation typique emplirait tout un salon familial d'un équipement hautement technique ; et les spécifications touchant le fonctionnement changent constamment. Pour transmettre une information sur des produits aussi complexes, les représentants de Toshiba décrivent le produit au client au moyen d'une présentation interactive raffinée sur leur ordinateur portatif. Le client peut y voir des animations en trois dimensions, des scanographies à haute résolution et des films sur le fonctionnement de l'équipement, de même que des témoignages de clients satisfaits. Le programme présente même un schéma architectural sur les exigences en espace du produit[32].

Dans la mesure où le client peut voir ou toucher le produit, il se remémorera plus facilement ses caractéristiques et ses avantages. Durant une démonstration, un représentant peut recourir à cinq stratégies[33] :

1. **La légitimation.** Le représentant met l'accent sur la réputation et sur l'expérience de son entreprise.

2. **L'expertise.** Le représentant fait preuve d'une grande connaissance de la situation de l'acheteur et des produits de l'entreprise, sans toutefois exagérer.

3. **La communauté d'intérêts.** Le représentant capitalise sur des relations, des caractéristiques ou des intérêts communs.

4. **Les faveurs.** Le représentant offre au client des faveurs (un repas, un cadeau promotionnel) afin de renforcer les liens et les sentiments réciproques.

5. **L'impression.** Le représentant s'efforce de donner une impression favorable de lui-même.

La réfutation des objections

Les clients apportent toujours des objections durant la présentation de vente ou au moment de signer le contrat. Leur résistance peut être d'origine psychologique ou logique. La **résistance psychologique** comprend la résistance à l'ingérence, la préférence pour des fournisseurs ou des marques établis, l'apathie, la répugnance à abandonner quelque chose, des relations interpersonnelles déplaisantes, des idées préconçues, l'aversion pour la prise de décision et une attitude névrotique à l'égard de l'argent. La **résistance logique** peut prendre la forme d'objections quant au prix, aux délais de livraison ou à certaines caractéristiques du produit. Pour réfuter ces objections, le vendeur doit conserver une attitude positive, demander à l'acheteur de clarifier son objection et l'interroger de façon à l'amener à réfuter sa propre objection, rejeter le bien-fondé de l'objection ou encore faire de celle-ci une raison d'achat. Le vendeur doit posséder des habiletés de négociation, notamment la riposte aux objections.

La conclusion

Le vendeur tentera ensuite de conclure la vente. Certains vendeurs ont de la difficulté à atteindre cette étape et, lorsqu'ils y arrivent, ils ne réussissent pas très bien. Ils manquent de confiance en eux-mêmes ou se sentent coupables de demander une commande, ou encore ils ne savent pas reconnaître le bon moment psychologique pour conclure la vente. Les représentants doivent apprendre à reconnaître les signaux qui annoncent que l'acheteur est prêt: ses actions, ses commentaires ou ses questions. Ils peuvent utiliser plusieurs techniques de conclusion: demander tout simplement à l'acheteur de passer la commande, lui demander s'il préfère le produit A ou le produit B, lui demander de prendre des décisions mineures, par exemple sur la couleur ou sur la taille, ou indiquer ce qu'il risque de perdre s'il ne passe pas la commande maintenant. Le vendeur peut également offrir des stimulants pour conclure la vente, tels un prix spécial, une quantité supplémentaire ou un cadeau.

Le suivi et l'entretien

Le suivi et l'entretien sont nécessaires si le vendeur veut connaître le degré de satisfaction et la probabilité de rachat. Sitôt la vente conclue, le vendeur devrait s'assurer des délais de livraison, des conditions d'achat, etc. Il devrait planifier une visite de contrôle après que la commande initiale a été reçue, afin de s'assurer qu'on a transmis au client les bonnes instructions, qu'on a fait correctement l'installation et que le service après-vente est impeccable. Au cours de cette visite, le représentant devrait détecter tout problème éventuel, témoigner à l'acheteur son intérêt et réduire ainsi toute dissonance cognitive. Il devrait aussi développer un plan d'entretien du compte pour veiller à ce que le client ne soit pas oublié ou perdu.

22.3.2
Le développement des habiletés de négociation

Toute vente en milieu industriel, commercial ou institutionnel exige des habiletés de négociation. Les deux parties doivent en venir à un accord sur le prix et sur les autres conditions de la vente. Les représentants doivent obtenir la commande sans faire de concessions qui nuiraient à la rentabilité.

Qu'est-ce que la négociation?

Le marketing s'intéresse à l'échange et à la façon dont les conditions de l'échange sont établies. Dans un **échange routinier**, les conditions sont établies par des programmes de prix et de distribution fixés à l'avance. Dans un **échange négocié**, le prix et les autres conditions sont fixés par la négociation. Arndt a observé que, dans un nombre croissant de marchés, on fait des échanges négociés, où deux ou plusieurs parties négocient des accords comportant des engagements à long terme (par exemple le partenariat, la coentreprise, les franchises, les sous-contrats ou l'intégration verticale).

Même si le prix est souvent le principal enjeu de la négociation, il en existe plusieurs autres: les délais, la qualité des produits et des services, le volume d'achats, les responsabilités du financement, la responsabilité des risques, la promotion, la propriété et la sécurité du produit ou du service. Le nombre d'enjeux dans une négociation est quasi illimité.

Les mercaticiens qui se retrouvent dans des situations de négociation doivent posséder certaines habiletés s'ils veulent être efficaces. Parmi les plus importantes, mentionnons l'habileté de préparation et de planification, une bonne connaissance du sujet négocié, l'habileté à penser clairement sous pression et dans des conditions d'incertitude, l'habileté à bien articuler ses idées, l'habileté à écouter, l'intelligence et un bon jugement, l'intégrité, l'habileté à persuader les autres et la patience. Ces habiletés aideront le mercaticien à savoir quand et comment négocier[34].

FIGURE 22.3
Une zone d'accord

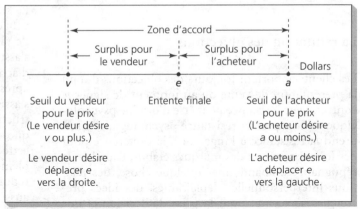

Source : Réimprimée avec la permission des éditeurs de *The Art and Science of Negotiation*, par Howard Raiffa, Cambridge, Mass., The Belknap Press of Harvard University Press, copyright © 1982 by the President and Fellows of Harvard College.

Quand faut-il négocier?

Lee et Dobler suggèrent une liste de situations où la négociation est appropriée en vue de conclure une vente :

1. Quand de nombreux facteurs influent non seulement sur le prix, mais aussi sur la qualité et sur le service.
2. Lorsque le risque ne peut être évalué avec précision.
3. Lorsqu'il faut beaucoup de temps pour fabriquer les produits achetés.
4. Lorsque la production est interrompue par de fréquentes modifications de la commande[35].

Une négociation est recommandable lorsqu'il existe une **zone d'accord**[36], c'est-à-dire lorsqu'il y a simultanément des chevauchements de solutions acceptables pour les deux parties. Ce concept est illustré à la figure 22.3. Supposons que les deux parties souhaitent négocier un prix et que chacune d'elles ait fixé un **seuil pour le prix**. Le vendeur a un seuil v, le prix plancher, qui est le **minimum** acceptable. Toute valeur du contrat final e inférieure à v est pire que l'absence d'accord. Pour tout $e > v$, le vendeur en tirera un profit. Évidemment, le vendeur désire le profit le plus élevé possible tout en maintenant une bonne relation avec l'acheteur. De même, l'acheteur a un seuil a, le prix plafond, qui est le **maximum** qu'il acceptera de payer ; tout $e > a$ est pire que l'absence d'accord. Pour tout $e < a$, l'acheteur obtiendra un

gain. Si le prix plancher du vendeur est inférieur au prix plafond de l'acheteur, c'est-à-dire si $v < a$, alors il existe une zone d'accord et le prix final sera déterminé par la négociation.

Il y a un avantage évident à connaître le prix plancher et à fixer son propre seuil à un prix qui semble plus élevé (pour le vendeur) ou plus bas (pour l'acheteur) qu'il ne l'est en réalité. Le degré auquel les acheteurs et les vendeurs dévoilent leur jeu dépend de la personnalité des négociateurs, des circonstances de la négociation et des attentes quant aux relations futures.

Comment doit-on formuler une stratégie de négociation?

Négocier exige d'élaborer au préalable un plan stratégique afin de prendre de bonnes décisions tactiques durant la négociation.

> Une **stratégie de négociation** peut être définie comme un engagement dans une démarche globale qui offre une bonne probabilité d'atteindre les objectifs du négociateur.

Ainsi, certains négociateurs adoptent une stratégie « dure » avec leurs opposants, tandis que d'autres suivent une démarche « douce » qui donne des résultats encore plus favorables. Fisher et Ury proposent une autre stratégie, la « négociation réfléchie[37] ».

LE MARKETING EN COULISSE 22.2
La stratégie de négociation réfléchie

Dans le programme de recherche connu sous le nom de Projet de négociation de Harvard, Roger Fisher et William Ury sont arrivés à la conclusion que quatre règles devraient prévaloir pour la conduite d'une « négociation réfléchie » :

1. **Séparer les gens du problème.** Étant donné que des personnes sont mêlées aux négociations, il est facile de laisser les émotions l'emporter sur les intérêts objectifs de l'enjeu négocié. Régler les enjeux de la négociation en fonction des personnalités en présence plutôt qu'en fonction des intérêts des parties peut engendrer une négociation inefficace. Le processus de négociation risque de se détériorer rapidement quand il devient un affrontement au lieu d'être une activité conjointe de résolution de problèmes.

    Séparer les gens du problème suppose, premièrement, une habileté à avoir les perceptions les plus précises possible. Chaque partie doit avoir assez d'empathie pour comprendre le point de vue de ses vis-à-vis, pour pressentir leur niveau d'émotivité. Deuxièmement, les émotions que les gens transmettent dans les négociations et celles qui en découlent doivent être rendues explicites et reconnues comme légitimes. Discuter ouvertement des sentiments des deux parties, lorsqu'on ne réagit pas à un déchaînement d'émotions, aide à empêcher que les négociations ne dégénèrent en des séances improductives et remplies d'agressivité. Troisièmement, les communications doivent être claires entre les deux parties. Écouter activement, comprendre ce qui est dit, communiquer au sujet des problèmes, et non au sujet des faiblesses des adversaires, et aborder directement les intérêts en jeu, tout cela améliorera les chances d'obtenir une solution satisfaisante.

2. **Se centrer sur les intérêts et non sur les positions.** La différence entre les positions et les intérêts est que les positions sont quelque chose qui a été décidé, alors que les intérêts sont ce qui cause l'adoption d'une position. Ainsi, une **position** de négociation pourrait consister à vouloir infliger une dure pénalité pour un retard dans la livraison, alors que l'**intérêt** d'une partie est de maintenir un flux continu de matières premières. Réconcilier les intérêts fonctionne mieux parce que, pour chaque intérêt, il existe effectivement plusieurs positions possibles qui pourraient satisfaire ce même intérêt.

3. **Inventer des options qui pourraient permettre un gain mutuel.** Inventer des options susceptibles de permettre un gain mutuel consiste à explorer les moyens d'avoir une tarte plus grosse plutôt que d'argumenter sur la taille des parts de tarte. Lorsque l'on recherche des options qui offrent des gains mutuels, cela permet de faire ressortir des intérêts partagés.

4. **Insister sur les critères objectifs.** Lorsqu'un négociateur est intransigeant et défend sa position plutôt que ses intérêts, une bonne solution est d'insister pour que l'entente reflète certains critères objectifs équitables de la position de chaque partie. Lorsque l'on discute de critères objectifs plutôt que de s'entêter sur des positions, aucune partie ne cède à l'autre, les deux recherchant une solution équitable. Un tel critère objectif pourrait être la valeur de la marchandise, la valeur comptable après dépréciation, les prix des concurrents, les prix de remplacement, l'indice des prix de gros, etc.

Source : Adapté de Roger Fisher et William Ury, *Getting to Yes: Negotiating Agreement Without Giving In*, Boston, Houghton Mifflin, 1981, p. 57.

On trouvera dans la rubrique Le marketing en coulisse 22.2 intitulée « La stratégie de négociation réfléchie » les quatre idées maîtresses de cette stratégie de négociation.

Les tactiques de négociation

Les négociateurs recourent à toute une gamme de tactiques lorsqu'ils négocient.

> Les tactiques de négociation sont des manœuvres qu'il faut utiliser à des moments précis dans le processus de négociation.

Les menaces, le bluff, les offres de la dernière chance, la position initiale dure et d'autres tactiques sont mises à contribution dans la négociation. Parmi les conseils pratiques, signalons ceux-ci : « Ne pas se mouiller trop vite » et « Négocier sur son propre terrain lorsque c'est possible » (voir la rubrique Le marketing en coulisse 22.3 intitulée « Quelques tactiques classiques de négociation »).

Fisher et Ury ont proposé des tactiques qui suivent la même logique que leur stratégie de négociation réfléchie. Le premier type de conseil tactique concerne ce qui doit être fait quand l'autre partie est plus puissante que soi. La meilleure tactique consiste à savoir quelle est la meilleure solution de remplacement d'une entente négociée. Lorsqu'on cerne une stratégie de remplacement, si une entente ne peut pas être conclue, on établit une norme par rapport à laquelle toute offre peut être évaluée. Cette norme dispense le négociateur d'être forcé d'accepter des conditions défavorables sous la pression d'un adversaire plus puissant.

Un autre exemple de tactiques de négociation consiste en des réactions aux tactiques adverses dont le but est de tromper, de déformer les faits ou d'influer d'autres façons sur la négociation. À quelles tactiques devrait-on recourir quand la partie adverse fait des menaces, emploie la tactique « à prendre ou à laisser » ou encore fait asseoir la partie adverse du côté de la table où l'on a le soleil dans les yeux ? Un négociateur devrait reconnaître la tactique, soulever le problème de manière explicite et contester la légitimité et l'adoption de la tactique, en d'autres mots la négocier. En cas d'échec, il faut suspendre la négociation jusqu'à ce que la partie adverse cesse d'employer cette tactique. Appliquer des principes de défense pour faire face à de telles tactiques est plus productif que de contre-attaquer avec des tactiques rusées.

22.3.3
La gestion du marketing relationnel

Les principes de la vente et de la négociation sont orientés vers la **transaction** parce que leur objectif est d'aider le représentant à conclure une vente avec un client. Mais, dans beaucoup de cas, l'entreprise cherche non seulement à vendre, mais aussi à cibler un client important qu'elle désire attirer et servir. Elle voudrait démontrer au compte recherché qu'elle est en mesure de répondre à ses besoins d'une façon supérieure, surtout si les deux parties peuvent s'engager dans une relation. Le type de vente requis pour l'établissement d'une relation de collaboration à long terme est plus complexe que celui que nous avons décrit dans ce chapitre. Neil Rackham a proposé une méthode de vente qui ne mise pas sur une vente immédiate au client, mais plutôt sur une vente à long terme qui sera à l'avantage des deux parties. Un engagement à long terme exige le développement de tout un ensemble d'ententes. Selon Rackham, le processus de vente devrait passer par l'étape préliminaire de l'étude des problèmes et des besoins du client potentiel, puis l'entreprise doit démontrer sa capacité de répondre aux besoins du client, et finalement on obtiendra un engagement à long terme[38].

De nos jours, beaucoup d'entreprises mettent davantage l'accent sur le **marketing relationnel** (voir le chapitre 2) que sur le marketing transactionnel. L'époque du représentant qui travaille seul dans son territoire et dont les seuls objectifs sont d'atteindre son quota de ventes et d'améliorer sa rémunération est révolue. Aujourd'hui, les clients sont souvent de très grandes entreprises œuvrant à l'échelle mondiale qui préfèrent des fournisseurs qui peuvent vendre et livrer un ensemble intégré de produits et de services, qui peuvent trouver rapidement des solutions à des problèmes se posant dans divers emplacements et qui peuvent collaborer étroitement avec les équipes de travail du client pour améliorer les produits et les processus. Malheureusement, les entreprises ne sont pas toutes organisées de manière à pouvoir répondre à de telles exigences. Leurs produits sont vendus par des forces de vente différentes qui ne travaillent pas facilement ensemble. Et le personnel technique de l'entreprise n'est pas toujours désireux de passer du temps à renseigner le client.

Les entreprises reconnaissent que ce sera de plus en plus grâce aux équipes de vente qu'elles pourront obtenir et conserver des comptes. Elles reconnaissent aussi qu'il ne suffit pas de demander à des gens de travailler en équipe pour qu'ils réussissent à le faire. Elles doivent donc revoir leur système de rémunération pour accorder de la reconnaissance à des personnes qui travaillent à des comptes où plusieurs personnes interviennent. Elles doivent déterminer de meilleurs

LE MARKETING EN COULISSE 22.3
Quelques tactiques classiques de négociation

Voici quelques tactiques classiques de négociation :

- **Mettre cartes sur table.** Bien s'acquitter de sa tâche en montrant bien son attachement à sa position. On accroît ainsi la crédibilité et on peut donner à ses adversaires une raison de régler l'entente selon ses conditions.

- **Vouloir tout obtenir.** Se donner beaucoup de place pour négocier. Faire des demandes très élevées au début. Après avoir fait des concessions, on se retrouvera alors dans une meilleure position que si l'on avait commencé trop bas.

- **Obtenir le soutien d'un allié prestigieux.** L'allié peut aussi bien être une personne qu'un projet prestigieux. Tenter de persuader la partie adverse d'accepter moins que ce qu'elle demande, parce que la personne (ou le projet) avec qui elle sera associée est considérée comme prestigieuse.

- **Fixer un seuil.** Adopter une position et dire à la partie adverse que l'on n'a plus de concessions à faire.

- **Faire savoir que son autorité est limitée.** Négocier de bonne foi avec l'adversaire et, au moment de signer l'entente, dire : « Je dois vérifier auprès de mon patron. »

- **Négocier avec plusieurs.** Faire savoir à plusieurs concurrents que l'on négocie avec d'autres en même temps. Organiser un rendez-vous avec deux concurrents à la même heure et les laisser attendre quelque temps.

- **Diviser pour conquérir.** Si l'on fait face à une équipe, révéler sa position à l'un des membres de cette équipe. Il deviendra un allié pour persuader les autres membres de l'équipe.

- **Suspendre les négociations.** Suspendre les négociations quelque temps, puis revenir quand les conditions semblent s'améliorer. Tenter alors de renégocier. Le délai peut être long (alléguer qu'on est à l'extérieur de la ville) ou court (aller aux toilettes pour réfléchir).

- **Faire la pâte molle.** Ne donner aucune réponse affective ou verbale à la partie adverse. Ne pas réagir à ses pressions. Ne laisser paraître aucune réaction, comme si l'on jouait aux cartes.

- **Se montrer patient.** Si l'on peut se permettre de patienter plus longtemps que son adversaire, on a de bonnes chances de parvenir à une entente fort avantageuse.

- **Couper la poire en deux.** La première personne qui suggère cette tactique est celle qui risquera de perdre le moins.

- **Se faire l'avocat du diable.** Réagir à la proposition de la partie adverse en déclarant : « Avant que je dise oui ou non, considérons tous les problèmes que nous pourrions éprouver si nous faisions ce que vous voulez. » On peut ainsi montrer sa solution à l'adversaire sans s'opposer directement à son point de vue.

- **Lancer un ballon d'essai.** Informer l'adversaire de sa décision en faisant appel à une source dite fiable avant que la décision ne soit enfin prise. Cela permet de tester les réactions à sa décision.

- **Ménager des effets de surprise.** Déstabiliser la partie adverse par un changement brusque dans les tactiques que l'on utilise généralement. Se montrer imprévisible. Empêcher la partie adverse de prédire ses gestes.

Source : Tiré d'une liste de plus de 200 tactiques présentées par Donald W. Hendon, de l'Université d'Hawaii, dans son séminaire « Comment négocier et gagner ».

---

objectifs et outils de mesure pour leur force de vente. Et elles doivent mettre l'accent sur l'importance du travail d'équipe dans leurs programmes de formation, tout en admettant l'importance des initiatives individuelles[39].

Le marketing relationnel est basé sur la prémisse que les comptes les plus importants exigent une attention personnalisée et continue. Les représentants de vente qui travaillent avec les clients clés doivent faire plus que les visiter lorsqu'ils pensent que ceux-ci pourraient passer des commandes. Ils doivent les visiter en d'autres occasions, les inviter à dîner, leur faire des suggestions utiles à leur entreprise, etc. Ils doivent suivre de près ces comptes clés, connaître leurs problèmes et être prêts à les servir de plusieurs façons.

Voici les principales étapes à franchir pour mettre en place un programme de gestion de marketing relationnel :

- **Repérer les clients clés qui méritent une attention particulière.** L'entreprise peut choisir ses cinq ou dix clients les plus importants qui méritent une attention particulière. D'autres clients qui montrent une croissance exceptionnelle ou qui sont à l'origine d'innovations dans une industrie peuvent être ajoutés à la liste.

- **Affecter à chaque client important un mercaticien qui a des habiletés relationnelles.** Le représentant responsable de ce client devrait recevoir une formation en gestion des relations ou être remplacé par quelqu'un qui possède une telle habileté. Le responsable du dossier devrait avoir des traits de personnalité qui s'harmonisent avec ceux du client.

- **Élaborer une description de tâches claire pour les responsables des relations.** La description de tâches devrait contenir une description des liens hiérarchiques, des objectifs, des responsabilités et des critères d'évaluation. Le représentant affecté au client doit être le point focal de toute information au sujet de ce client et l'agent mobilisateur des services de l'entreprise à ce client. Le responsable des relations avec les clients doit avoir une seule relation à gérer ou tout au plus quelques-unes.

- **Désigner un responsable pour toutes les relations avec la clientèle.** Une personne devra diriger tous les responsables des relations avec les clients, éla-borer des descriptions de tâches en conséquence, fixer des critères d'évaluation et fournir le soutien nécessaire pour améliorer l'efficacité des relations.

- **Élaborer des plans annuels et à long terme de relations avec la clientèle.** Ces plans, qui émaneront de chacun des responsables, préciseront les objectifs, les stratégies, les actions précises et les ressources requises.

Lorsqu'un programme de gestion des relations est correctement mis en place, plusieurs aspects de la façon de traiter avec les clients changent. En même temps, les entreprises doivent reconnaître qu'il y a un intérêt croissant et justifié pour le marketing relationnel, mais que celui-ci n'est pas efficace dans toutes les situations. Les entreprises doivent évaluer quels segments et quels clients répondront de manière rentable à une approche relationnelle (voir la rubrique Le marketing en coulisse 22.4 intitulée « Quand et comment doit-on utiliser le marketing relationnel ? »).

Enfin, non seulement le marketing relationnel n'est pas toujours souhaitable, mais sa mise en œuvre est aussi difficile. Perrien, Filiatrault et Ricard ont étudié les difficultés de mise en œuvre d'une approche relationnelle auprès des directeurs de compte commerciaux des six grandes banques canadiennes. Les principales difficultés éprouvées sont : 1° le taux de rotation trop élevé du personnel, la tâche trop lourde et le manque de formation en ce sens des directeurs de compte ; 2° l'orientation à court terme des banques, qui misent sur la rentabilité alors que le marketing relationnel implique une optique à long terme ; 3° le manque de décentralisation de l'autorité par rapport aux responsabilités des directeurs de compte[40]. L'adoption d'une optique relationnelle dans une entreprise a des répercussions stratégiques sur la définition des centres de profit, sur la gestion des ressources humaines et sur la structure organisationnelle.

LE MARKETING EN COULISSE 22.4
Quand et comment doit-on utiliser le marketing relationnel?

Barbara Bund Jackson prétend que le marketing relationnel n'est pas efficace dans toutes les circonstances, mais qu'il est extrêmement efficace dans les bonnes circonstances. Elle croit que le marketing transactionnel est plus approprié lorsque les clients ont un horizon de temps limité et de faibles coûts de transfert, tels les acheteurs de matières premières. Un client qui achète de l'acier peut acheter à un ou à plusieurs fournisseurs d'acier et choisir celui qui offre les meilleures conditions. Le fait d'avoir été particulièrement attentionné ne permet pas automatiquement au fournisseur de décrocher la prochaine vente; ses conditions doivent être concurrentielles. Pour Jackson, il ne sera possible d'obtenir qu'une part des affaires de ces clients. Par ailleurs, les investissements dans le marketing relationnel donnent un bon rendement avec les clients qui ont un horizon à long terme et des coûts de transfert élevés, comme les acheteurs de systèmes informatiques pour les bureaux. Vraisemblablement, l'acheteur d'un tel système étudie avec soin les offres de plusieurs fournisseurs et choisit celui dont la technologie sera à la fine pointe et duquel il peut espérer un bon service à long terme. Le client et le fournisseur investissent tous les deux beaucoup d'argent et de temps dans cette relation. Le client pourrait trouver coûteux et risqué de changer de fournisseur, et le vendeur jugerait importante la perte d'un tel client. Ces clients pourraient être «perdus pour toujours», selon Jackson. Dans un tel cas, le marketing relationnel offre le plus de potentiel.

En ce qui concerne les clients qui pourraient être «perdus pour toujours», le défi n'est pas du tout le même pour le fournisseur actuel que pour un nouveau fournisseur potentiel. La stratégie du fournisseur actuel est de rendre difficile tout changement de la part du client. Il mettra au point des systèmes de produits qui sont incompatibles avec les produits des concurrents et établira une procédure de commande qui facilitera la gestion des inventaires et des livraisons. De leur côté, les fournisseurs potentiels concevront des systèmes compatibles avec les systèmes du client, faciles à installer et à apprendre, feront économiser beaucoup d'argent au client et offriront la possibilité de s'améliorer avec le temps.

Anderson et Narus croient que le choix entre le marketing relationnel et le marketing transactionnel n'est pas tant fonction de l'industrie que de ce que souhaite un client précis. Certains clients accordent beaucoup d'importance à un service de qualité complet et resteront très longtemps avec un fournisseur qui offre cet avantage. D'autres clients cherchent à réduire leurs coûts et changeront facilement de fournisseur pour avoir de plus bas coûts. Dans un tel cas, l'entreprise peut essayer de conserver le client en acceptant de réduire le prix, pourvu que le client, lui, accepte moins de service; par exemple, le client pourrait renoncer à la livraison gratuite, à une partie de la formation ou à d'autres avantages périphériques. Ce client serait traité selon l'optique transactionnelle plutôt que selon l'optique relationnelle.

Il est évident que le marketing relationnel ne convient pas à tous les clients, parce qu'un investissement important dans la relation ne sera pas toujours rentable. Néanmoins, le marketing relationnel est extrêmement efficace avec le bon type de client, c'est-à-dire celui qui est très engagé dans un système précis et qui s'attend à obtenir un service de qualité continu.

Sources: Barbara Bund Jackson, *Winning and Keeping Industrial Customers: The Dynamics of Customer Relationships*, Lexington, Mass., Heath, 1985; James C. Anderson et James A. Narus, *Value-Based Segmentation, Targeting and Relationship-Building in Business Markets*, rapport ISBM nº 12, 1989, Institute for the Study of Business Markets, Pennsylvania State University, University Park, 1989.

RÉSUMÉ

1. Les représentants personnalisent la relation entre l'entreprise et ses clients. Pour beaucoup de clients, le représentant est **la** compagnie, et c'est le représentant qui rapporte à l'entreprise l'information qui est souvent requise sur le client.

2. La conception de la force de vente exige des décisions sur les objectifs, sur la stratégie, sur la structure, sur la taille et sur le mode de rémunération de la force de vente. Les objectifs de vente incluent la prospection, le ciblage, la communication, la vente, le service après-vente, la collecte d'information et la répartition. La stratégie de la force de vente suppose qu'on décide du type de vente qui sera le plus efficace (vente individuelle, en équipe, etc.). La structure de la force de vente exige une organisation par territoire, par produit, par marché ou toute combinaison de ces éléments, et le choix de la bonne taille et de la forme de territoire. La taille de la force de vente repose sur l'organisation de la charge de travail, du nombre d'heures requises et, par conséquent, du nombre de personnes requises. Le mode de rémunération inclut la détermination du niveau de rémunération et de divers éléments tels que le salaire, les commissions, les primes, les remboursements de dépenses et les avantages sociaux.

3. La gestion de la force de vente comprend cinq étapes: 1° le recrutement et la sélection des représentants; 2° la formation des représentants dans l'art de la vente et dans la connaissance de l'entreprise, de ses produits et de ses politiques, selon l'optique de la satisfaction de la clientèle; 3° la supervision des représentants, ce qui implique de les aider à planifier leur temps efficacement; 4° la motivation des représentants, où il faut trouver un juste équilibre entre les quotas de ventes, les récompenses pécuniaires et les autres formes d'incitation; 5° l'évaluation individuelle des représentants de vente et l'évaluation de la performance des groupes.

4. Les représentants de vente efficaces ont reçu une formation sur l'art de la vente, sur la négociation et sur le marketing relationnel. Il n'y a pas d'approche unique pour connaître du succès dans la vente dans toutes les circonstances. Mais la plupart des programmes de formation à la vente reconnaissent que la vente est un processus en sept étapes: 1° la prospection et l'évaluation; 2° la préapproche; 3° l'approche; 4° la présentation et la démonstration; 5° la réfutation des objections; 6° la conclusion; 7° le suivi et l'entretien. Un autre aspect de la vente est la négociation, soit l'art d'arriver à une entente sur les conditions de la vente qui satisferont les deux parties. Un troisième et dernier aspect est le marketing relationnel, qui se focalise sur le développement de relations à long terme mutuellement satisfaisantes pour les deux parties.

QUESTIONS

1. On dit qu'il y a deux parties dans une vente, soit la partie réalisée par le vendeur et la partie réalisée pour le vendeur par l'entreprise. Qu'est-ce qu'une entreprise doit fournir au vendeur pour espérer augmenter les ventes totales ? Quelle est la différence entre la tâche du directeur des ventes et celle du représentant de vente ?

2. Les entreprises qui réalisent année après année de bonnes ventes et des profits — comme Dell Computer, Merck, Four Seasons, Wal-Mart, UPS et DuPont — doivent leur succès en partie à leur gestion des ventes. Par exemple, Dell Computer garde le contact avec ses clients par le biais de la technologie informatique. Elle leur offre en effet des garanties, des mises à jour et du soutien technique. Les ordinateurs arrivent chez le client avec un système d'exploitation ; ils sont donc prêts à fonctionner immédiatement. L'entreprise prévoit également des programmes de formation dans le but de permettre aux gestionnaires du marketing de vendre plus d'ordinateurs et de technologies avancées grâce au télémarketing et au publipostage.

   Choisissez n'importe quelle autre entreprise que Dell Computer parmi celles qui viennent d'être citées et préparez un bref rapport (de trois à cinq pages) sur la façon dont la gestion des ventes contribue au succès général de l'entreprise.

3. Un manufacturier est en train de mettre sur pied un programme de formation destiné à ses représentants. L'entreprise a déjà établi le design et les objectifs du programme, et elle travaille actuellement à l'évaluation du programme. L'équipe est consciente de deux erreurs qui peuvent modifier l'évaluation :

   - l'effet de halo, soit le fait, pour les personnes en formation, d'être impressionnées par un ou deux aspects majeurs de la session et de perdre leur objectivité face aux autres aspects ;

   - l'effet boomerang, soit le fait, pour les personnes en formation, de dire intentionnellement le contraire de ce qu'elles pensent de manière à influencer ou à saboter la méthode d'évaluation.

   Quels autres types d'erreurs peuvent survenir dans l'évaluation ? Comment peut-on concevoir un programme d'évaluation de manière à éviter ce type d'erreur ?

4. Supposons qu'un vendeur fasse 1 600 visites par année et que ses ventes atteignent 420 000 $. Combien de visites ce représentant devrait-il faire à un client qui apporte des ventes de 10 000 $ par année, sans nuire à ses ventes durant cette période ?

5. Un directeur des ventes d'un territoire fait part du problème suivant lors d'une réunion de vente : « Le représentant moyen coûte à une entreprise 60 000 $ en rémunération et dépenses. Nous pourrions acheter beaucoup moins de pages de publicité dans des revues et utiliser cet argent pour engager une personne supplémentaire. Je suis certain qu'une personne qui travaille pendant toute une année peut vendre plus de produits que des pages de publicité. » Évaluez cet argument.

6. Un vendeur devrait-il participer à l'établissement des quotas de ventes de son territoire ? Quels sont les avantages et les désavantages d'une telle participation ?

7. Une entreprise industrielle a récemment restructuré sa force de vente. Auparavant, elle utilisait des agents de fabricants. Maintenant, elle a embauché et développe sa propre force de vente. Quelles raisons ont pu pousser l'entreprise à effectuer ce changement ? En petit groupe, établissez un plan de compensation pour la force de vente.

8. Les entreprises pharmaceutiques fournissent un service apprécié par les médecins et par l'ensemble des intervenants œuvrant dans le secteur de la santé. Elles offrent la possibilité de découvrir de nouveaux médicaments susceptibles d'améliorer la qualité de la vie et la qualité des soins de santé. Sans le financement du secteur privé et la concurrence féroce, nous ne disposerions pas d'autant de médicaments. Cependant, les pratiques de marketing et les techniques de vente des entreprises pharmaceutiques influencent les habitudes de prescription d'ordonnances des médecins et, conséquemment, les coûts reliés aux soins

de santé. Ces entreprises pharmaceutiques tâchent de satisfaire leurs actionnaires tout en essayant de développer des produits de qualité.

Réfléchissez sur les possibilités que les représentants ont d'atteindre les objectifs financiers des gestionnaires et de maintenir un standard d'éthique élevé. Quels types de promotion devraient être utilisés par les représentants? Qu'est-ce que l'industrie pharmaceutique pourrait faire pour répondre réellement aux besoins des clients? Qui sont les clients dans cette industrie?

9. Être un bon directeur des ventes, c'est notamment pouvoir compter sur de bons représentants. Imaginez que vous êtes directeur des ventes. Vous devez écrire trois questions, auxquelles on peut répondre par oui ou par non à des personnes qui désirent obtenir un poste de vendeur sur un marché organisationnel. Assurez-vous que vos questions portent sur les qualités que vous recherchez pour ce poste. Après avoir rédigé ces questions, rassemblez-vous en petit groupe et dressez une liste de 10 questions qui vous aideront à déterminer le bon candidat.

10. Pour chacune des situations suivantes, indiquez si la force de vente doit être rémunérée selon un taux horaire ou selon des commissions:

a) Les tâches qui ne sont pas reliées à la vente sont les plus importantes (services techniques, relations publiques).

b) Les tâches reliées à la vente sont complexes et nécessitent une équipe de vente, comme dans la vente d'équipement informatique ou de machinerie lourde.

c) L'objectif clé est de générer plus de ventes grâce à de nouveaux comptes.

d) L'entreprise désire compter sur des représentants autonomes qui n'auront pas besoin de supervision.

e) Les ventes sont saisonnières, c'est-à-dire très fortes durant certaines périodes et faibles durant d'autres périodes.

f) L'objectif général de l'entreprise est d'accroître les ventes au moyen des transactions électroniques.

g) L'entreprise favorise l'établissement de relations à long terme avec ses clients et mise sur l'excellence de ses services.

h) La tâche de vente est routinière.

RÉFÉRENCES

1. Voir Statistique Canada, catalogue 71-001, 1993. Voir aussi Douglas J. Dalrymple, *Sales Management: Concepts and Cases*, 5e éd., New York, John Wiley, 1994.

2. Adapté de Robert N. McMurry, « The Mystique of Super-Salesmanship », *Harvard Business Review*, mars-avril 1961, p. 114. Voir aussi William C. Moncrief III, « Selling Activity and Sales Position Taxonomies for Industrial Salesforces », *Journal of Marketing Research*, août 1986, p. 261-270.

3. Pour des estimations du coût d'une vente effectuée par un représentant, voir *Sales Force Compensation*, Chicago, 27e enquête Dartnell, 1992, et *Sales and Marketing Management*, 28 juin 1993, p. 3-75.

4. Jaclyn Fierman, « The Death and Rebirth of the Salesman », *Fortune*, 25 juillet 1994, p. 80-91.

5. Christopher Power, « Smart Selling: How Companies Are Winning over Today's Tougher Customer », *Business Week*, 3 août 1992, p. 46-48.

6. Ira Sager, « The Few, the True, the Blue », *Business Week*, 30 mai 1994, p. 124-126; Geoffrey Brewer, « IBM Gets User-Friendly », *Sales and Marketing Management*, juillet 1994, p. 13.

7. Pour des estimations des salaires de représentants de vente, voir « What Salespeople Are Paid », *Sales and Marketing Management*, février 1995, p. 30-31.

8. Luis R. Gomez-Mejia, David B. Balkin et Robert L. Cardy, *Managing Human Resources*, Englewood Cliffs, N.J., Prentice Hall, 1995, p. 416-418.

9. « What Salespeople Are Paid », *Sales and Marketing Management*, février 1995, p. 30-31; Christopher Power, « Smart Selling: How Companies Are Winning over Today's Tougher Customer », *Business Week*, 3 août 1992, p. 46-48; William Keenan Jr. (dir.), *The Sales and Marketing Management Guide to Sales Compensation Planning: Commissions, Bonuses and Beyond*, Chicago, Probus Publishing, 1994.

10. George H. Lucas Jr., A. Parasuraman, Robert A. Davis et Ben M. Enis, « An Empirical Study of Sales Force Turnover », *Journal of Marketing*, juillet 1987, p. 34-59.

11. Voir Charles Garfield, *Peak Performers: The New Heroes of American Business*, New York, Avon Books, 1986; « What Makes a Supersalesperson? », *Sales and Marketing Management*, 23 août 1984, p. 86; « What Makes a Top Performer? », *Sales and Marketing Management*, mai 1989;

Timothy J. Trow, «The Secret of a Good Hire : Profiling», *Sales and Marketing Management*, mai 1990, p. 44-55.

12. Robert N. McMurry, «The Mystique of Super-Salesmanship», *Harvard Business Review*, mars-avril 1961, p. 117.

13. *Ibid.*, p. 118.

14. David Mayer et Herbert M. Greenberg, «What Makes a Good Salesman?», *Harvard Business Review*, juillet-août 1964, p. 119-125.

15. James M. Comer et Alan J. Dubinsky, *Managing the Successful Sales Force*, Lexington, Mass., Lexington Books, 1985, p. 5-25.

16. Tiré d'un discours de Donald R. Keough à la 27e conférence annuelle du Super-Market Institute, Chicago, du 26 au 29 avril 1964.

17. Robert L. Lindstrom, «Training Hits the Road», *Sales and Marketing Management*, juin 1995, p. 10-14.

18. *Sales Force Compensation*, Chicago, 25e enquête Dartnell, 1989, p. 13.

19. Voir John F. Magee, «Determining the Optimum Allocation of Expenditures for Promotional Effort with Operations Research Methods», dans *The Frontiers of Marketing Thought and Science*, sous la direction de Frank M. Bass, Chicago, American Marketing Association, 1958, p. 140-156.

20. Michael R.W. Bommer, Brian F. O'Neil et Beheruz N. Sethna, «A Methodology for Optimizing Selling Time of Salespersons», *Journal of Marketing Theory and Practice*, printemps 1994, p. 61-75.

21. Voir Thomas Blackshear et Richard E. Plank, «The Impact of Adaptive Selling on Sales Effectiveness Within the Pharmaceutical Industry», *Journal of Marketing Theory and Practice*, été 1994, p. 106-125.

22. «Are Salespeople Gaining more Selling Time?», *Sales and Marketing Management*, juillet 1986, p. 29.

23. James A. Narus et James C. Anderson, «Industrial Distributor Selling : The Roles of Outside and Inside Sales», *Industrial Marketing Management*, vol. 15, 1986, p. 55-62.

24. Voir Gilbert A. Churchill Jr., Neil M. Ford et Orville C. Walker Jr., *Sales Force Management : Planning, Implementation and Control*, 4e éd., Homewood, Ill., Irwin, 1993.

25. «What Motivates U.S. Salespeople?», *American Salesman*, février 1994, p. 25-30.

26. «A Gilt for Rewards», *Sales and Marketing Management*, mars 1995, p. 35-36.

27. Voir Philip M. Posdakoff et Scott B. MacKenzie, «Organizational Citizenship Behaviors and Sales Unit Effectiveness», *Journal of Marketing Research*, août 1994, p. 351-363.

28. Voir aussi Dorothy Cohen, *Legal Issues in Marketing Decision Making*, Cincinnati, Ohio, South-Western, 1995.

29. Pour un excellent résumé des habiletés que doivent posséder de nos jours les représentants de vente et les managers, voir Rolph Anderson et Bert Rosenbloom, «The World Class Sales Manager : Adapting to Global Megatrends», *Journal of Global Marketing*, vol. 5, no 4, 1992, p. 11-22.

30. La discussion qui suit s'appuie en partie sur W.J.E. Crissy, William H. Cunningham et Isabella C.M. Cunningham, *Selling : The Personal Force in Marketing*, New York, John Wiley, 1977, p. 119-129.

31. Norton Paley, «Cultivating Customers», *Sales and Marketing Management*, septembre 1994, p. 31-32.

32. Robert L. Lindstrom, «Training Hits the Road», *Sales and Marketing Management*, juin 1995, p. 10-14.

33. Voir Rosann L. Spiro et William D. Perreault Jr., *Influence Use by Industrial Salesman : Influence Strategy Mixes and Situational Determinants*, document, University of North Carolina, Graduate School of Business Administration, 1976.

34. Voir Howard Raiffa, *The Art and Science of Negotiation*, Cambridge, Mass., Harvard University Press, 1982 ; Max H. Bazerman et Margaret A. Neale, *Negotiating Rationally*, New York, Free Press, 1992 ; James C. Freund, *Smart Negotiating*, New York, Simon & Schuster, 1992 ; Frank L. Acuff, *How to Negotiate Anything with Anyone Anywhere Around the World*, New York, American Management Association, 1993.

35. Voir Donald W. Dobler, *Purchasing and Materials Management*, 5e éd., New York, McGraw-Hill, 1990.

36. Une discussion détaillée sur la zone d'accord se trouve dans l'ouvrage de Howard Raiffa, *The Art and Science of Negotiation*, Cambridge, Mass., Harvard University Press, 1982.

37. Roger Fisher et William Ury, *Getting to Yes : Negotiating Agreement Without Giving It*, édition revue, Boston, Houghton Mifflin, 1992.

38. Neil Rackham, *SPIN Selling*, New York, McGraw-Hill, 1988.

39. Voir Frank V. Cespedes, Stephen X. Doyle et Robert I. Freedman, «Teamwork for Today's Selling», *Harvard Business Review*, mars-avril 1989, p. 44-54, 58. Voir aussi Frank V. Cespedes, *Concurrent Marketing : Integrating Product, Sales, and Service*, Boston, Harvard Business School Press, 1995.

40. Jean Perrien, Pierre Filiatrault et Line Ricard, «The Implementation of Relationship Marketing in Commercial Banking», *Industrial Marketing Management*, vol. 22, 1993, p. 141-148.

Chapitre 23

Le marketing direct et le commerce électronique

Le marketing de masse est obsolète. Cela s'explique de plusieurs façons : les nouvelles structures des ménages, les produits technologiques complexes, les nouvelles façons de magasiner et de payer, les nouveaux canaux de distribution et le déclin de l'efficacité de la publicité. Les clients désirent plutôt un marketing personnalisé.
JEFF SNEDDEN, McCAW CELLULAR

L'émergence de médias qui permettent d'établir des contacts personnels (entre deux personnes) a engendré de nouvelles façons de faire des affaires. Maintenant, les entreprises cherchent à acquérir les clients un à la fois. [...] On ne tente plus de vendre un produit donné au plus grand nombre de clients possible. On tente plutôt de vendre à un même client le plus de produits possible, provenant de diverses gammes de produits sur une longue période.
DON PEPPERS et MARTHA ROGERS,
The One-to-One Future

𝒫 lusieurs outils de promotion parmi ceux qui ont été présentés aux chapitres 21 et 22 ont été mis au point dans un contexte de marketing de masse. Les entreprises cherchaient alors à joindre des milliers, voire des millions d'acheteurs avec un seul produit et un message standardisé. Ainsi, lors du lancement de la pâte dentifrice Crest par Procter & Gamble, un seul produit a été lancé, supporté par un message unique (« Crest combat la carie ») ; l'entreprise espérait ainsi que chaque consommateur connaîtrait ce message et achèterait la marque. Procter & Gamble n'avait pas besoin d'apprendre les noms des clients ou quoi que ce soit sur ces personnes ; il suffisait de savoir que celles-ci désiraient prendre soin de leurs dents.

Naturellement, Crest devait concurrencer d'autres marques sur le marché, mais chaque marque utilisait la même stratégie de marketing de masse, c'est-à-dire une marque unique et un message unique. Après quelque temps, la concurrence a forcé chaque mercaticien de masse à ajouter des extensions de gammes (pâte dentifrice qui prévient le tartre, pâte dentifrice qui blanchit les dents, pâte dentifrice qui rafraîchit l'haleine, etc.) et à préparer des messages différents pour différents groupes d'âge et différents modes de vie. Certains concurrents ont déterminé des créneaux qui offraient de bonnes possibilités, comme la pâte dentifrice Sensodyne pour les « dents sensibles ». Mais la plupart des mercaticiens, à cette époque-là, ne con-

naissaient pas les noms de chacun de leurs clients. La communication marketing consistait en un monologue dirigé vers les consommateurs en général et non en un dialogue avec des clients avec qui on voulait faire affaire parce qu'ils offraient un potentiel intéressant.

Néanmoins, ce ne sont pas toutes les entreprises qui utilisaient une approche de marketing de masse. Certaines entreprises connaissaient les noms de leurs clients et leur vendaient directement. On trouvait ainsi les entreprises de marketing par catalogue, par correspondance ou par téléphone. Leurs outils de vente étaient surtout le courrier et le téléphone. Mais, de nos jours, de nouveaux médias, tels que les ordinateurs, les télécopieurs, le courrier électronique, Internet et les services électroniques en direct permettent des formes plus raffinées de marketing direct. L'arrivée de ces nouveaux moyens de commercialisation et leur coût raisonnable ont accru de façon substantielle les possibilités du marketing direct. Des entreprises peuvent maintenant entrer en contact directement avec des clients et ainsi personnaliser leur offre pour mieux répondre à leurs besoins. Dans ce chapitre, nous étudierons la nature, le rôle et les utilisations croissantes du marketing direct et du commerce électronique. Nous tenterons de répondre aux questions suivantes :

- **Quels sont les principaux avantages du marketing direct ?**

- Quel est l'apport des banques de données au marketing direct?

- Quels canaux utilise le marketing direct pour atteindre personnellement les clients actuels et les clients potentiels?

- Quelles occasions d'affaires le commerce électronique offre-t-il?

- Comment les entreprises peuvent-elles utiliser le marketing direct intégré comme avantage concurrentiel?

- Quels sont les principaux problèmes sociaux et éthiques que soulèvent le marketing direct et le commerce électronique?

23.1
LA CROISSANCE ET LES AVANTAGES DU MARKETING DIRECT

La Direct Marketing Association (DMA) définit le marketing direct comme suit:

> Le marketing direct est un système de marketing interactif qui utilise un ou plusieurs moyens publicitaires pour obtenir une réponse mesurable ou une transaction, peu importe l'endroit.

Dans cette définition, le marketing est vu comme un moyen d'obtenir une réponse directe sous la forme d'une commande d'un client (ce qu'on peut appeler un **marketing de commande directe**).

Aujourd'hui, plusieurs utilisateurs du marketing direct croient que le rôle de celui-ci est plus vaste (on parle plutôt maintenant de **marketing de relations directes**)[1]. Ces mercaticiens utilisent des **médias publicitaires à réponse directe** pour faire leurs ventes et pour mieux connaître le client, dont le nom et le profil sont inscrits dans une **banque de données sur les clients**; cette banque peut servir à établir une **relation** continue et enrichissante avec les clients. On met l'accent sur l'établissement de relations avec les clients souhaités. Les transporteurs aériens et les chaînes d'hôtels, notamment, nouent des relations à long terme avec leurs clients grâce à des programmes de récompenses, et ils consultent des banques de données sur la clientèle pour mieux adapter leur offre à chaque client. La technologie est développée au point

où l'on peut se permettre de ne faire des offres qu'aux clients actuels et potentiels capables et désireux d'acheter un produit ou un service donné, et qui sont aussi les plus prêts à le faire. En fait, le marketing direct et le commerce électronique deviennent des outils de communication marketing essentiels pour plusieurs entreprises.

23.1.1
La croissance du marketing direct et du commerce électronique

Les ventes résultant des divers circuits de marketing direct (catalogue, correspondance et télémarketing) croissent à un taux rapide. Alors que les ventes dans le commerce de détail stagnent, les ventes par catalogue et par courrier augmentent de 7% annuellement. On estime que ces ventes atteignent 8,5 milliards de dollars au Canada. Cela inclut les ventes aux consommateurs (56%) et aux entreprises (27%), et les fonds obtenus par les organismes de charité (14%). Les ventes annuelles du marketing direct par personne au Canada atteignent 307 $[2].

L'essor de cette formule sur le marché est une réaction aux réalités nouvelles des années 90. Les mini-marchés ayant des besoins et des préférences très précis se multiplient. Sur ces marchés, les gens détiennent des cartes de crédit, et leur numéro de téléphone et leur adresse personnels sont connus, ce qui facilite leur recherche et les transactions avec eux. Les ménages ont moins de temps à consacrer aux achats à cause du nombre important de femmes sur le marché du travail. Les coûts plus élevés de la conduite automobile, les embouteillages, les problèmes de stationnement, la difficulté d'obtenir du service dans les magasins et les longues files d'attente aux caisses encouragent le magasinage à domicile. De plus, de nombreuses chaînes de magasins ont laissé tomber plusieurs articles spécialisés qui ne se vendaient pas beaucoup, créant ainsi une occasion d'affaires pour des entreprises de marketing direct. L'établissement des numéros de téléphone gratuits, l'intérêt des entreprises de marketing direct pour les commandes par téléphone, et leur capacité d'y répondre même la nuit et le dimanche ont aussi contribué à l'augmentation des ventes. Un autre facteur important est la

TABLEAU 23.1

Le coût moyen par contact des divers médias pour joindre les marchés organisationnels

Visite de représentants	250 $	(extérieur)
	50 $	(local)
Séminaires, foires	40 $	
Lettre écrite par un représentant	25 $	
Vente au comptoir ou dans la salle d'exposition	16 $	
Annonce dans les *Pages Jaunes*	16 $	
Commande téléphonique	9 $	(numéro 1 800)
	6 $	(local)
Programme de télémarketing	9 $	(national avec WATS)
	4 $	(local)
Publipostage	De 0,30 $ à 3,00 $	
Médias spécialisés	0,15 $ (revues spécialisées)	
Médias de masse	De 0,01 $ à 0,05 $ (radio, journaux, télé)	

Source : John Klein & Associates, Inc., 1988.

croissance des livraisons en 24 ou 48 heures par Federal Express, Purolator, DHL et d'autres transporteurs. Finalement, l'accroissement de la puissance des ordinateurs a permis aux entreprises de marketing direct d'améliorer les banques de données sur la clientèle, grâce auxquelles elles peuvent cerner les meilleurs clients pour les produits qu'elles désirent annoncer.

Le publipostage et le télémarketing ont aussi connu une extension importante dans le domaine du marketing organisationnel. Une des principales raisons de ce fait est le coût élevé et croissant qu'il faut payer pour atteindre les marchés institutionnels et industriels par l'intermédiaire de représentants. Le coût typique par contact pour atteindre ces marchés au moyen de divers médias est présenté au tableau 23.1. Il est clair que si chaque visite d'un vendeur coûte en moyenne 250 $, on ne devrait faire des visites qu'à des clients actuels et potentiels à qui on est à peu près certain de vendre. Des médias dont le coût par contact est moins élevé, tels que le télémarketing, la publicité postale et la publicité sélective ou de masse, devraient permettre à l'entreprise de cerner et d'évaluer ces clients potentiels avant de leur rendre visite.

Les moyens de communication électroniques connaissent une croissance rapide. La création de l'autoroute de l'information pourrait révolutionner le commerce. Le **commerce électronique** est un terme générique pour désigner le processus d'achat et de vente supporté par des moyens électroniques. Les **marchés électroniques** sont des moyens d'information commandités qui décrivent des produits et des services offerts par des vendeurs, et qui permettent à des acheteurs de rechercher de l'information, de cerner leurs besoins et leurs désirs, et de passer des commandes à l'aide de cartes de crédit. Le produit est ensuite livré physiquement (au domicile ou au bureau du client) ou par des moyens électroniques (par exemple par des logiciels transmis directement dans l'ordinateur du client).

L'explosion du commerce électronique a déjà eu lieu[3]. En voici quelques exemples :

Une reporter désire acheter un appareil photo 35 mm. Elle utilise son ordinateur pour rechercher de l'information sur les appareils photo, puis sur les appareils 35 mm. Elle voit apparaître une liste des principales marques, de même que de l'information sur chaque marque. Elle peut faire imprimer les commentaires d'experts de même que les photos de chaque appareil. Après avoir choisi l'appareil photo qu'elle désire, elle peut passer sa commande en tapant son numéro de carte de crédit, son adresse et le moyen d'expédition.

Un investisseur décide de faire ses propres investissements. Il s'inscrit au service de courtage électronique Ligne d'action de la Banque de Montréal et obtient l'information sur les prix des actions. Il retire les rapports annuels des entreprises qui l'intéressent et peut passer des commandes d'achat et de vente de titres.

Un cadre qui doit se rendre à Londres désire réserver une chambre d'hôtel qui répond à ses besoins. Il s'inscrit à un programme et communique ses critères de choix pour un hôtel (tarif, sécurité, caractéristiques de la chambre). L'ordinateur produit une liste de tous les hôtels correspondant à ses critères, de sorte que le cadre pourra faire sa réservation après avoir choisi un hôtel. Une vidéocassette fournissant une « visite guidée » de chaque hôtel est incluse dans le programme.

Il est trop tôt pour savoir combien de consommateurs utiliseront le commerce électronique, mais les possibilités sont intéressantes. De plus en plus de Canadiens possèdent un ordinateur personnel. Ainsi, certains prétendent que d'ici quelques années de 3 % à 5 % de toutes les activités de commerce de détail pourraient s'effectuer au moyen d'ordinateurs. Quelles seront les répercussions du commerce électronique sur la théorie et la pratique du marketing ? Voici quelques prédictions[4] :

- Le commerce électronique permettra de changer les prix plus rapidement. Les hôtels et les compagnies aériennes pourraient en effet modifier leurs prix quotidiennement en fonction de l'offre et de la demande, une pratique de fixation de prix connue sous le nom de gestion du rendement (voir le chapitre 17). Le commerce électronique permettra de personnaliser le prix pour chaque acheteur selon le niveau d'achat des acheteurs et d'autres facteurs. Les consommateurs connaîtront le prix de différents produits partout dans le monde à un moment donné, ce qui aura tendance à réduire les écarts de prix.

- Le commerce électronique changera aussi le rôle de la distribution en marketing ; ainsi, les consommateurs pourront commander des billets d'avion, des livres ou des disques (par exemple à l'adresse www.archambault.ca), des vêtements, de l'équipement électronique ou tout autre produit n'importe où et à n'importe quel moment sans avoir à se rendre dans un magasin. Déjà, on peut passer sa commande d'épicerie dans un cybermarché (par exemple à www.iga.net). Les Ailes de la Mode offrent un service de mannequin virtuel pour faire l'essayage de vêtements (www.lesailes.com). Les

marchés électroniques entraîneront un nombre moins élevé d'intermédiaires entre les fabricants et les consommateurs. Autrement dit, nous assisterons à une « désintermédiation » du marché.

- Les acheteurs auront un accès instantané à l'information sur les produits de tous les concurrents, de même qu'aux organisations et aux regroupements qui échangent de l'information et des expériences sur les diverses catégories de produits. En conséquence, on peut s'attendre à ce que la publicité soit plus orientée vers l'information que vers la persuasion, comme c'est souvent le cas.

23.1.2
Les avantages du marketing direct

Le marketing direct offre de nombreux avantages au client. Les consommateurs qui commandent par la poste disent que cette forme d'achat est plaisante, facile et sans ennuis. Elle représente un gain de temps. Les consommateurs peuvent faire leurs achats sans quitter leur fauteuil, tout simplement en feuilletant des catalogues. Ils sont informés sur une grande variété de marchandises et observent de nouveaux modes de vie. Ils peuvent commander des cadeaux et les faire livrer directement à leurs destinataires sans quitter leur domicile. Même les clients industriels trouvent de nombreux avantages au marketing direct. Entre autres, ils peuvent en apprendre plus sur de nombreux produits et services sans avoir à consacrer beaucoup de temps aux rencontres avec les représentants.

Le marketing direct offre aussi de nombreux avantages aux vendeurs. Il permet un choix plus sélectif de clients potentiels. Une entreprise qui veut faire du marketing direct peut acheter une liste de noms d'à peu près n'importe quel groupe de clients : des gens qui sont gauchers, des gens qui font de l'embonpoint, des millionnaires, des nouveau-nés, etc. Le message peut être **personnalisé** et **fait sur mesure**. Prochainement, selon Pierre A. Passavant, « nous allons stocker en mémoire des centaines de messages. [...] Nous allons choisir dix mille familles définies selon douze, vingt ou cinquante caractéristiques, et nous allons leur envoyer une lettre personnalisée imprimée au laser[5]. » De plus, le marketing direct permet d'établir une **relation continue** avec chaque client. La mère d'un nouveau-né recevra régulièrement de la publicité postale décrivant des vêtements, des jouets ou d'autres produits dont aura besoin le bébé qui grandit. En améliorant le **synchronisme** (*timing*), le marketing direct permettra de rejoindre les bons clients potentiels au bon moment. Le matériel publicitaire envoyé par la poste est plus lu puisqu'il est destiné aux clients potentiels les plus intéressés. Le marketing direct permet de tester divers médias et messages (taille, avantages, prix, etc.) et de cerner l'approche la plus efficace. Il est aussi plus **secret**, puisque l'offre et la stratégie du spécialiste du marketing ne peuvent être vus par les concurrents. Finalement, le marketing direct permet de savoir si une campagne a été rentable, grâce à la **mesure de la réponse**.

23.1.3
Les banques de données de marketing et le marketing direct

Don Peppers et Martha Rogers ont établi les principales différences entre le **marketing de masse** et le **marketing personnalisé** (voir le tableau 23.2)[6]. Les entreprises qui connaissent bien leurs clients peuvent personnaliser leurs produits, leurs offres, leurs messages et leurs méthodes d'expédition et de paiement pour maximiser leur attrait pour ces clients. Et aujourd'hui, les entreprises ont un outil puissant pour recueillir les noms, les adresses et d'autres informations pertinentes sur les clients actuels ou potentiels : ce sont les banques de données.

> Une **banque de données de marketing** est un ensemble organisé de données sur des clients actuels ou des clients potentiels précis, accessibles et auprès desquels on peut intervenir à des fins de marketing telles que la découverte de pistes de vente, la qualification de ces pistes, la vente de produits ou de services ou le maintien de relations avec les clients. Le **marketing à partir de banques de données** est le processus qui consiste à élaborer, à conserver et à utiliser des banques de données sur les clients et d'autres banques de données (de produits, de fournisseurs, d'intermédiaires) dans le but de conclure des ententes, de faire des transactions ou de signer des contrats.

TABLEAU 23.2

Une comparaison entre le marketing de masse et le marketing personnalisé

Marketing de masse	Marketing personnalisé
Client moyen	Client précis
Client anonyme	Profil du client
Produit standard	Offre personnalisée
Production de masse	Production personnalisée
Distribution de masse	Distribution personnalisée
Publicité de masse	Message personnalisé
Promotion de masse	Promotion personnalisée
Message à sens unique	Message à deux sens
Économie d'échelle	Économie d'envergure
Part de marché	Part de client
Tous les clients	Clients rentables
Attraction de clients	Rétention de clients

Source : Adapté de Don Peppers et Martha Rogers, *The One-to-One Future*, New York, Doubleday/Currency, 1993.

Plusieurs entreprises ne font pas encore la différence entre une liste de clients et une banque de données sur les clients. Une liste de clients est tout simplement un ensemble de noms, d'adresses et de numéros de téléphone, tandis qu'une banque de données sur les clients contient beaucoup plus de renseignements. Dans le marketing organisationnel, le dossier dont peut disposer le représentant de vente contient le profil du client, les produits et les services qu'il a achetés, ses achats passés et les prix payés, le nom des personnes clés (et leur âge, leur date de naissance, leurs passe-temps et leur nourriture préférée), les noms des fournisseurs concurrents, l'état des contrats actuels, l'estimation des dépenses pour les prochaines années, de même que des évaluations qualitatives sur les forces et les faiblesses des concurrents qui vendent des produits ou des services à ce client. Dans le marketing aux consommateurs, la banque de données contient des informations démographiques (âge, revenu, nombre de personnes dans le ménage, date de naissance), psychographiques (activités, intérêts et opinions), un relevé des achats passés et d'autres renseignements. Par exemple, la compagnie Fingerhut, qui vend par catalogue, possède quelque 1 400 éléments d'information sur 30 millions de ménages dans son impressionnante banque de données.

Les banques de données de marketing sont souvent utilisées par les mercaticiens organisationnels et par ceux qui œuvrent dans les services tels que les hôtels, les banques et les compagnies aériennes. Ces banques de données sont moins utilisées par les fabricants et les détaillants de biens de consommation, quoique certaines entreprises (Wal-Mart, Quaker Oats et Nabisco) fassent des expériences en ce sens. Une banque de données bien conçue et bien développée est un actif qui peut devenir un avantage concurrentiel important pour une entreprise.

Armée de cette information, une entreprise peut cibler la clientèle de façon beaucoup plus précise qu'elle ne peut le faire par les moyens traditionnels de segmentation ou de microsegmentation. Elle peut cibler des groupes très précis et ajuster en conséquence son offre de marketing et ses communications. La compagnie Lands' End, par exemple, utilise ce moyen pour cerner quelque 5 200 microsegments. Selon une étude menée sur les pratiques de promotion, 56 % des fabricants et des détaillants ont mis sur pied, ou sont en train de mettre sur pied, une banque de données sur les clients, 10 % ont l'intention de le faire et, d'ici les prochaines années, environ 85 % des entreprises pourraient avoir établi dans une quelconque mesure une banque de données sur les clients[7].

Les entreprises utilisent les banques de données pour les raisons suivantes :

1. **Repérer les clients potentiels.** Plusieurs entreprises génèrent des pistes de vente en annonçant leurs produits ou services. Le message publicitaire contient normalement une réponse donnée sous la forme d'un retour par courrier ou d'un numéro de téléphone gratuit. Une banque de données peut être élaborée en partie à l'aide de ces réponses (pour plus d'information sur ce sujet, voir la rubrique Le marketing en coulisse 23.1 intitulée « D'où proviennent les données des banques de données ? »). L'entreprise peut ensuite évaluer l'information dans ces banques de données pour découvrir les meilleurs clients potentiels, puis

---

LE MARKETING EN COULISSE 23.1
D'où proviennent les données des banques de données ?

Comment les mercaticiens obtiennent-ils les données dont ils ont besoin pour créer une banque de données et comment peuvent-ils combiner et classer ces données ? Tout d'abord, les *marketers* doivent décider du type d'information requis et choisir des moyens de l'obtenir. Plusieurs recueillent tout simplement l'information à partir de banques existantes ; les compagnies qui font de la vente par catalogue trouvent l'information de cette façon. Les fabricants de biens durables de consommation demandent aux clients d'envoyer de l'information par le biais de coupons, de cartes de garantie et de sondages. De plus, il existe de l'information dans les registres publics, comme sur les hypothèques. À l'aide de programmes statistiques raffinés, un ordinateur peut intégrer différentes bases de données en un système cohérent et consolidé. Grâce à des logiciels puissants, les directeurs de produit ou de marque peuvent obtenir une information fort détaillée. Par exemple, American Express utilise cette approche pour repérer les transactions faites par les détenteurs de la carte de crédit. Elle suit ainsi de près les achats faits par les 35 millions de détenteurs des cartes vertes, or ou platine d'American Express. Chaque mois, depuis que ce programme existe, American Express utilise cette information pour faire des offres ciblées. Des offres personnalisées sont transmises par millions lors de l'envoi des factures mensuelles. Par exemple, en Grande-Bretagne, l'achat dans les grands magasins Harrod's permet de recevoir un avis au sujet d'un solde prévu pour le mois suivant. En Belgique, la division européenne d'American Express teste actuellement un système qui pourrait offrir des promotions à partir des données passées obtenues des cartes de crédit avec les codes postaux. Par exemple, si un nouveau restaurant ouvre ses portes, les détenteurs de cartes qui vivent dans un rayon donné et qui ont l'habitude de prendre des repas au restaurant pourraient se voir offrir un rabais.

tenter une approche au moyen du courrier, du téléphone ou de visites personnelles en vue d'en faire des clients.

2. **Déterminer l'offre à présenter aux divers clients.** Les entreprises peuvent ensuite décider des critères à retenir pour cibler les meilleurs clients potentiels pour une offre donnée. Puis, elles recherchent dans leur banque de données des clients qui ressemblent le plus possible au type idéal. En faisant le suivi du taux de réponse, l'entreprise peut améliorer, avec le temps, la précision de son ciblage. Par suite d'une vente, elle peut aussi mettre sur pied une séquence automatique d'activités : une semaine plus tard, envoyer une lettre de remerciement ; cinq semaines plus tard, faire une nouvelle offre ; dix semaines plus tard (si le client n'a pas répondu), appeler le client et lui offrir un rabais.

3. **Mieux cibler la clientèle.** Les entreprises peuvent générer l'intérêt et l'enthousiasme de clients en se souvenant de leurs préférences, en envoyant des cadeaux appropriés, des coupons-rabais, du matériel pertinent à lire, etc. Par exemple :

Pour leurs clients assidus, les hôtels Intercontinental peuvent allouer automatiquement la chambre souhaitée par chaque client. La banque de données inclut les préférences du client pour la chambre (fumeur, non-fumeur), le type de lit (grand ou petit), le niveau de l'étage (haut ou bas), de même que d'autres détails tels que des oreillers supplémentaires ou le type de savon.

4. **Réactiver les achats des clients.** Les entreprises peuvent mettre en place des programmes automatiques d'envoi par courrier pour des cartes d'anniversaire, des rappels pour les achats de Noël ou des promotions hors saison aux clients de leur banque de données. La banque de données peut aider l'entreprise à faire des offres attrayantes de remplacement de produits ou de mise à jour de produits lorsque les clients sont prêts à le faire. Considérons l'exemple suivant :

La banque de données sur la clientèle chez General Electric permet de connaître les caractéristiques démographiques, géographiques, psychographiques et médiagraphiques de tous les clients ainsi que leurs achats précédents d'appareils ménagers, etc. Les spécialistes du marketing direct de GE peuvent déterminer précisément lesquels, parmi les clients actuels,

sont les plus susceptibles de remplacer leur machine à laver, par exemple ceux qui ont acheté une machine à laver General Electric il y a six ans et qui ont une famille nombreuse. Ils peuvent déterminer, par leurs dossiers d'achats, quels clients pourraient souhaiter acquérir un nouveau magnétoscope ou d'autres produits électroniques de General Electric. GE peut déceler les clients actuels qui sont de grands utilisateurs d'appareils General Electric et leur envoyer un chèque-cadeau de 30 $ applicable à leur prochain achat d'un appareil General Electric. Il est clair qu'une bonne banque de données sur la clientèle permet à une entreprise de prévoir les besoins de ses clients, de cerner les meilleurs clients potentiels et de récompenser les clients fidèles.

La mise sur pied d'une banque de données de marketing exige un investissement dans l'équipement informatique centralisé de même que dans des ordinateurs personnels, des logiciels spécialisés, des programmes d'amélioration de l'information, des réseaux, du personnel pour la saisie des données, et dans la formation et la conception de programmes d'analyse, etc. Le système devrait être facile à utiliser et accessible aux divers intervenants en marketing tels que ceux qui travaillent au management des produits et des marques, au développement de nouveaux produits, à la publicité et à la promotion, au télémarketing, à la vente, au traitement des commandes et au service à la clientèle. Une banque de données bien gérée pourrait amener des ventes accrues qui couvriraient bien plus que ses coûts. L'entreprise Royal Caribbean, qui œuvre dans le secteur des croisières, en a fait la preuve avec succès. À partir de ses banques de données, elle peut faire des offres spéciales qui l'aident à vendre toutes les cabines disponibles sur ses paquebots. Moins il y a de cabines inoccupées, plus les profits de cette entreprise sont élevés.

Malgré tout, ces exemples de succès ne devraient pas donner l'impression qu'il est impossible de faire des erreurs à partir de banques de données. Plusieurs choses peuvent arriver si les programmes ne sont pas élaborés avec soin dans une perspective stratégique. Par exemple, la compagnie d'assurances CNA a travaillé pendant plusieurs mois à l'analyse des réclamations des clients pour s'apercevoir que l'information avait été mal codifiée (voir le Mémento de marketing 23.1 intitulé « Six erreurs courantes à éviter en cybermarketing »).

Pendant que de plus en plus d'entreprises se tournent vers le marketing qui s'appuie sur une banque de données, l'accent qui avait été mis traditionnellement sur le marketing de masse se déplace. Cela ne veut pas dire que le marketing de masse et le commerce de masse cesseront d'exister, mais leur prédominance et leur pouvoir pourraient diminuer tandis que de plus en plus d'acheteurs se tournent vers le commerce hors du magasin. En outre, de nombreux consommateurs utiliseront le commerce électronique pour rechercher de l'information sur les produits qu'ils désirent. Des services de marketing direct fourniront plus d'informations objectives sur les avantages comparatifs de différentes marques. Les mercaticiens devront alors trouver de nouvelles façons de créer des messages directs efficaces à mesure que de nouveaux canaux de distribution de produits et de services verront le jour.

23.2
LES PRINCIPAUX CANAUX DE MARKETING DIRECT

Les mercaticiens peuvent utiliser plusieurs canaux pour atteindre les clients actuels et potentiels : la vente face à face, le marketing par correspondance, le marketing par catalogue, le télémarketing, le téléachat, le guichet électronique et les canaux en direct.

23.2.1
La vente face à face

La forme la plus traditionnelle de marketing direct est la vente, que nous avons étudiée au chapitre 22. Aujourd'hui, la plupart des entreprises qui œuvrent dans le marketing organisationnel dépendent énormément de leur force de vente pour repérer des clients potentiels, en faire des clients et accroître leur chiffre d'affaires. Elles peuvent aussi utiliser des agents de fabricants pour faire la vente. De plus en plus d'entreprises qui

vendent aux consommateurs utilisent une force de vente directe, par exemple les agents d'assurances, les courtiers et les personnes qui travaillent à temps partiel ou même à temps plein dans des organisations de vente directe telles qu'Avon, Amway et Tupperware.

MÉMENTO DE MARKETING 23.1
Six erreurs courantes à éviter en cybermarketing

Première erreur : croire qu'on peut utiliser une banque de données de marketing une seule fois. Lorsque vous aurez commencé à utiliser une telle banque, les clients constateront rapidement ses avantages. Ils aimeront cette nouvelle approche et s'attendront à ce que vous continuiez à y recourir.

Deuxième erreur : ne pas obtenir un engagement total de la haute direction de l'entreprise.

Troisième erreur : ne pas être entièrement sûr que tout le monde comprenne le programme. En plus des gens de marketing, d'administration et de finances au siège social, par exemple, les membres du personnel qui sont en contact avec la clientèle doivent connaître et accepter ce type de programme. Ils sont en fait « l'équipe de vente ». S'ils ne font pas leur part, le programme ne pourra pas bien fonctionner.

Quatrième erreur : s'attendre à des résultats immédiats d'un programme de marketing direct. Le marketing direct n'augmente pas les affaires instantanément ; il y faut du temps. Étant donné que les clients sont des humains et que les humains sont différents, les gens voudront différentes choses à différents moments.

Cinquième erreur : ne pas reconnaître l'importance d'établir des critères de mesure avant le lancement du programme.

Sixième erreur : bien faire les choses, allouer les budgets en conséquence, affecter des ressources matérielles et humaines, créer la banque de données et ne pas s'en servir. Utilisez les données que vous avez recueillies.

Source : Adapté de Ray Jutkins, « Seven Mistakes to Avoid when Building a Database », *Direct Marketing*, février 1994, p. 40-48.

23.2.2

Le marketing par correspondance

Le marketing par correspondance implique l'envoi d'une offre, d'une annonce ou d'un rappel à une personne à une adresse donnée. Utilisant des listes de noms sélectives, les spécialistes du marketing direct envoient chaque année des millions de lettres et de brochures en tout genre. Ils envoient même parfois des vidéocassettes et des disquettes d'ordinateur aux clients actuels et aux clients potentiels. Le courrier est un véhicule populaire parce qu'il est flexible en plus de permettre de cibler précisément le marché, de personnaliser l'offre, d'effectuer des prétests et de mesurer les résultats. Quoique le coût par 1 000 personnes puisse être élevé, les personnes jointes sont des clients potentiels plus probables. Au-delà de 30 % des Canadiens achètent quelque chose par courrier chaque année ; les ventes par correspondance représentent plus du tiers des ventes au moyen du marketing direct et le quart des revenus de Postes Canada. Bien que Postes Canada bénéficie d'un monopole dans la livraison du courrier de première classe, deux autres formes de courrier lancent maintenant un défi à cette entreprise monopolistique : le télécopieur et le courriel.

Le **télécopieur** permet à une personne d'envoyer un message à une autre personne grâce à des lignes téléphoniques. Les ordinateurs peuvent aussi servir de moyen d'envoyer des télécopies. La transmission par télécopieur offre un avantage important par rapport au courrier traditionnel : le contenu peut être envoyé et reçu presque instantanément. Des mercaticiens ont commencé à utiliser le télécopieur pour faire des offres ou informer des clients actuels ou potentiels. Les numéros de télécopieur des entreprises et des individus se trouvent maintenant dans des bottins spécialisés. Par contre, plusieurs clients actuels et potentiels ne sont pas très réceptifs à ce mode non sollicité de courrier qui bloque les machines et consomme du papier.

Le **courriel**, ou courrier électronique, permet aux utilisateurs d'envoyer un message d'un ordinateur à un autre ; le message arrive presque instantanément et peut être entreposé jusqu'à ce que le récepteur se serve de son ordinateur et retire le message. Certains mercaticiens utilisent le courriel pour faire des offres et diffuser de l'information à des individus ou à de grands groupes. Comme les gens reçoivent de plus en plus de messages électroniques dont plusieurs sont peu importants, voire inintéressants, ils font davantage appel à des logiciels qui peuvent trier ou rejeter les messages qui ne présentent pas d'intérêt.

Ces deux nouvelles formes de courrier fonctionnent à une vitesse incroyable comparativement à la poste. Mais tout comme le courrier livré par la poste, l'information reçue par ces moyens peut être considérée comme inopportune si elle a été envoyée à des personnes qui ne sont pas intéressées. Pour cette raison, les mercaticiens doivent cerner avec un grand soin les clients actuels et potentiels auxquels ils veulent s'adresser et ne pas perdre de temps avec les autres adresses.

Comment peut-on construire une campagne efficace de marketing direct ? Les *marketers* qui utilisent le marketing direct doivent définir des objectifs, définir les marchés cibles et les clients potentiels, choisir une stratégie d'offre, faire des tests et mesurer le succès d'une campagne. Nous étudierons en détail tous ces éléments dans les paragraphes suivants. D'une façon générale, ce que nous expliquerons s'applique aussi bien au marketing par catalogue, par téléphone et aux autres outils de marketing direct.

La définition des objectifs du marketing direct

Généralement, le responsable du marketing direct cherche à obtenir des achats immédiats des clients potentiels. Le succès d'une campagne est jugé d'après son taux de réponse. Normalement, on considère qu'un taux de réponse du grand public de 2 % est bon, mais ce pourcentage varie énormément. Ainsi, dans les banques canadiennes, les campagnes de publipostage réalisées durant la période d'achat des REER ont quelquefois un taux de réponse supérieur à 30 %.

La campagne de marketing direct peut avoir des effets sur la prise de conscience et sur l'intention d'achat. De plus, les campagnes de marketing direct n'ont pas toutes comme objectif une vente immédiate. La principale utilisation du marketing direct est souvent de repérer des clients potentiels pour les vendeurs.

La définition des marchés cibles et des clients potentiels

Le responsable du marketing direct doit tenter de cerner les caractéristiques des clients actuels et des clients potentiels qui sont les plus capables et désireux d'acheter, et qui sont aussi les plus prêts à le faire. Bob Stone recommande d'appliquer la formule RFM (récence, fréquence et montant du dernier achat) pour évaluer et sélectionner les clients sur une liste. Les meilleures cibles sont les clients qui ont acheté récemment, qui achètent fréquemment et qui dépensent le plus. On établit des points pour divers niveaux de RFM et on assigne une cote à chaque client; plus la cote est élevée, plus le client est intéressant[8].

Dans le marketing direct, on peut aussi utiliser des critères de segmentation pour cibler les clients potentiels. On peut reconnaître les bons clients potentiels à des variables telles que l'âge, le sexe, le revenu, la scolarité ou les achats précédents. Les situations d'achat, ou les occasions d'achat, sont aussi une bonne base de segmentation. Les nouvelles mamans composent un marché pour les vêtements et les jouets pour bébés; les étudiants composent un marché pour les livres, les calculatrices de poche, les vêtements et même les micro-ordinateurs; une autre cible intéressante consiste dans les futurs ou les nouveaux diplômés, qui forment des marchés alléchants pour plusieurs produits, dont les automobiles; de même, les nouveaux mariés sont à la recherche d'un logement, de meubles, d'appareils électriques et de prêts personnels. Une autre base de segmentation est le mode de vie des consommateurs. Certains consommateurs sont des amateurs d'ordinateurs, d'autres de fine cuisine et d'autres encore de plein air; certaines entreprises de vente par catalogue ont su cibler ces groupes et gagner leur cœur et leur raison.

Une fois le marché cible défini, le responsable du marketing direct doit obtenir les noms de bons clients potentiels sur le marché cible. Ici entrent en jeu l'acquisition de **listes** et les **habiletés de gestion**. Le meilleur fichier est ordinairement la liste des clients actuels et des anciens clients qui ont déjà acheté des produits de l'entreprise. Mais on peut aussi se procurer des listes additionnelles de courtiers qui se spécialisent dans la vente de fichiers. Les noms sur ces listes sont vendus à la pièce. Toutefois, les listes présentent des inconvénients: duplication de noms, données incomplètes, adresses périmées, etc. Les meilleures listes contiennent, en plus des adresses, des renseignements sur les caractéristiques démographiques et psychographiques des gens. Un point important à ne pas oublier est que le responsable du marketing direct doit tester la liste pour s'assurer de sa valeur.

Le choix d'une stratégie d'offre

Les responsables du marketing direct doivent imaginer ou concevoir une stratégie d'offre efficace pour répondre aux besoins du marché cible. Nash croit que la stratégie d'offre comprend cinq éléments: le produit, l'offre, le média, la méthode de distribution et la création[9]. Heureusement, chacun de ces éléments peut être testé.

Chaque média a ses propres règles d'efficacité. Considérons le publipostage. En préparant un envoi par la poste (*mailing*), le responsable du marketing direct doit prendre des décisions sur cinq éléments. Chacun de ces éléments peut accroître ou diminuer le taux de réponse total.

L'**enveloppe externe** doit porter une illustration, de préférence en couleurs, ou un stimulant attrayant qui incite à ouvrir l'enveloppe, par exemple l'annonce d'un concours, d'une prime ou d'un avantage quelconque pour le destinataire. Les enveloppes externes sont plus efficaces, mais coûtent plus cher quand on y appose un timbre particulièrement attrayant, quand l'adresse est reproduite de façon personnalisée par une imprimante de qualité ou même écrite à la main, ou quand l'enveloppe se différencie des enveloppes standard par sa taille et sa forme.

La **lettre** devrait être personnalisée et commencer par un titre en caractères gras semblable aux titres d'articles de journaux ou de revues, suivi d'un énoncé de la raison de la lettre, ou encore d'une question pour attirer l'attention. La lettre devrait être imprimée sur du papier de bonne qualité et contenir autant de pages qu'il le faut pour faire la vente; les locutions et les phrases clés devraient être soulignées et le texte devrait être découpé en paragraphes en retrait. Une lettre du type de celles qui sont produites par les imprimantes d'ordinateur a beaucoup plus d'effet qu'une lettre imprimée, et la présence d'un « P.-S. » lapidaire à la fin de la lettre accroît le taux de réponse, tout comme la signature de quelqu'un dont le titre est à la fois approprié et impressionnant.

Une **brochure** en couleurs accompagnant la lettre augmentera aussi le taux de réponse ; dans la plupart des cas, les ventes supplémentaires compenseront les coûts excédentaires.

Le **coupon-réponse** devrait mettre en évidence un numéro gratuit (1 800), contenir un talon de reçu et une garantie de satisfaction.

L'inclusion d'une **enveloppe-réponse** augmentera de façon marquée le taux de réponse.

Le recours aux tests

Un des grands avantages du marketing direct est la possibilité de tester l'efficacité des divers éléments de la stratégie d'offre dans les conditions réelles du marché. Les mercaticiens utilisant le marketing direct peuvent tester les caractéristiques du produit, le texte, le prix, les médias, la liste de noms et d'autres points. Quoique les taux de réponse dans le marketing direct soient relativement faibles, les tests des éléments peuvent accroître d'une façon substantielle le taux de réponse total et la rentabilité.

Le taux de réponse d'une campagne de marketing direct sous-estime normalement l'impact à long terme de la campagne. Supposons que seulement 2 % des destinataires d'un publipostage sur les valises Samsonite passent une commande. Il faut savoir qu'un pourcentage beaucoup plus élevé des destinataires prend alors conscience de l'offre (la publicité postale est très lue) et qu'un certain pourcentage des destinataires aura progressé dans son intention d'achat (l'achat pourrait avoir lieu dans un magasin de détail). De plus, un certain pourcentage de l'auditoire pourrait parler des valises Samsonite à d'autres personnes après avoir pris connaissance de la promotion. Certaines entreprises ont commencé à mesurer l'impact du marketing direct sur la prise de conscience, sur l'intention d'achat et sur le bouche à oreille pour obtenir une meilleure estimation de l'impact, au-delà du taux de réponse.

La mesure du succès d'une campagne

En calculant les coûts prévus d'une campagne, le spécialiste du marketing direct peut estimer à l'avance le taux de réponse requis pour atteindre le point mort. Ce taux doit exclure les retours de marchandises et les mauvaises créances. Les retours peuvent faire toute la différence entre une campagne qui aura réussi et une autre qui aura échoué. Le spécialiste du marketing direct doit analyser les principales causes des retours, tels les délais de livraison, la marchandise défectueuse, les dommages dus au transport, un produit non conforme ou des commandes remplies incorrectement.

En analysant avec soin les campagnes passées, il est possible pour l'entreprise d'améliorer continuellement sa performance. Même si une campagne ne permet pas d'atteindre le point mort, elle peut être rentable.

Supposons qu'une association dépense 10 000 $ pour accroître le nombre de ses adhérents et qu'elle mette sur pied une campagne pour attirer de nouveaux membres. Cent nouveaux membres sont recrutés, chacun payant une cotisation de 70 $. À première vue, les résultats de la campagne sont négatifs puisqu'on aurait perdu 3 000 $ (10 000 $ − 7 000 $). Mais cette analyse ne tient pas compte du taux de renouvellement : si 80 % des nouveaux membres renouvellent leur adhésion l'année suivante, l'organisation obtiendra un supplément de 5 600 $ sans aucun effort. Elle recevra alors 12 600 $ (7 000 $ + 5 600 $) pour un investissement de 10 000 $. Pour estimer le seuil de rentabilité à long terme, il faut donc considérer non seulement le taux de réponse initial, mais aussi le taux de renouvellement chaque année et le nombre d'années estimé de renouvellement.

L'exemple ci-dessus évoque le concept de **valeur à vie d'un client** présenté au chapitre 2[10]. La valeur fondamentale d'un client va au-delà d'un achat déterminé fait par un client conséquemment à un envoi postal. Elle représente plutôt le profit fait sur tous les achats de ce client après qu'on a soustrait les coûts d'acquisition et de maintien, durant toute la durée de la relation.

En effet, pour un client moyen, il faudrait calculer la longévité moyenne du client, ses dépenses annuelles moyennes, la marge de profit brut moyenne (actualisée pour le coût du capital), moins le coût moyen d'acquisition et de maintien de ce client. Cette formule devrait être ajustée pour les clients typiques.

La firme de services-conseils Data Consult prétend qu'elle est capable d'estimer la valeur à vie attendue d'un client qui ne fait que trois ou quatre transactions. Cette information permet aux mercaticiens d'ajuster la nature et la fréquence des communications en fonction de la valeur à vie d'un client.

Après avoir mesuré la valeur à vie d'un client, l'entreprise peut focaliser ses efforts de communication sur les clients les plus intéressants. Ces efforts incluent l'envoi de communications qui n'essaient pas de vendre quelque chose aux clients, mais qui tentent plutôt de maintenir leur intérêt envers l'entreprise et ses produits. Parmi ces moyens, mentionnons les lettres d'information, les conseils et les suggestions, les cartes d'anniversaire et tout autre moyen servant à établir de meilleures relations avec les clients.

23.2.3
Le marketing par catalogue

Les entreprises qui envoient par la poste des catalogues à des destinataires choisis qui sont fortement susceptibles de passer une commande font du marketing par catalogue. Chaque année, les entreprises de marketing par catalogue envoient par la poste des millions de catalogues aux Canadiens. Et d'autres catalogues sont adressés au moyen de journaux et de magazines. Les ventes par catalogue s'élèvent à 2,2 milliards de dollars par année et croissent à un taux de 10 %. Environ 71 % des catalogues sont envoyés dans des résidences et 29 %, dans des entreprises. Le montant moyen d'une commande est de 84 $.

Les détaillants qui envoient des catalogues sont des entreprises spécialisées, par exemple des vendeurs d'équipement de bureau ou des détaillants pouvant offrir une grande gamme de produits, comme Sears ou Canadian Tire. Plusieurs grandes entreprises possèdent un service de vente par catalogue. Mais le plus grand nombre de catalogues proviennent de centaines d'entreprises qui vendent des produits encore plus spécialisés. Ces entreprises développent des gammes étendues de produits qui sont présentées dans des catalogues polychromes attrayants. Non seulement on fournit des formulaires pour des commandes par courrier, mais on offre aussi des facilités de crédit, la possibilité d'utiliser les cartes de crédit et des services téléphoniques gratuits qui fonctionnent jour et nuit. La taille de ces entreprises va des petites maisons spécialisées jusqu'au Service de philatélie de Postes Canada. Un nombre croissant d'entreprises envoient leurs catalogues sur cédéroms aux clients actuels et potentiels.

Le succès de ces entreprises dépend grandement de leur habileté à gérer leurs fichiers et leurs listes de clients, à contrôler les stocks, à offrir une marchandise de qualité et à projeter une image d'avantage distinctif pour les clients. Certaines entreprises se distinguent en ajoutant un volet littéraire ou informationnel à leur catalogue, en envoyant beaucoup d'information, en offrant un service téléphonique de réponse aux questions, en envoyant des cadeaux à leurs meilleurs clients et en versant un pourcentage de leurs profits à des causes charitables.

De plus, certaines entreprises, telles que Spiegel, expérimentent des catalogues télévisuels qu'elles envoient à leurs meilleurs clients actuels et potentiels ; d'autres ont mis leur catalogue sur Internet, ce qui permet des économies substantielles d'imprimerie et d'envoi par la poste[11]. On peut s'attendre à ce que les consommateurs puissent passer des commandes à partir de catalogues provenant d'autres pays. Alors que les Canadiens utilisent des catalogues américains depuis nombre d'années, plusieurs consommateurs japonais ont commencé à faire leurs achats de cette façon[12].

23.2.4
Le télémarketing

Le télémarketing, ou marketing par téléphone, est devenu un outil important de marketing direct. Le ménage canadien moyen reçoit 19 appels de télémarketing par année et fait 16 appels pour passer des commandes. Le télémarketing a commencé à croître dans les années 60 avec l'apparition de lignes WATS (*wide area telephone service* ou service interurbain planifié). Avec une ligne gratuite 1 800 (IN WATS), les responsables du marketing peuvent offrir à leurs clients actuels et potentiels la possibilité de passer gratuitement des commandes de produits ou de services en réponse à des messages publicitaires diffusés dans les journaux, à la radio, à la télévision, par la poste ou dans des catalogues, ou encore de déposer des plaintes et de faire des suggestions. Avec une ligne 1 900 (OUT WATS), les entreprises peuvent utiliser le téléphone pour vendre directement à des consommateurs et à des entreprises, cerner des clients potentiels, joindre des acheteurs éloignés ou servir des clients ou des comptes actuels.

Certains systèmes de télémarketing sont totalement automatisés. Ces systèmes font toutefois l'objet de contestations dans différents milieux. Le système ADRMP (*automatic-dialing and recorded-message player*) est un exemple de système de télémarketing automatisé. Il peut composer les numéros, faire entendre un message publicitaire et prendre des commandes au moyen d'un répondeur, ou encore transmettre l'appel à un téléphoniste. On recourt de plus en plus au télémarketing pour le marketing organisationnel, tout comme pour le marketing aux consommateurs. Par exemple, la compagnie de bicyclettes Raleigh utilise le télémarketing pour réduire le nombre de visites nécessaires pour joindre ses concessionnaires. La première année de la mise en vigueur de ce système, les frais de ses représentants ont été réduits de 50 %, alors que les ventes ont augmenté de 34 % en un seul trimestre.

23.2.5
Le téléachat

L'utilisation du marketing direct est en pleine croissance par le biais à la fois des réseaux de télévision et de ceux de la câblodistribution. La télévision permet de deux façons de mettre sur le marché des produits directement aux consommateurs. La première méthode est le message publicitaire couplé à un numéro gratuit (service 1 800) ou à une boîte postale. Des messages publicitaires d'une durée de soixante ou cent vingt secondes décrivent un produit et tentent de persuader les clients de l'acheter en composant un numéro gratuit ou en faisant parvenir leur commande à une boîte postale ou à une adresse indiquée. Cette forme de publicité directe fonctionne bien pour les magazines, les livres, les petits appareils ménagers, les disques, les cassettes et plusieurs autres produits. La deuxième méthode est la diffusion

d'émissions d'une durée de trente minutes ou une heure sur les avantages d'arrêter de fumer, de perdre du poids, etc., ou sur les témoignages d'utilisateurs satisfaits d'un produit ou d'un service donné, suivis de la transmission d'un numéro de téléphone gratuit pour passer une commande ou obtenir plus d'information. On recourt même à ce procédé dans les campagnes de charité.

Une autre forme de marketing à la télévision est le téléachat à domicile, au moyen d'une émission de télévision ou même de toute une chaîne de télévision consacrée à la vente de biens et de services. On offre des produits à des prix alléchants : des bijoux, des lampes, des vêtements, jusqu'à des outils et des appareils électroniques. Les téléspectateurs composent un numéro gratuit pour commander les articles. À l'autre bout, les commandes sont informatisées par des douzaines de téléphonistes, et les articles sont normalement expédiés dans les quelques jours qui suivent.

23.2.6
Le guichet électronique

Certaines entreprises ont conçu un guichet électronique pour passer les commandes et ont installé ces guichets dans des magasins, des aéroports et d'autres endroits. Par exemple, la compagnie Florsheim en a installé dans plusieurs de ses magasins ; un client peut alors spécifier le type de chaussures qui l'intéressent, leur couleur et leur pointure. Il voit apparaître sur l'écran des chaussures Florsheim qui répondent à ses critères. Si la paire demandée ne se trouve pas dans le magasin, le client peut composer un numéro de téléphone et taper sur un clavier le numéro de sa carte de crédit et l'adresse à laquelle les chaussures devraient être livrées.

23.2.7
Les canaux en direct

Le canal de marketing direct le plus récent est la vente directe ou marketing en direct par des moyens électroniques : c'est le commerce électronique.

23.3

LE MARKETING DU XXIᵉ SIÈCLE : LE COMMERCE ÉLECTRONIQUE

Le commerce électronique, ou marketing en direct, n'a été rendu possible que grâce à l'utilisation massive de l'informatique et des modems. Un modem connecte l'ordinateur à une ligne téléphonique de façon que l'ordinateur puisse entrer en contact avec divers services d'information en direct. Il y a deux types de canaux en direct :

Les canaux commerciaux en direct. Diverses entreprises ont mis sur pied des systèmes d'information et de services de marketing en direct qui peuvent être atteints par les individus qui ont conclu une entente de service avec l'entreprise, moyennant des frais mensuels. Parmi ces canaux, on trouve des entreprises comme CompuServe et Prodigy. Ces canaux en direct fournissent du divertissement (jeux et divertissements de toutes sortes), des services de magasinage, des possibilités de dialogue (tableaux d'affichage, forums, groupes d'échanges) et le courriel.

Internet. Internet est un réseau (Web) global comptant plus de 45 000 réseaux d'ordinateurs qui a rendu possible la communication instantanée et décentralisée partout dans le monde. Mis sur pied originalement pour faciliter la recherche et les échanges universitaires, Internet est maintenant accessible à un vaste auditoire de dizaines de millions de personnes, lequel augmente rapidement. Les utilisateurs peuvent envoyer du courrier électronique, échanger des points de vue, magasiner, prendre connaissance des nouvelles, de recettes, d'informations sur les arts et sur les affaires. Internet en soi est gratuit, mais les utilisateurs doivent payer des frais à un service commercial pour y avoir accès.

23.3.1

Les avantages du commerce électronique

Pourquoi le commerce électronique est-il si populaire ? Tout d'abord, il offre trois avantages principaux aux acheteurs potentiels[13].

1. **La commodité.** Les clients peuvent passer des commandes 24 heures par jour, peu importe où ils se trouvent. Ils n'ont pas à attendre dans la circulation, à dénicher une place de stationnement ni à marcher dans des allées sans fin à la recherche des produits. Ils n'ont pas non plus à se rendre dans un magasin pour apprendre que le produit qu'ils désirent n'est plus en stock.

2. **L'information.** Les clients peuvent trouver une quantité importante d'informations comparatives sur les entreprises, sur les produits et sur les concurrents sans avoir à quitter leur bureau ou leur domicile. Ils peuvent se concentrer sur des critères objectifs tels que les prix, la qualité, la performance et la disponibilité.

3. **La quiétude.** Avec tous les services en direct qui sont à leur disposition, les clients n'ont pas à faire face à des représentants de vente ni à subir des pressions de toutes sortes.

Par ailleurs, le commerce électronique apporte de nombreux avantages aux mercaticiens :

1. **Des ajustements rapides aux conditions du marché.** Les entreprises peuvent rapidement ajouter des produits à leur offre et changer leur description et leur prix.

2. **Des coûts plus bas.** Le commerce électronique permet de réduire les dépenses d'entretien de magasins et les coûts qui y sont associés, tels le loyer, les assurances et l'électricité. Les mercaticiens peuvent produire des catalogues numériques à des coûts beaucoup moins élevés que ceux des catalogues imprimés.

3. **L'établissement de relations.** Les mercaticiens qui utilisent le commerce électronique peuvent s'entretenir avec les clients et obtenir beaucoup de renseignements de ceux-ci. Ils peuvent aussi transmettre à leurs clients des rapports utiles, des démonstrations sur logiciels ou des échantillons de lettre d'information sur le système. Les consommateurs peuvent alors avoir accès à cette information par leur boîte aux lettres électronique.

4. **L'estimation de l'auditoire.** Les mercaticiens peuvent savoir combien de personnes ont visité leur site et combien se sont arrêtées à divers endroits sur ce site. Cette information peut les aider à améliorer leur offre et leur publicité.

De toute évidence, les mercaticiens ont avantage à considérer l'utilisation du commerce électronique pour rechercher des clients, les joindre, communiquer avec eux et éventuellement leur vendre un produit ou un service. Le commerce électronique comporte au moins quatre avantages importants. Premièrement, les petites entreprises tout comme les grandes entreprises peuvent s'offrir cet outil. Deuxièmement, il n'y a aucune limite réelle quant à l'espace publicitaire, comparativement aux médias imprimés et télévisuels traditionnels. Troisièmement, l'accès à l'information et le retrait de celle-ci sont très rapides si on fait la comparaison avec le courrier et même le télécopieur. Quatrièmement, le magasinage peut être fait en privé et rapidement. Cependant, le commerce électronique ne convient pas à toutes les entreprises ni à tous les produits ; il faut alors se demander à quel moment et de quelle façon il devrait être utilisé.

23.3.2
Les canaux de commerce électronique

Les mercaticiens peuvent utiliser le commerce électronique de quatre façons : 1° en créant une vitrine électronique ; 2° en participant à des forums, à des groupes de nouvelles ou à des bulletins d'information ; 3° en diffusant des messages publicitaires ; 4° en utilisant le courriel.

La création d'une vitrine électronique

Des milliers d'entreprises ont créé une page d'accueil sur Internet, c'est-à-dire un menu d'accès. Plusieurs de ces pages d'accueil servent de vitrine électronique pour offrir aux utilisateurs une grande variété d'informations :

1. Une description de l'entreprise et de ses produits. Le client, avec l'aide du navigateur, clique tout simplement sur le texte ou sur une icône pour mettre en évidence les détails d'un produit donné.

2. Un catalogue de l'entreprise décrivant les caractéristiques, le prix et l'accessibilité des produits.

3. Des nouvelles de l'entreprise, incluant les rapports financiers, les événements courants, les nouveaux produits et les mises à jour de produits, les dates de rencontres d'information, etc.

4. L'information technique et les brochures sur les produits.

5. L'information sur les offres d'emploi de l'entreprise.

6. La possibilité de communiquer avec le personnel de l'entreprise.

7. La possibilité de passer des commandes.

Les ventes de produits réalisées par le commerce électronique augmentent de façon importante chaque année. Des centaines d'entreprises offrent maintenant leurs produits en direct. Considérant toutes les possibilités qu'offre le commerce électronique, chaque entreprise doit décider tout d'abord si elle utilisera ce moyen et, dans l'affirmative, pour quels produits destinés à quelles clientèles, avec quelles formes de communication et quel budget. Si une entreprise décide d'ouvrir une vitrine électronique, elle a deux choix[14] :

• L'entreprise peut ouvrir sa propre vitrine sur Internet. Il y a plusieurs façons de le faire. Un serveur Web est le choix idéal, puisqu'il permet à l'entreprise de présenter des graphiques, des sons, des images tout autant que des textes. Louer un serveur Web peut coûter 250 $ ou plus par mois, selon la vitesse désirée, le nombre de pages, etc. Un des principaux coûts de l'opération est le design du système d'accès, de graphisme et de navigation. La plupart des entreprises utilisent des services d'entreprises spécialisées pour les aider à ouvrir leur site.

• L'entreprise peut aussi louer un site ou une vitrine électronique. Elle peut louer de l'espace d'entreposage sur l'ordinateur de l'entreprise qui offre ce service ou encore établir un lien entre son propre ordinateur et le service offert par l'entreprise. Par exemple, un détaillant qui fait appel aux services de CompuServe peut ainsi avoir accès à des millions d'abonnés. L'entreprise qui offre des services en direct fera le plus souvent le design de la vitrine électronique pour la compagnie et annoncera cet ajout de service pour une période limitée. Pour ces services, l'entreprise peut avoir à payer 20 000 $ par année ou plus, plus 2 % des ventes réalisées. Cela peut être assez coûteux considérant que seulement 4 % des utilisateurs de services de CompuServe achètent habituellement quelque chose.

Disposer d'un site est une chose; amener des gens à visiter ce site en est une autre. Les entreprises qui ont des pages d'accueil tentent d'attirer des visiteurs à leur adresse grâce au courriel, à des envois postaux, à des publicités dans les journaux et les magazines, à des annonces sur des moyens informatiques et aux groupes de nouvelles. Certaines entreprises utilisent des concours, des questionnaires, des jeux et d'autres moyens qui exigent de l'utilisateur qu'il donne son nom et son adresse pour pouvoir y participer. L'idée est de se servir de l'information et du divertissement pour amener les gens à visiter fréquemment le site de l'entreprise. Cela veut dire que les entreprises doivent remettre à jour leur page d'accueil pour la rendre attrayante. Il est essentiel de faire cette mise à jour même si cela implique des dépenses en temps et en argent.

La participation à des forums, à des groupes de nouvelles et à des bulletins d'information

Les entreprises peuvent décider de participer à divers groupes qui ne sont pas spécialement organisés à des fins commerciales. La participation à de telles activités peut accroître la crédibilité et la visibilité de l'entreprise. Les trois groupes qui offrent le plus de visibilité sont les forums, les groupes de nouvelles et les bulletins d'information.

Les **forums** sont des groupes de discussion accessibles dans des services commerciaux électroniques. Un forum peut gérer une bibliothèque, une salle de réunion pour des échanges en temps réel, et même un bulletin de petites annonces. Pour y participer, une personne s'abonne au forum à un coût nominal ou même sans frais. La page d'accueil du forum présentera des icônes avec des nouvelles, des bibliothèques, des messages et des salles de réunion. La plupart des forums sont commandités par des groupes ayant des intérêts particuliers. Ainsi, Yamaha peut mettre sur pied un forum sur la musique classique à cause de son rôle de fabricant d'instruments de musique.

Les **groupes de nouvelles**, qui sont la version sur Internet des forums, sont réservés aux gens qui affichent et lisent des messages sur un sujet donné; ils ne gèrent pas de bibliothèques ou de salles de réunion. Les utilisateurs d'Internet peuvent participer aux groupes de nouvelles sans devoir s'y inscrire. Il existe des milliers de groupes de nouvelles, dont la plupart sont listés dans les pages jaunes d'Internet.

Les **bulletins d'information** sont des services électroniques spécialisés qui se concentrent sur un sujet ou sur un groupe de données. Les abonnés à ces bulletins ont tendance à être fidèles et actifs, et ils voient d'un mauvais œil l'intervention du marketing dans ces bulletins. Il existe des milliers de bulletins, qui touchent des sujets tels que les vacances, la santé, les jeux sur ordinateur ou l'immobilier. Les mercaticiens peuvent désirer repérer quelques-uns de ces bulletins dont les abonnés ont le profil du marché cible souhaité, puis y participer de façon subtile.

La diffusion de messages publicitaires

Les entreprises et les individus peuvent placer des messages publicitaires dans des services commerciaux électroniques de trois façons. Premièrement, les principaux services commerciaux électroniques en direct offrent une section de petites annonces; les annonces sont listées selon leur ordre d'arrivée, les dernières étant les premières sur la liste. Deuxièmement, les annonces peuvent être placées dans certains groupes de nouvelles qui ont été mis sur pied à des fins commerciales. Finalement, les annonces peuvent être affichées sur des bulletins d'information; elles apparaissent pendant que les abonnés utilisent le service, même s'ils n'ont pas demandé à les voir.

La publicité sur Internet n'est pas du tout appréciée par plusieurs. Ainsi, deux avocats qui ont utilisé Internet pour faire de la publicité ont été blâmés pour l'avoir fait et ils ont reçu pas moins de 20 000 messages hostiles par le courriel.

L'utilisation du courriel

Une entreprise peut encourager les clients actuels et potentiels à envoyer des questions, des suggestions et même des plaintes à l'entreprise en utilisant l'adresse électronique de l'entreprise. Les représentants du service à la clientèle peuvent alors répondre rapidement au moyen du courriel.

L'entreprise peut ainsi recueillir les noms de clients actuels ou potentiels et leur envoyer de l'information périodiquement ou occasionnellement à leur adresse électronique. Le groupe peut consister en un cercle de fans, ou tout simplement en des personnes qui veulent recevoir de l'information de l'entreprise, comme son rapport annuel. Les entreprises peuvent utiliser cette liste pour rappeler à leurs clients qu'il est temps de faire faire une mise au point de leur automobile, pour suggérer aux propriétaires de chiens d'aller faire faire un vaccin annuel à ceux-ci ou encore pour inviter des cadres à assister à de nouveaux séminaires.

23.4
L'UTILISATION CROISSANTE DU MARKETING DIRECT INTÉGRÉ

Quoique le marketing direct et le commerce électronique aient connu une croissance importante au cours des dernières années, plusieurs entreprises ne leur accordent encore qu'un rôle mineur dans leur mix de communication. Les services de la publicité et de la promotion des ventes reçoivent la plus large part du budget de communication et la conservent jalousement. De son côté, la force de vente peut voir dans le marketing direct et le commerce électronique des menaces pour ses activités. Les représentants de vente constatent fréquemment que le marketing direct occasionne une perte des ventes sur leur territoire lorsqu'ils sont obligés de céder les ventes provenant des petits clients et des clients potentiels aux représentants du marketing par correspondance ou du télémarketing.

Mais de plus en plus d'entreprises reconnaissent qu'il est important d'adopter une approche intégrée quant à l'utilisation de tous les outils de communication. Certaines entreprises ont même créé un poste de responsable des communications. Ce cadre doit intégrer les activités des spécialistes de la publicité, de la promotion des ventes, des relations publiques ainsi que du marketing direct et du commerce électronique. Les objectifs consistent à fixer le budget de communication total pour atteindre la plus grande efficacité possible et à allouer des fonds à chaque outil de communication. Cette approche de la communication intégrée a été appelée par Schultz les communications de marketing intégrées, par Roman, le marketing direct intégré et par Rapp et Collins, le maximarketing[15].

Comment ces divers outils de communication peuvent-ils être intégrés dans la planification de campagnes de communication ? Supposons qu'une entreprise utilise un seul véhicule publicitaire et un seul envoi pour atteindre un client potentiel et lui faire une vente. Un exemple de **campagne à véhicule unique et à contact unique** serait l'envoi d'une seule publicité postale offrant un ustensile de cuisine. Une **campagne à véhicule unique et à contacts multiples** consiste en plusieurs envois à un client potentiel par un véhicule unique pour déclencher l'achat. Les éditeurs de magazines, par exemple, envoient environ quatre avis aux ménages qui hésitent à renouveler leur abonnement.

Une formule beaucoup plus efficace consiste à faire une **campagne à véhicules multiples et à contacts multiples**. Roman appelle ce procédé le marketing direct intégré (MDI). Considérons la séquence suivante :

Publicité sur un nouveau produit

↓

Publicité avec coupon-réponse

↓

Publicité postale

↓

Communication téléphonique

↓

Visite d'un représentant

↓

Communication d'entretien

Le message publicitaire crée la notoriété du produit et suscite des demandes d'information. L'entreprise fait un envoi postal aux personnes qui ont demandé de l'information. Moins de deux ou trois jours après la réception du courrier, l'entreprise fait une communication téléphonique pour obtenir une commande. Certains clients potentiels passeront une commande ; d'autres peuvent exiger la visite d'un représentant. Même si le client potentiel n'est pas prêt à acheter, on continuera de communiquer avec lui. Roman soutient que l'utilisation du marketing direct intégré mettant en œuvre des véhicules multiples au cours d'une période limitée accroît l'effet de la notoriété du message. Le principe est de synchroniser avec précision les véhicules choisis afin d'entraîner des ventes supplémentaires suffisamment importantes pour compenser les coûts excédentaires.

Roman cite l'exemple d'une campagne de promotion pour la mise sur le marché d'une hypothèque résidentielle. Au lieu d'utiliser seulement le courrier et un numéro gratuit (1 800), la banque ajouta un coupon, un appel téléphonique et de la publicité imprimée. Quoique les coûts de la campagne aient ainsi augmenté, il en résulta une augmentation de 15 % des nouveaux comptes. Cet auteur concluait :

> *Quand un publipostage engendrant un taux de réponse de 2 % est jumelé à un numéro gratuit (1 800), on constate régulièrement une augmentation du taux de réponse de 50 % à 125 %. Si l'on complète cette formule par un effort bien structuré de télémarketing, on peut ajouter une augmentation de 500 % du taux de réponse. Soudainement, le taux de réponse de 2 % a atteint 13 % ou plus grâce à l'ajout de divers canaux interactifs de marketing à un publipostage traditionnel. Les coûts résultant de l'ajout d'un média à un mix médiatique intégré sont normalement marginaux, si l'on considère le coût par commande, à cause du taux élevé de réponse suscité [...]. L'ajout de médias à un programme de marketing augmentera la réponse probable [...] parce que différentes personnes ont tendance à réagir différemment à différents stimulus*[16].

Rapp et Collins ont élaboré un modèle très utile, soit le maximarketing, qui fait des techniques de marketing direct la principale force de l'ensemble du processus de marketing[17]. Leur modèle recommande la création d'une banque de données sur les clients et plaide en faveur de la mise en place d'un marketing direct continu comme élément essentiel du processus de marketing. Le maximarketing consiste en une démarche en neuf étapes pour rejoindre le client potentiel, faire la vente et entretenir la relation. Ce concept peut être utilisé aussi bien par les spécialistes du marketing de masse recourant à des canaux de distribution au détail que par les spécialistes du marketing direct (voir la rubrique Le marketing en coulisse 23.2 intitulée « Le modèle du maximarketing »).

23.5
LES PROBLÈMES SOCIAUX ET ÉTHIQUES ASSOCIÉS AU MARKETING DIRECT

Les relations entre les mercaticiens qui utilisent le marketing direct et leurs clients sont en général bénéfiques pour les deux parties. À l'occasion, par contre, des problèmes émergent. Parmi ces problèmes, on trouve les excès qui irritent les consommateurs, les abus, les pratiques frauduleuses et l'atteinte à la vie privée.

- **Les excès qui irritent les consommateurs.** Beaucoup de gens trouvent que le nombre croissant de sollicitations par le marketing direct et la vente sous pression sont devenus de véritables nuisances. Ils n'aiment pas les messages publicitaires à la télévision qui exigent des réponses directes et dont le niveau du son est trop élevé, ni les messages trop longs ou qui insistent trop. Ils trouvent particulièrement dérangeants les appels téléphoniques à l'heure des repas ou tard dans la soirée, surtout lorsqu'ils sont faits par des gens dont la formation laisse à désirer.

- **Les abus.** Certains mercaticiens tirent profit d'acheteurs impulsifs ou peu raffinés. Les émissions de téléachat ou les émissions d'information publicitaire qui ont pour but unique de faire de la vente sont les plus coupables. Elles mettent en vedette des annonceurs qui ont la parole facile, qui font des démonstrations élaborées et bien structurées, qui disent offrir des baisses de prix incroyables pour des quantités limitées de stock et qui réduisent tous les freins à l'achat de façon à attirer les acheteurs qui ont moins de résistance à de telles incitations.

- **Les pratiques frauduleuses.** Certains mercaticiens conçoivent des envois et rédigent des textes dont l'intention est d'induire en erreur les acheteurs. Ils peuvent exagérer la taille du produit, la performance promise ou le prix de détail suggéré. Certaines organisations, et même certaines organisations à but non lucratif, prétendent faire des sondages alors qu'elles sont à la recherche de pistes ou de façons de persuader les clients. Les fraudeurs

LE MARKETING EN COULISSE 23.2
Le modèle du maximarketing

Rapp et Collins ont élaboré le modèle du maximarke-ting pour assurer une meilleure intégration des activités de marketing. Ce modèle comprend les neuf étapes que voici :

1. La **maximisation de la cible** consiste, pour le responsable du marketing, à définir et à repérer les meilleurs clients potentiels cibles pour l'offre. Ou bien le mercaticien achète une liste de noms appropriée, ou bien il fait une recherche dans la banque de données sur la clientèle pour déceler des clients qui ont des caractéristiques telles qu'un intérêt élevé, la capacité de payer et la disposition à acheter. Un « bon client » se retrouve aussi parmi les clients qui achètent assez régulièrement, ne retournent pas souvent les commandes, ne se plaignent pas et paient à temps. Les spécialistes du marketing de masse peuvent « aller à la pêche » en localisant des clients potentiels avec des messages publicitaires incitant à une réponse directe par des médias de masse tels qu'un message télévisé mentionnant un numéro de téléphone, les encarts dans les journaux et les cartes-réponses dans les revues.

2. La **maximisation des médias** amène le spécialiste du marketing à analyser la panoplie croissante des médias et à choisir ceux qui permettent des communications bidirectionnelles plus commodes et une meilleure mesure des résultats.

3. La **maximisation du contrôle** implique l'évaluation des campagnes d'après le coût de réponse par client potentiel plutôt que par le coût par 1 000 expositions, plus couramment employé en publicité.

4. La **maximisation de la prise de conscience** exige la recherche des messages qui se distingueront de la masse des messages existants et rejoindront le cœur et l'esprit des clients potentiels au moyen d'une publicité globale qui fait autant appel à la raison qu'à l'émotion.

5. La **maximisation de l'activation** met l'accent sur une publicité qui déclenche l'achat, ou du moins fait progresser les clients potentiels de façon marquée dans les étapes du processus décisionnel. Les mécanismes d'activation incluent des énoncés tels que « Pour plus d'information… » ou « Le coupon doit être retourné avant le 30 septembre ».

6. La **maximisation de la synergie** consiste à trouver de nouvelles façons de faire jouer un double rôle à la publicité, par exemple être capable d'accroître la notoriété tout en incitant à une réponse immédiate, ou encore faire la promotion d'autres canaux de distribution et partager les coûts avec d'autres publicitaires.

7. La **maximisation des liens entre la publicité et les ventes** amène une plus grande intégration de la vente. On concentre les efforts sur les meilleurs clients potentiels et on dépense une plus grande partie du budget total pour les persuader plutôt que d'envoyer un message de notoriété au public en général.

8. La **maximisation des ventes** exige qu'à la suite de la mise en place d'une banque de données on limite l'effort de vente aux clients connus en faisant de l'interdistribution (vente croisée), en vendant des produits plus haut de gamme ou encore en lançant de nouveaux produits. Le spécialiste du marketing continue à améliorer la banque de données sur la clientèle en y ajoutant des renseignements sur les clients, ce qui, à la longue, lui fournit un moyen publicitaire privé de grande valeur. De nos jours, les responsables du marketing sont plus désireux d'accroître la fidélité des clients actuels que d'acquérir de nouveaux clients parce qu'ils cherchent à maximiser la valeur à vie des clients.

9. La **maximisation de la distribution** implique l'ajout de canaux supplémentaires pour atteindre les clients actuels et les clients potentiels. C'est le cas lorsqu'une entreprise de marketing direct ouvre un magasin de détail ou obtient de l'espace de rayonnage dans un magasin de détail existant, ou lorsqu'un détaillant commence à utiliser des catalogues.

Sources : Stan Rapp et Thomas L. Collins, *Maximarketing*, New York, McGraw-Hill, 1987 ; voir aussi, des mêmes auteurs, *Beyond Maximarketing : The New Power of Caring and Daring*, New York, McGraw-Hill, 1994.

utilisent le télémarketing en particulier auprès de personnes âgées, et certaines de ces organisations ont été poursuivies. Des directeurs de telles entreprises ont d'ailleurs été condamnés.

- **L'atteinte à la vie privée.** L'atteinte à la vie privée est sans doute le problème social le plus important auquel fait face l'industrie du marketing direct. Il semble que, chaque fois que les consommateurs commandent un produit par téléphone ou par correspondance, participent à un concours, font une demande de carte de crédit ou s'abonnent à un magazine, leur nom, leur adresse et leur comportement d'achat soient inclus dans une grande banque de données. Les consommateurs peuvent sans doute bénéficier, à l'occasion, de ces banques de données, lorsqu'ils reçoivent des offres qui répondent à leurs intérêts. Cependant, les mercaticiens qui utilisent le marketing direct ont de la difficulté à faire un choix entre leur propre désir d'atteindre des auditoires cibles précis et le droit des consommateurs à leur vie privée. Plusieurs critiques se préoccupent maintenant du fait que les mercaticiens possèdent trop d'informations sur la vie privée des consommateurs et qu'ils peuvent utiliser ces connaissances à leur avantage. Ils se demandent: est-ce que les compagnies de téléphone ont le droit de vendre les noms de leurs clients à des entreprises qui font de la vente par téléphone? Est-il correct pour les compagnies de crédit de compiler et de vendre les listes de gens qui ont fait récemment une demande de carte de crédit, gens qui sont considérés comme les premières cibles à cause de leur comportement d'achat? Les gouvernements ont-ils le droit de vendre les listes des individus qui ont un permis de conduire ainsi que des informations personnelles sur eux? Et ainsi de suite.

Les personnes de bonne foi qui œuvrent dans l'industrie du marketing direct tentent de résoudre ces problèmes. Elles savent bien que si ces problèmes ne sont pas réglés d'une façon quelconque, ils engendreront des attitudes négatives des consommateurs, des taux de réponse plus faibles et des pressions sur les législateurs provinciaux et fédéraux pour qu'ils restreignent les pratiques du marketing direct. Il est certain que la plupart des *marketers* désirent la même chose que les consommateurs: des offres honnêtes, bien conçues et s'adressant seulement aux consommateurs qui apprécient ces offres et qui veulent y répondre. Toute activité qui va à l'encontre de ce souhait entraînera des pressions qui nuiront à long terme à l'industrie.

RÉSUMÉ

1. Le marketing direct est un système de marketing interactif qui met en œuvre un ou plusieurs moyens publicitaires pour obtenir une réponse mesurable ou une transaction, peu importe l'endroit. Il a connu un taux de croissance élevé et il est maintenant utilisé pour les marchés des consommateurs, les marchés organisationnels et même les marchés d'organismes à but non lucratif. Un des outils les plus importants du marketing direct est la banque de données, qui consiste en une collection organisée de données exhaustives sur les clients actuels et sur les clients potentiels. Les entreprises utilisent les banques de données pour repérer des clients potentiels, déterminer l'offre à présenter à divers clients, mieux cibler la clientèle et réactiver les achats des clients.

2. Les mercaticiens qui œuvrent en marketing direct utilisent une grande variété de canaux pour atteindre les clients actuels et les clients potentiels. La forme la plus traditionnelle de marketing direct est la vente face à face. Le marketing par correspondance consiste en l'envoi d'une offre,

d'une annonce, d'un rappel ou de toute autre activité à une adresse donnée. Le marketing par catalogue et le télémarketing sont deux autres outils très populaires de marketing direct. On observe aussi une croissance importante des ventes faites à la télévision ; le téléachat prend la forme d'émissions d'information ou encore d'émissions consacrées à la vente. D'autres médias tels que les magazines, les journaux et la radio peuvent également être utilisés pour le marketing direct, tout comme le guichet électronique.

Pour connaître du succès, les *marketers* qui recourent à ces formes de mise sur le marché doivent planifier leurs campagnes avec soin. Ils doivent ainsi définir les objectifs, les marchés cibles et les clients potentiels, choisir une stratégie d'offre, tester ces éléments et établir des mesures pour déterminer le succès de la campagne.

3. Le commerce électronique est de plus en plus populaire. Il y a deux types de canaux en direct : les canaux commerciaux en direct et Internet. La publicité sur les canaux en direct offre entre autres la commodité aux acheteurs et des coûts plus faibles aux vendeurs. Les entreprises peuvent utiliser le commerce électronique en créant une vitrine électronique ; en participant à des forums, à des groupes de nouvelles ou à des bulletins d'information ; en plaçant des messages publicitaires ; en utilisant le courriel. Toutefois, ce ne sont pas toutes les entreprises qui devraient utiliser ces moyens ; chaque entreprise doit décider si les revenus supplémentaires obtenus par le commerce électronique excéderont les coûts reliés à sa mise en œuvre.

4. Quoique certaines entreprises accordent un rôle moins important au marketing direct et au commerce électronique dans leur mix de communication, plusieurs entreprises ont commencé à utiliser des communications de marketing intégrées, aussi appelées « marketing direct intégré ». Le marketing direct intégré qui se focalise sur une approche à véhicules multiples ou à contacts multiples est généralement plus efficace que celui qui s'appuie sur un seul type de communication.

5. Les mercaticiens qui utilisent le marketing direct et leurs clients trouvent souvent des avantages mutuels à ce type de relation. Cependant, les mercaticiens doivent éviter de faire des campagnes qui irritent les consommateurs, qui abusent des gens, qui sont frauduleuses ou qui portent atteinte à la vie privée des consommateurs.

QUESTIONS

1. Pendant que la révolution du marketing électronique s'accentue, les entreprises découvrent qu'il n'est plus suffisant d'employer des gestionnaires en marketing ayant beaucoup de compétences techniques. Ces gestionnaires doivent aussi pouvoir prévoir les changements technologiques et les utiliser à l'avantage de l'entreprise. Les petites entreprises, qui ne peuvent supporter de grosses dépenses salariales, seront tentées de s'associer avec de plus grandes entreprises afin d'avoir accès à l'autoroute électronique. Par exemple, AT&T a récemment accepté de vendre l'accès Internet offert par Bolt Beranek and Newman (BBN), ce qui donne un coup de pouce à la petite entreprise de technologie sur le marché global de l'informatique. Commentant sur ce partenariat, un analyste a dit: «C'est un beau coup pour BBN parce que cette entreprise n'a jamais su comment vendre sa technologie, alors que maintenant il y a 12 000 personnes qui peuvent la recommander.» Pourquoi pensez-vous qu'AT&T a choisi de s'associer avec une petite entreprise?

2. Même si Internet n'est pas un commerce en soi, sa croissance a donné naissance à un large éventail d'entreprises de services reliées à Internet. On trouve maintenant des entreprises qui se spécialisent dans le développement de pages d'accueil et d'autres, dans la vente d'espaces publicitaires sur le Web. De plus, nombre d'entreprises offrent des séminaires sur Internet et des formations aux entreprises, aux consommateurs et aux éducateurs. Quels bénéfices peuvent retirer les entreprises en participant à Internet? Qu'est-ce que les entreprises devraient apprendre avant de s'intéresser à Internet? Comment les capacités d'Internet peuvent-elles influencer le plan de marketing d'une entreprise?

3. Don E. Schultz, un expert en marketing intégré de l'Université Northwestern, dit qu'il reçoit des appels de praticiens en marketing qui lui disent: «Nous vous avons entendu parler (ou nous avons lu votre livre, ou nous avons parlé à un de vos clients, etc.) et nous sommes prêts à adopter le marketing intégré. Nous savons que la base de données est au cœur du procédé que vous développez.» Puis ils décrivent leurs produits et demandent: «De quelle capacité d'ordinateur avons-nous besoin et quelle sorte de logiciel devons-nous acheter?» Ces questions sont-elles utiles ou inutiles à une entreprise qui désire se servir d'une base de données en marketing? Quelles questions l'entreprise devrait-elle poser dans un premier temps? Quelles précautions l'entreprise devrait-elle prendre après que la banque de données a été mise sur pied?

4. Décrivez les objectifs de marketing et les marchés cibles des entreprises suivantes. Quels bénéfices pourrait retirer chacune de ces entreprises en utilisant le commerce électronique?
   a) Sears;
   b) Birks;
   c) Les Ailes de la Mode;
   d) IGA;
   e) Lévesque Beaubien;
   f) Rona L'Entrepôt;
   g) Auberge des gouverneurs;
   h) Air Canada.

5. Les catalogues de vente ont été une des premières formes du marketing direct comme nous le connaissons aujourd'hui. Quelques magasins utilisent toujours des catalogues, livrés par la poste ou avec le journal, afin d'augmenter les ventes en magasin. Pourquoi un magasin décide-t-il d'utiliser des catalogues? Pourquoi un magasin établi décide-t-il de se lancer dans les envois postaux et dans la confection d'un catalogue?

6. Vous êtes en train de mettre sur pied une entreprise qui vendra des ordinateurs. À cause des ressources qui sont limitées, on vous a conseillé d'utiliser l'approche du marketing direct. En utilisant le modèle en cinq étapes de la décision de marketing direct proposé dans ce chapitre, décrivez les décisions majeures que vous avez à prendre à chacune des étapes. Quels canaux de marketing direct pourraient vous permettre d'atteindre vos objectifs?

7. Supposons que dans une petite ville au Nouveau-Brunswick il y ait deux fleuristes. Le fleuriste A utilise une approche traditionnelle de marketing de masse afin d'attirer sa clientèle, tandis que le fleuriste B utilise une approche personnalisée. Quel fleuriste est susceptible de recourir aux campagnes de marketing suivantes ?

   a) Les rabais de la fête des Mères et de la Saint-Valentin, appuyés par des messages radiophoniques la semaine précédant chacune des occasions ;

   b) une note aux enfants leur rappelant l'anniversaire de leur mère ;

   c) une brochure en couleur, démontrant des arrangements floraux pour un mariage, destinée aux femmes par le biais d'une liste issue d'un magasin de cadeaux de la région ;

   d) une annonce dans les *Pages Jaunes* disant : « Fleurs pour toutes les occasions » ;

   e) un petit bouquet de fleurs envoyé aux nouveaux mariés à leur premier anniversaire ;

   f) un babillard indiquant : « Avez-vous envoyé des fleurs à quelqu'un que vous aimez aujourd'hui ? ».

8. Pendant que de plus en plus d'employés peuvent contourner les canaux de communication traditionnels grâce à Internet, les entreprises font face à un nouveau défi. Précisez quelques-uns des problèmes qui peuvent se présenter si un employé décide de communiquer avec d'autres membres du réseau Internet ou de joindre directement des fournisseurs sans passer par les canaux normaux de l'entreprise ou encore par le service des relations publiques. En conséquence, élaborez les directives générales qu'une entreprise devrait émettre afin d'éviter ce type de problème.

9. Pendant une semaine, faites le suivi des échanges d'un groupe de nouvelles sur Internet. Préparez un bref rapport résumant les aspects abordés dans un de ces groupes avec leurs répercussions sur le marketing.

10. Vous avez l'intention de publier un nouveau magazine qui s'adressera à des personnes possédant un diplôme en administration. Vous vous apprêtez également à lancer une énorme campagne de télémarketing dans laquelle vous entrerez en contact par téléphone avec 10 000 personnes possédant un diplôme en administration afin de leur demander de s'abonner au magazine. Vos *télémarketers* ont besoin d'un argumentaire accrochant afin d'attirer l'attention du marché cible. Individuellement ou en petit groupe, rédigez cet argumentaire qui sera utilisé par vos *télémarketers*.

RÉFÉRENCES

1. Les termes « marketing de commande directe » et « marketing de relations directes » ont été suggérés comme sous-ensembles du marketing direct par Stan Rapp et Tom Collins dans *The Great Marketing Turnaround*, Englewood Cliffs, N.J., Prentice Hall, 1990.

2. Voir *The Globe and Mail*, 15 février 1994, p. B29 ; voir aussi « 1994 Mail Order Overview », *Direct Marketing*, août 1994, p. 26-28.

3. Pour une discussion intéressante, voir le document d'Arvind Rangaswamy et Jerry Mind intitulé « Don't Walk In, Just Log In ! Electronic Markets and what They Mean for Marketing », Wharton School, University of Pennsylvania, octobre 1994.

4. *Ibid.* ; McKinsey & Company estime que les ventes provenant du commerce électronique atteindront environ 5 milliards de dollars aux États-Unis en 2003.

5. Pierre A. Passavant, « Where Is Direct Marketing Headed in the 1990s ? », discours prononcé à Philadelphie, le 4 mai 1989.

6. Voir Don Peppers et Martha Rogers, *The One-to-One Future*, New York, Doubleday/Currency, 1993.

7. Jonathan Berry, « A Potent New Tool for Selling : Database Marketing », *Business Week*, 5 septembre 1994, p. 56-62 ; Vincent Alonzo, « 'Til Death Do Us Part », *Incentive*, avril 1994, p. 37-41.

8. Bob Stone, *Successful Direct Marketing Methods*, 5e éd., Lincolnwood, Ill., NTC Business Books, 1994.

9. Edward L. Nash, *Direct Marketing : Strategy, Planning, Execution*, 3e éd., New York, McGraw-Hill, 1995.

10. Voir aussi Richard J. Courtheoux, « Calculating the Lifetime Value of a Customer », dans *Integrated Direct Marketing : The Cutting-Edge Strategy for Synchronizing*

Advertising, Direct Mail, Telemarketing, and Field Sales, sous la direction d'Ernan Roman, Lincolnwood, Ill., NTC Business Books, 1995, p. 198-202. De même, voir Rob Jackson et Paul Wang, *Strategic Database Marketing*, Lincolnwood, Ill., NTC Business Books, 1994, p. 188-201.

11. Pour plus d'information sur ce sujet, voir Janice Steinberg, «Cacophony of Catalogues Fill All Niches», *Advertising Age*, 26 octobre 1987, p. S1-S2.

12. «Japan Is Dialing 1 800 BuyAmerica: U.S. Catalogueers Offer Bargains Shoppers Can't Find at Home», *Business Week*, 12 juin 1995.

13. Voir Daniel S. Janal, *Online Marketing Handbook*, New York, Van Nostrand Reinhold, 1995.

14. Jay Conrad Levinson et Charles Rubin, *Guerrilla Marketing Online: The Entrepreneur's Guide to Earning Profits on the Internet*, Boston, Houghton Mifflin, 1995, chap. 5.

15. Don E. Schultz, Stanley I. Tannenbaum et Robert F. Lauterborn, *Integrated Marketing Communications*, Lincolnwood, Ill., NTC Business Books, 1993; Ernan Roman (dir.), *Integrated Direct Marketing: The Cutting Edge Strategy for Synchronizing Advertising, Direct Mail, Telemarketing, and Field Sales*, Lincolnwood, Ill., NTC Business Books, 1995; Stan Rapp et Thomas L. Collins, *Maximarketing*, New York, McGraw-Hill, 1987; Stan Rapp et Thomas L. Collins, *Beyond Maximarketing: The New Power of Caring and Daring*, New York, McGraw-Hill, 1994.

16. Ernan Roman (dir.), *Integrated Direct Marketing*: The Cutting Edge Strategy for Synchronizing Advertising, Direct Mail, Telemarketing, and Field Sales*, Lincolnwood, Ill., NTC Business Books, 1995, p. 3.

17. Stan Rapp et Thomas L. Collins, *Maximarketing*, New York, McGraw-Hill, 1987.

PARTIE V

GÉRER
LE MARKETING

Chapitre
24

L'organisation,
la mise en œuvre
et le contrôle
du marketing

Avoir de bons principes d'action n'est pas suffisant ; il faut aussi avoir le sens de l'organisation. Avoir des principes d'action sans organisation peut être une cause d'échec, mais avoir de l'organisation même sans bon principe d'action peut souvent permettre de gagner.
SIR WILFRID LAURIER

Il n'y a pas un être humain qui ne se soit pas dit pendant la journée « je vais faire » et qui ne se soit pas rendu compte le soir de ce qu'il n'avait pas fait.
BLISS CARMAN

*P*assons maintenant de la planification et des stratégies et tactiques de marketing aux autres éléments du management du marketing, afin d'examiner comment les entreprises organisent, mettent en œuvre et contrôlent leurs activités de marketing. Dans ce chapitre, nous nous posons les questions suivantes :

- Quelles sont les principales tendances dans l'organisation des entreprises ?

- Comment la fonction marketing est-elle organisée ?

- Quelle est la relation entre la fonction marketing et les autres fonctions importantes dans l'entreprise ?

- Comment une entreprise peut-elle s'y prendre pour s'assurer de la fidélité de sa clientèle ?

- Comment une entreprise peut-elle améliorer ses habiletés de mise en œuvre ?

24.1
L'ORGANISATION D'UNE ENTREPRISE

Les entreprises ont souvent besoin de se réorganiser en réponse aux changements importants qui sont survenus durant les dernières années dans leur environnement. Ce sont les progrès de la technologie et des télécommunications, la mondialisation des marchés, le raffinement plus grand des consommateurs, la croissance marquée des services et plusieurs autres forces qui amènent les entreprises à reconsidérer leur mode d'organisation.

En réaction à ces divers changements, les entreprises ont restructuré leurs activités de plusieurs façons ; elles se centrent de plus en plus sur leurs activités de base[1]. Dans les années 60 et 70, plusieurs entreprises se sont diversifiées dans des secteurs d'activité complètement différents. Quoique certaines industries ou certains marchés aient pu paraître prometteurs, elles n'avaient tout simplement pas les forces ou les connaissances nécessaires pour entrer en concurrence. Prenons comme exemples les mésaventures de K Tel dans l'industrie pétrolière, de Provigo dans Distribution aux Consommateurs, dans la pharmacie, dans les articles de sport, etc., et de Lavalin dans de nombreux secteurs d'activité autres que le génie-conseil.

La direction des grandes entreprises a vite appris qu'il y a une grande différence entre faire croître les entreprises actuelles et lancer avec succès de nouvelles entreprises. La création de petites entreprises est plutôt le fait d'entrepreneurs. C'est pourquoi certaines entreprises ont commencé à développer l'« intrapreneuriat », en donnant à leurs cadres plus de liberté pour concevoir de nouvelles idées et prendre certains risques. Si 3M pouvait le faire, pourquoi pas elles ?

Les entreprises ont ainsi réduit le nombre de niveaux organisationnels afin de se rapprocher du client[2]. Dans les grandes entreprises, la direction générale était beaucoup trop éloignée des clients pour bien comprendre ce qui se passait sur les marchés. Une action corrective consista à demander aux cadres de tous les niveaux de faire un peu plus de gestion « en allant voir ce qui se passe ». Mais l'action corrective fondamentale consiste à niveler l'organisation. Tom Peters est d'avis que toute organisation bien gérée ne devrait jamais compter plus de cinq niveaux hiérarchiques. Ainsi, en pratique, chaque directeur devrait être responsable de plus de personnes, disons 30 personnes au lieu de 8. Et ces changements ne sont possibles que si de plus en plus d'employés apprennent eux-mêmes à gérer.

Désormais, on met l'accent moins sur la hiérarchie que sur les **réseaux**, tant au sein des entreprises qu'à l'extérieur. Maintenant que la plupart des entreprises utilisent l'ordinateur, le courrier électronique et le télécopieur, les messages sont échangés de plus en plus entre les gens de différents niveaux dans les organisations. De plus, les entreprises encouragent le travail d'équipe comme moyen d'améliorer la performance et de briser les murs entre les services. Elles essaient aussi de réduire les frontières entre elles-mêmes et leurs fournisseurs et leurs distributeurs en traitant ces derniers comme des partenaires d'affaires et en les incluant dans leurs flux d'information. Calyx et Corolla (C&C), une entreprise américaine qui a connu beaucoup de succès dans la vente de fleurs coupées par catalogue, donne un bon exemple d'utilisation de la technologie de l'information pour créer un réseau :

> Les clients de C&C choisissent dans leur catalogue parmi un ensemble impressionnant d'arrangements de fleurs et téléphonent à la compagnie pour passer leur commande. La commande est transmise à l'un des producteurs de fleurs du réseau de l'entreprise (ils sont plus de 25) qui coupent et emballent les fleurs, utilisant les matériaux et les directives fournis par C&C. Federal Express recueille le colis et le livre à l'un des points de distribution ou de vente déterminé par l'entreprise. Le système d'information de FedEx relie aussi le réseau des ventes. Selon la direction générale de C&C, son utilisation de la technologie de l'information est le principal facteur de la croissance annuelle de l'entreprise, dont le taux dépasse les deux chiffres année après année[3].

C'est dans cette perspective que nous allons maintenant examiner comment sont organisés les services du marketing.

24.2
L'ORGANISATION DU MARKETING

Avec le temps, la fonction marketing a évolué, passant d'une simple fonction de vente à un groupe complexe d'activités pas toujours bien intégrées entre elles et aux autres activités importantes de l'entreprise. Pour parvenir à une meilleure compréhension du problème, nous verrons comment les services du marketing évoluent dans les entreprises, comment ils sont organisés et comment ils s'intègrent aux autres services de l'entreprise.

24.2.1
L'évolution du service du marketing

Le service du marketing tel qu'il existe aujourd'hui est le fruit d'une longue évolution qu'on peut décomposer en six étapes. Il existe présentement des entreprises à chacune de ces étapes.

La première étape :
un simple service des ventes

Dans les petites entreprises, la fonction ventes est placée sous la responsabilité d'un vice-président qui gère une force de vente et se charge lui-même d'une partie de la vente. Lorsque l'entreprise a besoin de faire de la recherche en marketing ou de la publicité, le vice-président des ventes s'occupe aussi de ces fonctions (voir la figure 24.1a).

La deuxième étape :
un service des ventes élargi

À mesure que l'entreprise croît et sert de nouveaux types de clients ou de nouveaux territoires, elle doit renforcer certaines fonctions marketing autres que les ventes. Par exemple, si une entreprise québécoise décide de faire du développement en Ontario, elle devra faire de la recherche en marketing pour connaître les besoins des clients et le marché potentiel. Si elle commence à traiter des affaires en Ontario, elle devra faire beaucoup de publicité pour faire connaître son nom et ses produits dans cette région. Le vice-président des ventes aura besoin d'engager des spécialistes qui possèdent l'expertise nécessaire pour prendre en charge ces activités. Le vice-président des ventes pourrait aussi décider d'engager un **directeur du marketing** qui se chargera de ces nouvelles activités (voir la figure 24.1b).

La troisième étape :
un service du marketing autonome

La croissance continue de l'entreprise augmente l'intérêt potentiel pour les autres fonctions du marketing (la recherche en marketing, le développement de nouveaux produits et services, la promotion des

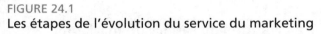

FIGURE 24.1

Les étapes de l'évolution du service du marketing

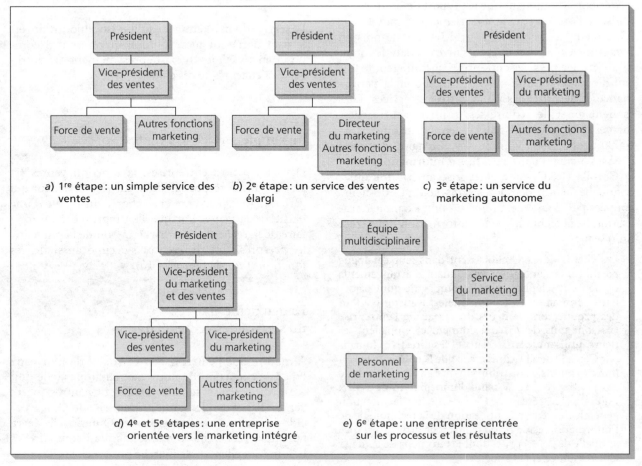

ventes, la publicité et le service à la clientèle) aux dépens des activités de la force de vente. Néanmoins, le vice-président des ventes continue normalement à consacrer des ressources et un temps disproportionné à la force de vente. Le directeur du marketing demandera de nouvelles ressources, mais il en recevra habituellement moins qu'il n'en a demandé. Frustrés, certains directeurs du marketing quitteront même leur emploi.

Tôt ou tard, le président de l'entreprise découvrira tous les avantages reliés au fait de mettre sur pied un service du marketing autonome (voir la figure 24.1*c*). Ce service du marketing sera dirigé par un vice-président du marketing qui relèvera, conjointement avec le vice-président des ventes, du président ou du vice-président à la direction. À cette étape, le marke-

ting et les ventes sont des fonctions distinctes et l'on s'attend qu'elles collaborent étroitement.

Cette structure procure au président de l'entreprise une vue mieux équilibrée des possibilités et des problèmes. Supposons que les ventes d'une entreprise baissent. Le président demandera au vice-président des ventes de faire des suggestions. Ce dernier pourrait suggérer d'embaucher plus de vendeurs, de revoir le système de rémunération, d'organiser un concours de vente, de donner plus de formation aux vendeurs ou de réduire les prix de façon que les produits se vendent plus facilement. Le président pourrait aussi demander des solutions au vice-président du marketing. Celui-ci sera moins enclin à proposer des changements immédiats dans les prix ou la force de vente. Il verra le problème davantage du point de vue du client. L'entreprise est-elle à la recherche des bons segments et des bons clients ? Comment les clients cibles voient-ils l'entreprise et ses produits par rapport aux concurrents ? Doit-on apporter des changements aux caractéristiques du produit, au style, au conditionnement, au service à la clientèle, à la distribution, aux différentes formes de communication et à d'autres aspects ?

La quatrième étape :
un service du marketing intégré

Quoique les vice-présidents des ventes et du marketing soient censés travailler en étroite collaboration, leurs relations sont souvent tendues et empreintes de méfiance. Naturellement, le vice-président des ventes s'oppose à ce qu'on accorde moins d'importance à la vente dans le marketing mix, et le vice-président du marketing souhaitera avoir un budget plus important pour les activités de marketing autres que la vente.

La tâche du responsable du marketing est de déceler les occasions d'affaires et de préparer des stratégies et des programmes de marketing. Les gens des ventes ont la responsabilité de mettre en œuvre ces programmes. Les mercaticiens ont recours à la recherche en marketing, tentent de cerner et de comprendre les segments de marché, consacrent du temps à la planification, envisagent les choses à long terme et ont comme objectifs de générer des profits et d'accroître la part de marché. Les gens des ventes, au contraire, dépendent beaucoup de leurs expériences quotidiennes sur le terrain, tentent de comprendre chaque acheteur, consacrent du temps à la vente en face à face, voient les choses à court terme et essaient d'atteindre leurs quotas de ventes.

S'il y a trop de conflits entre le service des ventes et celui du marketing, le président peut abolir le poste de vice-président du marketing et rendre le vice-président des ventes responsable des activités de marketing, ou il peut demander au vice-président à la direction de régler les conflits lorsqu'ils arrivent, ou encore il peut donner au vice-président du marketing la responsabilité de toutes les activités commerciales, y compris la gestion des ventes. C'est cette dernière solution qui est à la base du service du marketing intégré, service dirigé par un vice-président du marketing et des ventes dont relèvent des spécialistes pour chacune des fonctions du marketing, y compris les ventes (voir la figure 24.1*d*).

La cinquième étape :
une entreprise orientée vers le marketing

Même si une entreprise a un service du marketing, cela ne veut pas dire qu'elle a nécessairement une optique marketing. Tout dépend de l'attitude des autres cadres de l'entreprise à l'égard de la fonction marketing. Si ceux-ci regardent le service du marketing et se disent : « Ce sont eux qui font le marketing », ils sont dans l'erreur. S'ils pointent le doigt vers le service du marketing en lui attribuant l'exclusivité du marketing, ils font aussi une erreur. En effet, tous les services doivent faire du marketing et travailler pour le client. Le marketing est plus qu'un service : c'est une philosophie d'entreprise. C'est seulement alors que l'entreprise aura réellement adopté une optique marketing et sera devenue une entreprise orientée vers le marketing[4].

Ironiquement, dans le contexte des programmes de réduction de coûts, de réduction de la taille de l'entreprise et de réduction des niveaux hiérarchiques, les services du marketing et des ventes ont été parmi les plus touchés même si leur mission consiste à faire croître les revenus. Entre 1992 et 1994, plus de 28 % de toutes les pertes d'emplois de cols blancs provenaient des services du marketing et des ventes[5]. Pour demeurer efficaces et voir leur apport reconnu, les mercaticiens et les représentants de vente doivent devenir de plus en plus créatifs en vue de produire et de livrer plus de valeur aux clients et plus de profit aux entreprises.

La sixième étape : une entreprise centrée
sur les processus et les résultats

Plusieurs entreprises centrent maintenant leur structure organisationnelle sur les processus clés plutôt que sur les services. L'organisation par service est de plus en plus vue comme une barrière au bon fonctionnement des processus de base des entreprises tels que le développement de nouveaux produits, la conquête et la rétention des clients, le traitement des commandes et le service à la clientèle. Dans le but d'améliorer les résultats de certains processus, des entreprises nomment des responsables de processus qui gèrent des équipes multidisciplinaires. Les gens de marketing et des ventes consacrent alors un pourcentage accru de leur temps au sein de telles équipes. Par conséquent, le personnel de marketing peut avoir à la fois une responsabilité directe dans une équipe multidisciplinaire (la ligne continue de la figure 24.1*e*) et une responsabilité indirecte (la ligne pointillée de la figure 24.1*e*) dans le service du marketing. Chaque équipe envoie périodiquement au service du marketing un rapport sur la performance du personnel de marketing. Le service du marketing est aussi responsable de la planification d'une formation accrue de son personnel, de son affectation à de nouvelles équipes et de l'évaluation de sa performance globale.

24.2.2
Les façons d'organiser un service du marketing

Les services du marketing peuvent prendre plusieurs formes. Mais toutes les organisations doivent prendre en considération les quatre dimensions de l'activité de marketing : 1° les **fonctions** ; 2° les **secteurs géographiques** ; 3° les **produits** ou les **marques** et les **catégories de produits** ; 4° les **marchés**.

L'organisation fonctionnelle

La forme la plus répandue d'organisation du marketing est l'organisation fonctionnelle : plusieurs spécialistes fonctionnels relèvent alors du vice-président du marketing, qui coordonne leurs activités. On trouvera à la figure 24.2 cinq spécialistes typiques, auxquels pourraient s'ajouter d'autres spécialistes,

comme un directeur du service à la clientèle, un directeur de la planification du marketing et un directeur de la logistique du marché ou de la distribution physique.

C'est tout un défi que d'assurer des relations harmonieuses au sein du service du marketing, voire entre le service du marketing et les autres services. Cespedes encourage fortement les entreprises à améliorer les interfaces critiques entre les représentants de vente, le service à la clientèle et les groupes de gestion de produits, puisque collectivement ils ont un effet majeur sur le service à la clientèle. Il a proposé plusieurs façons de tisser des liens plus étroits entre ces trois groupes clés d'un service du marketing[6].

Le principal avantage d'une organisation fonctionnelle du marketing est sa simplicité administrative. En revanche, cette structure organisationnelle perd de son efficacité lorsque le nombre des produits et des marchés augmente. Premièrement, il y a alors souvent un manque de planification en ce qui concerne les divers produits et services, puisque personne n'a la responsabilité entière d'un produit ou d'un marché. Les produits qui ne reçoivent la faveur de personne risquent fort d'être négligés. Deuxièmement, chaque groupe fonctionnel fait concurrence aux autres groupes pour obtenir une plus grande reconnaissance ou un budget plus élevé. Le vice-président du marketing doit constamment évaluer les demandes des spécialistes et faire face à de difficiles problèmes de coordination.

L'organisation géographique

Une entreprise qui vend à l'échelle nationale organise souvent sa force de vente (et certaines autres fonctions) en fonction de variables géographiques. Le directeur des ventes nationales supervise 4 directeurs

FIGURE 24.2
L'organisation fonctionnelle

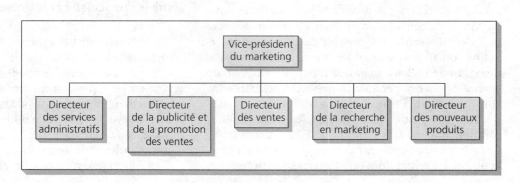

des ventes régionaux, qui supervisent chacun 6 directeurs de secteur, qui à leur tour supervisent 8 directeurs de territoire, qui enfin supervisent chacun 10 vendeurs.

Plusieurs entreprises mettent maintenant en poste des **spécialistes du marketing régionaux** ou **locaux** pour soutenir les ventes sur des marchés distincts ou sur des marchés qui offrent un potentiel élevé. Le spécialiste du marketing pour la région de Québec, par exemple, connaîtra en profondeur les clients et la structure du marché, et aidera les spécialistes du marketing du siège social à ajuster leur marketing mix de façon à tirer le maximum des possibilités de la région de Québec. Le spécialiste du marketing régional préparera des plans de marketing annuels et à long terme pour vendre tous les produits de son entreprise dans la région de Québec, assurant ainsi la liaison entre les spécialistes du marketing du siège social et les représentants locaux.

Plusieurs facteurs encouragent la tendance à une plus grande régionalisation. Premièrement, les marchés de masse pour la plupart des produits se transforment lentement en une multitude de minimarchés : les baby-boomers, les personnes du troisième âge, les familles monoparentales, etc. De nos jours, les mercaticiens trouvent de plus en plus difficile de créer un produit ou un programme unique qui sera attrayant pour ces divers groupes[7] (voir aussi le chapitre 9). Deuxièmement, les améliorations continues que connaissent les technologies de l'information et les technologies de la recherche en marketing ont aussi stimulé la régionalisation. Par exemple, les lecteurs optiques et les systèmes d'information améliorés permettent maintenant de faire le suivi des ventes de produits magasin par magasin, aidant ainsi les entreprises à cerner plus rapidement les problèmes et les occasions d'affaires qui se présentent au niveau local et qui peuvent exiger des solutions de marketing à ce niveau. Troisièmement, les détaillants ont un pouvoir croissant. Les lecteurs optiques fournissent aux détaillants une information considérable sur le marché, ce qui leur donne un pouvoir sur les fabricants. Les détaillants sont souvent tièdes face aux grandes campagnes de marketing nationales où l'ensemble des consommateurs sont ciblés. Ils préfèrent de beaucoup les programmes locaux intégrés à leurs propres efforts de promotion et ciblant les consommateurs de leur propre ville et même du voisinage. En conséquence, pour maintenir la satisfaction des détaillants et obtenir l'espace de rayonnage pour leurs produits, les fabricants doivent maintenant allouer une partie plus importante de leur budget à la promotion régionale, locale, voire magasin par magasin.

La compagnie Campbell a sauté à pieds joints dans la régionalisation :

Ainsi, Campbell a créé plusieurs marques régionales qui ont connu beaucoup de succès, telles que les fèves Ranchero, la soupe Créole ou une soupe épicée aux fèves rouges et aux piments. Les marques conçues pour répondre aux besoins régionaux ont contribué de façon substantielle à l'accroissement des ventes annuelles de Campbell. La compagnie a divisé son marché en 22 régions, chaque région étant responsable de la planification des programmes de marketing locaux. La compagnie alloue de 15 % à 20 % de son budget total au soutien des efforts de marketing locaux.

Au sein de chaque région, les directeurs des ventes et les représentants de vente de Campbell créent des promotions et des messages publicitaires répondant aux besoins et aux conditions des marchés locaux. Ils choisissent les médias locaux qui fonctionnent le mieux dans leur région. Ils travaillent étroitement avec les détaillants locaux en ce qui a trait aux présentoirs, aux offres de rabais, aux prix réduits et à d'autres activités promotionnelles locales[8].

Une autre entreprise qui a réorienté ses activités vers le marketing régional est McDonald's, qui dépense maintenant jusqu'à 50 % de son budget de publicité pour la publicité régionale. La régionalisation peut même aller jusqu'à une responsabilisation locale. Conséquemment, certaines entreprises ont accru les responsabilités et les pouvoirs des bureaux locaux de façon que ceux-ci fonctionnent comme des franchises. C'est ce qu'IBM a fait en disant à chaque directeur de succursale que la succursale était maintenant « son entreprise ». Ainsi, les succursales deviennent des centres de profit et les directeurs locaux ont une plus grande marge de manœuvre même d'un point de vue stratégique.

La régionalisation n'est pas limitée à des régions au sein d'un pays. En fait, plusieurs grandes entreprises multinationales structurent leurs efforts de marketing et de ventes de manière à accroître l'efficacité de leur marketing partout dans le monde. Plusieurs multinationales ont remplacé leur siège social international par des sièges sociaux régionaux. Ainsi, la compagnie Quaker Oats a ouvert un siège social européen à Bruxelles et la compagnie British Petroleum gère ses opérations en Asie et au Moyen-Orient à partir de Singapour[9].

L'organisation par produit ou marque ou par catégorie de produits

Les entreprises qui fabriquent un grand nombre de produits ou de marques mettent souvent en place une organisation par produit ou par marque. La gestion par produit ne remplace pas l'organisation fonctionnelle ; elle introduit plutôt un autre système de management. L'organisation par produit est sous la responsabilité d'un cadre supérieur qui supervise plusieurs directeurs de groupes de produits, qui à leur tour supervisent plusieurs directeurs de produit ou de marque. Une telle structure n'a de sens que si les produits sont relativement différents ou si le nombre de produits excède la capacité de gestion d'une organisation fonctionnelle.

En 1927, Procter & Gamble fut la pionnière de ce type de structure organisationnelle. Camay, le nouveau savon de l'entreprise, ne connaissait pas beaucoup de succès, et un des jeunes cadres, Neil H. McElroy (qui devait devenir plus tard le président de Procter & Gamble), reçut le mandat de consacrer tous ses efforts au développement et à la promotion de ce produit. C'est ce qu'il fit avec succès et, plus tard, l'entreprise créa d'autres postes de directeurs de produit.

Depuis lors, plusieurs entreprises ont mis en place une organisation de gestion de produits. General Foods, par exemple, utilise la structure organisationnelle par produit dans sa division Post. On y trouve des directeurs de groupes de produits distincts responsables des céréales, des aliments pour animaux et des boissons. Au sein du groupe de produits des céréales, il y a des directeurs de produit distincts pour les céréales nutritionnelles, les céréales sucrées destinées aux enfants, les céréales destinées aux familles et les autres céréales.

Le rôle du directeur de produit est d'élaborer des plans pour le produit, de s'assurer qu'ils sont bien mis en œuvre, d'assurer leur suivi et de prendre des mesures correctives s'il y a lieu. Sa responsabilité comprend six tâches principales :

- élaborer une stratégie concurrentielle à long terme pour le produit ;

- préparer un plan de marketing annuel et les prévisions annuelles des ventes ;

- travailler en collaboration avec une agence de publicité et de marchandisage pour élaborer les textes, les programmes et les campagnes ;

- stimuler l'intérêt pour le produit chez les vendeurs et les distributeurs ;

- recueillir en permanence de l'information sur les performances du produit, sur les attitudes des clients et des détaillants, ainsi que sur les nouveaux problèmes et les nouvelles possibilités ;

- apporter des améliorations aux produits pour répondre aux besoins changeants du marché.

Ces fonctions de base sont communes aux directeurs de produit de consommation et de produits industriels. Il existe tout de même des différences dans leurs activités et dans leurs priorités. Les directeurs de produit de consommation gèrent moins de produits que les directeurs de produits industriels et consacrent plus de temps à la publicité et à la promotion des ventes. Ils passent aussi plus de temps à travailler avec les autres services de l'entreprise et les diverses agences, et moins de temps avec les clients. Ils sont souvent plus jeunes et détenteurs d'un MBA. Les directeurs de produits industriels, en revanche, accordent plus d'importance aux aspects techniques de leurs produits et aux améliorations possibles à y apporter. Ils passent plus de temps avec le personnel de laboratoire et de génie. Ils travaillent en plus étroite collaboration avec les vendeurs et les principaux acheteurs. Ils accordent relativement moins d'importance à la publicité, à la promotion des ventes et au prix. Ils insistent davantage sur les aspects rationnels que sur les aspects émotionnels.

L'organisation par produit ou marque présente plusieurs avantages. Tout d'abord, le directeur de produit élabore pour son produit un marketing mix plus efficace du point de vue du coût. Deuxièmement, le directeur de produit peut réagir aux problèmes du marché plus rapidement qu'un comité de spécialistes. Troisièmement, les plus petites marques sont moins négligées parce qu'elles bénéficient d'un porte-parole. Quatrièmement, la gestion par produit procure un excellent terrain de formation aux jeunes cadres, puisqu'ils sont mêlés à presque tous les domaines d'activité de l'entreprise (voir la figure 24.3).

Mais il y a un prix à payer pour ces avantages. Tout d'abord, la gestion par produit crée certains conflits et

FIGURE 24.3
Les interactions du directeur de produit

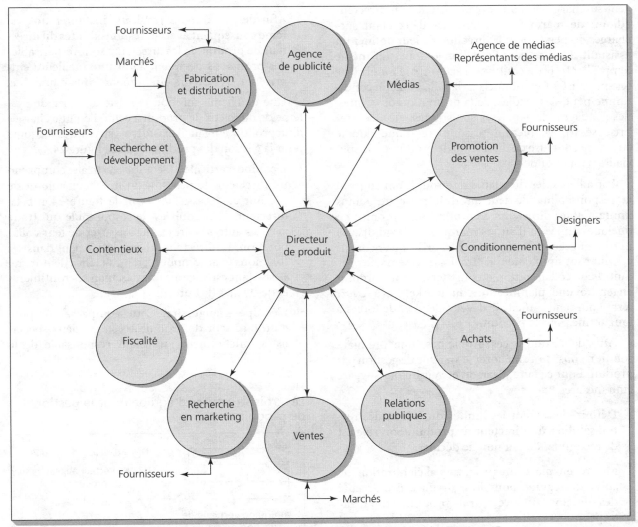

Source : Adaptée de « Product Managers : Just what Do They Think ? », *Printer's Ink*, 28 octobre 1966, p. 15.

certaines frustrations. Souvent, on ne donne pas assez d'autorité aux directeurs de produit pour qu'ils puissent remplir leurs responsabilités effectivement. Ils doivent faire preuve de persuasion pour obtenir la collaboration des services de la publicité, des ventes, de la fabrication et des autres services. On leur dit qu'ils sont des « mini-présidents », mais on les traite plutôt comme des coordonnateurs de niveau inférieur. Ils sont souvent surchargés de rapports internes. Ils sont quelquefois forcés de provoquer des conflits pour atteindre leurs buts.

Ensuite, les directeurs de produit deviennent des experts de leur produit, mais rarement des autres fonctions. Tantôt ils s'affichent comme des experts, tantôt ils sont remis à leur place par de vrais experts. Cette situation est particulièrement regrettable quand le produit dépend de types précis d'expertise, telle la publicité.

D'autre part, le système de direction de produit se révèle quelquefois plus coûteux qu'on ne l'avait prévu. Au début, une personne est affectée à la gestion d'un produit important. Puis, des directeurs de produit sont nommés pour gérer même des produits peu importants. Chaque directeur de produit, souvent surchargé, réclame avec insistance un **directeur adjoint de marque**. Plus tard, les deux étant surchargés, ils persuadent la direction de leur donner un **assistant**. La liste de paie s'allonge donc. En même temps, l'entreprise continue à accroître le nombre de ses spécialistes fonctionnels de la rédaction, du conditionnement, des médias, de la promotion des ventes, des sondages, des analyses statistiques, etc. L'entreprise se trouve bientôt prisonnière d'une double structure coûteuse de directeurs de produit et de spécialistes fonctionnels.

Par ailleurs, les directeurs de produit ont souvent la responsabilité de leur produit pour un temps limité. Ou les directeurs de produit sont promus en quelques années à d'autres marques ou produits, ou ils sont engagés par une autre entreprise, ou encore ils cessent tout simplement d'être des directeurs de produit. Leur collaboration à court terme à un produit engendre une planification du marketing à court terme qui rend difficile le développement de forces à long terme pour le produit.

Afin de résoudre ces problèmes, une première solution consiste à améliorer le système de gestion par produit. Pour ce faire, Pearson et Wilson ont suggéré cinq mesures[10] :

1. **Définir clairement les limites du rôle et des responsabilités du directeur de produit.** Son rôle est de recommander, et non de décider.

2. **Mettre en place un processus d'élaboration de suivi stratégique pour fournir un cadre accepté des fonctions du directeur de produit.** Trop d'entreprises permettent à leurs directeurs de produit de s'en tirer avec des plans de marketing superficiels dans lesquels entrent beaucoup de statistiques et peu de stratégies.

3. **Prendre en considération les zones potentielles de conflits entre les directeurs de produit et les spécialistes fonctionnels en définissant leurs rôles respectifs.** Il s'agit de déterminer quelles décisions doivent être prises par un directeur de produit ou un spécialiste et lesquelles doivent être partagées.

4. **Établir une procédure officielle obligeant à soumettre à un supérieur toute situation de conflit d'intérêts entre un directeur de produit et un spécialiste.** Les deux parties doivent consigner par

écrit leurs problèmes et les soumettre à la direction générale pour qu'elle trouve une solution.

5. **Afin de mesurer les résultats, instaurer un système conséquent avec les responsabilités du directeur de produit.** Si les directeurs sont responsables des profits, ils devraient avoir une meilleure emprise sur les facteurs qui influent sur la rentabilité.

Une deuxième solution consiste à passer du système de directeur de produit à celui d'équipe chargée d'un produit. En fait, il existe trois structures d'équipe pour la gestion des produits (voir la figure 24.4).

- **L'équipe verticale.** L'équipe verticale comprend un directeur de produit, un directeur adjoint de produit et un assistant (voir la figure 24.4a). Le directeur de produit est le responsable qui traite avec les autres cadres pour s'assurer de leur collaboration. Le directeur adjoint le soutient dans ses fonctions et accomplit certaines tâches de bureau. L'assistant est responsable des analyses routinières et des tâches de bureau.

- **L'équipe triangulaire.** Cette équipe se compose d'un directeur de produit assisté de deux spécialistes fonctionnels, l'un étant responsable de la

FIGURE 24.4

Les trois structures d'équipe pour la gestion de produit

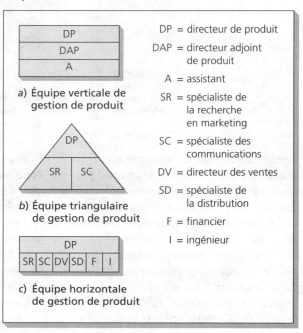

a) Équipe verticale de gestion de produit

b) Équipe triangulaire de gestion de produit

c) Équipe horizontale de gestion de produit

DP = directeur de produit
DAP = directeur adjoint de produit
A = assistant
SR = spécialiste de la recherche en marketing
SC = spécialiste des communications
DV = directeur des ventes
SD = spécialiste de la distribution
F = financier
I = ingénieur

recherche en marketing et l'autre, des communications en marketing (voir la figure 24.4*b*). Hallmark, le fabricant de cartes de souhaits, a recours pour sa part à une « équipe de marketing » formée d'un directeur du marché (le responsable), d'un directeur du marketing et d'un directeur de la distribution.

- **L'équipe horizontale.** L'équipe horizontale réunit un directeur de produit et plusieurs spécialistes du marketing, de même que des représentants d'autres fonctions (voir la figure 24.4*c*). Ainsi, la compagnie 3M a scindé sa division des rubans adhésifs en neuf équipes de planification stratégique, chaque équipe étant composée d'un responsable et de représentants du marketing, des ventes, du laboratoire, de l'ingénierie, de la comptabilité et de la recherche en marketing. Leur apport est essentiel au processus de planification du marketing et, de plus, chaque membre de l'équipe peut influencer son propre service. L'étape ultime, après une équipe horizontale, consiste à former une division responsable du produit.

Une troisième solution consiste à éliminer les postes de directeurs de produit pour les produits mineurs et à assigner deux ou plusieurs produits aux directeurs des produits choisis. Cette mesure est possible surtout lorsque deux ou plusieurs produits répondent à des besoins semblables. Ainsi, une entreprise de produits de beauté n'a pas besoin de directeurs des produits distincts parce que les cosmétiques satisfont un seul besoin important, la beauté. En revanche, un fabricant d'articles de toilette a besoin de directeurs différents pour les pâtes dentifrices, le shampooing, le savon et les médicaments contre les maux de tête parce que ces produits ont des usages différents et répondent à des besoins différents.

Une quatrième solution consiste à introduire la **gestion par catégorie** (voir le chapitre 15), par laquelle une entreprise se focalise sur des catégories de produits (souvent une famille de produits complémentaires) pour gérer ses produits ou ses marques. Par exemple, Procter & Gamble a trouvé qu'il y avait trop de concurrence interne entre ses marques dans chaque catégorie : Puritan et Crisco se battaient entre elles pour accroître leur part de marché, et Cheer avait commencé à copier les avantages concurrentiels de Tide, affaiblissant ainsi le positionnement de Tide. La réponse chez Procter & Gamble fut la suivante : les directeurs de marque se rapportent maintenant à des

directeurs de catégorie qui voient à résoudre les conflits, à protéger les positionnements, à allouer les budgets et à développer de nouvelles marques pour la catégorie. La gestion par catégorie est aussi une réponse au fait que plusieurs supermarchés et d'autres organisations, comme la Société des alcools du Québec, se réorganisent selon des lignes d'achats par catégorie. La compagnie Kraft General Foods a aussi adopté l'organisation par catégorie :

> Kraft a remplacé sa structure classique de gestion par marque, dans laquelle chaque marque concurrençait les autres marques pour ce qui est des ressources organisationnelles et de la part de marché, par une structure par catégorie, dans laquelle les directeurs de catégorie (ou « intégrateurs de produits ») dirigent des équipes multidisciplinaires composées de représentants du marketing, de la R et D, de la promotion et des finances. Les directeurs de catégorie ont de nombreuses responsabilités, dont celle de la rentabilité. Ils ne sont pas vus uniquement comme des mercaticiens ayant en outre la responsabilité de découvrir les occasions d'affaires et les possibilités pour améliorer l'efficacité de la chaîne d'approvisionnement, et de développer la publicité. Les équipes de catégorie de produits chez Kraft travaillent de concert avec les équipes de processus affectées à chaque catégorie de produits et avec des équipes de clients affectées à chaque client important (voir la figure 24.5). Après plusieurs années de déclin de la croissance réelle, d'augmentation des coûts de promotion aux intermédiaires et face à des clients de plus en plus exigeants, la nouvelle structure de Kraft engendre maintenant des ventes importantes[11].

La gestion par catégorie n'est pas une panacée pour la raison suivante : il s'agit encore d'un système qui est plus centré sur l'entreprise et le produit que sur le client. Colgate a aussi abandonné sa gestion par marque (la pâte dentifrice Colgate) et sa gestion par catégorie (la catégorie des pâtes dentifrices), pour franchir une nouvelle étape qu'elle a nommée la gestion des besoins des clients (les soins de la bouche), cette dernière étape centrant l'organisation sur les besoins de base des clients[12].

L'organisation par marché

De nombreuses entreprises vendent leurs produits à des marchés fort différents. Par exemple, la compagnie Canon vend des télécopieurs sur différents marchés, tels ceux des consommateurs, des industries

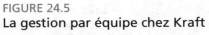

FIGURE 24.5

La gestion par équipe chez Kraft

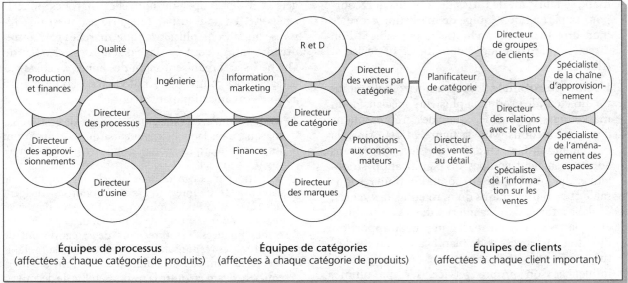

Équipes de processus
(affectées à chaque catégorie de produits)

Équipes de catégories
(affectées à chaque catégorie de produits)

Équipes de clients
(affectées à chaque client important)

Source : Michael George, Anthony Freeling et David Court, « Reinventing the Marketing Organization », *The McKinsey Quarterly*, nº 4, 1994, p. 43-62.

et des institutions. Lorsqu'une entreprise traite avec des groupes différents de clients ayant des préférences et des habitudes d'achat distinctes, une organisation par marché est souhaitable. Un **directeur des marchés** supervise plusieurs **directeurs de marché**, qu'on appelle aussi « directeurs de développement de marché », « spécialistes de marché » ou « spécialistes d'industrie ». Les directeurs de marché peuvent au besoin faire appel aux différents services fonctionnels. Les directeurs de marchés importants peuvent même avoir à leur service certains spécialistes fonctionnels.

Les directeurs de marché occupent en fait une fonction de spécialiste plus qu'une fonction hiérarchique, et leurs responsabilités sont semblables à celles d'un directeur de produit. Les directeurs de marché élaborent des plans annuels et des plans à long terme pour leur marché. Ils doivent prévoir ce qui se passera sur leur marché et quels nouveaux produits l'entreprise devrait y offrir. Leur performance est souvent évaluée selon leur contribution à la croissance de la part de marché plutôt que selon la rentabilité actuelle de leur marché. Ce système possède des avantages et des inconvénients semblables à ceux du système de gestion par produit ou marque. Son prin-

cipal avantage est que les activités de marketing y sont organisées de façon à répondre à des besoins de groupes distincts de clients, plutôt que d'être centrées sur les fonctions de marketing, sur les régions ou sur les produits eux-mêmes.

Plusieurs entreprises ont réorganisé leur service du marketing selon les marchés. Hanan soutient que ces entreprises sont des **organisations centrées sur le marché** et que « la seule façon de s'assurer d'avoir une optique marché est de faire en sorte que les principaux marchés deviennent les pôles d'activités autour desquels les divisions sont établies[13] ». La société Alcan consacre ses efforts de marketing au marché des consommateurs (le papier d'aluminium), au marché des entrepreneurs (les revêtements d'aluminium) et au marché industriel (l'extrusion d'aluminium).

Xerox a remplacé sa structure de vente par région par une structure de vente par industrie. Tout comme IBM, qui a réorganisé ses activités à l'échelle mondiale en 14 divisions centrées sur les clients, Hewlett Packard a abandonné son approche de vente régionale au profit d'une structure dans laquelle ses représentants concentrent leurs activités sur des entreprises au sein de diverses industries. Mais la réorganisation centrée sur le marché ne s'est pas limitée aux entreprises manufacturières. Les banques ont réorganisé leurs activités de détail autour de segments de consommateurs basés sur les revenus, dans le but de briser les barrières organisationnelles entre les groupes de produits, ce qui rend difficile la vente croisée de divers produits, qui peuvent être attrayants pour un même marché.

Plusieurs études ont d'ailleurs démontré la valeur d'une organisation basée sur le marché. Slater et Narver ont créé une mesure de l'orientation vers le marché et ensuite analysé son impact sur la rentabilité des entreprises. Utilisant un échantillon de 140 unités d'affaires, ils ont trouvé un impact positif substantiel d'une orientation vers le marché sur les entreprises qui œuvrent sur le marché de biens de grande consommation de même que sur d'autres marchés[14].

L'organisation par couple produit-marché (ou structure matricielle)

Les entreprises qui fabriquent plusieurs produits destinés à plusieurs marchés font face à un choix difficile. Elles peuvent utiliser un système de gestion par produit, ce qui exige que les directeurs de produit soient familiarisés avec des marchés parfois très différents. Elles peuvent aussi utiliser un système de gestion par marché, ce qui signifie que leurs directeurs de marché doivent se familiariser avec de nombreux produits fort différents vendus sur leurs marchés. Enfin, elles peuvent faire appel à la fois à des directeurs de pro-

duit et à des directeurs de marché, c'est-à-dire mettre en place une **structure matricielle**.

DuPont a choisi cette dernière solution (voir la figure 24.6). Son service des fibres textiles est formé de directeurs de produit distincts pour la rayonne, l'acétate, le nylon, l'orlon et le dacron, et de directeurs de marché distincts pour les collections de vêtements d'hommes, pour les collections de vêtements de dames, pour les tissus pour l'ameublement et pour les marchés industriels. Les directeurs de produit font les prévisions des ventes et des profits pour leur fibre respective, leur objectif étant d'accroître l'utilisation de leur fibre. Ils demandent aux directeurs de marché d'estimer la quantité de fibre qu'ils pourraient vendre sur chaque marché. Les directeurs de marché, en revanche, sont plus intéressés à répondre aux besoins de leur marché qu'à pousser les ventes d'une fibre donnée. En préparant leur plan de marché, ils demandent à chaque directeur de produit les prix prévus et la disponibilité des différentes fibres. Les prévisions des ventes finales des directeurs de marché et celles des directeurs de produit devraient se ressembler.

Une organisation matricielle semble désirable pour une entreprise ayant plusieurs produits et plusieurs marchés. Toutefois, un tel système est à la fois coûteux et conflictuel. Il faut évidemment assumer des coûts pour soutenir les deux types de directeurs. Il faut aussi départager l'autorité ainsi que les responsabilités. Voici deux exemples de choix à faire :

- **Comment devrait-on organiser la force de vente ?** Devrait-on avoir une force de vente distincte pour

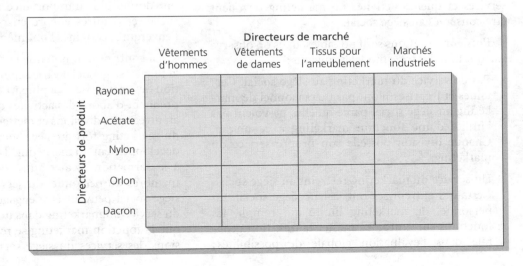

FIGURE 24.6

L'organisation par couple produit-marché (ou structure matricielle) chez DuPont

	Directeurs de marché			
Directeurs de produit	Vêtements d'hommes	Vêtements de dames	Tissus pour l'ameublement	Marchés industriels
Rayonne				
Acétate				
Nylon				
Orlon				
Dacron				

la rayonne, le nylon et les autres fibres? La force de vente devrait-elle être organisée en fonction des marchés des vêtements d'hommes, des vêtements de dames et des autres marchés? Ou encore la force de vente devrait-elle être polyvalente?

- **Qui devrait fixer les prix pour un couple produit-marché donné?** Le directeur de produit du nylon devrait-il avoir l'autorité finale pour fixer les prix du nylon sur tous les marchés? Qu'arrive-t-il si le directeur de marché des vêtements d'hommes est d'avis que les ventes du nylon baisseront sur son marché si l'on ne réduit pas les prix?

Au début des années 80, plusieurs entreprises avaient abandonné la structure matricielle. Cette structure, qui refait surface, est maintenant très populaire sous la forme d'équipes multidisciplinaires composées de spécialistes à temps plein se rapportant à un chef d'équipe. La principale différence vient peut-être du fait que les entreprises fournissent aujourd'hui le bon contexte dans lequel une structure matricielle peut fonctionner: l'accent est mis sur des équipes peu nombreuses, très peu hiérarchisées et centrées sur des processus dans une perspective interfonctionnelle[15].

L'organisation par division

À mesure que les entreprises multiproduits croissent, elles réunissent souvent leurs plus grands groupes de produits en une division distincte. La plupart des divisions mettent en place leur propre service du marketing. Se pose alors le problème de savoir quels services et quelles activités de marketing devraient être conservés au siège social.

Plusieurs solutions sont possibles, mais on observe surtout l'un des trois modèles suivants:

- **Pas de service du marketing au siège social.** Certaines entreprises n'ont pas de personnel de marketing au siège social parce qu'elles ne voient pas l'utilité d'une fonction marketing à ce niveau. Chaque division possède son propre service du marketing.

- **Un service du marketing restreint au siège social.** Certaines entreprises ont, à leur siège social, un personnel de marketing limité qui remplit les fonctions suivantes: 1° assister la direction générale dans l'évaluation globale de possibilités;

2° fournir aux divisions des services de consultation sur demande; 3° aider les divisions qui font peu de marketing ou qui n'en font pas du tout; 4° promouvoir le concept de marketing au sein des autres services de l'entreprise.

- **Un service du marketing développé.** Certaines entreprises ont, à leur siège social, un service du marketing plus développé qui, en plus des activités précitées, fournit de nombreux services de marketing aux divisions. Le service du marketing au siège social offre plusieurs services spécialisés: des **services de publicité** (coordination de l'achat de temps ou d'espace dans les médias, publicité institutionnelle, revue de la publicité de la division du point de vue du coût et de l'image, audit des dépenses de publicité), des **services de promotion des ventes** (promotions à l'échelle de l'entreprise, achat centralisé de matériel promotionnel), des **services de recherche en marketing** (analyses statistiques avancées, recherche sur les développements de marché qui transcendent les lignes des divisions), des **services d'administration des ventes** (conseils sur l'organisation des ventes et les politiques de vente, conception de systèmes de contrôle des ventes, gestion de la force de vente, vente à des clients communs) et plusieurs autres services (consultation en planification du marketing, engagement et formation du personnel de marketing).

Il s'agit maintenant de savoir si les entreprises préfèrent en général un de ces modèles. La réponse est non. Certaines entreprises ont établi pour la première fois un service du marketing au siège social; d'autres ont donné plus d'importance à ce service au siège social, et d'autres encore en ont réduit la taille et l'envergure; certaines l'ont même éliminé.

La contribution potentielle du personnel de marketing au siège social varie selon les étapes de l'évolution des entreprises. La plupart des entreprises entreprennent d'abord des activités de marketing limitées au niveau des divisions et mettent en place un service du marketing fort au siège social en vue d'aider au développement du marketing dans les divisions grâce à la formation et aux autres services fournis. Des membres du personnel du service du marketing du siège social peuvent être engagés comme directeurs du service du marketing dans une division. À mesure que la fonction marketing se renforce dans les divisions, les services du siège social ont moins à leur offrir. Certaines entreprises peuvent même décider que le service du marketing au siège social a accompli sa mission et le faire disparaître tout simplement[16].

24.2.3
Les relations du service du marketing avec les autres services

En principe, les divers services d'une entreprise devraient collaborer harmonieusement à la réalisation des objectifs généraux de l'entreprise. En pratique, les relations entre les services sont souvent caractérisées par de profondes rivalités et une absence presque totale de confiance. Certains conflits entre les divers services découlent de divergences d'opinions concernant l'intérêt premier de l'entreprise; d'autres proviennent de différences entre le bien-être d'un service et le bien-être de l'entreprise; d'autres encore résultent de malheureux stéréotypes et préjugés.

Dans une entreprise typique, chaque service a une incidence sur la satisfaction des clients par le biais de ses activités et de ses décisions. Selon le concept de marketing, tous les services devraient « penser client » et concourir à satisfaire les attentes et les besoins du client. C'est le rôle du service du marketing de rappeler la nature de l'optique clientèle. Le vice-président du marketing accomplit en fait deux tâches: coordonner les activités internes de marketing de l'entreprise et coordonner la fonction marketing avec les finances, la production et les autres fonctions de l'entreprise dans l'intérêt premier du client.

Toutefois, on ne s'entend pas toujours sur l'influence et l'autorité que le service du marketing devrait avoir sur les autres services pour assurer la coordination du marketing. En général, le vice-président du marketing doit faire appel à la persuasion plutôt qu'à l'autorité.

Cette situation est bien illustrée par le cas du vice-président du marketing d'un important transporteur aérien. Son mandat est d'accroître la part de marché de l'entreprise. Cependant, il n'a aucune autorité sur les autres fonctions qui influent sur la satisfaction de la clientèle:

- Il ne peut embaucher ni former le personnel de bord (service des ressources humaines).
- Il ne peut déterminer la qualité des repas (service des approvisionnements).

- Il ne peut faire respecter les normes de propreté dans l'avion (service de l'entretien).
- Il ne peut déterminer les horaires (service des opérations).
- Il ne peut fixer les tarifs (service des finances).

En fait, sur quoi a-t-il autorité? Il administre la recherche en marketing, la force de vente, la publicité et la promotion, et il doit travailler en collaboration avec les autres services pour agir sur les facteurs clés qui influent sur la satisfaction des clients.

Les autres services refusent souvent de se plier aux exigences des intérêts des clients. Tout comme le service du marketing met en évidence le point de vue du client, les autres fonctions soulignent l'importance de leurs tâches. Inévitablement, les divers services définissent les problèmes et les objectifs de l'entreprise de leurs propres points de vue. En conséquence, on ne peut éviter les conflits. Le tableau 24.1 résume les principales différences d'orientation entre le service du marketing et les autres services. Revoyons maintenant les principales préoccupations de chaque service.

La recherche et le développement

Les efforts pour lancer avec succès de nouveaux produits sont souvent freinés par le manque de collaboration entre le service de recherche et développement et le service du marketing. Ces groupes représentent deux cultures organisationnelles fort différentes[17]. Le service de R et D se compose de scientifiques et de techniciens qui veulent satisfaire leur curiosité scientifique et défendre leur indépendance d'esprit, qui aiment travailler à des problèmes techniques complexes, qui ne se soucient pas beaucoup des débouchés immédiats, qui préfèrent travailler avec le moins de supervision possible et rendre le moins de comptes possible au sujet des coûts de la recherche. En revanche, le service du marketing ou des ventes réunit des personnes qui adoptent l'optique marché, qui sont fières d'avoir une compréhension pratique du monde, qui aiment voir de nouveaux produits dotés de caractéristiques qu'elles peuvent vanter auprès des clients et qui se voient obligées de prêter attention aux coûts. Chaque groupe entretient des stéréotypes négatifs au sujet de l'autre. Les gens de marketing considèrent les gens de recherche et développement comme des individus dépourvus de sens pratique,

TABLEAU 24.1

Un résumé des conflits organisationnels entre le service du marketing et les autres services

Service	Priorités de chaque service	Priorités du service du marketing
Recherche et développement	Recherche fondamentale	Recherche appliquée
	Qualité intrinsèque	Qualité précise
	Caractéristiques fonctionnelles	Caractéristiques facilitant la vente
Ingénierie	Longs délais de conception	Courts délais de conception
	Peu de modèles	Beaucoup de modèles
	Composantes standard	Composantes sur mesure
Achats	Gamme de produits étroite	Gamme de produits étendue
	Pièces standard	Pièces sur mesure
	Prix des matériaux	Qualité des matériaux
	Lots économiques	Grands lots pour éviter la rupture de stock
	Achats peu fréquents	Achats selon les besoins des clients
Production	Longs délais de production	Courts délais de production
	Séries longues et peu de modèles	Séries courtes et beaucoup de modèles
	Peu de modifications des modèles	Modifications fréquentes des modèles
	Commandes standard	Commandes sur mesure
	Facilité de fabrication	Apparence esthétique
	Contrôle de la qualité adéquat	Contrôle de la qualité sévère
Opérations	Intérêts propres du personnel	Besoins des clients
	Attitude normale	Attitude positive et amicale
	Service ordinaire	Service hors de l'ordinaire
Finances	Rationnement rigoureux des dépenses	Arguments intuitifs pour justifier les dépenses
	Budgets rigides	Budgets flexibles
	Prix couvrant les coûts	Prix favorisant le développement des marchés
Comptabilité	Transactions standard	Conditions particulières et réductions spéciales
	Peu de rapports	
Crédit	Divulgation des états financiers des clients	Divulgation minimale des états financiers des clients
	Faibles risques	Risques modérés
	Conditions de crédit serrées	Conditions de crédit faciles
	Procédure de recouvrement sévère	Procédure de recouvrement souple

portant les cheveux longs et ressemblant aux scientifiques exaltés privés du moindre sens des affaires, alors que les gens de recherche et développement voient les gens de marketing comme des « faiseurs de trucs » qui sont plus intéressés par la vente que par les caractéristiques techniques du produit. Ces stéréotypes nuisent évidemment à un travail d'équipe productif.

Une entreprise équilibrée est une entreprise dans laquelle le service de la R et D et le service du marke-

ting partagent la responsabilité de l'innovation de nouveaux produits orientés vers le marché. Le personnel de recherche et développement prend la responsabilité non seulement de l'invention, mais aussi de l'innovation. Le personnel de marketing prend la responsabilité non seulement des nouvelles caractéristiques commerciales, mais aussi de la recherche de nouvelles façons de satisfaire les besoins.

Gupta, Raj et Wilemon en sont venus à la conclusion que la coordination d'une équipe de recherche et développement et de marketing bien équilibrée est fortement liée au succès de l'innovation[18]. La coopération entre le marketing et la recherche peut être encouragée de plusieurs façons[19] :

- L'organisation conjointe de séminaires peut favoriser la compréhension et le respect des buts de chacun, des styles de travail et des problèmes.

- Chaque nouveau projet est assigné à une personne de R et D et à une personne de marketing qui travaillent ensemble pendant toute la durée du projet. La R et D et le marketing devraient établir conjointement les buts du plan de développement de marketing aussitôt que possible dans le projet.

- La participation de la R et D se poursuit durant la période de vente ; elle consiste en la collaboration à la préparation des manuels techniques, en la participation à des foires commerciales, en la participation active à la recherche en marketing auprès des clients après l'introduction du produit, et même en la participation à la vente.

- Les conflits sont résolus par la direction générale suivant une procédure bien établie. Dans une telle entreprise, la R et D et le marketing relèvent du même vice-président.

L'ingénierie

L'ingénierie a la charge de trouver des façons pratiques de concevoir de nouveaux produits et de nouveaux processus de production. Les ingénieurs recherchent surtout la qualité technique, l'économie des coûts et la simplicité de fabrication. Ils entrent en conflit avec les gens de marketing quand ceux-ci exigent que plusieurs modèles soient produits, certains modèles devant même être faits sur commande plutôt qu'avec des composantes standard. Les ingénieurs considèrent souvent que les gens de marketing désirent de l'artifice, des babioles, du clinquant, plutôt qu'un produit d'une qualité réelle. Ces problèmes sont moins aigus quand les responsables du marketing ont une formation en génie et peuvent communiquer efficacement avec les ingénieurs.

Les achats

Les acheteurs sont chargés d'obtenir du matériel et des composants de qualité en quantité suffisante et au meilleur coût possible. Ils croient que les gens de marketing essaient de multiplier les modèles dans une gamme de produits, ce qui exige l'achat de plus petites quantités de plus d'articles, plutôt que de grandes quantités de moins d'articles. Ils pensent que les gens de marketing insistent trop sur la qualité du matériel et des pièces commandés. Ils n'aiment pas le manque de précision des prévisions du service du marketing, ce qui les force tantôt à passer des commandes d'urgence à des prix moins favorables, tantôt à accumuler des stocks excessifs.

La production

Les gens de production doivent s'assurer d'un fonctionnement sans anicroche de l'usine pour fabriquer les bons produits dans les bonnes quantités, au bon moment et aux bons coûts. Ils passent tout leur temps à l'usine au milieu des problèmes de pannes, de ruptures de stock, de disputes avec les syndicats et de ralentissements de travail. Ils pensent que le service du marketing ne comprend rien aux aspects économique et politique d'une usine. Les gens de marketing se plaignent du manque de capacité de l'usine, des longs délais de production, du mauvais contrôle de la qualité et du mauvais service à la clientèle. Pourtant, les gens de marketing font souvent des erreurs de prévision, recommandent des caractéristiques de produits qui sont difficiles à fabriquer et promettent plus de services que l'usine ne peut en donner.

Les responsables du marketing ne voient pas les problèmes de l'usine ; ils voient plutôt les problèmes de leurs clients qui doivent recevoir les biens rapidement, qui reçoivent de la marchandise défectueuse et qui ont de la difficulté à obtenir du service de l'usine. Par contre, il arrive souvent que les gens de marketing ne se préoccupent pas suffisamment des coûts supplémentaires qu'exige l'aide fournie à un client. Le problème n'est pas seulement une mauvaise communication, mais également un conflit d'intérêts.

Les entreprises résolvent ces conflits de façons différentes. Dans les **entreprises dominées par la production**, tout est fait pour assurer une production sans anicroche et à bas coûts. L'entreprise préfère des produits simples, des gammes de produits étroites et la production en grande quantité. Les campagnes promotionnelles qui exigent d'accroître rapidement les capacités de production sont maintenues au minimum, et les clients dont les commandes sont en retard doivent attendre.

Par ailleurs, les **entreprises dominées par le marketing** font tout en leur pouvoir pour satisfaire les clients. Dans une entreprise de produits de toilette, le personnel de marketing dirige et les gens de production n'ont qu'à suivre les ordres, peu importent les heures supplémentaires, les petites séries, et ainsi de suite. Le résultat est une qualité fluctuante et des coûts de production élevés. Les entreprises devraient se donner une **orientation équilibrée entre la production et le marketing** dans laquelle les deux parties déterminent ensemble ce qui sert l'intérêt primordial de l'entreprise. Il existe plusieurs solutions pour ce faire : les séminaires mixtes pour comprendre les points de vue de chacun, des comités mixtes et du personnel de liaison, des programmes d'échange de personnel et des méthodes analytiques pour déterminer la meilleure façon de procéder[20].

La rentabilité de l'entreprise dépend beaucoup de la qualité des relations de travail entre les services de la production et du marketing. Les gens de marketing doivent bien comprendre les répercussions sur le plan du marketing des nouvelles stratégies de fabrication : des usines flexibles, l'automatisation et la robotisation, la production juste-à-temps, la qualité totale, etc. Si l'entreprise espère gagner en choisissant une stratégie de faibles coûts, il lui faudra adopter un certain type de stratégie de production ; si elle espère gagner en offrant une excellente qualité, une grande variété de produits ou encore un service à la clientèle hors pair, chacun de ces objectifs exigera une stratégie de production différente. La production est aussi un outil de marketing qu'on peut employer après que le produit a été fabriqué.

Les opérations

Le terme « production » est utilisé dans les industries qui fabriquent des produits physiques. Quant au terme « opérations », il est utilisé dans les entreprises qui créent et livrent des services. Dans le cas d'un hôtel, le service des opérations inclut les réceptionnistes, les portiers, les serveurs et les serveuses, les préposés aux chambres, etc. Étant donné que le marketing fait des promesses au sujet du niveau de service dans l'entreprise, il est extrêmement important que les gens de marketing et les gens des opérations tra-

vaillent bien ensemble. Si le personnel des opérations n'a pas une orientation vers le client et n'est pas motivé en ce sens, le bouche à oreille négatif pourrait éventuellement nuire beaucoup à l'entreprise, voire détruire celle-ci. Les membres du personnel des opérations peuvent avoir tendance à se centrer sur leurs propres préoccupations, démontrer une attitude normale et livrer un service ordinaire, alors que les gens de marketing souhaitent que le personnel se focalise sur les besoins des clients, démontre une attitude positive et amicale, et fournisse un service hors de l'ordinaire. Les gens de marketing doivent donc comprendre les capacités et la vision des gens qui assurent la prestation des services, et s'efforcer d'améliorer continuellement leurs attitudes et leurs habiletés.

Les finances

Les directeurs financiers tirent une fierté de savoir évaluer les conséquences sur la rentabilité de diverses décisions administratives. Quand il s'agit des dépenses de marketing, ils sont cependant frustrés. Les responsables du marketing demandent des budgets élevés pour la publicité, la promotion des ventes et la force de vente, sans pouvoir indiquer avec certitude quelles ventes résulteront de ces dépenses. Les financiers pensent que les mercaticiens font des prévisions dans leurs propres intérêts. Ils estiment que les gens de marketing ne passent pas assez de temps à établir des liens entre les dépenses et les ventes, et à apporter des changements aux budgets pour obtenir une meilleure rentabilité. Selon eux, les gens de marketing sont trop pressés de réduire les prix pour gagner des commandes, au lieu de fixer des prix pour faire des profits.

Les gens de marketing, en revanche, voient souvent dans les financiers des individus près de leurs sous et peu intéressés par les investissements dans le développement à long terme. Les gens des finances considèrent toutes les dépenses de marketing comme des dépenses et non comme des investissements. Ils ont l'air trop conservateurs et semblent avoir une trop grande aversion pour le risque, laissant ainsi passer de nombreuses possibilités. La solution consiste à donner une formation en finances aux gens de marketing et une formation en marketing aux gens des finances. Les responsables des finances doivent adapter leurs théories et leurs outils financiers de façon à soutenir le marketing stratégique.

La comptabilité

Les comptables reprochent souvent aux gens de marketing d'être négligents et de ne pas fournir, par exemple, leurs rapports de ventes à temps. Ils détestent les nombreuses promotions, comme les remises et les ristournes, qui nécessitent des procédures comptables spéciales. Les gens de marketing, de leur côté, n'aiment pas les procédures d'imputation des coûts fixes aux différents produits de la gamme. Les directeurs de marque peuvent penser que leur marque est plus rentable qu'elle n'y paraît, le problème étant souvent les frais généraux qu'elle exige. Ils aimeraient aussi que les comptables préparent des rapports spéciaux sur les ventes et sur la rentabilité selon les canaux, les territoires, la taille des commandes, et ainsi de suite.

Le crédit

Les responsables du crédit évaluent le dossier de crédit de clients potentiels et refusent le crédit à ceux dont les données font naître un doute ou limitent ce crédit. Ils pensent que les gens de marketing vendront n'importe quoi à n'importe qui, même à ceux qui pourraient manquer à leurs obligations. Les gens de marketing, d'un autre côté, jugent que les normes de crédit sont trop sévères. Ils croient que le désir de n'avoir aucune mauvaise créance signifie dans les faits que l'entreprise perd beaucoup de ventes et de profits. Ils pensent qu'ils travaillent trop fort à trouver des clients pour apprendre ensuite qu'ils sont refusés par le service du crédit.

24.2.4

Les stratégies pour établir une optique marketing dans l'entreprise

Plusieurs entreprises québécoises et canadiennes constatent qu'elles n'ont pas réellement adopté une optique marketing (c'est-à-dire une optique orientée vers les marchés et les clients), mais qu'elles sont plutôt dominées par une orientation vers les ventes, vers les produits ou vers la technologie. Plusieurs d'entre elles souhaitent se donner une véritable orientation vers la clientèle. Mais la tâche n'est pas facile. Un tel changement pourrait voir le jour uniquement à la suite d'un discours du P.-D.G. incitant ses employés à «penser clients». Ce changement exige des modifications majeures dans la définition des rôles des services, des tâches, des responsabilités, des stimulants et des relations. Le Mémento de marketing 24.1 présente une liste de vérification que l'on peut utiliser pour évaluer si les différents services de l'entreprise se sont réellement donné une orientation vers la clientèle.

Voici les principales mesures qu'une entreprise devra prendre pour instituer avec succès une culture de marketing :

1. **La direction générale doit désirer mettre en place une optique marketing et en comprendre la nature.** Le P.-D.G. doit convaincre la direction générale qu'il est nécessaire d'améliorer le marketing de l'entreprise. Il doit entretenir souvent les employés, les fournisseurs et les distributeurs de l'importance d'offrir des produits et des services de qualité et de valeur aux clients. Il doit donner l'exemple de son engagement envers le client et récompenser les membres de l'organisation qui font de même.

2. **La direction générale doit embaucher un directeur du marketing de premier niveau et mettre sur pied un groupe de travail.** L'entreprise doit embaucher un directeur du marketing de premier niveau et établir un groupe de travail pour aider à développer une pensée marketing et des pratiques de marketing modernes dans l'entreprise. Le groupe de travail devrait inclure le P.-D.G., les vice-présidents des ventes, de la R et D, des achats, de la fabrication, des finances, des ressources humaines ainsi que d'autres personnes clés.

3. **La direction générale doit demander des conseils et de l'aide à l'extérieur.** Le groupe de travail pourrait sans doute tirer profit d'une assistance extérieure pour établir la culture de marketing au sein de l'entreprise. Des cabinets d'experts-conseils en marketing possèdent une expérience considérable pour aider les entreprises à se donner une orientation vers le marketing.

4. **La direction générale doit modifier les formes de récompense dans l'entreprise.** L'entreprise devra modifier les différentes formes de récompense si elle souhaite des changements de comportements. Tant que le service des achats et celui de la production seront récompensés pour leurs réductions

MÉMENTO DE MARKETING 24.1
Liste de vérification des caractéristiques des services d'une entreprise qui ont adopté une optique clientèle

R et D

- Ce service consacre du temps aux rencontres avec les clients et à l'écoute de leurs problèmes.
- Il voit d'un bon œil l'implication des services du marketing, de la production et des autres services dans chacun des nouveaux projets.
- Il fait l'étalonnage des produits des concurrents et recherche les meilleures solutions.
- Il sollicite les réactions des clients et leurs suggestions à mesure que le projet progresse.
- Il modifie et améliore constamment ses produits à partir de la rétroaction du marché.

Achats

- Il fait une recherche proactive des meilleurs fournisseurs plutôt que de faire un choix parmi ceux qui le sollicitent.
- Il établit des relations avec un nombre moins élevé de fournisseurs qui sont plus fiables et qui offrent une meilleure qualité.
- Il ne fait pas de compromis sur la qualité pour obtenir des réductions de prix.

Production

- Il invite les clients à visiter ses usines.
- Il visite les usines des clients pour voir comment ceux-ci utilisent les produits de son entreprise.
- Il accepte volontiers le principe des heures supplémentaires pour pouvoir respecter les délais de livraison si cela est important.
- Il recherche continuellement de nouvelles façons de produire des biens plus rapidement et à de meilleurs coûts.
- Il améliore continuellement la qualité des produits en vue d'atteindre le « zéro défaut ».
- Il accepte les exigences de personnalisation des produits quand cela peut être fait de façon rentable.

Marketing

- Il étudie les besoins et les désirs des clients dans des segments de marché bien définis.

- Il alloue les ressources de marketing en fonction du potentiel de rentabilité des segments ciblés.
- Il met au point des offres avantageuses dans chaque segment de marché.
- Il mesure l'image de l'entreprise et la satisfaction des clients de façon continue.
- Il recueille constamment des idées de nouveaux produits, d'améliorations aux produits actuels et de nouveaux services qui répondent mieux aux besoins des clients.
- Il incite tous les services et tous les employés à adopter une optique clientèle dans leurs idées et dans leurs actions.

Ventes

- Il a une connaissance spécialisée de l'industrie des clients.
- Il s'efforce d'offrir aux clients la meilleure solution.
- Il fait des promesses uniquement lorsqu'il peut les respecter.
- Il transmet les besoins et les idées des clients aux responsables du développement des produits.
- Il sert les mêmes clients pendant longtemps.

Logistique

- Il détermine des normes élevées quant aux délais de livraison, normes qu'il sait pouvoir respecter.
- Il administre un service à la clientèle bien informé et courtois qui peut répondre aux questions, écouter les plaintes et résoudre les problèmes d'une façon satisfaisante dans des délais raisonnables.

Comptabilité

- Il prépare des rapports de rentabilité périodiques par segment de marché, par territoire, par taille de la commande et par client.
- Il prépare des factures qui satisfont les besoins des clients et répond aux questions de façon courtoise et rapide.

Finances

- Il comprend et appuie les dépenses de marketing (comme la publicité sur l'image de l'entreprise) qui représentent les investissements de marketing engendrant une préférence et une fidélité des clients à long terme.
- Il prépare des forfaits financiers pour bien répondre aux exigences financières des clients.
- Il donne des réponses rapides à propos du dossier de crédit des clients.

Relations publiques

- Il s'assure de disséminer des nouvelles favorables sur l'entreprise et de soutenir les politiques et les pratiques de l'entreprise.

Autres services en contact avec les clients

- Ils sont compétents, courtois, agréables, crédibles, fiables et à l'écoute, et ils répondent avec diligence aux demandes des clients.

de coûts, on peut s'attendre à ce qu'ils bloquent tout coût supplémentaire destiné à mieux servir les clients. Tant que le service des finances recherchera une meilleure performance de la rentabilité à court terme, on peut s'attendre à ce qu'il s'oppose à tout investissement majeur en marketing destiné à accroître la satisfaction des clients et à s'assurer leur fidélité.

5. **La direction générale doit recruter des talents en marketing confirmés.** L'entreprise devrait envisager d'embaucher des talents en marketing confirmés venant d'autres entreprises, de préférence d'entreprises qui sont des leaders en marketing. Ainsi, lorsque les banques entreprirent leur virage marketing, certaines employèrent plusieurs cadres venant d'entreprises de biens de consommation. Une entreprise aura aussi besoin d'un vice-président du marketing énergique qui saura non seulement gérer le service du marketing, mais aussi gagner le respect des autres vice-présidents. Une entreprise comportant plusieurs divisions tirera certainement profit de la mise sur pied d'un service du marketing dynamique au siège social, dont les conseils permettront de renforcer les programmes de marketing des divisions.

6. **La direction générale doit lancer des programmes internes de formation en marketing.** L'entreprise devrait concevoir et mettre en œuvre des programmes intensifs de formation en marketing pour la direction générale de l'entreprise, pour les directeurs généraux des divisions, pour le personnel du marketing, des ventes, de la production et de la recherche, ainsi que pour le personnel des autres services. Ce programme devrait permettre d'accroître les connaissances et les habiletés en marketing, et d'inculquer une attitude marketing parmi les cadres et les employés de l'entreprise.

7. **La direction générale doit mettre en place un système de planification marketing.** Un excellent moyen de former les cadres à penser selon l'optique marketing est de mettre en place un système de planification orienté vers le marché. La procédure de planification devrait exiger que les cadres pensent tout d'abord sous l'angle du marché, des possibilités de marché, des tendances de la concurrence et des autres forces externes. Les stratégies de marketing et les prévisions des ventes pourront alors être élaborées sur une base de marketing plus solide.

8. **La direction générale doit mettre en place un programme de reconnaissance de l'excellence en marketing.** L'entreprise doit encourager les unités stratégiques d'activité qui croient avoir conçu et réalisé des plans de marketing exemplaires à soumettre une description de leur plan et des résultats obtenus. Un comité spécial pourrait revoir ces plans, choisir les meilleurs et reconnaître les équipes gagnantes lors d'une cérémonie spéciale. Ces plans devraient être distribués dans les autres unités stratégiques d'activité comme des « modèles de pensée marketing ». De tels programmes ont été mis sur pied par Arthur Andersen et DuPont.

9. **La direction générale doit faire d'une entreprise centrée sur les produits une entreprise centrée sur les marchés.** Plusieurs entreprises sont composées de divisions de produits, où chaque division vend ses produits à plusieurs marchés.

Réorienter une entreprise pour qu'elle devienne centrée sur les marchés signifie que l'entreprise doit être réorganisée de façon à se focaliser sur les besoins de marchés précis et doit coordonner la planification et la mise sur le marché des produits de l'entreprise de façon qu'elles satisfassent les besoins de chaque segment.

10. **La direction générale doit préconiser une orientation vers les processus et les résultats plutôt qu'une orientation vers le service du marketing.** L'entreprise devrait définir les processus fondamentaux qui déterminent son succès. Elle devrait nommer des responsables de processus et d'équipes multidisciplinaires pour faire la réingénierie des processus et mettre les changements en œuvre dans cette nouvelle optique ; elle devrait aussi s'assurer que les gens de marketing consacrent plus de temps à ces équipes qu'à leur propre service.

DuPont est un exemple d'entreprise qui a réussi à transformer avec succès son orientation vers l'entreprise en une orientation vers le marché. Sous la conduite de son P.-D.G. Richard Heckert, elle a entrepris plusieurs démarches pour former une « communauté de marketing ». Elle a réorganisé plusieurs divisions dans une optique marché plutôt que dans une optique produit. Par exemple, DuPont a créé un nouveau service de produits pour l'automobile et a installé celui-ci près des fabricants, ce qui a nécessité le regroupement de divers services qui vendaient, sans une grande coordination, à l'industrie automobile. DuPont a aussi mis sur pied toute une gamme de séminaires sur le management du marketing, auxquels ont assisté près de 300 cadres supérieurs, 2 000 cadres intermédiaires et 14 000 employés. De même, DuPont a établi un programme de reconnaissance pour les réalisations en marketing et honoré 32 employés, venant de tous les coins du monde, parce qu'ils avaient élaboré des stratégies de marketing et apporté des améliorations innovatrices aux services[21].

Hewlett Packard, SAS (Scandinavian Airlines), British Airways et Ford ont aussi prouvé que l'implantation d'une culture de marketing était à la fois possible et rentable. Faire accepter aux cadres et aux subalternes le fait que les clients sont la base des activités de l'entreprise actuelle et future exige beaucoup de planification et de patience. Mais cela peut se faire.

24.3
LA MISE EN ŒUVRE DU MARKETING

Demandons-nous maintenant comment les directeurs du marketing peuvent mettre efficacement en œuvre des plans de marketing. On définit la mise en œuvre du marketing de la façon suivante[22] :

> La mise en œuvre est le processus selon lequel on traduit les plans de marketing en actions accomplies en vue d'atteindre les objectifs fixés dans le plan.

Un plan stratégique de marketing, aussi brillant soit-il, ne vaut pas grand-chose s'il n'est pas mis en œuvre correctement. Considérons l'exemple suivant :

Une entreprise de produits chimiques constata que la qualité du service de tous les concurrents dans l'industrie n'était pas très bonne. Elle décida de faire du service à la clientèle sa principale préoccupation stratégique. Après l'échec de cette stratégie, une analyse révéla de nombreuses failles dans la mise en œuvre. Le service à la clientèle n'était pas bien vu de la direction générale, on y manquait de personnel, et les employés affectés à ce service étaient souvent ceux qui donnaient une piètre performance dans d'autres services. Le régime de récompense de l'entreprise demeura centré sur la réduction des coûts et sur la rentabilité à court terme. L'entreprise n'avait pas réussi à effectuer les changements nécessaires pour implanter une telle stratégie.

Alors que la stratégie s'intéresse au **quoi** et au **pourquoi** des activités de marketing, la mise en œuvre s'intéresse au **qui**, au **où**, au **quand** et au **comment**. La stratégie et la mise en œuvre sont étroitement liées en ce sens qu'à un ensemble de stratégies correspond un ensemble d'actions tactiques de mise en œuvre. Par exemple, la décision stratégique de la direction générale de « récolter » doit se traduire par des actions et des directives particulières. Bonoma a dégagé quatre types d'habiletés liées à la mise en œuvre efficace de programmes de marketing :

- l'habileté de reconnaissance du problème et de diagnostic ;
- l'habileté à localiser l'origine du problème dans l'entreprise ;
- l'habileté de mise en œuvre des plans ;
- l'habileté à évaluer les résultats de la mise en œuvre[23].

Voyons maintenant plus en détail ces différentes habiletés.

24.3.1
L'habileté de reconnaissance du problème et de diagnostic

Le lien étroit existant entre la stratégie et la mise en œuvre peut rendre difficile le diagnostic de problèmes lorsque les programmes de marketing ne répondent pas aux attentes. Les ventes étaient-elles trop basses à cause d'une mauvaise stratégie ou d'une mauvaise exécution ? De plus, s'agit-il réellement de déterminer **ce qu'est** le problème (le diagnostic) ou s'agit-il de savoir **ce qui devrait être fait** (l'action) ? Chaque problème exige des outils de management différents et des solutions différentes.

24.3.2
L'habileté de localisation du problème

Les problèmes de mise en œuvre du marketing peuvent se manifester à trois niveaux. Le premier niveau consiste à mener à bien la **fonction marketing**. Par exemple, comment l'entreprise peut-elle obtenir une publicité plus créative de son agence ? Un autre niveau est celui de la mise en œuvre des **programmes de marketing**, qui exigent l'intégration des différentes fonctions marketing en un tout. Ce problème se présente fréquemment lorsqu'on tente de lancer un nouveau produit sur le marché. Le troisième niveau est celui de la mise en œuvre des **politiques de marketing**. Par exemple, une entreprise peut exiger que chaque employé traite chaque client comme s'il était le plus important.

24.3.3
L'habileté de mise en œuvre et d'évaluation

Il faut certaines habiletés pour mettre en œuvre efficacement les fonctions, les programmes et les politiques de marketing. Ces habiletés sont la répartition, l'organisation, l'interaction et le contrôle.

Les **habiletés de répartition** sont nécessaires aux directeurs du marketing pour budgéter les ressources (temps, argent et personnel) à affecter aux fonctions, aux programmes et aux politiques de marketing. Les **habiletés d'organisation** servent à développer une organisation efficace du travail. Comprendre les organisations informelles et formelles du marketing est essentiel à une mise en œuvre efficace. Les **habiletés d'interaction** ont trait à l'habileté des directeurs à faire faire des choses par autrui grâce à leur influence. Les gens de marketing doivent motiver non seulement le personnel de l'organisation, mais également des partenaires externes comme les agences de recherche en marketing, les agences de publicité, les concessionnaires, les grossistes et les agents, dont les objectifs peuvent être différents de ceux de l'entreprise. La gestion efficace des conflits au sein d'un canal de distribution exige aussi un niveau élevé d'habiletés d'interaction. Finalement, les **habiletés de contrôle** sont nécessaires pour gérer un système de contrôle qui permet l'évaluation des résultats des actions de marketing. Le contrôle est particulièrement important ; c'est pourquoi la section suivante y est consacrée.

24.4
LE CONTRÔLE DES ACTIVITÉS DE MARKETING

Le rôle du service du marketing est non seulement de planifier les activités de marketing, mais aussi de les contrôler. Puisque le service du marketing éprouvera des problèmes au cours de la mise en œuvre du plan de marketing, il est nécessaire de prévoir un suivi continu et un contrôle des activités de marketing. En dépit d'une telle nécessité, plusieurs entreprises n'ont pas de procédures de contrôle adéquates. C'est ce qu'a révélé une étude menée auprès de 75 entreprises de tailles différentes appartenant à diverses industries. Voici les principaux résultats de cette étude :

- Les PME ont des procédures de contrôle moins efficaces que les grandes entreprises. Elles définissent leurs objectifs de façon moins précise et ne mettent pas en place des systèmes aussi efficaces de mesure de la performance.

- Moins de la moitié des entreprises connaissent la rentabilité de chacun de leurs produits. Approximativement le tiers des entreprises n'ont aucune procédure régulière d'évaluation de produits et d'élimination des produits les plus faibles.

- Près de la moitié des entreprises ne comparent pas leurs prix avec ceux de la concurrence, n'analysent

TABLEAU 24.2

Les différents types de contrôle des activités de marketing

Type de contrôle	Principaux responsables	Objectif de contrôle	Outils
1. Contrôle du plan annuel	Direction intermédiaire	Déterminer si les résultats ont été atteints	Analyses des ventes et de la part de marché Ratios entre les ventes et les dépenses Analyse régulière de la clientèle
2. Contrôle de la rentabilité	Contrôleur du marketing	Déterminer si l'entreprise gagne ou perd de l'argent	Rentabilité : • par produit • par territoire • par segment • par canal de distribution • par taille de la commande
3. Contrôle de la productivité	Direction fonctionnelle Direction opérationnelle Contrôleur du marketing	Évaluer et améliorer l'efficacité et l'impact du marketing	Productivité : • de la force de vente • de la publicité • de la promotion des ventes • de la distribution
4. Contrôle stratégique	Direction générale Vérificateur du marketing	Évaluer si l'entreprise fait les meilleurs choix en matière de marchés, de produits et de canaux de distribution	Analyse de l'efficacité du marketing Audit de marketing

pas leurs coûts d'entreposage et de distribution, ne recherchent pas les causes de retour de marchandises, ne font pas d'évaluation structurée de l'efficacité de leur publicité, ni de leurs activités de vente.

• Plusieurs entreprises prennent plus de six à huit semaines pour remettre les rapports de contrôle, et l'on y trouve, même là, des erreurs.

Il existe quatre types de contrôle des activités de marketing (voir le tableau 24.2) : le contrôle du plan annuel, le contrôle de la rentabilité, le contrôle de la productivité et le contrôle stratégique.

24.4.1
Le contrôle du plan annuel

Le but du contrôle du plan annuel est de s'assurer que l'entreprise a atteint ses objectifs de ventes et de profits ainsi que les autres objectifs établis dans son plan annuel. Fondamentalement, le contrôle du plan annuel repose sur la **gestion par objectifs**, qui se com-pose de quatre étapes (voir la figure 24.7). Première-ment, la direction fixe des objectifs mensuels ou tri-mestriels. Deuxièmement, la direction fait le suivi de sa performance sur le marché. Troisièmement, la direction détermine les causes des écarts les plus mar-qués. Quatrièmement, la direction prend des mesures correctives pour réduire les écarts entre les objectifs et la performance, ce qui pourrait exiger de changer les programmes d'activités, et même les objectifs pour-suivis.

Ce modèle de contrôle s'applique à tous les ni-veaux de l'organisation. La direction générale fixe les objectifs de ventes et de profits pour l'année. Ces objectifs sont redéfinis en buts précis pour chaque niveau de direction. Ainsi, chaque directeur de pro-duit doit atteindre des niveaux préétablis de ventes et de coûts. Chaque directeur des ventes pour une région ou un district et chaque représentant ont eux-mêmes des objectifs précis à atteindre. Périodique-ment, la direction générale revoit et interprète les résultats, puis elle décide des mesures correctives qui doivent être prises, le cas échéant.

FIGURE 24.7
**Le processus
de contrôle**

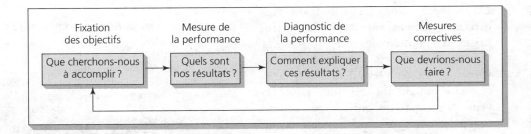

Cinq outils servent à vérifier la performance : l'analyse des ventes, l'analyse de la part de marché, l'analyse des ratios de dépenses de marketing par rapport aux ventes, l'analyse financière et l'analyse des résultats du marché.

L'analyse des ventes

> L'analyse des ventes consiste dans la mesure et l'évaluation des ventes actuelles par rapport aux objectifs de ventes.

L'analyse de la variation des ventes mesure la contribution relative de différents facteurs à l'écart entre les résultats actuels et les résultats attendus. Supposons que le plan annuel ait prévu la vente de 4 000 articles à 1 $ l'article au premier trimestre, soit 4 000 $. Supposons également qu'à la fin du trimestre seulement 3 000 articles aient été vendus à 0,80 $ l'article, soit 2 400 $. L'écart est alors de 1 600 $, ou 40 % des ventes attendues. La question qui se pose est celle-ci : quelle proportion de cet écart est attribuable à la baisse des prix et quelle proportion est due au volume ? Le calcul suivant permet de répondre à cette question :

Variation due à la baisse des prix

$$= (1,00\ \$ - 0,80\ \$)\ (3\ 000)\quad =\quad 600\ \$\quad 37,5\ \%$$

Variation due à la baisse du volume

$$= (1,00\ \$)\ (4\ 000 - 3\ 000)\quad =\quad \underline{1\ 000\ \$}\quad \underline{62,5\ \%}$$

$$1\ 600\ \$\quad 100,0\ \%$$

Près des deux tiers de la variation sont dus à l'insuffisance du volume. L'entreprise devrait donc examiner les raisons pour lesquelles les objectifs de ventes n'ont pas été atteints.

L'analyse détaillée des ventes pourrait fournir la réponse. Elle permet d'examiner les produits, les territoires et d'autres variables pour lesquels les objectifs n'ont pas été atteints. Supposons que l'entreprise traite des affaires sur trois territoires où les ventes attendues étaient respectivement de 1 500 unités, 500 unités et 2 000 unités pour un total de 4 000 articles. Ainsi, les ventes effectives ont été respectivement de 1 400 unités, 525 unités et 1 075 unités. Le premier territoire a donc procuré 7 % moins de ventes qu'on ne l'avait prévu, le deuxième territoire a eu un surplus de 5 % et le troisième territoire n'a atteint que 54 % de l'objectif. C'est donc ce dernier territoire qui pose le problème le plus sérieux. Le vice-président des ventes peut s'attarder au troisième territoire pour découvrir la cause de cette mauvaise performance. Le vendeur travaille-t-il suffisamment fort ou a-t-il un problème personnel ? Un nouveau concurrent vient-il de s'implanter sur le territoire ? L'activité économique est-elle au ralenti sur ce territoire ?

L'analyse de la part de marché

Les résultats des ventes d'une entreprise ne révèlent pas le degré de performance de l'entreprise par rapport à ses concurrents. Supposons qu'une entreprise connaisse une augmentation des ventes. Cette augmentation peut être due à une amélioration des conditions économiques qui aurait profité à toutes les entreprises. Ou peut-être l'entreprise a-t-elle effectivement connu une meilleure performance que ses concurrents. La direction doit suivre de près l'évolution de la part de marché de l'entreprise. Le tableau 24.3 présente les quatre mesures de la part de marché. Si la part de marché de l'entreprise augmente, alors celle-ci devance ses concurrents ; si sa part diminue, c'est qu'elle perd du terrain par rapport à ses concurrents.

Il faut toutefois être prudent lorsqu'on fait l'analyse de la part de marché, pour les raisons suivantes :

- **L'hypothèse selon laquelle les forces externes agissent sur toutes les entreprises de la même façon est souvent fausse.** Les rapports d'organismes gouvernementaux sur les effets nocifs de la cigarette ont occasionné une baisse des ventes de cigarettes qui n'a pas touché toutes les entreprises de la même façon. Les entreprises qui étaient reconnues pour la qualité de leurs filtres furent moins touchées.

- **L'hypothèse selon laquelle les ventes de l'entreprise devraient être comparées avec les ventes moyennes de l'industrie ne tient pas toujours.** La performance d'une entreprise devrait être évaluée par rapport à celle de ses plus proches concurrents.

- **Si une nouvelle entreprise fait son apparition dans une industrie, alors chacune des entreprises en place pourrait perdre une part de marché.** Une chute de la part de marché d'une entreprise ne signifie pas nécessairement que l'entreprise n'a pas une aussi bonne performance que les autres entreprises. La chute de la part de marché de l'entreprise dépendra de la façon dont la nouvelle entreprise s'est attaquée à des marchés déterminés.

- **Une baisse de la part de marché peut résulter d'une stratégie délibérée de l'entreprise pour améliorer sa rentabilité.** Par exemple, l'entreprise peut décider d'abandonner des clients ou des produits non rentables pour améliorer ses profits.

- **La part de marché peut fluctuer pour des raisons accidentelles.** Par exemple, la part de marché peut dépendre du fait qu'une vente importante a été faite le dernier jour de la période ou au début de la période suivante. Ce ne sont pas tous les changements de part de marché qui ont une signification pour le marketing de l'entreprise[24].

La direction doit interpréter avec soin les changements de part de marché par gamme de produits, par type de clients, par région ou selon toute autre

TABLEAU 24.3
La définition et la mesure de la part de marché

Part du marché total

La part du marché total de l'entreprise consiste dans le rapport des ventes de l'entreprise avec les ventes totales de l'industrie, exprimé en pourcentage. Pour utiliser cette mesure, deux décisions doivent être prises. La première est de déterminer si l'on utilisera la part de marché exprimée en unités de ventes ou en dollars de ventes.

L'autre décision consiste à définir ce qu'est l'industrie. Supposons que la compagnie Harley-Davidson désire mesurer sa part de marché du marché des motocyclettes au Québec. Si les mobylettes et les scooters sont inclus, alors Harley-Davidson aura une plus faible part de marché puisqu'elle n'en produit pas.

Part du marché servi

La part du marché servi par l'entreprise est le pourcentage des ventes de celle-ci par rapport aux ventes totales de l'industrie sur le marché servi. Le marché servi est le marché qui serait intéressé par l'offre de l'entreprise et qui est rejoint par l'effort de marketing de l'entreprise. Si Harley-Davidson se limite à la mise sur le marché de ses motocyclettes de luxe à Montréal, son marché servi sera ses ventes par rapport aux ventes totales de motocyclettes de luxe vendues à Montréal. La part du marché servi par une entreprise est toujours supérieure à la part du marché total. Une entreprise peut avoir près de 100 % de la part du marché servi et néanmoins n'avoir qu'un faible pourcentage du marché total. La première tâche d'une entreprise devra être de se tailler la part du lion sur son marché servi. À mesure qu'elle approche de cet objectif, elle devrait agrandir son marché servi.

Part de marché relative
(par rapport aux trois principaux concurrents)

Il faut ici exprimer les ventes de l'entreprise en pourcentage de la somme des ventes de ses trois concurrents les plus importants. Par exemple, si une entreprise détient 30 % du marché et que les deux concurrents les plus importants aient des parts de marché respectives de 20 % et de 10 %, alors la part de marché relative est de 50 % (égale à 30/60). Si chacune des trois entreprises a une part de marché de 33,3 %, alors la part de marché relative pour l'entreprise sera de 33,3 %. Une part de marché relative supérieure à 33,3 % est considérée comme très forte.

Part de marché relative (par rapport au principal concurrent)

Certaines entreprises analysent leurs ventes par rapport à celles de leur principal concurrent. Une part de marché supérieure à 100 % révèle une position de leader. Une part de marché d'exactement 100 % signifie que l'entreprise est sur un pied d'égalité avec une autre. Une augmentation de la part de marché relative indique que l'entreprise gagne du terrain par rapport à son principal concurrent.

variable. L'analyse de la part de marché peut se faire à partir des quatre éléments suivants :

$$\text{Part du marché total} =$$

$$\text{Taux de pénétration} \times \text{Taux de fidélité} \times \text{Indice de sélectivité} \times \text{Indice des prix}$$

où :

le **taux de pénétration** est le pourcentage de tous les clients qui achètent à l'entreprise ;

le **taux de fidélité** est le pourcentage des achats des produits des entreprises par rapport aux achats totaux de tous les fournisseurs ;

l'**indice de sélectivité** est le pourcentage de la taille de l'achat moyen d'un client de l'entreprise par rapport à l'achat moyen des clients d'une entreprise moyenne ;

l'**indice des prix** est le pourcentage du prix moyen obtenu de l'entreprise par rapport au prix moyen de toutes les entreprises.

Supposons maintenant que la part de marché en dollars d'une entreprise chute durant une période de l'année. L'équation permet de définir quatre facteurs explicatifs. L'entreprise a perdu certains de ses clients (taux de pénétration plus faible). Les clients actuels effectuent une part moins importante de leurs achats auprès de l'entreprise (taux de fidélité moins élevé). Les clients de l'entreprise sont d'une taille plus petite (indice de sélectivité plus faible). Le prix de l'entreprise a baissé par rapport à celui de la concurrence (indice des prix plus faible).

L'analyse des ratios de dépenses de marketing par rapport aux ventes

Le contrôle du plan annuel exige que l'entreprise ne dépense pas trop pour atteindre ses objectifs de ventes. Le ratio le plus important à surveiller est le **rapport entre les dépenses de marketing et les ventes**. Par exemple, dans une entreprise, ce ratio était de 30 % et comptait cinq éléments : **le rapport entre les dépenses de la force de vente et les ventes obtenues** (15 %) ; **le rapport entre la publicité et les ventes** (5 %) ; **le rapport entre la promotion des ventes et les ventes** (6 %) ; **le rapport entre les dépenses de recherche en marketing et les ventes** (1 %) ; finalement, **le rapport entre les dépenses administratives et les ventes** (3 %).

La direction du marketing doit surveiller de près les divers ratios des dépenses de marketing. On constatera le plus souvent de faibles fluctuations qu'on pourra ignorer, mais certaines fluctuations doivent être considérées sérieusement. Les fluctuations périodiques de chaque ratio peuvent être reportées sur un **diagramme de contrôle** (voir la figure 24.8). Ce graphique indique que le ratio des dépenses de publicité

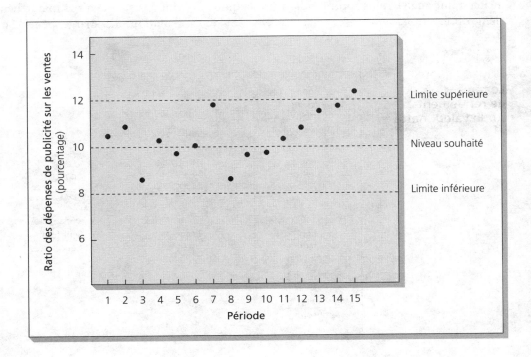

FIGURE 24.8
Un diagramme de contrôle

sur les ventes fluctue normalement entre 8 % et 12 %, disons 99 fois sur 100. Toutefois, au cours de la quinzième période, le ratio a excédé la limite supérieure de contrôle. Cet écart peut s'expliquer de deux façons :

- **Hypothèse A :** l'entreprise a toujours la haute main sur ses dépenses, et cet écart doit être considéré comme un phénomène aléatoire.

- **Hypothèse B :** l'entreprise a perdu la maîtrise de ses dépenses, et il faut en trouver la cause.

Si l'on accepte l'hypothèse A, on n'entreprendra aucune étude pour déterminer s'il y a eu une modification dans l'environnement de l'entreprise. Le risque est alors de négliger l'examen d'un changement réel qui pourrait avoir eu lieu, et l'entreprise pourrait s'en trouver désavantagée. Si l'on accepte l'hypothèse B, on entreprendra une étude de l'environnement qui pourrait ne déboucher sur rien et être un gaspillage de temps et d'efforts.

Même à l'intérieur des limites du contrôle, l'observation de tendances constantes devrait en justifier l'étude. On peut constater à la figure 24.8 que le ratio des dépenses de publicité sur les ventes s'est accru de façon régulière depuis la neuvième période. La probabilité d'obtenir six augmentations successives dans ce qui devrait être des changements aléatoires n'est que de 1 sur 64[25]. Cette tendance inhabituelle aurait dû inciter à une analyse plus approfondie avant la quinzième observation.

L'analyse financière

On devrait analyser les ratios de dépenses sur les ventes dans un cadre financier général afin de déterminer comment et où l'entreprise fait de l'argent. Les responsables du marketing utilisent de plus en plus l'analyse financière pour trouver les stratégies les plus rentables plutôt que des stratégies qui leur permettent d'accroître le volume de ventes.

La direction se sert de l'analyse financière pour déceler les facteurs qui agissent sur le **taux de rendement sur la valeur nette** de l'entreprise[26]. Ces principaux facteurs sont présentés à la figure 24.9, où l'on trouvera des rapports typiques pour une grande chaîne de magasins de détail. Le rendement sur la valeur nette est de 12,5 %.

Le rendement sur la valeur nette est le produit de deux ratios : la **rentabilité de l'actif** et le **levier financier**. Pour améliorer son rendement sur la valeur nette, l'entreprise devrait accroître la rentabilité de son actif ou accroître le rapport de son actif total à la valeur nette. Elle devrait analyser les différents éléments d'actif (disponibilité, comptes clients, stocks, immobilisations) et voir si elle peut améliorer la gestion de son actif.

La rentabilité de l'actif est aussi le produit de deux rapports, à savoir la **marge bénéficiaire** et le **taux de rotation**. La marge bénéficiaire de la figure 24.9

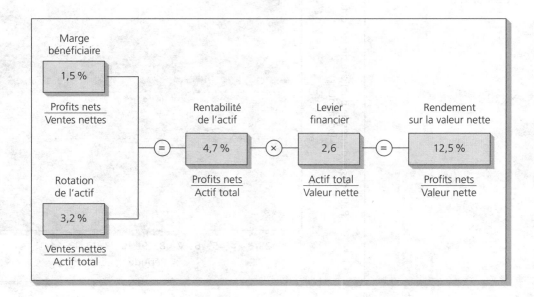

FIGURE 24.9
Le taux de rendement sur la valeur nette

semble basse alors que le taux de rotation de l'actif est normal pour le commerce de détail. Le directeur du marketing peut chercher à améliorer cette performance de deux façons : 1° accroître la marge bénéficiaire en augmentant les ventes ou en réduisant les coûts ; 2° accroître le taux de rotation en augmentant les ventes ou en réduisant l'actif (inventaire, comptes clients) utilisé pour obtenir un niveau des ventes donné[27].

L'analyse des résultats du marché

Les mesures de contrôle présentées auparavant sont surtout de nature financière. Dans beaucoup d'entreprises, on se limite à analyser les résultats du rendement financier, délaissant des mesures plus qualitatives mais plus représentatives de la santé de l'entreprise. En fait, les entreprises devraient préparer deux tableaux de bord qui reflètent le rendement de l'entreprise et qui sont susceptibles de fournir des signaux de difficultés potentielles. Ces tableaux présentent les résultats de la mesure de la performance par rapport aux clients et aux détenteurs d'enjeux.

La première mesure de contrôle indique le niveau de performance de l'entreprise année après année par rapport à un certain nombre de mesures touchant la clientèle. Ce tableau de bord évalue :

- les nouveaux clients ;
- la satisfaction de la clientèle ;
- la rétention de la clientèle ;
- le niveau de connaissance du marché cible ;
- les préférences du marché cible ;
- la qualité relative du produit ;
- la qualité relative du service.

Des normes doivent être fixées pour chaque mesure, et la direction doit prendre des mesures correctives lorsque les résultats obtenus dévient trop des objectifs et des normes.

La deuxième mesure est une mesure de la performance par rapport aux détenteurs d'enjeux. L'entreprise doit faire un suivi du degré de satisfaction de différents intervenants qui ont un intérêt marqué pour la performance de l'entreprise et une influence potentielle sur elle, tels les employés, les fournisseurs, les banques, les distributeurs, les détaillants et les actionnaires. Une fois de plus, des normes doivent être fixées pour chaque groupe, et la direction doit prendre des mesures correctives quand l'un ou l'autre de ces groupes témoigne d'un degré croissant d'insatisfaction[28].

24.4.2
Le contrôle de la rentabilité

Voici les résultats plutôt déconcertants d'une étude récente :

Nous avons constaté qu'entre 20 % et 40 % des produits d'une organisation sont non rentables et que 60 % des comptes engendraient des pertes.

Notre recherche a démontré que, dans la plupart des entreprises, plus de la moitié des clients n'étaient pas rentables et que 30 % à 40 % ne l'étaient que légèrement. Le plus souvent, à peine 10 % à 15 % des clients procurent l'ensemble des profits.

Notre étude sur la rentabilité des succursales d'une banque régionale a aussi donné des résultats surprenants. [En effet,] 30 % des succursales de la banque n'étaient pas rentables[29].

Au-delà du contrôle du plan annuel, les entreprises doivent mesurer la rentabilité de leurs divers produits, territoires, groupes de clients, canaux de distribution et tailles de commandes. Cette information aidera les responsables du marketing à déterminer quels produits ou services ou quelles activités de marketing doivent être déplacés, maintenus, réduits ou éliminés.

Une méthode d'analyse de la rentabilité du marketing

Illustrons maintenant les différentes étapes d'une analyse de la rentabilité du marketing :

Le vice-président du marketing d'une entreprise de tondeuses à gazon désire déterminer la rentabilité de la vente de tondeuses dans trois types de circuits de distribution : les quincailleries, les centres de jardinage et les grands magasins. On peut voir un état simplifié des résultats au tableau 24.4.

Première étape : la détermination des dépenses par activité

Supposons que les dépenses présentées au tableau 24.4 soient engagées pour la vente du produit,

TABLEAU 24.4
Un état des résultats simplifié

Ventes		60 000 $
Coût des marchandises vendues		39 000 $
Marge brute		21 000 $
Dépenses		
Salaires	9 300 $	
Loyers	3 000 $	
Fournitures	3 500 $	
		15 800 $
Profit net		5 200 $

sa publicité, son emballage et sa livraison, sa facturation et l'encaissement des paiements. La première tâche est de mesurer les dépenses engagées pour chaque activité.

Supposons que la majeure partie des dépenses en salaires comprenne la rémunération des représentants et que le reste soit réparti entre le directeur de la publicité, le personnel d'emballage et de livraison et un comptable du bureau. Le tableau 24.5 présente l'imputation des dépenses salariales pour ces quatre

activités, où les 9 300 $ sont répartis ainsi: 5 100 $, 1 200 $, 1 400 $ et 1 600 $ respectivement.

Le tableau 24.5 indique également que des frais de loyer de 3 000 $ ont été imputés à ces quatre activités. Puisque les vendeurs ne travaillent pas au bureau, aucune dépense en loyer n'est attribuée à l'activité de vente. Les dépenses consacrées à l'espace et à l'équipement loué sont surtout dues aux activités d'emballage et de livraison. Une petite partie de l'espace sert au directeur de la publicité et au comptable du bureau.

Finalement, les fournitures comprennent le matériel promotionnel, le matériel d'emballage, l'achat de carburant pour la livraison, et les diverses fournitures de bureau. Les 3 500 $ de ce compte sont affectés selon les diverses utilisations des fournitures.

Deuxième étape: l'imputation des dépenses par activité aux unités de marketing

La tâche suivante consiste à déterminer quelle proportion des dépenses par activité est imputable à chaque canal de distribution. Considérons l'effort de vente. Celui-ci peut être mesuré par le nombre de visites faites dans chaque canal. On trouve ce nombre dans la colonne des ventes au tableau 24.6. Au total,

TABLEAU 24.5
L'imputation des dépenses par activité selon la nature des dépenses

Compte par nature	Total	Vente	Publicité	Emballage et livraison	Facturation et encaissement
Salaires	9 300 $	5 100 $	1 200 $	1 400 $	1 600 $
Loyer	3 000 $	—	400 $	2 000 $	600 $
Fournitures	3 500 $	400 $	1 500 $	1 400 $	200 $
	15 800 $	5 500 $	3 100 $	4 800 $	2 400 $

TABLEAU 24.6
L'imputation des dépenses par activité selon le canal de distribution

Type de canal de distribution	Vente	Publicité	Emballage et livraison	Facturation et encaissement
	Nombre de visites	Nombre de messages	Nombre de commandes	Nombre de commandes
Quincailleries	200	50	50	50
Centres de jardinage	65	20	21	21
Grands magasins	10	30	9	9
	275	100	80	80
Dépenses par activité	5 500 $	3 100 $	4 800 $	2 400 $
Divisées par le nombre d'unités	275	100	80	80
Coût unitaire	20 $	31 $	60 $	30 $

on a fait 275 visites durant cette période. Puisque les dépenses des ventes totales atteignent 5 500 $ (voir le tableau 24.5), le coût unitaire d'une visite s'établit à 20 $.

Les dépenses publicitaires peuvent être réparties selon le nombre de messages diffusés dans les canaux. Puisqu'un total de 100 messages a été transmis, leur coût unitaire est de 31 $.

Les dépenses d'emballage et de livraison sont réparties selon le nombre de commandes pour chaque type de canal; on utilise la même base pour la répartition des dépenses de facturation et d'encaissement.

Troisième étape: la préparation d'un état des résultats pour chaque canal de distribution

On peut maintenant préparer un état des résultats pour chaque canal de distribution. Les résultats sont présentés au tableau 24.7. Puisque la moitié des ventes totales (30 000 $ sur 60 000 $) ont été réalisées dans les quincailleries, on impute à ce canal la moitié du coût des marchandises vendues (19 500 $ sur 39 000 $), soit une marge brute de 10 500 $. Il faut alors soustraire de ce montant la part des dépenses par activité engagées dans ce canal. Les quincailleries ont reçu 200 des 275 visites. À un coût de 20 $ par visite, des dépenses de vente de 4 000 $ ont été imputées aux quincailleries de la même façon, puisque,

selon le tableau 24.6, on a envoyé 50 messages dans ce canal à un coût moyen de 31 $ par message. On peut alors imputer aux quincailleries 1 550 $ pour la publicité. Le même raisonnement sert à calculer la part des autres dépenses par activité attribuées aux quincailleries. Le résultat est que la part de la contribution des quincailleries aux dépenses totales est de 10 050 $. En soustrayant ce montant de la marge brute, on obtient un profit net de seulement 450 $.

On répète cette analyse pour chacun des autres canaux. L'entreprise perd un peu d'argent dans les centres de jardinage, mais elle obtient la plus grande partie de ses profits dans les grands magasins. On remarque que le chiffre des ventes brutes par canal de distribution n'est pas un bon indicateur des profits nets rapportés dans chaque canal.

La détermination de la meilleure mesure corrective

Il serait naïf de conclure que l'entreprise devrait abandonner les centres de jardinage et peut-être même les quincailleries pour concentrer tous ses efforts sur les grands magasins. Il faudrait d'abord apporter une réponse aux questions suivantes:

• Dans quelle mesure les acheteurs choisissent-ils le type de magasin de détail plutôt que la marque?

TABLEAU 24.7
Les états des résultats par canal de distribution

	Quincailleries	Centres de jardinage	Grands magasins	Total
Ventes	30 000 $	10 000 $	20 000 $	60 000 $
Coût des marchandises vendues	19 500 $	6 500 $	13 000 $	39 000 $
Marge brute	10 500 $	3 500 $	7 000 $	21 000 $
Dépenses				
Ventes (20 $ par visite)	4 000 $	1 300 $	200 $	5 500 $
Publicité (31 $ par message)	1 550 $	620 $	930 $	3 100 $
Emballage et livraison (60 $ par commande)	3 000 $	1 260 $	540 $	4 800 $
Facturation (30 $ par commande)	1 500 $	630 $	270 $	2 400 $
Total des dépenses	10 050 $	3 810 $	1 940 $	15 800 $
Profits nets (ou pertes nettes)	450 $	(310) $	5 060 $	5 200 $

Iraient-ils chercher la marque dans les canaux qui ne seraient pas éliminés?

- Quelles sont les perspectives d'évolution de ces trois canaux?

- Les stratégies de marketing de l'entreprise destinées à ces trois canaux étaient-elles optimales?

En fonction des réponses, la direction du marketing pourrait évaluer diverses mesures correctives:

- **Exiger des frais supplémentaires pour les petites commandes.** L'emploi de cette mesure suppose que les petites commandes sont la cause de la non-rentabilité relative des transactions avec les centres de jardinage et les quincailleries.

- **Donner un soutien promotionnel aux centres de jardinage et aux quincailleries.** Cette solution suppose que les responsables de ces magasins peuvent accroître leurs ventes grâce à un meilleur soutien promotionnel et à une formation plus poussée.

- **Réduire le nombre de visites des représentants et le nombre de messages publicitaires aux centres de jardinage et aux quincailleries.** On suppose alors qu'on peut économiser certains frais sans nuire sérieusement aux ventes dans ces canaux.

- **Ne rien faire.** L'hypothèse sous-jacente est alors que les efforts de marketing actuels sont optimaux. De plus, on suppose que des indices laissent croire à une amélioration marquée de la rentabilité dans les canaux les plus faibles, ou encore que l'abandon d'un canal réduirait les profits à cause des répercussions sur les coûts de production ou sur la demande.

- **Ne pas abandonner les canaux, mais seulement les points de vente les plus faibles dans chaque canal.** Cette option suppose qu'une étude de coûts détaillée révélerait qu'il existe plusieurs centres de jardinage et quincailleries rentables dont les profits sont masqués par la mauvaise performance des autres magasins de cette catégorie.

En général, l'analyse de la rentabilité du marketing indique la rentabilité relative des différents canaux, produits, territoires ou autres entités de marketing. Cependant, elle n'indique pas si la meilleure solution consiste à abandonner les entités de marketing non rentables, pas plus qu'elle ne mesure l'accroissement possible des profits dans le cas où les unités de marketing marginales seraient abandonnées.

L'analyse des coûts directs et celle du coût de revient complet

Comme tout autre outil d'information, l'analyse des coûts peut aider les responsables du marketing ou leur nuire, selon leur niveau de compréhension de ces méthodes et de leurs limites. L'exemple présenté montre un certain arbitraire dans le choix des critères d'imputation des dépenses par activité entre les différentes unités de marketing. Ainsi, le nombre de visites des représentants a servi à répartir les dépenses des ventes, alors que le nombre d'heures de travail des représentants aurait été plus exact. Il est toutefois plus facile et pratique d'obtenir des données et de faire des calculs pour le nombre de visites. De telles approximations n'entraînent pas nécessairement beaucoup d'imprécisions, mais les responsables du marketing doivent être conscients des éléments subjectifs sous-jacents à la détermination des coûts de marketing.

Un autre aspect de l'analyse de la rentabilité est beaucoup plus préoccupant. Il s'agit de la décision de répartir le **coût de revient complet** ou seulement les **coûts directs** ou les **coûts communs imputables** dans l'évaluation de la performance d'une unité de marketing. L'exemple précédent élude ce problème en ne considérant que des coûts simples qui peuvent facilement être attribués à des activités de marketing. Il est cependant impossible d'ignorer ce problème dans la réalité. On doit distinguer trois types de coûts:

1. **Les coûts directs.** Il s'agit des coûts qu'on peut imputer directement. Par exemple, les commissions des vendeurs sont un coût direct dans l'analyse de la rentabilité des territoires, des représentants et des clients. Les dépenses publicitaires sont un coût direct dans l'analyse de la rentabilité de produits ou de services dans la mesure où chaque message fait la promotion d'un produit ou d'un service particulier. D'autres coûts directs sont les salaires des représentants, le prix de leurs fournitures et leurs frais de déplacement.

2. **Les coûts communs imputables.** Il s'agit de coûts qui ne peuvent être imputés qu'indirectement, mais de façon plausible, aux unités de marketing. Par exemple, les frais de loyer ont été analysés de cette façon: étant donné que trois unités de marketing occupent des surfaces différentes, il était facile d'évaluer l'espace utilisé pour chacune.

3. **Les coûts communs non imputables.** Ce sont des coûts dont l'imputation aux unités de marketing est très arbitraire. Considérons les dépenses pour l'image de l'entreprise. Les répartir également entre tous les produits et services serait arbitraire, parce que tous les produits et services ne bénéficient pas au même degré de l'image de l'entreprise. Il serait aussi arbitraire de les répartir proportionnellement aux ventes des divers produits et services parce que les ventes de ces produits et services peuvent résulter de bien d'autres facteurs. D'autres exemples de la difficulté d'imputer des charges non communes sont les salaires de la direction générale, les taxes, les intérêts et les autres frais généraux.

Personne ne remet en question la nécessité d'inclure les coûts directs dans l'analyse des coûts de marketing. Mais il existe une controverse au sujet de l'inclusion des coûts communs imputables. Ces coûts englobent des coûts qui changeraient avec le niveau d'activités de marketing et d'autres coûts qui ne changeraient pas, soit des coûts variables et des coûts fixes. Même si l'entreprise abandonne les centres de jardinage, elle devra sans doute payer le même loyer, et les profits n'augmenteront pas immédiatement du montant correspondant à la perte provenant des centres de jardinage (310 $).

La controverse est plus marquée cependant quand il s'agit d'attribuer les coûts communs non imputables aux unités de marketing. Ce procédé est appelé la **méthode du coût de revient complet.** Les tenants de cette méthode soutiennent que l'on doit imputer tous les coûts pour pouvoir déterminer la rentabilité réelle. Mais un tel raisonnement confond l'utilisation de la comptabilité pour des raisons financières avec son utilisation pour la prise de décision. La méthode du coût de revient complet présente trois grandes faiblesses :

1. La rentabilité relative de différentes unités de marketing peut changer de façon très importante quand on remplace une façon arbitraire de répartir les coûts communs par une autre, ce qui tend à réduire la confiance qu'on peut accorder à cette méthode.

2. L'arbitraire démoralise les cadres dont les résultats sont mal jugés.

3. L'inclusion des coûts communs non imputables pourrait affaiblir le contrôle des coûts réels. Les responsables de l'exploitation réussissent efficacement à contrôler les coûts directs et les coûts communs imputables. L'affectation arbitraire des coûts communs non imputables peut les inciter à passer beaucoup de temps à contester la méthode d'affectation des coûts au détriment de la gestion de leurs coûts contrôlables.

Plusieurs entreprises montrent un intérêt croissant pour l'utilisation de l'analyse de la rentabilité de marketing ou, dans un sens plus large, pour l'utilisation de la comptabilité par activités (CPA) en vue de quantifier la rentabilité réelle de différentes activités de marketing. Selon Cooper et Kaplan, la comptabilité par activités «peut donner aux administrateurs un portrait clair de la manière dont les produits, les marques, les clients, les unités, les divisions ou les canaux de distribution génèrent des revenus et consomment des ressources[30]». Pour améliorer la rentabilité, les managers peuvent alors étudier les différentes façons de réduire les ressources requises pour réaliser les activités, rendre des ressources plus productives ou en faire l'acquisition à des coûts moindres. De même, la direction peut décider d'accroître les prix des produits qui consomment des quantités importantes de ressources. La comptabilité par activités a l'avantage de recentrer l'attention des administrateurs sur les coûts réels entraînés par les produits, les clients ou d'autres unités ; les administrateurs ne se limitent plus aux coûts standard des matières premières et de la main-d'œuvre pour allouer les coûts totaux.

24.4.3
Le contrôle de la productivité

Supposons que le contrôle de la productivité révèle de mauvais résultats pour certains produits, territoires ou marchés. La question est de savoir s'il est possible d'améliorer la façon de gérer la force de vente, la publicité, la promotion des ventes et la distribution des unités de marketing qui ont une piètre performance.

Certaines entreprises ont créé le poste de contrôleur du marketing pour aider les gens de marketing à améliorer la productivité du marketing. Les contrôleurs du marketing travaillent à partir du bureau des contrôleurs de l'entreprise, mais ils se spécialisent dans les aspects du marketing des affaires de l'entreprise. Dans des entreprises telles que General Foods, DuPont et Johnson & Johnson, ces contrôleurs ont mis au point des analyses financières raffinées des dépenses et des résultats de marketing. De façon plus précise, ils évaluent la rentabilité réelle par rapport à la rentabilité prévue, aident les directeurs de marque à préparer leur budget, mesurent la productivité des promotions, analysent les coûts de production des médias, évaluent la rentabilité par client et par région, et informent et forment les gens de marketing au sujet des répercussions financières de leurs décisions de marketing[31].

La productivité de la force de vente

Le responsable des ventes doit tenir compte de plusieurs indicateurs clés de la productivité de la force de vente. En voici quelques exemples :

- le nombre moyen de visites de vendeurs par jour ;
- la durée moyenne d'une visite ;
- les ventes moyennes par visite ;
- les coûts moyens par visite ;
- les frais de représentation moyens par visite ;
- le pourcentage de commandes pour 100 visites ;
- le nombre de nouveaux clients pour la période ;
- le nombre de clients perdus pour la période ;
- les coûts de la force de vente par rapport aux ventes totales.

Lorsqu'une entreprise commence à étudier la productivité de la force de vente, elle trouve souvent plusieurs possibilités d'améliorations. General Electric a réduit la taille de la force de vente d'une de ses divisions après avoir découvert que ses vendeurs faisaient trop de visites aux clients. Lorsqu'un grand transporteur aérien s'est rendu compte que ses représentants s'occupaient à la fois des ventes et du service à la clientèle, il a transféré les responsabilités du service à la clientèle à des employés dont les salaires étaient moins élevés. Une autre entreprise a effectué des études des temps et des tâches, et découvert des façons de réduire la proportion du temps non productif.

La productivité de la publicité

Il n'est certes pas facile de mesurer le rendement des dollars dépensés pour la publicité. Un effort devrait être fait en ce sens. Voici quelques indicateurs utiles :

- le coût par millier d'acheteurs cibles rejoints par support médiatique ;
- le pourcentage de lecteurs qui ont remarqué les messages publicitaires, qui leur ont prêté attention, qui les ont associés et qui ont lu l'annonce sur chaque support ;
- les opinions des consommateurs sur le contenu et sur l'efficacité d'une annonce ;
- les mesures de l'attitude à l'égard d'un produit avant et après une campagne publicitaire ;
- le nombre de demandes de renseignements suscitées par une annonce ;
- le coût de chaque demande de renseignements.

Les responsables du marketing peuvent améliorer la productivité de la publicité de plusieurs façons : par un positionnement plus approprié du produit ou du service, par une meilleure définition des objectifs publicitaires, par le prétest des messages, par l'utilisation de l'informatique pour le choix des médias publicitaires, pour la détermination des meilleurs achats et pour l'évaluation post-test.

La productivité de la promotion des ventes

La promotion des ventes rassemble de nombreuses techniques destinées à stimuler l'intérêt de l'acheteur et à faciliter l'essai du produit ou du service. Pour améliorer la productivité de la promotion des ventes, il faut tenir compte le plus précisément possible des coûts et de l'impact sur les ventes de chacune des promotions. Les responsables du marketing devraient prêter attention aux indicateurs suivants :

- le pourcentage des ventes réalisées grâce à la promotion ;
- le coût des présentoirs par dollar de ventes ;
- le pourcentage des coupons encaissés ;
- le nombre de demandes de renseignements résultant d'une démonstration.

Lorsque le poste de responsable des promotions existe, celui-ci peut analyser les résultats des différentes promotions et conseiller aux directeurs de produits l'utilisation des promotions les plus efficaces.

La productivité de la distribution

Les responsables du marketing doivent rechercher les économies possibles dans la distribution. Il existe de nombreux outils permettant d'améliorer la gestion des stocks, le choix de l'emplacement des entrepôts et le choix des modes de transport. Voici quelques indicateurs de productivité de la distribution :

- le pourcentage de ventes par canal de distribution ;
- les ventes de produits ou de services par canal de distribution ;
- la rentabilité par canal de distribution ;
- les coûts par mode de transport ;
- la durée des commandes ;
- les délais de livraison par mode de transport, par région et par client ;
- les coûts fixes et les coûts variables d'entreposage.

Un problème que l'on éprouve fréquemment est relié au fait que la productivité de la distribution diminue lorsque l'entreprise connaît des augmentations de ventes importantes. Peter M. Senge décrit bien la situation : lorsqu'il y a une hausse importante des ventes, il devient difficile pour l'entreprise de respecter les délais de livraison[32]. Cela amène un bouche à oreille négatif chez les clients, ce qui peut provoquer une chute des ventes. L'entreprise réagit en établissant des promotions pour stimuler les ventes et accroître les commandes. Si la force de vente réussit, alors l'entreprise a de nouveau de la difficulté à respecter les délais de livraison promis. Elle doit alors cerner les vrais problèmes et accroître ses capacités de production et de distribution. Cette situation est présentée à la figure 24.10. La boucle du côté gauche montre comment les hausses des ventes entraînent des chutes des ventes à cause des délais de livraison. La boucle du côté droit cerne le problème fondamental, qui est l'impossibilité pour l'entreprise d'investir suffisamment dans des capacités additionnelles de production et de distribution de façon à pouvoir répondre aux hausses des ventes substantielles.

24.4.4
Le contrôle stratégique

À l'occasion, il est nécessaire de jeter un regard critique sur l'ensemble des activités de marketing. Le marketing est un domaine où une rapide obsolescence des objectifs, des politiques, des stratégies et des programmes est toujours possible. L'entreprise devrait périodiquement réévaluer toute son orientation à l'égard du marché. Pour ce faire, il existe deux outils majeurs : la **mesure de l'efficacité du marketing** et l'**audit de marketing**.

FIGURE 24.10
Les interactions dynamiques des commandes avec la productivité de la distribution

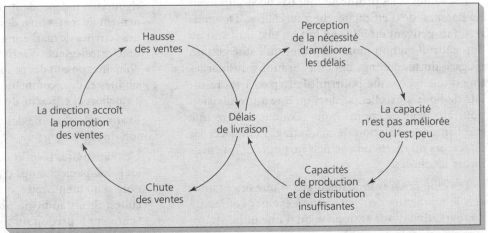

Source : Adaptée de Peter M. Senge, *The Fifth Discipline : The Art and Practice of the Learning Organization*. © 1990 Peter M. Senge. Reproduit avec la permission de Doubleday, une division de Bantam Doubleday Dell Publishing Group, Inc.

La mesure de l'efficacité du marketing

Examinons la situation réelle suivante :

Après avoir revu les plans des différentes unités stratégiques de son entreprise, le président d'une importante compagnie d'équipement industriel constata des faiblesses dans le marketing de certaines de ces unités. Il convoqua le vice-président du marketing du siège social et lui dit :

« Je ne suis pas satisfait du marketing de nos unités. La qualité varie trop. Je veux que vous me trouviez des unités qui sont fortes, moyennes et faibles en marketing. Je veux que vous me disiez si on sait ce qu'est une optique clientèle et si on la pratique. Mesurez la compétence en marketing de chaque unité. Pour chacune des unités qui seront classées parmi les unités faibles, j'exige un plan de marketing visant à en améliorer l'efficacité au cours des prochaines années. Je veux des preuves dès l'an prochain que chacune des unités qui sont faibles sous l'angle du marketing a fait des progrès dans son optique marketing. »

Le vice-président du marketing accepta, bien que la tâche lui parût difficile. Sa première idée fut d'évaluer l'efficacité du marketing de chaque unité à partir des résultats de la croissance des ventes, de la part de marché et de la rentabilité. Il était d'avis que les unités les plus performantes devaient avoir un leadership du marketing dynamique et que c'était le contraire pour les unités les moins performantes.

Les ventes et les profits ne sont pas nécessairement révélateurs de l'efficacité du marketing. De bons résultats peuvent être dus au fait qu'une unité est au bon endroit au bon moment plutôt qu'à une gestion efficace du marketing. Les améliorations du marketing d'une telle unité pourront faire passer les résultats de bons à excellents, alors qu'une autre division pourrait avoir de moins bons résultats malgré une excellente planification de marketing. Remplacer les directeurs du marketing actuels ne pourrait qu'envenimer les choses.

Les cinq critères fondamentaux d'une orientation vers le marketing peuvent servir à évaluer l'efficacité du marketing d'une entreprise ou d'une unité stratégique d'activité : une **optique clientèle**, une **organisation intégrée du marketing**, un **système d'information adéquat**, l'**orientation stratégique** et l'**efficacité**

du fonctionnement. Chacun de ces critères peut être mesuré. On trouvera dans le Mémento de marketing 24.2 une **grille d'évaluation de l'efficacité du marketing** pour ces cinq critères. Les responsables du marketing d'une entreprise ou de différentes unités remplissent le questionnaire et calculent le score de leur entreprise ou de leur unité.

Cette grille a été en usage dans plusieurs entreprises, et très peu ont obtenu un score supérieur à 25 points. Des entreprises telles que Procter & Gamble, McDonald's, Rubbermaid et Nike ont toutefois réussi. La plupart des entreprises et unités stratégiques d'activité obtiennent des scores moyens et bons, ce qui indique au responsable du marketing que des améliorations sont possibles. Un score faible sur un critère indique des déficiences auxquelles il faut prêter attention. En utilisant une telle grille, les responsables du marketing peuvent repérer certaines faiblesses et prendre des mesures correctives[33].

L'audit de marketing

Une entreprise ou une unité stratégique d'activité qui, après avoir analysé l'efficacité du marketing, a découvert plusieurs faiblesses dans sa pratique de marketing devrait entreprendre une analyse beaucoup plus systématique, connue sous le nom d'audit de marketing[34]. On définit l'audit de marketing de la façon suivante :

> Un **audit de marketing** est un examen exhaustif, rigoureux, indépendant et périodique de l'environnement de marketing, des objectifs, des stratégies et des activités de marketing d'une entreprise ou d'une unité stratégique d'activité en vue de cerner les domaines posant des problèmes, de dégager des possibilités et de recommander un plan d'action visant à améliorer l'efficacité du marketing.

Examinons chacune des quatre caractéristiques de l'audit de marketing :

1. **L'exhaustivité.** L'audit de marketing doit couvrir les principaux champs d'activité de l'entreprise, et non seulement ceux qui connaissent des difficultés. Si un audit ne portait que sur la force de vente, sur le prix ou sur toute autre activité de marketing, on parlerait alors d'un audit fonctionnel. Quoique les audits fonctionnels aient leur utilité, ils peuvent facilement induire la direction en

MÉMENTO DE MARKETING 24.2
Grille d'évaluation de l'efficacité du marketing

L'optique clientèle

A. L'entreprise reconnaît-elle l'importance de s'organiser en vue de satisfaire les besoins et les désirs de chacun des marchés?

   0 L'entreprise pense avant tout à vendre les produits actuels et nouveaux à n'importe qui.

   1 L'entreprise cherche à s'occuper de toute une gamme de marchés et de besoins en y mettant les mêmes efforts.

   2 L'entreprise pense à satisfaire les besoins et les désirs de marchés cibles bien définis, choisis en fonction de leur potentiel de rentabilité et de croissance à long terme.

B. L'entreprise élabore-t-elle des offres et des plans de marketing différents pour chaque segment de marché?

   0 Non.

   1 Jusqu'à un certain point.

   2 Généralement, oui.

C. Dans la planification de ses activités, l'entreprise adopte-t-elle une optique de système global de marketing (fournisseurs, canaux, concurrents, clients, environnement)?

   0 Non; l'entreprise se concentre sur la vente et sur le service à la clientèle immédiate.

   1 En partie; l'entreprise consacre surtout ses efforts à la vente et au service à la clientèle immédiate tout en ayant une perspective à long terme dans le cas des canaux de distribution.

   2 Oui; l'entreprise prend en considération l'ensemble du système de marketing pour revoir les menaces et les occasions résultant de tout changement dans tout élément de ce système.

L'organisation intégrée du marketing

D. Existe-t-il une intégration et un contrôle au plus haut niveau de l'entreprise quant aux principales fonctions du marketing?

   0 Non; les ventes et les autres fonctions du marketing ne sont pas coordonnées au plus haut niveau et il existe certains conflits.

   1 Dans une certaine mesure; il y a une intégration et un contrôle structuré des principales fonctions du marketing, mais il existe certaines lacunes en ce qui concerne la coordination et la coopération.

   2 Oui; les principales fonctions du marketing sont bien intégrées.

E. La direction du marketing collabore-t-elle efficacement avec les directions de la recherche, de la production, des achats, de la logistique et des finances?

   0 Non; il y a des plaintes touchant les demandes déraisonnables du marketing et les coûts que ces demandes entraînent pour les autres services.

   1 Jusqu'à un certain point; les relations sont cordiales quoique chaque service agisse surtout de manière à satisfaire ses propres intérêts.

   2 Oui; le service du marketing collabore efficacement et résout les problèmes dans l'intérêt premier de l'entreprise.

F. Comment le processus de développement et de lancement de nouveaux produits est-il géré?

   0 Le système est mal défini et mal géré.

   1 Le système existe officiellement, mais il est peu raffiné.

   2 Le système est bien structuré et géré de façon professionnelle.

Le système d'information

G. À quand remontent les dernières études sur les clients, sur le comportement d'achat, sur les canaux de distribution et sur la concurrence?

   0 À il y a plusieurs années.

   1 À quelques années.

   2 À récemment.

H. L'entreprise connaît-elle le potentiel de ventes et la rentabilité des différents segments de marché, des clients, des territoires, des produits et services, des canaux de distribution et des tailles des commandes ?

0 Absolument pas.

1 Partiellement.

2 Très bien.

I. Quels efforts a-t-on accomplis pour mesurer l'efficacité des coûts des différentes dépenses de marketing ?

0 Peu ou pas d'efforts.

1 Quelques efforts.

2 Beaucoup d'efforts.

L'orientation stratégique

J. Quel est le degré de raffinement de la planification de marketing ?

0 L'entreprise fait peu de planification de marketing ou n'en fait pas du tout.

1 L'entreprise fait un plan de marketing annuel.

2 L'entreprise fait un plan de marketing annuel détaillé ainsi qu'un plan à long terme réévalué chaque année.

K. La stratégie de marketing est-elle claire ?

0 La stratégie actuelle n'est pas claire.

1 La stratégie actuelle s'inscrit dans la poursuite de la stratégie traditionnelle.

2 La stratégie actuelle est claire, innovatrice, basée sur des données et bien réfléchie.

L. L'entreprise a-t-elle une planification d'urgence ?

0 L'entreprise ne pense pas beaucoup à parer aux imprévus ou n'y pense pas du tout.

1 L'entreprise se préoccupe des imprévus dans une certaine mesure, mais elle n'a établi aucun plan d'urgence structuré.

2 L'entreprise a défini formellement les situations d'urgence les plus importantes et élaboré des plans d'urgence en conséquence.

L'efficacité du fonctionnement

M. Jusqu'à quel point la réflexion centrée sur le marketing de la direction générale est-elle communiquée et appliquée dans toute l'entreprise ?

0 Mal.

1 Assez bien.

2 Très bien.

N. L'entreprise gère-t-elle efficacement les ressources de marketing ?

0 Non ; les ressources de marketing sont insuffisantes.

1 Dans une certaine mesure ; les ressources de marketing sont suffisantes, mais elles ne sont pas utilisées de façon optimale.

2 Oui ; les ressources de marketing sont suffisantes et bien utilisées.

O. L'entreprise s'est-elle donné une bonne capacité de réagir rapidement et efficacement à des changements inattendus ?

0 Non ; l'information sur les ventes et sur le marché n'est souvent pas à jour, et le temps de réaction de la direction est lent.

1 Jusqu'à un certain point ; l'entreprise dispose d'une information à jour sur les ventes et sur les marchés, mais le temps de réaction de la direction varie.

2 Oui ; la direction a mis en place des systèmes d'information qui donnent de l'information à point et elle réagit rapidement.

Le score final

Le score final est obtenu de la façon suivante. On additionne les points pour chaque question, le total allant de 0 à 30. L'échelle suivante permet d'interpréter les résultats indiquant le niveau d'efficacité du marketing.

0-5 = nul	16-20 = bon
6-10 = faible	21-25 = très bon
11-15 = passable	26-30 = supérieur

erreur quant à la source réelle d'un problème. Ainsi, un taux élevé de rotation des vendeurs pourrait être un symptôme du fait que les produits et les promotions de l'entreprise sont inadéquats plutôt que de révéler une mauvaise formation de la force de vente ou un mauvais mode de rémunération. Un audit de marketing complet est normalement plus efficace lorsqu'il s'agit de localiser la source réelle des problèmes de marketing d'une entreprise.

2. **La rigueur.** Un audit de marketing comprend une succession ordonnée et systématique d'étapes du diagnostic qui portent sur l'environnement de marketing de l'organisation, sur le système de marketing interne et sur certaines activités de marketing. Un diagnostic rigoureux permet d'établir un plan d'actions correctives comprenant des suggestions pour améliorer l'efficacité globale du marketing de l'entreprise à court terme et à long terme.

3. **L'indépendance.** Un audit de marketing peut être fait de six façons : par les membres du service, par les membres d'un autre service, par les représentants de la direction, par les membres d'un service spécialisé d'audit au sein de l'entreprise, par un groupe d'intervention de l'entreprise ou par des experts-conseils externes. L'audit fait par les gens du service qui utilisent une liste de vérification pour évaluer leurs propres opérations peut sans doute être utile, mais la plupart des experts sont d'avis que de tels audits manquent d'objectivité et d'indépendance[35]. La compagnie 3M a utilisé avec beaucoup de succès les services d'un bureau d'audit du siège social qui fournit des services d'audit de marketing aux diverses divisions à leur demande[36]. Généralement, cependant, on considère que les meilleurs audits seront sans doute effectués par les cabinets d'experts-conseils externes qui ont l'objectivité et l'indépendance nécessaires, qui possèdent une grande expérience dans plusieurs industries, qui sont assez familiarisés avec l'industrie en question et qui consacrent toute leur attention et tout leur temps à l'audit.

4. **La périodicité.** Souvent, on entreprend un contrôle des activités de marketing en réaction à une baisse des ventes, au moment où les vendeurs sont déjà découragés et où d'autres problèmes de marketing ont surgi dans l'entreprise. Il est malheureux de constater que, dans bien des cas, les entreprises se retrouvent en difficulté justement parce qu'elles n'ont pas su entreprendre à temps leur audit de marketing. Un audit de marketing régulier peut aider non seulement les entreprises en difficulté, mais même celles qui réussissent bien.

La première étape de l'audit de marketing consiste en une rencontre entre la direction de l'entreprise et l'auditeur de marketing pour en venir à une entente sur les objectifs, l'étendue, la profondeur, les sources de données, les formes de rapports et la durée de la vérification. Ils préparent ensuite un plan détaillé pour déterminer quelles personnes seront interviewées, quelles questions seront posées, à quel moment et en quel lieu la rencontre se déroulera, et ainsi de suite, afin que la durée et le coût de l'audit soient réduits au minimum. Une règle fort importante de l'audit de marketing est de se rappeler qu'il ne faut pas se fier uniquement au personnel de l'entreprise pour obtenir des données et des opinions. Les clients, les concessionnaires et plusieurs groupes externes doivent être consultés. Plusieurs entreprises ne savent pas réellement comment leurs clients et leurs concessionnaires les voient, pas plus qu'elles ne comprennent réellement les besoins des clients. L'audit de marketing comprend six éléments fondamentaux de la situation de marketing de l'entreprise, à savoir l'environnement marketing, la stratégie de marketing, l'organisation du marketing, les systèmes de marketing, la productivité du marketing et les fonctions du marketing. Les principales questions d'un audit de marketing sont présentées au tableau 24.8.

L'excellence en marketing

Les entreprises peuvent utiliser un autre instrument pour évaluer leur performance par rapport aux meilleures pratiques des entreprises qui connaissent du succès. Les trois colonnes du tableau 24.9 présentent des pratiques d'affaires de marketing qui sont médiocres, bonnes et excellentes. Les membres de la direction peuvent vérifier à chaque ligne la perception du statut de leur entreprise. Le profil qui en résulte présente les forces et les faiblesses de l'entreprise, et met en évidence ce que l'entreprise devrait faire pour devenir un joueur hors de l'ordinaire sur le marché.

TABLEAU 24.8

Les éléments d'un audit de marketing

1re PARTIE — L'AUDIT DE L'ENVIRONNEMENT MARKETING

LE MACROENVIRONNEMENT

A. La démographie

1. Quels sont les principaux changements et les principales tendances démographiques qui représentent des occasions d'affaires ou des menaces pour l'entreprise ?

2. Quelles mesures l'entreprise a-t-elle prises face à ces changements et tendances ?

B. L'économie

1. Quels sont les principaux changements dans les revenus, les prix, les épargnes et le crédit qui touchent l'entreprise ?

2. Quelles mesures l'entreprise a-t-elle prises face à ces changements ?

C. L'écologie

1. Quels aspects des activités de l'entreprise peuvent avoir des conséquences sur l'écologie ?

2. Quelles sont les positions de l'entreprise face aux principaux problèmes de pollution et de conservation ? Quelles mesures l'entreprise a-t-elle prises ?

D. La technologie

1. Quelles sont les principales innovations dans la technologie des produits et services ? Et dans la technologie des processus ? Quelle est la position de l'entreprise face à ces technologies ?

2. Quels sont les substituts génériques qui pourraient remplacer les produits actuels ?

E. La politique

1. Quelles lois peuvent avoir une incidence sur les stratégies et tactiques de marketing ? Quelles politiques des gouvernements fédéral, provinciaux et municipaux devraient être surveillées ?

2. Quels sont les principaux changements à prévoir quant au contrôle de la pollution, à la sécurité des produits, à la surveillance des prix et de la publicité, et à d'autres aspects qui touchent les stratégies de marketing ?

F. La culture

1. Quelles sont les attitudes du public à l'égard de l'industrie, de l'entreprise et des produits de l'entreprise ?

2. Quels sont les principaux changements de la structure sociale et culturelle du milieu, des valeurs et des modes de vie qui sont susceptibles de modifier les marchés cibles de l'entreprise ?

LE MICROENVIRONNEMENT

A. Les marchés

1. Quelles sont les tendances du marché (taille, croissance, distribution géographique, rentabilité) ?

2. Quels sont les principaux segments de marché ? Comment évoluent-ils ?

B. Les clients

1. Comment les clients actuels et potentiels évaluent-ils l'entreprise et la concurrence par rapport à la réputation, à la qualité des produits et des services, à la force de vente et au prix ?

2. Comment les clients des différents segments de marché prennent-ils leurs décisions d'achat ?

C. Les concurrents

1. Quels sont les principaux concurrents ? Quels sont leurs objectifs et leurs stratégies, leurs forces et leurs faiblesses, leurs ventes et les tailles de leurs marchés ?

2. Quelles sont les principales tendances de la concurrence et des substituts des produits et services ?

D. Les intermédiaires

1. Quels sont les principaux circuits de distribution pour les produits et services ?

2. Quels sont les niveaux d'efficacité et le potentiel de croissance des divers circuits de distribution ?

E. Les fournisseurs

1. Quelle est la conjoncture pour les principales matières premières ?

2. Quelles sont les principales tendances dans les pratiques de vente des fournisseurs ?

F. Les facilitateurs

1. Quelle est l'évolution des coûts et de la disponibilité des services de transport ?

2. Quelle est l'évolution des coûts et de la disponibilité des facilités d'entreposage ?

3. Quelle est l'évolution des coûts et de la disponibilité des ressources financières ?

4. Quelle est l'efficacité des agences de publicité et des consultants en marketing de l'entreprise ?

G. Les publics

1. Quels publics représentent des occasions ou des menaces pour l'entreprise ?

2. Quelles actions l'entreprise devrait-elle entreprendre pour composer efficacement avec chacun de ces publics ?

→

TABLEAU 24.8
Les éléments d'un audit de marketing (*suite*)

2ᵉ PARTIE — LA STRATÉGIE DE MARKETING

A. La mission

1. La mission de l'entreprise est-elle clairement énoncée en fonction du marché ?

2. Est-elle réaliste ?

B. Les objectifs de marketing

1. Les objectifs de marketing de l'entreprise sont-ils énoncés de façon suffisamment claire pour bien orienter la planification marketing et la mesure des performances ?

2. Les objectifs de marketing sont-ils réalistes si l'on considère la position concurrentielle de l'entreprise, ses ressources et les possibilités du marché ?

C. Les stratégies

1. La direction a-t-elle établi une stratégie claire de marketing pour atteindre les objectifs de marketing ? La stratégie est-elle convaincante ? Est-elle appropriée aux phases du cycle de vie des produits et services, aux stratégies de la concurrence, aux conditions économiques ?

2. L'entreprise a-t-elle choisi les meilleurs critères de segmentation de marché ? A-t-elle sélectionné de bons critères pour évaluer les segments de marché et choisir les meilleurs ? A-t-elle dressé des profils précis pour chacun des segments cibles ?

3. L'entreprise a-t-elle adopté un positionnement et un marketing mix précis pour chaque segment cible ? Les ressources de marketing sont-elles allouées de façon optimale aux principaux éléments du marketing mix : la qualité du produit, le service, la force de vente, la publicité, la communication, le prix et la distribution ?

4. L'entreprise a-t-elle alloué suffisamment, pas assez ou trop de ressources à l'atteinte des objectifs de marketing ?

3ᵉ PARTIE — L'ORGANISATION DU MARKETING

A. La structure formelle

1. Le directeur du marketing possède-t-il l'autorité nécessaire pour accomplir les activités de marketing qui suscitent la satisfaction du consommateur ?

2. Les activités de marketing sont-elles définies de façon optimale par fonction, produit, type de clients et territoire ?

B. L'efficacité fonctionnelle

1. Existe-t-il de bonnes communications et de bonnes relations de travail entre le marketing et les ventes ?

2. Le système de gestion de produit fonctionne-t-il efficacement ? Les directeurs de produit sont-ils responsables des profits ou seulement des volumes de vente ? Y a-t-il des services du marketing qui requièrent plus de formation, de motivation, de supervision ou d'évaluation ?

C. L'efficacité organisationnelle

1. Existe-t-il des problèmes d'organisation entre le marketing et la production, la recherche-développement, les achats, les finances, la comptabilité et le contentieux ?

4ᵉ PARTIE — LES SYSTÈMES DE MARKETING

A. Le système d'information sur le marketing

1. Le système d'information sur le marketing procure-t-il des renseignements exacts, suffisants et à jour sur l'évolution du marché (clientèle, clients potentiels, distributeurs et concessionnaires, concurrents, fournisseurs et les divers publics) ?

2. Les principaux décideurs de l'entreprise utilisent-ils suffisamment de recherches et en appliquent-ils les résultats ?

3. L'entreprise utilise-t-elle les meilleures méthodes de prévision du marché et des ventes ?

B. Le système de planification du marketing

1. Le système de planification du marketing a-t-il été bien conçu et est-il efficace ?

2. Les prévisions des ventes et l'évaluation du potentiel de marché ont-elles été bien faites ?

3. Les quotas de ventes ont-ils été fixés sur les critères appropriés ?

→

TABLEAU 24.8

Les éléments d'un audit de marketing (*suite*)

4e PARTIE — LES SYSTÈMES DE MARKETING (*suite*)

C. Le système de contrôle du marketing

1. Les procédures de contrôle sont-elles adéquates pour assurer que les objectifs du plan annuel ont été atteints ?

2. La direction analyse-t-elle périodiquement la rentabilité des produits, des marchés, des territoires et des canaux de distribution ?

3. Les coûts de marketing sont-ils régulièrement examinés ?

D. Le système de développement de nouveaux produits

1. L'entreprise est-elle organisée pour recueillir, engendrer et évaluer les idées de nouveaux produits ?

2. L'entreprise entreprend-elle des recherches et des analyses économiques adéquates avant de lancer un nouveau produit ?

3. L'entreprise fait-elle suffisamment de tests de produits et de tests de marchés avant de lancer de nouveaux produits ?

5e PARTIE — LA PRODUCTIVITÉ DU MARKETING

A. L'analyse de la rentabilité

1. Quelle est la rentabilité des différents produits, marchés, territoires et canaux de distribution de l'entreprise ?

2. L'entreprise devrait-elle pénétrer, élargir, restreindre ou abandonner certains segments de marché, et quelles en seraient les conséquences financières à court et à long terme ?

B. L'analyse des coûts

1. Y a-t-il des activités de marketing dont les coûts sont excessifs ?

2. Peut-on en réduire les coûts ?

6e PARTIE — LES FONCTIONS DU MARKETING

A. Les produits ou services

1. Quels sont les objectifs de chaque gamme de produits ou services ? Sont-ils appropriés ? La gamme actuelle de produits et services permet-elle d'atteindre les objectifs ?

2. La gamme de produits devrait-elle être élargie vers le haut, vers le bas ou dans les deux directions ? Ou devrait-elle être réduite ?

3. Quels produits ou services devraient être éliminés ? Quels produits ou services devrait-on ajouter ?

4. Quelles sont les connaissances et les attitudes des clients à l'égard de la qualité des produits et services, des caractéristiques, du style et des marques de commerce de l'entreprise et de ceux de la concurrence ?

5. Quels sont les aspects de la stratégie des produits et services qui devraient être améliorés ?

B. Le prix

1. Quels sont les objectifs, les politiques, les stratégies et les procédures de prix ? Jusqu'à quel point les prix sont-ils fixés selon les coûts, la demande et la concurrence ?

2. Les clients jugent-ils que les prix sont corrects en fonction de la valeur de l'offre ?

3. Qu'est-ce que la direction du marketing connaît de l'élasticité de la demande, des effets de la courbe d'expérience et des politiques de prix des concurrents ?

4. Les politiques de prix de l'entreprise tiennent-elles compte des besoins des distributeurs et des concessionnaires, des fournisseurs et des lois ?

C. La distribution

1. Quels sont les objectifs et les stratégies de distribution ?

2. La couverture du marché et le niveau de service sont-ils satisfaisants ?

3. Quelle est l'efficacité des distributeurs et des concessionnaires ?

4. L'entreprise devrait-elle envisager de modifier ses circuits de distribution ?

D. La publicité, la promotion des ventes, les relations publiques et le marketing direct

1. Quels sont les objectifs de communication de l'organisation ? Sont-ils appropriés ?

2. Dépense-t-on suffisamment ou trop pour la publicité ? Comment le budget est-il déterminé ?

3. Les thèmes et les messages publicitaires sont-ils efficaces ? Qu'est-ce que le client et le public pensent de la publicité de l'entreprise ?

4. Les médias publicitaires ont-ils été bien choisis ?

5. Le personnel du service de la publicité est-il compétent ?

6. Le budget pour la promotion des ventes est-il adéquat ? L'utilisation des outils de promotion des ventes tels que les échantillons, les coupons, les présentoirs et les concours est-elle suffisante ? Est-elle efficace ? Les objectifs de publipostage et de télémarketing sont-ils clairs ?

7. Le budget des relations publiques est-il suffisant ? Le personnel des relations publiques est-il compétent ? Est-il créatif ?

8. Le budget alloué au marketing direct est-il adéquat ? L'entreprise possède-t-elle une banque de données à jour sur les clients ?

→

TABLEAU 24.8
Les éléments d'un audit de marketing (*suite*)

6ᵉ PARTIE — LES FONCTIONS DU MARKETING (*suite*)

E. La force de vente

1. Quels sont les objectifs de la force de vente ?

2. La taille de la force de vente est-elle suffisante pour atteindre les objectifs de l'entreprise ?

3. La force de vente est-elle organisée de la meilleure façon (territoire, marché, produit) ? Y a-t-il suffisamment ou trop de directeurs des ventes pour encadrer les vendeurs ?

4. Le système et le niveau de rémunération offrent-ils suffisamment de stimulants et de récompenses ?

5. La force de vente est-elle enthousiaste, compétente et fournit-elle suffisamment d'efforts ?

6. Les méthodes de fixation des quotas et d'évaluation des performances sont-elles adéquates ?

7. Comment la force de vente de l'entreprise se compare-t-elle avec celle des concurrents ?

TABLEAU 24.9
L'excellence en marketing

	Pratiques	
Médiocres	**Bonnes**	**Excellentes**
Orientation vers le produit	Orientation vers le marché	Orientation vers le marché
Orientation vers le marché de masse	Orientation vers la segmentation	Orientation vers des créneaux et les clients
Produit de base	Produit amélioré	Solutions pour le client
Produit de qualité moyenne	Produit de qualité supérieure à la moyenne	Produit de qualité légendaire
Qualité de service moyenne	Qualité de service meilleure que la moyenne	Qualité de service légendaire
Orientation vers la fonction	Orientation vers les processus	Orientation vers les résultats
Réaction aux concurrents	Étalonnage des concurrents	En avant de la concurrence
Exploitation des vendeurs	Soutien apporté aux vendeurs	Partenariat avec les vendeurs
Orientation vers le prix	Orientation vers la qualité	Orientation vers la valeur
Rapidité moyenne	Rapidité supérieure à la moyenne	Rapidité légendaire
Hiérarchie	Réseau	Équipe
Intégration verticale	Organisation aplatie	Alliances stratégiques
Orientation vers les actionnaires	Orientation vers les détenteurs d'enjeux	Orientation vers la société

Les responsabilités éthiques

Les entreprises se doivent d'évaluer si leurs pratiques sont responsables tant dans une perspective éthique que dans une perspective sociale. Le succès en affaires et la satisfaction continue de la clientèle et des autres détenteurs d'enjeux sont intimement liés à l'adoption et à la mise en œuvre de normes élevées de conduite dans les affaires et dans le marketing. Les entreprises les plus admirées se conforment à un code de déontologie et font tout en leur pouvoir pour bien servir les intérêts du public, et non seulement leurs propres intérêts.

Les pratiques commerciales sont souvent l'objet de critiques parce que de nombreuses situations d'affaires créent des dilemmes éthiques. On peut se tourner vers les questions classiques de Howard R. Bowen sur les responsabilités des gens d'affaires pour mieux comprendre ce type de problèmes:

> *Ont-ils le droit de faire des ventes au point de s'attaquer à la vie privée des individus, par exemple dans le porte-à-porte? Ont-ils le droit d'utiliser diverses tactiques qui sont, au mieux, de mauvais goût? Ont-ils le droit d'employer des méthodes de vente sous pression pour persuader les gens d'acheter? Ont-ils le droit d'accélérer l'obsolescence des produits en lançant continuellement de nouveaux modèles et de nouveaux styles? Ont-ils le droit de viser et de renforcer les motivations au matérialisme et à la consommation ostentatoire pour inciter les gens à se comparer à leurs voisins, à les envier[37]?*

Il existe d'autres problèmes d'éthique que nous avons abordés dans les chapitres précédents; certains sont présentés à la figure 24.11. Il est clair que la rentabilité n'est pas la seule mesure du rendement d'une entreprise. Le fait d'aborder le sujet de la responsabilité sociale du marketing soulève trois problèmes. Premièrement, la société doit utiliser la loi pour définir, le plus précisément possible, les pratiques qui sont illégales, antisociales ou qui nuisent à la concurrence. Deuxièmement, les entreprises doivent établir, adopter et diffuser un code écrit de règles d'éthique, instaurer dans leur milieu une tradition de comportement conforme à l'éthique et rendre les employés entièrement responsables du respect des directives éthiques et légales. Troisièmement, les mercaticiens eux-mêmes doivent acquérir une conscience sociale dans leurs interactions avec les clients et les autres détenteurs d'enjeux.

Il existe un potentiel énorme pour les entreprises du XXIe siècle. Les progrès technologiques dans l'énergie solaire, les réseaux informatiques, les communications par satellite, l'ingénierie génétique, etc., pourraient changer le monde tel que nous le connaissons maintenant. Mais, en même temps, les forces dans les environnements socioéconomique, culturel et naturel imposeront de nouvelles limites aux pratiques de marketing et aux pratiques d'affaires en général. Les entreprises qui seront capables d'apporter de nouvelles solutions et de nouvelles valeurs dans la perspective de la responsabilité sociale seront probablement celles qui réussiront le mieux.

FIGURE 24.11
Les décisions de marketing qui soulèvent des questions d'ordre légal ou éthique

Décisions de ventes
Pots-de-vin?
Vol de secrets industriels?
Mauvais clients?
Information trompeuse?
Divulgation des droits des clients?
Discrimination inéquitable?

Décisions de concurrence
Acquisitions qui réduisent la concurrence?
Barrières à l'entrée?
Concurrence prédatrice?

Décisions de produits
Ajout et élimination de produits?
Protection des brevets?
Sécurité et qualité des produits?
Garantie des produits?
Produits dangereux?

Décisions de publicité
Publicité mensongère?
Publicité trompeuse?
Allocations et services promotionnels?

Décisions de conditionnement
Conditionnement et étiquetage honnêtes?
Coûts excessifs?
Ressources rares?
Pollution?

Décisions de distribution
Entente exclusive?
Droits territoriaux exclusifs?
Entente irrévocable?
Droits des vendeurs?

Décisions de prix
Détermination des prix?
Contrôle du prix de revente?
Discrimination par le prix?
Prix trompeurs?

RÉSUMÉ

1. Un service du marketing moderne passe par six étapes et, de nos jours, l'on trouve des entreprises à chacune de ces étapes. À la première étape, les entreprises mettent en place un simple service des ventes. À la deuxième étape, on ajoute des fonctions de marketing de support telles que la publicité et la recherche pour obtenir un service des ventes élargi. À la troisième étape, on crée un service du marketing autonome pour pouvoir réaliser les nombreuses fonctions de soutien marketing. À la quatrième étape, les fonctions marketing et ventes se rapportent respectivement à un vice-président du marketing et à un vice-président des ventes. À la cinquième étape, tous les employés de l'entreprise sont centrés sur le marché et sur le client ; l'entreprise devient orientée vers le marketing intégré. Et à la sixième étape, où l'entreprise est centrée sur les processus et les résultats, le personnel de marketing travaille surtout dans des équipes multidisciplinaires.

2. Le service du marketing peut être organisé de plusieurs façons. Certaines entreprises sont structurées selon une spécialisation fonctionnelle, alors que d'autres sont axées sur des régions ou sur des marchés. D'autres mettent l'accent sur la gestion des produits, des marques ou des catégories de produits. Certaines entreprises utilisent une structure matricielle composée à la fois de directeurs de produit et de directeurs de marché. Par ailleurs, si certaines entreprises concentrent surtout leurs activités de marketing au siège social, d'autres ont peu d'activités centralisées ; enfin, certaines placent toutes leurs activités de marketing dans des divisions.

3. Les organisations de marketing efficaces ont une orientation marquée vers la clientèle et travaillent continuellement en coopération avec les autres services de l'entreprise : la recherche et le développement, l'ingénierie, les achats, la production, les opérations, les finances, la comptabilité et le crédit.

4. Les plans de marketing stratégiques les plus brillants n'ont guère de valeur s'ils ne sont pas mis en œuvre correctement. La mise en œuvre efficace d'un plan de marketing exige l'habileté de reconnaissance du problème et de diagnostic, l'habileté de localisation du problème, l'habileté de mise en œuvre des plans et l'habileté d'évaluation des résultats.

5. Étant donné que la mise en œuvre des plans de marketing se fait rarement sans qu'il y ait des écarts par rapport à la planification originale, le service du marketing doit surveiller et contrôler continuellement les activités de marketing. Le contrôle du plan de marketing consiste à s'assurer que les objectifs de ventes et de rentabilité ainsi que les autres objectifs fixés dans le plan annuel sont atteints.

Les principaux outils de contrôle du plan annuel sont l'analyse des ventes, l'analyse de la part de marché, l'analyse des ratios des dépenses de marketing par rapport aux ventes, l'analyse financière et l'analyse des résultats du marché (c'est-à-dire le suivi de la satisfaction des clients et des autres détenteurs d'enjeux). Le contrôle de la rentabilité consiste à mesurer la rentabilité des divers produits, territoires, groupes de clients, segments, canaux de distribution et tailles des commandes. Une partie importante du contrôle de la rentabilité consiste à allouer les coûts et à générer des états des résultats (pertes et profits). L'efficacité de la productivité se concentre sur les façons d'accroître la productivité de la force de vente, de la publicité, de la promotion des ventes et de la distribution des unités de marketing. Enfin, le contrôle stratégique implique une réévaluation périodique de l'entreprise et de son approche stratégique face au marché. Pour cela, on fait appel à des outils tels que la grille d'évaluation de l'efficacité du marketing et l'audit de marketing. Les entreprises ont enfin à évaluer les pratiques d'excellence en marketing de même que leurs responsabilités éthiques et sociales.

QUESTIONS

1. Reformulez les questions sur les composantes de l'audit de marketing (voir le tableau 24.8) de manière à représenter les problèmes typiques de l'industrie où vous œuvrez et la terminologie qui y est associée. Soyez le plus précis possible dans la reformulation des questions. Si vous n'êtes pas actuellement employé, reformulez les questions pour une entreprise qui vous a déjà employé ou pour laquelle vous aimeriez travailler.

2. Prenez une partie des composantes de l'audit de marketing (comme la première partie du tableau 24.8) et recréez un mini-audit pour votre entreprise. Vous aurez peut-être besoin de reformuler les questions de manière qu'elles soient conformes à la terminologie employée au sein de votre entreprise. Si vous n'êtes pas actuellement sur le marché du travail, entrez en contact avec une institution religieuse, une association caritative ou un établissement d'enseignement de votre région et demandez à son directeur s'il accepterait que vous y réalisiez un mini-audit.

3. Au moment où la société devient de plus en plus critique et que les entreprises sont de plus en plus sujettes à des poursuites judiciaires, les entreprises recherchent des moyens de contrôler les activités de leurs employés ainsi que les caractéristiques de leurs produits de façon à éviter les problèmes et les poursuites. Depuis le déversement de pétrole dans les eaux au large de l'Alaska, certains environnementalistes exigent que les pétroliers aient une coque double, car ce type de navire présente moins de risques de déversement par rapport aux modèles traditionnels; cependant, ces navires coûtent 8 % de plus à la construction et peuvent contenir uniquement 60 % de la capacité des modèles traditionnels. Pour maintenir les transactions de pétrole à leur niveau actuel, il faudrait sept pétroliers à double coque pour remplacer cinq pétroliers traditionnels; ces nouveaux navires créeront une plus grande congestion sur les mers et exigeront la construction de nouveaux quais. De plus, les risques d'erreurs humaines augmenteront, car l'industrie devra embaucher plus de personnel pour faire fonctionner ces pétroliers.

Pensez-vous que le problème soit assez grave pour que l'industrie investisse dans ce projet? D'autre part, les tests de dépistage de drogues devraient-ils être obligatoires pour les employés de cette industrie? Si oui, certaines industries peuvent-elles être exemptées de ces tests? Quelles leçons les entreprises dont les produits sont reliés à l'environnement peuvent-elles tirer des problèmes qu'a connus l'industrie pétrolière?

4. Un directeur des ventes examine les ventes de son entreprise par région et note que les ventes sont inférieures de 2 % au quota fixé pour la région de l'Atlantique. Plus précisément, le directeur a examiné les tableaux résumant les ventes par district. Il découvre que le district de Halifax est responsable en grande partie du retard qu'enregistre cette région. Il analyse ensuite les résultats des quatre vendeurs de ce district. Cette analyse révèle que le meilleur vendeur a atteint seulement 60 % de son quota pour la période donnée. Est-il réaliste de conclure qu'il plafonne ou qu'il éprouve des problèmes personnels?

5. Un important fabricant d'équipement industriel utilise un représentant de vente dans chacune des grandes villes. Un directeur des ventes supervise le travail des représentants de vente de chaque région. Le directeur du marketing veut évaluer la contribution respective des différentes villes. Comment chacun des coûts suivants devrait-il être attribué à chacune des villes?

   a) Le coût d'envoi de factures aux clients;

   b) les dépenses du directeur des ventes régionales;

   c) la publicité dans un magazine national;

   d) la recherche en marketing.

6. NAPLCO (North American Phillips Lighting Corporation) désire introduire sur le marché les ampoules Norelco comme troisième marque nationale (GE possède 60 % du marché et Westinghouse, 20 %). Les ventes d'ampoules ont diminué lentement depuis cinq ans. Auparavant, les ampoules étaient l'article le plus rentable dans les supermarchés. NAPLCO conclut que la perception favorable du nom Norelco, sa capacité reconnue de fabriquer des ampoules de qualité et la marge élevée proposée pour les supermarchés sont des garanties de succès du projet. Après des recherches menées auprès des consommateurs, l'entreprise a développé de nouveaux condition-

nements améliorant la protection des ampoules, et mis au point des présentoirs plus efficaces. Un présentoir contenait 12 types d'ampoules au lieu des 50 types normalement proposés dans les supermarchés. Norelco a décidé de ne pas faire de publicité, mais plutôt de se fier à des stratégies de pression auprès des intermédiaires. Elle a de plus utilisé les services de courtiers plutôt que de créer sa propre force de vente. Après deux ans et demi, les ventes brutes de Norelco sont de 1,1 million de dollars par rapport à une projection de 7,5 millions de dollars. Du point de vue de la mise en œuvre, pourquoi pensez-vous que le projet a été un échec?

7. Une grande entreprise de télécommunications a embauché un nouveau vice-président, à qui elle a confié le mandat d'innover et de développer un esprit entrepreneurial au sein de l'entreprise. Dès son arrivée, il a aboli les longues notes de service, les réunions interminables et la chaîne de commandement trop rigide; il a écarté les manuels de planification; il a congédié trois stagiaires; les vendeurs se sont vu offrir un plan de rémunération basé sur les commissions les plus élevées de l'histoire de l'entreprise; enfin, il a renvoyé les personnes incapables d'atteindre les quotas fixés. Douze mois plus tard, il a lui-même été renvoyé. Selon vous, pourquoi cela est-il arrivé?

8. Quelles raisons pouvez-vous fournir à un fabricant et à un distributeur de bateaux de plaisance haut de gamme pour justifier le fait de procéder à un audit de marketing?

9. Depuis que les abonnements et le prestige de magazines sur l'automobile comme *Road and Track*, *Car and Driver* et *Motor Trend* augmentent, les constructeurs d'automobiles essaient d'obtenir des mentions honorables de ces publications. À un point tel qu'ils n'hésitent pas à inviter des journalistes et leur conjoint à faire des voyages toutes dépenses payées, en plus de leur faire des cadeaux comme des lecteurs de disques compacts. Afin d'assurer l'intégrité de son magazine, l'éditeur de *Car and Driver* a demandé à ses journalistes de ne plus accepter de cadeaux de la part des constructeurs et de se contenter de souvenirs qu'ils voudront bien leur offrir.

La plupart des journalistes étaient d'accord avec cet énoncé de principe. Toutefois, d'autres l'ont contesté en mentionnant qu'ils n'étaient pas influencés par les voyages ou les cadeaux parce qu'ils évaluent de façon objective les automobiles à l'aide d'une grille standard. Nissan a précisé qu'elle respecterait la nouvelle politique de *Car and Driver*, mais qu'elle continuerait à montrer ses nouveaux modèles dans des lieux exotiques afin de présenter ces modèles sous le meilleur angle possible aux lecteurs.

Pensez-vous que les voyages toutes dépenses payées offerts à des journalistes sont légitimes et conformes à l'éthique dans le contexte de magazines qui évaluent des automobiles à des fins de reconnaissance publique? Y a-t-il une différence entre recevoir des allocations sur les ventes d'un fabricant et recevoir des frais de consultation de ces mêmes personnes? Cette problématique s'applique-t-elle à d'autres industries?

10. Considérez les données du tableau suivant pour le produit X. Remplissez la dernière ligne du tableau. Est-ce que les parts de marché ont augmenté ou diminué de la période 1 à la période 2? Quelles sont les principales causes de ce changement?

	Période 1	Période 2
Pénétration des clients	60 %	55 %
Fidélité des clients	50 %	50 %
Sélection des clients	80 %	75 %
Sélection du prix	125 %	130 %
Part de marché	?	?

11. L'entreprise Bonbon est une entreprise de taille moyenne qui vend des confiseries. Depuis deux ans, ses profits et ses ventes lui ont tout juste permis de survivre. Les gestionnaires pensent que le problème vient de la force de vente. Selon eux, les vendeurs ne travaillent pas assez fort ni assez bien. Pour corriger ce problème, l'entreprise a l'intention de réorienter ses plans stratégiques afin d'introduire un nouveau système de rémunération des représentants et l'embauche d'un formateur sur les techniques de vente. Avant de réaliser ces changements, l'entreprise a décidé d'engager un consultant en marketing pour faire un audit de marketing. Le consultant a interviewé les gestionnaires, les vendeurs et les détaillants pour examiner un ensemble de données. Les résultats de l'audit sont les suivants:

• La gamme de produits de l'entreprise est constituée de 18 produits, principalement des chocolats. Ses deux meilleurs vendeurs sont des produits à la phase de maturité qui représentent 76 % des ventes totales. L'entreprise a examiné l'expansion fulgurante des goûters au chocolat, mais n'a pas encore pénétré ce marché.

• L'entreprise a récemment étudié le profil de sa clientèle. Les produits sont achetés par des personnes d'un certain âge qui ont un revenu relativement faible. Les personnes interrogées ont comparé les produits Bonbon aux produits de ses concurrents en disant qu'ils étaient de qualité moyenne et d'un style ancien.

• Bonbon vend ses produits à des grossistes spécialisés et à des supermarchés. La force de vente rejoint beaucoup de petits revendeurs qui traitent déjà avec les grossistes spécialisés, de même que des revendeurs qui ne traitent pas avec les grossistes. L'entreprise Bonbon mise sur la pénétration des petits revendeurs, à l'exception de certains segments comme la restauration rapide. Son approche générale face aux intermédiaires inclut des rabais, des contrats spécifiques et le financement de stocks. De plus, Bonbon n'a pas pénétré adéquatement les chaînes de détaillants à grande surface. Ses concurrents consacrent plus d'efforts à la publicité de masse et à la vente en magasin, et ils ont plus de succès avec les magasins à grande surface.

• Le budget de marketing de l'entreprise représente 15 % des ventes totales, comparativement à ses concurrents, qui y consacrent près de 20 %. La majeure partie du budget de marketing est consacrée au soutien de la force de vente et à la publicité. Les promotions auprès des consommateurs sont très faibles. Le budget de publicité est alloué principalement aux deux meilleures marques de chocolat. On développe de nouveaux produits et, lorsqu'on le fait, seules des stratégies de pression sont utilisées lors du lancement.

- Le service du marketing est dirigé par un vice-président des ventes. Se rapportant directement au vice-président des ventes, on trouve le directeur des ventes, le directeur de la recherche de marchés et le directeur de la publicité. Ayant gravi les échelons de l'entreprise, le

vice-président des ventes est beaucoup à l'écoute de la force de vente et il porte peu d'attention aux autres fonctions du marketing. La force de vente est structurée par territoires, et chaque territoire relève d'un directeur.

Le consultant de marketing a conclu que l'entreprise Bonbon ne pourra résoudre ses problèmes en améliorant sa force de vente. Si vous étiez consultant, quelles suggestions à court terme et à long terme feriez-vous aux dirigeants de l'entreprise?

RÉFÉRENCES

1. Voir C.K. Prahalad et Gary Hamel, « The Core Competence of the Corporation », *Harvard Business Review*, mai-juin 1990, p. 79-91.
2. Voir Rahul Jacob, « The Struggle to Create an Organization for the 21st Century », *Fortune*, 3 avril 1995, p. 90-99.
3. David W. Cravens, Shannon H. Shipp et Karen S. Cravens, « Reforming the Traditional Organization: The Mandate for Developing Networks », *Business Horizons*, juillet-août 1994, p. 19-26.
4. Voir Frederick E. Webster Jr., « The Changing Role of Marketing in the Corporation », *Journal of Marketing*, octobre 1992, p. 1-17.
5. Alan Mitchell, « Top Brass Fall for False Economies », *Marketing Week*, 9 septembre 1994, p. 28-29.
6. Voir Frank V. Cespedes, *Concurrent Marketing: Integrating Product, Sales, and Service*, Boston, Harvard Business School Press, 1995; Frank V. Cespedes, *Managing Marketing Linkages: Text, Cases, and Readings*, Upper Saddle River, N.J., Prentice Hall, 1996.
7. Robert E. Lineman et John L. Stanton Jr., « A Game Plan for Regional Marketing », *Journal of Business Strategy*, novembre-décembre 1992, p. 19-25.
8. Voir Scott Hume, « Execs Favor Regional Approach », *Advertising Age*, 2 novembre 1987, p. 36; « National Firms Find that Selling to Local Tastes Is Costly, Complex », *The Wall Street Journal*, 9 février 1987, p. B1; Shawn McKenna, *The Complete Guide to Regional Marketing*, Homewood, Ill., Business One Irwin, 1992.
9. « ... and Other Ways to Peel the Onion », *The Economist*, 7 janvier 1995, p. 52-53.
10. Andrall E. Pearson et Thomas W. Wilson Jr., *Making Your Organization Work*, New York, Association of National Advertisers, 1967, p. 8-13.
11. Michael George, Anthony Freeling et David Court, « Reinventing the Marketing Organization », *The McKinsey Quarterly*, nº 4, 1994, p. 43-62.
12. Pour plus d'information, voir Robert Dewar et Don Schultz, « The Product Manager, an Idea Whose Time Has

Gone », *Marketing Communications*, mai 1989, p. 28-35; « The Marketing Revolution at Procter & Gamble », *Business Week*, 25 juillet 1988, p. 72-76; Kevin T. Higgins, « Category Management: New Tools Changing Life for Manufacturers, Retailers », *Marketing News*, 25 septembre 1989, p. 2, 19.
13. Mack Hanan, « Reorganize Your Company Around Its Markets », *Harvard Business Review*, novembre-décembre 1974, p. 63-74.
14. Stanley F. Slater et John C. Narver, « Market Orientation, Customer Value, and Superior Performance », *Business Horizons*, mars-avril 1994, p. 22-28. Voir aussi Frederick E. Webster, *Market-Driven Management: Using the New Marketing Concept to Create a Customer-Oriented Company*, New York, John Wiley, 1994; John C. Narver et Stanley F. Slater, « The Effect of a Market Orientation on Business Profitability », *Journal of Marketing*, octobre 1990, p. 20-35.
15. Richard E. Anderson, « Matrix Redux », *Business Horizons*, novembre-décembre 1994, p. 6-10.
16. Pour plus d'information sur l'organisation du marketing, voir Nigel Piercy, *Marketing Organization: An Analysis of Information Processing, Power and Politics*, Londres, George Allen & Unwin, 1985; Robert W. Ruekert, Orville C. Walker et Kenneth J. Roering, « The Organization of Marketing Activities: A Contingency Theory of Structure and Performance », *Journal of Marketing*, hiver 1985, p. 13-25; Tyzoon T. Tyebjee, Albert V. Bruno et Shelby H. McIntyre, « Growing Ventures Can Anticipate Marketing Stages », *Harvard Business Review*, janvier-février 1983, p. 2-4.
17. Gary L. Frankwick, Beth A. Walker et James C. Ward, « Belief Structures in Conflict: Mapping a Strategic Marketing Decision », *Journal of Business Research*, octobre-novembre 1994, p. 183-195.
18. Askok K. Gupta, S.P. Raj et David Wilemon, « A Model for Studying R&D-Marketing Interface in the Product Innovation Process », *Journal of Marketing*, avril 1986, p. 7-17.

19. Voir William E. Souder, *Managing New Product Innovations*, Lexington, Mass., D.C. Heath, 1987, chap. 10 et 11; William L. Shanklin et John K. Ryans Jr., «Organizing for High-Tech Marketing», *Harvard Business Review*, novembre-décembre 1984, p. 164-171.

20. Voir Benson P. Shapiro, «Can Marketing and Manufacturing Coexist?», *Harvard Business Review*, septembre-octobre 1977, p. 104-114. Voir aussi Robert W. Ruekert et Orville C. Walker Jr., «Marketing's Interaction with Other Functional Units: A Conceptual Framework and Empirical Evidence», *Journal of Marketing*, janvier 1987, p. 1-19.

21. Edward E. Messikomer, «DuPont's Marketing Community», *Business Marketing*, octobre 1987, p. 90-94.

22. Pour plus d'information sur l'élaboration et la mise en œuvre d'un plan de marketing, voir H.W. Goetsch, *Developing, Implementing and Managing an Effective Marketing Plan*, Chicago, American Marketing Association, et Lincolnwood, Ill., NTC Business Books, 1993. Voir aussi Pierre Filiatrault, *Comment faire un plan de marketing stratégique*, Montréal, Les Éditions Transcontinental, 1997, 198 p.

23. Thomas V. Bonoma, *The Marketing Edge: Making Strategies Work*, New York, Free Press, 1985. Cette partie du chapitre doit beaucoup à ce livre.

24. Voir Alfred R. Oxenfeldt, «How to Use Market-Share Measurement», *Harvard Business Review*, janvier-février 1969, p. 59-68.

25. Il y a une chance sur deux que l'observation suivante soit plus élevée ou plus basse. Par conséquent, la probabilité d'obtenir six valeurs plus élevées est obtenue par $(1/2)^6 = 1/64$.

26. Les entreprises doivent aussi accroître la valeur pour les actionnaires. Voir Alfred Rapport, *Creating Shareholder Value*, New York, Free Press, 1986, p. 125-130.

27. Pour plus d'information sur les analyses financières, voir Peter L. Mullins, *Measuring Customer and Product Line Profitability*, Washington, Distribution Research and Education Foundation, 1984.

28. Voir Robert S. Kaplan et David P. Norton, «Putting the Balanced Scorecard to Work», *Harvard Business Review*, septembre 1993, p. 134-142.

29. The MAC Group, *Distribution: A Competitive Weapon*, Cambridge, Mass., MAC Group, 1985, p. 20.

30. Voir Robin Cooper et Robert S. Kaplan, «Profit Priorities from Activity-Based Costing», *Harvard Business Review*, mai-juin 1991, p. 130-135.

31. Sam R. Goodman, *Increasing Corporate Profitability*, New York, Ronald Press, 1982, chap. 1. Voir aussi Bernard J. Jaworski, Vlasis Stathakopoulos et H. Shanker Krishnan, «Control Combinations in Marketing: Conceptual Framework and Empirical Evidence», *Journal of Marketing*, janvier 1993, p. 57-69.

32. Voir Peter M. Senge, *The Fifth Discipline: The Art and Practice of the Learning Organization*, New York, Doubleday/Currency, 1990, chap. 7.

33. Pour une discussion plus élaborée sur cet outil, voir Philip Kotler, «From Sales Obsession to Marketing Effectiveness», *Harvard Business Review*, novembre-décembre 1977, p. 67-75.

34. Voir Philip Kotler, William Gregor et William Rodgers, «The Marketing Audit Comes of Age», *Sloan Management Review*, hiver 1989, p. 49-62.

35. D'autres listes de vérification sont présentées dans Aubrey Wilson, *Aubrey Wilson's Marketing Audit Checklists*, Londres, McGraw-Hill, 1982; Mike Wilson, *The Management of Marketing*, Westmead, Angleterre, Gower Publishing, 1980. Un logiciel a aussi été proposé par Ben M. Enis et Stephen J. Garfein, «The Computer-Driven Marketing Audit», *Journal of Management Inquiry*, décembre 1992, p. 306-318.

36. Philip Kotler, William Gregor et William Rodgers, «The Marketing Audit Comes of Age», *Sloan Management Review*, hiver 1989, p. 49-62.

37. Hower R. Bowen, *Social Responsibilities of the Businessman*, New York, Harper & Row, 1953, p. 215.

Sites de marketing sur Internet

*L*es sites Internet suivants pourraient vous intéresser. Ils sont suggérés à titre indicatif. Il faut être conscient que certaines adresses électroniques peuvent avoir été modifiées. Finalement, un grand nombre de ces références ne se trouvent qu'en anglais.

Chapitre 1
Le rôle essentiel du marketing dans les organisations et la société

L'Association de marketing de Montréal
www.marketing-montreal.com

L'Association de marketing de Montréal présente les activités de ce chapitre de l'American Marketing Association de même que diverses informations.

Une entrevue avec Peter Drucker
www.hotwired.com/wired_online/4.08/drucker/

Peter Drucker aborde plusieurs sujets provocateurs, comme les grandes organisations, les changements dans les modèles de management, les nouvelles formes de pouvoir et la crise sociale des vingt prochaines années.

www.marketingmag.ca

Ce magazine électronique quotidien de la société Maclean Hunter publie en anglais des informations sur les industries des médias, de la publicité et du marketing au Canada. Des frais sont exigés.

Une information quotidienne en français sur le marketing au Québec et au Canada
www.infopresse.com

Ce site des Éditions Info Presse contient toute l'actualité, en français, sur les domaines du marketing, de la publicité et des médias au Québec et au Canada.

La protection du consommateur
www.protegez-vous.qc.ca

Ce site présente des informations diverses de la revue *Protégez-vous* de l'Office de protection du consommateur, de même qu'une série de questions juridiques et d'autres informations sur les biens et les services.

Chapitre 2
La qualité, le service et la valeur pour assurer la satisfaction de la clientèle

La chaîne de valeur des clients
www.demographics.com/publications/mt/97_mt/9701_mt/9701m14.htm

On présente dans cet article la chaîne de valeur des clients basée sur la prémisse que toutes les activités de marketing créent des liens avec les clients.

Les normes du Canada
www.scc.ca

Ce site contient les normes et les règlements pour des produits au Canada ou dans l'univers ISO, et présente les laboratoires et les organismes au Québec pouvant aider l'entreprise à s'y conformer.

Le marketing relationnel : la clé de la rétention de la clientèle
www.priscomm.com/comm-issues/rel-mktng/retention-key.html

Les principaux efforts de rétention de la clientèle comprennent les sondages sur la satisfaction des clients, des programmes après-vente, des suivis des plaintes, les lettres d'information orientée vers la clientèle et divers autres programmes de marketing relationnel. On trouve aussi sur ce site une brève description du management des relations avec les clients et des façons de conserver ceux-ci.

Un outil de diagnostic simplifié de la gestion de la qualité totale
www.skyenet.net:80/~leg/tqm.htm

Ce site offre aux managers un outil simplifié pour les aider à faire des diagnostics sur les problèmes associés à la mise en œuvre de programmes de gestion de la qualité, de même que pour leur permettre de concevoir et de mettre en œuvre leur propre programme de qualité totale à des coûts raisonnables et adaptés à la culture institutionnelle. L'information leur permet aussi d'améliorer leurs compétences pour qu'ils puissent devenir des consultants internes auprès de leur propre entreprise sur la gestion de la qualité totale.

Une introduction au système ISO
www.iso.com/

La mission de l'organisation ISO est de promouvoir l'établissement d'une normalisation mondiale et des activités qui y sont reliées dans le but de faciliter les échanges internationaux de biens et de services, et d'augmenter la coopération dans les différents domaines d'activités intellectuelles, scientifiques, technologiques et économiques.

Chapitre 3
Une planification stratégique orientée vers le marché

Une information générale sur les affaires
www.strategis.ic.gc.ca

Ce site apporte de l'information sur les affaires: répertoires des entreprises, analyses économiques et statistiques. Il présente aussi des renseignements pour les consommateurs, des manchettes et des nouvelles touchant les domaines de la consommation.

Le groupe-conseil Boston Consulting Group
www.bcg.com

Le Boston Consulting Group est une entreprise d'experts-conseils en stratégie et en management qui se concentre sur des problèmes de direction générale et de rendement des principales entreprises dans le monde. C'est cette entreprise qui a établi la matrice croissance-part de marché.

L'analyse des forces, des faiblesses, des occasions d'affaires et des menaces
www.toolkit.cch.com/

L'analyse forces et des faiblesses de l'entreprise est un exercice qui permet à une entreprise d'évaluer son habileté à faire une concurrence efficace. L'analyse des occasions d'affaires et des menaces est une analyse centrée sur les concurrents et sur l'environnement externe qui influencent l'habileté de l'entreprise à faire une concurrence efficace. Ce site décrit brièvement l'analyse des FFOM et présente une étude de cas.

Chapitre 4
La gestion de l'information marketing et l'estimation de la demande

Léger et Léger
www.leger-leger.qc.ca/

Ce site présente la firme de sondage bien connue Léger et Léger. On y trouve aussi des nouvelles et des informations sur les services offerts, de même que des informations sur des recherches et des sondages réalisés et sur les tendances.

www.adhoc-recherche.qc.ca

Ce site contient la description de cette importante firme de recherche commerciale canadienne établie au Québec: son but, son engagement, son équipe et ses services.

A.C. Nielsen
www.acnielsen.com/

A.C. Nielsen est un pionnier dans la recherche en marketing, dans la diffusion d'information sur les marchés et dans l'analyse de la demande pour les industries de biens et de services.

Environics
www.environics.ca/

Environics est une des firmes de recherche en marketing les plus importantes du Canada. On trouve sur ce site Web un questionnaire qui vous permettra de vous situer sur la carte socioculturelle élaborée par la firme pour mieux connaître les valeurs des consommateurs.

L'utilisation des mesures conjointes
www.metla.fi/conf/iufro95abs/d5pos65.htm

Ce site contient un exemple tiré de l'expérience d'entreprises américaines qui œuvrent dans le secteur forestier et utilisent des mesures conjointes pour évaluer les préférences des clients face à deux produits.

La gestion de l'information sur les marchés
www.demographics.com/

Les nouvelles technologies offrent de nouvelles façons de s'entretenir avec les consommateurs individuellement et de réaliser de la recherche en marketing en temps réel. Cet article décrit comment les responsables de l'information peuvent utiliser les nouveaux outils de marketing pour obtenir de meilleurs résultats à des coûts plus bas.

Le système de Classification type des industries
pacific.commerce.ubc.ca

Ce site de la University of British Columbia liste les codes du système canadien de Classification type des industries (CTI). Un autre site permet la conversion au système SIC américain.

Les banques de données : un avantage concurrentiel
www.spss.com/datamining/gain.html

Cet article présente des façons de découvrir des patrons et des tendances à partir des millions de données qu'une entreprise accumule. Il décrit la façon dont l'analyse des banques de données peut accroître les revenus, maximiser l'efficacité des opérations, réduire les coûts et améliorer la satisfaction.

Les publications du Centre de recherche en gestion de l'UQAM
www.esg.uqam.ca/esg/crg

On trouve sur ce site les documents de travail et les publications récentes des études et des recherches réalisées par des membres du corps professoral de l'École des sciences de la gestion de l'UQAM.

Chapitre 5
L'analyse de l'environnement marketing

Les données statistiques générales sur le Canada
www.statcan.ca

Ce site contient des informations statistiques telles que des nouvelles quotidiennes sur les statistiques canadiennes, les données de recensement, les concepts, définitions et méthodes utilisés par Statistique Canada.

La défense des intérêts des consommateurs
www.option-consommateurs.org

Option consommateur est une association qui aide et informe les consommateurs, et qui défend leurs intérêts : rapport d'activités, communiqués de presse, magazine *Consommation*, liste de publications.

Chapitre 6
L'analyse des marchés des consommateurs et du comportement d'achat

Le programme VALS
future.sri.com/vals/

Ce site présente un système original de segmentation psychographique des consommateurs à partir des valeurs et des styles de vie. L'approche traditionnelle de segmentation se contentait des données démographiques telles que l'âge, le sexe et le revenu ; cette approche est utile pour savoir où se situent les gens dans notre société. L'approche psychographique va plus loin, car elle mesure des attitudes et des caractéristiques de style de vie des gens.

Le programme VALS 2
future.sri.com/vals/

On trouve sur ce site le programme VALS 2, un système amélioré pour faciliter la mise sur le marché de biens et de services aux consommateurs américains.

L'évaluation psychographique des consommateurs
future.sri.com/vals/valshome/

Ce site Web a été mis sur pied de façon que les consommateurs puissent évaluer leur propre classification dans le système de segmentation du marché VALS 2. La personne peut ensuite utiliser sa classification pour analyser ses préférences de consommation pour la musique, les magazines et d'autres produits.

Le consommateur du XXIe siècle
canarie.hec.ca/~talbotj/commerce/market21.htm

Cet article traite du marketing du XXIe siècle pour un consommateur du XXIe siècle. Il présente les grandes phases de l'évolution du marketing dans le village global. Jacques Nantel, Cahier de recherche n° 95-104, septembre 1995, ISSN : 1181-9383.

Chapitre 7
Le marché organisationnel et le comportement d'achat des organisations

L'information économique
www.economedia.com

Voici l'information économique en continu (revuezine) sur le Web. Il s'agit d'un média d'actualité économique et financière.

Les caractéristiques du marché organisationnel
www.innovationcentre.ca/

Un analyste de marchés du Centre d'innovation industriel canadien discute des principales différences entre les études qui se focalisent sur le marché des consommateurs et celles qui se concentrent sur les marchés industriels.

Un catalogue du management du marketing
www.ama.org/pubs/mm/categ.htm

Ce site présente un index du management du marketing des cinq dernières années. L'index est présenté par sujets, tels que le comportement d'achat, le marketing organisationnel ou le marketing et la société.

Le Centre de recherche de marché ASI
www.asiresearch.com

La firme de recherche en marketing ASI donne sur ce site de l'information sur les études de marché, sur la recherche en marketing et sur les tests publicitaires. La firme accepte des questions par courriel sur certains sujets.

Chapitre 8
L'analyse de la concurrence

L'information sur les marchés
www.micst.gouv.qc.ca/index/htm

On trouve sur ce site du gouvernement du Québec un centre de veille concurrentielle, des programmes de soutien aux vitrines technologiques et un répertoire des centres de recherche du Québec.

Les centres de veille
www.micst.gouv.qc.ca/science-techno/veille/veille1.html

Sur ce site, on présente la définition des centres de veille, les secteurs d'activité touchés, le partenariat sectoriel et des renseignements divers.

L'information sur les entreprises
www.micst.gouv.qc.ca/index/html

Ce site du gouvernement du Québec donne des informations sur les données économiques, sur l'entrepreneurship, sur la gestion des entreprises, sur les réseaux d'entreprises et sur la veille stratégique.

Un système d'information sur la concurrence
www.bdt.com/

Ce site décrit brièvement les étapes pour recueillir de l'information sur la concurrence.

Les pratiques non traditionnelles de marketing et de publicité
www.talweb.com/

L'auteur de ce site, Kenneth M. Biderman, maintient que le marketing ressemble beaucoup à la guerre, en ce sens que le vainqueur est souvent celui qui possède la meilleure information. Un des 23 chapitres inclus dans ce site est intitulé « Comment recueillir de l'information de marché sur la concurrence ».

L'information en direct sur l'industrie canadienne
strategis.ic.gc.ca/engdoc/main.html

Ce site d'Industrie Canada donne de l'information sur les ressources offertes aux entreprises.

La Classification type des industries
strategis.ic.gc.ca/

Ce site présente la Classification type des industries (CTI) et diverses stratégies portant sur chaque industrie.

Le concept de valeur en marketing
www.lewisgroup.com/

Le concept de valeur de la stratégie de marketing met en évidence une stratégie qui prend en considération les capacités de l'entreprise, les alliances stratégiques avec les partenaires et la position relative de l'offre de l'entreprise par rapport à la concurrence.

Chapitre 9
La délimitation des segments de marché et le choix des marchés cibles

La segmentation
www.ag.ohio-state.edu/

Deux chercheurs de l'Ohio State University, Nancy H. Bull et Gregory R. Passewitz, ont mis au point une approche pragmatique de délimitation des segments de marché, de marketing différencié et non différencié, de détermination des profils des clients et des entreprises, et de la concurrence.

Les banques de données centrées sur les clients
www.acxiom.com/

Dans ce bulletin d'information, la firme Acxiom affirme qu'un des plus grands défis dans la mise sur le marché de produits de haute technologie pour les prochaines années consiste à établir des relations à long terme rentables avec les clients et d'aller au-delà des étapes élémentaires de la conquête de nouveaux clients en adoptant des programmes de ventes croisées et de rétention de la clientèle.

Le succès d'une stratégie de créneau
www.acxiom.com/

On trouve sur ce site une étude de cas du magazine *Utne Reader*, une revue mensuelle alternative qui a réussi depuis dix ans à nourrir les appétits intellectuels d'un petit nombre de lecteurs progressistes, possédant une scolarité élevée et sensibles aux problèmes sociaux.

Chapitre 10
Les stratégies de différenciation et de positionnement de l'offre de marketing

L'utilisation stratégique de la publicité
www.bizlink.com/

Ce bref article décrit comment les principales institutions financières canadiennes ont ajusté leurs stratégies publicitaires et augmenté leurs dépenses dans les médias pour accroître leur présence sur le marché et se différencier des concurrents.

Les prix d'excellence en design industriel
www.symbol.com/

Le but des prix d'excellence en design industriel est d'informer le milieu des affaires et le public en général de l'impact que l'excellence en design industriel peut avoir sur la qualité de vie et l'économie. Les principaux critères sont l'innovation dans le design, les avantages pour les utilisateurs, la responsabilité écologique, l'esthétique et l'attrait visuel.

Chapitre 11
Le développement, le test et le lancement de nouveaux produits et services

L'innovation au Québec
www.fss.ulaval.ca/rqsi/

On trouve sur ce site diverses informations sur le Réseau du Québec sur les systèmes d'innovation (RQSI): une présentation du réseau, ses activités, la liste de ses membres, des bulletins, des références et des liens (sites gouvernementaux et d'entreprises, documents électroniques, etc.).

Le Centre international d'invention et d'innovation
www.centreinno.org

Le Centre international d'invention et d'innovation (CIII) est un organisme privé à but non lucratif qui offre des services-conseils aux inventeurs et aux PME. On trouvera sur ce site les services offerts par le CIII, une liste des agents de brevets reconnus et d'autres informations pertinentes.

Les stratégies des entreprises innovatrices
www.statcan.ca

Ce site présente une enquête sur les stratégies utilisées par les entreprises innovatrices et non innovatrices du Canada. L'étude démontre que l'innovation est la clé de voûte de la survie, du développement et du succès des entreprises.

Le processus de développement de nouveaux produits
www.netaxs.com/~consult/wht-papr.html

On décrit sur ce site comment les entreprises qui ont modifié de façon substantielle le processus de développement de nouveaux produits ont grandement amélioré leur rendement et leur compétitivité.

La synectique
www.synecticscam.com/

L'entreprise Synectics décrit comment elle a mis au point une approche pour faciliter la pensée innovatrice.

L'Association de développement et de gestion des produits
www.pdma.org/

La Product Development and Management Association offre sur ce site un index des résumés d'articles publiés par le *Journal of Product Innovation Management*.

Le processus d'adoption des nouveaux produits
helios.njit.edu:1949/marketing/1.html#1.8.2.

On trouve sur ce site une discussion sur le processus d'adoption de nouveaux produits, le soutien à apporter au développement de nouveaux produits et les décisions de mix de produits.

La gestion de l'innovation
mint.master.ca/

Les chercheurs du Centre de recherche en innovation de la McMaster University ont étudié de nombreux aspects de la gestion de l'innovation. Un index des documents de travail de ce centre de recherche est présenté sur ce site.

Chapitre 12
Le cycle de vie du produit et le management des produits

L'utilisation des foires commerciales
www.ceir.org:80/press/ceirplc.htm

Les résultats de deux importants projets de recherche sont présentés. Le but de ces études était de connaître les perceptions des responsables du marketing et des directeurs de foires commerciales sur l'utilisation des foires selon les phases du cycle de vie du produit.

Le cycle de vie du produit
www.vu.union.edu:80/~gmi/mrkt7.html

On présente sur ce site le concept de cycle de vie : les phases de l'introduction, de la croissance, de la maturité et du déclin.

Chapitre 13
Les stratégies de marketing du leader, des challengeurs, des suiveurs et des exploitants de créneaux

Les stratégies de créneaux pour les petites entreprises
www.toolkit.cch.com:80/guidebook/text/p03_4005.htm

Ce guide à l'intention des petites entreprises et des travailleurs autonomes offre de l'information et des suggestions sur la façon de trouver un créneau pour une entreprise et sur les avantages d'être un expert dans ce créneau.

La Société internationale de marketing stratégique
migmar.com/issmiss2.html

La Société internationale de marketing stratégique (International Society for Strategic Marketing [ISSM]) offre une vitrine électronique où l'on trouve les résumés d'articles publiés dans ce journal électronique de l'organisation. Vous devrez remplir la fiche de renseignements par courrier pour avoir accès aux textes complets.

Chapitre 14
Les stratégies de marketing et la mondialisation des marchés

Le soutien aux entreprises pour l'exportation
www.info.export.qc.ca/

Ce site est conçu pour aider les entreprises dans leurs projets d'exportation. On y trouve diverses informations sur les projets et les missions commerciales d'Équipe Canada, des études de marché et d'autres informations pertinentes.

L'information sur l'exportation
www.micst.gouv.qc.ca/index.html

On trouve sur ce site des informations sur les programmes d'aide à l'exportation et de formation en commerce international, sur les représentations du Québec au Canada et à l'étranger, et de nombreuses autres informations.

Le ministère des Affaires étrangères et du Commerce international du Canada
www.dfait-maeci.qc.ca

Ce site présente diverses informations du ministère des Affaires étrangères et du Commerce international, comme des événements, un répertoire ou des publications de recherche.

L'Alliance des manufacturiers et des exportateurs du Québec
www.ameq.com

Chapitre québécois de l'Alliance des manufacturiers et des exportateurs du Canada, l'Alliance cherche à améliorer la compétitivité de l'industrie canadienne et la croissance des exportations, notamment par des publications, des communiqués, des séminaires et des colloques.

L'Alliance des manufacturiers et des exportateurs du Canada
www.palantir.ca/the-alliance

Ce site contient des informations diverses en anglais sur cette association.

La mondialisation des marchés
www.otginc.com/1wtpaper.htm

Un économiste, James C. Zoda, discute des changements majeurs qui se sont produits dans l'économie mondiale au cours des deux dernières décennies et du fait que ceux-ci forcent les entreprises, peu importe leur taille, à adopter une perspective mondiale dans toutes leurs activités.

Le défi du marketing mondial
www.boss-ltd.com/noframes/nfjhann1.htm

Dans cet article, Johanne Bouchard déclare que l'identité corporative mondiale est devenue un avantage concurrentiel nécessaire. Les entreprises doivent analyser avec soin leur positionnement et leur identité sur chaque marché où elles sont représentées.

Le marketing international
pacific.commerce.ubc.ca/keith/lectures/mktg.html

Ce site de la University of British Columbia décrit les décisions que doivent prendre les entreprises qui veulent entrer sur de nouveaux marchés. On y présente plusieurs exemples de distribution.

Les foires commerciales internationales
ciber.bus.msu.edu/busres/tradshow.htm

Ce site de la University of Michigan présente une liste des foires commerciales internationales, des séminaires et des activités commerciales.

Chapitre 15
La gestion des gammes de produits, des marques et du conditionnement

La gestion des marques
www.brand.com

Plusieurs articles traitant de la gestion des marques peuvent être consultés sur ce site.

Chapitre 16
La gestion des entreprises de services et des services de soutien

Qu'est-ce qu'un client?
www.llbean.com/about/disclaimer.html

Ce site de la compagnie L.L. Bean contient un article qui reflète les valeurs que la compagnie a adoptées et continue de préconiser de nos jours.

La satisfaction des clients : la clé du succès
www.ronkurtus.com/

Les entreprises qui désirent réussir doivent satisfaire leurs clients. Cette proposition est à la base de la philosophie de gestion de la qualité totale.

L'automobile Saturn
www.saturncars.com/index.html

On trouve sur ce site non seulement une information intéressante pour les propriétaires d'une automobile Saturn, mais aussi diverses informations sur le soutien qui est fourni à ces propriétaires.

Chapitre 17
La gestion du prix

Le bon prix
www.demographics.com/publications/mt/95_mt/9509_mt/mt330.htm

Cet article tiré de *Marketing Tools* parle de la détermination du prix et de la façon dont le prix permet aux mercaticiens de segmenter les marchés, de définir le produit et de créer des incitations pour les clients.

Les pratiques de fixation du prix
sorrel.humboldt.edu/~microeco/note/pricing.htm

Sur ce site, on parle de la fixation du prix en fonction de la marge, de la maximisation du profit, de la discrimination du prix, de la fixation du prix de la gamme de produits et des produits et services complémentaires.

Les stratégies de prix
helios.njit.edu:1949/marketing/45.html

Ce site présente de l'information sur les stratégies de prix, sur les façons d'apporter des changements de prix et sur la détermination du prix de la gamme de produits.

L'Association américaine de contrepartie
www.i-trade.com/

L'Association américaine de contrepartie (American Countertrade Association) présente une discussion sur la contrepartie.

Chapitre 18
Le choix et la gestion des circuits de distribution

Tout sur mbanx
www.mbanx.com/index2.html

Le système bancaire électronique de la Banque de Montréal est décrit sur ce site.

Un nouveau canal de distribution
ecommerce.vanderbilt.edu/seminar/patrali_anand_final/first.htm

La Toile (Web) est-elle un canal de distribution viable? On trouve sur ce site une discussion sur le marketing dans le contexte de l'informatique.

Le canal de distribution : un moyen de satisfaire la clientèle ?
www.strategy-business.com/strategy/96303/

Les fournisseurs de biens et de services qui sont distribués par l'intermédiaire de canaux de distribution font face à des défis uniques. Un plan en 10 étapes montre la façon d'offrir le bon prix et le bon service à ceux pour qui cela est vraiment important : les utilisateurs finaux.

Chapitre 19
La gestion des commerces de détail et de gros et celle des systèmes de logistique du marché

Le Conseil québécois du commerce de détail (CQCD)
www.cqcd.org

Le regroupement des détaillants le plus important du Québec, le CQCD, représente les intérêts des détaillants québécois. On trouve sur ce site diverses informations sur les activités, sur les communications et sur les publications de ce regroupement.

L'histoire de Levi Strauss
www.gabelli.com/

Il s'agit ici d'un rapport sur le plan d'ouverture de nouveaux magasins d'un des plus grands fabricants du monde, Levi Strauss & Company.

Le seul et unique Wal-Mart
www.gabelli.com:8081/cnoc/library/ib022996.html

On trouve sur ce site un article qui explique les raisons du succès de Wal-Mart.

La franchise en direct
www.entremkt.com/

Le magazine américain *Successful Franchising* est un mensuel consacré exclusivement au franchisage. Ce site donne accès à un choix d'articles provenant de ce magazine.

L'avenir du commerce de détail
www.wvu.edu/

Ce site décrit un projet réalisé par la West Virginia University qui évalue le besoin et l'applicabilité de technologies de l'information sur le commerce de détail.

Chapitre 20
L'élaboration des stratégies de communication

Le concept de communication marketing intégrée à l'échelle mondiale
www.medill.nwu.edu/

La Northwestern University publie le magazine électronique *The Pioneer*, où l'on trouve un article qui traite du développement de la communication marketing intégrée à l'échelle mondiale.

La publicité sur le Web
www.webstart.com/adtutorial.htm

On présente sur ce site les étapes pour promouvoir avec succès un site Web et la manière de faire de la publicité sur d'autres sites.

L'avenir du commerce de détail électronique
www.nima.com/index.html

La firme NIMA International, basée à Washington, fait la promotion des informations commerciales, du téléachat et des médias interactifs dans le meilleur intérêt du grand public.

Chapitre 21
Le management de la publicité, de la promotion des ventes et des relations publiques

Le Musée de la publicité
www.ucad.fr/pub/

Le Musée de la publicité présente sur ce site une visite guidée selon divers thèmes.

Les méthodes et les techniques de mesure de la publicité
www.utexas.edu/coc/adv/research/biblio/arf2.html#methods

Le Département de publicité de la University of Texas maintient une bibliographie exhaustive en direct sur la publicité, incluant une page sur les méthodes et les techniques de mesure de la publicité.

Le monde de la publicité
advertising.utexas.edu/world/index.html

Ce site sur le monde de la publicité, issu de la University of Texas, est peut-être la collection la plus exhaustive de liens publicitaires sur le Web. Cet index contient plus de 75 domaines reliés à d'autres pages.

La publicité postale
www.westminster.ca/admail.htm

On trouve sur ce site une information fournie par Postes Canada sur la publicité postale. Postes Canada manipule plus de quatre milliards de pièces de publipostage annuellement.

La politique de communication de Benetton
www.benetton.21network.com/

L'information sur la stratégie de communication de Benetton est accessible sur ce site.

Chapitre 22
La gestion de la force de vente

Un programme de négociation
www.law.harvard.edu/programs/pon

On trouve sur ce site le programme conjoint de négociation de la Harvard University, du Massachusetts Institute of Technology (MIT) et de la Tufts University, qui a comme objectif d'améliorer la théorie et la pratique de la négociation et de la résolution de conflits.

Les pratiques de vente des nouveaux produits et les succès obtenus
www.ari.net/

Dans cette étude, les chercheurs ont étudié les relation entre les succès obtenus lors du lancement de nouveaux produits et les pratiques de gestion de la force de vente, en particulier la façon dont le nouvel article a été ajouté à la gamme actuelle de produits.

Chapitre 23
Le marketing direct et le commerce électronique

La Maison des hautes technologies de Montréal
www.mht.qc.ca/index.html

Ce site de la Maison des hautes technologies de Montréal présente diverses informations sur les partenaires et sur les activités de la MHT, notamment de l'information sur le commerce électronique.

L'Institut du commerce électronique du Québec
www.institut.qc.ca

On traite sur ce site de cybermarketing et de la réalité du Québec en matière de commerce électronique. On parle également de formation, d'un bulletin, de fournisseurs, de ressources EDI et de publications.

Industrie Canada, Groupe de travail sur le commerce électronique
http://e-com.ic.gc.ca/

Ce site traite des enjeux technologiques et économiques du commerce électronique et des principales orientations du gouvernement canadien en ce domaine.

Le commerce électronique
www.mmedium.com/commerce

Il s'agit d'informations variées sur le commerce électronique, sous forme de rubriques, de repères et de ressources.

Le commerce électronique et le marketing
www.consulweb.com/

Diverses rubriques et chroniques sur le marketing et sur le commerce électronique sont présentées sur ce site.

Le marketing direct : un aperçu
www.teleport.com/

Rejoindre les clients par les canaux de publipostage n'est pas une mince tâche. Le publipostage constitue une façon efficace d'établir une relation individuelle entre l'acheteur potentiel et le vendeur.

Le *Marketing Direct News*
www.dmnews.com/

Cette édition en direct du *Marketing Direct News* offre des articles de même qu'un certain nombre de liens, incluant les liens avec des listes de noms et des banques de données.

Le bottin du marketing direct
www.listwarehouse.com/

Ce site fournit plusieurs liens avec le marketing direct, les associations de marketing direct, le commerce électronique, des données démographiques et d'autres sujets de marketing.

Une information sur le marketing direct au Canada
www.mailposte.ca/

Il s'agit ici du site de Postes Canada, qui donne de l'information sur le marketing direct.

L'Association canadienne de marketing direct
www.cdma.org

On trouve sur ce site une information en français sur l'Association canadienne de marketing direct.

La publicité sur Internet
advweb.cocomm.utexas.edu/world/
internet.html#top

On trouve sur ce site un grand nombre de liens concernant la publicité sur Internet.

CyberAtlas
www.cyberatlas.com/

CyberAtlas fournit beaucoup d'informations sur le marketing sur Internet. On aborde des sujets tels que la publicité sur Internet, les variables démographiques et les développements de nouveaux marchés.

Le marketing en direct
www.wmo.com/

Ce site évalue les meilleurs sites dans une perspective de marketing et étudie les facteurs de succès de la présence des entreprises sur Internet.

Un code de déontologie pour le marketing direct
www.smartbiz.com/sbs/arts/dma1.htm

L'Association américaine de marketing direct (Direct Marketing Association) présente sur ce site les directives proposées par l'Association face aux problèmes d'éthique qu'éprouve l'industrie. Le but de l'association est de promouvoir une publicité postale plus honnête.

Chapitre 24
L'organisation, la mise en œuvre et le contrôle du marketing

La fin de la gestion des marques
www.strategy-business.com/strategy/95403/

Les auteurs de cet article du *Journal of Strategy and Business* croient qu'il est grand temps de réduire l'importance de la gestion des marques, qui souffrent déjà d'un déclin prononcé de la fidélité de la part des consommateurs, et d'en faire une simple composante de la relation globale avec les clients.

La responsabilité sociale des organisations
www.mcb.co.uk/

Un article de la revue *Late Management Research & Practice* sur le rôle social des organisations est présenté ici.

Le site des meilleures pratiques
www.smartbiz.com

On trouve sur ce site plus d'une soixantaine d'articles qui traitent de nombreux sujets d'intérêt, comme la façon de repérer les clients ou le taux et la qualité de réponse aux clients.

Index des auteurs

Index des entreprises et des produits

Index des sujets

IMPRESSION
IMPRIMERIE GAGNÉ

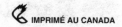

IMPRIMÉ AU CANADA